이윤기의
그리스
로마 신화

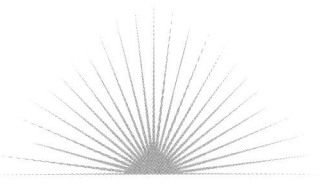

이윤기의
그리스
로마 신화

GREEK AND ROMAN
MYTHOLOGY

이윤기 지음

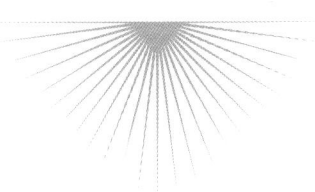

웅진 지식하우스

일러두기

* 이 책에 등장하는 그리스 인명, 지명, 신 이름 등은 그리스어 발음대로 표기하였습니다.

차례

제1권
신화를 이해하는 12가지 열쇠

들어가는 말 | 아리아드네의 실타래 — 13

1. 잃어버린 신발을 찾아서 — 18
외짝 신 사나이 · 테세우스의 신표 · 짚신과 유리 구두와 꽃신

2. 황당하게 재미있는 세계 — 40
모든 것은 카오스에서 시작되었다 · 티탄 열두 남매가 만든 세상 · 신들의 전쟁 · 올륌포스의 신들

3. 사랑의 두 얼굴 — 75
음탕한 사랑의 여신 · 에로스와 프쉬케

4. 길 잃은 태양 마차 — 123
파에톤의 짧은 한살이

5. 나무에 대한 예의 — 146
다프네 이야기 · 걸신들린 에뤼시크톤

6. 저승에도 뱃삯이 있어야 간다 — 164
하데스의 도둑 장가

7. 노래는 힘이 세다 — 182
오르페우스의 사랑

8. 대홍수, 온 땅에 넘치다 — 199
인류의 아버지 데우칼리온 · 필레몬과 바우키스

9. 흰 뱀, 검은 뱀 — 219
왕뱀 퓌톤 · 병 주고 약 주고 · 그렇다면 뱀은 무엇인가

10. 술의 신은 왜 부활하는가 — 232
디오뉘소스 또는 바쿠스

11. 머리의 뿔, 사타구니의 뿔 — 253
세 가지 풍요의 뿔 이야기 · 사타구니의 풍요

12. 기억과 망각 — 271

나오는 말 | 아리스타이오스의 사슬 — 277

제2권
사랑의 테마로 읽는 신화의 12가지 열쇠

들어가는 말 | 잃어버린 '반쪽이'를 찾아서 ··············· 283

1. 이루어져서는 안 되는 사랑 ··············· 300
암염소를 사랑한 헤르메스 · 파시파에, 그게 아니라구요!

2. 사랑해서는 안 되는 사람 ··············· 319
히폴뤼토스, 조심해 · 뷔블리스, 그대는 신이 아니잖아 · 스뮈르나의 기막힌 사랑

3. '도마뱀'을 잡아라 ··············· 347
휘아킨토스, 꽃으로 피어나다

4. 레스보스섬 사람들 ··············· 358
사포를 변호함

5. 오이디푸스, '너 자신을 알라!' ··············· 364
오이디푸스 이야기

6. 엘렉트라, 피로써 피를 씻다 ··············· 396
엘렉트라 이야기

7. 사타구니로 무덤을 판 테레우스 ··············· 418
테레우스의 자멸

8. 나르키쏘스가 사랑한 상대 ··············· 432
나르키쏘스의 사랑

9. 코스모스를 위한 카오스 ··············· 444
영웅들을 위한 변명 · 그리스 최고의 도사, 테이레시아스 · 완전한 인간, 이피스

10. 로미오와 줄리엣의 원조 ··············· 461
이루어지지 못한 사랑

11. 코린토스의 빛과 그림자 ··············· 472
레안드로스의 파멸

12. 포모나, '때'를 잘 아는군요 ··············· 477
포모나와 베르툼누스

나오는 말 | 달리지 않으면 넘어진다 ··············· 487

제 3 권
신들의 마음을 여는 12가지 열쇠

들어가는 말 | 이뷔코스의 두루미 떼 ······ 493

1. 믿음은 돌을 인간으로 만들기도 하고 ······ 503

2. 오만은 인간을 돌로 만들기도 한다 ······ 516

3. 은총, 그 자루 없는 칼 ······ 530

4. 소원 성취, 그 돌아오지 못하는 다리 ······ 559

5. 인간과의 약속은 신들과의 약속 ······ 572

6. 신들과의 약속은 인간과의 약속 ······ 577

7. 신들은 앎의 대상이 아니다 ······ 596

8. 신들은 겨룸의 대상이 아니다 ······ 608

9. 방황하던 인간 펠레우스, 영생불사를 누리다 ······ 618

10. 천마의 주인 벨레로폰, 방황의 들에 떨어지다 ······ 636

11. 멜레아그로스의 '오버액션' ······ 649

12. 프로메테우스, 마침내 해방되다 ······ 666

나오는 말 | 아리아드네의 실꾸리와 '나'의 실꾸리 ······ 694

제 4 권
헤라클레스의 12가지 과업

일러두는 글	701
들어가는 말 | 인류의 오래된 기억일까	703

1. 암피트뤼온이 돌아왔다!   731

2. 영웅, 땅에 내리다   754
아기 헤라클레스, 뱀을 죽이다 · 사고뭉치 헤라클레스 · 헤라클레스, 발광하다 · '아우또반 트리뽈리'

3. 네메아의 사자   793

4. 물뱀 휘드라, 죽음의 씨앗   806

5. 뿔 달린 암사슴이라니!   819

6. 에뤼만토스산의 멧돼지   829

7. 소똥이나 치우라고?   842

8. 스튐팔로스의 새들   853

9. 크레타의 황소   858

10. 디오메데스의 암말   863

11. 아마존 여왕의 허리띠   878
히폴뤼테의 황금 허리띠 · 트로이아의 먹구름

12. 게뤼오네스의 소 떼를 찾아서   896
제 갈고리에 코 꿰인 자들 · 게뤼오네스, 임자 만나다 · 헤라, 마음을 열기 시작하다

13. 머나먼 황금 사과나무   912

14. 살아서 저승에 가다   925

15. 헤라클레스의 삶은 끝나지 않았다 — 945
이피토스와의 슬픈 인연 · 아폴론과 한판 붙다 · 옴팔레의 궁전에서 신나게 놀다 · 케르코페스, 헤라클레스를 웃기다 · 하늘에서 떨어진 이카로스를 묻어주다 · 아르고나우타이는 체질에 안 맞아 · 헤라클레스, 늦장가 들다 · 중국의 헤라클레스, '후예' · 죄는 닦아도 닦아도 끝나지 않고 · 헤라클레스, 기다리고 있었다 · 케윅크스와 알퀴오네의 행복과 불행 · 아, 헤라클레스!

나오는 말 | 그림 앞에서 숨이 멎다 — 1007

제5권
아르고 원정대의 모험

들어가는 말 | 이스탄불의 '흐린 주점'에서 — 1013

1. 이아손, 하산하다 — 1034

2. 모노산달로스 — 1046
외짝 신 사나이가 왕이 된다! · 신발에 얽힌 사연

3. 펠리아스의 계략 — 1067
왕좌를 내놓으시지요 · 프릭소스의 금양모피 · 배 만들기도 만만치 않네

4. 영웅들, 배를 띄우다 — 1084
아르고 원정대 · 항해는 시작되었다

5. 렘노스섬의 여인들 — 1111
아프로디테가 준 상과 벌

6. 퀴지코스의 비극 — 1122
은혜를 원수로 · 헤라클레스의 중도하차

7. 피네우스의 예언 — 1131
때 아닌 권투 시합 · 희망은 운명을 이긴다 · 충돌하는 바위섬, 쉼플레가데스

8. 금양모피를 향하여 — 1148
헌 이빨 대신 새 이빨을 얻고 · 콜키스 땅의 세 가지 난관

9. 항해의 뒷모습 — 1177
이아손과 메데이아 · 영웅은 머물지 않는다

맺음말 — 1193

제1권

신화를 이해하는 12가지 열쇠

GREEK AND ROMAN MYTHOLOGY

들어가는 말

아리아드네의 실타래

그리스 남쪽에 있던 섬나라 크레타에 다이달로스라는 사람이 살고 있었다. 원래 아테나이에서 태어난 이 사람은 손재주도 좋았거니와 뭘 만들기도 퍽 좋아했다. 아테나이 사람들은 원래 손재주가 좋았던 모양인가? 뒷날 트로이아 전쟁 때 목마木馬를 만든 것도 아테나이 사람이었다.

크레타 왕 미노스는 이 사람에게 미궁迷宮을 하나 만들 것을 명했다. '미궁Labyrinthus'은 사람이 들어갈 수는 있으되 그 안의 길이 하도 꼬불꼬불하고 또 고약해서 나올 수는 없는 감옥이다. 어떤 사건이 잘 해결되지 않을 때 우리는 '사건이 미궁에 빠졌다'고 한다. 미궁에 들어간 사람은 밖으로 나올 수가 없고, 미궁에 빠진 사건은 해결되지 못한다. 미궁 속의 꼬불꼬불한 길을 우리는 '미로'라고 부른다. 다이달로스는 왕의 명을 받고, 들어갈 수는 있어도 도저히 빠져나올 수는 없는 미궁을 만들었다. 미궁 또는 미로를 뜻하는 영어 단어 '래버린스labyrinth'가 탄생하는 순간이다.

미노스왕이 미궁을 만들라고 명령한 것은 미노타우로스를 가두기 위해서였다. 미노타우로스Minotauros는 '미노스의 황소Minoan Bull'라는 뜻이다. 이 소는 여느 소가 아니다. 대가리만 소 대가리일 뿐, 목 아래로는 사람과 조금도 다름이 없는 괴물이다. 말하자면 우인牛人이다. 미노타우로스는 여물을 먹는 대신 사람의 고기를 먹어야 살 수 있는 골칫거리 괴물이다. 하지만 왕이 이 괴물을 죽일 수는 없다. 어엿하게 왕비의 몸에서 태어난, 따라서 아들과 다름이 없는 존재였기 때문이다.

다이달로스가 미궁을 만들자 왕은 이 괴물을 미궁에 가두어버렸다. 미노스왕은 당시의 약소국 아테나이 왕을 협박해서 해마다 14명의 선남선녀를 바치게 했다. 미궁에 갇혀 있는 미노타우로스의 먹이로 던져주기 위해서였다.

영웅 테세우스는 아테나이의 왕자였다. 그는 자기 나라 선남선녀들이 미노타우로스의 먹이로 희생되는 것을 두고 볼 수 없었다. 그래서 미노타우로스에게 희생될 14명의 제물에 껴들어 크레타로 갔다. 그는 다른 제물과 함께 미궁으로 들어가서 괴물 미노타우로스를 죽여버릴 생각이었다.

그런데 크레타의 공주인 아리아드네가 이 영웅 테세우스에게 첫눈에 반하게 된다. 아리아드네는 테세우스같이 용기 있고 잘생긴 청년이 미궁에 던져지는 것을 두고 볼 수 없었다. 인간에게 미궁은 곧 죽음이었다.

미궁에 들어갔다가 미노타우로스의 먹이가 되지 않은 인간은 없었다. 설사 미노타우로스를 죽인다고 하더라도, 다이달로스가 지은 그 미궁에서 무사히 빠져나오는 것은 거의 불가능했다.

미궁을 만든 다이달로스도 뒷날 이 미궁에 갇히게 된다. 미궁을 만든 자가 바로 그 미궁에 갇힌 것이다. 하지만 다이달로스만은 아들 이카로스와 함께 미궁에서 탈출했다. 새의 깃털을 주워 모아 쫀쫀히 엮어서 날개를 만들고, 이 날개를 달고는 날아서 아들과 함께 탈출한 것이다. 하지만 이것은 먼 훗날의 일이다.

아리아드네는 가만히 테세우스를 찾아가, 실이 잔뜩 감겨 있는 아마亞麻 실타래를 하나 건네주었다.

드디어 테세우스가 열네 선남선녀에 섞여서 미궁으로 들어가야 하는 날이 왔다. 테세우스가 어떻게 했겠는가? 테세우스는 살며시 품 안에서 그 실타래를 꺼내고, 실 끝을 풀어 미궁의 문설주에 묶은 뒤 미궁 안으로 들어가면서 솔솔솔 실을 풀기 시작했다. 이렇게 실을 풀면서 근 한나절을 들어갔다.

첫 장의 '테세우스의 신표$_{信標}$'에서 읽게 되겠지만, 테세우스는 열여섯 살 때 이미 섬돌을 번쩍 들어 올린 천하장사다. 아버지를 찾아 아테나이로 올라가면서, 내로라하는 도적을 무수히 쳐 죽인 젊은 영웅이기도 하다. 테세우스는 미궁 속에서도 미노타우로스를 때려 죽였다. 남은 일은 아테나이 젊은이들을 이끌고 무사히 미궁을 빠져나오는 일이었다.

자, 테세우스가 어떻게 했겠는가? 테세우스에게는 아리아드네의 실타래가 있다. 미궁의 입구에서부터 실을 솔솔 풀던 실타래가 있다. 이제 그 실타래에서 풀려 나온 실을 잡고 살살 당기면서 나오면 된다. 바닥에 실이 깔려 있는 길은 바로 그가 미궁으로 들어오면서 걸은 길이다. 그 길을 되짚어 나오기만 하면 된다.

* * *

미궁은 거기에 들어가지 않으려는 사람에게는 존재하지 않는다. 신화도 그 의미를 읽으려고 애쓰지 않는 사람에게는 존재하지 않는다. 그런 뜻에서 신화는 미궁과 같다. 신화라는 미궁 속에서 신화의 상징적인 의미를 알아내기란 여간 어려운 일이 아니다. 그러나 방법이 있다. 독자에게는 아리아드네의 실타래가 있다.

그것이 무엇인가? 바로 상상력이다. 열두 꼭지의 글을 신화 이해의 열쇠로 삼은 이 책은 필자가 신화의 상징적인 의미를 해석한 책이 아니다. 열두 꼭지의 글에는 신화 이해와 해석에 필요한 열두 개의 열쇠가

테세우스와 아리아드네
미궁으로 들어서는 테세우스에게 실타래를 건네는 아리아드네. 18세기 스위스 화가 앙겔리카 카우프만의 그림.

숨겨져 있다. 각각의 열쇠에는 또 무수한 꼬마 열쇠가 매달려 있다. 큰 열쇠, 작은 열쇠로 독자들이 나름대로 열기 바란다. 필자의 해석은 필자의 실타래이지 독자를 위한 아리아드네의 실타래는 아니다.

모쪼록 독자가 나름대로 지니고 있는 아리아드네의 실타래로써 미궁 진입과 미궁 탈출을 시도해보기 바란다. 미궁의 입구에서 기다리는 아름다운 공주 아리아드네는 이렇게 진입과 탈출을 시도한 독자, 이렇게 진입과 탈출에 성공한 독자에게만 존재한다. 테세우스의 아리아드네가 아닌 '나'의 아리아드네를 만나야 하지 않겠는가?

  독자는 지금 신화라는 이름의 자전거 타기를 배우고 있다고 생각하라. 일단 자전거에 올라 페달을 밟기 바란다. 필자가 뒤에서 짐받이를 잡고 따라가겠다.

1

잃어버린 신발을 찾아서

외짝 신 사나이

신발 이야기부터 시작하자.

신화나 전설에는 신발 이야기가 자주 나온다. 그리스 신화도 예외는 아니다. 신발을 잃어버린 사람 이야기, 잃어버린 신발을 되찾는 사람 이야기, 강가에 신발을 벗어놓고 투신자살하는 사람 이야기, 신발을 단서로 잃어버린 사람을 찾아내는 사람 이야기…….

그리스인들에게 신발은 무엇인가? 우리에게 신발은 무엇인가? 우리는 우리 신발을 제대로 신고 있는가?

* * *

그리스 신화에는 이아손Iason(영어로는 Jason)이라는 영웅이 등장한다. 아르고Argo라는 이름의 아주 빠른 배를 타고 북쪽 나라로 가서, 아득한 옛날 그리스인들이 잃어버린 황금빛 양의 털가죽을 찾아오는 영웅이 바로 이아손이다. 황금빛 양털가죽은 그리스인들의 자존심이기도 하다. 그러니까 이아손은 그리스인들의 잃어버린 자존심을 되찾은 영웅인 셈이다. 이아손 이야기 첫 대목부터 소개한다.

아득한 옛날 그리스 땅에는 이올코스라는 나라가 있었다. 영웅 이아손은 당시 이 나라를 다스리던 왕의 왕자로 태어났다. 나라가 평화스러웠다면 아버지의 뒤를 이어 왕이 될 운명을 타고 태어난 셈이다. 그러나 영웅 이아손은, 모든 영웅이 다 그렇듯이 어릴 때부터 모진 고생을 하지 않으면 안 되었다.

이올코스 나라의 왕은 여러 가지로 부족한 왕이었다. 지혜롭지도 못했고 용감하지도 못했다. 현명한 신하도 없었고 범 같은 장수도 없었다. 게다가 젊음조차 없었다. 이아손이 태어날 당시 이미 이올코스 나라의 왕은, 졸다가 나귀 잔등에서도 이따금씩 떨어질 정도로 나이를 먹은 노인이었다. 있어야 할 것이 턱없이 부족했던 이 왕에게는 있어서는 안 될 것이 하나 있었다. 있어서는 안 될 것이 무엇인가 하면, 바로 배 속이 검은 이복 아우였다. 왕은 당시 이미 노인 축에 들었지만 이복 아우 펠리아스는 30대 한창 나이의 젊은이였다.

펠리아스는 재산을 풀어 신하들의 환심을 사는 일을 게을리하지 않았다. 펠리아스에게서 뇌물을 얻어먹은 신하들은 공공연히 이런 말을 하고 다녔다.

"왕은 연세가 많고 왕자인 이아손은 아직 어리다. 왕자가 자라 왕위를 이을 때까지 이렇게 기다리고 있을 수만은 없지 않은가? 왕자가 장성할 때까지 숙부인 펠리아스를 왕위에 오르게 해야 하지 않겠는가? 그래야 밖에서 우리 나라를 넘보는 자들을 막고, 안에서 왕좌를 넘보는 자들을 막을 수 있지 않겠는가?"

펠리아스는 이런 신하들의 도움을 받아 왕위에 올랐다. 배 속이 검은 펠리아스도 그냥 왕위에 오르기는 미안했던지, 자신에게 호감을 갖지 않은 신하들에게 한 가지를 약속했다. 그것은 이아손이 장차 자라 왕 노릇 할 만한 나이가 되면 왕위를 물려주겠다는 약속이었다.

하지만 이런 약속은 지켜지기 어려운 것이 보통이다. 왕위에 오른 펠리아스는 권력을 휘둘러 장차 왕위에 오를 조카를 얼마든지 해코지할 수 있기 때문이다. 역사를 보라. 왕위 계승자라는 단 한 가지 이유 때문에 목숨을 잃은 왕자들이 얼마나 많은가?

이런 것을 잘 아는 이아손의 가까운 친척들은 어느 날, 다섯 살밖에 안 된 이아손을 몰래 펠리온산으로 보냈다.

펠리온산에는 '현자賢者'라고 불리는 반인반마半人半馬, 즉 허리 위로는 사람의 모습, 허리 아래로는 말의 모습을 한 켄타우로스馬人 케이론이 있었다. 이 케이론은 여러 영웅을 배출해낸 켄타우로스다. 헤라클레스, 의신醫神 아스클레피오스, 그리고 트로이아 전쟁의 영웅 아킬레우스도 바로 이 케이론의 제자들이다.

우리가 만화나 무협지 같은 것을 통해서 잘 알고 있거니와, 이아손은 이 산에서 숨어 지내면서 케이론에게서 칼 쓰는 법, 활 쏘는 법, 악기 다루는 법, 배 짓는 법, 뱃길 짐작하는 법 따위를 배웠다.

이아손이 펠리온산으로 떠난 지 15년째 되는 해, 키 높이로 자란 펠리온 산자락의 갈대숲을 헤치고 나오는 한 젊은이가 있었다. 그가 바로 다섯 살 때 펠리온산으로 숨어 들어간 왕자 이아손이다. 15년 동안이나 무술을 연마하고 웅변술을 익힌 이아손이 나라를 찾기 위해 드디어 산을 내려온 것이다. 얼마나 오랫동안 깎지 않았던지 이아손의 머리카락은 엉덩이까지 치렁치렁 자라 있었다.

한편 펠리아스왕은 조카 이아손이 펠리온산에서 무술을 연마하고 있다는 사실을 전혀 알지 못했다. 다섯 살 어린 나이에 흔적도 없이 종적을 감춘 이래 15년이라는 세월이 흘렀으니 무리도 아니었다. 펠리아스는 자기에게 이아손이라는 조카가 있다는 사실도 잊은 지 오래였다. 비록 형에게서 왕위를 빼앗기는 했지만 펠리아스는 이올코스 나라를 괜찮게 다스리는 꽤 쓸 만한 왕이었던 것 같다. 이올코스는 늙은 왕이 다스리고 있을 때보다 훨씬 강성해져 있었다. 그런데 이아손이 종적을 감추고 15년 세월이 흐른 당시, 나라 안에는 이상한 소문이 나돌기 시작했다. 그 이상한 소문을 동요로 지어 부르는 아이들도 있었다.

모노산달로스가 내려와
이올코스의 왕이 된다네…….

펠리온산에서 내려와 이올코스 나라로 들어가려면 아나우로스강을 건너야 했다. 이아손도 그 강을 건너지 않으면 안 되었다. 이아손이 아나우로스강을 건너려고 하는데, 강변에는 먼저 온 듯한 할머니 한 분이 앉아 있었다. 할머니는 여울목을 찾기는 찾았지만 물살이 너무 세어 혼자는 건너지 못하고 도와줄 사람을 기다리고 있었던 것임에 분명했다.

이아손이 다가가자 할머니가 퉁명스러운 말투로 물었다.

"나를 업어서 건네주려느냐? 아니면 내가 너의 그 긴 머리카락을 잡고 건너랴?"

이아손은 할머니의 퉁명스러운 말투에 화가 치밀었지만 상대가 할머니라 마음을 고쳐먹고 공손하게 대답했다.

"마땅히 업어서 건네드려야지요."

이아손은 할머니를 업고 강물로 다가섰다. 여울목인데도 하도 깊어서 한 발 들여놓자 무릎이 잠기고 두 발 들여놓자 엉덩이가 잠겼다.

"이 아둔한 것아, 내 옷이 젖지 않느냐?"

할머니가 이렇게 소리를 지르면서 있는 힘을 다해 이아손의 목을 끌어안고 목 쪽으로 기어올랐다. 이아손은 치밀어 오르는 화를 억누른 채 조심스럽게 발을 내디뎠다.

"어디로 가는 놈이냐?"

할머니가 쥐어박는 듯한 말투로 물었다.

"이올코스로 갑니다."

이아손이 공손하게 대답했다.

"이올코스의 누구를 찾아가?"

"펠리아스왕을 찾아갑니다."

"펠리아스가 뉘 집 머슴 이름이냐?"

"그게 아니고요, 실은 펠리아스왕이 제 숙부님이십니다."
"숙부 좋아한다."
"……."

이아손은 이런 이야기를 나누면서 고개를 갸웃거렸다. 아무래도 이상하다는 생각이 들었다. 잘 달리는 말 같으면 단숨에 뛰어넘을 수 있을 것 같던 여울목이었다. 그런데 가도 가도 저쪽 둑까지의 거리가 줄어드는 것 같지 않은 데다 등에 업은 할머니의 몸도 점점 무거워지고 있었기 때문이다. 여울목을 반쯤 건넜을 때는 할머니의 몸이 천 근 무게로 이아손의 등을 짓누르는 것 같았다. 할머니를 업은 것이 아니라 바윗덩어리를 업고 있는 것 같았다.

"이상하다……. 넓은 여울목이 아니었는데…… 왜 이렇게 가도 가도 끝이 없을까……."

노파로 변신한 헤라 여신
이아손은 이제 이 노파를 통해 첫 번째 시험의 관문을 통과해야 한다. 노파 옆에 헤라 여신을 상징하는 공작이 서 있다. 헤라는 신성한 결혼의 수호 여신이다. 1920년에 출간된 미국 작가 너새니얼 호손의 『탱글우드 이야기』 삽화.

이아손이 혼잣말로 이렇게 중얼거리자 할머니가 또 쥐어박듯이 내뱉었다.

"이 할미가 무거운 게지?"

"아닌 게 아니라 할머니가 자꾸만 무거워지고 있는 것 같습니다."

"네놈이 깊은 곳으로 들어서는 바람에 내 엉덩이가 이렇게 젖기는 했다만, 이놈아, 내가 솜덩어리냐? 내 엉덩이가 물이라도 빨아들이느냐? 자꾸만 무거워지게?"

"그게 이상합니다."

"이놈이 꾀를 부리는구나."

할머니가 빽 소리를 질렀다. 이아손은 그 소리에 놀라 얼떨결에 미끄러운 돌을 밟았고, 그 돌에 미끄러지는 바람에 몸의 균형을 잃었으며, 균형을 잃고 허둥대는 바람에 가죽신 한 짝을 놓치고 말았다. 가죽신은 빠른 물살에 아래쪽으로 떠내려갔다. 이아손이 그 가죽신을 다시 발에 꿰려고 한쪽 발을 쳐드는 순간, 할머니가 또 한 차례 호통을 쳤다.

"이놈아, 사람이 중하지 가죽신이 중하냐? 까짓 가죽신 한 짝 때문에 이 할미를 물에다 처박으려고 그래?"

하기야 할머니가 그렇게 호통을 치지 않았다고 하더라도 이아손은 벗겨진 가죽신을 다시 발에 꿰지 못했을 것이다. 산이라도 하나 짊어진 것 같아, 발을 잘못 쳐들면 다시 균형을 잃을 것 같았기 때문이다.

이아손은 가죽신 한 짝을 포기하고, 있는 힘을 다해 반대편 강둑을 향해 비틀거리며 걸었다. 등에 업은 할머니의 무게가 어찌나 무거운지 발은 강바닥으로 한 자씩이나 빠져들고 있었다.

"이놈이 왜 이렇게 비실거려?"

할머니가 또다시 호통을 쳤다.

"할머니, 제가 반드시 건네드리겠으니 염려하지 마십시오."

"이놈아, 이 좁은 여울목에서도 이렇게 비실거리는 녀석이 무슨 수로 잃어버린 왕위를 되찾아?"

"왕위를 되찾으러 간다고는 안 했습니다."

"펠리아스가 웃겠다, 이놈아!"

"저희 펠리아스 숙부님을 아십니까?"

"내 신전을 더럽힌 괘씸한 놈을 내가 왜 몰라?"

'내 신전……. 여신이 아니고서야 신전을 '내 신전'이라고 부를 수는 없지 않은가? 참으로 이상하다…….'

이런 생각을 하던 이아손이 퍼뜩 정신을 차리고 보니 등에 업혀 있던 할머니는 온데간데없었다. 이아손은 발치를 내려다보았다. 언제 건너왔는지, 그는 이미 강둑으로 올라와 있었다.

이아손은 잠깐 꿈을 꾸었나 생각해보았지만 꿈은 아니었다. 오른발에 신었던 가죽신은 온전하게 그대로 있는데, 왼발에 신었던 가죽신은 흔적도 없이 사라져버렸기 때문이다.

이아손은 가죽신을 한 짝만 신은 채로 이올코스로 들어갔다. 무슨 구경거리나 만난 듯이 아이들이 우르르 몰려들었다. 아이들은 이아손을 둘러싸고 이상한 노래를 불렀다.

모노산달로스가 내려와
이올코스의 왕이 된다네…….

모노산달로스Monosandalos……. '모노mono'가 무엇인가? '하나'라는 뜻이다. 그렇다면 '산달로스'는? 가죽신이다. 가죽끈으로 장딴지에다 얼기설기 엮어 묶는 가죽신이다. 오늘날 우리가 '샌들sandal'이라고 부르는 슬리퍼 비슷한 신발 이름은 여기에서 유래한 것이다. 그렇다면 '모노산달로스'는 무엇인가? '신발을 한 짝만 신은 사나이'라는 뜻이다. '외짝 신발을 신은 사나이', 즉 '외짝 신 사나이'라는 뜻이다.

자, 모노산달로스가 어떻게 왕이 될 수 있는가? 신발 한 짝을 잃어버릴 정도로 부주의한 사람이 어떻게 왕이 될 수 있는가? 우리는 혹시 신발 한 짝을 잃어버린 사람들은 아닌가? 잃어버리고도 잃어버린 줄을 모르고 있는 것은 아닌가? 잃어버렸다는 것을 인식하는 순간, 사람은 신발 한 짝 이상의 어떤 것을 획득하게 되는 것은 아닌가? 지켜볼 수밖에 없다.

이아손은 우선 머리나 손질해야겠다고 생각하고는 이발소를 찾아 들어갔다. 이발사가 이아손의 아래위를 번갈아 훑어보다가 물었다.

"가죽신 한 짝은 어떻게 하셨어요?"

"아나우로스강을 건너다가⋯⋯ 물살이 어찌나 센지 그만 가죽신 한 짝을 떠내려 보내고 말았소⋯⋯."

"참 이상하다⋯⋯."

"무엇이 이상해요?"

"요즘 우리 나라에는 모노산달로스(외짝 신 사나이)가 내려와 왕이 된다는 소문이 돌고 있어요."

"해괴한 소문이군요⋯⋯. 나도 하나 물어봅시다. 혹시 이 나라 왕이 어느 여신의 신전을 욕보인 일이 있습니까?"

이아손이 묻자 이발사가 대답했다.

"있겠지요. 펠리아스왕은 본처가 있는데도 첩을 여럿 두었어요. 첩들은 차례로 자식을 낳았고요. 젊은이는 헤라 여신이 어떤 여신인지 아시지요?"

"알고말고요. 신성한 결혼을 지키시는 여신 아닌가요? 신성한 결혼을 더럽히면 벌을 주시는 여신 아닌가요?"

"맞습니다. 펠리아스왕이 신성한 결혼의 맹세를 어기고 이 여자 저 여자를 건드리니까 헤라 여신의 신전을 지키고 있던 여사제가 펠리아스왕에게 충고했지요."

"뭐라고요?"

"그런 못된 짓 그만두지 않으면 모노산달로스가 와서 왕위를 빼앗을 거라고요. 하지만 펠리아스왕은 못된 짓을 그만두기는커녕 사람을 보

금양모피를 손에 넣은 이아손
이아손 이야기는 결국 그리스의 자존심이라고 할 수 있는 금양의 털가죽을 찾는 이야기다. 이아손은 메데이아의 도움을 받아 이 금양모피를 손에 넣는 데 성공한다. 17세기 벨기에 화가 에라스무스 켈리누스 2세의 그림.

1 잃어버린 신발을 찾아서

내서 신전 기둥뿌리까지 뽑게 했답니다. 말하자면 헤라 여신을 단단히 욕보인 것이지요."

이발사의 말을 들은 이아손이 하늘을 우러러보며 중얼거렸다.

"……아, 그렇다면 아까 그 할머니가 바로 헤라 여신이었구나. 헤라 여신이 할머니로 둔갑하고 내 앞에 나타나셨던 게로구나……."

여기까지가 그리스 시인 아폴로니오스 로디오스가 쓴 영웅 서사시 『아르고 원정대 이야기Argonautica』에 나오는 모노산달로스, 즉 외짝 신 사나이의 내력이다. 아르고는 영웅 이아손이 타고 먼 북쪽 나라로 갔던 배 이름이다. 모노산달로스 이아손이 북쪽 나라 콜키스에서 그 나라 공주 메데이아의 도움을 받아 황금빛 양의 털가죽을 찾아 가지고 돌아와 펠리아스왕을 몰아내고 왕위를 되찾게 되는 것은 그로부터 세월이 한참 흐른 뒤의 일이다.

왜 하필이면 신발인가? 신발은 과연 무엇인가? 이런 의문을 한번 품어본다. 테세우스 신화에는 이 신발이 어떤 모습으로 등장하는지 어디 한번 살펴보자.

테세우스의 신표

그리스의 도시국가 중 하나인 아테나이의 왕 아이게우스는 세상에 부러울 것이 별로 없는 사람이었다. 나라의 힘은 나날이 늘어갔고, 백성의 살림살이는 나날이 넉넉해져갔다. 그런데 그런 아이게우스왕에게도 남에게 밝히고 싶지 않은 고민거리가 하나 있었다. 슬하에 아들이 없다는 것이었다.

아이게우스는 장차 아들을 얻을 수 있는지, 아니면 팔자에 아예 아들이 없는 것인지 그게 궁금해서 견딜 수 없었다. 그래서 델포이에 있는 아폴론 신의 신전으로 가서 신탁神託을 한번 받아보고자 했다.

신탁이란 '신이 맡겨놓은 뜻'이라는 말로 탁선託宣이라고도 한다. 당시 그리스인들은 신들이 인간의 팔자를 주관한다고 믿었을 뿐만 아니라, 무신巫神 아폴론의 신전에 가서 그 신전을 지키는 여사제에게 물으면 그 뜻을 미리 아는 것도 가능하다고 믿었다. 델포이의 아폴론 신전 여사제의 예언, 즉 여사제가 전하는 아폴론 신의 뜻은 두루뭉수리한 것으로 이름나 있다.

아이게우스가 아폴론 신전에서 받은 신의 뜻은 다음과 같다.
"사람의 우두머리여, 네 나라 아테나이에 이르기까지는 통가죽 부대의 발을 풀지 말라."

통가죽 부대의 발이란 무엇인가? 그 당시 그리스 사람들은 양의 통가죽을 포도주 부대로 이용했다. 통가죽 부대를 술통이나 술 주전자로 이용한 것이다. 따라서 통가죽 부대의 발은 술 주전자의 주둥이를 조심하라는 말, 결국은 술을 조심하라는 말이다.

아이게우스는 아폴론 신전이 있는 델포이에서 아테나이로 돌아가는 길에 트로이젠이라는 나라를 방문했다. 트로이젠의 왕인 피테우스는 당시 그리스에서 현명한 왕으로 이름을 떨치고 있던 사람이다.

아이게우스는 트로이젠에 이르기까지는 포도주를 마시지 않았다. 그러나 트로이젠에서는 왕이 하도 간곡하게 권하는 바람에 그럴 수가 없었다. 아이게우스는 왕이 권하는 대로 포도주를 받아 마시고는 인사불성이 되어 잠자리에 들었다.

이튿날 잠에서 깬 아이게우스왕은 소스라치게 놀랐다. 트로이젠의 공주 아이트라가 알몸이 된 채 곁에 누워 있었기 때문이다. 플루타르코스(영어로는 '플루타크')는 저 유명한 『플루타르코스 영웅전』의 이 대목에 이르러 다음과 같이 절묘하게 쓰고 있다.

"공주가 피테우스왕의 설득에 못 이겨 손님의 잠자리로 들어갔는지, 아니면 공주가 손님이 취한 것을 알고 스스로 찾아들어 갔는지 그것은 분명하지 않다."

플루타르코스의 묘사가 절묘하다. 누구의 뜻으로 동침이 이루어졌는지 따지는 것 같지만, 그는 이로써 손님과 공주의 동침을 기정사실로 만드는 논법을 구사하고 있기 때문이다.

취중에 남의 나라 공주와 동침한 것을 안 아이게우스는 서둘러 그 나라를 떠났다. 떠나기 직전, 그는 방 앞의 섬돌을 번쩍 들어 옮기고는 섬돌 있던 자리에다 칼 한 자루와 가죽신(!) 한 켤레를 놓은 뒤 그 위에다 다시 섬돌을 놓았다. 섬돌이란 방 앞에 놓인, 층계 노릇을 하는 긴 돌을 말한다. 힘센 장사가 아니고는 그런 섬돌을 들었다 놓았다 할 수 없다.

아이게우스는 섬돌을 제자리에 놓은 뒤 공주에게 이런 말을 했다.

"아들이 태어나거든, 그리고 그 아들이 제 아버지가 누군지 궁금해하거든 내게로 떠나보내세요. 내가 섬돌 밑에다 신표信標가 될 만한 것을 감추어두었으니, 제 힘으로 그 섬돌을 들어 올릴 수 있을 만큼 자라면 보내세요. 아무도 모르게, 은밀하게 보내세요."

신표가 무엇인가? 바로 칼과 가죽신이다. 놀랍지 않은가? 여기에서도 가죽신은 신분증명서 노릇을 할 모양이다.

이윽고 공주의 몸에서 아들이 태어났다. 공주는 그 아들의 이름을 테세우스라고 지었다. 테세우스Theseus라는 말은 '테사우로스thesauros'에서 온 것인데, 이 테사우로스는 '묻혀 있는 보물'이라는 뜻이다. 사전을 뜻하는 영어 단어 '시소러스thesaurus'는 바로 이 말에서 유래한 것이다. 사전이 무엇인가? 단어의 보물 창고가 아닌가?

당시 아테나이에는 사내아이가 자라 열여섯 살이 되면 앞머리를 잘라 아폴론 신전에 바치는 풍습이 있었다. 테세우스는 열여섯 살이 되자 당시의 풍습대로 아폴론 신전이 있는 델포이로 올라갔다.

"너 자신을 알라Know thyself!"

우리는 이것을 그리스의 철학자 소크라테스가 한 말로 기억하고 있다. 그러나 그렇지 않은 모양이다. 소크라테스가 이 말을 옮겼을 뿐, 델포이 신전의 상인방에도 다음과 같은 글귀가 새겨져 있었다고 한다.

"그노티 세아우톤Gnothi Seauton!"

바로 '너 자신을 알라'는 뜻이다.

자신을 알자면 어떻게 해야 하는가? 자신을 향해 근본적인 의문을 제기하는 경험이 있어야 한다. 이런 의문은 누구나 제기할 수 있다. 그러나 의문을 제기한 다음에는 그 답을 모색하는 경험이 뒤따라야 한다. 의문을 제기하고 그 의문의 답을 모색하는 사람은 신화의 주인공, 자기 삶의 주인공이 된다. 그러나 의문만 제기할 뿐 그 답을 모색하지 않는 사람은 신화의 조연, 자기가 사는 모듬살이의 조연에 머문다.

테세우스도 의문을 제기한다.

"나는 도대체 누구인가? 다른 아이들에게는 다 아버지가 있는데, 나에게는 왜 아버지가 없는가? 나는 도대체 어디에서 왔는가?"

테세우스가 이런 의문을 제기한 것은 그의 나이 열여섯 살 때의 일이다. 테세우스는 혼자 고민하다가 어머니 아이트라에게 자기가 누구의 아들인지, 그 내력을 밝혀줄 것을 요구했다. 어머니 아이트라는 아들을 섬돌 아래로 데리고 가서, 그 무거운 섬돌을 들어 올릴 수 있는지 시험해보았다. 테세우스는 열여섯 살의 소년에 지나지 않았는데도 그 섬돌을 어렵지 않게 들어 올렸다. 섬돌 밑에, 16년 전에 아버지 아이게우스가 감추어둔 칼과 가죽신이 있었음은 물론이다.

테세우스는 자기의 신분을 증명해줄 이 칼과 가죽신을 간직하고 아버지를 찾으러 아테나이를 향하여 길을 떠나기로 했다. 외조부의 나라 트로이젠에서 아버지의 나라 아테나이로 가자면 산을 넘고 강을 건너는 육로가 가까웠다. 그러나 육로에는 도둑이 들끓어서, 웬만한 사람들은 시일이 조금 더 걸려도 도둑을 만날 염려가 없어 안전한 배를 타고 오고 갔다. 외조부 피테우스와 어머니 아이트라도 테세우스에게 뱃길로 갈 것을 권했다. 그러나 테세우스는 한마디로 거절했다.

"편안한 뱃길로 아버지를 찾아가는 것은 아버지의 명예를 욕되게 하는 것입니다. 제가 테세우스라는 것을 증명하는 이 칼과 가죽신은 제가 아버지 아이게우스의 아들이라는 것을 증명하는 것이지, 제가 명예로운 아버지의 명예로운 아들이라는 것을 증명하는 것은 아닙니다."

결국 테세우스는 육로를 잡아 길을 나섰고, 온갖 도둑을 물리친 다음에야 아테나이에 이를 수 있었다. 저 악명 높은 도둑 프로크루스테스도 그런 도둑 중의 하나였다. 프로크루스테스의 집에는 침대가 하나 있었다. 도둑은 나그네가 지나가면 집 안으로 불러들여 이 침대에 눕혔다. 그러나 나그네로 하여금 그냥 그 침대에 누워 쉬어 가게 하는 것이 아니었다. 이 도둑은 나그네의 키가 침대 길이보다 길면 몸을 잘라서 죽이고, 나그네의 키가 침대 길이보다 짧으면 몸을 늘여서 죽였다. '프로크루스테스의 침대'는 여기에서 생겨난 말이다. 자기 생각에 맞추어 남의 생각을 뜯어고치려는 버르장머리, 남에게 해를 끼치면서까지 자기주장을 굽히지 않는 횡포를 '프로크루스테스의 침대'라고 하는 것은 바로 여기에서 유래한 것이다.

테세우스는 이 해괴한 도둑을 죽이되, 도둑이 무수한 나그네를 죽인 것과 똑같은 방법으로 죽이고는 아테나이로 들어섰다.

소문은 원래 소문 주인공의 발걸음보다 빠른 법이다. 테세우스가 아테나이에 당도했을 때, 테세우스가 무수한 도둑을 죽이고 아테나이로 오고 있다는 소문이 쫙 퍼져 있었다. 아테나이 왕궁에서 이 소문을 가장 먼저 들은 사람은 아이게우스왕의 아내 메데이아였다. 메데이아가 자기가 낳지도 않은 아들 테세우스를 반길 까닭이 없었다. 테세우스가 출현하면 자기가 낳은 아들들의 위치가 매우 불안해질 것이기 때문이었다. 메데이아는 테세우스를 독살하기 위해 독약을 준비하고 기다리고 있었다.

테세우스가 왕궁으로 들어섰을 때, 아이게우스왕 내외와 신하들은 잔칫상을 마련하고 테세우스를 기다리고 있었다. 다 메데이아가 꾸민 일이었다. 테세우스가 왕궁으로 들어서자, 그 청년이 자기 아들임을 알 리 없는 아이게우스가 이런 말로 테세우스를 맞았다.

"트로이젠의 영웅이여, 피테우스왕께서는 평안하신가? 나도 오래전에 피테우스왕을 뵙고 나그네 대접하는 법을 좀 배운 사람이네. 그러니 내 나라 궁전에서 편히 쉬시게."

아이게우스왕은 이렇게 말하면서 테세우스에게 술잔을 권했다. 그 술잔은 메데이아가 이미 독약을 타놓은 독주 잔이었다. 술잔을 받아 든 테세우스는 녹슨 칼집에서 칼을 뽑아 들고는 상에 차려진 양고기를

메데이아

영웅 이아손을 도와주던 바로 그 메데이아다. 이아손을 돕기 위해 조국을 배반하는 것은 물론 제 동생까지 죽인 인물. 당시 메데이아는 이아손을 떠나 아테나이 왕 아이게우스의 아내가 되어 있었다. 19세기 영국 화가 앤서니 프레더릭 샌디스의 그림.

먹을 만큼 잘랐다. 녹슨 칼집에서 테세우스가 뽑은 그 칼은 16년 전에 아이게우스가 섬돌 밑에다 두고 온 칼이었다. 테세우스가 신고 있는 가죽신을 유심히 살펴본 아이게우스왕은 그 가죽신 또한 자기가 섬돌 밑에다 감추어두고 온 바로 그 가죽신이라는 것을 알아보았다.

아이게우스왕이 테세우스에게 소리쳤다.

"잠깐, 그 술잔의 술을 버려라!"

칼과 가죽신이 신분을 증명해준 덕분에 테세우스는 무사히 아버지

아이게우스를 만날 수 있었다.

　테세우스는 크레타의 미궁 속에 살고 있는 괴물 미노타우로스를 쳐 죽인 영웅이기도 하다. 크레타의 미궁은 그 속이 어찌나 복잡하게 설계되어 있었던지 들어간 사람은 아무도 살아 나온 적이 없는 곳이었다. 그러나 테세우스는 크레타에 있던 미노스 왕국의 공주 아리아드네의 도움으로 그 미궁에서도 무사히 빠져나온 영웅이다. 아리아드네가 미궁으로 들어가는 테세우스에게 실타래 하나를 건네주었고, 테세우스는 미궁에 들어서면서부터 이 실타래에서 실을 살살 풀어나가다가 나올 때는 그 실을 따라 나왔던 것이다.
　테세우스는 헤라클레스와 함께 그리스를 대표하는 영웅이기도 한데, 신분을 증명하는 신표였던 칼과 가죽신이 없었더라면 영웅이 되기는 커녕 왕궁에서 메데이아의 독주에 독살당하고 말았을 것이다.
　그렇다면 가죽신은 이아손의 신화나 테세우스의 신화에만 등장하는 것일까? 다른 신화나 전설에 등장한다면 그것은 우연의 일치인 것일까?

짚신과 유리 구두와 꽃신

〈달마도達磨圖〉라고 불리는 그림이 있다. 수염을 기른 험상궂은 스님을 그린 그림이다. 〈달마도〉에 그려진 스님이 바로 달마대사다. 〈달마도〉에 나오는 달마대사는 눈이 유난히 무섭다. 졸음이 오면 윗눈꺼풀이 내려오는 법인데, 이게 귀찮아서 아예 눈꺼풀을 잘라버려 그렇다고 한다. 〈달마도〉에 그려지는 달마대사의 눈이 유난히 부리부리하고 섬뜩해 보이는 것은 이 때문이다.

달마대사는 6세기에 불교를 전하러 중국으로 건너왔던 남인도南印度 사람이다. 남인도 향지국이라는 나라의 셋째 왕자였다는 전설도 있다. 그는 중국의 소림사에서 도를 닦으면서 산도둑들로부터 스님을 지키기 위해 산짐승들을 보고 무예를 창안했다는데, 이것이 바로 저 유명한 소림사 권법이다.

그런데 〈달마도〉에는 달마대사의 얼굴만 그린 것도 있고 전신을 그린 것도 있다. 전신을 그린 〈달마도〉를 보면 대사의 지팡이에 신발 한 짝이 걸려 있는 것이 보통이다. 달마대사에게도 신발 전설이 따라다닌다.

달마대사의 신발은 무엇으로 만든 신발이었을까? 가죽신은 분명히 아니었을 것이다. 부처님을 믿는 사람들은 살아 있는 동물을 죽이지 않을뿐더러, 동물의 가죽으로 만든 물건은 몸에 지니지 않는다. 신발도 동물의 가죽으로 만든 가죽신은 신지 않았을 것이다.

달마대사는 중국의 소림사에서 9년 동안 도를 닦고 큰 깨달음을 얻어 제자들을 가르치다가 528년께에 세상을 떠난 것으로 전해진다. 대사를 시기하는 사람들에게 독살당했다는 전설도 있다. 당시 중국의 스님들에게는 화장하는 풍습이 없었던 것일까? 제자들은 달마대사의 시신을 양지바른 곳에 묻었다.

달마대사가 세상을 떠난 지 3년 뒤, 인도의 월씨국越氏國이라는 나라를 다녀온 사신이 달마대사를 보았노라고 주장했다. 송운宋雲이라는 이 중국 사신은 구체적인 증거까지 대어가면서 자기는 분명히 두 눈으로 달마대사를 보았노라고 주장했다.

"월씨국 다녀오는 길에 분명히 달마대사를 뵈었습니다. 대사는 신발 한 짝만을 들고 조국인 향지국으로 가시면서 저에게 이런 말씀을 하십디다.

'네 나라 임금님이 세상을 떠나셨으니, 어서 돌아가거라.'

이 말씀을 듣고 돌아와 보았더니 과연 황제께서 돌아가신 뒤였습니다. 그러니까 저는 달마대사의 말씀을 듣고 황제께서 세상 떠나신 것을 미리 알고 있었던 것입니다."

당시의 황제가 송운의 말을 듣고는 웅이산熊耳山에 있던 달마대사의 무덤을 파보게 했다. 무덤 속에는 신발 한 짝이 남아 있을 뿐, 달마대사의 시신은 흔적도 없이 사라지고 없더라고 한다. 결국 달마대사도 외짝신 사나이 모노산달로스가 되어 고국으로 돌아간 셈이다.

신발 이야기는 여기에서 끝나지 않는다.

유럽의 옛 동화 신데렐라를 떠올려보자. 신데렐라는 '얼굴에 재가 묻은 부엌데기'라는 뜻이다. 신데렐라는 계모의 박대를 받으면서 구차하게 살고 있던 착한 처녀. 그런데 이 신데렐라가 선녀의 도움으로 왕실의 무도회에 참석하게 된다. 왕자는 착하고 아름다운 신데렐라에게 첫눈에 반하고 만다. 하지만 신데렐라는 자정이 되기 전에 집으로 돌아가지 않으면 안 된다. 신데렐라는 황급히 무도회장을 빠져나오느라고 유리 구두 한 짝이 벗겨진 것도 모른 채 허둥지둥 호박 마차에 올라 집으로 돌아간다. 신데렐라에게 반한 왕자는 어떻게 하든지 신데렐라를 찾고 싶어 한다. 왕자는 무엇을 단서로 신데렐라를 찾게 되었던가? 신데렐라가 잃어버리고 간 한 짝의 유리 구두다.

보라, 신데렐라 역시 모노산달로스가 아닌가?

이 모노산달로스 이야기는 조선 시대에 씌어진 우리나라의 고전 소설 『콩쥐팥쥐』에서도 똑같이 되풀이된다. 신데렐라 이야기에 나오는 왕자는 한 지방의 젊은 원님으로, 유리 구두는 꽃신으로 바뀌어 있을 뿐이다. 콩쥐에게 첫눈에 반해버린 원님은 무엇을 단서로 콩쥐를 찾아내던가? 황급히 잔치 자리를 떠나느라고 콩쥐가 잃어버리고 간 꽃신 한 짝이다.

보라, 콩쥐 역시 모노산달로스가 아닌가?

구약 시대의 모세는 활활 타오르는 신성한 떨기나무 앞에서 신발을 벗어야 했다. 모세가 벗어야 했던 신발은 무엇인가? 혹시 인간 모세의 자아가 아니었을까? 바다나 강물에 뛰어들어 목숨을 끊는 사람들은 오늘날에도 바닷가나 강가에 신발을 벗어놓은 채 물속으로 뛰어든다.

여성의 변심을 우리는 뭐라고 부르는가? '고무신 거꾸로 신기'라고 부르지 않는가? 그리던 임의 예리성曳履聲이 들리면, 즉 신발 끄는 소리가 들리면 어떻게 반기는가? 버선발로 뛰어나간다. 신발을 신을 틈이 없다. 자신의 온 존재를 벗어놓은 채 달려 나가야 온전하게 임의 품에 안길 수 있다.

우리는 우리가 지나온 역사를 한 장의 종이에다 기록하고 이것을 '이력서履歷書'라고 부른다. 신발履 끌고 온 역사歷의 기록書이다.

우리의 신발은 온전한가? 우리는 혹시 신발 한 짝을 잃어버리고 있는 것은 아닌가? 잃어버리고도 잃은 줄을 모르고 있는 것은 아닌가? 잃어버린 신발을 찾아 길을 떠나야 하는 것은 아닌가?

대지와 우리 육신 사이에는 신발이 있다. 신발의 고무 밑창 하나가 우리와 대지 사이를 갈라놓고 있다. 대지는 무엇인가? 인간이 장차 돌아가야 할 곳이다.

그러면 신화는 무엇인가? 옛이야기는 또 무엇인가? 신화는, 옛이야기는 언제 발생한 것인가?

그것은 아무도 모른다. 분명한 것은 우리가 살고 있는 이 시대, 우리가 잘 알고 있는 이 시대와 아득한 선사시대, 우리가 짐작도 할 수 없는 미지의 시대 사이에 신화가 있다는 사실이다.

신화는 어쩌면 우리가 잃어버린 신발 한 짝인지도 모른다.

2

황당하게
재미있는
세계

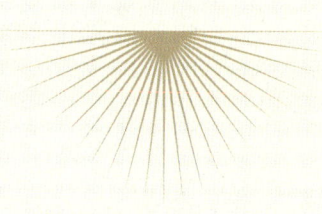

모든 것은 카오스에서 시작되었다

그리스인들은 이 세계와 우주를 어떤 것으로 여기고 있었을까? 그리스인들의 황당한, 그러나 나름대로 이치를 꿰뚫고 있는 세계관과 우주관을 엿보기로 하자.

그리스 신화에 따르면, 처음에 이 세상에는 아무것도 없었다. 온 우주와 온 땅은 그냥 막막하게 퍼진 듯한 평퍼짐한 모양을 하고 있었다. 이 막막하게 퍼진 것을 '카오스chaos'라고 한다. '혼돈'이라는 뜻이다. 카오스는 형상도 질서도 없는 하나의 덩어리에 지나지 않는다. 생명이 없는 퇴적물, 사물로 굳어지지 못한 모든 요소가 구획도 없이 밀치락달치락하고 있는 하나의 상태일 뿐이다. 이와 반대되는 상태를 '코스모스cosmos'라고 한다. '질서'라는 뜻이다.

그런데 여기에 '자연'이라는 신이 출현한다. 자연은 카오스를 정리한다. 혼돈 상태에 마침표를 찍었다는 뜻이다. 그러나 카오스가 아주 죽은 것은 아니다. 카오스에게서 그윽한 어둠의 신 에레보스, 밤의 여신 뉙스가 태어난다. 에레보스는 그윽한 어둠의 신이기도 하지만 그 말 자체가 '그윽한 어둠'이라는 뜻이다. 뉙스Nyx는 밤의 여신이기도 하지만 그 말 자체가 '밤'이라는 뜻이다. '밤'을 뜻하는 라틴어 '녹스nox'는 여기에서 나왔다. '야상곡'을 뜻하는 영어 '녹턴nocturn', '밤'을 뜻하는 프랑스어 '뉘nuit'도 여기에서 나온 말이다.

에레보스와 뉙스는 엄밀하게 말하면 남매간이다. 하지만 당시에는 남매라는 말이 없었다. 이 둘은 서로 혼인하여 낮의 신 헤메라와 대기의 여신 아이테르를 낳았다. 대기 혹은 푸른 하늘을 뜻하는 '이터르ether' 혹은 '에테르'는 이 아이테르에서 나온 말이다.

자연은 하늘에서 땅을 떼어놓았고, 땅에서는 물을 떼어놓았다. 무주룩한 대지에서는 맑은 하늘을 떼어놓았다. 자연은 떼어낼 수 있는 것들을 모두 떼어놓고는 이들에게 서로 각기 다른 자리를 주어 평화와 조화를 누리게 했다.

자연이 이렇게 하자 무게라는 것이 조금도 없는 하늘의 불과, 사물을 태우는 기운은 가장 높은 하늘로 올라가 거기에 자리를 잡았다. 가볍기로 말하자면 불 다음인 공기는 그 밑에 자리 잡았다. 불과 물보다 밀도가 높은 땅은 단단한 물질을 끌어당겼다. 그러니 무게가 늘어날 수밖에 없었다. 그래서 땅은 아래로 내려왔다. 사방으로 퍼져 있던 물은 맨 나중에 자리를 잡았다. 물은 땅을 감싸 안았다. 그리스인들은 거대한 강인 대양이 땅을 둘러싸고 있다고 믿었다.

가슴이 넓은 대지는 땅이 원래 그렇듯이 스스로 생명을 얻어 여신이 되었는데, 이 여신이 바로 가이아Gaea다. 이 말은 지금도 '지구'를 뜻하는 말로 쓰인다. 하늘은 곧 하늘의 신 우라노스Uranus가 되었다. 스스로 우라노스가 되었다고 믿는 이들도 있고, 대지의 여신 가이아가 하늘을 하늘의 신으로 만들었다고 믿는 이들도 있다.

자, 위에는 하늘의 신 우라노스가 있고, 아래에는 대지의 여신 가이아가 있다. 그 사이에는 그윽한 어둠의 신 에레보스가 있고, 밤의 여신 뉙스가 있다. 그윽한 어둠과 밤 사이에는 이들이 낳은 낮의 신 헤메라와 대기의 여신 아이테르가 있다. 하지만 이 세계에는 있어야 할 것이 너무 많았다. 따라서 신들은 계속해서 무엇인가를 낳아 이 세상을 가득 채우지 않으면 안 되었다.

밤의 여신 뉙스는 검은 날개를 퍼덕거려 바람을 일으키고는 이 바람의 정기를 받아 거대한 알 하나를 낳았다. 이 알에서 또 한 신이 태어났는데, 이 신이 바로 나른한 그리움의 신 에로스Eros다. 하지만 이 에로스는 우리가 알고 있는 사랑의 신 에로스는 아니다. 나른한 그리움의 신 에로스는 생산하는 신이다. 이 땅에 살아갈 온갖 것들을 낳게 될 에로스가 밤의 여신 뉙스의 자식이라는 것을 잊지 말아야 한다. 이 땅에 살아갈 인간이 밤에 잉태되는 것도 다 이 때문이라는 것도 잊지 말아야 한다.

대지의 여신 가이아는 하늘의 신 우라노스와 교합하여 아들 여섯과 딸 여섯을 낳는다. 가이아와 우라노스가 교합할 때 밤의 여신 뉙스가 밤의 장막으로 이 둘을 가려주었다고 믿는 사람도 있고, 그럴 필요가 없었다고 믿는 사람도 있다. 가이아와 우라노스가 낳은 열두 남매가 바로 '티탄Titan족', 즉 거대한 신들의 족속(거신족)이다. 천하장사를 뜻하는 '타이탄titan'이 여기에서 나왔으며, 빙산에 부딪쳐 침몰한 거대한 배 '타이타닉Titanic'의 이름도 여기에서 나온 말이다.

땅의 여신 가이아와 하늘의 신 우라노스 사이에서 태어난 여섯 아들 중 맏이는 거대한 바다(대양)의 신인 오케아노스Oceanos다. 바다를 뜻하는 영어 '오션ocean'은 여기에서 유래한 말이다. 둘째 아들은 '하늘 덮개'라는 뜻의 코이오스, 셋째 아들은 휘페리온이다. 휘페리온Hyperion이라는 말은 '높은 곳을 달리는 자'라는 뜻이다. 자, 높은 곳을 달리는 자에게서 아들딸이 태어난다면 그것은 누구이겠는가? 해와 달이 아니겠는가? 실제로 태양신 헬리오스와 달의 여신 셀레네는 휘페리온의 자식들이다. 하지만 이 이야기는 다음에 하기로 하자. 넷째 아들은 크리오스, 다섯째 아들은 이아페토스다. 뒷날의 일이지만, 이 이아페토스에게서 우리가 주목해야 할 두 아들이 태어난다. 즉 '먼저 아는 자'라는 뜻을 지닌 프로메테우스Prometheus와 '나중 아는 자'라는 뜻을 지닌 에피메테우스Epimetheus가 바로 이들이다. 이 두 단어의 접두사 '프로pro'와 '에피epi'는 머리말을 뜻하는 '프롤로그prologue'와 끝말을 뜻하는 '에필로그epilogue'라는 말에 고스란히 남아 있다. '로그logue'는 '말'이라는 뜻이다. 여섯째 아들의 이름은 크로노스Cronus, 즉 '시간'이라는 뜻이다. 그리스 신화에 등장하는 12신으로 유명한 올륌포스 신들은 모두 이 크로노스의 자손들이다.

대지의 여신 가이아와 하늘의 신 우라노스가 낳은 여섯 딸 중 첫째는 테이아다. 별로 중요한 여신이 아니었던지, 신화는 이 테이아에 대해 별로 기록하고 있지 않다. 둘째는 레아, 즉 '동물의 안주인'이라는 뜻이다. 셋째는 므네모쉬네Mnemosyne, 즉 '기억'이라는 뜻이다. 역시 먼 뒷날의 일이지만, 이 므네모쉬네에게서 우리가 뮤즈Muse라고 부르는 예술의 여신들인 무사이Mousai 아홉 자매가 태어난다. 이어서 포이베, 테튀스 그리고 테미스가 태어나는데, 이 중에서 우리가 주목해야 할 여신이 바로 테미스다. 테미스는 '이치'라는 뜻이다. 이 여신은 어떤 사물이나 사태를 접할 때마다 그것이 이치에 합당한 것인지 따지고 재판하는 일을 하는 매우 중요한 여신이다.

대지의 여신 가이아와 하늘의 신 우라노스는 거대한 신들인 티탄 열두 남매만 낳은 것은 아니다. 거대한 외눈박이들인 퀴클롭스 삼 형제, 팔이 1백 개나 달린 거인들인 헤카톤케이레스를 낳은 것도 바로 이들이다. 퀴클롭스Cyclops라는 말은 '퀴클cycle'과 '옵스ops'라는 말로 이루어져 있다. 퀴클은 '둥글다'는 뜻으로 영어의 '서클circle'과 같은 말이다. 옵스는 '눈'이라는 뜻이다. 이 말은 오늘날에도 눈 및 시각과 밀접한 관계가 있는 '옵티컬optical' 따위의 영어에 그대로 남아 있다. 그렇다면 퀴클롭스는 무슨 뜻이겠는가? '둥그런 눈'이라는 뜻이다. 이들은 이마 한복판에 둥그런 외눈알이 하나 박혀 있어서 이렇게 불렸다고 한다.

퀴클롭스 삼 형제 중 맏이의 이름은 브론테스, 즉 '천둥'이라는 뜻이다. 둘째의 이름은 스테로페스, 즉 '번개'라는 뜻이다. 셋째는 아르게스, 즉 '벼락'이라는 뜻이다. 뒷날 이 삼 형제가 힘을 합쳐서 제우스에게 무시무시한 무기를 만들어주는데, 그것이 바로 제우스의 불벼락이다.

헤카톤케이레스 삼 형제는 각각 팔이 1백 개씩 달려 있어서 헤카톤케이레스, 즉 '백수 거인百手巨人'이라고도 불린다. 맏이의 이름은 코토스, 즉 '돌진하는 자'라는 뜻이다. 둘째의 이름은 브리아레오스, 즉 '강한 자'라는 뜻이다. 그리고 막내의 이름은 귀게스, 즉 '손을 함부로 놀리는 자'라는 뜻이다.

거신 열두 남매는 그렇지 않은데, 이 외눈박이 거인 삼 형제와 백수 거인 삼 형제는 이름만 보아도 짐작할 수 있듯이, 걸핏하면 행패를 부리는 망나니들이었다. 이들은 저희들끼리 싸우는 것은 물론이고 형들과 누나들인 거신 열두 남매에게 행패를 부리는 것도 서슴지 않았다. 그러자 하늘의 신 우라노스가 이들의 행패와 망나니짓을 보다 못해 이들 여섯을 대지 가장 깊은 곳에 있는 '타르타로스'에 가두어버렸다. 타르타로스는 '무한 지옥無限地獄'이라는 뜻이다. 따라서 이들은 바로 무한 지옥에 갇힌 셈이다.

그렇다면 대지의 가장 깊은 곳은 어디일까? 바로 대지의 여신 가이아의 배 속이다. 가이아는 이들이 무한 지옥 안에서 벌이는 소동을 견딜 수가 없었다. 그래서 혼자 이런 생각을 했다.

'……외눈박이 삼 형제와 백수 거인 삼 형제는 내가 바라지 않던 자식들이다. 내가 바라지도 않던 자식을 낳게 한 것이 누구인가? 바로 하늘의 신 우라노스다. 우라노스를 그대로 두면 또 나에게 이런 자식의 씨를 뿌릴지도 모르는 일……. 후환을 없애자면 근본부터 잘라버리는 수밖에 없다.'

대지의 여신 가이아는 몸속을 흐르는 무쇠의 맥에서 무쇠 덩어리를 하나 꺼내어 낫 한 자루를 만들었다. 그러고는 거신 열두 남매를 불러들였다. 가이아 여신이 아들딸들에게 말했다.

아버지 우라노스를 거세하는 크로노스
배경의 천구도天球圖와 낫은 각각 하늘의 신 우라노스와 때가 되면 모든 것을 소멸시키는 크로노스의 신격을 암시한다. 16세기 이탈리아 화가 조르조 바사리의 그림.

"너희들의 아버지는 나로 하여금 내가 바라지도 않던 자식들을 낳게 했다. 너희들에게도 종종 행패를 부리는 외눈박이 거인 삼 형제와 백수 거인 삼 형제가 바로 이들이다. 이들은 지금 내 배 속에 갇혀 있다. 이들이 소동을 부리는 통에 내가 견디지 못하겠다. 나는 지금 너희들의 아버지 우라노스에게 한 가지 조처를 취하고자 한다. 너희들 아버지를 죽일 수는 없다. 하늘의 신이 죽으면 하늘이 없어지기 때문이다. 어찌 하였으면 좋겠느냐?"

막내아들인 크로노스가 대답했다.

"저에게 좋은 생각이 있습니다. 그 낫을 저에게 주십시오."

크로노스는 어머니 가이아와 은밀하게 말을 맞춘 다음 낫을 품고서 낮의 신 헤메라가 떠나고 밤의 여신 뉙스가 오기를 기다렸다. 말하자면 낮이 저물고 밤이 오기를 기다렸던 것이다.

이윽고 밤이 되자 하늘의 신 우라노스가 자기 몸으로 대지의 여신 가이아의 몸을 덮었다. 그런 지 오래지 않아 우라노스가 자식의 씨를 뿌리는 '거시기'가 팽팽하게 부풀었다. 크로노스는 아버지 우라노스가 어머니 가이아의 몸에 또 한 생명의 씨를 뿌리기 직전에 아버지의 '거시기'를 왼손으로 거머쥐었다. 그러고는 품속에서 낫을 꺼내어 '거시기'를 싹둑 잘라 등 뒤로 던졌다.

우라노스는 비명을 지르면서 이렇게 말했다.

"내 '거시기'에서 피가 솟게 했으니, 이것은 예삿일이 아니다."

과연 우라노스의 피는 예사 피가 아니었다. 그것은 피의 정기와 사랑의 정기가 함께 서려 있는 피였다. 피 가운데 피의 정기는 가이아의 몸 위로 떨어졌고, 사랑의 정기는 가이아의 몸을 감싸고 있던 바다에 떨어졌다.

우라노스의 피 중에서도 피의 정기만 온몸에 뒤집어쓴 가이아는 그 정기로 뜻하지 않던 자식들을 줄줄이 얻었다. 에리뉘에스 자매들과 기간테스 형제들이 바로 이때 얻은 정기로 가이아 여신이 낳은 자식들이다.

에리뉘에스는 복수의 여신들이다. 신들이나 인간들이 해서는 안 될 짓을 하면 달려오는 여신들이 바로 이 에리뉘에스 여신들이다. 기간테스$_{Gigantes}$는 외눈박이 거인이나 백수 거인과 다를 바가 없는, 괴상한 짓만 골라서 하는 거인들이다. 단수는 기가스$_{Gigas}$, 즉 '가이아의 자식'이라는 뜻이다. 복수일 경우는 기간테스$_{Gigantes}$다. '거인'을 뜻하는 영어의 '자이언트$_{giant}$'는 바로 기간테스에서 나온 말이다.

그렇다면 우라노스의 피에 서려 있던 사랑의 정기는 어떻게 되었을까? 그 피의 정기는 바다에 떨어져 거품이 되어 떠돌다가 뒷날 퀴프로스섬에서 한 아름다운 여신을 빚어낸다. 사랑의 여신 아프로디테가 바로 이 여신이다. 아프로디테$_{Aphrodite}$라는 말은 '거품$_{Aphros}$에서 태어난 여신'이라는 뜻이다.

사랑의 여신 아프로디테가 거품에서 탄생한 사건은 무엇을 뜻하는 것일까? 사랑은 거품처럼 덧없는 것이라는 뜻일까? 하지만 아프로디테는 크로노스가 낫을 들고 설치는데도 아랑곳하지 않고 이 세상을 사랑으로 가득 채운다. 크로노스가 무엇인가? 시간의 신, 즉 세월의 신이다.

인간의 영혼을 저승으로 나르는 타나토스와 휘프노스
타나토스(오른쪽)와 휘프노스(왼쪽)의 날개를 보면 알 수 있듯이 잠의 신 휘프노스는 죽음의 신 타나토스보다 급수가 낮다. '잠'은 '작은 죽음'이라는 뜻일까? 18~19세기 영국 화가 존 플랙스먼이 그린 『일리아스』의 삽화.

아프로디테가 크로노스를 비웃으며 인간들에게 육체적인 사랑의 기쁨을 가르쳤다는 것은, 사랑은 세월을 초월해서 존재할 수 있다는 뜻이 아닐까?

대지의 여신 가이아와 하늘의 신 우라노스 사이에 이런 일이 벌어지고 있을 동안, 그윽한 어둠의 신 에레보스와 밤의 여신 닉스는 줄기차게 자식들을 낳아 세상에 퍼뜨렸다. 어둠의 신과 밤의 여신 사이에서는 어떤 자식들이 태어났을까? '노쇠'의 신 게라스, '비난'의 신 모모스, '고뇌'의 신 오이쥐스, '애욕'의 신 필로테스, '불화'의 여신 에리스, '거짓말'의 신 아바테가 이때 태어난 신들이다. 타나토스라는 이름의 신도 이들의 형제다. 타나토스Thanatos는 죽음의 신이자 이 말 자체가 '죽음'이라는 뜻이다. 잠의 신 휘프노스도 이들의 형제인데 '잠'을 뜻하는 휘프노스Hypnos는 '최면술'을 뜻하는 영어 '힙노티즘hypnotism'에 남아 있다. 불면증을 영어로는 '인솜니아insomnia'라고 하는데, 이 말은 휘프노스의 라틴어 이름 '솜누스Somnus'에서 나왔다. 꿈의 신 모르페우스Morpheus도 이들의 형제다. 모르페우스라는 말은 '모양을 빚는다'는 뜻이다. 꿈은 그러니까 모르페우스가 빚은 형상이다. 휘프노스와 모르페우스는 형제간이 아니고 부자간이라고 믿는 사람도 있다. 중요한 것은 죽음의 신, 잠의 신, 꿈의 신이 서로 밀접한 관계가 있는 신들이라는 점이다.

 운명의 여신 모이라이 세 자매도 어둠의 신과 밤의 여신이 낳은 자식들이다. 세 자매 중 맏이의 이름은 클로토, 즉 '베를 짜는 여신'이라는 뜻이다. 둘째의 이름은 라케시스, 즉 '나누어주는 여신'이라는 뜻이다. 맏이가 운명의 베를 짜면 둘째는 미래의 실마리를 풀어 신들과 인간들에게 은혜를 나누어준다는 뜻이다. 셋째의 이름은 아트로포스, 즉 '거역할 수 없는 여신'이라는 뜻이다. 이 여신은 맏이 클로토가 짠 운명의 베를 자르고, 라케시스가 나누어준 것을 거두어들이는 직분을 맡는다. 이 아트로포스의 뜻은 제우스 신조차도 거역할 수 없다.

티탄 열두 남매가 만든 세상

티탄, 즉 거신들 열두 남매 중 맏이인 태양의 신 오케아노스는 그 누이가 되는 테튀스를 짝으로 삼는다. 근친상간이기는 하다. 하지만 이 근친상간을 해괴하게 여길 것은 없다. 그 사이에서 태어나는 자식들이 비록 신들이기는 하나 오늘날에는 추상명사에 지나지 않는다. 그리스 신화의 무대가 '추상명사의 시운전장試運轉場' 또는 '관념의 시운전장'이라고도 불리는 까닭이 여기에 있다. 이 근친상간에서 강의 신 3천 형제, 강의 요정 3천 자매가 태어난다.

지혜의 여신 메티스와 행운의 여신 튀케도 이들의 딸이다. 메티스 여신은 뒷날 아테나 여신의 어머니가 된다. 튀케의 로마식 이름은 '포르투나Fortuna'인데, 행운을 뜻하는 영어 '포춘fortune'은 여기에서 나왔다.

이들의 자식들 중에서 가장 주목할 만한 신은 저승 앞을 흐르는 강의 여신 스튁스Styx다. 이 이름은 '스튀게인(증오)'이라는 말에서 나온 것으로 전해진다. 저승의 강은 곧 증오의 강이었던 셈이다. 저승을 흐르는 이 강의 여신 스튁스와 지혜의 신 가운데 하나인 팔라스 사이에서 태어나는 자식들을 살펴보자. 질투의 여신 젤로스Zelos, 승리의 여신 니케Niche가 이들의 딸이다. 젤로스의 이름은 '질투'를 뜻하는 영어 '젤러시

jealousy'에 그대로 남아 있다. 니케의 영어식 발음은 '나이키'다. 운동 기구를 생산하는 한 회사가 상표를 '나이키Nike'로 삼은 까닭이 여기에 있다. 그런데 질투의 여신과 승리의 여신이 자매간인 까닭은 독자들이 스스로 헤아리기 바란다.

둘째 아들 코이오스의 이름은 '하늘 덮개'라는 뜻이다. 코이오스는 누이 포이베와 짝을 지어 아스테리아Asteria와 레토Leto 두 딸을 얻는다. 아스테리아는 '별이 빛나는 하늘'이라는 뜻이다. 레토는 뒷날 태양의 신 아폴론과 달의 여신 아르테미스의 어머니가 된다.

셋째 아들 휘페리온의 이름은 '높은 곳을 달리는 자'라는 뜻이다. 높은 곳을 달리는 자는 과연 어떤 자식을 낳게 될까? 휘페리온은 누이 테이아와 짝을 지어 삼 남매를 낳는다. 그중의 맏이가 태양의 신 헬리오스다. 헬리오스는 '태양'이라는 뜻이다. 이 말의 뿌리인 '헬리오helio'는 오늘날에도 '헬리오폴리스heliopolis(태양의 도시)', '헬리오크롬heliochrome(천연색 사진)', '헬리올로지heliology(태양학)' 따위의 말에 남아 있다. 헬리오스의 별명은 '포이보스'인데, 이 말은 '빛나는 자'라는 뜻이다. 뒷날 아폴론이 '포이보스 아폴론'이라고 불리는 경우가 있는데, 이것은 헬리오스의 별명이 그대로 아폴론에게도 따라붙었기 때문이다. 달의 여신 셀레네, 새벽의 여신 에오스도 휘페리온의 딸들이다. 휘페리온의 아들딸인 헬리오스와 셀레네가 각각 태양의 신과 달의 여신을 맡은 기간은 그리 길지 않다. 머지않아 아폴론과 아르테미스 남매가 탄생하면 이 남매에게 태양의 신 자리와 달의 여신 자리를 물려주게 되기 때문이다.

넷째 아들 크리오스는 여신 에우뤼비아와 혼인하여 별들의 신 아스트라이오스와 지혜의 신 팔라스를 낳는다. 팔라스라는 말은 '지혜'라는 뜻이다. 뒷날 지혜의 여신 자리를 물려받는 아테나가 '팔라스 아테나'라고 불리는 것도 아폴론의 경우와 마찬가지다.

다섯째 아들 이아페토스는 이치의 여신 테미스와 짝을 지어 세 아들을 낳는다. 그 맏이가 저 유명한 프로메테우스다. 프로메테우스라는 말은 '먼저 아는 자'라는 뜻이다. 진흙으로 최초의 인간을 만든 것으로 전해지는 신, 신들의 불을 훔쳐 와 인간에게 준 것으로 전해지는 신이 바로 이 프로메테우스다. 나중에 새로 신들의 아버지로 등장한 제우스 신을 속였다가 머나먼 카우카소스산에 묶인 채 독수리에게 간을 파먹히는 끔찍한 형벌을 받은 신도 바로 이 프로메테우스다.

프로메테우스가 인간에게 불을 가져다주자 신들의 아버지 제우스는 화가 났다. 그래서 대장장이 신 헤파이스토스에게 여성을 창조하게 했는데, 바로 이 대목에서 우리는 그리스 남성들의 부정적인 여성관을 보게 된다. 그들은 여성을 모든 재앙의 근원으로 보고 있었음에 분명하다. 헤파이스토스가 여성을 만들자 아름다움의 여신 아프로디테는 이 여성에게 아름다움을 선사했고, 상업의 신 헤르메스는 남성을 설득하는 데 필요한 기지를 선사했다. 천상천하에 만들지 못할 것이 없는 헤파이스토스는 아름다운 장신구를 잔뜩 만들어 선사했고, 신들의 아버지 제우스는 상자를 하나 선사하면서 어떤 일이 있어도 열어보지 말 것을 신신당부했다. 신들에게서 온갖 선물을 받고 인간 세상으로 내려온 이 여자가 바로 판도라다. 판도라는 '온갖 선물을 다 받은 여자'라는 뜻이며, 판도라가 제우스에게서 받은 상자가 바로 그 유명한 '판도라의 상자'다.

프로메테우스, 즉 '먼저 아는 자'에게는 에피메테우스라는 아우가 있었다. 에피메테우스는 '나중 아는 자'라는 뜻이다. 프로메테우스는 카우카소스산으로 쫓겨 가기 전에 아우 에피메테우스에게, 제우스가 가까운 장래에 선물을 줄 것이나 절대로 받아서는 안 된다고 당부한 적이 있다. 하지만 에피메테우스는 '나중 아는 자'여서 형의 당부를 잊고 판도라를 아내로 맞았다.

판도라는 제우스가 선사한 상자 속에 무엇이 들어 있는지 여간 궁금하지 않았다. 하지만 그 상자의 뚜껑을 열어서는 안 된다는 신들의 아버지 제우스의 당부가 있지 않았던가? 판도라는 호기심과 제우스의 당부 사이에서 어지간히 갈등했을 법하다. 하지만 신들의 아버지 제우스도 호기심 앞에서는 그 권위를 지켜내지 못했다. 판도라는 궁금증을 견디지 못하고 그 상자의 뚜껑을 열었다. 호기심이 승리하는 순간인가? 그렇지 않다. 제우스는 자신의 당부가 간곡하면 간곡할수록 판도라의 호기심과 궁금증은 그만큼 더 커진다는 사실을 미리 알고 있었다. 따라서 뚜껑을 열지 말라는 당부는 사실 어서 빨리 뚜껑을 열어보라는 재촉과 다를 것이 없었다.

판도라가 상자의 뚜껑을 여는 순간, 제우스가 인간 세상에 내려보내려고 준비해둔 질병, 가난, 불행 같은 재앙들이 빠져나오기 시작했다. 판도라는 기겁하여 뚜껑을 닫았다. 하지만 상자에 남은 것은 미처 빠져나오지 못한 '헛된 희망' 하나뿐이었다. 인간이 헛된 희망 하나에 매달려 이 세상을 사는 것은 바로 판도라가 이것 하나만을 상자에 가둘 수 있었기 때문이라고 한다.

에피메테우스의 아우, 즉 셋째 아들인 아틀라스는 제우스에게 저항했다가 하늘의 축을 짊어지고 있어야 하는 끔찍한 형벌을 받았다. 후세 사람들은 아프리카 북단에 있는 웅장한 산의 모양에서 아틀라스의 운명을 떠올리고는, 그 산 아래에서 출렁거리는 쪽빛 바다를 '아틀랜틱 오션Atlantic Ocean(아틀라스의 바다)'이라고 불렀다. 오늘날 우리가 '대서양'이라고 부르는 바다가 바로 이 언저리에서 북아메리카 동부까지 이르는 바다다.

* * *

우라노스의 여섯째 아들은 크로노스다. 크로노스가 누구던가? 어머니 가이아의 사주를 받고는 낫으로 우라노스의 '거시기'를 잘라버린 신이다. 이 크로노스는 누이인 레아를 아내로 맞아 하데스, 포세이돈, 헤스

하늘을 들고 있는 아틀라스
아틀라스는 티탄에 속하는 신이다. 티탄과의 전쟁에서 승리한 제우스는 올림포스 신들에게 도전한 죗값으로 아틀라스에게 하늘을 들고 서 있게 했다. '아틀라스'라는 말은 지도책을 뜻하기도 한다. 그리스 시대의 대리석상. 나폴리 국립 고고학 박물관.

티아, 데메테르, 헤라, 이렇게 오 남매를 차례로 낳았다. 하지만 거대한 낫을 하나 들고 다니는 이 크로노스에게는 참으로 괴상한 버릇이 있었다. 그것은 아내인 레아가 자식을 낳으면 낳는 족족 삼켜버리는 버릇이었다.

크로노스는 왜 낫을 가지고 다녔던 것일까? 크로노스는 왜 아내가 자식을 낳는 족족 삼켜버렸던 것일까? 크로노스는 '시간', 즉 세월이라는 뜻이다. 크로노스의 모습이 종종 모래시계와 함께 그려지는 것은 바로 이 때문이다. 이 신의 이름 크로노스는 시간과 밀접한 관계가 있는 단어 '크로니클chronicle(연대기)', '크로노미터chronometer(시계)', '크로노메트리chronometry(시간 측정법)' 등에 아직까지도 남아 있다. 크로노스가 자식을 삼킨다는 것은, 세월은 이 땅에 태어나는 모든 것을 삼켜버린다는 잔혹한 자연의 진리를 상징한다. 크로노스가 큰 낫을 들고 다니는 것도 마찬가지다. 크로노스는 시작이 있는 모든 것을 끝나게 한다. 크로노스가 들고 다니는 거대한 낫은 크로노스가 지닌, 시작이 있는 모든 것을 끝나게 하는 자연의 법칙을 상징한다.

크로노스의 아내 레아가 여섯 번째 아이, 즉 제우스를 잉태하고 있을 때의 일이다. 레아로서는 여간 걱정스러운 것이 아니었다. 아기를 낳으면 또 지아비인 크로노스가 삼켜버릴 것이기 때문이었다. 고민 끝에 레아는 대지의 여신 가이아에게 하소연을 했고, 가이아 여신은 레아에게 방법을 알려주었다.

마침내 레아가 제우스를 낳자 가이아 여신은 아기만 한 바윗덩어리를 하나 강보에 싸 가지고 와서는 이 바윗덩어리와 아기를 바꿔치기한 뒤 제우스를 안고 어디론가 사라져버렸다.

"저것이 무엇이오?"

크로노스는 아내 레아 곁에 놓여 있는 강보에 싸인 것을 가리키면서 물었다.

"대지의 속살입니다."

지아비의 말에 레아가 대답했다.

크로노스는 더 물어보지 않고 강보에 싸인 것을 삼켜버렸다. 크로노스는 '대지의 속살'이라는 말을 듣고 레아가 말장난을 하고 있다고 생각했는지도 모른다. 크로노스야 레아가 낳은 아기인 줄 알고 삼켰겠지만, 사실 그것은 아기가 아니라 강보에 싸인 바윗덩어리였다. 그러나 레아가 지아비 크로노스에게 거짓말을 한 것은 아니었다. 바윗덩어리가 무엇인가? 바로 대지의 속살이 아닌가?

그렇다면 가이아가 안고 한밤중에 사라져버린 막내 제우스는 어떻게 되었을까? 가이아는 제우스를 안고 어느 산으로 가서, 그 산의 동굴에 살고 있던 요정 아말테아에게 맡겨 기르게 했다. 하지만 아기 제우스를 기르기는 쉽지 않았다. 울음소리가 너무나 우렁찼기 때문이다. 아말테이아는 아기 제우스의 울음소리가 귀 밝은 크로노스에게 들릴까 봐 산신들로 하여금 동굴 밖에서 방패를 두들기게 했다. 아기 제우스는 크로노스가 모르는 사이에 무럭무럭 자라났다.

제우스가 청년이 되는 시대에 이르면 신들의 이야기 마당은 인간들이 사는 무대로 내려온다. 말하자면 무한한 시공에서, 숲이 우거지고 강이 흐르고 인간과 짐승이 어울려 사는 이 땅으로 옮겨 오게 되는 것이다.

청년이 되어서야 자기의 내력을 알게 된 제우스는 테미스 여신을 찾아갔다. 테미스 여신은 '이치'를 주관하는 여신이다. 테미스 여신이 있기 전의 세상은 여전히 '카오스(혼돈)'의 덩어리였는데, 이 여신이 이 땅에 내린 뒤부터는 모든 자연이 '코스모스(질서)'를 되찾게 되는 것이다. 제우스가 테미스 여신을 찾아간 것은 아버지 크로노스가 삼킨 오 남매를 되살려내기 위해서였다. 제우스가 방도를 묻자 테미스 여신은 시키는 대로 하라면서 형들과 누나들을 되찾을 방법을 일러주었다.

제우스는 그 길로 어머니 레아를 찾아가 크로노스의 시중꾼으로 써 줄 것을 청했다. 어머니 레아는 대지의 여신 가이아의 귀띔이 있었기 때문에 제우스의 정체를 알아보았다. 그러나 아들인 줄 알면 크로노스가 또 삼키려들까 봐 겉으로는 짐짓 모르는 체했다.

신들이 먹는 음식을 '암브로시아ambrosia(신찬)'라고 하고, 신들이 마시는 술을 '넥타르nectar'라고 하는데, 제우스는 크로노스에게 이 신찬과 신주 드리는 일을 자청하고 나선 것이다. 제우스는 크로노스에게 신찬과 신주를 드릴 때마다 거기에다 은밀하게 토제吐劑, 즉 토하게 하는 약을 넣었다. 처음 몇 번은 끄떡도 없었지만 제우스가 줄기차게 토제를 넣자 마침내 크로노스도 견디지 못하고 삼킨 것들을 토하기 시작했다. 일찍이 하데스, 포세이돈, 헤스티아, 데메테르, 헤라를 삼킨 적이 있는 크로노스는 이들을 먼저 토해내었다. 마지막으로 삼킨 바윗덩어리는 맨 마지막으로 토해내었다. 바윗덩어리를 토해내고 나서야 크로노스는 제우스의 정체를 알아보고는 이렇게 탄식했다.

사투르누스와 유노
제우스의 강성과 함께 그리스 신화의 무대에서 사라지는 크로노스는 로마 신화에서 '사투르누스'라는 이름으로 되살아난다. 왼쪽에 있는 여신은 그리스의 헤라에 해당하는 로마의 유노. 16세기 이탈리아 화가 파올로 베로네제의 그림.

"어리석어라. '대지의 속살'이 바윗덩어리라는 것을 알지 못했구나. 삼킨 것을 토해냈으니 나는 이제 시간의 신이 아니다. 네 마음대로 처분하려무나."

제우스가 아버지 크로노스를 대지의 깊은 곳에 있는 타르타로스(무한 지옥)에 가두었다는 전설도 있고, 세계의 끝으로 보내어 거기에서 살게 했다는 전설도 있다. 뒷날의 로마 사람들은 이 크로노스를 '사투르누스'라고 불렀다. 오늘날의 동지에 해당하는 로마 명절에 '사투르날리아 Saturnalia(동지제 지내는 날)'라는 명절이 있는데, 그리스식으로 말하면 '크로노스의 날'이라는 뜻이다.

크로노스가 삼킨 자식들은 제우스보다 먼저 태어난 만큼, 엄밀하게 말하면 제우스의 형과 누나들이다. 그러나 크로노스로 하여금 토해내게 할 당시, 제우스는 다 자란 청년이었으나 이들은 갓난아기나 다를 것이 없었다. 나중에 저승의 신이 되는 하데스, 바다의 신이 되는 포세이돈, 부엌의 여신이 되는 헤스티아, 곡식의 여신이 되는 데메테르, 제우스의 아내이자 결혼의 여신이 되는 헤라가 먼저 태어났으면서도 제우스의 아우들, 누이들이 되는 것은 다 이 때문이다. 제우스는 이로써 '나중 태어났지만 가장 먼저 자란 맏이'가 되었다.

크로노스가 오 남매를 토해낸 사건은 신들의 시대에 일어나는 세대교체의 신호탄이 된다.

신들의 전쟁

제우스는 '먼저 태어났지만 나중 자란' 아우와 누이들을 데리고 올림포스산 꼭대기에다 천궁을 지었다. 당시 오트리스산 꼭대기에 웅거하고 있던 티탄, 즉 거신들은 하루가 다르게 커가는 제우스 형제들의 세력을 불안한 눈으로 지켜보고 있었다. 조만간 건곤일척의 한판 전쟁이 불가피한 상황이었다.

세상 이치를 주관하는 테미스 여신이 제우스 신에게 물었다.

"그대는 크로노스의 아들딸 육 남매 중 가장 나중에 태어났지만 가장 먼저 자랐으니 맏이와 다름이 없습니다. 티탄이 그대들을 공격할 것 같습니까?"

"그럴 것이라고 생각합니다."

먼저 태어났지만 나중 자란 아우들을 지켜야 하는 제우스가 대답했다.

"만일에 전쟁이 터진다면 어느 편이 정의롭습니까?"

"티탄들은 우리 세력이 커가는 것을 경계하고자 합니다. 새로운 세대로부터 저희 세대의 주도권을 지켜야 하는 티탄들은 자기네들이 정의롭다고 할 것입니다. 하지만 그 세대가 날뛰던 시대는 갔습니다. 이제 우리 세대가 전면으로 나서야 하는 시대입니다. 이제 우리는 아버지 크로노스의 뒤를 이어서 티탄 세대의 신들이 하던 일을 물려받지 않으면 안 됩니다. 따라서 우리 또한 정의롭다고 주장하지 않을 수 없습니다. 평화롭게 이루어졌으면 좋겠지만 세대교체라는 것은 주도권과 밀접한 관계를 맺고 있는 일이 아닙니까? 아무래도 평화롭게 끝나지는 않을 것 같습니다."

"티탄이 쳐들어오면 맞서 싸울 전략은 마련되어 있습니까?"

"뾰족한 수가 없습니다."

"내가 한 수 가르쳐드리지요. 그대는 그대의 조부 되시는 하늘의 신 우라노스가 외눈박이 거인 삼 형제와 백수 거인 삼 형제를 저 무한 지옥 타르타로스에 가둔 것을 기억하겠지요?"

"전설을 들어서 잘 알고 있습니다."

"그대의 아버지 크로노스는 우라노스 신의 주도권을 빼앗았지요?"

"그렇습니다."

"그렇다면 외눈박이 거인들과 백수 거인들은 무한 지옥에서 풀려나야 마땅하지 않은가요?"

"그렇군요."

"그분들도 티탄에 속하는 신들입니다. 티탄이 세계를 다스릴 때도 그들은 무한 지옥에서 풀려나지 못했습니다. 모르기는 하지만 그들은 무한 지옥에서 이를 갈고 있을 것입니다. 티탄들에 대한 앙갚음을 하겠다고 잔뜩 벼르고 있을 것입니다. 이제 내 말을 잘 들으세요. 이들을 구해내세요. 이들을 구해내는 일은 잘못된 일을 바로잡는 일입니다. 잘못된 일을 바로잡음으로써 그대는 정의로운 신이 됩니다. 하지만 정의롭다고 해서 반드시 전쟁에 이기는 것은 아니지요. 전쟁에 이기자면 좋은 무기가 있어야 합니다. 외눈박이 삼 형제가 이 세상에서 손재주가 가장 좋은 거신들이라는 것은 알고 있지요?"

"알고 있습니다."

"백수 거인 삼 형제는 각각 손이 1백 개씩 달린 티탄들이라는 것도

티탄 신들과 올림포스 신들의 전쟁
티탄은 '거대한 신들'을 뜻한다. 제우스는 티탄들을 무찌르고 올림포스 신들의 시대를 열었다. 티탄의 영어식 발음은 '타이탄'인데, 침몰한 호화 여객선 타이타닉호의 이름이 여기서 나왔다. 17세기 네덜란드 화가 요아힘 브테바엘의 그림.

알고 있지요?"

"알고 있습니다."

"외눈박이 거인 삼 형제가 힘을 합하면 이 세상에 만들지 못할 물건이 없습니다. 이들을 풀어 그대 형제들이 쓸 무기를 만들게 하세요. 백수 거인 삼 형제의 손을 모두 합하면 3백 개가 됩니다. 이들을 구해낸다는 것은 150명의 거신들을 상대할 힘을 얻는 것이나 다름이 없습니다. 명분과 실리가 무엇인지 알고 있지요?"

"명분은 도덕적으로 마땅히 지켜야 하는 도리이며, 실리는 이로써 얻는 실제적인 이익입니다."

"명분과 실리, 이 두 가지를 한꺼번에 얻는 것은 쉬운 일이 아닙니다. 하지만 그대가 내 말을 따른다면 마땅히 지켜야 하는 도리도 지키는 셈이 되고, 일손을 얻게 되니 실제적인 이익도 보는 셈입니다."

"그렇지만 그들을 구하려면 무한 지옥인 타르타로스에 내려가야 하는데, 저는 어떻게 내려가야 하는지 모릅니다. 세상 이치를 주관하시는 여신께서는 한 수 가르쳐주시는 김에 좀 더 가르쳐주십시오."

"타르타로스는 대지의 배 속에 있습니다. 대지이자 대지의 여신이 누구입니까? 바로 그대의 할머니 여신입니다. 무한 지옥 타르타로스는 바로 가이아 여신의 배 속에 있습니다. 가이아 여신이라면 거기에 이르는 길을 잘 알고 있을 것입니다."

제우스 신은 가이아 여신에게 달려갔다. 가이아 여신은 무한 지옥으로 내려가는 길을 설명했다.

"깊기로 소문난 템페 골짜기를 아느냐? 그 골짜기에는 아래로 파인 동굴이 있다. 무한 지옥은 그 템페 골짜기에서 모루가 아흐레 동안 떨어질 만한 깊이에 있다."

모루가 무엇인가? 대장장이들이 쓰는 망치받이다. 대장장이들은 불에 달군 쇠붙이를 이 모루에다 얹어놓고 망치로 두들겨 모양을 만든다. 이 모루, 즉 망치받이는 무쇠 덩어리여서 매우 무겁다. 이 무거운 모루가 아흐레 동안이나 계속해서 떨어져야 무한 지옥에 이른다고 하니, 얼마나 깊은 곳에 있는지 짐작조차 되지 않는다.

제우스는 가이아가 시키는 대로 외눈박이 거인 삼 형제와 백수 거인 삼 형제를 구해내어 올림포스산으로 돌아왔다. 저 무한 지옥에서 이승으로 올라오는 데는 얼마나 걸렸을까? 모루가 아흐레 동안 떨어져야 닿을 만큼 깊은 곳이었으니, 아마 몇 달을 올라와야 했을 것이다. 하지만 무대가 어디인가? 신들이 놀던 신화의 세상이 아닌가? 신화는 이런 것을 수학적으로 셈하지 않는다. 셈할 필요도 없다. 티탄에 속하는 외눈박이 거인과 백수 거인은 자유자재로 하늘을 난다. 제우스 또한 공간 이동이 자유롭다. 만화의 세계가 그렇듯이, 신화의 세계에서는 안 되는 일이 없다.

올림포스의 지배자 제우스는 이들을 위해 성대한 잔치를 베풀었다. 불로초, 불사약과 다를 것이 없는 신들의 음식 암브로시아와 신들의 술인 넥타르가 넉넉하게 차려졌다. 무한 지옥에서 올라온 거인들은 암브로시아와 넥타르를 배불리 먹고 힘을 차렸다.

세상의 이치를 두루 헤아리는 테미스 여신이 그 자리에서 말했다.

"나는 이치를 주관하는 여신입니다. 이제부터 티탄들에게 맞서 싸울 방책을 일러드리지요. 이 전쟁에서 이기자면 제우스 형제들에게는 무기가 있어야 합니다. 손재간이 좋은 외눈박이 거인 삼 형제는 제우스 형제들에게 무기를 만들어드리세요. 티탄을 물리치면, 앞으로는 제우스 형제들이 이 세상을 다스려야 합니다. 나중 났으나 먼저 자라 맏이가 된 제우스 신은 장차 신들의 왕이 되어, 이 높디높은 올림포스산에서 이 세계를 다스리게 될 것입니다. 먼저 났으되 나중 자라 막내가 된 하데스는 저승을 다스리게 될 것입니다. 포세이돈이여, 그대는 삼 형제 중 중간입니다. 그대가 중간에 있는 까닭을 알겠지요? 올림포스는 하늘의 궁전이니 마땅히 맏이인 제우스가 다스려야 합니다. 저승은 땅 밑에 있으니 마땅히 막내인 하데스가 다스려야 합니다. 그 중간에 있는 것이 무엇인가요? 바다입니다. 포세이돈, 그대는 바다를 다스리세요. 이것은 내가 명하는 것이 아닙니다. 세상 돌아가는 이치가 이렇게 되어 있는 것입니다. 자, 이제 손재간 좋은 외눈박이 거인 삼 형제는 이들에게 무기를 만들어드리되, 싸울 때도 쓸 수 있고 전쟁 뒤에도 쓸 수 있는 무기를 만들어드리세요."

외눈박이 삼 형제는 이렇게 해서 제우스 형제들에게 무기를 만들어 주게 된다.

신들의 새로운 왕의 이름 '제우스'는 '광명'이라는 뜻이다. 외눈박이 삼 형제는 제우스에게, 던지기만 하면 이 세상에 태우지 못할 것이 없는 벼락을 만들어주었다. 제우스는 바로 이 벼락으로 올림포스는 물론이고 인간 세상까지 다스리게 된다.

외눈박이 삼 형제가 포세이돈에게 만들어준 것은 '트리아이나Triaina' 또는 '트리덴트Trident'라는 무기다. '트리tri'는 '셋'이라는 뜻이며, '덴트dent'는 '이빨'이라는 뜻이다. 트리덴트는 이빨이 3개 달린 창, 말하자면 음식 먹을 때 쓰는 포크와 비슷한 삼지창이다. 그러나 여느 삼지창과는 다르다. 이 삼지창만 있으면 구름과 비와 바람을 마음대로 부를 수 있다. 파도를 일으키는 것도 바로 이 포세이돈의 삼지창이다. 포세이돈은 어디를 가든 늘 이 삼지창을 가지고 다닌다. 바닷가에서 벌어지는, 오늘날의 우리나라 풍어 굿판을 유심히 보라. 그리스의 무당이 아닌 한국의 무당인데도 삼지창을 하나 들고 있다. 직접적인 관련성은 없겠지만 포세이돈의 삼지창을 보는 것 같아서 묘한 느낌이 들고는 한다.

막내이자 장차 저승의 신이 될 하데스를 위해 외눈박이 거인들이 만들어준 것은 '퀴네에Kynee'라는 투구다. 그러나 여느 투구와는 다르다. 누구든 이 투구를 쓰기만 하면 살아 있는 것들의 눈에는 그 형체가 보이지 않는다. 하데스의 이름은 '하이데스Haides'라는 말에서 나왔다고 하는데, 이 말은 '보이지 않는 자' 또는 '보이지 않게 하는 자'라는 뜻이다. 저승의 신 하데스는 늘 이 투구를 쓰고 다니기 때문에 우리 눈에는 보이지 않는다. 세상을 떠나는 영혼도 이 투구를 쓰고 떠나기 때문에 죽음도 영혼도 우리의 눈에는 보이지 않는다.

큰 싸움을 말할 때 잘 쓰이는 말 중에 '건곤일척乾坤一擲의 한판 싸움'이라는 말이 있다. 하늘과 땅의 운명이 걸린 한판 싸움이라는 뜻이다. 티탄들과 올림포스 신들의 싸움을 표현하는 데 이 건곤일척이라는 말

삼지창을 든 포세이돈
바다의 신 포세이돈은 이 삼지창으로 파도를 일으 킨다. 18세기 프랑스 조각가 랑베르-시지스베르 아담의 대리석상. 파리 루브르 박물관.

보다 더 잘 어울리는 말이 있겠는가? 하지만 이 건곤일척의 한판 싸움은 의외로 간단하게 끝난다. 그럴 수밖에 없는 것이, 어차피 이 싸움은 제우스의 손을 들어줌으로써 세대교체를 기정사실화하는 싸움이었기 때문이다.

제우스는 올륌포스를 공격하기 위해 오트리스산을 내려오는 티탄들에게 연거푸 벼락을 던졌다. 티탄들은 산꼭대기로 잠시 몸을 피했다.

그러나 이때 그 산 위의 하늘에는 백수 거인 삼 형제가 거대한 바윗덩어리를 들고 기다리고 있었다. 팔과 손이 1백 개씩 달려 있는 백수 거인 삼 형제가 바윗덩어리를 들고 기다리고 있었으니, 대체 몇 개나 들고 기다리고 있었겠는가? 백수 거인들은 산꼭대기로 몸을 피한 티탄들에게 바윗덩어리를 떨어뜨렸다. 우박처럼 떨어진 바윗덩어리는 티탄

무리를 산 채로 묻어버렸다. 곧 저승의 신이 될 하데스가 바윗덩어리를 치우고 이들을 꺼냈다. 하데스는 곧 주석 사슬로 이들을 묶어, 지옥의 한 모퉁이인 무한 지옥 타르타로스에 가두었다. 제우스는 이렇게 가두고도 마음이 놓이지 않았던지 아우 포세이돈을 불러 저승의 방비를 단단히 하라고 일렀다. 포세이돈은 강을 끌어들여 저승 주위를 흐르게 했다. 죽어서 저승 가는 것을 강 건너는 일에다 견주는 것은 고대인들이 저승 주위로 강이 흐른다고 믿었기 때문이다.

티탄과의 싸움은 이렇게 해서 끝난다. 올림포스 신들과 티탄 신들의 싸움을 '티타노마키아Titanomachia'라고 하는데, 이는 '티탄들과의 싸움'이라는 뜻이다.

제우스가 아버지 크로노스로 하여금 형제들을 토하게 하고부터 티타노마키아가 끝나기까지는 아주 기나긴 세월이 흘렀다. 바야흐로 올림포스산에는 신들이 들끓었고, 산 아래 마을에는 사람들이 들끓었다.

올림포스의 신들

올림포스산은 그리스 반도의 북부에 있다. 그러나 신들이 사는 집을 말할 때의 올림포스는 물리적인 산이라기보다는 상징적인 산을 말한다. 따라서 당시에 이미 용감한 등산가가 있어서 올림포스산의 등정에 성공했다고 하더라도 신들을 만날 수는 없었을 것이다.

  올림포스산에는 신들의 궁전이 무수히 있다. 무수한 궁전 한가운데엔 큰길이 하나 툭 터져 있는데, 이 길은 밤중이면 땅에 사는 인간의 눈에도 보인다. 이 길의 이름이 바로 '비아 락테아 Via Lactea', 즉 '젖의 길'이라는 뜻이다. 비아 락테아는 영어로 '밀키 웨이 Milky Way'이며, 우리말로는 '은하수'가 된다. 신들의 궁전은 바로 이 비아 락테아 좌우로 좍 펼쳐져 있다.

  이 '젖의 길'이 생기게 된 내력이 재미있다. 헤라클레스는 제우스의 아들이지만 제우스의 본처인 헤라의 몸에서 태어난 것은 아니다. 인간인 여성의 몸에서 태어난 것이다. 헤라클레스는 인간의 몸에서 태어난 남성 가운데 가장 힘이 세다. 헤라는 인간에게서 태어난 아기 헤라클레스에게 젖을 물린 적이 있다. 그런데 헤라클레스가 어찌나 세게 빨았던지, 헤라클레스가 입을 뗀 뒤에도 계속해서 젖이 흘러나와 '젖의 길'이 되었다는 것이다. 하지만 이것은 앞뒤가 좀 맞지 않는 전설이다. 헤라클레스가 태어나기 전에도 '젖의 길'이 있었다는 증거가 많이 발견되고 있기 때문이다.

어쨌든 이 올림포스의 가장 큰 신은 제우스다. 그래서 대신大神이라고 불린다. 이 대신 제우스 밑에는 세 종류의 신들이 있다. 주신主神과 아신亞神과 종신從神이 그것이다.

주신主神은 '으뜸 신'이라는 뜻이다. 제우스는 대신인 동시에 으뜸 신이기도 하다. 으뜸 신은 모두 12명이다. 대신인 제우스, 제우스의 아내

올림포스의 신들
제우스를 중심으로 시계방향으로 헤파이스토스, 아테나, 아폴론, 헤르메스, 아르테미스, 포세이돈, 에로스, 아프로디테, 아레스, 디오뉘소스, 하데스, 헤스티아, 데메테르, 헤라이다. 18세기 프랑스 화가 니콜라 앙드레 몽시오의 판화.

이자 신성한 결혼의 수호 여신인 헤라, 바다의 신이자 곧 바다인 포세이돈, 저승을 다스리는 저승의 신 하데스, 곡식을 다스리는 여신 데메테르, 헤라 여신을 도와 인간의 가정과 부엌일을 돕는 헤스티아도 여기에 속한다. 지금까지 말한 여섯 신은 모두 제우스와는 형제간 아니면 남매간이다.

그리고 으뜸 신 중 나머지 여섯은 제우스의 아들딸이다. 태양과 음악과 의술을 관장하는 아폴론, 달과 사냥의 여신인 아르테미스, 제우스의 심부름을 도맡아 하는 천상의 심부름꾼이자 상업의 신인 헤르메스, 만들지 못할 것이 없는 대장장이 신 헤파이스토스, 지혜와 정의로운 전쟁의 여신 아테나, 무지막지한 전쟁의 신 아레스는 모두 제우스의 아들딸이다. 사랑과 애욕과 아름다움의 여신 아프로디테만은 제우스의 자식이 아니다. 그래서 아프로디테는 열두 으뜸 신에 꼽힐 때도 있고 그렇지 못할 때도 있다. 아프로디테가 열두 으뜸 신에 꼽힐 때는 가정과 부엌의 여신 헤스티아가 빠진다. 이게 무슨 뜻이겠는가? 사랑과 애욕에 눈이 먼 여성에게는 종종 가정과 부엌이 잘 안 보이게 된다는 뜻일까? 포도주의 신 디오뉘소스가 으뜸 신으로 꼽힐 때도 가정과 부엌의 여신이 으뜸 신 자리에서 빠진다. 술에 취하면 가정과 부엌이 잘 안 보이게 된다는 뜻일까?

제우스는 스스로 신들의 왕이 되어, 티탄들이 맡고 있던 소임을 올륌포스 신들에게 나누어주었다.

아우 포세이돈에게는 이치의 여신 테미스가 귀띔한 대로 바다의 신 자리를 맡겼다. 따라서 이때부터 티탄 계열에 속하는 바다의 신 오케아노스는 뒷전으로 물러앉고, 포세이돈이 온 세상의 바다와 강을 다스리게 된다. 하지만 지배자가 포세이돈으로 변한 뒤로도 바다는 여전히 티탄 시대 바다의 신이었던 오케아노스의 이름으로 불리게 된다.

제우스는 원래 헬리오스와 셀레네가 맡고 있던 태양의 신과 달의 여신 자리를, 이때 이미 다 자라 있던 아들 아폴론과 딸 아르테미스에게 각각 맡게 했다. 태양신 헬리오스의 별명은 '포이보스', 즉 '빛나는 자'였다. 아폴론은 이 별명을 물려받아 포이보스 헬리오스가 물러난 뒤로도 '포이보스 아폴론'으로 불린다. 이 말은 '빛나는 아폴론'이라는 뜻이다. 아폴론과 아르테미스는 각각 태양의 신과 달의 여신 자리를 맡기 전에는 함께 놀 수도 있고 함께 사냥도 다닐 수 있었지만, 이 자리를 맡은 뒤에는 그럴 수가 없었다.

태양의 신 아폴론은 수금 타기의 명수인 음악의 신인가 하면, 활쏘기의 명수여서 활의 신이기도 하다. 수금의 모양을 상상해보라. 활과 너무나 흡사하지 않은가? 달의 여신 아르테미스는 사냥의 여신이기도 하고, 활쏘기의 명수이기도 하다. 차고 기우는 달의 모양을 보라. 활과 너무나 흡사하지 않은가? 또 아르테미스는 임신하는 여성, 출산하는 여성을 별로 좋아하지 않는 여신이기도 하다. 임신한 여성의 배를 상상해보라. 차고 기우는 달의 모양, 팽팽하게 당겨진 활시위와 너무나 흡사하지 않은가?

제우스는 아내이자 누이인 헤라에게는 결혼의 여신 자리를 맡겼다. 이때부터 헤라는 신성한 결혼의 여신으로서, 정식으로 결혼도 하지 않고 은밀하게 교제하는 남자와 여자에게는 모진 벌을 주게 된다. 헤라가 이때부터 지아비 제우스의 애인들에게 매우 잔인하게 구는 것도 다 신성한 결혼을 보호해야 하는 의무를 지고 있기 때문이다.

* * *

으뜸 신들 아래에는 아신亞神들이 있다. 아신은 '버금 신'이라는 뜻이다. 이들이 이렇게 불리는 것은 으뜸 신들에 버금가기 때문이다. 올림포스에는 어떤 버금 신들이 살고 있을까?

올림포스는 천성天城이라고도 불린다. 하늘의 성이라는 뜻이다. 천성 앞에는 구름 문이 하나 있다. 이 구름 문에는 세 자매로 이루어진 호라이 여신들이 있다. '계절'의 여신들이라는 뜻이다.

대신 제우스가 소집하면 신들은 모두 제우스 신의 천궁에 모여야 한다. 올림포스에 살고 있는 신들은 물론이고 땅 위, 물 밑 신들까지 모여야 한다. 저승의 신들만 이 소집에서 면제될 뿐이다. 신들은 천궁에 모이면 잔치를 벌인다. 이때 신들에게 불로주 넥타르를 따르는 여신이 있다. 바로 제우스와 헤라의 딸 헤베다. '청춘'이라는 뜻을 지닌 헤베는 늙는 법이 없는 만년 소녀인 버금 여신이다. 헤베의 로마식 이름은 유벤타Juventa인데, '청소년'을 뜻하는 영어 '주브닐리티juvenility'는 여기에서 유래한 말이다.

신들이 넥타르에 취하면 음악의 신 아폴론은 이따금씩 수금을 뜯어 좌중을 즐겁게 한다. 므네모쉬네(기억) 여신의 딸들로 이루어진 무사이 아홉 자매는 그 소리에 맞추어 노래도 부르고 시도 읊는다. 이들은 므네모쉬네의 딸들다워서 이들의 기억에는 무궁무진한 노래가 내장되어 있다. 예술의 여신들인 이들 무사이를 영어로는 뮤즈Muse라고 하며, 뮤즈 또는 무사이들이 사는 신전을 그리스어로는 '무사이온mousaion', 라틴어로는 '무사에움musaeum', 그리고 영어로는 '뮤지엄museum'이라고 한다. 이들은 지금 이 순간에도 뮤지엄이라고 불리는 박물관에 살고 있을지도 모르는 일이다.

신성한 결혼의 수호 여신 헤라의 발치에는 버금 여신 에일레이튀이아가 있다. 이 여신은 출산을 주관한다. 따라서 이 여신이 돌아앉아 있으면 세상의 여성들은 아기를 낳을 수 없다. 그 옆에는 버금 여신 이리스가 있다. 이리스는 '무지개'라는 뜻이다. 헤라 여신의 버금 여신 이리스는 어떤 직분을 맡고 있는 여신인지 상상해보라. 심부름의 여신이다. 아름다운 일곱 색 무지개를 타고, 하늘의 뜻을 인간 세상에 전하는 일을 하는 여신이다.

세 자매로 이루어진 카리테스 여신들도 버금 신들이다. 이 여신들은 으뜸 신들의 몸치장을 돕는 일을 한다. 맏이의 이름은 아글라이아, 즉

'광휘'라는 뜻이다. 둘째의 이름은 에우프로쉬네, 즉 '기쁨'이라는 뜻이다. 그리고 셋째의 이름은 탈리아, 즉 '활짝 핀다'는 뜻이다. 카리테스 여신들 주위에는 호라이 세 자매, 즉 옳은 것만 편드는 정의의 여신 디케, 화목한 것만 좇는 평화의 여신 에이레네, 아름다운 것만 지키는 미풍양속의 여신 에우노미아가 앉는다. 한편 화목의 여신 이름은 하르모니아다. '조화'를 뜻하는 '하모니'라는 말은 바로 이 여신의 이름이다.

이 하르모니아가 들어오면 슬며시 자리를 피하는 여신도 있다. 바로 에리스 여신이다. 에리스는 '불화'라는 뜻이다. 신들은 잔치를 벌이면서도 이 에리스만은 초대하지 않는다. 그러나 에리스가 빠지는 일은 거의 없다. 잔치가 벌어지는 것을 어떻게 아는지, 늘 불청객으로 참석하기 때문이다.

세 자매로 이루어진 버금 여신들 중에서 가장 주목할 만한 여신들이, 앞에서 소개한 적이 있는 모이라이 여신들이다. 모이라이는 '운명'이라는 뜻이다. 인간 세계의 여성이 아기를 낳을 때가 되면 출산의 여신 에일레이튀이아는 꼭 이 모이라이 세 여신을 데리고 온다.

여성이 아기를 낳으면 모이라이 세 자매 중 맏이인 클로토(베를 짜는 여신)는 이렇게 말한다.

"내가 너의 운명을 짜리라."

둘째인 라케시스(나누어주는 여신)는 이렇게 말한다.

"미래의 실마리를 풀어 은혜를 나누어주리라."

막내인 아트로포스(거역할 수 없는 여신)는 가위를 보여주면서 이렇게 말한다.

"내가 아무개 달 아무개 날에 너의 운명을 거두어 갈 것인즉, 네가 거역하지 못하리라."

약간 으스스한 여신들도 있다. 에리뉘에스 세 자매가 바로 그런 여신들이다. 복수의 여신들인 이들은 말수가 적지만 한번 움직였다 하면 잔인하기가 견줄 데 없다. 이들은 맹세를 어긴 인간, 부모를 해코지하는

인간의 운명을 주관하는 세 자매 여신 모이라이
맏이인 클로토가 운명의 베를 짜면, 둘째인 라케시스가 미래의 실마리를 풀어 은혜를 나누어준다. 그리고 막내인 아트로포스는 클로토가 짠 운명의 베를 자르고, 라케시스가 나누어준 것을 거두어들인다. 19~20세기 영국 화가 존 스트루드위크의 그림.

인간을 두고 보지 못한다. 어디어디에 부모 해친 자식이 있다는 소식이 제퓌로스西風에 묻어 오면 이들은 가닥가닥이 뱀인 머리카락을 휘날리며 횃불을 들고 당사자를 찾아간다. 그러고는 울면서 그 죄인을 붙잡아 저승의 신 하데스에게 넘겨버린다. 그런데 이들이 왜 우는가? 누군가를 대신해서 복수할 수 있다는 것이 너무 좋아 눈물을 흘리는 것이다.

   이들 밑으로 또 무수한 종신從臣들이 있다. 종신은 '딸림 신'이라는 뜻이다. 여신일 경우 이들은 '신녀'라고 불리기도 한다. 이들의 이름과 역할은 나오는 족족 소개하기로 한다.

***

상상해보라. 고대 그리스인들은 이렇게 많은 으뜸 신과 버금 신과 딸림 신들이 올륌포스 천성에서 저희들을 내려다보고 있는 것으로 믿었다. 좋은 일을 하면 운명의 여신 모이라이 세 자매가 내려와 축복하고, 나쁜 일을 하면 에리뉘에스 세 자매가 횃불을 들고 내려오는 것으로 믿었다. 그들은 신들이 인간으로 변장하고 도시 국가 아테나이 거리 한복판을 어슬렁거리고 다니는 것으로 믿었다.

티타노마키아, 즉 티탄과의 전쟁이 있기 전에 제우스는 많은 아들딸을 낳고 기른다. 이 중에는 정식 부인인 헤라에게서 태어난 아들딸도 있고, 제우스가 헤라의 눈을 피해 다른 여신으로 하여금 낳게 한 아들딸도 있다. 이 무수한 신들이 연출하는 드라마는 뒷날 인간 세상에서 그대로 되풀이된다. 신화를 아는 일은 인간을 미리 아는 일이다. 신화가 인간 이해의 열쇠가 되는 것은 이 때문이다.

그리스에 신전이 유달리 많은 까닭, 신들의 모습을 새긴 석상이 유난히 많은 까닭을 상상해보라. 인간 이해의 열쇠가 신화라면 신화 이해의 열쇠는 무엇일까? 상상력이다. 상상력의 빗장을 풀지 않으면 그 문은 열리지 않는다.

3

사랑의
두 얼굴

음탕한 사랑의 여신

그리스 본토에서 멀리 떨어져 있는 지중해 동쪽에 퀴프로스라는 섬이 있었다. 오늘날 '사이프러스'라고 불리는, 터키 남쪽의 섬이 바로 이 섬이다. 사이프러스 사람을 영어로는 '사이프리언Cyprian'이라고 한다. 이 말은 '음탕한 여자', '웃음 파는 여자'라는 뜻으로도 더러 쓰인다.

  왜 그럴까? 15세기 이탈리아 화가 보티첼리의 작품 중에 〈비너스의 탄생〉이라는 걸작이 있다. 비너스는 로마 신화에 나오는 여신의 이름인 '베누스Venus'의 영어식 발음이다. 그러면 베누스는 누구인가? 바로 아프로디테. 로마 신화는 고유명사만 바뀌었을 뿐 그리스 신화와 다를 것이 하나도 없다. 이 그림의 중앙에는 거대한 조개껍데기를 밟고 선, 벌거벗은 금발 미녀가 있다. 이 미녀가 바로 비너스, 즉 아프로디테다. 미녀의 왼쪽에는 날개 달린 사내 하나가 역시 벌거벗은 미녀를 껴안은 채 하늘에 떠 있다. 이 사내는 볼을 잔뜩 부풀린 채 아프로디테를 불고 있다. 왜 아프로디테를 불고 있을까? 이 사내가 바로 서풍, 즉 서쪽에서 불어오는 바람의 신 제퓌로스다. 아프로디테 오른쪽에는 또 하나의 아름다운 여성이 옷을 들고 다가온다. 벌거벗은 아프로디테에게 옷을 입힐 모양이다. 누구일까? 독자는 호라이 세 자매 여신들을 기억할 것이다. 호라이는 '계절' 또는 '때'라는 뜻이다. 이 호라이 세 자매 중 봄의 여신인 맏이의 이름은 탈로, 즉 '꽃피우는 여신'이라는 뜻이다. 아프로디테에게 옷을 입히고 있는 여신은 바로 호라이의 맏이 탈로인 것이다.

보티첼리의 걸작 〈비너스의 탄생〉은 '아프로디테 우라니아Aphrodite Urania'가 탄생하는 순간을 그리고 있는 것이다. '아프로디테 우라니아'는 '우라노스의 딸 아프로디테', 즉 '하늘의 딸'이라는 뜻이다.

독자는 시간의 신 크로노스가 낫으로 자기 아버지인 하늘의 신 우라노스의 '거시기'를 싹둑 잘라버린 사건을 기억할 것이다. 이때 우라노스의 '거시기'가 뿜어낸 피 중의 일부는 대지의 여신 가이아에게로 튀었고, 일부는 대지를 둘러싸고 있던 바다에 떨어졌다.

그런데 이 피에서 이상한 일이 일어난다. 피라는 것은 바닷물에 풀려 흔적도 없이 사라져야 마땅하다. 그런데 이 피만은 한 덩어리의 거품이 되어 오랜 세월 바다 위를 떠다니게 된 것이다. '거품'을 뜻하는 고대 그리스어는 '아프로스'. 말하자면 우라노스의 피는 아프로스 상태로 오랜 세월 바다를 떠다니게 된 것이다.

그런데 어느 날 이 거품, 즉 아프로스에서 아름다운 여신이 솟아올랐다. 바다의 신은 거대한 조개껍데기 하나를 밀어 올려 이 여신을 태웠다. 서풍의 신 제퓌로스는 여신이 타고 있는 조개를 해변으로 밀어 한 섬에 상륙하게 했다. 여신이 상륙할 당시에도 거품은 여신이 탄 조개껍데기 주위를 떠다니고 있었다. 마침 이 섬에 있던 호라이 세 자매 여신의 맏이 탈로는 이 여신에게 옷을 입혀주고는 '거품에서 태어난 여신'이라고 해서 아프로디테라고 이름을 붙였다. 아프로디테가 상륙한 섬이 바로 퀴프로스다. 이때부터 이 섬은 아프로디테 여신의 섬이 된다.

여성과 조개는 밀접한 관계가 있다. 아프로디테만 조개에 실려 해변으로 밀려온 것은 아니다. 중국의 민담에 등장하는 '패희(조개 계집)'도 조개에서 태어났고, 우리나라의 옛 이야기에 등장하는 '나희(고둥 계집)'

아프로디테의 탄생
사랑과 아름다움의 여신 아프로디테의 탄생을 그린 명작 〈비너스의 탄생〉. 비너스는 아프로디테의 영어식 이름이다. 아프로디테와 함께 있는 조개와 거품을 눈여겨볼 필요가 있다. 15세기 이탈리아 화가 산드로 보티첼리의 그림.

도 조개와 아주 흡사한 소라고둥에서 태어났다.

그렇다면 아프로디테의 섬 퀴프로스가 음란의 상징이 되는 까닭은 무엇일까? 퀴프로스섬 여성들까지 음란한 여성, 웃음을 파는 여성으로 불리는 까닭은 무엇일까? 그것은 아프로디테가 음란했기 때문이다. 아프로디테가 지닌 많은 별명 중의 하나인 '아프로디테 포르네'는 '음란한 아프로디테'라는 뜻이다. '포르네'는 '음란한 영화나 사진'을 뜻하는 '포르노그래피 pornography'의 '포르노'와 같은 의미를 지닌다. 그렇다면 아프로디테가 '음란한 아프로디테'라고 불리는 까닭은 무엇인가?

거품 위에 뜬 거대한 조개껍데기를 타고 섬에 상륙한 아프로디테는 호라이 여신을 따라 올륌포스로 올라갔다. 비록 한적한 섬 연안에서 태어났다고는 하나 아프로디테는 하늘의 신 우라노스의 딸이었기 때문이다. 제우스는 아름답기 그지없는 여신 아프로디테에게 히메로스라는 신녀神女를 붙여주었다. 신녀란 격이 가장 낮은 여신, 따라서 으뜸 신들이나 버금 신들을 섬기는 하급 여신이다. 히메로스라는 말은 '나른한 그리움'이라는 뜻이다.

자, 아름다운 아프로디테에게 '나른한 그리움'이라는 신녀까지 따라 붙었으니 올륌포스의 신들이 얼마나 군침을 삼켰겠는가? 제우스는 형제들과 자식들에게 아프로디테에게 군침 삼키지 말라고 엄중하게 명령하면서도 아프로디테를 힐끔거리며 군침을 삼켰다.

바다의 신 포세이돈이 제일 먼저 아프로디테의 연고권을 주장했다.

"조개껍데기를 타고 바다 저편의 거품에 실려 왔으니 아프로디테는 마땅히 나의 애인이 되어야 한다."

활의 신이자 음악의 신 아폴론도 가만히 있지 않았다.

"나는 아름다운 수금 소리로 여신의 환심을 살 자신이 있습니다. 연고권을 주장할 것이 아니라 여신의 마음을 사는 신이 여신을 차지하기로 합시다."

전쟁의 신 아레스도 나섰다.

"내 동의 없이 여신을 차지하는 신이 있으면 이 올륌포스를 불바다로 만들고 말겠소."

제우스의 심부름꾼이자 도둑의 수호신이며, 쬐주머니 상업의 신인 헤르메스도 가만히 있지 않았다.

"저 여신의 아름다움 앞에서는 현명한 사람도 그 지혜를 도둑맞는 줄을 모른다는 말이 있습니다. 하지만 이 헤르메스는 저 여신을 훔쳐내고야 말겠습니다."

아프로디테가 얼마나 아름다운 여신이었는지 구체적으로 말할 필요는 없다. 아프로디테는 사랑의 여신, 아름다움의 여신인 동시에 사랑과 아름다움의 화신이기도 하기 때문이다. 하지만 사랑과 아름다움에는 항상 불화가 따르는 법이다. 불화의 여신 에리스가 나른한 그리움의 여신 히메로스와 함께 늘 아프로디테 주위를 서성거리는 것은 이 때문이다.

제우스는 아프로디테의 짝을 찾아주지 않으면 안 되었다. 그대로 두면 머지않아 형제들과 아들들의 불화로 올림포스 천궁에서 대판 싸움이 벌어질 것이 너무나 분명해 보였기 때문이다.

제우스는 신들을 모아놓고 다음과 같이 말했다.

"아프로디테를 업신여겨서 하는 말은 아니오만, 아프로디테 때문에 우리 올림포스 신들의 우애에 금이 가서는 안 되지요. 그래서 나와 헤라는 곰곰이 생각해보았어요. 올림포스의 이 천궁과 신전을 지은 신이 누군가요? 이 옥좌와 방패와 태양신의 태양 마차를 만든 신이 누군가요? 아폴론의 활을 만든 신, 아르테미스의 창을 벼린 신이 누군가요? 바로 헤파이스토스랍니다. 여러분은 헤파이스토스가 아직까지도 아내 없이 혼자 살고 있다는 것을 잘 아시지요? 나는 아프로디테에게 헤파이스토스의 아내가 될 것을 명합니다. 이것은 나와 헤라가 원하는 바이기도 합니다."

이렇게 해서 이 세상에서 가장 아름다운 사랑의 여신 아프로디테는, 올림포스에서는 물론이고 인간 세상에서까지 추남으로 이름 높은 절름발이 헤파이스토스의 아내가 된다.

* * *

헤파이스토스는 어떤 신인가? 헤파이스토스는 헤라의 아들이다. 헤라의 아들이면 마땅히 제우스의 아들이기도 해야 하는데, 헤파이스토스는 제우스의 아들이 아니다. 어떻게 된 일일까?

제우스는 여성이나 여신의 몸을 빌리지 않고 딸을 낳은 일이 있다.

그런 일이 어떻게 가능할 것인가 싶지만, 오늘날 우리가 보면 불가능하다 싶은 일도 곧잘 일어나는 데가 신화의 무대다. 제우스는 자기 일에 사사건건 간섭해서 나무라기도 하고 충고하기도 하는 여신 메티스를 삼켜버린 적이 있다. 메티스는 '지혜로운 충고'라는 뜻이다. 제우스가 이렇게 한 것은 성가신 메티스를 제거하는 동시에 메티스의 지혜를 자기 것으로 만들고 싶어서였다. 그런데 어느 날 제우스가 갑자기 머리를 싸쥐고 방바닥을 뒹굴었다. 제우스가 머리를 싸쥐고 뒹구는 까닭을 제일 먼저 짐작한 신은 올림포스의 꾀주머니 헤르메스였다. 헤르메스는 대장장이를 불러 제우스의 두개골을 조금 까내게 했다. 그러자 투구를 쓰고 창과 방패로 무장한 여신이 함성을 지르면서 튀어나왔다. 이 여신이 바로 지혜와 정의로운 전쟁의 여신 아테나다.

제우스의 아내 헤라의 기분이 좋았을 리 없다. 그래서 헤라도 제우스는커녕 어떤 신이나 남성의 씨도 받지 않고 아들을 낳았는데, 이 아들이 바로 헤파이스토스다. 헤라가 아테나를 좋아하지 않았으니, 제우스도 이 헤파이스토스를 좋아했을 리 없다.

어느 날 제우스와 헤라가 토닥토닥 입씨름을 하고 있었다. 제우스는 걸핏하면 여신이나 여성을 건드려 아기를 낳게 했는데, 헤라는 이것이 못마땅했다. 그래서 둘 사이에는 입씨름이 잦았다. 그 자리에 헤파이스토스가 있었다. 헤파이스토스는 손재간이 좋아서 만들지 못하는 물건이 없었다. 그런 헤파이스토스가 옆에서 가만히 듣고 있다가 제 어머니 헤라의 편을 든 것이 화근이었다. 헤파이스토스는 헤라 혼자서 낳은 자식이다. 그렇지 않아도 꼴 보기 싫은 판인데, 제 어머니 역성까지 들었으니 제우스가 가만히 있었을 리 없다. 제우스는 화가 난 나머지 헤파이스토스를 걷어차버리고 말았다.

제우스가 여느 신이던가? 올림포스 천성의 최고 신이다. 헤파이스토스는 제우스의 어마어마한 힘이 실린 발길질에 차여 천궁에서 떨어졌다. 그가 떨어진 곳은 렘노스섬이었다. 인간 같으면 제우스의 발길질에

3 사랑의 두 얼굴

차이는 순간에 절명하고 말았을 것이다. 그러나 헤파이스토스는 신이어서 죽지는 않았다. 렘노스섬에 떨어지는 순간 두 다리가 부러지고 얼굴이 일그러졌을 뿐 목숨을 잃지는 않았다. 그는 곧 그 좋은 손재주로 다리를 만들어 붙였다. 완벽한 다리는 못 되어 절름발이 신세가 되기는 했지만 세상을 살아가는 데는 별 지장이 없었다.

헤라는 아들이 지상에서 어떻게 살고 있는지 궁금했지만 제우스의 부아를 돋울까 봐 찾을 마음을 먹지 못했다. 그런데 어느 날 한 여신이 목에 걸고 있는 장신구를 가만히 보고 있자니, 그 만든 솜씨가 여느 인간의 솜씨가 아니었다. 그래서 헤라가 그 여신에게 물어보았다.

"그 목걸이는 어디에서 났나요? 도저히 인간의 솜씨라고는 믿어지지 않는군요."

그러자 그 여신이 대답했다.

"렘노스섬에 사는 한 절름발이 대장장이가 만들었지요. 어쩌다 절름발이가 되었느냐고 물었더니 올림포스 천성에서 땅으로 떨어지는 바람에 그렇게 되었다지만, 인간 세상에 허풍쟁이가 좀 많아요?"

헤라는 렘노스섬에 산다는 그 절름발이가 바로 아들 헤파이스토스가 분명하다는 것을 알고는 그를 찾아서 다시 올림포스로 불러올렸다.

헤파이스토스는 추남인 데다 절름발이여서 그렇지, 팔심이 좋고 손재주가 빼어나서 마음만 먹으면 만들지 못할 물건이 없었다. 그는 물건을 잘 만들었을 뿐만 아니라 스스로 움직이는 힘을 부여하는 재간도 있었다. 그가 한때 정성을 기울여 금 바퀴가 세 개 달린 탁자를 하나 만든 일이 있다. 발podo이 셋tri이라고 해서 '트리포도스Tripodos'라고 불린 이 탁자는 만든 이의 마음을 읽을 수 있을 뿐만 아니라 올림포스 신전 어디로든 혼자 굴러갈 수도 있었다.

이렇게 손재주가 좋아서 올림포스에서는 대장장이 신 노릇을 하고 있었는데도 불구하고 헤파이스토스에게는 아내가 없었다. 워낙 볼품없이 생긴 데다가 두 다리까지 부러져 의족을 달고 다니는 절름발이였기 때문이다.

제우스는 올림포스에서 가장 못생긴 헤파이스토스에게 천하에서 가장 아름다운 아프로디테를 아내로 삼게 한 것이다. 말하자면 올림포스와 인간 세상을 통틀어 가장 어울리지 않는 한 쌍이 탄생한 것이다. 이 둘의 결합을 두고 '미녀와 야수' 이야기의 원조라고 부르는 학자도 있다. 그러나 이들의 결혼 생활은 행복하지 못했다. 헤파이스토스가 대장간 일이 바쁘다는 핑계로 천하의 미녀 신 아프로디테를 본 척도 하지 않았기 때문이다.

상상해보라. 미스 유니버스가 어쩔 수 없어서 가난하고 못생긴 절름발이 대장장이와 결혼한다. 그런데 대장장이는 일이 바쁘다는 핑계로 이 미스 유니버스를 거들떠보지도 않는다……. 용감한 미남 청년이 나타나 이 미스 유니버스를 꾀거나 미스 유니버스가 재벌 아들을 하나 꾈 만하지 않는가?

아프로디테가 누구인가? 사랑의 여신, 그중에서도 육체적인 사랑의 여신이다. 이 여신은 단 하루도 육체적인 사랑이 없이는 보내지 못한다. 그리고 이 여신의 유혹에 걸리면 신이든 인간이든 이 유혹에서 빠져나가지 못한다. 여기에는 이유가 있다. 아프로디테에게는 '케스토스 히마스', 즉 '마법의 띠'라는 허리띠가 있기 때문이다. 아프로디테가 이 허리띠를 매고 하는 유혹은 어떤 신도 인간도 헤어날 길이 없었다.

전쟁의 신 아레스가 여기에 걸려든다. 아레스는 누구인가? 아레스는 용감할 뿐만 아니라 잘생기기까지 한 전쟁 신이다. 아레스라는 말은 '잡아간다' 또는 '쳐부순다'는 뜻이다. 전쟁 신 아레스는 두 아들을 항상 부하로 거느리고 다닌다. 포보스와 데이모스가 바로 이들이다. 포보스라는 말은 '공포'라는 뜻이다. '공포증'을 뜻하는 영어의 '포비아phobia'는 여기에서 나온 말이다. 물을 두려워하는 증세인 '하이드로포비아hydrophobia(공수병)', 높은 곳을 두려워하는 증세인 '아크로포비아acrophobia(고소공포증)'의 '포비아'도 여기에서 유래한 말이다. 또 한 아들의 이름 데이모스Deimos는 '걱정'이라는 뜻이다.

지구에서 가까운 행성인 화성의 이름은 마르스Mars인데, 이것은 그리스 신화의 전쟁 신 아레스의 라틴어 이름이다. 화성에는 두 개의 위성이 있는데, 이 두 위성의 이름은 각각 포보스와 데이모스다.

하여튼 자식이 둘씩이나 있는 이 전쟁 신 아레스가 아프로디테를 벌건 대낮에 산속으로 꼬여내었다. 자식이 있는 아레스와 지아비가 있는 아프로디테의 밀회는 태양신의 눈에 띄기까지 계속된다.

태양신은 이 둘의 밀회 현장을 차마 눈 뜨고 내려다볼 수 없어서 어느 날 헤파이스토스에게 밀고한다. 헤파이스토스는 며칠 동안이나 대장간에 들어박혀 무엇인가를 만들었다. 신들이 말을 건넸지만 헤파이스토스는 귀라도 먹었는지 들은 척도 하지 않고 만드는 일에만 정신을 기울였다.

며칠 뒤 헤파이스토스는 무엇인가를 두 손에 받쳐 들고 대장간을 나왔다. 두 손을 보면 무엇인가를 받쳐 든 것 같지만, 막상 그가 받쳐 든 물건은 눈에 보이지 않았다. 그가 며칠 동안 온 정신을 기울여서 만든 것은 눈에 보이지 않는 그물이었다. 그는 청동을 늘여서 가늘기가 거미줄 같은 실을 만들고, 이 실로써 정교한 그물을 짠 것이다.

헤파이스토스는 아내 아프로디테의 침대에다 그 그물을 쳤다. 그 그물은 여신인 아프로디테의 눈에도 보이지 않았다. 바로 그날 헤파이스토스는 아내에게 렘노스섬에 다녀와야겠다면서 올림포스에서 어디론가 사라졌다. 아프로디테에게 절호의 기회가 온 셈이었다. 아프로디테는 지아비가 집을 비우기가 무섭게 늘 데리고 다니던 히메로스(나른한 그리움)를 아레스에게 보냈다. 히메로스를 보는 순간 그리움을 견딜 수 없게 된 아레스는 두 아들을 떼어놓고 득달같이 아프로디테의 집으로 달려갔다. 히메로스가 아레스에게 전한 소식은 간단했다.

"헤파이스토스, 렘노스섬에 내려갔음. 며칠 걸릴 예정이라고 함."

헤파이스토스가 집을 비웠다면 산속에서 밀회할 필요가 없는 일이

전쟁 신 아레스와 아프로디테의 밀회
꼬마 신들이 아레스의 머리에서 투구를 벗기고 방패를 받아들고 있다. 그리스의 전쟁 신 아레스는 로마 시대에는 '마르스'로 불렸다. 그리스인들은 아레스의 이미지를 별로 다루지 않았지만 로마인들에게 마르스는 인기 있는 신이었다. 17세기 프랑스 화가 니콜라 푸생의 그림.

었다. 아레스와 아프로디테는 집주인이 거미줄처럼 가느다란 청동실로 짠 그물을 쳐놓은 것도 모르고 밤새도록 밀회를 즐겼다.

새벽이 되자 문고리가 달그락거렸다. 아레스와 아프로디테는 새벽의 여신 에오스가 문고리를 달그락거리는 것이려니 생각했다. 하지만 그것은 에오스가 아니라 헤파이스토스였다. 헤파이스토스 혼자 온 것도 아니었다. 헤파이스토스 뒤에는 제우스를 비롯해 헤르메스, 아폴론, 포

3 사랑의 두 얼굴

세이돈 같은 신들이 서 있었다.

알몸으로 자고 있던 아레스와 아프로디테가 후닥닥 침대에서 일어났다. 하지만 청동실 그물 때문에 일어날 수가 없었다. 둘은 그물에서 헤어나려고 발버둥을 쳤지만, 그럴수록 그물은 점점 사나운 기세로 몸을 옥죌 뿐이었다.

"잘 논다."

벌거벗은 채 그물을 쓰고 누운 아레스와 아프로디테를 내려다보면서 제우스가 말했다.

"자네, 헤파이스토스가 부러운가, 아니면 아레스가 부러운가?"

아폴론이 헤르메스에게 물었다.

"무슨 뜻이지요?"

헤르메스가 되물었다.

"질투하는 헤파이스토스가 부러운가, 무안당하는 아레스가 부러운가, 그 말이야."

"둘 다 부럽소."

"자네도 저 그물에 한번 갇혀보고 싶다, 그 말인가?"

"그물이 세 곱절쯤 질겨서 영원히 저렇게 갇혀 있을 수 있으면 좋겠소."

전쟁 신 아레스는 힘이 천하장사였다. 하지만 헤파이스토스가 만든 튼튼하고도 정교한 그물은 힘으로 어떻게 해볼 수 있는 것이 아니었다. 보기가 민망해진 신들은 헤파이스토스에게 어서 이 둘을 풀어주라고 말했지만, 헤파이스토스는 씩씩거리고 서 있을 뿐 그물을 풀어주려고 하지 않았다.

포세이돈이 나서서 헤파이스토스에게 애원했다. 헤파이스토스는 아레스에게서 사과와 보상의 약속을 받아주겠다는 포세이돈의 말을 듣고서야 마지못해 그물을 풀어주었다.

서기 1세기 로마의 작가 푸블리우스 오비디우스 나소는 『변신 이야기Metamorphoses』에서 처녀 레우코토에의 입을 빌려 이 사건을 다음과 같이 노래한다. 이 책에 나오는 로마식 고유명사는 모두 그리스식으로 바꾸었다.

아프로디테와 아레스가
은밀하게 사랑을 나누는 현장을 엿본 분도 바로 이 태양신.
태양신의 눈에는 보이지 않는 것이 없는 법…….
이들의 괴망한 짓을 괘씸하게 여기신 태양신,
아프로디테의 지아비인 헤파이스토스에게 밀고했다.
헤파이스토스가 누구인가?
헤라 여신의 아들이자 아프로디테의 지아비가 아닌가?
헤파이스토스를 보라.
아내가 다른 신과 간통한다는 소식을 들었으니 하늘이 노래질 수밖에.
헤파이스토스는 충격을 받고 만다.
이 소식을 듣는 순간, 벼리고 있던 연장을 다 떨어뜨렸다니까.
곰곰 생각하던 헤파이스토스,
즉시 청동을 두들겨, 눈에 보이지도 않을 만큼 가는 실을 만들고, 이 실로
사슬과 그물과 올가미를 만든다.
헤파이스토스가 손수 베틀에 걸어 짠 이 그물은,
천장의 들보에 매달린 거미줄보다 더 가늘고 정교했다.
건드리기만 해도 탁 걸려들게 되어 있었다.
헤파이스토스는 이렇게 만든 사슬과 그물과 올가미를
자기 침대에다 쳐놓고는,
자기 아내가 다른 신을 불러들이기만을 기다렸다.
그런 줄도 모르는 아프로디테,
또 한 번 아레스를 그 침대로 꾀어들여 사랑을 나눈다.
헤파이스토스가 손수 만들었는데 여부가 있을 리 없지.

3 사랑의 두 얼굴　　　　　　　　　　　　　　　　　　　　　　　87

남의 지아비를 탐낸 아프로디테와 남의 아내를 탐낸 아레스는
꼼짝없이 이 사슬과 그물과 올가미에 걸리고 말았다.
렘노스의 신 헤파이스토스,
옳다구나 하고, 신들을 모두 불러다놓고 침실 문을 열었다.
발가벗은 채 서로 껴안고 있는 아프로디테와 아레스의 모습,
신들에게는 참으로 볼 만한 구경거리였을 터.
신들 중 한 분이 하신 말씀,
"치욕을 당해도 좋으니,
나도 발가벗은 채로 아프로디테와 한번 저렇게 갇혀보았으면……."
신들은 이 둘의 꼴을 보고는 배를 잡고 웃었는데,
이게 천궁에서는 두고두고 이야깃거리로 신들의 입에 올랐더란다.

그물에서 풀려나자 아레스는 제 신전이 있는 트라키아로 도망쳤고, 아프로디테는 처녀의 샘이 있는 퀴프로스섬으로 갔다. 당시 퀴프로스에는 몸을 담그기만 하면 처녀성을 잃은 여성도 처녀로 거듭나게 해주는 처녀의 샘이 있었던 것으로 전해진다. 그런 샘이 그 섬에 실제로 있었다면 여성의 정조 관념도 다소 희박해질 수밖에 없었을 것이다. 퀴프로스 여성들이 음란한 여성, 웃음을 파는 여성으로 불렸던 것은 바로 퀴프로스에 그런 샘이 있었기 때문일까?

* * *

그물에 걸린 채 알몸으로 버둥거리는 아레스와 아프로디테를 내려다보면서 헤르메스가 했던 말을 기억해둘 필요가 있다.
"그물이 세 곱절쯤 질겨서 영원히 저렇게 갇혀 있을 수 있으면 좋겠소."
헤르메스는 아프로디테의 유혹을 받게 될 날을 진심으로 기다렸던

것임에 분명하다.

헤르메스는 재간 덩어리, 꾀주머니 신이다. 그는 제우스의 아들인데도 불구하고 헤라의 아들은 아니다. 말하자면 제우스가 다른 데서 낳아 온 자식인 것이다. 하지만 헤르메스는 질투심 많기로 유명한 헤라의 귀여움을 독차지한 특이한 신이다. 그만큼 재주가 많고 꾀가 많다.

원래 헤르메스는 제우스의 심부름을 도맡는 전령신傳令神이다. 제우스는 헤르메스를 전령신으로 삼으면서 지팡이 하나와 날개가 달린 가죽신을 내렸다. 지팡이는 신이든 인간이든 건드리기만 해도 잠이 들게 하는 마법의 지팡이, 가죽신은 하루에 만 리 길을 너끈하게 달릴 수 있게 하는, 말하자면 축지법을 가능하게 하는 마법의 신발이었다. 올림포스의 신들 중에서 제우스의 심부름으로 이승과 저승을 자유자재로 오르내리는 신은 헤르메스밖에 없다. 또 헤르메스는 말솜씨가 좋고 거짓말을 표 안 나게 잘해서 상업, 도박, 돈놀이 같은 것을 주관하기도 한다. 그리스에는 신들의 석상이 많다. 신들의 대리석상이 손에, 뱀이 감고 오르는 지팡이를 들고 있으면 그것은 의술의 신 아스클레피오스나 전령신 헤르메스의 석상일 가능성이 크다. 날개 달린 가죽신을 신고 있는 신의 석상은 모두 헤르메스의 석상이라고 보아도 무방하다.

아프로디테는 이 헤르메스와도 사랑을 나누었다. 누가 유혹했을까? 아프로디테에게는 마법의 띠 '케스토스 히마스'가 있다. 아프로디테가 이 띠를 매고 유혹하면 신이든 인간이든 그 유혹에서 벗어날 수 없다. 하지만 헤르메스에게 있는 것은 마법의 지팡이와 마법의 신발뿐이다. 따라서 아프로디테가 유혹했을 가능성이 커 보인다.

아프로디테와 헤르메스 사이에서 두 아들이 태어난 것을 보면, 이들이 잠깐 밀회를 즐겼던 것도 아닌 모양이다. 먼저 낳은 아들의 이름은 헤르마프로디토스Hermaphroditos, 나중에 낳은 아들의 이름은 에로스인데, 헤르마프로디토스의 이름이 심상치 않다. 헤르메스Hermes와 아프로디테Aphrodite의 이름을 합성한 이름이 바로 헤르마프로디토스다.

이 헤르마프로디토스는 열다섯 살 때 해괴한 봉변을 당하는데, 『변신 이야기』에서 그 대목을 여기에 옮겨본다.

열다섯 살이 되던 해, 헤르마프로디토스는
자기를 키워준 정든 이다산을 떠나
세상 구경, 낯선 산수 구경하러 나그넷길에 올랐다.
말이 산수 구경이지 나그네 노릇이 좀 어려운가?
하지만 헤르마프로디토스에게 그런 것은 문제가 안 되었다.
워낙 세상 구경에 미쳐 있어서,
꽤 멀리까지 갔다.
뤼키아 아니면 뤼키아에서 가까운 카리아까지 갔다.
길 가는 도중에 헤르마프로디토스는 호수 하나를 만났다.
물이 어찌나 맑은지 바닥까지 훤히 들여다보이는 호수.
호수에는 갈대도 없었고,
열매 맺는 물풀, 잎사귀 끝이 뾰족한 골풀도 없었다.
둑에만 싱싱한 잔디, 늘 푸른 풀이 자라 있었을 뿐…….
물은 수정같이 맑았다.
호수에는 요정이 살고 있었다.
이름은 살마키스.
사냥도 할 줄 모르고, 활도 쏠 줄 모르고,
달음박질에도 재주가 없는 요정 살마키스.
발빠른 사냥의 여신 아르테미스가 누군지 모르던 요정은
이 호수의 요정뿐이었다.
다른 요정들이 살마키스에게 하는 말,
"살마키스야,
너도 창이나 알락달락한 화살통을 들고 나오너라.
우리랑 뜀박질도 겨루고 활쏘기도 겨루자.

운동이 되는 것은 물론이고, 시간 죽이기에도 좋은 놀이다."

하지만 살마키스는 창도 안 잡았고,

화살통도 안 들었고,

뜀박질 겨루기에도 참가하지 않았다.

그런 짓으로 시간 보내는 게 마음에 안 들었던 살마키스,

틈만 나면 회양목으로 만든 빗으로 머리를 빗고

수면을 거울 삼아 내려다보면서

머리 모양을 이렇게도 해보고 저렇게도 바꿔보고는 했다.

그러다 재미없으면

알몸이 비치는 옷을 입은 채

부드러운 풀밭에 드러누워 하늘을 보기도 했다.

이따금씩은 꽃도 꺾었다.

꽃을 꺾다가 살마키스는 헤르마프로디토스를 보았다.

소년을 보는 순간 살마키스는 견디기 어려운 욕정을 느꼈다.

껴안고 싶다는 욕망 같은 것.

살마키스는 금방이라도 달려가고 싶었지만

초면에 그럴 일이 아니어서

마음이 가라앉을 때까지 기다리기로 했다.

울렁거리는 가슴도 가라앉히고, 표정도 예쁘게 지어보면서…….

이러면서 자신의 가장 예쁜 모습을 보여줄 준비를 했다.

준비가 끝난 살마키스,

헤르마프로디토스에게 다가가 말을 붙였다.

"여보세요.

혹시 신이 아니신지 모르겠네요.

신이시면 에로스 신이실 테지요?

신이 아니고 인간이시라면,

그대의 부모 형제들은 복 받은 분들.

누이들이 있다면 역시 복 받은 분들.

그대에게 젖을 빨린 유모가 있다면 그분도 큰 복 받은 분.

하지만 이들이 받은 복을,

그대와 결혼을 약속한 처녀,

그대가 장차 아내로 삼을 처녀가 받을 복에 어찌 견줄 수 있을까요?

그런 처녀가 있다면 말이지요.

그런 처녀가 있으면,

그 처녀 몰래 가만히라도 좋으니 나를 좀 만나 사랑해주세요.

없으면 나를 애인 삼아주면 이보다 좋은 일이 없을 테지요.

없으면 나를 사랑해주세요, 나와 결혼해주세요."

요정의 말을 들은 소년,

얼굴이 새빨개졌다.

소년은 사랑이 무엇인지 알지 못했다.

새빨개진 소년의 뺨은,

해 잘 드는 과수원 나무에 매달린 잘 익은 사과 색깔,

빨간 물감을 칠한 상아 색깔,

일식 때의 달 색깔,

아무리 놋쇠 바라를 울리며 악마를 쫓아도 자꾸만 새빨개지는

일식 때의 달 색깔.

살마키스는 뺨에 입이라도 맞추어주려고

누나처럼 다가가 소년의 목을 껴안았다.

소년은 비명을 질렀다.

"놓지 않으면 뿌리치고 말겠어요."

뜻밖의 반응에 놀란 살마키스,

"그럼 내가 가겠어요.

그대를 귀찮게 하려고 이러는 것은 아니니까."

살마키스는 가려는 듯 돌아섰다.

버즘나무 숲에 숨어 엿보는 살마키스의 눈에
소년이 보였다.
소년은 풀밭 위를 좀 거닐다가 물에다 발끝을 넣었다.
조금 뒤에는 발목이 잠길 만큼 넣었다.
그러다 소년은 물에 들어갔다.
옷을 벗은 것을 보면, 보는 눈이 없겠거니 했던 모양.
소년의 아름다운 몸매가 드러났다.
그걸 엿보고 있는 살마키스의 기분이 어땠을까?
살마키스의 몸은 불덩어리같이 뜨거웠을 터.
살마키스의 눈은 태양신의 얼굴같이 이글거렸다.
살마키스는 더 견딜 수가 없었다.
바라고 바라던 사랑의 순간을 더 이상 미룰 수 없었다.
그런데도 살마키스는 참았다.
흐트러지는 마음을 가누려고 무진 애를 썼다.
소년은 손바닥으로 알몸을 찰싹찰싹 때리면서 물속으로 뛰어들었다.
그리고는 한참을 첨벙거린 뒤에 물에서 나왔다.
물에 젖은 몸은 반짝거렸다.
투명한 병 속에 넣어 둔 상아, 아니면 백합 같았다.
바깥에 나와 있던 소년은 곧 다시 물로 들어갔다.
소년을 바라보면서 요정은 중얼거린다.
"이제 됐다. 그대는 이제 내 것이다."
요정은 옷을 벗고 소년을 따라 호수 한가운데로 뛰어들어 갔다.
소년은 기겁을 하고
요정의 접근을 막으려고 했다.
하지만 요정은 소년을 붙잡고,
앙탈을 부리는 소년에게 입을 맞추었다.
손으로 소년의 가슴과 등을 쓰다듬으며 그 몸에 달라붙었다.

이쪽으로 피하면 저쪽에서 달라붙고
저쪽으로 피하면 이쪽에서 달라붙고…….
소년은 한사코 달아나려고 했다.
그러나 소년이 요정의 집요한 공격을 어찌 피할 수 있으랴.
이 둘은 결국 한 덩어리가 되고 말았다.
새들의 왕 독수리 부리에 물려 공중으로 올라간 뱀을 보라.
독수리 부리에 물린 뱀은
몸으로는 독수리의 머리와 발톱을 감고,
꼬리로는 독수리의 날갯짓을 방해한다.
소년은 독수리, 요정은 뱀.
아니, 요정은 나무 둥치를 감고 올라가는 담쟁이덩굴,
깊은 바다에서 열 개의 다리로 먹이를 사방에서 죄는 문어.
소년은 힘을 다해 저항하면서,
요정이 그렇게 집요하게 요구하는 사랑의 쾌락을 거절했다.
요정은 온몸으로 부딪쳐 오면서, 달라붙으면서 이렇게 외쳤다.
"몸부림칠 테면 쳐봐요.
내게서 빠져나갈 수는 없을걸.
오, 신들이시여, 이대로 있게 하소서.
이 소년이 영원히 저에게서,
제가 이 소년에게서 떨어지지 않게 하소서."
신들이 요정의 기도를 들었던 모양.
잠시 붙어 있던 이 둘의 육체를 하나 되게 하였으니.
그래, 신들은 이 두 개의 육체를 하나로 만들었다.
정원사들은 잘 안다.
가지 두 개가 맞붙어 자라다 한 덩어리가 되는 수가 있다는 것을.
한 덩어리가 된 소년과 요정의 몸이 꼭 이런 가지 같았다.
하지만 이들의 몸은 곧

붙은 자국도 보이지 않는, 진짜 하나가 되었다.
남성이라고 할 수도 없고 여성이라고 할 수도 없는 하나의 육체,
남성이 아니라고 할 수도 없고 여성이 아니라고 할 수도 없는,
그러니까 남성과 여성을 두루 갖춘 하나의 육체가 되었다.
헤르마프로디토스는 수면에 비친 제 모습을 보았다.
그러고는 물에 들어올 때는 남성이었던 자신의 육체가
반남성, 반여성의 육체로 변해 있는 걸 알았다.
몸이 얼마나 연약해졌는지 불면 날고 쥐면 꺼질 것 같았다.
헤르마프로디토스는 팔을 벌리고 기도했다.
물론 그 목소리는 더 이상 남성의 우렁찬 목소리가 아니었다.
"아버지시여, 어머니시여.
두 분의 이름을 받은 이 아들의 간절한 기도가 이루어지게 하소서.
이 호수에 뛰어드는 자는 남녀추니로 나오게 하시고,
이 호수의 물에 닿는 자는 그 힘과 살을 잃게 하소서."
헤르마프로디토스의 부모는 이 기도를 듣고,
남녀추니, 어지자지가 된 아들의 소원을 이루어주더라.

남녀추니가 된 헤르마프로디토스
여성의 젖가슴을 가진 헤르마프로디토스. 하지만 사타구니에는 남성의 성기가 달려 있다.
파리 루브르 박물관.

3 사랑의 두 얼굴

사람 중에는 남성과 여성의 성징을 함께 가지고 있는 사람이 있다. 이런 사람을 신화에서는 '양성구유자' 또는 '양성공유자', 즉 두 개의 성을 두루 갖추고 있는 사람이라고 부른다. 우리말로는 '남녀추니', 순수한 우리말로는 '어지자지'라고 한다. 의학적으로는 '앤드로자인androgyne, 또는 '허머프로다이트hermaphrodite'라고 한다. 앤드로자인은 그리스어 '안드로귀노스'에서 온 말이고, 허머프로다이트는 '헤르마프로디토스'를 영어식으로 발음한 데 지나지 않는다.

* * *

앞의 이야기는 아프로디테의 아들 헤르마프로디토스와 관련이 있는 이야기일 뿐, 아프로디테와는 직접적인 관련이 없다. 그러나 아프로디테의 사랑도 맹목적이라는 점에서는 살마키스의 사랑과 비슷하다.

아프로디테가 벌인 사랑의 행각은 여기에서 끝나지 않는다. 아프로디테는 신이 아닌 인간 안키세스를 유혹해서 동침한 적도 있다. 안키세스의 자식으로 아프로디테가 낳은 아들이 바로 아이네이아스다. 이 아이네이아스는 먼 훗날 로마인의 조상이 된다.

육체적인 사랑의 접촉이 있는 곳에는 반드시 아프로디테가 있다. 더러 '음란한 아프로디테'라고도 불리는 것에서 알 수 있듯이 아프로디테가 고무하고 격려하는 사랑이 반드시 도덕적인 사랑이 아닌 것도 사실이다. 그러나 아프로디테의 '음란함'이 도덕적으로 비난받아야 할 음란함은 아니다. 태초의 인류를 생각해보라. 근친상간, 즉 가까운 친척 간의 비윤리적인 사랑이 없었다면 인간이 멸종하지 않고 짐승과 수적인 경쟁을 벌일 수 있었겠는가? 그러므로 음란한 아프로디테가 허리에 매고 있는, 어떤 남성이든 유혹할 수 있는 마법의 띠 '케스토스 히마스'는 음란함의 상징이 아니라 자식의 생산을 촉발하는 번식력의 상징일 수도 있는 것이다.

로마 시대의 시인 오비디우스는 아프로디테 때문에 벌어진 해괴한 사랑놀이를 이렇게 노래했다.

사랑으로 가려 눈을 멀게 하지 않나.
욕정으로 몰아 사악한 사랑을 하게 하지 않나.
아프로디테 때문에 사랑에 눈이 먼 처녀 메데이아는
아버지의 나라를 애인에게 바쳤고
아프로디테 때문에 사랑에 눈이 먼 처녀 아리아드네는
미궁의 비밀을 적국의 청년에게 누설했다.
유부녀 헬레네가 지아비 손님에게 홀딱 반하여
제 나라를 떠난 것도 아프로디테 때문
참, 해괴하다고 하지 않을 수 없구나.
아프로디테의 장난은.

에로스와 프쉬케

'에로스Eros'라는 말이 무슨 뜻인지 모르는 독자는 없을 것이다. 에로스는 바로 '사랑'이다. 에로스는 사랑과 아름다움의 여신 아프로디테의 아들이다. '사랑'의 아들인 또 하나의 '사랑'이다.

아프로디테의 사랑이 그랬듯이 에로스의 사랑 또한 육체적인 사랑이다. '에로틱erotic'이라는 말은 '에로스적', 즉 '성적'이라는 뜻이다. 성적이라는 말은 성적인 욕망을 자극한다는 분위기를 풍긴다.

하지만 지금부터 소개하는 에로스 이야기를 보라. 사랑에는 육체적인 사랑만 있는 것이 아니다. 믿음이 없는 곳에는 깃들일 수 없는 것……. 이것이 사랑이 지닌 또 하나의 얼굴이다.

히브리 성경에서 인간을 만든 이는 누구인가? 하나님이다. 그리스 신화에서 인간을 만든 이는 프로메테우스다. 프로메테우스라는 말은 '먼저 아는 자'라는 뜻이다. 선각자先覺者, 즉 먼저 깨달은 자와 선견자先見者, 즉 먼저 본 자라는 뜻이다. 프로메테우스는 장차 올 세상을 먼저 깨달아 알고 인간을 만들었던 모양이다.

프로메테우스가 인간을 만들 때 만물의 씨앗이 두루 들어 있는 흙을 썼는지, 자신의 몸을 이루는 것과 같은 물질을 썼는지 그것은 분명하지 않다. 하지만 신화는 프로메테우스가 흙에다 물을 부어 이기고 신들의 형상과 비슷한 인간을 빚어 이레 동안 볕에다 말리고 여기에다 생명을 불어넣었다는 기록을 남기고 있다. 그런데 여기에 재미있는 이야기 한 꼭지가 따라붙는다. 그가 흙으로 빚은 인간에게 생명을 불어넣으려고 하는 찰나, 지혜의 여신 아테나가 지나가다가 나비 한 마리를 날려 보냈다는 것이다. 신화에 따르면 이 나비는 프로메테우스가 흙으로 빚은 인간의 콧구멍 속으로 들어갔다.

그리스어로 나비는 '프쉬케psyche'다. 그러면 진흙 인간의 콧구멍 속으로 들어간 프쉬케는 무엇인가? 영어 '사이크psyche'에 그 흔적이 남아 있다. 이 말은 '정신' 또는 '마음'과 밀접한 관계가 있다. '사이콜로지psychology'가 무엇인가? 심리학이다. '사이키어트리psychiatry'가 무엇인가? 분석심리학이다. '사이코어낼리시스psychoanalysis'가 무엇인가? 정신분석이다. '그 사람, 사이코 아닌가' 할 때의 '사이코'라는 속어는 무슨 뜻인가? 정신이 약간 이상한 사람이다.

사랑과 마음을 염두에 두고 에로스와 프쉬케의 이야기를 읽기 바란다. 이 이야기는 기원전 2세기의 로마 작가 루키우스 아풀레이우스가 쓴 『황금 당나귀』에 처음으로 등장한다. 고대 그리스 시대부터 전해 내려오는 이야기를 아풀레이우스가 쓴 것인지, 기원전 2세기에 그가 지어서 쓴 것인지는 분명하지 않다.

옛날 어느 나라에 딸 셋을 둔 왕이 살고 있었다. 왕이 어질다는 소문과 딸들이 아름답다는 소문이 산을 넘고 바다를 건넜던 것을 보면 참 살기 좋은 나라였던 모양이다. 세 딸 중 맏이와 둘째도 예사 미인이 아니었다. 그러나 셋째이자 막내인 프쉬케는 이 세상의 가난한 언어로는 도무지 다 그려낼 수 없을 정도로 빼어나게 아름다웠다. 이 막내가 아름답다는 소문이 널리 퍼지자 먼 나라 가까운 나라를 불문하고 수많은 나라의 왕자들이 다 몰려와 막내의 아름다움을 한번 보고 가기를 소원했다.

왕자들뿐만이 아니었다. 그 나라 국민들에게도 막내 공주를 한 번만이라도 보는 것이 소원 중에서도 큰 소원이었다. 어렵게 어렵게 막내 공주를 본 사람이면 누구나 최상급의 찬사를 공주에게 바쳤다. 공주가 받은 찬사는 사랑과 아름다움의 여신 아프로디테 아니고는 받아본 적이 없는 찬사였다.

사람들이 이렇듯 공주에게 정신이 팔려 있다 보니 신들이 살던 신전에도 발걸음이 뜸해질 수밖에 없었다. 아프로디테 신전을 찾는 사람도 현저하게 줄어들었다. 날이 감에 따라 신전 출입하는 사람이 줄어들다가 급기야는 제단조차 돌보는 이 없게 되어 향불은 꺼지고 제단에는 먼지가 쌓이기에 이르렀다.

신들은 최고의 경의와 최상급의 찬사는 신들에게나 바쳐져야 마땅하다고 생각한다. 그런데 그런 경의와 찬사가, 때가 되면 죽고 죽으면 썩어야 할 팔자로 태어난 인간에게 겨누어지는 것을 보았으니, 아름다움의 여신 아프로디테의 자존심이 얼마나 상했을까? 더욱이 아름답기로 말하자면 저 헤라와 아테나까지 이기고 '미스 그리스'에 뽑힌 적이 있는 아프로디테가 아니던가.

잠깐, 아프로디테가 '미스 그리스'에 뽑혔던 이야기를 하고 넘어가자. 영국의 작가 로즈메리 섯클리프의 『트로이아 전쟁과 목마』에서 이 대목을 옮겨본다.

아득한 옛날, 사람이 신들과 어깨를 나란히 할 정도로 영웅스럽던 시절, 뮈르미돈의 왕 펠레우스는 발이 아름다워서 '은빛 발'이라는 별명으로 불리던 바다의 요정 테티스를 아내로 맞이하게 되었다. 이들의 혼인 잔치에는 사람들은 물론이고 저 높은 올림포스산의 신들도 초대되었다.

잔치가 한창 무르익어가는 참인데, 그 잔치에 초대되지 않은 손님 하나가 불쑥 그 자리에 나타났다. 누구인가 하면 불화의 여신 에리스였다. 에리스가 초대되지 않은 것은 불화의 여신이라서 어디에서든 불화를 일으키기 때문이었다. 그런 에리스가 그 자리에 나타나 험상궂은 얼굴을 하고, 자기가 당한 모욕을 복수하겠노라고 벼르는 것이었다.

그러나 복수하겠노라고 으름장을 놓은 에리스가 한 일은 겨우 잔칫상을 향하여 사과 한 알을 던진 것밖에 없었다. 따라서 별것 아닌 것 같기도 했다. 사과 한 알을 던진 에리스는 손님들을 향해 날숨을 크게 한 번 쉬고는 사라져버렸다.

에리스가 던진 사과는 과일 무더기와 포도주 잔 사이에 놓여 있었다. 손님 중 하나가 허리를 구부리고 그 사과를 집었다. 사과 한 귀퉁이에는 이런 글귀가 새겨져 있었다.

"가장 아름다운 그리스 여신에게."

이렇게 되자 여신 중에서도 가장 고귀한 세 여신이 그 사과가 자기 것이라고 주장했다.

헤라 여신이 맨 먼저 이런 뜻을 내비쳤다.

"나는 신들의 아버지 제우스 신의 아내이자, 모든 신의 왕후 되는 여신인 만큼 이 사과는 마땅히 내 것이 되어야 하지 않겠어요?"

아테나 여신도 이런 뜻을 내비쳤다.

"내가 지닌 지혜의 아름다움은 다른 모든 신이 지닌 지혜의 아름다움을 앞서는 것인 만큼 이 사과는 내 것이 되어야 하는 것이 아닐까요?"

아프로디테도 가만히 있지 않았다.

"아름다움의 여신 말고 누가 그 사과를 차지할 수 있겠어요?"

세 여신은 입씨름을 벌였고, 이 입씨름은 말싸움으로 발전했다. 말싸움은 시간이 흐를수록 치열해졌다. 세 여신은 거기에 모인 손님들에게, 그 사과가 누구의 것이 되어야 마땅한지 심판해줄 것을 요청했다. 그러나 손님들은 심판해주기를 거절했다. 어느 여신을 편들어주든, 나머지

파리스의 심판
왼쪽부터 아테나, 아프로디테 그리고 헤라. 파리스 뒤에 헤르메스가 서 있다. 16~17세기 벨기에 화가 페테르 파울 루벤스의 그림.

두 여신으로부터 원한을 살 가능성이 있기 때문이었다.

결국 세 여신은 이 문제를 해결하지 못한 채 신들의 궁전이 있는 올림포스산으로 돌아갔다. 신들 중에는 이 여신을 편드는 신들이 있는가 하면 저 여신을 편드는 신들도 있었다. 신들은 이렇게 편이 갈린 채로 오래오래 서로 싸웠다. 얼마나 오래 싸웠는가 하면, 이 말싸움이 시작되던 당시 인간 세상의 도시 국가 트로이아에서 태어난 아기가 자라 전사나 목동이 될 때까지 싸웠다. 신들은 모두 불사신들이라서, 때가 되면 죽는 운명을 타고난 인간의 세월은 알지 못한다.

그러던 어느 날, 여전히 그 황금 사과를 두고 아옹다옹하던 질투심 많은 세 여신이 올륌포스산에서 인간 세상을 내려다보다가, 이다산 기슭에서 목동 노릇을 하는 헌칠한 청년을 보게 되었다. 이 청년이 바로, 사과를 사이에 두고 올륌포스 신들 사이에 말싸움이 시작될 당시에 태어난 그 아기다.

세 여신은 모르는 것이 없는 신들이라서 한눈에 청년이 트로이아의 왕 프리아모스의 아들이라는 것을 알아보았다. 그러나 청년은 자기 정체를 모르고 있었다. 세 여신은 문득 그 청년이 자기네 세 여신의 정체도 모를 것이라고 생각했다. 여신의 정체를 모른다면 보복당할 것을 두려워하지 않고 공정하게 심판할 수 있을 터였다. 세 여신이 황금 사과를 두고 입씨름을 벌이는 데도 염증을 느끼고 있을 즈음의 일이었다.

세 여신은 그 사과를 청년에게 던졌다. 파리스는 엉겁결에 손을 내밀어 그 사과를 받았다. 세 여신은 풀잎 하나 구부러지지 않을 정도로 사뿐히 땅 위로 내려서서는 파리스에게, 누가 가장 아름다워서 그 황금 사과의 주인이 될 만한지 셋 중에서 고르게 했다.

먼저 눈부신 갑옷을 차려입은 모습의 아테나 여신이 앞으로 나서서, 칼날 같은 잿빛 눈으로 파리스를 바라보며, 자기에게 그 황금 사과를 던져주면 어느 누구에게도 뒤지지 않을 지혜를 주겠노라고 약속했다.

다음으로는 헤라 여신이 신들 궁전의 왕후에 어울리는 차림으로 나서서, 자기에게 그 황금 사과를 던져주면 어마어마한 재물과 권력과 명예를 주겠노라고 약속했다.

마지막으로 눈이 깊은 바다처럼 파란 아프로디테가, 꼬아놓은 금실 같은 타래 머리를 하고 달콤한 미소를 지으면서 앞으로 나서서, 자기에게 그 황금 사과를 던져주면 자기만큼 아름다운 아내와 짝을 지어주겠노라고 약속했다.

파리스는 그 여신만큼 아름다운 아내라는 말을 듣는 순간, 지혜와 권력을 주겠다는 두 여신의 약속을 잊고 말았다. 그러고는 그 황금 사과를 아프로디테에게 던졌다.

그 순간 아테나와 헤라는 자기들에게 황금 사과를 던져주지 않은 파리스에게 앙심을 품었다. 잔칫날 손님들이 예측했던 그대로였다. 두 여신은 아프로디테에게도 앙심을 품었다. 그러나 이렇게 해서 '미스 그리스'가 된 아프로디테는 만족스러워하면서 왕자인 그 목동에게 한 약속을 지키기로 마음먹고는 그 자리를 떠났다.

뒷날 아프로디테는 이 파리스에게 인간 세상에서 가장 아름다운 여자 헬레네를 짝지어주는데, 이 때문에 전쟁이 터지고 파리스의 조국 트로이아는 불바다가 된다.

* * *

이런 아프로디테인데, 사람들이 막내 공주를 칭송하느라고 신전에 오던 발길을 끊었으니 얼마나 화가 났겠는가? 그 향기로운 머리카락이 올올이 곤두서리만큼 화가 난 아프로디테는 송곳니가 멍석니 되도록 이를 갈았다.

"가당찮구나. 이 아프로디테의 명예가 저 인간의 계집 하나에 빛을 잃어? 파리스의 판정을 제우스 대신까지 승인하지 않았던가? 제우스 대신이 보는 앞에서, 헤라와 아테나가 보는 앞에서 파리스는 종려 화관과 '미스 그리스'라는 명예를 바치지 않았던가? 오냐, 내 기어이 저 계집에게 앙갚음을 해서, 분수에 넘치는 영광을 앙갚음의 여신 네메시스가 어떤 눈으로 보는지 가르쳐주리라."

아프로디테는 아들 에로스를 불러들였다. 에로스는 그렇지 않아도 장난이 치고 싶어 근질거리던 참이었다. 이 개구쟁이 꼬마 신 에로스에게는 화가 잔뜩 나 있는 어머니의 모습도 재미있게 느껴졌다.

"저기 저 계집을 좀 내려다보아라. 제 방에서 잠을 자고 있는 계집이 보이느냐? 프쉬케라는 계집이 보이느냐?"

아프로디테는 프쉬케를 가리키며 아들에게 물었다.

"프쉬케라면 나비가 아닌가요? 나비를 보고 계집이라뇨?"

에로스가 딴청을 부리자 아프로디테는 아들을 꾸짖었다.

"잘 들어라. 저 계집아이는 분수에 맞지 않게 아름답다. 저 계집아이 때문에 어미가 마음의 상처를 입었으니 네가 이 어미의 한을 풀어주어야 한다. 저 계집아이가 받을 고통과 입을 상처가 크면 클수록 이 어미의 기쁨 또한 클 것이다. 어쩌려느냐? 납 화살을 쏘아 미움과 원망으로 한 세상을 살다 가게 할 테냐? 아니면 금화살을 쏘아 이 세상에서 가장 비천한 수컷을 그리워하다 상사병으로 죽게 하려느냐?"

"에로스의 일은 에로스에게 맡기세요. 다그친다고 되는 일인가요?"

에로스는 밖으로 달려 나갔다. 아프로디테의 신전 앞뜰에는 단물이 솟는 샘과 쓴 물이 솟는 샘이 있었다. 단물은 없는 것을 있게 하고, 모자라는 것을 넘치게 하고, 빈 것을 차게 하는 물이었고, 쓴 물은 있는 것을 없게 하고, 넘치는 것을 모자라게 하고, 찬 것을 비게 하는 물이었다.

에로스는 두 개의 병에다 각각 쓴 물과 단물을 넣어 화살통에 매달고는, 금빛 날갯짓도 가볍게 왕국의 도성으로 날아 내려갔다.

프쉬케는 깊이 잠들어 있었다. 어찌나 깊이 잠들었는지 숨도 쉬지 않는 것 같아서 에로스는 날개의 깃 하나를 뽑아 프쉬케의 코에 살며시 대어보았을 정도였다.

에로스는 쓴 물 두어 방울을 프쉬케의 입술에 떨어뜨렸다. 이로써 프쉬케의 입술은 어떤 사내의 얼굴도 붉히게 할 수 없었다. 난생처음으로 가엾다는 생각을 했으나, 그런 느낌에 버릇 들어 있지 않은 에로스는 금방 잊어버리고 프쉬케의 어깨에 금화살촉을 살며시 갖다 대었다. 너무 거리가 가까워 화살을 활시위에 메울 필요도 없었다.

프쉬케는 화살촉을 느껴서 그랬던지 그 큰 눈을 뜨고 에로스 쪽을 바라보았다. 제 모습이 프쉬케 눈에 보일 턱이 없는데도 에로스는 프쉬케가 눈을 뜨자 마치 어둡던 세상이 활짝 밝아진 것 같았다. 에로스는 한편으론 놀라고 또 한편으론 하도 황홀해서 무심결에 프쉬케를 찌르지 못한 화살을 치운다는 것이 그만 제 손을 찌르고 말았다.

에로스가 프쉬케의 그 큰 눈에 정신을 빼앗기지 않았더라면 쓴 물 한 방울로 제 손에 난 상처의 독을 뺄 수 있었으리라. 그러나 에로스는 그 생각은 못 했다. 프쉬케가 가엾다는 느낌이 다시 일었기 때문이다. 그래서 에로스는 제 손으로 벌인 장난을 거두어들인다고 프쉬케의 머리카락에 단물을 뿌려, 그 아름다움을 거두기는커녕 한층 더 아름답게 해 주었다.

프쉬케의 침실에서 돌아온 순간부터 에로스는 이미 그 전의 에로스가 아니었다. 금화살에 찔린 상처 때문에 프쉬케를 그리워하기 시작한 것이다. 에로스는 원래 나이를 먹지 않는다. 하지만 안테로스(사랑의 상대)가 나타나면 달라진다.

프쉬케는 머리에 단물 방울이 묻은 날부터 나날이 아름다움을 더해 갔다. 그러나 입술에 묻은 쓴 물 방울 때문에 나날이 더해가는 아름다움으로도 아무 은혜를 누리지 못했다.

사람들의 눈이란 눈은 모조리 프쉬케의 아름다움을 좇고, 입이란 입은 남김없이 프쉬케의 아름다움을 칭송했다. 그러나 왕자나 귀족은커녕 하찮은 시정배들조차 지나가는 말로나마 청혼하는 일이 없었다. 위로 두 공주는 왕자들과 혼인하여 차례로 왕국을 떠났지만, 프쉬케만은 까닭도 모른 채 빈방을 지키며 꽃 같은 세월을 하는 일 없이 앞세우고 살았다.

왕은 자기가 모르는 사이에 혹 프쉬케가 신의 노여움을 사거나 시기를 입지 않았는지 모르겠다고 생각하고는 아폴론 신전이 있는 델포이로 사람을 보냈다.

아폴론은 태양의 신, 음악의 신이기도 하지만 때로는 운명을 점치는 예언의 신이기도 하다. 아폴론은 델포이에 있는 아폴론 신전에다 한 인간 한 인간의 운명이 어떻게 될 것인지 자기 뜻을 맡겨놓는다. 이 맡겨놓은 뜻을, 신이 맡겨놓은 뜻이라고 해서 신탁 또는 탁선이라고 부른다.

아폴론 신전에서 아폴론의 뜻을 전하는 예언자는 이런 말을 했다.

"이 처녀는 인간의 아내가 될 팔자가 아니다. 보아라, 올림포스 신들도 인간도 그 뜻을 거스를 수 없는 요사스러운 괴물이 산꼭대기에서 처녀를 기다리고 있구나. 어쩌다가 이 지경이 되었느냐? 아름다움이란 비와 같아서 모자라면 가뭄이라 하고 넘치면 홍수라 하지 않더냐."

아폴론의 뜻을 전해들은 왕의 걱정은 이만저만이 아니었다. 아버지는 딸을 불러다놓고 한숨을 쉬며 탄식했다.

"얘야, 이 일을 장차 어쩌면 좋겠느냐? 나는 곧 이 세상을 하직할 것이다만 이 땅에 오래 머물러야 하는 너는 장차 어쩌려느냐?"

그러나 프쉬케는 오히려 아버지를 위로했다.

"아버지, 저도 상심하지 않을 테니, 아버지도 제 팔자 때문에 상심하지 마세요. 아폴론 신의 뜻이라면 피할 수 없는 운명입니다. 저 바위산 꼭대기에 사는 괴물의 아내가 될 운명이라니, 제 발로 가렵니다."

왕은 눈물을 머금고 신하들에게 명하여 공주를 바위산 꼭대기로 데려갈 준비를 하게 했다. 공주를 데리고 바위산으로 가는 행렬은, 혼례 행렬이기보다는 장례 행렬에 가까웠고, 신부 프쉬케가 입은 옷은 공주가 결혼식 날 입는 대례복이기보다는 죽은 사람에게 입히는 수의에 가까웠다.

이윽고 행렬은 산꼭대기에 이르렀다. 하지만 괴물이라는 신랑의 모습은 어디에도 없었다. 공주를 모시고 왔던 사람들은 괴물이 두려웠던지 손가락 한 번 퉁길 시간도 기다리지 못하고 산을 내려가버렸다.

프쉬케는 산꼭대기에 혼자 남았다. 제 발로 온 셈이기는 하지만 나이 어린 프쉬케에게도 괴물 만나기는 무서운 일이었다. 프쉬케는 오돌오돌 떨면서 바위에 몸을 기대고 한동안 그렇게 서 있었다.

그러자 인정 많은 서풍의 신 제퓌로스가 다가왔다. 제퓌로스는 조개껍데기를 밟고 서 있던 아프로디테를 퀴프로스섬 해변으로 데려다준 바로 그 바람의 신이다. 제퓌로스는 프쉬케를 가볍게 들어 골짜기로 데려다주었다. 꽃이 참 흐드러지게도 핀 골짜기였다.

꽃향기 덕분에 마음을 가라앉힐 수 있게 된 프쉬케는 풀이 무성하게 자라 있는 둑에 앉아 잠시 눈을 붙여서 기운을 차리고는 주위를 찬찬히 둘러보았다. 멀지 않은 곳에 키 큰 나무가 울울창창 들어서서 보기 좋은 숲이 있었다.

프쉬케는 숲으로 들어갔다가 뜻밖에도 엄청나게 크고 웅장한 궁전을 보았다. 어디로 보나 인간의 손으로 만든 여느 구조물 같지가 않았다. 프쉬케의 눈에 그 궁전은 올륌포스의 딸림 신들이 세운 궁전으로 보였다. 프쉬케는 차 한 잔 끓일 시간 동안 넋을 놓고 궁전을 올려다보며 이런 생각을 했다.

'내 형편이 지금보다 더 나빠질 수 있을까? 물러서려고 해봐야 물러설 곳도 없다. 나를 지켜줄 수 있는 것은 이제 나밖에 없다. 오냐, 더 물러설 곳이 없으니 차라리 용기를 내서 들어가보자.'

프쉬케는 용기를 내어 궁전 안으로 들어갔다. 들어간 것은 잘한 일이었다. 그 안에 있는 것, 그 안에서 보이는 것 가운데 프쉬케의 마음을 기쁘게 하지 않는 것, 가슴을 두근거리게 하지 않는 것은 하나도 없었다. 둥근 천장을 받치고 있는 것은 황금 기둥이요, 황금 기둥이 놓인 바닥은 설화석고였다. 이루 헤아릴 수 없이 많은 방에는 이루 헤아릴 수 없이 많은 보물이 쌓여 있었다.

프쉬케가 정신을 놓고 사방을 살피는데 어디에선가 귀에 선 목소리가 들려왔다. 둘러보아도 소리 임자의 모습은 보이지 않았다.

"왕비님이시여, 보시는 것은 모두 왕비님의 재물이며, 들으시는 것은 힘을 다하고 정성을 다하여 왕비님을 받들 하인의 목소리입니다. 우선 안방으로 드시어 부드러운 거위 깃털 침대에서 쉬시고, 혹 내키시면 가까이에 있는 욕실을 찾아 몸을 닦으세요. 목욕을 마치시면 식탁은 정자

에로스와 프쉬케
프쉬케의 머리 위를 날고 있는 나비(프쉬케)에 주목할 것. 18세기 프랑스 화가 프랑수아 제라르의 그림.

3 사랑의 두 얼굴

에다 마련하면 어떠할까 합니다. 왕비님께서 괜찮으시다면 그리 모실까 합니다."

프쉬케는 목소리만 들리는 시종의 말대로 깃털 침대에서 쉬고 욕실에서 몸을 씻은 뒤 정자로 건너갔다. 정자에는 차린 맵시와 맛이 두루 산해진미라고 할 만한 음식이 있었고, 그 맛과 향이 두루 근심을 잊게 하는 술이라고 할 만한 음료가 있었다. 보이지 않는 음악가가 빚는 가락도 있었다. 누군가가 나직이 노래를 부르자 또 누군가가 수금을 탔으며, 마지막에는 여럿이 한목소리로 잘 어울리는 화음으로 노래했다.

프쉬케는 괴악하고 요사스러운 괴물이라던 신랑을 한 번도 보지 못한 채 그 궁전에서 신혼을 보냈다. 신랑은 늘 한밤중에 들어왔다가 날이 새기 전에 나가버렸기 때문이다. 그러나 눈으로 본 적은 없어도 손끝으로 가늠한 바는 없지 않았다. 신랑은 프쉬케가 더듬어 알기에 요사스러운 괴물은 아닌 듯했다.

어느 날 프쉬케는 신랑에게 오래 망설이던 말을 했다.

"제 지아비가 어둠이라면 보아도 보이지 않고 만져도 손끝에 걸리지 않을 테니 보려고 하지 않겠습니다. 하지만 손끝에 더듬어지는데 보지 못하는 제 심정을 헤아리실 수 있으신지요?"

신랑의 음성이 들려왔다.

"더듬어 알 수 있되 보지 못하는 자를 우리는 장님이라고 하고, 보되 들을 수 없는 자를 우리는 귀머거리라고 하지요. 성한 사람도 장님이 되고 귀머거리가 되어야 할 때가 있는 법이지요."

남편의 음성은 뜻밖에도 앳되었다.

"모습을 보이시지 않는 까닭이 있으면 그거라도 가르쳐주세요. 시중드는 이들에게 부끄럽지 않게 까닭이라도 가르쳐주세요."

"내가 좋아서 이러는 것이니 굳이 내 모습을 보려 하지 마세요. 나는 그대를 사랑하는데 내 사랑이 믿어지지 않는 건가요? 믿어지지 않으면 내 곁을 떠나세요. 의심이 자리 잡은 마음에는 사랑이 깃들이지 못해요. 내가 그대에게 모습을 보이지 않는 까닭은, 그대가 나를 사랑하기를 바랄 뿐이지 삼가거나 섬기기를 바라지는 않기 때문이에요."

프쉬케는 이 말에 힘을 얻어 본마음을 되찾고 얼마간은 더 행복을 누릴 수 있었다. 그러나 그 기간은 오래가지 않았다. 신랑에 대한 의심은 사라졌으나 딸이 행복하게 살고 있다는 것을 알지 못한 채 눈물로 세월을 보내고 있을 부모 생각, 동생이 행복을 누리고 있다는 것을 알지 못한 채 한숨으로 세월을 보내고 있을 언니들 생각이 프쉬케를 괴롭혔기 때문이다.

어느 날 프쉬케는 또 오래 망설이던 말을 했다.

"저는 행복합니다. 다만 마음 한구석이 허전할 뿐입니다. 시집 간 제 언니들에게 제가 누리고 있는 행복을 한 자락이라도 보일 수 있다면 좋겠습니다. 언니들은 저 때문에 한숨으로 세월을 보내고 있을 것입니다."

"사랑의 그릇은 무엇을 넣음으로써 채우는 것이 아니라 비워냄으로써 채우는 것이라는 이치를 알아야 합니다. 나는 그대의 언니들이 그대 사랑의 그릇을 줄여놓는 것을 바라지 않을 뿐이에요."

프쉬케는 신랑의 반허락이 떨어지자 서풍의 신 제퓌로스에게 소식을 전해줄 것을 부탁했다. 제퓌로스는 산을 넘고 물을 건너 프쉬케가 잘 살고 있다는 소식을 전했다. 뿐만 아니라 어떻게 사는지 꼭 한번 보고 싶다는 언니들을 궁전으로 데려오기까지 했다.

프쉬케는 언니들과 오래 나누지 못한 정을 나누었다.

두 언니는 프쉬케의 시중을 알뜰살뜰 들어주는 보이지 않는 하인들, 집 안을 음악으로 가득 채우는 보이지 않는 악사들, 방방에 넘쳐나는 엄청난 재물에 혀를 내둘렀다.

'이것이 도대체 무슨 수로 이런 호사를 누리고 있는 것일까? 프쉬케에게 견주면 우리가 살고 있는 곳은 오두막이 아닌가?'

언니들에게 질투하는 마음이 일었다. 그러나 언니들은 그런 마음을 꾹 누르고 막내에게 이것저것 닥치는 대로 물었다. 뽐내고 싶은 사람에게 질문만큼 기다려지는 것은 없는 법이다. 프쉬케는 궁전살이에 대해 언니들이 묻는 말에 시원시원하게 대답했다. 언니들의 질문은 넘어서는 안 될 선을 넘고는 했다.

"신랑은 뭘 한대?"

"사냥 다녀."

"자주 봐?"

"응."

"밤늦게 사냥터에서 돌아오고 날 새기 전에 사냥터로 돌아간다면, 그 모습을 네가 자주 보았을 리 없잖아?"

"……."

두 언니의 이런 질문에는 프쉬케도 시원하게 대답하지 못했다. 의심의 가닥 하나를 잡은 뒤부터 언니들이 하는 질문과 추궁은 집요했다. 착한 프쉬케는 유도 심문에 걸린 셈이었다. 결국 프쉬케에게서 신랑을 한 번도 본 적이 없다는 실토를 받아낸 언니들은 막내의 가슴에 의혹의 맞불을 놓아 저희 가슴에 인 질투의 불길을 잡으려 했다.

"아폴론 신께서 저 신전의 예언자에게 맡겼던 뜻을 네가 설마 잊은 것은 아닐 테지? 이 골짜기 사람들은 네 신랑이 '괴악하고 요사스러운' 뱀이라고 하더라. 좋은 음식과 좋은 포도주를 넉넉하게 먹여 너를 살찌운 연후에 너를 잡아먹을 것이라고 하더라. 그러니까 여러 말 하지 말고 등잔과 잘 드는 낫을 구하여 네 신랑 눈에 띄지 않을 곳에 숨겨두어라. 그리고 네 신랑이 잠든 사이에 살며시 일어나 등잔에 불을 켜서 골짜기 사람들 말이 옳은지 그른지 네 눈으로 확인해보아라. 그리고 사람들 말이 사실이거든 추호도 망설이지 말고 낫으로 그 목을 도려버려라. 그래야만 네가 살 수 있다."

처음에 프쉬케는 두 언니의 과격한 말에 쓴웃음만 지었다. 마음에 와 닿지 않았기 때문이다. 그러나 마음이라는 것은 나그네의 옷 같은 것, 마음에 이는 의심은 나그네의 옷에 내리는 가랑비와도 같은 것이다. 꿈

길을 가는 것이 아닌 한 오래 맞으면 아무리 가랑비라도 마침내는 젖고 마는 것이다. 두 언니는 프쉬케의 마음속에다 의심의 가랑비를 내려놓고는 산을 내려갔다. 가랑비가 나그네의 옷을 적시듯이, 의심하는 마음은 프쉬케의 마음을 적시기 시작했다.

'이래서는 안 된다, 이래서는 안 된다……. 신랑은 나에게 그러지 않았는가? 의심이 자리 잡은 마음에는 사랑이 깃들이지 못한다고…….'

프쉬케는 신랑이 하던 말을 떠올리며 의심을 삭이려 했다. 하지만 의심을 삭이려는 노력이 번번이 성공을 거두는 것은 아니었다. 의심은 프쉬케의 마음이 조금만 헐거워지면 불쑥 고개를 들고는 했다.

'의심이 고개를 들면 그 고개를 누르는 것이 가장 좋은 방법이기는 하다. 하지만 의심의 뿌리는 그런다고 사라지는 것이 아니다. 어떻게 하면 의심의 뿌리를 캐내어버릴 수 있을까? 그렇다. 사실인지 아닌지 확인해보면 된다. 사실이 아닌 것으로 확인되는 순간 의심은 뿌리째 뽑힌다.'

의심은 오래지 않아 호기심으로 바뀌었다.

'신랑의 살갗은 보드라웠다. 신랑의 음성은 앳되었다. 대체 어떻게 생긴 분일까…….'

호기심은 상사병과 같은 것이다. 상사병이 식욕을 떨어뜨리듯이 죄 없는 호기심 또한 채워지지 않으면 입맛을 떨어지게 한다. 프쉬케는 먹는 재미를 잃고 나날이 여위어갔다.

'내가 이 호기심을 채우지 못하고 나날이 여위어가면 신랑에게도 좋을 것이 없다. 그래, 확인해보자. 신랑이 어떤 분인지 확인해보자. 이것은 나에게도 좋은 일이고 결국은 신랑에게도 좋은 일이다.'

마침내 이렇게 결심한 프쉬케는 언니들이 가르쳐준 대로 등잔과 낫을 준비하고는 신랑이 돌아오고 밤이 오기를 기다렸다. 사냥 나갔던 신랑은 밤이 이슥해질 녘에야 밤이슬에 젖어서 돌아왔다. 둘은 잠자리에 들었지만 프쉬케는 잠을 이룰 수가 없었다. 프쉬케는 한밤중에 살며시

프쉬케를 떠나는 에로스
의심이 자리 잡은 마음(프쉬케)에는 사랑(에로스)이 깃들이지 못한다. 19세기 프랑스 화가 프랑수아 에두아르 피코의 그림.

일어나 등잔을 켜 들고 신랑의 얼굴에 비추어 보았다. 산으로 올라오고는 처음 켜본 등이었다.

그러나 신랑은 뱀이기는커녕 금빛 고수머리가 흡사 양털 같고 이목구비가 반듯하며 피부가 눈처럼 흰 미소년이었다. 어깨에는 밤이슬에 젖은 날개도 달려 있었다. 그 날개의 은빛 깃은 봄에 피는 꽃잎만큼이나 보드라웠다.

프쉬케는 신랑의 풍채에 넋을 놓고 있다가 등잔의 뜨거운 기름 한 방울을 그만 에로스의 어깨에 떨어뜨리고 만다. 에로스가 프쉬케의 머리카락에 단물 방울을 떨어뜨렸듯이 그렇게 떨어뜨리고 만 것이다.

아, 그렇다. 그가 바로 사랑의 신 에로스였다. 에로스는 퍼뜩 눈을 뜨고 프쉬케를 노려보더니 검다 희다 말 한마디 없이 그 흰 날개를 펴고는 창문을 통해 밖으로 날아가버렸다.

프쉬케는 에로스를 잡으려고 창 쪽으로 달려갔다가 그만 보람 없이 창틀에서 바닥으로 떨어지고 말았다. 에로스는 잠시 날갯짓을 멈추고 흙투성이(!)가 되어 쓰러진 프쉬케를 내려다보며 내뱉듯이 말했다.

"어리석어라, 프쉬케여. 내 사랑에 대한 보답이 겨우 이것이오? 사랑에 대한 보답이 겨우 파국이오? 내가 내 모습을 보여주지 않았던 것은 어머니의 뜻을 거스르고 그대를 사랑했기 때문이오. 사랑의 그릇은 채움으로써 채우는 것이 아니라 비움으로써 채우는 것이라던 내 말의 이치가 그렇게 알아듣기 힘들던가요? 가세요. 그대에게 따로 벌을 내리지는 않겠어요. 사랑이 남아 있다면 영원한 이별보다 더 큰 벌은 없을 테니까……. 우리는 오로지 영원히 헤어져 있을 따름이오. 의심이 자리 잡은 마음에는 사랑이 깃들이지 못한다는 말을 알아듣기가 그렇게 힘들던가요? 그래요. 의심이 자리 잡은 그대 '프쉬케(마음)'에게 나 '에로스(사랑)'는 깃들일 수 없다는 뜻이었소."

에로스가 밤하늘에 한 줄기 빛을 그으며 날아가버린 뒤 프쉬케는 한동안 땅을 치며 울었다. 울다가 정신을 차려보니 손끝에 닿는 바닥은 설화석고가 아니라 땅이었다. 프쉬케는 이상하게 여기며 주위를 둘러보았다. 궁전은 흔적도 보이지 않았고 자신은 어느새 황야의 맨땅 위에 엎드려 있었다.

프쉬케는 두 언니를 찾아가 자기가 겪은 그간의 일을 하나도 빠짐없이 얘기하면서 오직 자기 자신의 어리석음을 탓했다. 두 언니는 함께 후회하고 슬퍼해주는 척하면서도 속으로는 각기 딴 마음을 먹었다.

'오냐, 그것이 과분한 분복이라고 하는 것이다. 너는 이제 화를 입었으니 내가 그 복을 다시 지어보아야겠다.'

두 언니는 날이 밝자마자 앞을 다투어 프쉬케가 살던 바위산을 기어

올랐다. 산꼭대기까지 오른 두 언니는 제퓌로스를 불러 프쉬케가 살고 있던 그 궁전까지 실어다 달라고 부탁했다. 그러고는 제퓌로스가 고개를 끄덕이기도 전에 벼랑 위에서 뛰어내렸다. 제퓌로스가 있던 자리에서 비켜버리자 자매는 천길 벼랑에서 떨어져 그 의롭지 못한 삶을 좀 일찍 끝내고 말았다.

프쉬케는 한동안 정을 붙이고 살았던 신랑 에로스를 찾아서 온 그리스 땅을 다 누볐다. 하지만 사람들은 에로스가 신인지라 그 행방을 알지 못했다. 신들은 알 테지만 프쉬케로서는 신들을 만날 수 없었다.

그러던 어느 날 프쉬케는 산을 넘다가 산꼭대기에 자리 잡고 있는 신전 앞을 지나게 되었다. 누구의 신전인지 짐작할 도리도 없었다. 프쉬케는 신전 앞에서 이런 생각을 했다.

'어느 신의 신전인지는 모르겠지만 신전이 있으니 반드시 임자가 있겠지. 그래, 이 신전에서 신랑에게 지은 죄를 속죄하자. 신랑이 알아주지 않으면 어떠랴? 신랑에게 지은 내 죄를 용서받는 길은 땀을 흘리고 수고를 들이는 길밖에 없다.'

프쉬케는 신전으로 들어갔다. 신전 안에는 뜻밖에도 곡식 낟가리가 있었다. 낟가리 중에는 단으로 묶인 것도 있었고, 베어서 실어 온 채로 아무렇게나 팽개쳐진 것도 있었다. 낫, 갈퀴 같은 연장도 이곳저곳에 널려 있었다.

프쉬케는 무더위에 지친 농부들이 그냥 팽개치고 달아났으려니 생각하고는 곡식과 연장들을 종류별로 고르고 나누어 제각기 있어야 할 자리에 마땅한 상태로 깔끔하게 정돈했다. 프쉬케는, 어떤 신에게든 죄를 얻었더라도 믿음으로 덕행을 쌓으면, 등을 돌렸던 신도 다시 돌아앉는다고 믿었다. 이러한 믿음은 에로스를 잃고 방황하며 나름대로 겪은 가늠이고 헤아린 짐작이었다.

과연 그랬다. 그 신전은 다름 아닌 곡물의 여신 데메테르에게 바쳐진 신전이었다. 하지만 프쉬케는 나이가 어려, 낯가리가 있는데도 불구하고 그것이 데메테르 여신의 신전이라는 것을 알지 못했다. 데메테르 여신의 신전이라는 것도 모르고 있는 프쉬케가, 신전 제단의 휘장 뒤에서 여신이 훔쳐보고 있다는 것을 어찌 짐작할 수 있었으랴. 데메테르 여신은 며칠 동안 프쉬케가 일하는 것을 물끄러미 바라보고 있다가 이렇게 말했다.

"프쉬케여, 네가 복을 지었다. 내 비록 아프로디테의 저주에서 너를 풀어줄 힘은 없으나, 여신의 분노를 삭일 방도쯤이야 어찌 일러줄 수 없겠느냐. 네 신랑이었던 이가 아프로디테 여신의 아들 에로스임을 네가 알았느냐? 어서 가서 여신의 손에 네 몸을 붙이고 겸손과 순종으로 용서를 빌어라. 인간과 금수와 초목 중에 인간만큼 신을 노엽게 하는 것이 어디 있을까? 그러나 인간 이외에는 그 어떤 것도 돌아앉은 신을 다시 돌아앉힐 수는 없다. 그러니 나에게 용서를 빌지 말고 아프로디테 여신에게 용서를 빌어라."

프쉬케는 데메테르가 가르쳐준 대로 아프로디테의 신전을 찾아갔다. 그러나 아프로디테는 프쉬케가 문안을 여쭙기도 전에 꾸짖기부터 했다.

"이 하찮고 믿음이 적은 것아, 네가 신을 섬기는 한낱 인간에 지나지 않는다는 것을 이제야 알았느냐? 에로스가 내 말을 귓가로 흘리고 너 같이 하찮은 것에게 사랑을 기울이더니 어깨에는 화상, 가슴에는 상처를 입고 돌아와 몸져누웠다. 참으로 밉살스럽고 비윗장이 틀리는 것아, 내가 이제부터 너를 시험하리라."

아프로디테는 프쉬케를 신전의 곳간으로 데려갔다. 신전 곳간에는 비둘기의 모이가 될 밀, 보리, 기장, 살갈퀴, 볼록콩 등이 섞인 채 수북이 쌓여 있었다. 비둘기는 바로 아프로디테를 상징하는 새였다.

"네가 데메테르에게 길을 물어 내게로 왔으나, 내가 데메테르를 탓할 수는 없다. 자, 여기 있는 곡식을 종류별로 고르되 한 알도 남김없이 골라 무더기로 각기 쌓아놓아라. 저녁때가 되기 전에 끝마치지 못하면 네 입에 들어갈 것은 하나도 없다."

여신은 이렇게 말하고 신전 곳간을 떠났다. 프쉬케는 그 엄청난 일감에 기가 꺾여 손댈 엄두도 내지 못하고 망연자실 앉아 눈물만 떨구었다.

에로스는 비록 프쉬케의 철없는 행동 때문에 몸과 마음에 상처를 입기는 했지만 그래도 프쉬케에 대한 사랑이 완전히 식은 것은 아니었다. 에로스는 프시케가 가엾다는 생각이 들어 들판의 임자인 뮈르미도네스에게 가서 프쉬케를 도와주라고 했다. 뮈르미도네스는 '개미 떼'라는 뜻이다.

개미 왕은 에로스의 명에 따라 부하를 이끌고 신전 곳간으로 갔다. 개미 떼는 차 한 잔 끓여서 마실 만한 시간 동안 낟알을 종류별로 골라 각각 있어야 할 곳에 말끔히 정리했다. 일을 마친 뮈르미도네스는 삽시간에 곳간에서 그 모습을 감추었다.

아프로디테는 저녁 무렵에야 신들의 잔치에서 돌아와 앙칼진 목소리로 프쉬케를 꾸짖었다. 장미꽃 관을 쓰고 호령하는 여신의 입에서는 신들의 술인 향긋한 넥타르 냄새가 풍겨 나왔다.

"앙큼한 계집이로구나. 네가 일은 잘했다만, 나는 네 일솜씨를 본 것이 아니고 내 아들에게 아직 너를 향한 마음이 있다는 것을 알았다."

여신은 저녁 끼니로 검은 빵 한 조각을 던져 주고는 프쉬케를 곳간에 가두었다. 가엾은 프쉬케는 포도주도 없이 그 빵을 먹고는 싸늘한 곳간에서 밤새 떨었다.

다음 날 아프로디테는 또 하나의 일감을 주었다.

"저기 숲, 물가로 길게 나앉은 숲을 보아라. 가면, 주인 없는 양 떼가 있을 것이다. 가서 보면 알 테지만 털이 모두 금빛이다. 냉큼 가서 한 마리 한 마리의 털을 한 줌씩 뽑고 이것을 모두 모아 오너라. 한 마리라도 빠뜨리면 경을 칠 줄 알아라."

프쉬케는 물가로 내려갔다. 하지만 양의 수가 너무 많았다. 며칠 동안 뽑아도 다 뽑을 수 있을 것 같지 않았다. 그래서 하염없이 눈물만 떨구고 있는데, 강가의 갈대가 바람에 흔들리면서 이상한 소리를 내는 것 같았다. 가만히 들어보니 강의 신이 갈대를 흔들면서 프쉬케에게 이렇게 속삭이는 것이었다.

"모진 시험에 걸리신 아가씨, 강을 건너려고도 마시고, 저 무서운 양 떼에게 다가갈 생각도 마세요. 떠오르는 해의 정기를 받고 있을 동안에는 저것은 여느 양이 아니라 인간을 뿔로 찌르고 발길로 걷어차는 무서운 짐승이랍니다. 그러니 한낮의 태양이 양 떼를 나무 그늘로 보내면, 내가 양 떼를 그 그늘에서 쉬게 할 테니 가만히 있기나 하세요. 내가 도와드리지요. 해질녘이 되거든 다시 이리 나오세요. 그러면 덤불과 나무둥치에 양털 견본이 가득 걸려 있을 테니, 그것을 거두어 가시면 됩니다."

강의 신의 도움으로 프쉬케가 양털을 거두어 갔지만 아프로디테의 앙칼진 호령은 여전했다.

"미움이라는 것이 무엇인지 네가 아느냐? 한번 눈 밖에 난 것은 미운 짓을 해도 미워지고 예쁜 짓을 하면 더 미워지는 법이다. 내 너에게 또 일을 맡기겠다. 여기 상자가 하나 있으니 가지고 저승으로 내려가 저승의 왕비 페르세포네에게 이렇게 전하여라.

'제 주인이신 아프로디테 여신께서 얼굴 단장에 필요한 단장료丹粧料를 조금 나누어주셨으면 하더이다. 몸져누우신 아드님을 돌보시느라고 그 아름답던 얼굴이 조금 수척해지셨다고 하더이다.'

알겠느냐? 한 자 한 획도 틀림없이 전해야 한다. 심부름을 반듯하게 해야 한다. 나는 오늘도 신들의 잔치에 나가야 한다. 네가 단장료를 가져와야 그걸 얼굴에 찍어 바르고 갈 수 있을 테니, 심부름에 착오가 있어서는 안 될 것이다."

아득한 옛날에는 문자가 없었다. 그래서 심부름꾼은 주인이 하는 말을 단어 하나도 틀리지 않게 외고 가야 했다. 프쉬케는 그제야 죽을 때가 온 것을 알았다. 제 발로 걸어 저승에 간다는 것이 곧 죽는 것임을 프쉬케가 모를 리 없었다. 프쉬케는 천 길 낭떠러지 위에 있는 첨탑으로 올라가 거기에서 뛰어내리는 것이 곧 저승으로 가는 가장 빠른 길이라는 것 또한 모르지 않았다. 그러나 프쉬케가 막 뛰어내리려고 하는데 형상이 없는 목소리가 이렇게 말했다.

"여러 번 신들의 가호를 입은 그대가 이렇게 목숨을 끊어 이제껏 도와주던 신을 슬프게 하고 이제껏 미워하던 신을 즐겁게 해서야 되겠는가."

목소리의 임자는 이어서 저승으로 가는 길, 저승의 문을 지키는 머리가 셋 달린 개 케르베로스 옆을 무사히 지나는 방법, 그리고 되짚어 오는 길을 소상하게 일러주고 나서 이렇게 덧붙였다.

"페르세포네가 그 상자에 단장료를 넣어주거든 고이 품고 나오되, 절대로 뚜껑을 열어보아서는 안 된다. 그대는 인간이다. 여신들의 단장료를 너무 궁금하게 여기지 않도록 하여라."

프쉬케는 그 목소리의 임자 덕분에 무사히 저승에 이르러 페르세포네를 배알할 수 있었다. 프쉬케가 아프로디테 여신의 말을 한마디도 틀리지 않게 전하자 페르세포네가 말했다.

"나와 아프로디테 여신 사이에는 풀어야 할 감정의 매듭이 없는 것은 아니지만, 하찮은 것으로 내 속을 보이고 싶지는 않구나."

그러고는 프쉬케에게 편한 자리와 맛있는 음식을 권했다. 그러나 프쉬케는 이를 사양하고 죄인에게는 거친 자리, 하찮은 음식이 오히려 죗값을 무는 보람이라고 했다. 게다가 프쉬케는 잠시 다니러 저승에 간 사람은 무엇을 먹어서는 안 된다는 것도 잘 알고 있었다.

이윽고 상자는 뚜껑이 닫힌 채 페르세포네의 손에서 프쉬케의 손으로 넘어왔다. 프쉬케는 가던 길을 되짚어 다시 태양이 비치는 곳으로 나왔다. 그러나 인간은 역시 어쩔 수 없는가? 프쉬케는 호기심을 이겨낼 수가 없었다. 상자 안에 무엇이 들어 있는지 궁금해서 견딜 수 없었다.

'감히 신들의 단장료를 가지러 저승에까지 갔던 내가 아니냐? 내가 고생을 사서 하는 뜻은 다 신랑을 찾고자 함인데, 단장료의 힘을 빌려 신랑의 눈길을 조금 끌고 싶어 하는 것을 누가 지나친 욕심이라고 할

것인가? 얼굴을 단장하는 것은 여성의 의무이자 권리가 아니던가?'

프쉬케는 조심스럽게 뚜껑을 열었다. 상자 안에 든 것은 단장료가 아니었다. 프쉬케는 상자의 뚜껑을 여는 순간 페르세포네 여신이 하던 말을 떠올렸다.

'나와 아프로디테 여신 사이에는 풀어야 감정의 매듭이 없는 것은 아니지만, 하찮은 것으로 내 속을 보이고 싶지는 않구나……'

상자 속에 들어 있는 것은 얼굴 단장하는 데 쓰는 단장료가 아니라 잠의 씨였다. 페르세포네가 저승의 신 하데스의 아내가 된 것도 다 아프로디테와 그 아들 에로스 때문이었다. 페르세포네는 그때 자기가 당한 것을 앙갚음하느라고 상자에다 단장료 대신 잠의 신 휘프노스에게서 얻어둔 잠의 씨를 넣어서 프쉬케에게 건네준 것이었다.

상자의 뚜껑이 열리자 잠의 씨들이 일제히 나와 프쉬케를 쓰러뜨렸다. 저승의 잠에 떨어진 프쉬케 옆에서는 초목도 자라기를 멈추었으니, 이제 프쉬케는 죽은 목숨이나 다름없었다.

프쉬케가 돌아오기를 기다리던 에로스는 나비 편에 그 소식을 듣고는 급히 그곳으로 날아갔다. 에로스는 신이어서 프쉬케를 덮친 잠의 씨를 모두 거두어 다시 상자에 넣을 수가 있었다. 잠의 씨 수습이 끝나자 에로스는 화살 끝으로 프쉬케를 건드렸다. 프쉬케가 깨어나자 에로스는 부드럽게 꾸짖었다.

"분수를 몰라서 신세를 망치고 의심을 물리치지 못하여 만고의 고생을 사서 하더니, 이제 또 호기심을 이기지 못해 이 꼴이 되다니……. 어서 일어나 내 어머니 신전에 가서 기다리세요. 나는 다녀올 곳이 있으니……."

에로스는 하늘을 가르는 화살처럼 올륌포스로 날아올라 가 제우스 대신에게 프쉬케의 죄를 용서해줄 것을 탄원했다. 제우스 대신은 에로스가 어느새 훤칠한 청년이 되어 제 각시를 걱정하는 것을 어여삐 여기고, 아프로디테에게 청했다.

"신들도 의심과 호기심을 이기지 못하는데, 한갓 사람이 그걸 어떻게 다 이길 수 있겠어요? 그만하면 되었으니, 그대가 인간들의 어려운 사랑의 끝도 아름답게 맺어주듯이 그대의 아들 에로스와 프쉬케의 사랑도 그 끝을 아름답게 해주면 좋겠어요. 이는 내가 바라는 것이에요."

아프로디테는 다 자란 아들을 쓸쓸한 눈길로 한동안 바라보았다. 쓸쓸한 눈길로 바라본 것은 아들이 드디어 자기 슬하를 떠날 때가 되었다고 생각했기 때문이다. 아프로디테는 고개를 끄덕였다.

제우스 대신은 발 빠르기로 유명한 헤르메스를 보내어 프쉬케를 올림포스로 데려오게 했다. 프쉬케가 오자 제우스 신은 신들의 음식과 신들의 술을 몸소 권하면서 이렇게 말했다.

"프쉬케여, 마음이여, 이것을 먹고 마시어 내가 베푸는 불사의 은혜, 영원히 사는 은혜를 얻으라. 네가 설 자리를 네가 든든하게 다지고 지혜로써 너를 지켜라. 너는 이제 불사의 몸이 되었으니 신랑 에로스도 이 인연을 끊지 못할 것인즉, 이 혼인은 영원하다."

에로스와 프쉬케는 이로써 하나로 맺어졌다.

아프로디테가 육체를 사랑했기 때문에 '아프로디테 포르네(음란한 사랑의 여신)'라고 불린 것은 사실이다. 그러나 그렇다고 해서 아프로디테를 비난해서는 안 된다. 보라, 그 아들인 에로스는 '프쉬케(마음)'를 사랑하여 마침내 사랑을 한 단계 드높이지 않았는가? 마침내 인간이 본받아야 마땅한 사랑의 본보기를 보이지 않았는가?

에로스와 프쉬케 사이에서 딸이 태어난다. 이 딸의 이름이 무엇이겠는가? 헤도네, 바로 '기쁨'이다. '사랑'과 '마음'이 짝을 이루니 그 딸이 '기쁨'이 되는 것은 당연하지 않은가? 사랑은 바로 이런 것이다.

4

길 잃은
태양 마차

파에톤의 짧은 한살이

그리스인들은 태양의 신 헬리오스가 매일 아침 태양 마차를 몰고 동쪽 하늘로 올라가 하늘의 궤도를 돌고, 저녁 무렵에는 오케아노스, 즉 큰 바다 저쪽으로 내려간다고 믿었다. 헬리오스가 대양의 서쪽으로 잠기는 저녁 무렵이면 셀레네가 동쪽에서 떠오르는데, 이것이 바로 달의 여신이다. 헬리오스와 셀레네에게는 서로 만나지 못하는 날들이 한 달에 며칠씩 있다. 해가 져야 달이 뜨는 음력 보름을 전후한 며칠이다. 물론 헬리오스와 셀레네가 함께 하늘에 떠 있는 경우도 있다. 헬리오스와 함께 하늘에 떠 있는 셀레네를 우리는 '낮달' 또는 '낮에 나온 반달'이라고 부른다.

서쪽 바다에 가라앉은 헬리오스는 다음 날 다시 동쪽에서 떠올라야 한다. 그러자면 헬리오스는 밤 사이에 오케아노스 서쪽에서 동쪽으로 와 있어야 한다. 헬리오스는 황금 사발 배를 타고 서쪽에서 동쪽으로 온다. 서쪽에서 동쪽으로 헬리오스를 실어다놓은 사발 배는 다시 서쪽으로 가서 저녁 무렵 바다로 내려올 헬리오스를 기다린다.

헬리오스의 별명은 '포이보스', 즉 '빛나는 자'라는 뜻이다. 헬리오스는 티탄 계열의 신이다. '티타노마키아', 즉 티탄 신들과 올륌포스 신들이 벌인 전쟁에서 패배한 뒤로 이 티탄 신들의 권력은 올륌포스 신들 쪽으로 이동한다. 말하자면 티타노마키아는 권력 이동을 노리고 올륌포스 신들이 일으킨 전쟁이었던 것이다. 태양신 헬리오스도 이 자리를 제우스의 아들인 아폴론에게 넘겨주지 않으면 안 되었다. 하지만 올륌포스 신들의 시대가 와도 아폴론은 '포이보스 아폴론', 즉 '빛나는 태양신 아폴론'이라고 불리기만 할 뿐, 실제로 태양 마차를 몰았다는 신화는 보이지 않는다. 그렇다면 올륌포스 신들의 시대에도 태양 마차는 여전히 헬리오스가 몰고 있는 것으로 믿어졌기가 쉽다. 여기에 소개하는 '파에톤 이야기'에 등장하는 태양신은 분명히 헬리오스인데도 불구하고 다른 신들은 대부분 올륌포스 신들이기 때문이다.

    이제 파에톤과 함께 태양신의 궁전으로 들어가보자. 그리고 태양 마차가 달리던 저 신화 시대의 하늘을 가로질러보자.

* * *

오늘날의 이집트를 신화 시대에는 '아이귑토스'라고 불렀다. 이 아이귑토스에 헬리오폴리스라는 도시가 있었는데, '헬리오스의 도시' 또는 '태양의 도시'라는 뜻이다. 예수 그리스도도 어린 시절에 이 도시에 잠깐 머물러 산 적이 있는 것으로 전해진다.

    이 도시가 이런 이름을 얻은 것은 태양신 헬리오스가 잠시 이 도시에 들러 클뤼메네라는 여자를 사랑한 적이 있기 때문이다. 태양신이 아이귑토스에 들른 것은 밤이었기가 쉽다. 낮이었다면 헬리오스는 마땅히 하늘에서 태양 마차를 몰고 있어야 하기 때문이다. 밤이 아니었다면, 아이귑토스인들이 불개가 태양 마차를 먹고 있다고 저희들 신전 앞에서 울부짖을 때 살짝 내려와 클뤼메네를 사랑하고 있었던 것일까?

    태양신 헬리오스가 다녀간 뒤에 클뤼메네는 메로프스라는 사람과 혼인했다. 그리고 혼인한 지 10개월이 되지 않았는데도 클뤼메네는 아들을 낳았다. 메로프스는 손가락을 꼽아보고 나서 자기 아들이 아니라는 것을 알았다. 하지만 메로프스는 의로운 사람이었다. 그는 클뤼메네에게서 태양신 헬리오스의 사랑을 받은 적이 있다는 고백을 듣고는 아들의 이름을 파에톤Phaethon이라고 지었다. 파에톤은 '빛나는 자'라는 뜻이다.

파에톤은 신화의 주인공들이 다 그렇듯이 '무럭무럭' 자랐다. 그런데 파에톤이 자라 열여섯 살이 되고부터 친구들이 파에톤이라는 이름을 가지고 시비하는 일이 잦아졌다.

"파에톤이라고? 빛나는 자라고? 네가 태양신의 아들이라도 된다는 것이냐?"

파에톤은 집으로 돌아와 어머니 클뤼메네에게 어째서 이름을 그렇게 어마어마하게 지어놓았느냐고 항변했다. 어머니는 아들에게 진상을 밝혀주었다.

"네 옆에 계시는 네 아버지 메로프스는 실은 너의 양아버지시다. 너의 친아버지는 태양 마차를 모는 헬리오스 신이시다. 태양신의 아들답게 처신하도록 해라."

파에톤은 친구들에게 이 이야기를 전했다. 하지만 친구들은 다른 것으로 또 시비를 걸었다.

"그 말을 믿어? 네가 태양신의 아들이라면 나는 오시리스 신의 아들이겠다."

오시리스는 아이귑토스의 신이다. 그것도 그리스의 제우스처럼 신들 중에서도 으뜸가는 신이다.

파에톤은 얼굴을 붉혔다. 너무 부끄러워 차마 화조차 내지 못하고 집으로 돌아온 파에톤은 어머니 클뤼메네에게 투정을 부렸다.

"어머니, 정말 견딜 수 없습니다. 저는 태양신의 아들이라고 큰소리를 쳐놓고도 말대답을 못 하고 왔습니다. 부끄럽습니다. 모욕을 당했다는 게 부끄럽고, 말대답을 할 수 없었다는 게 창피합니다. 어머니, 제가 만일 태양신의 아들이라면 태양신의 아들이라는 증거를 보여주십시오.

그래야 태양신의 아들로서, 땅에서는 물론이고 하늘에서도 제 권리를 누릴 수 있을 것이 아니겠습니까?"

이렇게 말한 파에톤은 어머니의 목을 끌어안고, 파에톤 자신의 머리와 양아버지 메로프스의 머리를 걸고, 친아버지가 누구인지 밝혀줄 것을 요구했다. 그리스 사람들은 무엇을 맹세할 때 저승 앞을 흐르는 스튁스강에다 걸고 맹세한다. 스튁스강을 걸고 한 맹세는 신들도 거두어들이지 못한다. 하지만 아이귑토스에는 자신의 머리와 부모의 머리를 걸고 맹세하는 풍습이 있었던 모양이다.

아들 파에톤의 말에 마음이 움직였기 때문인지, 아니면 아들에 대한 모욕을 자신에 대한 모욕으로 여기고 화가 나서 그랬는지, 어쨌든 클뤼메네는 벌떡 일어났다. 그러고는 하늘을 향해 두 팔을 벌리고 작열하는 태양을 우러러보며 이렇게 외쳤다.

"네 머리와 네 양아버지의 머리를 걸고 맹세할 것 없다. 나는 저 찬연히 빛나는 태양을 걸고 맹세하겠다. 나를 내려다보고 계시고, 내 말을 듣고 계신 저 태양을 걸고 맹세하겠다. 그렇다. 너는 네가 우러러보고 있는 저 태양, 온 세상을 밝히는 태양의 아들이다. 만일에 내 말이 거짓이면 그분이 내 눈을 앗아 가실 것인즉, 내가 세상을 보는 것도 오늘이 마지막이 될 것이다.

네 아버지를 찾아가거라. 네가 네 아버지 처소로 가는 일은 어렵지도 않고, 그리 먼 것도 아니다. 그분이 솟아오르시는 곳, 그곳이 네 아버지이신 그분이 계시는 곳이다."

어머니의 말을 들은 파에톤은 태양이 솟아오르는 곳을 향하여 곧 길을 떠났다. 파에톤의 가슴은 태양신을 만나게 된다는 희망으로 잔뜩 부풀어 있었다. 파에톤은 아이티오페이아 땅을 지났다. 아이티오페이아는 오늘날의 에티오피아다. 아이티오프스, 즉 도덕(에토스) 높은 사람들이 많이 살아서 그런 이름을 얻었다고 한다. 이어서 그는 힌두스 땅도 지났다. 힌두스는 오늘날의 인도를 말한다. 파에톤은 오랜 세월의 방황과 좌절을 이겨내고 태양신 헬리오스의 궁전에 당도했다.

 자, 태양신이 사는 곳은 어떻게 생긴 궁전일까?
 태양신의 궁전은 거대한 원기둥 위에 지어져 있다. 따라서 산보다 높이 우뚝 솟아 있다. 원기둥의 재료는 붉은 구리다. 그래서 원기둥은 어찌 보면 금 같기도 하고 어찌 보면 불꽃 같기도 하다. 지붕은 반짝거릴 때까지 오래오래 갈아낸 상아로 되어 있다. 궁전 정면의, 은으로 만든 두 짝 문은 태양신의 빛을 찬연하게 되쏘게 되어 있다. 재료도 좋거니와 그 만든 솜씨는 재료보다 윗길이다. 은으로 만들어진 이 문에는 대장장이 신 헤파이스토스가 정성스럽게 조각한 돋을새김이 있다. 어떤 것이 새겨져 있을까? 대지의 여신 가이아를 가슴 가득히 안은 바다의 신 오케아노스, 대지 그 자체, 대지 위의 하늘, 그리고 하늘의 신이 새겨져 있다. 바다에는 뿔고둥 나팔을 부는 트리톤, 마음만 먹으면 무엇으로든 몸을 바꿀 수 있어서 '둔갑의 도사'라고 불리는 프로테우스, 두 마리의 거대한 고래를 타고 그 등을 채찍으로 갈기는 에게 바다의 신 아이가이온도 새겨져 있다. 바다에서 유유히 헤엄을 즐기고 있는 네레이데스도 새겨져 있다. 네레이데스는 바다의 신 네레우스의 딸들이다. 네레이데스 중에는 물고기의 등을 타고 노는 네레이데스도 있고, 바위에 앉아 파란 머리카락을 말리는 네레이데스도 있다. 무수한 네레이데스들의 얼굴이 똑같지는 않다. 그러나 자매들이 그렇듯이 이들은 서로 비슷비슷하다. 인간과, 인간이 사는 도시도 새겨져 있다. 숲과 짐승, 강과 들의 요정과 정령들도 보인다. 이들 위로는 빛나는 하늘이 펼쳐져 있다.
 파에톤은 가파른 계단을 올라 아버지의 궁전으로 들어갔다. 친구들이 그토록 의심해 마지않던 아버지의 궁전으로, 파에톤은 당당하게 들어갔다. 파에톤은 아버지의 모습을 보자마자 조금 떨어진 곳에 우뚝 섰다. 아버지 태양신이 던지는 눈부신 빛줄기를 도저히 견딜 수 없었기 때문이다. 태양신은 보라색 용포를 입고 빛나는 에메랄드 보좌에 앉아 있었다.

보좌 좌우로는 '날', '달', '해', '세대' 그리고 '시時'를 상징하는 여신들이 일정한 간격으로 늘어서 있었다. 계절의 여신들도 있었다. 머리에 화관을 쓰고 있는 여신은 봄의 여신, 가벼운 차림에 곡식 이삭으로 만든 관을 쓴 여신은 여름의 여신, 포도를 밟다가 나왔는지 발에 보라색 포도즙이 묻은 여신은 가을의 여신, 백발을 흩날리고 있는 여신은 겨울의 여신이었다.

파에톤은 이 기이한 광경에 기가 질려 그 자리에 가만히 서 있었다. 태양신은 시종들에게 둘러싸인 채 만물을 꿰뚫어보는 눈으로 아들을 보면서 말했다.

"내 아들 파에톤아, 왜 여기에 왔느냐? 내 궁전에서 무엇을 얻기를 바라느냐? 내가 너를 내 아들이라고 부른다. 너는 내 아들이다. 아비가 자식을 알아보지 못할 리 있겠느냐?"

파에톤이 대답했다.

"태양신이시여, 이 넓은 우주에 고루 빛을 나누어주시는 태양신이시여. 아버지시여, 저에게 아버지라고 부를 권리를 허락하신다면, 제 어머니 클뤼메네가 허물을 숨기려고 저에게 꾸며서 이르신 것이 아니라면 징표를 보여주십시오. 제가 아버지의 아들이 분명하다는 증거를 보이시어 제 마음에서 의심의 안개가 걷히게 해주십시오."

파에톤이 이렇게 말하자 태양신은 사방팔방으로 쏘던 빛을 잠시 거두고 가까이 다가오라고 말했다. 파에톤이 다가가자 태양신은 아들을 안고 말했다.

"너에게는 그럴 권리가 있다. 네가 내 아들이 아닐 리가 있겠느냐? 네 어머니 클뤼메네가 네 출생의 비밀을 제대로 일러주었다. 의심의 안개를 걷고 싶거든 내게 네 소원을 하나 말해라. 내가 이루어지게 하겠다. 신들이 기대어 맹세하는 강, 아직 내 눈으로는 보지 못한 강, 저승을 돌며 흐르는 스튁스강에 맹세코, 네 소원이 이루어지게 하겠다. 그러니 두렵게 여기지 말고 말해보아라."

"정말 소원이 이루어지게 해주시겠습니까?"

"그렇다. 네가 내 아들임을 보증하겠다는 약속이다. 스튁스강에 걸고 한 맹세는 제우스 신도 거둘 수 없다."

"그렇다면, 아버지의 태양 마차를 단 하루만 빌려주십시오. 날개 달린 말 네 마리가 끈다는 태양 마차를 하루만 끌어보고 싶습니다."

"뭐라고? 네가 지금 뭐라고 했느냐?"

"태양 마차를 하루만 몰아보게 해달라고 했습니다."

"아뿔싸……."

그제야 아버지 태양신은 스튁스강에 맹세한 것을 후회했다. 그는 세 번이나 그 빛나는 머리를 가로젓고는 아들을 타일렀다.

"네 말을 듣고 보니 내가 경솔하게 말했다는 것을 알겠다. 내가 어쩌다 이런 약속을 했을꼬. 무슨 까닭인지 잘 들어라. 이것만은 내가 이루어줄 수 없는 소원이구나. 바라노니 네가 취소하여라. 네가 말하는 소원은 더할 나위 없이 위험하다. 네가 소원하는 것은 나만이 누릴 수 있는 아주 특별한 권리다. 태양 마차는 나 아니면 아무도 몰 수 없다. 네힘, 네 나이로는 되는 것이 아니다. 너는 때가 되면 죽을 팔자를 타고난 인간이다. 네가 소원하는 것은 때가 되면 죽어야 할 팔자를 타고난 인간에게는 이루어질 수가 없는 것이다. 네가 몰라서 그렇지, 네 소원은 다른 신들에게도 이루어질 수가 없다. 신들이 각기 저희 권능을 뽐내지만 이 마차를 몰 수 있는 신은 오직 나뿐이다. 저 무서운 벼락을 던지시는 올륌포스의 지배자, 전능하신 제우스 신도 이 마차만은 몰지 못한다. 너도 알다시피 제우스 신보다 더 위대한 신은 이 세상 어디에도 없다. 그러나 그런 제우스 신도 이 태양 마차만은 어림도 없다.

태양 마차의 길머리는 가파르기가 한이 없다. 그래서 아침에는 원기가 하늘을 찌를 듯한, 날개 달린 나의 천마들도 오르는 데 애를 먹는다. 길은 여기에서 하늘로 아득히 솟는다. 거기에서 대지를 내려다보면 늘 지나다니는 나도 겁을 집어먹는다. 가슴이 쿵쾅거리고, 공포가 간담을 서늘하게 하는 것이다. 막판에 이르면 길이 아래로 급경사를 이루는데, 여기에서는 있는 힘을 다해 고삐를 잡아야 한다. 물속으로 나를 받아주시는 저 바다의 지배자 테튜스 여신께서도 혹 내가 거꾸로 떨어질까 봐 가슴을 졸이신다더라. 어디 그뿐이냐? 별 박힌 하늘은 엄청난 속도로 돈다. 잠시도 쉬지 않고 돈다. 그냥 도는 것이 아니고 거기에 박힌 별을 싸잡아 안고 도는 것이다. 여기에서, 궤도에서 떨어져 나가지 않으려면 힘이 있어야 한다. 돌고 도는 하늘 저쪽으로 마차를 몰고 나갈 수 있는 자는 오직 나뿐이다.

내가 너에게 태양 마차를 빌려주었다고 치자. 네가 장차 어쩌려느냐? 돌고 도는 하늘 축에 휘말리는 걸 피할 수 있을 성싶으냐? 빙글빙글 도는 하늘에 휩쓸리지 않고 무사히 빠져나올 성싶으냐? 너는 하늘에도 신들의 숲, 신들의 도시, 신들의 신전이 있으리라고 생각할 게다. 그러나 그렇지가 않다. 위험하기 짝이 없는 짐승과 무서운 괴수들 사이로 길을 찾아 빠져나가야 한다. 요행히 궤도를 제대로 잡아 여기에서 이탈하지 않을 수 있다고 하더라도 하늘의 별자리에는 무서운 황소자리가 있다. 그 황소를 네가 이길 수 있을 것 같으냐? 윗도리는 사람, 아랫도리는 말인 저 켄타우로스의 발길질을 네가 피할 수 있을 것 같으냐? 하늘에는 황소자리와 켄타우로스만 있는 것이 아니다. 사자자리도 있고 전갈자리도 있다. 네가 사자의 이빨을 견딜 수 있을 것 같으냐? 전갈의 무시무시한 집게를 피할 수 있을 것 같으냐? 하늘에는 전갈자리뿐만 아니라 게자리도 있다. 한쪽에서 전갈이 집게를 휘두르며 너를 위협할 게고, 다른 한쪽에서는 게가 집게발을 휘두르며 너를 공격할 게다. 네가 이것을 견딜 수 있을 성싶으냐?

뿐만이 아니다. 날개 달린 천마를 다루는 것도 너에게는 쉬운 일이 아니다. 천마는 저희 가슴에 불길을 간직하고 있다가 이를 코로 내뿜고 입으로 내뿜는다. 천마가 이 불길에 스스로 흥분하면 다루는 게 여간 까다로운 것이 아니다. 꾀가 나면 내가 고삐를 채는데도 이를 모르는 체하고 애를 먹이는 게 바로 이 천마들이다. 이 얼마나 위험한 일이냐? 이 아비가 어떻게 자식의 소원을 들어준답시고 자식 죽일 일을 시킬 수 있겠느냐? 그러니 지금, 그래 지금이라도 늦지 않으니 다른 소원, 이보다 나은 소원을 말해보아라. 너를 내 아들로 인정하는 징표를 보이라고 한다면 얼마든지 보여주마. 보아라, 자식이 위태로운 지경에 이를까 봐 이렇듯이 속을 태우는 이 아비를 보아라. 이 아비의 마음, 이것이 너를 아들로 인정하는 확실한 징표가 아니겠느냐? 자, 이리 와서 아비의 얼굴을 보아라. 네 눈으로 내 속을 들여다보고 아비의 마음이 근심으로 가득하다는 것을 알아주려무나. 아, 그러면 좀 좋으랴!

살펴보아라. 이 세상에는 이보다 귀한 것이 얼마든지 있다. 하늘, 바다, 어디에 있어도 좋다. 네가 바라는 것이면 무엇이든 너에게 주겠다. 그러나 이것만은 어쩔 수가 없구나. 너는 태양 마차 몰아보는 것을 명예롭게 여길 것이다만 이것은 명예가 아니고 파멸의 씨앗이다. 네가 소원하는 것이 은혜가 아니고 파멸이라는 것을 왜 모르느냐? 자, 거두어주겠느냐? 소원을 다른 것으로 바꾸어주겠느냐?"

"그럴 수 없습니다. 제가 바라는 것은 오직 하나, 아버지의 태양 마차를 몰아보는 것입니다."

"네가 바라는 것이 정말 어떤 것인지도 모르고 아직도 이렇게 조르고 있는 것이냐?"

"조르는 것이 아닙니다. 정말 그것 하나밖에는 바라는 것이 없기 때문입니다."

"……할 수 없구나. 네 소원대로 해보려무나. 내 이미 스튁스강에 맹세했으니, 내가 무슨 수로 이 약속을 번복하겠느냐? 네가 이보다 조금만 더 지혜로웠으면 얼마나 좋겠느냐?"

태양신의 경고도 이것으로 끝이었다. 아버지의 충고에도 아랑곳하지 않고 아들은 끝내 제 고집을 꺾지 않았다. 파에톤은 기어이 태양 마차를 몰아보겠다는 것이었다. 힘닿는 데까지 아들을 타이르다 지친 아버지는 태양 마차 있는 곳으로 아들을 데려갔다. 올륌포스의 재간꾼 헤파이스토스가 온갖 재주를 다 부려서 만든 마차였다. 이 태양 마차는 바퀴 굴대도 황금, 뼈대도 황금, 바퀴도 황금이었다. 바큇살만 은이었다. 마부석에는 '포이보스 헬리오스(빛나는 태양신)'가 쏘는 빛을 반사할 감람석과 보석이 나란히 그리고 촘촘히 박혀 있었다.

파에톤이 벅찬 가슴을 안고 태양 마차를 만져보며 찬탄하고 있을 즈음, 새벽잠에서 깬 새벽의 여신 에오스가 장미꽃 가득 핀 방의, 눈부시게 빛나는 방문을 활짝 열었다. 별들이 달아나기 시작했다. 금성을 당시에는 루키페로스라고 불렀다. '빛나는 별'이라는 뜻이다. 그 루키페

태양 마차를 모는 파에톤
소원이 성취되어 기쁨이 절정에 이른 순간의 파에톤을 그렸다. 18세기 프랑스 화가 니콜라 베르탱의 그림.

4 길잃은 태양마차

로스가 기나긴 별의 대열을 거느리고 하늘의 제자리를 떠나고 있었다.

태양신은 이 루키페로스가 떠나는 것과 하늘이 붉어지면서 이지러진 달빛이 여명에 무색해지는 것을 보고는 '때'의 여신 호라이 자매에게 명령했다.

"이제 마구간으로 가서 천마를 몰고 나오너라. 때가 된 것 같구나."

호라이 세 자매가 분부를 시행했다. 세 자매는 천장이 높은 마구간에서 암브로시아(불로초)를 배불리 먹은 천마를 끌어내어 마구를 채웠다. 천마들은 숨 쉴 때마다 불길을 토했다.

태양신 헬리오스는 아들의 얼굴에다 불길에 그을리는 것을 예방하는 고약을 발라주고, 바른 것이 살갗에 고루 묻도록 문질러주기까지 했다. 그런 다음에는 아들의 머리에다 빛의 관을 씌워주었다. 아버지는 이러면서도 걱정스러운 마음을 어찌할 수 없었던지 자주자주 한숨을 쉬었다. 오래지 않아 자식에게 닥칠 재앙과 이로 인한 자신의 슬픔을 예견했기 때문이다. 아버지 헬리오스는 이렇게 말했다.

"아비의 말을 잘 듣고 마음에 새기도록 하여라. 되도록이면 채찍은 쓰지 않도록 하여라. 고삐는 힘껏 틀어잡도록 해야 한다. 천마는 저희들이 요량해서 잘 달릴 게다만 이들의 조급한 마음을 누그러뜨리기는 여간 어려운 일이 아니다. 하늘에는 권역이 없는 것 같지만 엄연하게 있다는 것을 잊지 말아야 한다. 그렇다. 하늘에는 다섯 권역이 있다. 그 다섯 권역을 곧장 가로질러 가려고 해서는 안 된다. 자세히 보면 세 권역의 경계선 안으로 조금 휘어진 샛길이 있다. 이 길로 들어서면 믿어지지 않을 정도로 차가운 바람이 부는 남극 권역과 북극 권역을 피해 갈 수가 있다. 이 길로 들어서면 마차의 바큇자국이 보일 게다. 하늘과 땅에 고루 따뜻한 빛을 나누어주려면 너무 높게 몰아서도 안 되고 너무 낮게 몰아서도 안 된다. 너무 높게 몰면 하늘 덮개에 불이 옮겨 붙을 것이고, 너무 낮게 몰면 대지가 그을리고 만다. 그 중간이 가장 안전하니 명심하여라. 오른쪽으로 너무 치우치지 말아야 한다. 거기에는 똬리를 튼 별자리인 뱀자리가 있다. 왼쪽으로 너무 치우쳐 바로 아래 있는 신들의 제단을 태워서도 안 된다. 이 사이를 조심해서 지나가도록 하여라.

내 이제 너를 행운의 여신 튀케의 손에 붙이고 빌 수밖에 없겠구나. 튀케가 너를 도와주기를, 네가 너를 돌보는 것 이상으로 자상하게 너를 돌보아주기를 기원하는 수밖에 없구나. 서둘러라. 벌써 밤이 저 멀리 서쪽 해변에 이르렀다. 더 이상 지체할 시간이 없다. 이제 태양 마차가 나타날 차례. 새벽의 여신 에오스가 어둠을 몰아내고 있지 않느냐? 자, 이제 마차에 올라 고삐를 힘 있게 쥐어라.

혹 내 말을 듣고 네 마음이 변하지는 않았느냐? 변했거든 천마의 고삐를 놓고 내 말을 따르거라. 따를 수 있을 때 따르거라. 네 발이 이 단단한 태양신궁의 바닥에 닿아 있을 때 내 말을 따르거라. 미숙한 너에게 하늘로 오르는 일은 어울리지 않는다. 네가 이 위험한 일을 해보겠다고 우기기는 한다만, 대지에 빛을 나누어주는 일은 나에게 맡기고 너는 그 빛을 누리기나 하는 것이 어떠하겠느냐?"

그러나 파에톤은 제 젊음과 힘만 믿고는 태양 마차 위로 올라가, 아버지가 건네주는 고삐를 받았다. 그러고는 마부석에 앉아, 어려운 청을 들어준 아버지에게 고맙다는 인사를 했다.

태양 마차를 끄는 네 마리의 날개 달린 천마는 불을 뿜어 주위의 대기를 뜨겁게 달구면서 발굽으로 가로장을 걷어찼다. 파에톤에게는 할머니가 되는 바다의 버금 여신 테튀스는 손자 앞에 어떤 운명이 기다리고 있는지 까맣게 모른 채 그 가로장을 치웠다. 그러자 네 마리의 천마 앞으로 하늘이 펼쳐졌다. 네 마리 천마는 하늘로 날아오르면서 앞길을 막은 구름의 장막을 찢었다. 그러고는 단숨에 그 권역에서 이는 동풍을 저만치 앞질렀다.

하지만 네 마리 천마는 태양 마차가 엄청나게 가벼워진 데 놀랐다. 멍에에 느껴지는 무게가 그 이전에 견주어 믿어지지 않을 만큼 가볍게 느껴졌던 것이다. 파에톤의 무게가 태양신 헬리오스의 무게보다 훨씬 가벼웠으니 당연했다. 태양 마차와 거기에 타고 있던 파에톤이 어찌나 가볍게 느껴졌는지, 네 마리의 천마는 저희가 마차를 끌고 있다는 것도 잊어버릴 지경이었다. 바닥짐 없는 배가 거친 파도에 휩쓸려 바다 위를 이리저리 떠다니듯이, 마부의 무게가 전 같지 않은 태양 마차도 하늘을 누비며 흡사 빈 마차처럼 흔들렸다.

이렇게 되자 네 마리의 천마는 오랫동안 달려봐서 잘 알고 있던 궤도까지 이탈하여 제멋대로 날뛰기 시작했다. 마부석에 앉은 파에톤은 기겁을 했다. 하지만 그에게는 고삐로 천마를 잡도리할 재간이 없었다. 그에게는 어디가 어디인지 위치 분간도 되지 않았다. 설사 분간이 되었다고 하더라도 천마를 잡도리하는 기술이 없었으니, 결국은 분간이 되나 안 되나 마찬가지였던 셈이다.

북두칠성은 평소에 차갑기 짝이 없는 별이다. 하지만 이 북두칠성이 태양 마차가 내뿜는 열기에 처음으로 달아올랐다. 북두칠성은 금단의 바다로 뛰어들고 싶어 했다. 북극 권역에 바싹 붙은 채 혹한의 하늘에 똬리를 틀고 있어서 평소에는 별로 위험한 존재로 알려지지 않았던 별자리인 뱀자리가 태양 마차의 열기에 똬리를 풀고, 일찍이 볼 수 없었던 포악을 부리기 시작했다. 들리는 말에 따르면 목동자리의 목동도 기절초풍, 그 자리를 떠나려 하다가 쟁기자리에 걸려 쓰러졌다고 한다.

마침내 이 가엾은 파에톤은 아득히 높은 하늘에서 대지를, 아득히 먼 하계에 펼쳐진 대지를 보고 말았다. 대지를 본 순간 파에톤은 자기가 얼마나 높은 곳을 달리고 있는지 깨달았다. 그의 얼굴에서 핏기가 사라졌다. 그의 무릎은 갑자기 엄습한 공포에 걷잡을 수 없이 떨리기 시작했다. 강렬한 태양 마차의 빛줄기 때문에 그는 눈을 뜨고 있을 수가 없었다.

그제야 파에톤은 아버지의 천마 고삐를 잡은 것을 후회했다. 그리고 친아버지를 찾아낸 것을 후회했다. 스틱스강에 맹세한 친아버지를 원망했다. 그 친아버지에게서 소원 성취의 약속을 받아낸 것 자체를 후회했다. 태양 마차를 몰겠다고 우긴 것을 후회했다. 그는 메로프스의 양아들로 그저 평범하게 살 것을 그랬다고 생각했다.

이런 생각을 하면서도 그는 태양 마차에 실려 어디가 어디인지도 모른 채 네 마리의 천마에 끌려갔다. 키도 쓸모없고 밧줄도 하릴없어서, 신들의 자비에 몸을 맡기고 허망한 기도에 희망을 건 쪽배와 다를 것이 없었다. 그저 그렇게 북풍에 운명을 맡긴, 소나무로 만든 한 척의 쪽배와 다를 것이 없었다. 그로서는 손을 쓸 수도, 손을 쓸 여지도 없었다. 지금까지 달려온 거리가 적지 않았지만 가야 할 거리는 이보다 훨씬 더 멀었다. 그는 도저히 도달할 가망이 없을 듯한 서쪽 하늘과 두고 온 동쪽 하늘을 번갈아 바라보면서 그 거리를 가늠해보았다. 갈 수도 없고 물러설 수도 없는 입장이었다. 그렇다고 고삐를 늦출 수도 없었다. 고삐를 잡고 있을 힘도 없었다. 허둥대다가 네 마리 천마의 이름조차 잊어버린 판국이었다.

설상가상으로 하늘의 도처에 널려 있는 거대한 괴물에 대한 공포까지도 그를 견딜 수 없게 했다. 실제로 하늘에는 전갈이 두 개의 집게발로 두 별자리를 싸안듯이 하고 있는 데가 있었다. 파에톤은 무서운 독을 품은 전갈이 꼬부랑한 독침을 겨누고 있는 것을 보자 그만 기겁을 하고는 고삐를 놓치고 말았다. 고삐는 그의 손아귀를 벗어나 천마의 잔등을 때렸다. 이것을 채찍질로 여긴 천마는 또 한 번 궤도를 벗어나 질풍같이 내달았다. 이때부터 천마를 다스리는 것은 아무것도 없었다. 네 마리 천마는 생면부지의 공간을 누비며, 그때까지 달려온 것만 가늠해서 그저 진동한동 달리기만 했다. 높디높은 곳에 있는 하늘 덮개에 박힌 별자리 쪽으로 달려가는가 하면, 길도 없는 곳으로 태양 마차를 끌고 가기도 했다. 하늘 덮개에 닿을 듯이 솟구치는가 하면, 갑자기 대지의 사면에 닿을 만큼 고도를 뚝 떨어뜨리기도 했다.

태양신의 누이동생인 달의 여신 셀레네는 오라버니의 태양 마차가 자기보다 낮게 날고 있는 것을 보고는 그만 깜짝 놀라 낯빛을 바꾸었다. 구름에서는 연기가 피어올랐다.

대지는 높은 곳부터 불길에 휩싸였다. 습기가 마르자 대지가 여기저기 터지고 갈라지기 시작했다. 푸른 풀밭은 잿빛 벌판으로 변했다. 나무, 풀 같은 것들은 순식간에 재로 변했다. 다 익은 곡식은 대지의 파멸을 재촉하는 거대한 산불의 불쏘시개 같았다.

그러나 이런 자연의 피해는 다른 피해에 견주면 그리 대단한 것도 아니었다. 거대한 도시의 성벽은 무너져 내렸고, 인간이 모여서 모듬살이를 하던 수많은 마을과 함께 나라가 잿더미로 변했다. 산의 수목도 불길에 휩싸였다.

아토스산도 불덩어리가 되었다. 물 좋기로 소문난 길리기아의 타우로스산, 트몰로스산, 오이타산, 이다산 등에서도 연기가 올랐다. 예술의 여신 무사이 아홉 자매가 살고 있던 헬리콘산에도 불길이 옮겨 붙었다. 뒷날 오르페우스와 인연을 맺게 되는 하이모스산의 운명도 마찬가지였다. 아이트나산에서는 두 개의 불기둥이 솟아 하늘을 찔렀다. 파르나쏘스산을 이루는 두 개의 쌍둥이 봉우리와 에토스산과 킨토스산에도 불이 붙었다. 오트리스산, 로도페산에서는 만년설이 녹아내렸고, 신들의 신전이 많은 딘뒤마산, 뮈칼레산, 키타이론산에도 불이 붙었다. 그 추운 스퀴티아 지방도 무사하지 못했다. 오늘날에는 코카서스산맥이라고 불리는 카우카소스산맥도 불길에 휩싸였는데, 오싸산이나 핀도스산이 무사했을 리 없다. 이보다 훨씬 높은 올륌포스산, 오늘날에는 알프스산이라고 불리는 하늘을 찌를 듯하던 알페스산, 오늘날에는 아페닌산이라고 불리는 구름 모자를 쓰고 있던 아펜니노스산도 불길에 휩싸였다.

파에톤은 불바다가 된 세상을 내려다보았다. 대지에서 솟아오르는 열기는 견딜 수 없을 만큼 뜨거웠다. 그의 숨결도 풀무에서 나온 공기처럼 뜨거웠다. 마차는 빨갛게 달아오른 것 같았다. 열기와 함께 올라

온 재와 하늘을 날아다니는 불똥도 그를 괴롭혔다. 뜨거운 연기로 주위가 칠흑 어둠이라 그는 자신이 어디에 있는지, 어디로 가고 있는지 알 길이 없었다. 발 빠른 천마가 끄는 대로 끌려가고 있을 뿐이었다.

오늘날 에티오피아로 불리는 아이티오페이아 사람들의 피부가 새까맣게 된 것도 이때부터였다고 사람들은 말한다. 열기 때문에 피가 살갗으로 몰려서 그렇다는 것이다. 전해지는 바에 따르면 오늘날의 리비아가 사막이 된 것도 이때였고, 열기가 물을 말려버리자 물의 요정들이 머리를 쥐어뜯으며 샘과 호수가 없어진 것을 애통해한 것도 이때였다. 보이오티아 땅이 디르케 샘을, 라르고 땅이 아뮈모네 샘을, 에퓌레 땅이 퓌레네 샘을 잃은 것도 바로 이때였다.

샘이 말랐는데 트인 물길을 흐르던 강이 온전했을 리 없다. 오늘날 돈강이라고 불리는 강의 신 타나이스는 물속 깊은 곳에서 진땀을 흘렸다. 연로한 페네이오스, 뮈시아의 카이코스, 흐름이 급하기로 소문난 이스메노스도 그런 고초를 겪었다. 아르카디아의 에뤼만토스강, 훗날 트로이아 전쟁 때 헤파이스토스에 의해 또 한 차례 마르는 변을 당하는 크산토스강도 이런 고통을 면하지 못했다. 누런 뤼코르마스강, 꾸불꾸불 흐르는 마이안드로스강, 트라키아의 멜라스강, 스파르타의 에우로타스강, 바빌로니아의 에우프라테스강(오늘날의 유프라테스강), 오론테스강, 흐름이 빠른 테르모돈강, 강게스강(오늘날 인도의 갠지스강), 파시스강, 히스테르강(오늘날의 다뉴브강)도 변을 당했다. 알페이오스강은 끓어올랐고, 스페르케오스강은 그 둑이 불바다로 변했다. 타고스강 바닥의 금싸라기는 불길에 녹았고, 노랫소리로 마이오니아강을 이름난 강으로 만들던 이 강의 새들은 퀴스트로스 호수로 뛰어들었으나 끝내 살아남지는 못했다. 네일로스강(오늘날의 나일강)은 기겁을 하고 땅끝까지 도망쳐 땅속에다 그 머리를 처박았다. 네일로스강의 원류가 어디인지 모르는 것은 바로 이 때문이다. 어쨌든 당시의 네일로스강 일곱 하구에서는 먼지가 일었고 물길에도 물은 없었다. 이스마로스강, 헤브로스강, 스트뤼몬강, 헤스페리아강, 레누스강(오늘날의 라인강), 파도스강(오늘날 이탈리아의 포강), 강들의 지배자 자리를 약속받은 튀브리스강(오늘날의 티베리스강)의 운명도 크게 다르지 않았다.

대지가 곳곳에서 입을 벌리자 그 틈으로 무한 지옥인 타르타로스까지 햇빛이 비쳐 들어갔다. 저승의 신 하데스와 그의 아내 페르세포네도 기겁을 했다. 바다가 마르자 바다였던 곳에 넓은 사막이 나타났다. 물속 깊이 잠겨 있던 산들이 드러나자 퀴클라데스 섬 무리에 새 섬들이 엄청나게 불어났다. 물고기는 바다의 바닥으로 내려갔고, 돌고래는 물 위로 솟구치지 못하고 수면에 등을 대고 가만히 떠다녔다. 물개의 시체가 뒤집힌 채 무시로 물결 위로 떠올랐다. 전해지기로는, 바다의 버금 신인 네레우스와 그의 아내 도리스 여신 그리고 3천 명에 이르는 그들의 딸들은 바닷속의 동굴에 숨어서도 열기 때문에 진땀을 흘렸다고 한다.

바다의 지배자 포세이돈은 세 번이나 물 밖으로 팔을 내밀어보려고 하다가 세 번 다 너무 뜨거워 팔을 거두어들였다고 한다.

대지의 여신은 물이 자기 발밑으로 흘러와 고이는 것을 자주 보았다. 바다의 물, 샘의 물이 열기를 피해 대지의 품 안으로 스며들어 와 잔뜩 몸을 사리고 있었기 때문이다. 대지의 여신은 목이 타들어가는 듯한 갈증을 느끼고는 잿더미 위로 고개를 들었다. 대지의 여신이 손으로 얼굴을 가린 채 부르르 떨자 만물이 모두 부르르 떨었다. 여신은 머리를 조금 낮추고 위엄 있는 음성, 노기 띤 음성으로 부르짖었다.

"제우스 신이여, 이것이 운명의 여신이 정한 길인가요? 나에게 이토록 죄가 많은가요? 내가 이 같은 파멸을 받아들여야 할 만큼 죄를 지었다면, 나를 벼락으로 쳐서 단번에 끝내지 않고 어째서 이토록 욕을 보이세요? 전능한 제우스여, 불로써 나를 치려거든 그대의 불로 치세요. 같은 파멸의 불이라도 그대가 내리는 파멸의 불이 차라리 견디기 쉽겠어요. 아, 몸이 타는 듯하여 말을 더 할 수가 없어요……"

지상의 열기가 대지의 여신의 목을 조르고 있었다. 대지의 여신은 힘겹게 말을 이었다.

"······그을린 이 머리카락을 보세요. 빨갛게 충혈된 이 눈, 머리에 앉은 이 그을음을 보세요. 이 땅을 풍요롭게 하면서 그대를 섬겨온 나에게 내리는 상, 나에게 베푸는 은혜가 겨우 이것인가요? 괭이에 긁히고 보습에 찢기면서까지 참아온 보람이 겨우 이것인가요? 한 해 내내 마음 놓고 쉬어보지도 못한 나를 이렇게 대접해도 되는 것인가요? 뭇 가축에게 나뭇잎과 부드러운 풀을 대어주고, 인간에게는 곡물을 베풀고, 신들을 위해서는 향나무를 기른 나를 이렇듯이 대접해도 되는 것인가요?

내가 이런 대접을 받아 마땅하다고 칩시다. 저 물을 다스리는 바다의 신, 그대의 형제 포세이돈은 왜 이런 대접을 받아야 하지요? 그대의 형제가 다스리는 물이 왜 바다를 등지고 땅 밑으로 스며드는 것이지요? 내가 말해도 소용없고 그대의 형제가 말해도 소용없다면 그대가 사는 천궁을 걱정하세요. 둘러보세요. 남극 권역과 북극 권역에서 뜨거운 연기가 오르고 있어요. 이 불길을 잡지 않으면 다음으로 무너질 것은 그대의 천궁일 것입니다. 하늘 축을 떠받치고 있는 아틀라스를 보세요. 불길과 연기 때문에 괴로워하고 있지 않나요? 어깨로 떠받치고 있는 하늘 축을 금방이라도 떨어뜨릴 것 같지 않나요? 대지와 바다와 천궁이 무너져 내린다면 우리는 옛날의 카오스로 되돌아가야 합니다. 아직까지 남아 있는 것만이라도 이 무서운 불길에서 건지세요. 우주의 안위를 생각하세요."

이 말을 마치자 대지의 여신은 땅 위의 열기를 도저히 더는 견딜 수 없었던지 다시 땅속으로 들어갔다. 대지의 여신은 저승 가까운 곳에 있는 동굴 속으로 그 모습을 감추었다.

신들의 지배자인 제우스 신은 자기가 손을 쓰지 않으면 천지만물이 비참한 지경에 이를 것이라고 생각하고는 서둘러 신들의 회의를 소집했다. 파에톤에게 태양 마차를 맡긴 태양신 헬리오스도 그 회의에 참석했다. 신들은 헬리오스와 파에톤을 두고 저마다 한마디씩 했다.

"아비가 난봉질로 얻은 자식을 지나치게 사랑하면 저 꼴이 되지."

이렇게 말한 것은 평소에 난봉질이 잦은 제우스의 아내이자 정식 결혼의 수호 여신인 헤라였다.

"티탄 신들의 권리가 다 올림포스 신들에게 넘어왔는데, 헬리오스와 셀레네 남매만은 아직도 그 권리를 틀어쥐고 있으니까 이런 일이 생기는 것 아닌가요?"

이렇게 투정을 부린 것은 그 뒤를 이어 각각 태양의 신과 달의 여신 자리에 오르게 되는 아폴론과 아르테미스 남매였다.

"제가 다시 만들 테니, 벼락을 던지시어 저 태양 마차를 부숴버리십시오."

제우스 신에게 이렇게 청한 것은 태양 마차를 만든 대장장이 신 헤파이스토스였다.

제우스는 천궁의 지붕 꼭대기로 올라갔다. 천궁 꼭대기는 그가 대지 위로 구름을 펼 때와 천둥이나 벼락을 던질 때마다 올라가는 곳이었다. 그러나 천궁 꼭대기에는 대지 위에다 펼 구름도, 대지에다 쏟을 비도 남아 있지 않았다. 그는 벼락을 하나 집어, 오른쪽 귀 위까지 들어올렸다가 태양 마차의 마부석을 향해 힘껏 던졌다.

벼락 하나에 파에톤은 마차를, 그리고 이승을 하직했다. 파에톤은 자신이 불덩어리가 됨으로써 우주의 불길을 잡은 것이다. 천마는 벼락 소리에 몹시 놀라 길길이 뛰다가 멍에에서 풀려나고 고삐에서 풀려나 뿔뿔이 흩어졌다. 마구와 마차의 바퀴, 굴대, 뼈대, 바큇살 파편이 사방으로 날았다. 아주 먼 곳까지 날아가는 파편도 있었다.

파에톤은 금발을 태우는 불길에 휩싸인 채 연기로 된 긴 꼬리를 끌면서 거꾸로 떨어졌다. 별이 떨어지는 것은 아니었지만, 누가 보았으면 마른하늘에서 별이 떨어지는 것으로 여겼을 터였다. 그의 고향에서 멀리 떨어진 곳에 있던 에리다노스강의 신이 벼락의 불길에 그을린 파에

추락하는 파에톤
제우스가 던진 벼락에 맞아 추락하는 태양신 헬리오스의 아들 파에톤. 16세기 네덜란드 화가 헨드릭 홀치위스의 그림.

톤의 주검을 받아주었다. 에리다노스는 클뤼메네와 남매간이었으니 파에톤에게는 외숙이 되는 셈이다. 밤의 나라 요정들은 불길에 까맣게 그을린 파에톤의 주검을 수습하여 묻고 비석을 세웠다. 비석에 새겨진 글귀는 다음과 같다.

 아버지의 마차를 몰던 파에톤, 여기에 잠들다.
 힘이야 모자랐으나 그 뜻만은 가상하지 아니한가.

 밤의 나라 헤스페리아의 요정들이 나서서 파에톤의 장례를 치르지 않을 수 없었던 것은 파에톤의 아버지인 태양신이 얼굴을 가린 채 숨어 버렸기 때문이다. 믿어야 할지 믿지 말아야 할지 모르겠지만, 이날 하루만은 태양이 그 모습을 나타내지 않아 타오르던 불길이 세상을 비추었더란다. 세상을 태우던 불길이 하루만이나마 세상을 비추었다는 것은 얼마나 기묘한 아이러니인가? 그러고 보면, 재앙이라고 해서 반드시 유익한 바가 없다고는 할 수 없는 모양이다.

파에톤의 어머니 클뤼메네가 슬퍼하는 모습은 눈 뜨고는 못 볼 지경이었다. 클뤼메네는 비통한 심사를 이기지 못해 눈물로 젖가슴을 적시면서 아들의 주검, 아들의 뼈를 찾으러 온 세상을 두루 돌아다녔다. 그러던 어느 날 클뤼메네는 아들의 시신이 먼 나라 강둑에 묻혀 있다는 사실을 알게 된다. 아들의 무덤을 찾아간 클뤼메네는 무덤을 내려다보며 대리석에 새겨진 이름에 눈물을 떨구다가 맨가슴으로 그 비석을 끌어안았다.

헬리아데스, 즉 태양신 헬리오스의 딸들의 슬픔도 클뤼메네의 슬픔에 못지않았다. 이들 역시 죽은 아우의 무덤에 애간장 끊어지는 슬픔과 하염없는 눈물을 제물로 바쳤다. 이들은 밤이고 낮이고 파에톤의 무덤 위로 몸을 던지고, 손바닥으로 가슴을 치며 파에톤의 이름을 불렀다. 파에톤이 그 소리를 들을 수 있을 리 만무했다. 이들은 달이 네 번 차고 기울 동안 무덤 앞에서 우는 것을 일과로 삼았다.

그런데 헬리아데스 중 맏이인 파에투사가 일어서서 걸으려다 말고 발이 땅에서 떨어지지 않는다고 비명을 질렀다. 아름다운 람페티에가 언니를 도우려 했다. 그러나 람페티에는 갑자기 발에 뿌리가 생기는 바람에 그 자리에서 꼼짝도 하지 못했다. 셋째는 머리를 손질하려다 말고 비명을 질렀다. 머리에 잎이 돋아나기 시작한 것이다. 하나가 다리가 나무둥치로 변한다고 비명을 지르면, 다른 하나는 팔이 나뭇가지로 변한다고 고함을 지르는 식이었다. 헬리아데스 다섯 자매가 이 놀라운 변신에 정신을 차리지 못하고 있을 동안 나무껍질은 이미 이들의 허벅지를 덮고 사타구니, 젖가슴, 어깨, 손을 덮으며 올라오고 있었다. 이들은 입이 껍질로 덮이기 직전에 어머니를 불렀다.

　어머니인들 무슨 수로 이들을 구할 수 있을까……. 어머니 클뤼메네는 달려가 자신의 입술을 느낄 수 있을 동안만이라도 입을 맞추어주는 수밖에 없었다. 그러나 클뤼메네는 입맞춤만으로는 성에 차지 않아, 나무에서 껍질을 벗겨내리려고 애쓰면서 아직은 부드러운 나뭇가지를 꺾어보았다. 그러자 꺾인 자리에서 수액 대신 상처에서 흐르는 피와 너무나 흡사한 액체가 흘렀다. 가지를 꺾인 딸이 외쳤다.

　"어머니, 저를 다치게 하지 마세요. 제발 꺾지 마세요. 나무로 둔갑했으니 이제 가지가 제 팔이고 다리랍니다. 아, 안녕히."

　이 말이 끝나기가 무섭게 나무껍질이 딸들의 입을 막았다. 이 나무껍질에서 눈물이 흘러나와 태양빛에 굳으면서 호박 구슬이 되어 가지에서 강물로 떨어졌다. 강물은 이 호박 구슬을 물 밑에 간직했다. 뒷날 로마 부인네들의 장신구가 된 호박 구슬이 바로 이것이다.

* * *

오비디우스의 신화 모음집 『변신 이야기』에 실려 있는 파에톤 이야기는 이렇게 해서 끝난다. 아이귑토스의 한 초라한 도시에서 시작된 신화가 휘황찬란한 태양신의 궁전, 광막한 하늘과 그것을 가로지르는 태양 마차를 지나 마침내 눈물이 굳어져 만들어진 호박 구슬에서 끝나는 것이다. 어쩔 수 없을 것이다. 신화도 결국은 인간에 의해 쓰여진 것일 터이므로.

5

나무에 대한 예의

다프네 이야기

1세기의 로마 작가 오비디우스의 『변신 이야기』에는 이리로 변신한 폭군, 갈대가 된 요정, 백조가 된 소년 등 몸을 바꾸어 동물이나 식물이 되는 인간들의 이야기가 실려 있다. '변신'이란 무엇인가? '몸을 바꾼다'는 뜻이다.

나무로 몸을 바꾼 처녀 이야기를 들어보자. 그리스인들에게 나무는 무엇이었을까? 인간에게 나무는 무엇일까?

아폴론은 활의 신이자 올륌포스 최고의 명사수이기도 하다. '신궁'이라는 말은 귀신처럼 활을 잘 쏘는 사람을 가리킬 때 쓰는 말이고 보면 아폴론이야말로 신궁이라고 불러줄 만하다.

그런데 활과는 떼어서 생각할 수 없는 신이 또 있다. 바로 사랑의 신 에로스다. 에로스는 '에로스와 프쉬케' 이야기에서는 청년으로 등장한다. 하지만 이 이야기를 제외하면 에로스는 늘 장난감처럼 조그만 활을 든 꼬마 신으로만 등장한다. 에로스는 어머니 아프로디테의 명에 따라 신과 인간의 눈에는 보이지 않는 화살을 쏘는데, 이 화살을 맞는 신이나 인간은 사랑의 병을 열병처럼 앓아야 한다. 이 에로스의 로마식 이름은

'쿠피도Cupido'이고, 영어식 이름은 '큐피드Cupid'다. '사랑에 빠졌다'는 말을 멋스럽게 '큐피드의 화살에 맞았다'고 하는 것은 바로 이 때문이다.

자, 활의 신이자 올림포스의 신궁인 아폴론의 눈에는 조그만 활을 들고 다니는 꼬마 신 에로스가 얼마나 가소롭게 보였을까? 아폴론이 에로스에게 이런 말을 한 적이 있다.

"이 건방진 꼬마야, 무사들이나 쓰는 무기가 너와 무슨 인연이 있느냐? 그런 무기는 나 같은 무사의 어깨에나 걸어야 어울린다. 내가 활을 얼마나 잘 쏘는지 아느냐? 나의 겨냥은 절대로 빗나가지 않는다. 나는 마음만 먹으면, 과녁이 짐승이든 인간이든 1백 발 쏘아서 1백 발 다 명중시킬 수 있다. 소문 들었느냐? 얼마 전에도 나는 온 벌판 가득하게 똬리를 틀고 있는, 독이 잔뜩 오른 왕뱀 퓌톤을 여러 개의 화살을 쏘아 죽였다. 너는 사랑의 불을 잘 지른다니까, 횃불 같은 것으로 사랑의 불이나 지르고 다니는 게 좋겠다. 활은 너 같은 꼬마에게는 어울리지 않아. 나 같은 어른이나 얻는 명사수의 칭송은 너에게 당치 않으니, 분수를 알아서 처신하도록 하여라."

이 말을 들은 아프로디테의 아들 에로스는 이렇게 응수했다.

"아폴론 아저씨, 뭐든 명중시킬 수 있다고 했지요? 그러면 아저씨 자신을 명중시킬 수 있어요? 어림도 없잖아요? 하지만 저는 아저씨를 명중시킬 수도 있으니, 제가 한 수 위지요. 활 잘 쏜다고 거들먹거리시는데, 짐승과 신들 중 누가 더 높아요?"

"그야 신들이 높지."

"얼마나요?"

"글쎄?"

"저와 아저씨의 차이만큼 높지요."

"너와 나는 누가 높은데?"

"제가 높지요."

"그렇다면 내가 짐승이라는 말이냐?"

"물론이죠. 저더러 가서 불장난이나 하라고요? 아저씨나 가서 불장난 좀 해보세요."

에로스는 이 말을 마치고는 하늘로 날아올라 파르나쏘스산 꼭대기의 울창한 숲에 살짝 내려섰다. 파르나쏘스산 꼭대기에는 에로스의 어머니인 아프로디테 여신의 신전이 있었다.

에로스는 화살이 가득 든 화살통에서 각기 쓰임새가 다른 화살 두 개를 뽑았다. 하나는 사랑을 목마르게 구하게 만드는, 말하자면 상사병에 걸리게 하는 화살, 또 하나는 상대를 지긋지긋하게 여기게 하는, 말하자면 상대에게 혐오감이 일게 하는 화살이었다. 사랑을 목마르게 구하게 하는 화살은 금화살이었다. 이 금화살 끝에는 반짝거리는 예리한 촉이 물려 있었다. 그러나 사랑을 지긋지긋하게 여기게 만드는 화살 끝에는 납으로 된 뭉툭한 촉이 물려 있었다.

페네이오스강 가에는 다프네라는 강의 요정이 살고 있었다. 이 다프네는 강의 신 페네이오스의 딸이었다. 다프네는 이성에게는 별 취미가 없는 처녀였다. 그래서 오로지 숲속을 돌아다니며 동무들과 놀거나 들짐승을 쫓아다니는 일에만 열중할 뿐 도무지 남성을 눈여겨보는 법이 없었다. 심지어는 사랑의 신 에로스가 어떤 신인지, 결혼의 신 휘메나이오스가 어떤 신인지도 알지 못했다. 다프네는 댕기 하나로 머리카락을 아무렇게나 척 묶고는 숲속을 돌아다니면서, 사냥에 능한 처녀 신 아르테미스와 겨루기라도 하듯 짐승을 잡는 일에만 마음을 썼다.

다프네에게는 구혼자들이 많았다. 그러나 다프네는 이들의 구혼을 마다하고 길도 없는 숲을 돌아다니면서 사냥하는 일에만 열중했다. 말하자면 다프네에게는 결혼이니 사랑이니 부부 생활이니 하는 것은 쥐뿔도 아니었다. 강의 신 페네이오스는 틈날 때마다 이 선머슴 같은 딸을 타일렀다.

"얘야, 결혼해서 이 아비에게 사위 구경이라도 시켜주어야 하지 않겠느냐?"

때로는 이런 말도 했다.

"사냥 다니는 것은 네 권리지만 아비에게 외손주를 낳아 바치는 것은 네 의무니라."

그러나 다프네는 얼굴만 붉힐 뿐이었다. 다프네는 결혼이라는 것을 무슨 못 할 짓으로 여기는 것 같았다. 그래서 결혼 이야기가 나올 때마다 그 아름다운 얼굴을 붉히면서 아버지의 목을 두 팔로 감싸 안고 애원하듯이 이렇게 말하곤 했다.

"아버지, 영원히 처녀로 있게 해주세요. 아르테미스 여신의 아버지 제우스 신은 벌써 옛날에 따님에게 이런 은전을 베풀었답니다."

딸이 어찌나 집요하게 굴었던지 아버지도 딸의 청에 못 이기는 척 마음을 그렇게 먹었다. 그러나 다프네의 아름다움은 다프네의 간절한 소망을 이루어주지 않았다. 소원을 이루기에는 다프네가 너무 아름다웠다.

파르나쏘스산에 있는 아프로디테 신전 앞의 바위에 걸터앉은 꼬마 신 에로스는 먼저 금화살을 시위에 걸었다. 에로스가 시위를 팽팽하게 당겼다가 놓아버리자 금화살은 아폴론의 어깨에 가서 꽂혔다. 이로써 이제 아폴론은 어떤 여성이 되었든, 처음 눈에 띄는 여성에게 홀딱 반해 상사병을 앓게 된 것이다.

에로스는 두 번째로 납 화살을 시위에 걸었다. 에로스가 시위를 팽팽하게 당겼다가 놓아버리자 납 화살은 다프네의 어깨에 가서 꽂혔다. 이로써 이제 다프네는 어떤 남성이 되었든, 처음 눈에 띄는 남성에게 혐오증과 함께 넌더리를 내게 된 것이다.

아폴론은 이 에로스의 화살을 맞은 뒤, 다프네를 보는 순간에 그만 마음을 빼앗기고 말았다. 앞일을 헤아리는 예언의 신 아폴론의 예언력도 하릴없었다. 아폴론은 오로지 자신의 욕망이 이루어지기만을, 즉 다프네의 마음을 사로잡을 수 있기만을 바랐다. 아폴론의 가슴은 타작 마당에서 검불을 태우는 불길처럼 타올랐다. 그의 가슴에서 타들어가는 불길은, 밤길을 가던 나그네가 날이 새자 내버린 횃불이 잘 마른 울타리를 태우듯이 그렇게 타올랐다. 그는 이 허망한 사랑에 대한 희망을 끝내버릴 수 없었다. 이성에 눈먼 아폴론은 목 위로 아무렇게나 흘러내린 다프네의 머리카락을 보면서 이렇게 탄식했다.

"아, 빗질이라도 한다면 얼마나 더 아름다워 보일까?"

그는 별처럼 반짝이는 다프네의 눈에서 눈길을 뗄 수 없었다. 그의 눈은 다프네의 입술에도 머물렀다. 그는 그 입술을 보는 것만으로는 만족할 수 없었다. 그는 다프네의 손가락, 손, 어깨까지 드러난 팔을 찬양했다. 그러면서 '보이는 것이 저렇게 아름다운데 보이지 않는 것은 얼마나 더 아름다울까……' 하는 생각을 했다.

그러나 아폴론이 다가가면 다프네는 달아났다. 바람보다 빠르게 달아났다. 아폴론이 뒤에서 이렇게 소리를 지르는데도 다프네는 걸음을 멈추기는커녕 그의 하소연조차 들어주지 않았다.

"요정이여, 페네이오스의 딸이여. 부탁이니 달아나지 말아요. 비록 그대를 이렇게 뒤쫓고 있기는 하나 나는 그대의 원수가 아니에요. 아름다운 요정이여, 거기에 서요. 이리를 피하여 어린 양이 도망치듯이, 사자를 피하여 사슴이 달아나듯이, 비둘기가 독수리를 피하여 날갯짓하듯이, 만물이 그 천적 되는 것을 피하여 몸을 숨기듯이, 그대는 지금 그렇게 내게서 달아나고 있어요. 달아나지 말아요. 내게 그대를 뒤쫓게 하는 것은 바로 사랑이오. 나는 당신을 사랑해서 이렇게 뒤쫓는 거랍니다. 도망치지 말아요. 도망치다가 돌부리에 걸려 넘어지기라도 하면 어쩌려는 것이오? 장미 덩굴에 그 아름다운 발목이라도 긁히면 어쩌려는 것이오? 그대가 달아나고 있는 이곳은 험한 곳이오. 부탁이오. 제발 좀 천천히 달려요. 걸음을 늦추어요. 나도 천천히 뒤따를 것이니. 그대에게 반하여 이렇듯이 번민하는 내가 누군지 그것은 물어보고 달아나야 할 것이 아니오?

나는 산속에서 오막살이나 하는 농투성이가 아니에요. 이 근처에서 가축이나 먹이는 양치기도 아니에요. 어리석기는! 어째서 그대는 뒤따르는 내가 누군지 알려고도 하지 않지요? 알면 그렇게 달아나지 않을 텐데…….

델포이에 아폴론 신전이 있다는 것을 아시지요? 나는 그 땅의 주인이랍니다. 테네도스섬에 아폴론 신전이 있다는 것을 아시지요? 나는 그 땅의 주인이랍니다. 항구 도시 파타라에 아폴론 신전이 있다는 것을 아시지요? 나는 그 항구의 주인이랍니다. 나는 저 신들의 아버지 제우스의 아들이랍니다. 내게는 과거, 현재, 미래를 아는 재주도 있답니다. 신과 인간을 통틀어 수금을 나보다 잘 뜯을 수 있는 자는 이 세상에 없답니다.

내 화살은 백발백중이오만, 나보다 솜씨가 나은 녀석이 있어서 내 가슴에 치유할 길 없는 상처를 입히고 말았어요. 의술이 무엇인지 아시지요? 속병을 고치고 상처를 치료하는 기술을 아시지요? 의술은 내 손에서 시작되었답니다. 그래서 세상 사람들은 나를 파이에온, 즉 '고치는 자'라고 부른답니다. 아, 나는 약초를 잘 아는 천하의 명의인데도, 이 사랑병 고칠 약초는 찾을 수가 없어요. 남을 돕는 재주가, 있어야 할 그 임자에게는 없으니 장차 이 일을 어쩌리오…….″

처녀가 달아나지 않았더라면 그가 한 말은 이보다 훨씬 더 길었으리라. 그러나 처녀는 그의 말을 들으면서도 계속해서 달아났다. 정신없이 달아나고 있었는데도 다프네의 모습은 그렇게 아름다울 수가 없었다. 바람은 달아나는 다프네의 옷자락을 날려 사지를 드러나게 하고 있었다. 사지가 드러난 데다 바람이 머리카락까지 흩날리게 했으니 어떤 의미에서는 달아나는 모습이 더 아름다워 보이는 것도 당연했다.

젊은 신 아폴론은 입에 발린 아첨으로 낭비하는 시간을 아까워하지 않았다. 사랑하는 마음은 이 젊은 신의 추격 속도를 시간이 갈수록 빠르게 했다. 갈리아 사냥개가 풀밭에서 토끼 한 마리와 쫓고 쫓기는 형국과 흡사했다. 사냥개는 속도로 이 사냥감을 확보하려 하고, 사냥감은 속도로 절체절명의 위기를 모면하려고 하는 법이다. 아폴론과 다프네가 쫓고 쫓기는 형국은, 사냥개가 한시바삐 이 추격전을 마무리하고 싶어 주둥이로 토끼의 꼬리를 덥석 물고, 토끼는 사냥개 입에 물렸는지

아폴론과 다프네
다프네가 월계수로 몸 바꾸기를 시작하고 있다. 17세기 이탈리아 조각가 잔 로렌초 베르니니의 작품. 로마 보르게제 미술관.

안 물렸는지도 모른 채 죽자고 몸을 날려 아슬아슬하게 사냥개의 이빨을 피하는 형국과 아주 흡사했다.

 이 젊은 신과 아름다운 요정은, 전자는 따라잡겠다는 욕심에 사로잡혀, 후자는 잡히면 끝장이라는 공포에 쫓기며 빠르기를 겨루었다. 그러나 쫓는 쪽이 빨랐다. 아폴론에게는 에로스의 날개, 사랑하는 마음이 함께하고 있었기 때문이다. 아폴론은 달아나는 다프네에게 잠시도 여유를 주지 않고 발뒤축에 바싹 따라붙었다. 숨결이 다프네의 목에 닿을 수 있는 거리까지 따라붙자 힘이 빠진 다프네는 더 이상 달아나지 못했다. 다프네의 안색이 창백해지기 시작했다. 기진맥진한 다프네는 아버지 페네이오스강의 강물을 내려다보며 외쳤다.

 "아버지, 저를 도와주세요. 강물에 정말 신통한 힘이 있으면 기적을 베푸시어 몸 바꾸기의 은혜를 내려주세요. 저를 괴롭히는 이 아름다움을 저에게서 거두어주세요."

다프네는 이 기도를 채 끝마치기도 전에 사지가 풀리는 듯한 정체 모를 피로를 느꼈다. 다프네의 그 부드럽던 젖가슴 위로 얇은 나무껍질이 덮이기 시작했다. 머리카락은 나뭇잎이 되고 팔은 가지가 되기 시작했다. 조금 전까지만 해도 그렇게 힘 있게 달리던 다리는 뿌리가 되고, 얼굴은 이미 우듬지가 되고 있었다. 이제 다프네의 모습은 남아 있지 않았다. 그 눈부신 아름다움만 남아 있을 뿐…….

나무가 되었는데도 불구하고 아폴론은 다프네(월계수)를 사랑했다. 나무둥치에 손을 댄 아폴론은 갓 덮인 나무껍질 아래서 콩닥거리는 다프네의 심장박동을 느낄 수 있었다. 그는 월계수 가지를 다프네의 사지인 듯 끌어안고 나무에 입술을 갖다 대었다. 나무가 되었는데도 다프네는 이 입맞춤에 몸을 웅크렸다.

아폴론이 속삭였다.

"내 아내가 될 수 없게 된 그대여, 대신 내 나무가 되었구나. 내 머리, 내 수금, 내 화살통에 그대의 가지가 꽂히리라. 기나긴 개선 행렬이 지나갈 때, 백성들이 소리 높여 개선의 노래를 부를 때 그대는 승리자들과 함께할 것이다. 그뿐인가? 이날 이때까지 한 번도 잘라본 적 없는, 지금도 싱싱하고 앞으로도 싱싱할 터인 내 머리카락처럼, 그대의 잎으로 만들어 승리자들의 머리에 씌워 줄 월계관 또한 시들지 않으리라."

아폴론이 이런 약속을 하자 월계수는 가지를 앞으로 구부리며 사람이 고개를 끄덕이듯이 잎을 흔들었다.

이렇듯이 모든 나무의 가지는 아름다운 다프네 아니면, 파에톤의 죽음을 슬퍼하던 누이들의 팔이다. 나무를 베거나 가지를 꺾을 때 우리가 명심할 일이다. 하지만 이 세상에는 이런 자연의 은혜를 하찮게 여기는 망나니가 있다.

망나니 에뤼시크톤이 어떤 변을 당하는지 눈여겨보아두자.

걸신들린 에뤼시크톤

그리스 남부에 자리 잡은 아테나이 서남쪽의 엘레우시스 땅에는 대지의 버금 여신이자 곡식의 으뜸 여신인 데메테르의 신전이 있다. 이 신전 뒤에는 어찌나 큰지 한 그루로 가히 숲이라고 할 만하고, 어찌나 오래되었던지 산과 나이를 견줄 만한 참나무 한 그루가 자라고 있었다. 이 나뭇가지에는 여기에 와서 기도하고 그 기도의 응답을 얻은 사람들이 걸어놓은 꽃다발도 있었고, 나무 앞에는 나무의 덕을 칭송하는 송덕비도 서 있었다.

숲이나 나무의 요정들인 드뤼아스는 이따금씩 이 나무 아래에서 무도회를 열었다. 수십 명의 요정들이 둘러싸고는 손에 손을 잡고 돌 수 있을 정도로 이 나무는 엄청나게 컸다. 나무의 둘레가 자그마치 열다섯 아름에 가까웠다. 숲 바닥에는 풀이 자라고 있었고 이 풀 위로는 다른 나무, 다른 나무 위로는 이 나무가 우뚝 서 있었는데, 이 나무에 견주면 다른 나무는 바닥에 깔린 풀이나 진배없었다.

데메테르의 신전 가까이에는 에뤼시크톤이라는 사람이 살고 있었다. 그는 신들을 우습게 여기는 사람이라 데메테르 신전에 들어가 향 한번 피워본 적이 없는 사람이었다. 그는 데메테르 여신이 별 도움을 주지

5 나무에 대한 예의   155

못하는 것 같은데도 사람들이 '데메테르, 데메테르' 하는 데 공연한 심술이 났다. 그래서 하루는 그 참나무를 찍어 넘기기 위해 도끼를 든 하인 여럿을 데리고 신전 뒷산으로 올라갔다.

에뤼시크톤은 '땅의 보호자'라는 뜻이다. 명색이 땅의 보호자인 자가 '땅의 어머니'인 데메테르 여신을 욕보이려고 하니, 이 얼마나 이름값을 못 하는 어리석은 자인가? 이 여신의 이름 데메테르는 실제로 '다(땅)'의 '메테르(어머니)'라는 뜻이다.

신들에 대한 믿음까지 들먹거릴 것도 없다. 살아 있는 것들을 두렵게 여기고 함부로 욕보이는 것을 삼가는 나무꾼은, 한갓 나무에 지나지 않을지라도 그냥 도끼로 찍는 법이 없다. 제대로 된 나무꾼은 도끼 등으로 나무를 두어 번 건드린 뒤에야 도끼질을 한다. 말하자면 나무의 명을 끊되 욕은 보이지 않겠다는 갸륵한 마음을 지녀야 나무꾼 노릇을 제대로 할 수 있는 것이다.

에뤼시크톤은 하인들에게 어서 참나무를 찍어 넘기라고 호령을 했다. 그러나 오래오래 살아온 나무에 대해 삼가는 마음이 없지 않은 하인들은 주인의 호령에도 선뜻 도끼를 들고 나서지 못했다.

그러자 에뤼시크톤이 도끼를 빼앗아 들고 소리쳤다.

"데메테르 여신의 총애를 받는 나무든 여느 나무에 지나지 않든 나와는 상관없는 일이다. 보아라, 설령 이 나무가 여신의 나무라고 한들 내 앞을 막고 무사할 것인지."

에뤼시크톤은 이렇게 소리 지르며 도끼로 참나무 밑동을 찍었다. 그러자 하인들 중 용기 있는 자 하나가 달려 나와 에뤼시크톤이 잡고 있던 도낏자루에 매달리며 애원했다.

"주인님, 신은 나뭇잎 한 장에도 머무신다고 했습니다. 저 산과 나이를 겨루는 이 참나무에야 여부가 있겠습니까?"

"물러서라. 오래된 것이 다 신의 둥우리라면 신이 발치에 걸려 어디 나다니기나 하겠느냐?"

"주인님, 안 됩니다. 한 번 찍은 자국은 곧 수액으로 메워질 것입니다. 도끼질은 지금 그만두셔도 늦지 않습니다."

에뤼시크톤 이야기도 오비디우스의 『변신 이야기』에 실려 있다. 입담 좋은 강의 신 칼뤼돈이 지나가던 영웅 테세우스에게 들려주는 이야기 속에 들어 있는데, 칼뤼돈의 입담을 직접 들어보자.

신들을 두려워할 줄 모르는 인간 에뤼시크톤이 뭐라고 했는지 아십니까?

"이것이 여신의 사랑을 입은 나무에 지나지 않는 것인지, 아니면 여신이 정말 깃들여 있는 나무인지 이 나무를 쓰러뜨려보면 안다."

에뤼시크톤은 이러면서 도끼를 쳐들고 금방이라도 나무를 찍어 넘길 거조를 차렸답니다. 그러자 이 데메테르 여신이 사랑하는 참나무가 부르르 떨면서 비명을 지르더라지요. 동시에 잎과 열매가 새하얗게 질렸고, 가지도 색깔을 잃더랍니다. 그런데도 이 극악무도한 자는 기어이 나무둥치를 찍고야 말았지요.

그러자 나무는 도끼에 찍혀 껍질이 찢긴 곳으로 피를 흘리더랍니다. 제물로 제단 앞에서 희생된 황소처럼 말이지요. 그 자리에 서 있던 사람들은 모두 무서워서 어쩔 줄을 몰라 벌벌 떨었지요. 그런데 그중 한 사람이 용감하게 나서서 이 못된 짓을 말려보려고 했답니다. 에뤼시크톤은 이 사람을 노려보면서,

"신들 좋아한다. 오냐, 그래 신들을 잘 섬기는 너에게 내가 상을 내리겠다"

이러면서 도끼로 이 사람의 목을 잘라버리고는 연방 나무를 찍어대더라는 이야깁니다.

에뤼시크톤이 도끼질을 계속하고 있을 동안 나무둥치 속에서는 이런 소리가 울려 나오더라는군요.

"이 나무 속에 사는 나는 데메테르 여신의 사랑을 입은 요정이다. 내

5 나무에 대한 예의

나무의 요정 하마드뤼아스
나무의 요정 드뤼아스 중에서도 하마드뤼아스는 특정한 나무와 결합하여 그 나무와 운명을 같이한다고 여겨졌다. 19세기 프랑스 화가 에밀 뱅의 그림.

가 숨을 거두면서 너에게 경고하거니와 네 사악한 짓에 대한 보답이 곧 있으리라. 죽어가면서 나는 이로써 위안을 삼노라."

그런데도 에뤼시크톤은 도끼질하던 손길을 멈추지 않았지요. 에뤼시크톤은 도끼질이 어느 정도 끝나자 밧줄을 매어 이 나무를 쓰러뜨렸는데, 나무 무게가 엄청났기 때문이겠지만 그 소리가 어찌나 컸던지 온 숲이 다 울리더랍니다.

나무의 요정들을 그리스어로는 '하마드뤼아데스Hamadryades'라고 합니다(단수는 하마드뤼아스). '나무dryas'와 '함께hama' 하는 이들이라는 뜻이지요. 나무와 숲을 잃은 요정들은 검은 상복으로 갈아입고 데메테르 여신께 달려가 에뤼시크톤에게 벌을 내려주기를 간청했지요. 아름다운 여신께서는 그러마고 하시면서 고개를 끄덕이셨답니다. 곡식의 여신께서 고개를 끄덕이시자 이삭이 누런 곡식도 모두 고개를 끄덕였지요. 여신께서는 에뤼시크톤에게 벌을 내리되, 온 세상 사람들이 모두 그런 벌을 받는 이자를 동정하지 않을 수 없을 만큼 무시무시한 벌을 생각해내셨습니다.

리모스 여신을 아시지요? '배고픔'의 여신, 다시 말해서 '걸신' 또는 '아귀'입니다. 데메테르 여신께서는 리모스 여신을 에뤼시크톤에게 보낼 생각을 하신 것이지요.

하지만 운명의 여신들께서는 데메테르 여신과 리모스가 만나는 것을 허락지 않으십니다. 데메테르 여신께서는 이 리모스에게 접근하실 수도 없습니다. 이유를 짐작하시겠지요? 곡식의 여신과 기아의 여신이 한자리에 있을 수는 없는 것 아닙니까?

그래서 여신께서는 산의 요정들인 오레아스들 중에서 하나를 뽑아 불러 이렇게 이르셨지요.

"여기에서 멀리 떨어진 눈 덮인 스퀴티아 땅에 가면, 대지와 곡식이 무엇인지 나무가 무엇인지 모르는 참으로 황량한 불모지가 있다. 저 얼어붙은 '한기', '창백', '전율', 그리고 주린 배를 움켜쥔 리모스(기아)가 사는 땅이 바로 거기다. 가서 리모스에게 신들을 두려워할 줄 모르는 이 인간에게 허기의 씨앗을 좀 뿌리라고 하여라. 내가 베푸는 영양분과 싸우되, 아무리 좋은 음식, 아무리 많은 음식이 들어와도 물러서지 않고 버틸 수 있을 만큼 좀 듬뿍 뿌리라고 하여라. 갈 길이 멀다고 걱정하지 말아라. 하늘을 나는 비룡이 끄는 내 수레를 빌려주마. 비룡이 끄는 이 수레가 하늘을 날아 너를 그 땅으로 데려가줄 게다."

데메테르 여신께서는 이러시면서 오레아스에게 수레를 빌려주셨습니다. 오레아스는 이 수레를 타고 하늘로 날아올랐지요.

오레아스는 스퀴티아 땅의 한 바위산에서 비룡 수레를 세웠습니다. 이곳이 어딘고 하니, 바로 그 땅 사람들이 '카우카소스'라고 부르는 곳이지요. 오레아스는 오래지 않아 리모스를 찾을 수 있었지요. 리모스는 돌밭에 앉아 손톱과 이빨로 몇 포기 안 남은 풀뿌리를 캐고 있더랍니다.

리모스의 얼굴은 창백했고, 눈은 움푹 들어가 있었으며, 머리카락은 제멋대로 헝클어져 있었고, 입술은 쩍쩍 갈라져 있더랍니다. 안에서 음식이 썩는 독기 때문에 목은 잔뜩 쉬어 있었고, 살갗은 딱딱한데도 어찌나 얇고 투명한지 오장육부가 다 들여다보이더라는군요. 몰골 흉악하기는 여기서 그치지 않습니다. 살이 한 점도 붙어 있지 않은 엉치뼈는 허리 이쪽으로 불쑥 저쪽으로 불쑥 튀어나와 있었고, 배가 있어야 할 자리는 뻥 뚫려 있었으며, 어찌나 말랐는지 뼈의 관절은 마디마다 툭툭 불거져 있었고, 슬개골은 툭 튀어나와 있었으며, 발뒤꿈치는 불룩하게 솟아 있더랍니다. 축 늘어진 젖가슴은 가슴에 달려 있다기보다는 등뼈에 달려 있다고 하기가 쉽더라지요.

이 꼴을 본 오레아스는 차마 가까이 갈 수가 없어 멀리서 데메테르 여신의 뜻을 전했다는군요. 그 짧은 시간, 그나마 가까이 다가가지도 않고 멀리 떨어져 있었는데도 이 오레아스는 리모스에게 깨물리기라도 한 것처럼 시장기가 느껴졌기 때문이랍니다. 오레아스는 여신의 뜻만 전하고는 서둘러 비룡의 머리를 돌려 하이모니아 땅으로 돌아와버렸지요.

리모스는 원래 데메테르 여신의 뜻과는 늘 엇길로 가기로 유명합니다. 이유야 짐작하시겠지요? 하지만 이때만은 여신의 명을 그대로 좇아 시행했지요. 리모스는 바람을 타고 하늘을 날아 곧 데메테르 여신께서 가르쳐주신 에뤼시크톤의 집으로 갔습니다.

그러고는 곧바로 신들을 두렵게 여길 줄 모르는 인간 에뤼시크톤의 침실로 들어갔고요. 에뤼시크톤은 자고 있었습니다. 밤이었으니까요.

리모스는 자고 있는 에뤼시크톤을 끌어안고 입술, 목, 가슴 할 것 없이 가리지 않고 허기의 씨앗이 잔뜩 든 숨결을 내뱉어 이 씨앗이 에뤼시크톤의 핏줄 속으로 스며들게 했습니다. 그러고는 기아와 공포뿐인 제 고향으로 날아가버렸던 것입니다.

이때 에뤼시크톤은 날개 달린 잠의 신 휘프노스의 도움에 힘입어 아주 곤하게 자고 있었습니다. 그런데 느닷없이 먹는 꿈을 꾸기 시작했습니다. 꿈의 신 모르페우스가 에뤼시크톤의 꿈자리에다 진수성찬을 차려주었던 것이지요. 그런 꿈을 꾸니까 당연한 일이지만, 에뤼시크톤은 자면서도 입맛을 다시고, 이빨을 갈고, 음식을 삼키는 시늉을 했더랍니다. 음식 대신에 하릴없이 바람만 잔뜩 들이마신 것이지요.

잠에서 깨어난 에뤼시크톤은 시장기를 느끼고 미친 듯이 음식을 찾았습니다. 이로써 기갈이 들린 그의 입과, 미친 듯이 먹을 것을 요구하는 그의 위장은 그에게 자비를 베풀 것을 요구하게 됩니다.

그는 지체 없이 하인들에게 땅에서 나는 것이든 하늘에서 나는 것이든 물에서 나는 것이든 닥치는 대로 먹을 것을 장만해 오라고 명했습니다. 하인들이 음식을 차려다놓았는데도 그는 배가 고프다고 죽는 소리를 했고, 먹으면서도 음식을 더 장만하라고 악을 썼습니다.

한 도시, 한 나라의 백성들을 능히 먹일 음식도 그에게는 모자랐습니다. 먹으면 먹을수록 더욱 시장기를 느꼈던 거지요. 바다는 온 땅의 물이라는 물은 다 받아 마시고도 배가 차지 않는지 먼 땅의 물까지 다 받아 마시지요? 탐욕스러운 불길은 온 산의 나무라는 나무는 다 태우고도 나무가 더 있기를 원하지요? 에뤼시크톤의 배가 이와 같았답니다. 에뤼시크톤의 입은 마치 온 산의 나무라는 나무는 다 태우고도 입을 쩍 벌리고 있는 벽난로와 다를 것이 하나도 없었지요.

에뤼시크톤은 음식이라는 음식은 가리지 않고 먹어치우면서도, 그릇이 비기도 전에 더 가져오라고 소리를 질렀습니다. 그가 먹어치운 음식은 그의 배를 채운 것이 아니고 그의 식욕을 자극했던 모양입니다. 그리고 또 그의 허기를 채운 것이 아니고 오히려 허기를 자극했던 모양입니다.

　걸신이 들린 그의 위장은 곧 그 집 재산을 바닥나게 했습니다. 먹어도 먹어도 시장기는 조금도 가시지 않았는데, 그 배를 채우고자 했으니 재산이 바닥난 것도 무리는 아니지요. 땅을 팔고, 집을 팔고, 가재도구도 모두 팔았지만, 다 합해봐야 한 끼분의 음식값도 되지 않았다던가요?

　마침내 빈털터리가 된 그에게 남은 것이라고는 딸 하나뿐이었습니다. 이 딸은 아비와는 달리 참한 처녀였던 모양입니다. 이름이 아드메티나라고 했지요, 아마? 먹기는 먹어야 하는데 먹을 것이 없으니 어쩝니까? 에뤼시크톤은 마침내 이 딸 아드메티나마저 팔았습니다. 그러나 아드메티나는 남의 집 종이 되는 것을 한사코 거부했습니다.

　새 주인에게 팔려 바닷가로 나간 아드메티나는 두 팔을 벌리고 기도했습니다.

　"일찍이 제 순결을 앗아 가신 분이시여. 이제 베풀어주실 때가 되었으니, 저로 하여금 노예 신세를 면하게 하소서."

　이 처녀가 누구에게 기도했는가 하면, 바로 바다의 신 포세이돈께 했던 것입니다. 포세이돈 신께서는 이 처녀를 모른다고는 하지 않으셨지요. 그래서 조금 전에 새 주인을 따라 바닷가로 나온 이 처녀의 모습을 남자로 바꾸시고 어부의 옷으로 갈아입히셨습니다. 새 주인이 어부로 둔갑한 이 처녀를 보면서 물었지요.

　"미끼 달린 낚싯바늘을 물속에다 숨기고 계시는 분이시여, 물에다 낚싯대를 담그고 계신 분이시여, 바다가 내내 잔잔하기를 바랍니다. 조금 전에 싸구려 옷차림에 머리는 산발하고 내 옆에 있던 처녀가 어디로 갔는지 가르쳐주시면, 넋 빠진 고기가 바늘을 알아보지 못하고 덥석 미끼를 물 것이리다. 조금 전에 여기에 있던 처녀가 어디로 갑디까? 좀 일러주시오. 일러주지 않으면 고기가 안 잡히게 되는 것은 물론이고 고기밥이 될 수도 있을 것입니다."

　아드메티나는 그제야 신이 자기의 모습을 바꾸어준 줄 알았지요.

그녀는 새 주인이 자기에게 자기의 행방을 묻고 있는 것을 재미있어하며 이렇게 대답했더랍니다.

"미안하지만 나는 그대가 누구신지 알지 못합니다. 하지만 거짓 없이 일러달라니까 거짓 없이 일러드리지요. 내가 바로 그 처녀올시다. 이제 고기밥이 되지는 않겠지요?"

"예끼, 이 실없는 양반."

새 주인은 이 말에 발길을 돌려 그곳에서 사라졌답니다. 그녀는 그제야 원래의 모습으로 되돌아왔지요.

그녀가 먼 길을 걸어 아버지 에뤼시크톤의 집으로 돌아가자 에뤼시크톤은 돈과 딸을 번갈아 바라보면서 좋아했지요. 하지만 좋아하는 것도 잠깐, 에뤼시크톤은 또 딸을 팔지 않으면 안 되었지요.

아드메티나가 팔릴 때마다 포세이돈은 그녀를 짐승으로 변신케 하였습니다. 아드메티나는 말로 변신했을 때는 집까지 뛰어오고, 새로 변신했을 때는 집까지 날아오고, 물고기로 변신했을 때는 강을 거슬러 헤엄쳐 왔답니다.

그러나 에뤼시크톤의 시장기는 먹어도 먹어도 가시지 않았고, 팔아도 팔아도 딸은 지나갔던 계절처럼 되돌아왔지요. 그러던 어느 날 아드메티나가 먼 나라의 왕비로 간택되어 갔을 때 딱 한 번 포세이돈은 이 딸을 그 아비에게 되돌려주지 않았지요.

에뤼시크톤은 허기를 견디다 못해 처음에는 제 팔을 잘라 먹고 다리를 잘라 먹고 엉덩이 살을 베어 먹고 하다가, 입술까지 다 베어 먹은 다음에야 데메테르의 복수에서 놓여났답니다. 에뤼시크톤이 있던 자리에는 이빨 한 짝만 덩그러니 남아 있더라는 얘깁니다.

산을 오를 때마다 기억하자. 함부로 나무를 베어낸 대가를 톡톡히 치른 에뤼시크톤의 이야기를……..

6

저승에도 뱃삯이 있어야 간다

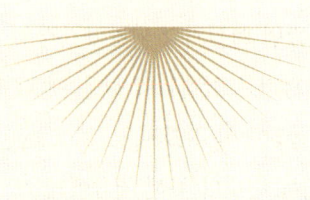

하데스의 도둑 장가

고대 그리스인들도 저세상이 있다고 믿었다. 저세상이 무엇인가? 사람이 죽은 다음에 가는 저승이 바로 저세상이다. 이 믿음은 로마인들에게 그대로 전해졌고, 로마 문화를 이어받은 유럽인들에게 큰 영향을 미쳤다.

사람들은 흔히 유럽 문화의 두 기둥을 헬레니즘과 헤브라이즘이라고 한다. 헬레니즘이 무엇인가? 고대 그리스인들은 스스로를 '헬라스인'이라고 불렀다. 그러므로 헬레니즘은 고대 그리스에서 일어나 로마로 이어진 문화를 말한다. 그렇다면 헤브라이즘은 무엇인가? 구약성서에 잘 그려져 있는 히브리인들, 즉 유대인들의 문화를 말한다. '천국'과 '지옥'과 '부활'은 유대인들이 일군 헤브라이즘의 저세상에나 등장하는 말들이다.

헤브라이즘의 저세상과는 사뭇 다른 헬레니즘 문화권의 저세상을 한번 돌아보자.

***

제우스를 비롯한 올림포스 신들은 한 세대 앞의 신들인 티탄 신들을 물리치고 신들의 권리를 모두 물려받았다. 이때 올륌포스 신들이 치른 전쟁을, 티탄 신들과 싸웠다고 해서 '티타노마키아'라고 한다.

올륌포스 신들은 티탄 신들과의 싸움에서 승리를 거둔 뒤에도 또 한 차례 거인들과 싸움을 치러야 했다. '기간테스$_{Gigantes}$'라고 불리는 이 거인들은 모습이 흉칙하고 하는 짓이 괴상했다. 올륌포스 신들이 이들과 벌인 전쟁을 '기간토마키아'라고 하는데, '기간테스를 상대로 벌인 전쟁'이라는 뜻이다. 『변신 이야기』에서 오비디우스는 기간토마키아의 광경을 이렇게 노래했다.

> 저 높은 곳에 있는 하늘 궁전도 안전한 곳은 못 되었다.
> 괴악한 거인 기간테스들이 하늘에 군림할 욕심이 생겨
> 별보다 더 높게 산을 쌓아올리고는
> 그 산을 딛고 천궁으로 쳐 올라왔기 때문이다.
> 거인들은 천궁을 차지하려고
> 오싸산 위에다 펠리온산을 겹쳐 쌓았다.
> 전능한 신들의 아버지 제우스는 벼락을 던져
> 펠리온산을 오싸산에서 떨어뜨렸다.
> 거대한 거인들의 몸은
> 저희들 손으로 겹쳐 올린 펠리온산 밑에 깔릴 수밖에 없었다.
> 대지는 거인들이 흘린 피로 붉게 물들었다.

올륌포스 신들은 살아남은 기간테스들을 산이나 바위로 눌러놓거나 지하에 있는 무한 지옥 타르타로스에 가두었다. 하지만 산이나 바위에 깔린 기간테스들이 눌린 자리가 불편해서 돌아눕거나 돌아누우려고 몸을 들썩거리는 바람에 대지가 자주 요동쳤다. 기간테스들의 들썩거리는 몸짓은 곧 지진이 되었고, 뜨거운 숨결은 곧 화산이 되었다. 화산의 불길과 용암은 시도 때도 없이 산과 바다를 뒤덮었다.

땅과 바다 아래위에서 이런 난리가 나고 있었으니 대지의 여신 데메테르와 지하에 있는 저승의 신 하데스의 심정이 어떠했겠는가?

그중에서도 가장 놀란 신은 하데스였다. 하데스의 세계는 땅 밑, 무겁디 무거운 망치받이 모루를 떨어뜨리면 아흐레 밤 아흐레 낮 동안 떨어져야 이를 수 있을 만큼 땅속 아주 깊고 깊은 곳에 있었다.

'이러다가 내 왕국이 낯빛 아래 드러나는 것이나 아닌지 모르겠군. 땅 위로 올라가 형편이 어떠한지 직접 살펴볼 수밖에 없다.'

하데스는 이렇게 생각하고 검은 말이 끄는 이륜마차를 타고 지상으로 올라왔다.

하데스는 여느 때 같으면 '퀴네에'라고 하는 장신藏身 투구를 쓰고 다닌다. 장신 투구는 '몸을 감추는 투구'라는 뜻이다. 누구든지 이 장신 투구를 쓰면 신이나 인간의 눈에 띄지 않는다. 말하자면 도깨비 감투와 같은 것이다.

그런데 지상으로 올라올 당시 하데스는 이 장신 투구를 쓰지 않았던 모양이다. 하데스가 땅 위로 올라왔을 때, 사랑의 여신 아프로디테와 에로스 모자는 에뤽스산 위에 있었다. 아프로디테는 원래 하데스를 좋아하지 않았다. 하기야 '사랑'이 어떻게 '저승'을 좋아하겠는가?

아프로디테와 에로스는 이런 말을 주고받았다.

"에로스야, 저기 좀 보아라. 저기 시커먼 이륜마차를 타고 거들먹거리는 털보가 누군지 아느냐? 저승의 신 하데스라는 자다. 제우스 대신 이 형이자 아우인 하데스에게 마땅한 색시를 구해주려고 하는 모양이더라만, 한번 가면 못 오는 그 음산한 땅으로 누가 시집을 가려고 하겠느냐?"

"그렇다면 하데스가 제 손으로 끌고 가야겠네요?"

에로스는 황금빛 화살 하나를 들어 보였다.

"내가 그래서 이 말을 꺼낸 것이다. 너 데메테르의 딸 페르세포네의 아버지가 누구인지 아느냐? 제우스 신이다."

"그럼 제우스 신이 페르세포네를 하데스에게 주면 되지 않겠습니까?"

"그게 그렇지가 않다. 데메테르는 신들이 혹 자기 딸 페르세포네를 건드릴까 봐 외딴 섬으로 보내어 기르고 있다. 그냥 놓아 기르는 것도 아니고 요정들을 풀어 딸을 지키게 한다더라. 데메테르가 좀 웃기지 않니? 바람둥이 신들의 눈만 속이면 되는 것이냐? 네가 쏘는 사랑의 화살 알기를 우습게 알고 있는 게 아니냐? 언젠가 내가 데메테르에게 물어보았다. 페르세포네도 이제 나이가 찼으니 짝을 찾아주어야 하지 않겠느냐고. 그랬더니 눈을 까치 뱃바닥처럼 하얗게 뒤집는데……."

이 말을 들은 에로스는 입을 앙다물더니 활을 벗겨 내리고, 들고 있던 금화살을 시위에 걸었다. 그러고는 시위에다 살을 먹인 다음 하데스를 겨누어 시위를 힘껏 당겼다가 깍짓손을 툭 놓았다.

엔나 골짜기로 들어가던 하데스는 문득 왼쪽 가슴이 섬뜩했던지 손으로 쓸어보았다. 그러나 아무것도 손끝에 닿지 않자 곧 손을 내렸다.

'거 참 이상하다.'

하데스는 이렇게 생각했다. 왼쪽 가슴이 뜨끔하다 싶은 뒤부터 공연히 가슴이 두근거리기 시작한 것이다. 그는 검은 말들의 잔등을 채찍으로 때렸다. 한시라도 빨리 으스스한 엔나 골짜기에서 벗어나고 싶어서였다.

엔나 골짜기에는 울창한 숲에 둘러싸인 호수가 하나 있었다. 이 호숫가는 숲이 강렬한 볕을 막아주는 데다 호수 덕분에 바닥이 늘 촉촉해서 '때(계절)'의 여신인 호라이 자매가 자주 오는 곳이기도 했다.

마침 이곳에는 대지와 곡식의 여신 데메테르의 외동딸 페르세포네가 요정들과 함께 백합이나 수선화 같은 꽃을 바구니와 앞치마에 따 담으며 서쪽에서 불어오는 바람의 신 제퓌로스의 희롱에 몸을 내맡기고 있었다.

에로스가 조화를 부렸으니, 페르세포네를 본 하데스의 가슴에 사랑

페르세포네를 납치하는 하데스
에로스의 화살에 맞은 저승 신 하데스는 데메테르 여신의 외동딸 페르세포네를 납치해 저승으로 데려간다. 잔로렌초 베르니니의 작품. 로마 보르게제 박물관.

의 불길이 일지 않았을 리 없다. 하데스는 저승 신답게 단숨에 페르세포네를 낚아채어 마차에 실으려 했다. 페르세포네가 어머니와 동무 요정들을 향해 소리를 지르다가 앞치마의 양쪽 귀를 놓치는 바람에 꽃이 땅 위로 쏟아졌다.

철없는 페르세포네가 꽃 떨어뜨린 것을 아쉬워할 즈음, 하데스는 이미 페르세포네를 마차에 태우고 엔나 골짜기를 저만치 벗어났다. 하데스는 말 이름을 차례로 부르고 연신 채찍질을 해대며 진동한동 달렸다.

그런데 감히 저승 왕 하데스의 앞을 가로막는 것이 있었다. 바로 퀴아네강의 신 퀴아네였다.

하데스는 말고삐를 흔들며 호령했다.

"내가 바로 저승의 신 하데스다. 내가 내리는 '죽음'이라는 말 한마디에 천 갈래 만 갈래로 찢기지 않을 수 있겠거든 내 앞을 막아보아라."

　하데스가 이렇게 소리를 지르자 퀴아네는 입을 벌려 저승으로 내려가는 길을 열었다.

　자, 이제 하데스가 페르세포네를 납치해 간 저승이 어떤 땅인지, 하데스가 대체 어떤 신인지 엿보기로 하자.

　인간이 이승을 하직하고 저승사자에게 끌려가는 저승 땅은 대지의 아래쪽에 있다. 땅거죽에서 저승까지의 거리는 대장간의 망치받이 모루가 아흐레 밤낮을 떨어져야 닿을 수 있는 정도라고 하니, 미루어 헤아릴 수밖에 없다.

　옛날에는 저승으로 통하는 길이 아케루사 동굴, 헤라클레이아 동굴, 콜로노스 신전에 있었다고 하는데, 아직까지 있는지 없는지는 하데스나 알 일이다.

　저승으로 통하는 길은 또 있다. 땅거죽에서 저승으로 흘러들어 갔다가 다시 흘러나오는 아케론강과 코퀴토스강을 따라가면 되는 것이다. 아케론강은 '비통의 강'이며, 코퀴토스강은 '시름의 강'이라는 뜻이다. 아레투사라는 샘도 저승에서 솟아오르는 것으로 알려져 있다. 아레투사라는 이름은 조금 뒤에 다시 나온다.

　사람이 죽어서 저승 땅에 이르러 하데스의 궁전에 들어가자면 여러 개의 강을 건너야 한다.

　첫 번째 강이 앞에서 말한 아케론강, 즉 '비통의 강'이다. 이 강에는 카론이라는 뱃사공 영감이 있다. 이 영감은 바닥이 없는 소가죽 배로 혼령들을 강 건너쪽, 즉 피안으로 실어다준다. 그런데 이 영감은 고집이 여간 센 것이 아니다. 게다가 성미조차 까다로워 영감의 배를 얻어 타기는 쉬운 일이 아니다. 그래서 강 이쪽에는 소가죽 배를 얻어 타지 못한 혼령들이 많았다. 강을 건넌 혼령보다 건너지 못한 혼령이 더 많을 정도였다.

그렇다면 강을 건너지 못하는 혼령은 어떤 혼령들일까? 저승길에는 돈이 필요 없다고 믿고 빈손으로 온 혼령들이다. 이 카론 영감은 엽전 한 닢이라도 받지 않고는 절대로 강을 건네주지 않는다. 헬라스 사람들, 즉 고대 그리스인들이 세상을 떠난 사람의 입에다 꼭 엽전 한 닢을 넣는 것도 다 이 카론의 비위를 상하지 않게 하기 위함이었다. 말하자면 뱃삯이 없으면 죽어서도 저승에 들어가지 못하는 것이다.

이 아케론강을 건너면 그 갈래인 코퀴토스강, 즉 '시름의 강'이 나오고, 이 시름의 강을 건너면 플레게톤강, 즉 '불의 강'이 나온다. 이 불의 강을 건너면 레테강, 즉 '망각의 강'이 그 긴 몸을 흐느적거린다. 이 망각의 강을 건너면 혼령은 이승의 일은 까맣게 잊고 저승의 백성으로 다시 태어난다. 혼령들이 이승의 추억 때문에 괴로워하지 않는 것도 바로 이 강 때문이다. 그래서 레테강은 종종 추억의 해독제라고도 불린다.

망각의 강 레테를 건너면 벌판이 나온다. 오른쪽으로 가면 극락의 들판인 엘뤼시온Elysion이 나온다. 19세기의 미국 작가 토머스 불핀치는 『우화의 시대』에서 엘뤼시온에 대해 이렇게 썼다.

로마의 시인 베르길리우스는 엘뤼시온이 지하 세계에 있는, 축복받은 사람들의 영혼이 영원히 사는 곳이라고 쓰고 있다. 이 행복의 나라, 극락의 들판에는 눈도 비도 오지 않는다. 추위도 더위도 없다. 늘 서풍이 산들산들 분다. 신의 은총을 입은 사람들의 영혼은 죽음이 없는 이 땅에서 공정한 재판관으로 이름 높은 라다만튀스의 지배 아래 살고 있다.

영국의 시인 존 밀턴은 『실낙원』에서 저승 앞을 흐르는 강에 대해 이렇게 썼다.

무서운 '증오의 강'에는 죽음 같은 증오의 물결
깊고 검은 '시름의 강', 참혹한 '비통의 강'

회한의 흐름에서 통곡하는 소리가 들린다.
그래서 때로는 '비통의 강', 때로는 '통곡의 강'
용솟음치는 불길의 폭포가 분노로 이글거리는 '불의 강'
여기에서 멀리 떨어져 조용히 흐르는 '망각의 강'
이 강물을 마시는 자는 전생의 삶과 존재,
희로애락을 모두 잊는다.

벌판에서 오른쪽으로 가지 않고 왼쪽으로 가면 무한 지옥인 타르타로스가 나온다. 이승에서 못된 짓을 한 인간의 영혼은 바로 이 지옥으로 간다. 올림포스 신들과 맞서 싸우던 못된 기간테스들도 여기에 있다.

이 들판을 지나면 또 하나의 강이 나오는데, 이 강은 스튁스강, 즉 '증오의 강'이라는 뜻이다. 인간의 영혼이 얼마나 건너기 싫었으면 '증오의 강'이라고 불렀을까? 하지만 인간의 영혼이 이 강을 증오하는 법은 없다. 망각의 강을 건너면서 희로애락의 감정을 모두 잊어버리기 때문이다. 하데스의 궁전으로 들어가려면 이 강을 건너야 하는 것이다.

스튁스는 원래 대양의 신이었던 오케아노스의 딸로 팔라스와 혼인했다. 티탄에 속하던 신 팔라스의 이름은 '지혜'라는 뜻이다. 이 팔라스는 티타노마키아 때 아테나 여신의 손에 죽임을 당했다. 이로써 지혜의 여신 지위를 얻은 아테나가 종종 '팔라스 아테나'라고 불리는 것은 바로 이 때문이다. 이 스튁스와 팔라스 사이에서 태어난 자식들이 바로 '질투'를 뜻하는 젤로스, '승리'를 뜻하는 니케, '힘'을 뜻하는 크라토스, '폭력'을 뜻하는 비아다.

티타노마키아 때, 지아비 팔라스는 올림포스 신들에 맞서 싸웠으나 스튁스는 티탄이면서도 티탄을 도와주는 대신 올림포스 신들을 도와주었다. 그래서 제우스는 이 스튁스에게 저승 왕의 궁전 앞을 흐르게 해주었다. 신들은 큰 맹세를 할 때마다 이 스튁스강에다 명예를 걸고 맹세를 하는데, 이렇게 한 맹세는 절대로 번복할 수 없다. 번복하면 바로 이 스튁스의 명예에 흠집이 나기 때문이다. 제우스 신조차 스튁스의 명예에 흠을 낼 수는 없다.

스튁스강을 건너면 곡식 한 포기 금수 한 마리 살지 않는 벌판이 나온다. 이 벌판에는 검은 버드나무와 아스포델로스라고 불리는 수선화 비슷한 식물이 음습한 땅에 자라고 있을 뿐이다.

이 벌판을 지나면 마침내 하데스의 궁전이 나오는데, 이 궁전 앞에는 케르베로스라는 개가 버티고 앉아 드나드는 인간의 영혼을 감시한다. 케르베로스는 머리가 세 개이며, 혀는 뱀 대가리와 같다. 이 개는 궁전으로 들어가는 혼령에게는 관대하지만 나오는 혼령은 절대로 용서하지 않는다. 저승 왕의 궁전에 들어갔다가 이 케르베로스를 피해 나온 신들이나 신의 피를 받은 신인은 더러 있지만, 인간으로서는 에로스의 아내가 된 프쉬케와 전설적인 가수 오르페우스가 있을 뿐이다.

저승의 한 부분인 무한 지옥 타르타로스 구경은 전설적인 가수 오르페우스가 저승의 신 하데스와 만나는 대목에서 하기로 하자.

하데스는 어떤 신인가? 하데스는 포세이돈이나 제우스보다 먼저 태어났다. 따라서 이 두 신의 형이 된다. 그러나 아버지 크로노스는 자식이 태어나는 족족 삼켰다가 나중에야 토해낸다. 제우스가 그렇게 만든 것이다. 따라서 제우스는 가장 나중에 태어났지만 가장 먼저 자랐고, 하데스는 가장 먼저 태어났지만 가장 나중에 자라 막내가 되었다.

하데스에게는 두 개의 이름이 있다. '하데스'라고 불릴 때도 있고 '플루토스'라고 불릴 때도 있다.

하데스라고 불릴 때는 냉혹하고 무시무시한 저승의 신이다. 하데스가 긋는 삶과 죽음을 가르는 선에는 가차가 없다. 하지만 플루토스라고 불릴 때는 다르다. 플루토스는 '재물'이라는 뜻이다. 플루토스는 지하에 묻힌 모든 지하자원의 주인이며 곡식의 생산을 도와주는 일종의 대지의 신이다. 플루토스가 가지고 있는 지하자원 중 가장 값비싼 지하자원이 무엇일까? 인류가 20세기에 들어와서야 찾아낸 '플루토스의 광물', 즉 플루토늄이다. 원자폭탄의 원료, 원자력발전소의 연료로 쓰이는 것이 바로 이 광물이다.

고대 그리스 사람들은 이 신을 하데스라고 부를 때는 검은 채찍으로 대지를 내리치며 온갖 궂은 말로 원망하지만, 플루토스라고 부를 때는 데메테르와 한자리에 모셔 제사까지 드린 것으로 전해진다.

비록 저승을 지배하고 있기는 하지만 하데스는 나쁜 신이 아니다. 물론 매정하고 냉혹하고 잔인하고 잔혹한 신이기는 하다. 이것은 삶과 죽음 사이를 가르는 법이 그렇다는 것이지 하데스 신의 성미 자체가 그런 것은 아니다.

그러나 하데스를 섬기는 버금 신과 딸림 신들은 대부분 부정적인 신들이다. 하데스의 궁전에서는 죽음의 신 타나토스, 잠의 신 휘프노스, 꿈의 신 모르페우스, 노쇠의 신 게라스, 비난의 신 모모스, 불화의 여신 에리스, 거짓말의 신 아바테가 하데스의 명령을 기다린다.

죽음의 신 타나토스는 하데스의 오른팔이다. 타나토스는 검은 도포 자락을 펄럭이면서 인간들 사이를 떠돌다 하데스의 명령에 따라 인간의 영혼을 저승으로 데려오는 저승사자다. 이 저승사자는 손아귀 힘이 견줄 데 없이 세다. 타나토스의 손아귀 힘을 꺾은 영웅은 신과 인간을 통틀어 헤라클레스밖에 없다. 딱 한 번 타나토스는 헤라클레스에게 멱살을 잡힌 채 혼이 나서, 잡으러 왔던 혼령도 잡지 못하고 빈손으로 돌아간 적이 있었던 것이다.

잠의 신 휘프노스는 타나토스의 오른팔이다. 휘프노스는 검은 날개를 펄럭이며 최면 지팡이를 들고 다니는데, 이 지팡이에 닿으면 신이든 인간이든 금수든 초목이든 깊은 잠에 빠지지 않고는 도저히 배기지 못한다. '최면술'을 뜻하는 영어 '힙노티즘 hypnotism'은 바로 이 신의 이름에서 나왔다. 로마 시대에 이르면 휘프노스는 '솜누스'로 그 이름이 바뀐다. '불면증'을 뜻하는 영어 '인솜니아'가 바로 여기에서 유래한 것이다.

『변신 이야기』를 통해 이 휘프노스의 궁전을 엿보기로 하자.

무지개 여신 이리스는 헤라의 명을 받고
일곱 색깔 옷으로 차려입고 휘프노스의 궁전으로 내려갔다.
잠의 신 휘프노스의 궁전에는 태양이 비치는 일이 없다.
머리에 볏이 돋은 새가 큰 소리로 새벽의 여신을 부르는 일도 없고,
눈 밝은 개, 귀 밝은 거위가 고요를 깨뜨리는 일도 없다.
오직 고요만이 있을 뿐.
궁전 아래로는 망각의 강이 소리 없이 흐른다.
아니다, 소리가 아주 없는 것은 아니다.
속삭이는 듯한 소리가 있으되
이 소리를 들은 산 것은 모두 잠이 드니
오로지 아무도 듣지 못하는 소리가 있을 뿐이다.
휘프노스의 궁전 앞에는 수면초, 양귀비, 상추 같은 약초가 무성하게 자란다.
궁전에는 문이 없다.
문이 있으면 열리고 닫힐 때 돌쩌귀 소리가 나기 때문이다.
궁전 한가운데는 흑단 의자 하나가 검은 휘장에 가려진 채 놓여 있다.
잠의 신 휘프노스는 이곳에서 잠들어 있다.
이리스 여신이 발소리를 죽이며 들어서자
휘프노스가 졸음에 겨운 눈을 뜨고
긴 턱수염을 한 번 쓰다듬었다.
이리스는 얼른 헤라 여신의 말을 전하고는 그곳을 떠났다.
휘프노스를 보고 있자니까 졸음이 와서 도저히 오래 견딜 수 없어서…….
휘프노스에게는 꿈의 신인 세 아들이 있다.
인간의 모습을 흉내 내는 데 명수인 모르페우스,
짐승 흉내의 명수인 포베토르,
자연물로 둔갑하는 데 명수인 판타소스…….

모르페우스는 '모양을 빚는 자'라는 뜻이다. 모르페우스의 집에는 두

개의 문이 있다. 잘 닦인 상아로 만든 문과 뼈로 만든 문이 그것이다. 모르페우스가 상아 문을 나서서 전하는 꿈은 진짜 뜻이 있는 꿈이다. 하지만 뼈 문을 나서서 전하는 꿈은 개꿈이다. 둘째의 이름인 포베토르는 '위협'이라는 뜻이다. 꿈에 짐승이 나오면 대개 꿈꾸는 자를 위협하는 것은 이 때문이다. 막내의 이름인 판타소스는 '환상'이라는 뜻이다.

각설하고, 페르세포네가 하데스에게 이끌려 이 궁전에 와 있을 동안, 딸을 잃은 데메테르는 외동딸을 찾아 온 땅을 헤매고 있었다. 데메테르가 온 땅을 다 돌아다니다가 우연히 이른 곳이 바로 퀴아네강 가였다. 하데스가 페르세포네를 납치하여 저승으로 내려간 바로 그 강이었다.

강의 요정은 듣고 본 바를 데메테르에게 고하고 싶었다. 그러나 저승 신 하데스가 두려워 차마 입을 열 수 없었다. 그래서 요정은 페르세포네가 하데스에게 끌려가면서 떨어뜨린 앞치마를 데메테르의 발치로 떠오르게 했다. 그 앞치마를 주워 든 데메테르는 딸이 죽은 것으로 알고는 두 눈으로 독기를 내뿜었다.

"대지의 여신 데메테르의 딸이 대지에서 죽었는데도 아무도 그 자초지종을 나에게 알리려고 하지 않아? 어디 두고 보자."

데메테르는 땅에게 그 죗값을 물리기로 결심하고 발을 구르며 땅을 저주했다.

"은혜를 모르는 땅은 들어라. 맛있는 풀과 영양 많은 곡식은 너의 옷이나 다름이 없다. 그것을 누가 너에게 주었느냐? 기름진 흙은 네 살이나 다름이 없다. 그것을 누가 너에게 주었느냐? 바로 나 데메테르가 아니냐? 이 배은망덕한 땅아, 이제 너는 내가 베푸는 은혜를 누릴 수가 없을 것이다. 만물을 나게 하여 그 품 안으로 거두어들이던 땅아, 이제는 오직 거두어들이기만 해야 한다. 네 품 안에서는 아무것도 나지 않을 것이다."

데메테르의 저주가 끝나자 자라던 곡식은 고개를 꺾어 시들었고, 이랑을 갈던 쟁기나 극쟁이는 그 보습을 부러뜨렸다. 시든 풀을 먹은 가축은 독초라도 먹은 듯이 떼 지어 쓰러졌다.

데메테르가 은혜를 거두자 땅은 하루가 다르게 황무지로 변해갔다. 그 땅을 내려다보면서 태양신은 고개를 갸웃거리며 이렇게 중얼거렸다.

"내가 태양 마차를 너무 대지 가까이 몰고 있는 것인가?"

땅이 이 지경이 되자 샘의 요정 아레투사는 목이 말라 견딜 수가 없었다. 아레투사는 죄 없는 땅을 편들어주고 싶었다. 그래서 용기를 내어 지나가는 데메테르에게 자기가 당하고 듣고 본 바를 길게 말하였다.

"여신이시여, 땅을 너무 나무라지 마십시오. 땅의 잘못이 아닙니다. 하데스의 검은 채찍에 맞고도 길을 열지 않을 땅이, 여신의 품 안 어디에 있을 수 있습니까?"

"그럼 하데스가 내 딸을 데려갔다는 말이냐?"

데메테르가 물었다.

"저는 원래 강의 신을 돕는 요정이었습니다. 지금은 이렇게 샘의 요정이 되어 있지만요. 제가 강의 요정일 당시 잠깐 저승을 흐른 적이 있습니다. 그때 따님을 뵈었습니다. 따님께서는 저승의 신 하데스의 신부가 되어 있는 것 같더이다."

"내 딸이 앞치마를 입고 있더냐?"

"아닙니다. 치마에 앞치마를 매었던 흔적은 주름으로 남아 있었습니다만, 앞치마는 매고 있지 않았습니다."

"네 말이 그럴듯하다."

저승의 신 하데스가 데려갔다면 데메테르도 어쩔 수 없었다. 신들 중에서도 제우스의 심부름을 도맡고 있는 헤르메스만 저승을 오르내릴 수 있을 뿐, 다른 신들은 출입할 수 없었기 때문이다. 데메테르는 다른 신들이 그랬듯이 올림포스로 올라가 제우스에게 탄원했다. 탄원했다기 보다는 종주먹을 들이대고 윽박질렀다는 편이 옳겠다.

"대신이여, 내 눈물이 하늘에 사무치지 않습디까? 내 울음소리가 천궁의 대들보를 울리지 않습디까? 내 딸이 납치당하는데 어째서 내려다보고만 있었는지 그 내력이나 들어봅시다."

"내가 꾸민 일은 아니오. 내게 허물이 있다면 그것을 막지 않았다는 것인데…… 어차피 하데스에게도 신부가 필요한 것 아니오? 기왕에 이렇게 된 것, 경사스러운 일로 치고 땅에 내린 저주나 거두어주세요. 그대가 저주하는 바람에 땅에 사는 것들이 모두 굶어 죽어가고 있어요. 그러니까 저주나 풀어줍시다."

"풀어주어요? 내 딸 페르세포네가 저 어둡고 음습한 저승의 왕 하데스에게 납치당했는데 경사스러운 일로 치자고요? 땅에 내린 저주나 풀어주자고요? 아주 잔치라도 벌이자고 그러지요?"

"저승이 어둡고 축축한 곳이라고 하나 어차피 저승의 왕에게도 왕비가 있어야 하는 것이 아니오? 하데스가 누굽니까? 그대와도 남매간이 되지 않소? 그러니까 운명의 여신 모이라이가 페르세포네에게 그런 팔자를 점지한 것이라 칩시다. 어쩌면 이치를 주관하시는 테미스 여신께서 요량하신 일일 겝니다."

"어째서 하필 내 딸이어야 한답니까?"

"인간이 사는 땅과 혼령이 사는 저승은 위아래에 있으니까 이치를 따지자면야 당연히 그대의 딸이어야 하겠지요. 그대는 곡식의 여신이기는 하나 땅의 여신이기도 하지 않소?"

"그렇게는 못 합니다. 나는 딸을 찾아야겠습니다."

"찾아서요?"

"찾아야 합니다. 스튁스강에 맹세를 하고, 찾고야 말겠습니다."

"저런, 이치를 주관하시는 테미스 여신께서 요량하신 일일 것이라는데 왜 스튁스강에다 대고 맹세를 합니까? 그 맹세는 신들도 거두어들이지 못한다는 것을 모릅니까?"

"……"

"할 수 없군요. 이렇게 합시다. 내가 헤르메스를 저승으로 보내 하데스와 페르세포네의 속마음을 알아보기로 하지요. 하지만 조건이 있어요. 헤르메스는 여러 차례 저승을 드나들었지만 저승에서는 아무것도 먹은 바가 없어요. 무슨 말인지 알겠어요? 저승에서 뭘 먹으면 저승에 속하게 됩니다. 그래서 헤르메스는 저승에서는 아무것도 먹지 않았던 것입니다……."

제우스는 의뭉하게 웃으면서 말을 이었다.

"……페르세포네가 저승에서 아무것도 먹지 않았다면, 그래요, 그대의 뜻대로 되찾아 올 수 있을 겁니다. 하지만 뭘 먹었다면 내 권한으로도 찾아오지 못합니다. 하지만 그대가 스틱스강에다 대고 맹세를 했으니 어쩝니까? 절충하는 수밖에요."

곧이어 제우스는 헤르메스를 저승으로 보냈다.

저승에 이른 헤르메스는 하데스에게 제우스 신의 뜻을 전했다.

"데메테르 여신께서 따님을 되찾겠다고 길길이 뛰고 계십니다. 제우스 신께서는 만일 페르세포네가 저승에서 먹을 것을 입에 댄 적이 없다면 되찾을 수 있게 해드리겠다고 약속하셨습니다. 따라서 페르세포네가 여기에서 아무것도 입에 대지 않았다면 하데스 신께서는 페르세포네를 내놓으셔야 합니다. 무슨 뜻인지 아시겠습니까? 이제 페르세포네를 부르십시오. 제가 제우스 신의 심부름꾼 자격으로 물어보겠습니다."

저승 왕 하데스는 헤르메스의 속을 꿰뚫어보았다.

'저승으로 내려온 뒤로 아무것도 먹지 않았다면, 먹이면 될 것이 아닙니까…….'

헤르메스는 하데스에게 이런 메시지를 전하고 있는 것이었다.

하데스는 페르세포네의 방으로 달려가 석류 하나를 내밀면서 이렇게 말했다.

"그대의 어머니가 그대를 되찾겠다고 제우스 신께 탄원한 모양이오. 이제 곧 집으로 돌아갈 텐데, 빈속으로 가셔야 되겠어요? 내 성의니 이걸 먹고 가세요."

페르세포네의 귀환
19세기 영국 화가 프레더릭 레이턴의 그림.

　페르세포네는 먹을 마음이 내키지 않아 석류씨 한 알만 입안에 넣어 과즙을 빨고는 뱉어내었다.
　헤르메스는 페르세포네가 석류씨 한 알을 먹었다는 말을 듣고는 제우스에게 들은 대로 전했다. 이 소식을 들은 제우스는 땅의 여신 데메테르에게 이렇게 말했다.

"저승에는 아야코스, 미노스, 라다만튀스 같은 공정한 재판관이 있어요. 이들은 저승으로 온 혼령을 재판하여 착한 혼령은 엘뤼시온으로 보내고, 악한 혼령은 무한 지옥으로 보내지요. 그러니까 저승의 재판관들은 혼령의 재판을 담당하는 것이지요. 하지만 그대의 딸 페르세포네는 혼령이 아니지요. 따라서 이 문제는 내가 재판하겠어요.

데메테르 여신은 잘 들으세요. 내가 그대에게 땅을 다스리고, 곡식과 과실을 돌보라고 한 것을 기억하지요? 그대의 딸에게, 한 해의 반인 여섯 달은 그대와 함께 지낼 수 있도록 하겠어요. 왜냐하면 그대가 경솔하게도 스튁스강을 걸고 딸을 되찾아오겠다고 맹세를 했기 때문이에요. 하지만 그대의 딸은 한 해의 절반인 여섯 달은 저승에서 살게 하겠어요. 왜냐하면 그대의 딸 페르세포네가 저승에서 하데스가 주는 석류씨 한 알을 먹었기 때문이에요. 저승에서 무엇이든지 그 땅에 있는 것을 먹은 자는 저승에서 살아야 해요. 이것은 하데스의 법이에요. 아무도 이 법을 어길 수는 없어요. 내 뜻을 잘 아시겠지요?"

가엾은 딸의 이름 페르세포네는 '썩다' 또는 '빛나다'는 뜻을 지닌 말과 밀접한 관계가 있다고 한다. 그렇다면 '썩음으로써 빛나는 것'은 무엇일까? 씨앗이 아닌가? 한 알의 밀알이 땅에 묻히고 썩어서 여러 개의 밀알을 생산하는 것이 아닌가? 페르세포네의 운명은 한 해의 반은 땅 위에서 살고, 한 해의 반은 땅 밑에서 썩어야 하는 씨앗의 운명을 그대로 보여주고 있지 않는가?

우리는 이렇게 페르세포네 이야기를 통해 저승 땅을 둘러보았다. '오르페우스 이야기'에서 다시 한 번 저승 구경을 떠나자.

7

노래는
힘이 세다

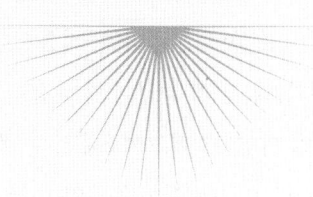

오르페우스의 사랑

신들의 나라 올림포스가 어느 정도 안정을 되찾고 보니 제우스에게는 한 가지 아쉬운 것이 있었다. 신들의 나라에서 일어나는 일, 인간 세상에서 일어나는 일을 시나 노래로 남겨야겠는데, 그걸 담당할 신들이 없었기 때문이다. 문자가 있어서 기록해둔다면 별문제가 없다. 하지만 그 당시에는 문자라는 것이 없었다.

자, 문자가 없다면 어디에 의지해야 하겠는가?

제우스는 기억의 여신 므네모쉬네를 찾아가 아흐레 밤을 동침했다. 그로부터 열 달이 지나자 기억의 여신은 아홉 자매를 낳았다. 이들이 바로 기억을 통해서 신들의 나라와 인간 세상의 온갖 예술을 담당하게 될 무사이 여신들이다. 이 여신들을 영어로는 뮤즈라고 한다.

무사이 아홉 자매의 맏이 클레이오는 영웅시와 서사시를 담당한다. 그래서 클레이오는 늘 나팔과 물시계를 들고 다닌다.

둘째 우라니아는 하늘에 대한 찬가를 맡고 있다. 그래서 우라니아는 늘 지구의나 나침반을 든 모습으로 그려진다.

셋째 멜포메네는 연극 중에서도 비극을 담당한다. 그래서 멜포메네는 슬픈 가면과 몽둥이를 들고 있는 모습으로 그려진다.

넷째 탈레이아는 연극 중에서 희극을 맡는다. 그래서 탈레이아는 웃는 가면과 목동의 지팡이를 든 모습으로 그려진다.

다섯째 테릅시코레는 합창을 담당한다. 그래서 테릅시코레는 현악기의 일종인 키타라를 든 모습으로 그려진다.

여섯째 폴뤼휨니아는 무용과 판토마임(무언극)을 담당한다. 그래서 폴뤼휨니아는 늘 입술 앞에 손가락을 하나 세우고 명상하는 모습으로 그려진다.

일곱째 에라토는 서정시, 여덟째 에우테르페는 유행가, 막내 칼리오페는 현악과 서사시를 맡고 있다.

딸림 여신에 해당하는 이들은 자주 올륌포스 천성으로 올라가 신들

아폴론과 함께 춤추는 아홉 무사이
음악의 신 아폴론과 무사이 아홉 자매의 막내 칼리오페 사이에서 천하제일의 명가수 오르페우스가 태어난다. 16세기 이탈리아 화가 줄리오 로마노의 그림.

의 잔치에서 말석을 얻어 시와 음악으로 흥을 돋우지만 대개는 헬리콘산에서 지낸다. 헬리콘산은 산비탈에 향나무가 많고 물이 너무 맑아 독사의 독니까지 삭아 없어진다는 곳이다. 이들은 천마 페가소스의 발굽자리라고 전해지는 히포크레네, 즉 말의 샘가에서 그 샘물 마시기를 즐겼다. 그 샘물이 영묘한 시상을 떠오르게 하기 때문이다. 무사이 여신들은 자리만 어우러지면 노래 부르고 춤을 추었고, 그러다 지치면 샘물로 몸을 깨끗이 닦고 올림포스로 올라갈 채비를 했다.

음악의 신 아폴론이 무사이 아홉 자매의 막내인 칼리오페를 사랑한 적이 있다. 음악의 신과 현악기의 여신이 어울린 것이다. 그리하여 칼리오페가 아들을 낳으니, 그가 바로 천하제일의 명가수라고 불리는 오르페우스다.

　오르페우스는 아버지 아폴론에게서 현악기의 일종인 뤼라Lyra, 즉 수금 한 대와 연주하는 기술을 물려받았다. 오르페우스의 수금 켜는 솜씨는 참으로 훌륭했다. 그리고 노래를 잘 지었을 뿐만 아니라 부르기도 잘 불렀다. 그래서 그의 음악에는 매혹당하지 않는 사람이 없었다. 인간뿐만이 아니었다. 짐승까지도 오르페우스가 고르는 가락을 들으면 그 거친 성질을 눅이고 다가와 귀를 기울이곤 했다. 나무나 바위도 그 가락의 매력에 감응했다. 나무는 그가 있는 쪽으로 가지를 휘었고, 바위는 그 단단한 성질을 잠시 누그러뜨리고 가락을 듣는 동안만은 말랑말랑한 상태로 머물러 있었다고 한다.

　이 천하제일의 명가수는 나이가 들자 에우뤼디케라는 처녀와 혼인했다. 신랑의 어머니가 무사이 여신 중 한 분이었던 만큼 결혼식은 성대하게 치러졌다. 결혼의 신 휘메나이오스가 몸소 참석했을 정도였다.

　결혼의 신 휘메나이오스가 와서 축복한다는 것은 행복의 약속이나 다름이 없었다. 그러나 휘메나이오스는 이 결혼식에서만은 이 둘을 축복해주지 않았다. 결혼식 분위기에서도 신랑과 신부가 행복하게 잘살 것이라는 조짐은 하나도 보이지 않았다. 아니, 행복의 조짐은커녕 휘메나이오스가 들고 온 횃불에서는 연기가 너무 많이 났다. 그 바람에 신랑 신부는 눈물까지 흘리지 않으면 안 되었다.

　결혼한 지 열흘이 채 못 되는 어느 날, 새색시 에우뤼디케는 동무들과 함께 올륌포스산 기슭의 템페 계곡으로 꽃을 꺾으러 갔다. 그런데 이곳에는 양을 돌보면서 꿀벌을 치는 아리스타이오스라는 청년이 있었다. 아리스타이오스는 운명의 손길에 등을 떠밀려서 그랬는지 아니면 건강한 젊은이의 호기심 때문인지 에우뤼디케에게 말을 붙여보려고 했다. 물론 에우뤼디케가 새색시인 줄 모르고 그랬을 것이다. 에우뤼디케는 새색시인지라 황급히 그 자리를 피하여 달아났다. 아리스타이오스는 달아나는 에우뤼디케를 뒤쫓으며 소리쳤다.

"희롱하려는 것이 아니고 그저 말 몇 마디 여쭈려는 것이니 달아나지 마세요."

그러나 에우뤼디케는 걸음을 멈추지 않았다. 요정들이 멀찍이 서 있다가 달아나는 에우뤼디케를 보고 달려왔다.

"나도 더 이상 쫓지 않을 테니, 이제 그만 달아나세요. 자, 내가 걸음을 멈추었으니 아가씨도 이제 그만 걸음을 멈추세요."

아리스타이오스는 걸음을 늦추며 저만치 달아나는 에우뤼디케를 향해 소리쳤다. 요정들도 들으라는 듯이 크게 소리친 것이다.

이 싱거운 술래잡기는 곧 끝났다. 에우뤼디케가 달아나다가 풀밭에서 쉬던 저승의 안내자를 밟고 만 것이다. 저승의 안내자가 무엇이겠는가? 바로 독사다. 에우뤼디케가 독사를 밟았는데 독사가 가만히 있었겠는가? 독사는 에우뤼디케의 발뒤꿈치를 물었다.

뱀에게 물린 불쌍한 에우뤼디케는 요정들에게 안겨 집으로 돌아오는 길에 숨을 거두었다. 졸지에 새색시를 잃은 신랑 오르페우스는 신과 인간은 물론이고 숨 쉬는 모든 것에게 수금 소리와 노래로 슬픔을 전했다. 함께 슬퍼해주는 사람은 많았다. 하지만 그 사람들은 에우뤼디케의 죽음을 당연한 죽음, 오르페우스의 슬픔을 당연한 슬픔으로 알았다.

오르페우스가 어찌나 간절하게 슬픔을 노래했던지, 슬픔에 목이 멘 들짐승들은 더 이상 풀을 뜯지 않으려 했고, 초목은 하데스가 원망스러웠던지 고개를 저승 쪽으로 접었다.

오르페우스의 슬픔은, 함께 슬퍼하는 자의 슬픔으로 삭여질 수 있는 그런 슬픔이 아니었다. 그런 슬픔이었다면 대지의 여신 데메테르에게 탄원하지도 않았으리라. 노래와 수금 타기로 세월을 보내던 오르페우스가 심금을 울리는 수금 반주에 맞추어 애간장 저미는 노래로 탄원하자 데메테르 여신은 딸림 여신을 통하여 이렇게 말했다.

"딸 찾아 낮 비 밤이슬 맞으며 온 땅을 다녀본 나다. 내가 어찌 아내 잃은 네 슬픔을 모르랴. 그렇지만 자식 잃어본 자가 어찌 나뿐이고 아내 앞세운 자가 어찌 너뿐이랴. 나에게 탄원하는 것은 옳지 않다. 그러나 네가 타는 수금 소리, 네가 부르는 슬픈 노래를 듣고 내 땅의 짐승이 먹고 마시기를 거절하고 초목이 고개를 접으니 괴이하구나."

오르페우스가 눈물로 호소했다.

"제가 흘리는 눈물은 제 고통의 지팡이요, 금수 초목이 저에게 보내는 연민은 신들을 겨누는 저항의 화살입니다."

"그럴 리가 있겠느냐. 하늘이 좋은 소리꾼을 낸 뜻은 그런 데 있지 않을 것이다. 노래꾼이 가는 길이 눈물바다가 되는 것은 노래꾼에게 어울리지 않으려니와 신들의 뜻도 아닐 것이다."

"땅의 어머니시여, 신들이 닦지 못할 눈물이 없을 것인즉 굽어 살피소서. 제 아내 에우뤼디케를 찾아가겠습니다. 영웅 신 헤라클레스가 다녀온 곳, 테세우스가 다녀온 땅으로 내려가겠습니다. 프쉬케가 다녀온 곳으로 저도 가겠습니다. 가서 제 아내 에우뤼디케를 데려오겠습니다."

"당치 않다. 네가 아내를 얼마나 사랑하는지 내가 알겠느냐만, 저승은 봄이 온다고 씨가 싹을 틔우고 줄기가 꽃을 피우는 그런 땅이 아니다."

"저를 사랑하소서. 제 눈물을 사랑하소서. 애통해하는 저를 사랑하소서."

"어쩔 수가 없구나. 비록 내 딸이 저승 왕의 총애를 받고 있다고는 하나 이승과 저승의 법은 다른 것이다. 네가 '대지의 여신'이라고 부르는 나도 딸이 보고 싶다고 해서 딸을 찾아가지 못한다. 내가 내막을 좀 알아보고 방법을 찾아볼 것이니 그리 알고 기다리거라."

데메테르의 신전을 물러나온 오르페우스가 며칠을 기다렸다가 다시 데메테르 신전을 찾아갔다. 여신을 섬기는 딸림 여신이 대신해서 여신의 뜻을 전해주었다. 신전에 있는 여신은 데메테르 여신의 딸림 여신이기는 해도 인간 앞에서는 데메테르 여신과 조금도 다를 것이 없었다.

"내가 강의 요정을 저승으로 흘려 보내어 내막을 알아보았다. 그랬더니 네 아내를 죽게 한 자는 아리스타이오스라는 꿀벌치기라는구나. 이 자가 속죄 의식을 거행하지 않아서 네 아내는 하데스의 궁에 들지 못하고 비탄의 강가를 떠돈다고 하더라. 그래서 내가 요정들을 보내어 아리스타이오스의 벌 떼를 모두 죽이고, 속죄 의식을 베풀면 벌 떼를 살려 주겠노라고 했다. 일전에 아리스타이오스가 속죄 의식을 끝냈다는 소식과 네 아내 에우뤼디케가 저승의 왕궁에 들었다는 소문을 들었다. 이제 네가 어쩌려느냐?"

"저승으로 내려가겠습니다."

"네가 대체 무슨 권능에 의지해서 산몸으로 혼령의 나라를 다녀오겠다는 것이냐?"

"헤라클레스는 힘에 의지해서 산몸으로 혼령의 나라를 다녀왔고, 테세우스는 헤라클레스에게 의지해서 산몸으로 혼령의 나라를 다녀왔습니다. 저승은 프쉬케가 사랑에 의지해서 다녀왔고, 시쉬포스가 꾀에 의지해서 다녀온 곳입니다. 저 역시 사랑에 의지해서 다녀오겠습니다. 돌아오지 못하면 에우뤼디케와 함께 그 나라에 머물겠습니다."

오르페우스는 이렇게 말하면서 일곱 줄의 수금을 가만히 가슴에 껴안았다.

"아케론강의 뱃사공 영감 카론이 산 자를 배에 태워 강을 건네줄까?"

오르페우스는 대답 대신 수금을 가리켰다. 수금 연주로 카론의 환심을 살 수 있을 것이라는 뜻이었다.

"불의 강 플레게톤을 건너야 할 터인데 네가 무슨 수로 불길을 이길 것이며, 망각의 강 레테를 건너야 할 터인데 네가 무슨 수로 이승의 기억을 강에 떠내려 보내지 않을 수 있겠느냐."

오르페우스는 또 한 번 수금을 가리켰다.

"네가 아폴론에게서 수금을 배웠다는 말이 빈말이 아니었구나. 그러나 너는 장차 태양신이 될 아폴론의 아들이다. 태양신의 아들이 저승이라니……. 네가 '대지의 여신'이라고 부르는 나에게도, 산목숨이 죽은 목숨을 만나러 가는 이치가 쉽지만은 않다. 내 딸 페르세포네가 해마다 하데스에게서 휴가를 얻어 내게로 올 때 잘 다니는 길이 있다. 타이나론으로 가보아라. 내가 할 수 있는 일은 그 길을 너에게 가르쳐주는 일뿐이니, 나머지는 네가 요량하도록 하여라."

데메테르 신전의 제관은 여기까지 뜻을 전하고는 타오르던 향불을 껐다. 오르페우스는 아폴론에게서 배운 수금 솜씨를 반주로 하여 이 생성과 소멸의 여신을 찬송했다.

아득한 옛날에 헤라클레스는 저승의 문을 지키는 머리 셋 달린 개 케르베로스를 잡으러 저승으로 간 적이 있다. 그때 헤라클레스는 엘레우시스 땅에서 데메테르를 섬기는 퓔리오스의 도움을 받은 것으로 알려져 있다. 퓔리오스는 '문에서 온 자'라는 뜻이다. 그렇다면 퓔리오스는 '하도 퓔라이(하데스의 문)', 즉 '저승의 문'에서 온 사람이었을까?

오르페우스는 엘레우시스 땅으로 갔다. 그 역시 퓔리오스의 안내를 받아 라코니아 땅 타이나론 동굴을 통하여 저승으로 내려갔다.

오르페우스가 쇳덩어리인 대장간 모루가 아흐레 밤낮을 떨어져야 닿을 만큼 깊고 깊은 저승까지 내려가는 데 얼마나 걸렸는지 그것은 뮈토스(옛이야기)가 말하지 않아서 우리는 모른다. 그러나 헤라클레스가 그랬듯이 오르페우스도 대장간 모루가 아니다. 인간이 죽어서 가는 저승까지의 거리를 손가락으로 꼽아서 어떻게 헤아릴 수 있으랴.

맨 먼저 앞을 가로막은 아케론강의 뱃사공 카론 영감은 오르페우스가 산 자임을 알아보고는 그를 내리치려고 노를 둘러메었다. 그러나 오르페우스가 수금을 뜯으며 노래를 부르자 아케론강은 저승에 가로누운 제 신세를 한탄했고, 뱃사공 카론 영감은 오르페우스를 태워 강을 건네준 뒤에도 배로 돌아가려 하지 않았다. 너무 감동한 나머지 돌아가는 것을 잊었던 것이다.

오르페우스의 수금 앞에서 '통곡의 강'은 머리를 풀고 통곡했고, '불의 강'은 불길을 헤쳐 길을 내어주었으며, '망각의 강'은 제가 망각의 강이라는 것을 잊었다.

혼령의 무리를 지나 하데스와 페르세포네 앞으로 나선 오르페우스는 수금 반주로 노래하기 시작했다.

"하이데스이시며 폴뤼데그몬이신 하데스 신이시여, 소테이라이시며 데스포이나이신 페르세포네 여신이시여……."

'하이데스'는 보이지 않는 신이라는 뜻, '폴뤼데그몬'은 많은 나그네를 영접하는 신이라는 뜻이다. 둘 다 하데스의 별명이다. '소테이라'는 세상을 구하는 여신이라는 뜻, '데스포이나'는 왕비라는 뜻이다. 둘 다 페르세포네의 별명이다.

"……저는 아프로디테의 명을 받고 얼굴 단장할 단장료를 얻으러 온 프쉬케도 아니고, 케르베로스와 힘을 겨루러 온 헤라클레스도 아니며, 저승의 왕을 희롱하러 온 테세우스도 아니고, 저승 왕비를 속이러 온 시쉬포스도 아닙니다.

두 분 신이시여, 꽃다운 나이에 독사의 독니에 물려 이곳으로 내려온 에우뤼디케를 아시지요? 제 아내입니다. 저는 아내를 찾으러 왔습니다.

창조되지 않은 모든 것의 지배자이시며, 창조되었다가 그 천명을 다한 것들의 지배자이시여, 저희들도 조만간 여기에 내려오게 되어 있습니다. 오게 되어 있다는 것을 알고 있습니다. 피할 수 없는 일이라는 것도 알고 있습니다. 피하려고도 하지 않겠습니다.

그러나 신들이시여, 제 아내 에우뤼디케가 이곳에 온 것은 때가 되어서 온 것이 아닙니다. 그래서 저도 때 아니게 이렇게 왔습니다. 바라건대 신들이시여, 신방新房 차리고 기운 달 하나 채우지 못한 에우뤼디케를 돌려주십시오. 제 집에 가서 살다가 명이 다하면 이곳으로 내려올 것입니다.

두 분 신이시여, 데메테르 여신께서 제 길을 일러주셨으나 그분의 권능에 의지하지는 않겠습니다. 제가 의지할 것은 제 아내에 대한 사랑과 제가 뜯는 이 수금, 제가 부르는 이 노래뿐입니다.

하데스에게 호소하는 오르페우스
노래하는 오르페우스 옆에 에우뤼디케의 망령이 서 있다. 18세기 프랑스 화가 장 레스투 2세의 작품.

 에우뤼디케를 돌려주십시오. 돌려주지 않으시면 저도 지상으로 돌아가지 않으렵니다. 돌려주시어 저희 부부의 인연이 아름답게 다시 이어지는 걸 보시든지, 고개를 저으시어 저희 부부가 망령으로 떠도는 걸 보시면서 두 분의 승리를 즐기시든지 요량대로 하소서.

 그러나 두 분 신이시여, 저희 사랑은 아스포델로스도 꽃을 피우지 못하는 이 음습한 땅에서도 꽃피우고 열매를 맺을 것인즉, 두 분의 승리가 반드시 즐거운 것만은 아닐 것입니다."

 오르페우스가 이렇게 읊조릴 동안 명계에서는 참으로 희한한 일들이 벌어지고 있었다.

 하데스는 울고 싶던 차에 매 맞은 듯한 얼굴을 했고, 페르세포네는 오르페우스와 하데스를 견주듯이 번갈아 바라보았으며, 케르베로스는 꼬리를 다리 사이로 말아 넣었고, 뱃사공 카론 영감은 혼령에게서 뱃삯으로 받은 엽전을 한 줌씩 집어 공중으로 던지고 있었다.

저승 왕의 궁전 오른쪽에는 무한 지옥 타르타로스가 있다. 이 타르타로스에서는 많은 죄인이 벌을 받고 있었는데, 그중 탄탈로스는 물속에 몸을 잠그고 있는데도 영원히 갈증에 시달려야 했다. 탄탈로스가 마시려고 입을 대면 물이 달아나버렸기 때문이다. 하지만 오르페우스가 노래를 부르고 있을 동안만은 물이 달아나지 않았고, 탄탈로스도 물을 마시려고 하지 않았다.

제우스를 속인 익시온은 영원히 도는 불바퀴에 매달려 비명을 지르고 있었다. 그러나 오르페우스가 노래를 부르고 있을 동안만은 불바퀴가 돌지 않았고, 익시온도 비명을 지르지 않았다.

익시온 옆에는 티튀오스가 독수리의 부리에 살을 파먹히면서 소리를 지르고 있었다. 그러나 오르페우스가 노래를 부르고 있을 동안에는 독수리가 티튀오스의 살을 파먹지 않았고, 티튀오스도 소리를 지르지 않았다.

익시온 옆에는 밑 빠진 독에다 영원히 물을 길어다 부어야 하는 다나오스의 딸들도 있었다. 그러나 오르페우스가 노래를 부르고 있을 동안만은 밑 빠진 독에서도 물이 새지 않았다. 덕분에 다나오스의 딸들은 잠시 허리를 펼 수 있었다.

시쉬포스는 죽음의 신을 속이고 포박한 죄로 산꼭대기로 바위를 굴려 올려야 했다. 그러나 바위는 산꼭대기에만 이르면 다시 굴러 내려왔기 때문에 시쉬포스는 영원히 그 바위와 씨름하지 않으면 안 되었다. 그러나 오르페우스가 노래를 부르고 있을 동안에는 굴러 내려오던 바위가 노래를 듣느라고 잠시 중턱에서 멈추었고, 시쉬포스도 거기에 걸터앉아 노래를 들었다.

복수의 여신 에리뉘에스와 천벌의 여신 네메시스가 감동해서 눈물을 보인 것은 이때가 처음이었다.

옷깃으로 눈자위를 찍어내는 아내 페르세포네 옆에서 가만히 고개만 끄덕이고 있던 하데스가 가까이 있는 저승사자에게 나직이 말했다.

"에우뤼디케를 찾아서 데려오너라."

에우뤼디케가 독사에 물린 상처 때문에 잘쏙거리며 혼령들 사이에서 걸어 나왔다. 에우뤼디케는 고개를 돌린 채 오르페우스의 품 안으로 뛰어들었다. 그러나 아직 신혼이어서 그런지 둘의 포옹은 어딘지 어색해 보였다.

하데스가 이 어정쩡하게 포옹한 부부를 내려다보다가 징소리 같은 음성으로 말했다.

"수많은 혼령이 '오르페우스의 수금', '오르페우스의 노래'라고 하더니 과연 잘 타고 잘 부르는구나. 그래, 내가 너희의 눈물을 닦아주마. 이로써 내가 네 수금 타는 재간과 노래하는 솜씨의 값을 치르마. 대신 너는 이곳 혼령들이 흘린 눈물 값을 치러야 한다. 망각의 강물이 너 때문에 그 효력을 잃고 말았구나.

가거라, 네 아내를 데리고 가거라. 가되, 내 땅을 벗어날 때까지 네 아내의 얼굴을 보아서는 안 된다. 이것이 저승의 법이다. 내가 너에게 물리는 눈물 값이다. 네가 수금 소리로 이 기적을 일으켰으니 소리야 무슨 상관이 있겠느냐만 눈길은 나누지 못한다. 산 자와 죽은 자는 눈길을 나누지 못하는 법이다. 내 말을 소홀하게 듣지 말라. 잘 가거라, 오르페우스여!"

오르페우스가 앞서서 하데스의 궁전을 나오자 에우뤼디케는 그의 뒤를 따랐다.

탄탈로스가 물줄기를 쫓으며 침을 삼키는 소리가 뒤에서 다시 들려오기 시작했다. 티튀오스가 비명을 지르는 소리, 익시온의 불바퀴가 도는 소리, 다나오스의 딸들이 독에다 물을 길어다 붓는 소리, 시쉬포스의 바위가 산을 굴러 내려오는 소리가 다시 들려오기 시작했다.

하데스의 뜻이 미리 전해져 있었던지 저승의 험한 길은 더 이상 험한 길이 아니었다. 오르페우스 부부는 음습하고 물매가 급한 길을 따라 오래오래 걸었다. 걷다가 오르페우스가 이따금씩 물었다.

"잘 따라오지요?"

"잘 따라가요. 돌아다보지 마세요."

에우뤼디케가 다짐을 주었다.

한참을 걷다가 오르페우스가 또 물었다.

"잘 따라오지요?"

"잘 따라가니까 돌아다보지 마세요."

에우뤼디케가 또 다짐을 주었다.

이윽고 오르페우스와 에우뤼디케는 날빛이 보이는 동굴 입구에 이르렀다. 항구의 불빛이 보이는데도 항구까지는 하룻밤 뱃길이 좋이 되듯이, 동굴 입구의 날빛이 보이는데도 하루 걸음이 좋이 되는 것 같았다.

먼저 날빛 아래로 나선 것은 물론 앞서 나오던 오르페우스였다. 보고 싶던 마음을 오래 누르고 있던 오르페우스는 아내가 잘 따라오는지, 아내 역시 날빛 아래로 나섰는지 확인하고 싶어 뒤를 돌아다보았다.

아뿔싸.

"돌아다……."

동굴의 어둠을 미처 다 벗어나지 못했던 에우뤼디케는 남편이 돌아다보는 순간, 하던 말도 채 끝맺지 못하고 다시 저승으로 떨어졌다. 가슴이 철렁한 오르페우스는 황급히 동굴로 들어가 손을 벌리고 어둠 속을 더듬었다. 그러나 손끝에 닿는 것은 싸한 바람뿐이었다.

오르페우스가 오던 길을 되돌아갔지만 뱃사공 카론 영감은 더 이상 배에 오르게 해주지 않았다. 오르페우스가 이레 동안이나 이 아케론강 언덕에서 수금을 뜯으며 노래를 불렀으나 고집 센 카론 영감의 고개 한 번 돌리게 하지 못했다.

에우뤼디케의 손목을 잡고 왔어야 할 손으로 수금을 뜯으며 지상으로 오른 오르페우스는 일곱 달 동안이나 트라키아 땅의 어느 동굴에 은거했다. 트라키아 사람들이 오르페우스를 '부활한 자' 또는 '취하지 않는 포도주의 신'이라고 부르게 된 것은 이즈음의 일이다.

오르페우스는 이때부터 저승의 신들을 저주하고 저승 신의 잔인함을 통렬하게 원망하면서 바위와 산들에게 노래로 호소했다. 이 노래는 호랑이의 마음을 움직였고, 참나무 둥치를 흔들었다.

오르페우스는 에우뤼디케와의 슬픈 추억에 잠겨 여자라면 거들떠보지도 않고 살았다. 트라키아 처녀들이 오르페우스의 마음을 사로잡으려고 갖은 수를 다 썼으나 오르페우스는 끄덕도 하지 않았다. 처녀들은 오르페우스의 도도한 태도에 화가 났지만 때가 무르익기까지 기다렸다.

그러나 그때가 도무지 무르익을 수가 없다는 것을 안 처녀가 있었다. 포도주의 신을 섬기는 디오뉘소스 축제에 다녀오던 이 처녀는 잔뜩 흥분한 나머지 오르페우스를 향해 소리를 질렀다.

"저기, 우리 여성을 모욕한 사내가 있다!"

그러면서 처녀는 오르페우스를 향해 들고 있던 창을 던졌다.

창은 오르페우스의 수금 소리가 들리는 쪽으로 날아가다가 그만 그 소리에 기가 꺾여 그의 발치에 떨어지고 말았다. 포도주에 취한 처녀들이 이번에는 돌을 던졌다. 처녀들이 던진 돌도 마찬가지였다.

처녀들은 소리를 질러 오르페우스의 수금 소리가 들리지 않게 한 뒤에 창을 던졌다. 창에 맞은 오르페우스의 몸은 금방 피로 물들었다. 발광한 처녀들은 오르페우스의 몸을 갈가리 찢고, 머리와 수금은 헤브로스강에다 처넣었다. 오르페우스의 머리와 수금이 슬픈 노래를 부르며 떠내려가자 강의 양 둑도 그 슬픈 노래에 물노래로 화답했다.

무사이 자매들은 막내 칼리오페의 아들인 오르페우스의 죽음을 슬퍼했다. 그들은 갈가리 찢긴 오르페우스의 몸을 수습하여 레이베트라에다 장사 지냈다. 오르페우스의 무덤 위에서 우는 레이베트라 지방 꾀꼬리들의 울음소리는 그리스의 다른 지방 꾀꼬리들의 울음소리보다 더 아름답다고 전해진다.

제우스는 오르페우스의 수금을 거두어 별자리로 박아주었다.

오르페우스의 혼령은 다시 저승으로 내려가 사랑하던 에우뤼디케, 꿈에 그리던 아내를 껴안았다. 둘은 지금도 엘뤼시온, 저승에 있는 저 행복의 들에서 앞서거니 뒤서거니 하면서 걷고 있다. 오르페우스는 앞서가면서 더러 뒤를 돌아보기도 한다. 하지만 둘 다 혼령인지라 더 이

오르페우스의 머리와 수금을 수습한 처녀
에우뤼디케와의 슬픈 추억에 잠겨 여자라면 거들떠보지도 않던 오르페우스는 결국 트라키아 처녀들의 손에 죽고 만다. 19세기 프랑스 화가 귀스타브 모로의 그림.

상은 슬픈 일이 일어나지 않는다.

　알렉산더 포프는 이 오르페우스 이야기를 끌어와 『성 세실리아의 날, 음악에 부치는 송가』에서 음악의 위대한 힘을 노래하고 있다. 다음에 소개하는 것은 이 이야기의 끝부분에 해당한다.

　보라, 오르페우스는 죽어간다.
　그러나 죽어가면서도 오르페우스는 에우뤼디케를 노래하고
　떨리는 혀로 에우뤼디케의 이름을 부른다.
　에우뤼디케…… 그러자 숲의 나무,
　에우뤼디케…… 그러자 강의 물,
　에우뤼디케…… 그러자 큰 바위, 텅 빈 산도 그 이름을 메아리치게 하였다.

　노래란, 예술이란 바로 이런 것이다.

8

대홍수, 온 땅에 넘치다

인류의 아버지 데우칼리온

이 세상의 처음은 황금의 시대였다.

그 시대에는 관리도 법률도 없었다. 사람들은 저희끼리 알아서 서로를 믿었고, 서로에게 정의로웠다. 그 시대 사람들은 형벌도 알지 못했고, 관리의 무서운 눈총에 시달리지 않아도 좋았다.

나라가 청동판에다 포고문을 게시하여 백성을 위협하는 법도 없었고, 아쉬운 부탁을 하러 간 백성이 관리 앞에서 자비를 비는 일도 없었다. 아니, 관리 자체가 없었다. 사람들은 관리가 없어도 마음 놓고 살 수 있었다.

소나무만 하더라도 고향 산천에서 무참하게 잘리고 배로 지어져서 본 적도 들은 적도 없는 타관 땅으로 끌려가는 일이 없었다. 인간도 저희가 살고 있는 땅의 해변밖에는 알지 못했다.

마을에 전쟁용 참호 같은 것은 있을 필요도 없었다. 놋쇠 나팔, 뿔피리, 갑옷, 칼 같은 것도 없었다. 군대가 없었으니, 인간은 저희 동아리끼리 아무 걱정 없이 평화를 누릴 수 있었다.

대지는 괭이로 파고 보습으로 갈지 않아도 스스로 알아서 인간에게 필요한 것들을 모자라지 않게 대주었다. 인간은 대지가 대주는 양식을 고맙게 여기고, 산딸기, 산수유 열매, 관목에 열리는 나무딸기, 참나무에서 떨어지는 도토리에 만족했다.

기후는 늘 봄이었다. 서풍은 그 부드러운 숨결로, 씨 뿌린 일이 없는데도 산천에 만발한 꽃들을 어루만졌다. 보습에 닿은 적이 없는데도 대지는 때맞추어 곡식을 생산했고, 논밭은 한 해 묵는 일 없이 늘 익은 곡식의 이삭으로 황금 물결을 이루었다. 도처에 젖의 강이 흘렀고, 털가시나무의 가지는 시도 때도 없이 누런 꿀을 떨구었다.

그러나 크로노스가 무한 지옥 타르타로스에 갇히고 세상의 지배권이 제우스의 손으로 넘어오면서부터 시대는 변하여, 황금의 시대는 은의 시대가 되었다. 이 시대는 황금의 시대만은 못했지만 그래도 이어서 올 퍼렇게 녹슨 청동의 시대보다는 나았다. 제우스는 늘 봄이던 계절을 뚝 분질러 겨울과 여름, 날씨가 변덕스러운 가을, 짧은 봄, 이렇게 네 계절로 나누었다. 그 시대에 이르자 대기가 메말라가는 통에 불볕더위가 계속되는가 하면, 북풍이 물을 얼리고 나뭇가지에다 고드름을 매다는 혹한이 오기도 했다.

인간은 처음으로 집이라는 것을 만들어 그 안에서 살게 되었다. 그러나 집이라고 해봐야 동굴이나 밀집한 덤불 속 아니면 나뭇가지를 나무 껍질로 엮어 덮은 것에 지나지 않았다. 데메테르 여신의 선물인 곡식이 긴 이랑에 뿌려지고 소가 코뚜레에 꿰여 신음하기 시작한 것도 이때부터였다.

이 시대에 이어서 온 시대가 세 번째 시대에 해당하는 청동의 시대다. 이 시대의 인간은 은의 시대 인간보다는 거칠어 더러 무기를 잡기는 했으나 그렇다고 흉악하지는 않았다.

마지막으로 온 시대는 철의 시대다. 이 천박한 금속의 시대가 오자 인간들 사이에서는 악행이 꼬리를 물고 자행되기 시작했다. 인간은 순결, 정직, 성실성 같은 덕목을 기피하고 오로지 기만, 허풍, 배반, 폭력, 탐욕 등만을 좇았다. 뱃사람들은 바람이 무엇인지 잘 알지 못하면서도 제 배의 돛을 바람에 맡겼다. 높은 산에서 웃 노릇을 하던 나무는 배 짓는 재목으로 찍혀 내려와 타관인 바다의 파도 사이로 쫓겨났다.

그때까지만 해도 햇빛과 공기와 함께 모든 인간의 공유물이었던 땅거죽도, 서로 제 땅이라고 우기는 이른바 땅임자들이 그은 경계선으로 얼룩졌다. 사람들은 넉넉한 대지에서 곡물이나 먹이를 거두는 것에 만족하지 않고 대지의 내장에까지 침입하여 대지가 스튁스강 근처에다 감추어둔 재물과 인간에게 악업을 부추기는 온갖 금은보화를 다 파냈다.

이렇게 되자 인간에게 별로 득이 될 것이 없는 철과, 철보다도 더 위험한 황금이 속속 인간의 손안으로 들어갔다. 금속이 나돌자 사사로운 싸움은 곧 전쟁으로 번졌다. 전쟁이 터지자 사람들은 피 묻은 손으로 무기를 휘둘렀다.

약탈을 직업으로 삼는 사람도 생겨났다. 이렇게 되자 이 친구는 저 친구로부터 안전하지 못하고, 장인은 사위의 손을 안심할 수 없는 사태가 벌어졌다. 형제간의 우애 같은 것은 찾아보기 어려웠다. 지아비는 지어미가 죽기를 목마르게 기다렸고, 지어미는 지아비가 죽기를 손꼽아 기다렸다. 사악한 계모는 독초를 찧어 독약을 만들었고, 재산에 욕심이 생긴 자식은 아비의 점괘를 곁눈질하며 아비가 죽을 날을 목 늘이고 기다렸다.

이처럼 아끼고 사랑하는 마음이 인간을 떠나자 마지막까지 이 땅에 남아 있던 정의의 처녀 신 아스트라이아는 머리를 풀고 이 피 묻은 땅을 떠나 하늘의 별이 되었다.

신들의 아버지 제우스는 올림포스 신들을 소집했다. 제우스는 여느 신들보다 조금 높은 곳에 놓인 옥좌에 앉아 무엇 때문에 화가 났는지, 금발이 길게 자란 머리를 세 번 세차게 내저었다. 그러자 땅과 바다와 별들이 크게 요동쳤다.

제우스가 무엇 때문에 화가 나 있는지 그에게서 직접 들어보자.

"백수 거인들이 1백 개나 되는 팔을 휘저으며 우리 올륌포스를 공격했을 때도, 기간테스들이 올륌포스를 치려고 오싸산에다 펠리온산을 겹쳐 쌓을 때도 화가 나기는 했어요. 하지만 오늘처럼 화가 났던 것은 아니에요. 우리의 적이 만만치 않기는 했지만 백수 거인들이나 기간테스들은 한 무리의 깡패들에 지나지 않았기 때문이에요. 하지만 오늘은 달라요. 저 인간들을 좀 보세요. 저 인간들이 인간 세상에서 하는 짓들을 좀 보세요. 나는 저 인간들을 뿌리 뽑아버렸으면 해요.

그래요. 나는 저 땅 밑을 흐르는 강 스튁스에 맹세하거니와, 저것들을 바로잡을 수 있는 수단이라는 수단은 다 강구해보았어요. 하지만 이제 더는 손을 쓰지 못하겠어요. 인간은 이 땅의 종기가 되었어요. 더 이상 손써볼 수 없는 종기예요. 종기 때문에 온전한 곳까지 썩을 위험이 있다면 칼로 이 종기를 도려버려야 하지 않겠어요? 우리에게는 우리가 돌보아야 할 딸림 신들과 요정들이 있어요. 이 천상에 살 자격이 없는 이들이 지상에서나마 마음 놓고 살 수 있게 해주어야 하지 않겠어요. 여러 신들이여, 이들이 안전하다고 생각해요? 저 악명 높은 뤼카온이 여기 있는 이 제우스, 전능한 벼락신인 나 제우스, 그대들의 왕이자 주인인 이 제우스까지 업신여기는 판국인데, 딸림 신들과 요정들이 안전할 거라고 생각해요?"

제우스는 악명 높은 뤼카온 때문에 화가 나 있는 것이었다.

함께 자리한 신들이 술렁거렸다. 그들은 제우스가 뤼카온에게서 어떤 욕을 보고 왔는지 알지 못했다. 그래서 제우스의 말이 이어지기를 기다렸다. 한동안 침묵이 흘렀다. 화를 삭이지 못해 연거푸 고개만 주억거리고 있던 제우스가 침묵을 깨뜨리고 말을 이었다.

"……자, 그자가 무슨 죄를 지었는지, 그자가 어떤 죗값을 받았는지 그대들에게 일러주기로 하지요. 세상에 나돌고 있다는 참으로 해괴한 소문이 어느 날 내 귀에도 들어옵디다. 나는 소문이 사실이 아니기를 바라면서도, 짐짓 인간의 모습으로 둔갑하고는 세상으로 내려갔어요.

도처에서 본 인간의 악행을 일일이 말하기에는 시간이 아까우니 내 말 하지 않겠어요. 소문이 해괴했다고는 하나, 내가 내려가 확인한 것에 비하면 오히려 소문이 점잖았으니, 세상에…….

나는 산짐승이 우글거리는 마이날로스산, 퀼레네산을 넘고, 찬바람이 도는 뤼카에우스 솔밭을 지났어요. 솔밭을 지나고 나니 황혼이 밤을 불러들입디다. 거기부터가 저 악명 높은 아르카디아 폭군의 땅이었어요. 그 땅으로 들어간 나는 폭군이 길손 대접을 제대로 하지 않으리라는 것을 알면서도 에멜무지로 폭군의 궁전을 찾아 들어갔지요. 나는 이 집에 들어가면서 내가 바로 제우스 신이라는 암시를 주었지요. 그랬더니 백성들이 나를 대접하고 내게 빌 것이 있는 자들은 기도도 합디다. 그러나 이 뤼카온이라는 자는 믿음이 있는 백성들의 기도를 비웃으면서 이렇게 말하는 게 아니겠어요?

'저자가 신인지 인간인지 내가 시험해보겠다. 내 시험에 잘못이 없을 것이다. 따라서 곧 저자가 신인지 아닌지 드러날 것이다.'

어떻게 시험했는지 짐작이 됩니까? 한밤중에 나를 죽이려 했어요. 나를 죽여보고 안 죽으면 신으로 인정하고 죽으면 인간일 터이니, 주검을 요리해서 잔치를 베풀겠다는 거예요. 하도 기가 막혀서 나는 모습을 감추어버렸지요.

그랬더니 이자는 포로를 하나 끌어내더니 잘 드는 칼을 골라 제 손으로 그 자리에서 목을 자릅디다. 그러고는 포로의 몸이 채 식기도 전에 수족의 일부는 잘라서 삶게 하고 일부는 굽게 하여 잔칫상을 마련합디다. 도저히 보고 있을 수가 없어서 그놈의 집구석을 홀랑 태워버리고 왔지요.

문제는 이런 짓을 하는 인간이 한둘이 아니라는 겁니다. 내가 오늘 물고를 내고 온 집은 한 채뿐이오만, 앞으로 내가 부숴버려야 할 집이 어찌 한두 채에 머물겠어요? 나는 인간을 치려고 하오. 이것이 내 뜻이오만 그대들의 의견도 듣고 싶소."

신들 중에는 제우스의 체면을 세워주느라고 고래고래 고함을 지르면서 함께 분노하는 신들도 있었고, 조용히 침묵으로 찬성하는 뜻을 나타내는 신들도 있었다. 하지만 인류가 멸종하는 것을 아쉬워하기는 어느 신이나 마찬가지였다. 인류가 멸종하면 신들의 신전에서 향불을 피울 제관들 역시 사라지게 되는 셈이었기 때문이다. 제우스는 신들의 마음을 헤아리고는, 자기에게 맡겨두라고만 했다.

제우스는 벼락을 한 손에 모아 들고 인간 세상으로 던지려다 잠깐 망설였다. 세상을 불바다로 만들어버리면 수많은 불기둥이 올라와 천궁을 태울 위험이 있다고 판단했기 때문이다. 그렇지 않아도 파에톤이 태양 마차를 잘못 모는 바람에 한바탕 곤욕을 치른 적이 있는 천궁이었다. 그래서 제우스는 마음을 고쳐먹었다. 비를 쏟아 물로써 인류를 멸종시키기로 한 것이다.

제우스는 구름을 흩어버리는 갖가지 바람의 신들을 바람의 신 아이올로스의 동굴에다 가두어버렸다. 그러고는 남풍의 신 노토스를 불렀다. 노토스는 비를 몰아오는 바람의 신이었다. 제우스가 뭐라고 귓속말로 명령을 내리자 노토스는 젖은 날개를 펄럭이면서 어디론가 사라졌다. 노토스의 수염은 늘 젖어 있어서 무거웠다. 그의 백발에서는 늘 물이 뚝뚝 들었고, 눈썹은 늘 안개로 덮여 있었으며, 옷에서도 물이 줄줄 흘렀다. 노토스가 그 큰 손으로 하늘에 걸린 구름 덩어리를 건드리자 하늘에서는 무시무시한 소리와 함께 폭우가 쏟아졌다. 헤라 여신의 심부름꾼인 무지개의 여신 이리스가 일곱 색깔의 색동옷을 휘날리면서 은하수로 달려가 물을 길어 와 비구름에다 물을 보태주었다. 폭우가 쏟아지자 곡식은 삽시간에 바닥에 쓰러졌다. 농사꾼들의 간절한 기도도 하릴없이 한 해 내내 기울인 정성은 물거품으로 돌아갔다.

그러나 제우스의 분은 천상의 물을 다 쏟아붓는 것으로도 풀리지 않았다. 그는 다른 신들에게 도움을 청했다.

그와는 형제간인 바다의 신 포세이돈이 파도를 몰아와 제우스를 도

미켈란젤로의 <대홍수>
이것은 구약성서에 나오는 대홍수다. 뒤로 노아의 방주가 보인다. 하지만 이런 대홍수 이야기는 구약성서에만 나오는 것이 아니다. 세계의 신화에서 대홍수 모티프는 보편적이다.

왔다. 포세이돈은 딸림 신들을 풀어 강의 신들을 모두 불러 모았다. 강의 신들이 모이자 포세이돈이 호령했다.

"길게 말하지 않겠다. 있는 물을 다 짜내어라. 우리에게 필요한 것은 바로 그 힘이다. 수문이라는 수문은 모두 활짝 열고, 둑이라는 둑은 다 허물어라. 이로써 물이라는 물은 모두 제 마음대로 흘러가게 하여라."

무서운 명령이었다. 강의 신들은 저마다 제 집으로 돌아가 수문을 활짝 열고는 바다를 향하여 힘차게 돌진했다.

포세이돈이 삼지창으로 땅을 후려갈겼다. 땅이 한 번 요동치자 그 요동에 물길이라는 물길은 다 활짝 열렸다. 물은 들을 지나면서 둑이라는 둑은 다 무너뜨리고 단숨에 곡식과 과수원과 집과 신전들을 쓸어버렸다. 그 무시무시한 물결에도 흔들리지 않고 서 있던 건물도, 저보다 더 높은 파도를 맞고는 물에 잠겼다. 바다와 땅이 따로 없었다. 바다 아닌 곳이 없었다. 바다가 있을 뿐, 해변은 없었다.

대홍수를 피하고자 산꼭대기로 기어오르는 인간들도 있었다. 대홍수 전까지만 해도 갈고 김매던 땅 위에서 죽자고 쪽배를 젓는 인간들도 있었다. 논밭 위로 쪽배를 저어 가는 인간들도 있었고, 물에 잠긴 제 지붕 위로 쪽배를 젓는 인간들도 있었다. 또 느릅나무 꼭대기에서 물고기를 보고는 깜짝 놀라는 자들도 있었다. 이들은 푸른 초원에다 닻을 내리기도 했고, 쪽배의 용골로 물 밑에 잠긴 포도원을 쓸며 지나가기도 했다.

양떼가 풀을 뜯고 있던 곳에서는 꼴사나운 물개들이 놀고 있었다. 물개는 바다의 버금 신 네레우스의 아들딸들이었다. 이들에게는 물 밑에 잠긴 숲과 마을과 집이 참 좋은 구경거리였다.

숲을 차지한 돌고래 무리는 키 큰 나무의 우듬지를 건드리기도 하고 나뭇가지를 흔들기도 했다.

이리 떼는 가축 무리와 함께 물 위를 헤엄치고 있었지만 좋아서 그러는 것이 아니었다. 황갈색 사자와 호랑이들도 파도 사이를 떠다니고 있었지만 좋아서 그러는 것이 아니었다.

대홍수의 소용돌이 속에서는 멧돼지의 그 튼튼하던 엄니도 아무 쓸모가 없었고, 사슴의 그 빠르던 발도 아무 소용이 없었다. 그저 떠내려가고 있을 뿐이었다.

새들은 쉴 만한 땅을 찾아 어지러이 날아다니다 지쳐 물 위로 떨어졌다. 고삐에서 풀려난 바다는 고삐에 묶인 산을 유린했고, 파도는 그런 산의 봉우리를 어루만졌다. 일찍이 어느 누구도 본 적이 없는 참으로 드문 광경이었다. 인류의 대부분은 물에 빠져 죽었다. 요행히 홍수에서 살아난 인간도 오래 계속된 배고픔을 견디지 못하고 굶어 죽었다.

보이오티아 들판과 오이타 들판 사이에는 포키스라는 땅이 있었다.

포키스 땅은 땅 노릇 하던 시절에는 기름지기로 소문난 땅이었으나 홍수 이후로는 사방을 둘러보아도 오로지 물뿐이었다. 말하자면 바다의 일부가 되어 있었다. 이 포키스 땅에는, 두 개의 봉우리는 별에 닿고 마루는 구름을 가르는 아주 높은 산이 있었다. 이 산이 바로 파르나쏘스 산이다.

물이 온 세상을 뒤덮고 있을 즈음 데우칼리온과 그의 아내 퓌라는 조그만 배를 타고 이 산꼭대기에 이르렀다. 데우칼리온은 그 많은 세상 사람들 가운데서도 가장 바르고 의롭게 살아온 사람이었고, 퓌라는 그 많은 세상 여자들 가운데서도 가장 믿음이 깊은 여자였다.

데우칼리온 부부는 배에서 내리자마자 코뤼코스 동굴의 요정들과 산을 지키는 산신들과 만물의 이치를 주관하는 테미스 여신에게 빌었다. 테미스 여신은 일찍이, 인류가 장래에 대홍수를 맞게 될 것이라고 예언한 적이 있는, 더할 나위 없이 현명하고 이치에 밝은 여신이었다.

제우스 신은 물바다가 된 세상을 내려다보고 있었다. 제우스는 그 많던 사내들 가운데 오직 하나, 그 많던 여자들 가운데 오직 하나만 살아있는 것을 보았다. 그는 이 부부가 죄를 지은 일이 없다는 것을 잘 알았다. 이 부부야말로 정성스럽게 신들을 섬겨온 사람들이라는 것도 잘 알았다. 제우스는 이 둘을 살려두기로 했다. 그는 북풍에게 명하여 비구름을 쫓게 했다. 이어서 동풍에게 명하여 안개의 너울을 걷게 했다. 이로써 그는 하늘에서는 땅이, 땅에서는 바다가 보이게 했다.

이제 바다는 더 이상 성난 바다가 아니었다. 바다의 지배자가 파도를 구스르고 삼지창을 놓았기 때문이다. 바다의 지배자 포세이돈은 바다의 버금 신 트리톤을 불렀다. 그러자 트리톤이 깊은 바다에서 솟아올랐다. 그의 어깨에는 조개가 다닥다닥 붙어 있었다. 포세이돈은 트리톤에게 뿔고둥 나팔을 불어 파도의 신들과 강의 신들에게 신호를 보내게 했다.

트리톤은 속이 빈 나팔을 들었다. 입을 대는 부분에서 앞으로 갈수록 넓어지면서 나선형으로 배배 꼬인 나팔이었다. 트리톤이 바다 한가운데서 나팔을 불자 그 소리가 동서로 멀리 떨어진 파도의 신들에게 두루 미쳤다. 트리톤은 다시 한 번, 수염에서 떨어진 물로 흠뻑 젖은 입술에 나팔을 대고 불어 모든 강의 신에게 원래 있던 곳으로 돌아가라는 군호를 보냈다. 이 소리도 땅과 바다를 점령하고 있던 뭇 강의 신들 귀에 고루 들렸다.

소리를 들은 파도의 신들은 모두 돌아갈 길을 생각했다. 바다에는 다시 해변이 나타났다. 엄청나게 불어났던 강물은 다시 물길로 돌아갔다. 홍수가 잡히면서 산이 다시 그 모습을 드러내기 시작했다. 물이 물러나자 대지가 일어섰다. 그리고 나서 한참 뒤에는 숲이 키 큰 나무 우듬지부터 드러나기 시작했다. 나뭇잎에는 뻘이 묻어 있었다. 세상은 원래 모습을 되찾은 것이다.

데우칼리온은 적막에 잠긴 이 황폐한 땅, 텅 빈 땅을 보고 눈물을 흘리면서 사랑하는 아내 퓌라에게 말했다.
"내 아내여, 이 세상에 하나밖에 남지 않은 퓌라여, 처음에는 혈육으로 인연을 맺더니 이윽고 혼인으로 인연을 맺어 내 아내가 된 퓌라여, 이제 이 대홍수가 또 한 번 우리를 하나로 묶는구려……."
데우칼리온은 진흙을 이겨 처음으로 인간을 지었고 신들의 산에서 불을 훔쳐 와 인간에게 주었다는 프로메테우스의 아들이고, 퓌라는 프로메테우스의 아우 에피메테우스의 딸이다. 그러므로 이 둘은 사촌간이 된다.
데우칼리온의 말은 이렇게 계속된다.
"……이 넓은 땅, 해 뜨는 데서부터 해 지는 데까지 살아 있는 인간은 우리 둘뿐이구나. 나머지는 바다가 앗아 갔다. 어떻게 살아가야 할지 눈앞이 캄캄하구나. 아, 막막하여라. 구름만 보아도 가슴이 내려앉는 것 같구나. 가엾은 아내여, 운명이 나를 앗아 가고 그대만 남겨놓은 것은 아니니 그래도 다행이다. 그대 홀로 남아 있었더라면 두려움은 어찌 이겨낼 수 있었을 것이며 슬픔은 어떻게 달랠 수 있었겠는가? 하지만 이제 나를 믿으라. 바다가 그대마저 앗아 갔더라면 나는 그대 뒤를 따랐을 것이다. 바다에 몸을 맡겨, 바다로 하여금 나까지 앗아 가게 했으리라. 나에게 아비 되는 재주가 남아 있어 자손을 퍼뜨리고 새 나라를 일으킬 수 있다면 얼마나 좋을까. 내게 내 아버지처럼 흙을 이겨 사람의 형상을 만들고 거기에다 숨결을 불어넣는 재주가 있다면 좀 좋으랴. 그러나 이제 인류의 운명은 우리 둘에게 달려 있다. 이것이 신들의 뜻…… 우리는 인류의 본으로 남은 것이다."

이 말끝에 두 사람은 서로를 부여안고 울었다. 하늘의 신들께 기도하여 신들의 뜻을 여쭙기로 뜻을 맞춘 두 사람은 지체 없이 손에 손을 잡고 케피소스강 가로 갔다. 홍수 뒤끝이라 맑지는 않으나 그래도 강물은 얌전히 물길 사이를 흘러가고 있었다. 두 사람은 강에서 물을 길어 머리와 옷에다 뿌리고는 테미스 여신의 신전으로 발길을 돌렸다. 신전의 지붕은 더러운 이끼와 뻘로 덮여 있었다. 제단에 향불이 켜져 있을 리 없었다. 두 사람은 신전 계단에 엎드려 차가운 돌에 입을 맞추고는 이렇게 빌었다.

"신들의 마음이 믿음이 깊은 자들의 기도로 움직이고 부드러워진다면, 신들의 분노가 이로써 가라앉는다면, 일러주소서, 테미스 여신이시여. 어찌하면 인류가 절멸한 이 땅의 이 재난을 수습할 수 있을는지요. 자비로우신 여신이시여, 환란을 당한 저희를 도와주소서……."

여신은 이들을 가엾게 보고 속삭이는 소리에다 뜻을 맡겨 전했다. 여신이 맡긴 뜻은 이러했다.

"내 신전에서 나가거라. 나가서 너희 머리를 가리고 의복의 띠를 푼 뒤에 너희들 크신 어머니의 뼈를 어깨 너머로 던지거라."

여신이 속삭이는 소리에 맡긴 뜻을 듣고도 두 사람은 어찌할 줄을 몰라 한동안 그대로 가만히 서 있었다. 먼저 침묵을 깨뜨린 것은 퓌라였다. 퓌라는 떨리는 목소리로 기도했다.

돌을 던지는 데우칼리온과 퓌라
두 사람이 던진 돌은 이윽고 인간으로 변했는데, 데우칼리온이 던진 돌은 남자의 형상을, 퓌라가 던진 돌은 여자의 형상을 얻었다. 16세기 이탈리아 화가 안드레아 델 밍가의 그림.

"여신이시여, 그 뜻은 따를 수 없습니다. 용서하십시오. 크신 어머니의 뼈를 욕보일 수는 없습니다. 용서하십시오."

데우칼리온과 퓌라는 함께 묵상했다. 여신이 전해준 뜻이 너무 엉뚱하고 애매했기 때문이다. 다시 한동안 침묵이 흘렀다. 얼마 후 데우칼리온이 다음과 같은 말로, 겁에 질려 있는 퓌라를 달랬다.

"신의 뜻은 거룩한 법이다. 어머니의 뼈를 던지라고 하신 것은, 어머니의 뼈를 욕보이라는 말씀이 아닐 것이다. 내 짐작이 그르지 않다면, 여신의 뜻이 이르시는 어머니는 곧 대지일 것이요, 어머니의 뼈는 곧 돌이 아닐는지……. 여신께서는 우리에게 어깨 너머로 돌을 던지라고 하신 것일 게야."

퓌라는 데우칼리온의 짐작이 그럴듯하다고 생각하기는 했지만 그렇게 미덥지는 않았다. 데우칼리온에게도 하늘의 뜻이 미덥지 않기는 마찬가지였다. 그러나 두 사람에게는 선택의 여지가 없었다. 그래서 에멜무지로, 짐작한 대로 해보기로 했다. 두 사람은 여신이 이르신 대로 산을 내려가면서 옷으로 머리를 가리고 띠를 느슨하게 풀었다. 그러고는 돌을 주워 어깨 너머로 던져보았다.

역사가 이것을 기록으로 증언하지 않았더라면, 이로써 일어난 일을 믿을 사람은 이 세상에 없을 것이다. 어깨 너머로 던져진 돌은 금방 그 딱딱한 본성을 누그러뜨리기 시작했다. 그리고 잠시 후에는 말랑말랑해지기 시작했다. 말랑말랑해진 돌은 일정한 형태로 변하면서 시시각각으로 커져갔다.

돌은 커지면 커질수록 점점 더 인간의 모습을 닮아갔다. 그러나 인간의 모습이라고 꼬집어 말할 수 있는 단계는 아니었다. 말하자면 정질이 갓 끝났을 뿐 마무리는 아직 되지 않은 대리석상 또는 미완성 석상 같았다. 그러나 오래지 않아 돌 중에서도 습기가 있는 부분, 즉 눅눅한 흙이 묻은 부분은 살이 되기 시작했고, 딱딱한 부분은 뼈가 되기 시작했다. 돌의 '베인(결)'은 이름이 같은 '베인(혈관)'으로 변했다.

은혜로워라, 신들의 뜻이여.

시간이 좀 더 흐르자 지아비가 던진 돌은 남자의 형상을 얻었고, 지어미가 던진 돌은 여자의 형상을 얻었다. 우리 인간들이 아무리 힘든 일이라도 해내는 강인한 족속인 까닭은 이로써 설명이 가능할지도 모르겠다. 이 이야기가 우리의 근원을 증거하고 있는 것이므로.

필레몬과 바우키스

 물과 관련된 또 하나의 이야기가 있다. 온 인간을 멸종시키는 대홍수는 아니다. 홍수라기보다는 물세례에 가까운 이 두 번째 이야기는 구약성서에 나오는 '소돔과 고모라' 이야기를 떠올리게 한다.
 신화시대의 노인 렐렉스의 입을 빌려 이 이야기를 들어보자. 렐렉스는 세상을 오래 살아서 생각이 익을 대로 익은 노인이었다. 그는 세상 구경을 많이 한 페이리토스라는 자가 신들의 능력을 의심하자 이런 이야기를 들려준다. 페이리토스는 '걸어서 돌아다니는 자'라는 뜻이다.

 신들의 힘을 누가 장차 헤아릴 수 있겠는가? 신들은 전지전능하시네. 모르시는 것이 없고 못 하시는 일이 없네. 그래서 신들은 당신들이 바라시는 바는 언제든지 어디서든 이루어지게 하신다네. 내가 이야기를 하나 할 테니 잘 들어보게. 이 이야기를 들으면 자네 생각도 달라질 것일세.
 프뤼기아 산간 지방에 가면 보리수와 아주 오래 묵은 참나무가 한 그루씩 있네. 이 두 그루의 나무 주위에는 나지막한 담이 둘러져 있고……. 내가 직접 가서 보았네. 이 두 그루의 나무가 있는 곳에서 그리 멀지 않은 곳에는 큼직한 연못이 하나 있더군. 그곳 사람들 말로는 한때 그 연못 자리에 마을이 있었다는군. 내가 보았을 당시에는 논병아리나 검둥오리 같은 늪지 새들이나 모이는 연못이었지만…….

옛날에 제우스 신께서 인간의 모습으로 꾸미시고 이곳으로 오셨다는 이야기네. 헤르메스 신이 아버지 되시는 제우스 신 옆에 붙어 있었다고 하더군. 이 두 분은 내가 말하는 바로 그곳에 있는 마을로 들어가 하룻밤 쉬어 갈 수 있게 해달라고 부탁했네. 하지만 번번이 퇴짜를 맞으셨네. 매정한 마을 사람들이 이 두 분이 하룻밤 묵어가게 해달라고 애원하는데도 문을 닫아버리거나 대문의 빗장을 질러버리거나 했던 것이지.

그런데 한 집만은, 오직 한 집만은 그렇지 않았네. 늪의 갈대를 엮어 지붕을 얹은, 참으로 초라한 오두막이었다네. 그 집에는 필레몬이라는 영감과 그의 아내 바우키스 할멈이 살고 있었지. 마음씨 착한 이 노부부는 바로 그 초라한 집에서 결혼식을 올리고, 백발이 될 때까지 그 집에서 살아온 사람들이었네. 노부부는 가난을 있는 그대로 받아들이고 이에 만족하는 사람들이라서 가난하지만 행복하게 살고 있었던 것이네. 그러니 그 집에 주인과 종이 따로 있었겠는가? 식구가 둘뿐이었으니, 명을 내리는 사람 따로 있고 그 명을 받들어 좇는 사람이 따로 있을 턱이 없을 것이 아니겠나.

하여튼 두 분 신께서 고개를 숙이고 나지막한 문으로 들어서자, 노부부는 걸상을 내놓으면서 여행에 얼마나 피곤하시냐, 편히 쉬시라, 이런 말로 손님들을 위로했네. 할멈인 바우키스는 부랴부랴 걸상 위에다 초라하나마 방석을 깐다, 화로를 뒤져 불씨를 찾아낸다, 그 위에다 나뭇잎과 잘 마른 나무 껍질을 얹고는 입으로 솔솔 불어 불을 일으킨다…… 이렇게 나름대로 수선을 떨었던 것이네. 그동안 영감은 잘게 쪼갠 장작과 처마 밑에다 매달아두었던 마른 가지를 벗겨서는 잘게 부러뜨려 할멈의 냄비 밑에다 넣어주었고…….

불 피우는 할멈을 도운 영감은 마당에다 정성 들여 가꾼 채소를 거두어 와 겉의 시든 잎을 깨끗이 따냈네. 그러고는 끝이 갈라진 막대기로 까맣게 그은 대들보에다 오래오래 걸어두었던 훈제 돼지의 옆구리 살을 벗겨내고는 한 조각을 베어 냄비에다 넣고 끓였네. 오래지 않아 냄비 속의 국은 하얀 거품을 내며 끓었네. 이러면서도 영감과 할멈은 계속해서 수다를 떨어댔다네.

왜 그랬을까? 기다리는 길손들이 지루해할까 봐 그랬던 것이지. 손잡이가 못에 걸려 있는 너도밤나무 통에는 더운 물도 있었네. 영감과 할멈은 이 물을 아낌없이 손님들 앞에 놓인 대야에 부어서 여행에 지친 손님들의 손발을 씻으시게 했지.

뼈대도 버드나무, 다리도 버드나무로 만들어진 안락의자 위에는 부드러운 왕골로 짠 방석도 놓여 있었다네. 바우키스와 필레몬은 이 안락의자 위에다 명절이 되어야 까는 걸상보까지 내어 깔았네. 하지만 낡은 버드나무 의자가 어디 가겠나? 초라한 걸상보는 초라한 안락의자에 잘 어울렸네.

이윽고 신들은 식탁 앞에 마주 앉았네. 바우키스 할멈은 떨리는 손으로 옷자락을 여미 질끈 동여매고는 두 분 신의 눈앞에서 상을 차렸지. 식탁의 다리 네 개 중 한 개는 나머지 세 개에 비해 조금 짧았네. 하지만 바우키스 할멈이 기와 조각을 하나 주워 이 짧은 다리 밑에다 괴자 식탁은 평평해졌네. 식탁이 바로잡히자 바우키스 할멈은 박하 이파리로 식탁을 닦고는 여기에다 알락달락한 딸기, 가을에 따서 겨우내 포도주에 절여두었던 버찌, 꽃상추, 순무, 치즈 한 덩어리, 뜨겁지 않은 재에다 구운 달걀을 질그릇 접시에 얹어 내놓았네. 무늬가 놓인 술병과 안에다 밀랍을 입힌 너도밤나무 술잔도 나왔네.

이윽고 식사가 시작되었네. 김이 모락모락 나는 음식 접시와, 오래된 것은 아니어도 그래도 질이 괜찮은 포도주가 든 술병이 몇 순배를 돌았지.

식사가 끝나자 바우키스 할멈은 상을 치우고 후식을 내어놓았네. 호두, 무화과, 쪼글쪼글하게 마른 대추, 오얏, 향긋한 사과, 갓 딴 듯한 포도가 바구니에 담겨 나왔지. 식탁 한가운데엔 꿀이 묻어 반짝거리는 벌집도 나와 있었네만 뭐니뭐니 해도 귀하고도 귀했던 것은 유쾌한 어울림, 주인 내외의 따뜻한 대접이었네.

식사가 계속될 때의 이야긴데, 주인 내외는 자꾸만 따르는데도 따르는 족족 술병에 새 술이 차오르는 데 놀랐지. 이런 기적이 일어나는 걸 보았으니 얼마나 놀랐겠으며 얼마나 두려웠겠는가?

노부부는 '아이고, 여느 손님들이 아니라 신들이시구나' 이렇게 짐작하고는 손을 벌리고 신들께 빌었지. 신들이신 줄도 모르고 허름한 음식을 대접한 무례를 용서해달라고 빌었지. 음식을 공들여 준비하지 않은 무례를 용서해달라고 빌었지.

이 집에는 문지기 노릇을 하는 거위가 한 마리 있었네. 바우키스와 필레몬은 모처럼 찾아주신 신들을 위해 이 거위를 잡으려고 했지. 그러나 거위는 날갯짓을 하면서 도망쳤다네. 노인들이 무슨 수로 이 거위를 따라잡을 수 있겠나. 도망 다니던 이 거위는 마침내 신들 옆으로 달려가 신들의 눈치를 살폈다네. 그러자 신들께서는 거위를 잡지 말라면서 이렇게 말씀하셨다지.

"그래. 우리는 신들이다. 나그네 대접할 줄 모르는 그대들의 이웃들은 곧 큰 벌을 받을 것이다. 그자들은 큰 벌을 받아 마땅하다. 그러나 그대들은 이 재앙을 피할 수 있게 해주리라. 이 집을 떠나 우리와 함께 뒷산으로 오르자."

노부부는 신들께서 말씀하시는 대로 지팡이에 몸을 의지하고 산을 오르기 시작했네. 꼭대기까지는 활 한 바탕쯤 남은 곳까지 오른 두 사람은 뒤를 돌아다보았지. 이들의 눈에 무엇이 보였겠는가?

바우키스와 필레몬이 살던 집만 빼고 온 마을이 모조리 물에 잠겨 있었다네. 이들은 놀란 얼굴로 그 광경을 내려다보면서, 이웃해 살던 사람들이 가엾어서 하염없이 울었다네. 그런데 이어서 놀라운 일이 일어났네. 두 사람 살기에도 비좁던 그 오막살이가 신전으로 변하고 있었던

제우스와 헤르메스를 접대하는 바우키스와 필레몬 부부
맨 오른쪽에 앉아 있는 검은 수염이 난 이가 제우스이고, 그 옆에 앉아 있는 젊은이가 헤르메스다. 거위가 제우스 덕분에 목숨을 건진다. 페테르 파울 루벤스의 그림.

것일세. 나무 기둥이 있던 자리에는 거대한 대리석 기둥이 솟았고, 갈대 지붕은 황금빛으로 변했으며, 문이라는 문은 모두 돋을새김 장식이 붙은 신전 문이 되었고, 흙바닥은 대리석 바닥이 되었던 것일세. 그제야 제우스 신께서 근엄한 목소리로 말씀하셨네.

"선한 영감과 선한 영감에게 어울리는 역시 선한 할미야, 내게 말하여라. 너희가 내게 무엇을 구하느냐?"

바우키스와 필레몬은 한참 상의한 끝에 필레몬이 대신께 바라는 바를 말씀드렸네.

"저희는 대신의 신전을 지키는 신관이 되고자 하나이다. 저희는 한평생을 사이좋게 살아왔으니, 바라옵건대 죽을 때도 같은 날 같은 시에 죽고자 하나이다. 제가 마누라의 장사 치르는 꼴을 보지 않고, 마누라가 저를 묻는 일도 없었으면 하나이다."

이들의 소원은 이루어졌네. 그래서 세상을 떠나는 날까지 두 사람은 신전을 돌볼 수가 있었던 것이지.

이로부터 또 오랜 세월이 흘렀네. 허리가 꼬부라진 이들은 신전 계단에 서서 옛날 거기에서 일어났던 일을 이야기하고 있었네. 이런저런 이야기를 하던 바우키스는 필레몬의 몸에서 잎이 돋아나는 것을 보았고, 필레몬은 바우키스의 몸에서 잎이 돋아나는 것을 보았네. 이윽고 머리 위로 나무가 뻗어 올라가기 시작하자 이들은 마지막 인사를 서로 나누었네. 말을 할 수 있을 때 마지막 인사를 해두어야 했던 것이지.

"잘 가게, 할멈."

"잘 가요, 영감."

이러는데 얼굴이 나무껍질로 덮이면서 이들의 입을 막아버렸지.

프뤼기아 농부들은 지금도 나란히 서 있는 이 두 그루의 나무, 한때는 부부간이었던 이 나무를 보면서 옛이야기를 한다네. 내게 이런 이야기를 들려준 사람은 나를 속여서 득이 될 게 하나도 없는 노인이었네. 나는 이 나뭇가지에 화환이 걸려 있는 것을 직접 보았고, 화환을 하나 만들어 직접 여기에다 건 사람이네. 나는 화환을 걸면서 이런 말을 되뇌었네.

"신들을 사랑하는 자는 신들의 사랑을 입고, 신들을 드높이는 자는 사람들로부터 드높임을 받는 법이거니."

9
흰 뱀,
검은 뱀

왕뱀 퓌톤

'자연발생설'이라는 이론이 있다. 생물이 무생물에서 발생했을 가능성도 있다는 이론이다. 이 이론은 프랑스의 과학자 파스퇴르에 의해 그릇된 이론인 것으로 실증되었지만, 신화가 기록되던 시절의 사람들은 그 자연발생설을 믿었다. 오비디우스가 그리고 있는, 대홍수가 지나간 자리에서 왕뱀이 태어나는 과정을 보라.

인간 이외의 다른 동물들은 대홍수 뒤 땅에 남아 있던 습기가 햇볕에 뜨거워질 즈음에 저절로 생겨났다. 이즈음 늪지의 진흙이 열기에 부풀어오르고, 만물의 씨앗은 어머니 자궁 안에 든 것처럼 부풀어올라 시간이 흐르자 일정한 모양을 갖추게 된 것이다.

이런 일이 일어난 것은 대홍수 때 범람해 있던 네일로스강(나일강)이 벌판에서 원래 있던 강바닥으로 되돌아갈 때였다.

네일로스강이 원래의 물길로 되돌아가자 범람해 있던 곳에 쌓여 있던 진흙은 햇볕을 받아 뜨거워졌다. 이때 이 흙을 일구던 농부들은, 이 흙 속에서 저절로 생겨나고 자라는 수많은 동물을 보았다.

이 수많은 동물 중에는 그 동물의 씨앗에서 갓 빚어진 것도 있었고,

뻘 속에서 생겨나 막 기어 나오려 하는 것들도 있었다. 물론 아직은 다 만들어지지 못해 다리가 온전하지 않은 것도 있었고, 몸의 일부는 생명체인데 나머지는 흙덩어리 그대로인 것도 있었다.

이러한 동물들은 온기와 습기가 알맞은 환경에서만 그 생명을 얻을 수 있었다. 이는 만물이 온기와 습기, 이 두 가지 요소에서 비롯되기 때문이다. 물과 불은 서로 상극이다. 그러나 이 물과 불의 조화로 생기는 습윤한 온기는 만물의 근원이 된다. 말하자면 습기(물)와 온기(불)가 조화를 이루면 곧 생명 창조의 토대가 되는 것이다.

대홍수가 지나간 자리에는 뻘만 남았다. 뜨거운 태양이 뻘을 달구자 여기에서 이루 셀 수 없을 만큼 많은 생명이 탄생했다. 이렇게 지어진 생명 중에는 홍수 이전에 있던 것도 있었고, 전혀 새롭게 지어진 것도 있었다.

대지의 여신이, 살아 있는 것 중에서 크기로 치면 으뜸이 될 만한 왕뱀 퓌톤을 지어낸 것도 이때였다. 이 왕뱀은 누우면 산자락 하나를 덮을 만큼 컸다. 이렇게 큰 짐승을 본 적이 없는 새 인류에게 이 왕뱀은 두려움의 대상이 아닐 수 없었다. 그런데 활의 신 아폴론이 그 왕뱀을 죽였다. 아폴론은 이 무서운 왕뱀을 향해 화살통 하나가 빌 때까지 활을 쏘았다. 왕뱀이 상처를 통해 독을 한 방울도 남김없이 깡그리 비울 때까지 쏘아댄 것이다.

아폴론은 최초의 왕뱀 퓌톤을 죽인 영웅적인 업적을 몹시 자랑스럽게 여겼다. 아폴론이 역시 활쏘기를 좋아하는 꼬마 신 에로스를 놀려먹었다가 다프네에게 상사병이 들어 마음의 상처를 받은 것도 이즈음의 일이다.

아폴론은 세월이 지나도 사람들이 이 영웅적인 행적을 잊지 않도록 이를 기념하는 운동경기 대회를 창시했다. 이 대회가 바로 '퓌티아' 대회다. 이 대회에서는 여러 가지 경기가 벌어진다. 씨름, 달음박질, 전차 경주 같은 경기에서 승리한 선수는 떡갈나무잎으로 만든 관을 상으로

왕뱀 퓌톤과 아폴론
페테르 파울 루벤스의 그림.

받았다. 당시에는 월계수로 만든 월계관이 없었기 때문이다. 아폴론도 머리카락이 흘러내릴 때면 이 관을 썼다. 그러나 다프네가 월계수로 몸 바꾸기를 한 뒤부터 떡갈나무잎으로 만든 관은 월계관으로 바뀌었다. 지금도 그리스에서는 월계수를 '다프니'라고 한다.

왕뱀 퓌톤에게는 역시 왕뱀인 아내 퓌티아가 있었다. 제우스는 지아비를 잃고 눈물로 세월을 보내는 퓌티아를 불쌍히 여겨 인간으로 몸 바꾸기를 해준 뒤, 델포이에 있는 아폴론의 신전을 지키게 했다. 아폴론이 예언의 신 노릇을 하는 것은 바로 이 퓌티아 덕분이다.

퓌티아는 사람들이 아폴론 신의 뜻을 물으러 신전에 찾아오면, 갈라진 땅 속에서 나오는 증기를 마시고 무아지경에 빠진 채, 예언의 신 아폴론의 뜻을 사람들에게 일러준다.

아폴론 신전의 이름인 델포이라는 말은 '자궁'이라는 말이다. 퓌티아에게는 '델피네'라는 별명이 있다. 델피네는 '델포이'의 여성형이다. 퓌티아는 땅속에서 나오는 증기를 마신다고 하는데, 땅속이 무엇인가? 바로 대지의 자궁이다. 뱀은 죽음, 예언, 저승, 의술과 밀접한 관계가 있다.

보라, 에우뤼디케의 발뒤꿈치를 물어 저승으로 보낸 뱀이 있는가 하면, 델포이의 신전에서 앞날을 예언하는 뱀도 있다. 인간에게 득이 되는 긍정적인 흰 뱀이 있는가 하면, 해가 되는 부정적인 검은 뱀도 있다. 뱀의 정체는 도대체 무엇인가?

병 주고 약 주고

 그리스 남쪽 펠로폰네소스 반도의 코린토스 땅에는 유명한 예언자 집안이 있었다. 그 집안에서 난 최초의 예언자는 멜람포스라는 사람이다. 멜람포스는 신이 아닌 인간으로서, 신의 도움을 받지 않고 예언하는 힘을 얻은 최초의 예언자다.
 멜람포스는 어떻게 예언자가 되었을까? 멜람포스의 집 앞에는 아름드리 참나무가 한 그루 서 있었다. 어느 날 이 참나무 둥치의 구멍에서 살던 뱀이 멜람포스의 하인 하나를 물어 죽였다. 다른 하인들이 몰려나와 이 참나무를 쓰러뜨리고는 그 안에 똬리를 틀고 있던 뱀을 잡아 죽였다. 뱀에게는 거느리던 새끼가 있었다. 멜람포스는 하인들이 만류하는데도 이 새끼를 거두어 정성을 다해 돌보아주었다. 새끼 뱀은 나날이 몰라보게 자라났다.
 이렇게 자라난 뱀이 어느 날, 참나무 밑에서 낮잠을 자고 있던 멜람포스의 귀를 핥았다. 잠에서 깨어난 멜람포스는 제 귀를 의심했다. 하늘을 나는 새, 땅을 기는 벌레들이 저희끼리 나누는 말이 그의 귀에 들리게 되었기 때문이다.
 새나 벌레들은 인간의 눈에는 보이지 않는 것을 볼 수 있다. 이들이 서로 나누는 말을 알아들으면 인간에게는 보이지 않는 것을 볼 수 있고, 인간에게는 들리지 않는 것을 들을 수도 있다. 멜람포스는 이들의 말을 알아들음으로써 미래를 예언하는 점쟁이로 행세할 수 있었다.

그런 멜람포스가 누명을 쓰고 역적으로 몰려 옥살이를 한 적이 있다. 멜람포스는 적막한 밤에 그 감옥의 기둥 안에서 벌레들이 나누는 말에 귀를 기울였다. 벌레들은 이런 말을 나누고 있었다.

"흰개미라는 놈들이 이 집 기둥을 다 쏠았다."

"나도 어제 보았다. 곧 지붕이 내려앉을 테고, 그러면 우리도 위험하게 되니 내일은 다른 곳으로 떠나자."

멜람포스는 곧 감옥을 지키던 간수를 불러 이 사실을 귀띔해주었다. 간수들은 처음에는 죄수의 말을 믿지 않았다. 하지만 멜람포스에게 예언의 능력이 있다는 것을 알게 된 간수들은 에멜무지로 그날 하루만 감옥을 비우기로 했다. 죄수들은 가까이에 있던 다른 건물로 옮겼다. 과연 그로부터 하루 뒤에 감옥의 지붕이 내려앉았다. 간수들은 큰 재앙을 피하게 해준 공로로 멜람포스를 풀어주었다.

이 멜람포스의 자손이 바로 코린토스의 예언자로 유명한 폴뤼이도스다. 폴뤼이도스는 조상이 뱀에게서 예언하는 능력을 얻었다는 사실을 알고 있었기 때문에 뱀을 잘 보살폈다.

폴뤼이도스가 아르고스에 살고 있을 때 긴 장마로 물난리가 난 적이 있다. 집이 떠내려가고 산이 무너져 내렸다. 그 물난리 때 폴뤼이도스는 큰물에 떠내려가는 얼룩뱀 한 마리를 건져 살려주었다. 얼룩뱀은 목숨을 걸지 않고는 구해줄 수 없는 독사였다.

그 뒤 폴뤼이도스가 크레타섬 미노스 왕국에 머물고 있을 때의 일이다. 어느 날 왕궁에서 해괴한 일이 벌어졌다. 어린 왕자 글라우코스가 멋모르고 미궁 안으로 들어가버린 것이다. 독자는 테세우스가 아리아드네의 실타래 덕분에 무사히 빠져나온 저 미궁을 기억할 것이다. 왕자가 들어간 미궁이 바로 그 미궁이다.

　왕은 폴뤼이도스를 불러들여 왕자가 사라진 내력을 말하고 살아 있으면 살아 있는 대로, 죽었으면 죽은 대로 왕자를 찾아달라고 부탁했다. 폴뤼이도스는 미궁으로 들어갔다. 미궁은 한번 들어가면 나오지 못하는 곳이다. 하지만 아리아드네의 실타래 덕분에 테세우스는 살아 나오지 않았는가? 테세우스가 살아 나옴으로써 미궁의 수수께끼는 풀려버린 것이다. 일단 풀려버린 수수께끼는 두 번 다시 수수께끼 노릇을 못 하는 법이다. 하지만 어린 왕자에게는 여전히 미궁이었다.

　폴뤼이도스는 미궁으로 들어가 한동안 헤매다 어둠 속에서 벌 떼를 쪼아 먹고 있는 부엉이 한 마리를 보았다. 부엉이 옆에는 지하로 통하는 문이 있었다. 폴뤼이도스에게 짐작이 가는 데가 있었다.

　'이 미궁의 지하에 부엉이가 와 있다는 것은 근처에 벌 떼가 있다는 뜻이다. 벌 떼가 와 있다는 것은 꿀이 있기 때문이다. 꿀이 있다는 것은……'

　이렇게 나름대로 헤아린 폴뤼이도스는 지하로 내려갔다. 과연 지하실 한구석에는 꿀 항아리가 있었다. 미노스왕의 부하 하나가 몰래 숨겨놓은 꿀 항아리였다. 꿀 항아리 위로는 왕자 글라우코스의 두 다리가 나와 있었다. 어린 왕자가 미궁 속을 헤매다 꿀 항아리를 발견하고는 그 꿀을 먹다가 꿀 항아리에 거꾸로 빠져 죽은 것이었다.

　미노스왕의 신하들은 하나같이 폴뤼이도스라면 죽은 왕자를 살려낼 수도 있을 것이라고 왕을 부추겼다. 그들은 본토에서 들어온 폴뤼이도스의 혜안이 두려웠다. 그래서 억지 주장으로 폴뤼이도스의 능력을 과대평가함으로써 잔뜩 부추겨놓고, 죽은 왕자를 살려내지 못하면 왕의 손을 빌려 폴뤼이도스를 죽여버리겠다는 계산이었다.

　미노스왕에게서 이 말을 들은 폴뤼이도스는 기겁을 했다.

　"의술의 신 아스클레피오스도 아닌 제가 어찌 죽은 사람을 살릴 수 있겠습니까? 저에게는 하데스의 물길을 거스를 권능도 없거니와 설사 있다고 해도 그럴 마음이 없습니다."

그는 이런 말로 거절했다.

미노스왕의 신하들은 왕에게 폴뤼이도스를 왕자와 함께 석실에 가두면 어떻게든 손을 쓸 것이라고 꼬드겼다. 고대 그리스 사람들은 죽은 사람을 거대한 돌무덤에 안장했다.

"어찌 되었든 그대를 내 죽은 아들과 함께 돌무덤에 안장할 테니까, 같이 썩고 싶지 않으면 같이 살 길을 찾아보도록 하시오."

미노스왕은 이렇게 억지를 부렸다.

이렇게 해서 폴뤼이도스는 꼼짝없이 왕실의 돌무덤에 갇히고 말았다. 폴뤼이도스가 뛰는 가슴을 달래며 어둠에 눈을 익히고 있는데, 난데없이 뱀 한 마리가 돌무덤으로 들어왔다. 얼룩뱀이었다. 물난리 때 큰물에 떠내려가는 것을 살려준 그 얼룩뱀과 종류가 같은 뱀인 것 같았다. 폴뤼이도스는 기겁을 하고 몸을 피했지만 뱀은 눈 깜짝할 사이에 폴뤼이도스의 발뒤꿈치를 물고는 재빨리 돌무덤 틈으로 사라져버렸.

얼룩뱀의 독은 곧 폴뤼이도스의 몸 안으로 퍼졌다. 시간이 흐를수록 뱀에 물린 데가 아파오면서 폴뤼이도스의 의식은 가물가물해져갔다. 그는 얼룩뱀을 원망했다.

'내가 살려준 본토의 얼룩뱀이 이 섬까지 와 있을 리는 만무하니 그 얼룩뱀은 아닐 것이다. 하지만 목숨을 걸고 얼룩뱀을 살려준 적이 있는 내가 얼룩뱀에 물려 죽어가고 있구나······.'

폴뤼이도스는 눈을 감고 아픔을 참으면서 죽음의 순간이 오기를 기다렸다. 한동안 그러고 있는데 무엇인가가 발뒤꿈치를 문지르고 있는 것 같았다. 폴뤼이도스가 몸을 일으키고 발치를 보니, 얼룩뱀이 약초를 한입 물고 와서 그 약초로 상처를 문지르고 있었다. 희한하게도 순식간에 머리가 맑아지면서 통증이 사라졌다. 얼룩뱀도 곧 돌무덤에서 사라졌다.

폴뤼이도스는 행여나 하고 얼룩뱀이 남겨놓고 간 약초로 왕자의 주검을 문질러보았다. 한 번 문지르자 왕자의 얼굴에 곧 붉은 기운이 떠올랐고, 두 번 문지르자 숨을 쉬기 시작했으며, 세 번 문지르자 왕자는 눈을 떴다. 네 번 문지르자 왕자는 물에서 나온 새가 깃털에 묻은 물을 털듯이, 그 어린 몸에 묻어 있던 '죽음'을 털어내었다.

미노스왕이 폴뤼이도스에게 많은 재물을 내린 것은 물론이다. 하지만 미노스왕은 욕심이 많았다. 그는 폴뤼이도스가 고향으로 돌아가려 하자 왕자에게 점치는 방법과 예언하는 방법을 다 가르친 연후에 고향으로 돌아가라고 말했다. 폴뤼이도스는 달리 도리가 없는 신세라 글라우코스 왕자에게 점술과 예언술을 모두 가르쳤다.

드디어 폴뤼이도스가 아르고스로 돌아갈 날이 왔다. 폴뤼이도스는 귀향선에 오르기 전에 글라우코스 왕자에게 말했다.

"내게 침을 뱉으세요."

하지만 왕자는 침을 뱉지 못했다.

"생명의 은인이자 스승이신데 이떻게 침을 뱉습니까?"

"그래도 한번 뱉어보세요."

글라우코스는 시키는 대로 폴뤼이도스에게 침을 뱉은 뒤 항구에서 스승을 전송했다. 아폴론이 카산드라에게 예언술을 가르치고 단 한 번의 입맞춤으로 '설득력'을 빼앗아 카산드라의 예언을 '하기는 옳게 하되 믿는 사람이 없는 예언'으로 만들었듯이, 폴뤼이도스도 이로써 글라우코스 왕자에게 가르친 점술과 예언술을 고스란히 돌려받았다.

그렇다면 뱀은 무엇인가

 군대에서 군의관들이 붙이는 휘장에는 뱀 두 마리가 지팡이 하나를 타고 올라가는 그림이 새겨져 있다. 그렇다면 이 뱀은 무엇인가?
 신화시대 의술의 신인 아폴론에게는 아스클레피오스라고 하는 아들이 있었다. 아폴론은 이 아들을 당시의 용한 의사이자 지혜로웠던 켄타우로스(반인반마) 케이론에게 맡겨 의술을 배우게 한다. 아스클레피오스는 케이론의 가르침을 받아 대단한 의사가 된다.
 아스클레피오스는 트라카라는 도시에다 요즈음의 의과대학 겸 부속병원 비슷한 것을 세우고 의술을 가르치는 한편 환자를 치료했다. 어찌나 빨리 치료하고 어찌나 용케 치료했던지, "아스클레피오스는 죽은 사람도 능히 살려낸다"는 소문까지 돌았다고 한다. 그리스 신화에 따르면, 이 아스클레피오스는 실제로 죽은 자를 살려내었다가 이승의 이치와 저승의 이치를 분별하지 못하는 것을 밉게 본 제우스의 손에 죽임을 당한다는 대목이 나온다. 그는 제우스가 던진 불벼락에 맞아 죽은 것으로 신화는 기록하고 있다.
 아스클레피오스에게는 트로이아 전쟁 때 나가 싸운 두 아들 이외에도 네 딸이 있어서 아버지를 도와 간호원 노릇을 했다. 맏딸의 이름 이

아소는 '의료'라는 뜻이고, 둘째 딸의 이름 판아케이아는 '만병통치', 셋째 딸의 이름 아이글레는 '광명', 넷째 딸의 이름 휘게이아는 '위생'이라는 뜻이다. 이 네 자매 중 막내의 이름인 휘게이아는 지금도 의과대학에서 쓰이고 있다. '하이진hygiene(위생학)'이라는 말이 바로 휘게이아에서 온 말이다.

아스클레피오스와 휘게이아
고대 그리스에는 죽은 사람을 위해 무덤 앞에 봉헌 부조를 새겨 바치는 풍속이 있었는데, 인기 모티프는 단연 아스클레피오스와 그의 딸 휘게이아였다. 기원전 3세기의 봉헌 돋을새김. 이스탄불 고고학 박물관.

아스클레피오스의 의술 학교는 뒷날 수많은 명의를 배출하게 되는데, 그중에서도 가장 이름 높은 명의가 바로 오늘날 '의성', 즉 의술의 성인으로 불리는 히포크라테스다. 모든 의과대학생은 의사가 될 때 히포크라테스를 본받자는 뜻에서 '히포크라테스 선서'라는 것을 한다.

아스클레피오스의 신전은 고대의 의과대학 및 그 부속병원이었던 셈이다. 그런데 이 신전을 지키던 신관은 이 신전에다 흙빛 뱀을 기른 것으로 전해진다. 신관들은 독이 없는 흙빛 뱀을 아스클레피오스의 사자使者로 여겼기 때문이다.

그러니까 의술을 상징하는 휘장의 지팡이는 아스클레피오스의 지팡이이며, 뱀은 바로 아스클레피오스의 사자인 독 없는 흙빛 뱀인 것이다. 의술을 상징하는 오늘날의 휘장에까지 지팡이와 뱀이 그려지는 것은 바로 이 때문이다.

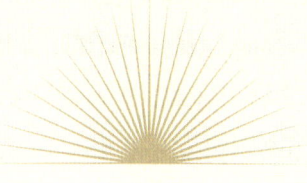

10

술의 신은
왜 부활하는가

디오뉘소스 또는 바쿠스

신 중의 신, 신들의 아버지인 제우스는 인간 세계로 내려와 여자를 꾀는 난봉꾼으로 유명하다. 제우스의 자식을 낳은 으뜸 여신이나 인간 세계의 여성은 이루 헤아릴 수 없을 정도다.

이런 제우스가 세멜레라는 인간 세계 여성에게 아이를 배게 한 일이 있다. 질투심 많기로 유명한 제우스의 아내 헤라가 이 사실을 알고는 이를 갈았다. 헤라는 정식 결혼의 수호 여신이어서 더더욱 이런 일을 참아내지 못한다.

"내가 여기에서 입으로 아무리 악담한들 그게 무슨 소용이야? 이번에는 내 손으로 그 계집을 결딴내야겠다. 내가 누구더냐? 전능한 헤라 여신이라고 불릴 권리가 있는 여신, 보석 박힌 왕관을 쓸 자격이 있는 여신이 아니더냐? 내 손으로 그년을 결딴내야겠다. 그 계집이 은밀하게 제우스와 사랑을 나누는 데 만족하고 있고, 우리 부부 사이를 잠깐 갈라놓은 데 지나지 않았다는 이유를 앞세워 계집을 용서하자고 주장할 자가 있을지도 모르겠구나. 하지만 안 된다. 그 계집은 제우스의 자식을 배고 있다. 내가 칠 명분은 이로써 충분하다. 그 계집의 배 속에 있는 자식이 계집의 유죄를 증명하고 있지 않느냐? 더구나 그 계집은 제 미모를 대단한 것으로 여긴다. 그러니 계집의 생각이 얼마나 잘못되어 있는지 보여줄 수밖에……. 내가 그년이 좋아하는 제우스의 손을 빌려 스튁스강 물에다 처박지 못하면, 크로노스의 딸이 아니다."

옥좌에서 일어난 헤라는 황금빛 구름으로 몸을 가리고는 인간 세상으로 내려가 세멜레의 집을 찾아갔다. 헤라는 세멜레의 집 앞에서 노파로 몸을 바꾼 다음에야 황금빛 구름을 걷었다.

어떤 노파로 몸을 바꾸었던 것일까? 귀밑머리가 새하얗고, 얼굴이 주름투성이인 노파로 바꾸었다. 헤라는 에피다우로스 출신인 세멜레의 유모 베로에로 몸을 바꾼 다음 등을 잔뜩 구부리고는 지팡이로 발밑을 더듬으며 안으로 들어갔다.

세멜레를 만난 헤라(베로에로 잠깐 몸을 바꾼)는 시장 바닥에 나도는 소문에 대해 이런저런 이야기를 했다. 헤라의 목소리는 겉모습에 딱 어울리게 떨렸다. 시장 바닥 소문에 관한 이야기가 나왔으니 제우스 이야기가 따라 나오는 것은 당연했다. 헤라는 한숨을 쉬면서 말했다.

"……아씨 댁을 드나드시는 그분이 진짜 제우스 신이시라면 얼마나 좋겠어요? 하지만 세상 돌아가는 것을 보면 마음이 놓이지 않아요. 많은 사내가 순진한 처녀 방을 기웃거릴 때는 신들 행세를 한다는 걸 아씨도 아시지요? 그분이 자기 입으로 제우스 신이라고 말하더라도 아씨께서는 마음을 놓지 마세요. 아씨를 정말 사랑한다면 증거를 보여달라고 하세요. 정말 제우스 신이시냐고 여쭈어보시고, 정말 제우스 신이시라고 하시거든 헤라 여신 앞에 나타나실 때처럼 위대하시고 영광스러우신 신의 모습을 보여달라고 하세요. 위풍당당하게 벼락까지 차고 오셔서 안아달라고 해보세요."

헤라는 순진한 세멜레를 이렇게 꼬드겨놓았다. 세멜레는 듣고 보니 유모의 말이 그럴듯하게 여겨졌다.

며칠 뒤 제우스 신이 사람의 모습으로 몸을 바꾸고 세멜레의 집으로 왔다.

"소원이 있는데 들어주시겠습니까?"

세멜레가 이렇게 말했다.

"말해봐요. 들어줄 만하면 들어줄 테니까."

제우스 신은 심드렁하게 대답했다.

"꼭 들어주겠다고 약속하셔야 말씀드리겠어요."

"그렇다면 약속하지. 나를 못 믿을까 봐서 하는 말인데, 자네가 원한다면 내 스튁스강에다 맹세하지. 이 스튁스강에다 대고 하는 맹세는 제우스인 나도 뒤집을 수 없네. 자, 맹세했으니 말하게."

가엾은 세멜레는 귀가 너무 얇은 것이 탈이었다. 애인의 손에 죽을 팔자를 타고난 이 세멜레는 제 파멸의 씨앗인 줄도 모르고 제우스의 약속만 믿고는 어린애처럼 좋아했다.

"그럼 말씀드리지요. 헤라 여신 앞에 나타나실 때, 헤라 여신과 사랑을 나누실 때와 똑같은 모습을 저에게도 보여주세요."

'아뿔싸!'

이렇게 생각한 제우스는 그 말이 입 밖으로 다 나오기 전에 세멜레의 입을 막으려고 했다. 그러나 제우스가 정신을 차린 것은 세멜레의 말이 입 밖으로 다 나온 뒤였다. 제우스는 한숨을 쉬었다. 이제 세멜레의 소원을 들어주지 않을 수 없게 되고 말았기 때문이다. 태양신 헬리오스가 파에톤 앞에서 한 맹세를 취소할 수 없었듯이, 이제 자신의 맹세도 취소할 수 없게 되었기 때문이다.

제우스는 슬픔에 잠긴 채 천궁으로 올라갔다. 그에게는 여러 가지의 벼락이 있었다. 백수 거인들을 쓰러뜨릴 때 쓰던 것과 같은 불길이 엄청나게 강한 벼락도 있었고, 외눈박이 거인들이 벼려준 것으로, 불길도 그리 세지 않고 강도도 좀 떨어지는 벼락도 있었다. 제우스는 천궁에 있을 때의 모습을 차리되 비교적 가볍게 차리고, 벼락도 제일 가벼운 것으로 골라 들고는 세멜레가 사는 집으로 들어갔다.

그러나 세멜레는 인간이었다. 세멜레의 육체는 인간의 육체였기 때

디오뉘소스의 탄생
불탄 세멜레의 몸에서
아기를 꺼내는 제우스.
귀스타브 모로의 그림.

문에 이 천궁의 신이 내뿜은 광휘를 견뎌낼 수 없었다. 세멜레는 이 제우스 신이 내쏘는 휘황찬란한 빛줄기를 보는 순간 새카맣게 타 죽고 말았다.

제우스는 이 세멜레의 배 속에 들어 있던, 아직 달이 덜 찬 아기를 꺼냈다. 그러고는 덜 자란 아기를 자기 허벅다리에 넣고 실로 기웠다. 아기는 아버지의 허벅다리 속에서 남은 달을 다 채운 뒤에야 태어났다.

제우스는 이 아기를 힌두스(인도) 땅에 있는 뉘사산의 요정에게 보내어 기르게 했다. 뉘사산의 요정은 행여나 헤라가 알고 달려올까 무서워 이 아기를 동굴에다 숨기고 소젖을 먹여 길렀다. 이 아이가 바로 포도주의 신이 되는 디오뉘소스다. 디오뉘소스는 '뉘사산에서 자란 제우스'라는 뜻이다.

디오뉘소스는 '어머니가 둘인 자'라는 뜻의 디오메토르라고도 불린다. 또 '세 번 탄생한 자'라는 뜻의 트리고노스, '거듭 탄생하는 자'라는 뜻의 폴뤼고노스라고 불리기도 한다. 술의 신 디오뉘소스는 왜 이렇게 여러 번 태어나는가? 어째서 술의 신이 부활을 거듭하는가?

* * *

옛 그리스에는 테이레시아스라고 하는 장님 예언자가 있었다. 테이레시아스라는 말은 '조짐을 읽는 자'라는 뜻이다.

이 테이레시아스가 한창 예언자로 이름을 떨치고 있을 당시, 강의 요정 리리오페가 아들을 낳았다. 요정은 이 용한 예언자를 불러 아들의 운명을 점쳐달라고 부탁했다.

아기를 보는 순간 예언자가 말했다.

"아주 오래오래 잘 살 겁니다. 자기 자신의 얼굴을 보지 못한다면 말이지요."

자신의 얼굴을 보면 오래 살지 못한다는 뜻이 아닌가? 이 아기가 바로 수선화 전설로 유명한 나르키쏘스Narcissos다. 나르키쏘스는 호수에 비친 제 얼굴에 반해 먹고 마시는 것도 잊은 채 굶어 죽어 수선화가 된 청년이다. 자화자찬을 뜻하는 영어 '나르시시즘narcissism'은 바로 이 청년의 이름에서 유래한 말이다.

나르키쏘스가 제 모습에 상사병이 걸려 죽었다는 이야기가 널리 퍼지자, 일찍이 나르키쏘스의 운명을 예견했던 테이레시아스의 명성도 그만큼 널리 알려졌다. 그에 대한 소문은 온 그리스 땅 방방곡곡은 물론이고 온 세상으로 두루 퍼져 나갔다.

테바이의 왕 펜테우스는 신들을 믿지 않는 사람이었다. 다른 사람들은 모두 테이레시아스의 예언을 찬양했지만 펜테우스만은 이 예언을 가볍게 여기고 이 노인의 말을 조롱했다. 심지어 이 노인이 장님이라는 것을 조롱하기까지 했다.

테이레시아스는 이런 펜테우스에게 이렇게 말했다.

"그대 역시 앞 못 보는 장님이나 되었더라면 좋았을 것을……. 그러면 저 디오뉘소스의 거룩한 축제 현장을 보지 않아도 좋게 될 터인데 말이오. 그러나 그날은, 그대가 그대의 눈으로 그 현장을 보게 되는 그날은 기어이 오고야 말 것이오. 내 장담하거니와 세멜레의 아드님이신 디오뉘소스 신께서, 인도에서는 '링감Lingam'이라고 불리는 팔로스(남근상)를 앞세우고 이곳에 오실 날이 임박했소. 그대는 이분의 거룩한 신전에서 이분을 섬겨야 할 것이오. 만일에 이런 명예를 거절한다면 그대는 사지를 갈가리 찢기고, 숲과 그대의 어머니와 그대의 이모들에게 피를 묻힐 것이오. 이런 일은 반드시 일어나고야 말 것이오. 하지만 그대는 이 신의 영광을 부정할 것이오. 이 영광을 부정하고는, 눈먼 내 눈에도 훤히 보이는 저 비극의 날에 가서야 땅을 치며 통곡할 것이오."

테이레시아스가 이토록 자세하게 미래를 예언했는데도 불구하고 펜테우스는 욕지거리를 하면서 그를 쫓아냈다. 그러나 테이레시아스의 예언은 눈먼 노인의 헛소리가 아니었다. 그의 예언은 이루어졌다.

디오뉘소스 신이 인도에서 올 날이 가까워오자 산과 들은 디오뉘소스 신을 섬기는 자들의 외마디 소리로 낭자했다. 테바이 시민들은 모두 거리로 몰려나왔다. 남녀노소, 빈부귀천을 막론하고 모두 몰려나와 이 새로 오는 신을 위한 축제를 준비했다. 그러나 펜테우스왕만은 이를 완강히 거부하면서 백성들을 향해 이렇게 외쳤다.

"자랑스러운 뱀의 족속들아, 전쟁 신 아레스의 후예들아……."

펜테우스가 테바이 백성들을 이렇게 부른 데는 이유가 있다. 테바이의 건설자는 카드모스다. 카드모스는 전쟁 신 아레스가 보낸 거대한 왕뱀을 죽이고는 그 이빨을 땅에 뿌렸는데, 여기에서 무사들이 솟아났고 이들이 바로 테바이 백성들의 조상이 되었기 때문이다.

펜테우스의 질책은 이렇게 계속된다.

"……어쩌다가 이렇게 미치광이들이 되었느냐? 디오뉘소스 신이 놋쇠 바라와 꼬부라진 피리를 불며 다닌다더라만, 대체 놋쇠 바라와 꼬부라진 피리와 속임수와 마술이 어쨌다는 것이냐? 전장의 창칼 숲도, 진군의 나팔 소리도 두렵게 여기지 않고, 칼을 뽑아 들고 열을 지어 진군하던 자들이 어째서 발광하는 계집, 울리는 방울 북, 술 취한 미치광이, 구역질 나는 광신자들 앞에서 맥을 쓰지 못한다는 말이냐? 놀랍구나, 놀랍구나.

힘이 넘치는 젊은 것들아! 디오뉘소스 무리의 화관이 아니라 투구를 써야 할 것들아, 술주정뱅이의 지팡이가 아니라 창칼을 들어야 마땅할 혈기방장한 젊은 것들아!

너희가 어쩌면 나를 이렇게도 놀라게 할 수가 있느냐? 너희의 혈통을 생각하라. 홀로 여럿을 대적해서 싸워 이긴 저 뱀의 기백을 보여라. 그는 저 샘과 연못을 위하여 죽었다.

너희도 이 적을 물리쳐 너희의 명예로운 이름을 지켜야 하지 않겠느냐? 디오뉘소스 신이라는 자는 용맹스러운 사내들의 씨를 말렸다. 그러니 너희는 마땅히 이 요사스러운 적을 물리쳐 조상의 영광을 지켜야 한다. 테바이가 어차피 무너져야 할 성이라면 적의 무기에 무너져야 마땅할 것이며, 우리 눈에 불길이 보여야 하고 우리 귀에 적의 함성이 들려야 하지 않겠느냐? 그러면 설사 우리가 이 테바이성을 잃더라도 후대의 비난을 받지는 않을 것이다. 우리가 싸움에 패배해서 이 성을 잃는다면 패배가 애통한 일이기는 하겠지만 치욕의 눈물은 흘리지 않아도 된다.

그러나 보라! 지금 테바이를 위협하고 있는 적이 누구냐? 무장도 하지 않은 애송이다. 전쟁이나 군마와는 아무 인연도 없는 애송이다. 머리에 화관을 쓰고, 몸에는 색실 술을 단 옷과 꽃다발을 걸고 다니는 유약하기 짝이 없는 애송이다.

너희는 물러나 있거라. 내 몸소 나가 저것을 붙잡아 신들에 관한 이야기는 제가 지어낸 이야기이며, 신성한 제사는 새빨간 사기극이라고 자백하게 만들겠다. 술이라면 질색이던 저 아르고스 왕 아크리시오스는 신성한 권능을 뽐내는 이 사기꾼을 몰아내고 그 면전에서 아르고스 성문을 닫았다.

이자가 온다고? 그런다고 나 펜테우스와 테바이 시민이 겁을 먹을 줄 아느냐? 어림도 없는 소리. 가거라, 어서 가거라. 어서 가서 우두머리를 사슬로 엮어 오너라. 지체하지 말고 내 명령을 시행하라.”

펜테우스왕은 부하들에게 명했다.

테바이를 건설한 장군인 조부 카드모스와 아타마스를 비롯해서 온 테바이 왕족이 이 같은 왕의 처사를 비난했다. 그들은 펜테우스왕에게 그래서는 안 된다고 엄중하게 경고했다. 그러나 이들도 펜테우스왕을 말릴 수는 없었다. 이들의 경고는 오히려 펜테우스왕의 광기에 불을 질렀을 뿐이다. 말하자면 이들의 노력이 사태를 오히려 악화시킨 셈이었다. 장애물이 없을 때는 조용히 부드럽게 산 아래로 잘 흘러가던 시냇물이 나무나 바위 같은 장애물을 만나면 포말을 날리고 소용돌이치면서 흐르는 것과 같은 이치였다.

이윽고 왕이 보낸 무사들이 피투성이가 되어 돌아왔다. 펜테우스왕이 디오뉘소스는 어디에 있느냐고 묻자, 무사들은 디오뉘소스는 구경도 하지 못했다면서 이렇게 대답했다.

"디오뉘소스는 구경하지 못했습니다만, 디오뉘소스를 섬기던 졸개를 하나 잡아 왔습니다. 사람들 말로는, 이자가 제사를 주관한 자라고 하더이다."

무사들이 손을 뒤로 묶인 포로 하나를 왕 앞으로 끌어냈다.

뤼디아 사람인 포로는 디오뉘소스의 추종자였다. 이 포로를 내려다보는 펜테우스왕의 눈은 분노로 이글거렸다. 펜테우스는 당장이라도 포로의 목을 자르고 싶었다. 그러나 그는 그런 마음을 애써 누르고 우선 심문부터 했다. 그 자신도 궁금한 데가 없지 않았기 때문이다. 펜테우스가 말했다.

"너는 곧 죽을 목숨이다. 내 너를 죽여 너희 동아리를 경계하는 본보기로 삼기로 했다. 그러니 말하여라. 네 이름이 무엇이고, 네 부모의 이름이 무엇이며, 어디에서 태어났고, 왜 이렇게 엉뚱한 제사를 차리게 되었는지 소상히 말하여라."

그러자 포로는 별로 겁먹는 기색도 보이지 않고 태연하게 말했다.

"내 이름은 아코이테스라고 합니다. 태어난 곳은 뤼디아이며, 부모님은 신분이 천하신 분들이었습니다. 그래서 아버지는 저에게 힘 좋은 황소로 갈아야 할 만한 논밭도 양 떼도 소도 물려주시지 못했습니다. 그럴 여유가 없으셨던 것이죠. 아버지는 지금의 저처럼 가난하게 사셨습니다. 강가에서 낚시질로 물고기나 잡으셨으니까요. 아버지의 전 재산은 바로 고기 잡는 기술이었던 것입니다. 아버지께서는 이 기술을 가르쳐주시면서 '내가 물려줄 것은 이것뿐이니, 이 재주를 익혀 내 뒤를 이어라' 이러십디다.

아버지는 이로부터 오래지 않아 돌아가셨습니다. 제게는 강물만 유산으로 남기시고요. 하지만 저는 아버지처럼 이 세상을 살기는 싫었습니다. 그래서 뱃길 헤아려 키를 잡는 기술을 배웠습니다. 그래서 비를 부르는 올레노스 산양자리, 타위게테자리, 휘아데스자리, 곰자리도 곧잘 헤아리고 바람의 속내, 폭풍을 피해 들어가기에 알맞은 항구 같은 것에 대해서도 제법 알지요.

저희가 델로스섬으로 가는 길에 키오스섬에 들렀을 때의 일입니다. 노잡이들이 배를 해변에다 대자 저는 배에서 젖은 모래 위로 뛰어내렸습니다. 저희는 거기에서 밤을 보냈습니다.

새벽녘에 잠에서 깬 저는 동료들에게 샘 있는 곳을 가르쳐주고는 식수를 길어 오게 했습니다. 저는 높은 언덕으로 올라가 바람을 보고는 동료들을 데리고 배로 돌아갔습니다. 그런데 물 뜨러 갔던 동료 중에서 오펠테스라는 친구가 맨 먼저 오더군요.

이 친구가 '여, 다녀왔네' 이러면서 해변을 따라오는데, 자세히 보니까 그 옆에 처녀처럼 예쁘장한 청년이 하나 따라오더군요. 친구는 벌판에서 길을 잃고 헤매기에 데려왔다고 했습니다. 청년은 술에 취하고 잠에 취하여 비틀거렸습니다. 그러니까 이 오펠테스라는 자의 뒤를 비틀거리면서 따라오고 있었죠.

저는 청년의 모습, 입은 옷, 지닌 물건을 자세히 보았습니다. 아무래도 여느 인간이 아닌 것 같다는 생각이 들었습니다. 그래서 저는 동료들에게 이렇게 말했습니다.

'어느 신이신지는 모르겠지만, 저분 안에는 분명히 신께서 깃들여 계시다. 오, 신이시여, 저희를 가엾게 보시고 저희가 경영하는 일이 형통케 하소서. 귀하신 분을 이렇듯이 대접한 저희 동아리를 용서하소서.'

그랬더니 딕튀스가 '우리 몫의 기도까지 할 것은 없어' 하고 소리를 빽 질렀습니다.

돛대 위로 돛줄을 타고 오르내리는 일이라면 저희 중 가장 빠른 친구가 바로 딕튀스입니다. 리뷔스와 금발의 망꾼 멜란토스와 알케미돈도 같은 말을 했습니다. 소리를 질러 노잡이들에게 박자를 맞추어주는 포페우스도 비슷한 말을 했습니다. 모두들 노략질에 눈이 어두웠던 모양이지요.

저는 외쳤습니다.

'이 문제에 관해서라면 모두 내 말을 들어야 한다. 나는 거룩하신 분

을 억지로 실어 이 배를 저주받게 할 수는 없다.'

저는 뱃전에 놓인 건널다리를 치워버렸습니다. 그랬더니 저희 동아리 가운데서 가장 담이 큰 뤼카바스가 화를 벌컥 냈습니다. 뤼카바스는 고향 뤼디아에서 살인을 저지르고 추방당한 자입니다.

제가 저항하자 이자는 주먹으로 제 목을 내리쳤습니다. 떨어지면서 용케 밧줄을 잡았기에 망정이지 그러지 않았더라면 저는 바다에 빠지고 말았을 것입니다. 저는 이 밧줄을 잡고 다시 뱃전으로 올라갔습니다.

질이 덜 좋은 선원들이 뤼카바스에게 박수를 보냈습니다.

바로 이때 디오뉘소스 신께서……. 네, 그 청년이 바로 디오뉘소스 신이셨던 것입니다…… 신께서 다가오십디다. 고함 소리에 잠을 깨시고 정신을 차리셨던 것입니다. 술도 말짱하게 깨셨을 테지요. 그분께서 물으셨습니다.

'왜들 이러는 거요? 왜들 이렇게 고함을 지르는 거요? 여보시오, 뱃사람들, 내가 어떻게 여기로 오게 되었소? 나를 어디로 데리고 갈 셈이오?'

프로테우스라는 자가 대답했습니다.

'걱정 말아라. 가고 싶은 항구가 어디냐? 원하는 곳으로 데려다주마.'

'그러면 낙소스섬으로 갑시다. 낙소스는 내 고향이오. 나를 그리로 데려다주면 여러분을 잘 대접해드리기로 약속하지요.'

디오뉘소스 신께서 하신 말씀입니다.

질이 좋지 못한 저희 뱃사람들은 배가 낙소스로 순항하게 되기를 바다에 빌자면서 나에게 돛을 올리라고 했습니다. 저는 알락달락한 돛을 올렸습니다. 낙소스로 가려면 오른쪽으로 가야 했습니다. 그래서 제가 돛을 올리고 배를 오른쪽으로 몰았더니, 오펠테스가 소리를 질렀습니다.

'이 멍청아, 무슨 짓을 하는 것이냐? 너 미쳤느냐?'

오펠테스뿐만 아니고 모두가 이구동성으로 '배를 왼쪽으로 몰아라!' 하고 소리쳤습니다.

저는 그제야 그들의 음모를 눈치챘습니다. 그들은 음모를 꾸미고 있

포도주의 신 디오뉘소스
디오뉘소스의 별명은 '바코스'. 로마 신화에서는 '바쿠스'로 불린다. 15~16세기 이탈리아 화가 레오나르도 다 빈치의 그림.

었던 것입니다. 누군가가 저에게 그 음모의 내용을 귀띔해주었습니다. 참으로 무서운 음모였습니다. 그래서 저는 소리를 질렀습니다.

'나는 키를 잡을 수 없다. 배를 몰고 싶으면 너희가 몰아라.'

저는 놈들과 한패가 되어 못된 짓을, 정말이지 못된 짓을 하고 싶지 않았습니다. 그래서 키잡이 노릇을 더는 못 하겠다고 한 것입니다. 놈들은 저에게 못된 욕을 했습니다.

그 가운데 아에탈리온이라는 자는 '너 없으면 우리가 바다에 빠져 죽기라도 한다더냐?' 이러면서 제 자리를 차지하고는 키를 잡았습니다. 배는 낙소스를 뒤로하고 엉뚱한 방향으로 가고 있었습니다.

그제야 디오뉘소스 신께서 몸소 나서시어 놈들을 조롱하셨습니다. 제가 신께서 놈들을 조롱하셨다고 하는 것은, 놈들의 속셈을 알아차리시고는 갑판에 서신 채 바다를 내려다보시면서 거짓 울음을 터뜨리셨기 때문입니다. 신께서는 거짓 울음을 터뜨리시고는 이렇게 말씀하시더군요.

'여보시오, 뱃사람들, 약속이 다르지 않습니까? 내가 말한 곳으로 가지 않고 있으니 무슨 경우가 이렇습니까? 내가 대체 무슨 못된 짓을 했다고 이렇게 대접하시는 것입니까? 어른들이 혼자 길 떠난 나이 어린 사람을 이렇게 곯리다니 이런 경우가 대체 어디에 있답니까?'

그 순간 저도 울음을 터뜨렸습니다. 저는 거짓 울음을 운 것이 아니고 정말로 울었습니다. 그러나 사악한 제 동아리 뱃사람들은 우는 저를 비웃어가면서 여전히 엉뚱한 방향으로 배를 몰았습니다.

그때 제가 뵌 신……. 이분보다 위대하신 신을 저는 알지 못합니다.

이 신께 맹세코, 제가 지금부터 하는 이야기는 옛사람들이 하고 듣고 믿던 신들의 이야기가 모두 그렇듯이 한마디도 틀림이 없는 진실입니다.

배가 바다 한가운데서 갑자기 물 빠진 항구로 들어간 것처럼 우뚝 서버렸습니다. 뱃사람들은 대경실색하고 노를 젓는다, 돛을 팽팽하게 편다, 노잡이들을 돕고 돛 펴는 뱃사람들을 돕는다…… 이렇게 부산을 떨었지만, 이런 세상에……. 노에는 포도 덩굴이 감기기 시작하면서 손잡이 쪽으로 뻗어 올라오고 있었고, 돛에는 포도송이가 주렁주렁 열리는 것이 아니겠습니까?

 신께서는 어느 틈에 몸을 바꾸셨는지 머리에는 포도송이 관을 쓰시고 손에는 포도 덩굴이 감긴 술의 신 지팡이를 들고 서 계셨습니다. 신의 옆에는 언제 왔던지 호랑이, 살쾡이, 얼룩무늬 표범 같은 짐승들이 몰려와 신을 호위하고 있었고요.

 뱃사람들은 미쳐서 그랬는지, 무서워서 그랬는지 모르겠지만 차례로 바다로 뛰어들고 있었습니다. 맨 먼저 바다에 뛰어든 것은 메돈이었습니다. 메돈의 몸은 바다와 만나는 순간 색깔이 짙어지면서 등뼈가 활처럼 휘기 시작했습니다.

 '메돈아, 네가 대체 무슨 짐승으로 몸 바꾸기를 하고 있는 것이냐?'

 뤼카바스가 이런 말을 하는데, 자세히 보니 뤼카바스의 몸도 바뀌고 있었습니다. 입이 쭉 찢어지면서 코가 꼬부라지고 살갗에 비늘이 돋기 시작한 것입니다.

 리뷔스는 노를 저으려다가 노가 움직이지 않으니까 제 손을 내려다봅니다. 그런데 손이 자꾸만 줄어드는 것이 아니겠습니까? 잠깐 사이에 손은 손이라기보다는 지느러미에 가깝게 변해버리는 것이었습니다.

 또 한 뱃사람은 꼬인 밧줄을 풀어내려고 손을 번쩍 들더군요. 저는 그자의 팔이 없어지는 과정을 보았습니다. 팔이 없어진 몸은 곧 활처럼 휘더니 뒤로 벌렁 나자빠지면서 바다로 곤두박질쳤습니다. 뱃사람들은 모두 반달처럼 휜 몸에 낫 같은 꼬리를 하나씩 달고는 바다로 뛰어들었습니다. 배의 주위에는 이런 짐승들이 무수히 공중으로 솟구치면서 물보라를 일으키고 있었습니다. 물 위로 솟구쳤다가는 다시 곤두박질치고, 곡마단 춤꾼들처럼 제멋대로 몸을 던지는가 하면 콧구멍으로 물을 빨아들였다가는 공중으로 내뿜고는 했습니다.

 스무 마리쯤 되었을 것입니다. 저희 배의 뱃사람이 스무 명이었으니

돌고래로 변하는 뱃사람들
디오뉘소스는 자신을 조롱하고 음모를 꾸민 뱃사람들을 돌고래로 변하게 한다. 고대 그리스의 접시 그림. 뮌헨 국립 고대미술 박물관.

까요. 저 혼자만 온전하게 남아 있고 보니 무서워서 견딜 수가 없었습니다.

부들부들 떨고 있는데 신께서 저를 달래셨습니다.

'떨지 말고 배를 낙소스섬으로 몰아라.'

저는 신께서 시키시는 대로 했습니다.

배가 낙소스섬에 이르자 저는 이 신을 섬기는 사람들 무리에 섞이고 그날부터 디오뉘소스교의 신도가 되었습니다."

아코이테스의 긴 이야기가 끝나자 그동안 힘겹게 분을 삭이고 있던 펜테우스왕은 버럭 고함을 내질렀다.

"네놈의 같잖은 이야기를 다 들어준 것은 이야기를 듣다 보면 화가 좀 가라앉을까 해서였다. 에이, 아까운 시간만 낭비했구나. 뭣들 하느냐? 이놈을 끌고 가서 고문 맛을 좀 보인 뒤에 스튁스강에다 처박아버려라."

아코이테스는 힘 좋은 노예 무사들 손에 끌려 나가 튼튼한 감옥에 갇혔다. 하지만 노예 무사들은 아코이테스를 고문하지 못했다. 무사들이 고문하고 죽이는 데 필요한 연장인 불칼, 인두 같은 것들을 준비하고 있는데, 감옥 문이 저절로 열리더니 간수 아니면 아무도 풀 수 없는 수갑과 족쇄가 스르르 풀렸던 것이다. 아코이테스는 감옥에서 나가 사라졌다. 어떤 간수도 옥문을 나서는 아코이테스를 제지할 수 없었다.

이런 기적이 실제로 일어났는데도 펜테우스는 디오뉘소스를 섬기는 무리에 대한 박해의 손길을 늦추려 하지 않았다. 그는 부하가 미덥지 않았던지 몸소 신도들이 모여 있다는 키타이론산으로 올라가기로 결심했다. 거룩한 제사 마당으로 선택된 키타이론산에서는 디오뉘소스를 추종하는 무리의 노랫소리와 고함 소리가 하늘과 땅을 동시에 울리고 있었다.

청동 나팔이 싸움터에 나아가는 말의 힘살을 부풀리듯이, 하늘과 땅을 두루 울리는 디오뉘소스 추종자들의 노랫소리와 고함 소리는 펜테우스의 분노에 불을 질렀다.

키타이론산 중턱에는 숲이 울창한 주위와는 달리 나무가 없는 빈터가 있었다. 그 빈터는 멀리서도 눈에 잘 보였다. 펜테우스는 올라가다 말고, 잔치가 벌어지고 있는 그 빈터를 올려다보았다. 그의 눈은 분노로 이글거렸다.

맨 먼저 펜테우스를 알아보고 미친 듯이 달려오는 여자가 있었다. 미친 듯이 달려와 지팡이를 휘두른 여자는 바로 펜테우스의 어머니였다. 펜테우스의 어머니는 아들을 지팡이로 두들겨 패면서 외쳤다.

"동생들아, 너희들도 와서 나를 도와다오. 여기 멧돼지가 왔구나. 엄니로 우리 밭을 들쑤시던 이 멧돼지를 잡게 어서 창을 가지고 오너라. 창으로 찔러 죽여야겠다."

노파의 말이 떨어지기가 무섭게, 광란 상태에 빠진 무리가 쏜살같이 몰려 내려왔다. 펜테우스는 기겁을 했지만 저항할 수 있는 형편이 아니

디오뉘소스 제전의 광경
디오뉘소스를 섬기는 제사이자 잔치로, 상당히 무절제하고 음란했던 것으로 전해진다. 그림 왼쪽을 보면 아기들도 술잔을 들고 술을 받고 있다. 니콜라 푸생의 그림.

었다. 벌써 어머니의 지팡이에 맞아 그의 이마에서는 피가 줄줄 흐르고 있었다.

그는 말투를 바꾸어 어머니를 달래는 한편, 자기에게 잘못이 있었음을 시인했다. 무리에 섞여 달려온 두 이모에게도 애원했다.

"아우토노에 이모님, 저를 도와주세요. 제가 데리고 다니던 사냥개에 찢겨 죽은 악타이온의 혼령을 생각해서라도 부디 이성을 되찾으시고 저를 불쌍히 여겨주세요."

그러나 악타이온이라는 이름도 소용없었다. 어머니와 이모는 여느 때의 어머니와 이모가 아니었다. 펜테우스가 빌기 위해 팔을 벌리자 이모 아우토노에는 칼을 들어 펜테우스의 오른팔을 잘랐다. 또 한 이모인

이노는 칼을 들어 펜테우스의 왼팔을 잘라버렸다. 팔도 벌릴 수 없게 된 펜테우스는 어머니에게 팔 잘린 자리를 보여주면서 울부짖었다.

"어머니, 보세요. 아들 펜테우스가 이 꼴이 되었습니다."

피투성이가 된 아들을 보고 있던 펜테우스의 어머니 아가우에는 외마디 소리를 지르며 고개를 뒤로 젖혔다가는 있는 힘을 다해 자기 이마로 아들의 이마를 받아버렸다. 펜테우스의 머리는 산산이 부서지면서 땅바닥으로 쏟아져 내렸다. 피 묻은 손으로 아들의 두개골 조각을 주워 든 아가우에가 하늘을 우러르며 외쳤다.

"이겼다. 우리가 이겼다. 내가 이겼다."

가까이 몰려와 광란하고 있던 무리는 눈 깜짝할 사이에 펜테우스의 사지를 갈가리 찢었다. 늦서리를 견디며 간신히 가지에 매달려 있던 나뭇잎을 가을바람이 떨어뜨리는 형국이었다.

이 끔찍한 일이 벌어지고 나서 테바이 여자들은 무리를 지어 이 새로운 잔치를 받아들였다. 모두들 앞다투어 디오뉘소스 제단에 향불을 피워 올리고 이 신을 섬겼다.

디오뉘소스가 인도 땅에서 어떤 것을 가르치고 무엇을 배워 왔는지는 분명하지 않으나, 디오뉘소스가 귀향한 뒤부터 신도들은 거리를 누빌 때마다 인도 땅 시바 신을 상징하는 남성의 생식기와 비슷한 남근상 '팔로스'를 앞세우고 다녔다고 한다.

디오뉘소스는 한 손에는 튀르소스(술의 신을 상징하는 지팡이), 다른 한 손에는 술잔을 들고 사람들을 가르쳤다고 한다. 무엇을 가르쳤을까?

이렇게 가르친 듯하지 않은가?

"제우스 대신이 곧 광명의 지배자이며 광명이듯이, 나는 곡식과 과일 그리고 이로 빚은 술의 신이자 곧 곡식과 과일 그리고 술이다. 내가 썩어 술이 되거든 너희가 마셔라. 너희가 썩어 술이 되면 내가 마시리라. 마시고 취하고 싶은 자는 취하라. 내 무리가 술의 광기에 취하고 노래의 광기에 취하여 오르페우스를 찢어 죽였다는 말을 너희가 들었느냐? 내가 그 처녀들에게 죄를 주지 않는 이치를 너희들이 아느냐? 취하고 싶은 자는 취하라. 취하거든 산으로 들어가라. 산에는 삼엄한 신전도 사당도 없다.

산에서는 오래 참던 소리를 짐승같이 토해내며 춤을 추어도 좋다. 달리고 싶은 자는 미친 듯이 달려도 좋다. 달리다 힘이 다하거든 울창한 나무 밑을 침실로 삼고 부드러운 목초를 침상으로 삼아도 좋다.

그러나 잘 들으라! 너희의 목적은 술이 아니다. 광기도 아니다. 술이 깨거든 카오스(혼돈)가 비롯되던 시간, 코스모스(질서)가 비롯되던 시간을 생각하라. 광기에서 놓여나거든 떠날 일을 생각하라.

나는 누구인가? '바코스(싹)'다. 씨앗이 대지에 들었다가 제 몸을 썩히고, 싹을 내고, 자라고, 열매를 맺고, 다시 대지에 들어 제 몸을 썩히는 이치를 생각하라. 이 생성과 소멸을 거듭하는 한 알의 곡식과 과일이 있는 이치를 생각하라. 그리고 너희가 그 자리에서 다시 하나의 생명으로 곧게 설 방도를 생각하라. 그것이 목적이다. 내가 너희에게 준 술과 술자리는 쾌락이 아니라 한 자루의 칼이다. 너희는 자루를 잡겠느냐, 날을 잡겠느냐?

내가 너희에게 준 술은 무수한 생명이 뒤섞여 있는 카오스의 웅덩이다. 너희가 빠져 있겠느냐, 헤어나오겠느냐?"

독자들은 짐작했을 것이다. 디오뉘소스는 저승 왕의 왕비 페르세포네와 밀접한 관계가 있다.

대지의 여신이자 곡식의 여신의 딸 페르세포네는 한 해의 절반은 땅 밑 저승에 있어야 하고, 한 해의 절반은 땅 위에 있는 어머니 품에 있어야 한다. 태아일 당시 디오뉘소스는 10개월의 절반은 어머니 세멜레의 배 속에 있었고, 절반은 아버지 제우스의 허벅다리 속에서 자랐다. 해마다 죽었다가 살아나기를 거듭하는 것으로 알려진 디오뉘소스는 부활의 신이다. 디오뉘소스의 별명 중 하나인 '헤르메스 크토니오스'는

'저승의 헤르메스'라는 뜻이다. 저승을 마음대로 출입할 수 있는 올륌포스 신은 헤르메스뿐이다.

보라, 디오뉘소스도 헤르메스처럼 이승과 저승을 마음대로 드나들었던 것 같지 않은가?

11

머리의 뿔,
사타구니의 뿔

세 가지 풍요의 뿔 이야기

화수분 단지

'아무리 퍼내도 쌀이 자꾸자꾸 차오르는 항아리가 있다면 얼마나 좋을까……' 가난한 사람들에게는 이런 소망이 있을 것이다. 신화의 세계에는 그런 쌀독이 얼마든지 있다. 세계 어느 나라 신화나 민담을 들추어보아도 이런 항아리가 등장하지 않는 신화나 민담은 없다. 신화에는 사람들의 원망願望이 투사되어 있다.

우리나라 민담에도 그런 항아리가 등장한다. 아무리 꺼내도 자꾸자꾸 먹을 것이 차오르는 '화수분 단지'가 바로 그런 기적의 단지다. 세상 끝나는 날까지 쌀을 갈아대는 '혼자 도는 맷돌'도 그런 기적의 맷돌이다.

독자들은 바우키스와 필레몬 이야기의 다음 대목을 기억할 것이다.

"……식사가 계속될 때의 이야기인데, 바우키스와 필레몬은 술을 자꾸 따르는데도 따르는 족족 술병에는 새 술이 차는 데 놀랐지. 이런 기적이 일어나는 걸 보았으니 얼마나 놀랐겠으며 얼마나 두려웠겠는가? 노부부는 '아이고, 여느 손님들이 아니라 신들이시구나' 이렇게 짐작하고는 손을 벌리고 제우스 신과 헤르메스 신께 빌었지. 신들이신 줄 모르고 허름한 음식을 대접한 무례를 용서해달라고 빌었지. 음식을 공들여 준비하지 않은 무례를 용서해달라고 빌었지…….”

 여기에도 '자꾸 따르는데도 따르는 족족 새 술이 차는 술병'이 등장한다. 그런 술병이 있다면 술꾼들은 참 좋겠다.

아켈로오스의 슬픈 고백

 영웅 테세우스가 그리스의 뭇 영웅들과 어울려 칼뤼돈에서 멧돼지 사냥을 끝내고 아테나이로 되돌아가는 도중이었다. 그런데 강신江神 또는 하백河伯 아켈로오스가 길을 막았다. 아켈로오스가 길을 막은 것은, 테세우스가 저 위대한 티륀스의 영웅 헤라클레스로부터 인정받은 장사라는 것을 잘 알고 있었기 때문이다. 하지만 아켈로오스는 해코지하려고 그랬던 것이 아니다. 자신과 헤라클레스 사이에 있었던 어처구니없는 싸움 이야기를 하기 위해서였다. 아켈로오스의 어조는 더할 나위 없이 간곡했다.

 "위대한 아테나이인이시여, 내 집에서 며칠 쉬어 가시기를 바랍니다. 또 바라거니와 탐욕스러운 내 강의 물길을 얕보지 마십시오. 경사진 물길에 갇혀 우렁찬 소리를 내며 흐르는 내 강의 흐름은 거대한 나무둥치와 굵은 바위까지 휩쓸어버리는 것을 힘겨워하지 않습니다. 나는 내 강의 둑 위에 있던 마을 외양간에서 가축이 내 강의 흐름으로 휩쓸려 들어오는 것을 많이 보았습니다. 내가 보았는데, 황소가 힘이 세다 한들 물속에서는 하릴없었고, 말이 빠르다 한들 물속에서는 소용이 없습니다. 산에서 눈 녹은 물이 내 흐름으로 흘러들 때면 수많은 젊은이가 내 강에서 목숨을 잃는답니다. 그러니까 내 강의 물이 줄고, 흐르는 속도가 줄어 얌전하게 둑 안으로만 흐르기까지 기다리는 것이 좋습니다."

 테세우스는 그러마고 했다. 그러고는 아켈로오스의 안내를 받아 다

공질多孔質 경석輕石과 거친 석회화石灰華로 이루어진 동굴로 들어갔다. 바닥에는 부드러운 이끼가 깔려 있었고, 천장에는 권패卷貝와 진주조개 껍데기가 격자무늬로 박혀 있었다.

테세우스 일행이 안락의자에 앉은 것은 태양이 하늘 궤도의 3분의 2를 돌았을 때였다. 맨발의 요정들이 식탁을 펴고는 진수성찬을 날라다 차렸다. 식사가 끝나자 요정들은 보석 잔에 따른 포도주를 후식으로 날라다 주었다.

아켈로오스는 갈대로 이마를 친친 감은 채, 손님을 대접하는 주인답지 않게 한숨을 푹푹 쉬었다. 테세우스가 그에게 한숨 쉬는 까닭을 물었다. 그러자 아켈로오스가 말문을 열었다.

"……가짓수는 얼마 안 되지만, 나도 초라하나마 둔갑술을 익힌 처지라 짐승으로 둔갑하기도 합니다. 대개의 경우에 지금 그대가 보시는 모습을 하고 있지만, 때로는 뱀 또는 육축 중에서는 으뜸인 황소로 둔갑하기도 합니다. 황소의 힘이 뿔에서 나온다는 것은 아시지요? 나도 한때는 뿔이 두 개인 황소로 둔갑할 수도 있었습니다만, 지금은 둔갑해도 외뿔 황소로밖에는 둔갑이 안 됩니다. 한쪽 뿔은 뽑혀버리고 말았지요……. 거참 묘한 이치지요? 절름발이 신은 황소로 둔갑해도 절름발이 황소로밖에는 둔갑이 안 되니까요."

아켈로오스는 얘기하다 말고 또 한숨을 쉬었다.

"아니, 어쩌다가요?"

치렁치렁한 머리카락을 갈대로 질끈 동여매고 있던 아켈로오스가 얘기를 이었다.

"……그대가 묻는 것에 답하기가 나에게는 고통스러운 노릇입니다. 이 세상에 자기가 진 싸움 이야기를 하기 좋아할 자가 어디에 있겠습니까? 하지만 말이 나온 김에 말씀드리기로 하지요. 싸운 것 자체의 영광이 패배의 불명예를 덮을 수 있다면 말씀드려도 좋겠지요. 나는 그때의 싸움에서 진 것을 몹시 부끄러워합니다만, 싸운 상대가 온 세상이 다

아는 영웅이었다는 사실로 위안을 삼는답니다.

데이아네이라라는 이름을 들어보셨겠지요? 참으로 아름다운 처녀였답니다. 어찌나 아름다웠던지 한다하는 젊은이들이 모두 이 처녀를 아내로 삼으려고 그 아버지의 왕궁으로 몰려갔답니다. 나도 이 처녀를 얻으려고 장차 내 장인이 될지도 모르는 분께 달려가 이런 말을 했습니다.

'오이네우스왕이시여, 저를 따님의 지아비로 삼으소서.'

그런데 저 유명한 헤라클레스도 나와 같은 생각으로 거기에 와 있었습니다. 결국 다른 구혼자들은 다 떨어지고 나와 헤라클레스만 사위 후보로 남게 되었지요. 나의 연적이 된 헤라클레스는 데이아네이라를 제우스의 며느리로 삼아야 한다면서, 말하자면 자기가 제우스 대신의 아들이라는 것을 위세하면서 자기 업적을 자랑합디다. 아시다시피 헤라 여신은 헤라클레스에게 인간으로서는 도저히 할 수 없는 열두 가지 일을 맡기지 않았습니까?

잘 아시겠지만, 헤라클레스는 자신이 제우스 대신과 알크메네 사이에서 난 아들이라고 주장하고 다니지 않습니까? 알크메네가 제우스 대신의 애인이니, 헤라 여신으로서야 헤라클레스를 미워할 수밖에 없었을 테지요. 그래서 인간으로서는 도저히 해낼 수 없는 열두 가지 일을 맡겨 시험했을 테고요. 헤라클레스는 이 열두 가지 일을 깔끔하게 마무리지음으로써 '헤라클레스(헤라 여신의 영광)'를 드러냈고요. 그러니까 이 이야기를 들으시되, 이 일은 헤라클레스가 헤라 여신의 허락을 얻어 신위에 오르기 전에 있었던 일이라는 것에 유념하시기 바랍니다.

나는 왕에게 이런 말을 했습니다.

'신이 인간에게 질 수는 없는 노릇입니다. 왕이시여, 저는 전하의 땅, 비탈진 물길을 도도히 흐르는 물의 왕입니다. 전하의 사위가 되고자 하는 저는 낯선 해변에서 온 이방인이 아니라 전하의 신민 중 하나이고, 전하가 다스리시는 왕국의 일부입니다. 천궁 올림포스의 왕후이신 헤라 여신의 미움을 사지 않았다고 해서, 헤라 여신으로부터 난사難事의 시험을 부여받지 않았다고 해서 저를 내치지는 마소서.

그리고 알크메네의 아들, 자네 말이야, 자네는 제우스 대신의 아들이라고 하는데, 내가 알기로는 참으로 터무니없는 주장이다. 자네는 제우스 대신의 아들일 리 없을 터이거니와, 만일에 자네가 아들이라고 하더라도 이 또한 자랑거리가 될 턱이 없다. 무슨 까닭이냐고? 자네가 만일에 제우스 대신을 아버지라고 부른다면 자네는 이로써 그대 어머니의 간통을 인정하는 셈이 된다. 자, 어쩔 테냐? 제우스 대신의 아들이 아니라는 것을 인정할 테냐, 아니면 제우스 대신의 아들이라고 우김으로써 자네가 참으로 부끄러운 간통의 씨앗이라고 할 테냐?'

헤라클레스는 이런 말을 할 동안 내내 나를 잡아먹을 듯이 노려보더니만 화를 삭이지 못하고, 영웅들이 대개 그러듯이 우렁찬 소리로 이렇게 응수합디다.

'나는 말은 잘 못 하는 사람이나 손을 쓰는 데는 자신이 있는 사람이다. 만일에 나와 싸워서 네가 이기면 네 말이 맞는 것으로 하자.'

아, 이러더니 내게 달려듭디다. 큰소리를 친 참이라 물러서기가 창피하더군요. 나는 물빛 푸른 옷(강의 신이니 옷은 당연히 물빛이지요)을 벗어 던지고, 두 손을 가슴에다 끌어다 붙이고 방어 자세를 취함으로써 싸울 채비를 했습니다.

그랬더니 헤라클레스가 손을 모으고는 흙을 한 움큼 퍼가지고 내게 다 뿌리는 것이 아니겠습니까? 나도 황토를 퍼가지고 그 친구에게 뿌렸지요. 온몸이 누렇게 흙투성이가 되도록 뿌렸습니다.

헤라클레스는 내 목을 노리는가 하면 어느새 다리를 노리는 등 변화무쌍한 기술을 구사하며 정신없이 공격해 왔습니다. 하지만 나는 보시다시피 몸이 여간 무거운 게 아닙니다. 그러니 그 친구의 공격에 끄떡도 하지 않았을 수밖에요. 파도의 노호에 시달리면서도 그 우람한 모습으로 꿈쩍도 않고 의연하게 서 있는 거대한 바위처럼 말입니다.

우리는 잠시 떨어졌다가, 서로 지지 않으려고 발을 땅에 단단하게 붙이고 다시 맞붙었습니다. 나는 허리를 구부린 채 그 친구의 손을 깍지 끼고 내 이마를 그 친구의 이마에다 붙였습니다. 나는 언젠가 아주 근사한 풀밭에서 황소 두 마리가 잘생긴 암소를 두고 맹렬하게 싸우는 것을 본 적이 있습니다. 다른 소들은 누가 그 싸움에서 승리해 암소를 차지하게 될 것인지 몹시 궁금했던 나머지, 불똥이 저희들에게 튈 가능성이 있는데도 두려움에 떨면서 구경하고 있었고요. 우리 둘이 그 황소와 비슷했지요.

헤라클레스는 세 번이나 제 가슴을 내 가슴에다 대고는 나를 밀어붙였습니다. 그러다 뜻대로 되지 않자 내 손을 뿌리치고는 나를 한 대 쥐어박는데, 사실을 말하기로 결심한 김에 솔직하게 말씀드리리다. 정신이 없더군요. 내가 비틀거리는 틈을 이용해서 이 친구가 재빨리 내 등에 올라탑디다. 내 말을 믿으세요. 나는 그대로부터 존경을 받으려고 불려서 말하고 있는 것이 아닙니다. 등에다 헤라클레스를 달고 있으려니 흡사 산 밑에 깔려 있는 것 같았다는 내 말에 과장 같은 것은 섞여 있지 않습니다.

나는 어찌어찌해서, 온통 땀에 젖은 내 팔을 그 친구의 팔과 내 가슴 사이에다 찔러 넣을 수 있었습니다. 말하자면 내 몸을 조르는 그 친구의 팔을 좀 느슨하게 풀 수 있었던 것이지요. 그러나 다소 느슨해졌다고는 하나 여전히 제대로 숨을 쉴 수가 없고 힘을 쓸 수가 없습디다. 헤라클레스는 잠시 후 팔로 내 목을 감더니 땅바닥에다 내동댕이칩디다. 나는 흙바닥에 무릎을 꿇지 않을 수 없었지요.

힘으로는 안 되겠다 싶은 생각이 들기에 나는 방법을 바꿔서 긴 뱀으로 둔갑했고, 재빨리 그의 손아귀에서 빠져나왔습니다. 그러나 내가 몸으로 나선형 똬리를 만들어 갈라진 혀로 쉭쉭 소리를 내고 있는 걸 본 이 티륀스의 영웅은 내 재주를 비웃으며 이런 말을 하는 것이 아니겠습니까?

'강보에 싸여 있을 때 뱀을 잡은 나다. 아켈로오스야, 네가 뱀으로 둔

헤라클레스와 아켈로오스의 싸움
16~17세기 네덜란드 화가 코르넬리스 판 하를럼의 그림.

갑은 했다만, 레르네의 휘드라에 견주니 네 모양이 초라하기 그지없구나. 아홉 개나 되는 휘드라의 머리는 예사 머리가 아니었다. 하나를 자르면 전보다 튼튼한 머리가 둘씩이나 돋아났으니 말이다. 그러나 그 머리가 아무리 많이 돋아나면 무얼 하느냐, 자르는 족족 돋아나면 무얼 하고 해치려는 자의 힘을 제 힘으로 이용해먹으면 무얼 하느냐, 결국은 내 손에 도륙을 당하고 말았다. 생각해보아라. 네가 둔갑한 꼴은 뱀 같다만, 네가 쓸 무기인 독니가 네 솜씨에 익은 것이 아니고 그 형상이라는 것도 잠시 빌렸을 뿐인 형상에 지나지 않는데, 네가 장차 내 손에 어찌 될 것인지 생각해보아라.'

아, 이러더니 손을 쑥 내밀어서는 뱀으로 둔갑한 내 목을 잡죄는 것이 아니겠어요? 숨이 콱 막힙디다. 나는 그 친구의 손아귀에서 빠져나오려고 몸부림을 쳤지요.

 나는 둔갑하고도 그 친구에게 지고 만 것입니다. 하지만 내게는 둔갑할 거리가 하나 더 남아 있었습니다. 우람한 황소로 둔갑하는 것이었지요. 그래서 나는 황소로 둔갑하고 다시 싸움을 시작했습니다. 그러나 헤라클레스는 재빨리 내 왼쪽으로 몸을 비키더니 팔을 내 목에다 감습디다. 나는 그의 팔을 털어내려고 머리를 흔들었습니다만, 그 친구는 내 목을 아래로 꺾어 뿔을 땅바닥에다 박아버립디다.

 이로써 놓아줄 줄 았았지만 어림도 없었어요. 그 친구는 내 뿔 하나를 그 우악스러운 손으로 잡더니만, 뚝 분질러버리는 게 아닙니까? 나는 이로써 공격 무기를 잃은 것입니다. 다행히 물의 요정 나이아스들이 이 뿔을 거두어 안에다 과일을 넣고 향기로운 꽃을 꽂아 신들께 바쳤지요. 그러자 자비로우신 코피아(풍요) 여신께서 이 뿔을 축복하시니, 여신께서 축복하신 뒤로는 요정들이 아무리 꺼내도 이 뿔에는 늘 과일과 꽃이 차더라고 합니다. 그러니까 나의 뿔은 이때부터 '코르누코피아(풍요의 뿔)'가 된 것이지요."

 강의 신 아켈로오스의 이야기가 끝나자 아르테미스 여신처럼 차려입은 시녀 요정 하나가 어깨 위로 머리카락을 늘어뜨린 채 이 뿔에다 후식으로 먹을 맛난 사과 등 가을걷이한 것들을 담아 내왔다.

 이윽고 새벽이 오고, 이어서 아침 햇살이 산봉우리를 어루만지기 시작하자 테세우스 일행은 다시 길을 떠났다. 강물이 평화로워질 때까지, 강바닥이 빌 때까지 기다릴 수 없었던 것이다. 일행이 떠나자 아켈로오스는 그 험상궂은 얼굴과 뿔 하나 뽑힌 자리가 흉터로 남아 있는 머리를 강물에 담그고 모습을 감추었다.

 이것이 첫 번째 풍요의 뿔 이야기다.

뱀과 황소

강은 굽이쳐 흐르면서 끊임없이 건너편 언덕을 깎아낸다. 강은 이렇게 깎아낸 흙을 날라 건너 쪽의, 그 언덕에서 조금 떨어진 곳에다 쌓아놓고 흘러간다. 강은 끊임없이 깎고, 나르고, 쌓는다. 이것이 바로 강이 지닌 침식작용, 운반작용, 퇴적작용이다. 강의 이 버릇이 결국은 저 자신의 얼굴을, 힘껏 당겼다 놓아버린 고무줄 모양 또는 구불텅거리면서 기어가는 뱀 모양으로 만들고 마는데, 사람들은 이런 강을 사행천蛇行川이라고 부른다.

사행천은 구불텅거리다가 아예 늪지에다 사생아 같은 호수 하나를 남기고 흘러가기도 한다. 이 호수 주변의 퇴적지는 매우 기름지다. 이집트의 비옥한 땅 나일강 삼각주도 나일강의 범람 때문에 생긴 퇴적지다.

아켈로오스는 건기에는 사행蛇行하는 강, 우기에는 범람하는 강이다. 범람할 때의 아켈로오스강은 더운 콧김을 불면서 돌진하는 발정기의 황소를 연상시켰을 것이다. 아름다운 처녀 데이아네이라를 사이에 둔 헤라클레스와 아켈로오스의 한판 싸움은 벌판에서 맞붙은 두 마리의 황소를 연상시킨다. 게다가 헤라클레스는 뱀처럼 구불텅거리며 흐르다 우기가 되면 범람하는 강을 제방이나 운하로 다스렸다. 헤라클레스의 승리는 치수 사업의 성공 사례를 말하고 있는 것이기가 쉽다.

범람하는 강을 다스려놓으면 인근의 퇴적지는 옥토가 된다. 그 옥토에서 무엇인들 나오지 않으랴? 그 옥토야말로 씨앗만 묻어두면 저절로 자라 열매 맺어 사람들에게 끊임없이 먹을거리를 제공하는 풍요의 뿔, 화수분 단지가 아니겠는가?

아말테이아의 뿔

제우스는 크로노스와 레아 사이에서 태어난 막내아들이다. 하지만 제우스의 어린 시절은 수많은 신과 영웅의 어린 시절이 그렇듯이 매우 불우했다. 그 까닭은 아버지 크로노스에게는 자식이 태어나는 족족 삼켜버리는 버릇이 있었기 때문이다.

크로노스는 '시간'의 신이다. 그가 자식이 태어나는 족족 삼켜버리는 것은, 때가 되면 이 세상에 태어나는 모든 것을 삼켜버리는 시간의 운명을 상징한다고 한다.

어머니 레아는 지아비가 이 막내아들까지 삼키는 것을 두고 볼 수 없었다. 하지만 제우스가 태어난 순간 크로노스는 강보에 싸인 아기를 요구했다. 레아는 강보에다 제우스 대신 돌덩이를 싸서 지아비에게 내밀었다. 크로노스는 강보에 싸인 돌덩이를 아기 제우스인 줄 알고 삼켜버렸다.

레아로서는 아기 제우스를 안전한 곳으로 피신시키지 않을 수 없었을 것이다. 레아가 아기 제우스를 피신시킨 곳은 그리스 남단의 섬 크레타였다. 레아는 아기 제우스를 섬나라 왕 멜리세우스의 딸들에게 맡겼다. 하지만 멜리세우스의 딸들도 아기 제우스를 키울 수는 없었다. 울음소리가 너무 컸기 때문이다. 그래서 아기를 데려간 곳이 이다 산속의 동굴이었다. 아말테이아라는 암양이 젖어머니가 되어 아기 제우스에게 젖을 먹여주었다.

하지만 동굴 속에서 기르는데도 아기 제우스의 울음소리가 너무 컸다. 레아는 아기 제우스의 울음소리가 지아비 크로노스의 귀에 들릴까 봐 두려웠다. 그래서 쿠레테스라고 불리던 산신 동아리에게 동굴 밖에서 창으로 방패를 두들기며 춤을 추게 했다. 쿠레테스는 '쿠로스Kouros'에서 나온 말로 '젊은이'라는 뜻이다. 크레타 젊은이들은 외마디 소리를 지르면서 펄쩍펄쩍 뛰어오르는 난폭한 제의무祭儀舞를 추는 것으로

아말테이아에게 풍요의 뿔을 선물하는 요정들
17세기 프랑스 화가 노엘 쿠아펠의 그림.

유명한데, 아무래도 쿠레테스는 그런 크레타 젊은이들을 상징적으로 그려내고 있는 듯하다.

헤시오도스에 따르면, 쿠레테스는 헤카테로스가 제 딸 다섯 자매를 범하여 차례로 낳은 아들들이다. 근친상간이어서 그랬을까? 이들은 허리 위로는 인간인데 허리 아래로는 산양인 사튀로스 또는 판Pan이다. 판이라고 불릴 때의 사튀로스는 어찌나 음탕하고 장난이 심한지, 판이 나타나면 여성들은 공포에 휩싸였다. '돌연한 공포'를 뜻하는 영어 '패닉panic'은 여기에서 유래한 말이다.

하지만 이 쿠레테스는 그런 사튀로스가 아니었던 모양이다. 크레타 왕 미노스의 어린 아들 글라우코스가 실종되었을 때의 일이다. 쿠레테스는 미노스왕에게 갓 태어난, 따라서 시시각각으로 색깔이 변하는 송아지 같은 식물을 찾아내는 인간이 있으면 그 인간이 글라우코스를 찾아내어, 설사 죽었더라도 되살려낼 수 있을 것이라고 했다. 폴뤼이도스라는 용한 점쟁이가 마침내 글라우코스의 주검을 찾아내고, 그 목숨까지도 마침내 되살려냈다. 시시각각으로 색깔이 변하는 송아지와 아주 똑같은 식물로 폴뤼이도스가 찾아낸 것은 들장미 열매였다.

제우스가 무사히 장성하여 올륌포스의 대신이 된 직후에 젖어머니 아말테이아는 이 땅에서의 사명을 다하고 숨을 거두었다는 얘기도 있고, 제우스가 멜리세우스의 딸들에게 은혜를 갚느라고 평생 자신을 위해 젖어머니 노릇을 해온 아말테이아를 죽였다는 얘기도 있다.

제우스는 아말테이아의 뿔을 하나 뽑아주고, 여기에 불가사의한 권능을 부여하여 그것을 가진 사람이 바라는 것이면 무엇이든 그 뿔에서 나오게 했다는 것이다.

이것이 두 번째 풍요의 뿔 이야기다.

플루토스의 보물창고

'플루토스Ploutos'는 저승 왕 하데스의 별명인데, '재보財寶' 또는 '넉넉하게 하는 자'라는 뜻이다. 참 이상한 일도 다 있다. 어둡고 음습한 저승 왕에게 이렇게 긍정적인 별명이 붙었다니……. 하긴, 망령을 저승 땅으로 싣고 가는 뱃사공의 이름 카론은 '기쁨'이라는 뜻이다. 저승이 얼마나 싫었으면 이런 이름들을 붙였을까 싶기도 하고, 이승의 삶을 팍팍하게 살던 옛 그리스인들에게는 실제로 그렇게 느껴지기도 했을 것 같기도 하다.

하지만 그저 듣기 좋으라고 붙은 이름만은 아니다. 흙으로 돌아간다는 것, 즉 저승 땅으로 내려간다는 것은 씨앗만 묻으면 키워주고 열매 맺게 해주는 넉넉한 대지의 품안으로 돌아간다는 것이 아니겠는가? 이 플루토스에게도 풍요의 뿔이 있다. 플루토스는 이 풍요의 뿔에 손만 넣

저승 신 하데스가 가지고 있는 풍요의 뿔
하데스의 별명인 플루토스는 '재보' 또는 '넉넉하게 하는 자'라는 뜻이다. 음습한 저승 왕에게도 풍요의 뿔이 있어서, 이 뿔에 손만 넣으면 원하는 것은 무엇이든 꺼낼 수 있다고 한다. 기원전 5세기 도자기 그림. 아테네 국립 고고학 박물관.

으면 원하는 것은 무엇이든 꺼낼 수가 있다.

이것이 세 번째 풍요의 뿔 이야기다.

사타구니의 풍요

프리아포스의 뿔

'아프로디테 포르네(음탕한 아프로디테)'는 아름다움의 여신 아프로디테의 별명이다. 아프로디테는 음탕한 데가 있어서 지아비인 대장장이의 신 헤파이스토스가 있는데도 불구하고 전쟁 신 아레스와도 놀아나고 전령 신 헤르메스와도 놀아났다. 그런 아프로디테에게, 포도주의 신 디오뉘소스와 한 번 더 놀아나는 자리는 죽 그릇에 남는, 죽 한 숟가락 떠먹은 자리나 다름없었을 것이다.

그런데 디오뉘소스의 씨를 받은 아프로디테가 자식이라고 낳아놓고 보니 신의 자식이라고 불러주기 민망할 정도로 모양이 괴이했으니, 이 해괴한 자가 바로 프리아포스다. 프리아포스는 우선 성기가 성난 나귀 물건만큼이나 큰 데다가 옹이진 근육으로 똘똘 뭉친 온몸은 천년 묵은 올리브나무 둥치처럼 뒤틀려 있었다. 아프로디테 포르네가 숲속에서 이런 괴물을 만났다면 호박이 덩굴째 굴러들어 왔다고 생각했을 것이다. 하지만 아무리 아프로디테지만 프리아포스는 명색이 아들 아닌가? 비정한 어미는 이 아이를 숲에다 버렸다.

많은 영웅이 그렇듯이 숲속에 버려진 프리아포스는 막돼먹은 목동들 손에 자라나 뒷날 디오뉘소스를 수행하기도 하고, 이 주신을 섬기는 매우 부도덕한 밀교를 그리스 전역에 퍼뜨리기도 했다.

이 프리아포스가 요정을 겁탈하려다 미수에 그친 이야기가 흥미롭다. 독자들은 요정의 이름이 로티스$_{Lotis}$인 것에 주목할 필요가 있다. 요정 로티스가 혼자 잠을 자고 있는데 프리아포스가 살금살금 다가갔다. 프리아포스가 그 큰 성기를 꺼내 드는 참인데 어디에선가 당나귀 울음소리가 들려왔다. 그 바람에 잠을 깬 로티스는 세 번 놀랐다. 웬 남정네가 자기에게 접근하고 있다는 데 한 번 놀라고, 그 남정네의 몸이 배배 꼬이고 뒤틀려 있는 데 두 번 놀라고, 그 몸에 달려 있는 성기가 너무 큰 데 세 번 놀랐을 것이다. 로티스는 혼비백산해서 그 자리에서 달아났다. 프리아포스는 그 큰 성기를 꼭 붙잡고는 로티스를 뒤쫓았다.

로티스는 달아나면서 신들에게 살려달라고 빌었다. 모양이 해괴한 남정네로부터, 엄청나게 큰 성기로부터 살려줄 것을 빌면서 호수로 뛰어들었다. 어느 신이었는지는 밝혀져 있지 않지만 어떤 신이 로티스를 가엾게 여겨 그 아름다운 몸을 꽃으로 몸 바꾸기 하게 했으니, 이 꽃이 바로 로투스$_{lotus}$, 연꽃이란다.

프리아포스는 소아시아 지방에서 풍요의 신으로 섬겨졌는데, 이 프리아포스의 제사 때는 반드시 나귀를 잡아 그 고기를 바쳤다고 한다. 나귀의 울음소리 때문에 뜻을 이루지 못했으니 프리아포스로서는 나귀가 그렇게 원망스러울 수 없었을 것이다.

이 신화에는 우리가 주목해야 할 요소가 몇 가지 있다. 우선 이 프리아포스가 디오뉘소스의 아들이라는 사실이다. 디오뉘소스는 '뉘사산에서 온 제우스의 아들'이라는 뜻을 지닌 이름이다. '뉘사'는 인도에 있다는 산 이름이다. 따라서 이름부터 인도적이다. 디오뉘소스가 앞세우고 왔다는 '링감'은 '남근상'을 뜻하는 인도 말이다. 그리스어로는 '팔로스$_{phallos}$, 라틴어로는 '팔루스$_{phallus}$'라고 한다. 디오뉘소스의 아들 프리아

프리아포스가 지니고 있는 또 하나의 뿔
프리아포스의 터무니없이 큰 성기는 또 하나의 풍요의 뿔이 아니었을까? 프리아포스의 뿔은 무엇으로 이루어져 있는가? 풍요의 뿔에 들어 있는 내용물과 동일하다. 로마 바티칸 박물관.

포스의, 몸에 어울리지 않게 큰 성기는 바로 디오뉘소스의 남근상을 연상시킨다. 따라서 프리아포스 또한 인도적이다. 그렇다면 연꽃은 어떤가? 이 또한 인도적이다.

프리아포스의 터무니없이 큰 성기는 또 하나의 풍요의 뿔이 아니었을까? 아무리 꺼내도 속속 새로운 것이 가득 차오르는 풍요의 뿔처럼, 남성의 성기 또한 비면 비는 대로 속속 차오르지 않는가?

양말과 버선

남성의 성기가 또 하나의 풍요의 뿔이라면 여성의 성기는 어떤가? 여성의 성기 또는 자궁 역시 또 하나의 풍요의 뿔 혹은 화수분 단지가 아닐까? 풍요의 뿔 이미지와 함께 유럽의 건물 전면에 새겨지는 여성의

풍요의 뿔 이미지와 함께 자주 쓰이는 조개
여성의 상징인 조개도 일종의 풍요의 뿔이 아닐까? 파리 뤽상부르 공원.

상징으로서의 조개를 그렇게밖에는 해석할 수 없을 것 같다.

크리스마스 이브가 되면 서양의 아이들은 크리스마스 트리에다 커다란 양말을 걸어두고는 잠든다. 아이들은 양말이 선물로 가득 차게 되기를 빌면서 잠드는 것이다. 하지만 아이들은 그 양말이 무엇을 의미하는지 알지 못한다.

우리 조상들은 동지冬至가 되면 버선에다 팥을 넣어 장독대에다 걸어두었다고 한다. 왜 하필이면 버선이고 팥이었을까? 우리 조상들은 버선과 팥의 의미를 알고 있었을 것이다. 하지만 이 세시풍속은 지금 우리에게 전해지고 있지 않다. 어째서 전해지지 않았을까? 의미가 전해지지 않았기 때문에 소멸된 것은 아닐까?

양말과 버선은 발이 무수히 드나드는 자궁의 상징이 아닐까? 풍요의 뿔이 무수히 드나드는 또 하나의 역설적인 풍요의 뿔이 아닐까?

양말과 버선은 깊고 팥은 붉다. 그리고 조개는 속살이 깊다.

12
기억과
망각

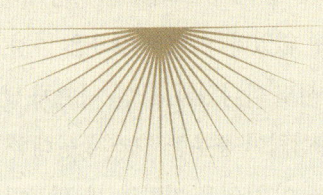

아테네에서 아폴론의 신탁으로 유명한 고대 도시 델포이까지는 자동차로 4시간쯤 걸린다. 델포이는 매우 넓어서 박물관 구경과 고대 도시 답사만으로도 하루해가 짧다. 숙소가 아테네에 있는 여행자에게는 빠듯한 여정이다. 따라서 델포이 여행에는 다른 일정이 껴들 여지가 없다. 하지만 델포이 못 미쳐서 '리바디아Livadia'라는 소도시가 있다. 그 리바디아에는 기억의 샘과 망각의 샘이 있다.

  1999년 여름, 약 두 달 동안 그리스를 여행하면서 필자는 리바디아를 답사하지 않을 수 없었다. 기억의 샘물을 마시고 싶어서도, 망각의 샘물을 마시고 싶어서도 아니었다. 다만, 나쁘게 말하면 허풍이 심하고 좋게 말하면 시적 상상력이 풍부한, 그래서 방대한 신화 체계를 그려내었을 터인 그리스인들이 무엇을 기억의 샘, 망각의 샘이라고 부르는지 확인해보고 싶었다. 신들에게 가볍게 질리고, 무자비한 그리스 땡볕의 신전 돌무더기에 지쳐 있을 즈음이었다. 샘이 그리웠다.

기억이 사는 집

그리스 신화는 먼저 '기억'을 이렇게 설명한다. 하늘의 신 우라노스와 땅의 여신 가이아 사이에서는 모두 열두 남매가 태어난다. 대양大洋,

Ocean의 신 오케아노스, 태양의 신과 달의 여신의 아버지가 되는 휘페리온(높은 곳을 달리는 자), 프로메테우스의 아버지가 되는 이아페토스, 그리고 제우스의 아버지가 되는 크로노스는 그 아들들이다. 딸들 중에는 이치를 주관하는 여신 테미스와 기억의 여신 므네모쉬네가 있다. 므네모쉬네의 이름은 '연상 기호 코드mnemonic code'나 '기억소mnemon' 따위의 컴퓨터 용어에 남아 있다.

제우스가 고모뻘 되는 여신 므네모쉬네(기억)와 동침할 필요를 느낀 것은 거인들Gigantes과의 전쟁에서 승리한 직후다. 승리의 축가를 지어야 하는데, 전쟁의 양상을 소상하게 기억하고 있는 이는 므네모쉬네 여신뿐이었다. 제우스가 아흐레 동안 연이어 이 여신과 동침하니, 여기에서 태어난 딸 아홉 자매가 바로 무사이 신녀들이다. 이들이 사는 집은 '무사이온Mousaion'이라고 한다. 영어로는 이들을 '뮤즈', 이들이 사는 집을 '뮤지움'이라고 부른다. 인류가 남긴 기억의 산물을 고스란히 간직하고 있는 곳이 어디인가? 도서관이 딸린 박물관이다.

무사이 아홉 자매의 면면은 이렇다. 영웅시와 서사시를 관장하는 클레이오는 늘 나팔과 물시계를 들고 다니고, 하늘의 찬양을 관장하는 우라니아(하늘 여신)는 지구의와 나침반을 든 모습으로 자주 선보인다. 슬픈 가면과 운명의 몽둥이를 들고 다니면 비극을 관장하는 멜포메네(노래하는 여신), 지팡이와 웃는 가면을 들고 다니면 희극을 담당하는 탈레이아, 현악기 키타라를 들고 다니면 합창을 맡는 테륍시코레, 입에 손가락 하나를 대고 명상하는 모습으로 그려지면 무언극을 연출하는 폴뤼휨니아다. 이 밖에도 서정시를 맡는 에라토, 유행가를 담당하는 에우테르페, 서사시와 웅변에 능한 칼리오페 등이 있다. 옛 그리스 서사시인들이 점수를 매겼으니 그럴 법하거니와 이 가운데 가장 후한 점수를 얻은 신녀는 바로 서사시와 웅변에 능한 칼리오페, 뒷날 인류 역사상 최고의 명가수 오르페우스의 어머니가 되는 바로 그 칼리오페다.

이들은 더러 신들의 잔치에서 시와 음악으로 흥을 돋우지만 대개는 헬리콘산에서 지낸다. 헬리콘산은 산비탈에 향나무가 많고 물이 하도 맑아 독사의 독니까지 삭아 없어진다는 곳이다. 이들은 천마 페가소스의 발굽자리라고 전해지는 히포크레네(말의 샘) 샘가에서 영묘한 시상을 떠오르게 하는 그 샘물을 마시고, 자리만 어우러지면 노래 부르고 춤을 춘다.

　무사이가 태어난 땅은 그리스이지만 지금은 모두 프랑스로 옮겨와 있는 듯하다. 이들의 면면을 알아보지 못하면 파리 거리의 조형물은 돌덩어리에 지나지 않는다.

망각의 강

이문열의 소설에 『레테의 연가』라는 작품이 있거니와, 레테는 '망각의 강'이다. 그리스 신화에는 세 가지의 레테가 등장한다. 그중 가장 두드러지는 레테가 바로 저승 앞을 흐르는 레테, 즉 망각의 강이다. 저승으로 들어가려면 이 강을 건너야 한다. 이 강을 건너면 이승의 추억은 깡그리 잊는다. 그러니 추억의 슬프고도 아름다운 해독제가 아닌가?

　또 하나의 레테는 잠의 신 휘프노스의 동굴 속을 흐른다. 이 휘프노스의 수면관睡眠館으로는 해가 하늘로 떠오를 때도, 중천에 걸려 있을 때도, 질 때도 햇빛이 비치는 일은 없다. 바닥에는 구름과 그림자가 희미하게 깔려 있다. 이곳에서는 닭이 큰 소리로 새벽의 여신 에오스를 부르는 일도 없고, 눈 밝은 개, 소리에 민감한 거위가 정적을 깨뜨리는 일도 없다. 오직 정적만이 이곳을 지배한다. 그러나 레테는 속삭이며 흐른다. 그 소리가 위에 있는 모든 것을 잠재우는 것이다. 동굴 입구에는 양귀비와 약초가 무성하게 자라고 있다. 수면관에는 문도 없다. 문이 있으면 돌쩌귀 소리가 나기 때문이란다.

　레테가 하나 더 있다. 망각의 강을 건너고도 이승의 추억을 해독하지 못하는 망령을 위한 '레테의 걸상'인데, 이것은 저승 신 하데스 앞에 있다. 여기에 앉으면 이승의 추억이 더 이상 망령을 괴롭히지 못한다.

아테나이의 영웅 테세우스가 여기에 앉은 적이 있다. 티륀스의 영웅 헤라클레스가 저승에 갔다가 산 채로 저승으로 들어가 망각의 걸상에 앉은 테세우스를 일으켜 세우려고 했다. 하지만 하데스의 권능이 그것을 허락하지 않았다. 헤라클레스가 누구인가? 아틀라스를 대신해서 하늘 축을 어깨로 버틴 천하장사가 아닌가? 헤라클레스는 우격다짐으로 테세우스를 일으켜 세웠다. 테세우스는 일어섰지만 엉덩이 살은 고스란히 걸상에 남았다. 테세우스는 하데스에게 엉덩이 살을 털린 셈인데, 이 전설은 하여튼 둘러대기 좋아하는 그리스 시골 사람들이 약삭빠른 아테네인들을 '뾰족 궁둥이 lean bottoms'라고 놀려먹을 때마다 되살아난단다.

리바디아의 추억

리바디아는 인구 2만이 채 안 되는 소도시이지만 '트로포니오스의 신탁'으로 유명한 곳이다. 트로포니오스는, 여기에서 40킬로미터 떨어져 있는 델포이에다 저 유명한 아폴론의 신전을 지은 것으로 전해지는 인물이다.

그는 신전을 아폴론에게 봉헌하고는 포상을 요구했다. 아폴론은 그에게 하루도 빠짐없이 엿새 동안 이 세상의 온갖 즐거움을 다 누리고 살면 상을 베풀겠노라고 했다. 그는 신이 시키는 대로 했다. 그러자 이레째 되는 날 밤에 상을 받았는데, 그것은 '자다가 죽는 죽음'이었다.

자다가 죽는 죽음, 이것은 잠의 신 휘프노스의 동굴 밑을 흐르는 작은 레테를 통하여 저승 앞을 흐르는 큰 레테를 건너는 일이 아닌가? 리바디아에서 트로포니오스의 신탁을 받으려면 먼저 바위산 아래에

리바디아의 크뤼아스 샘
기억의 물과 망각의 물이 어우러져 시내가 되고 시내는 강으로, 바다로 흐른다.

서 솟는 '레테의 샘물', 즉 망각의 샘물 Water of Forgetfulness 을, 다음으로는 바로 그 옆에서 솟는 '므네모쉬네의 샘물', 즉 기억의 샘물 Water of Remembrance 을 마셔야 한다. 그러고는 동굴로 들어가 며칠 동안 망각과 기억을 명상해야 한다.

리바디아의 바위산 기슭에서는 맑디맑은 샘물이 모래를 헤치며 솟아오르고 있었다. 같은 샘인데도 오른쪽에서 솟는 샘물은 므네모쉬네, 왼쪽에서 솟는 샘물은 레테라고 했다. 같은 샘에서 솟은 물은 곧 하나로 어우러져서는 아래로 흘러 시내를 이루었는데, 척박한 땡볕의 나라 그리스에서 그토록 아름다운 샘물을 마시고 시내에 손을 담근 일은 망각의 물 마신 것도 하릴없이 내게 소중한 추억으로 남아 있다.

그 아름다운 시내를 가리키면서 그리스인에게 시내의 이름이 무엇이냐고 물어보았다. 그의 대답은 짤막했다.

"라이프(인생)."

나오는 말

아리스타이오스의 사슬

신화는 진실만을 말한다는 저 바다의 지혜로운 노인 프로테우스와 같다. 프로테우스는 무엇으로든 몸을 바꿀 수 있다. 하늘을 나는 모든 것, 땅 위를 기는 모든 것, 바다를 자맥질하는 모든 것, 심지어는 타오르는 불꽃, 흐르는 물, 부는 바람, 피어오르는 연기로 몸을 바꿀 수 있고 이모든 것의 입을 열게 할 수도 있다.

신화는 그렇다. 몸 바꾸기의 도사 프로테우스와 같다.

* * *

꿀벌치기 아리스타이오스는 에우뤼디케를 죽음으로 몰아넣은 장본인이다. 그가 뒤를 쫓으면서 말을 걸지 않았더라면 오르페우스의 아내 에우뤼디케는 독사에 물리지도 않았을 것이고 죽지도 않았을 것이다.

에우뤼디케가 죽자 아리스타이오스의 꿀벌도 모조리 죽었다. 꿀벌이 아리스타이오스 대신 벌을 받은 것이다. 아리스타이오스는 꿀벌을 되살릴 궁리를 하다가 어머니인 강의 요정 퀴레네를 찾아가서 어떻게 하면 좋겠느냐고 묻는다.

퀴레네는 이렇게 대답한다.

"바다에는 프로테우스라고 하는, 아주 연세 많고 지혜로우신 바다의 딸림 신이 있다. 우리 강의 요정들은 모두 이 프로테우스 신을 존경한다. 참으로 슬기로운 분이어서 과거와 현재와 미래를 손바닥 들여다보듯 하는 분이다. 이 프로테우스라면 너에게 꿀벌이 왜 죽였는지, 어떻게 하면 되살릴 수 있는지 가르쳐주실 게다. 하지만 그냥 애원해서는 안 된다. 우격다짐으로 하지 않으면 안 된다. 이분을 찾아가 무조건 붙잡아라. 튼튼한 사슬을 준비해 가지고 가거라. 붙잡거든 사슬로 묶어라. 사슬만 단단히 쥐고 있으면 세상 없어도 달아나지 못할 것이다. 프로테우스는 사슬에서 풀려날 욕심으로 네 질문에 대답해줄 게다.

자, 이제 너를 프로테우스의 동굴로 데려다주마. 낮이면 그 동굴에서 낮잠을 자고 있으니까 붙잡기가 수월하다. 하지만 프로테우스는 누구에게 붙잡혔다는 걸 알면 둔갑술을 써서 몸을 여러 가지로 바꿀 게다. 멧돼지, 무서운 호랑이, 비늘 돋친 용, 갈기가 누런 사자 등 아주 멋대로 둔갑할 수가 있다. 그뿐이냐? 불꽃이 튀는 소리, 격류가 흐르는 소리 같은 것으로 둔갑해서라도 네 사슬에서 풀려나려고 요동칠 것이다. 너는 사슬만 꼭 잡고 있으면 된다. 사슬을 꼭 잡고 집요하게 물어보아라. 프로테우스는 처음에는 요동칠 게다만 그래봐야 소용없다는 걸 알면 본모습으로 돌아와 네가 묻는 말에 순순히 대답할 게다."

아리스타이오스는 퀴레네가 시키는 대로 했다.

과연 프로테우스는 사슬에 묶이고 나서야 아리스타이오스에게 에우뤼디케의 혼령에게 속죄하는 제사를 지내라고 했다. 아리스타이오스는 이 제사를 지낸 뒤 꿀벌 한 무리를 다시 얻을 수 있었다.

* * *

신화는 지혜로운 바다의 딸림 신 프로테우스와 같다. 프로테우스가 몸 바꾸기의 도사이듯이 신화도 몸 바꾸기의 도사다. 페르세포네 신화는 디오뉘소스 신화에서 얼마나 교묘한 몸 바꾸기를 해 보이고 있는가?

　신화의 의미를 알아내려면 우리도 신화를 타고 눌러야 한다. 사슬로 붙잡아 우격다짐으로 다그쳐야 신화는 제 본모습을 보인다. 우리에게는 어떤 사슬이 있는가? 신화를 잡아 묶을 사슬은 아리아드네의 실타래일 수도 있다. 상상력일 수도 있는 것이다. 아리아드네의 실타래와 아리스타이오스의 사슬을 무기 삼아 들고 우리도 저 신화의 시대로 달려들어보자.

　독자는 지금 신화라는 이름의 자전거를 배우고 있다고 생각하라. 처음에는 필자가 짐받이를 잡고 따라갔다. 뒤를 돌아다보지 말고 그냥 달리기 바란다. 필자는 짐받이를 놓은 지 오래다. 독자는 혼자서 이미 먼 길을 달려온 것이다.

2000년 6월

이윤기

제2권

사랑의 테마로 읽는 신화의 12가지 열쇠

Greek and Roman Mythology

들어가는 말

잃어버린 '반쪽이'를 찾아서

"그리스 로마 신화가 우리와 무슨 관계가 있나요?"

내가 자주 받는 질문이다. 내가, 그리스 로마 신화 읽는 것을 좋아하는 데 그치지 않고 그것을 풀어서 다시 쓰기를 좋아하기 때문일 것이다. 민족주의 쪽으로 가파른 기울기를 보이는 사람이 던질 경우, 이런 질문은 약간 공격적이기까지 하다. 이렇듯이 심하게 말하는 사람도 있다.

"우리의 단군 신화는 제대로 읽지도 못한 채 그리스와 로마의 신화를 무턱대고 읽어야 했던 어린 시절…… 지금 생각하면 너무나 억울해요. 우리는 그 따위 교육을 받고 살았어요."

"우리는 우리 신화부터 알아야 하지 않겠어요? 우리와는 아무 관계도 없는 남의 신화를 섬기는 태도, 강력한 문화의 뿌리가 되었다는 이유만으로 그 문화권의 신화를 섬기는 태도, 이것은 명백한 문화적 사대주의 아닌가요?"

그런 측면이 없지 않다. 그래서 위의 주장은 옳은 소리로 들린다. 하지만 옳은 주장인 동시에 그른 주장이기도 하다. 그 까닭을 설명해보자면 이렇다.

위의 인용문에 등장하는 '우리'는 모두 조선 민족으로서의 '우리'다.

그리스의 수많은 도시국가와 로마 제국을 구성하던 민족은 우리 조선 민족과는 당연히 다르다. 따라서 우리와는 아무 관계도 없는 것이 당연해 보인다.

그러나 내 생각은 조금 다르다. 내가 그리스와 로마 신화에 대한 관심의 끈을 놓지 않는 것은 그것이 '우리'와 무관한 것이 아니라는 생각 때문이다. 내가 말하는 '우리'는 조선 민족으로서의 '우리'라기보다는 인류의 한 갈래로서의 '우리', 보편적인 사람으로서의 '우리'에 가깝다. 내가 그리스 로마 신화에 관심을 기울이고 있는 것은 조선 민족으로서의 '우리'보다는 인류의 한 갈래로서의 '우리'에 관심이 있기 때문이다. 민족에 관한 한 우리는 그리스인과 다르고 아프리카인이나 인도인들과도 당연히 다르다. 하지만 인류의 한 갈래로서의 '우리'라고 할 때 그 '우리'는 몇 가지 기본적인 경험을 공유한다. 그 경험의 내용은 이런 것이다.

사람은 누구나, 영문도 모르는 채 어머니의 태를 열고 이 세상에 나온다. 한 사람의 탄생은 그 사람의 의지와 아무 관계도 없다. 자신의 의지와 아무 상관도 없이 이렇게 태어난 사람은, 자신을 이 세상에 나오게 한 사건의 배후에서 어떤 일이 일어났는지 처음에는 알지 못한다. 하지만 사람 한살이의 봄철에 해당하는 사춘기가 되면 비로소 자신의 근본을 생각하게 된다. 나는 누구인가? 나는 어디에서 왔는가?

사춘기를 건너면서 사람은 본능의 목소리를 듣는다. 이때 나타나는 여러 가지 성적인 징후는 그 사람을 이 세상에 태어나게 한 사건의 배후에서 있었던 일, 즉 어머니와 아버지에게 일어났던 일을 짐작하는 데 필요한 실마리가 된다. 세월이 조금 더 지나면 사람은 어머니와 아버지 사이에서 일어났던 일을 되풀이함으로써 또 하나의 아기 사람으로 하여금 영문도 모르는 채 이 세상에 태어나게 한다. 그러고는 나이를 먹으면, 어머니와 아버지의 뒤를 이어 '죽음'의 경험을 되풀이한다. 이것은 사람이면 누구나 하는 경험이다. 이 공통된 경험의 굽이굽이에 잠복해 있는 많은 사건, 인류학자들이 '통과의례rite of passage'라고 부르는 일련의 사건들, 이런 사건들을 어떤 일에 견주어가면서 설명하는 이야기, 나는 바로 이것이 바로 신화 중에서도 각별한 이름으로 불리는 '원형 신화'라고 생각한다.

그리스와 로마의 신화는 조선 민족으로서의 '우리'와는 아무 관계도 없을 수 있다. 하지만 이 원형 신화에 관한 한 인류의 한 갈래로서의 '우리'와는 밀접한 관계가 있다.

인류가 공유하는 경험 중 가장 절실한 것, 가장 보편적인 경험이 무엇이겠는가? 죽음의 경험이 그중 하나다. 사람은 누구나 때가 되면 죽을 팔자를 타고 이 세상에 태어난다. 사람으로 이 세상에 태어나는 한 죽음은 피할 수 없는 운명이다. 하지만 사람은 이 피할 수 없는 운명을 순순히 받아들이는 대신 끈질긴 심리적 저항을 시도하는 존재이기도 하다. 사람이 저희들 삶을 이상화해서, 영생불사하는 신들을 상정하는 것은 어쩌면 이 때문인지도 모른다. 신화는 바로 이 영생불사하는 신들과 때가 되면 죽어야 할 팔자를 타고나는 사람들 이야기, 그리고 신들과 사람 사이에 존재하는 신인神人, heros들 이야기다.

성적인 경험 또한 인류가 공유하는 경험 중에서도 가장 절실하고도 보편적인 경험 중의 하나다. 이 세상 사람은 어느 누구가 되었든 하나도 예외 없이 성적 경험의 산물이다. 성적 경험의 산물이 아닌 사람은 이 세상에 존재하지 않는다. 이렇게 태어난 사람은 또 세대를 잇기 위한 성적 경험을 전제로 이 세상에 태어난 존재이기도 하다. 하지만 사람은 이 피할 수 없는 운명을 순순히 받아들이는 대신, 이 운명에 대한 끈질긴 심리적 저항을 시도하는 존재이기도 하다. 성직자들이 이따금씩 저항전의 승전보를 우리에게 전한다. 성직자는 영생불사하는 신들과 때가 되면 죽어야 하는 인간 사이에 존재한다. 성직자 일부는 성적 경험에서 자신을 격리시킨 존재, 성적 경험을 거부함으로써 사람으로

서의 대물리기를 거절한 존재다. 영생불사하는 신들과 때가 되면 죽어야 할 팔자를 타고 태어난 인간 사이에 존재하는 성직자가 사람으로서의 대물리기를 거절하는 것은 얼마나 놀라운 일인가? 성직자가, 신들이 누리는 영생의 은혜와 인간이 타고난 죽음의 팔자 사이에서 삶과 죽음을 동시에 연출하는 것은 얼마나 놀라운 일인가?

하지만 여느 사람들에게 이 성적 경험은 여전히 보편적이다. 남성의 성적 경험을 가능하게 하는 성기는 우뚝 솟아 있다. 혹은 툭 튀어나와 있다. 그래서 남성의 성기를 상징하는 모든 물건은 우뚝 솟아 있거나 툭 튀어 나와 있다. 북한 사람들은 이것을 '덧살'이라는 재미있는 이름으로 부른단다. 여성의 성적 경험을 가능하게 하는 성기는 움푹 패어 있다. 쑥 들어가 있다. 그래서 여성의 성기를 상징하는 모든 물건은 푹 패어 있거나 쑥 들어가 있다. 북한 사람들은 이것을 '샅홈'이라는 재미있는 이름으로 부른단다. 성기나 성교를 상징하는 몸짓은 세계 어느 나라나 거의 비슷하다. 솟게 하거나 나오게 하면 남성의 성기, 파이게 하거나 들어가게 하면 여성 성기, 이 둘을 결합시키는 시늉은 성적 합일의 상징이다.

그런데 참으로 이상한 일도 다 있다. 사람을 이 세상에 태어나게 하는 이 거룩한 행위를 시늉하면 그것은, 상상 속에 머물 때나 겨우 용서받을 수 있는 험악한 욕이 되는 것은 얼마나 이상한 일인가? 욕지거리는 싸움의 빌미가 될 수 있고, 싸움의 궁극은 어느 한쪽의 죽음이다. 죽음에 이르게 할 수 있는 상스러운 욕지거리에 어머니같이 성스러운 존재의 생식기관이 동원되는 것은 또 얼마나 놀라운 일인가? 무의식과 신화를 즐겨 다루던 정신분석학의 창시자 지그문트 프로이트는 알베르트 아인슈타인에게 보낸 편지에서, 사랑의 충동인 에로스(사랑의 신)와 죽음의 충동인 타나토스(죽음의 신)는 둘이 아니고 하나라고 주장한 적이 있다. 그렇다면 신화라는 이름의 강은 이 하찮은 욕설의 심리학으로도 흘러들고 있다는 뜻일까? 성적 결합을 상징하는 욕 시늉은 세계 어느 민족의 경우나 비슷비슷하다. 말하자면 보편적인 것이다. 바로 이 보편성 때문에 몸짓으로 하는 욕 시늉은 지구 반대편에 갔다고 해서 마음 놓고 할 수 있는 것이 아니다.

그리스의 희극 작가 아리스토파네스에 따르면, 성적인 경험은 '잃어버린 반쪽이 찾기'를 전제로 한다. '잃어버린 반쪽이'와의 경험을 전제로 하지 않는 한, 성적인 욕구는 매우 불온한 것이다. 하지만 '잃어버린 반쪽이'와의 경험일 경우, 이 경험의 불온함은 '건강성'을 획득한다. 말하자면 '건강한 불온함', '불온한 건강성'이 된다. 결혼이라는 제도가 용인하는, 절도 있는 범위 안에서의 성적 욕구가 손가락질의 대상이 되지 않는 것은 이 때문이다.

그렇다면 '반쪽이'란 무엇인가? '반쪽이'를 찾는다는 것은 무엇인가? '나보다 나은 반쪽이 a better half'라는 말은 오늘날의 영어에서도 남편이나 아내를 가리키는 말로 쓰인다. 이 말을 처음으로 쓴 사람은 아리스토파네스. 아리스토파네스는 소크라테스를 줄기차게 놀려먹은 것으로 유명하고, 다음과 같은 농담으로도 유명한 사람이다.

"인생살이, 그거 그렇게 어려운 거 아니야. 처음 백 년이 약간 어려운 것은 사실이지만……."

성과 '잃어버린 반쪽이'에 대한 아리스토파네스의 저 유명한 농담은 플라톤의 저서 『향연 Symposion』에 나온다. 읽기 쉽게 고쳐 쓰되 나의 의견은 괄호 안에다 보태겠다.

"……인간의 자연적인 상태 말인데요, 예전에는 지금 같지 않았어요. 지금이야 남성과 여성, 이렇게 두 가지 성이 있을 뿐이지만 처음에는 성이 세 가지 있었어요. 남성과 여성을 두루 가진 제3의 성, 즉 양성인兩性人이 있었던 것입니다. 지금은 이런 것이 없지만요. 다만 '안드로귀노스 Androgynos', 즉 '어지자지'(남성과 여성을 한 몸에 두루 가진 사람을 지칭하는 순수한 우리말)라는 명칭만 남아 지금은 남 욕할 때 욕말로나 쓰이지요.

옛날 사람들은 둥글었어요. 등도 둥글고, 옆구리도 둥글었지요. 팔 넷, 다리 넷, 귀 넷에 '거시기'도 둘이었답니다. 머리는 하나였지만 얼굴은 둘이었어요. 두 얼굴은 서로 반대 방향을 보고 있었지요. 걸을 때는 이들 역시 지금의 우리처럼 똑바로 서서 걸었답니다. 하지만 빨리 뛰고 싶을 때는 곡예사가 공중제비를 넘듯이, 여덟 개의 손발로 땅을 짚어가면서 아주 빠른 속도로 굴러갈 수 있었어요(공처럼 말이지요).

사람의 모양이 이랬던 까닭은 남성은 해에서, 여성은 땅에서, 양성은 달에서 태어났기 때문이지요. 저들의 모양이 둥글둥글했고 걸음걸이 역시 둥글둥글했던 것은 저들이 부모를 닮았기 때문이랍니다(고대 그리스인들은 태양과 지구와 달이 둥글둥글하다는 것을 알고 있었던 모양이다). 그런데 힘이 장사이고, 기운이 헌걸차고 야심이 대단했던 저들은 감히 신들의 세계를 공격했던 모양입니다. 호메로스는, 거인들이 신들의 궁전을 공격하기 위해 그리스에서 가장 높은 산인 오싸산을 들어 펠리온산에다 포갰다고 쓰지 않았어요? 사실은 저들을 말하는 것이지요.

제우스는 신들의 회의를 소집했지요. 벼락으로 전멸시키자니 그때까지 받아먹은 제물이 아깝고, 그대로 두자니 신들에게 박박 기어오르는 게 눈꼴사나워서 못 보겠고……. 마침내 제우스의 머리에 멋진 아이디어가 떠오릅니다.

'……저들을 살려두되 약골로 만들어버리면 우리들에게 기어오르지 못할 게 아니오? 저들을 반으로 쪼개버리는 게 좋겠어요. 그러면 우리를 섬기는 약골들이 갑절로 늘어날 게 아니겠어요?'

이 말 끝에 제우스는 저들을 불러, 겨울철에 갈무리할 마가목 열매를 두 쪽으로 짜개듯이, 삶은 달걀의 껍데기를 벗기고는 머리카락으로써 두 토막으로 자르듯이 두 토막으로 갈라놓으며, 아폴론에게 명하여(아폴론은 의술의 신이니까) 가르는 족족 가른 자리를 치료해주게 했습니다. ……반쪽이들이 다른 반쪽이들을 목마르게 그리워하고 다시 한 몸이 되려고 하는 것은 이 때문이지요. ……그러므로 반쪽이가 된 우리는 각각 옛날의 온전했던 한 인간의 부절符節입니다. ……그래서 사람마다 자기의 다른 반쪽이 부절을 목마르게 찾는 것이지요. 그런데 말이지요, 여성에서 갈려 나온 여성 반쪽이들은 남성에 대해 별로 관심이 없어요. 여성이면서도 여성을 좋아하는 여성 반쪽이들이 바로 이들이지요. 남성에서 갈려 나온 남성 반쪽이들은 다른 여성 반쪽이들에게 관심이 없어요. 남성이면서도 남성을 좋아하는 남성 반쪽이들이 바로 이들이지요. 양성인에서 갈려 나온 남성 반쪽이만 여성을 좋아하고요, 양성인에서 갈려 나온 여성 반쪽이만 남성을 좋아하지요…….”

아리스토파네스는, 사람이 '잃어버린 반쪽이'를 그리워하는 까닭을 진지하게 설명하고자 한 것이 아니다. 그는 희극작가인만큼 농담한 것에 지나지 않는다. 하지만 그의 농담은, 이 이야기가 씌어지고부터 2천 5백 년이 지난 지금까지도 줄기차게 사람들 입에 오르내린다. 아리스토파네스의 농담에 등장하는 참으로 의미심장한 단어 '부절'은 뒤에, 이 글이 끝날 즈음에 다시 한 번 곱씹어보기로 한다.

인간아, 인간아

"그리스와 로마의 신화는 왜 윤리적이지 못한가요? 이런 점 때문에 아이들에게 읽히기가 겁나요."

내가 자주 받는 또 하나의 질문이다.

나는 대답한다. 윤리적이지 못하다.

이 질문은 이렇게 이어진다.

"시간의 신 크로노스는 아버지이자 하늘의 신인 우라노스의 성기를 잘라버리잖아요? 어떻게 아버지의 그걸 자를 수 있는 거죠? 이게 도덕적인가요? 아이들에게 읽히기가 싫어요."

나는 대답한다. 도덕적이지 못하군요.

"바람둥이 제우스는 안티오페에게 접근할 때는 들판의 신인 판Pan으로, 레다에게 접근할 때는 백조로, 다나에에게 접근할 때는 황금 소나기로 둔갑했다면서요? 칼리스토에게 접근할 때는 딸 아르테미스로 둔갑했을 정도로 파렴치했다면서요?"

나는 대답한다. 적잖게 파렴치하군요.

"제우스는 비에 젖어 애처로운 뻐꾸기로 둔갑하고는 헤라에게 접근하잖아요? 헤라가 그 애처로운 뻐꾸기를 치마폭으로 감싸는 순간, 제우스는 본모습을 드러내고 헤라와 사랑을 나누잖아요? 제우스와 헤라는 오누이가 아닌가요? 이것은 비도덕적이죠. 제우스는, 헤라가 뻐꾸기를 불쌍하게 보는 순간을 이용한 셈인데, 이거, 신들 중에서도 으뜸 신이 한 짓으로는 너무나 비열하지 않은가요?"

나는 대답한다. 비열하군요.

성적 경험과 관련된 신화, 배우자를 찾는 신화, 잃어버린 '반쪽이'를 찾는 이야기에 관한 한, 신화는 도덕적이지 않을 때가 있다. 윤리적이지 못할 때가 있다. 신화가 전하는 이야기는 도덕이나 윤리가 지금의 모습으로 자리 잡히기 이전 이야기이기 때문이다. 신화는 어쩌면 도덕과 윤리가 진화한 역사를, 이야기 형식을 빌려 전하고 있는 것인지도 모른다. 도덕이라는 이름의 꽃은 잘 가꾸어진 뜰에 핀 꽃에 가깝지만, 신화라는 꽃은 뜰에 피어 있는 꽃이 아니다.

신화가 꽃이라면 이 꽃은, 뜰이라는 것들이 생겨나기 전에 들에서 피던 꽃이다. 들의 생태는 평화적이지 않다. 들은 적자생존의 무자비한 전쟁터다. 그래서 신화의 신들이 웃는 웃음은 현실도피주의자의 웃음이 아니다. 그것은 삶 자체만큼이나 무자비한 웃음이다. 신화에 등장하는 사랑 이야기는 도덕적이지 않다. 신화시대의 사랑은 무자비하고 잔혹하다. 신화는 원래, 꼬장꼬장한 도덕군자들을 자리에서 떨쳐 일어나게 할 만큼 비윤리적일 때 꽃을 피우는 측면이 있다. 신화라는 이름의 꽃은 장엄하면서도 무시무시하다. 신화가 고대 비극 작가들의 영감을 끊임없이 자극했던 것도 이 때문이다.

신화를 보면, 신들이나 인간의, 아리스토파네스의 이른바 '잃어버린 반쪽이 찾기'는 순조로웠던 것 같지 않다. 신화의 사랑 이야기에는 '이루어져서는 안 되는 사랑'이 있는가 하면 '이루어질 수 없는 사랑', '이루어져야 하는데 이루어지지 못한 사랑'도 있어서 인류는 오랜 방황 끝에 오늘날과 같은 사랑의 문화를 이루어낸 듯하다. 남성과 여성 간에 이루어지는 결혼 제도가 인류 사회에 정착한 것은 오래된 일이다. 하지만 인류가, 참으로 합리적인 듯한 이 제도를 하루아침에 일구어낸 것은 아닌 것이다.

신화에 자주 등장하는 비도덕적인 오누이 혼인만 해도 그렇다.

잘 알려져 있듯이, 제우스와 그의 아내 헤라는 남매간이다. 제우스는 누이인 데메테르와도 사랑을 나눈 적이 있다. 저승 신 하데스에게 납치당한 페르세포네가 바로 둘 사이에서 난 딸인 것으로 전해진다. 이런 혼인이 지니는 비도덕성 때문에 신화 읽기가 망설여진다는 이들이 알아야 하는 것은 처음의 세상에는 배우자가 '누이 아니면 오라버니밖에 없었다'는 점이다. 창세 이후의, 혹은 대홍수로 인류가 절멸한 뒤의 오누이 혼인은 그리스 신화에만 등장하는 것이 아니다.

일본의 신화에 등장하는, 최초로 이 땅에 내린 두 신, 이자나기와 이자나미도 원래 남매간이다. 이 둘은 섬에 내린 직후 매우 넓은 궁전을 지었다. 남신 이자나기와 여신 이자나미 사이에는 이런 말이 오고 간다. 들어보라. 조금도 윤리적이지 않다. 믿어지지 않을 정도로 음란하다.

남신: 그대의 몸은 어떤 모양을 하고 있나요?
여신: 저의 몸은 참 잘 만들어졌습니다. 하지만 모자라는 데가 한 군데 있습니다.

남신: 나의 몸도 참 잘 만들어졌습니다. 그런데 없어도 될 것이 하나 붙어 있습니다. 더 붙어 있는 부분으로 그대의 모자라는 곳을 채워 땅을 만들고자 하오. 그대의 생각은 어떠하오?
여신: 좋은 생각입니다.
남신: 그러면 나와 그대가 하늘 기둥을 끼고 돌다가 서로 만나는 곳에서 부부의 인연을 맺읍시다.

 남신 이자나기와 여신 이자나미는 이렇게 해서 부부가 되어 일본의 큰 섬들을 차례로 낳는다. 일본의 조상신들의 대화에 유심히 귀를 기울여보라. 결국은 '덧살'과 '살홈'에 관한 얘기다. 유치한 것이 아니다. 신화를 빙자한 인간의 결정적 진실이다.

 중국의 천지창조 신화에 등장하는 창조신 복희는 처음으로 인간에게 목축을 가르친 신이자, 팔괘를 창안하여 음양을 통하여 사람 및 자연의 이치를 짐작하게 한 신이기도 하다. 복희가 창안한 팔괘 중의 네 괘는 지금 우리나라 태극기에 그려져 있기도 하다. 복희는 거룩한 덕이 해와 달 같다고 해서 '태호 복희씨', 즉 '큰 여름 하늘 같은 복희신'이라고 불리기도 한다. 복희의 아내는 여와다. 여와는 아득한 옛날 하늘을 받치고 있던 네 기둥이 무너지자 큰 거북의 다리를 잘라 기둥으로 삼아 하늘을 받치게 한 여신, 홍수가 나자 오색돌을 빚어 하늘 구멍을 메운 여신이기도 하다. 복희와 여와는 처음에는 남매간이었으나 나중에는 부부가 되었다. 유교의 나라에서 일어났다는 일로는 믿어지지 않는다.
 (그리스 신화에 나오는 프로메테우스처럼, 흙을 빚어 처음으로 인간을 창조한 여신도 바로 여와다. 기독교와 유대교가 최초의 인간이라고 믿는 '아담'도 진흙으로 빚어진 사람이다. '아담'은, '흙'이라는 뜻을 지닌 히브리어 '아다마'에서 나온 말이라고 한다. 인간을 뜻하는 영어 '휴먼human'은 라틴어 '호모homo'에서 나온 말이고, '호모'는 '흙'을 뜻하는 '호무스homus'에서 나온 말이다. 아담의 아내 '하와'는 야훼 하느

일본의 창조신 남매
하늘의 신에게서 받은 창으로 바닷물을 휘저어 섬을 지어내는 이자나기.

님이 아담의 갈빗대를 하나 뽑아 만든 인류 최초의 여성이다. 아담과 하와 역시 남남이 아닌 것이다.)

중국의 여신 여와가 흙으로 인간을 만든 것은 대홍수가 나자 오색돌로 하늘 구멍을 막은 뒤의 일이다. 여와는 복희와 오누이 혼인을 통하여 자식을 낳음으로써, 혹은 흙으로 인간을 빚음으로써 인류의 한 갈래인 중국인들의 시조가 된다.

대홍수에서 가까스로 살아남은 오누이가 서로 혼인하여 부부가 된다는 이야기는 그리스 신화에도 등장하는 것은 물론이다. 사촌간인 데우칼리온과 퓌라가 바로 이들이다. 데우칼리온과 퓌라는 혼인을 통하여 자식을 낳는 대신, 돌을 등 뒤로 던진다. 그러자 등 뒤로 떨어진 돌들은 사람이 되어 뒷날 그리스인들의 조상이 된다.

대홍수가 끝난 뒤, 살아남은 오누이가 혼인하는 이야기는 우리나라에도 전해져 내려온다. 1923년 8월, 함경도의 김호영이라는 분이 들려주었다는 이 오누이 혼인 설화는 손진태의 『한국 민족설화의 연구』에 실려 전한다. 이야기는 다음과 같다.

옛날 이 세상에 큰물이 져서 세계는 모두 바다로 화했다. 살아남은 사람들은 오누이뿐이었다. 오누이는 백두산같이 높은 산봉우리에 당도했다. 물이다 걷힌 뒤 오누이는 세상에 나와보았다. 하지만 사람을 구경할 수 없었다. 그대로 있다가는 사람의 씨가 끊어질 수밖에 없는 상황이었다. 하지만 남매 간인데 혼인할 수도 없었다. 생각에 생각을 거듭하던 오누이는 마주 보고 서 있는 큰 봉우리 둘을 각각 하나씩 올랐다. 봉우리에서 오라비는 맷돌의 수컷에 해당하는 수망을 굴리고, 누이는 맷돌의 암컷에 해당하는 암망을 굴렸다. 그러고는 하늘에 기도했다. 수망과 암망이 봉우리 기슭에 이르자 사람이 결합하듯이 하나가 되었다. 오누이는 하늘의 뜻을 짐작하고 혼인하기로 마음먹었다. 사람의 씨는 이 오누이의 혼인으로 인하여 다음 대로 이어졌는데, 인류의 선조는 바로 그 오누이다.

 (왜 하필이면 맷돌인가? 이 설화는 맷돌로써 무슨 속내를 드러내고자 하는가? 지금은 민속 공예품 가게에서나 볼 수 있는 이 맷돌이 콩이나 팥을 갈고 있는 것을 본 적이 있는지? 곰보같이 얼금얼금하게 얽은 위짝과 아래짝 사이에는 '맷돌 중쇠'라는 것이 있다. 위짝과 아래짝을 연결하는 장치다. 위짝에는 구멍이 뚫려 있다. 이것이 '암쇠'다. 아래짝의 중심에는 구멍에 딱 맞는 돌기가 있다. 이것이 '수쇠'다. 이 암쇠와 수쇠가 꼭 끼인 채로 돌면 위짝은 아래짝에서 빠지지 않는다. 맷돌이 돌면서 콩을 갈아 뿌연 콩물을 쏟는 것을 가만히 바라보면서 '화수분 맷돌' 이야기가 끊임없이 사람들 입에 오르는 까닭, 대홍수 뒤의 오누이가 산봉우리에서 굴린 맷돌의 암망과 수망이 하나가 되는 광경을 상상해본 적이 있다. 신화는, 상상에 상상을 거듭하는 사람에게만 속내를 드러낸다고 해서.)

 신화에는, 도덕군자가 들으면 의분을 금하지 못할 근친혼의 일종인 이 같은 오누이 간의 사랑만 등장하는 것이 아니다. 내가 '인문人文의 자연'이라고 부르는 신화는 황소를 사랑한 여성, 암양을 사랑한 신, 전처 소생을 사랑한 계모, 오라버니나 아버지를 사랑한 여성들도 품고 있다. 이 인문의 자연 생태계에는 전처의 아들을 사랑한 여인, 동성을 사랑한 신들과 인간, 아버지를 죽이고 어머니와 한 잠자리에 드는 아들, 아버지의 편을 들어 어머니를 죽이는 딸도 있다. 남성이면서도 양성兩性을 경험한 인간도 있고, 남성이면서도 동성에 대한 원초적 선망을 끊지 못한 인간도 있다. 그뿐인가? 자신을 너무 사랑하게 되는 바람에 이성을 푸대접했다가 신들의 저주를 받은 청년, 남들을 너무 사랑하여 아예 몸뚱이를 내놓은 여성들도 있다. 신혼의 단꿈에 젖어 꽃병에 꽃을 꽂아야 할 나이에 풍속에 가로막혀 가슴에 칼을 꽂는 연인들도 있다. 섭리를 좇고 때를 좇아 온전한 하나로 맺어지기까지 신화의 세계와 인간 세계의 반쪽이들은 실로 많은 시행착오를 경험하지 않으면 안 되었다.

제우스의 아내이자 거룩한 결혼의 여신인 헤라가 이성과 이성 사이의 혼인을 제도화하려고 동분서주한 것은 신화가 그리스인들의 종교였던 시대의 일이다. 헤라는 때로는 '여신'의 특권을 빌려, 부적절한 사랑에 빠지는 인간을 징벌했고, 딸이자 해산의 여신인 에일레이튀이아를 동원하여 부적절한 관계의 씨앗이 세상 밖으로 나오지 못하게 하기도 했다. 헤라의 시대가 가면서 신화가 종교의 자리에서 내려오자 이번에는 세상의 모든 지어미가 헤라 여신이 되어 지아비들의 바람기를 잠재우려 동분서주했다. 신들의 시대, 신화의 시대가 끝난 이래, 인류는 오랫동안, 헤라 여신이 그토록 염원하던 '거룩한 결혼'이라는 제도를 숙명으로 받아들이는 것 같았다. 반쪽이들이 '잃어버린 반쪽이'들을 제대로 찾아내고 있는 듯했다.

그런데 다시 동성애가 흐드러지게 꽃피우고 있다. 남성과 남성이 어깨동무하고 유럽 거리를 누빈다. 여성과 여성이 팔짱을 끼고 결혼식장으로 통하는 계단을 오르내린다. 동성의 혼인신고도 문제없는 나라들이 늘어나고 있다. 미국의 무수한 동성애자가 대규모 거리 집회에 나와 '거룩한' 결혼을 손가락질한다. 숨어 있던 동성애자들이 가면을 벗고 본모습을 드러낸다. '커밍아웃 coming-out'이란다. 남성이 여장하고 노래를 부르는가 하면, 여성이 남장하고 춤을 춘다. 남성으로 태어난 무수한 사람이 여성이 되어 수술실을 나선다. '여성'이 된 남성, 여성보다 더 아름다운 '여성'의 야릇한 춤과 노래가 신화시대의 야릇한 카오스(혼란)

를 '진실'이라는 이름으로 연출한다.

　이것이 아름다운 일인가? 그들에게, 손가락을 쏨벅 베어버리는 예리한 칼날 같은 이 진실은 아름다운 것일 수 있다. 하지만 풍습은 상식의 이름으로 그것을 죄악이라고 부르는 횡포를 자행한다. 이것 또한 우리 안에 숨어 있는, 대면하기 매우 껄끄러운 진실이다. 잃어버린 반쪽이를 찾는 일에 관한 한, 아무래도 인류의 한 갈래로서의 '우리' 안으로는, 우리가 잘 알지 못하는 강이 흐르고 있는 것 같다. '집단 무의식', '보편 무의식'이라는 이름의 강이 흐르고 있는 것 같다. 우리가 잘 알지 못하는 이 강이 인류의 한 갈래로서의 '우리'의 참모습인지 모른다는 생각이 들기도 한다. 그래서 우리 안에 흐르는 강의 모습이, 지금 우리 밖에 흐르는 강과 모습이 같지 않을 때마다 나는 한숨에 섞어 이렇게 중얼거리고는 한다.

가정과 신성한 결혼의 수호 여신 헤라
기원전 5세기의 대리석상이라고는 믿어지지 않을 정도로 정교하고 섬세하다. 로마 바티칸 박물관.

"아이고, 인간아, 인간아……."

상징은 도낏자루다

나는 앞에서 한 약속을 잊지 않고 있다. 이제 지킬 때가 되었다. 아리스토파네스는 이렇게 말했다.

"……그러므로 반쪽이가 된 우리는 각각 옛날의 온전했던 한 인간의 부절입니다Each of us when seperated is but the indenture of a man……."

아리스토파네스는 반쪽이가 나머지 반쪽이를 그리워하는 것은 다시 한 몸이 되고 싶기 때문이라면서 반쪽이가 된 우리 자신을 '옛날의 온전했던 한 인간의 부절'이라고 했다. 우리말 번역어인 이 '부절'이란 무엇인가? 부절이란, 옛날의 사신들이 몸에 지니고 다니던, 돌이나 대나무 같은 것으로 만든 일종의 신분증 같은 것이다. 사신들이 가지고 다니던 부절은 온전한 것이 아니라 반으로 나눈 '반쪽'이었다. 나머지 반쪽은 임금이 보관하고 있었다. 이 두 개의 반쪽 부절을 맞추어 딱 맞을 경우를 '부합符合'이라고 했다. '부합', 즉 '서로 맞춘 부절이 딱 맞듯이 두 가지 사물이 서로 꼭 들어맞음'을 뜻하는 이 단어는 이렇게 해서 생긴 말이다. 하나의 부절을 지니고 있을 경우 다른 하나의 부절 모양을 짐작하는 것은 가능할까? 답은 독자에게 맡긴다.

영어가 '부절'이라는 뜻으로 쓰고 있는 '인덴추어indenture'는 '두 통으로 만들어서 서명한 계약서'라는 뜻이다. 이 두 통의 계약서는 아주 똑같아야 계약이 유효하다. '반쪽 부절'과 같은 뜻이다. 한 장의 계약서를 지니고 있을 경우 다른 한 장의 계약서 모양을 짐작하는 일은 가능할까? 답은 독자에게 맡긴다.

이 '부절'을 뜻하는 말이 그리스 원어에는 '쉼볼론symbolon'으로 되어 있다. 이 단어는 약간의 설명이 필요하다.

고대 그리스는 나그네를 위한 나라였다. 새로운 정보를 가지고 마을로 들어오는 나그네 대접은 모든 집주인들의 의무였다. 으뜸 신 제우스는 '제우스 크세니오스', 즉 '나그네들의 수호신 제우스'라고 불렸을 정도였다. 주인과 나그네의 사이는 각별할 수밖에 없었다. 고대 그리스에는 나그네가 한 집에서 오래 머물면서 융숭한 대접을 받고 주인과 헤어질 경우, 접시나 은화 같은 것을 반으로 나누어 한쪽은 자신이 갖고 나머지 한쪽은 주인에게 주어 간직하게 하는 풍습이 있었다. 뒷날 주인 혹은 주인의 자손이 나그네 혹은 나그네의 자손을 찾아올 경우, 조각을 맞추어보고 은혜 갚음을 할 수 있게 하기 위해서였다. 이 반쪽이 바로 '쉼볼론'이다. 반쪽이 쉼볼론을 '서로 맞추어보는' 일은 '쉼발레인 symballein'이라는 동사로 불렸다. '상징'을 뜻하는 영어 단어 '심벌symbol'은 바로 이 '쉼발레인'에서 온 말이다. '서로 맞추어보다'라는 뜻이다.

'깨진 거울'이라는 뜻을 지닌 '파경$_{破鏡}$'과 아주 비슷한 말이다. 옛날의 '죽고 못 사는' 사람들은 어쩔 수 없이 헤어질 때 한쪽씩 나누어 갖기 위해 거울을 깨뜨린 다음 이를 나누어 신표$_{信標}$로 삼았던 모양이다. 나중에 맞추어보기 위해, 금생$_{今生}$에 안 되면 후손들에게라도 서로 맞추어보게 하기 위해 거울을 두 쪽으로 가르는 '파경'이 지금은 '이혼'의 대명사로 잘못 쓰인다.

모르기는 하지만 쉼볼론이 되었든 반쪽 거울이 되었든 맞추어보면, 이쪽은 저쪽을 증거하고 저쪽은 이쪽을 증거할 것이다. 한쪽의 쉼볼론을 지니고 있을 경우 다른 한쪽 쉼볼론의 모양을 짐작하는 일은 가능할까? 답은 독자에게 맡긴다.

신화란 어떻게 이루어져 있는가? 신화는 매우 상징적인 이야기로 구성되어 있다. 신화는 곧 상징이기도 하다.

우리는 이 우주에 대한 옛사람들의 생각을 얼마나 알고 있는가? 우리는 이 세계의 전모에 대한 옛사람들의 생각을 얼마나 알고 있는가? 우리는 인간에 대한 옛사람들의 생각, 인간의 바닥을 흐르는 저 낯선 강에 대해 얼마나 알고 있는가? 우리 안을 흐르는 저 강에 대해 우리는 아직 잘 알지 못한다.

하지만 우리에게는 신화가 있다. 신화는 상징이다. 우리는 이 신화로써 세계의 전모, 인간의 바닥을 흐르는 저 낯선 강의 모양을 짐작할 수 있는가? 답은 독자에게 맡긴다.

중국의 고전 『시경』에 눈이 번쩍 뜨이는 구절이 있어 외워두었다.

도낏자루를 깎아라, 도낏자루를 깎아라[伐柯伐柯].
그 깎는 법은 멀리 있지 않으니[其則不遠].

도낏자루를 깎는다는 것은 도끼가 있음을 전제로 한다. 도끼는 오른손에 있다. 도낏자루 깎는 법이 멀리 있지 않은 것은, 오른손에 든 도끼의 자루를 보면서, 그 자루가 어떻게 깎였는지 보면서 새 도낏자루를 깎으면 되기 때문이다. 오른손에 도끼를 들고, 도낏자루는 어떻게 깎으면 돼요, 하고 묻는 것은 어리석다. 신화와 상징을 앞에 두고, 옛사람들 생각은 어땠을까요, 하는 것도 어리석다.

신화는 상징이다. 반쪽이다. 사신들이 신분증으로 가지고 다니던 부절이다. 두 통으로 작성된 계약서다. 반쪽의 쉼볼론이다.

도낏자루다.

1
이루어져서는
안 되는 사랑

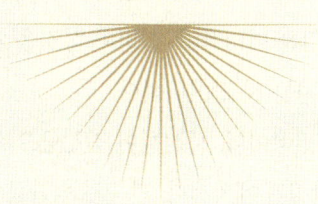

암염소를 사랑한 헤르메스

헤르메스 이야기를 시작하자면 제우스 이야기부터 하지 않으면 안 된다. 헤르메스는 제우스의 아들이자, 제우스가 가까이 두고 부리는 심부름꾼이기도 하기 때문이다. 제우스가 바람둥이였다는 걸 누가 모를까. 바람둥이의 아내는 의심이 많아야 한다. 그래야 남편을 잃지 않는다. 제우스의 아내 헤라 여신은 의심도 많고 질투심도 강했다. 신화부터 읽어보자.

어느 날 헤라가 하늘의 성 올륌포스에서 내려다보고 있으려니 날이 흐린 것도 아닌데 웬 구름자락이 강을 덮고 있었다. 헤라는 생각했다.

 (이 영감이 구름을 일으켜 강을 가리고 있는 것을 보니 필시 또 켕기는 짓을 한 모양이구나.)

헤라는 손짓으로 그 구름을 헤치고 다시 내려다보았다. 과연 제우스가 거울같이 맑은 이나코스강 가에 서 있었다. 더 자세히 내려다보니 강가에 서 있는 것은 제우스뿐만이 아니었다. 제우스 옆에는 보기에 썩 좋은 암소도 한 마리 서 있었다.

 (그러면 그렇지.)

헤라는 제우스의 능력을 잘 아는지라, 그 암소가 여느 암소가 아닐 것이라고 짐작했다. 제우스가 누구던가? 둔갑의 도사 아니던가? 제우스는 스스로 둔갑하는 것도 자유자재였을 뿐만 아니라 애인을 둔갑시키는 데도 자유자재였다. 암소는 사실 강의 신 이나코스의 딸 이오였다.

('강의 신'을 우리 신화에서는 '하백河伯'이라고 한다. 그러니까 이오는 하백의 딸이었던 셈이다. 고구려를 세운 동명성왕 고주몽도 하백의 딸 유화부인의 아들이다.)

그렇거니 제우스는 처녀 이오와 재미를 보고 있다가, 아무래도 천상에서 아내 헤라가 내려다보고 있는 것 같아 이오를 암소로 변신시키고는 나 모르쇠 시치미를 떼고 있는 참이었다. 헤라는 이나코스강 가로 내려가 제우스에게 말을 걸었다.

"암소가 참 아름답군요."

제우스가 짧게 대답했다.

"내 생각도 그렇소."

"누구 거예요?"

"딱히 주인이 있는 것도 아닌 것 같소."

"혈통이 좋은 것 같군요. 어느 나라 혈통이죠?"

"내가 아오? 별걸 다 묻네?"

"으뜸 신께서 모르시는 것도 있나요?"

"땅에서 그냥 생겨난 새로운 혈통이오."

"좋은 암소인데, 저 주시죠."

"……"

"설마 이 아내에게 암소 한 마리 주기를 거절하시는 것은 아니겠지요?"

제우스도 이 말에는 난처해지지 않을 수 없었다. 자기 애인을 본처 손에 건네주자니 그렇고, 그렇다고 해서 아내가 별것도 아닌 암소 한 마리를 달라고 하는데 줄 수 없다고 하기도 그렇고…… 거절하면 헤라의 의심을 기정사실로 만들 것 같고…….

"……그렇게 하오."

헤라가 누구던가? 의심과 질투의 화신 아니던가? 헤라는 암소를 손에 넣은 것으로 만족할 수 없었다. 이오를 본모습으로 되돌리고, 지아비의 애인 노릇 한 벌을 톡톡히 주고 싶었다. 하지만 헤라가 이오를 본모습으로 되돌릴 수는 없다. 올륌포스에도 법이 있다. 한 신이 한 일을 다른 신이 되돌리지 못한다.

헤라는 이 암소를 아르고스에게 보내어 엄중하게 감시하게 했다.

아르고스는 머리에 눈이 1백 개나 달린 거인이다. 잠을 잘 때도 이 아르고스는 한 번에 두 개씩밖에는 눈을 감지 않는다. 그래서 아르고스는 한시도 쉬지 않고 이 소를 감시할 수 있었다.

제우스는 애인이 이러한 괴로움을 당하고 있는 판이라 몹시 심란했다. 그래서 아들 헤르메스를 불러, 어떻게 좀 해보라고 당부했다.

헤르메스는 아버지 제우스의 명을 받들어 발에는 날개 달린 신을 신

제우스와 이오
스스로 구름자락이 되어 이오의 몸을 가리고 있는 제우스. 16세기 이탈리아 화가 안토니오 다 코레지오의 그림.

고, 머리에는 날개 달린 모자를 쓰고, 손에는 최면 지팡이를 들고는 지상으로 하강했다.

지상에 내린 그는 날개를 치워버리고 오직 지팡이만을 들었다. 양 떼를 쫓는 양치기로 둔갑한 것이다.

헤르메스는 양 떼를 몰고 피리를 불며 아르고스에게 접근했다. 아르고스는 이 피리 소리에 반하고 말았다. 생전 처음 보는 악기, 난생처음 들어보는 피리 소리였기 때문이다. 아르고스는 양치기에게 말을 걸었다.

"여보게 젊은이, 이리 와서 이 바위에 좀 앉게. 이곳에는 양 떼가 뜯을 풀이 얼마든지 있네. 어디 그뿐인가? 목동들 마음에 꼭 들 시원한 나무 그늘도 얼마든지 있네."

헤르메스는 아르고스의 말대로 바위 위에 앉아 세상 돌아가는 이야기를 하면서 날이 어두워지기를 기다렸다. 해가 지자 그는 피리를 꺼내어 다시 불기 시작했다. 부드러운 곡조만을 골라 불어 아르고스를 잠재워보려는 생각이었다. 그러나 헛수고였다. 아르고스가 대부분의 눈을 감았다고 해도 몇 개만은 여전히 뜬 채 감시했기 때문이었다.

헤르메스는 이런저런 이야기 끝에 아르고스에게, 자기가 불고 있는 갈대 피리의 유래를 설명하기 시작했다.

"옛날에 쉬링크스라고 하는 요정이 있었대요. 이 쉬링크스는 숲에 사는 사튀로스나 숲의 요정들로부터 사랑을 듬뿍 받고 있었답니다. 그런

팬플루트
판이 몇 개의 갈대 줄기를 꺾어 이를 각각 길이가 다르게 다듬어 불어보았다는 '판의 피리Panflute'.

데도 쉬링크스는 어느 누구도 사랑하지 않고 오직 아르테미스 여신만을 숭배하며 그분과 함께 사냥감만 쫓아다녔더래요. 사냥 옷을 차려입은 쉬링크스의 모습은 아르테미스의 모습만큼이나 아름다워서, 둘을 혼동하기가 딱 알맞았지요. 다른 점이 하나 있다면, 쉬링크스의 활은 짐승의 뿔로 만든 것인 데 견주어 아르테미스의 활은 은으로 만들어진 것이라는 정도였지요.

어느 날의 일입니다. 사냥터에서 돌아오던 쉬링크스는 판을 만났어요. 판은 여느 때처럼 쉬링크스에게 말을 걸고는 끈질기게 유혹하기 시작했어요. 쉬링크스는 상대가 뭐라고 듣기 좋은 소리를 하건 말건 들은 체도 않고 도망쳐버렸대요. 판은 그 뒤를 쫓았어요. 하지만 강둑 부근에서 그만 거의 따라잡히고 말았다는군요. 쉬링크스는 친구들인 물의 요정들에게 도움을 청할 도리밖에 없었지요. 친구들은 쉬링크스의 다급한 목소리를 듣고는 바로 도와주려고 했대요. 판이 쉬링크스를 껴안는 순간, 쉬링크스를 갈대로 변신시킨 겁니다. 판은 탄식했지요.

'아, 내 사랑을 받아주지 않고 갈대로 변신하다니……'

그런데 탄식이 갈대 줄기 안에서 공명을 일으켜 아주 슬픈 소리로 변하더래요. 판은 희한한 일을 당한 데다 그 소리의 아름다움에 도취되어 이렇게 중얼거리더랍니다.

'그래, 그렇다면 대신 갈대라도 내 것으로 만들 수밖에……'

곧이어 판은 몇 개의 갈대 줄기를 꺾어서 이를 각각 길이가 다르게 다듬어 붙여보았대요. 그리고 그 요정의 이름을 따서 이 피리를 '쉬링크스'라고 불렀다는 이야깁니다."

헤르메스 이야기는 여기까지만 듣자. 뒷이야기를 줄이면 이렇다. 헤르메스가 이야기를 하고 있을 동안 아르고스의 눈이라는 눈은 하나씩 둘씩 감기기 시작했다. 헤르메스는, 아르고스가 조느라고 머리를 끄덕하는 순간 단숨에 목을 자르고는, 바위산에서 아래로 차 던져버렸다. 1백 개나 되는 아르고스 눈의 안광은 일시에 꺼져버렸다. 후에 헤라는 아르고스의 죽음을 불쌍하게 여기고 그 눈을 모두 뽑아 자신을 상징하는 새, 자신이 총애하는 새 공작의 꼬리에 달아주었다. 그래서 이 눈은 오늘날까지도 공작의 꼬리에 붙어, 제우스의 일거수일투족을 감시한다.

 헤르메스는 상업의 신이자, 무역의 신이다. 그는 돈놀이꾼들의 수호신, 사기꾼들의 수호신이기도 하다. 사기꾼들의 수호신 노릇을 하자면 거짓말도 썩 잘해야 할 터이다. 헤르메스가 아르고스에게 이런 이야기를 하고 있는 것을 보면 기가 막힌다. 왜 그런가 하면, 새빨간 거짓말일 가능성이 있기 때문이다. 헤르메스는 자기 아들 이야기를 이렇게 하고 있는 셈이니까. 판은 헤르메스의 자식들이라는데, 그 내력이 재미있다.
 헤르메스는 제우스의 심부름꾼으로, 아버지 제우스가 피운 난봉의 뒤치다꺼리를 한 공이 적지 않다. 아르고스를 죽이고, 아버지의 애인 이오를 구해낸 것도 그런 뒤치다꺼리 중의 하나다. 뒤치다꺼리를 하고 다니면서 헤르메스는 아버지 제우스에게서 여신이나 요정이나 인간을 후려내는 재주를 배웠을 터이다. 하지만 배우는 것까지는 좋은데 이로써 낳은 자식을 가까이서 보면, 아무래도 제대로 배운 것 같지가 않다.
 헤르메스가 양 떼 치던 시절, 드뤼오프스왕의 외딸 페넬로페와 사랑을 나누고 낳았다는 아들만 해도 그렇다. 아기는 얼굴만 사람이었을 뿐, 온몸은 털투성이였고 허리 아래로는 영락없는 염소였다. 이마에는 염소 뿔이 솟아 있는가 하면, 엉덩이에는 꼬리까지 달려 있었다. 남의 말 하기 좋아하는 이들이 쑥덕거렸다.
 "드뤼오프스왕의 딸은 무슨 딸? 떡갈나무 밑에서 암염소를 타고 놀았던 게지."
 빈말은 아니었을 것이다. 옥스퍼드 대학교 출판부가 펴낸 『고대 신화 인명 사전 Who's who in classical mythology』도 이 아들을 두고 '헤르메스와 칼리스토, 페넬로페 혹은 암염소 she-goat 사이에서 태어난 아들'이라고 쓰

아르고스의 눈, 공작의 무늬가 되다
헤르메스의 손에 죽임을 당한 아르고스의 몸에서 눈을 뽑아 자신을 상징하는 새인 공작의 깃털에 달아주는 헤라 여신. 페테르 파울 루벤스의 그림.

고 있다.

 헤르메스는 이 아이를 주워 토끼 가죽에 고이 싸서 올림포스로 데리고 올라갔다. 신들이 보니 가관이었다. 얼굴은 분명히 인간 형상을 하고 있는데 인간에게는 없는 뿔도 달려 있고 꼬리도 달려 있고, 온몸에는 털까지 돋아 있었다.

 "너, 별걸 다 가지고 있구나. 앞으로는 '판Pan'이라고 불러야겠다."

 신들 중 하나가 이렇게 말함으로써 이게 헤르메스 아들의 이름이 되었다. '판'은 '모든 것을 아우르는'이라는 뜻이다. 신화학자들은 우리가 '범미국적Pan-American', '범아시아적Pan-Asian' 할 때의 이 '범汎'이 바로 '판'의 이름에서 온 말이라고 설명한다.

하지만 '판'은 '파온Paon'이라는 초기 그리스어에서 유래했다는 설명도 있다. '파온'은 '양치기' 혹은 '먹이는 자'라는 뜻이다. 판은 들(혹은 전원)의 신이자 양치기들의 신, 즉 목양신牧羊神이다. 고대 그리스의 양치기들은 암양이나 암염소가 임신을 제대로 하지 못해 그 수가 불어나는 게 시원찮으면 이 판의 대리석상을 깃털로 때림으로써 매질하는 시늉을 했다고 한다.

판은 또 호색한이어서 숲속의 요정이나 인간 세상의 여성을 보면 덮치기를 좋아했던 것으로 전해진다. 공포를 '패닉panic'이라고 부르는 것도 판의 이름에서 유래한다. 요정이나 여성들이 판을 보고 느꼈음직한 공황적 심리 상태가 '패닉'이 된 것이다.

헤르메스는 인간이 아니다. 그는 인간의 형상을 하고 다니던 신이다. 신이니까 반쪽이를 잃어버린 것도 아닐 터이다. 하지만 그는 인간을 흉내 내어 '잃어버린 반쪽이'를 찾아다녔다. 그러다 그만 엉뚱한 반쪽이

판이 나타나자 달아나는 요정들
판 무리가 나타나자 숲의 요정들이 혼비백산하고 달아난다. '패닉'은 판의 이름에서 유래했다. 페테르 파울 루벤스의 작품.

와 사랑을 나누어 인간도 짐승도 아닌 기괴한 존재인 판을 이 세상에 끼쳐놓은, 못 말리는 신이 바로 헤르메스였다. 헤르메스와 암염소 사이의 사랑은 '이루어져서는 안 되는 사랑'이었다.

파시파에, 그게 아니라구요!

바람둥이 제우스에게는 애인 이오를 암소로 변신시킨 경험이 있다. 그런 제우스에게, 황소로 둔갑해서 여자에게 접근한 경험이 없을 리 없다. 실제로 제우스는 에우로페라는 여자에게 마음이 있어서 슬쩍 황소로 둔갑한 뒤 이 여자를 납치한 일이 있다. 제우스, 참 별짓 다 한다.

황소로 둔갑한 제우스는 이 에우로페를 등에 태운 채 온 유럽 땅을 다 돌아다니다 마침내 크레타섬에 상륙, 본색을 드러내고는 버즘나무 밑에서 에우로페와 사랑을 맺는다. 크레타의 버즘나무는 제우스의 축복을 받고 늘푸른나무, 즉 상록수가 된다(두 차례 다녀온 내가 잘 알거니와, 크레타는 아프리카 대륙과 매우 가깝다. 그래서 거의 모든 나무는 늘푸른나무 행세를 한다). '유럽Europe'이라는 말은 '에우로페Europe'라는 이름에서 유래한다.

에우로페가 제우스의 아들을 낳게 되는데 이 아들이 바로 크레타에다 왕국을 차린 미노스왕이다. 테세우스와의 사랑으로 유명한 아리아드네는 바로 이 미노스왕의 딸이다. 미노스는 뒷날 테세우스 때문에 곤욕은 곤욕대로 치르고 딸까지 빼앗긴 왕이기도 하다.

미노스는 장성한 뒤 크레타섬에서 배다른 형제들과 왕위를 겨루게 되자 바다의 신 포세이돈에게 이렇게 빌었다.

"아버지 제우스가 황소로 둔갑하여 어머니 에우로페를 업고 헤라 여신의 눈을 피할 때, 바다를 갈라 이 두 분을 숨겨주신 포세이돈 신이시여. 크레타섬이, 신들이 미노스에게 내린 땅이거든 이 섬을 보호하시는 신께서 징표를 내리소서. 파도를 가르시고 황소 한 마리를 크레타섬으로 오르게 하소서. 미노스 왕국이 서는 날 이 소를 잡아 포세이돈 신을 섬기는 제물로 삼겠습니다."

포세이돈 신은 미노스왕의 기도를 어여삐 여기고는 파도를 가르고 황소 한 마리를 보내주었다. 미노스는 배다른 형제들을 이기고 왕위에 오를 수 있었다. 하지만 그는 포세이돈에게 그 소를 제물로 바치지 않았다. 신에게 한 약속을 지키지 않았다는 것은 미노스가 왕위에 오르고 나서 오만방자해진 것과 무관하지 않을 것이다. 포세이돈 신이 가만히 있을 리 없다. 바다가 그렇듯이, 바다의 신 포세이돈은 자비롭지 않다. 바다는 무자비하다. 포세이돈도 무자비하다. 바다는 절충주의를 용납하지 않는다. 바다에 직면하자면 목숨을 걸어야 한다. 바다와의 직면에는 삶 아니면 죽음이 있을 뿐이다. 이탈리아 수도 로마의 산타 마리아 교회 안에 있는, 거짓말하는 사람이 손을 넣으면 물고 놓지 않는다는 '보카 델라 베리타스(진실의 입)'가 누구의 입이던가? 바다의 신에 속하는 오케아노스 혹은 프로테우스의 입이다. 포세이돈은 황소 한 마리 때문에 미노스왕으로부터 욕을 본 셈이다. 이제 미노스왕이 황소 한 마리 때문에 포세이돈으로부터 욕을 볼 차례다.

* * *

미노스왕의 아내 파시파에는 태양신 헬리오스의 딸이다. 파시파에의 어머니는 오케아니데스에 속하는 여성 페르세이스다. 오케아니데스라면, 포세이돈 이전에 바다를 다스리던 바다의 신 오케아노스의 딸인 셈이다. 제우스와 에우로페의 아들인 미노스왕에 못지않게 족보가 '짱짱'하다. 이 명문의 딸이자 며느리인 파시파에가 해괴한 증세를 보이기 시작한다.

파시파에가 특별히 음란한 여성이었다는 기록은 없다. 그런데 어느 날 어느 순간부터 파시파에는 지아비인 미노스왕이 진정한 '잃어버린 반쪽이'가 아니라고 생각하기 시작한다. 그게 언제부터였는지, 그것도 기록에 없다. 짐작컨대 오만방자해진 미노스왕이 포세이돈에게 황소를 제물로 바치기를 거절하고부터가 아닐까 싶다.

파시파에의 눈에, 포세이돈의 황소가 바로 '잃어버린 반쪽이'로 보이기 시작한다. 그냥 보이는 정도에 그치는 것이 아니라 마침내 황소의 강렬한 짐승스러움과 수컷스러움에 욕정을 느끼는 데까지 이른다. 파시파에가 암소였다면 이러한 욕정은 건강한 불온함 혹은 불온한 건강함일 수 있겠지만 파시파에가 어디 암소던가? 파시파에는 그 당시에 이미, 장차 테세우스의 애인이 되는 아리아드네를 비롯해 자식을 여럿 낳은 계집 사람이 아니던가?

파시파에는 미노스의 눈을 피해 자주 외양간으로 나와 황소의 더없이 씩씩한 힘살과 아랫배의 굵은 송곳 주머니를 보며 눈으로 욕정을 꺼보고자 했다. 눈으로 걸터듬음으로써 욕정을 끌 수 있었다면 파시파에는 용서받을 수 있었을 것이다. 그러나 눈에 찬다고 마음에도 차는 것은 아니었다. 파시파에는 이번에는 황소의 몸을 만져봄으로써, 말하자면 촉감함으로써 그 욕정을 꺼보려고 했다. 촉감으로 욕정을 끌 수 있었다면 파시파에는 용서받을 수 있었을 것이다. 하지만 어찌 된 셈인지, 이 황소는 사람을 가까이 용납하는 법이 없었다. 사람은 가까이 오지 못하게 하면서도 황소는 어찌나 암소를 밝히는지, 흡사 변덕스러운 장수 말 갈아타듯 했다. 파시파에에게, 이 황소가 암소 걸터듬는 광경을 바라보는 것은, 지아비 미노스가 계집질하는 광경을 대하는 것만큼이나 '껄쩍지근'했을 터이다. 실제로 미노스왕은 바람둥이인 아버지 제우스의 내림이어서 그랬을 테지만 바람기가 여간 아니었다. 파시파에에게는 상당한 정도의 마력이 있었던 모양이다. 파시파에가 미노스에게 마법을 걸어, 미노스를 상대로 사랑을 나누는 모든 여성의 몸으로 미노스의 씨앗 대신 독사와 벌레가 흘러들어 가게 한 것을 보면 질투심은 헤라 여신을 찜 쪄 먹었던 것 같다. 질투의 화신이라고 불리던 헤라 여신도 그렇게까지는 하지 않았다. 파시파에 자신은, 그러면서도 한 마리 황소에 대한 부적절한 욕정의 노예가 되어 있다. 부적절한 욕정이라는 것이 원래 다 타서 재가 되기 전에는 꺼지지 않는 불길인 법이다. 파시파에의 결정적 실수는 당시 크레타에 망명해 있던 희대의 손재주꾼 다이달로스를 이용하여 이 부적절한 욕정을 불태우려 한 데 있다.

다이달로스가 누구던가? 일찍이 '땅 위의 헤파이스토스'라는 이름을 얻을 정도로 손재주가 좋은 발명가였다. '다이달로스'라는 이름은 '쪼아서 만드는 자' 혹은 '손재간이 좋은 자'라는 뜻이다. 다이달로스 같은 자가 아테나이에 있으니 지혜의 여신 아테나가 보기에 참 좋았다. 아테나 여신은 신전 한 귀퉁이를 다이달로스에게 빌려주며, 자신이 인간을 위해 올리브나무를 주었듯이 사람을 위해 요긴한 것을 만들어주라고 다이달로스에게 당부했다. 다이달로스는 이 일터에서, 펼 수도 있고 접을 수도 있는 돛, 내리막길에서 '브레이크'를 걸 수 있는 수레, 자루 구멍이 있는 도끼 대가리 같은 것을 만들어 그 이름값을 잘했다. 다이달로스는 건축과 목공과 철공에 두루 능했다. 그런데 다이달로스는 자기 업적에 지나칠 정도의 긍지를 느끼는 사람이어서 자기와 어깨를 겨룰 자가 있다는 것을 견디지 못했다. 그런데 그에게는 강력한 '라이벌'이 있었다.

다이달로스의 문하에는 기계 기술을 배우라고 누이가 보낸 누이의 아들 페르디코스가 있었다. 페르디코스는 재주가 있는 아이인 데다 공부에 놀라운 관심을 나타내었다. 해변을 걷다가 물고기의 등뼈를 주워, 그것을 견본으로 철판을 잘라 만든 것이 바로 톱이다. 톱을 발명한 것이다. 두 개의 쇳조각을 붙이고, 그 한 끝은 못으로 고정한 다음 반대편 끝은 뾰족하게 갈고는 두 조각으로 다시 벌려, 원을 그리는, 우리가 '콤파스'라고 부르는 양각기兩脚器를 발명하기도 했다. 다이달로스는 이러한 생질의 발명을 질투하고는 어느 날 아크로폴리스에서 기회를 보아 생질을 밀어서 떨어뜨렸다. 그러나 발명하는 재주를 총애하는 아테나 여신이 그것을 보고는 소년을 구하여 자고새로 변신하게 했다.

다이달로스는 이렇게 생질을 죽이고도 사람들에게는 아이가 발을 헛디뎌 아크로폴리스 아래로 떨어졌다는 말을 퍼뜨렸다. 다이달로스가 크레타로 망명한 것은 이 사건과 관련된 재판에서 유죄 판결을 받았기 때문이다.

파시파에가 손재주꾼 다이달로스에게 이렇게 말했다.
"다이달로스, 나 죽겠어요. 무슨 방법이 없을까요?"
우리는 이 대목에서 파시파에에게 이렇게 충고해주고 싶어진다.
"파시파에, 그게 아니에요."
하지만 파시파에는 이런 충고를 귀담아들을 마음의 여유가 없었다. 파시파에의 마음에는 욕정만 가득했다.

파시파에의 이 한마디를 손재주꾼 다이달로스는 백 마디로 알아들었다.

며칠을 집 안에서 뚱땅거리던 다이달로스가 이윽고 나무로 만든 소 한 마리를 몰고 외양간으로 나와, 사람을 보내어 파시파에 왕비를 불러 모셨다.

파시파에가 와서 보니 두꺼운 나무로 만들고 겉에다 암소 가죽을 씌운, 영락없는 암소였다. 발굽이 있어야 할 자리에는 바퀴가 있어서 끌거나 밀면 앞뒤로 움직이기까지 했다. 파시파에가 그 겉모습을 흡족하게 여기자 다이달로스는 나무 소의 엉덩이를 보여주었다. 나무 소 꼬리 밑에는 장정의 주먹이 하나 드나들 만한 구멍이 있었다.

나무 소 잔등도 뚜껑처럼 여닫을 수가 있게 되어 있었다. 다이달로스가 그 뚜껑을 열고 빈 속을 보여주면서 파시파에에게 말했다. 상상에 머물 때만 겨우 용서받을 수 있을 터인, 해괴망측한 말이었다.

암소 모형으로 들어가는 파시파에
다이달로스가 만든 가짜 소의 배 속으로 들어가는 파시파에의 모습을 무척 노골적으로 보여주고 있다. 16세기 이탈리아 화가 줄리오 로마노의 그림.

 "자, 이 속에 들어가셔서 뒤로 난 구멍으로 손을 내미시면 얼마든지 저 황소를 가까이 사귈 수가 있습니다. 참나무로 튼튼하게 만든 것인 만큼, 황소가 나무 소를 떠받거나 잔등에 올라타더라도 왕비께서는 걱정하실 일이 없습니다."
 파시파에는 나무 소의 배 속으로 들어가 뚜껑을 닫았다. 나무 소의, 속이 빈 앞다리에는 두 팔을 끼우기가 좋았고 역시 속이 빈 뒷다리에는 두 다리를 끼우기가 알맞았다. 파시파에가, 나무 소의 엉덩이에 나 있는 구멍으로 손을 넣고 황소를 만지는 것으로 욕정의 불길을 끌 수 있었다면 좀 좋았을까? 파시파에는 구멍으로 손을 내미는 대신 편치 못한 자세로 엎드렸다. 문제의 황소가 다가온 것은 물론이다. 이제부터 벌어지는 일은 독자의 상상에 맡기기로 한다. 신화는 상상하는 이들의 몫이다.

＊＊＊

 그러고 나서 아무 일이 없었으면 좋았을 것을……. 날이 가고 달이 가자 파시파에의 배가 나날이 불러왔다. 달이 차자 파시파에는 배 속에 오래 품고 있던 그 황소의 자식을 낳았다. 우리가 '미노타우로스(미노스의 소)'라고 부르는 괴물이 바로 이때 파시파에가 낳은 자식이다. 어머니를 닮았더라면 사람 모습이었을 터이니 미노스의 아들로 행세하게 하면 되었을 터이고, 황소를 닮았더라면 소 모습이었을 터이니 외양간에다 두면 된다. 하지만 이 미노타우로스는 아버지 닮기, 어머니 닮기 다 그만두고 머리는 황소 머리, 몸은 사람의 몸으로 태어났다.

 그런데 '머리는 황소 머리, 몸은 사람 몸'이라는 표현에 다른 의견을 내는 사람들이 있다. 오비디우스의 『변신 이야기』에는 '반은 소, 반은 인간인 괴물'로 기록되어 있다. 19세기에 그리스와 로마의 신화를 다시 쓴 토머스 불핀치는 '몸은 황소의 몸, 머리는 인간의 머리인 괴물'로 쓰고 있다. 이 미노타우로스는 그 모양 값을 하느라고, 먹는 것도 사람 고기 아니면 입도 대지 않았다.

 우리말에 '삼씨 오쟁이를 진다'는 말이 있다. '아내의 간통으로 남의 웃음거리가 된다'는 뜻이다. '삼씨'는 삼베의 원료가 되는 삼의 씨앗이다. '오쟁이'는 짚으로 얼금얼금하게 엮은 일종의 자루 같은 것이다. 삼은 씨의 낱알이 작기로 유명한 식물이다. 오쟁이는 얼금얼금하기로 유명한 자루다. 자, 낱알이 작기로 유명한 삼씨를 얼금얼금하기로 유명한 오쟁이에 넣어 짊어지고 가면 어떻게 되는가? 삼씨가 줄줄 샐 수밖에 없다. 따라서 세상 사람들은, '삼씨 오쟁이'를 지고 가는 사람의 오쟁이에 들어 있는 내용물이 무엇인지 한눈에 알아볼 수밖에 없다. 그러니 아무리 숨기려고 해봐야 숨겨지지 않는다.

 미노스왕이 바로 '삼씨 오쟁이를 진 사람'이 되었다. 그는 아내가 괴물을 낳았다는 사실을 숨기고 싶었다. 하지만 소문은 오쟁이에서 삼씨가 줄줄 새듯이 이 입에서 저 입으로 옮겨가 온 크레타섬은 물론이고 먼 바다를 넘어 아테나이에까지 퍼졌다. 미노스왕으로서는 망신도 그런 망신이 없었다.

미노스왕은 이 미노타우로스를 궁전 안에다 두되 남의 눈에 띄지 않게 할 방법을 궁리하다가 파시파에를 위해 나무 소를 만들었던 명장 다이달로스를 불러 명령했다.

"미궁을 만들어라. 알았느냐? 들어가면 신들도 나오기 어려운 미궁, 만든 너도 나올 수 없는 미궁, 미노타우로스나 인간은 절대로 나올 수 없는 미궁을 만들어야 한다. 이 미궁에 들어간 자는, 잠이 들어 꿈을 꾸어도 여기에서 나오는 꿈을 꾸어서는 안 된다. 그런 미궁을 만들어라. 만약에 미궁에서 살아 나오는 인간이 있으면 너와 네 아들 이카로스를 여기에 가둘 터이니 그리 알라."

다이달로스는 미노스왕의 명을 받들어 복잡하게 꼬부라지는 복도에 연하여 수백 개의 크고 작은 방이 딸려 있는 미궁을 만들었으니, 이것이 바로 '라뷔린토스labyrinthos', 영어로는 '래버린스labyrinth'라고 불리는 크레타의 '미궁'이다. 여기에 들어가면 어느 누구도 살아나올 수 없다. 미노스왕의 생각에 따르면 이 미궁을 설계하고 건설한 다이달로스조차 여기에 들어가면 살아 나올 수 없다. 괴물 미노타우로스는 다이달로스가 만든 미궁에 갇히고 만다.

'부적절한 욕망'의 화신이었던 파시파에, 인간의 '잃어버린 반쪽이'는 반드시 인간, 인간 중에서도 이성異性이어야 한다는 이 평범한 진리를 알지 못했던 인간 파시파에 이야기는 여기에서 끝난다. 하지만 파시파에 이야기는 풍성한 후일담, 즉 테세우스와 아리아드네 이야기, 다이달로스와 이카로스 이야기로 이어진다. 하지만 이 책의 주제와 별 상관이 없는 후일담은 짧게 하는 것이 좋겠다.

다이달로스가 설계한 미궁은 과연 금성철벽처럼 완벽했던 모양이다.

테세우스가 이 미궁으로 들어가 미노타우로스를 죽이고 무사히 살아 나온 것은 신화적 사실이다. 하지만 테세우스는 혼자 힘으로 미궁을 빠져나왔던 것은 아니다. 파시파에의 맏딸 아리아드네가 건네준 실꾸리가 없었더라면 테세우스는 미궁에서 빠져나올 수 없었을 것이다. 테세우스는 실꾸리에 감긴 삼실을 솔솔 풀면서 미궁 안으로 들어갔다가 미노타우로스를 죽인 뒤에는 바로 그 실을 따라 무사히 밖으로 나올 수 있었던 것이다.

그렇다면 아버지를 배반하고 적국의 왕자 테세우스를 도와주었던 아리아드네는 테세우스와 행복하게 잘 살았을까? 아리아드네는 테세우스를 따라 아테나이로 가다가 낙소스섬에서 테세우스와 헤어진 것으로 신화는 기록하고 있다. 테세우스에게서 배신을 당했다는 기록도 있고, 아리아드네가 섬의 동굴에서 잠들어 있다는 것을 모르고 테세우스가 닻을 올렸다는 기록도 있다. 아리아드네는 이 섬에서 포도주의 신 디오뉘소스를 만나 그의 아내가 되었다.

테세우스가 떠나자 미노스왕은 약속대로 다이달로스와 그의 아들 이카로스를 미궁에 가두었다. 하지만 다이달로스와 이카로스도 이 미궁을 탈출했다. 미궁의 설계자이자 시공자인 다이달로스이지만 두 발로 걸어서 이 미궁을 탈출한 것은 아니다. 다이달로스와 이카로스가 날개를 만들어 달고 하늘을 날아 미궁에서 빠져나왔다는 것은 걸어서 탈출하는 것은 불가능했음을 암시한다. 그들이 날개를 만든 것은 미궁이, 들어가면 어느 누구도 걸어나올 수 없는 글자 그대로 완벽한 미궁이었음을 보여준다.

그렇거니, 파시파에의 '부적절한 욕정'이 불러일으킨 희비극은 여기에서 끝나는가? 끝나지 않았다. 우리는 지금 어떻게 이 세상에 존재하고 있는가? 우리 앞에서 대ft가 끊기지 않은 덕분이다. 대물림이 끝나지 않은 덕분이다. 신화는 지금 어떻게 이 세상에 존재하고 있는가? 신화는 '끝나지 않는 이야기 never-ending story'다.

2

사랑해서는
안 되는 사람

히폴뤼토스, 조심해

……유리는 어려서부터 특별한 재주가 있어서 팔매질로 참새를 곧잘 잡았다. 하루는 팔매질로, 한 아낙이 이고 가는 물동이를 뚫었다. 아낙이 유리를 질책했다.

"아비 없이 자란 자식이라 내 물동이를 뚫었구나."

유리는 몹시 부끄러워하면서 진흙 덩어리를 이겨 던져, 뚫린 구멍을 막아 물동이를 온전하게 하고는 집으로 돌아와 어머니에게 물었다.

"내 아버지는 누구이시며 지금 어디에 있습니까[我父何人 今才何處]?"

유리가 어린지라 어머니는 희롱 삼아 말했다.

"너에게는 일정한 아버지가 없다."

유리가 울면서 한탄했다.

"일정한 아버지가 없는 사람이 무슨 면목으로 남을 대하겠습니까?"

그러고는 칼로 제 목을 찌르려 하자 깜짝 놀란 어머니가 그제야 말했다.

"조금 전에는 희롱 삼아 말했다. 너의 아버지는 천제天帝의 손자이자 강신江神의 외손이시다. 부여 나라 신하 되는 것을 싫어해서 남쪽으로 내려가 나라를 세우셨다. 네가 능히 가보겠느냐?"

동양과 서양의 신화를 견줄 때마다, 우리나라 신화와 그리스 신화를 견줄 때마다 내가 꼭 하고 넘어가는 이야기가 있다. 고구려 왕 유리 이야기와 아테나이 왕 테세우스 이야기가 그것이다. 유리 이야기와 테세우스 이야기를 비교해본다. 유리 이야기는 운문으로 씌어진 『동국이상국집』 '동명왕편'에 산문으로 된 분주分註에 실려 전한다.

이 이야기에 등장하는 '어머니'는 고구려 시조 동명성왕, 즉 고주몽의 애인 예씨 부인이다. 고주몽은 부여인들에게 쫓겨, 아기를 밴 예씨만 남겨둔 채 남쪽으로 떠났다. 그러니까 유리는 고주몽이 떠난 다음에 예씨 부인이 낳은 아들이다. 그 아들이 지금 아버지의 존재를 궁금해하고 있다. 아버지의 존재를 궁금해한다는 것은 자기 자신의 존재를 궁금해한다는 뜻이다.

무협지 혹은 무협 영화의 한 대목을 떠올려도 좋다. 나는 누구일까? 나는 어디에서 왔을까? 내 아버지는 누구일까? 아이가 이런 의문을 제기하는 순간 그 무협지 혹은 무협 영화는 대번에 의미심장해진다. 나는 왜 아버지를 아버지라고 부르[呼父]지 못하고, 형님을 형님이라고 부르[呼兄]지 못하는 것일까? 이런 의문을 제기하는 순간 『홍길동전』이 의미심장해지는 것을 보라. 늙은 부모가 아들 앞에서 무릎을 꿇고 이렇게 고백하는 순간에도 드라마는 아연 활기를 띤다.

"도련님, 사실 저희는 도련님의 친부모가 아닙니다."

유리 이야기를 더 읽어보자.

······어머니 예씨 부인이, 남쪽으로 떠난 아버지 주몽을 찾아가겠느냐고 물었을 때 유리는 이렇게 대답한다.

"아버지는 임금이신데 아들인 저는 남의 신하 노릇이나 하고 있으니, 저 비록 재주 없는 아이이기는 하나 심히 부끄럽습니다(아버지 찾아 떠나겠습니다)."

어머니 예씨 부인은 아들에게 이런 말을 들려준다.

"너의 아버지가 떠나면서, 만일에 아들을 낳거든 들려주라면서 하신 말씀이 있다. 아버지는 '일곱 모가 난 돌 위의 소나무 밑[七稜石上松下]'에다 신표(信標)를 숨겨두었으니, 능히 이것을 찾아내어 당신께 오는 자가 있으면 당신의 아들이라 할 것이라고 했다."

유리가 산골짜기를 뒤졌지만 마침내 찾지 못했다. 지쳐서 돌아온 유리의 귀에, 기둥에서 나는 이상한 소리가 들렸다. 가서 살펴보니, 주춧돌을 타고 선 기둥은 모서리가 일곱이었다. 과연 일곱 모가 난 돌 위의 소나무였다. 가까이 가서 보니 기둥 밑으로 구멍이 있었다. 바로 그 구멍에서 칼 도막을 찾아내고 유리는 크게 기뻐했다. 유리는 그 칼 도막을 가지고 고구려로 가서 주몽왕께 바쳤다. 왕이 자신이 가진 칼 도막을 꺼내어 유리가 가져온 칼 도막과 맞추니, 피가 흐르면서 이어져 한 자루의 칼이 되었다. 왕이 유리에게 물었다.

"네가 실로 내 아들이라면 어떤 신성(神聖)함을 지니고 있느냐?"

그 말을 듣고 유리가 공중으로 몸을 솟구치자 해에 이르렀다. 왕은 유리의 신기하고 이상함을 기특하게 여기고 태자로 삼았다.

'일곱 모가 난 돌 위의 소나무'는 『삼국유사』의 기록이다. '동명왕편'에는 '일곱 마루 일곱 골짜기, 돌 위의 소나무[七嶺七谷石上之松]'로 기록되어 있다.

이제 그리스인 플루타르코스(영어로는 '플루타크'가 쓴『플루타르코스 영웅전』의 '테세우스 이야기'를 요약하면 이렇다.

……아테나이 왕 아이게우스는 도시국가 이웃 나라를 방문했지만 술은 마실 수 없었다. 그 까닭은 "아테나이로 돌아가기 전에는 포도주 부대의 끈을 풀지 말라"는 신탁을 받았기 때문이다. 이웃 나라의 현명한 왕 피테우스는 아이게우스에게 술을 마시게 하고는 딸과 동침하게 했다. ……잠자리를 함께한 여인이 그 나라 공주라는 것을 아침에야 안

아이게우스는 공주가 아들을 낳을 것임을 예감했다.

아이게우스는 아테나이로 떠나기 직전, 장정 서넛이 들어도 들릴까 말까 한 왕궁 객사의 섬돌 한 귀퉁이를 들고 돌 놓였던 자리에다 가죽신 한 켤레와 칼 한 자루를 놓고는 돌을 그 자리에 내려놓았다. 그러고는 아이트라에게 은밀하게 당부했다.

"아들을 낳고, 그 아들이 제 근본을 궁금해할 나이가 되거든 아비 찾아 떠나보내세요. 내가 섬돌 밑에다 신표token를 감추어두었으니, 제 힘으로 섬돌을 들 만한 힘이 생기거든 보내세요. 아무도 모르게, 은밀하게 보내세요."

테세우스는 강인한 육체의 소유자였다. (아들이 자신의 근본을 궁금해할 나이가 되자) 어머니 아이트라는 섬돌이 있는 곳으로 아들을 데리고 가서 아버지 이야기를 들려주었다. 테세우스는 쉽게 섬돌을 들고는 밑에 숨겨져 있던 칼과 가죽신을 꺼내어 길을 떠났다.

* * *

유리 신화와 테세우스 신화에서 우리가 주목할 것은, 소지한 자의 신분을 증명하는 '신표'다. 바로 상징이다. 유리가 주몽의 아들임을 상징하는 칼은 정확하게는 칼 도막이다. 주몽은 유리가 가져온 칼 도막을 자기가 가지고 있던 칼 도막과 '맞추어봄'으로써 유리를 자신의 아들로 승인한다. 말하자면 상징을 실체로 승인하는 것이다.

신화는 상징적이다. 신화는 우리가 떠나면서 숨겨놓고 온, 혹은 우리의 아버지가 숨겨놓고 떠난, 인간의 꿈과 진실이 서려 있는 신표 같은 것이라고 나는 생각한다. 칼 도막 혹은 칼과 신발 같은 것이라고 나는 생각한다. 내가 신화를 놓지 못하는 까닭이 여기에 있다. 나는 유리 태자에게 일어났던 것과 아주 비슷한 일이 테세우스에게도 일어났던 것에 주목한다.

이번에는 유리 태자, 즉 유리왕의 손자 호동에게 일어났던 일을 얘기해보겠다.『삼국사기』'고구려본기 제2, 고구려 제3대 대무신왕' 편에 실려 있는 이야기를, 더하기 빼기를 하지 않고 그대로 옮겨본다.

대무신왕 15년 여름, 왕의 아들 호동이 옥저를 유람 다니고 있었다. 낙랑 왕 최리가 그곳을 다니다가 호동을 보고 말했다.
"그대의 얼굴을 보니 여느 사람이 아니로구나. 그대가 어찌 북쪽 나라 대무신왕의 아들이 아니리?"
낙랑 왕 최리는 마침내 그를 데리고 돌아가서 자기의 딸 낙랑공주를 아내로 삼게 하려고 했다. 그 직후 호동이 본국으로 돌아와서 남몰래 낙랑공주에게 사자를 보내 사연을 전했다.
"그대가 그대의 나라 무기고에 들어가 북과 나팔을 부수어버릴 수 있다면 내가 예를 갖추어 그대를 맞이할 것이오만, 그렇게 하지 못한다면 나는 그대를 맞을 수 없소."
예로부터 낙랑에는 신통한 북과 나팔이 있었다. 북과 나팔은 적군이 쳐들어오면 저절로 소리를 내어 알렸다. 호동왕자는 낙랑공주로 하여금 이 북과 나팔을 부숴버릴 것을 권한 것이다.
최씨의 딸(낙랑공주)은 예리한 칼을 들고 몰래 무기고에 들어가서 북을 찢고 나팔의 주둥이를 베어버린 후, 이를 호동에게 알려주었다. 호동왕자의 권고를 받고 (고구려) 왕이 낙랑을 침공하였다. 최리는, 북과 나팔이 울지 않으므로 방비를 하지 않았다. 그는 고구려 군사들이 소리 없이 성 밑까지 이르게 된 뒤에야 북과 나팔이 모두 훼손되고 만 것을 알았다. 낙랑 왕 최리는 마침내 자기 딸을 죽이고 나와서 항복했다.
11월, 호동이 자살했다. 호동은 왕의 둘째 왕비인 갈사왕 손녀의 소생이었다. 호동은 용모가 준수하여 왕이 매우 귀여워하였으며, 이에 따라 이름도 호동이라고 했다. 첫째 왕비는 호동이 태자가 될 것을 염려하여, 왕에게 참소하였다.

"호동은 나를 무례하게 대하며 간통하려 하였습니다."

왕이 말했다.

"그대는, 호동이 다른 여자의 소생이라 하여 미워하는가?"

첫째 왕비는 왕이 자기를 믿지 못하는 것을 알고 장차 화가 자기에게 미칠 것을 두려워하여 울면서 호소했다.

"바라건대 대왕께서 가만히 엿보소서. 만약 그런 일이 없으면, 제가 죄를 받겠습니다."

왕비의 말이 여기까지 이르자 대왕도 호동을 의심하지 않을 수 없어 죄를 주려 하였다. 누군가가 호동에게 물었다.

"그대는 어찌하여 스스로 해명하지 않는가?"

호동이 대답하였다.

"내가 만일 스스로 해명한다면 이것은 어머니의 죄악을 드러내는 동시에 대왕께 근심을 더해드리는 셈인데, 이것을 어찌 '효'라고 할 수 있겠는가?"

호동은 곧 칼을 품고 엎드려 자결하였다.

사랑해선 안 될 사람을 사랑하는 죄라서
말 못 하는 이 가슴은 이 밤도 울어야 하나…….

지금도 줄기차게 불리고 있는 노래다. 사랑해서는 안 될 사람을 사랑하게 되어버렸다면 그것 참 난처하겠다. 사랑의 상대는 고를 수 있는 것이 아니에요……. 유부남과의 밀회로 나라를 떠들썩하게 했던 왕년의 한 여배우가 남긴 명언이다. 나는 '명언'이라는 말로써 여배우를 야유하고 있는 것이 아니다. 진짜 사랑은 '빠져버리는 것'이지 '고르는 것'이 아닐 터이다. 그 여배우, 진짜로 뭘 알고 있던 사람 같다.

왕비에게 왕자 호동은 '사랑해서는 안 될 사람'이었다. 이런 사랑의 상대는 '고른 사람'이 아니라 '빠진 사람'이다. 사랑해서는 안 되는 사람과의 사랑에서 파국의 예감이 올 경우 우리나라에서는 '운명의 장난'이라고 부른다. 고대 그리스에서는 '에로스의 장난'이라고 했다. '사랑해서는 안 될 사람'을 사랑한 왕비, 그 왕비의 사랑을 받은 호동왕자의 결말을 보라. 비극적이다.

* * *

이번에는 테세우스의 아들 히폴뤼토스 이야기를 읽어본다.
  히폴뤼토스는 테세우스와 아마존 여왕 안티오페 혹은 히폴뤼테 사이에서 태어난 아들이다. 히폴뤼토스의 어머니는 오래 살지 못하고 세상을 떠났다. 아내를 잃은 테세우스는 섬나라 크레타를 치고 그 나라의 공주 파이드라를 데려와 아내로 삼는다. 파이드라는 테세우스를 도와 미궁을 무사히 빠져나오게 해주었던 아리아드네의 동생이다. 말하자면 건강하지 못한 정욕 때문에 미노타우로스라는 전대미문의 괴물을 낳았던 저 파시파에의 딸이다. 만일에, 유리왕에게 일어났던 것과 아주 비슷한 일이 테세우스에게 일어났듯이, 유리왕의 손자 호동왕자에게 일어났던 것과 비슷한 일이 테세우스의 아들 히폴뤼토스에게 일어날 조짐이 보이면 우리는, 우리 신화를 읽은 보람으로 이렇게 충고할 수밖에 없다.
  "히폴뤼토스, 조심해!"
  히폴뤼토스는 여인들만의 나라 아마존 여왕의 아들이다. 아마존족은, 남성은 거들떠보지도 않고 사냥이나 다니는 처녀 신 아르테미스를 지성으로 섬기는 여인족이다. 그 피의 일부와 살의 일부를 받아서 그런지 히폴뤼토스는 남자인데도 그 하는 짓이 꼭 아마존 같았다. 말하자면 이성 쪽으로는 눈도 돌리지 않고 오직 제 몸을 닦고, 재간을 기르고, 사냥하고, 동정을 귀하게 지키는 일에만 마음을 썼다.
  창조신이 있으면 저승 신도 있는 법이다. 남자와 배를 붙인 여자를

테세우스, 아리아드네, 그리고 파이드라
파이드라도 '부적절한 욕정'의 희생자였다. 17~18세기 이탈리아 화가 베네데토 제나리 2세의 그림.

몹시 미워해서 진통하는 산모까지 무자비하게 죽이는 일까지 마다하지 않는 처녀 신 아르테미스가 있으면, 배를 붙이기 위해서라면 깨뜨리지 못할 법칙이 없다고 믿는 애욕의 여신 아프로디테도 있는 법이다.

　아프로디테는, 테세우스와 파이드라가 잠시 트로이젠으로 왔을 때 아들 에로스(사랑)를 시켜 파이드라의 가슴에다 금화살 하나를 쏘게 했다. 파이드라의 가슴에다 히폴뤼토스를 향한 사랑의 불을 지펴놓은 것이다. 우리가 여러 번 듣고 보아서 알다시피 이 불길은, 다 타서 재가 되기 전에는 꺼지지 않는다. 그래서 '에로스'는 창조신의 버금 신이자 저승 신의 버금 신이기도 한 것이다. 파이드라의 의지는 이 에로스의 장난 앞에서 무력하다.

파이드라는 테세우스 몰래 이 전처 소생인 히폴뤼토스를 핼금거리다가, 상사병에 들린 여자가 다 그렇듯이 식음을 전폐하고 제 뜻을 전할 기회가 오기를 기다렸다. 파이드라의 시녀가 이 눈치를 읽고 이 모자 사이를 부산하게 오고 갔다.

파이드라가 시녀를 통해 히폴뤼토스에게 드러낸 뜻을 요약하면 이렇다.

"……어머니 파시파에는 황소 때문에 천하의 손가락질을 면하지 못하더니, 언니 되는 아리아드네는 아버지를 배반하고 그대의 아버지 테세우스를 따라나서더니…… 이제 내가 또 이렇듯이 괴상한 생각에 쫓기니…… 히폴뤼토스여, 원컨대 아르테미스에 대한 사랑을 접고 나와 더불어 아프로디테 여신을 섬기기를…….″

아르테미스 대신 아프로디테를 섬기자는 파이드라의 말이 심히 불온하다. 히폴뤼토스의 태도는 단호했다.

"나는 더러운 말을 귀에 담고 싶지 않고 더러운 피로 대를 물리고 싶지 않다. 파시파에의 더러운 피가 크레타 왕국의 기둥뿌리를 뽑더니, 이제 그 피가 트로이젠으로 범람하는구나."

파이드라는, 히폴뤼토스의 야멸찬 말을 전해 들은 날 밤, 제 잠옷을 갈가리 찢어 알몸을 드러나게 한 뒤 테세우스 앞으로 한 장의 유서를 남기고 자결하니, 그 내용은 이러했다.

"……이 파이드라는 대왕의 아들로 인하여 오늘 이렇듯 잠옷을 갈가리 찢기는 욕을 당하고 세상을 하직하니, 대왕이시여, 바라건대 왕이시여, 낮에는 아르테미스를 섬기고 밤에는 아프로디테를 섬기는 자를 경계하소서."

낮에는 아르테미스를 섬기고 밤에는 아프로디테를 섬기는 자를 경계하소서……. 한마디로 겉 다르고 속 다른 히폴뤼토스를 경계하라는 말이다.

테세우스가 이 유서를 읽고 있을 즈음, 히폴뤼토스는 파이드라와 한 지붕을 이고 있고 싶지가 않아 수레를 몰고 혼자서 트로이젠 해변을 달리고 있었다.

테세우스는 영웅이었지만 신은 아니었다. 그래서 그는 이미 세상을 떠난 파이드라의 의중$_{意中}$까지는 읽을 수 없었다. 테세우스는 파이드라의 유서를 곧이곧대로 믿고 포세이돈 신에게, '패륜아' 히폴뤼토스의 목숨을 거두어달라고 빌었다. 히폴뤼토스는, 머리카락이 뱀처럼 살아 머리 위의 올리브 가지를 감는 바람에 한동안 공중에 떠 있다가 죽었다.

히폴뤼토스는 조심했어야 했다.

뷔블리스, 그대는 신이 아니잖아

터키에는, 하늘의 별을 관찰하면서 걷다가 우물에 빠진 것으로 유명한 그리스 철학자 탈레스의 고향 밀레토스가 있다. 고대 그리스의 유서 깊은 도시다. 그리스의 육로는 북쪽으로만 열려 있지만 밀레토스는 광대한 고대 페르시아 쪽으로 열려 있었다. 기원전 6~7세기경, 밀레토스는 에게해 연안의, 가장 앞서가는 문화 도시였다. 그리스 쪽으로 닫혀 있는 대신 페르시아 쪽으로 열려 있었던 덕분에 밀레토스는 아시아의 철학을 흡수, 고대의 대표적인 철학 도시가 될 수 있었다.

이 밀레토스는 원래 도시 이름이 아니라 크레타 왕의 이름이다. 그는 아폴론의 아들이기도 했다. 황소 한 마리 때문에 '삼씨 오쟁이'를 지기는 했지만 한창때의 미노스는 이름만으로도 이웃 나라를 공포의 도가니로 몰아넣던 영웅이었다. 크레타 왕이었던 밀레토스는 미노스의 기세에 눌려 고향을 떠나 아시아 땅(지금의 터키)으로 건너가 한 도시를 세우고 이 도시를 '밀레토스'라고 이름 지었다. 철학의 도시 밀레토스에는 다음과 같은 전설이 전해진다. 듣고 있노라면 가슴 한쪽으로 찬바람이 지나가는 것 같다.

밀레토스에는, 내리흐르기도 하고 치흐르기도 하는 마이안드로스강이 있다. 강의 신에게는 아름다운 딸 퀴아네가 있었다. 퀴아네가 아름다운 강둑을 거닐다가, 새로 밀레토스의 왕이 된 밀레토스의 눈에 들었다. 이 둘이 정분을 맺고 쌍둥이 남매를 낳으니 이 쌍둥이 남매가 오라비인 카우노스와 누이인 뷔블리스다.

그런데 바로 이 뷔블리스가 세상 처녀들에게, 사랑해도 좋을 상대가 있고 사랑해서는 안 되는 상대가 있다는 사실을 가르쳐준다. 무슨 말이냐 하면, 처녀 뷔블리스가 제 오라비인 카우노스에게 품어서는 안 될 사랑의 마음을 품은 것이다. 그렇다. 뷔블리스는 오라비 카우노스를 대하되, 누이가 오라비를 대하는 그런 마음으로 대한 것이 아니고, 그 정도를 넘어 무슨 연인 대하듯이 한 것이다.

자기 마음에 깃들어 있는 감정이 어떤 것인지 뷔블로스는 처음에는 잘 알지 못했다. 뷔블리스도 오라비를 향한 사랑을 당연한 것으로 여기고 오라비에게 다정하게 입을 맞추거나 오라비의 목을 팔로 감아 안거나 했다. 뷔블리스는, 자신의 행동에 자연스럽지 못한 구석이 있다는 것을 알고도 꽤 오랫동안 저희가 오누이라는 것에 기대어 제가 하는 짓을 정당화했다. 그러나 이러는 동안 오라비에 대한 뷔블리스의 사랑은, 건강한 사랑의 궤도를 저만큼 벗어나고 있었다. 오라비를 만나야 할 때 가장 아름다운 옷으로 차려입는다거나, 오라비에게 예쁘게 보이려고 턱없이 애쓴다거나, 자기보다 예쁜 여자가 오라비 곁에 있으면 터무니없이 질투하는 지경에까지 이른 것이다. 뷔블리스는 이러면서도 자기가 무엇을 잘못하고 있는지 깨닫지 못했다. 이러한 상태는 뷔블리스가 제 느낌을 말로는 도저히 나타낼 수 없는 지경에까지 이르렀다. 뷔블리스의 욕망은 안으로 안으로 타들어갔다. 이 불길이 무섭다는 것을 우리는 잘 알고 있다.

사랑이 깊어지자 뷔블리스는, 자기와 카우노스가 오누이라는 것을 나타내는 '오라버니'라는 호칭 대신에, 장차 왕위에 오르게 될 왕자에게나 쓰는 '저하'라는 호칭을 더 즐겨 썼다. 뷔블리스는 카우노스가 자기를 '누이'라고 부르기보다는 '뷔블리스'라고 불러주는 것을 더 좋아하는 지경에까지 이르렀다.

뷔블리스는, 깨어 있을 때면 곧잘 스스로 얼굴이 붉어질 만큼 탐욕스러운 상상을 하고는 했다. 하지만 잠이 들면 그보다 낯뜨거운 꿈을 꾸었다. 뷔블리스는 제 오라버니의 품에 안긴 채로 잠든 자신의 모습을 상상하고는 꿈속에서도 자주 낯을 붉혔다. 어느 날 이런 잠에서 깨어난 뷔블리스는, 한동안 그대로 누운 채로 꿈에서 경험한 것을 되새겨보다가 푸념하기 시작했다.

"나같이 불쌍한 것이 세상에 또 있을까! 내가 어째서 이런 꿈을 꾸게 되는 것일까? 이 꿈이 뜻하는 바가 대체 무엇일까? 이런 꿈, 다시는 꾸지 않을 수는 없는 것일까? 나는 왜 이런 꿈을 꾸는 것일까? 그래, 내 오라버니가 남자들의 눈에도, 심지어는 오라버니를 좋게 보지 않으려는 남자들의 눈에도 절세의 미남으로 보이는 것은 사실이다. 나도 내 오라버니를 존경한다. 오라버니가 아니었더라면 내가 사랑해도 좋지 않았을까? 사랑의 상대로 삼을 수도 있지 않았을까? 오라버니가 아니었더라면 내 지아비가 될 수도 있었을 테지……. 그러나 나는 그분의 누이……. 이 무슨 운명의 장난이라는 말인가? 아니다. 깨어서는 그분이 내 지아비 되는 상상을 할 수 없으니, 잠들어 꿈에서나 지아비로 여긴들 어떠랴! 누가 내 꿈을 엿볼 것이며, 어느 누가, 내가 누리는 기쁨을 탓하랴! 오, 아프로디테 여신이시여, 다정하신 여신의 날개 달린 아드님이신 에로스 신이시여, 일찍이 누려보지 못한, 참으로 달콤한 순간 순간이더이다. 잠들어 꿈을 꾸면 너울 벗은 욕망이 저를 사로잡아 그 뜨거움으로 저의 뼈마디를 녹이더이다. 저를 질투하여 밤은 서둘러 새고, 그래서 제 꿈은 짧기가 그지없어도 그 일만 생각하면 그 기억이 제 몸을 저리게 하나이다.

오, 카우노스 오라버니여, 내가 만일에 이름을 바꾸어 오라버니와 혼인한다면 아버님의 좋은 며느리가 될 수 있을 텐데요. 카우노스 오라버니여, 만일에 오라버니가 나와 혼인한다면 아버님의 좋은 사위가 될 수 있을 텐데요. 아, 신들이시여, 우리가 무엇이든 서로 나누게 하소서. 그러나 우리가 남매의 정을 나누어야 하는 것만은 거두어주소서. 아, 오라버니가 나보다 귀한 집에서 태어났더라면 차라리 좋았을 것을……. 같은 집안에서 태어났으니, 오라버니는 다른 여자를 아내로 맞아 아이들을 낳게 하실 테지요. 같은 부모 밑에서 태어났다는 그 이유 하나 때문에 나는 오라버니의 누이로 남아 있어야 할 테지요. 우리가 나누어 가진 것이 우리를 남남으로 나눌 테지요. 그런데 왜 나는 이런 꿈을 꾸는 것이지요? 아무런 소용도 없는 꿈은 왜 꾸는 것이지요? 아, 신들이시여, 이런 꿈은 이제 더 이상 꾸지 않게 하소서.

　신들께서도 누이를 아내로 삼지 않으셨습니까? 한 어머니의 배 속에서 태어났는데도 크로노스 신께서는 레아 여신을 아내로 맞으시지 않았습니까? 오케아노스 신께서는 테튀스 여신과 혼인하시지 않았습니까? 올륌포스의 지배자인 제우스 신께서는 헤라 여신을 아내로 맞으시지 않았습니까? 하늘에는 하늘의 법도가 따로 있다고 하실 테지요? 하지만 하늘에 하늘의 법도가 따로 있고 땅에 땅의 법도가 따로 있다면, 하늘의 법도로 인간을 다스리시려 하시는 것에 장차 무슨 뜻이 있겠습니까? 하오나, 바라건대 이 금단의 욕망을 저에게서 떠나게 하소서. 떠나게 하지 못하신다면 이 금단의 욕망에 굴복하기 전에 저를 죽이소서. 죽어 석관에 들면 제 오라비로 하여금 저의 시신에 입 맞추게 하소서. 하지만 이나마 우리 둘의 뜻이 맞지 않고는 이루어지지 못할 일이겠지요. 저 혼자만 바라는 일이라면, 오라비의 눈에는 더할 나위 없이 무서운 죄악으로 비칠 테지요. 하지만 아이올로스의 자식들은 제 누이들의 방을 신방 삼는 것을 망설이지 않았습니다. 바람의 신 아이올로스는 제 아들 여섯과 제 딸 여섯을 짝지우지 않았습니까?

　내가 어떻게 이런 것을 다 알고 있지? 내가 왜 이런 예를 들고 있는 것이지? 내가 대체 어쩌려는 것이지? 안 된다, 안 된다, 이렇게 부정한 생각은 안 된다. 내 사랑은, 오라비에 대한 누이의 사랑을 넘어서서는 안 된다. 그렇지만 오라버니가 먼저, 전부터 나를 사랑하고 있었다면? 나는 아마 오라버니의 부정한 유혹에 넘어가고 말았을 테지. 그렇다면 왜 내가 먼저 내 뜻을 전하면 안 되는 거지? 저쪽에서 요구해 왔을 경우 어차피 거절하지 못했을 터인데? 뷔블리스, 너는 네 입으로 이 말을 할 수 있겠느냐? 네가 고백할 수 있겠느냐? 할 수 있다. 사랑이 나를 물러서지 못하게 한다. 할 수 있을 것이다. 그래, 부끄러워서 말을 못 한다면, 은밀하게 써서 이 뜻을 전하면 되는 것이다."

뷔블리스는 결심했다. 결심하고 보니 가슴을 짓누르는 온갖 의혹이 걷히면서 머리가 맑아지는 것 같았다. 뷔블리스는 옆으로 비스듬히 드러누워 왼손으로 머리를 괴고 다시 이렇게 중얼거렸다.

"그래, 결정은 오라버니에게 맡기자. 나로서는 가슴 태우는 이 욕망을 고백하는 수밖에 없다. 아, 나는 대체 어디로 가고 있는 것이냐? 이 가슴을 태우는 불길은 도대체 어떤 불길이라는 말이냐?"

뷔블리스는 편지의 사연을 짜고는 떨리는 손으로 적을 준비를 했다. 그래서 한 손에는 뼛조각, 한 손에는 밀랍 글판을 들고는, 긁어 쓰다가는 망설이고, 망설이다가는 또 긁어 쓰고는 했다. 긁어 쓰다가 잘못 쓰면 지우고는 다시 긁어 쓰고, 또 긁어 쓰다가는 제가 쓴 것이 부끄러워지면 글판을 놓기도 하고, 그래서는 될 일이 아니라는 생각이 들면 다시 글판을 잡고는 했다. 뷔블리스는, 어떻게 써야 할지 몰라 자주 망설였다. 그래서 써놓고도 자주 마음에 들지 않는지 짜증을 부렸다. 뷔블리스는, 표정으로 보아 부끄러워하면서도 대담하게 그 편지를 긁어 쓰는 것 같았다. 뷔블리스는 '그대의 누이'라고 썼다가는 마음에 들지 않았던지 그 부분의 밀랍을 긁어버리고는 고쳐서 다음과 같이 썼다.

"그대를 사랑하는 사람이 그대의 행복을 기도하면서 이 글월을 보냅니다. 이로써 그대는 행복해질지도 모르겠으나 이 기도를 하는 저는 그대가 나누어주지 않는 한 이 행복을 누리지 못할 것입니다. 이름을 밝히기는 참으로 부끄럽고도 부끄럽습니다. 그대에게 저의 소원을 이루어줄 의향이 없으시다면 이름을 알려고 하지 말아주세요. 적어도 제 기도가 이루어지기까지는 '뷔블리스'라는 저의 이름이 알려지지 않기를 바랍니다. 제가 그대로 인하여 고통을 받고 있다는 것을 알고 싶으시거든 창백한 저의 뺨과 여윈 저의 몸과 슬픔에 잠긴 저의 표정, 늘 눈물이 고여 있는 저의 눈을 보소서. 까닭 없이 나오는 저의 한숨도 이 고통을 증언하니 그대가 알 것이요, 턱없이 잦았던 포옹과 입맞춤도 누이가 할 수 있는 예사로운 포옹과 입맞춤과는 달랐으니 그대가 알 것입니다.

 제 가슴의 상처가 비록 깊으나, 미친 욕망의 불길이 제 가슴속에서 비록 뜨겁게 타오르기는 하나, 신들께 맹세코 저는 힘을 다하여 싸웠습니다. 저의 마음을 온전히 가누자고, 에로스 신의 이 무자비한 공격을 피해보자고 저로서는 있는 힘을 다하여 싸웠습니다. 그대는, 여자가 어떻게 그같이 싸울 수 있겠느냐고 하시겠지만, 저는 저대로 그대가 상상할 수 없을 만큼 치열하게 싸우면서 버티어왔습니다. 그러나 저는 이제 이 싸움에서 패배를 인정하지 않을 수 없습니다. 그래서 그대의 도움을 구하지 않을 수 없게 되었습니다. 이제 그대만이, 그대를 사랑하는 저를 죽이거나 살리거나 할 수 있습니다. 그러니 어떻게 할 것인지 선택하소서. 그대의 사랑을 바라는 저, 이렇게 비는 저는 그대의 원수가 아니라, 그대와는 참으로 가까운 계집, 더할 나위 없이 가까워지기를 바라는 계집입니다. 이런 일이 일어나도 좋을 것인가, 이것은 죄악인가, 죄악이 아닌가……. 이런 걸 따지는 일은 어른들에게나 맡겨놓아야 할 일인 줄 압니다. 우리 세대에 어울리는 사랑은 점잔을 빼는 사랑이 아닙니다. 우리는 풍속이 허락하는 것이 어디까지인지 알지 못합니다. 우리는 그저 만사를 옳은 것으로 받아들이고 전능하신 신들이 보이신 본을 옳은 것으로 믿고 따르면 되는 것입니다. 엄격하신 아버지의 고집도, 세간 소문에 대한 두려움도, 가문의 명예도 우리의 사랑을 방해하지는 못할 것입니다. 만일에 우리 마음에 꺼리는 것이 있다면, 이 달콤한 금단의 사랑을 '오누이'라는 이름으로 가리면 되는 것입니다. 이렇게 되면 저는 사람들 앞에서도 그대와 자유로이 이야기를 나눌 수 있을 것이며 우리는 사람들 앞에서도 자유로이 포옹하고 입맞춤을 나눌 수 있을 터입니다. 이 밖에 우리에게 소중한 것이 무엇이 있겠습니까? 사랑을 고백하는 이 계집을 가엾게 여기소서. 사랑이 목말라 죽을 지경에 이르지 않았다면 이런 고백은 하지 않았을 것입니다. 이 사랑을 거절하면 저는 죽을 수밖에 없을 것인즉, 이렇게 죽은 저의 묘비에, 저를 죽음으로 몰아넣은 이의 이름으로 그대 이름이 새겨지는 일이 없게 하소서."

보내보아야 소용없을 이런 글귀를 글판에 가득하게 쓴 뷔블리스는, 더 이상 쓸 곳이 없게 되자 마지막 인사는 글판 가장자리의 빈 곳에다 썼다. 쓰기를 마친 뷔블리스는 인장 가락지를 눈물로 적시어 글판에다 찍었다. 침을 발라 찍어야 했으나 입이 말라 그럴 수 없었기 때문이다. 그러기가 부끄러웠으나 뷔블리스는 애써 태연한 얼굴을 하고 심부름하는 이 하나를 불러, 꾸민 목소리로 이렇게 말했다.

"나를 위하여 수고를 아끼지 않으니 고맙구나. 부디 이 편지를 전해다오, 나의……."

뷔블리스는 한참을 망설인 끝에야 이렇게 덧붙일 수 있었다.

"……오라버니께……."

뷔블리스가 심부름하는 이에게 글판을 건네주려는 찰나 글판은 뷔블리스의 손에서 미끄러져 바닥에 떨어졌다. 이 불길한 조짐이 뷔블리스를 불안하게 했다. 그러나 뷔블리스는 이런 조짐에 마음을 쓰지 않고 시종에게 글판을 주어 보냈다.

심부름하는 이가 적당한 때를 보아 카우노스에게 이 은밀한 편지를 전했다. 카우노스는 글판을 받아 겨우 몇 줄을 읽고는 벌써 그 뜻을 짐작하고, 치를 떨면서, 옆에서 부들부들 떨고 서 있는 심부름하는 이의 먹살을 잡고 호령했다.

"이따위 편지나 전하는 이 쓰레기 같은 놈, 도망칠 수 있을 때 도망치거라! 한주먹에 때려 죽이고 싶다만 너 같은 것을 죽여 내 명예를 더럽히고 싶지 않다."

심부름하는 이는 혼비백산 도망쳐, 안주인 뷔블리스에게, 카우노스가 한 말을 그대로 전했다.

뷔블리스는 그제야 자기의 믿음이 조롱당한 것을 알고는 낯색을 잃고 부들부들 떨었다. 그러다 제정신을 차린 뷔블로스는 들릴락 말락 하는 소리로 이렇게 중얼거렸다.

"내가 이렇게 조롱당해도 싸지! 어쩌자고 내 상처 난 가슴을 그분에게 보냈던가? 어쩌자고 속으로 가만히 앓아야 할 내 가슴의 병을 이다지도 경솔하게 사연으로 적어 보냈더란 말이냐? 먼저 내 속을 드러내고, 거절당해도 상처 입지 않도록 그분의 의중을 떠보았어야 했던 것을……. 먼저 돛으로 바람을 떠보고 바다로 나섰어야 하는 것을. 바람을 떠보지도 않은 채 돛을 올리고 바다로 나섰다가, 배가 돌섬을 들이받고 난파하는 바람에 바다 밑으로 가라앉고 만 것이 내 신세로구나. 돌이킬 수 없는 이 실수를 어쩔거나. 내가 글판을 건네줄 때 글판이 내 손에서 미끄러져 바닥에 떨어진 것은, 내 사랑을 드러내지 말라는 계시였거늘……. 글판이 떨어진 것은 내 희망도 그렇듯이 무참하게 깨어질 것을 미리 알리는 계시였던 것을……. 편지를 보내는 날짜를 바꾸든지, 편지 보내자는 생각을 아주 바꾸어야 했는데, 어쩌자고 하필이면 이날에 이 편지를 보냈을꼬. 신들이 나에게, 이런 일을 있을 것임을 경고했는데도 나는 제정신이 아니어서 이것을 알아보지 못했구나. 아니다, 아니다, 나는 편지를 보내는 대신 오라버니를 직접 만나 내 마음을 열어 보였어야 했다. 오라버니에게 내 눈물과 사랑이 담긴 얼굴을 보여주었더라면, 편지가 전할 수 있는 것 이상으로 깊은 뜻을 전할 수 있었을 게다. 오라버니가 내 뜻을 거절한다면, 그분의 목을 끌어안고, 내 애절한 뜻을 전하고 내 목숨 살려줄 것을 애걸할 수도 있었을 게다. 그분이 그래도 애절한 나의 뜻을 거절했다 해도, 갖은 수단을 다 쓴다면 목석 같은 그분의 마음도 풀어놓을 수 있었을지도 모르지.

어쩌면 내가 보낸 심부름하는 이가 실수를 저질렀는지도 모르지. 어쩌면 오라버니에게 제대로 접근하지 못했는지도 모르고, 어쩌면 접근하는 시각을 제대로 고르지 못했는지도 모른다. 어쩌면 읽을 마음의 준비가 되어 있지 않은데 불쑥 편지를 내민 것인지도 모른다. 그래. 내가 이토록 참담한 지경에 이른 것도 다 그 때문인지도 모른다. 내 오라버니 카우노스는 사자의 자식이 아니다. 암사자 젖을 먹고 자란 것이 아니니 그 가슴이 목석일 리가 없다. 다시 한 번 나서보아야겠구나. 내 숨이 붙어 있을 때 다시 나서서 이 사랑을 이루고야 말겠다. 이 정도에서 물러설 생각이었다면 처음부터 나서지도 않았을 나다. 기왕지사 이렇게 된 것, 가는 데까지 가보는 수밖에 없다. 내가 여기에서 포기한다면, 그분은 내가 지은 허물을 잊지 않으려 할 게다. 내가 여기에서 포기한다면, 그분은 내가 한 일을 철없는 계집의 종작없는 장난으로 알거나, 내가 자기를 시험했거나 자기를 덫에 옭아 넣으려 한 줄 알 게다. 나는 사랑의 신에 쫓기고 있는데도 그분은 내가 탐욕의 노예가 되어 이런 짓을 한 줄 알 게다.

그렇다고는 하나, 나에게 허물이 없는 것은 아니다. 나는 그분에게 편지를 보냈고, 그분에게 추파를 던졌다. 그리고 내가 먹은 마음도 떳떳한 것은 아니었다. 여기에서 물러선들 누가 나에게 죄 없다 하랴. 기왕지사 이렇게 된 것, 가는 데까지 밀고 나가보자. 이로써 내 희망이 이루어질 가능성이 커질 수는 있을지언정 내 죄가 이로써 더 무거워질 까닭이 있을까 보냐……."

뷔블리스의 독백은 여기에서 끝났다. 뷔블리스의 마음은 걷잡을 수 없이 설레고 있었다. 뷔블리스는 첫 번째 시도를 후회하면서도 두 번째 시도를 포기하려 하지 않았다. '절도'라는 미덕은 이미 뷔블리스에게 아무 의미도 없었다.

카우노스는 뷔블리스가 거절당할 줄을 알면서도 포기하지 않으리라는 것을 알고 있었다. 카우노스는, 그냥 그대로 있으면 부끄러운 일을 당하리라고 생각하고는 고향을 떠나 타향 땅에다 나라를 세웠다.

카우노스가 고향 땅을 떠났다는 것을 안 뷔블리스는 제정신이 아니었던 것으로 전해진다. 실성한 뷔블리스는 제 옷을 찢고 제 가슴을 치며 애통해했다. 제정신이 아니었던 뷔블로스는 만나는 사람마다 붙잡고 자신이 금단의 욕망에 쫓겼던 사실을 고백하거나, 이미 그것을 아는 사람 앞에서는 제 잘못을 시인하고 확인했다. 절망한 뷔블리스는 제 나라, 제 집을 떠나, 달아난 오라비를 찾으러 세상을 두루 돌아다녔다.

부바소스 여자들 눈에 띈 뷔블리스는, 흡사 디오뉘소스 신의 지팡이에 맞아 발광하여 3년 만에 한 번씩 제사를 올리며 미친 듯이 날뛰는 마에나드, 즉 디오뉘소스 광신도 같았다.

오라비를 찾아서 온 세상을 떠돌던 뷔블리스는, 나무가 드문드문 서 있는 어느 숲에 쓰러졌다. 뷔블리스는, 머리카락은 마른 땅 위에 늘어뜨리고 얼굴은 낙엽에 댄 채 그렇게 쓰러져 있었다. 렐레게스 땅 요정들은 부드러운 손으로 뷔블리스를 일으켜 세우고자 했다. 일으켜 세우고는, 거기 쓰러지게 된 내력을 묻고, 그 아픔을 치료하고, 상처받은 가슴을 위로해주려고 했다. 그러나 뷔블리스의 귀에는 벌써 그들의 말소리가 들리지 않았다. 뷔블리스는 거기 쓰러진 채, 눈물로는 마른 풀을 적시고 손톱으로는 하염없이 마른 땅을 긁고 있었다. 들리는 바에 따르면 렐레게스 요정들은, 끊임없이 흘러내리는 뷔블리스의 눈물을 위해 땅을 파서 눈물길을 내어주었다. 뷔블리스에게 이보다 나은 선물이 어디에 있었으랴? 소나무가 송진을 내어놓듯이, 서쪽에서 불어오는 바람의 신 제퓌로스의 부드러운 숨결이 돌아오면 얼어 있던 대지가 맑은 물 같은 역청을 내어놓듯이, 아폴론의 피를 받은 뷔블리스도 그렇게 눈물을 흘렸다. 뷔블리스는 이렇듯이 하염없이 눈물을 흘리다, 몸이 하나도

눈물의 샘이 되고 마는 뷔블리스
19세기 프랑스 화가 윌리암-아돌프 부게로의 그림.

남김없이 눈물이 되어 흘러내린 바람에 그만 샘으로 변하고 말았다. 이 이름이 이 처녀의 이름과 같은 '뷔블리스 샘'은 지금도 그 산자락 계곡의 감탕나무 그늘에 있다고 한다.

스뮈르나의 기막힌 사랑

 옛날 먼 옛날, 퀴프로스섬의 임금 자리를 키뉘라스가 차지하고 있던 시절의 일이다. 키뉘라스는 아주 큰 부자였다. 트로이아 전쟁 당시 그리스 연합군 사령관 아가멤논왕에게 황금 가슴 가리개를 선물했을 정도였다.
 키뉘라스왕에게는 아주 참하게 생긴 딸이 있었다. 왕과 왕비 켄크레이스가 이 참한 딸을 사랑하는 것까지는 좋았는데 너무 사랑하여 사랑의 여신 아프로디테의 아름다움에 견주는 치명적인 실수를 했다. 부부가 딸을 어루만질 때마다 이런 미련한 소리를 했으니…….
 "아프로디테 여신이 곱다 한들 설마 우리 스뮈르나만큼 고우랴."
 신들에 대하여 인간이 할 수 있는 짓거리 가운데 가장 미련한 것이 신들의 질투를 유발할 언사를 뱉는 짓이다. 하늘(신)에 죄를 얻으면 빌 데가 없다는 말은 그래서 나온 것일 게다. 아프로디테가 누구던가? 여신들과 여성들을 통틀어 명실공히 '미스 그리스'가 아니던가? 퀴프로스가 어떤 곳이던가? 바로 아프로디테가 피로를 느낄 때마다 찾아가던 아프로디테의 고향 아니던가?
 그 말을 엿듣는 순간, 아름답던 아프로디테의 눈이 도끼눈이 되었다.

아프로디테는 아들인 사랑의 신 에로스를 불렀다. 어머니가 아들에게 명령했다.

"저 스뮈르나에게 화살 한 대를 쏘거라. 상대가 누구든, 처음 보는 남성을 견딜 수 없이 사랑하게 만들어라. 나머지는 내가 알아서 처리하마."

스뮈르나가 에로스의 화살을 맞고 처음 본 남성은, 다름 아닌 아버지 키뉘라스왕이었다. 카우노스를 짝사랑하던 뷔블로스가 어떻게 되었던가? 비참하게 최후를 마치지 않던가? 아버지를 짝사랑하다니, 이거, 큰일 나지 않았는가? 큰일도 예사 큰일이 아니다. 스뮈르나의 상사병은 나날이 뼛속으로 깊어져갔다. 상사병이라는 게 그렇다. 깊어지면 먹지도 못하고 잠들지도 못한다. 스뮈르나는 나날이 여위어갔다. 견디다 못한 스뮈르나는 늙은 유모에게 고백했다.

당시, 아프로디테의 고향 퀴프로스는 풍기가 문란하기로 유명한 도시였다. 아프로디테 축제 날이 되면 설사 결혼한 여성일지라도 남편과 잠자리를 같이하지 않았다. 아프로디테 축제 날 여성들은 한 번도 본 적이 없는 나그네와 잠자리를 같이하면서도 그것을 아프로디테 여신의 뜻이라고 생각했다.

마침내 아프로디테 축제 날이 왔다. 유모가 키뉘라스왕에게 달려가 이렇게 말했다.

"임금님께 아주 홀딱 반한 처녀가 있습니다. 축제 날이 되면 임금님과 함께하게 해달라고 오래전부터 저에게 청을 넣었습니다. 용납해주십시오."

왕은 '처녀'라는 말이 마음에 걸리기는 했지만 별 생각 없이 그러자고 했다. 축제 날 저녁, 키뉘라스왕은 유모가 건네주는 술을 조금도 사양하지 않고 모두 받아 마셨다. 그러고는 잠자리에 들었다.

그런데 그로부터 여러 달이 지나고부터 딸 스뮈르나의 배가 눈에 띄게 불러왔다. 딸의 몸속에서 아기가 자라고 있다는 것을 안 왕이 딸을 불러 물어보았다.

스뮈르나가 아버지에게 쫓기는 광경
몰약나무로 변한 스뮈르나의 몸속에서 아기를 꺼내는 장면이 도자기의 한 면에 함께 그려져 있다. 16세기 이탈리아 도예가 니콜라 다 우르비노의 〈스뮈르나 이야기〉. 에쿠앙 르네상스 국립 박물관.

"너, 어떻게 된 것이냐? 아기의 아비가 대체 누구냐?"
그러자 딸 스뮈르나가 대답했다.
"……아기의 아버지가 곧 아기의 외조부 됩니다."
말귀를 알아먹은 왕은 창피하고 분한 김에 칼을 뽑아 딸을 찌르려 했다. 스뮈르나는 궁성을 빠져나와 바다 쪽으로 내달았다. 아버지와 딸은 오래 쫓고 쫓겼다. 하지만 오래지 않아 천 길 절벽이 스뮈르나의 발길을 멈추게 했다. 딸을 따라잡은 키뉘라스왕은 칼끝을 딸의 가슴에다 겨누었다. 아버지의 칼끝이 딸의 살갗에 닿으려는 찰나, 처음부터 이 광경을 내려다보고 있던 아프로디테는 처녀를 몰약나무(스뮈르나)로 변신하게 했다. 하지만 스뮈르나가 변신한 몰약나무는 나무둥치 안에다 아기를 품은 몰약나무였다. '잃어버린 반쪽이'를 엉뚱한 곳에서 찾은 패륜아 스뮈르나의 기가 막히는 이야기는 여기에서 끝난다. 스뮈르나는 '뮈라'라고 불리기도 한다. 호메로스의 고향으로도 유명한, 지금 터키에서 세 번째로 큰 도시 '이즈미르'는 바로 '뮈라의 도시'라는 뜻이다.

* * *

이 이야기에도 풍성한 후일담이 있다. 아프로디테는 이 일이 있고 난 뒤에도 몰약나무 지켜보기를 게을리하지 않다가 때가 되자 껍질을 찢고 달이 덜 찬 아기를 꺼내었다. 아프로디테는 이 아기를 상자에 넣어 저승의 왕비 페르세포네에게 보내며 상자를 어두운 곳에 두되, 아무 달 아무 날이 되기까지는 절대로 열어서는 안 된다고 당부했다. 자, 페르세포네가 이 상자를 열어보겠는가, 안 열어보겠는가? 인류 최초의 여성이라는 판도라에게도 열어보아서는 안 되는 상자가 있었다. 판도라는 상자를 열었던가 안 열었던가? 아프로디테의 명을 받고 프쉬케가 저승으로 '아름다움'을 좀 얻으러 간 적이 있다. 페르세포네는 그때 그걸 상자에 넣어주면서 절대로 열어보아서는 안 된다고 했다. 프쉬케가 그 상자를 열었던가? 안 열었던가?

  열어서는 안 된다는 상자는 반드시 열어보게 되어 있다. 신화의 금기는 깨지기 위해서 존재한다. 페르세포네가 상자를 열어보니 덜 자란 아기가 들어 있었다. 이 아기가 바로 뒷날 아프로디테의 사랑을 독차지하는 미남 청년 아도니스다.

  그런데 이 이야기는 그리스적이라기보다는 히브리적이다. 몰약나무의 진을 방향제, 방부제, 진통제로 쓰는 것은 히브리 사람들이다. 페르세포네가 엿본 아기의 이름 '아도니스'도 '주님'을 뜻하는 히브리어 '아도나이'에서 온 말이라고 한다. 아버지에게 취하도록 술을 마시게 하고 딸이 그 잠자리에 드는 이야기도 히브리 사람들이 모압족, 암몬족의 기원을 설명하는 대목에, 은근히 이 두 종족을 상놈으로 모는 빌미로 등장한다. 구약성서 「창세기」 19장 30절부터 읽어본다.

롯은 소알에서 그 고장 사람들과 함께 사는 것이 두려워 두 딸을 데리고 소알에서 나와 산에 들어가 살게 되었다. 그는 두 딸과 함께 굴 속에서 살았다. 하루는 언니가 아우에게 말하였다.
"아버지는 늙어가고, 이 땅에는 우리가 세상의 풍속대로 시집갈 남자가 없구나. 그러니 아버지께 술을 취하도록 대접한 뒤에 우리가 아버지 자리에 들어 아버지의 씨라도 받도록 하자."
그날 밤 그들은 아버지께 술을 대접하고는 언니가 아버지 자리에 들었다. 그러나 아버지는 딸이 언제 들어왔다가 언제 일어나 나갔는지 통 몰랐다. 그 이튿날 언니가 아우에게 말했다.
"간밤에는 내가 아버지 자리에 들었으니 오늘은 네 차례다. 아버지께 술을 대접하고 그 자리에 들어라. 같이 아버지의 씨를 받자."
그들은 그날 밤에도 아버지에게 술을 대접하고 이번에는 아우가 아버지 자리에 들었다. 그러나 아버지는 딸이 언제 들어왔다가 언제 일어나 나갔는지 통 몰랐다. 이리하여 롯의 두 딸은 아버지의 아이를 가지게 되었다. 큰딸은 아들을 낳고 이름을 '모압'이라 하였는데, 그의 후손이 오늘날의 모압인이다. 둘째 딸도 아기를 낳고는 이름을 '벤암미'라 하였는데, 그의 후손이 오늘날의 암몬인이다.

몰약나무에서 나온 아기 아도니스는 뒷날 아프로디테의 애인이 되었다. 틈만 나면 아프로디테와 잠자리를 같이하던 전쟁 신 아레스에게 아도니스는 당연히 눈에 박힌 가시였을 것이다. 아도니스는 바로 이 아레스에게 죽임을 당했다. 아레스가 멧돼지로 둔갑, 사냥 나온 아도니스의 옆구리를 엄니로 찍어버린 것이다. 아프로디테는 죽은 아도니스를 불쌍하게 여겨서 아도니스의 피에 신들이 마시는 술 넥타르를 뿌려 꽃으로 피어나게 했다. 이 꽃이 바로 '아네모네', 즉 바람만 불면 꽃잎이 날리는 바람꽃이다. 아도니스가 그랬듯이, 이 바람꽃 또한 이 땅에 오래는 머물지 못한다.

아도니스의 죽음을 애도하는 아프로디테
에로스도 둘 사이에서 눈물을 훔치고 있다. 18~19세기 미국 화가 벤저민 웨스트의 그림.

3

'도마뱀'을 잡아라

휘아킨토스, 꽃으로 피어나다

아폴론은 도마뱀을 노리는 모습으로 곧잘 그려지거나 새겨진다. 이렇게 그려지거나 새겨진 것에는 '아폴론 사우로크토노스', 즉 '도마뱀 사냥꾼 아폴론'이라는 제목이 붙는 경우가 많다. '도마뱀'은 과연 무엇인가? 아폴론이 죽인 뱀 퓌톤인가? 그럴 리 없다. 퓌톤은 '거대한 뱀'이었다. 잔챙이 도마뱀이었을 리 없다. 그렇다면 도마뱀은 과연 무엇인가? 고대 그리스어 '사우로스(도마뱀)'는 남성의 성기, 그중에서도 특히 청년의 성기를 뜻했다는 기록이 있다. 한스 리히트의 『그리스 성 풍속사』에 따르면 고대 그리스 노인들은 결혼을 기피하는 젊은 여성에게 이런 말을 하기도 했단다.

도마뱀을 노리는 아폴론
아폴론이 기대고 서 있는 나무에 도마뱀 한 마리가 붙어 있다. 파리 루브르 박물관.

"너를 향해 기어오는 저 '도마뱀', 사라지기 전에 붙잡아두어라."

제우스에게도 가뉘메데스라는 소년을 납치해서 사랑한 이력이 있기는 하다. 하지만 아폴론이 사랑한 소년이나 청년의 이름은 열 손가락으로도 다 꼽을 수 없다. 퀴니라스, 자킨토스, 포르바스, 휠라스, 아드메토스, 퀴파리소스, 이뮈클라스, 트로일로스……. 그중에서도 아폴론의 가장 유명한 애인은 단연 휘아킨토스다.

***

삶의 참모습을 두고 그것을 '삶의 진실'이라는 다른 이름으로 부르는 것은 가능하다. '내가 그리는 삶의 참모습'은 바로 '내 삶의 진실'일 수 있기 때문이다. 진실은 아름답다는데, 삶의 진실은 어떤가? 아름다운가?

그것은 아름다운 것일 수 있다. 하지만 그것은 늘 아름답기만 한 것은 아니다. 진실은 우리 손가락을 쏨벅 베어버리는 칼날 같다. 진실이란 참으로 무시무시한 것이다. 육안으로는 진실을 보아내는 것이 얼마나 어려운 일인지 고대 신화는 꾸준하게 우리를 가르친다.

오르페우스는, 죽은 아내를 찾아 저승으로 내려갔던 신화 세계의 명가수다. 저승의 왕은, 그의 아내 에우뤼디케를 데리고 가되, 날빛 비치는 곳에 이르기까지 절대로 아내의 모습을 보아서는 안 된다고 했다. 금기였다. 하지만 금기는 깨지기 위해서 존재한다. 깨지지 않는 것은 금기가 아니다. 오르페우스는 이승으로 다 나오기도 전에, 아내가 하도 보고 싶어서, 너무나 보고 싶어서, 담배씨만큼이라도 보고 싶어서 뒤를 돌아다보았다. 금기를 깨뜨린 것이다. 어떻게 되었던가? 에우뤼디케는 다시 저승으로 떨어졌다. 어째서 그렇게 되었을까?

일본 신화에서 그 단서를 찾아본다.

남신 이자나기는 먼저 저승으로 간 아내인 이자나미 여신이 보고 싶었다. 그래서 저승으로 내려갔다. 남신이 말했다.

"내 누이여, 내 아내 여신이여, 우리의 나라 만들기는 아직 마무리되지 않았소. 돌아갑시다."

그러자 여신이 대답했다.

"아깝군요. 조금만 더 일찍 오셨으면 좋았을 것을. 저는 벌써 저승 음식을 먹고 말았습니다. 돌아가는 문제에 대해서는 저승 신과 의논해보아야겠습니다. 그동안 나의 모습을 절대로 보시면 안 됩니다."

그런데 남신은 아내인 여신이 너무 보고 싶어서 빗살에 불을 붙여 들고는 여신을 보았다. 여신의 몸에는 구더기가 소리를 내면서 들끓고 있었다. 남신이 이것을 보고는 기겁을 하며 도망쳤다.

'구더기가 소리를 내면서 들끓고 있는 여신', 나는 이것이 바로 진실의 본모습이라고 생각한다. 오르페우스가 그랬듯이, 이자나기가 그랬듯이 우리는 육안으로 '죽음의 진실'에 직면할 수 없다. 진실은 아름답지 않을 수도 있다.

사랑의 진실을 두고도 비슷한 말을 할 수 있다. 사랑의 참모습을 두고 그것을 '사랑의 진실'이라는 다른 이름으로 부르는 것은 가능하다. '내가 그리는 사랑의 참모습'은 바로 '내 사랑의 진실'일 수 있기 때문이다. 진실은 아름답다는데, 사랑의 진실은 어떤가? 아름다운가?

다시 한 번 쓴다. 그것은 아름다운 것일 수 있다. 하지만 그것은 늘 아름답기만 한 것은 아니다. 진실은 우리 손가락을 쓱싹 베어버리는 칼날 같다.

이 세상에는 이성에게는 전혀 사랑을 느끼지 못하는 사람들이 있다. 동성에게 접근해야 비로소 사랑을 느끼는 사람들이 있다. 우리가 '호모섹슈얼'이라고 부르는 동성애꾼 남성들, '레즈비언'이라고 부르는 동성애꾼 여성들이 바로 이들이다. 이들에게는 그것이 사랑의 진실이다. 이들에게 그 사랑의 진실은 아름다울 수 있다. 하지만 이성에게만 사랑을 느끼는, 우리가 '정상적 인간'으로 여기는 '헤테로섹슈얼'에게도 그것은 아름답게 보일 수 있는가? 그것은 아름답게 보이기 어렵다. 풍습이 상식의 이름으로 그것을 죄악이라고 부르는 횡포를 자행해온 것은 어제오늘의 일이 아니다.

아리스토파네스의 말을 다시 한 번 상기하자.

"……그런데 말이지요…… 남성에서 갈려 나온 남성 반쪽이들은 다른 여성 반쪽이들에게 관심이 없어요. 남성이면서도 남성을 좋아하는 남성 반쪽이들이 바로 이들이지요……."

사람들 중에는 '잃어버린 반쪽이'를 동성에게서 찾으려는 사람도 있을 수 있다. 이것이 바로 우리 안에 숨어서 흐르는 강, 우리 안에 숨어 있는, 대면하기 매우 껄끄러운 진실이다. 나는 동성애꾼들을 찬양하고 있는 것이 아니다. 그들에 대한 부당한 박해를 가로막고자 할 뿐이다. 신화는 '잃어버린 반쪽이 찾기'가 진화해온 역사의 기록일 수도 있다고 나는 믿는다. '너 자신을 알라'는 말은 '너 자신이 인간이라는 것을 알라'는 뜻이라고 나는 믿는다.

그러나 그리스 신화에 등장하는 '동성의 사랑'은 우리가 함부로 '호모섹슈얼' 혹은 '남색'이라고 부르는 것과는 달라도 많이 다르다. 고대 그리스어 '파이도필리아'라는 말은 더러 '남색'으로 번역되기도 하지만 이것은 '파이스(청년)'에 대한 '필리아(사랑)'일 뿐, 우리가 짐작하는 것만큼 추악한 말은 아니다. 그리스 남성들은 청소년의 영혼과 육체를 이해하고, 청소년들의 열려 있는 육체에 고귀한 영혼을 불어넣어 이상적인 시민으로 만들어나가는 희망을 실현했는데 이것이 곧 '파이도필리아'였다. 파이도필리아의 원조 가운데 하나라고 할 수 있는 아폴론이 그리스 남성들이 이상적으로 생각하던 몸매로 새겨지거나 그려진 것은 이 때문이었다.

　　　　　　＊＊＊

 미국 작가 토머스 불핀치는 아폴론과 휘아킨토스 이야기를 다음과 같이 들려준다.

　아폴론은 휘아킨토스라는 청년을 유별나게 사랑했다. 아폴론은 이런 저런 운동을 하러 다닐 때도 이 청년을 데리고 다녔다. 고기 잡으러 갈 때는 이 청년에게 그물을 들게 했고, 사냥하러 갈 때는 청년에게 사냥개를 몰게 했다. 심지어는 산으로 소풍을 갈 때도 이 청년을 뒤따르게 했다. 아폴론은 이 청년 때문에 그 잘 켜던 수금이나 그 잘 쏘던 활 같은 것도 돌아다보지 않았던 것이다.

　어느 날, 이 둘은 원반던지기를 했다. 아폴론은 원반을 들고 머리 위로 한 바퀴 돌리고는 멀리 던졌다. 휘아킨토스는 원반이 날아오는 걸 보고 있다가 자신도 모르게 흥분하고 말았다. 그는 아폴론이 던진 원반을 받으려고 달려 나갔다. 자기도 빨리 던져보고 싶었기 때문이었다. 그러나 땅에 떨어진 원반은 되튀어 휘아킨토스의 이마를 때리고 말았다. 휘아킨토스는 정신을 잃고 쓰러졌다.

　아폴론은 휘아킨토스만큼이나 창백해진 얼굴로 청년을 끌어안고는 상처에서 흐르는 피를 멎게 해보려고 애쓰는 한편, 청년의 몸을 떠나는

성인 남성과 소년의 사랑
고대 그리스의 접시 그림.
런던 애시몰린 박물관.

생명을 붙잡아 들이기 위해 이 수단 저 방법을 다 써보았다. 그러나 하릴없는 일이었다. 휘아킨토스의 상처는 약초로도 고칠 수 없을 정도로 깊었다. 뜰에 핀 백합을 꺾으면 곧 줄기가 시들고 꽃송이가 지면을 향해 고개를 꺾듯이, 빈사 상태의 청년 휘아킨토스의 머리도 도저히 제 무게를 견딜 수 없다는 듯이 한쪽 어깨 위로 꺾였다. 아폴론이 부르짖었다.

"오, 휘아킨토스, 너는 나로 인하여 청춘을 빼앗기고 죽어가는구나. 네가 얻은 것은 고통이요, 내가 얻는 것은 죄악이구나. 너 대신 내가 죽을 수만 있다면…… 그리 될 수만 있다면 얼마나 좋으랴. 그러나 그럴 수 없는 일이니, 내 너를 추억과 노래 안에서 나와 함께 살게 하리. 내 수금으로 하여 너를 칭송하게 하고, 내 노래로 하여 네 운명을 읊게 하리. 그리고 너로 하여금 내 탄식을 아로새긴 꽃이 되게 하리."

아폴론이 이런 말을 하고 있을 동안 놀랍게도, 그때까지 땅바닥을 흘러 풀줄기를 물들이던 피는 어느새 한곳에 고여 튀로스산産 물감으로 물들인 옷보다 더 색깔이 아름다운 꽃이 되었다. 이 꽃은 백합과 흡사하나, 백합은 은백색인 데 비해 이 꽃은 자주색인 것이 다르다.

포이보스 아폴론은 이것만으로는 성에 차지 않았는지 이 꽃을 명예롭게 하기 위해 자기의 탄식을 아로새겼다. 오늘날에도 우리가 익히 보아왔듯이 이 꽃의 꽃잎에는 '아이 아이$_{ai\ ai}$', 즉 아폴론이 탄식하는 소리가 글자로 새겨져 있다. 이 꽃은 '휘아킨토스(히아신스)'라고 불리는데, 해마다 봄이면 피어나 이 청년의 슬픈 운명을 우리에게 전하고 있다.

일설에 따르면, 서쪽에서 불어오는 바람의 신 제퓌로스가 휘아킨토스를 좋아했는데, 청년이 아폴론 뒤만 따라다니는 것을 보고 골이 난 나머지 원반을 엉뚱한 방향으로 날게 하여 휘아킨토스에게 맞게 했다고 한다.

비탄에 잠긴 아폴론
월계관을 쓴 아폴론이 애통해하고 있고, 휘아킨토스의 왼손 아래 히아신스가 피어오르고 있다. 18세기 이탈리아 화가 조반니 바티스타 티에폴로의 〈휘아킨토스의 죽음〉.

***

아폴론은 그 괄괄한 성미 때문에 세 차례나 인간 세상에서 귀양살이를 한 전력이 있다. 그가 몇 차례에 걸쳐 소년을 사랑한 것은 주로 이 귀양살이 동안 이루어진 일이다.

아폴론은 튀리아라고 하는 처녀를 사랑한 적이 있다. 둘 사이에서 아들이 태어났다. 아들 이름은 '퀴크노스'라고 지었다. 아들은 무럭무럭 자라났다. 그런데 아버지인 아폴론이 이 아들에게 이상한 눈치를 보였다. 아들을 파이도필리아의 상대로 보려 하기 시작한 것이다. '보려 하기 시작'했는데 퀴크노스가 자살했을 리 없다. 따라서 아폴론은 제 아들에게 이상한 짓을 한 것임에 분명하다. 제 잘못으로 비롯된 일이 아닌데도 퀴크노스는 하늘 올려다보고 땅 내려다보기가 부끄럽다며 카노포스 호수에 몸을 던져 스스로 목숨을 끊었다. 아폴론은 아들의 죽음이 민망해서 퀴크노스를 백조로 환생하게 했다. '백조'를 뜻하는 영어 '시그너스Cygnus'는 '퀴크노스'의 이름에서 온 말이다.

뿐만 아니다. 아폴론은 보이오티아 땅에서 귀양살이할 때 그 지방 명문 자제인 미소년 퀴파리소스를 가까이 한 일이 있다. 퀴파리소스는 아폴론과 더불어 풀밭에서 하는 창던지기와 사슴 기르기를 특히 좋아했다.

몹시 더운 어느 여름날 아폴론과의 창던지기에 정신이 팔려 있던 퀴파리소스는 제가 기르던 암사슴이 샘으로 물 마시러 가는 걸 보고는 산짐승으로 잘못 알고 창을 던졌다. 아폴론에게서 배운 투창 솜씨가 어디 가랴. 사슴은 그 자리에서 피를 토하고 숨을 거두었다.

퀴파리소스는 제 손으로 저지른 허물을 한탄하다 숨을 거둔 뒤 한 그루 퀴파리소스(삼나무)로 변했다. 아폴론이 소년을 늘푸른나무로 변하게 한 것이다. '삼나무'를 뜻하는 영어의 '사이프리스cypress'는 '퀴파리소스'의 이름에서 온 말이다.

우연의 일치일까? 삼나무를 즐겨 그리던 화가 빈센트 반 고흐는 동성애 쪽으로 가파른 기울기를 보였다는 혐의에서 자유롭지 못하다. '백조의 호수'에 집착을 보이던 음악가 표트르 차이콥스키는 누나의 아들 다비도프에게 깊은 사랑을 느꼈다고 클라우스 만은 『소설 차이콥스키』에다 쓰고 있다. 『인형의 집』으로 유명한 헨리크 입센도 그런 쪽으로 기울어 있는 사람이었다. 입센을 만난 자리에서 차이콥스키가 한 말이 가슴을 아프게 한다.

"우리는 슬픔을 바닥까지 아는 사람들이오."

이야기를 그리스로 되돌리자. 고대 그리스는 철저한 남성 중심 문화가 지배하는 사회였다. 연장자에게 청소년을 유혹하여 가까이 두고 가르치는 것은 쾌락의 추구라기보다는 의무에 가까운 것이었다. '파이도필리아'는 연장자가 청소년의 친구이자 후견자를 겸해야 하는 일종의 교육 제도 같은 것에 가까웠다. 스파르타인들의 경우, 연장자가 한두 청소년을 이끌어주기를 거절하거나, 우정을 통하여 명예로운 길로 인도하지 못하는 것은 남성의 의무를 기피하는 것으로 여겨졌다. 그 경우 사랑의 대상이 된 청소년의 명예는 곧 후견자의 명예, 청소년의 불명예는 곧 후견자의 불명예였다.

알키비아데스는 기원전 4세기의 아테나이 정치와 군사를 주무르던 정치가이자 군인이다. 하지만 그는 정치적, 군사적 업적보다는 교묘한 말장난(점잖게 불러주자면 '수사학')과 철학자 소크라테스와의, 우정보다는 애정에 더 가까운 '기이한 사랑'으로 더욱 유명한 사람이다.

청년 시절의 알키비아데스는 유명인사들의 꽃이었다. 많은 유명인사가 청년 알키비아데스의 아름다운 육체를 찬양했지만 스무 살 연상의 철학자 소크라테스는 알키비아데스가 태어나면서 부여받은 뛰어난 덕성과 소양을 사랑했다. 알키비아데스에 대한 소크라테스의 사랑은 '에로스', 즉 육체적인 사랑이 아니라 뒷날 '플라토니즘'이라고 불리게 되는 정신적 연애 감정이다. 소크라테스는 이것을 '안테로스', 즉 '반_反 에로스적 사랑'이라고 불렀다. 소크라테스가 알키비아데스에게 보이는 이러한 태도를 두고 스토아학파에 속하는 클레안테스가 조롱한 말이 있다.

"뭇 유명인사가 알키비아데스의 사지四肢를 주무르고 있동안 소크라테스는 알키비아데스의 귀를 잡고 놀았다."

아리스토파네스는 희극『구름』에서 같은 방법으로 소크라테스를 놀려먹는다. 하지만 문제의 작품에, 소크라테스가 관능적 파이도필리아에 탐닉했음을 암시하는 말은 한마디도 없다. 소크라테스는 청년의 아름다움에 대한 열린 시각의 소유자였다. 그는 청소년의 영혼을 조련하여 이상적인 세계로 인도하는 탁월한 기술의 소유자였다. 고대 그리스의 중년 남성들에게 '청소년 사랑하기'는 '이제는 잃어버린 아름다운 옛 모습 사랑하기', '이상적인 아름다움으로 한 발 더 다가서기'였다.

'남색'이라고 함부로 말할 일이 아니다.

4

레스보스섬 사람들

사포를 변호함

사상 처음으로 공상과학 소설을 쓴 작가는 누구일까? 기원전 2세기 시리아 태생의 그리스 풍자 산문작가 루키아노스가 꼽힌다. 그의 작품 『진실한 이야기』는, 태풍에 날려 달세계로 간 50명의 선원이 경험하는 기상천외의 전투 경험담을 내용으로 한 소설이다. 불행히도 머리말에는 '몽땅 공갈'이라는 단서가 붙어 있다. 『헤타이라의 대화Dialogues of the Courtesans』도 그가 쓴 책이다. '헤타이라'는 고대 그리스 시대의 고급 매춘부로, 해석하자면 '질이 덜 좋은 여자'라는 뜻과 매우 가깝다. 두 여성, 즉 클로나리온과 레아이아나가 나누는 대화가 불온하다.

> 클로나리온: 레아이아나, 이상한 소문을 들었는데 사실이야? 레스보스 출신의 돈 많은 여자 메길라가 너에게 남자처럼 굴었다며? 뻔히 알면서 그 집에서 잤다며? 얼굴이 빨개지네? 그럼 그게 사실이야?
> 레아이아나: 사실이야. 말하기 부끄럽지만, 정말 색다른 경험이더라.
> 클로나리온: 데메테르 여신의 이름으로 묻는다. 너 그게 무슨 뜻이냐? 그 여자가 너에게 바란 게 뭐야? 도대체 무슨 짓을 한 거야? 말 안 할 거야? 친구 좋다는 게 뭐야?

레아이아나: 너는 내 친구야. 어느 누구보다 가까운 내 친구. 하지만 무슨 말을 해? 그 여자, 정말 굉장했다는 말밖에.

클로나리온: 알다가도 모르겠다. 너 '트리바스'냐? 레스보스섬에는 '트리바스'가 많다며? 트리바스들은 남자랑 자기보다는 여자랑 자는 걸 더 좋아한다며?

레아이아나: 메길라가 그런 것 같았어.

클로나리온: 어디 좀 들어보자.

레아이아나: 메길라와, 코린토스 여자 디모나싸의 저녁 초대를 받았었어. 자리가 길어지고 술기운이 돌자 메길라가 그러는 거야. 잠자리에 들어야 할 시각인데, 자기네들과 같이 자자고. 둘 사이에 재워주겠다고.

클로나리온: 그래서 거기에서 잤니? 그래서 어떻게 된 거야?

레아이아나: 남자처럼 입을 맞추더라고. 조금 있으려니까 메길라가 가발을 훌렁 벗는데…… 빡빡이더라고. 건장한 운동선수 같았어. 겁이 나더라고. 내게 묻더라. 레아이아나, 너 이렇게 멋진 청년을 본 적 있어? 하고. 내가 반문했지. 메길라, 여기 청년이 어디 있어? 그랬더니 글쎄, 내 이름을 여성형으로 부르지 마, 나는 '메길로스'야. 디모나싸와 결혼한 메길로스야, 이러는 거야. 웃지 않고 무슨 수로 배겨? 내가 물었지. 메길라, 너에게 남자에게 있는 게 있어? 디모나싸에게 네 의무를 다할 자신이 있어? 그랬더니, 없지만 있을 필요도 없어 하는 거야. 그래서 내가 또, 너 헤르마프로디토스냐 하고 물었지. 아니지만, 이리 와 봐, 내 말이 사실인지 아닌지 보여줄 테니까, 이러는 거야. 하도 조르기에 가까이 다가가 보았지.

클로나리온: 그랬더니? 궁금하다, 빨리 얘기해.

레아이아나: 더 이상 묻지 마. 약간 역겨우니까. 아프로디테 여신의 이름에 걸고 맹세코, 더 이상은 말 못 해.

여성의 동성애에 대해 플루타르코스는 이렇게 쓰고 있다.

"그리스의 모든 도시국가에서 그랬듯이 스파르타에서도 동성애는 허물이 아니었다. 덕망 있는 부인이 소녀에게 사랑을 고백하는 것도 부끄러운 일이 아니었다."

여성의 동성애는 원래 레스보스섬lesbos Island 풍속이었던 것으로 전해진다. 동성애에 탐닉하는 여성들을 '레즈비언Lesbian', 즉 '레스보스섬 여자들'이라고 부르는 것은 이 때문이다. 그리스의 에게해 동부, 터키 해안 가까이에 있는 이 섬은 위대한 시인 사포의 고향이기도 하다. 그래서 사포도 레즈비언 혐의를 받고 있다. '레즈비언'을 뜻하는 고대 그리스어 '트리바스'는 동사 '트리보'에서 온 말이다. '문지르다rub'라는 뜻이다.

사포는 기원전 7세기에 활약하던 시인이다. 작품 중 남은 것은 얼마 되지 않지만 이 시인의 시적 재능을 엿보기엔 그것만으로도 충분하다.

책과 펜을 든 여인의 초상 (흔히 사포로 일컬어짐)
그림 속 여인은 흔히 '사포'로 일컬어지지만, 실제로는 폼페이 귀족 가문의 여인으로 추정된다. 폼페이에서 발견된 프레스코 벽화.

4 레스보스섬 사람들

플라톤은 사포를 이렇게 노래하고 있다.

무사이(뮤즈들)는 모두 해서 아홉이라고 하는데
혹자는 아니란다.
열 번째가 있단다. 보라,
레스보스 여성 사포란다.

'열 번째 무사이(뮤즈)'로 극찬받던 시인 사포는 시에다 썼듯이 무사이들을 연상시키는 처녀들을 열렬히 사랑했다. 사포는 여성이었다. 더구나 레스보스섬 출신 여성이었다. 그는 사람들에게 자신의 이름을 레스보스섬 사투리인 '프사포'로 불러줄 것을 원할 정도로 레스보스섬을 사랑했다. 게다가 그는 다른 여성들을 열렬히 사랑했다. 사포의 주위에는 시를 배우려는 여성, 음악을 배우려는 여성들이 들끓었다. 남성들이 사포를 '레스보스섬 여자'로 보려 했던 것은 당연하다. 하지만 사포가 '레스보스섬 여자'였다는 증거는 어디에도 없다.

사포는, 처녀들을 육체적으로 사랑했다기보다는 아무래도 상대적으로 지위가 열악했던 그들을 계몽하려 했던 것 같다. 남성들이 사포를 비난한 것은 당연하다. 남성들이 비난한 것은 사포가 드러내었을 가능성이 있는 충동적인 성적 욕망이 아니었다. 남성들은 오히려, 인간 본성의 바다에 가라앉아 있는 내면을 솔직하게 드러냄으로써 여성을 가정의 속박에서 해방시키려는 사포의 의도를 두려워했다. 남성은 이로써 남성을 지키고자 했다. 사포는 여성 동성애자였다기보다는 최초로 여성해방운동을 시도한 고대의 여성 같다.

사포는 파온이라는 미남 청년을 열렬히 사랑했으나 결국 이 청년의 마음을 얻지 못해 레우카디아의 절벽에서 몸을 던져 자살한 것으로 전해진다. 하지만 이것도 남성들에 의해 조작된 전설이기가 쉽다. 남성들은, 사포가 맞은 최후의 자리에나마 남성을 세워놓고 싶었는지도 모른다.

플라톤이 열 번째 무사이라 불렀던 시인
벼랑에서 바다로 몸을 던지는 사포. 그녀는 최초의 여성해방운동가가 아니었을까? 18~19세기 프랑스 화가 앙투안-장 그로의 그림.

 사포가 '레스보스섬 여자'였다고 하더라도, 이것으로써 사포를 비난하는 근거로 삼을 수는 없다. 사포는 신이 아니라 인간이었다. 여성인 사포가 여성에게서 '잃어버린 반쪽이'를 찾으려 했다는 전설이 사실이라고 하더라도 우리가 그를 비난하자면 아폴론을 한번 떠올려본 뒤에 비난해야 한다. 아폴론은 시詩의 신이었다. 음악의 신이었다. 사포 역시 시인이었다. 음악가였다. 예술이란 그런 것이다. 더 아름답기 위해서는 예술가가 범하지 못할 법칙은 없는 것이다.

5

오이디푸스, '너 자신을 알라!'

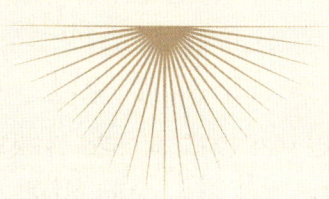

오이디푸스 이야기

"'콤플렉스'가 무슨 뜻인가요?"

이런 질문을 받으면 어떻게 대답하겠는가? 콤플렉스……, 우리가 자주 쓰는 말이다. 키 작은 것에 대한 콤플렉스, 못생긴 것에 대한 콤플렉스, 가난에 대한 콤플렉스, 가방끈 짧은 것에 대한 콤플렉스……. '화이트 콤플렉스'라는 말도 있다. '백인에 대한 콤플렉스'라는 뜻이겠지. 콤플렉스란 과연 무엇인가?

"'종합 운동장'이라는 뜻이지."

이렇게 대답한 사람이 있다고 하자. 엉뚱한 대답이지만 아주 틀린 것은 아니다. 실제로 미국에서는 종합 운동장을 '콤플렉스 아레나'라고 부르기도 한다. 서울의 잠실에 있는 종합 경기장의 영어 이름도 '잠실 스포츠 콤플렉스'다. 종합 운동장이란 어떤 곳인가? 여러 가지 경기가 종합적으로 치러지는 곳이다. 축구장 하면 우리는 드넓은 잔디밭과 그 위에 그어진 거대한 직사각형과 두 개의 골대를 상상한다. 야구장 하면 포수(캐처)를 중심으로 펼쳐진 다이아몬드꼴 경기장을 생각한다. 수영 경기장에는 물이 가득 들어찬 풀장이 있어야 한다. 육상 경기장에는 트랙이 있어야 한다. 그런데 종합 경기장에는 이 모든 것이 갖추어져 있다. 그래서 종합 운동장(경기장)은 '복합적'이다. 그래서 종합 운동장에 들어가본 사람은, 그것 참 복잡하네, 이런 느낌을 받을 것이다.

'콤플렉스'라는 말은 '서로com 꼬여 있다plait'는 뜻을 지닌다. 서로 꼬여 있기 때문에 한 가지로 똑 부러지게 설명하기 어렵다. 정신분석학은 '콤플렉스'를 '마음의 내용물 속에 서로 꼬여 있는, 억압된 생각과 욕구의 덩어리'라고 설명한다. 역시 어렵다. '강박관념'이라는 설명도 있다. '공포증'이라는 설명도 있다. 모두 그럴듯한 설명이기는 하지만 어느 한 가지 의미에만 갇히지 않는 말이 바로 '콤플렉스'다. '심리 착종'이라는 우리말이 있지만 대개의 경우 '콤플렉스'라는 말로 통용되는 까닭이 여기에 있다.

오이디푸스 콤플렉스, 엘렉트라 콤플렉스…… 이런 말을 들어본 적이 있을 것이다. 들어본 적이 없는 독자는 곧 자주 듣게 될 것이다. '오이디푸스 콤플렉스'라는 말은 오이디푸스 이야기와, '엘렉트라 콤플렉스'라는 말은 엘렉트라 이야기와 그 뿌리를 함께한다. 오이디푸스 이야기는 고대 그리스의 비극 작가 소포클레스의 희곡 『오이디푸스왕』에 실려 전해지고 있다. 하지만 희곡에 실려 있는 연극 대사를 읽으면서 그 서사 줄거리를 따라잡기란 여간 어려운 일이 아니다. 그 이야기를 풀어서 읽어본다.

* * *

테바이 왕 라브다코스가 세상을 떠났을 때 왕위를 이을 왕자 라이오스는 겨우 한 살이었다. 라이오스는 왕위에 오르지 못했다. 대신 외조부인 뤼코스가 나라를 다스렸다. 라이오스는 왕위에 오를 나이가 되어서도 왕위에 오르지 못했다. 제우스의 아들인 암피온이 테바이를 차지해 버렸기 때문이다. 나라를 빼앗긴 라이오스는 테바이를 떠나 피사왕에게 신세를 지지 않으면 안 되었다. 그는 피사왕의 은혜에 보답하기 위하여 왕자 크뤼시포스에게 칼 쓰기와 창 쓰기, 활쏘기와 방패 다루기, 말타기와 마차 다루기 등을 가르쳤다. 가르치다 보면 스승과 제자가 서로 정이 들었을 법하다.

그런데 그런 것만 가르쳤으면 좋았을 것을, 라이오스는 왕자에게 남자끼리 사랑하는 법까지 가르치고자 했다. 고대 그리스에서, 나이 든 남성이 젊은이를 가까이 두고 사랑하는 것은 큰 흉이 아니기는 했다. 그런데 왕자가 라이오스의 요구를 거절했다. 라이오스는 말을 듣지 않는 왕자를 숲속으로 은밀히 데리고 들어가 '목을 졸라' 죽였다. 피사 사람들은 이 사실을 알지 못했다. 하지만 건전한 이성 관계, 남성과 여성 간의 신성한 결혼의 수호 여신 헤라가 그걸 몰랐을 리 없다. 헤라는 라이오스에 대해 어디 두고 보자 했을 법하다.

세월이 흐르자 테바이를 다스리던 암피온이 세상을 떠났다. 라이오스는 왕위를 되찾기 위해 테바이로 돌아왔다. 테바이 왕위에 오른 라이오스는 아름다운 여인 이오카스테를 아내로 맞았다.

여기까지 읽고 이 부부 사이에 어떤 문제가 생길 것임을 짐작하는 독자는 신화 읽기에 소질이 있는 사람이다. 과연 문제가 있었다. 왕비 이오카스테가 아기를 낳지 않는 것이었다. 우리 식으로 표현하자면 '왕비가, 장차 보위를 이을 대군 아기씨를 생산하지 못하는 것'이었다. 라이오스는 왕비의 몸에 어째서 자식이 들어서지 않는지 델포이로 올라가 아폴론 신의 신탁(맡겨놓은 뜻)을 알아보고자 했다.

라이오스의 나라 테바이와 신탁으로 유명한 델포이는 그리 멀지 않다. 아폴론의 뜻은 아폴론 신전을 지키는 퓌티아라는 여성을 통해 전해지는 것이 보통이다. 퓌티아는 다리가 셋인 삼각대에 앉아서 아폴론 신의 뜻을 전해주는 것으로 알려져 있다.

델포이 신전의 여사제 퓌티아가 전한 뜻은 이러했다.

"아들은 낳지 않는 것이 좋다. 아들을 낳으면 그 아들이 장차 아비를 죽이고 아비의 아내와 같은 잠자리에 들 테니까."

아폴론 신전의 여사제 퓌티아
퓌티아는 삼각대에 앉아 무아지경에 빠진 채로 신의 뜻을 전해주는 것으로 알려져 있다. 19세기 프랑스 화가 앙리-폴 모트의 그림.

　세상에…… 그런 해괴한 일이 생기게 할 수는 없지. 라이오스는, 신들이 늘 제 편이라고 생각하는 잘못만 접어주면 믿음이 있다고 할 수 있는 사람이었다. 그는 아들이 생기는 것이 마음에 걸려 이오카스테와 동침하기를 미루었다. 여기까지만 읽고도, 라이오스가 이오카스테와 동침하고 말 것임을 짐작하는 독자가 있다면 그는 신화 읽기에 소질이 있는 사람이다.

　아테나이 왕 아이게우스도 델포이에서 비슷한 신탁을 받은 적이 있다. 아이게우스가 받은 신탁은 '그대의 조국 아테나이에 당도할 때까지 술 부대를 열지 말라'였다. 아이게우스는 트로이젠이라는 나라에 들렀다가 술에 취한 채 그 나라 공주 아이트라의 잠자리에 들었다. 이 둘 사이에서 태어난 아기가 뒷날의 영웅 테세우스다.

라이오스는 이오카스테와 동침하지 않을 수 있을까? 그럴 수는 없다. '동침하지 말라'는 금제(터부)는 깨지기 위해서 존재한다. 라이오스 역시 슬김에 이오카스테와 동침한다. 이오카스테와 동침한 날부터 라이오스는 아내에게 태기가 없기를 바랐다. 그러나 이오카스테에게는 태기가 있었다. 이오카스테에게 태기가 있는 날부터 라이오스는 아내 배속의 아기가 아들이 아니기를 바랐다. 그러나 이오카스테는 아들을 낳았다.

라이오스는 키타이론산에서 양을 치던 경력이 있는 경호병 하나를 불러 은밀하게 명령했다.

"네가 신들의 뜻을 집행해본 적이 있느냐? 신탁의 길을 막아서본 적이 있느냐? 내가 너에게 그럴 기회를 주겠다."

그러고는 강보에 싸인 아기를 내어놓았다. 아기의 두 발뒤꿈치 힘살은 금실에 꿰인 채 단단히 묶여 있었다.

라이오스는 말을 이었다.

"……나는 너에게 네 손에 아기의 피를 묻힐 것을 요구하는 것이 아니다. 그러면 네 자손이 대대손손 그 저주를 받을 수도 있을 것이기 때문이다. 내가 요구하는 것은 아기 발을 묶은 이 끈을 키타이론산의 실팍한 나뭇가지에 묶어두고 내려오라는 것뿐이다. 그 나무 이름은 네가 기억하지 않아도 좋다. 소임을 다하면 내게로 돌아오지 않아도 좋다."

경호병은 라이오스가 명한 대로 아기를 안고 밤을 도와 키타이론산으로 올라갔다(경호병이 아기를 나무에다 매달았다는 이야기도 있고, 양치기에게 넘겨주었다는 이야기도 있다).

뒷날 '테바이 양치기'라고 불리는 경호병은 산에서 사귄 코린토스 사람 하나를 만났다. 그는, 뒷날 '코린토스 양치기'라고 불리게 되는 이 사람에게 아기를 넘겨주며 이렇게 당부했다.

"코린토스 양치기여, 인간이 무슨 수로 신들의 뜻을 집행하며 인간이 무슨 수로 신탁의 길을 막을 수 있으랴. 바라건대 이 아이를 코린토스로 데려가시라. 그대가 이 아이의 앞일을 짐작할 수 없거든 이 아이의 내력도 묻지 말라."

코린토스 왕 슬하에 혈육이 없는 것을 늘 안타깝게 여기던 이 충직한 코린토스 양치기는 이 아이를 받아 들고는 그 길로 달려가 코린토스 왕에게 보였다.

오랫동안 자식을 기다리던 코린토스 왕 폴뤼보스는 아기의 내력을 물어도 양치기가 모르고 아기의 이름을 물어도 양치기가 알지 못하자 속으로 이런 생각을 했다.

(……키타이론산이면 장차 영웅이 될 아이들이 많이 버려지는 산이다. 이 아이 역시 보통 아이가 아닐 것이다.)

폴뤼보스는 아기를 받아들인 뒤 양치기에게는 은밀하게 큰 상을 내렸다. 그는 아기 이름을 무엇으로 할까 생각하다가, 금실에 꿰이고 아마 줄에 묶인 아기의 발이 통통 부어 있는 것을 보고는 장난삼아 '오이디푸스'라고 불렀다. '통통 부은 발'이라는 뜻이다.

오이디푸스는 출생의 내력을 모른 채 무럭무럭 자라났다. 오이디푸스의 출생 내력을 모르기는 폴뤼보스왕이나 그의 아내 멜로페도 마찬가지였다. 당시 오이디푸스가 태어난 내력을 아는 사람은 헬라스 땅을 통틀어 하나도 없었다. 그 까닭은, 테바이 왕 라이오스와 왕비 이오카스테는 아들이 살아 있다는 것을 알지 못했고, 테바이 양치기는 키타이론산에서 코린토스 양치기에게 준 아이가 코린토스의 왕자로 자라고 있음을 알지 못했으며, 코린토스 양치기는 그 아이가 테바이 왕자임을 알지 못했고, 폴뤼보스왕과 멜로페 왕비는 아들이 테바이 땅에서 왔다는 사실조차 알지 못했기 때문이다. 그러므로 아무도 알지 못했다. 적어도 보지 못한 것은 알지 못하고, 알지 못하는 것은 믿지 못하는 인간에게는 그러했다.

그런데 오이디푸스가 자신의 근본을 의심하게 되는 순간이 온다. 왕의 아우 중 하나가 술자리에서 이런 말을 슬쩍 흘린 것이다.

"굴러온 돌이 박힌 돌을 뽑는다더니 코린토스의 왕위도 근본을 모르는 왕자에게 넘어가는구나."

왕의 아우는 오이디푸스가 왕비 멜로페가 낳은 아들이 아니라는 것을 잘 알고 있었던 모양이다. 오이디푸스는 많은 영웅이 그렇듯이, 그러면 나의 아버지는 누구라는 말인가, 이런 질문을 던졌을 법하다. 이런 의문을 품은 사람이면 거의 반드시라고 해도 좋을 만큼 찾아가는 곳이 있다. 바로 델포이에 있는 예언의 신 아폴론의 신전이다. 오이디푸스도 델포이 신전을 찾아갔다. 코린토스에서 델포이로 가려면 아테나이를 지나고 험준한 키타이론산을 넘어야 한다.

'그노티 세아우톤'…… '너 자신을 알라'라는 뜻이다. 많은 사람은 이 말을 남긴 사람이 철학자 소크라테스인 것으로 알고 있다. 소크라테스가 이 경구를 화두로 들었던 것은 사실이다. 하지만 이 말은 원래 델포이에 있는 아폴론 신전의 문 상인방에 새겨져 있는 글이라고 한다. 처음으로 이 경구를 신전 문 상인방에 새기게 한 사람은 철학자 탈레스인 것으로 알려져 있다.

"너 자신을 알라!"

오이디푸스도 이 글을 읽었을 터이다. 너 자신을 알라니……. 너 자신이, 때가 되면 죽어야 하는 인간임을 알라는 뜻일까? 인간은 절대로 신들의 뜻을 거스를 수 없다는 것을 알라는 뜻일까? 오이디푸스가 이 문장을 읽었다면 이런 의문을 가졌을 법하다.

신탁을 묻는 오이디푸스에게, 신전의 여사제 퓌티아가 무아지경에 든 채로 퉁명스럽게 예언했다.

"뼈를 준 아비를 죽이고, 살을 준 어미로 짝을 삼는구나!"

오이디푸스가 기겁을 하고는 물었다.

"뼈를 준 아비를 죽이고, 살을 준 어미로 짝을 삼는다니, 대체 그게 무슨 뜻이오?"

5 오이디푸스, '너 자신을 알라!'

"내가 무슨 말을 하더이까?"

무아지경에서 깨어난 여사제 퓌티아는 제가 무슨 말을 했는지 알지 못했다. 설사 안다고 하더라도 여사제는 질문에 대답하지 않는다. 델포이의 신탁은 원래 일방적이다. 질문은 허용되어 있지 않은 것이다.

신전에는 여사제 퓌티아만 있는 것이 아니다. 퓌티아 곁에는, 앞도 없고 뒤도 없이 퉁명한 신탁 한마디를 해석해주는 사제들도 있었다. 사제들이 들어보아도 '아비를 죽이고 어미와 한 잠자리에 든다'는 것은 용서받을 수 없는, 상상에 머물 때조차도 용서받기 어려운 패륜이었다. 사제들은 우르르 달려들어 오이디푸스를 신전 밖으로 쫓아내었다.

오이디푸스는 마른벼락 같은 퓌티아의 이 한마디 신탁을 듣고 신전을 나와 마차를 끄는 말머리를 어지럽게 채찍질했다.

"뼈를 준 아비를 죽이고 살을 준 어미로 짝을 삼아? 믿을 수가 없구나. 인간인 내가 어찌 내 아버지 폴뤼보스를 시해하고 내 어머니 멜로페를 범한다는 말인가? 아, 코린토스로 돌아가면 나는 패륜아가 된다. ……하지만 돌아가지 않으면 신들의 뜻을 그르치는 참람한 인간이 된다. ……나는 인간이다. ……그러므로 패륜아가 될 수는 없다. 나는 인간이다. ……그러므로 나는 신들의 뜻에서 벗어날 수가 없다. ……단지 유예할 수 있을 뿐."

신탁을 유예하는 길은 하나뿐, 코린토스로 돌아가지 않는 길뿐이다. 오래 생각하고 오래 괴로워하던 오이디푸스는 코린토스로는 영원히 돌아가지 않기로 마음을 정하고 말 머리를 보이오티아 땅으로 돌렸다.

델포이가 있는 포키스 땅과 보이오티아 땅의 경계에는 길이 비좁기로 이름난 험산이 하나 있다. 마차나 전차를 몰고 이 산을 넘어본 사람들이 농 삼아 이렇게 말했을 정도였다.

"태양 마차를 몰고 하늘 길을 가로지르던 파에톤의 심정을 알겠더라."

이 비좁은 길 양쪽으로 난 마차 바퀴자국에다 제 마차 바퀴를 넣고 조심스럽게 말을 몰던 오이디푸스는 테바이 쪽에서 오는 마차와 만났다. 테바이 쪽에서 오는 마차도 깊이 팬 마차 바큇자국을 따라 조심스럽게 달려오고 있었다. 산길은, 오이디푸스도 마차에서 내리고 저쪽에서도 마차에서 내려 서로 조심스럽게 탈것을 오고 가게 해야 할 형편이었다.

마차를 호위하던 병사 하나가 오이디푸스에게 길을 비켜줄 것을 요구했다. 누군가가 양보하지 않는다면 충돌은 불가피했다.

"젊은이여, 길을 내시오. 이 마차에 타신 분은 귀하신 분이니 무례를 범하지 마시오."

오이디푸스도 마차에서 내리지 않고 마주 호령했다.

"그대들이 길을 내어라. 마차의 행세로 보아 거기 탄 자가 예사 사람은 아닐 것이니 코린토스 왕자에게 길을 내어주는 법도 또한 알 것이다."

"이 마차는 지금 델포이 신전으로 가시는 길이오. 아폴론 신께서는 델포이 길을 막아 선 자에게 죄 없다고 아니하실 것이오."

'델포이 신전'이라는 말이 오이디푸스의 마음을 흔들어놓았다. 델포이 신전에서 엿들은 아폴론의 뜻에 마음이 천 갈래 만 갈래로 찢긴 오이디푸스가 아니던가.

오이디푸스가 말등에 채찍을 먹여 마차 바퀴로 마차의 오른쪽 말을 치고 지나가려 했다. 마차에 타고 있던 '귀하신 분'이 가만히만 있었더라도 오이디푸스는 마차를 세우지는 않았으리라.

오이디푸스의 마차가 막 마차 옆을 지나는데 마차 안에서 채찍이 날아와 오이디푸스의 발목을 감았다. 오이디푸스의 발목에는 그때까지도 어릴 적 금실에 꿰이고 아마 줄에 졸린 흉터가 남아 있었다.

오이디푸스는 한 손으로는 그 채찍을 잡아당겨 채찍 임자를 마차에서 끌어내리고, 다른 한 손으로는 고삐를 당겨 말을 세웠다. 그러고는 불문곡직하고 채찍 임자는 몽둥이로 쳐 죽이고, 세 호위 병사 중 둘은 말째 벼랑으로 던져 죽였다. 남은 하나를 향해 창을 꼬나잡은 것은 이

자가 말을 타고 델포이 쪽으로 한참 달려간 뒤였다. 오이디푸스는 그자마저 죽여 분을 풀고 싶었으나 그자를 쫓으려면 마차에서 말을 풀어야 할 터여서 도망치는 자를 바라보고 있다가 마차의 말을 풀어 마차 뒤에다 묶고는 그 자리를 떠났다.

오이디푸스가 당도한 곳은 작은 나라 테바이였다. 오이디푸스가 당도했을 당시 테바이인들은 자존심이 강하기로 소문나 있었다. 테바이의 시조인 카드모스의 자손들이라고 해서 스스로 '카드메이아', 즉 '카드모스의 자손'을 자칭하고 있을 정도였다. 이 카드메이아들은 단신으로 마차를 몰고 온 오이디푸스를 몹시 반겼다. 오이디푸스가 그 까닭을 묻자 카드메이아 하나가 이런 대답을 했다.

"괴물 케토스를 잡아 죽인 이는 아티카 영웅 페르세우스요, 네메아 사자를 잡아 죽인 이는 티륀스의 영웅 헤라클레스가 아닙니까? 크레타의 괴물 미노타우로스를 때려 죽인 이는 아테나이 영웅 테세우스요, 뤼키아의 괴물 키마이라를 죽인 이는 코린토스 영웅 벨레로폰입니다. 혼자 마차 타고 오신 이여, 그대는 어느 나라에서 오신 영웅이시지요?"

"그렇다면 이 테바이에도 백성을 괴롭히는 괴수가 있다는 것이오?"

오이디푸스가 물었다.

"크레온왕께서는 이 괴수를 죽이는 영웅에게 왕좌와 선왕비 이오카스테를 상으로 거셨습니다."

"크레온왕이라니, 대체 무슨 말이오? 나그네 귀가 간짓대라는 말도 모르오? 내가 나그네라고 해서 테바이 왕이 라이오스인 것도 모르는 줄 아시오?"

"바로 아시었습니다만 지금은 그렇지 않습니다. 라이오스왕께서는, 이 괴물 물리칠 방도를 여쭈러 델포이로 가시다 말 도둑을 만나 횡사하셨답니다. 그래서 그 처남 되시는 크레온왕이 즉위하셨지요."

"괴물이라니요?"

"스핑크스'…… 이게 바로 테바이에 온 괴수의 이름입니다."

'스핑크스'라면, '목 졸라 죽이는 자'라는 뜻이다. 피사에서 크뤼시포스를 '목 졸라' 죽인 라이오스의 왕국에 나타난 괴물 '목 졸라 죽이는 자'……. 그렇다면 신성한 남녀 관계의 수호 여신 헤라가 보낸 괴물이기가 쉽다.

"'스핑크스'라면 아이티오페이아에 산다는 괴물 이름이 아니오?"

"그렇습니다. 아이티오페이아에서 온 이 괴물이 테바이로 온 까닭이야 저희들이 알겠습니까?"

"그러니까 스핑크스가 나타나 테바이 백성을 '목 졸라' 죽이고 있다. ……보다 못한 라이오스왕은 백성들 구할 방도를 물으러 델포이로 떠나셨다. ……그런데 도중에 말 도둑에게 비명횡사했다. ……그래서 왕의 처남이 지금 왕위에 앉아 있다, 이것이오?"

"그렇습니다."

"그렇다면 스핑크스가 어디에 있소?"

"스핑크스는 얼굴과 젖가슴만 계집 사람일 뿐, 다리와 꼬리는 사자 다리, 사자 꼬리요, 등에는 궁전 털 부채만 한 날개가 두 장이나 달려 있답니다. 날개가 있으니 저 머나먼 아이티오페이아에서 예까지 날아왔겠지만요. 지금은 피키온산의 신전 기둥 중 하나를 골라 그 위에 홰를 틀고 앉아 있을 것입니다."

"홰를 틀고 앉아 있다면 괴수라고 부를 것도 없지 않소?"

"그게 그렇지가 않습니다. 테바이 도성을 드나들려면 이 열주 밑을 지나야 하는데, 이 괴물이 기다리고 있다가 테바이 사람의 씨를 말리려 듭니다. 꼭 남자만 잡아 목 졸라 죽이니 하는 말입니다."

"어떻게 죽인다는 게요?"

"무슨 수수께끼를 내고 맞혀보라고 한답니다. 못 맞히면 행인이 죽고 맞히면 스핑크스 저 자신이 죽고……."

"세이레네스와 비슷하군. 뱃사람을 홀리는 요괴들 이름이오. 홀리면 뱃사람들이 죽고 홀리지 않으면 저희들이 죽는답니다. 아직 홀리지 않은 뱃사람이 없다고 들었소만."

"마찬가집니다. 그래서 크레온왕께서는 왕좌와 선왕비이신 이오카스테를 상으로 걸고 이 괴물 요절낼 영웅을 찾고 있는 것이지요."

"그래, 어떤 수수께끼를 내더랍니까?"

"모르지요. 그 앞에 서본 사람 아니고는 들은 사람이 없고, 서본 사람 중에 산 사람이 없으니까요."

오이디푸스는 테바이 백성과 긴 수작을 마치고 피키온산 기슭의 열주 있는 곳으로 향했다.

테바이 사람에게서 들었던 대로 얼굴과 젖만 계집 사람의 것일 뿐 다리와 꼬리는 사자의 것, 날개는 새의 것을 단 요망한 스핑크스가 기둥 위에 앉아 있었다. 오이디푸스가 짧은 창 한 자루만 들고(스핑크스를 찌르기 위해 들고 갈 만큼 오이디푸스는 어리석지 않았고 창은 그럴 만큼 길지도 않았다) 다가가자 스핑크스는 요상한 새 우는 소리로, 델포이 신탁만큼이나 앞도 없고 뒤도 없고, 뿌리도 잎도 줄기도 없는 한마디를 불쑥 내어놓았다.

"무엇이냐? 땅 위에 네 발로 걷는 것이 있다. 무엇이냐? 이름이 같은데 두 발로도 걷는다. 무엇이냐? 이름이 같은데 세 발로도 걷는다. 무엇이냐?"

오이디푸스는 화살처럼 날아드는 '무엇이냐'에 괘념하지 않으려고 눈을 감았다. 인간에게는, 적어도 그 시절 인간에게는 너무 어려운 수수께끼였는지도 모른다. 델포이 신전 문 상인방에, '그노티 세아우톤(너 자신을 알라)'이라는 경구가 새겨져 있어도 이 글을 '너 자신이 인간임을 알라'는 뜻으로 새기지 못하던 인간들이 아니던가?

델포이 신전 문 앞에서 이런 생각을 해본 경험이 있는 오이디푸스가 외쳤다.

"인간이구나! 인간이 태어나 바닥을 길 때는 네 발이요, 자라서 걸을

오이디푸스와 스핑크스
귀스타브 모로의 그림 속 스핑크스는 마치 오이디푸스를 유혹하는 듯 보인다.

때는 두 발이며, 늙어서 허리는 구부러지고 두 다리로 무게를 다 받지 못할 때는 앞으로 쏠리는 무게를 지팡이로 받으니 세 발이다!"

오이디푸스의 말이 끝나기가 무섭게, 요물은 기둥 위에서 거꾸로 떨어지며 석판 바닥에다 머리를 찧고 죽었다. 스핑크스의 수수께끼는 그것으로 끝났다. 세이레네스의 노래가 뱃사람을 홀리지 못하는 순간에 끝나고, 쉼플레가데스(부딪치는 바위)의 충돌이 한 척이라도 배를 지나 보내는 순간에 끝나듯이.

자, 오이디푸스와 스핑크스의 겨루기는 오이디푸스의 깔끔한 승리로 끝났다. 이제 오이디푸스에게 테바이 왕좌는 그야말로 '따놓은 당상'이다. 그런데 오이디푸스가 왕좌를 차지하는 것은 좋은데, 왕비 이오카스테까지 차지한 것은 좀 그렇다. 이오카스테는 이미 중년에 든 여성이었기가 쉽다. 오이디푸스는 총각이니까 처녀 장가를 들 수도 있었을 텐데 어째서 라이오스의 아내였던 이오카스테를 아내로 삼았던 것일까? 아무래도 운명의 장난이라고 해야 할 것 같다. 어쨌든 오이디푸스는 테바이의 왕위에 올라 선왕비 이오카스테의 베개를 나누어 베었다. 이로써 오이디푸스는 테바이의 '현자'가 되는 한편 온 세상에서 가장 어리석은 왕이 되었다.

오이디푸스가 테바이의 진짜 현자였다면 스핑크스의 수수께끼를 풀어냄으로써 스핑크스를 죽이는 데 만족하지 않고 수수께끼의 답이기도 한 '인간의 운명'을 인간의 보편적인 운명 혹은 오이디푸스 자신의 운명으로 마땅히 인식했어야 옳을 일이었다. 그러나 오이디푸스는 스핑크스의 죽음과 함께 저 자신의 죽음이 시작되고 있다는 걸 알지 못한 어리석은 왕, '인간'의 운명을 저 자신의 운명으로 살게 될 것임을 알지 못한 어리석은 왕이었다.

젊은 오이디푸스왕과 늙지도 젊지도 않은 왕비 이오카스테 왕비가 다스리던 테바이는 선왕의 횡사와 스핑크스의 재앙이라는 이중의 어둠에서 헤어나 날로 번성하는 것 같았다. 겉으로 보기에는 그랬다. 적어도 오이디푸스와 이오카스테 슬하에 두 아들, 두 딸이 태어나기까지는 그랬다.

하지만 우리는 저 저승 땅의 어둠 속에서 때를 기다리며 웅크리고 앉아 있는 복수의 여신들인 에리뉘에스를 기억해야 한다. '하데스의 암캐'라고 불리는 이 에리뉘에스 여신들이 대체 누구던가? 신의 뜻에 어긋나게 사는 인간, 맹세를 어긴 인간, 뼈를 주고 살을 준 부모를 해코지하는 인간이 나타날 때마다 올올이 뱀인 머리를 틀고 손에는 횃불을 든 채 우르르 나타나, 이런 자들을 처단하는 기쁨에 못 이겨 통곡까지 하는 여신들이 아니던가. 에리뉘에스가 막고 서자 테바이라는 이름의 마차는 그 달리던 기세에 걸맞게 길 한복판에서 뒤집어졌다.

이것이, 오늘날에도 패륜을 경계하는 말로 쓰이는 저 유명한 '테바이 돌림병'이 이 죄 많은 도성을 치던 날에 있었던 일이다.

가뭄이 들면서 초목이라는 초목, 곡식이라는 곡식은 모두 고개를 숙였지만 데메테르 여신은 오불관언, 나 몰라라 하고 앉아 있었다. 돌림병이 돌면서 육축이라는 육축, 금수라는 금수는 모두 자다가 죽고 뛰다가 죽고 날다가 죽었지만 '아폴론 파이에온(병 고치시는 아폴론)'은 아는 척도 하지 않았다.

이어서 돌림병이 곡물과 초목, 육축과 금수에 기대고 사는 인간을 치자 오이디푸스왕을 찬양하던 노래는 곧 역질로 죽은 자를 애도하는 곡성으로 바뀌었다. 돌림병으로 죽어나가는 데 남녀노소, 부모 자식이 따로 없었다. 자다가 죽는 노인, 길 가다 죽는 젊은이, 간호하다 죽는 어머니, 장사 지내다 죽는 아버지도 있었다. 돌림병이 이렇듯 창궐하자 성한 자식 중에는 병든 부모의 간호를 마다하는 자가 나왔고, 성한 부모 중에는 죽은 자식을 화장하지 않으려 하는 자가 나왔다. 그러나 병든 부모 자식은 괴질이 죽였고, 간호와 화장을 마다하는 부모 자식은 에리뉘에스 여신들이 그냥 두지 않았다. 백성들 불어나는 재미에 저승 신 하데스만 희희낙락했다.

불행 중 다행으로, 초목이 말라 죽은 뒤끝이어서 땔나무는 넉넉했다. 땔나무가 넉넉했으니 화장하기가 좋았고, 땔나무만큼이나 화장할 주검 또한 넉넉하여, 테바이 땅은 오래 연기에 덮여 있었다.

오이디푸스왕은 선왕 라이오스의 처남이자 이제는 자기 처남이 된 크레온을 델포이로 보내어 아폴론 신의 뜻을 물어 오게 하는 한편, 테바이 궁성에다 제단을 쌓고 제물을 차린 뒤 향을 피웠다. 그러나 테바이 제단의 향연은 그 고운 목을 뽑아 올리다 말고 번번이 고개를 가로 저었다.

오래지 않아 델포이로 갔던 크레온이 아폴론 신의 뜻을 받아 왔다. 제단에서 크레온을 마중하던 제관이 오이디푸스왕에게 그 소식을 전했다(소포클레스의 희곡 『오이디푸스왕』은 바로 이 대목에서 시작된다).

"전하, 크레온께서 오셨습니다. 저는 그분께서 쓰신 월계관에 월계수 열매가 달려 있는 것을 보았습니다. 이는 아폴론 신의 뜻이 그분께 내리셨다는 징표입니다."

오이디푸스가 반갑게 크레온을 영접하고 델포이에서 들은 아폴론의 뜻을 묻자 크레온이 대답했다.

"스핑크스의 수수께끼, 지옥의 문을 부수어버린 분이시여, 아폴론 신께서는 이 돌림병의 재앙, 테바이를 덮친 또 하나의 재앙을 부술 방도를 왕께 일러주셨습니다."

"공포와 희망 사이에서 맴돌게 하지 말고 그 방도라는 것을 말하시오."

"전하, 귀가 많은 것이 괜찮으시다면 이 자리에서 말씀드리겠습니다. 그렇지 않으시다면 귀를 물리소서."

"크레온이여, 제관의 귀는 곧 카드모스 신민들의 귀올시다. 내게는 카드모스 자손의 귀를 두려워해야 할 까닭이 없습니다."

"그러면 말씀드리겠습니다. 아폴론 신께서 맡기신 뜻은 이렇습니다.

'테바이 한복판에 불결한 자가 있어서 돌림병을 불러들였다. 이 불결한 자를 제거하면 하데스의 문이 닫힐 것이다.'"

"'불결한 자'라는 말이 무슨 뜻이오?"

"죽여서는 안 될 자를 죽인 자, 묻혀서는 안 될 피를 그 손에 묻힌 자입니다."

"죽여서는 안 될 자는 누구이고, 죽인 자는 또 누구입니까?"

"아폴론 신전 여사제 퓌티아는 그 피가 라이오스의 피라고 하더이다. 라이오스왕께서는 말 도둑 손에 목숨을 잃었다고 하더이다."

"그것이 언젯적 일이오? 우리가 무슨 수로 지금 그 말 도둑을 처단할 수 있겠소? 라이오스께서는 어디서 목숨을 잃으셨지요? 산이던가요, 들이던가요?"

"델포이로 가시던 중 산중에서 목숨을 잃으셨다고 하더이다."

"동행자들 중에 살아 있는 자가 있소?"

"하나 있기는 하나, 후환이 두려운지 테바이 땅에 그 소식만 전하고는 자취를 감추었다고 합니다."

"테바이 사람 중에 도둑을 교사할 만한 자는 없소? 라이오스왕의 죽음으로 큰 득을 볼 자가 없소? 있다면 그자가 이 일을 꾸몄을 것이오."

"전하, 라이오스왕이 변을 당한 뒤 저 크레온이 잠시 왕위를 지켰습니다. 저를 염두에 두신 것은 아니시겠지요? 제가, 스핑크스를 깨뜨리신 왕께 왕좌와 왕비를 바친 것을 잊지 마소서."

"우리 중에는 아직 죄인인 자가 없듯이 결백한 자도 없소."

"전하, 테이레시아스를 아시지요? '조짐을 읽는 자'를 아시는지요? 아폴론 신 다음으로 앞일을 잘 보는 인간입니다. 이자는 장님입니다. 저는 델포이로 떠나기 전에 몇 번 이자를 부르러 사람을 보내었습니다만, 아폴론 신의 뜻이 전해진 연후에 조짐을 읽어주겠다면서 제가 보낸 사람을 되돌려 보낸 자입니다. 제가 아폴론 신의 뜻을 듣고 온 다음이니 이제는 이자도 거절하지 못할 것입니다."

육신의 눈을 잃고 마음의 눈을 얻다
예언의 신 아폴론 다음으로 예언에 능한 점쟁이 테이레시아스. 1891년에 출간된 『고대 신화 인명 사전』의 삽화.

 테이레시아스는, 나르키쏘스를 보는 순간 '저 자신의 모습만 보지 않으면 오래 살 아이'라고 그 운명을 한마디로 예언했던 테바이의 예언자다. 테이레시아스 이야기는 뒤에 다시 하게 된다.
 테이레시아스가 불려 들어오자 오이디푸스왕이 말했다.
 "테이레시아스, 조짐을 읽는 자, 새소리를 듣고 새기는 자여, 하늘의 비밀까지 엿본다는 그대가 이 테바이의 돌림병을 모를 리 없을 것이다. 작은 것으로는 한 마리 새가 밤에 깃들일 나뭇가지부터, 큰 것으로는 테바이 돌림병의 뿌리까지 보지 않고도 읽는 테이레시아스여, 나는 그대에게 테바이를 구하라고는 요구하지 않겠다. 우리에게 필요한 것은 선왕 라이오스의 살해자가 과연 누구냐 하는 것이다. 현명한 그대에게 우리가 바라는 것은 이 테바이 돌림병의 뿌리에 이르는 지혜뿐이다."
 "전하, 현명한 것이 내게 이렇듯이 짐이 된 적이 없었습니다. 지혜로운 것이 이렇듯이 고통스러웠던 적이 내게 없었습니다."

테이레시아스가 볼멘소리를 했다.

"테이레시아스여, 그것은 무슨 말인가?"

"전하, 나를 내가 있던 곳으로 보내주소서. 이로써 왕과 내가 서로 지고 있는 짐을 덜게 하소서."

"나는 그대와 나의 짐을 덜게 하자는 것이 아니라 테바이 백성의 짐을 덜게 하자는 것이다. 그러니 지혜를 빌려주기 전에는 이 왕궁을 나가지 못한다."

"그러나 지금은 때가 아닙니다."

"때가 아니라면, 때라는 것을 알고 있다는 뜻이겠구나. 말하라, 말하지 않으면 이 왕궁을 나가지 못한다."

"때가 되면, 내 입으로 말하지 않아도 테바이 백성이 알고 전하께서 아시고 뭇 백성이 알게 될 것입니다."

"나는 그것을 앞당기고자 하는 것이다. 알고도 말하지 않는 자를 나는 '공모자'라고 부르겠다."

"공모자라고 하지 마소서, 라이오스의 살해자시여."

"내가 라이오스왕의 살해자라고? 이것이 그대의 지혜인가? 스핑크스를 깨뜨려 테바이 백성을 구한 나를 이렇게 부르는 것이 그대의 지혜인가? 그대는 이런 말을 하고도 테바이 백성의 칼끝을 피할 수 있다고 믿는가?"

"전하, 지혜는 나의 칼이요, 진리는 나의 방패입니다."

"다시 말해보라. 내 신민들이 듣고 있다, 다시 말해보라."

"전하, 전하께서 찾고 계시는 라이오스왕의 살해자는 바로 전하이십니다."

"테이레시아스여, 그대는 왕인 나를 무고하고도 무사하리라고 생각하는가?"

"진리에 권능이 있다면 나는 무사할 것인데, 진리에는 전하도 거스르지 못할 권능이 있습니다. 내가 참 예언자라면 나는 무사할 것인데, 나는 참 예언자입니다. 그러므로 나는 무사할 것입니다."

"테이레시아스, 이 거짓 예언자, 떠돌이 약장수야, 스핑크스가 열주 위에 앉아 수수께끼로 테바이 백성을 괴롭힐 때 그대는 그 진리와 예언의 권능을 어디로 보내었더냐? 그대에게 신들의 뜻을 전한다는 새들은 어디에 있었느냐? 스핑크스의 수수께끼를 풀 때 내 머리 위에는 나는 새 한 마리 없었다. 그대는, 라이오스왕이 스핑크스의 수수께끼를 물으러 델포이로 갔다는 것을 모르지 않을 것이다. 그대가 예언자라면 스핑크스의 수수께끼 답은 물론 라이오스왕의 죽음까지도 짐작했을 것이 아니냐? 테바이의 재앙을 수수방관하던 그대 거짓 예언자 테이레시아스가 이제는 테바이의 재앙을 지혜로 부순 이 지혜로운 오이디푸스왕을 무고하는구나."

"전하, 스핑크스는 전하 운명의 삼거리를 지키던 요괴이지 라이오스를 델포이로 보낸 요괴는 아니올시다. 스핑크스는 전하를 오만한 폭군으로 만들려고 신들이 놓은 틀이지, 라이오스를 죽이려고 신들이 놓은 덫이 아니올시다. 들으소서, 자신을 지혜로운 자라고 부른 오만한 왕이시여. 오만이 전하를 테바이성 첨탑까지 들어 올렸다가 마침내 성벽 아래로 떨어뜨릴 것입니다. 그것이 전하의 운명입니다. 물었으니 대답하지요.

오이디푸스왕이여, 전하의 삶은 전하가 꾸는 꿈이자 인간이 꾸는 꿈입니다. 전하는 살고 있으면서도 어디에 사는지, 태어났으면서도 어디에서 태어났는지 알지 못합니다. 전하는 왔으면서도 어디에서 왔는지, 살면서도 누구와 살고 있는지 알지 못합니다. 이제 오래지 않아 두 개의 칼끝이 전하를 찌를 것입니다. 키타이론산 계곡이 일제히 전하의 울음을 되울릴 것입니다."

"그대는 대체 무슨 수수께끼를 말하자는 것이냐?"

"수수께끼 하나로 테바이의 왕이 되신 이여, 이제 또 한 번 수수께끼를 풀 때가 된 듯합니다."

"그대는 지금, 스핑크스의 수수께끼를 풀고 테바이의 재앙을 뿌리 뽑은 나를 비웃고 있구나."

"스핑크스의 수수께끼는 전하에게 전하 자신의 모습을 돌아볼 것을 요구했습니다. 그런데도 전하는 그 수수께끼의 참뜻을 알아듣지 못했습니다."

"가거라, 이 눈먼 약장수야, 너에게 어울리는 것은 역시 어둠이구나. 가거라, 어서 온 데로 가거라."

"갑니다. 나는 온 데로 갑니다. 오래지 않아 내 어둠을 물려받을 왕이여, 나는 마음의 눈으로 보는 장님이나 전하는 지팡이 없이는 한 치도 걸을 수 없는 장님이 될 것입니다. 아우이자 아들의 형이자 아버지요, 누이이자 딸의 오라비이자 아버지가 될 오이디푸스왕이여, 인간의 빗나간 꿈을 제 삶으로 살고 갈 자여, 그리하여 인간이 지을 뿌리 깊은 죗값을 홀로 받았고, 받고, 또 받을 자여."

테이레시아스가 돌아간 뒤 오래지 않아 코린토스에서 사자가 왔다. 이 사자는, 옛날 '테바이의 양치기'에게서 발이 부은 아기 오이디푸스를 넘겨받았다는 '코린토스의 양치기' 바로 그 사람이었다.

오이디푸스는 이 사자를 영접하고 테바이에 온 까닭을 물었다. 사자가 대답했다.

"저는, 테바이의 왕위에 올랐다는 테바이 사람이자 코린토스 사람인 오이디푸스를 만나러 왔습니다."

오이디푸스가 그 말을 듣고 물었다.

"여기에 있는 내가 머리끝에서 발끝까지 오이디푸스다. 오이디푸스가 테바이 사람이자 코린토스 사람이라는 것은 또 무슨 뜻이냐? 왜 나를 찾아왔느냐?"

"기쁘고도 슬픈 소식을 전하러 왔습니다."

"테바이 사람이자 코린토스 사람이라는 말은 무슨 뜻이며, 기쁘고도 슬픈 소식이라는 말은 또 무슨 뜻이냐?"

"전하, 코린토스 백성은 오이디푸스왕을 코린토스 왕으로 모시기로 하고 이렇듯 저를 보내었습니다."

"코린토스 왕은 내 아버지 폴뤼보스왕이 아니던가?"

"슬프게도 폴뤼보스왕께서는 열흘 전에 세상을 뜨셨습니다."

"내 아버지께서 세상을 뜨셨다는 말이냐? 여기가 어디인 줄 알면 허튼소리를 하지 않을 것이다."

"전하께서 머리끝부터 발끝까지 오이디푸스왕이시듯이 저 또한 머리끝부터 발끝까지 진실을 전하는 코린토스 백성의 사자올습니다."

"내가 코린토스를 떠난 뒤 내 어머니 멜로페가 아들을 얻으셨더냐?"

"멜로페 왕비께서는 '퓌라'가 아니신 것을 왕께서 어찌 모르십니까? 늙어서도 자식을 얻은 퓌라가 아니신 것을 어찌 모르십니까?"

"그렇다면, 폴뤼보스왕께서는 어떻게 돌아가셨느냐? 누구 손에 살해되셨느냐?"

"아닙니다. 천수를 다하시고 와석종신하셨습니다."

오이디푸스왕은 왕비 이오카스테와 델포이 왕궁 제단의 제관들을 번갈아 바라보며 오래 참았던 말을 했다.

"오늘 나는 드디어 델포이 신탁의 죽음을 보았소. 아폴론 신의 주검을 보았소. 나는 청년 시절 델포이에서 신탁을 받은 일이 있소. 뼈를 준 아비를 죽이고 살을 준 어미와 짝이 된다는 무서운 신탁이었소. 내가 아버지의 나라 코린토스로 돌아가지 않은 것은 이 신탁이 무서웠기 때문이오. 들으셨지요? 내 아버지 폴뤼보스는 천수를 누리고 와석종신하셨소. 이것이 아폴론 신의 죽음이오. 라이오스왕은 청년 시절에 아들의 손에 죽으리라는 신탁을 받은 일이 있다고 들었소. 그러나 라이오스왕은 말 도둑 손에 비명횡사하셨으니, 이것이 델포이 신탁의 죽음이오.

나에게 내 아버지 폴뤼보스를 죽이러 코린토스로 간 적이 없는 것을 잘 아는 내 아내 이오카스테여, 테바이의 제관들이여, 이제 내게 신탁이 두려워 코린토스로 돌아가지 못할 이유는 없겠지요? 나는 잠시 코린토스로 가서 내 아버지께 작별을 고하고 올까 하오."

왕비 이오카스테가 오이디푸스왕을 만류했다.

"전하, 폴뤼보스왕이 노환으로 돌아가셨다고 하나 아직 코린토스에는 그대 어머니가 살아 계십니다. 어머니 멜로페 가까이서 신탁을 마음에 떠올리는 것만으로도 왕께서는 대죄를 짓는 것이니 바라건대 그 지붕 밑으로는 다시 들어가지 마소서."

두 사람 사이에서 오가는 말을 듣고 있던 사자, 정확하게 말하면 옛 '코린토스의 양치기'가 나직하게 말했다.

"오이디푸스왕이시여, 이오카스테 왕비시여, 신심 깊으신 두 분께서 신탁을 가볍게 말씀하시는데, 제가 무엇을 더 숨기겠습니까? 저는 옛날 인간 세상으로 귀양 오셔서 잠시 양치기 노릇 하시던 아폴론 신을 섬기는 자입니다. 제가 무엇을 더 숨기겠습니까? 오이디푸스왕께 내린 신탁은 우리 코린토스 나라와 무관합니다."

"코린토스 왕자인 내게 내린 신탁이 코린토스와 무관하다니, 네가 무슨 뜻으로 하는 말이냐?"

오이디푸스왕이 물었다.

"전하, 귀가 너무 많으니 줄이소서."

"신을 두려워하지 않는 내가 항차 내 신민을 두려워할까? 내 신민의 귀만큼 내게 충실한 증인은 없으니, 듣는 데서 말하라."

"정의로우신 분이시여, 제 공로를 셈하실 때도 정의로 셈하소서. 전하께서는 폴뤼보스왕과 멜로페 왕비의 친아들이 아니십니다."

"내가 폴뤼보스왕의 친아들이 아니라니, 그렇게 말하는 너는 누구냐?"

"저는 '코린토스의 양치기'라고 불리던 키타이론산의 목동입니다. 제가 누구냐고 물으시니 여쭙겠습니다. 저는 전하께서 강보에 싸여 계실 때, 키타이론산에서 어리시고 어리시던 전하를 수습하여 폴뤼보스왕께 바친 '코린토스의 양치기'올습니다."

"그 아기가 나 오이디푸스라는 말인가?"

"그렇습니다."

"내가 어떻게 네 품에 안겼느냐? 주웠느냐, 샀느냐?"

"키타이론산의 동무 목동인 '테바이의 양치기'가 주더이다."

"내가 어째서 네 말을 믿어야 하느냐?"

"그때 아기의 발뒤꿈치는 금실에 꿰이고 아마 줄에 묶여 있더이다. 폴뤼보스왕께서는 통통 부어오른 그 발을 보시고는 '오이디푸스(부은 발)'라고 이름하시더이다. 전하, 발뒤꿈치에 금실에 꿰인 흉터가 있으시면 저를 믿으시되 없으시면 믿지 마소서."

"하면 그 '테바이의 양치기'에 대해 네가 아는 것이 있느냐?"

"라이오스왕의 양을 치다가 뒷날 왕의 경호병 노릇을 한 뒤 다시 양치기가 되었다는 소문만 들은 적이 있습니다."

'라이오스'라는 이름이 나오자 왕비 이오카스테는 낯빛을 잃고 내전으로 들어가버렸다. 그 까닭은 짐작하기가 그리 어렵지 않다. 라이오스의 아들을 낳은 여자가 이오카스테 말고 또 있던가?

오이디푸스는 온 테바이 땅에 사람을 보내어 키타이론산을 뒤지게 하고 별명이 '테바이 양치기'인 왕의 경호병 출신 목동을 찾아내게 했다. 이오카스테가 이를 알고 마음에 짚이는 것이 있었던지 한사코 만류했으나 오이디푸스는 이런 말로 이오카스테를 물리쳤다.

"내가 설사 노예의 자식이 되어도 그대의 명예에는 누가 되게 하지 않을 것이오."

사흘이 못 되어, 키타이론산에 숨어 살던 그 '테바이의 양치기'가 오이디푸스왕 앞으로 끌려 들어왔다. 세월의 무게 때문에 허리는 휘고, 양치기의 삶으로 손과 팔뚝은 떡갈나무 가지같이 거칠어진 백발 노인이었다. 오이디푸스는 이 '테바이의 양치기'를 '코린토스의 양치기'와 대질심문하기 전에 먼저 물어보았다.

"네가 '테바이의 양치기'라는 자냐?"

"전하, 제가 '테바이의 양치기'라고 불리던 자입니다. 이제 아셨으니 저를 죽이소서."

"내게는 너를 죽일 까닭이 없다. 왜 네가 '테바이의 양치기'로 불리느냐?"

"제가 키타이론산에서 태어나 오래 라이오스왕의 양 떼를 돌보았기로 그렇게 불렸습니다. 잠깐 왕의 경호병 노릇을 하다가 라이오스왕이 비명에 가신 뒤에 다시 키타이론산으로 들어갔기로 지금도 그렇게 불립니다."

"내가 너를 불러들인 까닭이 궁금할 것이다."

"전하, 제가 아는데 궁금할 까닭이 어디에 있습니까? 저는 이제 죽을 목숨이니 궁금할 것도 두려울 것도 없습니다."

"네가 모르고 하는 소리다."

"전하, 전하께서는 델포이로 가는 산길에서 한 번밖에 만나신 적이 없는 저를 용케 기억하셨습니다. 제 별명까지 용케 아셨습니다."

"델포이로 가는 산길이라니, 대체 무슨 말이냐?"

"죽이시되 놀리시지는 마소서. 전에는 코린토스 왕자이시더니 이제는 테바이의 왕이 되신 분이여."

"내가 왜 너를 죽여야 하느냐?"

"델포이에서 마차 타고 오시는 전하를 저희가 만나지 않았습니까? 테바이에서 라이오스왕을 호위해서 델포이로 가던 저희를 만나시지 않으셨습니까? 전하께서는, 길을 내어주지 않는다고 저희 라이오스왕을 시해하시지 않았습니까? 그런 연후에 세 호위병 중 둘을 말째로 벼랑으로 던져 죽이시지 않았습니까? 그때 델포이 쪽으로 호위병 하나가 도망치던 걸 기억하시지요? 제가 바로 그때의 호위병입니다."

"무엇이라고 했느냐? 내가 라이오스왕을 죽였다고?"

"제가 전하의 용모를 잘못 기억할 리 있습니까? 수백 마리의 양에게 하나하나 이름을 붙이고, 하나도 틀리지 않게 그 이름을 부를 줄 아는 '테바이의 양치기'올습니다."

"하면, 라이오스왕이 말 도둑 손에 죽었다는 소문은 어찌 된 것이냐?"

"전하께서 라이오스왕을 시해하시고 경호병 둘을 벼랑으로 던지신 뒤 선왕 마차의 말을 푸시기에 저는 말 도둑인 줄 알았던 것이지요."

한동안 고개를 숙이고 생각을 가다듬은 오이디푸스는 '코린토스의 양치기'를 불러들였다.

"'코린토스의 양치기'여, 여기 있는 이 노인이 '테바이의 양치기'가 분명한가?"

"그렇습니다, 전하!"

"'테바이의 양치기'여, '코린토스의 양치기'를 기억할 수 있겠는가?"

"'코린토스의 양치기'가 분명합니다. 저와 이 '코린토스의 양치기'는 봄에서 가을까지 키타이론산에서 양을 먹이다 겨울이 오면 '코린토스의 양치기'는 폴뤼보스왕의 양떼를 몰고 코린토스로 갔고, '테바이의 양치기'인 저는 라이오스왕의 양떼를 몰고 테바이로 왔습니다."

코린토스의 양치기가 테바이의 양치기에게 물었다.

"테바이의 양치기여, 많이도 늙었구나. 강보에 싸인 아기를 내게 건네주며, '이 아이 앞일을 짐작할 수 없거든 이 아이의 내력도 묻지 말라'고 한 것을 기억하는가?"

"기억하고 말고, 코린토스의 양치기여, 그래 그 아이는 잘 자라 그대 마당을 손자로 가득 채워놓았겠구나."

"옛날 이야기구나. 그 아이는 코린토스의 오이디푸스 왕자가 되셨다. 아이 이름이 '오이디푸스'가 된 까닭을 그대가 모르지 않을 것이다. 앞을 보라. 저기 계신 오이디푸스왕이 바로 그 시절 키타이론산에서 그대가 내게 건네준 그 아기님이시다."

"오, 신들이시여, 신들이시여……."

오이디푸스가 코린토스의 양치기를 물리치고 테바이의 양치기를 몸소 심문했다. 오이디푸스의 얼굴은 이미, 스핑크스의 재앙을 깨뜨리고 테바이의 왕이 되어 신민들을 호령하던 호기 있는 젊은이의 얼굴이 아니었다.

"테바이의 양치기여, 그대는 코린토스의 양치기에게, 발이 금실에 꿰이고 아마 줄에 묶인 아기를 건네준 적이 있느냐?"

"네, 있습니다."

"그게 언제 일이냐?"

"제가 죽었어야 마땅한 날의 일입니다."

"사실대로 이르지 않으면 오늘이 바로 그날일 것이다. 그 아이가 누구의 소생이었더냐?"

"……오, 신들이시여. 신성혼神性婚의 수호신이신 헤라 여신이시여."

"그 아이가 누구의 아이였느냐, 그대의 아이였느냐, 아니면 다른 이의 아들이었느냐?"

"……."

"말하라."

"라이오스왕의 아들이었습니다."

"라이오스왕이 왜 너에게 당신의 아들을 맡겼느냐?"

"그 아들이 장차 친아버지를 죽이고 친어머니의 짝이 될 것이라는 신탁이 있어 라이오스왕께서 저에게 맡기셨습니다."

"어쩌라고 하더냐?"

"버리기를 바라셨습니다."

"왕비가 낳으신 아이를 말이냐?"

"이오카스테 왕비께서 낳으신 아기올습니다."

"너는 왜 죽이지 않았느냐?"

"아이의 피를 제 손에 묻힐 수가 없었습니다."

"내가 너에게서 은혜를 입었다. 그러나 보라, 이것은 은혜가 아니구나. 이로써 아폴론의 뜻은 이루어졌다."

오이디푸스왕이 왕궁 기둥을 잡고 간신히 몸을 가누며 내전으로 들어간 것은, 이미 이오카스테 왕비가 들보에 목을 매고 스스로 목숨을 끊은 뒤였다. 뒷날, 내전으로 들어간 오이디푸스왕에 대해 이 희대의 비극을 무대에 올린 비극 작가는 시종의 입을 빌려 이렇게 전한다.

"이오카스테 왕비께서는 스스로 목숨을 끊으셨습니다. 이를 보지 않은 그대들은 복이 많은 사람들입니다. 나는 복이 없어서 두 분의 최후를 보는 괴로운 경험을 면할 수 없었지요.

이오카스테 왕비께서는 두 손을 머리카락 속에 찔러 넣고 내전으로 들어오시면서, 선왕 라이오스의 이름과 오이디푸스의 이름을 번갈아 부르시더군요. 이어서 운명을 저주하고, 침대를 저주하고…… 침대를 저주하신 까닭은 이제 모두 아시겠지요? 이오카스테 왕비께서 자진하신 직후에 오이디푸스왕께서 기둥을 붙잡고 간신히 내전으로 들어오시더군요.

'어디 있소? 내 어머니자 내 아내인 이오카스테는 어디 있소? 내가 자란 밭, 내가 씨를 뿌린 밭은 어디 있소? 내 아버지가 배를 대고 내가 배를 댄 항구는 어디 있소?'

이게 오이디푸스왕이 하신 말씀입니다. 왕께서는, 들보에 매달린 이오카스테 왕비의 시신을 내려 눕히시더니 왕비의 가슴에서 유리로 세공한 가슴 꽂이를 벗기고는 그걸 두 눈에다 박아버립디다.

'멀어라, 멀어라, 내 눈아 멀어라, 보고 싶어 하던 사람을 알아보지 못한 내 눈, 보지 말아야 할 것을 너무 오래 본 내 눈아 멀어라.'

오이디푸스왕은 이러시면서 몇 차례 눈에 꽂힌 가슴꽂이를 뽑아 눈에다 되박습디다. 박을 때마다 검붉은 피가 터져 나와 수염을 타고 흐릅디다."

테바이를 떠나는 오이디푸스
딸 안티고네의 보살핌을 받으며 테바이를 떠나는 장님 오이디푸스. 19세기 프랑스 화가 외젠 에르네스트 일마셰의 그림.

　오이디푸스는 스스로 테바이를 떠나 이름 없는 장님으로 온 헬라스 땅을 헤맸다. 어머니이자 아내인 이오카스테의 몸에서 난 4남매 중 막내인 안티고네가 이 가엾은 오이디푸스를 따라다니며 오라비이자 아버지인 이 죄 많은 테바이 왕을 돌보아주었던 것으로 전해진다. 오이디푸스와 함께 돌림병도 테바이를 떠난 것은 물론이다.
　오이디푸스는 오래 방황하다 아티카의 콜로노스로 가서 이곳에 있는 에리뉘에스 여신들 사당에서 죄를 씻었다. 그 뒤로는 오이디푸스라는 장님을 본 사람이 없다. 콜로노스에는 오이디푸스의 무덤이라고 전해지는 데가 있는데 여기에는 묘비도 있고, 이 묘비에는 이런 묘비명도 있다고 한다.

천 개의 뿌리가 달린 아스포델로스(저승 식물)는 우리 등에 지고,
라이오스의 아들 오이디푸스는 우리 가슴에 묻어야 하리.

　　　　　　　　＊ ＊ ＊

자, 오이디푸스 이야기를 읽었으니 이제 독자는 미국의 신화학자 조지프 캠벨이 쓴 다음 글의 의미를 짐작할 수 있을 것이다.

　인간은 동물 가운데서도 가장 오래 어머니의 젖가슴에 매달려 유아기를 보내는 동물이다. 유아에게 이 어머니의 품 안은 자궁의 내부와 똑같은 상태로 재현된 지상의 천국이다. 그런데 아버지가 이 천국을 침범한다. ……그래서 유아에게 어머니는 '좋은 것', 아버지는 '나쁜 것'이 된다. ……유아가 어머니에게 '에로스(사랑)'의 충동을 느끼고 아버지에게 '타나토스(죽음)'의 충동을 경험하는 것은 이 때문이다. ……(아버지를 죽이고 어머니와 짝이 됨으로써 인간의 이러한 심층 심리를 대리 체험한) 오이디푸스왕의 이름, '오이디푸스'는 '부은 발'이라는 뜻이다.

　이제 독자들은 정신분석학의 창시자 프로이트가 쓴 다음 글의 의미도 짐작할 수 있을 것이다.

　발은, 신화에 자주 등장하는 아주 유서 깊은 성적 상징이다. ……아버지를 죽이고 어머니와 잠자리를 같이한 오이디푸스는 우리에게, 어린 시절의 유치한 소망이 어떻게 구체화할 수 있는지를 보여준다.
　……다행히 이제 우리는 (오이디푸스의 대리 체험 이래로) 어머니에 대한 성적 충동과 아버지에 대한 무의식적인 질투의 감정도 다스릴 수 있게 되었다. 정신신경증 환자만 제외하고.

프로이트는, 무의식중에 자기와 동성인 아버지를 미워하고 이성인 어머니의 사랑을 구하려는 남성의 복잡한 마음의 상태를 '오이디푸스 콤플렉스'라고 부른 바로 그 사람이다.

찰스 윌리엄 키민스의 책 『어린이의 꿈, 그 미지의 땅』에는 다음과 같은 구절이 있다. 독자는 이 말의 숨은 뜻도 짐작할 수 있을 것이다.

어느 날 밤 소년은 꿈에 발을 하나 보았다. 발은 방바닥에 놓여 있었다. 소년은 방을 가로질러 가다가 이 발에 걸려 넘어졌다. 그 발은 소년의 발과 비슷했다. 소년은 달아났다. 방바닥의 발이 벌떡 일어나 소년을 뒤쫓기 시작했다.

소년이 이런 꿈을 되풀이해서 꾸고 있을 즈음, 뱃사람 노릇을 하던 아버지가 사고를 당했다는 소식이 날아들었다.

나는 '테세우스 이야기', '이아손 이야기'를 쓰면서 신발의 상징성에 오래 주목한 적이 있다. 이제 프로이트와 키민스가 주목하고 있는 발의 상징성과, 그 발이 들어가 있는 신발의 상징성 사이에다 우리의 사유를 풀어놓을 필요가 있다. 신발 밑에는, 우리가 마침내 돌아가야 할 대지가 있다.

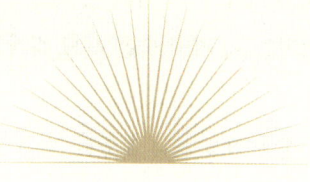

6

엘렉트라,
피로써 피를 씻다

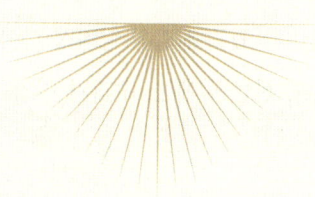

엘렉트라 이야기

'전기'를 뜻하는 영어 '일렉트리시티electricity'가 어디에서 온 말인지 아는지? 나는 청년 시절 어떤 책을 통해, '일렉트리시티'라는 말이 그리스 신화에 나오는, 눈빛이 형형하고 무시무시하기로 이름난 여성 '엘렉트라'에서 유래한다고 배웠다. 고대 그리스어 '엘렉트라'는 '번쩍번쩍 빛나다shining'라는 뜻이다.

이 글을 쓰면서 일 삼아 확인해보고는 내가 잘못 배웠다는 것을 알았다. 사람의 힘으로 전기를 일으킬 수 있다는 것을 처음으로 알아낸 사람은 영국의 물리학자 윌리엄 길버트다. 길버트는 호박을 마찰하면 전기가 발생한다는 사실을 처음 알아냈다. '호박'이 무엇인지 설명해야겠다. 호박(먹는 '호박'을 말하는 것이 아니다)이란 수지, 즉 나무의 진 덩어리가 땅에 묻힌 채 수소, 산소, 탄소 등과 화합하면서 굳어진 광물을 말한다. 영화 〈쥐라기 공원〉에서 과학자가, 아득한 옛날 공룡의 피를 빤 모기 한 마리를 찾아내는 것을 본 적이 있을 것이다. 공룡 시대의 모기를 가두어두고 있던 것, 그것이 바로 나무의 진에서 출발, 마침내 광물이 된 호박이다. 서기 1600년, 길버트는 호박을 마찰하면 전기가 발생한다는 사실을 발견하고는, '전기'를 뭐라고 부를 것인지 고심하다가 '엘렉트론'이라고 부르기로 했다. '엘렉트론'은 '호박$_{amber}$'이라는 뜻이다.

　나는, 내가 그동안 잘못 알고 있었구나, 하고 넘어가려다 영국의 옥스퍼드 대학교 출판부가 펴낸 신화 사전 『고대 신화 인명 사전』의 '엘렉트라' 항목을 찾아보았다. 이 사전은 '엘렉트라'라는 말을 이렇게 해설하고 있다.

　"엘렉트라…… '호박$_{amber}$'이라는 뜻. '불$_{fire}$' 혹은 '섬광$_{spark}$'이라는 말에서 유래한 듯."

　결국, '전기'를 뜻하는 영어 '일렉트리시티'는 '호박'이라는 말에서 유래하고, '호박'이라는 말의 고대 그리스어는 '엘렉트라'인 것이다. 그러니까 나는 조금 잘못 알고 있었을 뿐, 크게 잘못 알고 있었던 것은 아닌 셈이다.

　프로이트는, 무의식중에 자기와 동성인 아버지를 미워하고 이성인 어머니의 사랑을 구하려는 남성의 복잡한 마음 상태를 '오이디푸스 콤플렉스'라고 불렀다. 오이디푸스 이야기를 읽은 우리는 이제 '오이디푸스 콤플렉스'가 무엇인지 어렴풋이 이해한다.

　그렇다면 반대로, 무의식중에 동성인 어머니를 미워하고 이성인 아버지의 사랑을 구하려는 여성의 복잡한 마음 상태를 일컫는 말도 있을까? 있다. '엘렉트라 콤플렉스'가 바로 그것이다. 눈빛이 유난히 형형하고 무서웠다는 처녀 엘렉트라 이야기를 읽으면 우리는 '엘렉트라 콤플렉스'라는 말의 의미도 어렴풋이나마 헤아릴 수 있을 터이다.

　엘렉트라 이야기는 신화와 여러 편의 희곡(비극)을 통해 오늘날까지 전해진다. 하지만 오늘날의 여느 독자에게 고대의 희곡 읽기는 쉬운 일이 아니다. 분량도 방대하다. 그래서 엘렉트라 이야기가 실려 있는 아이스퀼로스의 『오레스테스 이야기』 3부작, 에우리피데스의 『이피게네이아』와 『엘렉트라』, 그리고 소포클레스의 『엘렉트라』를 간추려 엘렉트라 이야기를 구성하기로 한다.

***

이야기는 트로이아 전쟁과 함께 시작된다. 트로이아 전쟁은, 아름다운 스파르타 왕비 헬레네를 꾀어 간 트로이아 왕자 파리스와 그 조국을 응징하기 위한 전쟁, 아름다운 스파르타 왕비 헬레네를 되찾기 위한 전쟁이기도 하다.

트로이아를 치기 위해 편성된 그리스 연합군의 총사령관은 뮈케나이 왕 아가멤논이다. 아가멤논은 2년에 걸쳐 그리스 각지의 군사와 함대를 아울리스항에 집결시키고는 출범할 날을 기다렸다. 그런데 바람이 불어주지 않았다. 고대의 범선, 즉 돛을 단 군함은 바람이 불어주지 않으면 움직일 수 없다. 연합군을 괴롭히는 것은 바람뿐만이 아니었다. 돌림병이 돌면서 군사의 수가 나날이 줄어갔다.

아가멤논은 점을 잘 치기로 이름난 점쟁이 칼카스를 불러 점을 쳐보게 했다.

점을 쳐본 칼카스가 물었다.

"사령관님, 혹시 최근에 사슴을 한 마리 잡은 일이 있습니까?"

"가만 있자…… 있네. 지난번 사냥 나갔을 때 사슴 한 마리를 잡은 일이 있네."

아가멤논이 대답했다. 그러자 칼카스가 연합군에 재앙이 내린 까닭을 설명했다.

"큰일났습니다, 사령관님. 그 사슴은 여느 사슴이 아니었습니다. 사냥의 수호 여신이자 사슴의 수호 여신이신 저 아르테미스 여신께 바쳐진 사슴이었습니다. 아르테미스 여신의 저주가 내려 바람이 불지 않는 것입니다. 돌림병이 연합군을 괴롭히고 있는 것도 바로 그 때문입니다."

"어떻게 하면 아르테미스 여신의 분을 풀 수 있을까? 제사를 어떻게 지내야 하는 것인지, 다시 한 번 점을 쳐보게."

자기 막사로 돌아가서 점을 쳐본 다음 다시 사령관 막사로 돌아온 칼카스의 표정은 더없이 무거웠다. 사령관이 물었다.

"칼카스, 왜 그런 얼굴을 하고 있는가? 점괘가 어떻게 나왔는데 자네 표정이 그런가?"

"아르테미스 여신은 처녀 신이십니다. 처녀를 산 제물로 바쳐야 아르테미스 여신의 분이 풀릴 모양입니다."

"그러면 노예 중에서 처녀를 골라 제물로 바치면 되지 않는가?"

"……"

"왜 대꾸가 없는가?"

"……사령관님, 이렇게 말씀드리는 것을 용서해주십시오. 아르테미스 여신께서 산 제물로 요구하시는 것은 노예 처녀가 아닙니다."

"아니면?"

"사슴을 죽인 장본인의 딸을 요구하시는 것입니다."

"내 딸을? 이 총사령관의 딸을 말인가?"

아무리 아르테미스 여신께 바쳐진 사슴을 죽였어도 그렇지, 애지중지 키운 딸을 산 제물로 바치기는 어려운 일이다. 하지만 아가멤논은 총사령관이었다.

총사령관이 지은 허물 때문에 연합군이 발이 묶인 채 돌림병에 시달리고 있는 참인데, 딸을 바치지 못하겠다고 끝까지 버티기도 어려운 노릇이었다. 아가멤논은 각 도시국가 왕들의 눈치에 시달리면서 오래 망설이다 마침내 조국 뮈케나이로 사람을 보내어 세 딸 중의 하나인 이피게네이아를 데려오게 했다. 그리스 연합군 중에서도 가장 뛰어난 장군 아킬레우스와 혼인시킨다는 아버지 아가멤논의 전갈을 받은 이피게네이아는 망설임 없이 아울리스로 올라왔다. 신화는 처녀 이피게네이아가 산 제물로 바쳐지는 순간을 이렇게 기록하고 있다.

"이피게네이아가 산 제물로 바쳐지려는 순간 아르테미스 여신은 그 처녀가 가여웠던지 처녀를 그 자리에서 사라지게 했다. 대신 그 자리에다 암사슴 한 마리를 지어놓고는 이를 제물로 흠향했다. 여신은 이피게네이아를 구름에 싸서 타우리스로 데려갔다. 타우리스에서 아르테미스는 이피게네이아를 자기 신전의 여사제로 만들었다."

　트로이아 전쟁은 10년 동안이나 계속된다. 이 전쟁에서 그리스 연합군이 트로이아를 멸망시켰다는 것은 이미 잘 알려진 사실이다. 엘렉트라 이야기는 아가멤논이 뮈케나이로 개선하면서 본격적으로 시작된다.

　뮈케나이에는 아가멤논의 아내 클뤼타이메스트라와, 남은 두 딸 중의 하나인 엘렉트라가 기다리고 있었다. 아들 오레스테스도 조국에서 개선장군인 아버지를 기다리고 있었어야 마땅하다. 하지만 아가멤논이 귀국할 당시 오레스테스는 뮈케나이에 있지 않았다.

　딸 엘렉트라는 어머니가 다른 남자와 정을 통하고 있다는 것을 일찍부터 알고 있었다. 아버지 아가멤논에 대한 애정의 기울기가 여느 부녀 사이의 기울기보다 훨씬 가팔랐던 엘렉트라는 아버지에 대한 어머니의 부정을 용서할 수 없었다. 눈빛이 유난히 빛나고 무서웠던 엘렉트라는 아버지가 귀국한다고 해서 어머니가 간부 아이기스토스와의 사랑을 포기하지 않으리라는 것도 꿰뚫어 보고 있었다. 그렇다면 아버지가 귀국할 경우 어머니는 간부와 짜고 아버지를 살해할지도 모르는 일이 아닌가? 어머니의 심상치 않은 애정 행각에서 피 냄새를 맡은 엘렉트라는 아버지가 귀국하기 훨씬 전에 동생 오레스테스를 포키스 땅으로 보내버렸다. 아가멤논이 귀국할 당시 오레스테스는 포키스의 왕자 퓔라데스와 형제처럼 지내면서 우정을 다지고 있었다.

　트로이아에서 귀국한 개선장군 아가멤논 곁에는 멸망한 트로이아의 공주 카산드라가 앉아 있었다. 카산드라는 아름다운 공주였다. 트로이아 전쟁 당시, 프뤼기아의 왕자 코로이보스, 카베소스 왕자 오트뤼오네오스가 오직 카산드라 공주의 환심을 사기 위해 트로이아의 프리아모스를 군사적으로 지원했을 정도였다. 카산드라는 예언의 신 아폴론의 사랑을 독차지하기도 했다. 아폴론은 예언술을 가르쳐주는 대신 카산드라에게 사랑을 요구했다. 하지만 카산드라는 예언술을 배운 뒤에도 아폴론에게 사랑을 허락하지 않았다. 화가 난 아폴론은 단 한 번의 입맞춤으로 카산드라의 예언술 중에서 설득력을 빼앗아버렸다. 트로이아 전쟁이 조국 트로이아를 잿더미로 만들리라는 것을 카산드라는 알고 있었다. 하지만 카산드라의 예언술에는 설득력이 빠져버린 다음이어서 카산드라의 예언은 어떤 트로이아인도 설득할 수 없었다.

아가멤논의 아내에게, 지아비 곁에 아름다운 트로이아 공주(비록 전쟁 포로 혹은 노예의 신분이기는 하지만)가 앉아 있는 것을 목격하는 순간은 지아비 살해 결심을 결정적으로 굳히는 순간이기도 했다. 클뤼타이메스트라는 딸 이피게네이아의 희생을 명분으로 내세웠다. 그는 지아비를 원망함으로써 지아비 살해 명분을 축적했다.

"이피게네이아는 그대 딸이지만 내 딸이기도 합니다. 그대에게는 그대의 허물로 인한 죄를 씻기 위해 내 딸 이피게네이아를 희생시킬 권리가 없었습니다. 나는 그대를 용서할 수 없습니다."

클뤼타이메스트라는 이렇게 주장했지만 그것은 핑계에 불과했다. 아이기스토스와의 밀애로 클뤼타이메스트라는 이미 돌아올 수 없는 다리를 건넌 지 오래였다. 희생 제물이 된 딸 이피게네이아는 핑계에 지나지 않았다.

비극 작가 아이스퀼로스에 따르면 아가멤논이 뮈케나이성으로 개선했을 때 클뤼타이메스트라는 남편을 장황하게 찬양하고는 자줏빛 비단을 바닥에 깔게 하고 남편으로 하여금 그 비단을 밟고 궁전으로 들어서게 한다. 아가멤논은 처음에는 이것을 거절한다.

"그대의 칭송은 어찌 그리도 긴가요? 나를 찬양하는 말이라면 내 아내가 아닌 다른 사람들 입에서 나와야 마땅한 것이 아니오? 비단을 깔지 말아요. 비단을 밟으면 나 자신이 오만하게 보일 것이오. 이런 대접은 신들에게나 어울리는 것, 인간에게는 어울리지 않아요. 그리고 이런 비단이나 화려한 환영 잔치가 아니더라도 내 명예에는 손상이 가지 않아요."

클뤼타이메스트라와 엘렉트라, 모녀의 악연
왼쪽은 19세기 영국 화가 존 콜리어의 〈클뤼타이메스트라〉. 제우스의 딸이요, 트로이아 전쟁의 빌미가 되었던 미녀 헬레네와는 자매지간이다. 오른쪽은 프레더릭 레이턴의 〈아가멤논의 무덤 앞에 선 엘렉트라〉. 엘렉트라는 아버지 아가멤논을 살해한 어머니 클뤼타이메스트라를 죽임으로써 복수한다.

백성들 눈에 오만방자하게 보일 것을 염려한 아가멤논은 부하들에게 자신의 가죽신을 벗기게 하고는 맨발로 비단을 밟는다. 아가멤논의 오만방자한 모습을 백성들에게 보여주고자 했던 클뤼타이메스트라의 계획은 좌절된다.

뮈케나이로 끌려온 트로이아 공주는 아가멤논과 자신이 그날 밤에 살해되리라는 것을 알고 있다. 하지만 설득력을 빼앗긴 예언이어서 카산드라는 어떤 사람도 설득해내지 못한다.

사랑하는 아버지가 어머니와 어머니 애인의 손에 살해되자 엘렉트라는 복수를 결심한다. 하지만 어머니와 어머니 애인의 감시망은 엘렉트라에게 틈을 주지 않는다. 엘렉트라는 포키스 땅으로 사람을 보내어 일찍이 자기 손으로 피신시켜둔 오레스테스에게 이 소식을 알린다. 하지만 오레스테스에 대한 절망적인 소문이 날아든다. 오레스테스가 마차 경기 도중에 목숨을 잃었다는 소식이다. 엘렉트라에게 이제 더 이상 희망이 없다. 절망에 빠져 있던 엘렉트라 앞에 두 젊은이가 나타난다. 두 젊은이 곁에는 항아리를 든 노예가 하나 딸려 있다. 소포클레스의 비극 『엘렉트라』에서 가장 드라마틱한 부분이라고 할 수 있는 이 장면만은 희곡을 직접 읽어보자.

젊은이: 거기 계신 아주머님들(무대 위의 합창대원들), 우리가 바로 찾아왔나요?

합창대장: 어디를 찾아다니시는데요? 무슨 일로 오셨는데요?

젊은이: 나는 아이기스토스의 궁전을 찾아왔습니다.

합창대장: 바로 찾아오셨군요. 길 가르쳐드린 분이 제대로 가르쳐주신 것이군요.

젊은이: 그러면 궁전 안으로 소식을 넣어주실 수 있겠지요? 내가, 궁전에서 목마르게 기다리던 소식을 가져왔다고요.

합창대장: (엘렉트라를 가리키며) 이 아가씨가 바로 궁전에 계시는 분이랍니다.

젊은이: 그렇다면 아가씨, 포키스에서 온 사람이 아이기스토스 님을 찾는다고 전해주시지요.

엘렉트라: 설마, 내가 들은 소문(오레스테스가 목숨을 잃었다는)의 증거를 가지고 온 것은 아닐 테지요.

젊은이: 어떤 소문인지 나는 알지 못합니다. 나는 포키스 왕에게서 오레스테스의 소식을 전하라는 명을 받고 왔을 뿐입니다.

엘렉트라: 소식이라니. 아, 무서워라.

젊은이: 보시다시피, 조그만 항아리에 세상 떠난 오레스테스의 유골을 넣어 왔습니다.

엘렉트라: 아, 내 눈으로 보아야 하다니.

젊은이: ······이 항아리에 그분의 유골이 들어 있습니다.

엘렉트라: 아, 그리운 오레스테스를 이렇게 만나야 하다니. 너를 떠나보낼 때는 희망에 들떠 있었더니 이제 절망 속에서 너를 맞이하는구나. 집 떠날 때는 그리도 씩씩하더니 이리도 초라한 모습으로 돌아왔구나······. 이제 모든 것은 끝났다. 아버지도 떠나셨고, 너도 갔다. 아느냐? 원수들이 우리를 비웃는 것을? 어머니 아닌 어머니의 환호작약을? 이제 나도 저승으로 내려가 네 무덤으로 들어가고 싶구나.

젊은이: 아, 무슨 말을 해야 할까? 무슨 말을 해야 한단 말인가? 더 이상은 이 날뛰는 혀를 건잡을 수 없구나.

엘렉트라: 당신이 왜 그렇게 괴로워하죠? 당신이 왜 그런 말씀을 하시는 거지요?

젊은이: 당신이 그 유명한 엘렉트라 공주?

엘렉트라: 그래요. 참 딱한 꼴로 살고 있지요.

젊은이: 그래요. 기박한 팔자시군요.

(중략)

엘렉트라: 아, 불쌍한 오레스테스. 내 손으로 너를 묻어주지 못하다니.

젊은이: 불길한 소리 마세요. 당신이 슬퍼해야 할 이유가 없으니까.

엘렉트라: 동생의 죽음을 슬퍼하는 것도 잘못인가요?

젊은이: 동생을 그렇게 말해서는 안 됩니다.

어머니를 죽여 아버지의 복수를
오레스테스가 아이기스토스를 찌른 다음 어머니 클뤼타이메스트라를 돌아보고 있다. 클뤼타이메스트라 뒤에 선 두 여인은 오레스테스의 두 누나 엘렉트라와 크뤼소테미스. 고대의 돋을새김. 코펜하겐 글립토테크 미술관.

엘렉트라: 나는 죽은 동생에게 부끄러운 누이랍니다.

젊은이: 그러실 필요가 없다니까요.

엘렉트라: 하지만 내가 들고 있는 이것은 오레스테스의 유골 항아리.

젊은이: 오레스테스가 아니에요. 그렇게 꾸몄을 뿐.

엘렉트라: 뭐라고?

젊은이: 내 말에는 거짓이 없습니다.

엘렉트라: 그러면 오레스테스가 살아 있다고?

젊은이: 내가 살아 있는 것이 사실이라면 그렇지요.

엘렉트라: 오, 신들이시여, 오, 믿어지지 않는구나.

소포클레스의 『엘렉트라』에 따르면 오레스테스는 먼저 어머니를 찌른 다음, 애인의 시신을 보고 얼이 빠진 아이기스토스를 찌른 것으로

복수의 여신들에게 쫓기는 오레스테스
복수의 여신 에리뉘에스 세 자매는 패륜을 가장 잔혹하게 벌준다. 윌리암-아돌프 부게로의 그림.

되어 있다. 하지만 고대의 돋을새김이나 항아리에는 오레스테스가 아이기스토스의 시신 앞에서 어머니 클뤼타이메스트라를 찌르는 광경이 자주 그려지고는 했다. 오레스테스의 복수가, 아버지 아가멤논에 대한 사랑이 남달랐던 누나 엘렉트라의 치밀한 각본에 따라 이루어졌음은 두말할 나위도 없다.

자식이 그 어미를 죽이는, 이 되풀이되어서는 안 될 패륜 행위는, 어미 쪽에 죽어 마땅할 죄가 있고 신들의 뜻이 명백히 그러했다는 사실로 그 죄가 덜어질 것이긴 하나, 예나 오늘이나 혐오감을 불러일으키기는 마찬가지였던 모양이다. 복수의 여신 에리뉘에스는 이런 패륜을 복수할 때 가장 잔혹하다. 복수의 여신 에리뉘에스는 오레스테스를 미치게 한 뒤 이 나라 저 나라로 쫓겨 다니게 했다. 친구 퓔라데스는 늘 오레스테스를 따라다니며 돌보고 지켜주었다. 퓔라데스의 도움으로 다시 신의 뜻을 물은 오레스테스는, 스퀴티아 지방 타우리스에 가서 하늘에서 떨어졌다고 전해지는 아르테미스상을 모셔 오라는 괘를 얻었다. 오레스테스와 퓔라데스는 타우리스로 향한다. 이 땅에 사는 야만족에게는, 제 나라로 숨어든 이방인을 하나도 남김없이 잡아 여신에게 제물로 바치는 풍습이 있었다. 오레스테스와 퓔라데스도 이들에게 잡혀 포박당한 채 여신의 제단에 제물로 놓이는 신세가 되었다. 그런데 그 아르테미스 신전의 여사제는 다름 아닌 오레스테스의 누이인 이피게네이아였다.

독자들은, 이피게네이아가 제물로 바쳐지는 순간 아르테미스가 사슴 한 마리를 데려와 대신 희생 제물로 쓰게 하고는 이피게네이아를 데리고 사라졌던 것을 기억하고 있을 것이다. 이피게네이아는 아르테미스 신전의 여사제가 되어 있었던 것이다. 아버지가 지은 죄 때문에 아르테미스 신전에 산 제물로 바쳐졌던 누나 이피게네이아(죽음 직전에 살아난)와, 아버지의 죽음을 복수한 동생 오레스테스(소문으로나마 한 번 죽은 적이 있는)는 이렇게 해서 다시 만났다. 아버지 아가멤논과 어머니 클뤼타이메스트라가 흘린 피가 결국 이들을 다시 만나게 한 것이다. 오레스테스, 이피게네이아, 퓔라데스 이 세 사람은 타우리스의 아르테미스 여신상을 가지고 이 나라를 떠나 뮈케나이로 갔다. 아르테미스 신앙이 그리스 본토에 널리 퍼진 것은 그 뒤의 일이다.

엘렉트라는 아버지의 복수를 끝내기까지 결혼하지 않고 처녀로 머물다, 형제들이 한자리에 모이자 그 동안 동생 오레스테스를 보살피던 각별한 친구 퓔라데스와 혼인했다.

* * *

아르테미스 여신의 신전은 옛날에는 그리스 여러 곳에 있었다. 하지만 지금 그 유적이 볼 만한 상태로 남아 있는 곳은 '브라브로나' 한 곳밖에 없다.

영어로 된 여행 가이드에 '브라브로나'는 '브라우론Brauron'으로 표기되어 있다. 하지만 현지인들은 '브라우론'이라고 하면 알아듣지 못한다. 반드시 '브라브로나Vravrona'라고 해야 알아듣는다.

아르테미스 신전 유적과 이피게네이아의 사당이 있다는 브라브로나에 가보고 싶었다. 아테네에서 동쪽으로 40킬로미터밖에 떨어져 있지 않았다. 하지만 아테네에서 브라브로나로 가는 직행버스가 없었다. 포세이돈 신전이 있는 수니온까지 남하해서 다시 마르코폴로까지 북상하는, 멀고 지루한 여행을 하지 않으면 안 되었다.

『엘렉트라』이야기는 피비린내가 너무 난다. 나는 아무래도 그 이야기를 아름답게 마무리하고 싶다. 나는 장편소설 『그리운 흔적』에다 '브라브로나' 여행 경험의 일부를 다음과 같이 쓴 적이 있다. 이피게네이아의 흔적은 브라브로나에 고스란히 남아 있었다.

아르테미스 신전을 찾기 사흘 전에 찾아 올라간 아크로폴리스 대리석산 위의 아테나 신전은 불볕에 하얗게 타고 있었다. 나는 아크로폴리스에서 갈증에 시달렸다. 그보다 이틀 전에 찾아간 올륌피아의 제우스 신전도 불볕에 시커멓게 그을려 있었다. 나는 거기에서도 갈증에 시달렸다. 전날 찾아간 델포이의 아폴론 신전에서도 나는 물 구경을 하지 못했다. 물이 있기는 했지만 식수로는 알맞지 않다고 했다.

유럽 대륙의 남단에 해당하는, 포세이돈 신전이 있는 수니온곶에서 내륙의 소도시 마르코폴로를 바라고 북상했다. 독일제 벤츠 택시가 마르코폴로 마을의 광장에 서 있었다. 지도 위의 '브라브로나'를 가리켰다. 나이 지긋한 운전사가 청미래 뿌리같이 굵은 백발을 쓰다듬고는 종이를 꺼내어 '1,500드라크마'라고 썼다. 나는 '2,000드라크마'라고 썼다. 운전사가 희한한 사람 다 본다는 듯이 고개를 갸웃거리면서 웃었다. 몇 차례 당해본 경험이 있어서 나는 잘 알고 있었다. 택시 삯의 경우, 유리한 흥정이 반드시 유리한 것만은 아니었다. 너무 싼 삯에 흥정해놓으면 택시가 다시 들어오지 않아, 불볕더위에 속을 끓이기 십상이었다. 나는 나이 지긋한 운전사의 눈앞에 시계를 들이대고는 '3' 자를 가리켰다. 운전사는 고개를 끄덕이면서 소리쳤다.

"뜨리 타임, 아이 바끄(3시에 모시러 오겠습니다)!"

아르테미스 여신의 신전이었다.

아르테미스는 모순덩어리 여신이다. 아르테미스는 동물의 수호 여신이자 사냥의 여신이다. 순결을 고집하는 여신이자 출산을 돕는 여신이다. 브라브로나로 향할 당시 나의 뇌리를 떠나지 않던 의문이 하나 있었다. 그것은 아르테미스 여신이, 여성이 순결을 잃는 것은 절대로 용납하지 않으면서도 임산부의 출산은 돕는 까닭이었다.

매표소는 있는데 매표원이 없었다. 주위를 둘러보면서 조심스럽게 들어갔더니, 뚱뚱한 매표원 처녀가, 신전 기둥 사이에 자란 풀을 깎는 총각과 노닥거리고 있었다. 매표원은 처녀가 아닐 수도 있었다. 그러나 영원한 순결을 서약한 처녀 신 아르테미스의 신전 매표원이면 처녀가 아닐 까닭이 없겠다 싶었다.

그런데 풀 깎는 총각 모습이 눈에 설었다. 맙소사, 풀을 깎다니⋯⋯ 풀이 아니었다. 갈대였다. 내 길로 세 길은 되어 보이는 갈대였다. 기둥이 18개나 남은 신전 터를 바라보다가 나는 눈을 의심했다. 나는 깎아야 할 만큼 풀이나 갈대가 그토록 무성하게 자라 있는 신전을 본 적이 없었다.

잘 알려져 있다시피 달의 여신이라고도 불리는 아르테미스는 아폴론의 누이다. 아폴론은 태양신이라고도 불리는데 그의 신전은 델포이에 있다. 파르나쏘스 산자락에 있는 델포이 신전은 그리스 땅에서 양기가 가장 센 것으로 유명하다. 제우스가 독수리 두 마리를 동쪽과 서쪽으로 날려 보냈더니 세상을 한 바퀴 돌아 델포이에서 만나더란다. 세계의 중심을 상징하는 원추형 바위 '옴팔로스(세계의 배꼽)'가 있는 곳도 바로 이 델포이다. 델포이의 아폴론 신전은 깎아지른 듯한 험한 바위산 기슭에 자리한 메마른 신전이다. 하늘을 찌를 듯한 창날 모양의 실편백나무와 편도나무가 드문드문 자라고 있을 뿐, 내 눈에 델포이는 거대한 돌무더기에 지나지 않아 보였다.

그런데 아르테미스 신전은 포플러, 버즘나무, 무화과, 유칼립투스에 둘러싸여 있었다. 거목으로 이루어진 숲과 신전 기둥 사이에는 갈대밭이 있는데 그 갈대의 키는 근 세 길에 이르렀고 굵기는 곁에 대고 견주어본 나의 엄지손가락이 오히려 가늘어 보였다. 신전 기둥 아래로 배수로가 있어서 시선으로 그 배수로를 좇아가보니, 세상에⋯⋯ 거울같이 맑은 샘이 있었다. 바닥의 모래알들이 부지런히 버섯꼴로 원운동을 하고 있는 것으로 보아 끊임없이 맑은 물이 솟는 샘이었다. 신전 기둥 밑에서 샘으로 이르는 물길 가로는 질경이가 자라 있었는데, 잎 크기는 웬만한 쥘부채만 하고, 수직으로 솟은 씨대궁이는 석 자에 가까웠다. 그 맑은 샘에서 자라고 있는 수련은, 아래에서 솟아오르는 물에 몸을 맡기고 함께 일렁거렸다. 나는 그리스 땅에서 샘물이 솟는 신전, 음기가 따뜻하게 감도는 포근한 신전은 본 적이 없었다. 수면을 내려다보았다. 솟아오르는 물이라서 수면이 고르지 않았다. 그러나 그것은 밀턴의 말대로⋯⋯ '어느 동굴에서 흘러나와 작은 하늘인 듯이 고여 있는' 그런 물이었다. 나는 그곳으로 다가가, 또 하나의 하늘인 듯한 그 물을 내려다보았다. 들여다보았더니 물결 속에서 홀연 한 모습이 나를 바라보고 있었다⋯⋯.

가슴이 두근거리면서 갈증이 느껴졌다. 그러나 그 갈증은 아크로폴리스에서, 델포이에서, 올륌피아에서 느꼈던 그런 갈증이 아니었다. 브라브로나는 불모의 터, 불임의 터가 아니었다. 생성의 터, 회임의 터였다. 뜨거운 침이 덩어리째 목구멍을 넘어갔다. 그런데 그것이 곧 또 하나의 갈증이 되었다.

몸피가 실한 매표원 처녀는 유칼립투스 나무를 등지고 선 채, 샘가에

아르테미스 신전
브라브로나에 있는 아름다운 아르테미스 신전.

쪼그리고 앉은 나를 바라보고 있었다.

"유칼립투스, 맞죠?"

내가 물어보았다.

"유칼립투스, 노, 에프칼립토스, 예스(유칼립투스가 아니라 에프칼립토스에요)……."

처녀가, 늘어진 유칼립투스 가지에서 잎을 훑어 보여주면서 덧붙였다. 버드나무 잎과 비슷했다. 크기가 좀 더 크고, 잎 뒤쪽이 희뜩한 것이 버드나무 잎과는 달랐다.

"에프칼립토스…… 리프…… 핫 워터…… 드링크…… 쿨럭쿨럭…… 베리 굿(에프칼립토스 잎을 따서 뜨거운 물에 담갔다가 그 물을 마시면 감기에 아주 좋아요)."

토막말이어도 발음이 매끄러웠다. 내가 아시아인이라는 것을 배려한 것임에 분명한 영어였다.

"영어, 그렇게 안 해도 돼요."

"아하, 영어를 하시는구나, 얏호, 영어를 하시는구나!"

처녀의 얼굴이 밝아졌다.

"왜 그렇게 반가워해요?"

"지껄이지 못했거든요. 하루 종일…… 이 시골 구석까지 오는 관광객, '핫시즌(성수기)' 지나면 거의 없어요."

"내가 들어오면서 보았는데? 나 들어오기 직전까지 풀 깎는 총각과 노닥거렸잖소?"

"저 친구 말씀이신가요? 그리스로 들어온 지 얼마 안 되는 쿠르드인이라서 말이 안 통해요. 선생님은 '끼노(중국인)'? '야뽀네제(일본인)'?"

"한국인이오."

"와, 한국인, '윤다이'!"

"현대!"

"우리는 '에이치H' 발음 잘 안 해요. 갓 딴 무화과 하나 들어보실래요? 사실은 딴 게 아니고 떨어진 것이지만요."

처녀가 아기 주먹만 한 무화과를 한 알 내밀었다. 과육 속에서 무리지어 피었다 졌을 터인 자줏빛 꽃의 흔적이 선연했다.

"무화과…… 요즘은 과일 대접 못 받아요……. 옛날에는 말려서 수출하고 그랬는데…… 더 맛있고 싼 과일이 너무 많아서…… 싫어하세요?"

"싫어한다기보다는…… 새 먹을거리에 도전하는 거, 훈련이 잘 안 되어 있어서요."

피부가 가무잡잡한 쿠르드인 일꾼이 지나가면서 태권도의 '상단 막으면서 중단 지르기' 시늉을 해보였다. 늦여름 더위에 혀를 빼물고 비실거리는 그리스인들에 견주어 그 쿠르드인은 그렇게 씩씩해 보일 수 없었다.

"메마른 신전 돌무더기는 무수히 보았지만…… 아르테미스 신전……

정말 아름답군요? 주위의 경관도 아름답고요. 나는 샘이 있는 신전 터를 처음 보아요."

"……거룩한 곳이니까요."

"여성의?"

"아뇨, 남성의……."

"에이, 처녀 신 아르테미스의 신전이 남성의 성소라니? 아폴론의 신전은 여성의 성소가 아니지 않소?"

"아르테미스 여신이 왜 처녀 신인지 아세요?"

"그거야 아르테미스가 제우스에게 순결을 서약했으니까……."

"오라버니 때문이라고요."

"아폴론?"

"태양신 아폴론은 아르테미스의 오라버니죠. 아르테미스 여신은 달의 여신이기도 하니까요. 순결을 서약하지 않으면 오라버니 곁을 떠나야 하게요? 그래서 오라버니만 사랑했대요. 오라버니만 사랑했으니…… 영원한 처녀였을 수밖에요."

"딴은 그렇기도 하네? 말이 나온 김에 하나 물어봅시다. 아르테미스 여신은 순결을 잃는 처녀들을 아주 싫어하죠?"

"특히 자기가 거느리는 여사제들 중에 그런 여사제가 있으면 절대로 그냥 두지 않았죠. 남성의 힘에 눌려 순결을 잃어도 그냥 안 두고요……. 자기 아버지 제우스 손에 순결을 잃어도 그냥 두지 않았어요."

"그런데 어째서 임신부의 출산은 도와준다지요? 그리스인들은 이걸 어떻게 설명해요?"

"아르테미스를 달의 여신이라고들 하는데…… 저는요, 달의 여신이라기보다는 '멘스트레이션'의 여신이 아닐까 싶어요. 순결을 잃으면 '멘스트레이션'이 '스톱'하잖아요?"

"그렇다면 임신부의 출산을 도와주는 건 어떻게 설명하지요?"

"출산해야 그게 또 시작되니까요……. 저 샘물이 솟고 고이고 넘치듯

사슴을 데리고 하강하는 아르테미스 여신
이마에 초승달 장식을 단 아르테미스 여신이 사슴 한 마리를 데리고 제단으로 내려오고 있다. 조반니 바티스타 티에폴로의 〈이피게네이아의 희생〉.

이……."

"저 샘물은 마르지 않나요?"

"마른 적이 없다고 해요. 자그만치 3천 7백 년 동안이나…… '영원히 마르지 않는다'라고 해도 좋지 않을까요? '남성의 성소'는 제가 만든 말인데…… 마음에 드세요?"

"……글쎄, 이국 처녀와 나누기에는 적당한 대화가 못 될 것 같네요……."

"그러실 거 없어요. 저 위를 보세요."

매표원 처녀의 손가락 끝을 따라 시선을 옮겼다. 신전 뒤편, 비잔티움식 교회 옆에 조그만 사당이 있었다. 사당 뒤에, 죽은 나무가 한 그루 서 있었다. 소나무 같았다.

"이피게네이아의 사당이에요."

"이피게네이아?"

"아가멤논 장군의 딸…… 이피게네이아. 아가멤논…… 트로이아 전쟁 당시 그리스군 총사령관이었어요. 총사령관은 트로이아로 함대를 출항시키기 직전에, 아르테미스 여신의 숲에서 사슴을 한 마리 잡아 제사를 지내죠. 사슴의 수호 여신인데 아르테미스 여신이 참는데요? 바람을 '스톱'시켜버렸어요. 바람이 불어야 함대를 출항시킬 수 있는데, 그런데 바람 한 점 불지 않았죠. 그래서 총사령관이 사람을 델포이로 보내어 신탁을 받아보니…… 총사령관의 딸 이피게네이아를 산 제물로 바쳐야 아르테미스 여신의 분이 풀린다는 괘가 나왔더라죠. 그래서 총사령관은 눈물을 머금고 딸 이피게네이아를 산 제물로 바쳤는데……."

"사슴 한 마리 때문에 처녀를 말이오?"

"안 되나요?"

"나는 처녀 때문에 희생된 사슴 이야기는 들은 적도 있고 한 적도 있소만…… 이피게네이아 처녀는 그래, 어찌 되었지요?"

"……죽게 내버려두지 않고 여신이 이곳으로 데려와 여사제 삼으셨다고 하지요. 죽을 때까지 여신을 섬기게 하셨다지요."

"신전 터가 이렇게 습한데도 사당 뒤의 저 나무는 말라 죽었군요? 소나무 같네요?"

"죽은 것이 아니고요…… 건기인 여름에는 늘 저런 모습이래요. 10월이 되어 비가 오기 시작하면 소생하고요…… 다른 나무는 괜찮은데 유독 저 소나무만 1년에 한 차례씩 죽었다 살았다 한대요."

그동안의 무료를 수다로 달래는 처녀에게서 눈길을 거두자면 핑계가 있어야 했다. 마침, 무화과 만진 손이 끈적거렸다. 손 씻는다는 핑계로 샘 쪽으로 발을 옮겼다.

"그쪽으로는 못 들어가셔요."

처녀가 샘가를 가리키면서 손을 내저었다. 샘이 가느다란 줄로 둘러져 있었다. 처음 보는 금줄이었다. 나와 이야기를 나눌 동안 처녀가 무슨 요술이라도 부린 것 같았다.
"아까는 갔었는데……."
"아까는, 모처럼 들어오신 손님이시라 하도 반가워서 모르는 척했지만 규칙이 엄연한데 또 그럴 수는 없죠……."
 들어온 직후에는 금줄이 있는 줄도 모르고 그 줄 밟고 샘가로 접근했던 모양이었다. 출입금지 구역으로 들어갈 수 없어서 바지에다 손을 닦고 있는데 처녀가 말을 이었다.
"……전에는 샘이 일반에 개방되어 있었대요. 그런데 내국인 외국인 할 것 없이 연세 지긋한 아주머니들이 신전에 들어왔다 하면 그 샘물에다 손을 담그고 신세 자탄을 하는 통에…… 최근에 들어와서부터 금줄을 쳐서 출입금지 구역으로 만들었다고 하더군요."
"아주머니들이 왜 그랬을까?"
"글쎄요…… 그래서 버림받은 여성들에게, 아니 폐경기를 맞은 여성이라는 말이 좋겠어요. 그러니까 그런 여성들에게 저 샘이 성소였던 것은 아닐까 싶어서 제가 그렇게 불러보았어요."
"아까는 남성의 성소라고 하지 않았소?"
"우리 그리스인들은요, 서로 사랑하는 사람들은 같은 성소에다 불을 켠답니다. 그런데…… 택시 부르셨어요?"
 벤츠 택시가 신전 입구로 꽁무니를 집어넣고 있었다. 내가 택시에 오르자 뚱뚱한 매표원 처녀가 손을 흔들었다. 나도, 내 마음의 성소가 어디 있는지 귀띔해준 그 처녀에게 손을 흔들었다.

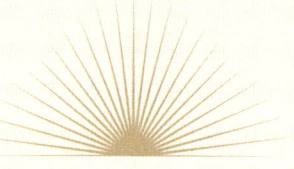

7

사타구니로 무덤을 판 테레우스

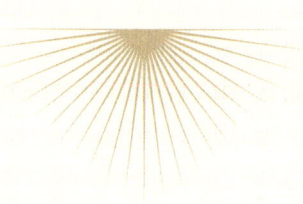

테레우스의 자멸

미국의 전쟁 역사가 리처드 아머는 이렇게 주장한다.

"호전적인 민족은 북쪽에서 덮쳐 내리듯이 남하하는 경향이 있다. 추위로부터 탈출하고 싶은 데다, 푸르죽죽한 뺨을 장밋빛으로 물들이는 데는 칼 휘두르기, 창던지기보다 더 나은 특별 활동이 없기 때문이기도 할 것이다."

남쪽의 도시국가 아테나이가 외적의 침입을 맞을 때마다 번번이 군사를 보내어 돕던 나라는 북쪽 나라 트라키아다. 북쪽 나라로 남쪽 나라 아테나이를 쑥대밭으로 만든 대표적인 나라가 바로 마케도니아다. 아테나이 시민들이 보기에 마케도니아의 필리포스는 '호전적인 북방 민족'이었다.

아테나이 사람들은 트라키아 사람들을 '그라디보스의 자손들'이라고 불렀다. '그라디보스'는 '진군하는 자'라는 뜻으로 전쟁 신 아레스의 별명이다. 그리스인들은 미개의 땅 북쪽 나라 트라키아인들은 모두 아레스의 후손인 줄 알았다.

장군 테레우스가 위기에 빠진 아테나이를 군사적으로 지원했을 때, 아테나이 왕 판디온은 테레우스를 '아레스의 후손'으로 여기고 그와 끈을 맺어두기 위해 딸 프로크네를 주어 사위로 삼기로 했다. 그러나 이들의 결혼식에는, 거룩한 결혼과 가정의 수호 여신 헤라도, 결혼의 신 휘메나이오스도, 아름다움의 여신인 카리테스 세 자매 여신도 그 모습을 나타내지 않았다. 이들 대신 저 무서운 복수의 여신 에리뉘에스가 화장터에서 옮겨 붙인 횃불을 들고 찾아왔을 뿐이다. 에리뉘에스의 등장은 이 집안에 생길 불길한 일을 암시한다.

트라키아 백성들은, 이들의 앞날에 어떤 일이 기다리고 있는 줄도 모르고 왕과 왕비가 맞은 경사를 축복했고, 왕과 왕비는 자기네 일족과 왕국에 내린 은총을 신들에게 감사했다. 테레우스는, 자신과 저 판디온의 딸 프로크네가 결혼한 날을 축제일로 선포한 데 이어 아들 이튀스가 태어난 날도 명절로 삼았다. 하기야 인간이 무슨 수로 한 치 앞을 볼 수 있으랴!

세월이 흘러 가을이 다섯 번 지나간 어느 날 프로크네가 어리광을 부리느라고 지아비 테레우스에게 이런 말을 했다.

"저를 사랑하신다면 아테나이로 사람을 보내어 제 친정 동생을 이리 오게 하든가 전하께서 몸소 가셔서 좀 데려다주세요. 제 아버지께는, 곧 돌려보내겠다고 하시고요. 필로멜라를 만나게 해주신다면 저에게 이보다 나은 선물이 없을 것입니다."

이 말을 들은 테레우스는 곧 배를 준비하라고 일렀다. 그러고는 날을 잡아 트라키아를 떠나, 돛과 노의 힘을 두루 빌려 아테나이에 이르렀다.

장인 판디온과 사위 테레우스는 만나자마자 얼싸안고 그간 밀리고 밀린 긴긴 회포를 풀었다. 테레우스는 자기가 아테나이에 온 까닭은 다른 데 있는 것이 아니라 아내의 청을 받고 처제를 데리러 온 것인 만큼 함께 가게 해주면 오래지 않아 돌려보내주겠노라고 말했다.

장인과 사위가 이런 말을 나누고 있는데 마침 필로멜라가 들어왔다. 필로멜라는 아름다운 옷을 차려입고 있었으나 바탕의 아름다움에 견주면 오려려 옷 치장이 무색할 정도로 고왔다. 필로멜라의 용모는, 물의 요정들인 나이아데스나 깊은 숲속에 사는 나무의 요정들인 드뤼아데스를 묘사하는 데 어울리는 말로써나 설명할 수 있을 만큼 아름다웠다. 아니, 이들이 필로멜라처럼 단장하지 않는다면 그런 말도 모자랄 것 같았다.

　필로멜라를 보는 순간 테레우스의 가슴속에서는 욕망의 불길이 오르기 시작했다. 이 불길은, 마른 옥수수 대궁이 아니면 건초 창고를 태우는 불길만큼이나 빠른 속도로 테레우스의 가슴속을 번져갔다. 필로멜라의 아름다움이라면 능히 그럴 만했다. 그러나 테레우스는 성격이 뜨겁고도 급했다. 따라서 필로멜라의 아름다움 앞에서 여느 사람 이상으로 애가 탔다. 원래 트라키아 사람들은 지극히 감정적이다. 이 민족성과 테레우스 자신의 성격 때문에 이 불길은 삽시간에 도저히 잡을 수 없는 지경에 이르렀다. 테레우스는, 자기 왕국을 털어서라도 필로멜라를 옹위하는 시녀들에게 뇌물을 주고, 필로멜라를 기른 유모에게 후한 상을 내리고, 필로멜라 자신에게도 귀한 선물을 안기고 싶다는 충동, 필로멜라를 납치하여 멀리 데려다놓고는 이 아름다운 볼모를 지키기 위해서 목숨을 바치고 싶다는 충동을 느꼈다. 이 고삐 풀린 충동에 따른다면 테레우스에게는 못 할 일이 없을 것 같았다.

　테레우스의 가슴은 안에서 번지며 타오르는 불길을 이기지 못했다. 그에게, 장인의 궁전에 더 머무르는 것은 견딜 수 없는 일이었다. 그는 한시바삐 아내 프로크네가 바라던 대로 필로멜라를 데리고 떠나 자기 속마음을 고백하고 싶어 견딜 수 없었다. 사랑에 신들린 그의 말은 청산유수였다. 그는 필로멜라를 데려가게 해달라는 자신의 요구가 무리라면, 그 책임은 바로 그 일을 맡긴 프로크네에게 있다고 강변했다. 그는 이야기가 잘 풀리지 않자 눈물을 흘리며 호소하기까지 했다. 마치 프로크네가 그렇게 하라고 시키기라도 한 듯이…….

　오, 신들이시여, 이렇게 눈이 먼 인간들을 굽어살피소서.

　테레우스가 검은 마음을 품고 이렇듯이 고집을 부리는데도 아테나이 백성들은 그를 참으로 보기 드문 애처가라고 칭송했다. 결국 그들은 악행할 음모를 꾸미는 테레우스를 칭송하고 있는 셈이었다. 심지어는 필로멜라마저 그의 애절한 소망을 편들었다. 필로멜라는 두 팔로 아버지의 목을 안고 형부를 따라가 언니를 만나게 해달라고 응석을 부렸다. 아버지는 딸이 좋아한다면 그렇게 해주고 싶어 했다. 그러나 형부를 따라가라는 말 한마디가 딸을 위하는 길이 아니라는 사실을 그가 알 리 없었다. 테레우스는, 아버지를 조르는 필로멜라를 보면서 이미 마음속으로는 이 공주를 품에 안는 상상을 하고 있었다. 필로멜라는 아버지의 목을 안은 채로 아버지의 뺨에 입을 맞추었는데, 바로 이 광경이 테레우스의 불붙은 욕망에 끼얹는 기름이자 불길에 던져지는 섶이었다. 딸이 아버지 판디온을 껴안는 것을 보는 순간, 테레우스는 자신이 판디온이었으면 얼마나 좋을까 하는 생각으로 속을 끓였다.

마침내 아버지 판디온은 두 딸, 그러니까 동생을 보고 싶다는 큰딸 프로크네와 언니를 보고 싶다는 작은딸 필로멜라의 간절한 소망 앞에서 굴복했다. 필로멜라는 기뻐 날뛰면서 아버지에게 고맙다는 말을 수도 없이 했다. 이 가엾은 필로멜라는 아버지가 승낙함으로써 자신과 언니 프로크네는 승리를 얻었다고 생각했다. 이로써 둘 다 파멸하게 되는 줄도 모르고…….

태양신 포이보스가 갈 길은 얼마 남아 있지 않았다. 그의 천마들은 저녁으로 통하는 비탈길을 숨 가쁘게 달리고 있었다.

왕실에는 잔칫상이 차려져 있었다. 황금 술잔은 포도주로 그득그득했다. 이 잔치가 끝나자 손님들 모두가 술에 취해 잠이 들었다. 그러나 트라키아 왕 테레우스는 잠자리에 들었는데도 잠을 이룰 수가 없었다. 공주를 생각하고 있었으니 잠이 올 턱이 없었다. 테레우스는 필로멜라의 얼굴, 필로멜라의 몸짓을 그리며, 자기가 보지 못한 것, 그러나 오래지 않아 마침내 자기 차지가 될 것들을 상상했다. 요컨대 그의 욕정은, 잠을 이루기에는 너무 뜨거웠다.

새벽이 오자 테레우스는 귀국을 서둘렀다. 판디온왕은 그의 손을 잡

필로멜라와 프로크네
19세기 미국 화가 엘리자베스 가드너의 그림.

고 눈물을 흘리면서, 데려가는 딸을 잘 보살펴달라고 당부한 다음 이런 말을 덧붙였다.

"여보게, 자네의 간곡한 부탁을 받고 보니 내게는 선택의 여지가 없어졌네. 그래서 자네의 간절한 소망에 따라 이 딸마저 자네에게 딸려 보내네. 테레우스, 이제 나는 두 딸을 자네에게 맡기고 말았네. 내, 자네의 명예에 기대고, 하늘에 계신 신들을 증인 삼고, 우리를 이렇게 하나 되게 한 장인과 사위라는 관계를 믿고 부탁하네만, 이 아비를 대신해서 이 아이를 잘 돌보아주고, 되도록이면 하루라도 빨리 내게로 보내주게. 나는 이 아이를 내 늘그막의 낙으로 여기고 사네. 때가 오면 이 아이마저 떠나보내야 하겠지만……. 그리고 너 필로멜라, 네가 이 아비를 사랑하거든 되도록이면 하루빨리 돌아오너라. 네 언니가 친정에서 멀리 떨어져 있는 것만으로도 내 가슴은 이미 넉넉하게 아프다. 그러니 네가 이 아비의 마음을 헤아려 속히 돌아오도록 하여라."

이 말끝에 판디온왕은 소리 없이 울면서 이 딸과 작별 인사를 나누었다. 딸과 작별 인사를 나눈 왕은 테레우스와 필로멜라의 손을 잡고 약속을 지킬 것을 맹세하게 한 다음 이 둘의 손을 잡게 하고는, 멀리 떠나 있는 딸과 외손자에게 안부를 따뜻이 전하라고 당부했다. 목이 메었던지 판디온왕은 더 이상 말을 못했다. 그의 마음에는, 근심과 걱정과, 이들에게 당부하고 싶은 말이 쌓이고 쌓였을 텐데…….

이윽고 필로멜라가 배에 올랐다. 바다가 노 끝에서 뒤로 밀려남에 따라 육지도 멀어지기 시작하자 미개한 나라의 왕 테레우스는 외쳤다.

"내가 이겼다. 나는 드디어 그렇게 손에 넣기를 바라던 공주와 한 배에 올랐다!"

승리에 도취된 테레우스는 그토록 기다리던 그 사랑의 순간을 더 이상은 기다릴 수 없었던지 안절부절못했다. 그는 자신의 전리품에서 눈을 떼지 못했다. 그의 모습은 발톱으로 메토끼를 채어 제 둥지에다 내려놓고, 오갈 데 없는 이 희생물을 탐욕스러운 눈길로 바라보고 있는 하늘의 약탈자 독수리와 흡사했다.

이윽고 긴 항해를 끝마친 테레우스는 제 나라 해변에다, 긴 여행에 지친 배를 대었다. 테레우스왕은 필로멜라를 끌고 가, 태고의 숲속에 숨겨져 있는, 담이 높은 오막살이에 가두어버렸다. 필로멜라는, 무섭지 않은 것이 없는 판이라 당연한 일이겠지만, 창백한 낯색을 하고 바들바들 떨면서 언니가 어디에 있는지 가르쳐달라고 눈물로 호소했다. 그러나 테레우스는 프로크네가 있는 곳을 가르쳐주는 대신 자신의 검은 마음을 고백하고는, 아무도 돕는 이 없는 이 불쌍한 처녀를 힘으로 차지했다. 필로멜라는 아버지를 부르면서, 언니를 부르면서, 하늘에 계신 신들의 이름을 부르면서 도와줄 것을 빌었으나 하릴없었다. 필로멜라는 내내 두려움을 이기지 못하고 바들바들 떨었다. 잿빛 이리의 이빨에 뜯기고 쫓기면서도 숨을 곳을 찾지 못해 떨고 있는 어린 양, 아니면 제 피에 젖은 제 몸을 억센 독수리의 억센 발톱에 붙잡힌 채 떨고 있는 비둘기같이……. 제정신이 돌아오자 필로멜라는 초상난 집에서 애곡하는 여자처럼 헝클어진 제 머리카락을 쥐어뜯고, 제 팔을 할퀴고, 제 가슴을 치며 몸부림쳤다. 그러다 두 팔을 벌리고 외쳤다.

"이 정떨어지는 야만인, 이 무정한 약탈자야! 나를 보내면서 눈물로 당부하던 내 아버지를 보고도 마음에 남은 것이 없더냐? 내 언니의 근심 걱정, 나의 때 묻지 않은 젊음, 네가 했던 혼인에 생각이 미치지 않더냐? 너는 인간의 도리를 짓밟았다. 이로써 나는 내 언니의 원수가 되었고, 너는 우리 자매의 지아비가 되었으며 내 언니 프로크네는 내 원수가 되었다. 이 배신자야, 이런 죄를 지으려 했으면 왜 나를 죽여놓고 짓지 못했느냐. 그랬더라면 좋았을 것을……. 그랬더라면 나를 더러운 공모자로 만들지 않았어도 좋았을 것을……. 그랬더라면 내 혼백만은 순결을 잃지 않아도 좋았을 것을……. 그러나 하늘에 계신 신들께서 이 광경을 보셨다면, 신들에게 놀라운 권능이 있다는 말이 거짓이 아니라면, 나는 이 지경이 되었다만 신들은 예전과 다름없이 온전하다면 너는 언젠가 이 죗값을 물어야 할 게다. 나 역시 부끄러움을 무릅쓰고 사람들에게 네가 한 일을 낱낱이 고할 테다. 그럴 때가 오면 네 백성들 앞에서 자초지종을 남김없이 고하리라. 내가 이 숲에 갇혀 있어야 할 팔자라면 나는 이 숲을 소리로 가득 차게 하여, 내가 턱없이 당하는 것을 목격했을 터인 저 바위까지 내 말에 귀를 기울이게 하리라. 하늘이 이 소리를 들을 것이다. 하늘에 신들이 계신다면 신들이 이 소리를 들을 것이다!"

이 말이 이 폭군의 분노에 불을 질렀다. 그런 그에게 두려운 것이 있을 리 만무했다. 분노와 만용의 노예가 된 테레우스는, 한 손으로는 허리에 차고 있던 칼집에서 칼을 뽑아 들고 다른 한 손으로는 필로멜라의 머리채와 두 손을 뒤로 모두어 쥐고 있는 힘을 다해 아래로 내리눌렀다. 칼을 본 필로멜라는, 죽을 수 있겠다는 희망이 생겼던지 그에게 목을 들이대고는 그를 조롱하고 아버지를 불렀다. 그러자 테레우스는 손가락으로 필로멜라의 혀를 잡고는 칼로 사정없이 잘라버렸다. 남은 혀뿌리는 여전히 필로멜라의 입안에서 부르르 떨었고, 잘린 혀는 검은 대지 위를 뛰어다니면서 못다 한 말을 마저 했다. 그러나 오래지 않아 이 잘린 혀는 갓 잘린 뱀 꼬리처럼 오그라들면서 주인의 발 아래서 죽어갔다. 믿어지지 않는다. 이 잔인한 테레우스가, 이렇게 못 할 짓을 해놓고도 만신창이가 된 이 필로멜라를 끌어안고 몇 번이나 그 죄 많은 정욕을 채웠다는 소문은.

이런 짓을 해놓고 테레우스는 염치 좋게도 아내 프로크네에게로 되돌아갔다. 왕을 본 왕비 프로크네는 동생은 어떻게 하고 혼자 왔느냐고 물었다. 테레우스는 이야기를 꾸며 아내에게 그럴듯하게 둘러대었다. 즉 슬픔에 잠긴 목소리, 비탄에 잠긴 얼굴로 필로멜라가 죽었다고 말한 것이다. 꾸민 목소리, 만든 얼굴을 꿰뚫어 보지 못하고 듣던 사람들은 모두 눈물을 흘렸다.

프로크네는 금실로 가장자리를 한 옷을 어깨에서부터 단숨에 찢어버리고는 검은 옷으로 갈아입은 다음, 주검 없는 무덤을 만들게 하고는 있지도 않은 필로멜라의 혼백에 제물을 바쳤다. 프로크네는 이렇게 하고 동생의 기구한 팔자를 애곡했다. 그러나 프로크네가 정말 애곡했어야 하는 것은 그것이 아니었다.

태양신이 태양 수레를 하늘의 12궁 사이로 두루 몰고 지나가자 1년이 갔다. 독자들은 필로멜라가 어찌 되었는지 궁금할 것이다. 필로멜라는 엄중한 감시를 받고 있었는 데다 단단한 돌로 쌓아 올린 담은 여자가 깨뜨리기에는 너무 튼튼했다. 게다가 필로멜라는 혀를 잘려 벙어리가 되었는지라 자기가 당한 일을 누구에게 발설할 수도 없었다. 그러나 슬픔과 고통은 사람을 강하게 하고 역경과 곤경은 사람을 창조적이게 하는 법이다. 필로멜라는 베틀 같지도 않은 베틀에다 실을 걸고는 흰 바탕으로 베를 짜면서 거기에다, 자기가 그런 고통을 받게 된 사연을 붉은 글씨로 짜 넣었다. 이 일이 끝나자 필로멜라는 이것을 몸종에게 주면서 손짓 발짓으로, 그 나라 왕비에게 전하게 했다. 몸종은 내용이 무엇인지도 모르면서 필로멜라가 부탁하는 대로 이것을 프로크네에게 전했다.

폭군의 아내는 그 천을 펴보고 나서야 사연을 알았다. 그것은, 다른 사람이 아니라 바로 자기 자신의 불행을 알리는 사연이었다. 프로크네는 쓰다 달다 말 한마디 하지 않았다. 믿어지지 않겠지만 프로크네는 정말 아무 말도 하지 않았다. 그것은 한마디 말로 그 반응을 나타내기에는 지나치게 슬픈 사연이었기 때문이었다. 말을 하고 싶어도 응분의 말을 찾을 수 없을 만큼 슬픈 사연이었다. 프로크네에게는 눈물을 흘리고 있을 시간도 없었다. 프로크네는 복수할 계획을 세우는 데 온 정신을 쏟았다. 이 복수 계획은 선악의 잣대를 깡그리 벗어난, 참으로 상궤를 멀리 벗어난 것이었다.

트라키아의 젊은 여자들이 디오뉘소스를 기려 3년마다 한 번씩 축제를 연다. 이 축제가 바로 '디오뉘소스 축제' 혹은 '바카날리아'라고 부르는 '바코스 축제'다. '바코스'는 디오뉘소스의 별명이다. 바카날리아는 곧 한판 광란과 무질서의 축제. 밤에 베풀어지는 이 축제에서 '바코이', 즉 '바코스 신도'들은 머리카락을 풀어헤치고 날고기 안주로 술을 마시며 난잡한 춤을 추는데, 이들은 이를 저지하는 자가 있으면 무자비하게 찢어 죽이기까지 한다. 트라키아 출신의 명가수 오르페우스를 찢어 죽인 것도 바로 트라키아의 바코스 신도들이었다. 트라키아는 어둠의 땅이다. 디오뉘소스의 고향이 트라키아인 것은, '술 취하기가 작은 죽음을 미리 죽기'인 만큼 우연이 아니다. 오르페우스의 고향이 트라키아인 것은, 그가 저승으로 내려갈 운명을 타고난 만큼 우연이 아닌 것이다.

이들이 베푸는 의식은 밤에 시작되는데 이 의식이 시작되면 로도페 산은 신도들이 지르는 고함 소리와 바라 소리로 찌렁찌렁 울린다.

밤이 되자 왕비 프로크네도 이 신을 경배하는 데 필요한 제사 용구를 모두 갖추고 집을 나섰다. 머리에 쓰는 포도덩굴 관, 왼쪽 어깨에 드리우는 사슴 털가죽, 오른쪽 어깨에 둘러메는 짧은 창, 이러한 것들이 바코스 신을 경배하는 제사에 필요한 제구이자 무기였다. 프로크네는 몸종들을 거느리고 숲속으로 들어갔다. 가슴은 갖가지 생각으로 착잡했다. 프로크네는 바코스 신의 광란에 쫓기는 신도로 가장하고 있었으나 사실 프로크네를 쫓는 것은 슬픔 뒤에 오는 분노였다. 이윽고 프로크네는 동생이 갇혀 사는 오두막에 이르렀다. 오두막 문은 바코스 신도 특유의 외마디 소리와 광란의 몸짓과 함께 부서져 나갔다. 프로크네는 동생을 부둥켜안고 눈물을 흘리다가 바코스 신도의 의상을 동생에게 입히고는 머리에 담쟁이 덩굴 관을 씌워 얼굴을 가리고 왕궁으로 데려왔다.

필로멜라는 자신이 그 저주받을 자의 집으로 들어왔다는 사실을 안 순간부터 낯빛을 잃고 부들부들 떨었다. 프로크네는 동생의 머리에서 바코스 신도의 관을, 몸에서는 바코스 신도 의상을 벗겼다. 프로크네는 동생을 껴안았으나 필로멜라는 얼굴을 들고 언니의 얼굴을 마주 바라보지 못했다. 자기 때문에 언니가 불행해질 것이라고 생각했기 때문이었다. 그래서 필로멜라는 바닥만 내려다보고 있었다. 그러나 필로멜라는 이로써, 말로써 전하는 것 이상으로 명백하게 자신의 뜻을 언니에게 전하고 있었다. 필로멜라는, 하늘에 계신 신들에 맹세코, 테레우스의 폭력에 저항할 힘이 없어 순결을 잃게 되었노라고 말하고 있는 것이었다. 걷잡을 수 없는 분노의 소용돌이에 휘말린 프로크네는 흐느끼는 필로멜라에게 이런 말을 했다.

"지금은 눈물을 흘리고 있을 때가 아니라 칼을 갈아야 할 때다. 아니, 칼보다 나은 무기가 있다면 그것을 벼려야 할 때다. 필로멜라, 내게는 마음의 준비가 되어 있다. 왕궁을 불바다로 만들고 테레우스를 그 불길 속에 던져 넣으면 네 분이 가라앉겠느냐, 이자의 혀를 자르고 눈알을 뽑고, 너에게 범죄한 사지를 잘라 육신으로부터 죄 많은 영혼을 풀어내면 네 분이 풀리겠느냐. 시시한 복수는 안 된다. 받은 것 이상으로 돌려주어야 한다. 그러나 나는 아직 그 방도를 모르겠구나."

프로크네가 이런 말을 하고 있는데 아들 이튀스가 제 어머니 방으로 들어왔다. 아이의 모습을 보는 순간 프로크네의 머릿속에는 한 가지 방도가 떠올랐다. 매정한 눈으로 아들을 바라보면서 프로크네가 내뱉었다.

"어쩌면 제 아비와 이렇듯이 똑같이 생겼느냐?"

더 이상 말을 하지 않았다. 프로크네는 속으로 분을 감춘 채 복수할 준비를 시작했다. 그러나 역시 어머니의 마음은 어쩔 수 없는 것. 아들이 가까이 다가와 그 가녀린 팔로 어머니의 목을 안고 뺨에다 입을 맞출 때는 프로크네의 마음도 흔들렸다. 프로크네는 마음의 고삐가 풀려 가고 있는 데 당혹했다. 그러지 말아야 한다고 다짐을 하는데도 프로크네의 눈에서는 눈물이 흐르고 있었다. 그러나 아들의 사랑스러운 모습이 복수의 결심을 어지럽히고 있음을 깨달은 순간 프로크네는 시선을 이 아들에게서 동생 쪽으로 옮겼다. 시선을 이리저리 옮기면서 프로크네는 마음속으로 자기 자신을 꾸짖었다.

"어째서 하나는 나에게 사랑의 말로 응석을 부리는데, 하나는 혀가 없어서 말을 하지 못하게 되었는가? 이튀스는 나를 어미라고 부르는데 어째서 필로멜라는 나를 언니라고 부르지 못하는가. 아, 이 어리석은 판디온의 딸 프로크네야, 네가 누구와 혼인하였느냐? 너에게는 판디온의 딸이라고 할 자격도 없다. 테레우스 같은 자에게 사랑을 느꼈다는 것 자체가 용서받을 수 없는 죄악이다."

프로크네도 더는 망설이지 않았다. 프로크네는, 힌두스(인도) 땅 강게스(갠지스) 강둑에 사는 호랑이가 새끼 사슴을 깊은 숲속으로 끌고 가듯이 아들 이튀스를 왕궁의 한적한 밀실로 데리고 갔다. 아이는 자기에게

무슨 일이 닥치고 있음을 예감했는지 두 손을 내밀고 두 번이나,
"엄마, 엄마"
하고 부르면서 프로크네의 목을 껴안으려고 했다. 그러나 프로크네는 칼을 꺼내어 아들의 옆구리를 찌르고도 고개조차 돌리지 않았다. 그것만으로도 치명상이었으나 프로크네는 거기에서 손길을 멈추지 않고 다시 칼로 아들의 목을 도려버렸다. 이 이튀스의 몸이 산 사람의 몸과 다름없이 온기를 간직하고 있는데도 자매는 이 아이의 피로 물든 사지를 몸에서 발라내었다. 방바닥은 이 아이의 피바다가 되었다. 자매는 이 사지의 살을 요리하되 일부는 청동 솥에 넣어 삶고 일부는 구웠다.

프로크네는 준비가 끝나자 아무것도 모르는 테레우스를 특별한 음식

아들 이튀스의 잘린 머리를 보고 경악하는 테레우스
프로크네는 자신의 아들을 죽이고 그 사지를 요리해 아이의 아비에게 먹임으로써 끔찍한 복수를 실행한다. 페테르 파울 루벤스의 그림.

을 대접하겠다면서 불렀다. 부르면서, 친정 나라의 풍습인 신성한 의식이라는 토를 달고 반드시 혼자 와야 한다는 단서를 붙였다. 프로크네는 이로써 경호병이나 시종을 따돌렸다.

테레우스는, 신성한 의식이라는 말에 조상 전래의 예복으로 치장하고 왕비의 초대에 응하여 앞에 놓인 고기를 맛있게 먹었다. 물론 제 살인 줄도 모르고 맛나게 먹었다. 무슨 고기인지도 모르고 한참을 먹던 그가 말했다.

"이튀스를 이리 불러오오."

프로크네는 더 이상 감격의 순간을 유예하고 있을 수가 없었다. 프로크네는 자기의 입으로 이 복수가 성취되는 순간을 선언하고 싶은 마음에서 지아비에게 이렇게 말했다.

"그대가 찾는 아이는 여기에 있소. 바로 그대 배 속에 있소."

테레우스는 주위를 둘러보면서 이튀스가 어디에 있느냐고 묻고는 다시 이튀스의 이름을 불러보았다. 이튀스 대신, 조금 전에 죽은 이 아이의 피로 피투성이가 된 필로멜라가 피 묻은 머리카락을 산발한 채 이튀스의 머리를 들고 나타났다. 필로멜라가 테레우스에게 내미는 이튀스의 머리에서는 피가 뚝뚝 들었다. 필로멜라는 자기가 말을 할 수 없다는 것을 얼마나 다행스럽게 여겼을까? 말을 할 수 있었다고 하더라도 이 순간에 어울리는 말을 적절하게는 할 수 없었을 것이므로…….

격노한 테레우스는 식탁을 걷어차고, 스튁스 나라(저승)에 사는, 뱀 머리카락의 에리뉘에스 자매 여신들의 이름을 차례로 불렀다.

테레우스가 만일 복수의 여신들을 부를 수 있었더라면, 저 자신의 가슴을 찢고, 제 손으로 발라먹은 인간의 살, 제 자식의 살도 토해낼 수도 있었으리라. 그러나 그게 어디 될 법이나 한 일인가? 테레우스는 이제 자식의 무덤이 되어버린 제 육신을 저주하면서 울부짖었다.

테레우스여, 보라. 처제에게 음욕을 품다가 그대 사타구니로 네 자식의 무덤, 네 자신의 무덤을 파지 않았는가?

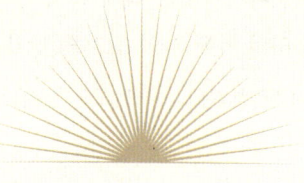

8

나르키쏘스가 사랑한 상대

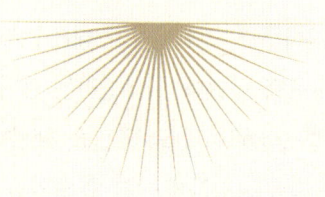

나르키쏘스의 사랑

그리스 신화에는 '강의 신'이 자주 등장한다(우리나라 신화에서 강의 신은 '하백'으로 불린다). 강의 신 이름은 곧 강의 이름이다. 따라서 '강의 신 케피소스'는 곧 케피소스강이다. 강의 신들은 주로 강의 요정들을 아내로 맞는다. 이들 사이에서 태어나는 자식들의 운명은 곧 강을 중심으로 하는 환경의 운명을 상징한다.

강의 신 케피소스와 강의 요정 리리오페 사이에서 아들이 태어났다. 리리오페는 케피소스강의 흐름에 휩쓸려 순결을 잃었는데, 그로부터 달이 차자 사내아이를 낳은 것이다. 리리오페는, 강보에 싸여 있는 갓난아기인데도 보는 사람의 얼을 빼놓을 만큼 잘생긴 이 아기, 그래서 망연자실 시간 가는 줄 모르고 바라보게 하는 이 아기를 '나르키쏘스'라고 불렀다. '나르키쏘스'는 '망연자실'이라는 뜻에 가깝다. 리리오페는 점 잘 치기로 온 이오니아 땅에 소문난 점쟁이, 사람들이 물으면 앞일을 틀림없이 일러주는 테이레시아스를 모셔오게 했다. 리리오페는 테이레시아스에게, 아기가 장차 어른이 되면 천수를 누리게 되겠느냐고 물어보았다. 그러자 테이레시아스는 이렇게 대답했다.

"어렵지 않을 것입니다. 이 아기가 저 자신을 알지 못한다면 말입니다."

그렇다면 무엇이라는 말인가? 저 자신을 알게 되면 천수를 누리지 못하게 된다는 말이 아닌가? 많은 요정과 많은 사람은 이 점괘를 그저 노인이 하는 헛소리로 들었다. 하지만 테이레시아스는 헛소리나 하는 예언자가 아니었다.

나르키쏘스는 열여섯이 되자 소년 몫의 구실과 사내 몫의 구실을 함께 했다. 사내 몫의 구실을 하게 되었다는 것은, 수많은 선남선녀가 나르키쏘스를 보기만 하면 사랑을 느꼈다는 것이다. 하지만 나르키쏘스는 자존심이 어찌나 강한지 상대가 처녀가 되었든 청년이 되었든 제 몸의 털오라기 하나 다치지 못하게 했다.

어느 날, 나르키쏘스가 꺼벙한 사슴 한 마리를 사냥 그물 안으로 몰아넣고 있을 때의 일이다. 한 요정이 나르키쏘스의 잘생긴 모습을 보고는 첫눈에 반하고 말았다. 이 요정은 상대가 말을 하고 있을 동안에는 잠시도 제 입을 가만히 둘 수 없는 수다쟁이였다. 하지만 저 혼자서는 말을 할 수 없었다. 요정의 이름은 '에코', 남의 말을 되받아서만 말을 할 수 있는 '에코(메아리)'였다.

에코가 이렇듯이 남의 말을 되받아서만 말을 하게 된 데는 사연이 있다.

헤라 여신은 지아비 제우스 신의 바람기 때문에 무던히도 속을 썩여야 했던 여신이다. 어느 날 헤라 여신은, 제우스가 산자락에서 숲의 요정과 뒹굴고 있다가 숲속으로 사라지는 것을 보고는 부리나케 산자락으로 내려와 에코에게 제우스 신의 행방을 물었다. 묻는 말에 대답이나 했으면 좋았을 것을, 에코는 되는 소리, 안 되는 소리로 수다를 늘어놓았고 이 틈에 제우스는 숲의 요정과의 볼일을 마치고는 감쪽같이 사라져버렸다. 결국 제우스 신이 뜻을 이룰 수 있도록 에코가 헤라 여신을 잡아둔 셈이었다. 에코의 수다에 정신을 놓고 있다가 한참 뒤에야 에코의 혓바닥에 휘둘렸다는 것을 안 헤라 여신이 에코를 저주했다.

"나를 속인 그 혓바닥, 내 그냥 둘 줄 아느냐? 이제부터 너는 말을 하되, 한 마디씩밖에는 할 수 없다. 그것도 남의 말을 되받아서만……. 이 헤라의 뜻이다."

헤라 여신의 이 말은 홧김에 그저 해본 소리가 아니었다. 헤라 여신의 저주가 내린 순간부터 에코는 누가 한 말의 마지막 한 마디를, 그나마 되받아서밖에는 입 밖으로 낼 수 없었다.

하여튼 에코는, 동아리들로부터 떨어져 홀로 인적 없는 숲속에서 사슴을 몰아넣고 있는 나르키쏘스의 모습에 그만 마음을 송두리째 빼앗기고 말았다. 그래서 가만히 나르키쏘스의 뒤를 밟았다. 나르키쏘스에게 가까이 다가가면 다가갈수록 에코의 가슴은 그만큼 더 뜨거워졌다. 에코의 가슴은, 느닷없이 생긴 정체 모를 사랑의 열기에 금방이라도 타버릴 것 같았다. 불길에 가까이 대기만 해도 불길과 함께 녹아내리는, 횃대 끝에 재어놓은 유황 덩어리처럼 타버릴 것만 같았다.

에코는 나르키쏘스에게 말을 걸고, 그에게 접근하여 사랑을 고백하고 싶었다. 그러나 에코는 그럴 수가 없었다. 에코가 먼저 말을 걸 수는 없는 일이었다. 에코로서는, 나르키쏘스가 입을 열기를 기다렸다가 마지막 한 마디를 되울릴 준비나 하고 기다리는 수밖에 없었다.

이윽고 에코에게 기회가 왔다. 나르키쏘스가 눈에 보이지 않는 사냥 동아리를 향해 이렇게 외친 것이다.

"누가 없나, 가까이?"

"가까이……."

에코가 마지막 한 마디를 되받았다.

나르키쏘스는 난데없이 들려온 여성의 목소리에 놀랐던지 걸음을 멈추고 사방을 둘러보고는 조금 전보다 더 큰 소리로 외쳤다.

"누가 있거든 이쪽으로 좀 와!"

"와……."

에코가 마지막 한 마디를 되울렸다.

"왜 안 오는 거야?"

"거야……."

이상하게 생각한 나르키쏘스가 다시 고함을 질렀다.

"이리 와, 오라니까!"

"오라니까……."

가엾은 에코. 에코는 아무리 하고 싶어도 이 한 마디밖에는 더 할 수가 없었다. 더 이상은 도저히 견딜 수 없었던 에코는 숲속에서 뛰어나와 나르키쏘스의 목을 껴안았다. 그러나 나르키쏘스는 늘 그래왔듯이 이 요정에게서 도망치며 소리를 질렀다.

"이 손 치워! 차라리 죽지, 너 같은 것의 품에 안겨?"

"안겨……."

에코는 자기도 모르는 사이에 이렇게 말하고는, 나르키쏘스로부터 당한 이 모욕을 참지 못하고 숲속으로 들어가 나뭇잎으로 얼굴을 가렸다. 이때부터 에코는 날빛이 비칠 동안은 동굴에서 밖으로 나오지 않았다. 에코의 가슴에 내린, 나르키쏘스에 대한 사랑의 뿌리는 깊었다. 실연의 고통으로 몸부림칠 때마다 이 사랑의 뿌리는 나날이 깊어갔다. 격정이 잠을 이루지 못하게 하는 바람에 에코는 하루가 다르게 여위어갔다. 나날이 수척해지면서 온몸에 주름살이 생겨난 것이다. 이렇게 여위어가다가 에코의 아름답던 몸은 그만 한 줌의 재로 변하여 바람에 날려가고 말았다. 남은 것은 뼈뿐이었으나 곧 이 뼈도 가루가 되어 날아가 버리자 마지막으로는 소리만 남았다. 에코의 뼈는 날아간 것이 아니고 돌이 되었다는 전설도 있다.

이때부터 에코의 모습은 숲속에 나타나지 않는다. 그러나 에코의 모습을 보았다는 사람은 하나도 없으나 목소리를 들었다는 사람은 얼마든지 있다. 에코의 목소리만은 살아 있으니 당연하다.

나르키쏘스는 이로써 에코의 사랑을 농락한 셈이었다. 물의 요정, 숲의 요정, 그리고 수많은 선남선녀를 그렇게 했듯이 나르키쏘스는 이 에

나르키쏘스가 사랑의 아픔을 알게 하소서
요정 에코는 나르키쏘스에게 외면받은 후 고통받다 결국 한 줌 재가 되어 사라지고 목소리만 남는다.
니콜라 푸생의 그림.

코까지 박대한 것이었다.

 나르키쏘스로부터 박대받은 이들 중 하나가 하늘을 향해 두 손을 벌리고 이렇게 기도했다.

 "저희가 그를 사랑했듯이, 그 역시 누군가를 사랑하게 하소서. 하시되 이 사랑을 이룰 수 없게 하소서. 이로써 사랑의 아픔을 알게 하소서."

 람노스의 여신 네메시스가 이 기도를 듣고 이루어지게 해주려고 마음먹었다.

 에리뉘에스를 우리는 '복수의 여신'이라고 부른다. 네메시스 역시 '복수의 여신'이라고 불린다. 하지만 에리뉘에스의 복수는 주로 친족 간에 흘리는 피와 관련된 복수다. 인륜을 범한 패륜아 앞에 나타나는 여신이 바로 이 여신이다. 하지만 네메시스는 '복수의 여신'이라기보다는 '의

분의 여신'에 가깝다. 네메시스를 가장 골나게 하는 것은 정당한 사유 없이 이성 간의 사랑을 거절하는 경우다. 네메시스가 '람노스의 여신'이라고 불리는 까닭은 아테나이에서 북쪽으로 57킬로미터 떨어진 고대의 항구도시인 람노스에 이 여신의 신전이 있기 때문이다. 나르키쏘스는 이제 큰일 났다.

* * *

숲속에는 맑은 물이 고인 샘이 하나 있었다. 양치기가 다녀간 적도 없고, 그 산에서 풀을 뜯던 어떤 염소나 소도 다녀간 적이 없는 샘이었다. 새들도 산짐승도, 심지어는 떨어지는 나뭇잎조차도 이 샘에만은 파문을 일으킨 적이 없었다. 위로 무성한 숲이 뜨거운 태양으로부터 이 샘을 가리고 있어서 샘물은 늘 시원했다.

  한낮에 사냥하다 지친 나르키쏘스가 이 샘으로 내려왔다. 샘 주위의 풍경과 샘 자체가 나르키쏘스의 마음에 그렇게 좋을 수가 없었다. 마른 목을 축이려고 샘물을 마시던 나르키쏘스는 또 하나의 참으로 이상한 갈증을 느꼈다. 물에 비친 아름다운 영상이 기이한 그리움을 지어낸 것이었다. 그는 물에 비친 그림자를 실체로 그릇 알고 그 그림자에 반해 버린 것이었다. 물에 비친 제 모습에 넋을 잃은 그는 꼼짝도 하지 않고 샘가에 앉아 있었다. 영상에 꽂힌 그의 시선은 파로스섬 대리석으로 빚은 석상의 시선 같았다. 샘가에서 허리를 구부린 채 그는 두 개의 쌍둥이별 같은 제 눈, 디오뉘소스나 아폴론의 머리채에 비길 만한 제 머리채, 보드라운 뺨, 상아같이 흰 목, 백설 같은 피부에 장밋빛 홍조가 어린 아름다운 얼굴을 정신없이 바라보았다. 그는 자기 자신을 아름다운 소년이게 하는 이 모든 것에 경탄했다. 그는 자기도 모르는 사이에 자신을 갈망하고 있는 것이었다. 그가 사랑하는 대상은 물론 자기 자신이었다. 그는 쫓는 동시에 쫓기고 있었다. 그는 격정으로 타오르는 동시에 태우고 있었다. 이 무정한 샘물에 입술을 대었으나 하릴없었다. 영상의 목을 감촉하려고 물에다 손을 넣었으나 이 역시 부질없는 짓이었다. 자기 자신의 목에다 손을 대면 될 일이나 그는 이것을 알지 못했다. 그저 영상이 지펴낸 불꽃, 그의 눈을 속이는 환상, 그 환상이 지어낸 기이한 흥분에 좇겼다.

어리석어라! 달아나는 영상을 좇아서 무엇하랴! 그대가 구하는 것은 존재하지 않는다. 돌아서보라. 그러면 그대가 사랑하던 영상 또한 사라진다. 그대가 보고 있는 것은 그대의 모습이 비쳐낸 그림자에 지나지 않는다. 거기에는 아무것도 없다. 그대가 거기에 있으면 그림자도 거기에 있을 것이요, 그대가 떠나면, 그대가 떠날 수 있어서 그 자리를 떠나면 그림자도 떠나는 법인 것을…….

배고픔도 졸음도 나르키쏘스를 거기에서 떼어놓지 못했다. 그는 그저 샘가 풀밭에 배를 깔고 엎드려 실상이 아닌 그 그림자의, 보아도 보아도 질리지 않는 눈만 내려다보고 있었다. 이윽고 몸을 일으킨 그가 손을 내밀어 주위의 숲을 가리키며 외쳤다.

"숲이여! 사랑을 나보다 더 아프게 사랑하는 자를 본 적이 있는가? 그대들은 보아서 알 것이다. 수많은 연인이 밀회하기 가장 좋은 곳으로 여기고 이 숲을 드나들었다. 숲이여, 그대는 이것을 보았으니 알 것이다. 아득하게 긴 세월을 산 숲이여, 그 긴 세월을 살아오면서 나만큼 괴로워하는 자를 본 적이 있는가? 나는 사랑한다. 내가 사랑하는 자는 여기에 있다. 그러나 내가 사랑하고 내가 보는 내 사랑에, 나는 아무리 손을 내밀어도 마침내 닿지 못하는구나. 이를 어쩌면 좋은가? 내 사랑이 나를 피하는구나. 우리를 갈라놓는 것은 저 넓디넓은 바다도 아니요, 먼 길도 산도 아니요, 성문의 빗장이 걸린 성벽도 아니다. 견딜 수가 없구나. 많지도 않은 물이 우리를 갈라놓고 있으니, 참으로 견딜 수가 없구나. 내 사랑이 내 포옹을 바라고 있는데 어찌 이를 내가 모르겠는가? 내가 허리를 구부리고 그 맑은 수면에 입술을 갖다대려고 하면 내 사랑

나르키쏘스의 사랑
수면에 비친 제 모습에 취한 나르키쏘스. 16세기 이탈리아 화가 미켈란젤로 메리시 다 카라바조의 그림.

도 얼굴을 가까이 대면서 내 입술을 마중하는데 어찌 내가 모르랴! 그대는 우리의 입맞춤이 이루어지지 않을 리가 없다고 할 것이다. 우리 사랑을 갈라놓는 장애물을 참으로 하찮다고 할 것이다.

아, 사랑이여, 그대가 누구든 좋으니 내게로 오라. 비할 데 없이 아름다운 자여, 왜 나를 피하는가? 내가 그대에게 다가가려 할 때마다 그대는 어디로 가는가? 내 모습이 추해서, 내 나이가 많아서 피한 것은 아닐 것이다. 수많은 요정이 나를 사랑했는데, 그럴 리는 없을 것이다.

그대의 다정한 얼굴을 보고 있으면 내 가슴 안에서 희망이 샘솟는다. 내가 손을 내밀면 그대도 손을 내밀고, 내가 웃으면 그대도 웃는다. 내가 고개를 끄덕이면 그대도 고갯짓으로 화답한다. 그대의 입술이 움직이는 것으로 보아 그대는 분명히 내 말에 응답하는데도, 그 응답은 내 귀에 닿지 못한다.

아, 그랬었구나. 내가 지금껏 보아오던 모습은 바로 나 자신이었구나. 이제야 알았구나, 내 그림자여서 나와 똑같이 움직였던 것이구나. 이 일을 어쩔꼬, 나는 나 자신을 사랑하고 있었구나. 나 자신에 대한 사랑의 불길에 타고 있었구나. 나를 태우던 불길, 내가 견디어야 했던 그 불…… 그 불을 지른 자는 바로 나였구나. 아, 이 일을 어쩔꼬. 사랑을 구하여야 하나? 사랑받기를 기다려야 하나. 사랑을 구하여 내가 얻는 것이 무엇이냐? 구하는 것이 내게 있는데…… 내게 넉넉한 것이 나를 가난하게 하는구나. 나를 내 몸에서 떨어지게 할 수 있다면 얼마나 좋으랴. 사랑하는 자가 하는 기도로는 참으로 기이한 기도다만, 신들이시여, 내가 사랑하는 것을 내게서 떨어져 나가게 하소서. 아, 슬픔이 내 힘을 말리는구나. 내게 이제 생명의 기운은 얼마 남지 않았구나. 나는 내 젊음의 꽃봉오리 안에서 죽어가고 있구나. 죽음과는 싸우지 말자. 죽음이 마침내 내 고통을 앗아 갈 것이니……. 그러나 나는 죽어도 좋으니, 내가 사랑하던 것만은 오래오래 살 수 있게 되었으면 얼마나 좋으랴. 하지만 우리 둘은 하나가 죽으면 나머지 하나도 따라 죽어야 할 운명……."

이렇게 한탄하면서 그는 샘물에 비치는 그 얼굴을 다시 한 번 눈여겨 바라보았다. 눈물이 샘물에 떨어지자 물 위에 파문이 일면서 그 영상이 사라지기 시작했다. 사라져가는 영상을 바라보며 그가 외쳤다.

"어디로 도망쳐, 이 무정한 것아! 너를 사랑하는 나를 버리지 마! 네 몸에 손을 대는 게 싫다면 손대지 않으마. 그러니 이렇게 바라볼 수 있게만 해주어. 바라보면서 내 슬픈 사랑을 이별하게 해주어."

　슬픔을 이기지 못한 그는 웃옷을 찢고 대리석같이 하얀 가슴을 쳤다. 그의 주먹에 맞은 부분은 장밋빛으로 물들었다. 그의 가슴은 흡사 햇빛을 받아 반은 빨갛게, 반은 하얗게 빛나는 사과, 아니면 군데군데 보라색 반점이 내비치는, 아직은 덜 익은 포도송이 같았다. 수면에 이 가슴이 비치자(수면은 다시 고요해져 있었다) 나르키쏘스는 다시 사무치는 그리움을 이기지 못하고 괴로워했다. 따뜻한 햇살에 녹는 금빛 밀랍처럼, 아침 햇살에 풀잎을 떠나는 서리처럼 그의 육신도 사랑의 고통 속에서 사위어가다 가슴속의 불길에 천천히 타들어가기 시작했다. 붉은 반점이 내비치던 그 희디흰 살갗도 그 빛을 잃어갔고, 젊음의 혈기도 그에게서 빠져나갔다. 제 눈으로 그렇게 정신없이 바라보던 저 자신의 아름다움도 그의 몸을 떠났다. 에코가 사랑하던 것은 하나도 남김 없이 그를 떠나갔다.

　요정 에코는 샘가를 내려다보고 있었다. 나르키쏘스로부터 받은 박대를 생각하면 고소하게 여겨야 할 판인데도 에코는 슬퍼했다. 나르키쏘스가 한숨을 쉬면서 "아!" 하고 부르짖자 에코도 하늘을 우러러보며 "아……" 하고 부르짖었다. 나르키쏘스가 제 어깨를 치면서 울부짖자 에코 역시 똑같은 소리로 울부짖었다. 나르키쏘스는 샘물을 내려다보면서 마지막으로 "무정한 이여!" 이렇게 중얼거리자 에코도 "무정한 이여……" 하고 중얼거렸고, 나르키쏘스가 "안녕" 하고 마지막 인사를 보냈을 때는 에코도 "안녕……" 이 소리를 되울렸다.

　나르키쏘스는 푸른 풀을 베고 누웠다. 곧 죽음이 찾아와 아름답던 그의 눈을 감기었다. 저승으로 간 뒤에도 그는 계속해서 스튁스강에 비치는 제 모습을 바라보았다. 케피소스강 요정들은 나르키쏘스의 죽음을 애도하느라 머리를 모두 깎아 그의 주검에 바쳤다. 숲의 요정들도 울었다. 에코는 이들의 울음소리를 숲 하나 가득하게 되울렸다.

관이 준비되고, 장작더미가 마련되고, 불을 붙일 횃불까지 만들어졌지만, 나르키쏘스의 시신은 어디로 사라졌는지 흔적을 보이지 않았다. 요정들은 그의 시신 대신 흰 꽃잎이 노란 암술을 싸고 있는 꽃 한 송이를 찾아내었을 뿐이다. 이 꽃이 바로 '나르키쏘스', 영어로는 '나아시서스', 즉 수선화다.

'나르키쏘스 신화'가 우리에게 던지는 메시지는 명약관화하다. 잃어버린 반쪽이를 자기 자신에서 찾는, 대책 없는 '왕자병', '공주병'에 대한 엄중한 질책이다. 의분의 여신 네메시스가 응징에 나서는 것은 너무나 당연하다.

뒤에 읽게 될 '베르툼누스와 포모나' 신화가 이런 대책 없는 공주병에 대한 처방을 제시한다.

9

코스모스를 위한 카오스

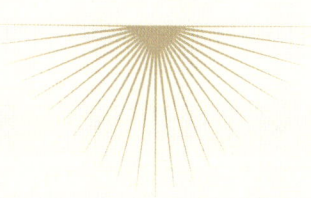

영웅들을 위한 변명

> 의상도착증 환자 헤라클레스가 여성용 드레스를 입고 옴팔레의 시중을 들고 있다. 헤로도토스는 이를 '스퀴티아병'이라고 기술하고 있다. ……
> — 함성호의 시 「쿠키」 중에서

헤라클레스는 의상도착증 환자, 다시 말해서 남성이면서도 여성의 옷을 즐겨 입는 도착증 환자였을까? 역사가 헤로도토스의 말마따나, 시인 함성호의 말마따나 헤라클레스는 '스퀴티아병' 환자였을까? 나는 이런 질문만 쏟아놓을 뿐 대답하지는 않겠다. 나는 정황을 설명할 뿐이다. 정황 설명을 참고 삼아 이런 질문에 답해야 하는 사람들은 바로 독자들이다.

고대 그리스인들의 사랑을 듬뿍 받던 세 영웅, 즉 헤라클레스, 테세우스, 아킬레우스에게는 여성과 관련된 재미있는 공통점이 있다. 하나만 있는 것이 아니고 그것도 둘씩이나 있다. 무엇일까? 첫째 여장한 경험, 다시 말해서 여성 차림을 해본 경험이 그 하나. 둘째 여인족 아마존과 싸운 경험이 그것이다. 여장한 경험을 중심으로 검토하자.

헤라클레스는 이피토스라는 청년을 대접해서 티륀스 성벽 위에서 크게 술잔치를 벌인 적이 있다. 그런데 바로 이 술잔치에서 헤라클레스는 귀한 손님 이피토스를 성벽 아래로 던져 죽이는 일을 저지르고 말았다. 헤라클레스의 이런 광기는 헤라 여신의 저주에서 비롯된 것이다. 그는 이런 광기에 사로잡혀 아내와 자식들을 때려죽인 적도 있다.

헤라클레스는 술이 깨고 맑은 정신을 되찾자 이피토스의 주검을 수습하여 오이칼리아로 보내준 뒤, 제 신세를 한탄하다가 델포이로 내려가 아폴론의 여사제에게 죄 씻을 방도를 물었다. 뤼디아 땅 옴팔로스 왕국의 여왕 옴팔레 밑에서 종살이를 해야 한다는 신탁이 나왔다.

남성명사 '옴팔로스'나 여성명사 '옴팔레'는 '배꼽'이라는 뜻이다. 하지만 이 말은 배 한가운데 있는 옴팍 들어가 있는 배꼽을 가리키는 말이라기보다는 대지의 중심, '세계의 축(악시스 문디)'을 지칭하는 말이다.

지아비를 잃은 과부 옴팔레 여왕은 음란하기가 이를 데 없었다. 그런데도 뤼디아의 여자들은 이 여왕을 글자 그대로 대지의 중심이며 세계의 축으로 섬기어 마지 않았다. 과부나 처녀들이 매춘부로 만판 놀아나면서 지참금을 잔뜩 마련한 다음에야 사내를 맞아들이는 뤼디아의 문란한 성 풍습 때문이었다. 이들의 눈에는, 왕국을 하나 혼수로 내세워 놓고 남성을 기다리는 옴팔레가 아프로디테 같은 여신으로 보였음직하다.

헤라클레스는 이 옴팔레 여왕의 궁전에서 별 해괴한 짓을 다 한 것으로 알려져 있다. 그는 디오뉘소스 향연에 나가는 옴팔레 여왕을 위해 여자 옷으로 단장하고 황금 양산을 받쳐준 적도 있고, 자신은 여왕의 옷을 입은 채, 알몸에 네메아의 사자 가죽만 두르고 몽둥이를 든 옴팔레 여왕을 등에 태우고 내선을 엉금엉금 기어다닌 일도 있었다고 한다. 여장하고 여종들과 길쌈하는 것은 틈날 때마다 하는 짓이요, 경호병이 다가오면 교성을 지르며 돌기둥 뒤로 숨는 것은 무료할 때마다 하는 짓이었다니 더 말할 것도 없다.

옷을 바꿔 입은 헤라클레스와 옴팔레
헤라클레스는 옴팔레의 비단옷을, 옴팔레는 헤라클레스의 사자 가죽을 걸치고 헤라클레스의 몽둥이를 들고 있다. 18세기 프랑스 화가 프랑수아 르무안의 그림.

이 옴팔레 여왕의 궁전에서 종살이하면서 헤라클레스는, '근원'으로 되돌아가 남성과 여성, 미움과 사랑, 삶과 죽음같이 상극하는 관념과의 화해를 시도했던 것일까? 헤라클레스가 처음이자 마지막으로 '배꼽'을 잡고 웃은 것도 이때의 일이다.

영웅 테세우스가 아버지가 남긴 신표인 단검과 가죽신을 가슴에 품고, 무수한 도둑들을 쳐 죽이며 아버지 아이게우스를 찾아 아테나이로 가고 있을 때의 일이다. 명성이란 원래 그 임자의 발보다 빠른 법, 테세우스가 아테나이로 들어가려고 케피소스강에 이르렀을 때 저쪽에는 이미 퓌탈로스의 자손들이 테세우스를 기다리고 있었다.

테세우스가 기다리는 까닭을 묻자 퓌탈로스의 자손 중 하나가 말했다.
"저는 퓌탈로스의 자손으로 장사의 손에 묻은 피를 닦아드리고자 이렇게 기다리고 있습니다. 아테나이는 인간에게 평화의 상징인 올리브를 주신 은혜로 아테나 여신께서 얻으신 거룩한 도시입니다. 비록 영웅께서 죽인 자들이 괴망한 자들이긴 하나 아테나 여신의 뜻에 맞게 복을 지으시지요."

이들의 선조 되는 '퓌탈로스(심는 자)'는 곡물의 여신 데메테르에게 바쳐 아테나이에다 최초의 무화과나무를 '심은' 사람이다. 이 당시 아테나이 사람들은 퓌탈로스 집안 사람들이 시키는 대로 기왕에 지은 죄를 닦으면 죽음의 땅에서 소생하는 것으로 믿었다.

테세우스는 퓌탈로스 집안 사람들이 시키는 대로 '흡사 부인복 같은 이오니아 두루마기' 차림에 머리를 풀고 궁전으로 들어갔다. 테세우스가 여장하고 궁전으로 들어가자 성벽을 쌓던 자들이 내려다보며
"나이 든 처녀가 어째서 몸종도 없이 나다니는가!"
하고 야유했다.

트로이아 원정군을 소집하기 위해 사령관 아가멤논은 그리스 여러 왕국으로 사신을 보내어 군사를 모으게 했다. 그런데 당시의 으뜸가는 영웅 아킬레우스가 나타나지 않았다. 숨어버린 것이다. 이 영웅 아킬레우스가 이 일에 끼어들지 않으려고 한 데엔 이유가 있었다.

아킬레우스는 테티스의 아들이다. 테티스는, 저 불화의 사과가 던져졌던 결혼식의 신부였던 바로 그 테티스다. 테티스 자신은 죽음과 아무

상관이 없는 여신의 몸, 바다의 요정이었다. 그러나 일찍이 테티스는 아들이 원정에 참가하면 트로이아성을 목전에 두고 죽을 운명이라는 걸 알고 아들의 출전을 만류하고 싶었다. 그래서 아들 아킬레우스를 뤼코메데스왕의 궁전에 보내어 처녀로 변장하게 한 뒤 공주들 사이에 숨어 살게 했다.

연합군의 꾀주머니 오뒤쎄우스는 아킬레우스가 그 궁전에 있다는 걸 알아내었다. 오뒤쎄우스는 그래서 방물장수로 변장, 잠입해서 공주들 앞에다 물건을 펼쳐 전을 벌였다. 오뒤쎄우스가 전을 벌인 물건 중에는 무기도 섞여 있었다. 왕의 딸들은 장신구 같은 것을 만졌지만 아킬레우스만은 무기를 만짐으로써 오뒤쎄우스의 눈앞에 그 정체를 드러내었

여장한 아킬레우스
방물장수로 변장한 오뒤쎄우스가 내놓은 여러 물건 가운데 아킬레우스는 무심코 칼을 집어든다. 감출 수 없는 영웅본색. 18세기 이탈리아 화가 폼페오 바토니의 그림.

다. 오뒤쎄우스는 큰 힘 안 들이고 아킬레우스를 설득하고는, 그 어머니의 충고를 잊게 한 뒤 다른 이들과 함께 출전하도록 했다.

* * *

여장이란 무엇인가? 헤라클레스와 테세우스의 경우는 정죄(죄 닦음)와 밀접한 관계가 있는 것 같다. 하지만 아킬레우스의 경우는 조금 다르다. 겉보기에 아킬레우스는 단지 몸을 숨기기 위해 여장한 것에 지나지 않는 것으로 보인다. 그리스 최고의 전쟁 영웅으로 일컬어지는 아킬레우스가, 자기 정서와 맞지 않는데도 단지 출전을 기피하겠다는 이유에서 오랜 기간 여장하고 지낼 수 있었을까? 아무래도 조금 더 정교한 설명이 있어야 할 것 같다.

그리스 신화에는 양성적 인간이 여럿 등장한다. 요정 살마키스의 몸이 합류하면서 양성 인간이 되는 헤르마프로디토스가 그렇고, 원래 여자로 태어났다가 레토 여신에 의해 남자로 뒤바뀌는 레우키포스가 대표적인 양성인(어지자지)들이다.

이것은 고대 그리스인들의 '양성적 인생관'을 반영한다고 볼 수 없을까? 그들은 인간이 태아 상태일 때는 양성이라고 믿었다. 그렇다면 그들의 양성적 인생관은, 인간의 근원을 깊이 통찰하고자 하는 의지 표명은 아니었을까? 아프로디테의 고향 퀴프로스에는, 청년들이 한 해에 한 번씩 침대에 누워 아기를 낳는 여성의 산고를 흉내 내는 의식이 전해져 내려온다. 플루타르코스에 따르면, 아르고스에는 해마다 한 번씩 남성과 여성이 옷을 바꾸어 입는 축제가 열렸다. '휘브리스티카'라고 불린 이 축제는 '혼성 축제'을 뜻한다. 헤라클레스, 테세우스, 아킬레우스의 여장은 근원의 경험에 대한 욕구의 표현은 아니었을까? 알렉산드로스 대왕도 죽기 몇 달 전부터 여장하고 지냈던 것으로 알려지고 있다.

그리스 최고의 도사, 테이레시아스

미지의 미래에 관한 한 그리스인들에게는 두 가지 만병통치약이 있었다. 하나는 아폴론의 신탁이었고 또 하나는 테이레시아스의 예지력이었다. 일찍이 라이오스왕의 살해범으로 그 아들 오이디푸스를 지목한 사람도 테이레시아스, 아기 나르키쏘스를 보고 저 자신을 알지 못하면 천수를 누리는 것도 어렵지 않을 것이라고 예언한 사람도 테이레시아스였다. 테이레시아스는 이승을 떠난 뒤에 저승으로 찾아간 오뒤쎄우스의 미래를 예언해주었던 사람이다. 그는 육안을 잃은 장님이었다. 하지만 그에게는 심안, 즉 마음의 눈이 있었다.

테이레시아스가 육안을 잃고 심안을 얻은 내력에는 두 가지 이야기가 있다. 테바이 사람들은 이렇게 설명한다.

어느 날 제우스가 넥타르, 즉 신들이 마시는 술을 갑신하게 마시고 아내 헤라에게 농을 걸었다.

"사랑으로 득을 보는 것은 남성이 아니라 여성일 게요. 여자 쪽에서 보는 재미가 나을 테니까."

제우스의 희롱에, 헤라는 그렇지 않다고 말했다. 부부가, 남성이라거니 여성이라거니 토닥거리다가 결국 남성과 여성, 즉 양성으로 사랑을 경험했다는 점쟁이 테이레시아스에게 물어보기로 의견을 모았다.

테이레시아스가 양성을 경험한 내력은 이렇다. 어느 날 산길을 가던 테이레시아스는, 굵은 뱀 두 마리가 사랑을 나누고 있는 것을 보고는 별 생각 없이 지팡이로 때려주었다. 남성이었던 테이레시아스는 이때부터 여성이 되어 7년 동안을 여성으로 살았다.

8년째 되던 해의 어느 날 똑같은 뱀이 또 뒤엉켜 있는 것을 본 여성 테이레시아스는 내심 이렇게 생각했다.

"너희에게, 때린 사람의 성을 바꾸는 기특한 권능이 있는 모양이니 내 다시 한 번 때려줄 수밖에……."

테이레시아스는 뱀을 또 한 차례 때리고는 본래의 성, 그러니까 남성으로 되돌아올 수 있었다.

테이레시아스는 두 신의 다분히 장난기가 있는 논쟁을 평론할 입장에 몰리자 제우스 쪽이 옳다면서 이렇게 말했다.

"남자는 사랑하되 그 마음으로 기다렸던 기쁨의 열 몫 중 하나밖에는 누리지 못합니다. 그러나 여자에게는 마음으로 기다리는 것이 이미 마음의 기쁨이 되니 열 몫을 다 누리는 것이지요."

그러자 헤라는 별것도 아닌 이 일에 불같이 화를 내며 이 테이레시아스를 장님으로 만들어버렸다. 참으로 염치가 없어진 것은 제우스였다. 그러나 신들의 세계에서 한 신이 매긴 죗값을 다른 신이 벗길 수는 없었다. 그래서 제우스는, 보는 능력을 빼앗긴 테이레시아스에게 대신 미래를 예견할 수 있는 마음의 눈을 주었다.

하지만 아테나이 사람들은 달리 설명한다.

아크로폴리스 언덕에서 무너진 바위를 다시 쌓던 아테나 여신은 잠시 일을 쉬고 숲으로 들어가 정한 샘가에서 몸을 닦고 있었다. 테이레시아스라는 청년이 우연히 지나치다가, 여염집 처녀겠거니 하고 여신의 알몸을 한동안 훔쳐보았다.

까마귀 덕분에 엿보는 자가 있음을 안 여신은 테이레시아스를 가까

이 불러,

"이것은 신들의 몫"

이라는 말과 함께 한 손으로 테이레시아스의 눈을 쓰다듬고,

"이것은 아테나의 몫"

이라면서 다른 한 손으로는 테이레시아스의 가슴을 쓰다듬었다.

이로써 육안을 잃고 장님이 되는 대신 심안을 얻게 된 테이레시아스는 아크로폴리스를 내려오면서 아테나 여신을 찬양했다.

"영원한 처녀 신이시여, 한 손으로는 치시고 한 손으로는 거두시니 감사합니다. 겉 보는 것을 거두어 가시고 속 헤아리는 것을 주시니 감사합니다. 눈보다 큰 눈동자, 눈동자보다 깊이 헤아릴 수 있는 것을 주시니 감사합니다. 성처녀시여, 잃고도 얻는 것을 알게 하시니 감사합니다."

그러니까 무엇인가? 남성의 여장 경험, 여성의 남장 경험은 이성에 대한 근원적 이해의 경험이라는 것인가? 영웅의 위대한 업적 성취는 이런 경험을 통해서 비로소 가능하다는 것인가? 테이레시아스가 인간의 미래를 훤히 꿰뚫어볼 수 있는 것은 양성인의 경험이 있었기 때문에 가능했다는 뜻인가? 위대한 인간들에 의한 '코스모스(질서)'의 확립은 이런 '카오스(혼돈)'의 경험을 통해서 가능하다는 뜻인가?

그렇다면 이피스는 완전한 인간이겠다.

완전한 인간, 이피스

크레타섬 도시국가 크노쏘스와 인접한 파이스토스에 리크도스라는 사람이 살고 있었다. 리크도스는 명문과는 아무 인연이 없는 평범한 집안의 자유인으로 태어난 사람이었다. 신분이 신분인지라 재산도 크게 볼 것이 없었다. 그러나 그는 일상생활에서나 품행에서나, 남의 손가락질 받을 짓을 하지 않고 사는 위인이었다. 임신한 아내 텔레투사가 해산할 날이 가까워오자 리크도스는 이런 말을 까놓고 했다.

이집트의 어머니 이시스
이집트 여신 이시스(오른쪽). 오시리스(중앙)와 이시스 사이에서 태어난 아들 호루스(왼쪽). 이시스가 그리스에서 건너간 여신으로 그려지기도 하나 사실은 그리스가 이집트 신화를 흡수한 것이다. 로마 바티칸 박물관.

"내게는 바라는 것이 두 가지 있소. 하나는 그대가 되도록 진통으로 고생하지 않고 아기를 낳았으면 하는 것이고, 또 하나는 아들을 낳아주었으면 하는 것이오. 딸은 우리에게 짐이 될 뿐이오. 불행히도 나는 딸을 먹여 살릴 만큼은 넉넉하지 못하오. 그래서 그대가 딸을 낳는 일은 일어나지 않았으면 하는 것이오. 만일에 딸이 태어나면 그 아이는 죽음을 면하기 어려울 것이오. 나도 좋아서 이런 말을 하는 것은 아니오. 다 가족을 생각해서 이런 말을 하는 것이니 이러는 나를 용서하기 바라오."

이 말 끝에 부부는 서로 부둥켜안고 울었다. 이 말을 한 지아비보다는 이런 말을 들은 지어미가 더 섧게 울었다. 아내는 남편에게, 제발 그 말을 거두어달라고 애원했지만 하릴없었다. 남편의 결심은 이미 아내의 말에 흔들리지 않을 정도로 확고했다.

텔레투사가 만삭이 된 몸을 가누기 어려울 즈음 강의 신 이나코스의 딸 이오가 수많은 신과 여신을 대동하고 텔레투사의 꿈에 나타났다. 처녀 시절 제우스에 의해 암소로 둔갑한 뒤 헤라로부터 모진 시련을 받던 이오는 이때 이미 이집트에서 이시스 여신으로 섬김을 받고 있었다. 이미 머리에 초승달 모자의 뿔을 달고 이 뿔에다 노란 이삭을 매단 이오 일행의 거동은 여왕의 행차를 방불케 했다.

이오 옆에는 개의 머리를 한 아누비스, 거룩한 부바스티스, 살갗에 얼룩 반점이 있는 아피스, 그리고 스스로도 말하지 않고, 남들에게도 말하지 말라는 뜻으로 손가락을 세워 입술에 대고 있는 실렌사도 거기에 와 있었다. 거룩한 타악기도 보였고, 이오가 그토록 찾아 헤매던 오시리스 신, 그리고 엄청난 최면독을 품은 무수한 이방의 뱀도 보였다. 여신이 된 이오가 텔레투사에게 말했다. 텔레투사는 금방 잠에서 깬 사람처럼, 생시에 보는 것과 조금도 다름없는 이 광경을 보면서 이오의 말을 들었다.

"텔레투사, 나와 신세가 비슷한 텔레투사야. 너무 근심하지 말고, 네 지아비가 그런 명을 내렸다고 너무 야속하게 생각하지 말아라. 해산의 여신 에일레이튀이아가 점지한 이상 사내아이든 계집아이든 괘념치 말고 낳아서 잘 기르도록 하여라. 나는 기도하는 너희에게 유익한 여신이다. 그러니, 섬겨도 돌보지 않는다고 야속하게 생각도 말고, 불평도 하지 말아라."

이오는 이 말을 남기고는 그 방에서 사라졌다. 텔레투사는 꿈에서 깨어나 별을 향하여 두 팔을 벌리고, 꿈에서 보았던 이오 여신의 축복이 현실로 이루어지기를 빌었다.

극심한 산고 끝에, 텔레투사가 배에다 싣고 있던 무거운 짐은 새 생명으로 태어났다. 딸이었다. 텔레투사는 지아비에게, 태어난 아기가 딸이라는 사실을 밝히는 대신 아들이라고 거짓말을 했다. 아들이라면 길러도 좋은 것은 물론이었다. 지아비는 아내의 말을 의심하지 않았다. 텔레투사가 남편을 속이고 있다는 것을 아는 사람은 해산을 도운 노파뿐이었다.

텔레투사의 남편은 자기가 소원하는 대로 아들이 태어난 것에 만족스러워하면서 아기 조부의 이름을 따서 아기를 '이피스'라고 부르게 했다. 텔레투사가 이 이름을 무척 좋아했다. '이피스'는 사내아이에게나 계집아이에게나 두루 붙일 수 있는 이름이었기 때문이다. 텔레투사는, 아기가 '이피스'라고 불리고부터는 남편이나 주위 사람들을 속이고 있다는 부담감을 느끼지 않아서 좋았다. 그러나 텔레투사는 계속해서 새로운 거짓말을 생각해내지 않으면 안 되었다. 이피스가 사내아이가 아니라 실은 계집아이라는 비밀은 어느 누구도 알지 못했다. 아이 모습은, 남자가 되었든 여자가 되었든 '참하다'는 소리를 들을 만했다.

이피스의 나이 열세 살이 되자 아버지 리크도스는 이피스의 배필을 골랐다. 참으로 공교롭게도 소녀 이안테로 정해졌다. 이안테는 도시국가 파이스토스에서 가장 아름답다는 소리를 듣던 금발의 소녀였다. 이안테로 정해진 것이 공교롭다는 것은, 이피스와는 나이도 같고, 준수한 미모 또한 빼어난 데다 같은 스승 밑에서 공부한 처지였기 때문이다.

텔레투사의 꿈에 나타난 이시스 여신
1732년 출간된 오비디우스의 『변신 이야기』에 수록된 삽화로, 18세기 프랑스 판화가 베르나르 피카르의 판화.

 이피스와 이안테는, 혼담이 오고 가기 전에도 순수한 마음으로 서로 사랑하고 있었다. 하지만 그 사랑은 이루어질 수 없는 사랑이었다. 이 피스에게 이안테와의 사랑은 고통의 씨앗이지 다른 것이 아니었다. 이 결혼에 대해 이피스와 이안테가 하고 있는 생각은 사뭇 달랐다.
 이안테는 이피스와 결혼할 날을 손꼽아 기다렸다. 자기가 마음에 두고 있던 소년이 머지않은 장래에 남편이 되도록 예정되어 있었으니 당연했다. 하지만 이피스는 사랑해서는 절대로 안 될 이안테를 사랑하는 셈이었다. 이피스는 그러니까 소녀의 몸으로 소녀를 사랑하고 있는 셈이었다. 이피스는 착잡한 심정으로 눈물을 흘리면서 혼자 이렇게 중얼거렸다.
 "참으로 불가사의한 이 사랑, 이 일을 어쩐다지? 이토록 기묘한 사랑에 빠지다니……. 세상에, 이런 사랑이 있는 줄을 누가 알 것인가? 신들이 나를 이 땅에 살려두실 생각이 있으셨다면, 내게 이런 일이 일어나게 버려두시지는 않으셨을 것이다. 신들께서 나를 파멸케 하실 생각이 있으셨다면 여느 인간들을 치는 불행으로 나를 치셨지, 이렇게 해괴한 사랑에 빠지게 하시지는 않았을 것이다. 아, 암소는 암소를 사랑할 수 없고, 암말은 암말을 사랑할 수 없는 법이다. 암양의 피를 끓게 하는 것은 숫양이요, 암사슴의 뒤를 좇는 것은 수사슴이 아니던가? 새들도 이같이 짝을 짓는다. 이 세상에 암컷이 암컷을 사랑하는 짐승이 어디 있던가? 차라리 이 세상에 태어나지 않았더라면 좋았을 것을……. 괴물 많기로 유명한 이 크레타섬에서 태양신 헬리오스의 딸 파시파에가 황소를 사랑한 일이 있기는 하다. 하지만 왕비는 여자였고 소는 황소가 아니었던가? 나의 이 미친 사랑에 견주면 파시파에 왕비의 사랑은 이루어질 가능성이라도 있으니 차라리 온당한 편이다. 왕비는 수소의 사랑을 얻기 위해 암소 모형이라도 빌리지 않았던가? 왕비가 속인 소는 그래도 수소 아니던가? 내 경우는 다르다. 세상 재주꾼이라는 재주꾼이 다 몰려와도, 심지어는 저 다이달로스가 밀랍으로 붙인 깃털 날개로 날아와도 소용없다. 다이달로스의 재주가 아무리 용한들 무슨 수로 여자인 나를 남자로 만들겠는가? 안 된다. 이피스야, 정신을 차리고 이 어리석은 생각, 쓸데없는 생각은 털어버려야 한다. 너 자신도 속이지 말고 남들도 속이지 말아라. 네가 무엇으로 태어났는지 눈 부릅뜨고 잘 보아라. 네가 할 수 있는 것이 무엇인지 바로 보아라. 여자인 네가 사랑할 수 있는 상대를 사랑하라. 이안테는 안 된다. 사랑의 욕망을 낳고 이 욕망을 살지우는 것이 무엇이던가? 바로 희망이다. 하지만 자연은 너에게 그런 희망을 허락하지 않았다. 네가 바라는 그 달콤한 포옹을 가로막는 것은 세상의 눈길도 아니요, 의심 많은 지아비의 질투심도 아니며, 너의 그 엄격한 아버지도 아니다. 네가 사랑하는 사람은 너의 사랑을 거두지 못한다. 그러므로 신들과 인간들이 도와준다고 하더라도 네가 사랑하는 사람은 너의 사람이 될 수 없고, 너 또한 네가 사랑하는 사람의 사람이 될 수 없다.

아, 신들은 나의 기도를 들어주시지 않는구나. 그러나 신들은 자비로 우시다. 신들은 나에게 주실 것을 모두 주셨다. 내 아버지, 내가 사랑하는 사람, 내가 사랑하는 사람의 아버지를 내게 베풀어주셨다. 이분들이 모두 나와 같은 기도를 드린다. 하지만 '자연'은 이를 허락하지 않는다. 내 앞을 가로막고 있는 것은 오로지 자연뿐……. 하지만 누가 이 자연을 거역할 수 있다는 말인가? 기다리고 기다리던 때는 다가오고 있다. 혼인날이 임박했다. 이날만 지나면 이안테는 내 사람이 된다. 그러나 이안테는 내 사람이 될 수 없다. 나는 탄탈로스처럼 물속에서 갈증에 시달려야 하는구나. 우아하신 헤라 여신이시여, 휘메나이오스(혼인) 신이시여. 이날 저희에게 오소서. 신랑은 하나도 없고 신부만 둘인 이 혼인 마당으로 부디 오소서."

말을 마친 이피스는 눈물을 훔쳤다.

이피스를 향한 이안테의 사랑 역시 이안테를 향한 이피스의 사랑 못지않게 뜨거웠다. 이안테는 이안테대로 그 결혼식에 휘메나이오스 신이 오시기를 기도했다. 이안테가 그런 기도를 하고 있다는 것을 안 텔레투사는 갖가지 구실을 붙여 자꾸만 혼인 날짜를 연기했다. 이피스가 병이 났다는 핑계를 대어 연기했고, 불길한 징조가 나타났다거나 꿈자리가 나쁘다는 핑계를 대어 연기했다. 하지만 구실이나 핑계도 더 이상은 할 수 없을 때가 왔다.

질질 끌어오기만 하던 결혼식을 겨우 하루 앞둔 날의 일이다. 텔레투사는 딸 이피스를 데리고 이시스 여신의 신전으로 갔다. 텔레투사는 자신의 머리와 이피스의 머리에서 댕기를 풀고 머리카락을 풀어헤친 채 제단을 치며 울부짖었다.

"이시스 여신이시여, 저를 도와주소서. 저의 이 근심의 뿌리를 잘라주소서. 여신이시여, 저는 예전에 여신을 뵈었나이다. 여신의 제단도 뵈었고, 여신을 보필하시는 분들도 뵈었습니다. 횃불도 보았고 신성한 악기가 울리는 소리도 들었나이다. 저는 여신의 말씀을 듣고 제 기억에다 아로새겼나이다. 제 딸이 아직까지 살아 있고 제가 거짓말을 하고도 벌을 받지 않은 것도 다 여신께서 도우셨기 때문인 줄 아나이다. 여신이시여, 저희를 불쌍하게 여기시고 도와주소서."

말을 마친 텔레투사의 눈에서 눈물이 주르륵 흘러내렸다. 그런데 이시스 여신이 텔레투사의 말을 들었다는 표적으로 신전을 뒤흔든 것 같았다. 아니, 여신은 정말로 신전을 흔들었던 것이다. 신전에 이어서 신전 문도 일제히 흔들렸다. 여신상의 이마에 달린 초승달 꼴 장식이 달처럼 빛나면서 신성한 악기가 울렸다. 여신으로부터 모녀를 도울 것이라는 확인을 받은 것은 아니었지만 그래도 모녀는 좋은 징조를 본 것에 만족하고 한결 가벼워진 마음으로 신전을 나올 수 있었다.

이피스는 어머니 텔레투사 곁에서, 늘 그러듯이 시원시원한 보폭으로 걷고 있었다. 그런데 갑자기 이피스의 피부색이 변했다. 얼굴 생김새도 바뀌었다. 이피스의 근육에서 힘살이 부풀어 올랐다. 영락없는 청년이었다. 이시스 여신이, 조금 전까지도 여성이었던 이피스의 몸을 남성의 몸으로 바꾸어준 것이다. 마땅히 신전으로 되돌아가 제물을 드려야 할 일이었다. 텔레투사와 이피스는 신전 제단에 제물을 바치고 다음과 같은 짧은 글을 남겼다.

처녀로서 약속드렸던 이피스의 제물을
청년이 된 이피스가 드리나이다.

다음 날 새벽의 여신 에오스가 온누리를 밝히자 결혼식이 시작되었다. 아프로디테 여신, 헤라 여신, 휘메나이오스 신이 자리를 빛내었다. 청년 이피스는 이안테를 아내로 맞았다.

10

로미오와 줄리엣의 원조

이루어지지 못한 사랑

책 읽기를 좋아하는 경상도 총각: 저, 아가씨, 『로미오와 줄리엣』은 읽어봤는기요?
책 읽기를 싫어하는 경상도 처녀: 로미오는 읽어봤는데 줄리엣은 아직 못 읽었심더.

　우리 어리던 시절에 나돌던 농담이다. 썰렁하다. 사금파리처럼 뾰족뾰족한 농담이 밤하늘 별처럼 박힌 채 반짝이는 이 시대에 다시 하고 보니 그렇다. 하지만 그 시절 우리는 이런 농담에도 데굴데굴 굴렀다. 그 시절 처녀 총각들에게는 『로미오와 줄리엣』 읽기가 큰 미덕이었다. 그 이름 외고 다니는 사람도 그리 많지 않았다. 하지만 지금은 로미오나 줄리엣의 이름을 모르는 사람은 거의 없다. 초등학생들 중에도 '로미오와 줄리엣' 하면, 이루어지지 못한 두 처녀 총각의 사랑 이야기를 좌르륵 떠올리는 학생들이 적지 않다. '로미오'와 '줄리엣'의 이름을 듣는 순간 두 사람의 슬픈 사랑 이야기를 좌르륵 떠올리는 것, 이것이 바로 문화적 '압축 파일' 풀기의 경험이다.
　『로미오와 줄리엣』은 영국 작가 윌리엄 셰익스피어가 쓴 희곡의 제목이다. 셰익스피어의 작품 중에는 『한여름밤의 꿈』이라는 희곡도 있다. 이 작품의 한국어 번역판 중에 해괴한 번역판이 있다. 나는 남의 번역을 놓고 잘잘못 시비하는 것을 좋아하지 않는다. 하지만 내가 손에 들고 있는 이 번역판은 그냥 넘어갈 수 없다. 독자들이 해야 할, 문화적 압축 파일이 풀리는 경험 때문이다. 그리스와 로마 신화책을 한 권도 읽어보지 않은 사람은 모르겠지만 한 권이라도 읽어본 사람들에게는 내가 보증하거니와 잠시 후 요절복통, 포복절도하게 될 것이다. 내가 들고 있는 이 번역판은 다음과 같은 말로 시작된다.

> (디슈스와 히펄리터 등장하여 자리에 앉는다…….)
> 디슈스: 아름다운 히펄리터, 이제 우리 혼례식도 눈앞에 다가왔구려…….
> 히펄리터: 나흘의 낮은 눈 깜작할 사이에 밤의 어둠으로 흘러가고, 나흘 밤도 꿈같이 사라질 거예요. 그러면 힘껏 당기어진 은빛 활 같은 초승달이 하늘에 떠서 우리의 엄숙한 혼례식을 지켜볼 거예요.
> 디슈스: ……히펄리터, 사실 난 그대와 검을 갖고 싸우다 청혼을 하여 사랑을 얻었고 불측한 해악도 많이 저질렀소…….
> (중략)
> (이지어스 등장)
> 이지어스: (절을 하면서) 고명하신 공작님께 만복이 있으소서.
> 디슈스: 감사하오. 이지어스. 그런데 웬일이오?

압축 파일이 풀리는가? 풀리지 않을 것이다. '디슈스'와 '히펄리터'는 곧 결혼할 사이다. 그런데 '디슈스'는 '히펄리터'에게 '그대와 나는 검을 갖고 싸우다 청혼을 하여 사랑을 얻었'다고 말한다. 도대체 이게 무슨 말인가? 압축 파일이 풀리지 않는 것은 고유명사를 괴상망측하게 음역했기 때문이다.

내가 알고 있는, 독자 여러분이 잘 알고 있을 터인 그리스 신화 한 토막을 먼저 얘기하자.

아테나이의 영웅 테세우스는 싸우기를 좋아하는 여인족 아마존 여왕 히폴뤼테와 싸운 적이 있다. 나중에 히폴뤼테는 테세우스의 아내가 되었다. 독자들은 벌써 눈치챘을 것이다. 테세우스를 '디슈스', 히폴뤼테를 '히펄리터'로 엉터리 음역을 했기 때문에 이 압축 파일이 풀리지 않았던 것이다. 아마존 여성들은 아르테미스 여신을 섬긴다. 위에서 히펄리터(히폴뤼테)가 '그러면 힘껏 당기어진 은빛 활 같은 초승달이 하늘에 떠서 우리의 엄숙한 혼례식을 지켜볼 거예요'라고 말하는 것은 그 때문이다. '은빛 활 같은 초승달'은 바로 아르테미스를 상징한다. 테세우스와 아마존 히폴뤼테(혹은 아마존 안티오페) 사이에서 태어난 아들이 바로 히폴뤼토스다. 히폴뤼토스는 아마존족 출신인 어머니처럼 아르테미스를 섬기다 사랑의 여신 아프로디테의 눈에 나서 곤욕을 치른 적도 있다.

나중에 나타나는 '이지어스'는 '아이게우스'여야 한다. 아이게우스는 원래 테세우스의 아버지 이름이다. 셰익스피어가 장난하느라고 아버지와 아들의 역할을 바꾸어놓은 것이다. 엉터리 번역은 이제 바로잡혔다. '디슈스와 히펄리터' 이야기는 '테세우스와 히폴뤼테' 이야기의 패러디인 것이다. 이제 압축 파일이 풀렸을 것이다.

하지만 나는 이 해괴한 번역본을 좀 더 시비해야겠다.

『한여름밤의 꿈』에서 마을 사람들은 테세우스와 히폴뤼테의 결혼식을 축하하는 뜻에서 연극 공연을 하게 된다. 이야기 줄거리를 설명하고 배역을 정하는 대목을 읽어보자. 부적절한 고유명사 음역을 작은따옴표로 가두었다.

퀸스: 니크 보틈, 자넨 '피라머스' 역일세.
보틈: '피라머스'가 뭔데? 연인 역인가, 아니면 폭군 역인가?
퀸스: 연인 역일세, 사랑 때문에 막판에 가서 용감하게 자살한다.
보틈: ……내가 그 역을 맡게 되면 관객들은 자기 눈을 조심해야 할 거야. 내가 눈물의 폭풍을 일으킬 테니까. 하지만 나는 천하장사인 '에르클리

즈' 역이면…… 기가 막히게 해내고말고. …… 이건 '에르클리즈' 말투요.
퀸스: 플루트, 자네는 '디스비' 역을 해주게.
플루트: '디스비'가 뭔데?
퀸스: '디스비'는 '피라머스'가 사랑하는 여인일세…….

'피라머스'는 바빌로니아의 으뜸가는 미남이었다는 '퓌라모스'다. '디스비'는 바빌로니아의 으뜸가는 미녀였다는 '티스베'다. '에르클리즈'는 천하장사 '헤라클레스'다. 보라. 헤라클레스는 어느 나라 말이 되었든 '헤라클레스'라고 부르는 것이 좋다. 영국인은 '허큘리즈', 프랑스 사람은 '에르퀼르', 이렇게 따로따로 부른다면 얼마나 불편한가? 그리스와 로마 신화에 무지한 번역자의 셰익스피어 번역은 얼마나 위험한가?

디슈스: 반인반마 '센토오'와의 전투…… 내 사촌 '허쿨리즈'의 무용담…… '드레이스'의 가수 '올페우스'…… 젊은 '피라머스'와 그의 연인 '디스비'의 길고도 간결한 한 장면, 매우 비극적인 희극…….

위의 번역을 이해하기 위해서 우리는 '센토오'는 '켄타우로스', '허쿨리즈'는 '헤라클레스', '드레이스'는 '트라키아', '올페우스'는 '오르페우스'로 바꾸어야 한다. '피라머스'와 '디스비'는 언급할 가치도 없다.

* * *

자, 이제 '퓌라모스와 티스베' 이야기를 읽어보자. 이 이야기는 그리스와 로마 신화에 편입되었을 뿐, 정확하게 말하면 바빌로니아 신화다.
세미라미스 여왕이 바빌로니아를 다스리고 있을 당시의 이야기다. 바빌로니아에서 으뜸가는 미남은 퓌라모스, 으뜸가는 미녀는 티스베였다. 두 사람의 집은 가까이 있었다. 집이 가깝다 보니 집안 사이가 가까웠고, 집안 사이가 가깝다 보니 이 두 젊은이 사이도 가까워져 이윽고 서로 뜨겁게 사랑하게 되었다. 두 사람은 서로를 기꺼이 결혼 상대로 생각하고 있었다. 양가 부모들은 이를 허락하지 않았다. 그러나 두 사람의 사랑이 서로의 가슴에서 같은 뜨거움으로 타오르는 것, 이것만은 부모들이 어쩔 수 없는 일이었다.

두 사람은 손짓, 눈짓으로 속마음을 나누었다. 그러자니 서로의 불길은 서로의 가슴속으로만 타들어갈 수밖에 없었다. 두 집 사이에는 벽이 있고, 이 벽에는 구멍이 하나 나 있었다. 벽을 쌓을 때 제대로 쌓지 못해서 생긴 구멍이었다. 그때까지 벽에 구멍이 있다는 걸 안 사람은 하나도 없었다. 그러나 두 사람은 용케 그 구멍을 찾아냈다. 하기야 사랑을 구하는 이들 눈에 무엇인들 안 보였겠는가. 이 구멍은 두 사람이 대화를 나눌 수 있는 유일한 통로 구실을 했다. 달콤한 사랑의 말이 이 구멍을 통하여 넘나들었다. 퓌라모스가 벽 이쪽에 서고, 티스베가 벽 저쪽에 서면 두 사람의 숨결은 하나같이 달아올랐다. 두 사람은 이렇게

벽에 가로막힌 사랑
벽에다 귀를 대고 퓌라모스의 음성에 귀를 기울이는 티스베. 19세기 영국 화가 존 윌리엄 워터하우스의 그림.

탄식했다.

"무정한 벽이여, 어째서 우리 둘을 이렇게 갈라놓는다지? 그러나 우리는 너의 은혜를 잊지 않는다. 그래도 우리가 이렇게 사랑의 말에 목말라 있는 귀에 달콤한 사랑의 말을 전할 수 있는 것은 다 네 덕분이니까."

두 사람은 벽 양쪽에서 각각 이렇게 속삭이다가 이윽고 밤이 되어 이별을 고해야 할 순간이 오면 티스베는 티스베 집 쪽 벽, 퓌라모스는 퓌라모스 집 쪽 벽에 입술을 눌렀다. 더 이상 어떻게 해볼 도리는 없었다.

이 대목에서 셰익스피어의 『한여름밤의 꿈』을 펼쳐보자. 한국어 번역판이 우리를 배신했으니 원서를 펼쳐볼 수밖에 없다. 돌담을 사이에 두고 퓌라모스와 티스베가 나누는 대화는 듣기에 고통스럽기까지 하다. 전라도 남원 관아의 옥문을 사이에 두고 나누던 춘향과 이몽룡의 대화를 듣는 것 같다.

> 티스베: 벽이여, 내 사랑 퓌라모스와 나 사이를 갈라놓은 벽이여, 내 원망을 들은 것이 몇 번이던가? 내가 앵두 같은 입술을 네게 댄 것이 몇 번이던가?
>
> 퓌라모스: 아니, 무슨 소리가 들리잖아? 틈새로 다가가 보아야겠구나. 티스베의 목소리를 들을 수 있도록…… 티스베!
>
> 티스베: 아, 내 사랑, 내 사랑 맞죠?
>
> 퓌라모스: 그래요. 틀림없소. 나는 그대의 사랑이오…… 메넬라오스처럼 영원히 그대를 사랑하겠소.
>
> 티스베: 저도 헬레네처럼 당신을 사랑하겠어요. 운명의 여신이 제 목숨을 끊을 때까지 당신을 사랑하겠어요.
>
> 퓌라모스: 케팔로스가 프로크리스를 사랑했듯이 당신을 사랑하겠어요.
>
> 티스베: 저도, 케팔로스가 프로크리스를 사랑했듯이 당신을 사랑하겠어요.
>
> 퓌라모스: 오! 입맞춰주어요. 이 무정한 돌담 틈으로.
>
> 티스베: 내 입술이 그대의 입술이 아니라 벽에 닿는걸요.

퓌라모스: 니노스의 무덤에서 날 만나주겠어요? 지금 곧?

티스베: 생사를 무릅쓰고, 지체 없이 달려가겠어요.

다음 날 아침에도, 새벽의 여신 에오스가 별들의 불을 끄고 태양이 풀잎에 맺힌 이슬을 떠나게 할 즈음이면 두 사람은 같은 곳에서 만났다. 두 사람은 기구한 팔자를 한탄하다 한 가지 대책을 세우기에 이르렀다. 밤이 되어 모두가 잠이 들면, 양가 부모의 눈을 피해 들판으로 나가버리자고 약속한 것이었다. 두 사람은 한꺼번에 움직이면 혹 남의 눈에 뜨일 염려가 있으니까 마을 경계선에서 멀리 떨어진 '니노스(세미라미스 여왕의 남편)의 묘'라고 불리는 유명한 왕릉에서 만나되, 먼저 도착한 사람이 그곳에 있는 나무 밑에서 나중 오는 사람을 기다리기로 했다.

두 사람이 지칭한 나무는 흰 뽕나무인데 이 뽕나무는 그곳 왕릉의 차가운 샘가에 서 있었다. 서로 말을 맞춘 두 사람은 태양이 물에 가라앉고, 바로 그 물에서 밤이 떠오르기를 하마하마 가슴 졸이며 기다렸다. 이윽고 티스베는 너울로 얼굴을 가리고는 집안 사람들 눈에 띄지 않게 집을 뛰쳐나와서는 예의 왕릉으로 갔다. 그러고는 약속했던 나무 밑에 앉아 기다렸다.

어스름 초저녁 어둠 속에 홀로 앉아 있는데, 암사자 한 마리가 그곳에 나타났다. 암사자는 갓 잡아먹은 짐승의 피를 입가에 잔뜩 묻힌 채 목이 말랐던지 샘을 찾아 그곳까지 왔던 것이었다. 티스베는 암사자에 놀라 그곳에서 도망쳐 바위 틈으로 몸을 감추었다. 그러나 너무 급하게 도망치던 나머지 그만 쓰고 있던 너울을 떨어뜨리고 말았다. 사자는 샘물을 마시고는 다시 숲속으로 들어가려고 몸을 돌리다 땅바닥에 떨어진 티스베의 너울을 보고는, 피투성이 입으로 그것을 물어 흔들어 발기발기 찢고 말았다.

조금 늦게 약속 장소에 도착한 퓌라모스는 모래에 찍힌 사자의 발자국을 보고는 낯색을 잃었다. 곧 갈가리 찢긴 채 피투성이가 된 티스베의 너울도 그의 눈에 띄었다. 퓌라모스는 그 너울을 보고 부르짖었다.

"아, 가엾은 티스베, 나 때문에 죽었구나. 나보다 오래 살아야 마땅한 그대가 나를 앞서 희생되었구나. 그래, 나도 그대를 따르리라. 그대를 이렇게 무서운 곳으로 오게 하고도 내 손으로 지켜주지 못한 허물이 어찌 작다고 할 수 있으랴? 자, 사자여! 바위 틈에서 나와 이 죄 많은 몸도 그 이빨로 갈가리 찢어다오."

퓌라모스는 너울을 수습하여 약속했던 나무 밑으로 갔다. 그는 그 너울에 몇 번이고 입을 맞추며 눈물을 뿌렸다.

"그대 피로 물든 이 너울, 내 피로 다시 한 번 물들이리라."

퓌라모스는 이 말과 함께 칼을 뽑아 제 가슴을 찔렀다. 찔린 곳에서 용솟음쳐 나온 피는 하얀 뽕나무 열매를 빨갛게 물들였다. 그 피가 땅에 스며 뿌리까지 이르렀다가, 다시 가지를 타고 뽕나무 열매에 스민 것이었다.

그동안 티스베는 두려움에 떨며 숨어 있다가, 너무 오래 숨어 있으면 애인이 실망할까 봐 조심스럽게 바위 틈을 나와 애인을 찾아보았다. 자기에게 닥쳤던 위기를 한시바삐 애인에게 말하고 싶었던 것이었다. 티스베는 약속 장소로 가보았다. 티스베는 뽕나무 열매의 색깔이 변한 것을 보고는 혹 나무를 잘못 찾은 건 아닐까 하고 생각했다. 그러나 오래지 않아 티스베는 죽어가고 있는 사람의 모습을 발견했다.

티스베는 자기도 모르는 사이에 뒤로 물러섰다. 떨림이 온몸으로 번져갔다. 일진광풍에 조용하던 수면이 일렁거리는 것과 흡사했다. 티스베는 그 사람이 바로 자기 애인이라는 걸 알고는 울부짖으며 자기 가슴을 쳤다. 티스베는 숨이 끊어져가는 퓌라모스를 부둥켜안고 상처에 눈물을 뿌리며 이제 식어버린 입술에 몇 번이고 입을 맞추었다. 그러고는 울부짖었다.

"오, 퓌라모스, 어쩌다 이 지경이 되었나요? 퓌라모스. 당신의 티스베가 이렇게 부르고 있어요. 자, 고개를 들어보아요."

퓌라모스는, 티스베라는 이름에 잠깐 눈을 뜨고는 피에 물든 자기 너울과 빈 칼집을 보았다. 티스베는 다시 울부짖었다.

"자기 손으로 찌르셨군요. 그것도 나 때문에……. 이번만은 나도 당신만큼 용감할 수 있어요. 내 사랑도 당신의 사랑 못지않게 뜨거울 수 있어요. 나도 죽어서 당신 곁으로 가겠어요. 우리를 갈라놓을 수 있는 것은 오직 죽음뿐입니다. 그러나 죽음도 당신 곁으로 가려는 나를 말릴 수는 없을 거예요. 아, 가엾은 양가의 부모님들이시여, 저희의 애절한 소원을 용납하소서. 사랑과 죽음이 저희를 묶었으니 바라건대 한곳에 묻어주소서. 그리고 뽕나무여, 우리 죽음의 표적을 잊지 말고 기억해다오. 우리 둘이 흘린 피를 열매로 기억해다오."

말을 마친 티스베는 제 가슴을 칼로 찔렀다. 티스베 부모는 딸의 소원을 용납했고, 신들도 이를 옳게 여겼다. 두 사람의 유해는 한곳에 묻혔고 뽕나무는 오늘날까지도 이를 기념하여 붉다 못해 검붉은 열매를 맺는다.

* * *

셰익스피어의 『로미오와 줄리엣』을 요약해보자. 그러면 셰익스피어가 대본으로 쓴 마테오 반델로의 소설 『로메우스와 줄리엣의 슬픈 이야기』가 어디에서 왔는지 짐작하는 것도 가능하다.

이탈리아의 베로나에 몬터규 집안과 캐퓰렛 집안이 있다. 이 두 집안은 서로 상극이다. 캐퓰렛 집안의 무도회에 갔던 몬터규 집안의 아들 로미오는 캐퓰렛 집안의 딸 줄리엣에게 첫눈에 반하게 된다. 두 사람은 신부의 도움을 얻어 은밀히 결혼식을 올린다. 하지만 두 집안 사이에는 처절한 칼부림이 오고 간다. 로미오는 친구가 살해된 것을 복수하려다 캐퓰렛 집안 사람을 살해하고는 추방령을 받는다. 로미오는 만토바로 추방당하고, 줄리엣은 집안으로부터 등을 떠밀려 파리스 백작과 결혼하게 되자 신부로부터 받은 약을 먹고는 가사(거짓 죽음) 상태에 빠진다. 소문을 듣고 달려온 로미오는 줄리엣이 정말 죽은 줄 알고 독약을 마시고 자살한다. 가사 상태에서 깨어난 줄리엣은, 그제야 자신의 연극이 로미오를 죽음에 이르게 한 것을 알고는 단검으로 자기 가슴을 찌른다.

비극으로 승화한 아름다운 사랑…… 이것이 사랑의 이상일 수 있을까? 비극적인 사랑은 '헤로와 레안드로스'에서 다시 한 번 되풀이된다.

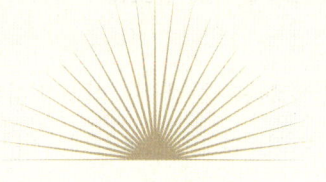

11

코린토스의
빛과 그림자

레안드로스의 파멸

아비도스는 아시아와 유럽을 나누고 있는 헬레스폰토스해협(지금의 다아다넬즈해협)의 아시아 쪽에 있는 도시였다.
　미국 작가 토머스 불핀치가 들려주는 슬픈 사랑 이야기는 의외로 짧다.

　아비도스에 레안드로스라는 청년이 있었다. 해협 건너편에는 세스토스라는 도시가 있었는데, 그 도시에는 '아프로디테 신전의 여사제'인 헤로라는 처녀가 살고 있었다.
　레안드로스는 이 헤로에게 반했던 나머지, 매일 밤 이 해협을 헤엄쳐 건너가 사랑하는 처녀를 만나곤 했다. 헤로도 그러는 그를 끔찍하게 사랑해주었다. 폭풍이 일어 바다가 사나워진 어느 날 밤, 레안드로스는 기력을 잃고 바다에 빠져 죽고 말았다. 그의 시체가 유럽 쪽 해안으로 밀려왔을 때야 헤로는 그가 죽었음을 알았다. 헤로는 절망을 이기지 못하고 탑에서 바다로 투신하여 애인의 뒤를 따랐다. 이 짧은 이야기의 두 주인공 헤로와 레안드로스에게 바치는 시인들의 헌사가 뜨겁다.
　키츠는 『레안드로스 그림에 부쳐』에서 이렇게 노래하고 있다.

정말 신전의 여사제였을까
프레더릭 레이턴의 〈헤로의 마지막 시선〉.

엄숙한 마음으로 이곳에 와서
늘 눈을 내리깔고, 그 싱싱한 눈빛을 하얀 눈꺼풀 안에다 감추고 있는 아리따운 처녀들이여!
그대들 아름다운 손으로 합장하라.
그 손을 참마음으로 모으지 않고는 볼 수가 없을 것이니
이것은 그대들 눈부신 아름다움의 희생자가
제 젊은 영혼의 밤으로 빠져들어가던 모습,
황량한 바닷속으로 황망 중에 가라앉던 모습이다.
이거야말로 젊은 레안드로스가 허우적거리며 죽어가던 모습이다.
그래도 숨넘어가는 입술을 내밀어 헤로의 뺨을 찾았고,
헤로의 미소에는 미소로 답하고 있다.
무서운 꿈! 보라, 그 몸이 죽음처럼 무겁게 파도 사이로 가라앉는다.
어깨와 팔이 일순 번쩍인다.
그러다 사라지고 만다. 그의 숨결은 포말이 되어 떠오른다.

바이런은 그리스인들이 사랑하는 '필헬레네제'다. '그리스를 좋아하는 사람'이라는 뜻이다. 크림전쟁 중에는 그리스를 위해 싸우기도 한 그는 그리스의 메솔롱기에서 세상을 떠났다.

이 '헤로와 레안드로스' 이야기에 감동한 나머지 바이런은 다리를 저는 장애인이었는데도 레안드로스가 건넌, 너비가 무려 2킬로미터 가까운 해협을 1시간 10분에 걸쳐 몸소 헤엄쳐 건너기도 했다. 이 해협은 물살이 급하기로도 유명하다. 그는 걸작시 「아비도스의 신부」에서 '부력 좋은 물결이 내 팔다리를 날라다 준 일이 있다'고 노래하고 있다.

슬프고도 아름다운 이 이야기에 감동하면서도 어느 누구도 헤로가 '아프로디테 신전의 여사제'였다는 사실에 주목하지 않는다. '히에로둘리', 즉 '아프로디테 신전의 여사제'라는 말은 '매춘부'라는 뜻이다.

코린토스는 아테나이에서 자동차로 두 시간 거리에 있는 고대 도시다. 코린토스에는 두 개의 도시가 있다. 현대 도시인 '네아 코린토스New Corinthos'와 고대 도시인 '아키아 코린토스Archaic Corinthos'가 그것이다. 사도 바울이 「고린도서」를 쓴 것은 그가 고대 도시 코린토스에 오래 머물렀기 때문이고, 오래 머물렀던 것은 코린토스가 아프로디테 숭배의 중심지 중 하나였기 때문이다.

아름다움과 애욕의 여신 아프로디테는 살아 있는 것들을 번성하게 할 때는 건강한 성욕을 북돋우는 매우 긍정적인 여신일 수도 있지만 그 성욕은 절제가 없는 성욕이어서, 술의 신 디오뉘소스가 그렇듯이 굉장히 위험한 측면을 지닌 부정적인 여신이기도 하다. 아프로디테는 아름답지만 바로 그 위험한 측면 때문에 기독교에 의해 거의 소독당하다시피 한 여신이다.

아프로디테 신전의 여사제, 즉 히에로둘리(신성한 매춘부들)는 나그네에게 몸을 파는 신전 매춘부들이었다. 로마의 지배를 받고 있을 시절의 코린토스는, 사랑의 여신전에서 신전 여사제와 '신성한 매춘'을 즐길 수 있는 방탕한 사내들의 천국 같은 곳이었다. '코린토스로 간다'는 말은 그래서 '여사제와 하룻밤을 함께한다'는 말과 동의어였다. 로마인들은, 신세 타령하는 친구를 다음과 같은 말로 위로했던 것으로 전해진다.

"논 퀴비스 호미니 콘틴기트 아디레 코린툼(누구나 다 코린토스로 갈 수 있는 것은 아니잖겠어)."

'살다 보면 그럴 수도 있는 거지 뭐', 이런 뜻으로 하는 말이다.

고대 도시 코린토스 뒤로는 험악한 바위산이 버티고 서 있다. 바로 '아크로코린토스(높이 솟은 코린토스)'다. 이 아크로코린토스는 아프로디테의 신전이 있던 곳으로 유명하다. 히에로둘리가 버글거리던 아프로디테 신전이 무엇이겠는가? 거대한 매음굴이다. 잃어버린 반쪽이를 아프로디테 신전에서 찾던 레안드로스의 파멸을 기억할 필요가 있다.

12

포모나, '때'를 잘 아는군요

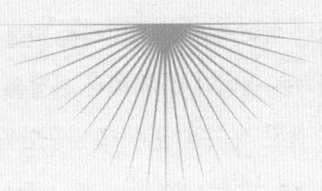

포모나와 베르툼누스

'하마드뤼아스'는 나무의 요정들을 싸잡아 일컫는 이름이다. '하마hama'는 '함께한다'는 뜻, '드뤼아스dryas'는 '나무'를 뜻하는 그리스 말이다. 영어 '트리tree'의 조상에 해당한다. '포모나'는 '사과' 혹은 '과일'을 뜻하는 라틴어다.

포모나는 하마드뤼아스 요정 중의 하나로, 과수원을 사랑하고 과일나무를 손질한다. 이런 일이라면 이 포모나를 따를 만한 이가 이 세상에는 없다. 포모나에게는 숲이나 강에 대한 관심은 거의 없다. 오직 사과가 열리는, 손질이 잘된 과수원 땅과 그 나무만을 사랑할 뿐이다. 그래서 포모나는 오른손에 늘 무기를 하나 들고 다닌다. 무기라고 해서 투창 같은 것은 아니고 바로 가지 치는 칼이다. 포모나는 이 칼로 어떨 때는 웃자란 가지, 옆으로 꼴사납게 비어져 나온 가지를 쳤고 또 어떨 때는 가지를 찢고 거기에 다른 가지를 접목시켜 전혀 다른 열매가 열리게 하는 일로 늘 분주하다.

포모나는 또 애지중지하는 이 나무들이 지나친 햇볕에 타지나 않을까 마음을 써서 뿌리 근처에까지 물길을 터주어 목마른 뿌리가 그 물을 마실 수 있게 해주기도 한다. 이런 일들은 포모나가 무척 좋아하는 일이어서 온 정열을 다 쏟아도 아깝지 않은 일이었다.

그러자니 아프로디테의 일(연애)에는 자연 무관심해질 수밖에 없었다. 포모나는 그 과수원 땅을 너무 아낀 나머지, 연애는커녕 혹 남자들이 침입할까 봐 늘 과수원 입구에 자물쇠를 채워두기까지 했다. 파우누스(들의 신)와 사튀로스(숲의 신, 반인반수) 들은 포모나 하나만 차지할 수 있다면 가진 것을 누구에게 다 주어도 아깝지 않을 것으로 여겼다.

나이보다는 젊어 보이는 사튀로스도 솔잎 관을 쓴 판도 이들과 다르지 않았다. 그러나 포모나를 가장 사랑한 이는 베르툼누스였다. 그러나 말이 그렇다는 것이지 이 베르툼누스가 다른 신들을 이기고 사랑에 승리할 수 있었다는 것은 아니다.

아, 베르툼누스가 추수하는 농부로 둔갑해서는 곡식 바구니를 짊어지고 포모나를 찾아가 농부 흉내를 낸 것만 무릇 몇 번이던가! 마른 곡식 대궁이로 머리를 질끈 동여맨 베르툼누스의 모습은 영락없이 곡식을 나르다 온 농부의 모습 그대로였다. 때로는 소 쫓는 작대기를 손에 들고 나타나기도 했는데, 이때의 모습 역시 방금 지친 소의 멍에를 풀어주고 달려온 목동의 모습 그대로였다. 가지 치는 가위를 들고 과수원지기 흉내를 내는가 하면, 사다리를 둘러메고 능금 따러 가는 농부 흉내를 내기도 했고, 군대에서 갓 제대한 사람처럼 포모나 앞을 어슬렁어슬렁 왔다 갔다 하는가 하면, 낚싯대를 둘러메고 고기 잡으러 가는 낚시꾼 흉내를 내기도 했다.

말하자면 이런 식으로 포모나에게 접근하고는 먼발치에서나 그 모습을 보는 것으로 위로를 삼았다.

어느 날의 일이다. 베르툼누스는 노파로 둔갑해서는 반백 머리에 모자를 푹 눌러쓰고 지팡이를 든 채 포모나 앞에 나타났다. 노파는 과수원에 들어가자마자,

"과연 아름답습니다, 아가씨"

어쩌고 하면서 포모나에게 입을 맞추는데, 그 입맞춤이 도무지 노파가

하는 짓으로는 어울리지 않게 뜨거웠다. 노파는 과수원 둑에 앉아, 과일이 흐드러지게 열린 과일나무 가지를 올려다보았다. 가지는 노파의 머리 바로 위에까지 축 늘어져 있었다. 거기에서 좀 떨어진 곳에는 느릅나무가 한 그루 있었는데 그 느릅나무 가지에는 포도가 잔뜩 열린 포도덩굴이 뒤엉켜 있었다. 노파는 이 느릅나무와 포도덩굴을 또 한 차례 칭송하고는 말을 이었다.

"……좋고말고요. 하지만 포도덩굴이 엉켜 있지 않고 저 느릅나무 한 그루만 우뚝 서 있다면, 징그럽게 많은 잎사귀가 있을 뿐 도대체 우리에게 주는 게 뭐 있겠어요? 그리고 포도덩굴 또한 마찬가지지요. 저 훌륭한 느릅나무로 기어오르지 못했다면 땅 위나 기었지 제가 별 수 있나요? 어때요, 아가씨? 저 나무와 포도덩굴이 우리에게 무슨 교훈을 베풀고 있는 것 같지 않아요? 아가씨도 배우셔서 저렇게 누구와 짝을 지으세요. 그게 좋을 거예요.

헬레네도 아가씨만 한 인기는 못 누렸을 터이고, 머리 잘 쓰는 것으로 이름난 오뒤쎄우스의 아내 페넬로페도 아가씨만큼 많은 구혼자는 거느려보지 못했을 거예요. 아가씨는 고개를 절레절레 흔들어도 모두들 아가씨를 차지하려고 머리를 싸고 설친답니다. 전원의 신들이 그렇고, 이 근처 산에 사는 모든 신이 다 그렇지요.

아가씨께서 조심성 있고 좋은 인연을 맺고 싶은 의향이 있으시면 이 늙은이의 말을 들으셔서 다른 자들은 다 마다하시고 제가 천거드리는 베르툼누스를 고르세요. 왜긴 왜겠어요? 베르툼누스가 죽자 살자 하고 아가씨를 사랑하니까 그렇지요. 베르툼누스에 대해서라면 이 노파가 본인 못지않게 잘 압니다. 그 양반은 떠돌이 신들과는 달라서 바로 이 산에 번듯한 집도 가지고 있답니다. 그리고 사랑에 빠진 요새 것들과는 달라요. 여자라면 보는 족족 반해버리는 그런 위인도 아니랍니다. 이 베르툼누스는 아가씨를, 오직 아가씨만을 사랑하고 있어요.

나이도 적당하니 젊고, 잘생기고, 마음먹은 대로 둔갑할 수 있는 기술도 익히고 있지요. 그러니까 아가씨가 명령만 내리면 무엇으로든 척척 둔갑할 수 있는 거예요. 게다가 취미가 또 아가씨 취미와 똑같아서 과수원 일을 즐기고, 능금나무 손질하는 솜씨도 대단합니다. 하지만 지금 저쪽이 관심을 갖는 것은 과일도 아니고, 꽃도 아니고, 다른 뭣도 아니고, 오직 아가씨뿐이랍니다.

제발 그 양반을 가엾게 여기시어 제 입을 빌려 그 양반이 아가씨에게 말씀을 드리고 있는 것이라 생각해주세요. 너무 매정하게 그러시면 신들의 노여움을 사신다는 것도 잊지 마세요. 아프로디테 여신께서 무정한 이를 얼마나 미워하는지 아시지요? 아가씨께서 너무 매정하게 그러셨다는 걸 아시면 조만간 그 허물의 값을 물리실지도 몰라요. 제가 드리는 말씀이 거짓이 아니라는 증거로 퀴프로스섬에서 실제로 있었던 이야기 한 토막 해 올리지요. 이 이야기를 들으시고 아가씨 마음이 누그러진다면 이 아니 좋겠습니까?

이피스라는 가난한 집 총각이 있는데, 어느 날 이 총각이 데우크로스 집안의 딸인 아낙사레테 처녀를 보고는 그만 한눈에 반해버렸더랍니다. 이피스는 오래 짝사랑으로 애를 태우다 그래서는 되는 일이 없겠다는 걸 깨닫고 애원이라도 해보아야겠다는 생각으로 이 처녀의 집을 찾아갔더랍니다.

처음 이 청년이 만난 사람은 처녀의 유모였더래요. 이피스는 유모를 붙들고, 이래저래서 왔으니까 힘을 좀 빌려주십사고 부탁했더라지요. 그러다 안 되니까 하인들을 구워삶으려고 애를 써보기도 했죠. 사랑의 맹세를 줄줄이 엮어 편지를 써 보내기가 몇 번이며, 눈물 젖은 꽃다발을 그 집 문 앞에 걸어둔 것이 몇 번인지 헤아릴 수가 없었답니다. 현관 앞에 몸을 던지고 벗겨질 줄 모르는 대문 빗장을 원망도 해보았겠지요.

그런데도 처녀 쪽은 동짓달 질풍에 놀아나는 파도보다도 무정했고, 마음은 게르마니아 무쇠 대장간 강철보다, 아직도 벼랑에 붙어 있는 바

"베르툼누스를 선택하세요"
노파로 둔갑해 포모나를 꾀는 베르툼누스. 18세기 프랑스 화가 프랑수아 부셰의 작품.

위보다 더 단단했다지요. 그저 무정하고 단단하기만 했대도 좋게요? 때로는 몹쓸 말로 욕보이고, 무시하고, 조롱하기만 할 뿐 도무지 틈을 보이지 않았더랍니다.

　이피스는 아무 희망이 없는 이 사랑의 괴로움을 도저히 더 견딜 수 없어 처녀 집 대문 앞에서 이렇게 막말을 했답니다.

　'아낙사레테여, 그대가 이겼으니 이제는 내 터무니없는 소원에 귀를 기울일 필요가 없소. 오직 그대의 승리나 기뻐하시오. 승리의 노래를 부르시오, 머리에 월계관을 쓰시오, 드디어 그대가 승리를 얻었습니다. 나는 죽습니다. 철석같은 마음이여, 이제 마음껏 기뻐하시오. 나는 죽음으로써 그대를 만족시키고, 이로써 단 한 번이라도 그대가 나를 찬양하게 만들고 말 것이오. 그대를 향한 내 사랑이 내 목숨보다는 먼저 식지 않는 것임을 증명해 보일 것이오. 내가 죽었다는 소식이 그대에게 풍문으로 들리게 하지는 않으리다. 그래서 여기 이렇게 와 있소. 내 모습을 그대에게 보이고, 내가 죽는 광경으로 그대 눈을 즐겁게 해주려오. 그러나 신들이여, 인간의 슬픔을 내려다보시는 신들이시여, 저의 운명을 낱낱이 굽어살피소서. 오직 한 가지 소원만 드리오니, 바라건대 후대에 이르기까지 제 이름이 사람들 기억에 남게 하소서. 이제 신들께서 거두어 가실 제 생명을 저의 명성에 더하여주소서.'

이런 말을 남긴 이피스는 그 창백한 얼굴과 비탄에 젖은 눈을 들어 처녀의 집을 올려다보며 대문 기둥에다, 청년이 지금까지 여러 번 꽃다발을 걸었던 그 대문 기둥에 올가미진 줄을 매달아 목을 밀어 넣고 중얼거렸더랍니다.

'적어도 이 꽃다발만은 그대 마음에 들 것이오, 무정한 처녀여!'

그러고는 발을 떼니 청년은 목이 부러진 채 허공 중에 대롱거리더랍니다. 대롱거리던 청년의 몸이 문을 미니, 문에서 비명소리와 비슷한 소리가 났지요. 그 소리를 들은 하인들이 달려 나와 문을 열고는 청년의 시체를 보았겠지요. 가엾다 불쌍하다고들 혀를 차면서 하인들은 이 시신을 수습하여 청년의 어머니에게로 운반했습니다. 아버지는 세상을 뜬 지 오래여서 집에는 어머니밖에 없었다지요. 어머니는 하인들로부터 받은, 이제는 식어버린 아들을 끌어안고 울었겠지요. 그 어머니의 입에서는, 아들을 사별한 이 세상 모든 어머니의 슬픔이 말이 되어 나왔을 테지요.

슬픈 장례 행렬은 거리를 지났습니다. 창백한 시신을 상여에 올려 화장장으로 운반하는 행렬이었습니다. 아낙사레테의 집이 마침 그 거리에 있었으니, 장례식에 모인 사람들의 애곡 소리가 그 처녀의 귀에도 들어갔을 테지요. 복수의 여신이 그 값을 물리려고 점을 찍은 바로 처녀의 귀에.

"슬픈 장례 행렬인 모양인데, 구경이나 하자."

처녀는 이렇게 말하며 창문 곁으로 가 거리를 지나는 장례 행렬을 내려다보았더랍니다. 그런데 처녀의 눈이 상여 위에 누운 이피스의 시신에 멎는 바로 그 순간 처녀의 눈은 딱딱하게 굳었고, 몸속을 흐르던 따뜻한 피는 싸늘하게 식었더랍니다. 놀란 처녀는 뒤로 물러서려 했겠지만 발이 움직이지 않는 데야 별수가 없었을 테지요. 얼굴을 돌리려 했지만 그것마저 여의치가 못했더랍니다. 처녀의 온몸은 그 마음처럼 단단하게 굳어 돌이 되었다지요.

이 이야기를 안 믿는 분이 있을까요? 아직도 그 석상이 남아 있는데도요? 살라미스에 있는 아프로디테 신전에 가면 이 처녀가 굳은 석상이 있답니다. 그러니 아가씨께서도 이 이야기에 유념하시어 부디 남을 업신여기거나 주저하는 마음을 버리시고 아가씨를 사랑하는 자의 말을 귀담아들으세요. 그렇게 하시면 봄 서리가 아가씨의 풋과일을 시들게 하는 일도 없을 터이고, 심술궂은 바람이 아가씨의 꽃잎을 흩날리게 하는 일도 없을 것입니다."

베르툼누스는 이 말끝에 노파의 변장을 풀고 원래 모습인 헌헌장부로서 포모나 앞에 우뚝 섰다. 포모나가 보기에 그의 모습은 구름을 젖히고 나온 빛나는 태양의 모습을 방불케 했다. 베르툼누스는 다시 한번 사랑을 애원할 생각이었으나 그럴 필요가 없었다. 그의 뛰어난 말재주와 빼어난 용모가 벌써 승리를 차지해버린 뒤였기 때문이었다. 요정 포모나는 더 이상 저항하지 않았다. 사랑의 불길을 나누어 가졌으니 그럴 필요도 없었다.

그저 그렇고 그런 사랑 이야기가 아니다. 신화라는 것이 다 그렇듯이 이 이야기도 의미심장한 메시지를 담고 있다. 처녀의 이름 '포모나'는 '과실', '베르툼누스'는 '계절의 변화'다. 과실(포모나)은 때가 있다. 계절의 변화(베르툼누스)를 알지 못하면 과실은 농익다 못해 썩는다. 베르툼누스가 노파로 변장하고 온 까닭이 여기에 있다.

포모나 같은 처녀, 베르툼누스 같은 총각은 좋겠다.
힘써 사랑할 일이다. 사랑할 날이 많이 남아 있지 않으니.

나오는 말

달리지 않으면 넘어진다

나는 『이윤기의 그리스 로마 신화』 제1권 '들어가는 말'의 말미에 이렇게 쓴 것을 기억하고 있다.

"……독자는 지금 신화라는 이름의 자전거 타기를 배우고 있다고 생각하라. 일단 자전거에 올라 페달을 밟기 바란다. 필자가 뒤에서 짐받이를 잡고 따라가겠다."

'나오는 말'의 말미에는 이렇게 썼다.

"…… 독자는 지금 신화라는 이름의 자전거를 배우고 있다고 생각하라. 처음에는 필자가 짐받이를 잡고 따라갔다. 뒤를 돌아다보지 말고 그냥 달리기 바란다. 필자는 짐받이를 놓은 지 오래다. 독자는 혼자서 이미 먼 길을 달려온 것이다."

그러나 자전거 배우기에서 모두 '단칼에' 성공하는 것은 아닌 모양이다. 달리지 않으면 넘어지는 것, 그것이 자전거다.

1960년대, 시인 송욱 교수께서, 당시로서는 아무나 하기 어렵던 프랑스 파리 여행을 마치고 돌아왔을 때의 일이다. 외국 여행이 언감생심이었던 제자들이 궁금해서, 선생님, 파리는 어떤 도시였어요, 하고 물었더니 송욱 교수께서, 파리의 건물이라는 건물은 다 우리나라 중앙청 같다고 생각하면 된다, 이러셨단다. 번역가로 유명한 김화영 교수(고려대학교)에게서 들은 이야기다. 나는 이 이야기를 듣고 처음에는 웃었다. 하지만 웃음 끝이 서글펐다. 견줄 것이 얼마나 없었으면 파리를 중앙청에 견주었을까 싶어서였다. 하지만 지금의 우리 서울에는, 1960년대의 파리를 설명하는 데 참고 자료로 등장하던 중앙청조차 남아 있지 않다.

송 교수가 프랑스 파리의 건물을 중앙청에 견주고부터 40여 년의 세월이 흘러 21세기가 되었다.

반쪽이 시리즈로 유명한 만화가 최정현 씨에게는 '최하예린'이라는 딸이 있다. '하'늘이 내'린' '예'쁜 딸이라는 뜻이란다. 하예린은 만화에 자주 등장해서 굉장히 유명해진 초등학교 5학년생이다. 초등학생인데도 그리스 로마 신화를 열심히 읽으면서 벌써 장편 만화를 습작하는 하예린이 지난 여름 아버지와 함께 파리를 한 달 동안 여행하고 돌아왔다. 만화가 최정현 씨가 내게 이런 말을 했다.

"파리에서 건축물, 대리석상, 명화를 볼 때마다 하예린이 저에게 신화적인 배경을 설명을 하는데, 정말 놀랐어요. 수다도 그런 '왕수다'가 없었죠. 서울대학교 미술대학에서 서양 미술사를 배운 제가 정신이 다 없었다니까요."

신화를 아는 하예린에게 파리의 건축물이나 석상이나 명화는 엄청 수다스럽게 굴었을 것이다. 신화를 알면 파리의 예술품들은 파리 시민들보다 더 수다스러워진다. 하예린도 수다스러워지는 것은 당연하다. 하예린은 지금 자전거 타기는 물론이고 신화 읽기에도 선수가 되어 있다. 벌써 오래전부터 달리고 있는 것이다.

지난 여름 예술의 전당에서 열린 '그리스 로마 신화전'에서 나는 충격을 받고 말았다. 어린이들이 부모에게(그 반대가 아니라) 신화를 설명하는 상황을 어떻게 설명할 것인가? 한 어린이는 부모에게 말했다.

"이 신은 활을 들고 있으니까 아폴론, 이 여신은 투구를 쓰고 있으니까 아테나 여신, 이 남자는 사자 가죽을 쓰고 있으니까 헤라클레스……."

활, 투구, 사자 가죽…… 소지한 신이나 인간의 정체를 설명하는 이런 것들을 미술사에서는 '어트리뷰트(부속물)'라고 한다. 어트리뷰트로써 소지자의 정체를 짐작한다는 것은 벌써 상징을 이해하고 있음을 뜻한다. 삶의 아득한 비밀에 접근하고 있음을 뜻한다.

나는 신화는 어릴 때 읽는 것이 좋다고 생각한다. 무수한 신화책을 읽고 어린이들의 머리가 매우 혼란해지는 사태가 가장 이상적이라고 나는 생각한다. 어린이들이 스스로 마련한 카오스(혼란)에서 저희 나름의 코스모스(질서)를 길어 올리는 순서…… 나는 이것을 '창조적 신화 읽기' 순서라고 부른다.

나와 함께 신화라는 이름의 자전거 타기에 나선 독자들이 나날이 늘어가는 모양이다. 이 말 한마디를 들려주고 싶다. 자전거를 갓 배운 독자에게는 물론 자전거 타기의 선수에게도 해당된다.

"달리지 않으면 넘어져요."

제 3 권

신들의 마음을 여는 12가지 열쇠

GREEK AND ROMAN MYTHOLOGY

들어가는 말

이뷔코스의 두루미 떼

내가 무척 좋아하는 '이뷔코스 이야기'는, 19세기의 미국 작가 토머스 불핀치의 『그리스 로마 신화』에 실려 있다. 별로 길지 않은 이 이야기는 다음과 같다.

이뷔코스는 신들에게 경건하고 믿음이 깊은 시인이었다. 그 이뷔코스가 어느 날 길을 떠났다. 코린토스 지협에서 열리는 이륜차 경기와 음악 경연에 참가하려는 참이었다. 당시 이 경기와 경연은 그리스인들의 인기를 독차지하고 있었다. 이뷔코스는 일찍이 예술의 신 아폴론으로부터 노래하는 재주와 꿀같이 달콤한 시인의 입술을 얻은 사람이었다. 이뷔코스는 아폴론 신의 은혜를 묵상하면서 발걸음도 가볍게 걸었다.
이윽고 산 너머로 코린토스의 높은 건물들이 보이기 시작했다. 이뷔코스는 경건한 마음으로 옷깃을 여미며 포세이돈의 거룩한 숲으로 들어섰다. 인적은 없었다. 오로지 두루미 떼만 머리 위에서 이뷔코스와 같은 방향으로 날아가고 있을 뿐이었다. 이뷔코스가 두루미 떼를 올려다보며 말을 걸었다.
"친구 같구나, 두루미 떼여, 너희에게 행운이 있기를 빈다. 바다를 건널 때부터 나와 더불어 왔구나. 이 같은 길조가 또 어디 있으랴. 우리는 먼 길을 함께 와서 묵을 데를 찾고 있으니, 아무쪼록 너희나 나나 타향의 길손을 지켜줄 좋은 주인을 만날 수 있게 되었으면 좋겠구나!"

이뷔코스는 걸음을 재촉하여 숲 한가운데에 이르렀다. 그때 강도 둘이 좁은 길 한가운데로 나서서 앞을 막았다. 고분고분 말을 듣든지 죽기를 각오하고 싸우는 수밖에 달리 도리가 없었다. 그러나 그의 손은 수금 타는 데 길들어 있을 뿐 무기를 들고 싸우는 데는 길들어 있지 않았다. 다급한 김에 그는 사람들과 신들에게 도움을 청했다. 그러나 그 소리는 어느 귀에도 가닿지 못했다. 이뷔코스는 탄식했다.

"이곳에서 죽을 팔자로구나. 낯선 타향에서, 내 신세 슬퍼해줄 사람 하나 없는 이곳에서 노상강도들 손에 세상을 하직하는구나. 이 원수를 누가 나서서 갚아줄 것인가."

노상강도들 손에 치명상을 입은 이뷔코스는 땅바닥에 쓰러졌다. 마침 두루미 떼가 울면서 머리 위를 날고 있었다. 이뷔코스는 하늘을 올려다보며 하소연했다.

"두루미들아, 내 하소연을 사람들에게 전해다오. 내 하소연에 화답하는 것은 오직 너희가 우는 소리뿐이구나."

이뷔코스는 이 말을 마치고는 눈을 감았다.

이뷔코스는 깡그리 털리고 처참하게 찔린 시체로 발견되었다. 어찌나 처참하게 당했던지 평소의 이뷔코스로는 알아보기 어려울 정도였다. 하지만 이뷔코스를 대접하려고 기다리던 코린토스 친구는 이뷔코스를 알아보았다. 그 친구는 부르짖었다.

"나와 그대가 어째서 이 꼴로 만나야 하는가? 음악 경연의 월계관을 그토록 그대 머리에 올려주고 싶어 하던 나와 그대가!"

축제에 모인 사람들은 이 이야기를 듣고 대경실색했다. 온 그리스 사람들은 이뷔코스의 상처를 자기네 상처인 것처럼 아파했고, 이뷔코스의 죽음을 친구의 죽음인 것처럼 애통해했다. 그들은 재판소 둘레에 모여 살인자들을 찾아 복수할 것을, 그자들의 피로 죗값을 물게 할 것을 요구했다.

그러나 무슨 증거가 있어서, 무슨 표적이 있어서 그 장엄한 축제를 즐기려고 모여든 그 많은 군중 속에서 살인자를 찾아낸다는 말인가? 이뷔코스가 강도들 손에 죽었는지, 아니면 개인적으로 원한을 품은 자의 손에 죽었는지 그것부터 확인할 길이 없었다. 이를 알고 있는 이는 현장을 내려다본 태양신뿐일 터였다. 복수의 손길이 범인들을 찾아내지 못한다면 그들은 바로 그 순간에도 군중에 섞여 희희낙락할 터였다. 어쩌면 범인들은 바로 신전 경내에서 신들을 비웃다가 태연한 얼굴로 군중 속에 섞여 원형극장으로 몰려들어 가고 있을지도 모르는 일이었다.

원형극장 안의 좌석이라는 좌석은 모두 가득 차 건물 자체가 터질 것만 같았다. 관중의 아우성은 바다의 포효를 방불케 했다. 위로 올라갈수록 넓게 퍼지는 좌석의 띠는 하늘에라도 닿을 것 같았.

이윽고 빽빽하게 모인 관중은 '에리뉘에스(복수의 여신들)'로 분장한 합창대의 무시무시한 합창에 귀를 기울였다. 합창대는 무시무시한 의상을 두르고 발을 맞추어 무대 주위를 돌았다. 그같이 장엄한 무리를 이루는 합창대원들은 이승의 여성들 같지 않았다. 겁에 질린 채 침묵하고 있는 군중들도 도무지 이승 사람들 같지 않았다.

합창대원들은 모두 시커먼 옷을 입고, 손에 손에 검붉게 타오르는 횃불을 들고 있었다. 뺨에는 핏기가 없었다. 이마에는 머리카락 대신 독사가 똬리를 틀고 배를 불룩거리고 있었다. 이렇게 무서운 차림을 한 사람들이 원을 그리고 돌며 성가를 부르자 죄지은 사람들은 부들부들 떨기 시작했다. 성가 소리는 시시각각으로 높아지다가 이윽고 악기 소리를 모두 삼키고, 듣는 자들의 이성을 잃게 하고, 몸을 마비시키고, 피를 얼어붙게 했다.

"죄악과 허물에서 제 마음을 정하게 지키는 자에게 복 있을진저. 그런 자에게는 우리 복수의 여신도 손을 댈 수 없을 것인즉, 그 역시 우리를 두려워하지 않고 온전한 생명의 길을 갈 것이다. 그러나 화 있으라, 화 있을진저! 은밀히 살인을 저지른 죄악의 하수인들이여! 우리 무서운 '뉙스(밤)'의 동족들은 그자들을 노릴 것임이라. 날아서 도망치면 피할 수 있을 줄 아느냐? 쫓을수록 빨라지는 우리, 기어이 쫓아가 그 발에 독사를 감아 쓰러뜨릴 것이리니. 쫓고 또 쫓아도 우리는 지치지 않는다. 연민도 우리의 걸음을 더디게 하지 못한다. 쫓고 또 쫓되, 생명이 다하기까지 평화도 안식도 베풀지 않으리라."

복수의 여신들은 이렇게 노래하며 엄숙한 몸짓으로 춤을 추었다. 죽음의 정적과 흡사한 고요가 관중석을 내리눌렀다. 관중들은 진짜 신 앞에 나와 있는 것으로 착각했을 정도였다. 이윽고 합창대는 무거운 걸음

복수의 여신들로 분장한 합창단과 두루미 떼

독일의 시인 프리드리히 실러가 이뷔코스의 이야기를 소재로 지은 시 「이뷔코스의 두루미」에 수록된 동판화. 18~19세기 독일 화가 빌헬름 유리의 작품.

걸이로 무대를 한 바퀴 돌고는 무대 뒤로 모습을 감추었다.

사람들의 마음은 환상과 실체 사이에서 방황했고 그 가슴은 정체 모를 공포로 떨고 있었다. 그들은 숨겨온 죄를 드러내고 운명의 실타래를 감는 저 무서운 신의 권능 앞에서 하나같이 오그라들었다. 그때였다. 누군가가 맨 위층 좌석에서 부르짖었다.

"보게, 보게, 이 사람아! 이뷔코스의 두루미 떼야!"

하늘 저쪽에서 거뭇거뭇한 것들이 날아오고 있었다. 군중은 곧 그 거뭇거뭇한 것들이 극장 쪽으로 날아오는 두루미 떼라는 것을 알았다.

(이뷔코스 이야기를 제대로 이해하기 위해서는 다음 사항에 유념해둘 필요가 있다. 첫째는, 고대의 극장은 엄청나게 커서 1만 명 내지 3만 명의 청중을 수용할 수 있었다는 것이다. 이러한 극장은 큰 축제 때가 아니면 쓰이지 않았고, 입장료가 없었기 때문에 일단 문을 열었다 하면 장내는 늘 만원이었다. 극장 건물에는 지붕이 없고 하늘로 휑하니 터져 있었다. 그래서 공연은 모두 낮에만 있었다. 또 하나, 복수의 여신들의 저 무시무시한 모습도, 이 이야기에서는 별로 과장되지 않고 있다는 것이다. 기록에 따르면 비극 시인 아이스퀼로스가 50명이나 되는 합창대를 동원하여 복수의 여신들을 형상화하자, 관중은 공포에 질렸고 많은 사람이 기절하는 등 어찌나 소동이 대단했던지 그때부터 관리들은 그런 연출을 금지했다고 한다.)

나는 신화에 인간이 등장하면 나 자신에게 이렇게 물어본다.

'이자는 신들이 좋아할 만한 인간인가?'

신화의 신들이 좋아할 만한 인간이면 나는 그를 '호모 테오필로스(신들이 좋아하는 인간)'라고 부른다.

'이자는 신들이 싫어할 만한 인간인가?'

신화의 신들이 싫어할 만한 인간이면 나는 그를 '호모 테오미세토스(신들이 싫어하는 인간)'라고 부른다.

이뷔코스는 신들에게 경건한 사람이고 믿음이 깊은 시인이다. 그는 일찍이 예술의 신 아폴론으로부터 노래하는 재주와 꿀같이 달콤한 시인의 입술을 얻은 사람이다. 그는 코린토스로 가면서도 아폴론 신의 은혜를 묵상하면서 걷는다. 코린토스는 아폴론의 신전이 있는 도시다. 코린토스에 도착해서 포세이돈의 거룩한 숲으로 들어갈 때도 그는 경건한 마음으로 옷깃을 여민다. 그는 신들에게만 경건하게 구는 것이 아니다. 그는 동행한 두루미 떼를 향해서도 행운을 빌어주는 그런 사람이다. 그는 숨을 거두면서도 두루미 떼에게 하소연하는 그런 사람이다. 나는 이런 사람을 '신들이 좋아할 만한 사람'이라고 부른다.

노상강도들은 그런 이뷔코스를 깡그리 털고 처참하게 찌른다. 그들에게는 믿음이라곤 없다. 신들에 대한 믿음도 없고 인간에 대한 믿음도 없다. 그들은 경건하지도 않다. 신들에게도 경건하지 않고 인간에게도 경건하지 않다. 그들은 이뷔코스를 그 지경으로 만들고도 태연하게 원형극장으로 들어가 공연을 관람하고 있다. 나는 이런 자들을 '신들이 싫어할 법한 인간들'이라고 부른다. 복수의 여신들이 무대에서 이뷔코스의 복수를 맹세하는 노래를 부르는데도 그들의 귀에는 그 소리가 들리지 않는다. 살인강도짓을 했는데도 그들은 들키지 않았다. 들키지 않았기 때문에 그들의 마음은 오만해져 있다. 오만은 방심을 부른다. 그래서 그중 하나는, 무대 위에 나타난 두루미 떼를 가리키며 불쑥 이렇게 소리를 지른 것이다.

"보게, 보게, 이 사람아! 이뷔코스의 두루미 떼야!"

노상강도들에게 죽임을 당하기 직전 이뷔코스가 두루미 떼를 축복한 것을 아는 사람은 이뷔코스 자신뿐이다. 강도들의 공격을 받고 숨을 거두기 직전 이뷔코스가 두루미 떼에게 하소연한 것을 아는 사람은 이뷔코스 자신과 노상강도들뿐이다. 하지만 이뷔코스는 죽은 사람이라 이 사실을 입 밖에 낼 수 없다. 그런데 노상강도들 중 하나는 저도 모르는 사이에 '이뷔코스의 두루미 떼'라고 말함으로써 극장 위를 날고 있는 두루미 떼와 이뷔코스의 죽음 사이에 무슨 관계가 있다는 것을 암시해 버린 것이다. 한 관객의 머리로 한 줄기 섬광 같은 생각이 지나간다. 그

관객은 소리를 지른다.

"복수의 여신들이 권능을 보이셨다! 신들에게 경건했던 이뷔코스를 누가 죽였는지 이제야 드러났다! '이뷔코스의 두루미 떼'라고 소리친 자와 그자가 '이 사람'이라고 지목한 자다!"

* * *

나는 종교인이 아니다. 나는 절에 가서도 절하지 않고, 교회에 가서도 기도하지 않는다. 이슬람 사원에 들어가서도 나는 꿇어앉지 않는다. 그러나 나에게는 원칙이 하나 있다. 종교의 마당을 밟고 들어가는 것은 특정한 '사람들의 꿈이 서린 곳'을 밟는 일이라는 것이다. 따라서 지극히 조심스러워야 한다는 것이다. '나의 꿈이 서린 곳'은 아니지만 '그들의 꿈이 서린 곳'인 만큼 나는 되도록 몸가짐과 마음가짐을 조심하려고 한다.

고대 신화는 이제 종교가 아니다. 신전은 더 이상 그들의 사원이 아니다. 하지만 고대의 신화는 고대의 종교였다. 신들의 이야기는 그들의 경전이었다. 신전은 그들의 사원이었다. 그 종교와 그 사원이 아직까지도 유효한 것은 아니다. 하지만 그 신전 역시 그 시대 사람들의 꿈과 진실이 서려 있던 곳이다. 한때 그들의 꿈과 진실이 서려 있던 곳을 나는 훼손하지 않으려고 한다. 나는 그 시대 사람들에게도 예의를 갖추고 싶어 한다.

올륌포스 신들이 이제 더 이상 존재하지 않는다는 것은 현대의 그리스인들도 잘 알고 있다. 나도 잘 알고 있다. 하지만 그 신들은 당대를 살던 사람들의 보편적인 꿈과 진실이었다. 그것은 그 시대 사람들이 합의해서 도출해낸 보편적인 꿈과 진실이기도 했다. 그래서 나는 신들에 대한 경건함은 그 시대 사람들에 대한 경건함, 그 시대 도덕률에 대한 경건함이라고 생각한다. 신화에는 이 경건함을 한결같이 지키는 사람

인간 세상의 소유권을 둘러싼 전쟁

올림포스 신들은 인간 세상의 소유권을 두고 두 차례의 큰 전쟁을 치른다. 첫 번째 싸움이 '티타노마키아(티탄과의 싸움)'이고, 두 번째 싸움이 '기간토마키아(기간테스와의 전쟁)'이다. 16세기 이탈리아 화가 페리노 델 바가의 〈티탄족의 몰락〉(위)과 줄리오 로마노의 〈기간토마키아〉(아래).

들이 무수히 등장한다. 바로 '신들이 좋아하는 사람들'이다. 그들은 상승한다. 하지만 신화에는 이 상승의 정점에서 갑자기 오만해지는 사람들도 등장한다. 깃털 날개 달았다고 하늘로 오르려다 떨어져 죽은 이카로스의 오만이 바로 이 오만이었다. 날개 달린 말 페가소스를 탔다고 올륌포스에 오르려고 했던 벨레로폰의 오만이 바로 이 오만이었다. '오만hybris'은 신화시대 영웅들이 잘 걸리는 난치병이었다. 이 난치병 환자들은 바로 '신들이 싫어하는 사람들'이다. 그들은 정점으로 날아오르게 한 바로 그 날개 때문에 추락한다.

신화는 무엇인가? 신들에 관한 이야기다. 신들이 없었다면 신화는 존재하지 않을 것인가? 나는 신들이 없어도 신화는 존재할 것이라고 생각한다. 그렇다면 인간이 없어도 신화는 존재할 것인가? 인간이 없으면 신화는 존재할 수 없을 것이라고 나는 생각한다. 인간이 존재하지 않으면 신들도 존재하지 않는다. 세계 여러 나라의 신화에서 신들이 인간 세상을 놓고 서로 차지하려고 싸우는 것도 바로 이 때문이다. 인간 세상을 놓고 올륌포스 신들과 기간테스, 즉 몸집이 어마어마하게 큰 신들이 싸운 까닭이 바로 여기에 있다.

인간 세상을 두고 다투는 신들 이야기, 우리나라 신화에도 있다. 꾀 많은 석가여래와 너그러운 미륵불이 인간 세상의 소유권을 두고 벌인 시합이 그것이다. 승리는 속임수를 쓴 석가여래에게 돌아가는데, 인간이 속임수를 쓰는 것은 바로 그 때문이란다.

신화의 신들에 대한 믿음은 곧 그 신들을 창조했을 터인 인간에 대한 믿음이라고 나는 생각한다. 신화의 신들에 대한 경건함은 곧 그 신들을 창조했을 터인 인간에 대한 경건함이라고 생각한다. 나는 노상강도들을 옹호하려는 것이 아니다. 중요한 것은, 노상강도들이 이뷔코스에게 지은 죄를 뉘우치고, 신들에게, 인간에게 경건했더라면 코린토스 하늘을 나는 두루미 떼를 보고 "이뷔코스의 두루미 떼야!"라고 외치지 않았으리라는 것이다. 그래서 나는, 무심코 진실을 투욱투욱 건드리거나 드러낸다는 뜻에서, 꼼꼼히 읽으면 삶을 꿰뚫는 진리가 용출한다는 뜻에서, 신화가 혹 '이뷔코스의 두루미 떼'라는 말 같은 것이 아닐까 하는 생각을 자주 한다.

그리스의 신전을 드나들면서 나는 내 마음속에도 신전을 하나 들여앉힌다. 이 신전은 나의 마음에 들여앉힌 것인 만큼 독자들은 여기에 들어와 절하지 않아도 좋다. 독자들 마음에 이런 신전을 하나 들여앉힌다면 더욱 좋은 일일 터이다.

이 신전은 사람을 섬긴다. 사람에 대한 경건함을 섬긴다. 인간에 대한 예의를 섬긴다. 신화를 꼼꼼히 읽는 일은 내 마음속에 자리한 그 신전을 찾는 일이다. 나는 내 시대를 사는 사람들에게 경건을 다하는 일, 마음을 여는 일이 바로 신들의 마음을 여는 일, 같은 시대를 사는 사람들의 마음을 여는 일이라고 생각한다.

1
믿음은 돌을
인간으로
만들기도 하고

『겨울 이야기』를 읽다. 셰익스피어가 1611년 즈음에 썼으니 지금부터 4백여 년 전에 씌어진 희곡인 셈이다.

　플로리젤은 중반부에 등장하는 남자 주인공 이름이다. 그런데 이 보헤미아 왕자 플로리젤이 왕궁을 떠나 양치기 마을을 찾는 일이 날이 갈수록 잦아진다. 양치기의 딸 페르디타에게 흠뻑 빠졌기 때문이다. 플로리젤은 왕위를 이을 왕자이니, 신분으로 말하자면 그 나라에서 왕 다음으로 높다. 페르디타는 산골짜기에서 양을 치는 처녀이니, 신분으로 말하자면 거의 바닥 수준이다. 플로리젤은 왕자인 만큼 그 나라에서 가장 수준 높은 교육을 받았을 것이다. 페르디타는 어땠을까? 페르디타는 양을 치는 데 필요한 교육, 양고기를 손질하고 양젖을 발효시키는 데 필요한 교육밖에는 받지 못했을 것이다.

　이 왕자와 양치기 처녀의 사랑이 나의 눈길을 확 잡아당긴다. 처녀 총각의 신분 차이로 말하자면 거의 하늘과 땅 차이다. 신분이 다르니 살아온 방식도 다르고 사는 환경도 다르다. 플로리젤의 집안인 왕가에서 이 결혼을 저지할 것이다. 왕자와 결혼하는 여성은 장차 왕비가 된다. 왕가에서는 양치기 처녀를 그런 자리에 앉힐 수는 없다고 주장할 것이다. 결혼을 통한 신분 상승의 욕구는 누구에게나 있다. 상승하려는 자와 이를 저지하려는 자들 사이의 갈등. 어디서 많이 듣던 소리 같다. 플로리젤과 페르디타 역시 이 갈등에 직면해야 한다. 처녀 총각이 공유하고 있는 것

양치기 처녀 페르디타와 왕자 플로리젤
신분이 하늘과 땅만큼 다른 이 둘의 사랑이 이루어질 수 있을까? 셰익스피어의 『겨울 이야기』 삽화. 18세기 영국 화가 윌리엄 해밀턴의 작품.

은 서로에 대한 사랑뿐이다. 이 사랑은 이루어질 수 있을까?

플로리젤은 잘생긴 청년이다. '플로리젤Florizel'이라는 이름이 벌써 '꽃미남 왕자' 냄새를 물씬 풍긴다. 로마 신화에 나오는 꽃과 봄의 여신 '플로라Flora'의 이름이 그의 이름 속에 숨어 있다. 하지만 '페르디타Perdita'라는 이름은 처음부터 나를 울적하게 만든다. '잃어버린 아이'라는 뜻이어서 그렇다. 꽃미남 왕자와 버려진 처녀의 사랑은 이루질 수 있을까? 플로리젤은 페르디타가 양치기 처녀 이상도 이하도 아니라는 것을 알고 있다. 그런데도 그는 페르디타에게 이렇게 말한다.

"그렇게 차려입으니, 양치기 아가씨가 아니라 4월에 그 모습을 드러내시는 플로라 여신 같아요."

1 믿음은 돌을 인간으로 만들기도 하고

마침 축제 기간이라서 두 사람은 변장하고 있다. 왕자 플로리젤은 평범한 양치기 차림을 하고 있고, 양치기 처녀 페르디타는 공주처럼 잘 차려입고 있다. 그런데 플로리젤은, 양치기 처녀 페르디타의 모습에서 꽃과 봄의 여신 플로라를 보아내고 있다. 플로리젤의 이 과분한 칭송에 페르디타는 이렇게 화답한다.

"지체 높으신 도련님께서는 허름한 옷으로 신분을 감추고 계신데, 보잘것없는 소녀는 꼭 여신처럼 꾸며놓으셨군요."

이 사랑은 이루어진다고 나는 믿었다. 셰익스피어는 나의 믿음을 배반하지 않았다.

미국 작가 아이작 아시모프가 쓴 책 『셰익스피어 길잡이』에 따르면, 셰익스피어 이후 '플로리젤'이라는 말은, 가난한 시골 처녀와 결혼해서 아내를 왕궁으로 데려가는 '꽃미남 왕자'의 대명사가 된다.

1780년대 초 영국의 여배우 메리 로빈슨은 한 청년으로부터 편지를 받는다. 구혼하는 편지다. 그 편지에서 청년은 자신을 '플로리젤', 메리를 '페르디타'라고 부른다. 메리는 여배우였다니, 당시에 대한 우리의 통념상 매우 아름다웠을 것이다. 그 아름다운 모습으로, 무대에 오른 셰익스피어 『겨울 이야기』의 페르디타 역을 연기했을지도 모른다. 자신을 '플로리젤'이라고 부른 청년은 당시의 영국 왕 조지 3세의 맏아들이었다. 영국 왕의 맏아들은 '웨일스 공☆'을 겸한다. 실제로 이 청년은 1820년에 왕위에 오르기도 했다. 하지만 그에게 '플로리젤'이라는 이름은 신분에서만 일치할 뿐, 인간적인 측면에서 보면 당치도 않은 것이었다. 자신을 '플로리젤'이라고 부를 당시 이 왕자는 허랑방탕한 청년이었다. 그의 탐욕과 낭비벽은 체중과 더불어 걷잡을 수 없이 늘어나고 불어갔다. 그는 메리 로빈슨과 끝내 결혼하지 못했다. 가짜 플로리젤이었던 것이다.

진짜 플로리젤과 가짜 플로리젤은 어떻게 다른가?

진짜 플로리젤은 가난한 양치기 처녀의 모습에서 꽃과 봄의 여신을 보아냈다. 이런 사랑에는 힘이 있다.

가짜 플로리젤은 당시 절정의 인기를 누리던 아름다운 여배우의 모습에서 양치기 처녀를 보아냈다. 이런 사랑에는 힘이 없다.

영화 〈마이 페어 레이디My fair lady〉를 보다. 제목을 번역하면 '나의 귀부인'쯤 될 터이다. 여기에도 플로리젤과 페르디타가 전혀 다른 얼굴로 등장하는 것 같다. 제작 연도가 '1964년'으로 되어 있으니 지금부터 40년 전의 영화인 셈이다.

음성학자 히긴스는 사람들이 하는 말에 관심이 많은 사람이다. 그는 말이야말로 신이 인간에게 내린 매우 특별한 선물이라고 믿는다. 그래서 그는 말을 함부로 함으로써 말을 모욕하는 사람들은 교수형에 처해야 한다고 주장한다. 썩 좋은 집안 출신인 히긴스의 신분은 대학교수다. 아무나 함부로 넘볼 수 없는 자리다. 그래서 플로리젤 왕자 같다.

그런 그가 한 처녀를 만난다. 극장 부근에서 꽃을 파는 처녀다. 한밤중 극장에서 몰려나오는 사람들에게 꽃을 팔아 겨우 몇 푼 벌어봐야 주정뱅이 아버지에게 번번이 털리고 마는 초라하고 가엾은 처녀다. 이 처녀는 교육을 받아본 적이 없다. 그래서 표준말을 할 줄 모른다. 이 처녀가 영화에서 속사포처럼 쏘아대는 비속어卑俗語는 영어를 웬만큼 하는 사람 귀에도 설다. 억양도 설고 발음도 설다. '사투리 찍찍 내뱉는다'는 말은 이 처녀에게 너무나도 잘 어울린다. 그래서 양치기 처녀 페르디타 같다.

히긴스 교수가 이 처녀의 비속어와 발음을 듣고는 질겁한다. 꽃 파는 소녀 일라이자의 비속어는 천박하고 발음은 엉망진창이다. 히긴스 교수는 이 '괴성을 지르는 예쁜 처녀'의 발음을 바로잡고 억양을 가다듬어 숙녀로 행세할 수 있게 해주기로 한다. 될 수 있을까? 이제부터 히긴스 교수는 발음과 억양을 가다듬어주려면, 한번도 절도 있는 삶을 살아본 적이 없는, 야생 암말 같은 일라이자를 다독거려야 한다. 이제부터

퓌그말리온과 <마이 페어 레이디>
오드리 헵번과 렉스 해리슨이 출연한 <마이 페어 레이디>는 음성학자 히긴스 교수가 일라이자의 기괴한 발음을 교정할 수 있느냐를 두고 친구와 내기하는 데서 시작한다. 이 영화의 원작은 조지 버나드 쇼의 희곡 『퓌그말리온』이다.

  꽃 파는 처녀 일라이자는 숙녀의 언어를 배우려면 히긴스 교수의 온갖 냉소와 모욕을 견뎌야 한다. 히긴스 교수는 "어째서 여자는 남자 같을 수 없을까"라는 말을 입에 달고 다닐 정도로 지독한 남성 우월주의자다.
  많은 시행착오와 우여곡절 끝에 히긴스 교수는 일라이자의 발음 교정에 성공한다. 귀한 가문 숙녀의 말투를 완벽하게 배운 일라이자는 상류사회로 진출한다. 상류사회로 진출한 일라이자를 대할 때마다 히긴스 교수는 마음이 불편하다. 발음을 바로잡아주는 동안 일라이자를 사랑하게 된 것이다. 하지만 히긴스 교수는 일라이자를 숙녀로 대접하지 않는다. 사랑하는 마음을 숨기는 것이다. 그런 히긴스 교수를 대할 때마다 일라이자도 마음이 불편하다. 발음을 배우면서, 냉소와 모욕을 견디면서 어느덧 히긴스 교수를 사랑하게 된 것이다.
  신분의 차이를 뛰어넘는 이 사랑은, 플로리젤과 페르디타의 사랑이 그랬듯이 아름답게 마무리된다.

원래 뮤지컬 드라마로 무대에 오르다 영화로 만들어진 〈마이 페어 레이디〉의 원작자, 즉 원작 희곡을 쓴 사람은 따로 있다. 영국의 극작가 조지 버나드 쇼가 바로 그 사람이다. 버나드 쇼는 독설로 유명하다. 〈마이 페어 레이디〉의 남자 주인공인 히긴스 교수가 일라이자에게 독설을 자주 퍼붓는 것은 우연이 아니다. 머리 좋은 극작가인 버나드 쇼에게 한 아름다운 무용가가 이런 농담을 한 적이 있다.

"선생님과 제가 결혼해서 아이를 낳을 수 있었다면 얼마나 좋았을까요? 두뇌는 (머리 좋으신) 선생님을, 외모는 (아름다운) 저를 닮는다면요?"

그러자 버나드 쇼가 독설을 퍼부었다.

"그렇게 끔찍한 말씀을 하시다니. 외모는 (쭈그렁 바가지가 다 된) 나를 닮고 두뇌는 (거의 돌머리 수준인) 당신을 닮는다고 생각해보시오."

미국의 전 대통령 존 F. 케네디가 이 독설가를 영국에서 만난 적이 있었다. 거드름을 피우지는 않았겠지만 케네디는 이 노대가_{老大家}에게 약간 부적절한 질문을 했던 모양이다. 미국이 장차 세계를 주름잡을 수 있을까요, 이런 질문이었던 것 같다. 노대가에게는 케네디의 미국식 영어 발음이 짜증스러웠던 모양이다. 그는 천천히 대답했다.

"그럼요, 미국인들이 영어를 제대로 한다면 말입니다."

원작자가 이런 사람이었던 것을 감안한다면 〈마이 페어 레이디〉의 히긴스 교수가 일라이자의 영어 발음에 그렇게 신경질적인 반응을 보였던 것도 우연이 아니다.

영화의 원작인 버나드 쇼의 5막 희곡 제목은 놀랍게도 『퓌그말리온 Pygmalion』이다. 퓌그말리온……. 퓌그말리온 이야기는 음유시인이 들려주는 노랫말 형식으로 오비디우스의 『변신 이야기』에 실려 있다. 그 음유시인의 이름은 바로 트라키아의 절창_{絶唱} 오르페우스다.

오비디우스는 지금부터 2천여 년 전 로마에서 활동하던 시인이다. 그 시인이 받아 적은 퓌그말리온 이야기가, 그로부터 1,900년 뒤인 20세기 초에는 버나드 쇼에 의해 희곡으로 거듭나고, 그로부터 또

50여 년 뒤에는 뮤지컬 드라마로, 영화로 확대 재생산된 것이다. 그뿐만 아니다. 셰익스피어는, 앞에서 소개한 희곡 『겨울 이야기』의 마지막 부분에 퓌그말리온 이야기를 거꾸로 고스란히 이용하고 있기도 하다. 신화의 목숨은 어찌 이리도 끈질긴가.

* * *

몇몇 신화 사전에서는 퓌그말리온을 '퀴프로스(지금의 사이프러스)섬의 왕'이라고 풀이하고 있다. 하지만 왕이었던 것 같지는 않다. 신화는 대수롭지 않은 인물도 왕, 왕비 혹은 왕자, 공주로 그려내기를 좋아한다. 그의 이름은 '퓌그마이오스Pygmaios', 즉 '난쟁이족'과 밀접한 관계가 있는 것 같다. 왜소한 종족을 일컫는 영어 단어 '피그미pygmy'는 여기에서 나온 말이다. 그의 직업은 조각가다. 신화의 시대는 전쟁의 시대이기도 했다. 건장한 남성은 모조리 전쟁터로 내몰리던 시절이었다. 그렇다면 공업이나 예술에 종사하는 사람들은 대부분 전쟁터로 내몰리기에는 적합하지 않은 사람들이었을 가능성이 있다. 대장장이 신 헤파이스토스가 종종 올륌포스 제일의 키 작은 추남 혹은 절름발이로 그려지는 까닭도 여기에 있는 것 같다. 퓌그말리온도 그런 사람이었던 듯하다.

 오비디우스 『변신 이야기』에 나오는 이 이야기는 퓌그말리온이 '사악한 삶을 사는 여자들을 본다'는 문장으로 시작된다. 아프로디테 여신을 섬기던 섬 퀴프로스는 풍기가 문란한 것으로 유명했다. '퀴프로스 사람'을 뜻하는 영어 단어 '사이프리언Cyprian'은 지금도 '음란한 자'라는 말로 종종 쓰인다. 퓌그말리온으로서는 정숙한 여자를 찾아내기가 몹시 어려웠던 모양이다. 오비디우스는 퓌그말리온이 정교한 솜씨로 상아象牙를 깎았다고 쓰고 있지만 아무래도 대리석상 같다. 상아로써 실물 크기의 여성을 깎기는 어려울 것이기 때문이다. 오비디우스를 인용하되, '상아상'은 '석상'으로 바꾸었다. 큰 차이가 없을 것 같아서다.

이렇게 사악한 삶을 사는 여자들을 본 퓌그말리온은 자연이 여성들에게 지워놓은 수많은 약점이 역겨웠던 나머지 오랫동안 여자를 집 안으로 들이지 않고 독신으로 살았다. 그러나 정말 혼자 산 것은 아니고 더할 나위 없이 정교한 솜씨로 깎은, 눈같이 흰 여인의 석상과 함께 살았다. 퓌그말리온 자신이 깎은 그 석상은 세상의 어떤 여자보다도 아름다웠다. 그래서 그랬겠지만 퓌그말리온은 자기 손으로 깎은 그 석상을 사랑했다. 석상은 살아 있는 여인이 가진 모든 것을 갖추고 있었다. 석상은 언제 보아도 살아 있는 것 같았고, 언제 보아도 금방이라도 움직일 것 같았다. 석상을 깎은 솜씨는 실로 인간의 솜씨로는 믿어지지 않을 만큼 신묘했다.

퓌그말리온은 틈만 나면 석상을 정신없이 바라보았다. 그의 가슴에서는, 인간의 형상을 본떠 깎아 만든 석상에 대한 사랑이 샘솟았다. 그는 자주, 그것이 정말 돌로 되어 있는지, 아니면 인간의 살갗인지 확인하고 싶어 쓰다듬어보고는 했다. 그러고는 그것이 석상이라는 것을 확인할 때마다 쓸쓸해했다. 퓌그말리온은 석상에 입을 맞출 때면 석상이 입맞춤에 화답하기를 바랐다. 그는 대리석상에게 말을 걸기도 하고, 석상을 껴안기도 했으며, 어쩌면 눌렀던 자국이 생길지도 모른다는 생각에서 손가락으로 석상의 살갗을 꼭 눌러보기도 했다. 그러나 혹 상처가 생길지도 모른다는 생각에서 너무 세게 누르지는 않았다.

석상을 상대로 아첨 섞인 말을 할 때도 있었다. 때로는 처녀들이 좋아할 만한 것들, 가령 조개껍데기나 반짝거리는 조약돌, 예쁜 새, 갖가지 색깔의 꽃, 색칠한 공, 호박 구슬 같은 것들을 선사하기도 했다. 석상에다 옷을 입혀주는가 하면 손가락에는 반지를 끼워주고, 목에는 긴 목걸이를 걸어주기도 했다. 석상의 귀에는 귀고리, 목에는 목걸이가 젖가슴 위로 늘어져 있기도 했다. 모든 장신구는 아름다운 석상 처녀에게 잘 어울렸다. 그러나 가장 아름다울 때는 역시 아무것도 걸치고 있지 않을 때였다. 퓌그말리온은 튀로스 물감으로 염색한 보라색 천을 씌운

1 믿음은 돌을 인간으로 만들기도 하고

긴 의자에 이 석상 처녀를 눕히고, 그렇게 하면 처녀가 고마워하기라도 할 것처럼 머리 밑에는 베개를 받쳐주기도 했다. 그렇게 해놓고 석상 처녀를 자기의 반려라고 짐짓 불러보기도 했다.

온 퀴프로스섬이 다 떠들썩해지는 아프로디테 축제 때의 일이다. 꽃다발을 뿔에다 건 백설 같은 송아지들은 제단 앞에서 흰 목으로 도끼날을 받고 무수히 쓰러졌다. 제단에서 향 연기가 오르자 퓌그말리온은 제 몫의 제물을 드리고 제단 앞에서 더듬거리는 어조로 기도했다.

"신들이시여, 기도하면 만사를 순조롭게 하신다는 신들이시여, 바라건대 제 아내가 되게 하소서, 저……."

퓌그말리온은 '처녀의 석상을……' 하려다 차마 그럴 용기가 없어 '석상 같은 여자를……', 이런 말로 기도를 끝냈다.

축제를 맞아 그 제단으로 내려와 제물을 흠향하고 있던 아프로디테 여신은 그 기도의 참뜻을 알아차리고, 그 기도를 알아들었다는 표적으로 불길이 세 번 하늘로 치솟게 했다.

집으로 돌아온 퓌그말리온은 곧바로 석상에 다가가 그 긴 의자에 몸을 기대고 석상의 입술에다 자기 입술을 대었다. 그런데 퓌그말리온의 입술에 닿은 석상의 입술에 온기가 있는 것 같았다. 그는 화들짝 놀라 입술을 떼었다가는 다시 입술을 대고 손으로는 가슴을 쓰다듬어보았다. 놀랍게도 그의 손가락 끝에서, 그 딱딱하던 대리석이 부드러워지기 시작했다. 대리석에는 그의 손가락 자국이 선명하게 찍히기 시작했다. 흡사 태양의 열기에 부드러워져, 사람의 손끝에서 갖가지 모양이 빚어지는 휘메토스산의 밀랍같이.

깜짝 놀란 퓌그말리온은 그 자리에서 벌떡 일어섰다. 자기가 무슨 착각을 하고 있다고 생각한 것이다. 기뻐하기에는 믿어지지 않는 구석이 너무 많기도 했다. 그래서 그는 몇 번이고, 아내 삼기를 바라던 석상 처녀의 살갗을 만져보았다. 그러나 사실이었다. 석상 처녀의 몸은 분명히 인간의 몸이 되어 있었다. 그가 손가락을 대자 처녀의 몸속에서 뛰

퓌그말리온과 갈라테이아
갈라테이아의 윗몸에 핏기가 돈다. 하지만 다리는 희다. 생명이 종아리까지는 아직 미치지 못한 것 같다. 에로스가 화살로 둘을 겨냥하고 있다. 19세기 프랑스 화가 장-레옹 제롬의 그림.

1 믿음은 돌을 인간으로 만들기도 하고

는 맥박이 선명하게 손가락 끝으로 느껴졌던 것이다. 파포스 사람 퓌그말리온은 수다스럽게 아프로디테 여신에게 감사 기도를 드렸다. 한동안 감사 기도를 드리던 퓌그말리온이 그래도 믿어지지 않았던지 석상 처녀에게 다시 입을 맞추자 석상 처녀는 입맞춤에 화답하면서 얼굴을 붉혔다. 처녀는 수줍은 듯이 눈을 뜨고는 사랑하는 사람과 날빛을 동시에 올려다보았다. 이들의 혼례식에는, 그 혼례식을 있게 한 아프로디테 여신이 친히 내려왔다. 달이 아홉 번을 차고 기울자 퓌그말리온의 신부(갈라테이아)는 아기를 낳았다. 둘은 아기 아버지의 고향 땅 이름인 '파포스'를 아기의 이름으로 삼았다.

* * *

2004년 4월 12일 서울 한복판에 있는 세종문화회관 앞을 지나다 나는 내 눈을 의심했다. 서울시 극단이 정기 공연 작품으로 『퓌그말리온』을 무대에 올리고 있었기 때문이다. 그러니까 2천 년 전 오비디우스가 받아 적었고, 1백여 년 전 영국의 극작가 버나드 쇼가 패러디한 『퓌그말리온』이 21세기의 서울 한복판에서 무대에 오르고 있었던 것이다. 신화에 끈질긴 생명력이 있다는 것을 진작 알고 있던 나에게도 그것은 충분히 놀라운 일이었다.

 나는, 신화를 믿느냐는 질문을 많이 받는다. 이런 질문을 받으면 나는 믿는다고 대답함으로써 많은 사람을 당혹스럽게 만들고는 한다. 나는 신화를 믿는다. 신화를 믿는다고 해서 대리석으로 아름다운 여자를 깎아놓고 내 색시가 되게 해달라고 아프로디테에게 비는 식으로 믿는 것은 아니다. 내가 믿는 것은 신화의 진실이다. 퓌그말리온의 진실과 그가 기울이는 정성이다. '퓌그말리온 효과 Pygmalion effect'라는 말은, 스스로를 돌아보되 희망과 기대를 버리지 않을 경우에 나타나는 효과를 뜻하는 말로 지금도 줄기차게 쓰이고 있다.

약 30년 전에 출간되어 세계의 교육계에 큰 반향을 불러일으킨 책이 있다. 『교실의 퓌그말리온Pygmalion in the classroom』이라는 이 책은 『퓌그말리온 효과』라는 제목으로 우리나라에 번역되어 있다. '기대와 칭찬의 힘'이라는 부제가 붙어 있는 이 책은 교사의 기대 심리가 학생의 능력에 어느 정도 영향을 미치는가를 밝혀낸 책이다. 교사가 학생을 억압하지 않고 학생을 긍정적으로 평가하고 칭찬해주면 그 '칭찬은 고래도 춤추게 한다'는 것이다.

나는 새로운 사람을 만날 때마다 퓌그말리온을 떠올리며 그 만남이 유쾌한 만남이 될 수 있게 만들려고 애쓰는 편이다. 이렇게 해서 만난 사람이 나를 불쾌하게 만드는 경우는 거의 없다. 유쾌한 상상은 내 삶을 늘 유쾌하게 한다. 나는 아프로디테를 믿는 것이 아니라 퓌그말리온의 꿈과 진실을 믿는다.

2

오만은
인간을 돌로
만들기도 한다

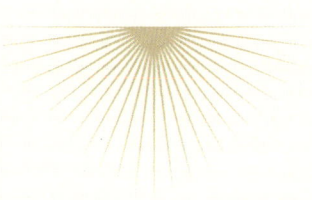

오비디우스의 『변신 이야기』는 '몸 바꾸는 이야기' 책이다. 이 책에는 꽃이나 나무나 짐승이 사람으로 몸이 바뀌는 이야기, 사람에서 꽃이나 나무나 짐승이나 돌로 몸이 바뀌는 이야기가 무수히 실려 있다. 돌로 빚어졌던 갈라테이아는 퓌그말리온의 믿음 덕분에 사람으로 몸을 바꾸었다. 돌이 된 인간은 없었을까? 있다. 바토스 노인이다.

아폴론이 애인 코로니스를 잃은 직후의 일이다. 그는 슬픔을 목신의 피리로 달래며 소일하고 있었다. 이러니 가축을 제대로 돌볼 수 있었을 리 없다. 가축 무리는 아폴론이 목신의 피리나 불고 있는 틈을 타서 퓔로스 벌판으로 넘어갔다. 제우스와 마이아 사이에서 난 아들 헤르메스는 이 가축 무리를 보고는 손을 써서 이들을 모두 숲속에다 감추어버렸다. 이를 본 사람은, 근처에 꽤 이름이 알려져 있던 바토스 노인을 제외하면 아무도 없었다. 바토스는 재산가 넬레우스의 풀밭을 지키면서 혈통 좋은 종마를 건사하던 자였다. 이 바토스의 입이 무서웠던 헤르메스는 그를 한쪽으로 불러 이렇게 꼬드겼다.

"여보, 노인장. 노인장이 누구인지 모르겠으나, 혹시 누가 노인장에게 가축 무리를 못 보았느냐고 하거든 못 보았다고 대답하시오. 그리고 여기 잘생긴 소 한 마리가 있으니, 내가 베푸는 성의로 여기고 거두어주시오."

노인은 그 소를 받고는, 가까이 있던 돌 하나를 가리키면서 말했다.

아폴론의 소를 훔치는 헤르메스
상업의 신이자 돈놀이의 신, 소매치기의 수호신인 헤르메스는 태어난 지 닷새 만에 아폴론의 소 50마리를 훔친 것으로 전해진다. 17세기 프랑스 화가 클로드 로랭의 그림.

"걱정 마시오. 그대 뜻대로 될 것이니. 저 돌이 고자질하는 일이 있으면 있었지, 내가 고자질하는 일은 없을 것이오."

헤르메스는 짐짓 그 자리를 떠났다가 다른 사람으로 둔갑하고는 원래 자리로 되돌아와 전혀 다른 목소리로 노인에게 물었다.

"여보세요, 할아버지, 이곳을 지나가는 내 가축을 못 보셨습니까? 보셨다면 공연히 입을 다물었다가 도둑의 패거리로 몰리지 말고 내게 일러주세요. 일러주시면 황소 한 마리에다 암소 한 마리를 덤으로 붙여서 할아버지께 드리겠습니다."

사례가 곱절이 되었으니 노인의 생각이 달라졌을 수밖에. 그래서 노인은 이 변장한 헤르메스에게 말했다.

"저기 저 언덕 밑으로 가면 찾을 수 있을 게요."

헤르메스가 아폴론의 가축을 훔쳐 숨겨둔 곳이 바로 언덕 밑이었다. 헤르메스는 기가 막혔던지 웃으면서 노인을 꾸짖었다.

"이런 사기꾼, 면전에서는 그러마고 해놓고 돌아서서는 딴소리를 해? 영감은 내 앞에서 나를 배신했소."

헤르메스는 이 노인을 단단한 돌로 만들어버렸다. 오늘날 '시금석'이라고 불리는 돌이 바로 이 돌이다.

바토스는 사례금 때문에 거짓말하다가 헤르메스에 의해 돌이 되었다. 오만 때문에 돌이 된 것은 아니다. 메두사의 머리 때문에 돌이 된 인간도 무수하다. 하지만 역시 오만 때문에 돌이 된 것은 아니다. 오만하게 굴다가 돌이 된 사람이 하나 있다. 오비디우스는 니오베 이야기를 아주 극적으로 그려내고 있다.

(테바이의 왕비) 니오베는 오만했다. 니오베는 오만했기 때문에, 신들을 가볍게 여기면 무서운 벌을 받는다는 교훈을 새기려 하지 않았다. 사실 니오베에게는 자랑거리가 많았다. 수금을 어찌나 잘 탔던지 수금 소리만으로 돌을 들어 성벽을 쌓은 것으로 유명한 암피온이 지아비이니 지아비의 재능도 자랑거리였고, 지아비와 자신이 함께 다스리는 나라의 영광도 니오베에게는 큰 자랑거리였다. 그러나 니오베가 정말 자랑거리로 여겼던 것은 아들딸들이었다. 아닌 게 아니라 스스로 이렇듯이 자랑만 하지 않았던들 니오베만큼 자랑스럽고 행복한 어머니도 없을 터였다.

그즈음, 예언자 테이레시아스의 딸 만토가 미래를 예견하는 능력을 얻고는 무아지경에 빠진 채, 길을 막고 이런 예언을 하고 다녔다.

"테바이 여자들아, 모여라. 모여서 레토 여신과 그분의 아드님이신 아폴론, 따님이신 아르테미스 앞에 월계관 단정히 쓰고 향을 사르고 경배하라. 내 입을 빌려 말씀하시는 분은 바로 레토 여신이시다."

테바이 여자들은 이 말을 듣고는 월계수 잎으로 만든 관을 쓰고 여신의 신전으로 나아가 성화에다 향을 던져 넣으며 기도를 올렸다.

테바이 여자들이 이러고 있을 즈음 왕비인 니오베가 많은 하녀를 거느리고 나타났다. 금실로 짠 프뤼기아풍 옷으로 단장한 니오베는 참으로 아름다웠다. 니오베가 머리를 흔들자 그 아름다운 금발이 어깨 너머로 출렁거렸다. 니오베는 몸을 한껏 부풀리고 자신만만한 시선으로 주위를 둘러보면서 꾸짖었다.

"이게 대체 무슨 미친 수작이냐? 눈앞에 있는 여신은 마다하고, 하늘에 있다는 소문으로만 들은 여신을 섬기다니, 이게 대체 무슨 미친 수작이냐? 내 신성神聖은 머리 둘 곳이 없는데 어째서 레토만 그 이름에 봉헌된 신전에서 섬김을 받아야 한다는 말이냐? 내 아버지 탄탈로스는 신들의 식탁에 드는 것을 허락 맡은 유일한 인간이었고, 내 어머니는 아틀라스의 따님이 아니시더냐? 어깨로 하늘의 축을 떠받치고 계신 분이 나의 외조부이시다. 그뿐이냐. 제우스께서는 외가 쪽으로는 나의 조부이시고, 내 지아비 암피온이 그분의 아드님이니 곧 나의 시아버지이시기도 하다. 내가 얼마나 대단한 핏줄을 타고난 여자인가?

프뤼기아의 온 백성이 나를 섬기고 테바이 도성이 내 치하에 있다. 내 남편이 수금 하나로 쌓아 올린 그 성벽, 그 안에 사는 백성이 나와 내 남편의 권세 아래에 있다. 내가 사는 성의 방이라는 방은 모두 재물로 그득그득하다. 자식만 해도 그렇지. 내게는 아들 일곱 형제와 딸 일곱 자매가 있다. 머지않아 이 아이들이 내 집을 며느리와 사위로 가득 채울 것이다. 이런 나를 두고, 아무도 돌아다보지 않는 레토 같은 여신을 섬겨? 레토가 어떤 레토더냐? 델로스섬이 불쌍히 여겨, '그대는 대지를 떠돌고 나는 정처 없이 바다를 떠도는군요', 이러면서 자리를 빌

레토 여신이 쌍둥이를 낳는 장면
레토는 제우스의 자식을 낳을 수 없었다. 제우스의 본처인 헤라가 레토에게 땅을 제공하여 아기를 낳게 하면 그 땅을 저주하겠다고 맹세했기 때문이다. 레토는 할 수 없이 뿌리 없이 떠도는 섬 델로스에서 아폴론과 아르테미스 쌍둥이를 낳았다. 이 그림은 레토의 해산 장면으로, 왼쪽부터 아르테미스, 아테나 여신, 해산의 여신 에일레이튀이아, 레토 여신, 아폴론. 쌍둥이는 벌써 활을 든 신과 여신으로 장성해 있다. 중세에 만들어진 접시. 런던 대영박물관.

려주는 바람에 겨우 자식을 낳을 수 있었던 레토 아니더냐?

　이렇게 견주는 것이 옳지 않다면 낳은 자식 수로 따져보자. 레토가 낳은 자식은 아폴론과 아르테미스뿐이다. 내가 낳은 자식 수의 7분의 1에 지나지 않는다. 내가 누리는 행복은 요컨대 보름달 같아서 한 군데도 빈 데가 없다. 이것을 누가 부정할 것이냐? 나는 앞으로도 행복할 것이다. 이것 또한 아무도 부정하지 못하리라. 무슨 까닭이냐? 내게는 행운의 여신 튀케도 해칠 수 없을 만큼 막강한 힘이 있다. 내게서 많은 것을 빼앗아간다고 하더라도 나에게 남는 것은 그 여신이 빼앗아 갈 수 있는 것보다 많을 것이기 때문이다. 나는 행복하기 때문에 아무것도 두려워하지 않는다. 내 자식 중 한둘이 없어진들 어떠냐? 한둘이 없어져도 자식이 둘밖에 없는 레토 꼴은 되지 않는다. 자식이 둘밖에 없다는 것은 하나도 없는 것이나 마찬가지다. 자, 어떠냐? 이래도 레토를 섬길 테냐?

 가거라. 제사는 그 정도로 끝내고 어서들 가거라. 어서 머리에서 그 월계수 관을 벗고 이 자리를 떠나거라."

 테바이 여자들은 이런 말을 듣고는 제사를 중도에 작파하고 레토 여신에게 올리는 기도를 입안에다 넣고 모두 그 자리를 떠났다.

 이를 내려다본 레토 여신은 노발대발, 퀸토스 산정에 선 채로 아들과 딸인 아폴론과 아르테미스를 불러 이렇게 푸념했다.

 "너희 둘 낳은 것을 자랑으로 여기는 이 어미는, 저 헤라 여신을 제외하고는 어떠한 여신에게도 꿀려본 적이 없다. 그런데 지금은 어찌 되었느냐? 내 신성이 웃음거리가 되지 않았느냐? 이제는 너희가 도와주지 않으면 오랜 세월 내가 섬김을 받던 내 제단에서 젯밥 얻어먹기도 어렵겠구나.

 내가 섭섭하게 여기는 것은 이것뿐만이 아니다. 너희도 들었다시피 저 탄탈로스의 딸년은 내게 상처를 입히고 모욕하기까지 했다. 제 문벌이 나보다 나은 것을 자랑했고 나보다 자식 많은 것을 자랑했다. 내 이년에게 당한 것을 이년에게 돌려주고 말아야겠다. 이년은 제 아비처럼 신들을 업신여겼다. 탄탈로스는 신들의 잔치에 초대를 받고 갔다가 거기에서 들은 것을 인간에게 전해 천기를 누설함으로써 신들을 업신여겼다."

 레토는 니오베를 향하여 욕지거리를 더 퍼부으려 했다. 그러자 아들 아폴론이 어머니의 말을 가로막았다.

 "그만 하세요. 불평하시면 불평하시는 만큼 저 여자가 벌을 받는 시각이 지체될 뿐입니다."

 그의 누이 아르테미스도 오라비와 의견이 같았다. 남매 신은 구름으로 몸을 가리고 카드모스가 건설한 테바이성으로 내려갔다.

성벽 가까이에 수많은 사람이 말을 타고 노는 넓은 공터가 있었다. 공터에는 수레바퀴 자국과 말발굽 자국이 무수히 나 있었다. 니오베의 아들 중 몇몇도 거기에서, 튀로스산(産)의 산뜻한 보라색 안장을 걸친 힘 좋은 말에 올라 황금 징이 박힌 고삐로 말을 다루고 있었다. 맏아들 이스메노스는 말고삐를 단단하게 틀어쥐고 원을 그리며 돌다가 갑자기 외마디 소리를 질렀다. 화살이 가슴에 꽂힌 것이었다. 고삐는 그의 손에서 풀려나와 말의 오른쪽 어깨 옆으로 떨어져 내렸다. 그다음으로, 허공에서 나는 시위 소리를 들은 것은 시퓔로스였다.

시퓔로스는 말을 몰아서 있는 힘을 다해 도망쳤다. 검은 구름을 보고는 폭풍이 몰아칠 것을 예감하고, 한 점 바람도 놓치지 않으려는 듯이 돛이라는 돛은 모두 올리고 도망치는 뱃사람과 비슷했다. 한참을 달리던 시퓔로스는 잠시 고삐를 늦추었다. 그러나 빗나가는 법이 없는 신들의 화살은 어느새 그를 따라잡아 그의 목에 박혀 부르르 떨었다. 살촉이 목을 꿰뚫어버린 것이었다. 앞으로 엎어지면서 잠시 말갈기에 몸을 싣던 그는 곧 질풍같이 땅을 차며 달리는 말발굽 사이로 떨어져 뜨거운 피로 대지를 적셨다.

파이디모스와, 외조부의 이름을 그대로 물려받은 탄탈로스는 기마 연습을 끝내고 온몸이 땀투성이가 된 채 소년이라면 누구나 좋아하는 씨름 연습을 하고 있었다. 이 니오베의 아들 형제가 가슴을 맞대고 서로 버티고 서 있는데 화살이 날아와 이 둘을 한 살에다 꿰어버렸다. 이들은 한 입이 되어 외마디 소리를 지르고는 한 덩어리가 되어 땅바닥에 쓰러졌다. 이 둘은 쓰러진 채로 마지막으로 주위를 한번 둘러보고는 마지막 숨을 함께 몰아쉬었다. 알페노르가 이들을 보고 달려가서는 슬픔을 이기지 못해 제 가슴을 쳤다. 그러나 형제의 죽음을 애도하던 그 역시 그 자리에 쓰러졌다. 아폴론이 쏜 화살이 그의 옆구리에다 맞창을 내어버린 것이었다. 다른 한쪽으로 나온 화살촉에는 허파의 한 조각이 묻어 있었다. 그의 몸에서 피와 생명이 동시에 쏟아져 나왔다.

장발의 다마식톤은 다른 형제들과는 달리 화살을 하나 더 맞았다. 정갱이 힘줄을 맞고는 이 화살을 뽑으려 하는데 다른 화살 하나가 더 날아와 궁깃이 묻히기까지 목에 박힌 것이었다. 그 자리에서 솟구치는 피가 공중에다 피의 기둥을 세운 것 같았다. 마지막으로 남은 일리오네우스는 신들에게 빌어보려고 두 팔을 벌리고 외쳤다.

"신들이시여, 신들께 기도하오니 저를 살려주소서."

그러나 그는 신들에게 기도할 때가 아니라는 사실을 알지 못했다. 활의 신 아폴론은 그 기도에 마음이 움직였던지 잠시 망설였지만 이미 화살은 시위를 떠난 뒤였다. 아폴론의 이런 마음이 화살에도 전해졌던지 이 화살은 심장을 꿰뚫어 그를 죽이기는 하였으되 그리 깊이 꽂히지는 않았다.

날아든 소식을 듣고, 울부짖는 백성과 눈물짓는 왕족들을 보고서야 니오베는 그토록 갑작스럽게 자기에게 재앙이 닥쳤다는 사실을 알았

니오베의 아들
등에 박힌 화살을 뽑으려는 니오베의 아들. 파리 루브르 박물관.

다. 니오베는 신들이 그런 일을 할 수 있다는 데 놀라는 한편, 그들에게 그런 권능이 있고 그들이 그 권능을 자기에게 퍼부었다는 사실에 분개했다. 설상가상으로 아이들의 아버지 암피온은 이 비보를 듣더니 칼로 자기 가슴을 찔렀다. 그는 이로써 삶을 마감하는 대신, 자식 잃은 아버지로서 앓아야 하는 모진 가슴앓이를 면했다.

니오베는 조금 전의 니오베가 아니었다. 이때의 니오베는, 조금 전까지만 하더라도 레토의 신전에서 테바이 여자들을 몰아내던 니오베, 도도하게 도시 한복판을 걸으면 도성의 모든 여자에게 선망의 과녁이 되던 니오베가 아니었다.

니오베는 이제 선망의 과녁이기는커녕 연민의 대상이었다. 심지어 저 자신의 적으로부터도 가엾게 여겨져야 마땅한 존재였다. 니오베는 싸늘하게 식은 자식들의 주검을 내려다보면서 하나하나와 마지막 작별의 입맞춤을 나누었다. 이윽고 이들에게서 고개를 돌린 니오베는 피 묻은 손을 들고 하늘을 향하여 외쳤다.

니오베의 딸
화살을 뽑으려 두 손을 등으로 가져가는 바람에 옷이 흘러내려도 걷어 올릴 길이 없다. 그래서 이 '니오베의 딸'은 나체 석상을 제작하는 고대의 조각가들에게 좋은 빌미가 되었다고 한다. 로마 국립 미술관.

"무정한 레토 여신이시여, 후련하시겠습니다. 이제 내 불행을 즐기시려거든 마음껏 즐기세요. 당신의 그 탐욕스러운 가슴, 이제 뿌듯하시겠지요? 내 아들 일곱과 함께 나 역시 죽은 것이니까요. 이제 적으로 여기던 나를 이겼으니 날뛰면서 춤이라도 추시지요. 하지만 내가 왜 당신을 승리자라고 불러야 하지요? 내 꼴 비록 이렇듯이 비참하게 되었지만 살아 있는 내 자식들 수가 기뻐 날뛰는 당신의 자식들 수보다 많은데 왜 내가 당신을 승리자라고 해야 하지요? 당신의 손에 그렇게 많이 잃었어도 아직 내 자식 수는 당신의 자식 수보다 많답니다."

니오베가 이 말을 채 끝내기도 전에 시위 소리가 났다. 다른 사람들은 모두 두려워 어쩔 줄 모르고 우왕좌왕했지만 니오베만은 태연했다. 불행이 오히려 니오베를 대담하게 만든 것이었다.

니오베의 딸들은, 싸늘하게 식은 니오베의 아들 칠 형제의 관 앞에 서 있었다. 니오베의 딸들은 모두 머리를 풀어헤친 채 상복을 입고 있었다. 이때 화살 한 대가 날아와 니오베의 딸 중 하나의 가슴을 꿰뚫었다. 니오베의 딸은 가슴에서 이 화살을 뽑아내고는 앞으로 쓰러져 죽은 제 오라비의 뺨에다 제 뺨을 댄 채로 숨을 거두었다. 또 한 딸은, 상심하는 어머니를 위로하다가 이번에는 보이지 않는 손으로부터 받은, 곱절이나 큰 상처에 저 자신이 상심해야 했다. 치명적인 상처를 입은 이 처녀는 입을 꼭 다물었다. 그러나 이미 때늦은 다음이었다. 생명이 이미 그 입을 통하여 모두 빠져나가버렸기 때문이었다. 또 하나는 그 자리에서 도망치려고 했으나 그런 노력도 하릴없이 그 자리에 쓰러졌다. 이어서 또 하나가 쓰러진 언니의 시신 위로 무너졌다. 넷째는 몸을 숨겼고 다섯째는 사람들이 보는 앞에서 떨고 서 있었다. 그러나 이들 모두 각기 다른 곳을 화살에 맞아 치명상을 입고는 숨을 거두었다. 마지막으로 남은 것은 막내딸 하나뿐이었다. 니오베는 옷자락으로 이 딸을 감추면서 부르짖었다.

"이 아이는 14남매의 막내이니 이것 하나만이라도 남겨주세요. 죽은

하나 남은 딸만은 살려줄 것을 간청하는 니오베
아폴론과 아르테미스가 신들을 모독한 니오베의 간청을 들어줄 것 같지는 않다. 18세기 프랑스 화가 자크-루이 다비드의 〈니오베의 자녀들을 공격하는 아폴론과 아르테미스〉.

아이들이야 죽었으니 그뿐, 이 어린것 하나만 부탁합니다."

그러나 니오베의 호소도 보람 없이 이 아이 역시 땅바닥에 꼬꾸라졌다. 니오베는, 이제 아무도 돌보아주는 이 없는 혈혈단신이 되어 죽은 자식들 사이로 무너져 내렸다. 참을 길 없는 슬픔은 이 니오베의 몸을 돌로 바꾸게 했다. 산들바람도 이때부터는 니오베의 머리카락을 흩날리지 못했다. 피가 빠져나간 니오베의 얼굴은 창백했다. 니오베의 눈은 슬픔에 감긴 채로 허공을 향하고 있었다. 살아 있는 사람의 모습은 어디에도 남아 있지 않았다. 이제 니오베는 고개를 돌릴 수도 없었고, 팔이

나 다리를 움직일 수도 없었다. 몸속에서도 같은 변화가 일어났다. 니오베의 혀는 입천장에 달라붙어 침묵하는 돌이 되었고 핏줄에서는 맥박이 사라졌다. 몸속의 내장도 남김없이 돌이 되었다. 그런데도 니오베는 여전히 울고 있었다. 문득 일진광풍이 불어와 돌이 된 니오베를 감아 올려서는 고향 땅으로 데려갔다. 돌이 된 니오베가 내린 곳은 산꼭대기였다. 돌이 된 니오베는 오늘날까지도 여기에서 눈물을 흘리고 있다.

* * *

1993년, 나는 장기간 일본을 여행했다. 1945년에 침몰한 거대한 여객선 '우키시마마루호'와 관련된 자료를 입수하기 위해서였다. 당시 일본을 출항한 이 배는 2천여 명(재일교포들의 주장) 혹은 5백여 명(일본 측 주장)의 한국인이 탄 귀국선이었다. 이 귀국선이 침몰하면서 대부분의 한국인이 목숨을 잃었던 것이다. 일본에 살고 있던 동포들 사이에서는, 일본이 고의적으로 침몰시켜 우리 동포의 귀국을 봉쇄했다는 주장이 지배적이었다. 교토에서 자료를 수집하고 조그마한 항구도시 마이즈루에 들렀다. 일본 정부의 발표를 믿는다고 하더라도 5백 명이 넘는 동포가 목숨을 잃은 곳, 공정하게 말해서 목숨을 잃은 동포보다 더 많은 수의 동포를 구출해낸 마이즈루 시민의 자손이 사는 곳, 사망자의 대부분이 남쪽 사람들이었는데도 불구하고 조총련계 동포들이 세운 추도비가 있는 곳이었다. 나는 마이즈루만의 바다 냄새를 좀 맡아보고 싶었다. 그 냄새는 48년 전, 동포들이 우키지마마루를 타고 입항하면서 맡은 냄새와 크게 다르지 않을 터였다.

추도비는 바로 우키시마마루호가 침몰된 해역이 내려다보이는 언덕에 서 있었다. 동판에 돋을새김된 추도비의 정확한 이름은 '우키시마마루 순난자(희생자) 추도비'. 벽돌색 타일을 박은 옹벽을 배경으로 높이 150센티미터 정도 되는 대좌 위에는 250센티미터 높이의 치마저고리

차림의 부인이 왼손으로 목이 뒤로 꺾인 아기를 안고, 오른손으로는 앉은 채로 하늘을 향해 울부짖는 사내의 손을 잡고 서 있었다. 부인의 뒤에는 여남은 살 된 사내아이가 부인의 허리를 안은 채 역시 울부짖고 있고 부인의 발치에는 사내들이 쓰러진 채 고통으로 몸부림치고 있었다. 흡사 폼페이 화산의 화산재 속에서 발굴된 유해들 같았다.

나는 그 추도비 한가운데 서 있는 여인을 보면서 '니오베' 바위와, 폼페이 유적에서 출토된 니오베상을 생각했다. 아들딸의 주검 한가운데 서서 막내 하나만은 살려달라고 하늘을 우러러 애원하는 니오베를 생각했다.

갸름하면서도 당차 보이는 여인의 얼굴에는 슬픔과 분노와 결의가 복잡하게 어우러져 있었다. 여인은 입술을 굳게 다문 채로 시모사바카 앞바다를 내려다보고 있었다. 여인에게 손을 잡힌 사내는 하늘을 향해 절규하고 있었고, 여인의 앞에 앉은 사내는 쓰러진 다른 사내를 안은 채 여인의 왼쪽을 응시하고 있어서, 흡사 만에 정박해 있는 일본의 자위대 군함을 노려보고 있는 것 같았다.

니오베와 여인 사이에 다른 점이 있다면, 니오베에게는 레토 여신을 비아냥거린 잘못이라도 있지만, 추도비의 조선 여인에게는 지아비를 따라와 일본의 전쟁 수발을 들어준 죄밖에 없다는 것이다. 그래서 그런지 돌이 된 니오베의 눈에서 마르는 일 없이 눈물이 떨어졌다고 하는데도 여인의 눈에는 눈물이 보이지 않았다.

추도비 앞으로는 산보 길이 잘 손질되어 있었다. 앞을 지나가던 한 일본인 부인이 남편에게 속삭였다.

"쪼고리(저고리)'상像이 잔뜩 화가 나 있네요?"

그날 밤, 나는 희생자들을 생각하면서 많이 마시고 많이 울었다.

3

은총,
그 자루 없는 칼

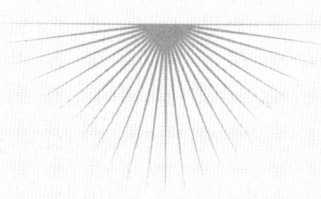

잘생긴 케팔로스는 씩씩한 운동(사냥)을 좋아하는 사내다운 미남 청년이었다. 그는 날이 채 밝기도 전에 잠자리에서 일어나 사냥감을 쫓아 나가곤 했다. 새벽의 여신 에오스는 이 지상에 얼굴을 나타낼 때마다 눈에 띄는 이 청년을 자주 보다가 그만 반한 나머지 그를 납치하고 말았다. 이것은 케팔로스가 아름다운 아내를 맞아들여 서로 깨가 쏟아지는 사랑에 맛을 들이고 있을 즈음의 일이었다. 아내 이름은 프로크리스였다.

프로크리스가 아르테미스 여신의 요정으로 일하면서 여신 눈에 들어 두 가지 선물을 받은 것은 그 무렵의 일이다. 아르테미스가 프로크리스에게 준 선물은, 여신의 은총을 받아 어떠한 사냥감보다 빨리 달릴 수 있는 사냥개와 절대로 과녁을 빗나가는 법이 없는 창이었다. 아르테미스로부터 받은 이 선물이 프로크리스에게는 결혼 예물 노릇을 했다. 프로크리스가 이 두 가지를 남편 케팔로스에게 주었기 때문이다.

중국의 고대 사상가인 한비자가 쓴 『한비자』라는 책에는 '뻥'이 무지 센 장사꾼 이야기가 나온다. 그 장사꾼은 창을 들고 나와 큰소리를 뻥뻥 친다.

"이 창으로 말할 것 같으면, 천하에 뚫지 못할 방패가 없습니다."

많은 사람이 그 창을 샀다.

이 장사꾼은 다른 데 가서는 방패를 들고 나와 또 큰소리를 뻥뻥 친다.

"이 방패로 말할 것 같으면, 천하에 막지 못할 창이 없습니다."

물론 그 방패도 여러 개 팔아먹을 수 있었을 것이다.

하지만 그의 사기 행각은 곧 들통이 났다. 그의 소행을 괘씸하게 생각한 사람이 그에게 물은 것이다.

"당신이 팔아먹은, 뚫지 못할 방패가 없는 창을, 역시 당신이 팔아먹은, 막지 못할 창이 없는 방패를 향해 던지면 어떻게 되오?"

모순 아니오? 그는 이렇게 말하고 있다. '모순矛盾'이라는 말은 바로 이 옛이야기에서 나온 말이다. '모'는 창이라는 뜻, '순'은 방패라는 뜻이다.

케팔로스 이야기에도 이와 비슷한 절대로 빗나가지 않는 창이 등장한다. 그리고 풀어놓으면 사냥감을 절대로 놓치지 않는 사냥개가 등장한다. 이런 창과 이런 사냥개가 있을 수 있다는 말인가? 신화에는 얼마든지 등장할 수 있는 소도구들이다. 하지만 신화나 옛이야기 읽기를 좋아하는 사람들은 이 대목에서 아연 긴장한다. 신화를 좋아하는 사람들은 '절대로'라는 말에서 비극의 냄새를 맡는다.

케팔로스에게, 사냥감을 절대로 빗나가지 않는 창을 준 여신이 누구던가? 바로 아르테미스 여신이다. 아르테미스 여신이 어떤 여신이던가? 절대 스스로 순결을 잃지 않는 여신일 뿐 아니라 자신을 섬기는 50명의 요정에게도 절대로 순결을 잃지 못하게 하는 여신이다.

칼리스토는 아르테미스를 섬기던 요정이었다. 제우스는 이 칼리스토에게 군침을 흘렸지만 아무래도 칼리스토가 완강하게 저항할 것 같았다. 제우스는 딸 아르테미스로 몸을 바꾸고 칼리스토에게 접근했다. 칼리스토는 자신이 섬기는 아르테미스 여신인 줄만 알고 접근을 허락했다. 그제야 제우스는 본모습을 드러내고 칼리스토를 훔쳤다.

몇 달이 흐르자 칼리스토의 배가 불러오기 시작했다. 시냇물에서 요

딸 아르테미스로 변신해 칼리스토에게 접근한 제우스
아르테미스는 제우스에게 순결을 잃은 요정 칼리스토를 냉혹하게 벌한다. 프랑수아 부셰의 그림.

 정들과 함께 옷을 벗고 목욕하던 아르테미스는 칼리스토의 배가 유난히 부른 것을 보고는 까닭을 물었다. 순결을 잃었다는 사실을 안 아르테미스는, 순결을 빼앗은 장본인이 자기 아버지 제우스인 것을 알고도 무자비하게 칼리스토를 벌했다. 칼리스토를 곰으로 변신하게 한 것이다. 아르테미스는 그토록 표독스러운 여신이다.
 그러므로 아르테미스로부터 두 가지 선물을 받은 것은 프로크리스가 순결을 잃은 직후의 일로 보인다. 아르테미스가 선물을 준 것은 프로크리스가 여신의 곁을 떠나기 직전의 일일 것이다. 그렇다면 아르테미스로부터 선물을 받았다는 것 자체가 불길하다. 여신이, 순결을 잃고 자기 곁을 떠나는 프로크리스에게 썩 좋은 선물을 준 것 같지는 않기 때문이다.

케팔로스는 이러한 아내에게 더없이 만족하고 있었기 때문에 에오스가 아무리 꾀어도 그 유혹에 넘어가지 않았다. 에오스는 화가 나서 케팔로스를 집으로 돌려보내면서 이렇게 소리쳤다.

"그렇게 가고 싶거든 가거라, 이 배은망덕한 것아. 가서 여편네 치마폭에서 실컷 놀아라. 그러나 내 예언이 틀리지 않는다면 네가 네 여편네에게 돌아간 걸 후회할 날이 있을 게다."

집으로 돌아온 케팔로스는 그 전까지 그래왔듯이 날마다 숲으로 들어가 짐승을 사냥하며 아내와 행복하게 살았다.

그런데 이즈음 이 나라 일로 기분 상한 적이 있는 신들이 이 나라를 괴롭히려고 걸신들린 여우 한 마리를 보냈다. 어떤 사냥개든 따돌릴 수 있는 여우였다. 사냥꾼들은 여우를 잡으려고 백방으로 손을 썼다. 그러나 여우는 사냥꾼들을 비웃으며 이 나라 산천을 누볐다. 사냥꾼들에게는 이 여우를 따라잡을 만한 사냥개가 없었다.

사냥꾼들은 케팔로스를 찾아와 그 이름난 개를 좀 빌려달라고 부탁했다. 케팔로스의 개 이름은 '레일라프스(질풍)'였다. 레일라프스는 사슬에서 풀려나자 눈에 보이지 않을 만큼 쏜살같이 내달았다. 모래에 발자국이 남지 않았더라면, 하늘을 날아간 것이라고 우길 사람이 있을 정도였다. 케팔로스와 사냥꾼들은 나지막한 산꼭대기에 서서 쫓는 사냥개와 쫓기는 여우를 내려다보았다. 여우는 갖은 재주를 다 부리며 사냥개를 따돌렸다. 빙글빙글 도는가 하면 갔던 길을 되짚어 오기도 했다. 개는 여우를 바싹 뒤쫓아 입을 벌리고 여우의 뒷다리를 물었다. 하지만 번번이 물리는 것은 허공일 뿐이었다. 그것을 보고 있던 케팔로스는 투창을 던지려 했다. 그러나 바로 그 순간 쫓던 개도, 쫓기던 여우도 그 자리에 우뚝 섰다. 이 두 마리의 동물을 만든 하늘의 신들이, 어느 쪽도 패자가 되는 걸 원하지 않았다. 그래서 신들은 이 두 마리 동물을 움직이던 자세 그대로 산 채 돌로 만들어버렸다. 돌이 되어버린 사냥개와 여우의 모습은 살아 움직이던 모습 그대로여서 실로 자연스러워 보였다. 따라서 혹 독자 여러분이 그것을 보았다고 하더라도 짖으며 쫓는 개와 그 자리를 박차고 도망치려는 여우의 모습을 알아볼 수 있었을 것이다.

소중하게 여기던 개를 잃기는 했으나 케팔로스는 변함없이 사냥을 즐겼다. 그는 아침 일찍 집을 나와 곧잘 산과 들을 헤매고는 했다. 그는 누구를 데리고 다니지도 않았고, 누구의 도움을 구하지도 않았다. 어느 때건 던지기만 하면 정확하게 사냥감을 꿰뚫는 투창이 있었기 때문이다. 해가 중천에 떠오르고 사냥에 싫증이 나면 케팔로스는 시원한 물이 흐르는 개울가 나무 그늘을 즐겨 찾곤 했다. 그곳에서 입고 있던 옷을 벗어버리고는 풀 위에 누워 서늘한 바람을 맞는 것이었다. 그러나 때때로 이런 혼잣말을 하곤 했다.

"오라, 감미로운 아우라여, 와서 내 가슴을 쓰다듬어다오, 와서 뜨거운 내 가슴을 식혀다오."

그러던 어느 날의 일이다. 그 옆을 지나가던 어떤 사람이 케팔로스의 은근한 목소리를 들었다. '아우라'는 '미풍'이라는 뜻이다. 이 어리석은 작자는 케팔로스가 어떤 처녀에게 속삭이고 있는 것으로 지레 짐작하고 프로크리스에게 달려가 이를 고자질했다. 사랑은 사람의 귀를 얇게 만드는 법, 프로크리스는 이 말에 충격을 받은 나머지 기절하고 말았다. 이윽고 다시 정신을 차린 프로크리스는 이렇게 중얼거렸다.

"그럴 리가 없어요. 내 눈으로 확인하기 전에는 믿을 수가 없어요."

프로크리스는 마음을 졸이면서도 다음 날 아침까지 기다렸다. 아침이 되자 케팔로스는 여느 때처럼 사냥을 나갔다. 프로크리스는 남편의 뒤를 밟아, 고자질했던 자가 가르쳐준 곳으로 가서 몸을 숨겼다. 사냥

새벽의 여신 에오스와 잘생긴 케팔로스

'케팔로스'는 '잘생긴 머리'라는 뜻이다. 새벽의 여신 에오스는 어둠을 배경으로 새벽빛 너울을 쓰고 있다. 그리스에서 '에오스'로 불리지만 로마에서는 '아우로라Aurora'로 불렸다. 극지방에 나타나는 극광현상 '오로라'는 여기서 온 말이다. 18세기 프랑스 화가 피에르-나르시스 게랭의 〈에오스 여신과 케팔로스〉.

하다 지친 케팔로스는 늘 그렇듯이 그곳으로 와서는 풀 위에 몸을 눕히고 중얼거렸다.

"오라, 감미로운 미풍이여, 내 가슴을 부쳐다오. 그대는 알리라, 내가 얼마나 그대를 사랑하는지. 내가 숲을 좋아하는 것, 홀로 즐겨 이 숲을 헤매는 것은 다 그대가 있음이니라."

케팔로스는 이렇게 중얼거리다 덤불 속에서 무엇인가가 흐느끼는 소리를 들었다. 아니, 들은 것 같았다. 그러나 케팔로스는 그것을 들짐승이거니 하고 생각했다. 그래서 그 덤불을 향해 창을 던진 것이었다.

케팔로스가 던진 창이 어떤 창인가? 과녁을 절대로 빗나가는 법이 없는 창이다. '절대로'는 절대 비극의 무대 장치다. 그러므로 우리는 이 이야기를 끝까지 읽지 않고도 내용을 알 수 있다. 하지만 읽어보자.

케팔로스는 프로크리스의 비명을 듣고, 자기가 던진 창이 분명히 과녁을 꿰뚫었음을 알았다. 케팔로스는 후닥닥 일어나 그쪽으로 달려갔다. 그곳에는 사랑하는 아내가 피를 흘리며 사위어가는 힘을 두 손에 모으고, 자기가 남편에게 선사했던 창을 뽑으려 하고 있었다. 케팔로스는 아내를 부둥켜안고는 피를 멎게 해보려고 애를 썼다.

"정신 차려요, 나를 이 꼴로 남겨두고 가면 안 되오, 이대로 떠나 내 가슴에 내 허물의 못을 박아서는 아니 되오."

케팔로스는 울부짖었다. 그러자 프로크리스도 겨우 눈을 뜨고 이렇게 말했다.

"당신이 저를 사랑해주셨다면, 제가 당신의 사랑을 받을 자격이 있다면, 바라건대 저의 마지막 소원을 들어주소서. 저 얄미운 아우라와는 혼인하지 말아주소서."

두 사람 사이의 오해가 풀리는 데는 이 말만으로도 넉넉했다. 하지만 오해가 풀린들 무슨 소용이 있으랴! 프로크리스는 숨을 거두었다. 그러나 얼굴은 평온했다. 케팔로스가 자초지종을 이야기했을 때, 프로크리스는 그랬느냐는 듯이, 용서하는 듯이 남편의 얼굴을 바라보는 것 같았다.

* * *

　나는 신들의 은총이 내려 불가사의한 힘이 주어진 물건에 관한 여러 나라 신화를 읽을 때마다 이런 비극이 되풀이되는 것을 본다. 케팔로스와 프로크리스 이야기와는 조금 다른 이야기 유형도 있다. 신들의 특별한 은총, 또는 인간이 지어낸 불가사의한 시설물들이 그 나라 공주에 의해 유린되는 경우다. 나는 한 나라의 영웅이 등장하고, 이웃 나라 공주가 등장하면 아연 긴장한다. 이웃 나라 왕이 신들로부터 특별한 은총을 받았을 경우, 그 은총이 나라의 안위와 밀접한 관계가 있을 경우 나는 그 왕에게 경고한다. 왕이여, 딸을 조심하시오 하고 경고한다. 나는 니소스왕에게도 경고한다. 니소스왕이여, 딸을 조심하세요!

　크레타 왕국의 미노스왕이 니소스왕의 영토를 공격했다. 니소스왕의 정수리에는, 백발 가운데 섞인 보라색 머리카락이 한 올 있었다. 그에게 이 머리카락이 남아 있는 한 어떤 정복자도 그 왕국을 무너뜨릴 수 없었다.

　전쟁이 시작된 이래 초승달은 그 뿔을 여섯 번째로 드러내어 보이고 있었으나 양국의 전세는 어느 한쪽으로도 기울지 않은 채 소강 상태를 보이고 있었다. 날개 달린 승리의 여신이 마음을 정하지 못해 양쪽 진영의 상공을 번갈아가면서 날아다니고 있었기 때문이었다.

　니소스의 왕국 성벽에는 탑이 하나 있었다. 전하는 바에 따르면 음악의 신 아폴론이 황금으로 만든 수금을 건 이후로 그 벽돌 하나하나에 신묘한 음악이 스며들어 있다는 성벽이다. 니소스의 딸 스퀼라에게는 틈날 때마다 이 성벽 위의 탑으로 올라가 이 성벽에다 돌멩이를 던지며 거기에서 나는 소리를 즐기는 버릇이 있었다. 스퀼라는 미노스왕과 자기 아버지의 군대 사이에 전투가 벌어지고 있을 동안에도 이곳으로 올라가 가까이서 벌어지는 전투 상황을 구경하고는 했다. 스퀼라는 이러는 동안 적군의 장수 이름, 그들의 무기, 그들이 타고 다니는 말, 그들의 차림새, 그리고 그 유명한 크레타 활에 대해서도 알게 되었다. 스퀼라가 이 중에서도 가장 관심을 가지고 살펴서 자세하게 알게 된 것은 적장 미노스왕이었다. 스퀼라는 이 미노스왕에 대해서라면 모르는 것이 없었다.

스퀼라의 눈에 비친 미노스는 한마디로 완벽한 인간이었다. 스퀼라가 보기에, 미노스가 깃털 장식이 달린 투구를 쓰고 있으면 투구가 미노스에게 그렇게 잘 어울려 보일 수가 없었고, 미노스가 번쩍거리는 청동 방패를 들면 그 방패가 미노스에게 그렇게 잘 어울려 보일 수가 없었다.

미노스가 힘살을 부풀리고 창을 던질 때면 스퀼라는 멀리서 그의 힘과 재간을 침묵으로 찬양했고, 미노스가 시위에다 화살을 메기고 시위를 당겨 활대를 반달 모양으로 구부리면 스퀼라는 활의 신 아폴론도 활 시위를 당길 때는 저런 모습이시겠지, 이런 생각을 하고는 했다. 어쩌다 미노스가 투구를 벗어 맨얼굴을 드러내고 보랏빛 갑옷 차림으로 백마의 잔등에 올라 술 장식이 치렁치렁한 안장을 깔고 앉은 채로, 입으로 흰 거품을 뿜는 말의 고삐를 잡아채는 것을 보면 스퀼라는 그만 현기증을 느끼고는 했다. 이게 모두 미노스를 향한 불타는 듯한 사랑 때문이었다.

스퀼라는, 미노스왕의 손에 잡히는 저 창은 얼마나 행복할까, 미노스왕의 손에 잡히는 저 고삐는 얼마나 행복할까, 이런 생각까지 했다. 스퀼라는 나이 어린 공주에 지나지 않았으나 할 수만 있다면 용감하게 적진을 뚫고 들어가 미노스왕을 만나고 싶었다. 높은 탑루에서 크레타 진영 한가운데로 뛰어내리든, 청동 빗장이 단단히 걸린 성문을 열어주든, 미노스왕이 좋아할 만한 일이면 무엇이든 하고 싶었다. 그래서 스퀼라는 미노스의 호화찬란한 야영 막사를 내려다보며 혼자 이렇게 중얼거렸다.

"이 전쟁이 터진 것을 다행으로 여겨야 할지, 아니면 불행으로 여겨야 할지 모르겠구나. 사랑하는 미노스왕이 우리의 적이라는 것이 애석

하구나. 하지만 이 전쟁이 터지지 않았다면 나는 저분의 모습을 뵐 수가 없었을 것이니 어쩌면 전쟁이 잘 터진 것인지도 모르지. 저분이 전쟁을 이 정도 선에서 끝내고 나를 평화를 보증할 볼모로 잡아 고국으로 돌아가신다면 얼마나 좋을까.

오, 사랑하는 나의 영웅이시여. 만일에 그대의 어머니께서 그대만큼 아름다운 분이었다면, 제우스 신께서 사랑을 느끼신 것도 무리는 아닐 터입니다. 내게 날개가 있어서 하늘을 날아 크레타 왕의 군막 앞에 내려 미노스왕께 내 사랑과 내 느낌을 고백하고, 나를 아내로 맞아주시는 대신 지참금으로 무엇을 원하느냐고 물을 수 있다면 나는 세 번 복을 받은 여자인 것을…….

미노스왕이 지참금으로 요구한다면, 내 아버지의 왕국만 빼고 이 세상에 무엇이 아까우랴. 그래, 아버지의 왕국만은 안 된다. 아버지의 왕국을 버려야, 아버지를 배신해야 이룰 수 있는 사랑이라면, 내 비록 꿈은 간절하나 이 혼인이 내게 무슨 뜻이 있으랴. 관대한 승리자의 온정이 나라를 잃은 사람들에게 미치는 수가 있기는 하다더라만…….

아니, 미노스왕은 아들의 죽음을 복수하려고 이 의로운 전쟁을 일으켰다지. 그에게는 든든한 명분도 있고, 이 명분을 지킬 막강한 군대도 있다. 우리는 이 전쟁에서 지고 말 것이 분명하다. 그래, 우리가 이 전쟁에서 지게 되어 있다면, 우리의 운명이 이미 정해져 있다면, 사랑을 위하여 내가 성문을 열어주어선 안 된다는 법도 없지 않은가. 가만히 있으면 저분의 군대가 성문을 깨뜨리고 들어올 텐데, 그럴 바에는 차라리 성문을 열어주는 것이 낫지 않은가.

저분으로 하여금, 더 빨리 이 전쟁을 승리로 이끌게 해주는 편이 낫지 않은가. 더 이상의 살육을 막고, 저분이 피를 흘리는 일이 없게 하는 편이 낫지 않은가. 이렇게만 하면, 나는 저분이 다칠까 봐 마음 졸이지 않아도, 누가 저분의 가슴을 찌를까 마음 졸이지 않아도 되지 않겠는가. 하기야 저분이 누구인지 안다면야, 감히 저분의 가슴을 겨누고 창을 던질 만큼 심장이 강한 인간이 있을 리 없을 테지만……."

 스퀼라의 마음은 이런 쪽으로 기울기 시작했다. 오래지 않아 결국 스퀼라는 아버지의 왕국을 미노스에게 바치고 전쟁을 끝내기로 마음먹었다. 그러나 이를 실행에 옮기자면 용기가 필요했다. 그래서 스퀼라는 다시 고민했다.

 "……성문에는 성문 수비대가 있고, 성문의 열쇠는 아버지에게 있다. 아, 이 일을 어쩔꼬. 슬픈 일이다. 내게 두려운 존재는 아버지뿐이고, 내 소원의 앞을 막는 이 역시 아버지뿐이라는 것은…… 아버지만 안 계신다면…… 하지만 인간은 누구나 제 자신의 신이 되어 자신의 운명을 집행하지 않으면 안 된다. 운명의 여신은 행동하는 인간을 돌보실 뿐, 기도만 하고 있는 인간은 돌보시지 않는다. 누군들 나와 같이 하려 하지 않겠는가. 욕망이 내 욕망만큼 강렬하다면 누군들 사랑의 앞길을 막는 장애물을 깨뜨리지 않겠는가. 그래, 깨뜨리려 할 것이다.

 기꺼이 깨뜨리려 할 것이다. 남들은 용감하게 그것을 깨뜨리는데 나는 왜 하지 못한다는 말인가? 나는 할 수 있다. 불길 사이로도 지날 수 있고, 칼의 숲 사이로도 지날 수 있다.

 그러나 지금은 그럴 필요가 없다. 내 아버지의 머리카락에서 단 한 올의 머리카락만 잘라내면 된다. 내게는 황금보다 더 소중한 단 한 올의 머리카락. 이 보랏빛 머리카락이 나를 행복하게 할 것이므로. 이 머리카락이 그토록 바라 마지않던 것을 나에게 베풀어줄 것이므로……."

 스퀼라가 이런 생각을 하고 있을 동안, 인간의 근심을 치료하는 전능한 의사가 찾아왔다. 밤이 찾아온 것이다. 어둠은 스퀼라를 담대하게 했다. 잠이 인간의 가슴에 깃든 모든 근심과 걱정을 재우는 이 평화로운 시간을 틈타, 스퀼라는 살며시 아버지의 침실로 숨어들어 가 그 끔찍한 짓을 저질렀다. 딸이 아버지의 머리로부터, 아버지의 목숨와 운명이 걸린 머리카락을 훔친 것이다.

 머리카락을 손에 넣은 스퀼라는 똑바로 적진을 뚫고 들어가 미노스

왕 앞으로 나아갔다. 왕은 스퀼라가 온 것을 보고는 놀랐다. 스퀼라는 왕에게 말했다.

"사랑이 저에게 죄를 짓게 했습니다. 저 스퀼라는 제 왕국의 수호신과 제 집안을 왕께 드리는 바입니다. 저는 전하밖에는 원하는 것이 없습니다. 제가 드리는 사랑의 맹세와 이 보랏빛 머리카락을 받으시고, 이 머리카락이 사실은 한 오라기의 머리카락이 아니라 제가 바치는 제 아버지의 머리인 줄 알아주소서."

스퀼라는 이러면서 그 죄 많은 손으로 아버지의 머리카락을 바쳤다.

우리는 "니소스왕의 정수리에는 백발 가운데 섞인 보라색 머리카락이 한 올 있는데, 그에게 이 머리카락이 남아 있는 한 어떤 정복자도 그 왕국을 무너뜨릴 수 없다"는 대목을 읽을 때 벌써 다 알아봤다. 니소스왕이 신들로부터 받은 이 특별한 은총 때문에 왕국이 위험해지겠구나 싶었다. 스퀼라는 번민하다가 결국은 아버지의 보랏빛 머리카락을 잘라 미노스왕에게 바친다.

미노스는 어떻게 나올 것인가? 미노스는 제우스 신의 아들이다. 그는 매우 공정한 사람이어서 '공정왕'이라고 불리기까지 했다. 얼마나 공정했는가 하면, 죽어서도 저승에서 재판관 노릇을 할 정도로 공정했다. 아직도 저승에서 공정한 재판관 노릇을 하고 있는지 그만두었는지 그것은 잘 모르겠다. 공정한 미노스는 공정하지 못한 스퀼라를 맞아 잘 먹고 잘 살 것인가? 그러면 이야기는 끝나버리는데 그리스 신화는 어찌 된 셈인지 이야기를 좀체 끝내주지 않는다. 이야기는 이렇게 계속된다.

미노스왕은 스퀼라가 저지른 이 전대미문의 죄악에 기겁을 하고는 스퀼라를 꾸짖었다.

"우리 시대에 너같이 더러운 것이 있었구나. 신들이시여, 대지는 저것을 내치게 하시고, 어떤 땅, 어떤 바다도 저것에게는 깃들일 자리를

아버지의 보랏빛 머리카락을 자르는 스퀼라
오비디우스의 『변신 이야기』에 수록된 삽화로, 니콜라앙드레 몽시오의 작품.

주지 않게 하소서. 그리고 스퀼라, 너 잘 들어라. 나는 내 아버지 제우스 신의 요람이었던 크레타섬에 너같이 더러운 것이 들어오는 것을 용납하지 않겠다."

공정한 정복자 미노스왕은 정복당한 적들에게 갖가지 합당한 조치를 취한 연후에, 노잡이들에게는 닻을 올리고 이물에 청동갑을 댄 군함에 오르라고 명령했다.

스퀼라는 먼 바다로 나가는 군함을 바라보았다. 스퀼라는 군함들이 파도를 타는 것을 본 다음에야, 적장 미노스에게 자신이 세운 공로에

상을 내릴 생각이 없다는 것을 알았다. 이제 스퀼라에게는 빌 것이 없었다. 스퀼라의 마음은 분노로 차오르기 시작했다. 분을 참지 못한 스퀼라는 제 머리카락을 쥐어뜯으면서, 미노스의 함대 쪽으로 빈 주먹질을 하면서 외쳤다.

"어디로 가느냐? 내가, 내 조국보다 내 아버지보다 내가 더 사랑하던 그대가 나를 두고 어디로 가느냐? 그대에게 승리를 안겨준 나를 두고, 그대를 정복자로 만들어준 나를 두고 어디로 가느냐? 무정한 이여, 나로 인하여 승리를 얻고, 조국을 배신한 죄업을 나에게만 떠넘기고 대체 어디로 떠난다는 말이냐? 내가 바친 것들이 그렇게도 마음에 들지 않던가? 내 사랑도 그대에게는 아무것도 아니었더라는 말인가? 내가 온 마음을, 온 소망을 다 바쳤는데도 그대에게는 그것이 아무것도 아니었다는 말인가? 그대가 나를 버리면 나는 어쩌라는 말인가?

내 조국은 이제 망하고 말았다. 설사 망하지 않았다고 하더라도 배신자인 내 앞에서는 그 문이 닫혀 있다. 나더러, 내 손으로 그대 앞에다 무릎을 꿇린 내 아버지에게 가라는 말이냐? 나를 증오할 권리가 있는 내 나라 백성은 그 권리에 따라 나를 증오하고, 이웃 나라 백성들은 내가 보인 본보기를 경계하여 나를 두려워한다. 온 세상의 문이 내 앞에 닫혀 있는 지금, 내가 피하여 몸 붙일 곳은 크레타뿐이다. 그대가 나를 크레타에 받아주지 않는다면, 그대가 나를 버릴 만큼 배은망덕한 인간이라면 제우스의 자식일 리 없으니, 그대의 출생을 둘러싼 이야기는 모두 거짓이다.

오, 아버지 니소스왕이시여, 저에게 벌을 내리소서. 내가 들어 적국의 왕에게 바친 성이여, 내 불행을 위안으로 삼으시라. 나는 그대로부터 죄를 얻었으니 죽어야 마땅하다. 그러나 나는 죽되, 나로 인하여 고통을 당한 이의 손에 죽고 싶다. 미노스여, 그런데 왜 그대가 승리를 들어 바친 나를 벌하는가? 내가 내 아버지와 내 조국에 지은 죄는, 그대에게는 곧 은혜가 아니던가? 배은망덕한 자여, 내 말이 귓구멍으로 들어가지 않느냐? 아니면 그대의 함대를 몰고 가는 바람이 내 말을 네 귓전으로 흘려버리는 것이냐?

 아, 미노스는 제 부하들을 재촉하는구나. 파도는 물결을 일으키며 노 끝으로 밀려나고, 나와 내 조국은 이로써 뒤편으로 밀려나는구나. 그러나 그래봐도 소용없다. 미노스여, 내가 그대를 위해 해준 일 같은 것은 이제 기억해주지 않아도 좋다. 그대가 아무리 나를 증오해도 나는 그대를 따라갈 것이다. 나는 그대가 탄 배의 뱃전에 붙어서라도 넓고 넓은 바다를 건너고 말 테다."

 스퀼라는 이 말과 함께 바다로 뛰어들어 함대 쪽을 향하여 헤엄쳐 가기 시작했다. 스퀼라는 증오에 찬 열정의 힘을 빌려 단숨에 크레타의 뱃전까지 헤엄쳐 가, 불청객으로 거기에 달라붙었다. (보라색 머리카락을 잘리고 물수리로 변신한) 스퀼라의 아버지 니소스가 이를 내려다보고는 그 뾰족한 부리로 뱃전에 매달린 딸의 손을 찍었다. 스퀼라는 그 순간 놀라움과 고통에 못 이겨 뱃전을 잡았던 손을 놓았다. 그러나 스퀼라는 물 위로 떨어지지 않았다. 뱃전을 놓는 순간 미풍이 스퀼라를 하늘로 감아 올린 것이다. 하늘로 오른 스퀼라는 그제야 제 몸에 깃털이 돋아난 것을 알았다. 새가 된 것이다.

 무사히 크레타로 돌아온 미노스왕은 함대를 항구에 정박시키고, 떠날 때 했던 서약에 따라 1백 마리의 소를 제우스 신에게 제물로 바쳤다. '헤카톰베', 즉 1백 마리의 소를 잡아 드리는 제사는 제우스에게만 드릴 수 있는 최고의 제사였다. 그리스 신화에는 이 '100'이라는 숫자가 유난히 자주 나온다. 팔이 1백 개인 거인 헤카톤케이레스, 눈이 1백 개인 아르고스, 머리가 1백 개인 레르네의 물뱀, 크레타에 있었다는 1백 개의 도시 같은 예에서 그렇다.

* * *

이제 이야기는 끝났는가?

　우리 민담과는 달리 그리스 신화는 '잘 먹고 잘 살았다'로 끝나는 법이 거의 없다. 하나의 갈등이 끝나면 또 하나의 갈등이 시작되고, 이 갈등조차도 다른 갈등과 미궁의 통로처럼 이어져 있다.

　이제 공정왕 미노스는 크레타로 돌아왔다. 조금 전에 나는 '미궁의 통로처럼 이어져 있다'라고 썼는데, 이 '미궁labyrinthos'이라는 말을 처음 쓴 사람이 바로 미노스였던 것 같다. 이 '미노스의 미궁Minoan labyrinth'을 지은 사람은 손재간 좋기로 유명한 다이달로스다. 미노스는 다이달로스에게, 한번 들어가면 '절대로' 나올 수 없는 미궁, 나오는 꿈조차도 꾸지 못하게 할 미궁을 지으라고 명했다. 다이달로스는 그런 미궁을 지었다. 미노스왕은 왜 그런 미궁을 짓게 했을까? 괴물 미노타우로스를 가두기 위해서였다. 괴물 미노타우로스는 왜 태어났을까? 왕비 파시파에가 황소와 부정한 짓을 저질렀기 때문이다. 거슬러 올라가자면 한도 끝도 없다.

　그런데 아테나이의 영웅 테세우스가 이 미궁에 갇히게 된다. 테세우스는 이 미궁에서 나올 수 있을까? 미노스왕에게 딸이 없으면 좋을 텐데. 하지만 그에게는 딸이 있다. '아리아드네'가 바로 그 딸의 이름이다. 나는 그래서 미노스왕에게, 미노스왕, 딸을 조심하세요 하고 싶어진다.

　토머스 불핀치의 신화집에서 인용한다.

　당시 아테나이인들은 크레타 왕 미노스의 강권에 못 이겨 해마다 조공으로 바쳐야 하는 산 제물 때문에 크게 난처한 입장에 처해 있었다. 미노스왕이 요구하는 조공이란 총각 일곱과 처녀 일곱, 도합 열네 명의 선남선녀였다. 미노스왕은 괴물 미노타우로스에게 이 선남선녀들을 먹이로 제공하고 있었다. 이 괴물은 힘이 무지막지하게 세고 성질이 난폭하여 다이달로스가 특별히 설계 시공한 미궁에 갇혀 살았다. 이 미궁은 실로 교묘하게 만들어져 누구든 이 안으로 들어가면 혼자서는 빠져나오지 못하게 되어 있었다. 미노타우로스는 이 미궁을 헤매며 인간이라는 산 제물을 잡아먹고 있었던 것이다.

테세우스는 이러한 재앙으로부터 백성을 구하되, 구하지 못하면 산 제물이 되어 제 나라 백성들과 함께 죽기로 마음먹었다.

이윽고 조공을 보낼 때가 되어 산 제물이 될 처녀 총각의 제비뽑기가 시작되었다. 테세우스는 부왕이 말리는데도 불구하고 자진해서 산 제물로 희생자 무리에 끼어들었다. 배는 여느 때처럼 검은 돛을 올리고 출항했다. 테세우스는 출항하기 직전에, 자신이 승리하고 귀국할 때는 검은 돛 대신 흰 돛을 올리겠노라고 부왕과 약속했다. 배가 크레타에 이르자 처녀 총각들은 미노스왕 앞으로 끌려 나갔다. 그런데 그 자리에 나와 있던 미노스왕의 딸 아리아드네는 테세우스의 모습을 보고는 첫눈에 반하고 말았다. 테세우스 역시 마찬가지였다. 아리아드네는 테세우스에게 칼 한 자루를 주며 그것으로 미노타우로스와 싸우라고 했고, 실 한 타래를 주면서는 실을 이용하면 미궁에서 빠져나올 수 있다고 했다. 덕분에 테세우스는 (실을 풀면서 미궁으로 들어가) 미노타우로스를 죽이고 (그 실을 따라) 미궁에서 나오는 데 성공했다. 그는 아리아드네와, 자기 손으로 구한 처녀 총각들을 데리고 배에 올라 닻을 올리고 아테나이로 향했다.

테세우스는 출항하기 직전에, 자신이 승리하고 귀국할 때는 검은 돛 대신 흰 돛을 올리겠노라고 부왕과 약속했다. 하지만 테세우스는 이 약속을 지키지 못했다. 서둘러 귀국하느라고 경황이 없어서 그랬을 것이다. 아이게우스왕은 테세우스가 크레타에서 죽은 것으로 여기고 바다에 몸을 던졌다. 그래서 이때부터 이 바다는 '아이가이온(아이게우스의 바다)'이라고 불린단다. 우리에게는 '에게해'라는 말이 익숙하다.

그리스의 수도 아테네에서 남쪽으로 자동차로 약 한 시간 반 거리에 '수니온곶'이 있고, 이 곳의 가장 높은 곳에는 포세이돈 신전이 있다. 포세이돈 신전 뒤편으로 돌아가면 에게해가 한눈에 들어온다. 아이게우스가 투신한 곳으로 여겨지는 절벽에는 다가설 수가 없다. 바닷바람이 어찌나 거센지 금방이라도 사람을 쓰러뜨릴 것 같기 때문이다. 포세이돈 신전에서 10분 정도 걸어 내려오면 '호텔 아이게우스'가 있다. 고급 호텔은 아니지만 수블라키(양고기 구이)가 일품이다. 아이게우스의 바다에 발을 담그고 포세이돈 신전을 올려다보면서 수블라키를 먹던 일, 어제 일같이 생생하게 기억나기도 하고 꿈을 꾼 것처럼 아련하기도 하다.

자, 테세우스는 귀국길에 올랐다. 아버지 미노스왕과 조국을 배신하고 아테나이의 왕자를 도운 아리아드네의 운명은 어떻게 될까? 테세우스와 '잘 먹고 잘 살았다'는 말과 함께 이 이야기는 끝나는 것일까? 이상하게도 그리스 신화는 끝날 것 같은데도 좀체 끝나지 않는다. 인용을 계속한다.

테세우스 일행은 귀국하는 도중에 낙소스섬에 기항했다. 그런데 테세우스는 아리아드네가 잠들어 있을 때를 이용해서 아리아드네를 놓아둔 채 낙소스섬을 떠나버렸다. 생명의 은인에 대해 이 같은 배은망덕한 짓을 한 것은 그렇게 하라는 아테나 여신의 현몽이 있었기 때문이다.

(불핀치는, 테세우스가 '생명의 은인에 대해 이 같은 배은망덕한 짓을 한 것은 아테나 여신의 현몽이 있었기 때문'이라고 쓰고 있다. 하지만 오비디우스는 '여신의 현몽'이라는 말을 쓰고 있지 않다.)

괴물을 죽이고 미궁을 무사히 빠져나온 테세우스는 미노스왕의 딸과 함께 그곳을 떠나 낙소스섬으로 갔다. 그러나 공주 아리아드네는 이 섬에서 아테나이로 가지 못했다. 테세우스가 공주를 이 섬에다 남겨두고 떠나버렸기 때문이었다. 공주가 홀로 섬에 남아 팔자를 한탄하고 있는

잠든 아리아드네
테세우스의 배는 낙소스섬을 떠나고 있다. 하지만 디오뉘소스를 상징하는 표범들이 벌써 아리아드네 옆에 모여 있다. 화가도 테세우스가 아리아드네를 디오뉘소스에게 빼앗긴 것 같다고 생각하는 모양이다. 존 윌리엄 워터하우스의 그림.

데 디오뉘소스 신이 나타나 공주를 도와주었다. 디오뉘소스 신은 공주의 머리에서 사랑의 선물로 준 화관을 벗겨 하늘로 던져 올렸다. 영원한 영광의 징표인 별자리로 박아주기 위해서였다. 화관이 하늘로 날아오르자 거기에 박혀 있던 진주는 별이 되었다. 별들은 곧 하늘에 화관 모양으로 자리를 잡았다. 무릎을 꿇은 헤라클레스자리와 뱀을 쥐고 있는 오피우코스자리 사이에 있는 별자리가 바로 이 왕관자리다.

아리아드네가 아버지를 배신했듯이 테세우스는 아리아드네를 배신한 것일까? 조국과 아버지 미노스왕을 배신한 죄를 물어 아테나 여신은 테세우스로 하여금 아리아드네를 낙소스섬에다 버리고 가게 한 것일까? 아테나 여신은 이로써 정의를 곤두세우고 싶어 했던 것일까? 나는 이 이야기를 이렇게 읽는다.

　죽음의 신 타나토스와 가장 가까운 신은 잠의 신 휘프노스다. 그래서 잠의 신 휘프노스는 종종 '작은 타나토스'로 불리기도 한다. 신들 중에서 해마다 죽었다가 부활하는 신이 있다. 바로 디오뉘소스다. 디오뉘소스는 포도의 수확이 끝나면 죽었다가 포도 싹이 돋으면 부활한다는 신이다. 술에 취하면 사람은 곯아떨어진다. 곯아떨어진다는 것은 곧 잠든다는 뜻이다. 테세우스가 기항한 섬이 낙소스섬이라는 것에 유념해야 한다. 낙소스섬은 디오뉘소스의 신전이 있는 디오뉘소스의 거룩한 섬이다. 나는 아무래도 테세우스가 디오뉘소스에게 아리아드네를 빼앗긴 것 같다.

* * *

나는 앞의 두 이야기에서 니소스왕과 미노스왕에게, 딸을 조심하세요 하고 말하고 싶다고 썼다. 그렇게 써놓고 보니 여성들에게 퍽 미안하다. 공주들만 왕자들에게 홀딱 반해 아버지와 조국을 배반한다는 인상을 주고 있기 때문이다. 그러나 내가 여기에서 문제 삼는 것은 여성의 도덕성이 아니다. 인간으로서는 '절대로' 범접할 수 없는 것들이 여성들의 도움에 의해 유린되는 사태다. 신들의 영역에 속하는 초월적인 것들이 고대인들의 여성관에 따라 가장 연약한 것으로 치부되던 여성에 의해 사정없이 유린되고 있다는 점이다.

　금양모피, 즉 황금 양털가죽 이야기를 기억하는지. 이아손이 북방의 나라 콜키스에서 찾아온 그리스의 자존심이 바로 이 금양모피였다.

　영웅 이아손이 조상이 빼앗긴 금양모피, 즉 황금 양의 털가죽을 찾아 콜키스 왕국에 갔을 때도 같은 일이 일어난다. 그 나라 왕 아이에테스는 이아손에게 까다로운 조건을 내건다. 불을 뿜는 황소에 쟁기를 메워 전쟁 신 아레스의 밭을 갈아줄 것을 요구한 것이다. 하지만 인간은

'절대로' 불 뿜는 황소에게 접근할 수 없다. 순식간에 타 죽기 때문이다. 이아손은 금양모피를 손에 넣자면 어떻게 하든 전쟁 신 아레스의 밭을 갈고도 무사해야 한다. 어떻게 될 것인가?

미노스에게는 스퀼라가, 테세우스에게는 아리아드네가 있었듯이 이아손에게는 메데이아가 있다. 메데이아는 아이에테스왕의 딸이다. 메데이아는 약초에 눈이 밝다. 메데이아가 손수 고약을 만들어 이아손의 몸에 발라주면 이아손은 불 뿜는 황소를 잡도리할 수 있다. 하지만 그것은 아버지와 조국에 대한 치명적인 배신 행위다. 메데이아 역시 스퀼라처럼, 아리아드네처럼, 이것과 저것 사이에서 고민한다. 메데이아 이야기를 읽어본다.

이 나라 공주 메데이아는 이 이아손을 보는 순간 첫눈에 반하고 말았다. 메데이아는, 낯선 청년 이아손을 도와주려면 아버지를 배신해야 할 터이라 이아손을 향하는 자신의 마음과 싸웠다. 그러나 메데이아의 이성이나 감성은 이 뜨거운 사랑의 불길 앞에서는 너무나도 미약했다. 메데이아는 이런 생각을 하면서 혼자 고민했다.

"메데이아야, 저항해도 소용없다. 어느 신인지는 모르나 어느 신인가가 너의 마음을 다스리고 있다. 아, 이런 것을 사랑이라고 하는 것일까? 그렇지 않다면, 불 뿜는 황소로 밭을 갈라는 아버지의 요구가 지나친 요구라고 생각될 까닭이 없지. 아니다, 지나친 요구임에 틀림없어. 만난 지 얼마 되지도 않는데, 나는 왜 이아손의 파멸을 이다지도 두려워하는 것일까? 내가 이렇게 두려워하는 까닭이 무엇일까?

아, 이 어리석은 계집아, 네 어리석은 가슴에 붙은 불을 꺼버리면 되지 않으냐? 그렇지, 끌 수만 있다면 얼마나 나다우랴. 하지만 아무리 마음을 다져 먹어도 까닭을 알 수 없는 짐이 나를 짓누르니 이 일을 어쩌지? 욕망은 나더러 이렇게 하라고 하고 이성은 나더러 저렇게 하라고 하니 이 일을 어쩌지? 어느 길이 옳은 길인지 나는 알고 있다. 분명히 알고 있는데도 나는 옳지 않은 길을 따르려 하고 있다. 콜키스의 공주여, 너는 왜 이방인에 대한 사랑의 불길에 타고 있는가? 왜 이방인과의 결혼을 꿈꾸고 있는가? 이 땅에도 사랑할 만한 사람들은 얼마든지 있는데……. 이아손이 죽든 살든, 그것은 신들의 뜻이다. 그런데도 이아손을 걱정하는 것은 또 무슨 까닭일까? 하기야 사랑하는 마음이 없어도 걱정할 수는 있는 법. 죄 없는 이아손이 왜 그렇게 모진 고초를 겪어야 한다지?

아, 저 젊음, 저 문벌, 저 무용에 반하지 않을 못난 계집도 있을까? 젊음, 문벌, 무용이 하잘것없다고 하더라도 그 뛰어난 언변에 반하지 않을 못난 계집도 있을까? 확실히 저분은 내 마음을 휘저어놓았구나. 하지만 내가 도와주지 않으면 저분은 불 뿜는 황소의 숨결에 죽거나 치명적인 화상을 입지 '절대로' 무사할 수 없다. 요행히 이 시련을 이겨낸다고 하더라도 저 탐욕스러운 용의 먹이가 되는 것은 피하기 어렵다. 내가 호랑이 새끼가 아닌 다음에야, 내 심장이 돌이나 쇠로 되어 있지 않은 다음에야 어찌 이것을 구경만 하고 있을 수 있단 말인가? 왜 나는 저 들판으로 가서 저분이 죽어가는 것을 보아야 하지? 왜 나는 저분과 맞서는 황소를 충동질하면 안 되고, 땅에서 돋아난 무사들과 잠들지 않는 용을 편들면 안 되는 거지?

그래, 안 된다. 하지만 신들이시여, 저분을 도우소서. 아니다, 아니다. 기도만 하고 있을 것이 아니라 손을 써야겠다. 하면 나는 내 아버지의 왕국을 배반해야 하는 것이 아니냐? 다행히 내 도움에 힘입어 이 미지의 용사가 승리한다면? 승리를 얻고는 나를 버리고 떠나 다른 여자의 지아비가 되어버리고, 나 메데이아만 홀로 남아 왕국이 내게 내리는 벌을 받아야 한다면? 안 된다. 저 사람이 만일에 그런 사람이라면, 나를 버리고 다른 여자를 취할 만큼 배은망덕한 위인이라면, 파멸하게 내버려두어야 한다. 하지만 아니다. 저 용모, 저 고결한 성품, 저 참한 사람 됨됨이를 보라. 저런 사람이 나를 속일 것이라고, 내가 베푼 은혜를 잊을 것이라고 두려워할 필요는 없다. 더구나 나는 손을 쓰기 전에 저 사람으로부터 나를 배신하지 않겠다는 약속을 받아내고, 신들을 우리 약속의 증인으로 내세울 것이다.

이제 두려워할 것은 하나도 없는데 메데이아여, 왜 두려워하느냐? 이제 손을 쓸 준비나 하자. 지체해서 득 될 것이 없다. 이아손은 영원히 나에게 목숨을 빚졌다고 생각할 게다. 그는 신성한 혼인을 서약할 것이고, 온 그리스 땅 여자들은 하나같이 나를 구세주로 칭송할 것이다.

그러면? 내 형제자매와 아버지와 신들과, 심지어는 내 모국을 버리고 바다를 건너가야 할 테지? 못 갈 게 뭐 있어? 내 아버지는 잔인한 분이고, 내 모국은 아직 미개한 나라, 내 동생은 아직 어리다. 자매들은 나를 위해서 기도할 것이고, 신들 중에서 가장 위대하신 신은 내 가슴에 계시다. 내가 이 땅에다 남겨두어야 할 것들은 모두 하찮은 것들, 내가 좇는 것들은 모두 고귀한 것들이다. 그리스 영웅을 구하는 영예, 이 땅보다 훨씬 나은 나라, 먼 바다 해변에까지 그 이름이 두루 알려진 나라에 대해 내가 얻을 새로운 견문…… 이것이 어찌 고귀한 것들이 아닐까 보냐.

그래, 그런 도시의 예술과 문화를 몸에 익히는 것이다. 이 세상의 온 금은보화를 주고도 바꿀 수 없는 이아손을 차지하는 것이다. 이아손을 지아비로 섬기면 온 세상 사람들은 나를, 하늘의 사랑을 입은 여자라고 부르겠지. 내 권세가 하늘의 별을 찌를 만큼 드높아질 테지. 그리스로 가는 길이 험하다고 한들 이아손의 가슴에 안겨 있는데 무엇이 두려우랴. 그분의 품 안에만 있으면 두려울 것이 없다. 내게 두려운 것이 있다면 오직 그분뿐. 하지만 메데이아여, 너는 이것을 결혼이라고 부를 수가 있느냐? 너는 울림이 좋은 이 말로 네 죄를 씻을 수 있다고 여기느냐? 네가 하려는 짓이 얼마나 무서운 짓인지 아느냐? 알면, 다시 한 번 생각해보아라. 잘 생각해보고, 때가 너무 늦기 전에 사악한 길에서 비켜서거라."

3 은총, 그 자루 없는 칼

귀스타브 모로의 <이아손과 메데이아>

이렇게 중얼거리는 메데이아의 눈앞에 '미덕', '효심', '순결' 같은 것들의 환영이 나타났다. 이들에게 쫓겨 사랑의 신 에로스는 이미 저만치 날아가고 있었다(메데이아의 마음이 아버지와 조국을 지키자는 쪽으로 돌아섰다).

그러나 이아손을 다시 보는 순간 메데이아의 뺨은 붉게 물들었다가 다시 새하얗게 변했다. 흡사 얼굴에서 피가 한 방울도 남김없이 빠져나가버린 것 같았다. 꺼져 있던 정열의 불길도 되살아났다. 잿더미에 묻혀 있던 불씨가 문득 불어온 바람에 다시 타오르면서 원래의 그 왕성한 생명력을 되찾는 것처럼, 메데이아의 식어 있던 사랑도 이 청년 앞에서 되살아나 맹렬하게 타오르는 것 같았다.

메데이아가 그렇게 보아서 그랬겠지만 이아손의 모습은 이날따라 더욱 늠름해 보였다. 그랬으니, 메데이아가 어떤 대가를 치르든 이 청년의 사랑을 얻어야겠다고 생각한 것은 당연했다. 메데이아는 청년을 정신없이 바라보았다. 처음 보는 것처럼 바라보았다. 메데이아의 시선은 이 청년에게서 떨어질 줄 몰랐다. 메데이아는 청년의 얼굴을 바라보면서 아무래도 여느 인간의 얼굴 같지 않다고 생각했다. 그래서 더욱 눈을 뗄 수 없었던 것이었다.

이 미지의 나라 청년이 손을 잡고, 자기를 도와주면 은혜를 잊지 않고 아내로 삼아 고향으로 데려가겠다고 말했을 때, 메데이아는 울음을 터뜨리면서 이렇게 말했다.

"내가 무슨 짓을 하고 있는 것이지요? 내가 이러는 것은 어떻게 해야 좋은 것인지 몰라서가 아닙니다. 사랑이 나를 이렇게 만들고 있는 것이랍니다. 내가 그대의 안전을 보장하겠습니다. 그러니 이곳에서 위업을 이루시고 돌아가시게 되거든 나와 한 약속을 잊지 말아주세요."

메데이아는 결국 이아손의 몸에다 화상을 방지하는 약을 발라줌으로써 아버지와 왕국을 배신한다. 이아손은 메데이아 덕분에 아이에테스 왕이 내거는 까다로운 시험을 이겨내고 금양모피를 찾아 귀로에 오른다. 메데이아도 동행이었다. 아버지가 함대를 몰고 추격하자 메데이아는 두 동생을 찢어 바다에 버리기까지 했다. 아버지의 추격 속도를 늦추기 위해서였다. 아이에테스왕은 두 아들을 장사 지낸 뒤 다시 이아손을 추격했지만 이미 때늦은 다음이었다. 자, 이렇게까지 도운 메데이아는 과연 이아손의 아내가 될 수 있었을까?

 이아손은 메데이아를 두고 아내를 새로 맞아들인다. 메데이아는 손수 제조한 독약으로 이아손의 새 아내를 독살한 다음, 궁전에는 불을 지르고 자기가 낳은 자식을 둘이나 죽인 뒤에 이아손의 분노를 피하여 도망친다. 스퀼라가 그랬듯이, 아리아드네가 그랬듯이, 메데이아도 끝내 이아손의 아내로 남지 못한다.

 자식을 죽이고 도망친 메데이아가 이른 곳은 아테나이다. 아테나이왕 아이게우스는 메데이아를 환대하는 데 만족하지 않고 아내로 맞기까지 했다. (아이게우스의 아들 테세우스가 크레타로 떠나기 전의 일이다.)

* * *

자, 어떤 나라에 신들의 특별한 은총이 내려 인간은 '절대로' 범접할 수 없는 어떤 물건이 있다. 이웃 나라의 왕자가 접근을 시도한다. 하지만 왕자 혼자의 힘으로는 거기에 접근할 수도, 그것을 파기할 수도 없다. 그런데 그 나라의 공주가 왕자에게 홀딱 반한다. 공주는 아버지와 조국을 배신하고 문제의 물건을 파기함으로써 왕자의 뜻을 따른다. 하지만 공주는 왕자와의 사랑을 이루지 못한다……. 스퀼라, 아리아드네, 메데이아 이야기는 이런 구조로 짜여 있다. 그리스 신화에만 이런 이야기가 나오는 것일까? 그렇지 않다. 거의 모든 문화권이 이런 신화를 보유하고 있다. 우리에게도 이런 이야기가 있을까? 있다. '호동왕자와 낙랑공주 이야기'가 그것이다.

 호동왕자를 향한 낙랑공주의 애절한 사랑 때문에 시대가 새로워질 때마다 다시 씌어지는 이 이야기는 『삼국사기』 '고구려본기 제2, 고구려 제3대 대무신왕' 편에 실려 있다. 더하기 빼기를 하지 않고 그대로 옮겨본다.

대무신왕 15년 여름, 왕의 아들 호동이 옥저를 유람 다니고 있었다. 낙랑왕 최리가 그곳을 다니다가 호동을 보고 말했다.
"그대의 얼굴을 보니 여느 사람이 아니로구나. 북쪽 나라 대무신왕의 아들인 것 같다."
낙랑 왕 최리는 마침내 그를 데리고 돌아가서 자기의 딸 낙랑공주를 아내로 삼게 하려고 했다. 그 직후 호동이 본국으로 돌아와서 남몰래 낙랑공주에게 사자를 보내 사연을 전했다.
"그대가 그대의 나라 무기고에 들어가 북과 나팔을 부수어버릴 수 있다면 내가 예를 갖추어 그대를 맞이할 것이요, 그렇게 하지 못한다면 나는 그대를 맞을 수 없소."
예로부터 낙랑에는 신통한 북과 나팔이 있었다. 북과 나팔은 적군이 쳐들어오면 저절로 소리를 내어 알렸다. 호동왕자는 낙랑공주로 하여금 이 북과 나팔을 부숴버릴 것을 권한 것이다.

이제부터 낙랑 왕 최리는 딸을 조심해야 한다. 내가 앞에서 들려주었던 세 이야기 구조에 따르면 최리의 딸 낙랑공주는 신통한 북과 나팔을 파기하게 되어 있다. 최리의 나라 낙랑은 무너지게 되어 있다. 하지만 낙랑공주는 호동왕자의 아내가 되지 못한다. 신통한 북이 무엇인가? 자명고(스스로 울리는 북)다. 자명고가 무엇인가? 오늘날의 조기 경보 체제다. 나라의 안위가 걸려 있는 이 자명고를 둘러싸고 대체 어떤 일이 벌어질 것인가? 우리는 벌써 이것을 알고 있다. 인용을 계속한다.

최리의 딸(낙랑공주)은 예리한 칼을 들고 몰래 무기고에 들어가서 북을 찢고 나팔의 주둥이를 베어버린 후, 이를 호동에게 알려주었다. 호동왕자의 권고를 받고 (고구려) 왕이 낙랑을 침공하였다. 최리는, 북과 나팔이 울지 않으므로 방비를 하지 않았다. 그는 고구려 군사들이 소리 없이 성벽 밑까지 이르게 된 뒤에야 북과 나팔이 모두 훼손되고 만 것을 알았다. 낙랑 왕 최리는 마침내 자기 딸을 죽이고 나와서 항복했다.

4

소원 성취, 그 돌아오지 못하는 다리

브라질 출신 작가 파울로 코엘료는 1947년생이니 나와 동갑이다. 나는 남의 나라 신화를 전하기만 하는데 그는 벌써 신화(우화)를 쓰고 있다. 미국의 전 대통령 빌 클린턴이 휴가 중에 제일 하고 싶은 일이 코엘료의 책을 원 없이 읽는 일이라고 했다니 대단하다. 그의 우화는 읽기 쉬운데도 전하는 메시지는 무겁다. 내용을 간추리면 이렇다.

 일본의 홋카이도에 '후미'라는 사람이 있다. 그는 돌을 쪼는 사람, 즉 돌쪼시다. 한자 말로는 석수라고 한다. 후미는 체격이 좋고 몸이 건강하다. 그런데도 그는 사는 일에 조금도 행복을 느끼지 못한다. 그래서 늘 불평불만이다.
 후미는 기독교인은 아니지만 크리스마스가 어떤 날인가 하는 정도는 알고 있다. 어느 크리스마스 날 밤에 후미는 기도라는 것을 해보았다. 뜻밖에도 천사가 나타났다. 천사는, 건강한 젊은이가 어째서 불평불만만 일삼느냐고 후미를 꾸짖었다.
 후미를 꾸짖고 돌아왔지만 천사는 마음이 편치 않았다. 그래서 하느님을 찾아가 후미의 영혼이 타락하지 않도록 좀 도와주자고 했다. 하느님은 그러라고 했다.
 후미는 어느 날 으리으리한 귀족의 마차 행렬을 보게 되었다. 돌을 쪼느라고 땀투성이에 돌가루투성이가 되어 있던 후미가, 귀족이 되었으면 좀 좋겠느냐고 투덜거렸다.

천사가 이 소리를 듣고는 후미를 귀족으로 만들어주었다. 후미는 넓은 땅과 많은 말과 많은 하인을 거느린 귀족이 되었다. 그런데 어느 날이었다. 도무지 더워서 견딜 수 없었다. 땀이 어찌나 많이 흐르는지 돌쪼시 노릇 할 때와는 비교도 되지 않았다. 머리 위의 태양 때문이었다. 후미가 귀족이라고는 하나, 그 위에는 왕들이 있고, 또 왕들 위에는 황제가 있고, 황제 위에는 태양이 있었다. 귀족 따위는 태양에 견주면 아무것도 아니었다. 후미는, 태양이 되었으면 좀 좋겠느냐고 투덜거렸다.

천사가 이 소리를 듣고는 후미를 태양으로 만들어주었다. 태양은 아닌 게 아니라 막강했다. 곡식을 무르익게 할 수도 있었고, 까맣게 태울 수도 있었다. 그런데 구름이 눈앞에서 알짱거리는 게 보기 싫었다. 구름이 앞을 가리면 태양은 아무 짓도 할 수 없었다. 후미는, 구름이 될 수 있으면 좀 좋겠느냐고 투덜거렸다.

천사가 이 소리를 듣고는 후미를 구름으로 만들어주었다. 이제 후미는 태양을 가려버릴 수도 있었고, 파도를 일으킬 수도 있었다. 그런데 후미가 파도를 일으켜 땅을 쓸어버리려고 해도 자꾸만 앞을 가로막는 것이 있었다. 해변의 바윗덩어리였다. 후미는, 바윗덩어리가 될 수 있으면 좀 좋겠느냐고 투덜거렸다.

천사가 이 소리를 듣고는 후미를 바윗덩어리로 만들어주었다. 후미는 이 세상에서 가장 강한 존재가 된 것이 자랑스러웠다. 그런데 어느 날 단단한 쇠가 자기 등을 찌르고 있는 것을 느꼈다. 가만히 보니 바로 돌쪼시의 정이었다. 후미는 비명을 지르면서 돌쪼시가 되면 좀 좋겠느냐고 투덜거렸다. 천사가 이 소리를 듣고는 후미를 다시 돌쪼시로 만들어주었다. 돌쪼시로 되돌아온 것이었다.

소원을 계속 들어주고 계속 이루게 해주는 천사가 있으니 후미는 좋겠다. 하지만 무엇이 달라졌는가? 후미는 돌쪼시로 되돌아왔다. 신들은 원래 여러 가지 소원을 들어주지 않는다. 딱 한 가지, 딱 두 가지, 딱 세 가지, 이런 식이다. 가장 위험한 것은 딱 한 가지의 소원이다. 신들이 들어주는 딱 한 가지 소원은 위험하다. 까딱 잘못하면 돌아올 수 없는 다리를 건너는 것과 다름이 없기 때문이다. 딱 한 가지의 소원이 이루어지는 것이 얼마나 위험한 일인지는 '임금님 귀는 당나귀 귀'로 유명한 미다스왕 이야기가 가장 잘 보여준다. 불핀치의 신화집을 인용한다.

디오뉘소스의 스승이자 양아버지인 실레노스가 실종된 적이 있다. 디오뉘소스는 이 스승을 찾아 헤맸다. 실레노스는 사실 술 취해 비틀거리다 농부들 손에 이끌려 미다스왕의 궁전에 가 있었다.

미다스는 노인이 저 유명한 실레노스라는 걸 알고는 따뜻이 맞아들이고 자그마치 열흘간에 걸쳐 밤이고 낮이고 술잔치를 베풀어 노인을 대접했다. 그러고는 열하루째가 되어서야 노인을 무사히 그 제자에게 돌려보냈다. 다시 스승을 맞은 디오뉘소스는 미다스왕의 환대에 대한 답례로 한 가지 소원을 들어줄 터이니 무엇이든 소원이 있으면 말해보라고 했다. 미다스는, 정히 그렇다면 자기 손으로 만지는 것은 모조리 '황금'으로 변하게 해달라고 부탁했다. 디오뉘소스는 미다스가 좀 더 좋은 것을 선택하지 못한 소원을 마땅치 않게 생각하면서도 그 소원이 이루어질 수 있게 해주었다.

미다스는 새로 얻은 권능을 몹시 자랑스러워하면서, 집으로 돌아가는 대로 한번 그 권능을 시험해보고 싶어 했다. 가는 도중에 그가 참나무 가지를 하나 꺾자 그 가지는 곧 손안에서 황금 가지로 변했다. 도무지 믿어지지가 않을 정도로 놀라운 권능이었다. 미다스는 조약돌을 하나 들어보았다. 그것도 곧 황금으로 변했다. 잔디에도 손을 대어보았다. 역시 마찬가지였다. 다음에는 사과나무에서 사과를 한 알 따보았다. 사과는 황금으로 변했다. 사정을 잘 모르는 사람이 이를 보았더라면 헤스페리데스의 뜰에서 훔친 것으로 오해했을 터였다. 미다스의 기

디오뉘소스와 미다스
디오뉘소스 왼쪽에 실레노스가 곯아떨어져 있다. 니콜라 푸생의 그림.

뽐은 이루 말할 수 없을 정도였다. 집으로 돌아오자마자 그는 시종들에게 명하여 진수성찬을 차리게 했다. 그런데 놀랍게도 그가 빵에 손을 대자 빵이 딱딱하게 굳어버렸고, 음식을 한 술 입에 떠 넣어도 씹을 수가 없었다. 그는 할 수 없어서 포도주를 마셨다. 그러나 그것도 흡사 녹은 황금처럼 목구멍을 따라 흘러들어갔다.

이 일찍이 듣도 보도 못한 재난에 기절초풍한 미다스는 어떻게 하든지 이 마법에서 벗어나려고 애썼다. 그리고 기껏 욕심을 부려 얻은 권능을 지긋지긋하게 여기기 시작했다. 그러나 아무리 지긋지긋하게 여겨도, 무슨 짓을 해도 소용없었다. 오직 굶어 죽을 날만 다가오고 있었다. 그래서 그는 금빛 찬란한 두 팔을 벌리고 디오뉘소스에게 기도했다. 이 파멸에서 구해주십사고 애원한 것이었다. 디오뉘소스는 자비로운 신이었기에, 그 소리를 듣자 그 소원도 들어주겠노라면서 이렇게 말했다.

"하면 팍톨로스강으로 가되, 그 강의 원천까지 거슬러 올라가, 거기에 그대의 머리와 몸을 담그고 그대의 죄와 벌을 씻도록 하여라."

미다스가 시키는 대로 하자, 황금을 만드는 힘이 강물로 옮아가 강바닥 모래를 황금으로 바꾸어놓았다. 이 금모래는 지금도 그대로 남아 있다.

* * *

만지는 물건은 모두 황금으로 만드는 능력은 '도루묵'이 되었지만 미다스는 그래도 평생 고생하지는 않았다. 하지만 신들에 의해 이루어진 소원 때문에 평생 갖은 고생을 다 한 인간들도 있다. 둘 다 무녀(점치는 여자)였다. 그중의 하나가 바로 트로이아의 공주 카싼드라다.

트로이아 공주 카싼드라는 예언의 신 아폴론이 사랑하던 처녀였다. 아폴론은 카싼드라에게 소원을 물었다. 카싼드라는 예언하는 능력을 원했다. 아폴론이 그 소원을 이루어준 것은 물론이다. 하지만 카싼드라는 아폴론이 원하는 사랑을 받아들이지 않았다. 그래서 아폴론은 카싼드라의 예언하는 능력 중에서 '설득력'을 뽑아버렸다. 이때부터 카싼드라는 미래를 정확하게 예언하는데도 불구하고 어떤 사람도 설득할 수 없었다.

카싼드라가 조국 트로이아의 멸망을 예언하고, 멸망에서 구하는 길이 무엇인지 일러주려고 했지만 그 예언에 귀를 기울이는 사람은 아무도 없었다. 카싼드라는 트로이아 전쟁 중 갖은 고통을 다 겪다가 결국 아가멤논의 애인이 되었고, 뒷날 아가멤논의 조국 뮈케나이에서 아가멤논과 함께 피살되었다.

4월은 가장 잔인한 달.

미국의 시인 T. S. 엘리엇의 시집 『황무지』의 유명한 첫 구절이다. 이 시집에는 다음과 같은 머리말이 실려 있다.

쿠마이 땅에서 나는 독 안에 든 시뷜레를 분명히 보았는데.
아이들이 시뷜레에게, 정말 바라는 것이 무엇이냐고 물으니.
시뷜레는 그리스 말로 '죽고 싶다'고 대답하더라.

이 구절은 엘리엇이 쓴 것이 아니고 1세기의 로마 시인 페트로니우스가 쓴 시의 한 구절이다. 페트로니우스가 '분명히' 본 것이 사실이라면 시뷜레는 1세기까지도 쿠마이 땅에 살아 있었던 모양이다. 사실이라면 이것은 예삿일이 아니다. 시뷜레는 예언의 신 아폴론보다 먼저 태어난 여자이기 때문이다.

아폴론이 태어날 당시 파르나쏘스산 기슭 마을 델포이에는 시뷜레라는 무녀(점쟁이)가 살고 있어서 사람들의 발길이 잦았다. 델포이는 '대지의 자궁', '세계의 배꼽'으로 믿어지던 마을이다. 당연히 찾는 사람이 많았을 법하다. 그러나 사람들은 마음 놓고 그 '대지의 자궁'인 델포이를 출입할 수 없었다. 산기슭의 카스탈리아 샘 곁에, 대지의 여신 가이아의 자식인 엄청나게 큰 왕뱀이 아내를 거느리고 살고 있었기 때문이다. 수컷의 이름은 '퓌톤', 암컷 이름은 '퓌티아'였다. 각각 '드라코(수용)', '드라키나(암용)'로도 불렸던 것을 보면 이들은 용dragon이었을 수도 있다.

용에 대한 우리 동북아시아인들의 생각과 그리스 및 유럽 사람들의 생각은 매우 다르다. 우리에게 용은 물 및 하늘과 밀접한 관계가 있는 매우 상서로운 동물이다. 그러나 유럽인들에게 용은 불과 밀접한 관계가 있는 악의 화신이다. 퓌톤 부부는 델포이의 무녀를 만나러 오는 인간들에게 공포의 대상이었다.

아폴론은 장성하기가 무섭게 활을 들고 달려가 사람들에게 공포의 대상이었던 수컷 퓌톤을 쏘아 죽였다. 로마의 바티칸 박물관에 있는 〈벨베데레의 아폴론〉이라고 불리는 유명한 아폴론상은 퓌톤을 정복한 직후의 당당한 모습을 새긴 것이다. 아폴론은 암컷 퓌티아로 하여금, 죽이는 대신 인간으로 몸을 바꾸게 하고, 무녀 시뷜레를 대신해서 제우스 신의 뜻, 아폴론 자신이 맡긴 뜻(신탁)을 전하게 하니, 이로써 그 유명한 델포이 신탁이 시작된다.

무녀 퓌티아는 독 없는 뱀들이 우글거리는 대지의 틈에 몸을 눕히고, 그곳에서 솟아오르는 유황을 마시고 무아지경의 상태에 든다. 다른 무녀들이 퓌티아를 안아다 삼각대에 앉히면 퓌티아는 혼수상태에서 매우 포괄적이라 다양한 해석이 가능한 말로 아폴론의 뜻을 전하는데, 이것이 바로 신이 맡긴 신의 뜻이 된다. 상징의 시대는 이렇게 시작된다.

그런데 2003년 8월 25일자 《한겨레신문》에서 흥미로운 기사를 발견했다. 「과학, 델포이 신화를 증명하다」라는 제목의 이인식 선생(과학문화연구소장)이 쓴 글이었다. 그 글을 인용한다.

델포이 신탁의 예언적 영감이 땅 밑의 증기와 관련됐다는 주장은 옛 그리스의 지식인들, 예컨대 철학자 플라톤, 지리학자 스트라본, 역사학자 플루타르코스 등의 지지를 받았다. 그러나 1900년경 이러한 설명은 완전히 허구라는 반론이 제기되었다. 고고학자들이 아폴론 신전의 옛터에서 갈라진 틈이나 증기를 찾아내지 못했기 때문이다. 하지만 1996년 상황이 반전된다. 델포이 신전 아래에서 발견된 단층을 통해 지하에서 발행하는 에틸렌 등 여러 기체가 땅 위로 솟아나오는 사실이 확인된 것이다. 에틸렌을 마시면 물론 퓌티아처럼 무아경에 빠질 수 있다. 과학이 신화의 입지를 강화해준 보기 드문 사례가 아닌가 싶다.

신화가 과학의 임상적 증거를 빌릴 필요는 없지만 퍽 흥미로운 일이다 싶었다. 그렇다면 인간의 몸이었던 시뷜레의 운명은 어떻게 되는가?

예언의 신이 등장하고, 새 무녀 퓌티아가 무신의 뜻을 전하기 시작할 때까지 델포이에서 예언자의 자리를 지키던 시빌레는 신화의 무대에서 일단 사라진다. 그러다 트로이아 전쟁이 끝난 직후 다시 신화의 무대로 복귀한다. 아이네이아스가 아버지 안키세스를 만나러 저승으로 내려갔을 때의 길라잡이가 바로 시빌레였다. 저승에서 이승으로 험한 길을 되짚어 나오면서 아이네이아스가 시빌레에게 이런 말을 했다.

"여신이시든, 신들의 총애를 받는 인간이시든, 나는 앞으로 당신을 섬길 것입니다. 지상에 이르는 대로 당신의 신전을 세우겠습니다. 그리고 나 자신의 손으로 제물을 드릴 것입니다."

아우구스투스와 티볼리의 시빌레
아우구스투스(기원전 63~기원후 14)가 시빌레로부터 그리스도의 시대가 올 것이라는 예언을 듣고 있다. 시빌레가 가리키는 곳에 아기 그리스도를 안은 성모 마리아가 그려져 있다. 무녀, 여자 예언자, 마귀할멈을 뜻하는 영어 '시빌sibyl'은 시빌레에서 온 말이다. 16세기 프랑스 화가 앙투안 카롱의 그림.

4 소원 성취, 그 돌아오지 못하는 다리

그러자 시빌레가 고개를 가로저으며 말했다.

"나는 여신이 아닙니다. 따라서 제물을 바치면 안 됩니다. 나는 인간입니다. 그러나 내가 아폴론의 사랑을 받아들일 수 있었다면 여신이 될 수 있었을지도 모릅니다. 아폴론 신께서는 내가 그분의 사랑을 받아들인다면 무엇이든 내 소원대로 이루어주시겠다고 했습니다. 나는 모래를 한 움큼 집어 내밀면서 '제 생일이 이 손 안의 모래알 수만큼 되게 하소서' 하고 말씀드렸습니다.

하나 큰 실수를 저질렀습니다. 청춘이 내게 그대로 머물게 해달라고 했어야 하는 것인데 그걸 잊었던 것입니다. 내가 그분의 사랑에 응할 수 있었다면 그분은 나에게 청춘을 덤으로 베푸는 것도 마다하시지 않았을 것입니다. 그러나 결국 나는 그런 소청을 드리지 않았습니다. 이 때문에 기분이 상하셨던지 그분은 내가 나이를 먹게 내버려두셨습니다. 그래서 이제는 내 젊음도, 내 힘도 옛날 같지가 않습니다.

나는 지금까지 7백 년을 살아왔습니다만 그 모래알 수만큼의 생일이 차려면 아직 3백 번의 봄과 3백 번의 가을걷이를 더 보아야 합니다. 내 몸은 나이를 먹을수록 쪼그라들다가 마침내 보이지 않게 될 것입니다만 내 목소리는 영원히 남을 것입니다. 후세 사람들도 내 목소리만은 존경하는 마음으로 들을 것입니다."

시빌레가 한 이 마지막 말 한마디는 자신의 예언력을 가리키고 있다. 시빌레는 동굴에 앉아, 숲에서 뜯어 온 나뭇잎 한 장 한 장에 사람의 이름과 그 운명을 기록했다. 이런 나뭇잎은 동굴 안에 잘 정리, 배열되어 있었다. 시빌레는 자기를 섬기는 사람이 찾아올 때마다 나뭇잎에 적힌 운명을 읽어주었다. 그러나 누가 문을 열 때 바람이 동굴 안으로 불어 들어와 나뭇잎을 흩어버리면 시빌레는 두 번 다시 그것을 정리, 배열하려 하지 않는다. 시빌레의 예언은 그것으로 끝나는 것이다.

시빌레에 관한 전설 중 후대 사람들 입에 자주 오르내리던 전설에 이런 것이 있다. 로마의 타르퀴니우스 왕가의 한 왕이 나라를 다스리던 시절에, 한 여인이 나타나 아홉 권의 책을 사라고 했다. 왕이 거절하자 여인은 물러가서 세 권을 불태워버리고는 돌아와, 남은 여섯 권을 아홉 권 값으로 사라고 했다. 왕이 다시 거절하자 여인은 물러가서 또 세 권을 불태워버리고는 돌아와, 남은 세 권을 아홉 권 값으로 사라고 했다. 슬며시 호기심이 동했던 왕이 그 책을 사서 읽어보았다. 그 책에는 로마 제국의 운명이 소상하게 기록되어 있었다. 나중에 이 책은, 로마의 일곱 언덕 중 하나인 카피톨리움에 있는 유피테르(제우스) 신전의 석궤에 보관되었다. 이 책은 특별히 임명된 관리가 아니면 열람할 수 없었다. 이 관리는 국가에 중대 사건이 있을 때마다 이 책을 읽고 그 뜻을 해석하여 국민에게 설명했다.

시빌레라는 이름을 가진 사람은 여럿이지만 오비디우스나 베르길리우스가 말하는 '쿠마이의 시빌레Cumaean Sibyl'가 가장 유명하다. 오비디우스는 시빌레가 1천 년을 살았다고 기록하고 있다. 시빌레의 수가 많다고 하는 주장도 있다. 그러나 이는 어디까지나 동일한 성격을 지닌 동일 인물이 여러 차례 되풀이해서 태어났다는 뜻인 듯하다. 미켈란젤로는 시스티나 성당 천장에 다섯 명의 시빌레를 그린 바 있다.

토머스 불핀치는 시빌레 이야기 끝에 영국 시인 에드워드 영의 시 한 구절을 소개하고 있다.

이 세상 일이 시빌레의 나뭇잎 같듯이
곧은 마음으로 사는 나날은 시빌레의 책 같은 것.
수가 작아질수록 값이 높아지므로.

미다스는 소원 성취했다가 혼이 났고, 카싼드라는 예언하는 능력을 얻었지만 설득력을 잃어 트로이아 전쟁 중, 그리고 끝난 뒤에 온갖 고생을 다 하다가 죽었다. 시빌레도 그렇다. 영생 비슷한 것을 내려달라고 하면서 청춘까지 빌 수는 없는 일이다. 그렇다면 방법이 없는 것일까? 전지전능하신 분이 소원을 들어주겠다고 하는데 거절하기도 뭣 하고.

* * *

다음의 글은, 지금은 미국에서 대학을 졸업하고 프랑스 유학을 준비 중인 나의 딸아이가 미국에서 중학교 2학년 때 쓴,「최상의 소원은 최악의 소원The best but the worst wish」이라는 에세이(수필)의 내용이다. 당시에는 영어로 씌어진 것인데 내가 기억을 더듬어 한글로 옮겼다.

열두 살배기 착한 소녀가 있습니다. 이 소녀는 눈에 번쩍 띄게 예쁜 것은 아니지만 귀엽습니다. 집안도 그런대로 살림을 꾸려갈 정도는 됩니다. 아버지는 지위가 높지는 않아도 늘 열심히 일을 하는 분입니다. 어머니는 체중이 조금씩 늘어가는 걸 걱정하지만, 그래도 건강이 나빠지는 것보다는 낫다면서 지나치게 짜증스러워하는 빛은 보이지 않습니다. 소녀는 꽤 행복합니다.

행복하게 살고 있는 소녀에게 어느 날 천사가 와서 말합니다.

"착하게 사는 네가 기특하다. 반드시 들어줄 터이니 소원을 한 가지만 말해라. 딱 한 가지만 말해야 한다. 내일 밤에 다시 올 테니까 잘 생각했다가 소원이 무엇인지 말해다오. 딱 한 가지라는 걸 잊지 말아라."

소녀는 그러겠노라고 대답합니다. 하기야, 천사가 소원 한 가지를 이루어준다는데 싫다고 할 사람이 어디 있겠어요.

"나를 무지하게 예쁘게 만들어달랠까? 공부를 무지하게 잘하게 만들어달랠까? 입학시험을 없애달랠까……."

그러나 이걸 말하자니 저게 걸리고, 저걸 말하자니 이게 걸립니다.

"……아버지가 돈을 아주 많이 벌게 해달랠까? 엄마의 체중이 불어나지 않게 해달랠까? 커다란 집을 한 채 지어달랠까? 좋은 자동차를 한 대 달랠까……. 아니, 그러고 보니……."

소녀는 천사에게 말할 소원을 생각하다가 깜짝 놀랍니다. 소원을 생각하다보니, 넉넉하고 행복하게 여겨지던 자기 주위가 초라하게 보이기 시작한 것입니다.

밤새 고민하던 소녀는 천사가 나타났을 때 결국 이렇게 말하고 맙니다.

"소원이 이루어진다고 해서 지금보다 더 행복해지는 것은 아니겠어요. 그러니까 약속을 거두어 가셔요. 지금이 좋아요. 행복해요. 천사님께 말씀드릴 소원을 생각하다보니 제가 막 불행해지는 느낌이었어요. 덕분에 한 가지를 깨달았어요. 처음에는 천사님이 이루어지게 해주겠다고 한 약속이 이 세상에서 가장 좋은 약속인 줄 알았더니, 나중에 가만히 생각해보니까 이 세상에서 가장 심술궂은 약속이더라고요. 그러니까 약속을 거두어 가셔요."

이만하면 어린 나이에 현명함을 얻었다고 할 수 있지 않은가? 나는 이 글을 읽고, '어떤 사람의 소원이 무엇인지 알면 그 사람이 어떤 인간인지 알 수도 있겠구나', 이런 생각을 하게 되었다. 소원이 없는 삶, 더 바랄 것이 없는 삶이 반드시 양질의 삶일 리야 없겠지만, 삿된 소원, 삿된 꿈이 우리를 누추하게 하는 것은 분명하다.

나의 어머니도 현명한 분이셨다. 결혼하기 전에는 어머니의 보살핌을 받았다. 나를 위하여 밥도 지으셨고 빨래도 해주셨다. 어느 날 어머니는 빨랫감으로 내놓은 내 바지의 주머니를 뒤지면서 이렇게 말씀하셨다.

"네 바지 주머니 뒤질 때마다 나는 조마조마하다. 복권 같은 게 나올까 봐."

나는 이런 어머니, 이런 딸 때문에 로또 복권 같은 것은 사지 않는다. 우리 집 식구들은 아무도 그런 것을 사지 않는다.

5
인간과의 약속은 신들과의 약속

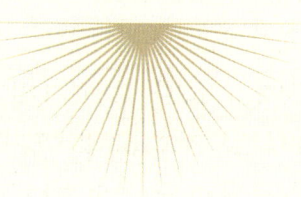

시모니데스는 초기 그리스 시인들 중에서 가장 많은 작품을 쓴 시인의 한 사람이었으나 지금까지 전해지는 것은 몇 개의 단편뿐이다. 그가 쓴 작품에는 찬가, 경기의 승리자에게 바치는 축가, 그리고 애가(슬픈 노래)가 있다. 그의 장기는 특히 이 애가에서 돋보였다. 그의 진수는 감상적인 데 있었으니, 사람들의 심금을 울리는 데 이 시인만큼 정확하고 능한 사람은 일찍이 없었다.
 「다나에의 비가」는 오늘날까지도 남아 있는 그의 시편 가운데서도 가장 중요한 단편으로 손꼽힌다. 이 시에서 시모니데스는 다나에 모자가 친정 아버지 아크리시오스의 명으로 상자에 갇혀 바다에 버려졌다는 전설을 다루고 있다. 다나에가 낳은 아들이 장차 외조부를 죽일 것이라는 신탁 때문이었다. 상자는 세리포스섬으로 떠내려갔는데, 딕튀스라는 어부가 이 두 사람을 구하여 폴뤼덱테스왕에게로 데려갔다. 왕은 이 모자를 거두어 보호하였으니, 아들 페르세우스는 자라서 유명한 영웅이 되었다.
 시모니데스는 생애의 대부분 동안 이 궁전 저 궁전을 떠돌아다니며 그 좋은 솜씨로 송가나 축가를 지었다. 그는 또 왕의 공적을 노래로 지어 후한 보수를 받기도 했다. 이 시절에는 시인으로서의 이러한 삶은 부끄러운 것이 아니었다. 초기 시인들은 대부분 이와 비슷한 길을 걸었기 때문이다. 가령 호메로스가 소개하는 데모도코스도 그랬고 호메스 자신도 그랬다는 기록이 있다.

　시모니데스가 테쌀리아 왕 스코파스의 궁전에 머물 때의 일이었다. 왕은 시모니데스에게 자기 위업을 찬양하는 시를 지어 술자리에서 낭독해달라고 부탁했다. 시모니데스는 신들에 대한 믿음이 지극한 사람인지라 주어진 시제를 다채롭게 할 생각으로 이 시에다 쌍둥이 형제 카스토르와 폴뤼데우케스의 위업을 인용했다. 이것은 다른 시인들도 곧잘 쓰는 기법이어서 그렇게 희한할 리도 없었다. 여느 사람 같으면 레다의 쌍둥이 아들(곧 카스토르와 폴뤼데우케스)과 나란히 칭송을 받으면 크게 영광스러워했을 터였다. 그런데 허영심이란 역시 끝이 없는 것인 모양이다. 술자리에서도 아첨꾼들에게 둘러싸인 스코파스는 그들의 부추김 때문에 그랬겠지만, 자기 아닌 레다의 쌍둥이 형제에 대한 칭송을 달갑지 않게 여겼다. 그래서 시모니데스가 약속한 보수를 받으러 가까이 가자 스코파스는 약속했던 금액의 반만 주면서 말했다.
　"자, 그대 시에 나오는 내 이름 몫이다. 카스토르와 폴뤼데우케스 이름 몫은 카스토르와 폴뤼데우케스가 치러야 하지 않겠는가."

　자, 그렇다면 카스토르와 폴뤼데우케스가 누구인가? 이 쌍둥이 형제는 레다와 백조 사이에서 태어난 아들인데, 이 백조는 다른 이가 아니라 바로 둔갑한 제우스였다. 뒷날 트로이아 전쟁의 씨앗이 되었을 정도로 유명한 헬레네는 이 형제의 누이동생이었다.
　카스토르는 거친 말을 길들이는 솜씨가 좋은 것으로 유명했다. 폴뤼데우케스는 권투를 썩 잘했다. 이 둘은 우애가 어찌나 좋았던지 무슨 일을 하건 꼭 함께했다. 저 아르고대의 모험 원정 때도 함께 갔다. 항해 도중 폭풍이 일었을 때 오르페우스가 수금 반주에 맞추어 사모트라케섬 신들에게 기도하자 폭풍이 멎으면서 이 형제의 머리 위에 별이 나타났다. 이 일로 이 형제는 뒷날 뱃사람이나 배로 여행하는 사람들의 수

로마의 카피톨리움 언덕을 지키는 디오스쿠로이
왼쪽은 카스토르, 오른쪽은 폴뤼데우케스.

호신으로 믿어졌다. 어떤 대기 상태에서 배의 돛이나 돛대 주위에서 불빛이 번쩍거리면 뱃사람들은 그것을 이 형제의 이름으로 불렀다.

원정이 끝나자 이 형제는 이다스와 륀케우스를 상대로 일전을 벌인다. 이 싸움에서 카스토르가 죽자 폴뤼데우케스는 그 죽음을 몹시 슬퍼한 나머지 제우스에게 자기가 대신 죽을 터인즉 카스토르를 살려달라고 간청했다. 제우스는 이 소원의 일부만을 들어주었다. 말하자면 이 형제가 생명을 번갈아 누리게 한 것이다. 즉 형제 중 하나가 하루를 지하(죽음의 나라)에서 보내면 나머지는 하루를 천상의 집에서 보내는 것이다. 다른 설에 따르면, 제우스는 이들의 우애를 높이 사서 '게미니 Gemini', 곧 쌍둥이자리로 별자리 사이에다 박아주었다고 한다.

이 둘은 '디오스쿠로이(제우스의 아들들)'라는 이름으로 불리면서 신들의 예우를 받았다. 사람들의 믿음에 따르면, 이 형제는 격전이 벌어지는 전장에 더러 나타나 어느 한쪽 군사를 편든다. 이럴 때마다 그들은 백마를 타고 다니는 것으로 전해진다. 고대 로마의 역사책에는 이 형제가 레길루스 호숫가에서 벌어진 전투(기원전 96년)에서 로마군을 편들었으며, 이 전투가 로마군의 승리로 끝난 뒤 로마인들은 두 형제가 모습을 나타냈던 곳에다 이 두 형제의 신전을 세운 것으로 전해진다.

아, 스코파스왕이 이렇게 거룩한 영웅들을 조롱하고 있다. 신들을 믿고 안 믿고는 사람들의 자유다. 하지만 신들을 조롱하는 것은 아니다. 이 스코파스왕, 어떻게 될 것인가?

당혹한 시인은 왕의 시시껄렁한 재담 끝에 쏟아지는 웃음소리에 얼굴을 붉히며 제자리로 돌아왔다. 그러고 나서 얼마 안 되어 시종 하나가 시인에게 다가와 밖에 말을 탄 두 젊은이가 잠깐 뵙고 싶어 한다는 소식을 전했다. 시모니데스는 급히 밖으로 나가보았으나 와 있다던 두 젊은이는 보이지 않았다.

그런데 그가 술자리를 빠져나간 직후, 지붕이 굉음과 함께 내려앉아 스코파스왕과 술손님 전부가 하나도 빠짐없이 그 지붕에 깔려 죽었다. 자기를 불러낸 두 젊은이가 대체 누굴까 하고 곰곰이 생각하던 시모니데스는 틀림없이 카스토르와 폴뤼데우케스였을 것이라고 확신했다.

6

신들과의 약속은
인간과의 약속

인도 출신의 명상가 오쇼 라즈니쉬의 『하얀 연꽃 – 달마대사의 선화』이라는 책에 퍽 재미있는 이야기가 실려 있다. 그 이야기를 풀어서 내가 다시 한 번 해보겠다.

  옛날 어느 곳에 성질머리 고약한 마누라와, 그 마누라에게 시달리느라고 몹시 피곤하게 사는 사람 좋은 서방이 하나 있었다. 오죽했으면, 서방이라는 사람이 아내 몰래 한숨을 내놓으면서 이런 혼잣말까지 했을까.
  "악처 시하에 지옥이 따로 없다더니 옛말 그르지 않구나."
  그러나 그런 서방에게도 오래간만에 좋은 날이 올 모양이었다. 마누라가 이름 모를 병으로 몸져눕더니, 아무리 약을 써도 백약의 보람이 뒤쪽으로 나는 바람에 내일을 기약할 수 없게 된 것이다.
  영영 이별하는 마당인데 덕담 좀 해주면 좋으련만, 마누라는 마지막 숨을 모으면서도 베갯머리에 쭈그리고 앉아 있는 서방을 몰아세웠다.
  "나 죽는 것은 서러울 것 하나 없어도, 어느 년 좋은 일 시킬 생각을 하니 발이 떨어지지 않소. 하지만 나 죽는다고 당신 좋아할 것 하나도 없을 것이니 그리 알아요. 귀신이 되어 당신 발꿈치에 묻어 다닐 테니까, 행여 나 없다고 술집이나 노름방을 기웃거리거나, 다른 여자에게 한눈팔 생각은 아예 마세요."
  그러고 나서 아내가 세상을 떠났다. 서방은, 밖으로 드러내놓고 그러진 않았겠지만 속으로는 쾌재를 부르면서 이렇게 중얼거렸음 직하다.

"더러운 아내, 악한 마누라가 빈방보다 낫다고 한 놈이 어느 놈이여."

말하자면 서방은 참으로 오래간만에 홀가분해진 터라 가슴도 한번 마음껏 펴보고, 하늘도 한번 올려다보며 자유라는 것을 누려보았으리다.

그랬다. 서방은 아내 세상 떠난 지 한 달이 채 되지 않고부터 슬금슬금 노름방도 기웃거리고, 친구들로부터 공술도 더러 얻어 마시고, 여자들 엉덩이도 더러 곁눈질했다. 아내가 살아 있을 동안에는 생각에 머물 때만 겨우 용서받을 수 있는 짓들이었다.

덤불 속에 있는 메추리를 튀겨내는 것은 사냥개요, 마음속에 들어 있는 말 튀겨내는 것은 술이라는 옛말이 있다. 술을 마시면 바른말을 잘하게 된다는 뜻이다. 그래서 서양에는, 뻣뻣한 인간의 혀를 부드럽게 만들어주기 위해서 술의 신이 술을 발명했다는 농담도 있다.

서방은 술에 취할 때면 바른말도 곧잘 했다. 세상 떠난 아내도, 술에 취해 있을 때만은 별로 두렵지 않았다. 그래서 한번은 취한 김에 이렇게 중얼거려보았다.

"무엇이 어째? 귀신이 되어 내 발꿈치에 묻어 다녀? 아나, 뒤꿈치 여기 있다. 어디 묻어 다녀봐라."

아내가 살아 있을 동안에는 하고 싶어도 할 수 없던 말이었다.

그러나 좋은 날은 오래가지 않았다. 뜻밖에도 어느 날 밤 꿈에 아내가 나타났다. 아내는 꿈속에서도 아주 종주먹까지 들이대면서 서방을 볶았다.

"잘한다, 잘해. 생각이야 어떻게 했든, 내가 살아 있을 때는 겉으로는 안 그러더니 이제 아주 막 가는구나. 세상에, 노름판을 기웃거리지를 않나, 술에 취하지를 않나, 남의 여자를 기웃거리지를 않나. 무엇이 어째? 아나, 뒤꿈치? 어디 당신의 그 잘난 발뒤꿈치 좀 구경합시다."

꿈에서 깨고 잠에서 깨어난 서방은 식은땀을 흘리며, 꿈속에서 아내가 붙잡았다 놓았던 발꿈치를 만져보았다. 아닌 게 아니라 발뒤꿈치가 몹시 아팠다.

 서방의 자유는 그것으로 끝이었다. 그때부터, 세상 떠난 아내는 남편의 꿈에 밤마다 고정 출연하다시피 했다. 어쩌다 공술 몇 잔 얻어먹은 날 밤, 노름판 기웃거린 날 밤이면 아내는 어김없이 꿈속에 나타나 한바탕 들볶고 갔다. 길 묻는 아낙네 길 가르쳐주었다고 꿈속에 나타나 타박하지를 않나, 씨 뿌리고 김매고 거두는 일을 제때 못 하면 그것도 못 한다고 또 꿈속에 나타나 다그치지를 않나, 죽은 아내가 정말 '귀신같이' 알고 들볶는 바람에 서방으로서는 검은 머리가 하룻밤 사이에 모시 바구니가 될 노릇이었다.

 견디다 못한 서방은, 사람의 일을 잘 아는 것으로 소문난 도사를 찾아갔다. 그는 아내 생전에 구박받던 이야기, 사후에는 꿈속에서 시달리는 이야기를 도사에게 모조리 하고 나서, 속이 시원해진 김에 이런 말까지 보태어서 했다.

 "아내가 죽으면 나을 줄 알았더니 차라리 살아 있는 편이 나았을 걸 그랬습니다. 죽은 제 아내, 정말 왜 이러는 것입니까? 죽어서 망령이 되더니, 제 쌈지에 든 돈 액수까지 귀신같이 세고 있는 데야 견딜 재간이 없습니다. 차라리 죽어버리자, 이런 마음도 먹어보았습니다. 그러나 죽는 것은 두렵지 않은데 저승에서 제 아내 만날까 봐 그게 두려워 이러지도 저러지도 못합니다. 제 아내는 살아서는 원수 노릇 하더니 죽어서는 애물단지 노릇을 합니다. 저는 살아도 지옥이요 죽어도 지옥이니, 대체 이 일을 어쩌면 좋습니까?"

 잠자코 듣고 있던 도사는 가만히 밖으로 나갔다. 얼마 후 도사는 손에 조그만 주머니 하나를 들고 있었다. 도사는 그 주머니를 서방에게 건네주었다. 그러고는 이렇게 물었다.

 "그 주머니 안에 무엇이 들어 있을 것 같으냐?"

 "글쎄요."

 서방이 고개를 갸웃거리면서 대답했다.

"짐작도 못 하겠느냐?"

"만져보면 안 됩니까?"

"만져보는 것은 괜찮다. 하지만 주머니 끈을 풀어보면 안 된다."

서방이 주머니 겉을 쓰다듬어보고는 대답했다.

"잘그락거리는 것이, 조약돌인 것 같습니다."

"잘 알아맞혔다. 몇 개인지 짐작하겠느냐?"

"세어보면 알 수 있겠지요."

"세어보아서는 안 된다. 이제부터 내가 시키는 대로 하여라. 그 주머니를 집으로 가지고 가거라. 가지고 가서 벽에다 매달아두어라. 주머니 끈을 풀어보아서는 안 된다. 조약돌의 수를 헤아려서는 절대로 안 된다. 세상을 떠난 자네 아내는 오늘 밤에 당장 꿈에 나타나서, 날 만났다고 그대를 다그칠 것이다. 다그치거든, 조약돌이 모두 몇 개냐고 물어보아라. 다시 한 번 이르거니와 절대로 주머니 끈을 풀고 조약돌을 세어보면 안 된다. 그대의 아내가 꿈에 나타나거든 몇 개인지 알아맞히라고 해보아라. 아내가 숫자를 알아맞혀도 날 찾아오고, 알아맞히지 못해도 다시 날 찾아오너라."

서방은 집으로 돌아와 도사가 시키는 대로 그 주머니를 벽에다 매달아두고 잠자리에 들었다. 도사가 시키는 대로 주머니 끈도 풀지 않았다. 따라서 서방도 그 주머니에 들어 있는 조약돌의 수는 알지 못했다.

아내의 망령은 그날 밤에도 어김없이 꿈에 나타나, 서방을 다그쳤다.

"그래, 도사 찾아가면, 내가 어 뜨거라 할 줄 알았소? 무엇이 어째? 살아서는 원수더니 죽어서는 애물단지라고? 저승에서 나 만날까 봐 죽지도 못하겠다고? 도사가 준 그 주머니나 좀 구경합시다. 무엇이 들어 있기에 그걸로 나를 몰아낸답니까?"

이번에는 서방도 지지 않고 냅다 소리를 질렀다.

"그래, 주머니 여기 있다. 무엇이 들어 있는 줄 알기나 하고 그러는가?"

"공기만 한 조약돌이지 무엇이겠어요?"

아내의 망령이 반문했다.

"잘 아는구먼. 그러면, 자, 어디 대답해봐. 몇 개냐? 이 주머니 안에 든 조약돌이 대체 몇 개냐?"

참으로 이상한 일이었다. 몇 개냐고 묻는 순간, 아내의 망령이 흔적도 없이 사라진 것이었다. 서방은 꿈에서 깨어났다.

이튿날 밤에도, 사흘째 되는 날 밤에도 아내의 망령은 서방의 꿈속에 나타나지 않았다. 그렇게 사납던 꿈자리가, 나흘째 되는 날 밤부터는 사납기는커녕 꿈조차 꾸어지지 않았다.

서방은 도사를 찾아가 그동안에 있었던 일을 남김없이 얘기했다. 그러고는 대체 무슨 기막힌 술법을 썼기에 그렇게 악머구리 같던 아내가 다시 꿈에 비치지도 않느냐고 물었다.

도사는 웃으면서, 사람 좋은 서방에게 말했다.

"꿈속에 나타난 아내는 그대의 진짜 아내가 아니고 그대의 마음이 만들어낸 가짜 아내다. 그대 마음이 만들어낸 가짜 아내이기 때문에 그대가 아는 것만 알 뿐이다. 그대가 모르는 것은 가짜 아내도 알지 못한다. 그대 쌈지에 든 돈의 액수까지 꿈속의 아내가 알고 있는 것은, 그대가 그 돈의 액수를 알고 있기 때문이다.

아내는, 그대가 나에게서 주머니를 받아 온 것을 알고 있었다. 이는 그대가 알고 있기 때문이다. 아내는 그 주머니에 조약돌이 들어 있다는 것도 알고 있었다. 이 역시 그대가 알고 있기 때문이다. 아내는 그 주머니 속의 조약돌이 몇 개인지는 알지 못했다. 이는 그대가 알지 못했기 때문이다. 그런데 그대가 조약돌이 몇 개냐고 묻는 순간, 그대 아내는 사라졌다. 왜 사라졌겠는가? 그대 마음이 만들어낸 가짜 아내였기 때문이다.

꿈에서 깨어난 순간 그대는 깨달았다. 그대가 모르는 것은 아내의 망령도 모른다는 것을, 꿈속에 나타난 아내는 아내의 망령이 아니라 바로 그대 자신이라는 것을. 그래서 그 뒤로는 잠자리가 그렇게 편안해진 것이다. 가거라. 이제는 그대의 아내가 꿈을 빌려 그대에게 시비하는 일은 없을 것이다."

꿈은 개인의 신화요, 신화는 집단의 꿈이라는 말이 있다. '사람 좋은 서방 이야기'는 한 사람의 마음 상태와 그 사람이 꾸는 꿈이 얼마나 밀접한 관계를 맺고 있는지 잘 보여준다.

하지만 그렇기만 한가? 한 개인은 그 개인이 상상할 수 있는 것 이상으로 위대한 꿈은 꿀 수 없는가? 그런 것은 아닌 모양이다. 우리에게는 의식과 무의식이 있다. 의식에 저장된 것은 언제나 재생할 수가 있다. 그러나 이 의식은 컴퓨터 디스켓 같아서 일정한 용량 이상은 저장할 수 없다. 우리에게는 한때 분명히 기억하고 있던 정보를 필요할 때 기억해내지 못하는 경우가 종종 있다. 이때 우리는 정보를 '잊어버렸다'고 말한다. 분석심리학자들의 주장에 따르면, 우리가 '잊어버린' 이 정보는 영원히 사라진 것이 아니라 단지 우리 의식에서 사라졌을 뿐 사실은 무의식에 저장되어 있다. 그래서 우리에게는 까맣게 잊었던 것들을 생생하게 기억해낼 때가 이따금 있는 것이다. 의식의 내용이 무의식으로 사라질 때가 있는 것처럼 무의식에서 의식으로 솟아오를 때도 있기 때문이다.

그런데 분석심리학의 창시자인 카를 구스타프 융 박사의 주장에 따르면, 한 번도 의식된 적이 없는 전혀 새로운 내용물이 무의식에서 의식으로 솟아오르는 경우도 있다. 융 박사는 이러한 무의식을 '집단 무의식'이라는 특별한 이름으로 부르고 있다. 한 개인의 무의식에는 그 개인의 의식에서 흘러 들어간 정보도 있고, 지금까지 인류가 진화하면서 집단적으로 경험한 내용물, 따라서 개인은 의식해본 적이 없는 정보도 있는데, 융 박사가 '집단 무의식'이라고 부르는 것이 바로 개인은 의식해본 적이 없는 정보다.

바로 이 집단 무의식이 있기 때문에 많은 예술가, 철학자, 심지어는 과학자까지도 여기에서 솟아오른 영감을 통하여 놀랄 만한 업적을 이루어내는 경우가 종종 있다는 것이다. 가령 프랑스의 수학자 앙리 푸앵카레, 독일의 화학자 아우구스트 케쿨레는 그들의 과학적 발견이 무의식에서 문득 솟아난 회화적 계시 덕분이었다는 것을 인정하고 있다. 영국의 작가 로버트 루이스 스티븐슨은 인간의 '이중성' 혹은 인간의 '다중성'을 잘 나타낼 이야깃거리를 찾아 오래 고심하다가, 꿈에서 받은 계시를 통해 저 유명한 『지킬 박사와 하이드 씨』의 줄거리를 완성해냈다고 고백하고 있다.

나는 "지극한 진리는 언어로 전할 수 없다"는 말을 의심한다. 하지만 '지극한 진리는 언어로 전해질 수 없지만 지극한 진리를 전하는 언어에 가장 가까운 것이 신화'라는 철학자 아난다 쿠마라스와미의 말을 좋아한다. '이뷔코스의 두루미 떼 이야기'에서 "이뷔코스의 두루미 떼", 이 말 한마디가 무심코 용출하면서 노상강도들의 범행이 백일하에 드러나는 것을 보라. 나는 노상강도들의 이 말이 그들의 무의식에서 용출한 것이라고 생각한다. 다음과 같은 말 한마디 때문에 스코파스가 파멸하는 것을 보라. 나는 무심코 한 이 말 한마디 또한 스코파스왕의 무의식에서 용출한 것이라고 생각한다.

"카스토르와 폴뤼데우케스 이름 몫은 카스토르와 폴뤼데우케스가 치러야 하지 않겠는가."

개인과 하는 약속은 그 개인이 속해 있는 집단에 대한 약속이다. 스코파스왕은 그 약속을 지키지 않았다. 그래서 신들이 나서서 그를 파멸하게 한 것이다. 신들과 하는 약속은 그 신들을 섬기는 집단과 하는 약속이다. 그 약속은 그 시대 도덕률과의 약속이기도 하다. 시모니데스라는 한 시인과의 약속을 지키지 않은 스코파스는 파멸했다. 아프로디테라는 한 여신과의 약속을 지키지 않은 히포메네스는 어떻게 될 것인가?

※ ※ ※

아름다운 도시 파리의 루브르 박물관에서 밖으로 나오면 멀리 '오벨리스크'라고 불리는 뾰족탑이 보인다. 이 뾰족탑 서 있는 곳이 바로 콩코르드 광장이다. 루브르 박물관에서 걸어가기에는 좀 먼 거리다. 하지만 나는 걷는다. 신화에 나오는 인간이나 신들의 석상이 공원에 즐비하기 때문이다. 카루셀 공원을 지나 한참을 걸으면 양쪽으로 노천 음식점이 둘 있는데, 이곳이 바로 튈르리 공원이다. 제법 규모가 큰 두 음식점 앞에는 네모반듯한 연못이 있고 연못 한가운데엔 석상 두 쌍이 있다. 이들에게는 특징이 있다. 젊고 아름다운 남녀들이라는 것, 그리고 쫓고 쫓기고 있다는 것이다.

한쪽 석상은 쫓는 아폴론과 쫓기는 다프네다. 아폴론에게 쫓기던 다프네가 월계수로 변신한 이야기는 1권에서 이미 다뤘다. 다른 한 쌍이 바로 히포메네스와 아탈란테이다. 이들의 이야기는 오비디우스의 『변신 이야기』에, 아프로디테 여신이 애인인 미소년 아도니스에게 들려주는 형식으로 실려 있다. 따라서 여기에서 '나'는 아프로디테 여신 자신을 가리키고, '너'는 아도니스를 가리킨다. 여신의 입으로 직접 들려주는 신화여서 흥미롭다. 들어보자.

아무리 발이 빠른 남자들과 달음박질을 해도 지지 않을 만큼 뜀박질을 잘하는 여자가 있었다는 이야기는 너도 들었을 것이다. 이 이야기는 사실이다. 아무리 빠른 남자라도 이 여자에게는 당하지 못했다. 그래, 이 여자의 이름이 아탈란테다. 아탈란테는 발만 빠른 것이 아니고 용모 역시 빼어나게 아름다웠다. 이 아탈란테가 어느 날 아폴론 신에게 결혼 문제를 두고 신탁을 받아보았는데 이때 신이 내린 신탁은 이러했다.

"아탈란테여, 너에게는 지아비가 소용없구나. 너는 남자 겪는 일을 피해야 한다. 그러나 이 일을 어쩔꼬, 너는 결혼을 피할 팔자가 아니다.

뒤쫓는 히포메네스(왼쪽)와 질주하는 아탈란테(오른쪽)
18세기 초 제작된 석상으로, 프랑스 혁명 이후 튈르리 공원으로 옮겨졌고 지금은 파리 루브르 박물관에 소장되어 있다. 공원에 있는 것은 복제품이다.

그리고 결혼한 뒤에는 산 채로 너 자신을 잃겠구나."

아탈란테는 아폴론 신의 신탁에 겁을 집어먹고 숲속에서 독신으로 살았어. 그런데도 이 아탈란테에게 구혼하는 청년들은 계속해서 몰려들었지. 아탈란테는 이 청년들을 물리치기 위해 이런 까다로운 조건을 붙였다는구나.

"먼저 달음박질 겨루기에서 나를 이기지 못하면 절대로 내 지아비가 될 수 없습니다. 나와 겨룹시다. 겨루어 이기면 그 상으로 나를 신부로 맞게 하겠습니다. 그러나 나에게 지면 그때는 목숨을 받겠습니다. 자신 있는 분이 있거든 이 조건 아래서 겨루어봅시다."

이 얼마나 까다로운 조건이냐? 그러나 아탈란테가 빼어나게 아름다왔기 때문에, 이런 조건이 달려 있는데도 구혼자들이 벌 떼같이 몰려들었지. 이 뜀박질 경기장을 내려다보는 구경꾼 가운데 히포메네스라고 하는 청년이 있었어. 히포메네스는, 여자에게 반해 목숨을 거는 다른 청년들을 아주 한심하게 생각했지.

"얼빠진 놈들, 계집 하나를 얻는 데 목숨을 걸어?"

이러면서……. 그러나 아탈란테의 모습을 보는 순간, 경주에 앞서 옷을 벗어부친 아탈란테의 몸을 보는 순간 히포메네스의 마음도 달라졌어. 왜? 아탈란테의 몸은 내 몸, 아니면 아도니스 너의 몸(만일에 네가 여자였더라면 말이다) 같았기 때문이지. 깜짝 놀란 히포메네스는 하늘을 향해 손을 내밀고 이렇게 외쳤다지.

"사랑하는 신이시여, 조금 전에 감히 신을 비난한 저를 용서하소서. 저는 겨루기에서 이긴 자가 받을 상품을 못 보고 그런 말을 했던 것입니다."

일단 아탈란테를 보고 그 미모에 반해버린 히포메네스는, 이번에는 아탈란테와 뜀박질을 겨루려는 젊은이들을 질투하기 시작해. 즉 다른 젊은이들이 아탈란테를 이기는 일이 없었으면 했던 것이지.

히포메네스의 심정은 그가 한 이 말 한마디에 잘 나타나 있지?

히포메네스가 이렇게 중얼거리고 있을 즈음 아탈란테는 날개가 달린 듯한 발로 힘차게 대지를 박차며 내달았지. 보이오티아 청년 히포메네스는 흡사 스퀴티아 사람이 쏜 화살같이 달리는 이 처녀를 보고는 침을 삼켰어. 서 있는 모습도 아름다웠지만 달리는 모습은 더 아름다워 보였던 거지. 아닌 게 아니라 달리는 아탈란테의 모습은 한 폭의 그림이었어. 발치에 걸리적거린다고 아탈란테가 모아 쥔 긴 옷자락은 바람에 흩날렸고, 머리카락은 상아색 어깨 위에서 출렁거렸으며, 가장자리에다 수를 놓은 허벅지 댕기는 바람에 옷자락이 흩날릴 때마다 이따금씩 드러나고는 했어. 게다가 처녀의 흰 살결에는 홍조가 어리기 시작했어. 새벽빛을 받으면 하얀 대리석 벽이 불그레해지지? 대리석 벽에, 대리석의 색깔이 아닌 다른 색깔이 어리어 보이지? 그와 같았어.

히포메네스의 눈앞에서 아탈란테는 먼저 마지막 한 바퀴를 돌아 승리의 관을 썼어. 아탈란테에게 진 청년들은 거친 숨결을 가다듬다가, 약속에 따라 목숨을 바쳐 이 겨루기에 진 빚을 갚았지. 이 청년들이 이렇듯이 목숨을 잃었는데도 히포메네스는 겁을 먹지 않았어. 히포메네스는 경기장 한복판으로 걸어 나가 이 처녀를 보면서 이런 말을 했어.

"처녀여, 왜 쉽게 이길 수 있는 청년들만 상대하시오? 왜 발도 빠르지 못하고 연습도 제대로 되어 있지 않은 자들을 이기고 뽐내시오? 나와 겨룹시다. 나와 겨루면 설사 내가 이기고 그대가 진대도 그대는 부끄러워하지 않아도 좋을 것이오. 그대가 내게 진 것을 부끄러워하지 않아도 좋은 것은, 내 아버지는 온케스토스의 메가레우스요, 내 증조부는 포세이돈 신이시기 때문이오. 그러니까 나는 저 위대하신 대양의 왕 포세이돈의 증손이오. 내 문벌은 이렇듯 찬란하오만 내 용기는 내 문벌에 못지않소. 만일에 나를 이긴다면 그대의 이름은 히포메네스를 누르고 승리한 자의 이름으로 길이 빛나고 길이 남을 것이오."

히포메네스가 이렇게 말하자 스코이네우스의 딸 아탈란테는 다정한 눈길로 이 청년을 바라보았어. 이길 수도 있고 질 수도 있다고 생각한 아탈란테는 혼잣말을 이렇게 했지.

"귀중한 목숨을 걸고 그 목숨을 내 앞에 던져 청춘을 바치려 하다니, 참으로 인물이 아깝구나. 저 인물 앞에 서니 오히려 나 자신이 초라해 보이는구나. 그러나 저 인물이 내 마음을 흔들기는 한다만 정작 내 마음을 어지럽게 하는 것은 외모가 아니라 저 젊음이다. 저 청년은, 청년이라기보다 아직 소년이 아닌가? 그렇다. 내 마음을 어지럽히는 것은 저 청년의 외모가 아니라 저 청년의 젊음이다. 게다가 저 청년에게는 용기도 있고 죽음을 두려워하지 않는 배짱도 있다. 과연 바다의 신 포세이돈의 자손답구나. 그러나 가장 중요한 것은, 저 청년이 나를 사랑한다는 것이다. 저 청년은 나와 혼인하기 위해서라면 목숨을 바쳐도 아까울 것이 없다고 생각하고 있다. 운이 없어 나를 이기지 못한다면 저 청년은 목숨으로 그 값을 치러야 한다.

안 된다. 가거라, 길손이여. 구혼자들의 피가 묻은 나를 버려두고 갈 수 있을 때, 너무 늦기 전에 가거라. 나와 혼인하기 위해 그대가 치러야 할 값은 너무 비싸다. 상대가 그대 같으면 어떤 여자도 지아비로 맞는 것을 거절하지 않을 것이다. 아니, 지각 있는 처녀라면 그대 같은 지아비를 맞게 해달라고 하늘의 신들께 기도까지 할 것이다…….

그러나, 가만있자, 반드시 이렇게 생각할 일만은 아니다. 내가 왜 저 청년 때문에 상심해야 한다지? 이미 내 앞에서 수많은 청년이 죽었는데? 저 청년의 걱정은 저 청년이 해야지 왜 내가 한다지? 죽고 싶으면 죽으라지. 수많은 구혼자가 죽어나가는 것을 보고서도 이렇게 나서는 것을 보면 사는 데 싫증이 난 모양이지.

그렇다면 저 청년은 죽을 것이다. 나와 함께 살고 싶어 했다는 죄밖에 없는데도 죽을 것이다. 저 청년은 자기가 죽어야 한다는 것을 어떻게 생각할까? 고통스러워할까? 사랑의 대가로 받는 이 부당한 죽음을? 그런 일이 생긴다면……. 나도 내 승리를 역겨워하게 되지 않을까? 하지만 그게 내 잘못인가? 그러나 죽지 않을 수도 있다. 이 겨루기를 포기하면 된다. 포기하거나 나보다 더 빨리 달리면 된다. 그대는 이 겨루기에 목숨을 걸었으니까 어쩌면 나를 이길 수 있을지도 모른다. 그러나 저러나, 참 잘난 청년이 아닌가? 꼭 여자같이 잘생긴 청년이 아닌가?

아, 히포메네스여, 차라리 나 같은 계집의 꼴을 보지 않았더라면 좋았을 것을……. 그대 같은 사람은 오래오래 살아야 하는 것을. 내 팔자가 기박하지 않았더라면, 운명이 내게 지아비 맞는 것을 허락했더라면, 나와 잠자리를 함께할 수 있는 남성은 그대뿐이었을 것을…….”

아탈란테는 사랑에 경험이 없는 처녀였어. 하지만 아탈란테의 마음 속에서는 이미 사랑의 불길이 타오르고 있었지. 물론 자기에게 이러한 변화가 일어나고 있다는 것을 알지 못했어. 알지 못하면서도 아탈란테는 이미 누군가를 사랑하고 있었던 것이야.

경기장에 모인 사람들과, 아탈란테의 아버지가 겨루기를 독촉하자 포세이돈의 자손인 히포메네스는 나를 부르면서 이렇게 기도하더구나.

"오, 퀴테라의 여신이시여. 바라오니, 오셔서 무모하게 이 일에 뛰어든 저를 거들어주소서. 여신께서 불을 붙이셨으니, 이 불이 더욱 힘차게 타오르게 하소서."

이 청년의 기도가 바람결에 실려 오더라. 이 청년을 기특하게 여겼던 나는 곧 이 청년을 도와주기로 했다. 퀴프로스 땅, 경치 좋은 곳에 이 섬 사람들이 '타마소스'라고 부르는 곳이 있다. 오래전에 이 섬 사람들이 내게 신전을 지어 바치면서 함께 바친 곳이다. 이 벌판 한가운데에는, 그 황금빛 잎이 장하고 그 황금빛 가지가 장하기 그지없는, 빛나는 나무가 한 그루 있다. 내게는 마침 이곳을 지나다가 따서 간직해둔 황금 사과가 세 개 있었다. 살며시 이 히포메네스에게 내려간 나는 이 사과를 주면서 이렇게 저렇게 하라고 일러주었다. 물론 내 모습은 다른 사람의 눈에는 보이지 않고 이 히포메네스의 눈에만 보였지.

이윽고 출발점에 서 있던 아탈란테와 히포메네스는 나팔 소리를 신호로 땅을 박차고 내닫기 시작했다. 어찌나 빠르게 어찌나 가볍게 내닫는지 바다 위를 달려도 발에 물이 묻지 않을 것 같았고, 잘 익은 곡식 위를 달려도 이삭 하나 부러뜨리지 않을 것 같더라. 구경꾼들은 소리를 질러 이 청년을 응원하더구나.

"이번에는 눌러버려라! 달려라, 히포메네스! 있는 힘을 다해 달려! 조금만 더 힘을 내면 이길 수 있다!"

이 소리가 아직도 내 귀에 들리는 것 같다. 글쎄, 이런 함성을 듣고 메가라에서 온 청년이 더 좋아했는지, 스코이네우스의 딸이 더 좋아했는지, 그것은 나도 모르겠구나. 그러나 나는 보았다. 히포메네스를 앞지른 아탈란테가 짐짓 속도를 줄이고 이따금 뒤를 돌아다보는 것을. 아탈란테는 달리기는 달리는데 억지로 달리는 것 같았어.

황금 사과의 유혹
아탈란테가 두 번째 사과를 줍고 있다. 신화 이야기를 즐겨 그린 17세기 이탈리아 화가 귀도 레니의
〈아탈란테와 히포메네스〉.

 드디어 히포메네스가 마른 입술 사이로 거친 숨을 몰아쉬기 시작했다. 하지만 결승점까지는 멀고도 멀었어. 일이 이렇게 되자 히포메네스는 세 개의 사과 중 하나를 꺼내어 땅바닥에 굴렸어. 아탈란테는 잠시 걸음을 멈추고 이 황금빛 사과를 보더니만 달리는 속도를 줄이고는 이 사과를 줍더구나. 이 틈에 히포메네스는 아탈란테를 앞질렀어. 구경꾼들이 함성을 지른 것은 물론이야. 그러나 아탈란테는 곧 속력을 내더니 뒤처졌던 거리를 만회하고 다시 히포메네스를 앞지르더구나.
 히포메네스는 다시 사과를 한 알 꺼내어 땅바닥에 굴렸고, 아탈란테는 다시 이 사과를 주우려고 속도를 늦추더구나. 물론 아탈란테는 이러느라고 조금 처졌지. 하지만 아탈란테가 앞서가는 히포메네스를 따라잡는 데는 시간이 얼마 걸리지 않았어. 겨루기는 종반으로 접어들고 있는 참이었지. 히포메네스가 또 내게 기도를 하더구나.

"저에게 황금빛 사과를 주신 여신이시여, 오셔서 저를 도와주소서."

이렇게 기도한 히포메네스는 있는 힘을 다해 마지막 하나 남은 사과를 던지더구나. 멀리 던졌지. 그러니까 아탈란테가 이 사과를 주우러 가는 데 걸리는 시간도 그만큼 길어질 것이 아니겠어? 하지만 아탈란테는 사과를 주우러 가야 할지 말아야 할지 망설이는 것 같더구나. 나 아프로디테가 또 손을 쓰지 않을 수 없는 판이 아니냐. 나는 아탈란테가 사과를 주우러 가지 않을 수 없게 만든 다음, 이 사과를 아주 무겁게 만들어버렸지. 주운 뒤에도 들고 뛰려면 힘이 들게 말이다. 이야기 길게 할 것 없어. 아탈란테는 이 겨루기에서 지고 말았어. 이긴 히포메네스가 이 아탈란테를 아내로 삼은 것은 물론이고.

아도니스, 너도 생각해보아라. 이 히포메네스가 나에게 감사 표시로 제물을 바쳤어야 마땅하지 않으냐. 그런데도 이 지각없는 것은 나에게 제물을 바치기는커녕 그 명예를 내게 돌리는 데도 인색했다. 어찌 화가 나지 않을 수 있겠느냐? 무시당한 데 대해 몹시 화가 났던 나는 이것들에게 본때를 보여 장차 나를 대하는 인간들에게 교훈을 남기고자 했다. 그래서 나는 이 둘을 치기로 했던 것이다.

그 땅의 깊은 숲속에는, 저 유명한 에키온이 소원 이루어준 것에 대한 감사 표시로 신들의 어머니께 지어 바친 신전이 한 기 있었다. 아탈란테와 히포메네스는 이곳을 지나다, 먼 길에 지쳤던지 잠깐 쉬고자 했다. 나는 이곳에서 쉬는 이 둘을 보고는 손을 좀 썼지. 히포메네스의 가슴에다 아내 아탈란테에 대한 음욕을 일으킨 것이다. 그러니 어찌 되었겠느냐? 이 신전 가까이에는 키 큰 나무로 둘러싸인 데다 바위가 하늘을 가려 흡사 동굴 같은 곳이 한 군데 있었는데, 사람들은 이곳을 신성하게 여기고 범접하기를 두려워했다. 예전에 사제들이 이곳에다 옛날에 만들어진 신들의 목상을 많이 모셨으니 그렇기도 했을 테지.

히포메네스가 제 아내를 이곳으로 데리고 들어가 욕심을 채운 것은 좋지만, 이자는 이로써 이 성소를 유린한 것이 아니냐? 신들의 목상이 일제히 이 한 쌍의 남녀에게서 고개를 돌렸으니 이 얼마나 무서운 일이냐? 머리에 탑 모양의 관을 쓰신 신들의 어머니께서는 이것들을 스튁스강 물에다 밀어 넣으려 하시다 말고 손을 멈추셨다. 이들에게 그것은 너무 가벼운 벌이라고 여기신 것이지. 그래서 신들의 어머니께서는 이들의 부드러운 목덜미에 꺼칠꺼칠한 털이 돋아나게 하셨다. 신들의 어머니께서 이렇게 손을 쓰시니, 이들의 손가락은 휘어져 발톱이 되었고 어깨는 구부러져 영락없는 짐승의 어깨가 되었다.

어디 그뿐이냐? 힘살이라는 힘살은 다 가슴으로 모였고 엉덩이에서는 꼬리가 돋아나 땅바닥에 끌렸다. 표정도 갑자기 험악해졌지. 입에서는 말소리 대신 산을 울리는 포효가 터져 나왔어. 산을 집 삼아 숲을 누비며, 뭇 산 것들을 공포의 도가니로 몰아넣는 사자가 된 것이지. 그러나 퀴벨레 여신께서는 이 두 마리의 사자를 길들여 당신께서 타시는 수레를 끌게 하셨다. 혹시 이런 놈을 만나거든, 내 너에게 당부하거니와, 몸을 피하도록 하여라. 이런 놈뿐만이 아니다. 엉덩이를 돌려 달아나기는커녕 너를 상대하려는 놈이 있거든 반드시 달아나도록 하여라. 그렇지 않으면 네 칼 쓰는 솜씨가 비록 장하다고는 하나 그 칼이 너를 지켜주지 못할 것이다. 너에게 무슨 일이 생긴다는 것은 나에게 무슨 일이 생기는 것과 마찬가지니 유념하도록 하여라.

히포메네스, 아탈란테와의 경주에서 이기면 미녀 아탈란테를 차지하고 패배하면 목숨을 잃어야 한다. 그런데 히포메네스는 목숨 잃는 것을 두려워한 것 같지는 않다. 아탈란테의 미모에 홀딱 넘어간 나머지 입안에서 단내가 나고, 가슴속에서는 애간장이 녹는 기분이었을 것이다. 그래서 '퀴테라의 여신'을 불렀을 것이다. '퀴테라의 여신'은 곧 아프로디

두 마리 사자가 끄는 수레에 탄 퀴벨레 여신
'퀴벨레'는 로마식 이름이다. 그리스 이름은 '레아', 바로 제우스의 어머니다. 탑 모양의 관을 쓰고 두 마리의 사자가 끄는 이륜차를 탄, 매우 위엄 있는 모습으로 자주 그려진다. 로마 문명박물관.

테를 뜻한다. 아프로디테에게 그토록 간절하게 기도하고, 아프로디테의 도움을 받아 목숨도 구하고 미녀까지 아내로 맞았는데도 불구하고 히포메네스는 여신에게 감사 표시로 제물을 바치기는커녕 명예를 여신에게 돌리지도 않았다. 여신을 편들고 싶어서 내가 히포메네스를 비난하는 것이 아니다. 히포메네스, 여신에게 너무 '싸가지' 없이 군 것이 아닌가. 그는 그 시대의 인간들에게도, 그 시대 도덕률에 대해서도 그렇게 '싸가지' 없이 굴었을 것이다. 미녀 아탈란테를 아내로 맞았다고 거들먹거렸을 것이다. 짐승으로 변신해도 싸다 싶다.

* * *

오늘의 베트남 사람들에게는 퍽 미안하지만 1971년 나는 베트남 전쟁터에 있었다. 목숨 잃을 가능성이 매우 컸다. 두려웠다. 신에 대한 믿음도 남아 있었다. 목숨만 살려준다면, 무사히 귀국하게 해준다면 평생 그 신을 섬기면서 좋은 일만 하겠다고 맹세하는 기도를 하고 싶었다. 그러나 나는 이를 악물고 그러지 않았다. 나는 그 맹세를 지켜낼 수 있을 것 같지 않았다. 나는 나 자신이 그런 맹세를 지켜낼 만큼 강한 인간이 못 된다는 것을 잘 알고 있었다.

   내 고향에는 믿음이 강한 의사 친구가 있다. 그는 20여 년 전 외아들이 사경을 헤매고 있을 당시 자신이 믿고 있던 신에게 기도했다. 아들만 살려주면 평생 신을 섬기면서 좋은 일만 하겠노라고 맹세하는 기도를 올렸다. 그 외아들이 살아났다. 그는 그때 했던 맹세를 철저하게 지키고 있다. 최근에는 가난한 나라의 환자들을 돌보러 다닌다는 신문 보도를 보았다. 나는 내 친구가 섬기는 신을 섬기지는 않는다. 그러나 그 친구가 맹세를 지켜내는 것은 무척 장하다고 생각한다. 그는 그만큼 강한 인간이다.

7

신들은
앎의 대상이
아니다

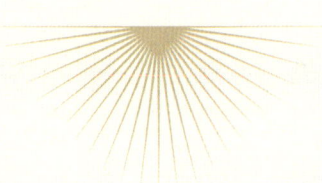

신화를 읽다가 '테바이'라는 지명만 나오면 나는 아연 긴장하고는 했다. 이야기가 칙칙해질 가능성이 매우 많기 때문이다. 오이디푸스 이야기의 무대가 테바이고, 니오베 이야기의 무대 또한 테바이다. 아르테미스 여신의 알몸을 엿보았다가 여신에 의해 사슴으로 모습이 바뀌고, 제가 데리고 다니던 사냥개들에게 물려 갈가리 찢어져 죽은 악타이온이 바로 테바이를 건설한 카드모스의 손자다.

 나는 1999년 여름, 아테네에서 자동차를 몰고 키타이론산을 넘어 테바이로 갔다. 그리스인들도 테바이를 싫어했던 모양인가? 어쩌나 철저하게 파괴되었는지 박물관이 있기는 한데 유물은 보잘것없었다. 그런데 그 보잘것없는 박물관에서 사진 촬영을 금지하고 있었다. 그리스에서 사진을 찍을 수 없는 유일한 박물관이 아닌가 싶다. 일부 유물에 대한 촬영을 저지하는 경우는 있다. 아테네에서 한 시간 거리에 있는 피라에우스 고고학 박물관에서는 고대 그리스의 도량형기만은 촬영을 금지하고 있다. 그 도량형기 앞에서 그냥 돌아설 때의 아쉬움, 지금 생각해도 아깝기 그지없다. 그런데 테바이에서는 경우가 다르다. 사진 찍을 것이 별로 없었다. 그런데도 촬영을 거절당하고 돌아설 때의 불쾌감을 잊을 수 없다. 나는 테바이에 대해 '안 좋은 추억'이 있다.

 아르테미스가 악타이온을 사슴으로 몸 바꾸기했다는 소식, 그 사슴이 악타이온 자신이 데리고 다니던 사냥개들에 의해 갈가리 찢겨 죽었다는 소식이 올륌포스에 전해졌다. 원래 성질머리가 표독스러운 아르테미스이지만 악타이온의 경우는 너무 잔인했다는 신들도 있었고, 아버지 제우스 신에게 맹세한 순결을 지켜내기 위해서는 불가피한 일이었다고 아르테미스를 편드는 신들도 있었다. 나름의 견해를 합리적으로 설명하는 것은 신들에게 그리 어려운 일이 아니었다.

오직 한 여신, 즉 제우스 신의 아내 헤라 여신만은 아르테미스를 찬양하지도 비난하지도 않았다. 하지만 속으로는 고소해하는 참이었다. 악타이온이 바로 아게노르 집안의 자손이었기 때문이다. 아게노르가 누구던가? 포에니키아의 왕이다. 하얀 황소로 변신한 제우스가 납치해서 크레타로 데려갔던 에우로페가 바로 아게노르의 딸이다. 질투의 화신 헤라가 에우로페의 집안이기도 한 아게노르 집안을 좋아했을 턱이 없다.

아게노르는 에우로페가 행방불명이 되자, 누이를 찾지 못하면 돌아오지 말라는 명령과 함께 아들 셋을 그리스로 보내는데, 이 중의 한 아들이 바로 테바이를 건설한 카드모스다. 아르테미스의 알몸을 보았다가 비참하게 죽은 악타이온은 그러니까 에우로페의 손주뻘이 된다. 헤라가 고소하게 여긴 것도 무리는 아니다.

처음에는 그저 고소해하고 말았는데, 에우로페가 다른 여자를 연상시키자 헤라는 태도가 달라졌다. 말하자면 이 일로 인한 감정이 엉뚱한 데로 튄 것이다. 헤라의 생각이 세멜레에게 미쳤기 때문이다. 세멜레는 테바이 왕 카드모스의 딸이었다. 낯빛이 핼쑥해진 헤라가 이를 악물었다.

헤라가 이를 악문 데는 까닭이 있다. 지아비 제우스가 테바이 왕궁에 있는 세멜레의 방을 수시로 드나든다는 것을 알고 있었기 때문이었다. 세멜레가 제우스의 아기를 배고 있다는 것까지 헤라는 알고 있었다. 헤라는 입에서 나오는 대로 제우스와 세멜레에 대한 악담을 퍼붓다가 이렇게 중얼거렸다.

"입으로 아무리 악담해봐야 그게 무슨 소용이야? 이번에는 내 손으로 이 계집을 결딴내야겠다. 내가 누구더냐? 전능한 헤라 여신이라고 불릴 권리가 있는 여신이 아니더냐? 보석 박힌 홀을 들 수 있는 유일한 여신이 아니더냐? 내 손으로 이년을 결단코 요절내야겠다. 내가 이 올림포스의 왕비이며, 제우스의 누이이자 아내인 것만큼이나 확실하게.

 은밀하게 제우스와 사랑을 나누는 데 만족하고 있고, 우리 부부 사이를 잠깐 갈라놓은 데 지나지 않았다는 이유를 앞세워 계집을 용서하자고 주장할 자가 있을지도 모르겠구나. 하지만 안 된다. 저 계집은 자식을 배고 있다. 내가 칠 명분은 이로써 충분하다. 저 계집의 배 속에 있는 자식이 계집의 유죄를 증명하고 있지 않으냐?

 그뿐이냐? 저 계집은 제우스의 자식, 제우스만 끼칠 수 있는 자식의 어미가 되려 한다. 내가 언제 그런 적이 있던가? 더구나 저 계집은 제 미모를 대단한 것으로 여긴다. 그러니, 계집의 생각이 얼마나 잘못되어 있는지 보여줄 수밖에……. 내, 이년이 좋아하는 제우스의 손을 빌려 스튁스강 물(저승)에 처박지 못하면 크로노스의 딸이 아니다."

 이 말끝에 옥좌에서 일어난 헤라는 황금빛 구름으로 몸을 가리고 세멜레의 집을 찾아갔다. 헤라는 세멜레의 집 앞에서 노파로 둔갑한 다음에야 황금빛 구름을 걷어냈다. 귀밑머리가 새하얗고 얼굴이 주름투성이인 노파로 둔갑한 헤라는, 등을 잔뜩 구부리고 지팡이로 발밑을 더듬으며 안으로 들어갔다. 헤라는 에피다우로스 출신인, 세멜레의 유모 베로에로 둔갑한 것이다.

 세멜레를 만난 헤라(베로에로 둔갑한)는 저잣거리에 나도는 소문에 대해 이런저런 이야기를 했다. 헤라의 목소리는 겉모습에 딱 어울리게 떨렸다. 저잣거리 소문에 관한 이야기가 나왔으니 제우스 이야기가 따라 나오는 것은 당연했다. 헤라는 한숨을 쉬면서 말했다.

 "아씨 댁 드나드시는 그분이 제우스 신이시라면 얼마나 좋겠어요? 하지만 세상 돌아가는 것을 보면 마음이 놓이지 않아요. 하고많은 사내들이 순진한 처녀 방을 기웃거릴 때는 신들 행세를 한답디다. 그분이

자기 입으로 제우스 신이라고 하더라도 아씨께서는 마음을 놓지 마세요. 아씨를 정말 사랑한다면 증거를 보이셔야지요. 여쭤보시고 정말 제우스 신이시라고 하시거든, 헤라 여신 앞에 나타나실 때처럼 위대하시고 영광스러우신 신의 모습을 보여달라고 하세요. 위풍당당하게 벼락까지 차고 오셔서 안아달라고 해보세요."

헤라는 카드모스의 순진한 딸을 이렇게 꼬드겨놓은 것이다. 세멜레는 듣고 보니 그럴듯하게 여겨졌던지, 며칠 뒤 제우스 신이 나타나자, 소원이 있는데 꼭 들어주겠다는 약속만 하면 말하겠노라고 했다.

제우스 신이 대답했다.

"무엇이든지 말해보게. 내 거절하지 않을 터이니. 나를 못 믿을까 봐서 하는 말인데, 그대가 원한다면 내 스틱스강에 맹세하지. 이 스틱스강에다 대고 하는 맹세는 신들도 뒤집을 수 없네. 자, 맹세했으니 말하게."

처녀 시절 세멜레는 이상한 꿈을 꾼 적이 있다. 제우스 신에게 바치는 제물인 황소의 피에 젖는 꿈이었다. 세멜레는 예언자이자 점쟁이인 테이레시아스에게 해몽을 부탁했다. 테이레시아스의 표정이 어두워졌다. 애인의 손에 죽을 운명이라는 점괘가 나왔지만, 테이레시아스는 이것을 세멜레에게 일러줄 수가 없었다.

제우스가 스틱스강에 대고 맹세까지 하자 세멜레는 어린애처럼 좋아하면서 절대로 해서는 안 되는 말을 입 밖으로 내고 말았다.

"그럼 말씀드리지요. 헤라 여신 앞에 나타나실 때, 헤라 여신과 사랑을 나누실 때의 모습을 저에게도 보여주세요."

아뿔싸!

이렇게 생각한 제우스는 그 말이 입 밖으로 다 나오기 전에 세멜레의 입을 막으려고 했다. 그러나 제우스가 정신을 차린 것은 세멜레의 말이 다 입 밖으로 나온 뒤였다. 제우스는 한숨을 쉬었다. 이제 세멜레의 소원은 들어주지 않을 수 없게 되고 말았기 때문이다. 스틱스강에다 대고 한 맹세는 제우스 자신도 취소할 수 없었다.

세멜레 앞에 신의 모습으로 나타난 제우스
세멜레의 등 뒤에 제우스를 상징하는 독수리가 앉아 있다. 17세기 이탈리아 화가 세바스티아노 리치의 그림.

제우스는 슬픔에 잠긴 채 올륌포스로 올라갔다. 그에게는 여러 가지 벼락이 있었다. 두 팔을 벌리면 동서 끝까지 이르는 거인 튀폰을 쓰러뜨릴 때 쓰던 것과 같은, 불길이 엄청나게 강한 벼락도 있었고, 외눈박이 거인 삼 형제인 퀴클롭스가 벼려준, 불길도 그리 세지 않고 강도도 좀 떨어지는 벼락도 있었다. 제우스는 신의 모습에 어울리게 차려입되 비교적 가볍게 차리고, 벼락도 가벼운 것으로 차고서 세멜레를 다시 찾았다.

그러나 세멜레는 인간이었다. 세멜레의 육체는 인간의 육체였다. 인간의 육체는, 이 올륌포스의 최고신이 내뿜는 어마어마한 광채를 견딜 수 없었다. 세멜레는 이 제우스의 광휘 앞에서 새카맣게 타 죽었다.

제우스는 헤르메스로 하여금 이 세멜레의 배 속에 들어 있던, 아직 달이 덜 찬 아기를 꺼내게 하고는 자기 허벅다리에 넣고 실로 기운 뒤 남은 달을 마저 채워 꺼냈다고 한다. 제우스는 이 아기를 아기의 이모인 이노에게 맡겨 은밀히 기르게 했다. 뉘사의 요정들은 행여 헤라가 알까봐, 이 제우스의 아들을 동굴에다 숨기고 우유로 길렀다는 것이다. 이 아이의 이름은 '디오뉘소스', '뉘사의 제우스'라고도 불린다.

* * *

영국 옥스퍼드 대학교 출판부에서 펴낸 『고대 신화 인명 사전』에는 '세멜레'라는 이름이 그리스 말이 아니라 북부 트라키아 말 '제멜로(대지)'에서 온 것 같다고 되어 있다. 디오뉘소스가 그리스 본토의 토착신이 아니라는 암시 같다.

에드워드 포코크는 『그리스 속의 인도 India in Greece, or Truth in Mythology』라는 책에서 놀라운 주장을 펴고 있다. 자그마치 지금부터 150년 전인 1851년에 초판이 나온 『그리스 속의 인도』는 그로부터 무려 120년 세월이 흐른 뒤인 1972년에 이르러서야 새 판이 나왔다.

포코크가 이 책에서 펴고 있는 주장은, 역사가들에게는 이 책의 초판

세멜레와 디오뉘소스
디오뉘소스는 어머니 세멜레가 죽은 뒤에 태어났으니 실제로 이렇게 얼굴을 맞댈 수는 없었을 것이다. 하지만 신이 된 후에 세멜레를 되살려내어 올륌포스로 모셨다는 이야기도 있다. 고대 그리스의 질그릇. 나폴리 국립 고고학 박물관.

출간 연도만큼이나 고색창연하고 새삼스러울 것이나, 적어도 나에게는 꽤 충격적인 것이었다.

포코크는 이 책에서 그리스의 지명에 대응하는 인도의 도시나 지역 이름 1백여 개와 함께 그 경도와 위도까지 정확하게 싣고 있을 뿐만 아니라 수백 개의 그리스 고유명사를 산스크리트어로 해석해낸다. 그의 주장에 따르면, 인도인의 상용 언어 산스크리트어를 동원하지 않으면 그리스의 고유명사는 대부분 그 의미가 해석되지 않는다.

그의 주장에 따르면, 그리스와 소아시아 등지에 살았던 것으로 추정되는 그리스 선주민 펠라스기인들은 원래 그리스에 살고 있던 사람들이 아니다. 그리스인들은 이 '펠라스기'라는 말이 '펠로아그로스'에서 왔다고 주장한다. 즉 '아그로스(평야)'에서 '펠로(경작)'하던 민족이라는 것이다. 하지만 포코크의 주장에 따르면 '펠라스기'는 그리스어가 아니라 산스크리트어다. 산스크리트어로 '펠라스기'는 '펠라고스(바다)'를 통해서 그리스로 들어온 민족이라는 뜻이다.

그뿐만 아니라 놀랍게도 그리스 선주민 펠라스기인들의 고향으로 믿어지는 '펠라사'는 인도 바하르 지방의 옛 이름이다. 그 바하르의 다른 이름은 '마게단', 즉 '태양의 자손들'이라는 뜻이다. 바하르, 즉 펠라사인들은 인도의 계급제도를 부정하고 명상적인 종교 생활을 고집하다가 인도의 지도 계급 브라만으로부터 저주를 받아 인도 땅을 버리고 그리스로 이주했다는 것이 포코크의 주장이다. '마게단'이라는 지명은 뒷날 이 펠라사인들이 또 한 차례 옮겨가서 살게 되는 땅 '마케도니아'의 어원이 된다.

그렇다면 '디오뉘소스'가 '뉘사의 제우스'라는 말은 어떻게 받아들여야 하는가? 그가 주장하는, 라마교 전승으로 전해지던 디오뉘소스 신화가 왜곡되면서 그리스에 토착화하는 과정은 차라리 희극에 가깝다. 포코크의 주장에 따르면 디오뉘소스는 그리스의 신이 아니다.

라마교 전승에 따르면 타타르족에 속하던 젊은 라마승은 '디튀아스', 즉 이단자의 손에 살해당한다. 그러나 불교의 윤회설에 대한 믿음이 돈독하던 이 라마승은 자이나교의 여사제 '수라메', 즉 '위대한 라마의 여왕'의 은총을 입고 생명을 되찾는다. 거룩한 산 '메루'에서 새로운 생명을 얻고 부활한 이 청년의 이름은 바로 '디오 나우소스', 즉 '나우소스 산의 신'이라는 뜻이다.

그런데 이 청년에게 생명을 되돌려주는 자이나교의 여사제 이름 '수라메'는 '세멜레'와 흡사하고, 그가 생명을 되찾은 거룩한 산 '메루'는 '허벅지'라는 뜻을 지닌 그리스어 '메로스'와 매우 흡사하다. 포코크는 산스크리트어로 되어 있는 인근의 지명과 등장인물의 이름을 조목조목 해석해내면서, 그리스인들이 이 이야기를 끌어다가 제우스가 세멜레의 배 속에서 타다 남은 아이를 꺼내 자기 넓적다리에 넣고 꿰매었다는 엉뚱한 신화로 발전시켰다고 주장한다.

또 한 가지 흥미로운 것은 포코크가 이 책의 마지막 장을, 윤회설을 주장한 퓌타고라스의 행적에 할애하고 있다는 점이다. 산스크리트 문화의 세례를 그 씨앗으로 삼고 자라 마침내 찬란하게 개화하고 그 열매를 로마에 전한 그리스 문화권의 현자 퓌타고라스는 인도의 힌두교를 어떻게 소화했던 것일까?

포코크는 퓌타고라스가 힌두교에 심취했다고 확신한다는 주장과 함께 퓌타고라스의 이름을 다음과 같이 산스크리트어로 해석해낸다.

"퓌타고라스가 누구던가? 그의 그리스 이름은 '푸타 고라스', 산스크리트어 이름은 '붓다 구루스'다. '붓다 구루스'가 무엇인가? 결국 '영적인 스승 붓다'가 아닌가."

디오뉘소스 탄생 신화가 과연 인도에서 건너온 것이냐 아니냐를 따지는 것보다 더 중요한 것이 있다. 그것은 어디에서 왔든 그리스 땅에서 상당히 흥미로운 방향으로 모습이 바뀌었다는 것이다.

디오뉘소스와 아스클레피오스의 탄생을 도운 헤르메스
그리스의 올륌피아 박물관에는 매우 아름다운 헤르메스상이 있다. 이 헤르메스가 안고 있는 아기가 디오뉘소스다. 고대 그리스의 조각가 프락시텔레스의 작품으로, 올륌피아에는 그의 작업실로 짐작되는 방도 있다.

* * *

우리가 앞에서 읽었듯이, 세멜레가 숨을 거둘 당시 아기 디오뉘소스는 까맣게 그을린 세멜레의 몸속에 있었다. 제우스는 헤르메스로 하여금 세멜레의 배에서 아기 디오뉘소스를 꺼내게 했다고 한다. 그런데 까맣게 그을린 어머니의 몸속에 있다가 헤르메스의 도움으로 태어난 신이 또 있다. 아폴론과 처녀 코로니스 사이에서 난 의술의 신 아스클레피오스다.

아폴론은 애인 코로니스가 아기를 가졌다는 소식을 듣고는 다른 사내의 아이로 착각하고 멀리서 활을 쏘아 코로니스를 죽였다. 아폴론이 뒤늦게 자기 아들인 것을 알고 달려갔을 때는, 코로니스의 육신이 화장터에서 까맣게 그을린 뒤였다. 아폴론은 헤르메스로 하여금 코로니스의 배 속에 든 아기를 살려내게 하고는, 이 아기를 현명한 켄타우로스 케이론에게 맡겨 의술을 가르치게 했다. 케이론은 뒷날 이아손, 헤라클레스, 아킬레우스 같은 영웅들을 가르친 현자로 유명하다.

그런데 디오뉘소스와 아스클레피오스에게는 또 다른 공통점이 있다. 그것은 죽음 및 재생과 밀접한 관계가 있다는 것이다. 디오뉘소스는 영원히 사는 불사신으로 믿어지기도 하고, 해마다 가을이면 죽었다가 봄이면 포도 잎과 함께 부활하는 신으로 믿어지기도 한다. 아스클레피오스는 죽어가는 사람을 살리는 의술의 신이다. 실제로 그는 죽은 사람을 살린 적이 있다. 테세우스의 죽은 아들 히폴뤼토스를 살려낸 것이다. 죽음 및 재생과 밀접한 관계가 있는 신들이, 새까맣게 탄 어머니의 몸속에서 나왔다는 신화가 퍽 의미심장하다.

세멜레 이야기를 나는 이렇게 읽는다. 신들이란 원래 '믿음'의 대상이지 '앎'의 대상이 아니다. 신들의 초월적인 권능은 인간의 눈에 보이지도 않고 귀에 들리지도 않는다. 인간은 신들을 볼 수도 없고 보아서도 안 된다. 인간 중에서 신들을 볼 수 있는 인간은 따로 있다. 바로 사제들이다. 초월적인 권능을 지닌 신들을 볼 수 있는 인간은 사제들뿐이다. 신들에게 신전이 있고, 이 신전에서 인간과 신 사이를 중재하는 사제가 있는 것은 바로 이 때문이다.

하지만 인간은 역시 연약한 존재라서 신들이라는 존재가 퍽 궁금하다. 헤라는 바로 인간의 이런 약점을 집요하게 파고들어, 어리석은 세멜레로 하여금 제우스의 광채에 타 죽게 만든 것이다.

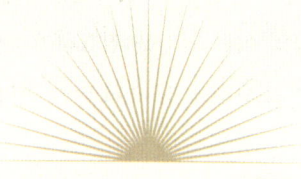

8

신들은 겨룸의 대상이 아니다

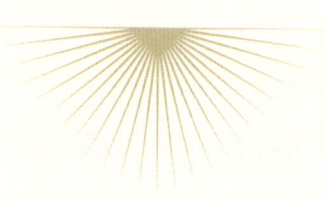

한 문학 잡지의 표지를 훑어보다가 나는 가볍게 놀랐다. 소설 필자 중에 '선데이 마르쉬아스Sunday Marsyas'라는 이름이 올라 있었기 때문이다. 이 국적 불명인 작가가 기고한 단편소설 제목은 「미(아름다움)」. 어느 나라 사람일까? 필자의 정체가 궁금할 수밖에. 작가의 프로필을 읽어보았다. 놀랍게도 그의 한국 이름은 '심상대'. 심상대라면, 벌써 1999년 당시 이미 세 권의 소설집을 펴낸, '젊은' 중견 반열에 드는 소설가, 마흔 살 나이에 예술대학 들어간 오기만만한(!) 사내다.

'선데이'는 이름 '상대'를 영어식으로 익살스럽게 쓴 것일 터이다. 그렇다면 '마르쉬아스'는 무엇인가? 그는 왜 이런 이름을 쓰고자 하는가? 결론부터 말하면, 이 신화 속 고유명사 빌려 쓰기는, 패배할 경우 산 채로 살가죽을 벗기울 각오를 하고 예술의 신과 한판의 대거리를 해보겠다는 오기(!)로 가득 찬 선언이다. 신화를 자주 읽는 사람은 포괄적이면서도 간명한 이 상징적 언어를 단박에 알아듣는다.

신들과 겨루다가 패가망신한 인간은 한둘이 아니다. 직조(베 짜기)의 여신이자 공업의 여신인 아테나와 베 짜기 시합을 벌였다가 여신에게 북으로 한 대 얻어맞고 거미가 된 처녀가 있다. 아라크네. 그녀의 이름은 영어 '아라크네포비아arachnephobia', 즉 '거미 공포증'에 남아 있다. 아라크네는 거미가 되었지만 죽은 것은 아니다. 신들과 겨루려다가 아라크네 이상으로 처절한 벌을 받고 목숨을 잃은 자도 있다. 그의 이름이 바로 마르쉬아스다.

　헤라는 제우스 신의 난봉질을 견디다 못해 포세이돈과 아폴론의 도움을 얻어 제우스를 곰 가죽끈으로 묶었던 일이 있다. 제우스는 테티스의 도움과, 손이 1백 개나 되었다는 거인 헤카톤케이레스 덕분에 곰 가죽끈에서 풀려나자마자 포세이돈과 아폴론을 트로이아로 보내어 라오메돈왕의 종살이를 하게 했다. 라오메돈왕은 포세이돈에게는 성채 쌓는 노역을 맡기고 아폴론에게는 송아지 떼를 돌보게 했다.
　중국의 위대한 시인 이태백은 스스로를 '적선', 즉 '하늘에서 귀양 온 신선'이라고 불렀다지만 제우스의 명령일하에 아폴론은 하루아침에 적선이 아닌 '적신', 즉 '하늘에서 귀양 온 신'이 되고 만 것이다.
　올림포스의 신들 가운데서도 아폴론은 제우스와 헤라에 다음가는 대접을 받았다. 여러 신이 아폴론의 노래와 연주를 그만큼 귀하게 여겼기 때문이었다. 아폴론이 들어가면 거의 모든 신이 일제히 일어나 경의를 표했다. 어머니 레토가 활과 화살통을 받아 걸고는 수금을 내주고, 제우스가 청춘의 여신 헤베로부터 잔을 받아 아폴론에게 손수 신들의 술인 넥타르를 부어준 연후에야 신들은 자리에 앉을 수 있었다.
　그러던 아폴론인지라 목동 노릇 하는 적신 신세가 된 뒤에도 수금을 손에서 놓은 적이 없었다. 아폴론이 수금을 뜯으면 그 소리가 참으로 간곡했는데, 가령 아폴론이 기뻐하는 마음일 때 뜯는 수금 소리를 들으면 소들이 하루 종일 지칠 줄을 모르는 채 산야를 뛰며 풀을 뜯었고, 혹 아폴론이 슬픔에 잠겨 있을 때 뜯는 수금 소리를 들으면 소들이 사흘 동안이나 풀 뜯을 생각을 하지 않았다고 한다.
　그런 아폴론이, 프뤼기아 땅에 피리장이로 소문난 강의 신이 하나 있다는 이야기를 들었다. 강의 신이 아니고, 몸에 털이 난 숲속의 장난꾸러기 사튀로스였다는 전설도 있지만 일단 여기에서는 강의 신이라고 해두자. 들리는 소문은, 그 강의 신이 부는 피리 소리를 한번 들은 인간들이 다음과 같은 말로 탄복했단다.

"무사게테스(음악의 신)의 수금이 울고 가겠구나. 신이시여, 귀머거리를 면하게 하셔서 저 강의 신의 피리 한 곡조를 듣게 하시니 감사합니다. 이제 귀머거리로 만드셔도 좋습니다."

이 피리에는 사실 내력이 있다.

올림포스 신들에게는 각자 맡은 직분이 있다. 말하자면 아프로디테가 베틀에 앉으면 아테나가 좋아하지 않고, 아테나가 악기를 들고 나서면 아폴론이 좋아하지 않는다.

그런데 어느 날 아테나가 신들의 잔치 자리에 수사슴 뼈로 만든 피리를 하나 들고 나와서는 한 가락을 불어 신들을 기쁘게 해주려고 했다. 아테나가 그것이 아폴론의 직분이라는 것을 모르고 있었던 것은 아니다. 아폴론이 인간 세상에 귀양 가 있는 참이라 아폴론을 대신해서 신들을 기쁘게 해주려고 했던 것이다.

아테나가 피리를 불자 다른 신들은 눈을 감고 마음으로 그 가락을 들었지만 웬일인지 헤라와 아프로디테만은 이따금 눈길 부딪칠 때마다 고개를 돌리고 웃었다.

아테나는 왜 웃는지 궁금해서 그 까닭을 물어보았다.

"아니, 두 분께서는 눈길 마주칠 때마다 웃으시는데, 대체 까닭이 무엇입니까? 아폴론 신이 없는 자리에서 제가 주제넘게 피리를 불고 있다고 생각하신다면 그거야 화를 내실 일이지 어디 웃으실 일입니까?"

헤라와 아프로디테는 아무 말도 하지 않고 손으로 입을 가린 채 여전히 웃기만 했다.

아테나 여신은 피리를 들고 자기 신전으로 돌아가 구리거울 앞에서 피리를 한번 불어보았다. 그러다 얼굴을 붉혔다. 피리를 입술에 물고 힘을 줄 때마다 양쪽 뺨이 흡사 레토의 저주를 받았다는 그 개구리 뺨 비슷하게 불룩거리고 있었기 때문이다. 상대가 다른 여신이었으면 아테나도 그렇게 불쾌하게는 여기지 않았으리라. 아테나는 올림포스에서 더불어 아름다움을 겨루던 헤라와 아프로디테로부터 무안을 당한 참이라 지혜로운 여신답지 않게 화를 내며 그 피리를 하계로 집어 던졌다. 그러고는 이렇게 악담을 했다.

"이 피리를 주워서 부는 것이면 놈이든 년이든 산 채로 살가죽을 벗길 것이다."

이 애꿎은 피리를 주운 이가 바로 문제의 강의 신 마르쉬아스다. 피리 불 줄 모르는 마르쉬아스는 자기 강에 떨어진 그 피리를 주워 그저 입술에 대어보았을 뿐인데도, 피리는 영묘한 소리를 내며 마르쉬아스가 아는 가락 모르는 가락 할 것 없이 줄줄 엮어내었다. 몹시 기분이 좋아진 마르쉬아스는 그 피리를 들고 자기 강 유역을 두루 다니며 농사꾼들에게 음악을 들려주었다. 농사꾼들은 다음과 같은 말로 마르쉬아스를 찬양했다.

"의술의 신 아폴론은 병도 주고 약도 준다더라만, 강의 신 마르쉬아스는 물도 주고 노래도 들려주신다."

아폴론은 이 소문을 듣고 마르쉬아스를 찾아가 물었다.

"그대가 부는 피리 소리는 아폴론이 타는 수금 소리보다 낫다는데 사실이오?"

마르쉬아스는 피리 솜씨로 이름을 날리던 참이라 우쭐해진 마음에서 할 소리 안 할 소리를 분별없이 했다.

"아폴론 신이 수금을 잘 탄다고 하나 그거야 올림포스 신들 귀나 즐겁게 하는 것이지 인간의 귀에야 어디 어림이나 있는가? 내 피리 소리에 대면 아폴론의 솜씨는 수사슴 걸음에 거북이 걸음이지. 내 말 무슨 뜻인지 아시겠는가?"

"하찮은 목동이 무엇을 알겠습니까, 가르쳐주시기나 하시지요."

"내 피리는 사슴뿔로 만든 것이요, 아폴론의 수금은 거북이 등딱지로 만든 것이다, 그 뜻이네."

"그게 가락의 아름다움과 무슨 상관이 있습니까? 저는 아폴론 신을 섬기는 목동으로, 감히 그분을 흉내 내어 거북이 껍데기 수금도 좀 익혔습니다. 저와 한번 솜씨를 겨룬 연후에 아폴론 신의 수금 솜씨를 비웃어도 늦지 않을 것입니다."

"네가 무엇을 믿고 그러는지 모르겠다만 내가 너 같으면 강의 신 마르쉬아스에게만은 도전을 않겠다. 네가 지면 어쩌겠느냐?"

"그야 강의 신께서 정하실 일이지요."

"산 채로 살가죽을 벗기우겠느냐?"

"그러지요."

"그래, 내가 지면 산 채로 네 손에 살가죽을 벗기우마."

"강의 신께서 먼저 하신 말씀이니 딴소리는 마십시오. 그런데 아프로디테, 헤라, 아테나, 이 세 분 여신께서 아름다움을 겨루실 때는 파리스라는 목동이 그 아름다움을 판정했습니다. 이번 시합에는 누구를 내세우시겠습니까?"

강의 신 마르쉬아스와 아폴론은, 마르쉬아스가 섬기는 퀴벨레 여신에게 청을 넣어 무사이(예술) 아홉 여신을 모셔 오게 했다. 아폴론은 인간으로는 프뤼기아 왕 미다스를 심판으로 초청하자는 제안에 동의했다. 인간으로부터 칭송을 받는 데 재미를 본 마르쉬아스가 굳이 인간을 하나라도 심판으로 세워야 한다고 우긴 것이었다.

무사이 아홉 여신에 대해서는 따로 소개하지 않아도 될 듯하다. 아폴론은 마르쉬아스와 겨룰 날짜가 잡히자 무사이에게 은밀히 심부름꾼을 보내어, 땅으로 내려오더라도 자기를 아는 척하지 말고 그저 여느 목동 대하듯 하라고 일러두었다. 프뤼기아 왕 미다스가 여기에 온 것은, 디오뉘소스의 스승 실레노스를 살려주었다가 '황금의 손' 사건으로 한바탕 곤욕을 치른 직후다.

드디어 아폴론과 마르쉬아스의 연주 겨루기가 시작되었다. 미다스는 심판을 공정하게 하자면 잘 들어야 할 것 같아서 귓속에서 삐죽이 돋아나온 귀털을 모조리 뽑고 무사이 아홉 자매 옆에 앉았다.

8 신들은 겨룸의 대상이 아니다

그러나 아폴론의 수금 솜씨가 빼어났다고는 하나, 마르쉬아스의 피리 가락은 마르쉬아스가 부는 것이 아니고 아테나 여신의 조화에 놀아나고 있었으니 이 또한 만만하지 않았다. 무사이 여신들도 그 피리 가락을 듣고는 고개를 갸웃거렸을 정도였다.
 초조해진 아폴론은 마르쉬아스에게 버럭 고함을 질렀다.
 "이놈, 마르쉬아스, 나를 보아라. 내 비록 잠시 라오메돈의 송아지를 치고 있으나 내가 바로 머리끝부터 발끝까지 아폴론이다. 자, 너도 나처럼 악기를 거꾸로 들고 연주해보아라. 그 연주를 반주 삼아 노래를 불러보아라."

아폴론과 마르쉬아스의 대결
벌거벗은 몸으로 수금을 거꾸로 들고 연주하는 이가 아폴론. 그 옆에 마르쉬아스가 피리를 불고 있다. 17세기 네덜란드 화가 힐리스 판 코닝크슬로의 〈미다스왕의 심판〉.

아폴론은 수금을 거꾸로 안고 뜯으며 올륌포스 신들을 찬양하는 노래를 불렀다. 그러나 수금으로는 그럴 수 있어도 피리는 거꾸로 불 수도 없으려니와 혼자서 피리도 불고 이 피리 소리를 반주 삼아 노래를 부를 수는 더욱 없었다.

무사이 여신들이 저희 동아리의 우두머리인 아폴론을 승자로 판정한 것은 물론이다. 마르쉬아스는 이제 산 채로 살가죽이 벗겨질 판이었다.

이때 미다스가 나서며 아폴론에게 항변했다.

"신들이 인간을 때리시되 양손으로는 때리시지 않는다고 해서 나는 신들이 자비로우신 줄 알았습니다. 신들이 인간을 벌하시되 까닭 없이는 벌하시지 않는다고 해서 나는 신들이 정의로우신 줄 알았습니다."

"미다스여, 들으라. 신들이 자비롭다고 누가 그러더냐? 인간이 아니더냐? 신들은 너희 인간이 무릎을 꿇을 때만 자비롭다. 다른 신들이 정의롭지 못할 때만 정의롭다. 미다스여, 들으라. 너희가 무릎을 꿇지 않을 때, 감히 신들과 겨루려 들 때, 정말 잘 들어두어라. 신들의 마음속에는 목장도 풀밭도 없다. 강의 신 나부랭이의 가락과 음악의 신의 가락도 가려듣지 못하는 네 귀가 그것이 귀냐? 내 너에게 귀 같은 귀를 붙여주마."

아폴론의 이 말이 끝나자 미다스의 귀는 당나귀 귀로 변했는데, 이것이 저 유명한 '임금님 귀는 당나귀 귀' 사건이다.

아폴론이 산 채로 살가죽을 벗기려 들자 마르쉬아스가 비명을 질렀다.

"살려주세요. 어쩌자고 진짜로 내 살가죽을 벗기는 것입니까? 다시는 이러지 않겠으니 한 번만 용서해주십시오. 약속합니다. 피리 불기에서 졌다고 이러는 것은 너무 심하지 않습니까?"

그가 이렇게 고함을 질렀는데도 불구하고 아폴론은 그의 살가죽을 깡그리 벗겨버렸다. 이로써 그의 몸은 전체가 하나의 상처가 된 것이다. 피가 흐르지 않는 곳은 한 군데도 없었다. 신경의 가닥도 하나 남김 없이 밖으로 드러났다. 살가죽이 없어졌으니 핏줄 뛰는 것이 드러나 보

마르쉬아스의 살가죽을 벗기는 아폴론
예술의 신 아폴론과 한판 대결이라도 해보고 싶었던 것일까? 많은 화가가 마르쉬아스를 그렸다. 귀도 레니의 〈마르쉬아스의 살가죽을 벗기는 아폴론〉.

이는 것도 당연했다. 벌떡벌떡 뛰는 내장기관과, 가슴 속의 허파도 훤히 들여다보였다.

들판을 누비고 다니던 숲의 사튀로스들이 이 마르쉬아스를 위하여 눈물을 흘렸다. 강의 신(마르쉬아스가 사튀로스였다는 전설도 있다)들은 물론, 그가 사랑하던 요정들, 산에서 양 떼나 뿔 달린 가축을 돌보던 목동들까지도 이 마르쉬아스를 불쌍히 여겨 눈물을 흘렸다. 기름진 땅은 눈물로 젖었다. 젖은 땅은 끊임없이 떨어지는 눈물을 가슴 깊숙이 빨아들였다. 땅은 이 눈물로 샘을 지어 땅 위로 용솟음치게 했다. 이 샘에서 물은 강이 되어 둑을 따라 바다로 흘러갔다. 온 프뤼기아 땅에서도 가장 맑은 이 강을, 사람들은 '마르쉬아스강'이라고 불렀다.

나는 당시 신문에다 이 이야기를 쓰면서, '선데이 마르쉬아스'가 신화에서처럼 산 채로 살가죽을 벗기울 각오로 예술의 신과 한판 대거리를 하게 되기를 빈다고 썼다. 뒷날 만났더니 '선데이 마르쉬아스'에서 다시 '심상대'로 돌아가 있던데, 왜 돌아갔느냐고는 물어보지 않았다.

벌을 받는 마르쉬아스
파리의 루브르 박물관에 가면 나는 이 석상 앞에 오래 서 있고는 한다.

9

방황하던 인간 펠레우스, 영생불사를 누리다

인간들 중에서 여신과 정식으로 결혼식을 올린 사람은 펠레우스 한 사람뿐이다. 이로써 펠레우스는 조부 이름(제우스)뿐만 아니라 장인 이름(네레우스)까지 자랑할 수 있게 되었다. 무슨 말인가 하면, 제우스의 손자인 것은 펠레우스 한 사람뿐만이 아니었으나, 해신 네레우스의 딸인 테티스 여신을 아내로 맞은 사람은 펠레우스 한 사람뿐이었다는 말이다.

제우스가 한창 난봉을 피우고 다닐 때의 일이다. 헤라의 감시가 잠깐 느슨해진 틈을 타서 제우스는 들불로 둔갑한 뒤 강의 신 아소포스의 딸 아이기나에게 접근했다. 아이기나가, 제우스인 줄도 모르고 불길을 잡으려고 다가오자 제우스는 아이기나를 데리고 오이노파섬으로 달아났다.
 강의 신 아소포스는 딸을 찾아다니다, 인간 세상에서 가장 꾀가 많다는 시쉬포스에게 물어보았다. 시쉬포스로부터 딸이 있는 곳과 딸을 납치한 자가 누구인지 알아낸 아소포스는 그 섬으로 접근했다. 몹시 무안해진 제우스는 도리어 화를 내며 벼락으로 아소포스를 쳤다. 아소포스는 서둘러 아소포스강으로 도망치면서 이렇게 볼멘소리를 했다고 한다.
 "딸은 농락하고, 그 아비는 벼락으로 치고……. 이것은 대체 제우스 신에게 염치가 없는 것이냐, 아니면 내 재수가 없는 것이냐."
 이때의 들불 때문인지, 아니면 제우스의 벼락 때문인지 아소포스강에서는 그 뒤로도 오랫동안 숯을 건질 수 있었다고 한다.

아이기나가 제우스의 아들을 낳으니, 이 아들이 바로 아이아코스다. 아이아코스는 이 섬나라의 왕위에 오르자 어머니의 이름을 따서 섬 이름을 아예 '아이기나'로 바꾸었다. 아이아코스는 '인간들 중에서 가장 경건한 인간'이었다.

아르카디아에 큰 흉년이 들어 사람들이 마구 죽어나가고 있을 때였다. 펠로프스가 지은 죄 때문이었다. 펠로프스가 사람을 죽이고 사지를 토막 내어 흩어버린 일이 있었다. 이 일이 신들의 분노를 사게 되었고, 그래서 흉년이 왔던 것이었다. 신탁을 받아보니, 아이아코스의 기도가 있어야 한다고 했다. '인간들 중에서 가장 경건한 인간' 아이아코스가 기도하자 과연 풍년이 들었다. 아이아코스는 죽은 뒤 저승에 내려가 재물 많기로 유명한 하데스의 창고 열쇠를 간수하는 소임을 맡았다.

이 아이아코스에게는 두 아들이 있다. 텔라몬과 펠레우스다. 이들 형제에게는 배다른 아우가 하나 있었다. 포코스가 아우의 이름이다. 그런데 이 포코스는 여러 가지 면에서 형들을 앞질렀다. 질투를 느낀 텔라몬은 몸의 균형을 잃은 척하면서 포코스의 머리를 겨냥하고 원반을 던졌다. 포코스는 즉사했다. 텔라몬은 아우 펠레우스를 꾀어 배다른 아우의 시체를 숨겼다. 하지만 오래지 않아 시체가 발견되고 이들의 범행도 밝혀졌다. 경건한 인간인 아버지 아이아코스는 두 아들을 섬에서 추방했다. 다른 나라로 가서 종살이를 함으로써 죄를 닦게 한 것이다.

펠레우스는 프티아로 건너가 그 나라 왕 악토르 밑에서 종살이를 했다. 악토르왕은 펠레우스를 좋게 보았던지 왕국의 일부를 주고 공주 안티고네와 짝지워주었다. 안티고네는 곧 딸을 낳았다.

펠레우스가 원정대원이 되어 이아손과 함께 금양모피를 찾아온 것도 이즈음이고, 멜레아그로스를 도와 칼뤼돈의 멧돼지 사냥을 나선 것도 이즈음의 일이다.

그런데 멧돼지 사냥에서 펠레우스가 던진 창이 멧돼지가 아닌 에우뤼티온의 가슴을 관통했다. 에우뤼티온은 악토르왕의 아들이었다. 펠레우스는 프티아에서도 쫓겨났다. 아우 포코스 죽인 죄를 다 닦기는커녕 왕자 죽인 죄를 또 어디에선가 닦지 않으면 안 되었다.

펠레우스가 찾아간 곳은 이올코스였다. 당시 이올코스의 왕은 펠레우스와는 아르고 원정 때 잘 알게 된 친구 아카스토스였다. 펠레우스가 저 여걸 아탈란테와 씨름판에서 힘을 겨룬 것은 아카스토스의 아버지 장례 경기 때였다. 펠레우스는 아르고 원정 때도 거의 두각을 나타내지 못했다. 옛 그림을 보면 여걸 아탈란테와의 씨름 경기에서도 이기지 못한 것 같다.

방황하는 인간 펠레우스는 또 한 차례 위기를 맞는다. 왕비 아스튀다미아가 펠레우스에게 연정을 품고 자꾸만 유혹했던 것이다. 펠레우스는 이 유혹을 단호하게 물리쳤다. 아르고 원정을 함께한 왕년의 전우를 난처하게 만들 수 없다고 생각했기 때문이었다. 펠레우스가 반응을 보이지 않자, 외간 남자를 유혹하다 거절당한 여자들이 대개 그렇듯이 왕비는 복수를 맹세하고는 몰래 펠레우스의 아내 안티고네에게 편지를 보냈다. 펠레우스가 이올코스의 공주와 결혼하려 한다는 내용이었다. 펠레우스의 아내 안티고네는 이 편지를 받은 직후 펠레우스의 혼인길을 열어주기 위해 목을 매어 자살했다.

펠레우스에 대한 왕비의 유혹은 여기에서 그치지 않았다. 하지만 펠레우스가 여전히 싸늘한 반응만 보이자 왕비는 왕에게, 펠레우스가 자신을 유혹했노라고 거짓말을 했다. 아카스토스왕으로서는 난처했다. 죄 닦으러 온 왕년의 전우를 죽일 수는 없는 일이었다. 왕국에 몸을 붙이고 있는 나그네는 알뜰살뜰 보살펴야 하는 것이 당시 그리스의 엄격한 불문율이었다. 아카스토스는 다른 방법을 썼다.

아카스토스는 사냥하러 가자면서 펠레우스를 꾀었다.

"펠리온산으로 사냥이나 가세. 한바탕 시합을 벌이자는 것일세. 한낱 아녀자에 지나지 않는 아탈란테에게 쩔쩔매던 자네에게 이런 기회를 주니 내가 얼마나 너그러운 사람인가?"

아카스토스왕에게는 부하가 많았지만 펠레우스는 홀몸이었다. 시합은 처음부터 무리였다. 하지만 펠레우스는 짐승을 죽일 때마다 혀를 잘라 자루에 넣었다. 펠레우스가 그렇게 하루 종일 짐승을 죽이고 혀를 잘라 자루에 넣고는 왕 일행과 합류하고 보니 아카스토스왕 일행이 죽인 짐승이 산더미처럼 쌓여 있었다. 빈손으로 돌아온 펠레우스에게 왕은 또다시 비아냥거렸다.

"빈손으로 오셨군. 하기야 잡으라는 칼뤼돈의 멧돼지는 안 잡고 엉뚱한 사람을 잡았던 자네가 아닌가?"

펠레우스는 아무 말 없이 자루에 든 것을 쏟았다. 자루에서 나온 짐승의 혀 수는 아카스토스 일행이 잡아서 쌓아놓은 짐승의 수보다 많았다.

위험을 느낀 아카스토스는 펠레우스에게 몸을 가눌 수 없을 정도로 술을 마시게 했다. 펠레우스가 곯아떨어지자 아카스토스는 펠레우스의 칼을 살며시 가져다가 소똥 무더기 밑에다 감추고는 한밤중에 부하들을 데리고 산을 내려가버렸다. 펠리온산은 켄타우로스들의 산이었다. 아카스토스는 펠레우스가 난폭한 켄타우로스들에게 죽임을 당할 것으로 여겼다.

하지만 펠리온산에는 난폭한 켄타우로스들만 살고 있었던 것은 아니었다. 저 유명한 켄타우로스 현자 케이론은 펠리온산에서 혼자 잠들어 있는 펠레우스가 어떤 핏줄에서 태어난 어떤 인간이며, 장차 누구와 혼인하여 어떤 아들을 낳게 될지 훤히 꿰뚫어보고 있었다. 케이론은 펠레우스의 잠을 깨우고, 소똥 무더기 밑에 숨겨져 있던 칼까지 되찾아주었다. 펠레우스와 케이론이 친구가 된 것은 바로 이 펠리온산에서였다. 이 우정은 펠레우스가 아들 아킬레우스의 교육을 케이론에게 맡기기까지 오래 계속된다.

현자 케이론 덕분에 아카스토스의 속셈을 알아낸 펠레우스는 펠리온

물병에 상감된 아름다운 테티스
왼쪽의 제우스 신이 눈독을 들이고, 오른쪽의 헤라는 감시하고 있는 것 같다. 런던 대영박물관.

   산에서 내려온 즉시 왕년의 아르고 원정대원들을 모아 이올코스 왕국을 치고는 왕비 아스튀다미아를 죽였다. 펠레우스는 이올코스 땅을 테쌀리아에 넘겨주고 자신은 프티아 왕국을 차지했다.

   한때 아내였던 프티아 왕국의 공주 안티고네는 목매달아 자살했으니, 펠레우스에게 아내가 있을 리 없었다. 딸 폴뤼도라가 있을 뿐이었다.
   그런데 아스튀다미아의 부정한 유혹을 거절하고, 이 때문에 아내 안티고네를 잃은 펠레우스를 제우스가 매우 가엾게 보았던 모양이다. 그래서 아름다운 테티스와 펠레우스를 맺어줄 생각을 했다.
   여신이나 인간 세상의 여성이라면 항렬과 촌수 따지지 않고 닥치는 대로 사랑의 상대로 삼던 제우스 신이 웬일로 네레우스의 딸들 중 가장 아름답다는 테티스 여신을 인간인 펠레우스에게 주려고 했던 것일까? 여기에는 약간의 속사정이 있다.
   언젠가 프로메테우스가 테티스에게 이런 말을 했다.

"물의 여신이여, 아이를 가지거라. 그 아이는 장차 아버지의 명예를 저 만치 앞지르는 영웅이 되어, 아버지보다 더한 칭송을 받게 될 것이다."

제우스 역시 프로메테우스의 이러한 예언을 소문으로 들어서 알고 있었다. 테티스가 그렇게 아름다운데도 제우스가 손을 대지 않고 있었던 것은 바로 이 예언 때문이었다. 제우스의 아버지 크로노스가 누구던가? 아버지 우라노스를 몰아내고 신들의 나라 권력을 거머쥔 크로노스가 아니던가? 그렇다면 제우스는 또 누구던가? 아버지 크로노스를 몰아내고 올림포스의 최고신이 된 제우스가 아니던가? 만일에 제우스가 테티스를 취하고 그 몸에서 아들이 태어난다면, 제우스를 몰아내고 올림포스를 차지할 것이 아닌가? 제우스는 그래서 자신을 능가하는 영웅이 태어날까 봐 인간인 펠레우스와 짝지워주려는 것이었다.

하지만 펠레우스는 인간이고 테티스는 여신이다. 여신이 마음을 열지 않으면 펠레우스는 이 결혼을 성사시킬 수 없다. 펠레우스는 바다의 신 프로테우스에게 도움을 청했다.

그런데 이 연로한 바다의 신 프로테우스가 헤라클레스 이야기에서는 연로한 바다의 신 '네레우스'로 등장한다. 네레우스라면 바로 테티스 여신의 아버지이기도 하다.

헤라클레스가 황금 사과를 찾으러 갔을 때의 이야기다. 네레우스 역시 몸 바꾸기에 능수능란하다. 헤라클레스가 황금 사과가 있는 헤스페리데스 동산으로 가는 길을 묻지만 네레우스는 가르쳐주지 않는다. 헤라클레스가 손목을 틀어잡자 네레우스는 해표로도 둔갑하고 돌고래로도 둔갑한다. 그래도 헤라클레스는 손목을 놓지 않는다. 네레우스는 물뱀으로 둔갑했다가 상대가 헤라클레스인 줄 알고서야 비로소 기겁을 하고는 본모습을 드러내고 입을 연다. 엉겁결에 물뱀으로 몸을 바꾸었던 네레우스는 상대가 태어난 지 여덟 달 만에 팔뚝만 한 뱀 두 마리를 목 졸라 죽였음을 알고 있었던 것이다.

그런데 이제 곧 펠레우스를 돕게 될 터인 이 프로테우스를, 우리는 이미 만난 적이 있다. 이 책 1권의 '나오는 말'에서다.

신화는 진실만을 말한다는 저 바다의 지혜로운 노인 프로테우스와 같다. 프로테우스는 무엇으로든 몸을 바꿀 수 있다. 하늘을 나는 모든 것, 땅 위를 기는 모든 것, 바다를 자맥질하는 모든 것, 심지어는 타오르는 불꽃, 흐르는 물, 부는 바람, 피어오르는 연기로 몸을 바꿀 수 있고 이 모든 것의 입을 열게 할 수도 있다. 신화는 그렇다. 몸 바꾸기의 도사 프로테우스와 같다.

꿀벌치기 아리스타이오스는 에우뤼디케를 죽음으로 몰아넣은 장본인이다. 그가 뒤를 쫓으면서 말을 걸지 않았더라면 오르페우스의 아내 에우뤼디케는 독사에 물리지도 않았을 것이고 죽지도 않았을 것이다.

에우뤼디케가 죽자 아리스타이오스의 꿀벌도 모조리 죽었다. 꿀벌이 아리스타이오스 대신 벌을 받은 것이다. 아리스타이오스는 꿀벌 되살릴 궁리를 하다가 어머니인 강의 요정 퀴레네를 찾아가서 어떻게 하면 좋으냐고 묻는다.

퀴레네는 이렇게 대답한다.

"바다에는 프로테우스라고 하는 아주 연세 많고 지혜로우신 바다의 딸림 신이 있다. 우리 강의 요정들은 모두 이 프로테우스 신을 존경한다. 참으로 슬기로운 분이어서 과거와 현재와 미래를 손바닥 들여다보듯 하시는 분이다. 이 프로테우스라면 너에게 꿀벌이 왜 죽었는지, 어떻게 하면 되살릴 수 있는지 가르쳐주실 게다. 하지만 그냥 애원해서는 안 된다. 우격다짐으로 하지 않으면 안 된다. 이분을 찾아가 무조건 붙잡아라. 튼튼한 사슬을 준비해 가지고 가거라. 붙잡거든 사슬로 묶어라. 사슬만 단단히 쥐고 있으면 세상없어도 달아나지 못할 것이다. 프로테우스는 사슬에서 풀려날 욕심으로 네 질문에 대답해줄 게다.

자, 이제 너를 프로테우스의 동굴로 데려다주마. 낮이면 그 동굴에서 낮잠을 자고 있으니까 붙잡기가 수월하다. 하지만 프로테우스는 누구에게 붙잡혔다는 걸 알면 둔갑술을 써서 몸을 여러 가지로 바꿀 게다. 멧돼지, 무서운 호랑이, 비늘 돋친 용, 갈기가 누런 사자 등 아주 멋대로 둔갑할 수가 있다.

그뿐이냐? 불꽃이 튀는 소리, 격류가 흐르는 소리 같은 것으로 둔갑해서라도 네 사슬에서 풀려나려고 요동칠 것이다. 너는 사슬만 꼭 잡고 있으면 된다. 사슬을 꼭 잡고 집요하게 물어보아라. 프로테우스는 처음에는 요동칠 게다만 그래봐야 소용없다는 걸 알면 본모습으로 돌아와 네가 묻는 말에 순순히 대답할 게다."

아리스타이오스는 퀴레네가 시키는 대로 했다.

과연 프로테우스는 사슬에 묶이고 나서야 아리스타이오스에게 에우뤼디케의 혼령에게 속죄하는 제사를 지내라고 했다. 아리스타이오스는 이 제사를 지낸 뒤 꿀벌 한 무리를 다시 얻을 수 있었다.

신화는 지혜로운 바다의 딸림 신 프로테우스와 같다. 프로테우스가 몸 바꾸기의 도사이듯이 신화도 몸 바꾸기의 도사다. (중략) 신화의 의미를 알아내려면 우리도 신화를 타고 눌러야 한다. 사슬로 붙잡아 우격다짐으로 다그쳐야 신화는 제 본모습을 보인다.

하이모니아 땅에는, 낫같이 휜 두 개의 강 하구와 바다가 만나는 곳이 있었다. 물이 깊었더라면 항구가 되기 마땅한 그런 곳이었다. 그러나 물은 겨우 모래를 덮는 데 지나지 못했다. 해초 한 그루 자라지 않는 이곳의 모래는 어찌나 단단한지 누가 지나가도 발자국이 생기지 않을 정도였다. 이 만(灣) 가까이에는 빽빽한 숲이 있고, 이 숲속에는, 사람의 손으로 만든 것인지 자연의 손길이 만든 것인지는 몰라도 하여튼 사람의 솜씨라고는 믿어지지 않으리만치 정교하게 만들어진 동굴이 하나 있었다.

테티스 여신은 돌고래를 타고 이따금 이 동굴로 와서 쉬었다 가고는 했다. 펠레우스가 테티스를 처음 본 것은 바로 이곳에서였다. 펠레우스가 나타났을 당시 테티스는 잠을 자고 있었다. 펠레우스는 테티스를 덮치려고 했지만 거절을 당하자 두 팔로 테티스의 목을 졸랐다. 그러나 테티스 여신은 자유자재로 변신하면서 펠레우스의 손아귀를 빠져나갔다. 하지만 펠레우스도 만만치 않았다. 테티스가 새로 변하자 펠레우스는 그 새를 사로잡았고, 커다란 나무로 변신했을 때는 그 나무둥치에 기어 올라갔다. 테티스는 다시 점박이 호랑이로 변신했다. 담대한 펠레우스도 호랑이 앞에서는 물러서지 않을 수 없었다.

완력으로는 도저히 안 되겠다고 생각한 펠레우스는 바닷물에다 술을 뿌리고, 새끼 양의 내장을 불사른 다음 향을 피우고 바다의 신들에게 기도했다. 그러자 카르파토스의 예언자 프로테우스가 깊은 바다에서 얼굴을 내밀고 이런 말을 했다.

"아이아코스의 아들 펠레우스야, 그 여신이 동굴에서 세상모르고 잘 때 밧줄을 가지고 가서 재빨리 묶어버리면 네 신부로 삼을 수 있을 게다. 여신이 오만 가지로 모습을 바꿀 것이나 네가 속으면 안 된다. 끝까지 그 밧줄을 풀어주지 않으면 마침내 여신은 본모습을 보일 게다."

프로테우스는 이 말을 남기고, 파도 소리와 함께 다시 바닷속으로 사라졌다.

이윽고 태양 마차가 하늘을 가로질러 가 서쪽 바다로 잠기었다. 그러자 네레우스의 아름다운 딸 테티스가 물에서 나와 동굴로 들어가서는 침대에 누웠다. 펠레우스가 밧줄로 재빨리 묶어버리자 테티스는 온갖

잠든 테티스를 덮치는 펠레우스
오비디우스의 『변신 이야기』(브뤼셀, 1677)에 수록된 삽화.

펠레우스와 테티스의 결혼식
'불화의 사과'가 던져지면서 트로이아 전쟁의 실마리를 제공한 문제의 현장. 코르넬리스 판 하를럼의 그림.

것으로 변신했다. 그러나 집요한 펠레우스 앞에서는 변신해봐야 소용 없다는 것을 깨달았는지 결국 본모습을 보이면서 한숨을 쉬고 말했다.

 "신들의 도우심을 입지 않았더라면 그대가 어찌 날 이길 수 있었으랴."

 그제야 펠레우스는 이 여신을 껴안을 수 있었다.

 이들의 결혼식은 결혼식 자체보다는 다른 일로 매우 유명하다. 신들은 모두 초대받았는데 불청객으로 참석한 불화의 여신 에리스가 부린 심술 때문에 유명해진 것이다.

 너무 유명한 이야기이니 간단하게 언급하고 넘어가자. 에리스는 잔치 마당을 떠나면서 '가장 아름다운 여신에게'라는 글귀가 새겨진 황금 사과 한 알을 던졌고, 이 때문에 헤라 여신, 아테나 여신, 아프로디테 여신이 서로 이 사과의 소유권을 다투었다. 제우스로서는, 한 여신을 '가장 아름다운 여신'으로 판정함으로써 다른 두 여신으로부터 미움받고 싶지는 않았을 것이다. 그래서 인간에게 심판을 맡기자면서 이들을 크레타섬의 이다산으로 데려갔다. 이다산에 버려져 양을 치던 파리스는, 황금 사과는 아프로디테 차지가 되어야 한다고 했다. 아프로디테는 파리스에게 인간 세상에서 가장 아름다운 여성 헬레네를 선물하는데, 이것이 바로 트로이아 전쟁의 발단이 된다.

　이 신화는 아주 다양하게 해석된다. 예를 들어, 제우스가 인간 파리스에게 심판을 맡김으로써 전쟁을 일으키고, 이 전쟁을 통해서 신들에게 박박 대드는 영웅들의 씨를 말리고자 했다는 것이다. 아닌 게 아니라 트로이아 전쟁은 영웅들의 씨를 말린 전쟁이다. 여기에서 살아남은 영웅은 고향 떠난 지 20년 만에 고향 이타카로 돌아간 오뒷쎄우스, 이탈리아 반도로 건너가 로마 건국의 기틀을 마련한 아이네이아스 정도다.

　테티스는 여신이었던 만큼 결혼 선물 같은 것은 필요 없었을 것이다. 펠레우스는 인간으로서 받을 수 있는 최고의 선물을 받았다. 켄타우로스 케이론으로부터는 물푸레나무 창, 대장장이 신 헤파이스토스로부터는 손수 만든 갑옷, 바다의 신 포세이돈으로부터는 영원히 죽지 않는 두 마리의 말인 크산토스와 발리우스를 받은 것이다. 뒷날 펠레우스는 이날 받은 선물을 아들 아킬레우스에게 물려주었다. 아킬레우스가 전사한 뒤 여러 장군이 서로 자기 차지가 되어야 한다고 머리통 터지게 싸운 일이 있는데, 이 싸움이 바로 이 갑옷의 소유권을 둘러싼 것이었다.

＊＊＊

　트로이아 전쟁의 비극적인 영웅 아킬레우스는 이날 결혼식을 올린 펠레우스와 테티스의 아들이다. 펠레우스 부부는 이 아들의 이름을 '리귀론'이라고 불렀다.

　리귀론이 태어난 직후의 일이다. 테티스는 영생불사하는 여신이지만

리귀론을 스틱스강 물에 담그는 테티스
테티스의 발치에 바다의 딸림 신들이 헤엄치고 있다. 런던 빅토리아 앨버트 박물관.

    펠레우스는 때가 되면 죽어야 하는 필멸의 인간이다. 따라서 리귀론에게는 '때가 되면 죽어야 하는' 필멸의 운명이 반쯤은 섞여 있다. 테티스는 리귀론에게서 이것을 걷어주고 싶었다. 그래서 지아비 몰래 아기를 영생의 불에다 넣었다가 꺼내기를 되풀이했다. 그러다 펠레우스에게 들키고 말았다. 펠레우스는 기겁을 하면서 아내를 나무랐고, 아내 테티스는 인간인 펠레우스의 안목에 절망하고는 바다로 돌아가버렸다. 테티스가 아기 리귀론을 영생의 불에다 집어넣은 게 아니라 저승을 흐르는 스틱스강 물에 담갔다는 전설도 있다. 어쨌든 테티스가 리귀론의 발뒤꿈치를 잡은 채로 불에 넣든 물에 담그든 했기 때문에 다른 부분은 불사의 은혜를 입었어도 이 발뒤꿈치만은 여느 인간의 발뒤꿈치와 똑같았다는 것이다. 뒷날 아킬레우스를 죽인 것은 파리스가 발뒤꿈치에다 쏜 화살이었다.
    테티스가 바다로 돌아가버린 뒤부터 리귀론의 이름은 '아킬레우스'

가 되었다. '입술에 엄마 젖이 닿은 적이 없는 아기'라는 뜻이란다.

 펠레우스는 어린 아킬레우스를 켄타우로스 현자 케이론에게 맡겨 여신의 아들에 어울리는 교육을 받게 했다. 트로이아 전쟁이 터질 무렵에는 아킬레우스를 뤼코메데스 왕궁으로 데려가 이 궁에 숨어 살게 했다. 칼카스라는 예언자가, 트로이아 전쟁은 터지게 되어 있고, 아킬레우스는 반드시 참전하게 되어 있고, 참전하면 반드시 죽게 되어 있다고 예언했기 때문이었다. 아킬레우스는 뤼코메데스 왕궁에서 공주와 함께 자라났다. 하지만 그 역시 트로이아 전쟁에 참가해야 하는 운명을 피할 수 없었다. 꾀주머니 오뒤쎄우스가 꾀를 써서 아킬레우스를 찾아내고 말았기 때문이다.

 아내로부터는 버림받고 아들은 다른 곳에 맡겼으니 펠레우스는 홀몸이었다. 그가 케위크스왕을 만난 것은 이복 아우 포코스를 죽이는 데 가담한 죄가 닦이기 전이었다. 죄가 다 닦이기까지 그는 방황하지 않으면 안 되었다. 펠레우스의 행적은 자세히 기록되어 있지 않다. 오비디우스는 케위크스왕의 궁전에 나타났을 때부터 죄를 닦기까지만 소상하게 기록하고 있다.

 펠레우스는 먼 여행에 지친 몸으로 트라키아 땅으로 들어섰다. 그는 함께 간 시종들은 왕궁에서 그리 멀지 않은 계곡에서 기다리게 하고 혼자 왕궁으로 들어가, 탄원하러 온 사람이라는 표지로 양털을 감은 올리브 가지(싸울 생각이 없는 사람, 청원하러 온 사람이라는 표지)를 손에 들고 왕을 배알하고는 자신의 내력과 아버지의 이름을 고했다. 그러나 자신이 지은 죄, 고향에서 쫓겨난 까닭에 대해서는 짐짓 얼버무려서 말하고는, 성 안에서든 성 밖에서든 몸 붙여서 살게 해달라고 간원했다. 그러자 트라키아 왕 케위크스가 대답했다.

 "펠레우스여, 내 나라가 베푸는 은혜는 여느 사람도 누릴 수 있습니다. 내가 다스리는 왕국에서는 나그네를 홀대하지 않아요. 여느 사람도 홀대하지 않는데 우리가 어찌 그대를 홀대하겠습니까? 나는 그대의 이름을 들어서 잘 알고 있고, 그대가 제우스의 손자라는 것도 알고 있습니다. 탄원 같은 것을 할 필요도 없습니다. 그대는 이미 그대가 바라는 것을 얻었습니다. 그러니 더 큰 것을 요구하도록 하십시오."

펠레우스가 케위크스 왕궁에 머물고 있을 때의 일이다. 성 밖에서 펠레우스의 가축을 돌보던 오네토르가 달려와 외쳤다. 펠레우스는 케위크스의 왕궁을 방문할 당시에도 시종들로 하여금 소 떼를 몰고 다니게 했던 모양이다.

"펠레우스 전하, 큰일 났습니다! 무서운 일이 터지고 말았습니다!"

펠레우스는 오네토르를 진정시키고 말을 하게 했다. 트라키아 왕 케위크스도 관심을 가지고 오네토르가 입을 열기를 기다렸다. 오네토르가 자초지종을 고했다.

"태양이 하늘 한중간에 들어서서 온 길만큼 남은 갈 길을 바라보고 있을 즈음 저는 전하의 가축을 몰고 해변으로 내려갔습니다. 물을 만나자 소들은 해변에 무릎을 꿇기도 했고, 누워서 먼 바다를 바라보기도 했습니다. 개중에는 어슬렁어슬렁 해변을 오르내리는 놈도 있었고, 헤엄을 치는 놈도 있었으며, 물에 몸을 담그고 머리만 내민 놈도 있었습니다. 바닷가에는 제단이 하나 있었습니다. 황금과 대리석으로 짓고 꾸민 그런 제단이 아니고, 아주 오래된 나무로 지은 그런 제단이었습니다. 해변에서 그물을 말리고 있던 한 어부로부터 들었는데, 그 바다의 수호신들인 네레우스와 그 따님들이신 네레이데스를 모신 제단이라고 합니다. 제단 근처는 미처 빠지지 못한 바닷물이 늪을 이루고 있고, 이 늪에는 버드나무가 자라고 있었습니다.

바로 이곳에서 세상을 뒤엎을 듯한 포효가 들렸습니다. 가만히 보았더니 바로 이 늪에서 거대한 괴물, 이리였습니다만, 거대한 괴물이 온몸에 해초를 묻힌 채 나오는 것이 아니겠습니까? 이리의 눈은 번쩍거렸고, 입가로는 피거품이 번졌습니다. 이 이리가 이렇게 포악을 부리는 까닭은 짐작컨대 배가 고픈 데다 제 성질을 이기지 못해서가 아닐까 싶지만, 제가 보기에는 배고픈 것보다 제 성질 이기지 못하는 게 먼저인 것 같습디다. 그 까닭은, 먹을 것을 찾았으면 한 마리 잡아먹으면 그뿐일 텐데, 그게 아니고 걸리는 소는 모두 갈기갈기 찢어 해변에다 패대기를 치고 있기 때문입니다. 말리던 우리 동아리 중 몇 명이 놈의 이빨에 찢겨 죽거나 부상을 입었을 정도입니다.

해변은 온통 피바다가 되어 있고, 지금 늦은 가축이 지르는 소리로 낭자합니다. 지체하시면 희생만 늘어갈 뿐입니다. 망설일 시간이 없습니다. 몇 마리나마 남은 것이 있을 때, 무장하고, 그렇습니다, 무장하고 합세해서 저 짐승을 무찔러야 합니다!"

오네토르의 말이 끝났다. 펠레우스는 (의로운 사람이라서) 그 짐승으로 인한 손실에는 별로 마음을 쓰지 않았다. 그가 정작 마음을 쓰는 것은 자기가 지은 죄와 네레이데스들의 복수였다. 네레이데스는, 자기 아들 포코스를 죽이고도 제물을 바치지 않는다고 해서 이리를 보내어 펠레우스의 소를 죽이게 하고 있는 것이었다. 케윅스왕은 부하들에게 무장하라고 명령하고는 자신도 무장하고 무기를 골랐다.

그가 출정하려는 참인데 그의 아내 알퀴오네가 뛰어들어 왔다. 알퀴오네는 머리도 손질하지 못한 채로 뛰어들어 와 남편인 케윅스의 목을 껴안고는, 부하들을 보내되 왕이 직접 나서지는 말라고 눈물로 애원하면서, 왕 자신의 목숨을 아끼는 일이 자기의 목숨까지 지켜주는 일이라는 말을 덧붙였다. 알퀴오네의 말에 펠레우스가 대신 대답했다.

"왕비님이시여, 왕비님의 두려움은 아름다운 왕비님께도 어울리고, 지아비에 대한 왕비님의 사랑에도 어울립니다. 하지만 걱정 마십시오. 이렇듯이 나를 도와주시려는 케윅스 전하께 감사드립니다만, 내게는 무력으로 저 괴물을 퇴치할 생각은 없습니다. 나는 무력을 쓰는 대신 바다의 여신들에게 기도를 드려야 할 사람입니다."

성채 위에는 높은 탑이 있었다. 오랜 항해에 지친 뱃사람들에게는 홀륭한 이정표가 될 만한 탑이었다. 펠레우스 일행은 그 탑으로 올라가, 울부짖는 소, 죽어 나자빠진 소, 턱 끝으로 피를 뚝뚝 떨어뜨리면서 좌충우돌 소를 찢어 죽이는 괴물을 내려다보았다.

 펠레우스는 두 팔을 벌리고 바다의 여신에게 이제 그만 노여움을 거두어달라고 기도했다. 포코스의 어머니 프사마테는, 처음에는 노여움을 거두지 않았으나 테티스가 남편의 허물을 용서해달라고 애원하는 바람에 화를 가라앉혔다. 테티스와 프사마테는 자매간이었다. 여신이 화를 가라앉혔는데도 불구하고 괴물은 그 성질을 누그러뜨리지 않았다. 피맛을 들였기 때문이었다. 보다 못한 테티스 여신이 이 이리를 대리석으로 변하게 했다. 대리석이 된 이리는, 색깔만 달랐을 뿐, 피가 통하는 이리였을 때와 조금도 다르지 않았다.

 뒷날 아킬레우스가 트로이아 전쟁에 참전했을 때 그를 보좌하던 장군 중에 포이닉스라는 사람이 있다. 그는 아뮌토르의 아들이었다. 아뮌토르의 후궁 중 하나가 포이닉스를 유혹했다. 하지만 포이닉스는 그 후궁이 아버지의 애인이라서 응하지 않았다. 유혹을 거절당하면 반드시 앙갚음을 하는 법이다. 후궁은 아뮌토르에게, 포이닉스가 자신을 유혹했다고 거짓 고자질했다. 아뮌토르는 아들을 처벌하여 눈이 멀게 했다.
 펠레우스가 이올코스에서 똑같은 일을 당하지 않았는가? 그 역시 왕비 아스튀다미아의 유혹을 거절했다가 앙갚음을 당하느라고 아내 안티고네를 잃지 않았던가? 아카스토스왕의 손에 의해 펠리온산에 유기되지 않았던가? 그러고도 그는 그 나라 이올코스를 차지하지 않았다. 펠레우스는 장님이 된 포이닉스를 켄타우로스 현자 케이론에게 보내어 다시 앞을 볼 수 있게 해주었다.
 '세상에서 가장 경건한 인간' 아이아코스의 아들 펠레우스는 아우 살해 및 시체 유기에 연루되어 방황하는 인간으로 내몰렸다. 하지만 그는 신들에게도 인간들에게도 저항하지 않았다. 그는 유혹에만 저항했다.

그는 의로운 사람이라서 괴물의 송곳니에 소들이 무자비하게 죽어 나자빠지는 상황인데도 그로 인한 손실에는 별로 마음을 쓰지 않았다. 그가 정작 마음을 쓴 것은 자기가 지은 죄와 네레이데스들의 복수였다.

그는 기도했다. 노여움을 거두어줄 것을 기도했다. 그러자 네레이데스 중 하나인 프사마테가 노여움을 거두었다. 그의 죄가 닦인 것이다. 그런데 프사마테가 누구던가? 바로 펠레우스가 연루된 살인 사건의 피해자 포코스의 어머니다. 아들 잃은 여신에 의해, 그 아들 살인 사건에 연루된 죄가 닦인 것이다.

트로이아 전쟁에서 아들 아킬레우스를 잃고 그는 상심했다. 하지만 테티스 여신은 펠레우스를 바다 궁전으로 불러들이고 그에게 영생불사를 베풀었다. 방황하던 인간이 영생불사하는 신이 된 것이다. '세상에서 가장 경건한 인간'의 아들답다.

10

천마의 주인 벨레로폰, 방황의 들에 떨어지다

신화는 언제 한번 꾸었던 내 꿈의 내용물 같기도 하고, 언제 한번 들었던 남의 꿈 이야기 같기도 하다. 신화에 가장 가까이 닿아 있는 이야기 형식이 바로 설화다. 설화는 신이 등장하지 않는 신화이기도 한데, 민간에 널리 퍼져 있는 민간 설화를 우리는 특별히 '민담'이라고 부른다. 처음 들어도 언제 어디서 한번 들어본 듯한 우리 민담 한 토막을 들어본다.

　한 젊은 선비가 과거를 보려고 한양을 바라고 길을 떠난다. 선비는 유복한 집안의 맏아들인지라 말 타고 견마잡이 하인까지 거느리고 있다. 그런데 이 견마잡이 하인이 문제다. 마시기를 너무 좋아하고 놀기를 너무 좋아하는 것이다. 게다가 꾀도 많다. 한양 가는 도중, 선비는 견마잡이 하인의 꾐에 빠져 마시기와 놀기를 여러 번 즐긴다. 그러다 그만 과거 날짜를 놓치고 만다. 한양 가는 길 위에서 과거 날을 맞게 된 것이다. 선비는 그걸 하인 탓이라고 생각한다. 아니, 실제로 그렇기도 하다. 선비는 하인을 고향으로 돌려보내고, 고향으로 돌아갈 면목이 없는 자신은 말을 팔아 그 돈으로 산천을 두루 돌아다니면서 놀 꾀를 낸다. 이별하는 날, 선비는 하인의 등에다 아주 진한 먹으로 고향의 부모님께 보낼 편지를 쓴다. 하인의 등에다 쓴 것은, 종이에다 쓰면 필시 꾀 많은 하인이 도중에서 훔쳐 읽을 것 같았기 때문이다. 내용은 이렇다.

"이놈 때문에 과거도 보지 못하고 노자를 탕진하였으니, 이 편지를 읽으시는 즉시 이자를 죽여 저의 깊은 한을 달래주시기를 바라옵니다."

하인은 그러니까 자기도 모르는 사이에 '자신에게 지극히 불리한 편지의 배달부' 혹은 '자기 사형 집행영장의 전달자'가 된 셈이다. 이런 편지를 일컫는 고사성어가 영어에 있다. 바로 '벨레로폰의 편지Bellerophonic letter'다.

옛날 뤼키아(지금의 터키 땅)의 이오바테스왕은 괴물을 퇴치할 용사들을 널리 구했다. '키마이라'라고 하는 괴물이 나라를 쑥대밭으로 만들고 있었기 때문이다.

키마이라는 사자와 대체로 비슷한 동물이었다. 하지만 머리는 사자와 산양을 합친 것과 비슷했고, 꼬리는 용의 꼬리와 비슷했다. 키마이라는 불을 뿜는 일종의 '용'이기도 했다. 괴물이 뿜는 불길 때문에 용사들은 가까이 다가가보기도 전에 불에 타서 죽었다. 하지만 난공불락의 성채가 있으면 그것을 깨뜨리는 영웅이 나타나는 법이다.

이오바테스왕 앞에 한 젊은이가 나타났다. 벨레로폰이었다. 벨레로폰은 왕에게 단단히 밀봉된 편지를 한 장 전했다. 왕이 보니 사위 프로이토스가 보낸 편지였다. 벨레로폰이 전하는 편지인 만큼 내용을 짐작하기는 어렵지 않다.

"벨레로폰은 진정한 영웅입니다. 그래서 저도 이 영웅을 천하무적의 용장으로 삼고 싶습니다. 하지만 문제는 저의 아내 안테이아입니다. 안테이아가 젊고 용감한 용사를 찬양하는 것을 허물로 삼고 싶지는 않습니다. 그러나 이자가 안테이아를 핼금거리는 것이야 보아 넘길 수 없는 일이 아니겠습니까? 그러니까 장인어른께서 힘없고 용기 없는 사위를 대신해 이자를 이 땅에서 없이 할 방도를 세워주시기 바랍니다."

우리 민담으로 돌아가자. '자기에게 지극히 불리한 편지의 배달부'인

하인은 선비의 고향으로 돌아가 죽임을 당했을까? 민담은 사람을 함부로 죽이지 않는다. 민담은 주인공에게 특히 후덕하다. 하인은 선비의 집으로 들어가기 전에 다른 선비를 찾아가, 제 등에 쓰인 편지를 읽어주기를 청한다. 그러고는 기왕에 쓰여 있던 편지를 지우고 새 편지 써 주기를 청한다.

"등에다 편지를 지고 가는 이 녀석이 몸과 마음을 바친 덕분에 과거에 급제하고 임금님 뵐 날만 기다리고 있는 바, 이 녀석이 돌아가는 대로 누이와 짝을 지우고 한 재산 떼어주시기를 바라옵니다."

이오바테스왕은 제 손으로 벨레로폰을 죽일 수 없다. 고대 그리스의 나그네는 신과 동격이었다. 손에 나그네의 피를 묻히는 행위는 신의 피를 묻히는 행위와 다를 것이 없었다. 하지만 이오바테스는 벨레로폰의 피를 손에 묻힐 필요가 없었다. 벨레로폰을 키마이라에게 보내면 괴물이 대신 죽여줄 터이기 때문이었다. 괴물을 죽이러 갔다가 살아 돌아온 영웅은 그때까지는 없었다.

벨레로폰은, 괴물을 퇴치한 영웅들이 거의 다 그렇듯이 곧바로 말을 타고 키마이라를 죽이러 떠난 것은 아니다. 그랬다면 그가 전한 편지는 정말 '벨레로폰의 편지'가 되었을 것이다. 진정한 영웅은 때를 기다릴 줄 아는 자이기도 하다.

벨레로폰은 예언자 폴뤼이도스를 찾아갔다. 폴뤼이도스는, 키마이라를 죽이자면 하늘을 나는 말 페가소스가 있어야 한다고 말했다.

"페가소스라면 하늘을 나는 천마가 아닙니까? 천마는 아테나 여신의 황금 고삐에만 복종한다고 하는데 내가 무슨 수로 그 고삐를 구하겠습니까?"

벨레로폰의 말에 폴뤼이도스는, 여신께 간절하게 구하면 뜻을 이룰 수 있을 것이라고 예언했다. 아테나 여신은 지혜의 여신이다. 지혜의 여신 아테나의 반대쪽에는 애욕의 여신 아프로디테가 있다. 폴뤼이도스는 애욕을 자제하고 지혜롭게 처신하면 뜻을 이룰 수 있을 것이라고 예언했을 터이다.

길 떠난 벨레로폰이 한 도시에 이르러보니, 동쪽에는 지혜의 여신 아테나의 신전이 있고, 서쪽에는 애욕의 여신 아프로디테의 신전이 있었다. 자고 가자면 두 신전 중 한 신전을 선택해야 했다. 애욕의 여신 아프로디테 신전의 여사제는 나그네에게 웃음을 파는 것이 보통이다. 혈기방장한 젊은이였는데, 벨레로폰인들 아프로디테의 신전에서, 나그네들에게 더할 나위 없이 인심 좋은 여사제와 더불어, 그동안 여행하면서 쌓인 피로를 풀고 싶지 않았으랴. 그러나 그는 폴뤼이도스의 예언을 좇아 아테나 여신의 신전에 들었다.

아테나 여신이 벨레로폰의 꿈에 나타났다.

"저 애욕의 신전에 들지 않고 이 지혜의 신전에 든 너의 선택이 기특하다. 너에게 황금 고삐를 내릴 것인즉, 페가소스를 붙잡아 뜻하던 바를 이루거라."

여신이 이러면서 황금 고삐를 내리는데, 벨레로폰은 황송해서 몸 둘 바를 몰라 뒤척거리다 잠을 깨었다. 깨고 보니 꿈이었다. 허무한 꿈이었다.

허무한 꿈에 지나지 않았던 것일까? 옛이야기에 눈 밝은 이들은 벌써 짐작하고 있을 것이다. 벨레로폰이 꾼 꿈은 개꿈이 아니라 정몽이었다. 그가 잠들어 있던 신전 돌바닥, 그가 누워 있던 자리 바로 옆에는 눈부신 황금 고삐가 놓여 있었다. 그는 아테나 여신이 다녀간 것을 의심하지 않았다.

고대 신화에서만 가능할 뿐, 현대에도 이런 일이 일어날 수 있다고 믿는 것은 어리석다고 생각할 것이다. 천만에, 지혜의 여신은 지금도 현몽을 계속하고 있다. 우리가 그 정몽의 메시지를 듣지 못할 뿐이다. 나는 그 메시지를 감청한 자들이야말로 현대의 영웅들이라고 굳게 믿는다. 나는 벨레로폰이 페가소스를 얻을 것이라고, 키마이라를 죽일 것

페가소스에 황금 고삐를 거는 아테나 여신
하늘을 나는 천마 페가소스를 황금 고삐로 사로잡는 아테나 여신과 뒤에서 돕는 전령신 헤르메스. 17세기 네덜란드 화가 얀 북호르스트의 그림.

이라고, 그다음에는 큰 권세를 누릴 것이라고 믿는다. 그가 순교자가 되어 오래 섬김을 받을 것인지, 폭군이 되어 비참한 최후를 맞을 것인지는 또 한 번 그의 선택에 달려 있다.

아테나 여신으로부터 황금 고삐를 받는 순간 벨레로폰은 천마 페가소스의 주인이 된다. 벨레로폰이 뛰어오르려고 페가소스의 등에다 손을 대었다. 있어도 소용없는 것이지만 그 시절에는 등자가 없었다. 등자가 쓰이게 된 것은 그 뒤의 일이다. 페가소스는 주인의 뜻을 짐작하고 몸을 낮추어주었다.

페가소스는 하늘을 날 수 있는 말, 즉 '천마'다. 어느 문화권이건 이 천마가 등장하는 신화를 갖고 있지 않은 경우는 거의 없다. 왜 그럴까? 까닭이 궁금하다.

우리나라 소설가 최수철의 작품에 『말[馬]처럼 뛰는 말[言]』이 있거니와, 말은 '뛰다'라는 동사와 밀접한 관계가 있는 짐승이다. '뛰기'에는 두 가지가 있다. '쾌주'와 '도약'이 그것이다. 말은 잔등에 탄 인간에게 쾌주와 도약의 경험을 가능하게 한 거의 유일한 짐승이다. 하지만 이 짐승에 대한 인간의 요구는 여기에서 멈추지 않는다. 쾌주(수평 이동)와 도약(수직 이동)을 가능하게 한 이 짐승을 통하여 인간은 비상(차원 이동)을 꿈꾼다. 신화에는 그 꿈이 이렇게 그려져 있다. 우리 신화 책 『삼국유사』는 고대 중국의 황제들과 관련된 신화 이야기를 이렇게 시작하고 있다.

"황제가 마침내 일어날 때는 반드시 (중략) 여느 사람과 다른 데가 있는 법이다. 그런 조건이 갖추어진 다음, 변화의 고비를 능히 타고 큰 자리를 잡음으로써 우두머리가 되는 법이다. 그래서 하수에서는 하도, 즉 용마의 등에 그려진 그림이 나왔고, 낙수에서는 낙서, 즉 신기하고 이상한 거북의 등에 쓰이진 글이 나옴으로써 성인이 일어났던 것이다."

'용마에 그려진 그림'이라는 표현이 우리 시선을 확 잡아당긴다. 용마는 하늘을 나는 용, 하늘을 나는 말의 모습과 능력을 아우르는 천마다. 이 천마의 하강을 통한 예고, 그것이 바로 성인 태호복희씨의 천손 하강이다.

『삼국유사』는 박혁거세 탄생 신화를 이렇게 전하고 있다.

진한 땅에는 옛날에 여섯 마을이 있었다. (중략) 기원전 69년 3월 초하루 6부 촌장들이 각각 자제들을 데리고 다 함께 알천 둑에 모여 의논했다.

"우리들이 위로 백성 다스릴 만한 임금을 가지지 못하고 있어 백성들이 모두 방종하여 제멋대로 놀고 있으니 덕이 있는 사람을 찾아내어 임금으로 삼아 나라를 창건하고 도읍을 정해야 하는 것이 아닌가?"

그제야 모두 높은 곳에 올라가 남쪽을 바라보니 양산 밑 '나정' 곁에 이상한 기운이 번개처럼 땅에 드리우더니 웬 흰 말 한 마리가 무릎을 꿇고 절하는 시늉을 하고 있었다. 6부 촌장들이 달려가 살펴보니 보랏빛 알 한 개가 놓여 있었다. 말은 사람들을 보자 울음소리를 길게 뽑으면서 하늘로 올라갔다. 알을 쪼개니 형용이 단정하고 아름다운 사내아이가 있었다. 놀랍고도 이상하여 아이를 동천에서 씻기자, 아이 몸에서 광채가 나고 새와 짐승들이 춤을 추어 천지를 진동케 하고 해와 달이 맑고 밝았다. 그래서 이름을 '혁거세왕'이라 하고 왕위의 칭호는 '거슬한'이라고 했다.

경부고속도로를 통해 경주로 들어가면 탑정동 초입에 오릉이 나온다. 오릉으로 들어가지 말고 오른쪽으로 방향을 틀어 야트막한 구릉을 오르면 조그만 사당이 있다. 나정이다. 아득한 옛날에는 우물 자리였다고 하지만 지금은 언제 우물이 있었나 싶게 황량하다. 나정은 신라정이라고도 불린다. '나蘿'는 '댕댕이덩굴', '담쟁이덩굴'을 뜻하는 글자다. 다른 나무의 몸통을 감고 하늘을 향해 기어오르는(수직 이동하는) 식물이다.

신화에 따르면, 이 샘가에는 '흰 말 한 마리가 무릎을 꿇고 절하는 시늉'을 하고 있었고 말 앞에는 '보랏빛 알 한 개가 놓여 있었으며, 사람들을 보자 말은 울음소리를 길게 뽑으면서 하늘로 올라갔다'. 날개 혹은 비행 능력이 없는 말이 하늘로 올라갈 수는 없는 일이다. 하늘로 날아올라 간 말은 천마다. 바로 이 천마의 천계 상승으로 예고되는 것, 그것이 바로 혁거세의 탄생이다.

우리 신화에 등장하는 말의 샘, 하얀 말이 무릎을 꿇고 있는 샘…… 이 대목에 이르면 나는 페가소스의 이름을 파자 풀이하고 싶다는 유혹을 견딜 수 없어진다. '페가소스'라는 이름은 '샘'을 뜻하는 고대 그리스 말 '페게'와 밀접한 관계가 있다. 페가소스가 발길질로 판 것으로 전해

페가소스가 판 샘, 히포크레네
페가소스가 발길질로 '히포크레네(말의 샘)'를 파고 있다. 히포크레네는 예술가들에게 영감의 원천을 상징한다. 17세기 벨기에 화가 야코프 요르단스의 그림.

지는 샘은 '히포크레네'라고 불린다. '말의 샘'이라는 뜻이다. 히포크레네는 예술의 여신들, 즉 무사이(뮤즈들)의 본거지인 헬리콘산 꼭대기에 있다. 물이 어찌나 맑은지, 독사들이 마시면 독니가 삭아 없어진다는 샘이 히포크레네다. 히포크레네는 예술가들에게 영감의 원천이기도 하다.

* * *

벨레로폰은 바로 이 페가소스의 등에 올라탄 것이다. 비상의 놀라움이여! 벨레로폰의 눈앞에서 어둠에 묻힌 산들이 고개를 숙였고, 페이레네 샘이 아득하게 가라앉아가고 있었다.

별이 내려오기 시작했다, 선상의 등불, 양치기의 화톳불이 내려다보였다, 생소한 바람, 기이한 적막…… 운명의 여신들은 벨레로폰이 현기증을 느끼지 않도록 처음 하늘로 오르는 날, 땅에다 어둠을 깔아놓은 것 같았다. 페가소스는 포세이돈 신전 위를 한 바퀴 돌고는 스칠 듯이 신전의 박공 앞을 지났다. 여섯 달 뱃길을 순식간에 날아버린 페가소스를 두고 시인들은 "페가소스가 지도를 접어버렸구나" 하고 노래했다……. 하지만 이런 묘사에 우리가 속을 것은 없다. 이런 묘사는 벨레로폰의 추락을 돋보이게 하기 위한, 그야말로 한갓 수사에 지나지 않는다.

 벨레로폰이 천마 페가소스를 얻는 순간부터 우리는 그가 괴물 키마이라를 죽일 수 있을 것이라고 확신한다. 우리가 확신하는 대로 벨레로폰은 괴물 키마이라를 죽이는 데 성공한다. 문제는 그다음이다. 벨레로폰 신화가 우리에게 던지려는 것은 '추락하는 것은 날개가 있다'는 메시지다. 이 메시지만 툭 던지면 눈 밝지 못하고 귀 밝지 못한 독자는 알아듣지 못한다. 짧은 가르침을 길고 재미있는 이야기 속에다 버무리기, 이야기에 의탁해서 슬그머니 교훈이 될 메시지를 전하기, 이것이 신화다.

 날개를 혹은 날개 달린 천마를 얻는다는 것은 무엇을 의미하는가?

 태양신의 아들 파에톤은 장성한 뒤에야 아버지를 처음 만난다. 태양신은 어떤 것이 되었든 파에톤의 소원을 하나 들어줌으로써 자신과 파에톤이 부자지간임을 증명하겠다고, 저승을 흐르는 강 스튁스를 걸고 맹세한다. '오만'해진 파에톤은 아버지에게, 한 번이라도 좋으니 태양 마차를 몰아보게 해달라고 말한다. 아버지는 스튁스강을 걸고 한 맹세를 돌이킬 수 없어서 태양 마차를 끄는 날개 달린 천마들의 고삐를 아들에게 넘긴다. 천마 다루는 재주가 없는 파에톤이 태양 마차로 온 세상을 불태우자 보다 못한 제우스가 벼락을 던져 태양 마차를 추락시킨다. 파에톤이 추락하는 것은 물론이다.

 다이달로스의 아들 이카로스는 아버지가 만들어준 날개를 달고 하늘로 날아오른다. 이카로스는 인류 최초의 우주인이다. 맨 처음으로 하늘을 난 인간은 아버지 다이달로스가 아니라 아들 이카로스다. 아버지가 아들의 등을 떠밀어 자기보다 먼저 하늘을 날게 했기 때문이다. 인류 최초로 하늘을 날았으니 얼마나 자랑스러웠겠는가? 하지만 '오만'해질 일은 아니었다. 이카로스는 태양 있는 곳까지 날아오르고 싶었다. 하지만 태양에 가까워지자 날개 만드는 데 쓰인 밀랍이 녹기 시작했다. 밀

키마이라를 죽이는 벨레로폰
천마 페가소스를 타고 키마이라를 죽인 영웅 벨레로폰의 이야기는 해피엔딩일까? 신화 이야기 모음집 『신들의 궁전Temple des Muses』(파리, 1655)에 실린 코르넬리스 블루마르트 2세의 동판화.

랍이 녹자 이카로스는 추락했다. 이카로스는 우주에서 희생된 최초의 인간이다. 날개가 없었더라면 이카로스는 추락하지 않았을 것이다.

 벨레로폰이 키마이라를 죽이고 돌아왔다는 것은 뤼키아 왕 이오바테스가 벨레로폰을 죽이는 데 실패했다는 뜻이다. 이오바테스는 벨레로폰을 여러 차례 전쟁터로 내몰아, 제 손에 피를 묻히지 않고 그를 죽여 보고자 했다. 하지만 벨레로폰에게는 천마 페가소스가 있다. 신화시대에 제공권을 장악한 벨레로폰은 천하무적이었다.

 "껄끄러운 적을 제압하는 최선의 방법은 내 편으로 끌어들이는 것이다."

 이오바테스는 이 로마 시대의 격언을 벌써 체득하고 있었음에 분명하다. 그는 벨레로폰에게 뤼키아 왕국과 딸 필로노에를 넘겨주고는 신화의 무대에서 은퇴한다. 말하자면 벨레로폰을 신들의 특별한 가호를 받은 영웅으로 인정하고 자기 딸과 짝을 짓게 하여 왕위를 넘겨준 것이다.

벨레로폰 이야기는 이제 끝나는 듯하다. 뤼키아 왕국의 왕좌와 공주 필로노에를 얻음으로써 이제 벨레로폰은 행복한 영웅으로 신화의 무대에서 사라지는 듯하다. 그러나 그렇지 않다. 지금까지의 벨레로폰 이야기는 장황한 서설에 지나지 않는다.

땅에 발을 붙이고 사는 벨레로폰은 날개 달린 천마 페가소스 덕분에, 천마 페가소스의 날개 덕분에, 지상에서는 바라던 것을 모두 이룰 수 있었다. 이제 그를 벨 칼은 바깥에 있지 않다. 천하무적의 영웅을 벨 칼은 영웅의 내부에 있다. 상승을 거듭하여 정점에 오른 영웅이 앓게 되는 고질병이 하나 있다. '휘브리스Hybris', 즉 '오만'이라는 이름의 병이다. '휘브리스'가 찾아들면서 영웅은 하강의 주기로 진입한다.

벨레로폰은 천마 페가소스를 타고 신들의 궁전 올륌포스에 오르고 싶었다. 신들의 궁전에 오르고 싶어 할 만큼 오만해진 인간이 여느 인간을 어떻게 대했을지 짐작하기는 어렵지 않다. 이런 인간에게는 희망이 없다.

그는 인간 세상에서 태어난 헤라클레스가 올륌포스에 올라, 청춘의 여신 헤베를 아내로 맞아 영생불사를 누리고 있다는 것을 잘 알고 있었다. 그러나 그는 헤라클레스가 올륌포스에 오르기 전에 스스로 화장단을 쌓고 거기에 올라 불을 지르고 이승의 육신을 불태운 다음에야 올륌포스로 올라갔다는 사실을 잘 알지 못했다. 그는 자신을 불태운 순교자만이 신들의 천성에 오를 수 있다는 사실을 알지 못했다.

벨레로폰은 페가소스를 타고, 하늘의 궁전 올륌포스를 겨냥하고 오르고 또 올랐다. 제우스가 가만히 내려다보고 있으려니 벨레로폰 하는 짓이 우습기도 하고 괘씸하기도 했다. 그래서 벼락을 하나 던져 태워 죽이려고 하다가 짓궂은 마음이 생겨, 손가락을 툭 퉁겨 '등에' 한 마리를 지어내었다. 등에는 파리보다 몸피가 큰 파리붙이다. 파리와는 달리 마소의 피를 빨아먹는 것이 등에다.

제우스가 내려보낸 등에가 날아 내려와 페가소스의 꼬리 밑에 붙어 피를 빨기 시작했다. 페가소스가 몸부림치면서 꼬리로 쳐서 등에를 떨어뜨리려고 했다. 하지만 예사 등에가 아닌, 제우스가 마음먹고 지어 보낸 등에였다.

페가소스의 몸부림에 벨레로폰은 천마의 잔등에게 퉁겨져 나왔다. 벨레로폰은 지상으로 추락하기 시작했다. 페가소스는 하늘 날기를 자유자재로 하는 만큼, 다시 날아 내려와 잔등으로, 추락하는 벨레로폰을 받아줄 수도 있다. 하지만 벨레로폰을 떨어뜨리는 순간 제우스는 페가소스에게 새 일을 맡겼다. 올륌포스로 올라가 제우스의 벼락을 짊어지는 임무였다.

벨레로폰은 알레이온 벌판으로 떨어졌다. '알레이온'은 '방황의 들'이라는 뜻이다. 왕좌를 차지하고 있던 자가 방황의 들로 나선 것이다. 벨레로폰은 갈대밭에 떨어진 덕분에 목숨을 잃지는 않았다. 하지만 그는 절름발이에 장님이 되어 사람들 발길이 뜸한 길만 골라 세상을 '방황'하다가 쓸쓸하게 죽었다.

'등에'를 뜻하는 그리스 말 '오이스트로스oistros'는 '광란'과 '과욕'을 뜻하는 라틴어 '오에스트루스oestrus'와 같다. 벨레로폰 이야기의 메시지는 이로써 불을 보는 것보다 더 뻔해진다. '추락하는 것은 날개가 있다'는 것이다.

겨드랑을 더듬어보라. 독자들에게는 어떤 날개가 달려 있는지.

11

멜레아그로스의
'오버액션'

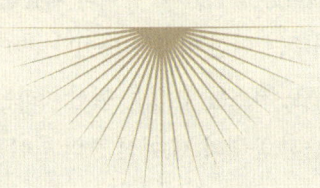

옛날 그리스 땅에 있던 조그만 도시국가 칼뤼돈에 경사가 났다. 왕비 알타이아가 왕실이 오래 기다리던 아들을 낳은 것이다. 이 아들이 뒷날 칼뤼돈의 영웅으로 한동안 떠받들어지던 멜레아그로스다.
 왕비가 아들을 낳던 날 밤, 침상 머리에는 운명의 여신 세 자매가 와 있었다. 그리스인들은 이 세 자매 여신이 이 세상에 태어나는 사람의 팔자를 주관한다고 믿었다. 맏이의 이름은 '클로토'였다. 이 말은 '운명의 베를 짜는 여신'이라는 뜻이란다. 둘째의 이름은 '라케시스'였다. 이 이름은 '복을 나누어주는 여신'이라는 뜻이다. 막내의 이름은 '아트로포스'였다. '어느 누구도 거스를 수 없는 여신'이라는 뜻이란다.
 아기가 태어나는 순간 운명의 세 여신 중의 맏이 클로토는 운명의 실로 쫀쫀하게 운명의 베를 짜면서 새 아기를 이런 말로 찬양했다.
 "칼뤼돈 땅에서 제 아비의 이름을 가릴 자가 태어났구나."
 둘째 라케시스 여신은 이렇게 노래했다.
 "물의 강을 건너면 영광을 얻겠고, 피의 강을 건너면 어미를 슬프게 하겠구나."
 셋째인 아트로포스는 이렇게 예언했다.
 "어쩔꼬, 이 아이의 운명이 저 난로에서 타고 있는 마른 장작에서 더도 덜도 아닌 것을……."
 이러고는 한숨을 쉬었다.

인간은 신들의 말을 들을 수 없는 법인데, 아기 어머니 알타이아는 귀가 밝은 여자라 이 말을 엿들었다. 운명을 주관하는 여신들이 돌아간 직후 알타이아는 황급히, 난로에서 타고 있던 장작을 꺼내어 물에 넣었다. 장작개비의 불이 꺼진 것은 물론이다. 알타이아는 불 꺼진 이 장작개비를 은밀하게 혼자만 아는 곳에다 간수했다.

여기까지 읽고 속으로, 이 이야기에서는 불 꺼진 장작개비가 굉장히 중요한 소도구 노릇을 할 모양이구나, 이렇게 생각한 독자가 있다면 그는 신화를 아주 잘 읽는 분이다. 아이의 운명이 난로에서 타고 있던 마른 장작과 같다고 한 아트로포스의 예언은 꼭 신탁 같다. 신탁은 그 뜻이 애매모호하기로 유명하다. 애매모호하다는 것은 이렇게도 저렇게도 해석될 수 있다는 뜻이다.

부자로도 유명한 뤼디아 왕 크로이소스는 신탁을 잘못 해석해서 망한 사람이다. 그가 받은 신탁은 다음과 같다.

"강을 건너면 망하겠다."

크로이소스는 페르시아 왕이 강을 건너 뤼디아를 침략하면 페르시아가 망한다는 의미로 해석했다. 그런데 아니었다. 크로이소스가 강을 건너면 뤼디아가 망한다는 뜻이었다. 크로이소스는 강을 건넜고, 그 결과 나라를 들어먹었다.

아기 어머니 알타이아는 아트로포스의 예언을 나름대로 해석하고는 장작개비의 불을 끄고 감추어버린다. 알타이아의 해석대로라면, 누가 이 장작개비를 훔쳐내어 다시 불길 속에다 던져 넣는다면 멜레아그로스의 운명은 그것으로 끝난다.

하지만 장작개비는 어머니 알타이아 자신만 아는 곳에 꽁꽁 숨겨져 있다. 다른 사람들은 이 장작개비 있는 곳을 모른다. 설마 어머니가 장작개비를 불길 속에다 던져 넣고 이로써 아들의 운명을 끝장내기야 하려고! 어머니가 아들 운명의 실을 끊는 아트로포스 노릇을 맡을 리는 없겠지.

그럴까? 두고 볼 수밖에 없다.

칼뤼돈 왕의 이름 '오이네우스'는 '포도 사나이'라는 뜻이다. 그는 디오뉘소스 신으로부터 처음으로 포도나무를 받아 기른 사람으로 전해진다. 어느 해 풍년이 들자 그는 첫물로 거둔 과일은 데메테르 여신께, 포도주는 디오뉘소스 신께, 올리브 기름은 아테나 여신께 바쳤다. 그는 농사의 신들에게 제사를 올리는 데 그치지 않고 하늘에 계신 모든 신에게 두루 제사를 올렸다. 그런데 이때 오이네우스왕이 제사를 드리고 제물을 바치지 않은 여신이 하나 있다. 바로 아르테미스 여신이다. 오이네우스는 그러니까 다른 신들의 제단에는 모두 제물을 차리면서도 아르테미스 여신의 제단만은 비워두었던 것이다. 이 일에 신들 모두가 의분을 느꼈다. 아르테미스는 펄쩍 뛰었다.

"내가 그냥 두고 볼 줄 아느냐? 나 아르테미스를 일러 섬김을 받지 못한 여신이라고 할 자는 있을 것이나 복수할 줄 모르는 여신이라고 할 자는 없을 것이다."

아르테미스 여신은 이렇게 벼르고는 자기를 업신여긴 이 오이네우스의 땅에다 멧돼지 한 마리를 보내어 짓밟게 했다. 이 멧돼지는 크기가 에피로스 황소에 견줄 만했고, 시켈리아 황소에 견주면 덩치가 오히려 더 컸다. 멧돼지의 눈은 핏발이 서 있어서 늘 붉었고, 목은 비할 데 없이 튼튼했으며, 온몸에는 창날 같은 털이 돋아 있었다. 이 멧돼지는 목쉰 소리로 포효했는데, 그럴 때마다 턱 아래로는 거품이 흘렀다. 엄니는 코끼리의 엄니만 했다. 멧돼지가 숨을 쉴 때마다 불길이 일어, 여기에 닿는 나뭇잎은 순식간에 불길에 휩싸였다.

이 짐승이 닥치는 대로 논밭을 짓밟은 바람에, 추수할 때가 되자 농부들의 희망과 기쁨은 절망과 슬픔으로 변했다. 이 짐승이 논밭을 짓밟고, 덜 익은 이삭을 모조리 짓씹어버렸기 때문이었다. 농부들의 타작마당과 곳간은 그래서 늘 빌 수밖에 없었다. 포도송이는 익기도 전에 잎째 떨어졌고 올리브 열매는 익기도 전에 가지째 떨어졌다. 멧돼지는 가축도 공격했다. 멧돼지가 나타나면 목동도 개도 가축을 지킬 수 없었다. 사나운 황소도 멧돼지 앞에서는 적수가 되지 못했다. 사람들은 성안으로 들어가야 안전하다고 생각하고, 농토를 버리고 몸 붙일 성을 찾아 뿔뿔이 흩어졌다.

이렇게 되자 멜레아그로스를 비롯한 젊은이들이 이 짐승을 죽여 명예와 영광을 얻겠다고 나섰다. (멜레아그로스는 어머니 알타이아가 불타던 장작의 불을 끈 덕분에 헌헌장부로 장성해 있었다.) 이 젊은이들의 면면을 훑어보면 다음과 같다.

먼저 하나는 권투에 능하고 또 하나는 기마술에 능한 쌍둥이 형제 폴뤼데우케스와 카스토르가 있다. 이 중 폴뤼데우케스는 주먹 하나를 잘라내고 헤파이스토스의 힘을 빌려 쇠주먹으로 해 박은 주먹쟁이다. 처음으로 배다운 배를 지었던 이아손, 절친한 친구 사이인 테세우스와 페이리토스, 테스티오스의 두 아들인 플렉시포스와 톡세우스, 땅속을 투시할 만큼 시력이 좋아 아르고 원정 당시에는 망꾼으로 활약했던 '천리안' 륀케우스, 발 빠른 이다스 형제, 한때는 여자로 태어났다가 장성하여 남자가 된 카이네우스, 위대한 전사 레우키포스, 투창의 명수로 유명한 아카스토스, 아뮌토르의 아들인 포이닉스, 악토르의 쌍둥이 아들, 뒷날 아킬레우스의 아버지가 되는 펠레우스, 힘이 좋기로 소문난 에우뤼티온, 달음박질이라면 겨룰 상대가 없는 에키온, 범 같은 장사 히파소스, 당시에는 젊은이였지만 뒷날 장수한 것으로 유명해지는 네스토르, 뒷날 오뒤쎄우스의 아버지가 되는 라에르테스, 아르카디아 사람 안카이오스, 점 잘 치기로 소문난 예언자 몹소스, 아내로부터 배신당하기 전의 암피아라오스도 여기에 합류했다.

그중 역시 돋보이는 사람은 테게아의 여걸 아탈란테였다. 아탈란테는 반짝거리는 조임쇠로 옷깃을 단정하게 여미고, 머리카락은 한 가닥으로 묶은 채 치렁거리며 늘 왼손에는 활을 들고, 화살이 가득 든 상아 화살통은 어깨에 메고 다녔다. 여걸 아탈란테는 한마디로 말하자면 남자 같다고 하기에는 너무나 여자 같았고, 여자 같다고 하기에는 너무나 남자 같아 보이는 무사였다.

(기혼자인) 칼뤼돈의 영웅 멜레아그로스는 이 여걸을 보는 순간 사랑을 느꼈다. 그러나 이 사랑이 이루어질 가능성이 없다는 것을 안 멜레아그로스는 아탈란테에 대한 사랑을 마음속에다 묻어두고 이렇게 중얼거리며 한숨을 쉬었다.

"아, 저렇게 잘생긴 여자의 지아비가 되는 사람은 얼마나 행복할까?"

멜레아그로스는 점잖은 사람이라서 이를 겉으로 드러내지 않았다. 그러나 점잖은 사람이 아니었다고 하더라도 멜레아그로스에게는 이런 심정을 드러낼 시간이 없었다. 멧돼지와의 일전이 임박한 순간이었기 때문이었다.

산비탈에는 나무꾼의 도끼 소리를 들은 적이 없는 울울창창한 숲이 있었다. 무사들은 떼 지어 이 숲속으로 들어갔다. 숲속으로 들어간 무사들은 사냥 그물을 치고, 개를 풀고, 멧돼지의 발자국을 쫓는 등 제각기 맡은 일을 했다. 산비탈에는 또, 지대가 다른 곳보다 낮아 습지가 되어 짧은 갈대가 빽빽하게 자라 있는 곳이 있었다. 이곳의 갈대숲에는 실버들, 사초, 고리버들, 부들 같은 것이 듬성듬성한 숲을 이루고 있었다. 은신처에서 이곳으로 쫓겨 나온 멧돼지는 이곳에 무리 지어 있는 무사들을 향하여 돌진했는데, 그 기세는 번개가 구름을 뚫고 나오는 형국을 방불케 했다. 멧돼지의 육중한 몸에 부딪혀 나무가 무수히 부러져 나갔다. 숲속에는 멧돼지가 돌진하면서 나무를 부러뜨리는 소리가 낭자했다. 젊은 무사들은 함성을 지르며 창을 잡고 무쇠 날을 이 짐승에게 겨누어 던질 채비를 했다.

멧돼지는 앞을 가로막는 사냥개 무리를 헤치며 돌진해 왔다. 이 바람에 많은 사냥개가 멧돼지 엄니에 옆구리를 찢기면서 허공으로 떠올랐다가는 땅바닥으로 떨어졌다. 에키온이 맨 먼저 창을 던졌다. 그러나

칼뤼돈의 멧돼지 사냥
아르테미스의 멧돼지를 잡으려 젊은 영웅들이 총출동했다. 아탈란테의 화살에 치명상을 입은 멧돼지에게 멜레아그로스가 최후의 일격을 가하고 있다. 페테르 파울 루벤스의 그림.

창은 과녁을 빗나가 단풍나무 둥치에 꽂혔다. 이어서 날아간 창은 멧돼지의 등에 꽂힐 것 같았으나, 던진 이아손의 어깨에 힘이 너무 들어가는 바람에 과녁 너머로 날아가 땅바닥에 꽂혔다. 일이 이렇게 되자 몹소스가 외쳤다.

"아폴론 신이시여, 지금껏 섬겨왔고 앞으로도 열심을 다하여 섬길 신이시여. 창이 과녁에 명중하게 하소서, 창이 과녁에서 빗나가지 않게 하소서."

아폴론 신은 이 점쟁이의 기도를 들어주어, 과연 그의 창이 과녁에 명중하게 해주었다. 그러나 몹소스의 창은 이 짐승에게 상처를 입힐 수 없었다. 아폴론의 누이인 아르테미스 여신이 멧돼지 쪽으로 날아가는 이 창으로부터 창날을 뽑아버렸기 때문이다.

11 멜레아그로스의 '오버액션'

창 자루에 맞은 멧돼지는 불같이 노하여 미친 듯이 날뛰기 시작했다. 멧돼지의 눈에서 불똥이 튀었다. 숨결에도 불길이 섞여 나왔다. 무사들 사이로 뛰어드는 멧돼지는 흡사 군사들이 빽빽하게 올라가 있는 탑루를 겨냥해 투석기가 발사한 바위 같았다. 무리의 오른쪽 날개 노릇을 하던 에우팔라모스와 펠라손이 멧돼지의 공격을 피하다가 나무뿌리에 걸려 땅바닥에 벌렁 나자빠졌다. 동료들이 달려와 일으켜주지 않았더라면 멧돼지의 엄니에 찍혀 큰 변을 당했을 터였다.

이들의 경우와는 달리 히포코온의 아들 에나이시모스에게는 운이 따르지 않았다. 따라서 그는 멧돼지의 엄니를 피할 수 없었다. 공포에 떨면서 에나이시모스는 그곳에서 달아나려고 했다. 그러나 멧돼지의 엄니가 허벅지에 박히자 그는 다리를 꺾고 그 자리에 쓰러졌다. 퓔로스의 네스토르는 멧돼지가 공격해오자 창대를 장대 삼아 짚고 가까운 나무로 뛰어올라, 밑에서 식식거리고 있는 멧돼지를 내려다보았다. 이런 봉고도(장대높이 뛰기) 재간이 없었더라면, 네스토르는 트로이아 전쟁이 일어나기도 전에 이 세상을 떠났을 터였다. 네스토르를 놓친 멧돼지는 참나무 둥치에다 그 엄니를 갈았다. 한동안 이렇게 엄니를 간 멧돼지는 이 새로운 무기, 이 뾰족해진 엄니로 이번에는 히파소스를 공격했다. 히파소스는 멧돼지 엄니에 허벅다리를 찍혀 그 자리에 쓰러졌다.

하늘에 쌍둥이별로 박히기 전의 쌍둥이 형제 카스토르와 폴뤼데우케스는 백설같이 흰 말을 타고 질풍같이 내달으며 이 괴수를 향하여 창을 날렸다. 그러나 이들이 날린 창도 이 괴수에게는 상처를 입히지 못했다. 괴수가 말도 뚫고 들어갈 수 없고 창날도 뚫고 들어갈 수 없을 만큼 울창한 숲속으로 몸을 피했기 때문이었다.

텔라몬이 달려 나갔다. 그러나 텔라몬은 너무 서두르다가 쓰러진 나무둥치에 걸려 바닥에 쓰러지고 말았다. 텔라몬의 아우 펠레우스가 쓰러진 형을 붙잡아 일으킬 동안 테게아의 여걸 아탈란테는 시위에 살을 메겼다. 아탈란테가 쏜 화살은 허공을 가르고 날아가 괴수의 귀밑에 박했다. 괴수는 이 상처로 피를 흘렸다. 멜레아그로스는 아탈란테의 화살이 괴수에게 명중하는 것을 보고는 자기 일처럼 좋아했다. 괴수의 피를 맨 먼저 본 사람도 멜레아그로스였고, 친구들에게 이를 맨 먼저 고한 사람도 멜레아그로스였다. 멜레아그로스는 아탈란테를 향하여 소리쳤다.

"그대의 용기는 칭송을 받을 것입니다. 그대의 용기는 칭송받고도 남음이 있습니다."

다른 무사들은 이 말을 듣고 부끄러움을 이기지 못해 얼굴을 붉혔다. 그들은 함성으로 서로를 격려하며 괴수를 공격했다. 공격했으되 협공할 생각은 않고 제각기 분별없이 날뛰었다. 그러나 수만 많았지 이들의 창이나 화살은 하나도 이 괴수에게 치명상을 입히지 못했다. 그러자 양날 도끼를 쓰는 아르카디아 사람 안카이오스가 외쳤다.

"한갓 아녀자가 쓰는 무기가 남정네 무기보다 낫다는 말인가? 잘 보라. 아녀자의 무기와 대장부의 무기가 어떻게 다른지 보여주겠다. 길을 비켜라. 아르테미스 여신이 이 괴수를 지켜주고 있을지 모르나 나는 내 손으로 기어이 이 괴수를 죽여 보이겠다."

그는 이같이 자신만만하게 외치고 나서 두 손으로 도끼를 들고, 앞으로 돌진해 오는 멧돼지를 내리치려고 했다. 그러나 멧돼지는 이 겁 없는 사나이를 맞아 허벅다리 윗부분을 겨냥하고는, 그의 급소에다 엄니를 박았다. 안카이오스는 쓰러졌다. 괴수의 엄니에 뚫린 구멍으로는 검붉은 피와 함께 내장이 쏟아져 나왔다. 이 바람에 그 근방의 땅은 진홍빛으로 물들었다. 익시온의 아들 페이리토스가 창을 휘두르며 이 괴수를 향하여 돌진했다. 그러나 아이게우스의 아들 테세우스가 그를 불렀다. 테세우스가 그에게 소리쳤다.

"내 영혼의 일부인 내 친구, 내 목숨보다 더 사랑하는 친구 페이리토스여, 저만치 물러서 있게. 이 괴물과는 싸워도 거리를 두고 싸우는 수밖에 없네. 우리의 용기는 그 거리 밖에서만 유효하다는 것일세. 보게. 안카이오스의 무모한 용기가 결국은 그를 죽이지 않던가?"

테세우스는 이렇게 말하면서 무거운 청동 창날을 해 박은 물푸레나무 창을 던졌다. 제대로 날아갔더라면 이 괴수에게 치명상을 입힐 수 있을 만큼 겨냥이 정확했다. 그러나 이 창은 허공을 날다가 참나무 가지에 걸려 땅으로 떨어졌다. 아르고 원정대장 이아손도 창을 던졌지만 그의 창은 목표물을 지나, 멧돼지를 쫓던 사냥개의 허벅지를 꿰뚫어 그 자리에 내굴렀다.

이윽고 오이네우스의 아들 멜레아그로스가 두 개의 창을 던져 이 괴수를 쓰러뜨렸다. 먼저 던진 창은 땅바닥에 꽂혔으나 두 번째 던진 창이 이 괴수의 등 한복판에 명중한 것이다. 괴수는 피거품을 뿜으며 뒹굴어 땅바닥을 거품과 피로 물들였다. 멜레아그로스는 지체하지 않고, 미친 듯이 땅바닥을 구르는 괴수에게 다가가 어깻죽지에다 또 하나의 창을 박았다. 동료들이 함성을 지르며 달려와 멜레아그로스의 손을 잡고 그 승리를 칭송했다. 괴수 옆으로 다가온 무사들은, 쓰러진 괴수가 차지한 땅이 엄청나게 넓은 데 놀라 혀를 내둘렀지만, 쓰러져 있는데도 마음 놓고 가까이 다가가기가 무서웠던지 모두들 이 쓰러진 괴수를 찔러 창날에 피를 묻혔다.

한 발로 이 괴수의 머리를 딛고 선 채, 멜레아그로스가 아탈란테를 바라보며 소리쳤다.

"테게아의 처녀여, 내가 쓰러뜨린 이 괴수를 받아주시고 괴수를 쓰러뜨린 영광을 나와 나누는 것을 허락하소서."

그는 이 말과 함께 이 괴수의 가죽과, 엄니째 괴수의 머리를 아탈란테에게 바쳤다. 아탈란테는 이 선물에도 만족스러워했고 선물을 준 사람이 멜레아그로스라는 사실에도 만족스러워했다. 그러나 그 자리에는 아탈란테에게도 돌아간 이 영광을 질투하는 사람이 없지 않았다. 웅성거리는 좌중에서 플렉시포스와 톡세우스 형제가 주먹을 쥐고 흔들면서 나와 고함을 질렀다.

"테게아의 처녀 아탈란테여, 그대가 받은 선물을 바닥에 내려놓으시오. 우리가 나누어 받을 명예를 가로채지 마시오. 아탈란테여, 그대가 아름답기는 하오만 그 아름다움을 지나치게 믿지 마시오. 우리의 말을 듣지 않으면 그대를 짝사랑하는 저자, 멜레아그로스도 그대를 지켜 주지 못할 것이오."

이렇게 말함으로써 이들 형제는, 아탈란테로부터는 멜레아그로스로 부터 받은 선물을, 멜레아그로스로부터는 아탈란테에게 선물 줄 권리를 빼앗아버렸다. 멜레아그로스는 이를 갈면서 부르짖었다.

"남의 영광이나 훔치는 도둑들! 내가 그대들에게 말로 하는 위협과 실제로 하는 행동이 어떻게 다른지 가르쳐주겠소."

멜레아그로스는 이 말을 끝내기가 무섭게 칼을 뽑아, 무심하게 서 있는 플렉시포스의 가슴을 찔렀다. 참으로 눈 깜짝할 사이에 일어난 일이

아탈란테에게 멧돼지를 바치는 멜레아그로스
페테르 파울 루벤스의 그림.

었다. 톡세우스는 형의 복수를 하고 싶었으나 형과 같은 신세가 되는 것이 두려워 망설였다. 그러나 오래 망설일 시간은 없었다. 멜레아그로스가, 형의 뜨거운 피가 뚝뚝 듣는 칼에다, 그보다 더 뜨거운 아우의 피를 묻혔기 때문이었다.

테게아의 처녀 아탈란테는 바로 히포메네스와 경주하던 바로 그 아탈란테다. 그러니까 아탈란테가 이 사냥터에 온 것은 히포메네스와 결혼하기 전이다.

나는 신화를 내가 쓰는 소설로 잘 끌어들이지 않는다. 하지만 딱 한 번 써먹은 적이 있다. 바로 이 멜레아그로스 이야기를 다룬 「알타이아의 장작개비」다. 소설 「알타이아의 장작개비」로써 내가 던지고 싶던 메시지는 다음과 같은 것이다.

몇 해 전에 TV 시리즈 프로그램에서 〈뜸북새 우는 마을〉을 본 적이 있다. 한 암자에 불쌍한 아이들, 아마 버려진 아이들, 이런 아이들을 거두어 돌보는 스님이 있었다. 그 스님에게는 외부 지원 없이 그 많은 아이를 보살피는 일이 몹시 힘들었을 것이다. 실제로 스님이 고군분투하는 장면이 나왔던 것 같다. TV가 그런 암시를 주었기 때문일 것이다. 방영되자 엄청난 지원 자금이 몰려들었다.

그런데 몇 년 뒤 그 스님의 다음 이야기를 다룬, 다루었다기보다는 스님을 고발하는 듯한 프로도 보았다. 그 스님은 지원금이 몰려들어 오니까 약간 흥분해서 '오버'했던 모양이다. 몇억이나 되는 돈을 부주의하게 쓰고, 외국 여행도 자주 다녔던 모양이다. 스님에게는 애인이 생겨서는 안 되는데, 그 스님은 애인도 하나 있다고 했다.

TV 프로가 이런 부정적인 측면을 정밀 취재해서 고발하는 바람에 그 스님은 참 난처했을 터였다. 놀라지 마시라, 스님을 고발한 프로그램이 바로 스님을 속세에 소개한 그 프로그램이었다.

지금 멜레아그로스가 아탈란테 앞에서 잔뜩 흥분한 채 '오버'하고 있다. 그는 말로 하는 위협과 실제로 하는 행동이 어떻게 다른지 가르쳐 주겠다면서 칼을 뽑아 들고는 '무심하게 서 있는 플렉시포스'를 찔러 죽인다. 그뿐만 아니다. 형의 복수를 하고 싶지만 형과 같은 신세가 되는 것이 두려워 망설이고 있는 아우 톡세우스까지 찔러 죽인다. 이들이 누구인가? 멜레아그로스의 어머니 알타이아의 두 동생이다. 그러니까 멜레아그로스는 외숙부 둘을 죽인 것이다.

멜레아그로스의 어머니 알타이아는 아들이 괴수를 죽였다는 소식을 들었다. 알타이아는 즉시 신전으로 달려가 신들에게 감사의 제물 드릴 차비를 했다. 그러나 아들의 승전보에 이어 곧 두 아우가 죽었다는 소식이 날아들었다. 알타이아는 두 아우의 부고를 받고 성이 떠나가게 울었다. 한동안 가슴을 쥐어뜯으며 울던 알타이아는, 금빛 제복을 검은 상복으로 갈아입었다. 그러나 알타이아가 울부짖은 것은, 두 아우를 죽인 자가 누구인지 알지 못했을 때였다. 오래지 않아 두 아우를 죽인 자가 누구인지 알고부터 알타이아는 더 이상 슬퍼하고 있을 수만은 없었다. 알타이아는 눈물을 거두고 두 아우의 죽음을 복수하기로 했다.

알타이아는 멜레아그로스를 낳은 직후 자기 손으로 감추었던 장작개비를 기억해내고 그것을 찾아내었다. 그러고는 하인들에게 명하여 불쏘시개를 가져와, 아들과 같은 운명을 타고난 장작개비 태울 불을 지피게 했다. 알타이아는 이 불길에다 네 번이나 그 운명의 장작개비를 던져 넣으려다가 네 번이나 물러섰다. 아들에 대한 사랑과, 아우들의 죽음에 대한 복수의 맹세가 어머니이자 누나인 알타이아를 괴롭혔다. 각각 아들과 아우들을 사랑하는 마음이 알타이아의 가슴을 두 쪽으로 나누는 것 같았다. 아들을 죽이기로 마음을 다그칠 때마다 알타이의 얼굴은 보기에도 민망할 정도로 창백해졌다. 그러나 아우들의 죽음을 생각할 때마다 그 얼굴에서는 분노의 불길이 이글거리고 두 눈에서도 불꽃이 번쩍거렸다. 표정도 시시각각으로 변했다. 말하자면 한동안 무시무시한 얼굴을 하고 있는가 하면 어느새 연민에 가득 찬 자애로운 얼굴이 되어 있는 것이었다. 무시무시한 얼굴을 하고 있을 때는 뺨을 타고 흐르던 눈물이 곧 말랐다. 그러나 그 눈물이 마른 자국 위로는 새로 나온 눈물이 흐르고는 했다. 이쪽으로 부는 바람과 저쪽으로 흐르는 조류 사이에서 이쪽으로도 못 가고 저쪽으로도 못 가는 배처럼 알타이아의 마음도 분노와 연민 사이에서 갈피를 잡지 못했다. 그러나 시간이 흐르면서 누나로서의 알타이아가 어머니로서의 알타이아를 이겨내기 시작했다. 알타이아는 죽은 아우들의 영혼을 피로써 달래어주기로 마음먹었다. 아들을 죽이는 죄를 지음으로써, 원통하게 죽은 아우들에 대한 죄의식을 닦고자 마음먹은 것이었다.

하인들이 지핀 모닥불에서 불길이 오르기 시작했다. 알타이아는 타다 남은 장작개비를 손에 들고 불길 앞에 서서 불길을 보며 외쳤다.

"이 불길을 화장단의 불길로 삼아, 내가 낳은 자식을 태울 수 있게 하소서. 징벌을 주관하시는 에리뉘에스 세 여신이시여, 제가 드리는 이 기이한 제물을 받으소서. 저는 이로써 아우들의 죽음을 복수하고 아들을 죽이는 죄를 지으려 합니다. 죽음은 죽음을 통해서 화해를 이루게 하고, 사악한 죄악은 사악한 죄악을 통하여 씻기게 하시며, 살육을 통하여 살육의 갚음이 이루지게 하소서. 이러한 죽음과 사악한 죄악과 살육이, 마침내 이 집안을 파멸시킬 때까지 쌓이고 쌓이게 하소서. 친정 아비 테스티오스는 자식의 주검 앞에서 슬퍼하고, 지아비 오이네우스는 그 자식의 승리로 희희낙락할 수는 없습니다. 그럴 바에는 둘 다 슬퍼할 거리가 있어야 마땅한 것이 아닙니까?

아, 내 아우들아. 저승에 당도한 지 얼마 안 되는 내 아우들의 망령들아. 와서 내가 차리는 제물을 흠향하여라. 내 태에서 난 자식을 죽여 마련한 이 비싼 제물, 이 눈물겨운 제물을 흠향하여라.

아, 내가 왜 이렇게 서두르는 것이냐? 아우들아, 저 죄 많은 것의 어미인 나를 용서하여라. 마음은 원이로되 손이 말을 듣지 않는구나. 내 아들이 죽어 마땅한 죄를 지은 것은 나도 알고 있다. 그러나 내가 저 아이를 죽여야 한다니, 견딜 수가 없구나. 하면, 저 아이에게 벌을 내리지 말아야 할까? 너희 형제는 죽어 음습한 땅의 망령으로 떠도는데, 죽어서 한 줌의 재가 되었는데 저 아이는 이 멧돼지 사냥으로 칼뤼돈의 영웅이 되고, 칼뤼돈 땅을 다스리는 왕이 되어 부귀영화 누리는 것을 용납해야 하느냐? 안 된다. 그것만은 나도 용납할 수가 없다. 이 죄 많은 것도 너희처럼 죽어야 한다. 죽어서 아비의 희망, 제 아비의 왕국과 함께 저승으로 가야 한다. 제 아비의 왕국은 쑥대밭이 되어야 한다. 그러면, 아, 그러면 어미가 자식에게 보이는 자애는 어쩌고? 부모와 자식을 잇는 사랑의 끈은 어쩌고? 내가 저 아이를 배고 했던 열 달의 고생은 어쩌고?

내 아들아, 차라리 네가 아기였을 때 저 장작개비와 함께 네 생명을 태워버렸더라면 좋았을 것을. 이 어미의 손으로부터 생명을 받았던 내 아들아, 이제는 그때 네가 받았던 생명을 되돌려주어야 한다. 네가 한 일이 있으니 야속하다고 생각 말고 그 대가를 치러라. 이 어미로부터 두 번, 한 번은 이 어미가 너를 낳았을 때, 또 한 번은 불붙은 장작개비를 불 속에서 꺼냈을 때 받았던 그 목숨을 어미에게 돌려다오. 네가 그 목숨을 내놓기 싫거든 이 어미를 어미의 아우들이 있는 저승으로 보내다오.

아, 내 손으로 이 장작개비를 태우고 싶다만 할 수가 없구나. 피투성이가 된 내 아우들의 모습, 이들이 죽어가던 순간의 모습이 보이는 것 같은데도, 아들에 대한 어미의 사랑, 어미라는 이름이 이 결심을 깨뜨리는구나. 나같이 팔자가 기박한 것이 또 있을까……. 아우들아, 너희는 승리할 것이다. 그러나 너희가 승리하는 순간 얼마나 무서운 일이 이 누이를 기다리고 있는지 아느냐? 그러나 승리해야 한다. 너희에게 승리를 안긴 연후에 나 또한 너희 있는 곳으로 갈 것이다. 너희와, 너희 영혼을 위로하려고 내 손으로 죽인 내 아들의 뒤를 따라갈 것이다."

알타이아는 이렇게 부르짖고 나서 그 운명의 장작개비를 불길 속으로 던져 넣고는 고개를 돌렸다. 불길이 옮겨 붙으면서, 그리고 그 불길에 맹렬히 타오르면서 그 장작개비는 신음했다. 아니, 알타이아의 귀에는 신음 소리가 들리는 것 같았다.

현장에 있기는커녕, 궁전에서 이런 일이 일어나고 있으리라고는 생각도 못 하던 멜레아그로스에게 그 불이 옮겨 붙었다. 그는 자신이 보이지 않는 불길에 타고 있음을 알았다. 멜레아그로스는 불굴의 용기로 그 고통을 참아내려 했다. 그러나 참을 수 있는 고통이 아니었다. 그는 자신이 피 한 방울 흘리지 않고 죽어가고 있음을, 불명예스럽게 죽어가고 있음을 알고는 슬퍼했다. 그래서 치명상을 입고 죽어간 안카이오스를 부러워했다. 그는 마지막으로 연로한 아버지의 이름, 형제들의 이름, 누이들의 이름, 그리고 아내의 이름을 불렀다. 어쩌면 어머니의 이름도 불렀을 것이다. 불길이 소진되자 그의 고통도 끝났다. 남은 불길 아래로 흰 재가 가라앉자 그의 숨결은 대기 속으로 증발했다.

헤라클레스가 하데스의 궁전으로 내려갔을 때의 일이다. 헤라클레스가 다가가자 수많은 망자의 혼백이 도망쳤다. 이승의 일을 까맣게 잊은 그들이 헤라클레스를 알아보고 도망쳤을 리 없으니 그림자에 지나지 않는 저희와는 달리 피가 통하는 살덩어리에 겁을 집어먹었는지도 모를 일이다. 헤라클레스는 제 손으로 죽인 아내와 자식들의 혼백을 찾으려고 망자의 혼백 뒤를 따르다 앞길을 막아서는 건장한 사내의 혼백에 막혀 걸음을 멈추었다. 이 혼백의 주인이 바로 멜레아그로스다.

"자네는 멜레아그로스가 아닌가! 아르고나우타이의 영웅이 어째서 이 음습한 저승을 헤매는가?"

헤라클레스는 이렇게 소리치며 멜레아그로스의 손목을 잡았다. 그러나 멜레아그로스의 손목은 헤라클레스의 손안에서 재가 되었다가 저승 땅의 음습한 바람에 흩날렸다.

"헤라클레스, 헤라클레스."

멜레아그로스는 망각의 강을 건넌 뒤에도 기구하고 슬픈 제 신세를 다 잊지 못했는지 잿물 같은 눈물을 흘리며 헤라클레스의 이름을 불렀다. 가루가 되어 바람에 흩날렸던 재가 다시 멜레아그로스의 손목으로 모이고 있었다.

12

프로메테우스, 마침내 해방되다

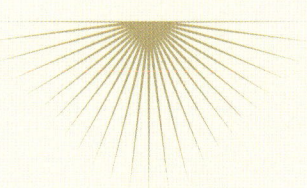

신화에 밝은 언어학자 유재원 교수(외국어대)의 글에 눈이 번쩍 뜨이는 대목이 있다. 요지는 이렇다.

인류는 근대를 맞으면서 프로메테우스 시대를 꽃피웠다가 디오뉘소스의 반격을 받았다. 이제 헤르메스 시대가 왔다. 현대는 헤르메스의 시대다. (중략) '이성'을 신의 은총으로 믿던 데카르트는 산업사회를 열었다. 하지만 곧 니체의 반격이 시작되면서 데카르트의 명제는 종말을 고했다. 이제 현대의 헤르메스, 빌 게이츠가 새로운 시대를 열었다.

프로메테우스는 인간을 창조하고, 인간에게 불을 훔쳐다준 것으로 전해지는 그리스 신화 속의 인물이다. 그는 흙으로 인간을 빚은 것으로 알려져 있기도 하다. '프로메테우스'라는 말은 '먼저 생각하는 자'라는 뜻이다. 그는 이치와 이성을 앞세워 처음으로 신들의 아버지 제우스에게 저항한 인물이기도 하다. 그래서 서유럽 산업사회의 사상적 틀을 마련한 르네 데카르트는 프로메테우스에 자주 견주어진다.

나는 프로메테우스를 '인물'이라고 불렀는데, 정확하게 말하면 그는 인간이 아니다. 그는 티탄(거신족)에 속하는 신이다. 그런데도 그는 철저하게 인간의 편에 서는 매우 매력적인 신이다. 인간을 편들어 제우스 신에게 철저하게 저항하는 그에게서 나는 인간의 냄새를 맡는다. 프로메테우스 이야기는 여기저기에서 단편적으로 발견된다. 그걸 읽기 쉽게 구성해본다.

* * *

제우스가 올륌포스를 다스리고 있을 당시, 제우스와 사촌뻘인 이아페토스에게는 두 아들이 있었다. 맏이의 이름은 '프로메테우스(먼저 생각하는 자)', 둘째의 이름은 '에피메테우스(나중 생각하는 자)'였다. 이름 그대로 프로메테우스는 앞질러 생각하고 앞일을 미리 방비할 줄 아는 신이었고, 에피메테우스는 일이 틀어진 뒤에야 깨닫고 손을 쓰는 신이었다.

제우스의 독재에 염증을 느끼던 프로메테우스는, 제우스의 아버지인 크로노스(시간)가 자기 아버지 우라노스(하늘)에게 반역했고, 제우스 역시 자기 아버지 크로노스에게 반역한 사례를 좇아 장차 제우스를 궁지에 몰아넣을 방법을 궁리했다. 프로메테우스는 짐승보다는 우월하되 신보다는 열등하여 아래로는 짐승을 다스리고 위로는 신을 섬길 줄 아는 인간을 만들기로 하고, 아우 에피메테우스에게 인간에게 줄 선물을 준비할 것을 당부했다.

"내가 아래로 짐승을 다스리고 위로 신들을 섬길 존재를 빚을 것인데, 너는 이 새로 만들어질 인간에게 무엇을 주겠는가?"

"아래위를 익히 내려다보고 올려다볼 권능을 주어야지요."

에피메테우스가 대답했다.

"나는 인간에게 짐승을 다스릴 지혜와, 신의 제물을 장만할 손과, 신을 찬양할 아름다운 음성을 주고자 한다, 너는 무엇을 주겠는가?"

"빨리 달리는 능력은 사자에게 주었고, 힘은 코끼리에게 주었고, 발톱은 독수리에게, 단단한 껍데기는 거북에게, 험한 먹이에 견디는 위장은 돼지에게 주고 없습니다. 신들 아래로 만물의 으뜸 자리에 앉을 인간에게 제가 장차 무엇을 줄 수 있겠습니까?"

흙으로 최초의 인간을 빚는 프로메테우스
아테나 여신이 나비(프쉬케) 한 마리를 흙으로 빚은 인간의 몸속에 넣어주자 비로소 '마음'이 자리 잡는다. 로마 제국의 석관 돋을새김. 마드리드 프라도 미술관.

    프로메테우스가 만물의 씨앗이 들어 있는 흙을 썼는지, 자신의 몸을 이루는 것과 같은 질료를 썼는지, 그것은 분명하지 않다. 어쨌든 그는 재료에 물을 부어 이기고 신들의 형상과 비슷한 인간을 빚어 이를 이레 동안 볕에다 말린 다음에 여기에 생명을 불어넣으려고 했다. 바로 그때 지혜의 여신 아테나(지혜)가 지나가다 프쉬케(나비)를 한 마리 날려 보냈다. 이 프쉬케가 잘 마른 인간의 콧구멍으로 들어가니, 이로써 인간에게는 '프쉬케(마음)'가 깃들게 되었다.
    지금부터 2,200년 전, 파우사니아스라는 이가 쓴 글에 다음과 같은 대목이 있다.
    "보이오티아 지방에 가면 '프로메테우스 석상'이라는 글씨가 대리석에 새겨져 있는데, 이 근처 골짜기에는 사람의 땀 냄새가 나는 커다란 갈색 돌이 무수히 굴러다닌다. 이 지방에는 그 돌이, 프로메테우스가 인간을 만들던 흙덩이라는 전설이 있다."

12 프로메테우스, 마침내 해방되다

파우사니아스의 말이 사실이라면 프로메테우스는 여럿을 한꺼번에 빚었을 법하다. 인간이 생명과 마음을 얻어 깡충깡충 뛰어나가자 에피메테우스가 프로메테우스에게 이렇게 물었다고 전해진다.

"짐승은 다 암컷과 수컷이 있는데 어째서 인간은 수컷만 만들어 놓아 보내시는지요?"

프로메테우스는 올림포스 산정을 가리키며 대답했다.

"나는 제우스 신의 백성을 늘려주기 위해 인간을 빚은 것은 아니니 제우스 신은 나의 뜻을 불온하다고 여길 것이다. 아마 제우스 신은 그냥 있지 않을 것이다. 신과의 불화가 있을 것이나 다만 염려스러운 것은 아우 에피메테우스, 너뿐이구나."

"암컷은 왜 만들지 않았느냐고 여쭈었습니다."

"불화가 거기에서 비롯될 것이다. 나는 단지 그 시기를 늦출 수 있을 뿐이다."

프로메테우스는 제우스 신에게 고분고분하지 않았다. 여기에는 그럴 만한 까닭이 있다. 원래 프로메테우스는 티탄 신족이다. 티탄 신족은 올림포스 신족보다 항렬이 높다. 그런데 이 티탄 신족과 올림포스 신족 사이에 전쟁이 터졌다. 이 전쟁을 '티타노마키아(티탄 신족과의 전쟁)'라고 한다. 프로메테우스는 티탄 신족이 제우스를 상대로 난을 일으키리라는 것도 알았고 티탄 신족이 패배할 것도 미리 알았다. 그래서 프로메테우스는 이 전쟁에서 제우스를 도와 공을 세운 바가 있다.

그로부터 오랜 세월이 흘렀다. 이 땅은 인간들로 차고 넘쳤다. 인간은 올림포스의 으뜸 신 제우스에게 제사를 드리고 싶어 했다. 그래서 어떤 제물을 드릴 것이냐 하는 문제를 두고 궁리에 궁리를 거듭했다. 그러다 결론이 나지 않자 인간들은 대표를 뽑아 프로메테우스에게 보냈다. 인간 세상의 대표들은 프로메테우스 앞에서 입씨름을 벌였는데, 서로 저희가 생각하는 바와 주장하는 바를 굽히지 않았다.

"제물로 소를 한 마리 잡았습니다. 마땅히 살코기와 맛있는 기름은 제우스 신께 드리고 가죽과 뼈는 저희 차지가 되어야 할 것입니다."

이렇게 주장하는 대표가 있는가 하면,

"당치 않습니다. 가죽은 하늘이요 뼈는 대지인데, 이는 비천한 인간이 취할 바가 아닙니다. 가죽과 뼈는 제우스 신께 바치고 고기와 기름을 저희가 먹어야 도리가 아니겠습니까? 들짐승을 보십시오. 고기와 기름을 취하되 뼈와 가죽은 남깁니다. 들짐승도 이것을 아는데 하물며 인간이 그 도리를 좇지 않는 것은 당치 않은 일이지요."

이렇게 주장하는 대표도 있었다.

프로메테우스는 곰곰이 생각하다 이렇게 당부했다.

"제우스 신께서 드실 것은 제우스 신께서 잘 아실 것이니 내가 시키는 대로 하여라."

프로메테우스는 무슨 생각에서 그랬는지는 모르겠지만 소를 한 마리 잡아 살코기는 가죽에 싸놓고, 뼈는 맛있는 기름으로 싸놓은 다음, 제우스 신에게 식성대로 고르게 했다.

제우스 신은 프로메테우스가 티탄 거신족과의 싸움에서 공을 세운 바가 있는 신이라, 혹 하는 짓이 눈 밖에 나도 꾹 참고 있던 참이었다. 그런데 프로메테우스가 불온한 생각을 드러내고 있는 것이 마음에 걸렸다. 프로메테우스는 제우스 신에게 도전하고 있음에 분명했다. 제우스 신은 프로메테우스의 도전을 받자 짐짓 맛있는 기름으로 싼 뼈 쪽을 골랐다. 물론 겉만 맛있는 기름이었지 안에는 먹을 수 없는 뼈뿐이었다. 제우스 신은 크게 노하여 프로메테우스와 인간을 싸잡아 꾸짖었다.

"이아페토스의 아들 프로메테우스야, 과연 '미리 생각하는 자'로구나. 너는 나를 섬겨본 적이 한번도 없다. 나를 섬기지 않은 것은 네가 세운 공을 보아서 참겠다만, 오늘 해괴한 꾀로 나를 놀려먹은 죄는 그냥 두고 보지 않을 것이다.

그리고 인간들도 들어라. 내가 프로메테우스를 보아 너희의 방자한 꼴을 굳이 참아왔다만 너희 하는 짓이 또 어째서 이렇게 살똥스러우냐? 내 너희를 벌하여 도토리는 나무에서 떨어지지 못하게 하고, 실과는 그냥은 익지 못하게 할 것이며, 꿀은 벌집에서 듣지 못하게 할 것인즉, 너희 먹을 것은 너희 수고로 취하도록 하라. 북풍으로 하여금 너희 자는 곳에 몰아치게 하고 생육에는 독을 풀 것인즉, 주린 배로 떨며 지새는 밤이 얼마나 고통스러운지 어디 견디어보아라."

제우스 신이 은빛 두루마기 자락을 거두어 올림포스산 꼭대기로 올라간 그날부터 인간의 고통은 시작된다. 제우스 신이 경고한 대로 도토리는 나무에서 떨어지지 않아 힘들여 따 먹어야 했고, 실과는 그냥은 익지 않아 애써 가꾸어야 했고, 꿀은 벌집에서 듣지 않아 벌과 싸워야 했다. 인간은 그나마 생육도 먹을 수 없어 북풍과 주린 배에 나날이 시달리지 않으면 안 되었다.

인간을 빚고 인간에게 정을 쏟던 프로메테우스는, 제우스 신과의 싸움에서 전세를 역전시키고 인간에게 전처럼 살길을 열어줄 묘책을 궁리했다. 그러나 상대는 예사 신이 아닌, 티탄 거신족과 기간테스 거신족을 무너뜨린 뒤 친부 크로노스까지 귀양 보낸 제우스 신인지라 그가 쳐놓은 그물코에는 빈 구석이 없었다.

그러던 어느 날, 인간이 마련해준 신전에서 들판을 내려다보고 있던 프로메테우스는 예사로운 광경을 목도하고 예사롭지 않은 생각을 하게 되었다. 마침 들판에서는 인간들이 어울려 무기 다루는 재간을 겨루고 있었다. 무기는 타르타로스(무한 지옥)의 창살을 만들고 남은 주석으로 벼른 도끼였다. 덩치 큰 인간과 덩치 작은 인간이 어울려 주석 도끼로 치고 막는데, 도끼와 도끼가 맞부딪칠 때마다 번쩍번쩍 불꽃이 일었다.

'제우스 신은 무엇을 무엇에다 부딪쳐 저 무서운 벼락을 일으킬까?'

무심코 이런 생각을 하던 프로메테우스는 자리에서 벌떡 일어났다.

"저기 큰 인간과 맞서고 있는 작은 인간을 보라. 이기지 못할 겨루기에 저리도 열심인 것은 그저 어리석기 때문인가? 도끼가 일으키는 불꽃은 무엇인가? 불꽃이 일면 일수록 겨루기가 격렬해지는 것은 무슨 까닭인가? 저 경이의 불꽃, 기적의 섬광은 부딪침을 통해서만 번쩍이는 것인가? 제우스 신의 권능이 두려워, 손수 빚은 인간의 궁상을 수수방관해야 하는 나 초라한 프로메테우스여! 큰 인간을 상대로 힘을 겨루는 저 작은 인간만도 못한 존재가 아니냐!"

프로메테우스는 사흘 낮 사흘 밤 내내, 제우스에 대한 정면 도전으로 자신을 희생하되 그 희생의 값으로 인간에게 얻어줄 수 있는 가장 유익한 것이 무엇인지 곰곰이 생각했다. 그는 제우스가 가장 자랑스럽게 여기는 것에 도전하고, 인간에게는 인간들이 가장 두려워하는 것, 인간의 손으로 넘어오면 가장 유익할 것이 무엇인지 알아내어야 했다.

제우스 신이 가장 자랑스럽게 여기는 것, 그리고 인간이 가장 두려워하는 것, 그것은 저 퀴클롭스(외눈박이 거신)로부터 선물로 받은 벼락이었다. 프로메테우스는 나흘째 되는 날, 제우스 신의 벼락을 빼앗을 수는 없으니 그 대신 벼락에서 불을 붙여내어 인간에게 가져다주어야겠다고 마음먹었다.

닷새째 되는 날 프로메테우스는 속이 빈 나르텍스 막대기(뒷날 디오뉘소스 축제 때 신도들은 바로 이 회향나무 가지로 지팡이를 만들어 짚었다)를 하나 품속에 넣고는, 아테나 여신의 수레를 빌려 타고 천상으로 올라갔다.

프로메테우스가 제우스 신의 본처인 헤라의 신전 부엌에서 불을 훔쳤다고 주장하는 이도 있고, 대장장이 신 헤파이스토스의 대장간에서, 또는 태양신 헬리오스의 태양 마차 바퀴에서 불을 붙여 왔다고 주장하는 이도 있으나 이는 '제우스의 것'으로써 인간을 이롭게 하자는 프로메테우스의 속을 모르고 하는 소리다.

프로메테우스에게 회향나무 가지를 가지고 올라가라고 귀띔한 이는 다름 아닌 아테나 여신이었다. 프로메테우스는 아테나 여신의 충고를 좇아 제우스 신의 벼락에서 불씨를 훔쳐 속 빈 회향나무 막대기 안에 넣고는 불이 꺼지지 않도록 쉴 새 없이 흔들면서 지상으로 내려왔다.

불을 훔치는 프로메테우스
신들의 집에서 훔친 불을 회향나무 대롱에 붙여 인간 세계로 내려오는 합리주의자 프로메테우스. 17세기 벨기에 화가 얀 코시에르의 그림.

헬라스(그리스)군이 마라톤 평야에서 페르시아군을 무찌른 게 다 누구 덕이던가? 아테나 여신 덕이었다. 해마다 승전 기념일이면 마라톤에서 회향나무 가지로 만든 횃불 행진이 벌어지는데, 이는 아테나가 편들어준 덕을 기리기 위함이다. 프로메테우스 제사는 또 어떠하던가? 인간은 프로메테우스가 승천한 날이 되면 아테나 여신의 도시인 '아테나이' 교외 아카데미아 평원에 자리를 잡고 제단에서 성문까지 불씨 나르는 행사를 재현한다.

아테나 여신을 기리는 축제 경기를 창시한 인물은 테세우스다. 테세우스는 아테나 여신의 도시 아테나이(아테네)를 수도로 삼아 아티카 땅을 단일국가로 만든, 반쯤은 역사적인 인물이다. 그는 아테나이를 수도로 삼은 것을 기념하여 수호 여신 아테나를 기리는 '판아테나이아'를 창시했다. '모든 아테네인이 참가하는 축제'라는 뜻이다. 축제는 페플로스, 즉 아테나 여신의 거룩한 치마를 파르테논 신전에 바치는 행사에서 절정을 이룬다. 이 행진에서 노인은 아테나 여신을 상징하는 올리브 가지를 들었고, 젊은이들은 칼을 들었다.

프로메테우스가 훔쳐다준 불은 인간의 삶을 그 전과는 전혀 다르게 했다. 인간은 이 불을 이용하여 우선 날고기를 조리할 수 있었고 다른 짐승을 쉬 잡을 수 있는 날카로운 무기도 벼를 수 있었다. 그뿐만 아니었다. 땅을 뒤져 먹자면 단단한 농기구를 만들어야 하는데 불에 달구어 벼리니 이것도 얼마든지 가능했다. 추우면 굽도 접도 못하고 견뎠지만 불을 얻고부터 인간은 겨울도 두려워하지 않았다.

제우스 신이 그냥 있을 턱이 없었다. 제우스 신이 신들을 대동하고 보이오티아로 온다는 말을 듣고 에피메테우스는 형 프로메테우스에게 잠시 피신할 것을 권했다.

"제우스 신의 분이 삭을 때까지 다른 데 얼마간 몸을 붙이고 기다리시지요. 밤 잔 원수 없고 날 샌 은인이 없는 법입니다. 대신이 옛 은공을 잊는 것을 보면 오늘의 앙심도 때가 되면 누그러뜨릴 테지요."

12 프로메테우스, 마침내 해방되다

"피하기는 어디로 피하겠느냐? 낮 하늘에는 헬리오스(태양)가 있고 밤하늘에는 셀레네(달)가 있다. 제우스 신이 튀폰에 쫓겨 아이귑토스(이집트)로 도망가던 일 생각나느냐? 암몬 양으로 둔갑해서 숨어 있었을 때 배를 잡고 웃었던 우리가 아니냐? 피신한다고 하더라도, 칼날 쥔 내가 칼자루 쥔 제우스 신을 당할 수 있을 것 같으냐? 죗값 받는 것은 두렵지 않으나 마음에 걸리는 것이 있어 뒷일이 염려스럽다."

"그것이 무엇인지 이 아우에게 일러주십시오."

"제우스 신에게 나를 벌할 명분은 있어도 너를 벌할 명분은 없다. 하나, 너는 물론이고 결국 우리가 빚은 인간도 무사하지는 못할 것이다. 제우스 신이 너와 인간을 벌할 명분이 없는데 어떻게 할 것 같으냐? 틀림없이 무슨 수를 써서 필경은 뒤끝이 좋지 않은 짓을 할 터인데, 네가 감당할 수 있겠느냐?"

"조부님이신 오케아노스(대양)에 맹세코."

제우스가 판도라를 만들어 프로메테우스 형제에게 보낸 것은 이즈음의 일일 것이다. 나는 이 판도라 이야기를 좋아하지는 않는다. 여성을 폄하하는 혐의가 매우 짙기 때문이다. 하지만 인간의 호기심과 밀접한 관계가 있는 대목이 나와서 재미있게 읽기는 한다. 이야기인즉 이렇다.

그때까지도 여자는 만들어져 있지 않았다. 그런데 제우스가 여자를 만들어 프로메테우스와 그의 아우 에피메테우스에게 보냈다는 것이다. 그것도 이 형제가 예뻐서 선물을 준 것은 아니고, 프로메테우스가 천상의 불을 훔쳐 인간에게 선물로 준 것을 괘씸하게 여겨 이들과 인간을 벌하기 위해 그랬다는 것이다.

최초로 만들어진 여자의 이름은 '판도라'라고 했다. '모든 선물을 다 받은 여자'라는 뜻이란다. 판도라는 올륌포스에서 만들어져 신들로부터 한 가지씩 선물을 받았다. 그래서 판도라는 완벽했다. 판도라가 신들로부터 무엇을 받았을까? 아프로디테로부터는 아름다움을, 헤르메

판도라의 상자
'상자를 열어서는 안 된다', 이것은 금기다. 금기는 깨어져서는 안 된다. 하지만 신화에는 깨어지기 위해 금기가 등장한다. 판도라는 상자를 열 수밖에 없다. 19세기 영국 화가 단테 가브리엘 로제티의 그림.

스로부터는 설득력을, 아폴론으로부터는 음악을 받았다는 것이다. 이렇게 선물을 잔뜩 받아 지상으로 내려온 판도라는 에피메테우스의 차지가 되었다. 에피메테우스는 형 프로메테우스로부터, 제우스라는 작자와 그가 주는 선물에 주의하라는 충고를 받았음에도 불구하고 덜컥 판도라를 아내로 삼아버린 것이다.

그런데 이 에피메테우스의 집에는 상자가 하나 있었다. 이 상자 안에는 몹쓸 것들이 들어 있었다. 인간에게 새로운 삶의 보금자리를 만들어 줄 당시에는 필요 없는 것들이어서 에피메테우스가 그 상자 안에다 넣어두었던 모양이었다. 에피메테우스는 판도라에게 절대로 그 상자를 열어서는 안 된다고 단단히 일러두었다.

판도라는 호기심이 강한 여자였다. 판도라는 상자 안에 무엇이 들어 있을지 궁금해서 견딜 수 없었다. 그러던 어느 날 판도라는 도저히 궁금증을 삭이지 못하고 뚜껑을 열어 속을 들여다보았다. 그러자 그 상자 안에서, 인간에게는 몹쓸 것들인 무수한 재난, 즉 육체적인 것으로는 통풍·신경통 같은 것, 정신적인 것으로는 질투·원한·복수심 같은 것들이 나와 사방팔방으로 흩어졌다. 판도라는 후닥닥 뚜껑을 도로 덮었다. 그러나 이미 엎질러진 물이었으니, 상자 속에 있는 것들은 거의가 사방팔방으로 흩어진 다음이었다.

요행히 상자 안에는 딱 한 가지가 남아 있었다. 바로 '희망'이었다. 우리가 오늘날에 이르기까지 어떤 횡액을 당해도 희망만은 버리지 않는 것은 다 이 때문이란다. 그뿐만 아니라 우리가 이 희망을 버리지 않는 한, 어떤 횡액도 우리 존재의 뿌리를 흔들 수 없단다.

제우스 신이 프로메테우스를 벌하기 위해 신전으로 내려온 것은 밤이었다. 그는 올림포스의 신들을 나란히 둘러 세운 뒤 프로메테우스를 몸소 심문했다.

"이아페토스의 아들 프로메테우스야! 정신이 바로 박힌 신들을 수시로 구역질 나게 만드는 반골아, 네가 나를 위해서 공을 세웠다고는 하나 이제 나는 너에게 빚진 바가 없다. 네가 나에게 빚을 지고 있을 뿐이다."

"크로노스의 아들 제우스 신이시여……."

프로메테우스가 하늘을 올려다보면서 자비를 비는 시늉을 했다.

"그만두어라, 족보를 따져 연줄을 대려고 그러느냐? 네 죄나 네 입으로 변명해보아라."

"하늘 우라노스와 대지 가이아의 직계 자손이신 제우스 신이시여."

"너도 하늘땅 신들의 직손이 아니냐. 네 죄나 네 입으로 변명해보아라."

"장차 이 프로메테우스가 아니고는 으뜸 신 자리를 유지하기 어려운 제우스 신이시여."

"……."

제우스는 장차 일어날 일을 미리 아는 프로메테우스를 함부로 대접할 수가 없었다. 프로메테우스는 제우스의 장래에 관한 중요한 열쇠를 쥐고 있었다. 제우스가 신들을 보내어 프로메테우스를 몇 차례 어르고 달랬으나 그는 끝내 입을 열지 않았던 터이다. 서슬이 시퍼렇던 제우스가 이 말 한마디에 누그러진 까닭은 잠시 후에 설명하기로 하자.

"이아페토스의 아들 프로메테우스야! 네가 인간을 빚은 것을 두고는 더 이상 꾸짖지 않겠다. 그러나 인간에게 불을 준 것은 예삿일이 아니다. 프로메테우스야, 네가 인간에게 불을 준 것은 인간을 사랑했기 때문일 테지?"

"그렇습니다."

"프로메테우스, 내가 가까이하기를 두려워하는, 장래 일을 미리 아는 자야! 너는 내 앞일까지 알면서도 네가 빚은 인간의 앞일은 모르는 자다. 사랑에는 작은 사랑과 큰 사랑이 있다. 네가 인간에게 기울인 것은 작은 사랑이요, 내가 인간을 염려하는 것은 큰 사랑이다. 잘 들어라, 네가 내게서 훔쳐다준 불이 비록 오늘 인간의 좋은 종 노릇을 할지 모르나 장차는 인간의 나쁜 상전이 된다. 알아듣지 못하겠느냐? 내가 이처럼 화를 내는 것은, 네가 감히 내 뜻을 거역하고 내 불을 훔쳤기 때문이 아니라 그 불을 다른 것이 아닌 '인간'에게 주었기 때문이다.

프로메테우스야! 너는 인간이라는 것을 잘 모르고 있다. 인간은 장차 저희의 부실한 믿음을 부끄럽게 여기는 대신 우리 신들이 세운 질서를 비방할 것이며, 저희가 바뀌는 대신 신들을 바꾸어놓으려고 할 것이다.

독수리에게 간을 뜯어 먹히는 프로메테우스
이 주제가 많은 화가의 영감을 자극했던 모양이다. 페테르 파울 루벤스의 그림.

프로메테우스야, 인간에게 미덕이 있는 것을 내 모르는 바 아니다. 그 미덕이 불을 다루면 불은 인간의 충실한 종 노릇을 한다. 그러나 불이 미덕을 태울 때는 우리의 올륌포스도 잿더미가 될 것이다. 프로메테우스야, 내가 이 불길을 한 번은 잡아보겠지만 너는 그 자리에 있지 못할 것이다.

신들은 들으라, 이 못이 솟은 것은 내 망치가 가벼웠기 때문일 터인즉, 내 이아페토스의 아들 프로메테우스의 죗값을 무겁게 물려 신들 앞에 본보기로 삼고자 한다."

제우스 신의 말이 끝나자 제신은 한 걸음씩 물러섰다. 신이 벼락으로 프로메테우스를 칠 것으로 알았기 때문이었다. 그러나 제우스 신은 벼락으로 치는 대신 전령 신 헤르메스를 보내어 '힘의 신들'인 크라토스(권력)와 비아(폭력)를 불러오게 했다. 제우스 신은 두 힘의 신에게 프로메테우스를 결박하여 광야의 끝에 있는 카우카소스(코카소스)산 암벽에다 묶어놓게 했다.

제우스가 벼락으로 프로메테우스를 치지 않은 데는 까닭이 있다. 프로메테우스 역시 영생불사하는 신이어서 벼락을 맞아도 죽지 않는다. 그뿐만 아니다. 프로메테우스는 제우스의 미래에 대해 매우 중요한 비밀의 열쇠를 쥐고 있다. 프로메테우스가 제우스 신 앞에서 "장차 이 프로메테우스가 아니고는 으뜸 신 자리를 유지하기 어려운 제우스 신이시여"라고 말한 것은 이 때문이다. 이것은 명백한 협박이다. 제우스에게는 다른 생각이 있었다. 그는 일단 잘못을 물어 프로메테우스를 카우카소스에다 귀양 보내놓고 뒷날 슬며시 자기 앞날의 일을 캐묻고자 한 것이다.

제우스는 프로메테우스를 카우카소스 암벽에 사슬로 묶어두는 것만으로는 분이 풀리지 않았던지, 독수리를 보내어 밤마다 프로메테우스의 간을 쪼아 먹게 했다. 그러나 잘 알려져 있다시피 간은 일부가 손상되어도 곧 다시 돋아나는 장기다. 독수리는 끝없이 프로메테우스의 간을 쪼아 먹었고 간은 끊임없이 쪼인 자국을 재생시켰으니 영생불사하는 신들이 이런 벌을 받으면 이 벌은 영원히 계속된다. 프로메테우스는 자기만이 제우스 신으로 하여금 으뜸 신의 자리를 온전히 지키게 할 수 있다고 했다. 즉 자기가 그 비밀을 귀띔해주어야 제우스의 자리가 온전하리라는 것이다.

언젠가 대지의 여신 가이아는 이렇게 예언한 적이 있다.

"언젠가는 제우스도 그 아들 손에 당하리라."

그러나 이것은 예언이라기보다는, 우라노스가 그의 아들 크로노스의 손에 당했고, 크로노스가 그의 아들 제우스의 손에 당했는데, 제우스인들 그의 아들 손에 당하지 않으리라는 법이 있겠느냐는 뜻으로 한 말이었을 터이다.

제우스는 자신을 해코지할 자식이 어느 어미에게서 태어날 것인지, 그것을 알고 싶어 했다. 그것을 알고 있는 자, 알고 있다고 주장하는 자가 바로 프로메테우스였다. 그 '어미'가 누구인지 그것만 가르쳐준다면 수습이 간단할 터인데도 프로메테우스는 끝내 입을 열지 않았다.

당시에 제우스가 사랑을 나누고 있던 여신들을 일일이 꼽기에는 열 손가락이 모자랄 지경이었다. 장차 그런 여신들이 얼마나 늘어날지는 제우스조차도 모르는 일이었다. 제우스가 절제할 줄 아는 신이었다면 이 예언이 이루어지지 못하게 하는 것은 간단했다. 그러나 제우스는 그럴 수가 없었다. 제우스가 알고 싶은 것, 프로메테우스만이 알고 있는 것, 그것은 그 아들을 낳을 어미가 누구냐는 것이었다.

제우스는 아들이자 전령 신인 헤르메스를 보내어 프로메테우스를 달래보려고 했다. 그러나 프로메테우스의 대답은 한결같았다.

"가서 파도를 꼬여 바위에 부딪쳐 부서지지 못하게 해보아라. 그럼 나도 네 꼬임에 넘어가리라."

"프로메테우스여, 제우스 신께서 벼락을 때리지 않은 뜻을 헤아리시오. 독수리로 하여금 그대의 뱃가죽을 찢어발기게 하지 않고 창자를 쪼아 먹게 하지 않은 뜻을 헤아리시오."

"헤르메스, 일찍이 기저귀를 차고 도망 나와 아폴론의 송아지를 훔쳤던 너, 사기와 협잡과 말장난의 신이여. 몸이 이렇듯 만신창이가 되어 있어도 마음은 한없이 자유로울 수 있다는 걸 네가 아느냐? 의로운 일로 고통을 받는 편이 부정한 압제자와 야합하는 것보다 달다는 것을 네가 아느냐? 가서 제우스에게 일러라. 인간에게 너그럽게 굴면 내 입이 저절로 열릴 것이라고."

프로메테우스와, 제우스를 대표하는 전령 신 헤르메스의 대결은 그 뒤로도 3천 년 동안이나 계속되었다고 하는 이도 있고, 인간의 세월로 13대나 계속되었다고 하는 이도 있다. 하여튼 프로메테우스가 사슬에 묶여 독수리에게 간을 파먹히고 있을 동안 인간 세상은 황금시대를 누렸다. (인간의 황금시대는 청동의 시대와 철의 시대로 이어진다. 철의 시대에 이르러 인간들이 더없이 사악해지자 제우스는 대홍수로 이들을 절멸하게 한다.)

프로메테우스는 인간이 황금시대를 누리는 데 크게 마음이 누그러졌던 나머지 심부름 온 헤르메스를 상대로 입씨름을 하지 않았다. 헤르메스도 올림포스 신들의 조상에 해당하는 거신족 출신의 프로메테우스를 깍듯이 대접하는 것을 잊지 않았다. 물론 제우스가 헤르메스 자신을 프로메테우스에게 보내는 까닭을 전하는 것도 잊지 않았다.

"프로메테우스여, '미리 생각하고 미리 아시는' 프로메테우스여, 인간은 저렇듯 황금시대를 누리는데, 천궁 올림포스에서는 자식이 아비를 내칠 일이 생겨도 좋습니까?"

헤르메스의 물음에 프로메테우스가 반문했다.

"어디 그게 처음이던가? 크로노스는 우라노스를 내쳤고, 제우스는 크로노스를 내치지 않았던가?"

"인간이 이것을 본보게 해서야 되겠습니까?"

"불화가 아니라 충돌일세. 발화의 원리가 무엇인가? 충돌일세. 나는 인간에게 불을 줌으로써 발화의 원리를 숙명으로 안겨준 것이네. 나는 불화가 두려워 제우스 신과 화해하는 것이 아닐세. 인간이 제우스 신을 찬양한다면 나 또한 찬양해야 마땅하지 않겠는가?"

"그러면 일러주십시오. 제우스 신께서는 이 일 때문에 마음이 편치 않으십니다. 어느 몸에서 태어날 제우스 신의 소생이 장차 제우스 신을 올륌포스에서 내치게 됩니까?"

"테티스. 아버지를 저만치 앞서는 아들을 낳게 되어 있다."

헤르메스는 올륌포스로 날아올라 갔다. 그에게는 실제로 날개가 있었다. 그는 걸어도 하루에 만 리를 능히 걸었다. 그는 제우스 신에게 프로메테우스의 말을 전했다. 당시 테티스를 탐내고 있던 신은 제우스뿐만이 아니었다. 바다의 신 포세이돈도 테티스를 핼금거리고 있었다. 하지만 제우스 신이 테티스를 포세이돈에게 양보할 수는 없는 노릇이었다. 포세이돈도 자기를 저만치 앞서는 아들을 원하지도 않을뿐더러 포세이돈이 설사 테티스를 아내로 삼는다고 하더라도 포세이돈을 능가하는 아들이라면 올륌포스에도 위협이 될 것이기 때문이었다.

그러자면 방법은 하나뿐이었다. 인간 세계에서 짝을 찾는 방법이다. 결국 제우스는 뒷날 인간 세계의 손자들 중 하나인 펠레우스에게 테티스를 짝지워준다. 테티스를 펠레우스와 짝지워 줌으로써 제우스는 두 가지 이득을 보게 된다. 하나는 올륌포스의 우환을 없애는 것이고, 둘은 이로써 트로이아 전쟁을 일으키고 신들에게 박박 기어오르는 인간 세상의 영웅들 씨를 말리는 것이다.

* * *

제우스는 이제 프로메테우스를 용서할까?

헤라클레스가 에우뤼스테우스왕 밑에서 인간으로서는 도저히 해낼 수 없는 '열두 가지 어려운 일'을 하고 있을 당시의 일이다. 조금 더 정확하게 말하면, 열두 가지 어려운 일 중에서도 가장 어려운, 헤스페리데스가 지키고 있는 황금 사과를 따 오기 위해 길을 떠났을 때였다. 그 황금 사과나무는 헤라 여신이 결혼 선물로 대지의 여신 가이아로부터 받은 귀한 나무였다. 헤라는 이 귀한 선물을 인간의 발길이 미치지 못하는 곳에다 심고, 헤스페로스의 딸들, 즉 헤스페리데스에게 지키게 하고서 잠들지 않는 용까지 한 마리 붙여준 적이 있다.

헤라클레스가 이탈리아 반도의 에리다노스강 가에 이르렀을 때 마침 헬리오스가 바다 저쪽으로 떨어진 직후여서 강은 석양에 붉게 물들어 있었고, 밤의 요정들은 그 석양의 강물에 몸을 씻고 더러는 둑으로 오르고, 더러는 헤스페로스(샛별)가 막 나타난 하늘로 오르고 있었다. 헤라클레스는 둑으로 오르는 아름다운 요정을 하나 겨누고 다가가 앞을 막고 물었다.

"헤스페로스 아래서 더욱 아름다운 처녀여! 혹시 헤라 여신의 황금 사과나무를 지키는 요정이 아니신가요? 나는 헤라클레스(헤라의 영광), 헤라 여신께서 영광을 크게 드러내시려고 나를 망치받이에 얹어놓고 이렇듯 고통을 주신답니다. 나는 헤스페리데스의 동산으로 가야 합니다."

요정은 헤라클레스를 알고 있었다. 그러나 요정의 입으로는 동산이 있는 곳을 일러줄 수 없었다.

"헤라클레스 님, 신들과 인간을 통틀어 동산으로 가는 길을 가르쳐주실 수 있는 분은 네레우스(바다의 노인) 신뿐이랍니다. 저희는 가르쳐드릴 수 없습니다. 이것이 저희의 운명이고 네레우스 신의 운명이랍니다."

"네레우스는 어디에서 만날 수 있습니까?"

"타르테소스강 하구로 가보세요. 황금 사과나무를 심을 때 옆에서 보신 분은 이분뿐입니다."

"네레우스라면, 프로테우스처럼 둔갑에 능한 그 바다의 버금 신이 아닌가요?"

"네레우스 신이 동산 있는 곳을 가르쳐주지 않을 방법은 도망치는 길뿐입니다. 헤라클레스 님은 어떻게 하든지 그분을 붙잡되, 그분이 가리는 것보다 드러내는 쪽이 수월하다고 생각할 때까지 붙잡고 있어야 합니다. 진리를 아는 것도 이와 같고, 영광에 이르는 길도 이와 같습니다. 헤라클레스 님, 그대는 영생불사를 얻으신 분입니다. 저희 힘으로는 그대를 막을 수 없습니다. 그러나 저희 입으로 그 길을 가르쳐드릴 수도 없습니다. 하늘에는 비록 아무것도 없는 듯하나 저희가 입 밖에 낸 말 한마디 새어 나갈 데가 없습니다."

헤라클레스는 타르테소스강 하구에서 바다로 들어갔다. 네레우스는 동산에 황금 사과나무가 심기는 것을 본 영광을 입은 대신, 그 사과나무 있는 곳을 묻는 사람들로부터 영원히 도망쳐야 하는 운명을 부여받은 바다의 버금 신이다.

네레우스 신을 만난 헤라클레스는 황금 사과나무가 있는 헤스페리데스 동산으로 가는 길을 물었지만 네레우스 신은 가르쳐주지 않았다. 헤라클레스가 손목을 틀어잡자 네레우스는 해표로도 둔갑하고 돌고래로도 둔갑했다. 헤라클레스는 손목을 놓아주지 않았다. 네레우스는 물뱀으로 둔갑했다가 상대가 헤라클레스인 줄 알고서야 비로소 기겁을 하고는 본모습을 드러내고 입을 연다. 엉겁결에 물뱀으로 몸을 바꾸었던 네레우스는 상대가 태어난 지 여덟 달 만에 팔뚝만 한 뱀 두 마리를 목 졸라 죽였던 것을 알고 있었던 것이다.

네레우스는 자신의 모습을 황급히 원래 모습으로 되돌리고는 입을 열었다.

"나는 비록 폰토스(바다)와 가이아(대지)의 아들이나 보다시피 이렇게 늙은 몸이오. 여러 신이 비록 나를 바다의 신들의 말석에나마 두고 있다고 말하나, 아니오, 나는 영생불사를 얻은 몸이 아니오. 하지만 프로메테우스에는 미치지 못해도 나 역시 가까운 앞일을 짐작하오. 그러니 내가 시키는 대로 하시오. 그대는 헤라클레스이니 그 황금 사과나무 동산에 들어갈 수는 있을 것이오. 그러나 지금은 그대나 나나 헤라 여신의 눈총을 받을 때가 아니오. 그대가 알퀴오네우스를 죽인 직후에 기간토마키아(기간테스와 올륌포스 신들 사이의 전쟁)가 끝났소. 뭍으로 오르면 제우스 신이 그대에게 시키는 일이 있을 것이오. 가서 프로메테우스를 구하고 그분에게서 선견의 지혜를 빌리면 이 또한 아름다운 일이 아니겠소."

네레우스의 말 그대로였다. 헤라클레스가 뭍으로 오르자 제우스는 전령 신 헤르메스를 보내어, 헤라클레스로 하여금 프로메테우스를 살려내게 했다. 프로메테우스는 여전히 독수리에게 간을 뜯기는 형벌을 받고 있었다. 헤르메스는 헤라클레스에게 제우스의 명을 전했다.

"가서 프로메테우스의 간을 쪼아 먹는 독수리를 쏘아 죽여라. 이 제우스의 새는 그대 화살에 떨어지고 싶어 한다."

헤라클레스가, 사람들이 말 젖으로 담근 술을 먹는 땅인 스퀴티아의 카우카소스로 달려갔을 때는 마침 아침이었다. 독수리가 밤새 돋아난 프로메테우스의 간을 파먹으러 내려오고 있었다. 헤라클레스는 화살 하나로 독수리를 공중에서 납덩어리처럼 떨어지게 했다. 사수가 헤라클레스가 아니었던들 보는 사람은 독수리가 프로메테우스를 겨누고 내리꽂힌다고 여겼을 터였다.

독수리와 사슬과 말뚝에서 벗어나자 프로메테우스가 '미리 생각하는 자'답게 말문을 열었다.

"나는 헤르메스가 전한 제우스의 명을 받들어 네가 나를 구한 것을 알고 있었다. 비록 제우스의 명에 의한 것이어도 내가 너에게 은혜를 입은 것은 분명하다. 무슨 까닭이냐? 너 아니고는 나를 구할 자가 없기 때문이다. 나는 네가 오리라는 것을 오래전부터 알고 있었다. 네가 한 신이나 한 인간, 한 시대나 한 곳에, 시작에서 끝까지를 통틀어 단 한 번만 오는 순간으로 올 줄을 알고 있었다. 한 번만 오는 순간이라는 말을 유념하라. 너는 이 길로 하늘을 어깨로 받치고 있는 티탄 아틀라스를 찾아가거라. 아틀라스는 내 형제다. 올륌포스 신이 아니고서도 헤스페리데스의 동산에 갈 수 있는 자는 아틀라스뿐이다.

프로메테우스를 구하는 헤라클레스
사슬에 묶인 프로메테우스와, 활이 아닌 몽둥이로 독수리를 죽이는 헤라클레스. 5세기 청동 상자 그림.

 아틀라스가 바로 헤스페리데스의 아비이기 때문이다. 올륌포스 신이 아니고서도 아틀라스를 동산으로 보낼 수 있는 자는 너뿐이다. 아틀라스 대신 하늘을 떠받칠 수 있는 자는 너뿐이기 때문이다.
 네가 직접 헤스페리데스의 나라에 갈 수 없는 까닭을 일러주마. 헤스페리데스 동산에는 헤라 여신의 침실이 있고, 사과를 지키는 라돈이 있다. 이 라돈은 헤라 여신이 몸소 뽑아 동산에 둔 괴물이다. 만일에 네가 간다면 너는 이 라돈과 싸워야 할 것이다. 라돈은 뱀의 여신 에키드나의 아우다. 네가 그 괴물을 그냥 둘 리 없을 것이고, 라돈이 수많은 조카를 죽인 너를 그냥 둘 리 없을 것인즉, 일이 이렇게 되어서는 안 된다. 너는 당당하게 들어가 황금 사과를 요구할 입장이 아니다. 따라서 일을 공연하게 버르집어서는 안 된다.
 그 대신 아틀라스를 보내라. 아틀라스는 잠시라도 하늘의 무게에서 벗어나고 싶어 한다. 하지만 너 아니고서야 누가 아틀라스 대신 하늘을 젊어지고 견딜 수 있으랴. 네가 하늘을 짊어지고 있으면 그동안 아틀라스가 황금 사과를 따 올 것이다.

그러나 아틀라스는 교활한 위인이라 우직한 네가 교활한 아틀라스의 말재간에 넘어갈까 그게 염려스럽다. 잠깐 네 귀를 빌려야겠다. 보레오스(북풍)와 제퓌로스(서풍) 몰래 너에게 계책을 하나 일러주마."

프로메테우스의 귓속말에 고갯짓으로 답한 뒤 헤라클레스는 아프리카로 내려갔다.

헤라클레스가 찾아가 프로메테우스의 말을 전하자 아틀라스는 반색을 하며 좋아했다. 아틀라스가 어찌나 좋아했던지, 이슬이 마르면서 시들기 시작하던 수염 숲, 머리카락 숲이 허리를 펴고 일어섰다.

"그대가 잠시 나를 대신해서 이 하늘을 둘러메고 있으면 내가 가서 내 딸들의 동산에서 황금 사과를 취해다줄 것을 약속하리라."

"하늘의 축은 내가 이 어깨로 버티고 있겠습니다. 그러나 내 키는 인간의 키에서 크게 자란 것이 없어 어깨가 하늘의 축에 닿지 않습니다. 먼저 돌단을 쌓아 내가 거기 올라가 하늘의 축에 어깨를 댈 수 있게 해주십시오."

헤라클레스는 돌단을 아틀라스의 어깨 높이까지 쌓은 다음 그 위에 올라서서 왼쪽 어깨로 하늘 축을 받았다. 하늘 축에서 벗어난 아틀라스가 허리를 펴고 기지개를 켜자 반쯤 돌이 되어 있던 어깨의 바위 절벽이 비늘처럼 떨어져 나갔다.

아틀라스가 그 길로 곧장 헤스페리데스의 동산으로 달려가 황금 사과를 따 오기까지 걸린 시간은 한 끼 밥을 먹는 시간만큼도 되지 않았다.

"그렇게 속히 다녀올 수 있는 곳을, 어째서 인간은 평생을 가도 못 가는 것이오?"

헤라클레스의 입에 발린 소리에 아틀라스가 거드름을 피우며 대답했다.

"인간은 그 가는 길을 모르기 때문이다. 하지만 눈이 열린 자에게는 휘페르보레이아(북방 정토)와 엘뤼시온(낙원의 들)도 마주 닿아 있을 것으로 보일 것이다. 내가 황금 사과 동산까지 발로 다녀온 줄 아느냐? 헤스페리데스가 비록 내 딸들이나 그 동산에는, 내가 발로는 천 년을 걸어도 이르지 못한다."

"나도 압니다. 올리브 잎에 햇빛이 비치자 그늘진 잎 뒷면으로 몸을 피하는 개미를 본 적이 있소이다. 미련한 놈은 잎사귀를 가로지르고 가장자리를 돌아 뒷면으로 기어갔고 눈 밝은 놈은 잎사귀에 난 구멍을 통하여 바로 뒷면으로 넘어갑디다."

"그 미련한 개미가 바로 너 헤라클레스다. 내가 이 황금 사과를 너에게 넘겨주고 다시 그 하늘 축을 넘겨받을 줄 알았을 테지? 그렇게는 안 된다. 나는 천 년 동안이나 하늘 축을 대신 짊어질 수 있는 자를 기다려 왔다. 그동안이 얼마나 긴 세월이었는지 네 달력으로는 셈할 수가 없을 것이다. 잘 있거라, 헤라클레스. 그 무거운 하늘 축을 벗어난 나에게 이제 어디로 갈 것이냐고 묻지 말아라. 나는 자유의 몸이니."

"잠깐만, 아틀라스시여. 나는 남의 자유를 빼앗는 자가 아니고 남을 자유롭게 하는 자입니다. 나는 죽음에 대한 공포, 저승에 대한 공포, 전쟁에 대한 공포로부터 인간을 풀어주었습니다. 나는 당신의 형제 프로메테우스를, 인간에게 불과 지혜와 문화를 베풀었던 저 프로메테우스를 카우카소스의 바위산에서 해방시킨 자입니다. 이제 당신은 자유니까, 어디로 가든지 그것은 당신 마음입니다. 하지만 내 말을 한마디만 들으세요. 내가 몽둥이를 어느 손에 들고 다닙디까? 나는 오른손잡이입니다. 오른손잡이가 왼쪽 어깨로 하늘 축을 견디고 있자니 몹시 힘에 겹습니다. 자, 이 하늘 축을 오른쪽 어깨로 좀 옮겨주세요. 아틀라스께서 설마 이렇게 작은 청을 물리쳐 인간의 웃음거리가 되려 하지는 않겠지요?"

"그거야 어렵지 않다."

아틀라스는 황금 사과를 땅바닥에 내려놓고 헤라클레스 옆으로 다가가 하늘 축을 조금 들어주었다.

헤라클레스는 하늘 축을 왼쪽 어깨에서 오른쪽 어깨로 옮기는 척하다 재빨리 거기에서 빠져나와 돌단을 뛰어내렸다. 아틀라스는 하늘 축을 든 채 엉거주춤하게 서 있었다.

"이제 쉴 만큼 쉬었으니 다시 하늘 축을 둘러메시지요. 하지만 너무 거칠게는 다루지 마세요. 별들이 후두둑 떨어지리다. 당신은 속았어요. 무작배기 헤라클레스에게 속았으니 그리 아세요. 프로메테우스는 당신이 그럴 것을 짐작하고 부러 나더러 하늘 축을 왼쪽 어깨로 받고 있으라고 했어요. 나는 갑니다. 어디로 가느냐고 묻지 마세요. 나는 자유니까."

헤라클레스는 땅바닥에 놓인 황금 사과를 들고 그 자리를 떠났다. 아틀라스는 닭 쫓던 개 얼굴을 하고 있다가, 하늘 축을 그렇게 들고만 있을 일이 아니어서 살며시 어깨 위에 올려놓고는 한숨을 쉬었다.

프로메테우스는 제우스와 화해하고 다시 천상으로 올라가 신들을 후견하는 예언자가 된다. 프로메테우스는 이로써 올림포스 신들과 동등한 지위에 올라 영생불사하나 신화의 무대에는 다시 모습을 나타내지 않는다.

*　*　*

초기 신화에 그려진 프로메테우스는 제우스를 능가하는 꾀 많은 모사꾼에 지나지 않았다. 하지만 '인간에게 불을 훔쳐다주었다'는 한 가지 사실만으로 뒷날의 시인들이나 작가들, 특히 헤시오도스가 그를 위대한 신으로 돋우어 노래하기 시작했다. 특히 아이스퀼로스의 『사슬에 묶인 프로메테우스』에 이르면 제우스는 지독한 폭군으로 그려지고 프로메테우스는 위대한 순교자로 그려진다.

프로메테우스가 인간에게 베푼 것은 불뿐만이 아니었다. 인간에게 집을 짓는 법, 날씨를 미리 아는 법, 셈하고 글씨 쓰는 법, 짐승을 길들이는 법, 배를 지어 바다를 항해하는 기술도 가르쳤다. 제우스로부터 버림받은 이래로 짐승과 다름없는 삶을 근근 이어오던 인간은 프로메테우스 덕분에 문명과 문화 살림을 꾸릴 수 있게 되었다.

프로메테우스는 카우카소스산의 절벽에서 인간의 피가 섞인 헤라클레스에 의해 해방되어 자유를 찾게 되어 있었다. 인간을 사랑한 죄밖에 없다면서 제우스에게 거칠게 저항했던 그가 아닌가? 인간이 존재하지 않는 세상에는 신들도 존재할 수 없다고 주장하던 그가 아닌가?

그가 옳다. 인간 세상을 차지하기 위한 신들의 전쟁 이야기가 없는 신화는 신화가 아니다. 올륌포스 신들과 티탄들 사이의 전쟁도 인간 세상을 차지하기 위한 것이었다. 올륌포스 신들과 기간테스 사이의 전쟁도 인간 세상을 차지하기 위한 것이었다.

그래서 프로메테우스는 신이면서도 인간의 편에 섰던 것이다. 헤라클레스가 없었어도 그는 시인들에 의해서라도, 여느 인간들에 의해서라도 해방되었을 것이다.

오비디우스는 다음과 같은 의미심장한 노래로 기나긴 『변신 이야기』를 끝맺는다.

이제 나의 일은 끝났다. 제우스의 분노도, 불길도, 칼도, 탐욕스러운 세월도 소멸시킬 수 없는 나의 일은 이제 끝났다.

내 육체밖에는 앗아 가지 못할 운명의 날은 언제든 나를 찾아와, 언제 끝날지 모르는 내 이승의 삶을 앗아갈 것이다.

그러나 육체보다 귀한 내 영혼은 죽지 않고 별 위로 날아오를 것이며 내 이름은 영원히 사라지지 않을 것이다. 로마가 정복하는 땅이면 어느 땅이건, 백성들은 내 노래를 읽을 것이다.

시인의 예감이 그르지 않다면 단언하거니와, 명성을 통하여 영생불사를 얻은 나는 영원히 살 것이다.

오비디우스를 보라. 자신이 한 일은 제우스의 분노도 소멸시킬 수 없다고 하지 않는가? 자신의 이름이 영원히 사라지지 않을 것이라지 않는가? 명성을 통하여 영생불사를 얻었으니 영원히 살 것이라지 않는가?

'영원히'까지는 모르겠지만 2천 년 전에 그가 쓴 책을 우리가 이렇게 읽고 있으니, 신화는 참 힘이 세다 싶다.

나오는 말

아리아드네의 실꾸리와 '나'의 실꾸리

『이윤기의 그리스 로마 신화』 제1권의 제목은 원래 '아리아드네의 실꾸리(실타래)'였다. '실꾸리'란 '둥글게 감아놓은 실'이라는 뜻이다. 하지만 출판사 편집부는 이 제목을 받아들이지 않았다. 제목이 어렵다는 이유에서 그랬을 것이다. 하기야 아리아드네가 누구인지 모르는 독자들에게는 저자가 무엇을 말하려고 하는지 감이 얼른 안 잡히는 제목이기는 하다. 출판사가 제안한 것이 지금의 제목이다. 나는 그렇게 하자고 했다.

하지만 내가 왜 '실꾸리'라는 것에 그렇게 집착하고 있었는지 이제 그 까닭을 밝히는 것이 좋겠다. '아리아드네의 실꾸리 이야기', 이제 많은 독자가 알고 있을 것이다. 모르는 독자들을 위해 아주 간단하게 설명하자면 이렇다. 테세우스 왕자가 미궁에 들어갔다, 미궁 안의 길은 하도 복잡해서 들어가면 아무도 나올 수 없다, 그런데 아리아드네 공주가 테세우스에게 실꾸리를 하나 준다, 들어가면서 살살 풀었다가 나올 때 실을 따라 나오면 된단다. 테세우스는 그렇게 함으로써 미궁 탈출에 성공했다. 이런 실꾸리는 그리스에만 있었던 것일까?

우리 신화가 많이 실려 있는 『삼국유사』를 펴본다. 시인 김영석 박사가 번역한 책이다.

옛날 광주 북촌에 큰 부자가 살았다. 그 부자에게는 용모 단정한 딸이 있었는데 어느 날 딸이 아버지에게 말했다.

"밤마다 자줏빛 옷을 입은 한 남자가 저의 방에 들어와 사랑을 나누고 갑니다."

그 말을 들은 아버지는 딸에게 시켰다.

"긴 실을 바늘에 꿰어 그 남자 옷자락에다 꽂아놓아라."

그날 밤 딸은 자줏빛 옷을 입은 남자의 옷자락에 바늘을 꽂았다.

다음 날 날이 밝자 딸이 풀려 나간 실을 따라가 보았더니, 바늘은 북쪽 담 밑 큰 지렁이 허리에 꽂혀 있었다.

그 뒤 딸은 사내아이를 낳았다. 사내아이는 열다섯 살이 되자 스스로를 '견훤'이라고 불렀다.

서기 892년 전주를 수도로 삼고 후백제를 세운 견훤 이야기다. 일본에 이것과 비슷한 이야기가 있어도 나는 별로 놀라지 않는다. 시인 고운기 박사(어, 또 시인에다 박사네?)가 풀어서 쓴 『삼국유사』를 인용한다.

이쿠타마요리히메는 얼굴이 예쁘고 몸매가 발랐다. 한 남자가 있었거니와 그는 위엄 있고 헌걸차서 당시 누구와도 비할 수 없었다.

한밤중이었다. 슬며시 찾아왔는데, 서로 마음이 맞아 함께 지내는 동안, 얼마 지나지 않아 여자가 임신을 하였다. 부모는 딸이 임신한 사실을 알고 놀랐다.

"너, 임신하였구나. 남편도 없이 어떻게 임신을 하였느냐?"

"잘생긴 한 남자가 있어요. 이름은 잘 모르구요. 밤마다 와서 함께 지내는 사이에 어느덧 임신을 하였답니다."

그래서 부모는 그 사람이 누군가 알고 싶었다.

"붉은 흙을 침상 앞에 뿌려놓아라. 실패에 감긴 실을 바늘에 꿰어 그 사람

옷자락에다 꽂아두고."

여자는 가르쳐준 대로 하였다.

아침이 되어 보니, 바늘에 꿴 실은 방문 열쇠 구멍을 통해 밖으로 나가 있었다. 남은 실은 세 치뿐이었다. 곧 열쇠 구멍을 통해 밖으로 나간 사실을 알 수 있었다. 실을 따라 간 곳을 찾아보자, 미와야마에 이르러 그곳 신사(신들의 사당)에 멈추었다. 그래서 신의 아들임을 알았다.

신라 시대의 문장가 최치원에게도 실꾸리가 있었던 모양이다. 문창이라는 고을이 있었는데, 이 고을에서는 원님이 부임하는 족족 원님의 부인이 괴물에게 납치당했다. 최치원은 이 고을에 부임하면서 부인의 발목에다 긴 실을 묶어두었다. 어느 날 갑자기 천지가 캄캄해지면서 부인이 사라졌다. 사람을 시켜 실을 따라가보게 했다. 실은 고목의 가지에 걸렸다가 다시 바위틈으로 들어가 있었다. 사람들이 그 실을 따라 지하의 나라에 가보았더니 도술을 부리는 금돼지가 있었다. 사람들은 금돼지를 죽이고 부인을 데려왔다.

우연히 읽은 시 한 수 내 마음 깊은 곳에 남아 있다. 윌리엄 스태퍼드의 「삶이란 어떤 것이냐 하면 The way it is」, 이제는 내 삶의 스승이 된 이 시 한 수, 여기에 옮긴다.

그대가 붙잡고 따라가는 한 가닥 실이 있다.
시시때때로 변하는 것들 사이를 지나면서도
이 실은 변하지 않아.
그대가 무엇을 따라가는지 모두 궁금해하니
그대, 이 실이 무엇인지 설명해야겠네.
하지만 사람들 눈에는 이 실이 보이지 않아,
사람들 눈에는 보이지 않아도

이걸 잡고 있는 한, 길 잃을 염려는 없지.
슬픈 일들은 일어나게 마련이어서
사람들은 다치기도 하고 죽어가기도 한다.
그대 역시 고통 속에서 나이를 먹어가겠지.
세월이 펼치는 것은 그대도 막을 수 없으니
오로지 실만은 꼭 붙잡되, 놓치지 말아야 한다.

스태퍼드의 '실'은 현대판 '아리아드네의 실'이기도 하고, 북촌 부자 딸의 실이기도 하고, 일본 처녀의 실이기도 하고. 최치원의 실이기도 하고, 내가 줄기차게 붙잡고 따라가는 '신화라는 이름의 실'이기도 하다. '나'의 실은 남의 눈에 보이지 않는다. 설명해도 남들은 알아듣지 못한다. 하지만 이걸 꼭 붙잡고 있는 한, 길 잃을 염려는 없단다.

실은 가늘고도 길다. 실이 생겨나기 전에는 바다fathom을 잴 수 없을 unfathomable 만큼 깊은 연못이나 바다가 많았을 것이다. 이런 것들이 바로 '깊이를 잴 수 없는 심연unfathomable depth'이다. 맨 처음 실로써 이런 심연의 깊이를 잰 사람이 누구인지는 모르겠으나 그 사람 대단하지 않은가?

그 사람 시늉해서 나도 신화라는 이름의 내 실을 꼭 붙잡되 놓치지 않으려 한다. 독자들도 각자의 실꾸리를 하나씩 마련하기 바란다.

2004년 7월 과천 과인재에서
이윤기

제 4 권

헤라클레스의 12가지 과업

GREEK AND ROMAN MYTHOLOGY

일러두는 글
(혹은 읽히지도 않을 글 억지로 쓰기)

지금부터 20년 전인 1988년, '그리스 신화'가 '희랍 신화'로 불리던 시절에 세 권으로 된 신화 책 『뮈토스』를 써서 펴낸 적이 있다. 원고지 7백 장에 이르는 헤라클레스 이야기는 '영웅신 헤라클레스'라는 제목으로 그 책에 실려 있다. 다시 읽어보니 억지스러운 대목이 더러 있다.

이 책을 쓰면서 틀을 다시 짰다. 신화에는 워낙 이설異說 혹은 다른 주장이 많다. 이런 것들을 고루 받아쓰면 줄거리가 어수선해질 가능성이 높다.

다시 쓰면서 아폴로도로스의 『그리스 신화 소사전 Bibliotheke』에서 뼈대를 취했다. 이 책은 기원전 2세기에 쓰인 매우 중요한 책이기는 하다. 하지만 이 책은 기둥 줄거리만 굵직굵직하게 다룬 것이어서 아기자기한 재미는 적다.

그리스 신화를 집대성하다시피 한 영국의 작가이자 시인 로버트 그레이브스의 『그리스 신화 The Greek Myths』로부터 큰 도움을 받았다. 무려 8백 쪽에 이르는 이 책은 아폴로도로스는 물론 고전시대의 작가들인 파우사니아스, 핀다로스, 에우뤼피데스, 호메로스 등이 제기하는 이설을 두루 다루고 있어서 큰 참고가 되었다. 영웅이나 괴물의 족보에도 워낙 이설이 많다. 그래서 헤시오도스의 『신통기Theogonia』를 믿을 만한 자료로 삼았다.

  자료의 출전을 일일이 밝히지는 않았다. 독자들이 읽는 데 별 지장이 없을 것으로 여겼기 때문이다.

  그림이나 석상 사진이 많이 들어가 있다. 이미지는 여기에 소개하는 신화가 사실이었다는 것을 증명하는 증거물이 아니다. 그림이나 석상은 많은 예술가들 상상력의 산물일 뿐이다. 예술가는 그렇게 상상하는 근거를 대라는 요구에 침묵할 권리가 있다.

  이 책은 고대의 고전학자들이 짜놓은 틀 안에서 상상력으로 신화를 복원한 소설가의 이야기책이다. 앞에서 내가 말한 책에는 따옴표가 하나도 없다. 무뚝뚝한 편년체 역사책 같아서 있었음 직한 대화를 지어 넣었다.

  이 책이 나온 뒤부터는 독자들이 유럽의 박물관에서 머무는 시간이 점점 더 길어졌으면, 참 좋겠다. 이 책의 저자인 나는 소망한다.

들어가는 말

인류의 오래된 기억일까

분수 공원에서 망신당하다

2006년 여름, 나는 처음으로 러시아를 여행했다. 오래 참고 오래 기다리던 여행이었다. 러시아의 이름난 도시와 호수, 수많은 미술관과 박물관은 내가 오래 꽁꽁 숨겨둔 여행지였다. 러시아에서 내가 가장 가고 싶었던 곳은 상트페테르부르크의 '겨울 궁전'에 자리 잡고 있는 박물관이었다.

내가 상트페테르부르크 여행을 계획할 때면 친구들은 다음과 같은 말로 나의 기를 꺾고는 했다.

"상트페테르부르크? 겨울에 가야 제대로 볼 수 있어. 여름에는 박물관 이외에는 별로 볼 것이 없어."

나 박물관 보러 갈 건데?

나는 체질상 더위에는 끄떡도 않는데 추위는 많이 탄다. 내가 살던 미국의 미시간주의 위도는 중국의 훈춘과 맞먹는, 따라서 거의 북국에 속한다. 그 동토에서 10여 년을 살다 온 나에게 북국은 공포의 대상이다. 그래서 여름에 러시아로 떠난 것이다.

상트페테르부르크의 겨울 궁전에는 저 유명한 에르미타주 박물관이 있다. 에르미타주 박물관은 루브르 박물관, 대영박물관과 함께 세계 3대 박물관으로 꼽힌다. 그해 여름 나는 에르미타주 박물관에서 그리스 및 로마의 신화 이미지를 빨아들이듯이 둘러보면서, 카메라에 주워 담으면서 무척 행복했다.

에르미타주 박물관에는 4백여 개의 전시실이 있다. 전시실들을 두루 돌아다니자면 약 27킬로미터를 걸어야 한단다. 전시 품목 하나하나를 1분씩, 하루 8시간씩 감상할 경우, 전 품목을 감상하자면 약 15년이 걸린단다.

이 엄청난 박물관을 꾸러미 여행 관람객들은 두세 시간 만에 용감하게 주파해버린다. 많은 돈 들여 머나먼 하늘길을 날아와 두세 시간 만에 주파해버리는 것은 여간 밑지는 장사가 아니다. 한국인 여행자들만 그러는 것이 아니다. 왜 그러는 것일까?

모르기 때문이다.

미술사가美術史家 유홍준 박사가 널리 퍼뜨린 저 유명한 말, "사랑하면 알게 되고 알면 보이나니 그때 보이는 것은 전과 같지 않다." 이 한마디가 이 현상을 설명해준다. 유럽 박물관의 명화나 대리석상은 대부분이 성서나 신화를 소재로 제작된 것들이다. 나는 어린 시절부터 성서 읽기와 신화 읽기에 많은 시간을 써왔다. 그래서 이런 박물관에 가면 동행을 몹시 피곤하게 만들고는 한다.

유럽의 모습이 세계의 전모는 아니다. 하지만 절반은 훨씬 웃돈다. 그 유럽 문화의 속살인 성서와 신화, 모르고 한 생을 지나갈 수도 있다. 하지만 그것은 얼마나 단단히 밑지는 삶인가.

독자들을 더 이상 겁주고 싶지 않아서 에르미타주 박물관 이야기는 더 이상 하지 않겠다. 거기에서 찍어온 미숙한 사진들이 내 말을 대신할 것이다.

여름 궁전은 상트페테르부르크 근교에 있다. 겨울 궁전은 글자 그대

상트페테르부르크 '여름 궁전'의 분수 공원
신화 속 주인공들을 황금빛 석상으로 꾸몄다.

로 황제가 겨울을 나던 곳이고 여름 궁전은 여름을 나던 곳이란다. 여름 궁전에는 분수 공원이 딸려 있고, 이 분수 공원에는 그리스의 신들과 영웅들의 황금빛 석상이 즐비하다고 했다. 나는 여행 떠나기 전에 이미 분수 공원에 대해 알고 있었다. 컴퓨터에 '여름 궁전'을 입력하면 정보가 줄줄이 흘러나오는 세상 아닌가.

 황금빛 신화 이미지들에 둘러싸인 거대한 분수!

 여름 궁전의 분수 공원으로 접근하면서 나는 뛰는 가슴을 진정시켜야 했다. 내 가슴은 현대의 것이든 고대의 것이든 신화 이미지만 만나면 마구 뛰는 묘한 버릇이 있다.

 여름 궁전의 정문에서, 분수 옆으로 난 계단을 천천히 내려갔다. 맨 먼저 페르세우스가 보였다. 그리스 신화를 조금이라도 읽어본 사람들이라면 괴물 메두사의 머리를 잘라 들고 환호하는 페르세우스를 한눈에 알아볼 수 있을 것이다. 메두사의 목을 자르러 갈 당시 페르세우스는 헤르메스로부터 날개 달린 가죽신을 빌려 신은 것으로 전해진다. 자세히 보면 날개 달린 가죽신도 눈에 띄게 새겨져 있다. 메두사의 잘린 머리와 날개 달린 가죽신이, 이 금빛 석상의 주인공이 페르세우스라는 사실을 움직일 수 없게 한다.

페르세우스 바로 앞에는 곡식의 여신 데메테르가 서 있다. 딸을 잃고 온 세상 천지를 떠돌던 바로 그 여신이다. 왼손에 든 곡식 이삭을 보라. 틀림없는 데메테르다.

데메테르 여신상에서 몇 계단 더 내려가면 술잔을 든 젊은 신의 석상이 서 있다. 이 석상의 뒤에서는 숲속의 술꾼 사튀로스가 몸을 배배 꼬고 있다. 신상의 사타구니는 나뭇잎으로 가려져 있다. 틀림없이 포도나무 잎일 것이다. 술의 신 디오뉘소스임에 분명하다. 디오뉘소스 건너편으로는 떠돌이 모습을 한 젊은 신이 서 있다. 모자에 날개가 있는 것으

아프로디테 칼리퓌게스
'엉덩이가 예쁜 아프로디테'로 불리는 유명한 여신상. 나폴리 국립 고고학 박물관.

로 보아 헤르메스임에 틀림없다. 헤르메스는 상업의 신이기도 하지만 여기에서는 나그네의 수호신으로 그려져 있다. 돈주머니를 들고 있는 대신 지팡이를 들고 차양 큰 모자를 쓰고 있기 때문이다.

건너편으로 요염한 여신상이 보인다. 〈아프로디테 칼리퓌게스〉, 즉 '엉덩이가 예쁜 아프로디테'로 불리는 아주 유명한 여신상이다. 이 여신상의 진품에 가장 가까운 작품은 지금 이탈리아 나폴리의 국립 고고학 박물관에 있다. 원래는 로마에 있던, 정복자 율리우스 카이사르의 저택 뜰에 놓여 있던 것이란다. 목욕한 직후의 자태를 새긴 것인 듯한데 〈아프로디테 칼리퓌게스〉라고 불리는 이 작품의 모각품(원본을 베껴서 새긴 조각품)은 유럽 도처에서 볼 수 있다.

이제 디오뉘소스상에서 계단을 몇 개 더 내려가본다. 낯익은 부부의 신상이 있다. 오른발 뒤꿈치를 살짝 들고 서 있는 앞의 신상은 제우스임에 분명하다. 울근불근한 근육을 자랑하는 신, 오른손에 벼락 뭉치를 든 신이 제우스 아니면 누구이겠는가?

제우스 신상 너머로는 용모가 단정한 여신상이 보인다. 누구일까? 제우스 신의 아내인 헤라 여신임에 분명하다. 제우스 옆에 저렇게 나란히 설 만한 여신은 헤라 말고는 거의 없다. 제우스와 헤라 부부는 지금 물끄러미 무엇인가를, 누구인가를 내려다보고 있다. 제우스는 자애로운 눈길로, 헤라는 새침한 눈길로 내려다보고 있다. 무엇을 내려다보는 것일까? 누구를 내려다보고 있는 것일까?

신상 뒤로 가서 제우스 신이 지금 무엇을, 누구를 내려다보고 있는지 확인하고 싶었다. 제우스의 시선이 머무는 곳이 어디인지 확인하고 싶었다. 제우스는 지금 한 청년을 내려다보고 있다. 분수 공원의 중심에 서 있는 이 청년은 예사 청년이 아닌 것 같다. 사자와 일대일로 '맞짱' 뜨는 데 그치지 않고 그 아가리까지 찢고 있으니 여느 청년일 리가 없다.

누구일까?

내가 큼지막한 카메라로 신경을 써가면서 사진을 찍고 있어서 이 방면의 전문가로 보였던 모양인가? 유럽 사람인 듯한 한 장년의 관광객이 내게 물었다.

"그리스 신화에 나오는 신들과 영웅들 같군요?"

나는 아주 빠른 말투로 설명해주었다. 저것은 누구, 저것은 또 누구……. 말투가 빨라지지 않을 수 없었던 것은 한시바삐 내려가, 사자와 싸우는 청년을 보고 싶었기 때문이다. 장년의 관광객이 또 물었다.

"그러면 저 아래, 사자의 입을 찢는 영웅은요?"

"네메아의 사자를 제압한 영웅 헤라클레스가 아니면 대체 누구일 수 있습니까?"

나는 자신 있게 반문했다. 그런데 관광객이 고개를 갸웃거리며 혼잣말하듯이 중얼거렸다.

"아닌데…… 삼손이라고 하던데……."

"그럴 리가 있나요? 그리스 신들과 영웅들의 숲 한가운데 이스라엘

헤라클레스인가 삼손인가
분수 공원에서 가장 높은 물줄기는 바로 이 사자의 아가리에서 무려 20미터 높이로 치솟는다. 하지만 중요한 것은 청년의 정체다.

의 영웅 삼손을 세워놓을 리가 있겠어요?"

하지만 내가 진짜 하고 싶었던 말은 다음과 같은 것이다.

'러시아 사람들이 아무리 무식해도 그렇지, 헬레니즘(그리스와 로마) 문화의 숲 한복판에 헤브라이즘(이스라엘) 문화의 상징인 삼손의 석상을 어떻게 세울 수 있나요?'

하지만 그 관광객이 내 말을 알아들을 것 같지 않아서 그만두었다.

돌아서서 여름 궁전으로 다시 올라갔다. 그늘에 앉아 여행 안내서 『주머니에 쏙 들어가는 상트페테르부르크』의 「여름 궁전」 항목을 다시 읽어보았다. 그리고 까무라치게 놀랐다.

요즘 자주 쓰이는 '죽는 줄 알았다' 혹은 '뒤집어지는 줄 알았다'는 말, 이럴 때 쓰는 것인가 보다.

안내서는, 구약성경에 나오는 영웅 삼손의 석상이라고 했다. 그 분수의 이름도 '삼손 분수'라고 했다. 그렇다면 유럽 관광객에게 헤라클레스라고 벅벅 우긴 나는 무엇이 되는가? 이 무슨 망신인가 싶었다. 그 유럽 관광객에게는 미안하기 짝이 없었다. 나의 확신이 자초한 망신이었다.

설명서를 꼼꼼하게 다시 읽어보았다.

"헤라클레스풍의 어마어마한 이 동상은 삼손이 사자의 입을 찢는 순간을, 즉 북방 전쟁에서 러시아가 스웨덴을 격파하는 순간을 그리고 있다."

'헤라클레스'라는 말이 들어가 있기는 하다. 하지만 그 말은 한낱 수식어로 들어가 있을 뿐이다. 어째서 이런 황당하고 어정쩡한 분수 공원이 조성될 수 있었을까? 〈성 삼손〉상을 제작한 미하일 코즐롭스키의 의중이 궁금해지지 않을 수 없었다.

18세기 초 러시아 제2의 도시 상트페테르부르크를 건설한 사람은 서유럽 유학생 출신인 계몽 군주 표트르(베드로) 황제다. 자신의 수호성인 페테르(베드로)의 이름에 따라 그는 이 도시를 '상트페테르부르크

Saint Peterburg', 즉 '성 베드로의 도시'라고 부르게 했다. 서유럽에 견주어 한참 뒤떨어져 있던 러시아를 한달음에 근대화하고 싶었던 이 욕심 많은 황제는 서유럽의 유서 깊은 도시들을 아주 베껴버리고 싶어 하기까지 했다. 도시 이름에 '그라드grad'라는 러시아어 대신 독일어 '부르크burg'가 들어가 있는 것부터 주목할 만하다. 그는 도시의 중요한 건물을 설계하고 조경할 때도 이탈리아, 프랑스, 독일의 전문가들을 불러들이는 것을 조금도 부끄러워하지 않았다.

표트르가 이 도시의 하드웨어를 준비한 황제라면 예카테리나는 소프트웨어로써 이 도시를 거의 완성시킨 황제다. 옛 독일 출신 여성인 통크고 배짱 좋은 예카테리나는 서유럽의 예술가들과 철학자들을 폭넓게 사귀는 한편 서유럽의 예술품들을 뭉텅뭉텅 사들였다. 에르미타주 박물관은 그러니까 발로 뛰기를 좋아했던 이 맹렬 여성의 발자국 같은 것이다.

상트페테르부르크는 헬레니즘과 헤브라이즘이 만나는 접점 같은 도시이기도 하다.

표트르 황제 시절의 러시아는 어떻게 하든 헬레니즘 쪽으로 가파르게 기울어지기를 열망했다. 앞서 가던 서유럽 문화가 바로 헬레니즘을 기둥 줄기로 하는 문화였기 때문이다. 그 시절의 러시아인들은 서유럽에 대해 심한 열등감을 느끼고 있었다. 러시아 황실에서 쓰이던 언어는 러시아어가 아니라 프랑스어, 영어, 독일어였으니 당연했다. 여름 궁전의 분수 공원에 그리스의 신들과 영웅들의 금칠한 동상들이 숲을 이루고 있는 것은 그 때문이다.

표트르 황제 시절의 러시아는 성경을 기둥 줄기로 하는 헤브라이즘 문화가, 기세등등하던 헬레니즘에 가볍게 저항하던 시절이기도 하다. 대부분의 러시아인들은 동방정교회의 독실한 신자들이었다. 그들에게 이스라엘의 영웅 삼손은 그냥 삼손이 아니라 '성(거룩한) 삼손'이었다. 1709년 러시아는 숙적 스웨덴을 격파하고 발틱해 연안의 최강국으로 떠오르는데, 러시아가 압승한 날이 바로 8월 27일, 공교롭게도 '성 삼손의 날'이었다. 러시아의 독실한 정교회 신자들이 분수 한복판에 헤라클레스의 동상이 들어서는 것을 용납할 수 있었을까? 그들은 틀림없이 '성 삼손'의 보살핌 덕분에 스웨덴을 격파할 수 있었다고 믿었을 것이다. 그래서 〈사자의 입을 찢는 삼손 Samson rending the lion's jaw〉이 그 자리에 들어서게 되었을 것이다.

하지만 벼락을 손에 모아 쥔 제우스 앞의 삼손이라니……. 그리스 신들과 영웅들 사이에 서 있는 이스라엘의 삼손이라니……. 참으로 어정쩡한 분수 공원이기는 하다. 하지만 헬레니즘과 헤브라이즘이 19세기의 분수 공원에서 어정쩡하게 조우하는 현장이기도 해서 보는 재미는 쏠쏠하다.

삼손 이야기, 들어서 잘 아는 독자들도 있을 것이고, 듣기는 했는데 내용을 기억하지 못하는 독자들도 있을 것이다. 구약성서 「판관기」에 나오는 이야기를 간추려보겠다. '판관'이라는 말은 '재판관' 혹은 지도자를 뜻한다.

이스라엘 백성이 야훼의 눈에 거슬리는 일을 하였다. 그래서 다시 야훼께서는 그들을 40년 동안 블레셋 사람들 손에 붙이셨다……. 마노아라는 사람의 아내는 아기를 낳지 못하는 돌계집이었는데, 야훼의 천사가 그 여인에게 나타나 말하였다.

"보아라. 너는 아기를 낳아보지 못한 돌계집이지만 이제 임신하여 아들을 낳으리라……. 네가 임신하여 아들을 낳거든 그 머리에 면도칼을 대지 말라."

이렇게 해서 태어나는 영웅이 바로 삼손이다. 신화에 눈이 밝은 독자들 예감의 더듬이는 여기까지만 읽어도 벌써 이야기의 결말 근처를 더듬거릴 것이다.

아하, 잘 모르기는 하지만 이 영웅은 '머리카락' 때문에 크든 작든 한 차례 곤욕을 치르겠구나.

이스라엘 사람들이 블레셋 사람들의 지배 아래서 40여 년 동안 피곤하게 살고 있던 시절의 일이다. 성서 인용을 계속한다.

삼손이 딤나로 내려가서 한 포도원에 다다랐을 때의 일이다. 난데없이 어린 사자 한 마리가 으르렁거리며 달려드는 것이었다. 그때 야훼의 영이 갑자기 내리덮쳐 삼손은 양새끼 찢듯 맨손으로 그 사자를 갈기갈기 찢었다…….

삼손이 레이에 이르자 블레셋 사람들이 소리를 지르며 달려오는데 야훼의 영이 그를 덮쳤다……. 마침 거기에 죽은 지 얼마 안 되는 당나귀의 턱뼈가 하나 있었다. 삼손은 그것을 집어들고 휘둘러서 1천 명이나 죽이고는 외쳤다…….

(삼손은) 여우 3백 마리를 잡아 꼬리를 서로 비끄러매고는 두 꼬리를 맨 사이에 준비해두었던 홰를 하나씩 매달아놓고 그 홰에 불을 붙인 다음 여우들을 블레셋 사람 곡식밭으로 내몰았다. 이렇게 하여 그는 곡식 가리뿐 아니라 아직 베지 않은 곡식과 포도덩굴과 올리브 나무까지 태워버렸다…….

삼손은 소렉 골짜기에 사는 한 여자를 사랑하게 되었다. 그 여자의 이름은 들릴라라고 했다. 블레셋 추장들이 그 여자를 찾아와서 부탁하였다.

"그를 꾀어내어 그 큰 힘이 어디에서 나오는지 알아보아라…….."

(삼손이 몇 차례 자기 힘의 비밀을 털어놓았지만 모두 짐짓 해본 거짓말이었다. 하지만 들릴라가) 날이면 날마다 (힘의 비밀이 어디에 있는지 가르쳐달라고) 졸라대는 바람에 삼손은 귀찮아 죽을 지경이 되었다. 그래서 마침내 속을 털어놓고 말았다.

"내 머리에는 면도칼이 닿아본 적이 없다. 내 머리만 깎으면 나도 힘을 잃고 맥이 빠져 다른 사람과 조금도 다를 것이 없이 되지…….."

들릴라는 삼손을 무릎에 뉘어 잠재우고는 (블레셋) 사람들을 불러 그의 머리카락 일곱 가닥을 자르게 했다……. 블레셋 사람들은 (힘 빠진) 그를 잡아 눈을 뽑은 다음……. 옥에서 연자매를 돌리게 하였다. 그러는 동안 잘렸던 그의 머리가 점점 자랐다.

삼손과 들릴라
머리카락을 잘린 삼손에게 블레셋인들이 들이닥친다. 페테르 파울 루벤스가 이처럼 좋은 소재를 놓쳤을 리 없다.

가수 조영남이 40년 가까이 부르고 다니는 노래 〈딜라일라Delilah〉를 들을 때마다 나는 삼손을 생각한다. 들릴라Delilah에게 배신당하고 두 눈알을 뽑힌 채 감옥에서 연자방아를 돌리면서 삼손은 이를 갈았으리라. 뿐만 아니다. 노랫말 "날 두고 누구와 사랑을 속삭이나"에 이르면, 이 노래의 작사가와 작곡가가 삼손의 비참한 심경을 염두에 두고 이 노

들어가는 말

래를 만들었을 거라고 확신하기까지 한다. 그래서 노래 제목이 〈딜라일라〉가 된 것이 아니겠는가?

블레셋 추장들은 저희의 신 다곤에게 큰 제사를 드리고 나서 외친다.

"우리 나라를 망치던 자, 우리를 수도 없이 죽이던 삼손을 우리의 신이 잡아주셨다······. 흥을 돋우게 삼손을 불러내라!"

삼손은 자기 손을 붙잡고 인도해주는 젊은이에게 부탁하였다.

"이 신전을 버틴 기둥을 만질 수 있게 나를 데려다다오."

······삼손이 야훼에게 부르짖었다.

"블레셋 놈들과 함께 죽게 해주십시오."

그러고는 있는 힘을 다해서 밀자 그 신전은 무너져 거기에 있던 추장들과 사람이 모두 깔려 죽었다. 삼손이 죽으면서 죽인 사람이 살아서 죽인 사람보다도 더 많다(더라).

삼손 이야기의 분석을 시도한 이스라엘 작가 다비드 그로스만의 저서 『사자의 꿀』에 따르면 삼손은 민족을 지도한 적도 없고, 여자를 밝혀 돈으로 사기까지 했던 만큼 별로 도덕적이지도 않았다. 그로스만은 삼손이 신이 부여한 육체 자체를 망명지로 삼았던 슬픈 장사壯士에 지나지 않는다고 주장한다. 하지만 이스라엘 사람들은 하느님의 영을 수시로 받아 육체적, 도덕적 제약 없이 초능력을 행사하는 그를 지금도 잊지 못한다.

1948년 이스라엘 독립전쟁에 참가했던 용사들이 '삼손의 여우들'이라고 불렸던 것을 보라. 당시의 이스라엘 용사들은 여우 꼬리에 횃불을 매달아 또 한 차례 팔레스타인인들의 논밭을 불 지르고 싶었으리라. 1980년대 팔레스타인인들의 무력시위에 맞서 창설된 이스라엘의 부대 이름은 '삼손 부대'였다. 이제 어떤 사람이 미국의 뉴욕 한복판에다 '삼손 클럽'이라는 육체미 도장을 연다고 해도 별로 놀랄 일은 아니다.

어차피 이스라엘인(유대인) 이민자가 여는 것일 테니까. 아니나 다를까. 1960년대에 쇳덩어리 같은 근육을 자랑하던 유대인 랍비 라파엘 할페른이 세운 '삼손 협회'라는 보디빌딩 클럽이 있었단다.

헤라클레스 따라 하기

초등학생 시절, 중고등학교 다니던 사촌형들과 자주 어울렸다. 그들은 막내인 나를 자주 부려먹었다. 심부름도 자주 시켰고 꽤 무거운 물건도 자주 들어 옮기게 했다. 무거운 물건을 거뜬하게 들어 옮길 때마다 형들은 짐짓 다음과 같은 말로 나를 응원하고는 했다. 필경 그렇게 꾀어 자꾸 부려먹으려는 수작이었으리라.

"야, 헤라크레스가 따로 없네."

'헤라크레스'가 무엇인지 당시에는 알지 못했다. 나중에야 힘이 세기로 유명한 영웅 헤라클레스였다는 것을 알았다. 어쨌든 내가 그 말을 듣던 순간은 상징적이고 은유적인 신화의 언어가 내 삶에 처음으로 스며드는 순간이었다.

그로부터 근 45년 세월이 흘렀다. 그동안 나는 그리스와 로마의 신화를 공부하면서 수많은 책을 읽고, 수많은 그림을 보고, 수많은 나라의 박물관을 찾아다녔다.

헤라클레스를 쪼은 가장 유명한 대리석상은 이탈리아의 나폴리 국립 고고학 박물관에 있다. 〈지친 헤라클레스〉, 이것이 그 유명한 대리석상의 이름이다. 이 대리석상의 모조품은 유럽 어느 박물관에서든 볼 수 있다. 나는 서기 2002년 여름에야 이 〈지친 헤라클레스〉를 내 눈으로 직접 볼 수 있었다.

〈지친 헤라클레스〉는 지금 왼쪽 겨드랑이를 올리브 나무 몽둥이에 기댄 채 쉬고 있다. 왼손가락이 모두 축 늘어져 있는 것으로 보아 상당히 지친 것 같다. 오른손은 등 뒤로 돌아가 있다. 그는 왜 오른손을 뒤로 돌리고 있을까. 무엇인가를 감추고 있는 것 같은데 무엇을 감추고 있는 것일까?

뒤로 돌아가본다. 테니스공 비슷한 것을 세 개 쥐고 있다.

〈지친 헤라클레스〉 앞에서, 로마에서 유학하고 있던 안내인을 불러 농담 삼아 물어보았다.

"헤라클레스가 오른손에 쥐고 있는 게 무엇인지 아시오?"

그는 모르겠다고 하더니, 내가 설명을 시작하기도 전에 손전화 단추를 바쁘게 눌렀다. 손전화에다 대고 속사포 같은 이탈리아어로 잠깐 이야기를 나누던 그가 손전화를 탁 소리가 나게 닫으면서 내게 설명했다.

"'불알'이랍니다. 이 방면의 전문가에게 물어보았습니다."

'고환'은 점잖은 말이고 속된 말로는 '불알'이다. 경상도 사투리를 쓰

지친 헤라클레스
그리스의 전설적인 조각가 뤼시포스의 원작을 모방한 로마 시대 모각품으로, 세계에서 가장 유명한 헤라클레스상. 올리브 나무 몽둥이에 사자 가죽을 걸치고 기대어 쉬고 있다. 나폴리 국립 고고학 박물관.

뒤에서 본 〈지친 헤라클레스〉
헤라클레스는 오른손에 공같이 둥근 것을 세 개 쥐고 있다. 헨드릭 홀치위스의 석판화.

는 사람들은 '붕알'이라고 하기도 한다.

 "'붕알'이라면 두 개밖에 없어야 하는데, 지금 헤라클레스는 세 개나 들고 있잖아요?"

 장난기가 발동했던 나는 안내인을 부드럽게 몰아붙였다. 난감해진 안내인이 약간 '쫄아든' 소리로 말했다.

 "헤라클레스의 초인간적 남성스러움을 상징하는 것은 아닐까요?"

 센 농담으로 더 밀어붙이려다 말았다. 원숭이도 나무에서 떨어질 때가 있다는데 전문가도 실수할 수 있는 거지 뭐, 이런 생각을 하면서 혼자 웃었다.

 더 몰아붙이고 싶었다면 나는 이렇게 을러메었을 것이다.

 "에이, 아무리 헤라클레스기로서니, 두 쪽만 해도 거추장스러운데 그걸 세 쪽이나 차고 다녔겠어요? 트로이아의 목동 파리스도 오른손에 테니스 공 같은 걸 쥐고 있기는 한데 달랑 한 개만 쥐고 있습니다. 그렇

들어가는 말

다면 파리스는 '외쪽 불알 사나이'게요?"

헤라클레스는 세 개나 쥐고 있고 파리스는 달랑 한 개를 쥐고 있는 그 테니스공처럼 생긴 물건은 도대체 무엇일까?

'황금 사과'다.

파리스가 쥐고 있는 황금 사과는 '파리스의 심판' 때 '그리스에서 가장 아름다운 여신' 아프로디테에게 바쳐진 바로 그 황금 사과다.

그렇다면 헤라클레스의 황금 사과는?

이 이야기는 나중에 하기로 한다.

이탈리아 여행 때 우리를 도와준 유학생 안내인은 신화에 그다지 밝은 것 같지 않았다. 그런데도 그는 헤라클레스에 대해서 '초인간적 남성스러움'이라는 말을 썼다. 많은 사람의 뇌리에 헤라클레스는 막연하게나마 '초인간적인 남성스러움'의 상징처럼 새겨져 있을 것이다.

이 세상에는 '초인간적 남성스러움'을 동경하는 사람도 있고 처음부터 자기와는 인연이 없는 것으로 치부하는 사람도 있다. '헤라클레스'라고 불릴 때 조심해야 한다. 헤라클레스를 동경하거나 이 호칭에 겁 없이 집착하면 죽을 고비 몇 번 넘기기는 기본이다. 비슷한 경험의 소유자인 나는 너무 쉽게 평화를 얻었다. 그것과 인연이 없다는 것을 깨달은 지 오래되었기 때문이다.

헤라클레스의 '초인간적 남성스러움', 이것을 동경하면 '헤라클레스 따라 하기'가 시작된다. 따라 하다 보면 어느 순간 헤라클레스와 엇비슷하게 되어가고 있다는 느낌을 받는데 사람들이 '동일시 현상'이라고 부르는 심리 상태가 바로 이것이다.

'헤라클레스 따라 하기'의 원조는 단연 '테세우스'다. 테세우스는 그리스 전역에서는 헤라클레스 다음으로 사랑받은 영웅, 아테나이를 중심으로 하는 아티카 지역에서는 헤라클레스보다 더 인기 있는 영웅이었다. 테세우스가 한동안 아테나이를 중심으로 하는 아티카를 다스렸기 때문이다.

신화에 따르면 테세우스는 헤라클레스와 거의 같은 시대 사람이다. 역사가 플루타르코스는 테세우스가 여섯 살 때 헤라클레스를 만난 적이 있다고 쓰고 있다. 테세우스의 나이는 헤라클레스보다 열네댓 살 적었던 것으로 보인다. 신화의 영웅들 나이에 의미가 있을 리 없지만 역사가의 기록이라서 참 재미있다.

뒤에 자세하게 쓰게 되겠지만 헤라클레스는 네메아 지방을 쑥대밭으로 만든 사자 한 마리를 목 졸라 죽인 적이 있다. 헤라클레스는 이것을 자랑삼아 그 사자의 가죽을 벗겨 겉옷처럼 어깨에 걸치고 다녔다. 테세우스의 외가인 트로이젠 왕궁을 방문했을 때도 헤라클레스는 물론 그 사자 가죽을 어깨에 걸치고 올리브 나무 몽둥이는 손에 들고 있었다. 당시 왕궁에 기거하고 있던 사람들은 어른 아이 할 것 없이 모두, 사자 가죽을 걸친 헤라클레스를 진짜 사자로 오인하고는 혼비백산했다. 딱한 사람, 번개같이 무기 창고로 달려 들어가 도끼를 들고 나온 아이가 있었다.

몽둥이를 든 테세우스와 미노타우로스
헤라클레스와 비슷한 몽둥이로 미노타우로스를 때려 죽인 테세우스. 18-19세기 이탈리아 조각가 안토니오 카노바의 작품. 런던 빅토리아 앤드 앨버트 박물관.

여섯 살배기 테세우스였다.

테세우스는 뒷날 아테나이로 올라가는 길에 페리페데스라는 망나니를 죽인 적이 있다. 페리페데스는 다리가 부실해서 늘 몽둥이를 지팡이 삼아 들고 다녔다. 그래서 사람들은 그를 본명 대신 '코뤼네테스'라는 별명으로 불렀다. '몽둥이 장사'라는 뜻이다. 몽둥이 들고 그냥 다녔다면 그가 테세우스 손에 죽임을 당했을 리 없다. 그것으로 걸핏하면 행인을 때려 죽이는 것이 문제였다.

테세우스는 '네가 그런 방식으로 사람들을 죽였으니 나도 똑같은 방식으로 너를 죽인다'는 방침을 실천한 영웅으로 유명하다. 테세우스는 길가에서 주운 몽둥이로 페리페데스를 때려 죽이고는 그 몽둥이를 압수했다. 헤라클레스를 의식했기 때문일 것이다. 테세우스는 이 몽둥이를 오래 들고 다녔다.

정복자 알렉산드로스는 '역사로 태어나 신화로 편입된 사나이'로 불리기도 한다. 그는 역사적인 인물임에 분명한데도 그에 대해 떠도는 이야기들은 대부분 신화처럼 들린다.

한 인물이 큰 이름을 얻으면 자신의 핏줄을 신이나 위대한 영웅의 핏줄에다 잇고 싶어 한다. 사실은 그 인물이 그러려고 애쓸 필요도 없다. 주위에는 그런 믿음을 부추기는 무리가 늘 있게 마련이다.

알렉산드로스의 어머니 올림피아는 지아비로부터 알뜰살뜰한 사랑을 받지 못한 것으로 알려져 있다. 자, 이렇게 지아비로부터 구박을 받던 지어미가 간 큰 아들에게 자주 이런 말을 들려주었다고 하자. 이것은 단순한 가정이 아니다. 기록이 있다.

"사실 너의 아버지는 필리포스 2세가 아니고 저 올림포스의 제우스 신이란다."

제우스의 아들이라면, 영웅 헤라클레스와는 단번에 형제지간이 되는 것이 아닌가. 이런 소리를 들었으니 그렇지 않아도 큰 알렉산드로스의 간이 아주 배 밖으로 나왔을 법하다. 알렉산드로스의 '헤라클레스 따라하기'는 이렇게 해서 시작되었을 것이다.

알렉산드로스에 대한 많은 기록은 헤라클레스에 대한 그의 집착이 어느 정도였는지 보여준다. 그는 자신에게 '헤라클레스라면 어떻게 했을 것인가', 이런 질문을 자주 던졌던 것 같다.

그리스군 총사령관 시절 알렉산드로스는 페르시아 원정을 앞두고 신탁을 받아보러 델포이로 올라간 적이 있다. 그러나 그가 신전에 이른 날은 공교롭게도 액일, 즉 흉한 일이 일어날지도 모르는 날, 따라서 조심해야 하는 날이었다. 신전에서 액일이라고 하는데도 그는 부득부득 부하를 신전으로 들여보내 여사제에게 자신의 뜻을 전하게 했다.

잠시 후 부하가 나와 이렇게 말했다.

"여사제는 신전의 율법에 따라 액일에는 신이 맡겨놓은 뜻을 전해줄 수 없노라고 합니다."

바로 이 대목에서 알렉산드로스는 '헤라클레스라면 어떻게 했을 것인가', 이 질문을 떠올렸을 것이다. 헤라클레스는 신탁 들려주기를 거절하는 여사제의 삼각의자를 빼앗지 않았던가? 바로 이 때문에 신전의 주인 아폴론과 대판거리를 할 뻔하지 않았던가?

알렉산드로스는 부하를 다시 들여보내 우격다짐으로 여사제를 끌어내게 했다. 하지만 끌려 나온 여사제는 아무리 을러메어도 액일에는 신의 뜻을 전할 수 없다고 버티었다. 그러자 알렉산드로스는 우격다짐으로 여사제를 끌고 신전으로 들어가 삼각대에 앉혔다. 여사제는 알렉산드로스의 열성에 감복했던 것일까? 비아냥거려주고 싶었던 것일까? 하여튼 여사제는 이렇게 중얼거렸다.

"사령관님은 참으로 질 줄 모르시는 분이군요."

그러자 알렉산드로스가 응수했다.

"그것이 바로 내가 받고 싶어 하던 신의 뜻이오."

그러니까 알렉산드로스는 신탁을 받은 것이 아니라 만들어내었던 셈이 아닌가? 자신을 헤라클레스와 동일시하고 싶었던 나머지 헤라클레스를 의식하고 아폴론 신전에서 행패를 부렸던 것이 아닌가?

알렉산드로스에게는 '헤라클레스의 잔'이라는 특별한 이름으로 불린 커다란 술잔이 있었다. 그는 아시아 원정 중에도 이 술잔을 가지고 다녔다. 이런 기록도 있다.

"엄청나게 많은 독주를 마셨는데도 불구하고 그는 커다란 '헤라클레스의 잔'까지 가득 채우고는 한 방울도 남기지 않고 깨끗하게 비웠다."

알렉산드로스가 튀로스를 점령한 직후에 있었던 일을 역사가 아리아노스는 이렇게 쓰고 있다.

"알렉산드로스는 헤라클레스에게 제사를 올리고는 무장한 군대를 집결시키고 헤라클레스를 기리는 열병식을 거행했다. 그러고는 튀로스로부터 노획한 선박을 헤라클레스에게 바쳤다. 헤라클레스가 아득한 옛날 노획한 튀로스 선박을 자신에게 바쳤던 것처럼."

알렉산드로스가 동전을 주조할 때, 사자 가죽을 쓴 자신의 모습을 새겨 넣도록 했던 것으로 기록은 전한다. 하지만 그럴 필요까지는 없었을 것 같다. 한 인물이 위대함을 획득하면, 그 의중을 헤아려 '알아서 기는' 측근이 있게 마련이다.

사자 가죽을 쓴 알렉산드로스
〈헤라클레스가 된 알렉산드로스〉라는 제목이 없었다면 헤라클레스로 오인하기 딱 좋은 청동상이다. 파리 루브르 박물관.

알렉산드로스는 헤라클레스가 프로메테우스를 풀어주었던 곳으로 전해지는 곳을 '수소문하면서 직접 찾아다니기도 했다. 군사를 몰고 신화의 현장을 찾아다닌 것을 보면 이 배짱 좋고 배포 두둑했던 전쟁 영웅에게 꽤 순진한 구석도 있었던 모양인가?

인더스강 가의 아오르노스 점령은 알렉산드로스에게도 쉬운 일이 아니었다. 그러나 엄청난 희생을 치르면서도 이 요새를 점령함으로써 그는 해묵은 한을 풀었다. 알렉산드로스 자신의 한이 아니었다. 제우스 신이 지축을 흔드는 바람에 점령을 포기하고 물러나야 했던 헤라클레스의 한을 풀어준 것이었다. 후처 바르시네가 낳아준 아들에게 '헤라클레스'라는 이름을 붙인 대목에 이르면 '따라 하기'를 넘어 다소 '오버' 하고 있다고 여겨질 정도다.

로마 황제 중에도 자신을 영웅 헤라클레스와 동일시한 사람이 있다. 2세기 말의 '덜 떨어진' 로마 황제 코모두스가 바로 그 사람이다. 코모두스는 '헤라클레스 따라 하기'에 사로잡힌 나머지 헤라클레스처럼 괴물을 죽인답시고 애꿎은 장애인들을 괴물로 분장하게 하고는, 헤라클레스가 그랬듯이 몽둥이로 이들을 때려 죽인 것으로 악명 높은 황제다.

알렉산드로스의 경우와는 달리 코모두스는 뒤끝이 좋지 못했다. 보다 못한 부하들이 몰래 씨름 선수를 고용해서 코모두스에게 보냈으니까. 코모두스는 그 씨름 선수에게 '헤라클레스 목조르기'를 시도하다 되려 같은 기술에 목 졸려 죽었다.

1999년 여름, 런던에 있는 대영박물관을 찬찬히 둘러보았다. 흑백 사진으로만 보던 고대의 석상들을 내 눈으로 바라보는 재미가 참 각별했다. 관내 서점에서 도록圖錄 몇 권을 사가지고 나와 박물관 입구의 계단에 앉아서 사진은 보고 글은 읽었다.

그러다 화들짝 놀랐다. 「바즈라파니」라는 제목이 붙은 한 장의 사진 때문이었다. '바즈라파니'는 '금강저(벼락)를 든 사나이'라는 뜻이란다.

헤라클레스 차림의 부처님 수행원
오른쪽 끝에, 몽둥이와 사자 가죽을 든 헤라클레스가 서 있다. 간다라 지역에서 출토된 돌을새김. 런던 대영박물관.

'헤라클레스 차림을 하고 제우스의 벼락을 든 부처님 수행원'이라는 설명이 있었다.

후다닥, 박물관으로 다시 들어갔다(이 박물관에는 입장료가 없다).

'간다라 시대의 돌을새김'이라는 설명에 또 한 번 놀랐다. '간다라'라면, 그리스 본토에서 천리만치 떨어진 곳이 아닌가? 아니, 그곳 사람들이 어떻게 제우스를 알고 헤라클레스를 알았단 말인가?

부처님 앞에 서 있는 '수행원(보디가드)'은 사자 가죽을 머리에 쓰고는 사자의 두 다리 가죽을 질끈 동여매고 있다. 그는 오른손에는 '금강저(벼락)', 왼손에는 몽둥이 같은 걸 들고 있다. '간다라'라는 말이 내 입을 맴돌았다.

'간다라'는 인더스강의 한 갈래인 카불강 하류에 있는 평원의 옛 이름이다. 옛날에는 인도에 속해 있었지만 지금은 파키스탄의 페샤와르 지역에 속한다.

부처님을 독실하게 섬기던 지역이었지만 이 지역 사람들에게는 불상, 즉 부처님 상을 제작하는 풍속도 없었고 제작할 만한 기술도 없었다. 기껏해야 탑, 진리를 뜻하는 바퀴, 연꽃 새겨진 보좌 같은 것을 쌓고 쪼았을 뿐이다.

그리스의 정복자 알렉산드로스 대왕이 간다라 지역을 정복하고 왕국을 세운 것은 기원전 327년의 일이다. 알렉산드로스는 이곳에 오래 머물지 못했고 왕국도 곧 무너졌다. 그리스인들은 조국으로 돌아갔지만 아예 간다라에 뿌리박은 그리스인들도 적지 않았다. 물론 그중에는 그리스의 돌쪼시(석공)들도 있었을 것이다. 그들은 간다라에서 조국 그리스의 신들과 영웅들의 석상을 쪼았다.

세월이 흘러 조국에 대한 기억이 희미해져갈 무렵부터 그리스인들의 후손들, 혹은 그리스 미술에 영향을 받은 석공들은 간다라에서 불상, 혹은 보살들의 석상을 제작하기 시작했다. 자연히 헬레니즘 냄새가 풍기지 않을 수 없었다. 『그리스인의 모험』을 쓴 프랑스인 피에르 레베크는 1세기경 간다라에서 조성된 불상이 그리스의 신 아폴론을 빼다 박은 것 같은 데 충격을 받았다고 고백했을 정도다.

그러니까 내가 대영박물관에서 본 〈헤라클레스 차림을 하고 제우스의 벼락을 든 부처님 수행원〉은 이 시기에 간다라에서 제작된 돌을새김인 셈이다.

우리나라 일본의 불교 미술, 특히 불상의 조성 기법도 간다라 미술의 영향권에 있다는 것은 잘 알려진 사실이다.

헤라클레스는 그리스 문화에 실려, 그리스 문화는 헤라클레스라는 강렬한 이미지에 실려 먼 동방으로 이렇게 전해진 것을 보라. 그리스 문화의 뿌리, 이거 참 넓고 깊게 퍼져 있다.

헤라클레스의 방

루이 14세는 "짐이 곧 국가"라는 말로 유명한 프랑스 왕이다. 국가와

헤라클레스 예찬
베르사유 궁전 '헤라클레스의 방'의 천장화로 헤라클레스가 겪은 시련들이 묘사되어 있다. 결국 올리브 나무 몽둥이를 들고 제우스에게 다가가는 헤라클레스의 모습이 보인다. 프랑수아 르무안의 그림.

자신을 동일시했으니 그의 생각은 곧 국가의 미래요, 그의 말은 곧 법이었겠다.

 루이 14세는 '태양왕'이라는 별명으로도 유명하다. 자신을 태양과 동일시한 것이다. 태양과 자신을 동일시한 이 왕이 '따라 하기'에 관심이 있었다면 누구 '따라 하기'부터 시작했을까? 당연히 태양신 아폴론이다. 루이 14세 시절에 지어진 베르사유 궁전의 드넓은 뜰은 그래서 '아폴론의 뜰'이다.

베르사유 궁전에는 수많은 방이 있다. 방에는 각기 이름이 붙어 있고, 천장과 벽은 그 이름에 걸맞은 이미지들로 장식되어 있다. 아폴론 '따라 하기'를 할 만큼 방의 이름도 스케일이 여간 큰 것이 아니다. '아프로디테의 방', '아르테미스의 방', '아레스의 방', '헤르메스의 방', 이런 식이다. 여기에 인간의 몸에서 태어난 영웅의 방이 하나 있다.

'헤라클레스의 방'이다.

이 거대한 방의 천장화 〈헤라클레스 예찬〉을 그린 화가는 프랑수아 르무안이다. 천장화 중심에는 제우스와 헤라가 딸 헤베를 헤라클레스에게 신붓감으로 인도하는 그림이 그려져 있다. 네 모서리에는 '힘', '인내', '가치', '정의'를 상징하는 그림들이 배치되어 있다. 하필 이 네 가지 덕목인가? 가시밭길을 걷지만 결국은 보상받게 되는 영웅의 덕행이다.

무엇이 18세기 절대군주로 하여금 아득한 신화시대의 영웅 헤라클레스를 곱씹어보게 했을까? 헤라클레스의 '힘', '인내', '가치', '정의' 때문이었을까?

인류의 오래된 기억인가?

'한심한 녀석들……'

피 흘리며 서로 싸우는 원숭이 수컷들을 보면서 내가 잠깐 해보았던 생각이다. 지금도 그렇게 생각하고 있는 것은 물론 아니다.

인도에는 원숭이가 참 많다. 산속에만 있는 것이 아니다. 힌두교 사원에도 있고 마을에도 있다. 이 원숭이들은 인도 사람들을 매우 귀찮게 한다. 마을로 내려온 원숭이들은 전깃줄 타고 이 집 저 집 옮겨 다니면서 온갖 못된 짓을 다 한다. 관광객이 먹고 있는 음식을 가로채기도 하고 심지어 관광객의 손가방을 뒤지기도 한다. 하지만 인도인들은 원숭이를 별로 미워하지 않는다. 미워하기는커녕 따로 마련한 음식을 주기도 하고, 죽으면 장례식을 치러주기도 한다. 사람과 원숭이가 더불어 평화롭게 사는 곳이 인도다. 인도에는 원숭이 모습을 한 신도 있다. 바로 '하누만'이다.

하지만 짝짓기 철이 되면 원숭이 마을의 분위기는 험악해진다. 걸핏하면 상대를 바꿔가면서 싸우는 수컷들 때문이다. 수컷들은 왜 이렇게 싸우는 것일까? 가장 힘센 수컷만이 동아리의 암컷들을 차지할 수 있기 때문이다. 그래야 힘센 아기 원숭이들이 태어날 수 있기 때문이다. 동물 세계에는 흔히 있는 일이다.

그러니까 나는 이 싸우는 수컷들을 보고 잠깐 '한심하다'고 생각한 것이다. 이들은 오로지 이빨과 발톱으로만 싸운다. 꺅꺅 소리를 있는 대로 지르면서, 쫓고 쫓기면서 할퀴고 깨무는 것이 이들 싸움 기술의 전부다.

이런 상상을 한번 해본다. 이들 가운데서 몽둥이를 휘두르는 수컷이 하나 나온다면 싸움은 어떻게 될까? 원숭이의 힘살이나 뼈대는 꽤 진화해 있다. 가벼운 몽둥이나 작대기는 들고 휘두를 수 있는 정도로 진화해 있는 것이다. 원숭이들 중에는 가느다란 나뭇가지를 꺾어 썩은 나무둥치에 난 구멍을 후비고, 구멍 속에 사는 벌레를 잡아먹을 수 있는 녀석들도 있다. 힘살이 그만큼 정교하게 진화해 있어서 그게 가능할 것이다.

자, 몽둥이를 휘두르는 원숭이가 나타났다고 상상해보자. 감히 어느 수컷이 몽둥이 휘두르는 수컷을 당해낼 수 있을까? 몽둥이 휘두를 줄 아는 수컷은 아주 손쉽게 다른 수컷들을 따돌리고 무리의 우두머리가 될 것이다. 무리의 모든 암컷을 차지하게 되는 것은 두말할 나위도 없겠다.

몽둥이 다룰 줄 모르는 원숭이, 돌멩이를 던질 줄 모르는 원숭이가 조금 한심하게 보이기는 했다. 하지만 이게 우리 인간에게는 얼마나 다행한 일인가? 생각해보라. 원숭이가 관광객을 향해 몽둥이를 휘두르거나 돌멩이를 던지는 경우를 상상해보라. 인도 사람들, 평화롭게 살 수 있을까? 인도 여행 어디 마음 놓고 할 수 있을까? 그래서 나는 원숭이를 향하여 이런 농담을 건넬 수 있다.

"원숭이들아, 한심하게 굴어줘서 고마워!"

나는, 손에는 몽둥이를 들고 어깨에는 사자 가죽을 두른 헤라클레스 석상을 보면서 이렇게 상상해보고는 한다.

'헤라클레스의 몽둥이에는 인류의 오래된 기억이 묻어 있는 것은 아닐까? 몽둥이를 처음 써보았을 때의 그 아찔하게 황홀하고 신통방통했던 기억이 묻어 있는 것은 아닐까? 사자 가죽에는, 추위를 이기기 위해 처음으로 짐승의 가죽을 몸에 둘렀을 때의 놀랍게 따뜻했던 석기시대 기억이 묻어 있는 것은 아닐까? 가죽과 몽둥이는 새 세상이 열렸던 날을 기념하는 소중한 기억의 기념품은 아닐까?'

아득한 옛날의 인류는 지금의 원숭이들이 그렇듯이 돌멩이를 던질 줄도, 몽둥이를 휘두를 줄도 몰랐을 것이다. 아득한 옛날의 인류는 지금의 원숭이들이 그렇듯이 다른 동물의 가죽으로 옷을 만들어 입을 줄도 몰랐을 것이다.

자, 그런데 누군가가 처음으로 돌멩이를 던져 토끼를 잡고, 몽둥이로 때려 사슴을 잡았다고 상상해보자. 여기에서 한 걸음 더 나아가 노루나 사슴과는 비교도 되지 않을 정도로 크고 사나운 멧돼지나 사자를 몽둥이로 때려잡고, 그 가죽을 벗겨 머리에 뒤집어쓰고 다니는 경우를 상상해보자. 헤라클레스는 힘도 무지막지하게 센 영웅이었지만 불, 바위, 강물 같은 자연물을 적절하게 이용할 줄도 아는 슬기로운 영웅이었다. 그래서 헤라클레스 신화에는 문명시대 이전 인류의 추억이 묻어 있는 것은 아닐까 싶었던 것이다.

확인된 것은 아니다. 확인할 수도 없는 일이다. 내가 그렇게 느꼈을 뿐이다. 그런데 미국의 신화학자 캐런 암스트롱의 『신화의 역사』에서 눈이 번쩍 뜨이는 구절을 읽었다.

구석기시대의 영웅은 후대의 신화 속에 남아 있다. 예를 들어, 그리스의 영웅 헤라클레스는 수렵시대부터 전해져 내려온 인물임이 거의 틀림없다. 헤라클레스는 동물의 가죽을 입기도 하고 몽둥이를 들고 다니기도 한다. 그는 동물을 잘 다루는 걸로 유명한 샤먼이기도 하다. 지하세계에 다녀온 뒤 불멸이란 열매를 얻은 헤라클레스는 올륌포스산에 있는 신들의 영역으로 올라간다.

하지만 나는 헤라클레스 신화를 해석하려 들지 않겠다.
다만 얘기할 뿐.

1
암피트뤼온이 돌아왔다!

"아, 암피트뤼온!"

알크메네는 얼굴을 붉히면서 두 팔로 제 가슴을 가렸다. 싸움터로 떠났던 약혼자 암피트뤼온이 돌아온 것이다. 신화 시절에는 싸움터로 떠난 장군이 승전보보다 더 빨리 왔다. 싸움터가 바다 건너쪽에 있을 경우는 특히 그랬다.

"그래요, 내가 왔어요. 그대 오라비들의 원수를 갚고 돌아왔어요."

암피트뤼온이 손을 내밀자 부관이 품 안에서 황금 술잔과 목걸이를 꺼내었다. 암피트뤼온은 그걸 받아 알크메네에게 내밀었다.

"받아요. 프테렐라오스의 궁전에서 빼앗은 전리품이오."

황금 술잔은, 아득한 옛날 바다의 신 포세이돈이 손자 프테렐라오스에게 내려준 바로 그 술잔이었다. 목걸이는 일찍이 제우스 신이 에우로페에게 주었던 것과 모양이 아주 똑같았다. 암피트뤼온은 알크메네의 목에 목걸이를 걸어주고 황금 술잔에 술을 따라 권하면서 수작을 건넸다.

"아름다워라, 전리품이여. 바칠 이 있어서 더욱 아름다운 전리품이여."

"그대를 다시 얻은 기쁨이면 됩니다. 황금 술잔과 목걸이 선물은 이 기쁨에 아무것도 보태지 못합니다. 암피트뤼온 장군, 제가 기다리던 분이여, 프테렐라오스는 포세이돈의 부적을 제 몸에 뿌리내리게 한 강적이라고 저는 들었습니다."

"내 승리가 이렇듯 빛나는 것은 프테렐라오스가 강적이었기 때문이오."

"그자의 황금빛 머리카락 이야기를 들려주세요. 그자의 목을 벤 이야기를 들려주세요."

"첫날밤에 남의 피 이야기는 하고 싶지 않아요."

수작이 무르익자 암피트뤼온과 알크메네는 잠자리에 들었다. 부관은 칼집에 손을 댄 채 밖에서 기다렸다.

이윽고 달이 떠올랐다. 암피트뤼온과 알크메네의 사랑은 퍽 진진했던 모양이다. 하지만 너무나 오랜 세월을 기다렸던 암피트뤼온에게는 그 긴긴 밤도 사랑하기에는 너무 짧았던 모양인가? 달이 서쪽으로 질 녘이 되자 암피트뤼온은 밖에 있던 부관을 불러 명했다.

"셀레네(달)가 귀찮구나. 조처하라!"

부관이 엄청나게 빠른 속도로 어딘가를 다녀왔다. 그러자 달은 도무지 질 기미를 보이지 않았다. 달은 여느 때 같으면 세 번 떴다가 세 번 졌을 그 긴긴 동안을 하늘에 머물렀다. 혹은 졌다가는 뜨고, 떴다가는 지고, 졌다가는 또 뜨기를 되풀이했다. 적어도 알크메네가 몸 붙여 살고 있던 테바이 도성 밖 마을에서는 그랬다. 테바이 백성의 시간으로 치면 사흘이 훌쩍 흐른 그런 시간이었으리라.

이 긴긴 밤에 알크메네가 배 속에 가지게 된 아들이 뒷날 '트리셀레노스'라는 별명으로 불리게 되는 것은 이런 내력이 있었기 때문이다. '트리셀레노스'는 '세 번 떠올랐던 달의 아들'이라는 뜻이다.

새벽이 오자 암피트뤼온은 부관을 데리고, 온다 간다는 말 한마디 없이 어디론가 사라졌다. 알크메네는 암피트뤼온이 왕을 만나러 테바이의 도성으로 들어간 것이거니 했다.

석양 무렵이 되자 암피트뤼온이 지친 모습으로 돌아왔다. 그는 알크메네 앞에서 두 팔을 벌리면서 속삭였다.

"그래요, 내가 왔어요. 그대 오라비들의 원수를 갚고 돌아왔어요."

그런데 참으로 이상한 일이 벌어졌다. 암피트뤼온이 보기에, 알크메네가 자기를 별로 반기지 않는 것이었다.

아니, 머나먼 섬나라의 싸움터에서 제 오라버니들의 원수를 갚고 돌아온 나에게 알크메네가 이럴 수 있는 것인가?

암피트뤼온은 황금 술잔과 목걸이를 꺼내어 알크메네에게 내밀었다.

"받아요. 프테렐라오스의 궁전에서 빼앗은 전리품이오."

알크메네에게, 암피트뤼온의 말투나 몸짓은 너무나 이상했다.

아니, 싸움터에서 사흘 전에 돌아온 사람이 새삼스럽게 갓 돌아온 사람 같이 굴고 있지 않은가.

알크메네의 표정이 시큰둥할 수밖에 없었으리라. 황금 술잔과 목걸이를 건네주면서 암피트뤼온이 한 말도 사흘 전에 한 말과 똑같았다.

"아름다워라, 전리품이여. 바칠 이 있어서 더욱 아름다운 전리품이여."

알크메네가 아무 대꾸를 하지 않았는데도 불구하고 암피트뤼온은 이런 말도 했다.

"내 승리가 이렇듯 빛나는 것은 프테렐라오스가 강적이었기 때문이오."

뿐만 아니었다. 암피트뤼온은 아무 말 없이 바라보고 있는 알크메네에게, 누가 묻기라도 한 듯이 이런 말까지 했다.

"첫날밤에 남의 피 이야기는 하고 싶지 않아요."

알크메네는 사흘 전에 선물로 받았던 황금 술잔과 목걸이 쪽으로 눈길을 던졌다. 목걸이는 그 자리에 있는데 황금 술잔은 보이지 않았다. 알크메네는 제우스의 사랑을 받고 목걸이를 선물로 받았던 에우로페를 잠깐 떠올렸다.

암피트뤼온과 알크메네는 신방에 들었다. 알크메네를 아내로 맞으려고 여러 차례 싸움터에서 목숨을 걸고 싸워야 했던 암피트뤼온에게 그 밤은 너무나 짧았으리라.

알크메네가 무심결에 이런 말을 했다. 무서운 진실은 종종 무심결에 하는 말에 실리는 법이다.

"어젯밤까지, 달이 세 번 떴다가 지도록 오래오래 사랑하시더니 오늘 또 이렇듯이 사랑하신다."

입이 무거운 암피트뤼온이 그제야 신부에게 물었다.

"그렇지 않아도 내가 물어보고 싶었어요. 목숨을 걸고 싸우고 돌아온 사람을 그대는 어째서 그런 표정으로 맞았지요? '달이 세 번 떴다가 지도록'이라니, 그것은 또 무슨 말이지요?"

알크메네는 사흘 전부터 그날 아침까지 일어났던 일의 자초지종을 암피트뤼온에게 낱낱이 들려주었다. 암피트뤼온은 방 안을 둘러보다가 목걸이를 발견하고는 속으로 이런 생각을 했다.

'아뿔싸. 이것은 제우스 신이 에우로페에게 사랑의 징표로 주었다는 목걸이가 아닌가. 알크메네가 제우스 신의 총애를 입은 것인가. 엄청나게 빠른 속도로 어딘가를 다녀왔다는 그 '부관'은 전령신 헤르메스 신이었던가?'

암피트뤼온은 원래 신들에 대한 믿음이 깊은 사람이라 이를 마음에 담아두고 지냈다. 하지만 가슴 아픈 것은 참아도, 궁금한 것은 참기 어려울 때가 종종 있는 법이다. 암피트뤼온의 궁금증은 예사 궁금증이 아니었다. 여러 목숨이 걸린 궁금증, 여차하면 피바람을 몰고 올 수도 있는 그런 궁금증이었다.

첫날밤을 지내기도 전에 나의 신부를 다녀갔다는 이 해괴한 사내는 대체 누구인가?

암피트뤼온은 경호원을 보내어 당시 테바이에 머물고 있던 테이레시아스를 불러오게 했다. '테이레시아스'라는 말은 '징조를 미리 읽는 자', '선견자', 즉 '미리 아는 자'라는 뜻이다.

테이레시아스는 어떤 사람인가? 나르키쏘스의 손을 한 번 만져보고는 "네가 너를 아는 날이 네가 죽는 날"이라고 예언했던 사람이다.

1 암피트뤼온이 돌아왔다!

테바이 왕 라이오스와 그 아들 오이디푸스의 앞일을 예언했던 자, 뒷날 아르고 원정대가 테바이에서 만나게 되는 예언자, 저승에서 오뒤쎄우스에게 귀향길을 일러준 눈먼 예언자가 바로 이 테이레시아스다. 테이레시아스가 육신의 눈을 잃어 장님이 되는 대신 마음의 눈을 얻어 앞일을 헤아리게 된 사연은 그리 길지 않다.

그 이야기를 먼저 하는 것이 좋겠다. 곁가지로 자꾸 새면 서사 줄거리가 어수선해질 수 있기는 하다. 하지만 아기자기한 신화는 큰 기둥 줄기의 곁가지에 밤하늘 별처럼 촘촘히 매달려 있는 경우가 자주 있다.

테이레시아스가 아테나 여신의 도시 아테나이의 숲을 지나가고 있을 때의 일이다. 한창 나이였던 테이레시아스는 숲속에서 맑은 물에 몸을 닦고 있는 한 여성을 잠깐 훔쳐보았다. 물론 여염집 처녀이겠거니 하고 그랬을 것이다.

그러나 이를 어쩌랴! 여자는 여염집 처녀가 아니라 바로 아테나 여신이었다. 아테나 여신은 테이레시아스를 붙잡아 물었다.

"아르테미스 여신의 알몸을 훔쳐본 사냥꾼 악타이온이 어떻게 되었는지 네가 아느냐?"

"사슴으로 몸이 바뀌어 사냥개들에게 죽임을 당했다고 들었습니다."

"그렇다. 인간은 신들의 세계를 기웃거리는 것이 아니다. 자, 이것은 신들의 몫이다."

아테나는 이 말과 함께 테이레시아스의 눈을 쓰다듬었다. 테이레시아스는 그 순간부터 앞을 보지 못했다. 장님이 된 것이다.

그러나 여신은 테이레시아스가 불시에 당한 봉변이 측은했던지,
"이것은 나 아테나의 몫이니라"
이러면서 다른 한 손으로 테이레시아스의 가슴을 쓰다듬었다.

이로써 육신의 눈을 잃은 대신 마음의 눈을 얻은 테이레시아스는 숲길을 걸으면서 아테나 여신을 찬양했다.

"영원한 '파르테노스(성처녀)'시여, 한 손으로는 치시되 한 손으로는 거두시니 감사합니다. 겉 보는 것을 거두어가시고 속 헤아리는 권능을 주시니 감사합니다. 육신의 눈동자보다 더 큰 눈동자, 육신의 눈동자보다 더 깊은 눈동자를 주시니 감사합니다. 성처녀 '프로노이아(예지자)'시여, 잃고도 얻는 것을 알게 하시니 감사합니다."

암피트뤼온은 앞 못 보는 예언자에게, 자기 신부에게 일어났던 일을 낱낱이 고하기가 부끄러웠다. 그러나 상대는 신화시대를 주름잡던 예언자가 아닌가?

"내가 싸움터에서 돌아오기 전에 내 약혼녀를 다녀갔다는 자가 허깨비인 것이오, 아니면 사흘 뒤에야 약혼녀 앞에 나타난 내가 허깨비인 것이오?"

테이레시아스는 다음과 같은 알 듯 모를 듯한 질문을 던졌다.

"짐작하시는 바가 없지 않으실 테지요?"

"없지는 않소만, 그런 일이 어떻게 나에게 일어날 수 있었는지, 왜 나에게 일어났는지 그것은 짐작하지 못하겠소."

"그러면 되었습니다. 조금 더 지켜보시지요."

테이레시아스는 그러고는 입을 다물어버렸다.

* * *

알크메네와 암피트뤼온의 대화에는 우리가 알아듣지 못할 말이 몇 마디 껴들어 있다. 다 사연이 있어서 그런 말을 했을 터이다.

포세이돈의 자손이라는 '프테렐라오스'는 누구인가? 그의 정수리에 박혀 있었다는 '황금빛 머리카락'은 또 무엇인가? '오라비들 원수 갚기'는 또 무슨 말인가? 암피트뤼온은 알크메네와 신방에 들기 위해 '오래 기다렸다'고 하는데, 이것은 또 무슨 소린가?

이야기를 앞으로 되돌려야겠다.

그리스 신화 기록의 원조 중 한 분인 아폴로도로스는 역사 쓰듯이 암피트뤼온과 알크메네의 족보와 개인사를 차례로 쓰고 있다. 말하자면 영웅 페르세우스부터 시작하는 것이다. 하지만 그 족보가 워낙 복잡하고 내력에 곁가지가 많아 독자들은 헤라클레스 이야기가 시작되기도 전에 지쳐버린 나머지, 아이고, 헛갈려, 하면서 혀를 내두르기 십상이다. 그래서 여기에서는 편의상 제우스, 알크메네, 암피트뤼온 이야기를 앞세운 것이다.

하지만 이야기를 앞으로 되돌리고, 족보 이야기도 덧붙이지 않을 수 없다. 그래야 이야기의 문맥이 온전히 정리될 수 있기 때문이다.

뮈케나이에 정착한 영웅 페르세우스와 안드로메다 사이에서는 다섯 아들과 딸 하나가 태어난다.

맏아들 이름은 알카이오스인데, 지금 이야기의 이 대목 주인공인 암피트뤼온은 바로 이분의 아들이다. 다섯째 아들 이름은 엘렉트뤼온이다. 이야기 이 대목의 여주인공인 알크메네는 바로 이분의 딸이다. 알크메네에게는 오라비가 아홉이나 있었다. 그러니까 알크메네와 암피트뤼온은 사촌 간이다. 하지만 아버지의 '거시기'를 자르기도 하고, 어머니를 죽이기도 하는 신화의 세계에서 촌수에 무슨 의미가 있겠는가?

넷째 아들 메스토르는 딸을 낳고 이름을 힙포토에라고 했다. 그런데 바다의 신 포세이돈이 이 힙포토에를 납치해 살과 피를 섞었다. 이 둘 사이에 아들 타피오스가 태어났다. 앞에서 우리가 들었던 '황금 머리카락을 가진 강적 프테렐라오스'는 바로 이 타피오스의 아들이다. 그러니까 프테렐라오스는 영웅 페르세우스의 외손이고 해신 포세이돈의 친손인 셈이니, 족보로만 보자면 찬란하기 그지없었다. 그가 다스리던 땅은 먼 섬나라 타포스섬이었는데 본토 사람들은 그 섬을 '텔레보에스섬'이라고 불렀다. '멀리 떨어진 섬'이라는 뜻이란다. 프테렐라오스라는 이름, 잘못 발음했다가는 혀를 깨물 것 같다. 하지만 조심해서 자주 말하다 보면 무슨 외국어를 능숙하게 하는 것 같아서 으쓱해지기도 한다.

해신 포세이돈은 프테렐라오스를 특별히 사랑하여 정수리에 황금빛 머리카락을 한 올 심어주었다. 아무리 사자 같은 장수라고 하더라도, 정수리에 황금빛 머리카락 한 올이 박혀 있는 프테렐라오스를 죽일 수 없다.

그렇다면 프테렐라오스는 불사不死의 몸인가? 두고 볼 수밖에 없다.

알카이오스의 둘째 아들은 스테넬로스다. 조금 있으면 이 스테넬로스의 핏줄에서 한 아들이 태어나게 되는데, 이 덜떨어진 아들은 뒷날 헤라클레스가 차례로 이룩하는 과업의 중심축을 이룬다.

어느 무렵, '멀리서' 뭘 요구하기를 좋아하는 텔레보에스 왕 프테렐라오스가 본토를 향하여 제대로 크게 한번 부르짖었다.

"우리의 자랑스러운 조상 페르세우스의 땅은 나에게도 나누어주어야 마땅하다. 페르세우스의 맏아들은 뮈케나이, 둘째 아들은 미데아, 셋째 아들은 티륀스를 차지하지 않았는가? 넷째 아들 메스토르의 땅은 어디 있느냐? 메스토르의 외손인 내가 묻는다. 메스토르의 몫은 어디 있느냐?"

메스토르의 몫이 본토에 있을 리 없다. 딸 때문이다. 포세이돈에게 납치되어 가 타포스섬에 뿌리내린 딸에게 본토 땅의 지분이 주어졌을 리 만무하다. 그 자손들도 본토와는 별 인연이 없었다.

프테렐라오스가 '멀리서' 부르짖었지만 본토는 꿈쩍도 하지 않았다. 자기의 요구가 쇠귀에 읽은 꼴이 된 것을 안 그는 여섯 아들을 보내어 뮈케나이의 소를 모조리 잡아오게 했다. 당시 뮈케나이 왕은 엘렉트뤼온. 알크메네는 그 나라 공주였다.

프테렐라오스는 해신 포세이돈의 피를 받은 자가 아닌가? 여섯 아들이 하나같이 난폭하기 그지없는 해적들이었다. 프테렐라오스의 여섯 아들은 뮈케나이 땅에 닿는 대로 소라는 소는 모조리 바닷가로 내몰았다.

1 암피트뤼온이 돌아왔다!

남의 소 몰고 뛰는 건 구경거리라지만 소 임자인 뮈케나이 왕에게는 이게 구경거리일 수 없었다. 왕은 아들 칠 형제에게 군사를 주어 해적 육 형제를 뒤쫓게 했다. 페르세우스의 친손들과 외손들 간에 큰 싸움이 벌어졌다.

이 싸움에서 뮈케나이 왕은 아들 칠 형제를 잃었다. 프테렐라오스의 아들 육 형제 중 오 형제도 목숨을 잃었다. 가까스로 살아남은 프테렐라오스의 아들은 소 떼를 엘리스 땅에다 맡겨두고는 섬나라로 군사를 물렸다.

"도둑맞은 소를 되찾아야 한다."

뮈케나이 왕은 신하들을 불러 대책을 의논하게 했다.

한 신하가 의견을 내었다.

"해적에 대한 가장 완벽한 복수는 해적의 흉내를 내지 않는 것입니다. 해적을 흉내 낼 것이 아니라 본토인의 품위를 지키면서 대책을 세우셔야 합니다."

뮈케나이 왕은 콧방귀를 뀌었다.

"소 같은 소리 마라. 우리가 소에게서 배워야 하는 것은 그 되새김질하는 습성이다. 죽은 내 자식들이 내 꿈자리를 어지럽힌다."

또 한 신하가 건의했다.

"전하께서는 연세도 많으십니다. 한 분 남으신 왕자님 연치는 너무 어리시고요. 따라서 막내 왕자님 장성하실 때까지 기다리는 것입니다."

뮈케나이 왕은 이 건의도 묵살했다.

"나는 세월을 기다릴 수 있으나 세월은 나를 기다려주지 않을 것이다."

세 번째로 제법 귀가 솔깃한 의견이 나왔다.

"알크메네 공주의 배필을 고르시되 섬나라 정벌을 염두에 두시는 것이 좋을 듯합니다. 그러면 왕자님들 원수를 세월 앞당겨 갚을 수 있을 것입니다. 그렇다고 사자 새끼를 골라 키워서는 안 되는 것이지만요."

뮈케나이 왕은 이 의견을 받아들여 사윗감을 어떻게 물색할까 곰곰이 생각하다 어느 날 문득 무릎을 쳤다.

"그래. 등잔 밑이 어둡다더니, 내가 형님의 아들 암피트뤼온을 미처 보지 못하고 있었구나. 조금 맹한 구석이 있기는 하나 원래 우직하고 고지식한 아이인 만큼 제 숙부의 나라를 핼금거리지는 않을 것이다. 그래. 사자 새끼가 아닌 것은 분명하다."

엘렉트뤼온은 암피트뤼온을 불러 의향을 물었다.

암피트뤼온은 순순히 그러겠노라고 했다.

"'알카이오스(용기 있는 자)'의 아들인 저에게 '알크메네(용기 있는 여자)'처럼 어울리는 신붓감이 어디 있겠습니까? 또 하나의 알카이오스가 저희 둘 사이에서 태어날 것입니다."

뮈케나이 왕에게 딸을 공짜로 사윗감에게 내어주고 싶은 생각이 있었던 것은 처음부터 아니었다.

사윗감이 나타나면 딸 가진 아비는 잔머리를 굴리게 마련이다. 딸 가진 아비가 잔머리를 굴리면 사위는 피곤해진다.

뮈케나이 왕은 사윗감을 엘리스로 보내기로 했다. 사윗감이 소 떼를 찾아오기는 고사하고 엘리스 왕국의 군대에 목숨을 잃는다고 해도 밑질 것이 없었다. 어차피 그 정도 그릇을 사위로 맞아들여보았자 뮈케나이에 득 될 것이 없을 터이기 때문이었다. 소 떼를 찾아온다면 그야말로 일거양득이었다. 사윗감의 능력이 증명되는 셈인 데다 도둑맞았던 소 떼까지 굴러들어 오는 셈이기 때문이었다.

"암피트뤼온, 너도 알 것이다. 해적 놈들이 우리 소를 도적질해 가다가 힘이 부치니까 엘리스 땅에 맡겨놓고 갔다. 우리 소이니 마땅히 우리 손으로 찾아야 하지 않겠느냐?"

암피트뤼온은 자기까지도 그 '우리'에 편입된 것에 감격한 나머지 자기 능력의 비정한 시험대인 줄도 모르고 이 미끼를 덥석 물었다.

암피트뤼온은 뮈케나이의 군사들을 이끌고 엘리스 땅으로 갔다.

엘리스 땅은 가축이 많기로 유명한 곳이다. 헬라스의 다른 지역들과는 달리 초원이 많기 때문이다. 뒷날 헤라클레스가 '소 부자 말 부자 아우게이아스의 말똥 무더기, 소똥 무더기'를 말끔히 치우는 곳도 바로 이 엘리스 땅이다.

암피트뤼온이 해적들이 맡겨놓은 소 떼 내어놓을 것을 요구하자 엘리스 왕은 싸늘한 반응을 보였다.

"소 떼를 맡긴 것은 섬나라 왕의 아들이다. 그런데 그 소 떼가 뮈케나이에서 도둑맞은 것이라고? 나는 그자가 이 소 떼를 어디에서 도적질했는지 그것은 알지 못한다. 내가 아는 것은, 이 소 떼는 나에게 맡길 당시의 임자인 그자가 와야 넘겨줄 수 있다는 것이다."

암피트뤼온이 무력으로 빼앗겠다고 위협하자 엘리스 왕은 하늘을 우러러 탄식했다.

"어째서 이 사람은 피의 매듭을 푸는 일을 피로써 시작하려 하시는가? 소를 내어놓는 일은 간단하나, 내가 그대 왕국에는 바보가 되고 섬나라 왕국에는 배신자가 되니 이것은 간단하지 않다. 나에게 한 가지 묘책이 있다. 그대가 섬나라를 정복하면 나는 소를 맡아둘 명분을 잃게 되니, 그 편이 온당하지 않은가? 뮈케나이 사람들 피의 매듭 푸는 일은 엘리스의 피로 시작하는 것이 아니다. 언뜻 보면 지름길 같을지 모르나, 지름길이 종종 먼 길이 되는 수도 있는 법이다."

암피트뤼온에게 섬나라로 배를 띄울 배짱은 없었다. 엘리스 왕의 제안을 듣는 순간은 암피트뤼온이 할 수 있는 일이 두 가지로 줄어드는 순간이었다. 이제 남은 일은 엘리스와 한바탕 피비린내 나는 전쟁을 벌이는 일이 그중의 하나였다. 하지만 아름다운 알크메네를 두고 온 암피트뤼온은 그 길을 선택하지 않았다. 그는 어떻게든 살아서 돌아가고 싶었다.

암피트뤼온은 대가 센 강골은 아니었던 것 같다. 엘리스 왕에게 이런 말을 했던 것을 보면.

"그렇다면 이렇게 하시지요. 내가 뮈케나이 소를 모조리 사가지고 돌아가리다. 왕께서는 그 돈으로 다른 소를 사서 나중에 해적들이 찾으러 오면 뮈케나이 소라고 우기면 되는 것입니다. 그러면 왕께서는 명분, 나는 실리를 얻는 것입니다."

엘리스 왕으로서는 싫을 것이 없는 제안이었다.

암피트뤼온은 소 떼를 몰고 의기양양 뮈케나이로 돌아왔다.

성벽 망루에서, 소 떼를 앞세우고 개선장군처럼 다가오는 암피트뤼온을 내려다보고 있던 왕은 몇 차례 고개를 갸웃거렸다.

"나의 병사들 수는 하나도 줄지 않았다. 부상당한 자 하나 눈에 띄지 않는다. 그런데도 암피트뤼온은 소를 되찾아 왔다. 엘리스 왕, 순순히 소 떼를 내어놓을 자가 아닌데, 이것은 이상한 일이 아닌가?"

왕은 암피트뤼온에게 어떻게 된 일이냐고 물어보았다. 고지식한 암피트뤼온은 솔직하게 털어놓았다.

"엘리스 왕은 소를 맡아가지고 있을 뿐 도둑질한 자는 아니지 않습니까? 피를 흘려야 하는 것은 섬나라 왕의 피붙이이지 엘리스 군사들이 아니지 않습니까? 그래서 제가 재산을 털어 소를 모조리 사 왔습니다."

"도둑맞은 소를 사 왔다? 너는 헬라스 온 나라의 법이 장물贓物, 곧 도둑질한 물건을 맡아주고 있는 자에게도 죄를 묻는다는 것을 몰랐느냐? 그런 죄인으로부터 소를 사 왔다는 말이냐?"

뮈케나이 왕 엘렉트뤼온은 이런 생각을 했을 법하다.

'아뿔싸, 밤새 고르다가 쥐 고른다더니, 내가 이 약골을 사윗감으로 골랐구나. 내 딸 알크메네를 이 약골에게 줄 수는 없을 것 같구나. 섬나라 왕은 내 손으로 칠 수밖에 없다.'

숙부로부터 뜻밖의 꾸지람을 들은 암피트뤼온으로서는 형편없이 구겨져버린 명예를 회복해야 했다.

"소 떼 사 온 것이 마음에 드시지 않는다면 제 손으로 소도둑들을 치겠습니다. 프테렐라오스를 제 손으로 죽이겠습니다. 군사를 내어주십시오."

"군사를 내어달라?"

엘렉트뤼온에게는 암피트뤼온에게 군사를 내어줄 생각이 없었다. 아무래도 사윗감으로 찍은 암피트뤼온이 줏대 없는 약골로 보였기 때문이다.

"내가 두 가지 조건을 내걸겠다. 네가 이 두 가지 조건을 들어주겠다고 약속하면 섬나라로 배를 띄워 프테렐라오스의 목을 내 손으로 베겠다. 나의 조건을 들어줄 수 있겠느냐?"

"말씀하십시오."

"내가 섬나라에서 돌아올 때까지 왕권을 너에게 맡기겠다. 내가 돌아오면 반드시 돌려주어야 한다. 돌려주겠다고 약속할 수 있겠느냐?"

"저는 숙부의 나라를 가무릴 만큼 통이 큰 놈이 못 됩니다."

"내 딸 알크메네는 아직 약혼자일 뿐 네 아내는 아니다. 따라서 내가 돌아올 때까지 알크메네의 몸에 손끝 하나 대어서는 안 될 것이다. 약속할 수 있겠느냐?"

"알크메네가 원하지 않으면 접근하지 않겠습니다."

암피트뤼온으로부터 두 가지 약속을 받아낸 엘렉트뤼온은, 도둑맞았다 되찾은 소의 머리 수를 확인하려고 몸소 외양간으로 내려갔다. 암피트뤼온으로부터, 도둑맞은 소의 머리 수와 되찾은 소의 머리 수가 똑같은 것으로 확인했다는 보고를 받기는 했지만 왕에게, 도둑맞은 소를 돈 주고 사 온 암피트뤼온은 더 이상 미더운 존재가 못 되었다.

왕이 서늘한 바람을 일으키며 외양간으로 내려가자 암피트뤼온도 뒤를 따라나섰다. 무안당하고 혼자 남아 있기가 머쓱했기 때문일 것이다.

엘렉트뤼온이 소의 머리 수를 세고 있을 때였다. 어깨 위로 금빛 털이 말갈기처럼 자란 황소 한 마리가 갑자기 무리에서 떨어져 내달리기 시작했다. 암피트뤼온은 섬나라 이야기에 잔뜩 긴장하고 있던 참에 그 꼴을 보았으니 화가 머리끝까지 올랐을 것이다. 그는 버럭 화를 내며 들고 있던 곤봉을 그 황소 쪽으로 던졌다.

알크메네는 창가에서 이 광경을 내려다보고 있었음에 분명하다. 일이 잘못되느라고 그랬는지, 아니면 어느 신이 장난을 쳤던지 곤봉은 황소의 뿔을 맞고는 튕겨 나와 엘렉트뤼온의 이마를 쳤다. 마치 아폴론이 던진 원반이 허공을 맴돌다 휘아킨토스의 이마를 쳤듯이.

휘아킨토스가 그 원반을 맞고 즉사했듯이 엘렉트뤼온도 그 곤봉을 맞고 즉사했다. 암피트뤼온은 곤봉 한번 잘못 던졌다가 숙부를 죽였던 셈이다.

오라비들에 이어 졸지에 아버지까지 잃은 알크메네에게 이제 의지할 사람은 암피트뤼온 한 사람뿐이었다. 알크메네는 자책하는 암피트뤼온을 위로했다.

"아폴론이 사랑하는 휘아킨토스를 죽이고 싶어서 원반을 던졌겠습니까? 그대가 내 아버지를 죽이고 싶어서 곤봉을 던졌겠습니까? 마침 제가 내려다본 참이어서 잘 압니다. 만일에 그대가 내 아버지를 죽이고 싶어서 곤봉을 던지고 그 곤봉을 튕겨 나오게 했다면 그것은 신의 솜씨이지 인간의 솜씨가 아닙니다. 이것은 신의 뜻입니다. 그러니 자책 마시고 내 오라비들 원수 갚을 방도나 세워주세요."

* * *

암피트뤼온이 뮈케나이 왕의 사윗감에서 하루아침에 국왕 시해자弑害者로 전락하자 맨 먼저 들고 일어난 자가 티륀스 왕 스테넬로스였다. 뮈케나이 왕과 형제지간인 티륀스 왕은 뮈케나이 왕을 시해한 죄를 물어 암피트뤼온을 테바이 땅으로 추방했다. 알크메네와 하나 남은 왕자까지 딸려 보냈던 것을 보면 스테넬로스는 후환을 무척 두려워했던 것 같다. 제 손에 피 한 방울 묻히지 않고 뮈케나이를 손아귀에 넣은 것은 물론이다. 암피트뤼온으로 말하면 자다가 병을 얻은 셈이요, 티륀스 왕

스테넬로스로 말하면 구름 따라가다 용 만난 셈이었다.

암피트뤼온은 테바이에서 크레온왕을 섬겼다. 신화시대에는 다른 사람을 섬김으로써 죄를 닦는 풍습이 있었던 모양이다. 암피트뤼온도 크레온을 섬김으로써 뮈케나이 왕을 죽인, 말하자면 미필적 고의로 지은 죄를 닦았다. 암피트뤼온은 꽤 오래 크레온을 섬겼던 것 같다. 그가 알크메네의 동생인 막내 왕자를 장가보냈던 것을 보면.

상상이 된다.

혈기방장한 청년이 약혼녀와 한 집에 머문다. 청년은 약혼녀와 한 방에서 자고 싶었을 것이다. 자고 싶었던 정도가 아니라 약혼녀와 함께 자는 망상에 밤새 시달리느라 아침이면 코피를 줄줄 흘릴 지경이었을 것이다.

암피트뤼온이 때로는 을러메고 때로는 애원했지만 알크메네는 요지부동이었다.

"'알카이오스(용기 있는 자)'의 아들이여. 이 '알크메네(용기 있는 여자)'를 맞아 또 하나의 알카이오스를 얻겠다고 한 말씀 잊었나요? 나는 오라비들 여섯이나 잃었어요. 이 재앙의 씨앗을 누가 뿌렸나요? 섬나라 도적 무리의 우두머리입니다. 나는 아버지도 잃었어요. 이 재앙의 씨앗을 뿌린 자 또한 섬나라 도적 무리의 우두머리 프테렐라오스입니다. 이자의 목을 가져오세요. 엄중하게 경고합니다. 이자의 머리를 가져오기까지는 이 알크메네를 곁눈질하지 마세요. 굳게 약속합니다. 이자의 머리를 가져오는 날까지 이 알크메네는 처녀로 남아 그대를 기다리겠습니다."

이렇게 야멸차게 쏘아붙이는 알크메네 앞에서 암피트뤼온은 입 한번 벙긋해보지 못하고 물러나지 않으면 안 되었다.

암피트뤼온은 테바이 왕 크레온을 찾아갔다.

"오래된 원수의 나라 텔레보에스를 치려고 합니다. 부디 군사와 무기를 빌려주시기 바랍니다. 나는 텔레보에스섬에 대한 야심이 없습니다. 다만 내 약혼녀의 오라비들과 아버지의 죽음에 직접적, 간접적 책임이 있는 섬나라 왕 프테렐라오스를 죽이고 그들의 원수를 갚아주고 싶을 뿐입니다. 내 약혼녀는 섬나라 왕의 머리를 가져오지 않는다면서 내게 몇 년째 곁을 내어주지 않고 있습니다. 터럭 한 올 건드리지 못한 채 피를 말리면서 약혼녀 곁을 맴도는 이 혈기방장한 청년의 형편과 심정을 헤아려주십시오. 왕을 죽이고 섬나라를 정복하면 송두리째 전하께 드리겠습니다."

테바이 왕은 암피트뤼온의 아쉬운 소리를 끝까지 다 듣고는 한 가지 조건을 내걸었다.

"그대의 원수는 곧 나에게도 원수입니다. 그러나 지금은 그대를 위해서든 나를 위해서든 군사를 움직일 수가 없습니다. 들으셨는지 모르겠습니다만, 지금 테바이 땅은 여우 한 마리 때문에 골머리를 앓고 있습니다. 우리는 이 여우를 '테우메소스의 여우'라고 부릅니다. '뻥' 잘 치는 사냥꾼들 말이라서 다 믿을 수는 없지만요. 테바이의 산신 테우메소스가 보낸 여우랍니다. 어찌나 빠른지 화살이나 투창으로는 어떻게 해볼 도리가 없습니다. 사냥꾼들이 사냥개로써 산짐승의 씨를 말리고 신령스러운 산과 들을 피바다로 만드니까 테우메소스 산신이 이 여우를 보내었다는 것이지요. 지금 이 여우는 테바이의 사냥개라는 사냥개는 다 물어 죽이고 있습니다. 사냥꾼들이 여우 잡을 방도를 의논하다 신의 뜻을 물었더니, 인간 세상의 사냥개라면 어떤 사냥개든 모조리 따돌릴 수 있는 신통한 여우라는 신탁이 내리더랍니다. 이 여우를 없애주세요. 그러면 군사를 빌려드리겠습니다."

인간 세상의 사냥개라는 사냥개는 모조리 따돌릴 수 있는 여우가 있다면, 사냥개로써 이 여우를 잡는 방법은 하나뿐이다. 온 세상의 어떤 여우든 단번에 물어 죽일 수 있는 사냥개를 찾는 일이다. '테우메소스의 여우'라는 말은 '모순'이라는 말과 같은 뜻으로 쓰인다.

옛날 중국의 초나라에 입심 좋은 장사꾼이 있었다. 이 장사꾼은 창을 팔 때는 이렇게 허풍을 떨었다.

"창 사세요, 창. 이 창에 뚫리지 않는 방패는 이 세상에 없습니다. 창 사세요. 어떤 방패도 뚫을 수 있는 창 사세요, 창."

이자가 방패 팔 때는 이렇게 말을 바꾸었다.

"방패 사세요, 방패. 이 세상의 어떤 창도 이 방패는 뚫을 수 없습니다. 어떤 창에도 뚫리지 않는 방패 사세요, 방패."

장자 같은 철학자가 보았다면 이렇게 나무랐을 것이다.

"야, 이 사기꾼아, 앞뒤가 맞는 소리를 해라."

중국의 사상가 한비자가 쓴 『한비자』에 나오는 이야기다. 창을 뜻하는 '모矛', 방패를 뜻하는 '순盾'을 합하면 '모순矛盾'이 된다. 앞뒤가 안 맞는 경우를 뜻하는 '모순'이라는 말은 이 이야기에서 나왔다.

암피트뤼온은 야멸찬 알크메네의 표정을 떠올리며 그답지 않게 큰소리를 쳤다. '인간 세상의 사냥개'라는 말이 그의 뇌리를 떠나지 않았다.

"모든 사냥개를 따돌릴 수 있는 여우가 있다면, 모든 여우를 다 물어 죽일 수 있는 사냥개도 반드시 있을 것이니, 나는 그것을 찾아내겠습니다. 소도둑놈들의 섬으로 군사를 일으킬 채비나 하십시오."

크레온으로서는 오랜만에 들어보는 큰소리였다.

"달걀만 보고 병아리 수 셈하지 말고, 여우를 잡기 전에 털 값 어림해서 헤아리지 말라는 옛말이 있습니다만, 믿고 기다려보리다."

암피트뤼온은 곧 여우 사냥꾼을 모집했는데, 그중에 케팔로스라고 하는 청년이 있었다. '케팔로스'는 '머리'라는 뜻인데, 아닌 게 아니라 머리 부분, 즉 용모가 매우 준수했다. 그가 몰고 다니는 사냥개도 주인 못지않게 잘생긴 스파르타 개였다. 사냥개에 대한 식견이 높지 않은 암피트뤼온의 눈에도 여느 개가 아닌 것 같았다.

케팔로스는 어떤 청년이며, 어떻게 그 사냥개를 손에 넣을 수 있었을까?

숲과 사냥의 여신 아르테미스는 자기가 거느리고 있는 요정들이 순결을 잃으면 그 죗값을 혹독하게 물리는 것으로 유명하다. 요정의 순결을 빼앗은 당사자가 자기 아버지 제우스라도 아르테미스는 그 요정을 용서하는 법이 없었다. 칼리스토가 좋은 예다. 칼리스토는 제우스 때문에 순결을 잃었다가 곰이 되고 말았다.

아르테미스의 숲에 프로크리스라는 아주 아리따운 요정이 있었다. 그런데 이 프로크리스는 미남 사냥꾼 케팔로스를 보는 순간 그만 홀딱 반하고 말았다. 인적 없는 숲에서 여신 모시고 살던 프로크리스가 보기에, 이름부터가 '케팔로스(머리)'였으니 그 청년의 두상頭相이 참 볼 만하지 않았겠는가.

프로크리스는 순결을 잃은 직후 여신에게 죄를 자복하고 죗값을 청했다.

아르테미스 여신이 뜻밖의 말을 했다.

"네 입으로 고백하니 기특하다. 네가 세운 순결의 서원을 벗기고, 사냥꾼에게는 참으로 요긴한 선물을 하나 줄 터이니 함께 숲을 나가서 복되게 살아라."

아르테미스가 프로크리스 부부에게 선물로 내린 것은 사냥개 '라일라프스'였다. '질풍'이라는 뜻이다. 아르테미스가 기르던 사냥개였던 만큼 '인간 세상의 사냥개'가 아니라 '천하에 못 따라잡을 짐승이 없는 사냥개'였다.

고삐에서 풀려나자, '천하에 못 따라잡을 짐승이 없는 사냥개 라일라프스'는 '천하에 못 따돌릴 사냥개가 없는 테우메소스의 여우'를 찾아 '질풍'같이 내달았다. 그 모습이 인간의 눈에는 잘 보이지 않았다. 모래바람이 이는 데다 희미하게나마 네 발로 쓸고 지나간 자국이 남았기에 망정이지 그나마 남지 않았더라면 그렇지 않아도 '뻥'이 센 사냥꾼들은 라일라프스가 '날아갔다'고 했을 터였다.

케팔로스를 비롯, 사냥꾼 무리는 언덕에서 사냥개 라일라프스와 테우메소스의 여우가 쫓고 쫓기는 광경을 내려다보았다.

테우메소스의 여우는 뱅글뱅글 맴을 돌기도 하고, 하늘로 솟구치기도 하고, 전속력으로 달리다 뚝 꺾어 방향을 바꾸기도 하는 등 온갖 재간을 다 부렸다. 라일라프스는 이따금씩 입을 벌린 다음 여우의 뒷다리를 겨냥하고 입을 다물었다. 그러나 사냥꾼들 귀에 들리는 소리는 여우의 비명이 아니라 라일라프스의 빈 이빨 부딪치는 소리일 뿐이었다.

제우스 대신이 이 싸움을 내려보다가 혀를 찼다. 라일라프스가 이기면 자신이 사랑하는 산신 테우메소스가 무색해질 것이요, 테우메소스의 여우가 이기면 사랑하는 딸 아르테미스가 앙탈을 부릴 것이기 때문이었다.

제우스는 한순간에 참으로 여러 가지를 생각했다. 제우스는 그 짧은 순간에, 산신 테우메소스를 무색하게 하지 않고, 딸 아르테미스의 원망도 듣지 않고, 암피트뤼온을 멀리 텔레보에스로 보낼 수 있는 묘안을 찾아내어야 했다.

과연 제우스였다. 제우스는 곧 그 묘방을 찾아내었다. 사냥개와 여우를 석화石化시켜버리는 일이었다. 제우스는 왼손을 들어 사냥개와 여우를 한꺼번에 돌로 화하게 했다.

여우 소동이 가라앉자 크레온왕은 더 이상 댈 핑계가 없어져 암피트뤼온에게 군함과 병력을 빌려주었다. 암피트뤼온이 이 병력을 군함에 싣고 텔레보에스로 떠났던 것은 물론이다.

* * *

그런데 제우스가 '암피트뤼온을 멀리 텔레보에스로 보낼 수 있는 묘안'이라는 대목이 걸린다. 제우스에게 무슨 꿍꿍이속이 있는 것일까?

머리카락에 그 힘의 뿌리가 있어서, 혹은 굵은 쇠사슬 터뜨리기를 썩은 칡덩굴 터뜨리듯이 하고, 혹은 당나귀 턱뼈로 1천 명의 군사 죽이기를 잘 드는 낫으로 귀리 베듯 하는 영웅 이야기라면 독자들도 익히 들었을 것이다. 그러나 이런 영웅이 필경은 그 머리카락을 베이고, 다시 말해서 그 힘의 뿌리를 뽑히고 결국은 파멸하고 만다는 것도 독자는 알고 있을 것이다. 앞에서 잠깐 읽은 구약성서의 영웅 삼손이 그러지 않았던가?

암피트뤼온의 숙적인 섬나라 왕 프테렐라오스도 그런 영웅의 하나다. 프테렐라오스의 생명과 힘의 원천은 정수리에 있는 금발 한 올이었다. 금발은 일찍이 포세이돈의 은혜를 입고 그의 정수리에서 자라고 있었다. 그 금발이 정수리에서 자라고 있는 한 프테렐라오스는 천하무적이었다.

암피트뤼온이 큰일 났다.

프테렐라오스에게는 다행스럽게도, 그 황금 머리카락을 자르겠다고 나설 자가 있기는커녕 그런 머리카락이 있다는 사실조차 아는 사람이 없었다. 그러나 프테렐라오스에게는 불행하게도 잘생긴 사나이 앞에서는 곧잘 마음이 약해지는 딸 코마이토가 있었다.

암피트뤼온은 원래 티륀스의 왕자 출신이다. 그리스 남부 아르고스 지방에 있던 이 도시국가는 오랜 옛날부터 매우 앞서가던 문명권이었다. 뒷날 헤라클레스가 한동안 살게 되는 도시가 바로 티륀스다. 그가 자주 드나들던 도시는 역시 앞서가던 도시국가 뮈케나이인데, 이 두 도시국가는 서로 불과 10여 킬로미터밖에 떨어져 있지 않다.

자, '텔레보에스(멀리 떨어져 있는 섬)' 처녀 코마이토의 눈에, 앞서가던 도시국가 왕자 출신 암피트뤼온이 어떻게 비쳤을까? 일자무식의 깡촌 섬처녀 눈에 비친 꽃미남 '섬마을 선생님' 같지 않았을까?

코마이토는 곧 싸움이 벌어진다는 것을 잘 알고 있었다. 어린 시절 아버지로부터 들은 황금빛 머리카락 이야기도 잘 기억하고 있었다. 뿐만 아니라 황금빛 머리카락이 온전히 그 자리에 붙어 있는 한, 잘생긴 본토 청년 장수가 아버지 프테렐라오스 손에 죽게 된다는 것도 잘 알고 있었다.

코마이토는 갈등하기 시작했다.

"아, 어찌하면 좋단 말인가?"

코마이토에게 다음과 같이 말할 수 있다면 독자는 눈이 매우 밝고 눈치가 굉장히 빠르다.

"마, 묻기는 뭘 물어? 너는 몰래 아버지 침실로 숨어들어 가 정수리의 황금빛 머리카락을 뽑아버리게 되어 있어. 그러면 네 아버지는 머리카락 잘린 삼손처럼 흐물흐물, 잔뜩 불어터진 국수가락처럼 흐느적거리겠지. 어차피 이 전쟁에서는 암피트뤼온이 이기게 되어 있어. 제우스가 뒷배를 보아주고 있잖아? 암피트뤼온의 사랑? 그거 네 차례에 안 와. 암피트뤼온이 너같이 불효막심한 것의 사랑을 받아들일 것 같아? 너는 암피트뤼온의 손에 죽게 되어 있어. 그게 이런 이야기의 공식이야. 메데이아, 아리아드네, 스퀼라가 그랬어."

그렇다. 암피트뤼온은 코마이토가 황금빛 머리카락을 뽑아준 덕분에 힘이 빠져버린 프테렐라오스의 목을 베었다. 사랑을 애걸하는 불효자식 코마이토의 목숨도 거두었다.

이제 남은 일은 테바이로 개선하여, 오래 그리워하던 알크메네의 순결을 거두는 일이다. 오라비들 원수를 갚기 전에는 얼씬도 하지 말라던 저 야멸차기 짝이 없던 알크메네를 아내로 맞는 일이다.

돌아가자, 테바이로!

암피트뤼온이 테바이에 도착해 알크메네의 거처로 달려간 것은 제우스가 다녀가고 나서 몇 시간 뒤의 일이다. 아무리 신들의 아버지라지만 제우스가 자기 신붓감까지 한차례 훑고 지나갔다는 사실을 암피트뤼온은 받아들이기 어려웠을 것이다.

암피트뤼온은 분노로 몸을 떨면서 알크메네에게 이렇게 따져보고 싶었는지도 모르겠다.

"알크메네여, 나는 그대 아버지와 오라비들의 원수를 갚아주겠다던 약속을 지키고 이렇게 돌아왔소. 원수를 갚고 돌아올 때까지 순결을 지

알크메네에게 접근하는 제우스

코미디, 즉 희극은 특정한 캐릭터의 모자라는 면이나 악덕을 왜곡해 보여줌으로써 우스꽝스러운 효과를 연출한다. 흡사 희극의 한 장면 같은 이 질그릇의 그림 역시 코믹하면서도 신랄하다. 헤르메스(지팡이와 모자를 보라)의 도움을 받아 알크메네의 방으로 접근하는 제우스의 모습에서 위엄이나 권위 같은 것은 찾아볼 수 없다. 남부 이탈리아에서 만들어진 질그릇의 그림. 로마 바티칸 박물관.

키겠다던 그대의 약속은 어찌 된 것이오? 그대도 약속을 지킨 것이오?"
 참 대답하기 어려운 질문이다.
 내가 보기에 알크메네는 약속을 지켰던 것 같다. 알크메네가 순결을 바친 상대가 제우스이기는 하다. 하지만 제우스는 암피트뤼온의 모습을 하고 찾아오지 않았는가? 그러므로 그것은 제우스가 아니라 암피트뤼온인 것이다.
 알크메네는 인간이다. 제우스가 어떤 신인데 인간이 알아볼 수 있을 정도로 허술하게 변장하겠는가? 알크메네에게는 가짜 암피트뤼온의 정체를 파악할 의무가 없다. 그러므로 무죄다. 만일에 알크메네가 유죄라면, 헬라스 여인들은 잠자리에 들 때마다 지아비의 정체를 의심해서 귀와 코를 한 번씩 차례로 잡아당겨보아야 하는데, 그것 참 번거롭겠다.

1 암피트뤼온이 돌아왔다!

2

영웅,
땅에 내리다

아기 헤라클레스, 뱀을 죽이다

알크메네의 신방에 변장한 제우스와 암피트뤼온이 차례로 다녀가고 나서부터 열 달 가까이 되었을 즈음이었다. 알크메네가 몸 풀 날이 다가오고 있었다. 배앓이가 시작되면 산모는 사랑의 달콤하기와 진통의 고통스러움을 자꾸 견주어보게 된다던가? 알크메네가 두 암피트뤼온과의 첫날밤을 떠올리며 몸 풀 채비를 하고 있을 동안 올륌포스 천궁에서는 이런 일이 벌어지고 있었다.

제우스는 여러 신을 불러 앉히고는 '화(禍)'의 여신 아테에게 맹세하고는 다음과 같이 선언했다.

"신들이여, 여신들이여, 내 말을 들으시고 나의 기쁨과 근심을 함께 나눕시다. 오늘 정오 해산의 여신 에일레이튀아의 도움으로 아르고스 땅의 지배자가 될 나의 피붙이가 세상에 태어날 것이오. 기쁨을 나누자는 것은 나누면 몇 갑절로 기쁠 것이기 때문이요, 근심을 나누자는 것은 나누면 그만큼 가벼울 것이기 때문이지요. 화의 여신에게 맹세한 만큼 내 뜻을 거스르면 화가 미칠 것이오."

헤라 여신이 이 말을 들었으니 아마 속이 뒤집히고 말았을 것이다.

'오냐, 나 모르게 자식을 지어 낳게 하더니, 저렇듯 시치미를 떼는구

나. 아나, 아르고스의 지배자 여기 있다. 어디 나 모르게 자식을 낳고 아르고스의 지배자로 봉할 수 있을 줄 알았더냐?'

이렇게 생각하면서도 겉으로는 짐짓 아무렇지도 않은 양 말마중을 했다.

"제우스 대신의 말씀대로 될 것입니다. 오늘 한낮에 인간 세상의 여자 다리 사이에서 태어나는 아이가 장차 아르고스의 지배자가 될 것입니다. 그렇지요?"

헤라의 말에 제우스는 부지불식간에 고개를 끄덕였다. 제우스가 정신없이 빠른 속도로 돌아가는 헤라의 머리를 따라잡을 수 있을 리 만무했다. 제우스가 고개를 끄덕거리는 순간에 헤라는 '오늘 한낮에 여자 다리 사이에서 태어나는 아기'를 아르고스의 지배자로 세우겠다는 약속을 받아내었던 셈이다.

아르고스는 헬라스 남부의 비옥한 노른자위 땅이다. 같은 이름의 도시도 있지만 편의상 아르고스를 지역 이름으로 쓰겠다. 뮈케나이, 티륀스 같은 강대한 도시국가가 바로 이 아르고스 땅에 있었다.

제우스의 묵시적 승인을 받은 헤라는 급히 자리를 떴다.

헤라는 먼저 '해산의 여신'과 '운명의 여신들'을 불러 알크메네의 진통을 멎게 한 다음 이들을 다시 아르고스 땅으로 내려보냈다.

헤라가 이들을 아르고스 땅으로 내려보낸 데는 까닭이 있다. 제우스가 말한 '나의 피붙이'를 헤라는 아르고스 땅에서 찾아낸 것이다.

암피트뤼온을 테바이로 추방하고 뮈케나이성을 송두리째 삼킨 스테넬로스를 기억할 것이다. 스테넬로스는 페르세우스의 손자이고, 페르세우스는 제우스의 아들이다. 따라서 제우스가 말한 '나의 피붙이'에 확실하게 해당한다.

이 스테넬로스의 어린 아내 니키페의 복중에도 일곱 달 된 자식이 있었다. 헤라가 해산의 여신과 운명의 여신들을 보낸 것은 바로 이 니키페의 복중에 있는 자식을 서둘러, 그러나 정확하게 한낮에 낳게 하기 위해서였다.

해산의 여신이 손수 거들었으니 해산은 어렵지 않았다. 해산의 여신 덕분에 니키페가 칠삭둥이, 즉 일곱 달배기를 낳자 운명의 여신들은 이 아기에게 운명을 점지해주었다. 그런데 그 운명이라는 것이 기구하다.

아기의 부모는 칠삭둥이에게 '에우뤼스테우스'라는 이름을 지어주었다.

에우뤼스테우스. 헤라클레스에게 시련을 줄 운명을 타고 태어난 자의 이름이다.

아기가 태어난 시각이 정확하게 정오였다는 것을 확인한 헤라는 제우스에게 이렇게 고했다.

"대신이시여, '화의 여신' 아테에게 걸고 한 맹세를 잊지 않으셨겠지요? 오늘 정오, 장차 아르고스의 지배자가 될 대신의 피붙이가 여자의 다리 사이로 태어났습니다. 니키페의 아들 에우뤼스테우스의 탄생을 여러 신과 더불어 기뻐해야 할 일입니다."

제우스의 표정이 뻥 뚫리면서 구멍이 났다.

"아니 어째서 알크메네의 아들이 아니오?"

"어째서 니키페의 아들이면 안 되는 것입니까? 니키페가 오늘 정오에 다리 사이로 대신의 피붙이를 낳았는데요?"

"알크메네는 어떻게 된 것이오?"

"진통이 시작되더니만 그것마저 멎은 모양입니다."

그것이 헤라의 농간이라는 것을 모를 제우스가 아니었다. 해산을 관장하는 여신은 헤라의 심복이 아니던가?

제우스는 돌아앉으면서 화를 참았다.

'그래, 헤라여, 내가 그대를 아내로 맞이할 때, 사악한 잔꾀를 이겨보겠다는 헛된 희망 또한 없지 않았다.'

화를 삭이지 못한 제우스는 '화의 여신' 아테의 머리끄덩이를 잡아 천궁에서 인간 세상으로 집어던져버렸다. 그러나 제우스도 아테를 하계로 던질 수 있을망정 아테에다 걸고 친 맹세를 거두어들일 수는 없었다.

그즈음 테바이 땅의 알크메네는 에우뤼스테우스가 태어난 순간부터 진통을 다시 시작했다. 하지만 알크메네는 고통으로 몸부림쳤을 뿐 여전히 해산은 하지 못했다.

당연했다. 해산의 여신과 운명의 여신들이 그 옆방에 팔짱을 끼고 서 있었기 때문이다. 알크메네의 시중을 드는 여자들의 눈에는 여신들이 보이지 않는 것은 물론이다. 해산의 여신이 아기를 낳게 하면 운명의 여신들은 그 아기의 운명을 점지하는데 이들이 팔짱을 끼고 있으면 산모는 아기를 낳을 수 없다.

알크메네의 놀이 동무 중에 갈린테스라는 여자가 있었다. 갈린테스는 어쩌나 재치 있는 말을 잘하는지, 타향 테바이에서 곧잘 소외되던 알크메네를 자주 즐겁게 해주었다. 갈린테스는 알크메네가 용쓰는 걸 보다 못해 허공에 삿대질하며 소리를 질렀다.

"해산의 여신, 운명의 여신들이 여기 계시거든 들으세요. 그렇게 팔짱 끼고 계실 것 없어요. 제우스 대신께서 손을 쓰시어 알크메네는 이미 아들을 낳았어요. 이제 별 볼일이 없을 것이니, 어서 온 데로 돌아가시라고요!"

해산의 여신과 운명의 여신들은 '제우스가 손을 썼다'는 말에 소스라치게 놀라 부지불식간에 팔짱을 풀었다. 바로 그 순간 알크메네는 아들을 낳았다. 한 아기가 조금 전에 태어난 칠삭둥이 에우뤼스테우스로부터 온갖 시련을 당할 운명을 타고 이 세상에 내린 것이다.

나중에 속은 것을 안 여신들은 갈린테스를 족제비로 화하게 하고는 수태는 귀로, 분만은 입으로 하게 했다. 족제비가 지금도 그러는지 안 그러는지 모르겠으나 옛날 사람들은 그렇게 한다고 믿었던 모양이다.

조금 다른 이야기도 있다.

팔짱을 끼고 수수방관하고 있는 여신들 앞으로 '갈레(족제비)' 한 마리가 발등을 스치듯이 하면서 쏜살같이 지나갔단다. 아무리 해산의 여신이라고 해도 족제비 한 마리가 발등을 스치듯이 쏜살같이 지나가는

헤라클레스를 출산하는 알크메네
갈린테스의 말에 놀란 여신들이 팔짱을 푼 순간 아들이 태어났다. 뒤편에서 갈린테스가 해산의 여신 에일레이튀아에게 끌려가 맞고 있는 것으로 보인다. 17세기 벨기에 판화가 프레데릭 바우타츠의 동판화.

데 기겁을 하지 않을 수 있겠는가. 여신은 비명을 지르며 엉겁결에 팔짱을 풀었다는 것이다.

뒷날 헤라클레스는 갈린테스를 위해 사당을 지었는데, 테바이 사람들은 해마다 영웅 헤라클레스 제사 때가 될 때마다 제물을 마련하고 먼저 갈린테스에게 제사를 지냈단다.

알크메네는 아들을 낳은 다음 날 또 아들을 낳았다. 인간 세상에서는 있기 어려운 일이다. 하지만 알크메네가 이 두 아들을 배게 된 사연은 인간 세상에 어디 있을 법한 일이던가?

부모는 먼저 난 아들 이름을 '알케이데스'라고 지었다. '알카이오스의 자손'이라는 뜻이다. 알카이오스는 암피트뤼온의 아버지 이름이다. 그러니까 정확하게는 '알카이오스의 손자'라는 뜻이다. 헤라클레스는 장성할 때까지 이 이름으로 불렸다. 하지만 가뜩이나 긴 헬라스 사람들의 이름, 이 이름 저 이름 바꿔 쓰면 헷갈리니까 우리는 편의상 처음부터 헤라클레스라고 부르기로 하자.

두 번째로 태어난 아들 이름은 '이피클레스'라고 했다. '용맹으로 이름을 떨치는 자'라는 뜻이지만, 이피클레스는 용맹을 그다지 떨치지 못했다.

두 아기의 부모는 먼저 태어난 아기는 암피트뤼온으로 변장하고는 달이 세 번 떴다 질 동안 알크메네를 사랑했던 자의 자식이요, 이피클레스는 진짜 암피트뤼온의 자식이라는 걸 어렴풋이 알고 있었다.

헤라의 재치 있는 잔머리 굴리기에 된통 당한 제우스는 풍차라도 돌릴 듯한 기세로 푸욱 한숨을 내쉬었다. 그가 한숨을 쉰 데는 까닭이 있다.

제우스는 아름다운 여성을 차지하기 위해서는 어떤 동물로든 변신하기를 마다하지 않은 신이었다. 때로는 딸 아르테미스의 모습을 빌리는 비열한 수를 쓰기도 했다. 그중에서도 제우스 자신도 낯 뜨거웠던 것이 바로 약혼자 암피트뤼온으로 변장하고 알크메네를 차지한 바로 그 사건이었다.

하지만 제우스 신에게도 할 말은 있었다.

그는 '신들의 아버지'로 불린다. 신들 중에 그와 여신들 사이에서 난 아들딸이 많기 때문이다. 그는 여러 여신은 물론이고 인간 세상의 여자도 무수히 차지한 바람둥이였다.

헤라가 지아비의 그런 바람기를 좋아했을 까닭이 없다. 그러나 헤라가 바가지를 긁을 때마다 제우스는 이렇게 넉살 좋게 응수하고는 했다.

"인간 세상을 위해 할 일은 하고많은데 뚜렷한 직분을 가지고 인간들 도와줄 신들의 수, 인간 세상에서 날뛰는 무수한 괴물을 잡아 죽일 영웅의 수는 턱없이 모자라지 않소? 이러는 나도 좀 피곤하오."

제우스는 이때 벌써 '기간토마키아', 즉 '거신巨神들과의 전쟁'을 예견하고 있었던 것일까? 뒷날 헤라클레스는 이 전쟁에서 제우스를 도와 큰 공을 세우게 된다.

알크메네를 끌어들인 것도 제우스가 세운 원대한 계획, 제우스가 촘촘하게 그린 밑그림의 일부였다. 그에게는 장차 시련을 당할 올륌포스 신들을 도와줄 초인超人이 필요했다. 그는 알크메네에게서 태어나는 아들을 아르고스의 지배자로 세워놓은 뒤 때를 기다릴 속셈이었다. 그런데 헤라가 잔머리를 굴려 일을 그르치고 있는 것이었다.

제우스는 헤라에게 절충안을 내어놓았다.

"헤라여, 십 리가 모래 바닥이라도 눈 찌를 가시나무는 있다더니 내가 그대라고 하는 가시나무에 눈을 찔렸소. 따라서 나는 에우뤼스테우스를 아르고스의 지배자로 용인할 것을 약속하오. 그대는 내가 그린 큰 밑그림에다 황칠을 한 셈이오만, 나 또한 이대로 무너져서는 그대 보기에도 모양이 좋지 않을 것이오. 그러니 미워하기만 할 게 아니라 알크메네의 몸에서 난 내 자식에게도 그대가 무엇인가를 베풀어주기를 바라오."

"대신이여, 강물은 잘 때가 있지만 시앗 바라기하는 지아비의 아내는 자지 않습니다. 그러지요. 상아가 어찌 소의 엄니와 같겠습니까? 그 아이를 제 손에 붙이세요. 제우스 대신의 아들이라도 제우스 대신의 자식 값을 못 할 그릇이면 그걸 어디에다 쓰리까? 대신에게도 모양이 안 날 것이고요. 그러니 저는 그 아이를 미래의 아르고스 지배자 손에 붙일 것입니다. 그 아이가 장차 이 헤라와 아르고스의 지배자의 담금질을 견딘다면 이 헤라도 기꺼이 그 영광을 인정하겠지만 견디지 못하면 그 뿐입니다. 대신께서는 이제 그 아이 일에 간섭하지 못하실 것이니 그리 아십시오. 잘 아시겠지요?"

헤라는, 대신의 다짐을 받아도 단단히 받은 다음에야 올륌포스의 대전을 나왔다.

＊ ＊ ＊

 은하수의 기원에 관한 신화, 신화 쓰기의 원조 아폴로도로스의 기록에는 나오지 않는다. 하지만 다른 작가에 의해 기록되었을 법한 이 이야기는 광범위하게 유포되어 있다. 뒷날의 화가들은 앞 다투어 이 이야기를 그림으로 그렸다.

 제우스의 자식을 낳고도 헤라의 앙갚음을 면한 여신이나 인간 세상의 여자가 어디 있던가? 알크메네는 이것을 잘 알고 있었다.

 헤라의 진노가 세 모자母子에게 떨어질 것이 두려웠던 알크메네는 먼저 낳은 아들 헤라클레스를 들판에다 버려 헤라의 뜻을 물었다. 헤라의 진노가 헤라클레스에게 미친다면 나중에 난 이피클레스는 살릴 수 있을 것이라고 판단했기 때문이다. 그런데 암피트뤼온이, 두 아들 중 어느 아들이 제우스의 자식인지 궁금했던 나머지 아기 헤라클레스와 아기 이피클레스를 동시에 버렸다는 주장도 있다. 어쨌든 아기 헤라클레스가 버려졌다는 벌판은 뒷날 '헤라클레스의 평원'이라고 불린다.

 헤라클레스가 벌판에 버려졌다는 것을 맨 먼저 안 여신은 헤라 여신이 아니라 아테나 여신이었다. 아테나는 아기 헤라클레스를 안고 올륌포스로 올라갔다.

 아테나는 처녀 신이다. 헤라는 결혼의 여신, 가정의 여신이다. 헤라의 눈에, 가정을 꾸리지 않고 긴긴 세월 혼자 사는 처녀 여신이 못마땅했을 수밖에. 그래서 말투가 곱지 않다.

 "아니, 처녀가 웬 아기를 안고 다닌대? 그것도 갓난아기인 것 같은데."

 "들판에 버려진 아이입니다. 저는 이 아기가 며칠을 굶었는지 알지 못합니다. 저를 좀 도와주세요."

 "내가 아테나 여신을 어떻게 도와요?"

 "다른 여신들이 있기는 합니다만 부뚜막의 여신 헤스티아, 사냥의 여

은하수의 탄생
헤라가 아기 헤라클레스에게 젖을 빨리다 흘린 젖 줄기가 은하수가 되었다. 이 광경을 제우스가 바라보고 있다. 제우스의 상징인 벼락 다발을 그러쥔 독수리, 헤라의 상징인 공작새도 보인다. 페테르 파울 루벤스의 그림.

신 아르테미스, 그리고 저 아테나 모두 처녀입니다. 처녀가 아기에게 젖을 물릴 수도 없거니와 그럴 수 있다고 해도 젖이 나오지 않습니다."

"근본도 모르는 아이에게 젖을 먹이라는 것이오? 내 젖을 먹으면 영원한 생명을 얻는다는 것도 모르오?"

"영생의 능력만 빼고 먹이시면 되지요. 아폴론 신이 인간에게 예언의 능력을 주되 설득력을 쏙 빼고 주어 헛소리나 지껄이게 했던 것처럼요."

헤라 여신도 딱 잘라서 거절하기 어려웠다. 아테나 여신으로부터 처음으로 받아보는 부탁이었기 때문이다.

헤라는 대수롭지 않게 여기고는 아기에게 젖을 물렸던 모양이다.

"꺅! 무슨 애가 힘이 이렇게 세!"

아기가 어찌나 세게 젖을 빨았던지 헤라 여신은 비명을 지르며 아기를 가슴에서 떼어냈다. 하지만 젖은 멈추지 않고 계속해서 흘러내렸다.

인간 세상에서 있었던 일이 아니다. 저 높은 곳에 있는 올림포스 천궁에서 있었던 일이다. 헤라 여신의 가슴에서 흘러내린 젖 줄기는 멀리 멀리 퍼져나가 하늘을 뿌옇게 물들이다가 곧 굳어져서 '젖의 길', 즉 은하수가 되었다.

아득한 옛날의 헬라스 사람들은 이렇게 해서 은하수가 생기게 되었다고 믿었던 모양이다.

뒷날 로마 제국 사람들도 이것을 믿었던지 은하수를 '비아 락테아'라고 불렀다. 역시 '젖의 길'이라는 뜻이다. 은하수를 영어로는 '밀키웨이 Milky way'라고 하는데 이 말도 '젖의 길'이라는 뜻이다.

그렇다면 헤라클레스가 태어나기 전에는 하늘에 은하수가 없었던 셈이 아닌가?

신화시대에는 하늘에 별자리로 붙박인 인간이나 동물이 아주 많다. 제우스 신이 대부분의 별자리를 하늘에다 박았던 것이다.

옛 헬라스 사람들은 많은 별자리가 헤라클레스가 이 땅에 태어나기 전에는 없었다고 믿었던 것이 분명하다. 그래서 헤라클레스 이야기를 두고, 별자리의 기원을 설명하기 위해 누군가가 지어낸 이야기다, 이렇게 주장하는 사람도 있다. 주장하라지.

어쨌든. 아테나 여신은 헤라 여신의 품에서 아기 헤라클레스를 가로채 재빨리 인간 세상의 어둠 속으로 사라졌다. 알크메네가 아기 헤라클레스를 돌려받은 것은 물론이다.

***

아기 헤라클레스와 이피클레스가 태어난 지 여덟 달쯤 되었을 때의 일이다. 암피트뤼온의 집에서 이상한 일이 벌어졌다. 아기 헤라클레스가 최초로 그 손에 피를 묻히는 일이 벌어진 것이다.

이날 알크메네는 이 쌍둥이 형제를 사프란색 강보에 싸서 재워두고는 남편 암피트뤼온과 한담을 나누고 있었다. 그러다 자지러지는 이피클레스의 울음소리와 하녀들의 비명을 들었다.

가장 먼저 튀듯이 일어난 사람은 알크메네였다. 이어서 암피트뤼온이 달려갔고, 그 뒤를 따라 암피트뤼온을 경호하던 카드메이아인들이 아기들이 자던 방 쪽으로 달려갔다.

그러나 나중 달려간 자들이나 먼저 간 자들이나 다 아기 방문 앞에서 얼어붙고 말았다. 자지러지게 우는 아기 이피클레스 옆에서 아기 헤라클레스가 팔뚝 굵기가 실히 되어 보이는 두 마리 배암의 목을 양손에 각각 한 마리씩 잡고 힘을 쓰고 있었기 때문이다. 신화는 헤라 여신이 아기 헤라클레스를 죽이기 위해, 혹은 시험하기 위해 두 마리의 뱀을 보냈다고 주장한다.

뱀을 잡아 죽이는 아기 헤라클레스
얼마나 인기 있는 주제였으면 기원전 4세기 은화에까지 새겨졌는가.

2 영웅, 땅에 내리다

하녀들, 암피트뤼온 부부, 경호하는 카드메이아인들이 손을 쓰지 못하는 것은 당연했다. 그 뱀이 테바이 땅에서 흔히 볼 수 있는 무독사無毒蛇도, 황야에서나 찾아볼 수 있는 독사도 아니었기 때문이다. 아니, 쌍둥이 형제와 뒤엉켜 있는 동물이 여느 짐승이 아닌 뱀이었기 때문이라고 해야 옳다. 뱀이란 원래가 인간을 처음에는 놀라게 하고, 다음에는 얼어붙게 하는 요물이 아니던가?

다행히도 아기 헤라클레스가 한 손에 한 마리씩, 두 마리 뱀의 목을 조르고 있어서 당분간 이피클레스가 공격을 받을 것 같지는 않았다. 이성을 되찾은 경호원들이 칼을 뽑아들고 방 안으로 뛰어들어 가려 했다. 그러나 암피트뤼온은 한 손으로는 경호원들을 물리고 한 손은 들어 손가락을 입술에 대었다.

오래지 않아 아기 헤라클레스의 얼굴에 웃음이 번지기 시작했다. 이와 때를 같이해서 두 마리 뱀도 그 긴 몸을 물줄기같이 눕히기 시작했다. 암피트뤼온의 얼굴에도 웃음이 번지기 시작했다. 알크메네의 얼굴에도 화색이 돌기 시작했다. 하녀들과 경호원들이 수군거리기 시작했다. 목을 졸린 뱀의 입가로 피가 흘러 아기 헤라클레스의 손을 적시기 시작했다.

시작했다, 시작했다, 많은 일이 일어나기 시작했다.

독자들은 테이레시아스를 기억할 것이다. 가짜 암피트뤼온이 약혼녀의 방을 다녀간 직후 진짜 암피트뤼온이 만났던 예언자다. 당시 그는 암피트뤼온에게,

"짐작하시는 바가 없지 않을 테지요?"

이렇게 물었다. 암피트뤼온이 없지는 않다고 대답하자,

"그러면 되었습니다. 조금 더 지켜보시지요."

하고는 입을 다물어버렸던, 앞 못 보는 예언자가 바로 테이레시아스다.

그 테이레시아스가, 난장판이 된 암피트뤼온의 집 안으로 들어왔다.

두 마리 뱀을 목 졸라 죽이는 아기 헤라클레스
작가는 18세기 신생 러시아 제국의 국력을 아기 헤라클레스에 견주고자 이 그림을 그렸다고 한다. 18세기 영국 화가 조슈아 레이놀즈의 그림.

지나가는 길에 들렀노라고 했다. 하지만 그는 암피트뤼온의 집에서 무슨 일이 일어나고 있는지 미리 알고 있었던 모양이다.

테이레시아스는 아기 헤라클레스와 죽은 뱀 두 마리, 그리고 암피트뤼온을 가만히 번갈아 바라보았다. 육신의 눈이 아니었다. 마음의 눈으로 바라본 것이다. 그러고는 한참 뒤 입을 열었다.

"한 말씀 드리고 싶지만 귀가 너무 많군요."

암피트뤼온이 손짓하자 하녀들과 경호병들이 물러갔다. 테이레시아스는 암피트뤼온과 알크메네에게 속삭이듯이 말했다.

"짐작하시겠지만, 두 분은 아버지가 각각 다른 두 아기씨를 기르고 계십니다. 두 마리 뱀으로부터 두 분의 아드님 이피클레스 님을 지켜주신 이 아기씨는 제우스 대신의 아드님이십니다. 헤라 여신이 벼르고 계셨던 모양이군요. 두 마리의 뱀을 보낸 것을 보면요.

일찍이 제우스 대신께서는 이분을 아르고스의 지배자로 삼으신 바 있습니다. 하지만 이분이 아르고스를 지배할 것 같지는 않습니다. 헤라 여신의 술수에 넘어가 그 지배권은 다른 이에게로 넘어갔기 때문입니다. 누구에게 넘어갔는지는 저도 모릅니다. 제 심안도 이 천기만은 엿볼 수가 없으니까요. 하지만 알크메네 님이시여, 맹세코 말씀드립니다. 헬라스 여인들은 장차 양털 실을 감으면서, 혹은 물가에서 푸성귀를 씻으면서, 혹은 전장에 나간 아들을 기다리면서, 혹은 밤하늘 셀레네(달)를 바라보면서 알크메네 님과 알크메네 님께서 낳으신 알케이데스, 이분을 찬양하는 노래를 부를 것입니다."

암피트뤼온의 표정은 그리 밝지 않았다.

"테이레시아스여, 그리 되기까지 이 아이는 험한 길을 걸어야 하겠군요?"

"그럴 테지요. 암피트뤼온 님, 알크메네 님. 이분을 '트리셀레노스', 혹은 '알케이데스'라고 부르시는 것은 온당하지 않습니다. 이분은 여신의 젖을 드시었습니다. 헤라 여신의 신유를 드신 것입니다. 헤라 여신이 이분을 어여쁘게 여겨 젖을 빨리신 것이 아닙니다. 아테나 여신에게 속아서 얼떨결에 그리하신 것입니다. 그러니 당연하지요. 헤라 여신은 이분을 그냥 두지 않을 것입니다. 아테나 여신께서는 늘 이분을 보호하실 것이고요.

아, 이분의 손에 뱀의 피가 묻었군요. 이분의 앞에는 피가 강이 되어 흐릅니다. 시체의 산을 넘고 피의 강을 건너실 이분은 신인神人이시되…… 어머니 대지에는 묻히지 않습니다."

"테이레시아스, '신인이시되…… ' 하고 얼버무린 까닭이 무엇이오?"

암피트뤼온이 묻자 테이레시아스는 온 길을 되짚어 가면서 말을 이었다.

"행여 맛있는 술과 기름진 안주로 저를 붙잡지는 마십시오. 더 이상 천기天機를 누설하면 빌 데가 없습니다."

사고뭉치 헤라클레스

밖에서 보기에 헤라클레스와 이피클레스는 영락없는 쌍둥이였다. 조금 이상한 것이 있다면, 쌍둥이는 서로 닮게 마련인데, 이 둘은 서로 그리 닮은 것 같지 않았다. 이피클레스의 얼굴이나 행동거지가 아버지 암피트뤼온을 빼다 박은 듯이 닮았지만 이걸 눈여겨보는 이들은 별로 없었다.

암피트뤼온 부부는 쌍둥이 아닌 쌍둥이를 기르고 가르치는 데 온 정성을 기울였다. 알크메네에게야 그건 어려운 일이 아니었겠지만 암피트뤼온의 입장에서 보면 쉬운 일은 아니었을 것이다.

암피트뤼온은 쌍둥이에게 병거(兵車) 타는 법과 모는 법, 병거 위에서 싸우는 법을 몸소 가르쳤다. 이피클레스는 병거술을 잘 배웠으나 헤라클레스는 병거 끄는 말에게 막무가내로 자기를 끄는 법을 다시 가르쳤다.

쌍둥이는 아우톨뤼코스로부터 씨름을 배웠다. 아우톨뤼코스가 누구던가? 상업과 돈놀이의 신 헤르메스의 아들이 아닌가? 아우톨뤼코스는 씨름에 천하장사였지만 아버지를 닮아 속임수와 도둑질에 능했다. 훔치고 싶어 하는 물건에 그가 손만 대면 그 물건이 사람들 눈앞에서 사라졌을 정도였다. 쌍둥이의 씨름 배우기는 진도가 빨랐다. 이피클레스는 오른다리 거는 법을 가르치면 왼다리 거는 법까지 익혔지만, 헤라클레스는 목조르기를 가르치면 목뼈 부러뜨리는 법까지 익혔다.

쌍둥이는 카스토르로부터 칼 쓰는 법, 중무장 전투 기술을 배웠다. '디오스쿠로이(제우스의 쌍둥이 아들)' 중 하나인 카스토르는, 거위로 변신한 제우스와 레다 사이에서 난 아들이다.

이피클레스는 치는 법을 가르치면 베는 법까지 익혔지만, 헤라클레스는 사흘을 채 못 배우고도 칼은 버리고 몽둥이를 하나 다듬어 감히 스승의 버릇을 고치려고 했다.

헤라클레스와 이피클레스는 에우뤼토스로부터 활 쏘는 법을 배웠다. 이피클레스는 활 겨누는 법을 배우면서 이미 작은 과녁을 크게 보는 법을 익혔으나, 헤라클레스는 활을 쏘다가 햇볕이 짜증스럽다면서 감히 헬리오스(태양)를 향해 살을 겨냥했다. 헬리오스는 그런 헤라클레스를 그다지 밉게 본 것 같지 않다. 뒷날 이 영웅을 크게 한번 도와주는 것으로 보아.

쌍둥이는 리노스로부터 악기 키타라를 배웠다.

고전의 기록들은 '리노스는 오르페우스와 형제간'이었던 것으로 쓰고 있다. 형인지 아우인지 밝히고 있지 않는 것이다. 하지만 리노스는 오르페우스의 형이었던 것 같다. 헤라클레스 옛 그림을 보면 청소년 시절에 리노스는 이미 노쇠의 조짐을 보이고 있다. 뒷날 헤라클레스는 오르페우스와 함께 '아르고나우타이(아르고 원정대)'에 합류하게 되는데, 그 시절의 오르페우스는 젊은이였다. 따라서 리노스는 오르페우스의 형이었음에 분명하다.

리노스와의 만남은 헤라클레스 청년 시절의 가장 큰 비극이었다.

리노스는 헤라클레스가 누구인지 잘 몰랐던 모양이다. 헤라클레스가 수업 진도를 고분고분 따라갔을 것 같지 않다. 그래서 리노스가 헤라클레스를 한 대 쥐어박았던 모양이다. 악기로 한 대 갈겼을 수도 있다.

발끈한 헤라클레스는 악기를 빼앗아 리노스를 쳤다. 태어난 지 겨우

난장판이 된 음악 수업
헤라클레스는 조그만 접이용 걸상으로 리노스를 내리치고, 리노스는 키타라로 헤라클레스를 공격하는 모습이다. 기원전 5세기의 술잔 그림. 뮌헨 국립 고대미술 박물관.

 여덟 달 만에 팔뚝만 한 뱀 두 마리를 목 졸라 죽인 헤라클레스가 아니던가? 악기를 배울 당시 그는 이미 혈기방장한 청년이었다. 가엾은 '이게로프소스(늙은 가수)'는 그 자리에서 숨을 거두었다.

 형제의 운명이 어찌 이렇게 다를 수 있는가? 형 리노스는 멀쩡하게 살아 있다가 악기에 머리를 맞아 하데스의 땅(저승)으로 내려갔고, 아우 오르페우스는 하데스의 땅으로 내려갔다가도 절묘한 연주 솜씨로 하데스를 감동시켜 다시 이 땅으로 돌아왔으니.

 몽둥이 드는 것에나 어울리는 헤라클레스의 손에 키타라는 아무래도 체질에 맞지 않았던 것 같다.

 살인은 살인이었다.

 암피트뤼온에게 헤라클레스의 살인은 골칫거리 현안이었을 것이다. 자기가 맡아 기르고 있기는 하나 엄연히 제우스 신의 아들이 아닌가?

제우스 신의 아들을 인간인 자신이 재판에 회부할 수 있는가? 하지만 암피트뤼온이 그 사실을 공공연하게 떠들고 다닐 수도 없지 않은가?

헤라클레스는 재판에 회부되었다. 논점은 하나로 모아졌다.

"그렇다면 헤라클레스는 학생이라는 단 한 가지 이유 때문에 리노스의 키타라에 맞아 죽어야 하는가?"

당시 테바이에는 '라다만튀스법'이라는 것이 있었던 모양이다. 헤라클레스의 살인은 이 라다만튀스법에 따라 정당방위로 인정되었다. 헤라클레스가 풀려난 것은 물론이다.

암피트뤼온은 헤라클레스를 불러 심하게 꾸짖었다. 헤라클레스가 사실은 제우스 신의 아들이나, 당시 테바이 땅에서 이를 아는 사람은 암피트뤼온 내외와 점쟁이 테이레시아스뿐이었다. 따라서 헤라클레스는 겉보기에는 이피클레스와 조금도 다름없는 암피트뤼온의 아들이었을 뿐이다.

암피트뤼온은 죗값을 물어 헤라클레스를 키타이론산으로 보내어 양떼를 돌보게 했다. 키타이론은 아테나이에서 테바이로 가자면 꼭 지나야 할 아주 험한 산이다.

옛날 시인들은 이때 헤라클레스의 나이가 열여덟 살이었고, 키는 4에레였으며, 퉁방울처럼 툭 튀어나온 커다란 눈에서는 늘 불길이 이는 것 같았다고 본 듯이 말한다. 활을 쏘면 백시 백중百矢百中이요, 창을 던지면 백과 물실百戈勿失이었다고 본 듯이 쓰기도 하고, 한 끼 음식이 구운 양 한 마리와 검은 빵 한 소쿠리였고, 밤이면 늘 문지방을 베고 자더라고 노래하기도 한다.

헤라클레스의 키가 4에레나 되었다는 것은 과장된 듯하다. 4에레면 2미터가 넘는데, 옛 그림에 그려진 헤라클레스를 보면 키가 그다지 크지 않다. 헤라클레스는 주로 땅땅한 근육질 청년으로 그려진다. 퉁방울 눈에서 불길이 이는 것 같더라는 묘사는 퍽 일리 있어 보인다. 도자기 그림에 그려지는 헤라클레스의 특징이 바로 이글거리는 퉁방울눈이다.

키타이론산은 영웅들이 버려져 괴로워하고 방황하던 시련의 산이다. 세멜레의 자매들이 아기 디오뉘소스를 찾아다니던 산도 이 산이었고, 암피온과 제토스가 버림받았던 곳도 이 산이었다. 뿐인가, 오이디푸스가 버려진 땅, 뒷날 바로 그 오이디푸스가 딸 안티고네와 방황하던 산도 이 산이었다.

헤라클레스에게도 이 키타이론산은 시련의 땅이지 다른 데가 아니었다. 헤라가 이른바 '키타이론의 사자'를 보내어 헤라클레스를 시험한 산이 바로 이 산이었다.

일찍이 두 마리의 뱀을 보내어 아기 헤라클레스를 시험했던 헤라는, 이번에는 한 마리의 사자를 보내어 소 떼와 양 떼를 닥치는 대로 잡아먹게 했다. 사자가 소와 양을 자꾸만 잡아먹었으니 그 수가 나날이 줄어들었을 수밖에 없다. 이 산에서 소와 양을 치던, 한 끼에 양 한 마리씩 구워 먹는다는 헤라클레스의 먹성에 혐의가 가지 않을 수 없었다. 테스피오스왕과 측근들은 헤라클레스의 먹성을 빌미로 암피트뤼온에게 없어진 솟값, 양값의 변상을 요구했다.

그 소식을 들은 헤라클레스가 이를 벅벅 갈았다.

"내가 테스피오스의 딸을 잡아먹을지언정 양을 잡아먹지는 않는다."

헤라클레스는 올리브 나무로 몽둥이를 만들어 둘러메고는 사자를 찾아다녔다. 키타이론산은 크고도 높다. 열여덟 살 먹은 헤라클레스에게도 쉬운 산은 아니었을 것이다.

마침내 테바이 쪽 산록에서 '키타이론의 사자'를 만난 헤라클레스는 그 사자의 입을 찢어 죽였다. 이스라엘의 영웅 삼손처럼 헤라클레스도 그렇게 한 것이다.

헤라클레스는 이 사자의 가죽을 벗겨 들고 테스피오스왕을 찾아가, 수많은 가축을 잡아먹은 사자를 죽인 만큼 그 수고를 보상해줄 것과, 양 잡아먹은 것으로 오해받는 바람에 땅에 떨어진 명예를 회복시켜줄 것을 요구했다.

테스피오스왕은 자신의 허물을 부끄러워하면서 보상과 명예 회복을 선선히 약속했다. 뿐만 아니었다. 그는 헤라클레스에게 왕국의 손님으로 궁전에 머물면서, 자기에게 손님을 환대할 기회를 베풀어줄 것을 소원했다. 키타이론산으로 사람을 보내어, 헤라클레스가 돌보던 가축을 대신 돌보게 하겠다고도 했다.

헤라클레스로서는 마다할 까닭이 없었다.

헤라클레스는 당시에 이미 꽤 많은 술을 마셨던 것 같다. 그는 거의 매일 포도주에 잔뜩 취한 뒤에야 잠자리에 들었다.

테스피오스의 딸이 밤마다 밤 시중을 들었다. 헤라클레스는 밤마다 찾아오는 처녀가 누구인지 알고 싶어 하지 않았다. 스무 살 전후의 이 피 끓는 무작배기 청년에게 사랑, 결혼, 가정 같은 개념은 머리에 들어오지도 않았으리라. 그런데 50일째 되는 날 밤에는 처녀가 나타나지 않았다.

궁전에서 50일을 지낸 다음에야 테스피오스왕의 속셈을 읽었으니,

사자의 입을 찢는 헤라클레스
이스라엘 영웅 삼손만 사자의 입을 찢어 죽인 것은 아니다. 보라, 헤라클레스도 몽둥이는 세워두고 사자의 입을 찢고 있지 않은가? 오스트리아의 빈 구 궁전.

아무리 술 때문이었다고는 하나, 헤라클레스, 둔하기는 참 둔하다.

왕은 헤라클레스를 보는 순간 헤라클레스를 닮은 자손을 거느리고 싶었다. 그런 자손 몇 명만 있어도 왕국을 너끈하게 지켜줄 것 같았다. 그래서 밤마다 공주를 들여보낸 것이다.

헤라클레스는 밤마다 같은 처녀가 들어오는 줄 알았지만 들어오는 공주들은 매일 밤 달랐다. 왕에게는 공주가 50자매나 있었는데, 이들 중 49명이 헤라클레스와 동침했던 것이다.

50일째 되는 날 처녀가 들어오지 않았던 것은 막내 공주가 헤라클레스와의 동침을 거절했기 때문이다. 이 막내딸은 뒷날 헤라클레스 신전을 지키는 최초의 처녀 사제가 된다. 말하자면 50자매 중 49자매는 인간 헤라클레스의 아내가 되었고, 막내 하나는 영웅신 헤라클레스의 여사제가 된 것이다.

아폴로도로스는 헤라클레스가 '키타이론 사자'의 머리 가죽은 투구 삼아 머리에 쓰고 나머지는 옷 삼아 어깨에 둘렀다고 썼다. 하지만 뒷날의 많은 신화 작가는 헤라클레스가 쓰고 다니던 사자 가죽은 그것이 아니라 '네메아의 사자' 가죽이었다고 쓴다. 아무리 고대 신화 쓰기 원조라고 해도 이쯤 되면 아폴로도로스도 더 이상 '키타이론의 사자' 가죽이라고 우기지 못한다.

신화의 힘이다. 신화는 한번 유포되어 굳어지면 쉬 소멸하지 않는다.

헤라클레스가 테스피오스의 왕궁에서 늘어지게 쉬고 테바이로 되돌아갈 무렵, 저 높은 천궁에서 이 젊은 영웅을 벼르는 여신이 있었다. 헤라 여신 아니면 누구이겠는가.

"오냐, 네가 바닥에 배를 대고 기어다닐 때는 너처럼 배를 대고 기는 뱀으로 시험했다. 네가 흑발을 휘날리며 키타이론산을 누빌 때는 너처럼 갈기를 휘날리며 산을 누비는 사자로 너를 시험했다. 그러나 끝난 것이 아니니 어디 견디어보아라."

***

테스피오스 땅에서 고향 테바이로 돌아가던 헤라클레스는 도중에 소 떼와 소 떼를 모는 군사, 그리고 군사를 지휘하는 차림이 반반한 사람을 만났다. 차림이 반반한 사람은 이웃 나라의 통치자 에르기노스왕의 대리인이었다. 소 떼를 보고 있자니 헤라클레스는 심기가 몹시 불편했다.

그의 심기가 편하지 못했던 까닭은 얼마든지 있다. 암피트뤼온이 엘렉트뤼온의 사위가 된 것도 먼 섬나라 해적들이 소 떼를 몰아 갔기 때문이 아니던가?

암피트뤼온이 장인이자 숙부인 엘렉트뤼온을 죽게 한 것도 결국 소 때문이 아니던가? 키타이론산에서 사자와 싸운 것도 테스피오스왕의 소 때문이었다.

헤라클레스는 그래서 길을 막고, 그 군사를 지휘하는 사람에게 소 떼 몰고 가는 연유를 물었다.

에르기노스왕의 대리인이 거만하게 대답했다.

"대체 테바이 사람들이 수수께끼를 좋아한다더니 빈말이 아니었구나. 나도 수수께끼로 대답하마. 나는 지금 돌멩이 하나 값으로 소 1백 마리를 얻어가는데 젊은이가 그 연유를 짐작할 수 있겠는가?"

대리인 말에 헤라클레스가 곱지 않게 되물었다.

"나는 오이디푸스가 아니거니와 그대도 스핑크스는 아니오. 곱게 대답하시려오, 아니면 내게 소 한 마리를 주어 구워 먹게 하시려오?"

"이놈, 어느 시절에 났는지 모르지만 말은 크게 한다. 너는 어느 땅 사람인데 테바이 소식에 이렇듯 어두우냐?"

"나는 테바이 왕국 암피트뤼온 장군의 아들이오. 1년 전에 키타이론산에 올라갔다가 얼마 전에 이 몽둥이로 사자를 때려잡고 내려오는 길이오."

"내 일러주마. 연전에 테바이 왕 손자 메노이케우스의 마부가 돌팔매질을 하다가 실투하는 바람에 돌이 우리 임금님 머리에 맞았다. 임금님은 이 상처 때문에 곧 돌아가셨다. 돌아가시면서 아드님께 복수해줄 것을 신신당부했다. 그런데 그 아드님 되시는 분이 가만히 있겠느냐? 그래서 아드님 되시는 에르기노스왕이 군사를 일으키고 테바이를 쳐서 테바이 왕의 무릎을 꿇렸다. 테바이 왕은 무릎 펴는 값으로 향후 20년 동안 해마다 소 1백 마리를 조공으로 바치겠다고 했다. 그래서 내가 군사를 이끌고 와서 소를 몰고 가는 것이다. 어떠냐, 그래도 여전히 한 마리를 잡아 구워 먹고 싶으냐? 너 키타이론산에 있었다면 소를 길렀겠구나. 썩 길을 비키고 테바이 땅으로 돌아가 부지런히 소를 길러 내년 몫의 조공 준비나 하거라."

"죽은 사람이 에르기노스의 부왕이라면, 혹 클뤼메노스가 아니오?"

"알기는 아는구나."

"클뤼메노스의 목숨 값이라면 소 1백 마리는 과하오."

"그럼 테바이 왕에게 부하 단속 잘못한 죗값을 물어 코를 베었어야 했겠구나. 너 이놈, 세상 떠나신 클뤼메노스왕의 이름을 함부로 입에 올리다니 그 죄를 물어 네 귀를 베어야겠구나."

"그대는 '말이 씨가 된다'는 것도 모르오?"

헤라클레스는 두말 않고 군사의 칼을 빼앗아 그 대리인의 코와 귀를 베었다. 그러고는 대리인의 가죽 신발 끈을 풀어 그 코와 귀를 꿰어 목에다 걸어주고는 말의 엉덩이를 걷어차 제 나라로 쫓아 보내고는 유유히 소 떼를 몰고 테바이로 향했다.

소 1백 마리를 빼앗기다시피 하고 코가 쏙 빠져 있던 테바이의 크레온왕에게 헤라클레스는 구세주 같아 보였을 것이다. 크레온왕은 헤라클레스를 한없이 칭송했으나 암피트뤼온은 한숨을 쉬며 아들의 앞일을 근심했다.

"내가 옛날 엘리스 땅으로 소 떼를 찾으러 갔더니 엘리스의 왕이 '피의 매듭 푸는 일은 피로 하는 것이 아니다'라고 하더라. 소 때문에 기구해진 나의 팔자를 보아라. 소의 피 때문에 저주를 받았는지 네가 이렇게 장성한 이날 이때까지도 나는 아직 내 땅으로 돌아가지 못하고 있다. '지름길이 종종 먼 길일 수 있다'라던 엘리스왕의 말이 예사로 한 말 같지 않다. 물은 물길 트는 대로 흐르는 법이거니……. 에르기노스왕이 가만히 있지 않을 것이다. 나는 그것이 걱정이다."

암피트뤼온의 예감은 적중했다. 에르기노스왕이 군사를 몰아 테바이를 공격해 온 것이다.

하지만 지금은 이름조차 기억하는 이 없는 에르기노스왕이 욱일승천하는 헤라클레스의 앞을 가로막을 수 있었을 리 없다.

헤라클레스는 아테나 여신으로부터 무기를 빌려 들고 이 싸움을 지휘했던 것으로 신화는 기록하고 있다. 아테나의 무기라면 아이기스 방패가 가장 유명한데, 그 방패였을까? 아니면 여신이 즐겨 들고 다니는 창이었을까?

헤라클레스는 싸움터 한복판에서 에르기노스왕을 만났다. 그가 아테나 여신으로부터 빌린 것이 방패였다면, 에르기노스가 아무리 칼을 잘 썼다고 하더라도 그 방패를 뚫지 못했을 것이다. 그가 빌린 것이 창이었다면, 에르기노스의 방패가 아무리 튼튼한 것이었다고 하더라도 그 창을 막아내지 못했을 것이다. 에르기노스는 이 싸움에서 헤라클레스에게 죽임을 당했다. 테바이군이 대승을 거둔 것이다.

하지만 슬픈 소식도 있다. 제우스의 아들을 헌헌장부로 기른 암피트뤼온이 이 전쟁에서 전사한 것이다.

탁란조托卵鳥를 아시는지? 스스로 알을 부화시키는 것이 아니고 남의 둥지에 알을 맡겨 부화시키는 새가 바로 탁란조다. 대표 선수가 뻐꾸기다. 뻐꾸기는 몸집이 아주 작은 뱁새의 둥지에다 알을 낳는다. 뱁새는 이 알을 품어 부화시키고, 저보다 몸집이 몇 배나 큰 뻐꾸기 새끼를 먹여살린다.

암피트뤼온에게 아들의 양육과 교육을 맡긴 제우스는 흡사 탁란조 같다. 제우스의 아들을 맡아 힘들게 기른 암피트뤼온은 흡사 저보다 몸집이 몇 배나 큰 뻐꾸기 새끼를 먹여살리는 뱁새 같다. 에르기노스와의 전쟁에서 전사하고 신화의 무대에서 퇴장하는 암피트뤼온은 뱁새 같다.

헤라클레스는 왕을 잃은 에르기노스 군대의 철군을 허락하되 나라의 경계를 범한 죄를 물어 40년간 해마다 소 2백 마리씩 조공으로 바치게 했다.

간단한 계산이 나온다.

테바이 왕은 20년간 해마다 1백 마리의 소를 에르기노스의 왕국에 바쳐야 했다. 게다가 이미 1백 마리를 바치기까지 했다. 그런데 헤라클레스가 도중에서 소 떼를 되찾아 왔다. 뿐만이 아니다. 그는 에르기노스를 죽이고 그 왕국에 40년간 해마다 소 2백 마리를 조공으로 바치게 했다. 테바이 왕은, 바쳐야 할 소 1백 마리를 바치지 않아도 좋게 된 것은 물론이고 해마다 조공까지 2백 마리씩 받게 된 셈이다.

테바이 왕 크레온이 이 장한 사내 헤라클레스에게 몸이 달지 않았을 리 없다. 마침 테바이 왕에게는 아리따운 딸 메가라가 있었다.

테바이 왕은 헤라클레스에게 제안했다.

"나의 딸 메가라가 어떠하던가? 메가라도 그대가 싫지 않은 모양이더라. 어떠냐? 이제 그대에게는 아버지도 없다. 아버지가 없어진 마당에 아버지의 조국 뮈케나이에 그대 설 자리가 있겠는가?"

헤라클레스는 처음에는 거절했다.

"왕이시여, 테스피오스 왕은 딸 50자매를 내어놓고도 저를 붙잡지 못했습니다."

"그대는 테스피오스의 딸들을 이따금씩 그리워하기도 하는가?"

"저의 잠자리를 다녀갔다는 49자매에게는 하등의 애착도 남아 있지 않습니다. 저를 거절했다는 막내 하나의 소식이 이따금씩 궁금할 뿐입니다."

"그것 보게. 딸 50자매로는 그대를 붙잡을 수 없네. 테스피오스의 왕이 아닌 나는 딸 하나로 그대를 붙잡으려고 하네. 그대는 기왕에 취한 테스피오스의 딸 49자매보다 취하지 못한 하나를 더 그리워하고 있지 않은가? 마흔아홉에 대한 그리움을 다 합한 것보다 더 큰 그리움으로 그 하나를 그리워하고 있지 않은가?"

테바이 왕이 자상한 인물, 가정적인 사람이었다면 헤라클레스에게 딸을 주면서 나라를 덤으로 준 셈이고, 그가 정치적인 사람이었다면 나라를 주면서 딸을 덤으로 준 셈이다. 어쨌든 헤라클레스는 이 두 가지를 모두 얻었다. 테바이 왕은 헤라클레스의 아우인, 암피트뤼온의 친아들 이피클레스에게도 막내딸을 주어 테바이에 몸 붙이고 살게 했다.

헤라클레스는 테바이 땅에 오래 머물렀다. 메가라의 몸에서 아들 삼 형제를 얻었을 만큼 오래 머물렀다.

메가라가 낳은 헤라클레스의 아들이 삼 형제였다고 아폴로도로스는 분명하게 쓰고 있다. 뒷날의 신화 작가 중에는 팔 형제였다고 주장하는 이들이 많았다. 이 주장이 한동안 고대 그리스 사회에서는 유효했다. 테바이에서 누린 헤라클레스의 평화를 돋우어 말할 때는 팔 형제 쪽이 힘을 받는다. 팔 형제라면, 연년생으로 낳아도 8년이 걸리니까.

하지만 팔 형제설은 곧 아폴로도로스의 삼 형제설로 되돌아갔다. 헤라클레스의 비극을 연극으로 상연하자니 극장 무대가 너무 좁았던 것이다. 그래서 삼 형제설을 주장하던 사람들은, 극장 무대를 핑계로 헤라클레스의 아들을 팔 형제에서 삼 형제로 줄여버렸다는 비난을 받고는 했다.

헤라클레스, 발광하다

어쨌든 젊은 헤라클레스의 삶은 온통 고요함으로 차고 넘치는 것 같았다.

활 솜씨도 다시 닦았다. 헤라클레스는 에우뤼토스를 스승으로 모시고 활쏘기를 배웠던 것으로 전해진다. 여러 신이 헤라클레스에게 선물을 주었다고 전해지기도 한다. 전설에 따르면 헤르메스는 칼, 아폴론은 활과 화살, 헤파이스토스는 황금 흉갑(가슴받이), 아테나 여신은 군복을 선물로 주었다는 것이다.

헤라클레스는 그동안 행복했을까? 아마도 행복했을 것이다. 하지만 이 행복은 행복이 아니다. 헤라클레스의 행복은 불행의 전주곡이다. 헤라클레스가 누리는 고요는 폭풍 전야의 고요에 지나지 않는다.

올륌포스 천궁에는 헤라클레스가 행복에 겨워하는 꼴은 절대로 못 보아주는 여신이 있기 때문이다.

우리는 어째서 운명은, 영웅이 돌상 받은 자리에서 회갑 상을 받을 수 있게 내버려두지 않는지 늘 궁금하다. 어째서 한 칼이 칼집으로 들어가면 다른 칼이 칼집에서 나오는지 그 까닭이 늘 궁금하다. 우리는 영웅의 기이한 운명이 또 한 번 역전하는 이 순간을 그릴 때 '호사다마'라는 말을 자주 쓴다. 좋은 일에는 나쁜 일이 껴들게 마련이라는 것이다.

그렇다. 하늘은 영웅에게 호사만을 베풀지는 않는다. 인간은 영웅에게 호사만을 베풀지는 않는다. 무슨 까닭인가? 영웅이 인간에게 봉사하는 것은 영웅이 누리는 행복을 통해서가 아니기 때문이다. 우리가 영웅이 이승의 행복을 오래 누리는 데 박수를 보내지 않는 것도 다 이 때문이다.

그러므로 영웅을 영웅이게 하는 것은, 오랜 방황과 모험 끝에 그가 누리게 되는 행복이 아니다. 영웅의 모험은 행복에 이르는 도정이 아니다. 영웅의 행복은 또 다른 모험을 준비하는 순간의 짧은 잠과 꿈에 지나지 않는다. 오래 잠자고 오래 꿈꾸는 자를 우리는 영웅이라고 부르지 않는다. 우리는 이 잠과 꿈을 깨우는 자를 영웅이라고 부른다. 영웅에게 '호사다마'는 일상적이다.

헤라가 헤라클레스의 행복을 곱게 바라보고 있었더라면, 작가 핀다로스에게 헤라클레스를 '테오스 헤로스(영웅신)'라고 부를 기회는 오지 않았을 것이다.

헤라의 신녀, 즉 딸림 여신 중에는 '뤼사'와 '마니아'라는 신녀가 있다. '뤼사'는 '발광', '마니아'는 '광기'라는 뜻이다. 헤라가 헤라클레스에게 보낸 신녀가 '뤼사'라는 주장도 있고 '마니아'라는 주장도 있다.

뤼사 신녀는 마니아와는 조금 다르다. 마니아가 내미는 칼에는 날과 자루가 있다. 따라서 마니아가 칼을 내밀 때 자루를 받으면 받는 자는 그 손에 피를 묻히지 않게 된다. 그러나 뤼사의 칼에는 날과 자루가 따로 없다. 어느 쪽을 잡든 뤼사가 곧 날이 되어버리는 것이다. 헤라는 이 뤼사를 테바이 도성의 헤라클레스에게 급파했다.

헤라클레스는 그날 포도주에 가볍게 취해 있었다. 가볍게 취해 있었다고는 하나 헤라클레스의 주량이 엄청났던 만큼 꽤 많은 양의 포도주를 마셨을 것이다. 아들들은 사촌 간인, 이피클레스의 아들들과 어울려 주위를 뛰어다니며 병정놀이를 하고 있었다.

뤼사의 칼에 손을 상한 헤라클레스는 헤라가 뜻하던 대로, 그리고 독자들이 짐작한 대로 발광하기 시작했다. 포도주 때문에 광기에 사로잡힌 것이 아니었다. '발광' 때문이었다. 헤라클레스의 눈에, 병정놀이하는 아이들이 자신을 죽이려고 청동 갑옷으로 무장하고 온 자객들로 보였다. 방 안은 불길 넘실거리는 화염지옥으로 보였다. 헤라클레스는 아들을 하나씩 그 화염지옥으로 던져 넣었다. 경호병들이 달려왔다. 그는 경호병들을 차례차례 곤봉으로 때려 죽인 뒤에도 아들들과 조카들을 죽이는 손길을 멈추지 않았다. 소식을 듣고 달려온 아내 메가라도 지아비의 무지막지한 손길에 목숨을 잃었다. 만일에 아테나 여신이 '리토스 소프로니스테르(깨달음의 돌)'를 헤라클레스의 가슴에 던지지 않았더라면 헤라클레스는 테바이 성내 백성들의 씨를 말렸을지도 모른다.

제정신을 차린 헤라클레스는 꿈도 아니고 생시도 아닌 상태에서, 싸

헤라클레스의 광기
발광한 헤라클레스가 아들을 집어던지려 하고 있다. 메가라는 그 뒤에서 절망적인 포즈를 취하고 있다. 기원전 4세기의 질그릇 그림. 마드리드 국립 고고학 박물관.

움터에서 전사한 암피트뤼온을 만났다. 그 자신이 찾아간 것 같기도 했고 암피트뤼온이 찾아온 것 같기도 했다. 암피트뤼온은 아들일 수도 있고, 아들이 아닐 수도 있는 헤라클레스를 이런 말로 달랬다.

"헤라클레스, 태어난 지 한 해가 못 되어 저승의 사자인 배암의 피를 손에 묻힌 내 아들아. 점쟁이 테이레시아스는 일찍이 네가 시체의 산을 넘고 피의 강을 건널 것이라고 예언했다. 그런데 어째서 그 피가 네 아내와 자식의 피여야 하느냐. 한때는 아들들을 그토록 사랑하는 아버지더니, 이제는 이 아비에게 근심을 안기는 아들이 되었구나. 하지만 안심하여라. 아내와 자식을 죽인 것은 헤라클레스가 아니다. '발광한 헤라클레스'일 뿐이다."

"'발광한 헤라클레스'가 제 아내와 자식을 죽였으니 저는 그 '발광한 헤라클레스'를 죽이겠습니다."

"나는 '발광'이 떠난 헤라클레스를 용서했다. 그러므로 너는 너를 다스리는 신의 허락 없이 이 땅을 떠나지 못한다."

"인간은 저를 용서할 수 있어도 저는 그 발광했던 헤라클레스를 용서할 수 없습니다. 기적이 일어나지 않는 한 이 목숨은 죽은 목숨입니다. 저는 신의 허락 없이도 이 피를 피로 씻을 수 있습니다. 저는 스스로의 죗값을 물을 줄 모르는 신들을 가르치겠습니다."

암피트뤼온의 환영은 헤라클레스를 떠나면서 이렇게 중얼거렸다

"제 성미에 거슬린다고 태양을 과녁 삼아 활을 겨냥하고, 뱃전을 넘나든다고 몽둥이로 파도를 위협하더니 이제는 신들에게 제 버릇을 가르치려 하는구나. 저 아이가 대체 태양을 끄고 등을 켤 만큼 미련한 아인가, 아니면 참으로 올륌포스에 불을 놓을 만큼 담대한 아인가."

'발광한 헤라클레스'를 죽이겠다는 말은 자결하겠다는 뜻이다. "기적이 일어나지 않는 한 이 목숨은 죽은 목숨"이라고 한 것은 그 때문이었다. 그러나 헤라클레스는 '발광한 헤라클레스'를 죽이지 않았다. 그의 말대로 '기적'이 일어났던 것이다.

그즈음 테바이성에는 아티카에서 온 귀한 손님이 묵고 있었다. 또 하나의 불세출의 영웅 테세우스 바로 그 사람이다. 헤라클레스가 '온 헬라스인이 다 칭송하는 영웅'이라는 말은 합당하지 않다. 왜냐하면 아티카(아테나이)인들은 헤라클레스의, 아무것도 두려워하지 않는 용기, 백전불패하는 그의 절대적인 힘에 별로 박수를 보내지 않기 때문이다.

아티카인들이 헤라클레스를 크게 대접하지 않는 이유는, 그들에게 테세우스가 있기 때문이다. 테세우스는 헤라클레스보다는 용기와 힘이 조금 모자라지만 그 모자라는 자리에다 지성과 자애를 고루 갖춘 영웅이다. 아테나이 사람들이 이런 테세우스를 헤라클레스에 앞세우는 것은 따라서 무리가 아니다.

헤라클레스가 피 묻은 손을 들여다보며 수염을 깨물고 있을 때 테세우스가 들어와 헤라클레스가 치울 사이도 없이 그 피 묻은 손을 덥석 붙잡았다. 테세우스의 손에 그 피가 묻은 것은 물론이다. 헤라클레스는 눈을 부라리며 테세우스를 나무랐다.

"이 피는 내 아내와 자식의 피다. 이 피를 그대 손에 묻히면 내가 받을 죗값을 나누어 받아야 한다는 걸 모르는가? 아테나이에서 신들과 인간의 법도를 모르고 왔다면 곧 아폴론 신전으로 달려가 내게서 나누어 받은 죄를 씻어라."

헤라클레스의 말에 테세우스는 다시 그의 손을 잡으며 말했다.

"나는 헤라클레스 그대가 신들의 존재를 부인하는 줄 알았습니다. 그런데도 아폴론 신은 믿으시는군요. 나는 그대와 더불어 이 죗값을 나누어 치르겠습니다. 그대와 나의 믿음이면 능히 이 죄를 닦을 수 있을 것입니다."

"신들에게 참람한 죗값, 신들을 향해 팔을 걷은 죗값과 테바이성의 밥값은 다른 것이다. 작은 값을 귀한 목숨으로 바치려 하지 말고 가거라. 내가 이렇듯 신들을 헐하게 말한다고 해서 발 밟은 죄, 신발 밟은 죄를 가려 보지 못할 신들은 아니다. 가서 그 손에 묻은 피 닦을 궁리나

하라."

"헤라클레스여, 아테나이에서 그대의 아들들을 일러 '칼코아라이(청동의 저주를 받은 자들)'라고 하더이다. 이것이 신의 뜻이 아니라면 누가 감히 그대의 아들들을 이렇듯이 함부로 부를 수 있겠습니까?"

"테세우스, 그대는 내 기쁨을 나누어 누리고자 하는 것이 아니고 내 고통을 나누어 지고자 하는구나. 뜻은 고마우나 그대가 나누어 지고자 하는 고통은 여기에서 온 것이 아니다."

헤라클레스는 이렇게 말하면서 손가락으로 땅을 가리켰다. 테세우스는 하늘을 손가락질하며 대답했다.

"나도 압니다. 저 위에서 내려온 '발광'이 그대를 쳤다는 것을요. 나도 압니다. 저 아래에서 올라온 '포도주'의 광기야 어찌 그대를 이렇듯이 칠 수 있겠습니까?"

"그대의 마음이 나에게 좋구나. 하지만 내가 그대에게 나누어주는 나귀, 그대가 나에게 나누어주는 나귀에 너무 무거운 짐은 지울 수가 없다."

"헤라클레스여, 대장장이 신 헤파이스토스는 불로써 쇳조각의 강도를 시험한다고 들었습니다. 이제 그대와 나누는 고통이 이 나귀의 힘을

헤라클레스와 디오뉘소스가 새겨진 헤르마
헤르마는 옛날부터 이정표로 쓰이던 양면상兩面像이다. 헤라클레스가 술을 좋아했다는 뜻일까? 헤라클레스는 자신을 불태움으로써 종교적 순교를 했고, 디오뉘소스는 가을에 죽었다가 봄이 오면 부활한다. 아무래도 '순교'와 '부활'을 암시하는 것 아닐까. 상트페테르부르크 에르미타주 박물관.

시험할 것입니다."

"내가 스스로 목숨을 끊지 못하면 사람들은 나를 일러 '술에 취해 제 아내와 자식을 죽이고도 멀쩡하게 살아 있는 자'라고 손가락질할 것이다. 그대가 나를 벗하면 그대 역시 손가락질을 당할 것이다. 이를 어쩌려는가?"

"신들은 앞문을 닫을 때는 반드시 뒷문을 연다고 들었습니다. 그대에게 '발광'을 보낸 신들은, 이로 인하여 지은 죄를 씻는 방도 또한 알고 있을 것입니다."

헤라클레스는 테세우스를 따라 델포이로 갔다. 잘 아시다시피 델포이에는 아폴론의 신전이 있다. 테세우스는 아폴론 신이 맡긴 뜻을 물어 헤라클레스의 죄를 씻어주고자 했던 것이다.

델포이 신전의 여사제 퓌티아는 예전 아폴론이 잡아 죽인 거대한 뱀 퓌톤의 아내 퓌티아다. 그런데 이 퓌티아에게는 '델퓌네(자궁)'라는 별명이 있다. 그러니까 델포이는 곧 '델퓌네(자궁)의 땅'이라는 뜻이다. 헤라클레스는 바로 이 기괴한 뱀의 아내인 퓌티아에게, 아폴론이 맡겨놓은 뜻을 물었던 것이다.

델포이 신전에서 퓌티아는, 갈라진 대지의 틈에서 나오는 김을 쐬고 무아지경에 들어 신의 뜻을 엿듣고는 이를 인간에게 일러준다.

헤라클레스에게 내린 아폴론 신의 뜻은 다음과 같다.

"아르고스의 지배자를 찾아가 1신년 반 동안 종살이를 해야 한다. 티륀스에 머물면서 뮈케나이 왕의 종살이를 잘 끝내면 큰 영광이 있을 것인즉, 그때부터는 산 자는 그대의 목숨을 빼앗지 못한다, 헤라클레스여!"

헤라클레스는 그 신탁, 즉 신의 뜻을 듣고는 버럭 화를 내었다.

"내 이름은 알케이데스인데 '헤라클레스'는 또 무엇이오? 알케이데스가 헤라클레스에게 내린 신탁을 받으라는 말이오?"

델포이 신탁은 뜬구름 잡는 소리로 일관하는 것으로 유명하다. 너무나 포괄적인 것이다. 그렇다고 해서 여사제에게 물어볼 수도 없다. 델포이 여사제는 절대로 질문에 대답하지 않는다. 그래서 신전에는 신탁을 전문적으로 해설해주는 여사제가 따로 있었을 정도다. '1신년 반'이라는 말은, 1신년이 8년이니까 따라서 12년을 뜻한다.

헤라클레스는 그때까지 한 번도 '헤라클레스'라는 말을 들어본 적이 없다. 그렇게 불려본 적도 물론 없다. 우리가 편의상 그렇게 불렀을 뿐이다. 그러니까 이 순간은 알케이데스가 헤라클레스로 불리기 시작하는 순간인 셈이다.

신전 지킴이 사제가 헤라클레스에게 설명해주었다.

"헤라클레스(헤라의 영광)'여, 헤라 여신 때문에 모진 고초를 겪고 있군요. 고초가 끝나면 '영광'을 얻게 될 것입니다. 헤라 여신이 없었더라면 그대는 고초를 겪지는 않겠지만, 영광은 얻지 못할 것입니다. 헤라 여신이 어째서 그대를 박해하나요? 그대가 제우스 신의 아들이기 때문입니다. '알케이데스(알카이오스의 자손)'라는 이름은 당치 않습니다. 그대의 핏줄에 알카이오스의 피는 한 방울도 흐르지 않습니다. 아시겠지요? '헤라클레스'라는 이름에는 이런 뜻이 담겨 있답니다."

헤라클레스는 이제 아르고스 땅으로 가야 한다.

'아우또반 트리뽈리'

1999년 여름, 나는 그리스 신화의 유적을 찾아 몇 달 동안 그리스 땅을 떠돌았다. 그해 여름 델포이 신전이 있는 파르나쏘스산에만 두 차례 올랐다. 헤라클레스 사당이 있다는 그리스 북부의 타소스섬까지 들어가기도 했다. 수도 아테네에서 테살로니키까지 버스로 여섯 시간, 다시 카발라까지 버스로 두 시간, 다시 하이드로포일(수중익선)로 한 시간, 그렇게 찾아간 타소스섬에 남아 있는 것은 헤라클레스 사당의 주춧돌뿐이었다. 거기에서 만난 한 암보네제(인도네시아계 네덜란드인)는 나에게 말했다.

"이렇게 외진 곳까지 찾아다니는 한국인은 아마 당신밖에 없을 거요."

'아르고스'는 그리스 남부 펠로폰네소스 반도에 있다. 옛날부터 헤라 여신에 대한 믿음이 강했던 곳이다. 우리나라의 도(道)에 해당한다. 이 아르고스도에는 같은 이름의 도시도 있다. 지금부터 우리가 자주 이름을 듣게 될 도시 국가 '티륀스'나 '뮈케나이'는 바로 아르고스도에 있다.

아르고스의 지배자로서 장차 헤라클레스에게 시련을 안기게 될 에우뤼스테우스는 뮈케나이 왕이다. 헤라클레스가 머물 도시는 티륀스

헤라클레스가 머물렀던 티륀스성
헤라클레스가 약 12년간 머문 것으로 전해진다. 지금은 너무 퇴락해 관광객의 출입을 부분 통제하고 있기도 하다.

다. 아르고스, 뮈케나이, 티륀스는 모두 다닥다닥 붙어 있다. 멀어봐야 20킬로미터를 넘지 않는다. '뮈케나이 왕 에우뤼스테우스'. 신화에 익숙한 나에게도 이름이 너무 길다. 앞으로는 '아르고스의 지배자'라고 부르기로 한다.

그해 여름 나는 이 세 도시를 찾아보려고 아테네에서 자동차를 빌렸다.

아테네에서 고속도로를 타고 내려가다가 아르고스 지방에서 길을 잃었다. 고속도로에서 너무 서둘러 내려왔던 것이다. 시골의 올리브 밭만 군데군데 보였다.

비좁은 시골길로 들어가니 한 그리스 노인이 지나갔다. 차를 세우고 길을 물었다. 노인은 '아르고스 시티 Argos city'라는 말은 알아듣는 것 같았다. 문제는 나에게 있었다. 따발총같이 쏘아대는 그의 그리스 말을 도저히 알아들을 수 없었다. 자동차를 돌렸다. 노인은 내가 자동차를 완전히 돌릴 때까지 접근하는 차량을 통제해주었다. 그리스인들, 정말 친절하다.

　주유소를 찾았다. 주유소는 서유럽인들을 많이 상대하는 곳이니 영어가 통할 것 같았다. 나는 주유소를 지키는 땅딸막한 아주머니에게 '아르고스 시티'를 물었다. 속사포같이 아주머니가 길을 가르쳐주었다.

　"아우또반 뜨리뽈리 세븐 낄로메떼르 아르고스, 오께이?"

　그리스 사람들은 된소리를 많이 쓴다. '아우또반'은 고속도로라는 뜻이다. 제2차 세계대전 당시 독일에 점령되었던 탓에 그리스인들에게는 독일어가 익숙하다. 아주머니의 말은 이런 뜻이다.

　"트리폴리로 가는 고속도로로 올라가 7킬로미터만 가면 아르고스 출구가 나옵니다, 아시겠어요?"

　아주머니의 절묘한 영어에 우리 부부는 한동안 자동차 안에서 배를 잡고 웃었다. 그 아주머니, 지금도 신화를 쓰고 있는 것 같았다. 오래 여행하다 보면 이런 에피소드가 여행의 피로를 말끔히 씻어주기도 한다.

3
네메아의 사자

"헤라클레스가 나타났다!"

아르고스의 지배자 에우뤼스테우스의 가슴이 철렁 내려앉는 것 같았을 법하다.

헤라클레스가 누구인가?

나그네 입을 통해 아르고스 땅에는, 헤라클레스가 키타이론산에서 맨손으로 사자를 잡았고 단칼에 에르기노스왕을 죽이고 왕국을 허물어버렸다는 위명도 전해져 있었고, 술에 취해 제 아들들과 아내를 죽였다는 악명도 전해져 있었다.

헤라클레스가 누구인가?

아르고스의 지배자 자리는 마땅히 암피트뤼온에게 계승되었어야 하는 자리다. 암피트뤼온에게 계승되었더라면 헤라클레스로 이어지는 자리이기도 하다.

하지만 암피트뤼온은 왕좌를 차지하지 못했다. 달아나는 소를 향해 던진 몽둥이가 튀어 국왕의 얼굴에 맞는 바람에 그는 졸지에 국왕 시해자가 되어 테바이로 떠나지 않으면 안 되었다. 그 자리를 차지한 것은 숙부였던 스테넬로스였다.

헤라클레스가 아르고스 땅으로 내려갔을 당시 아르고스의 지배자는 에우뤼스테우스였다. 에우뤼스테우스. 암피트뤼온이 테바이로 떠난 직후 아르고스의 지배자 자리를 차지한 스테넬로스의 아들이다. 헤라클레스가 아르고스의 지배자가 되는 것을 원천봉쇄하기 위해 헤라 여신이 서둘러 니키페로부터 태어나게 한 칠삭둥이다.

그러니 헤라클레스의 적은 온 아르고스 땅이요, 아르고스의 지배자의 적은 오직 헤라클레스뿐이었다고 보아도 좋다. 말하자면 아르고스의 지배자는 헤라클레스 하나만을 노리고 오래 거기에서 기다리고 있었던 시련의 복병, 혹은 험로의 돌부리인 것이다.

이 아르고스 땅의 칠삭둥이 지배자는 알고 있었을까? 헤라 여신이 헤라클레스를 자기 손에 붙였다는 것을 알고 있었을까? 알고 있었을 리 만무하다. 만일에 알고 있었더라면 헤라 여신의 각본을 연기하되 회초리로 때리는 대목에서도 능히 홍두깨를 휘둘렀음 직하다.

아르고스의 지배자에게 헤라클레스는 참으로 만나서 재미없는 존재가 아닐 수 없다. 헤라클레스가 당시에 이미 온 헬라스 땅이 기울어 아는 천하장사라서 더욱 그랬다. 이제 그는 이 껄끄러운 장사를 거느려야 한다.

아르고스의 칠삭둥이 지배자는 천성이 겁이 많고 비열한 위인이었다. 하지만 그것이 그의 허물만은 아니다. 세상에 영웅짜리를 영웅으로 연단하는 시련의 집행자치고 비열하지 않고, 교만하지 않고, 심술이 많지 않고, 교활하지 않은 자가 어디 있던가? 영웅이 마침내 그 숨통을 끊어놓고 마는 괴물치고 영생불사하는 괴물에 그 족보를 대지 않는 괴물이 어디 있던가? 영웅이 괴물을 죽이고 그 상급으로 차지하는 공주치고 아름답지 않은 공주가 어디에 있던가.

헤라클레스는 아르고스의 지배자를 만나기 위해 뮈케나이 도성 밖에 잠자리를 정한 다음 성안으로 사람을 넣어 왕을 친견하고 싶다는 뜻을 전했다.

"아폴론 신이 델포이 신전에 맡기신 뜻에 따라 원래 아르고스 사람인 헤라클레스는 대왕께 몸을 붙입니다."

헤라클레스의 전언에 대해 성에서 나온 답은 이랬다.

"테바이 사람 헤라클레스는 성안으로 들어오되 함부로 뮈케나이 사람을 칭하지 말라."

아르고스의 지배자는 주위에다 기치창검을 삼엄하게 벌리고 그 가운데 앉아, 빈손으로 들어온 헤라클레스를 맞았다. 헤라 여신이 내려다보았더라면 참으로 낯이 붉어졌을 터이다. 이 둘 사이에서 오고 간 대화는 대충 이러하다.

"나는 이렇듯이 기치창검을 으리번쩍하게 벌리고 그대를 맞는데 그대는 빈손으로 들어왔다. 내가 두렵지 않으냐?"

"아르고스의 지배자여, 내게 칼이 있어도 이는 근원 벨 칼이 못 될 것이요, 내게 영약이 있어봐야 이는 근심 없앨 영약은 어차피 못 될 것입니다. 그렇다면 있는 것이나 없는 것이나 마찬가지가 아닙니까. 나는 손에 묻은 피를 씻으러 왔지 손에 피를 묻히려고 온 것이 아닙니다."

"나는 그대를 백성으로 삼지는 않겠다. 내가 그대를 백성으로 택한 바가 없는데 어째서 그대가 나를 왕으로 택할 수 있겠느냐?"

"나는 손에 묻은 피를 씻으러 왔지 손에 피를 묻히려고 온 것이 아닙니다."

"이자가 나를 협박하고 있지 않나? 라오메돈이 아폴론과 포세이돈의 죄 닦아주기를 거절했다는 이야기를 그대가 못 들었는가?"

"하면, 아폴론 신이 그 땅에 괴질을 퍼뜨렸고, 포세이돈 신이 그 땅의 농사꾼을 쓸어버렸다는 이야기를 왕은 못 들으시었소?"

헤라클레스가 눈까지 부라리고 대어들자, 아르고스의 지배자는 너무 놀란 나머지 왕좌에서 떨어졌다는 말도 있고 경호병의 방패 뒤로 숨었다는 말도 있다. 곧 알게 될 테지만 대체 이 아르고스의 지배자는 숨는 것에 능한 자이니 방패 뒤에 숨었다는 말이 옳을 것이다.

"나는 아폴론 신의 뜻에 따라, 내 아내와 자식을 죽인 죄를 씻고자 왕을 찾아왔소. 내게 정히 내 죄를 씻겠다는 마음이 없었더라면 그러한 뜻을 맡긴 아폴론 신의 목을 조르는 것도 마다하지 않았을 것이오. 대왕이 싫어하든 좋아하든 나는 1신년 반을 이 뮈케나이에 머물 것인즉, 나를 부려 나라의 근심거리를 없애든지, 나를 나라의 근심거리로 삼든지 왕이 좋을 대로 하시오."

헤라클레스는 이 말을 남기고 뮈케나이성을 나와버렸다.

아르고스의 지배자 머리가 재빨리 돌아가기 시작했다.

'나를 나라의 근심거리로 삼든지? 이놈이 나를 공갈협박하고 있지 않나? 여차직하면 나라를 쑥대밭으로 만들어버릴 수도 있다는 뜻일 테지. 저 천둥벌거숭이를 성 밖에 둘 일이 아니다. 가까이 두면 무슨 짓을 저지를지 모른다. 그래, 영생불사를 얻었다는 괴물, 그래서 인간의 손으로는 죽일 수도 사로잡을 수도 없다는 괴물들과 싸움을 붙이자. 헤라클레스가 이기면? 나라의 근심거리인 괴물을 제거하는 셈이지 뭐. 괴물이 이기면? 나라의 근심거리가 될 가능성이 매우 풍부한 헤라클레스를 제거하는 셈이지 뭐.'

아르고스의 지배자는 이렇게 마음을 정하고 헤라클레스에게 사람을 보내어 첫 번째 과업을 맡겼다.

네메아의 사자와 싸우라는 것이었다.

뮈케나이성에서 그리 멀지 않은 곳에 아르고스 평원이 있다. 이 평원의 북쪽에는 험한 산봉우리가 첩첩이 솟아 있는데, 뮈케나이에서 코린토스로 가려면 이 산을 넘어야 한다. 이 산봉우리 가운데 가장 높은 봉우리가 '트레토스산(도려낸 듯한 산)'이다. 생김새가 흡사 식탁을 뒤집어 놓은 것 같아서 이런 이름이 붙었던 모양이다. '네메아'는 이 산에 있는 골짜기 이름이다.

네메아의 사자는 바로 이 네메아 골짜기에 사는, 성미가 괴악하기 짝이 없고 그 나타남과 사라짐에 '신출귀몰'이라는 말이 참 잘 어울리는 사자였다.

네메아 사자의 족보에 대해서는 주장이 분분하다. 헤시오도스는 괴물 키마이라와 오르트로스의 자식이라고 분명하게 못 박는다. 키마이라는 '머리 쪽은 사자, 꼬리 쪽은 용, 허리 쪽은 염소' 모양을 한, 불을 뿜는 괴물이다. 헤라 여신이 이 사자를 길러, 마음에 들지 않는 인간에게 고통을 주기 위해 네메아 골짜기에 풀어놓았다는 것이다. 이 사자는 가깝게는 트레토스산 인근 마을, 멀리는 티륀스, 뮈케나이 지방에까지 출몰하여 사람과 가축을 물어 죽이되 양식으로 삼는 일이 없었다.

헤라클레스가 네메아 골짜기로 가서 이 사자의 내력을 묻자 사람에 따라 대답이 각기 달랐다.

"이 골짜기 사람들은 원래 '포로네오스原人'의 후예들입니다. 헤라 여신이 이 후예들에게 천벌을 내리느라고 보낸 짐승이 바로 이 사자입니다."

"그게 아니고 헤라 여신께서 먼 동방에 있는 아리모스인들의 나라에서 끌고 오신 짐승입니다."

"이 짐승은 원래 '셀레네(달)' 여신께서 기르시다가 쫓아낸 것입니다. 헤라 여신이 네메아로 보냈고요."

주장이 서로 다른데도 '헤라 여신'이라는 말만은 빠지지 않았다.

헤라클레스는 네메아 계곡에 있는 클레오나이 마을에 이르렀다. 그가 숙소 삼아 든 집의 주인인 날품팔이꾼 몰로르코스는 이런 말을 했다.

"저는 이 네메아의 사자에게 아들을 잃은 사람입니다. 이 세상에 이런 슬픔 저런 슬픔 해도 자식을 앞세우는 슬픔에 비할 수 있는 슬픔은 없을 것입니다."

헤라클레스는 할 말을 잃고 두 눈만 끔벅거렸다. 자식 잃은 슬픔을 헤라클레스가 모를 리 없었다. 자식을 잃은 정도가 아니라, 제 손으로 죽인 헤라클레스가 아니던가?

몰로르코스가 말을 이었다.

"저는 이 네메아의 사자를 잘 압니다. 물론 본 적은 없지요. 이 사자는 창으로 찔러도 죽지 않고, 칼로 쳐도 죽지 않으며, 활로 쏘아도 죽지 않습니다. 꼭 30일 동안 목을 조르고 있어야 죽는다고 합니다. 아직까지 이 사자를 대적하여 이 사자를 죽인 영웅이 없는 것도 다 이 때문입니다. 저희는 이 사자를 '타나토스(죽음)'라고 부릅니다. 타나토스를 죽이려면 먼저 '휘프노스(잠)'와 싸워 이겨야 합니다. 부디 싸워서 이겨주십시오. 저는 가난한 날품팔이인지라 전 재산이라고는 양 한 마리밖에 없습니다. 저는 이 양을 헤라 여신께 제물로 바쳐 노여움을 거두시게 하고 싶습니다."

"그럴 필요 없어요. 양 한 마리로 노여움을 거둘 헤라 여신이 아닐 겁니다."

옛 헬라스 사람들에게는 묘석에다 사자 그림을 돋을새김하는 풍습이 있다. 몰로르코스가 네메아의 사자를 '타나토스(죽음)'라고 부른 것도 이런 풍습과 무관하지 않을 터이다.

"그러면 제가 이 양을 잡아드릴 테니 영웅께서 양고기를 배불리 드시고 저희 네메아 사람들의 가슴에서 타고 있는 불을 꺼주십시오."

헤라클레스는 고개를 가로저었다.

"그대의 전 재산인 양 한 마리를 내가 먹을 수는 없어요. 나는 30일 뒤에 돌아오겠어요. 다행히 내가 사자를 잡아서 돌아오거든 그 양은 나를 지켜주신 제우스 신께 제물로 바치세요. 만일에 내가 사자에게 목숨을 잃어서 돌아오지 못하거든 그때 나의 죽음을 슬퍼하면서 나에게 제물로 바치세요."

헤라클레스는 골짜기로 들어가기 전에 올리브 나무를 뿌리째 뽑아 한가운데를 뚝 분질러 실팍한 몽둥이를 하나 만들었다. 그리스 땅에 매우 흔한 올리브 나무는 옹이가 많아서 겉이 울퉁불퉁하고 굉장히 단단하다. 실팍한 이 몽둥이는 무게도 상당히 나갔던 모양이다. 뒷날 산 도둑 쌍둥이가 이 몽둥이를 훔치는데, 들고 가지 못하고 질질 끌고 갔다니까.

네메아의 사자는 과연 키타이론산에서 헤라클레스가 잡아 죽인 사자와는 달랐다. 활을 쏘아보았다. 화살은 사자의 가죽을 뚫지 못했다. 이번에는 창을 던져보았다. 아테나 여신으로부터 선물받은 창도 사자 가죽을 뚫지 못하고 쳇소리를 내며 튕겨 나왔다. 칼로 베어보았다. 헤르메스로부터 선물받은 것이라면 '하르페(금강검)'였을 텐데도 칼은 사자 가죽을 베지 못했다. 헤라클레스의 공격을 받을 때마다 사자는 동굴로 도망쳤다. 헤라클레스가 사자를 따라 동굴로 들어가보았지만 번번이 허탕이었다. 동굴에는 들어가는 문, 나가는 문이 따로 있었기 때문이다.

 헤라클레스는 거대한 바위를 옮겨 한쪽 문을 막았다. 그러고는 사자가 동굴로 들어가기를 기다렸다.

사자의 목을 조르는 헤라클레스
17세기 스페인 화가 프란시스코 데 수르바란의 〈네메아 사자와 헤라클레스〉.

이윽고 네메아의 사자가 동굴로 들어가려는 순간 헤라클레스는 다짜고짜 올리브 나무 몽둥이로 사자의 머리를 갈겼다. 사자는 그렇게 무지막지한 몽둥이에 머리를 맞아보기는 처음이었을 터이다. 몽둥이에 맞아 정신이 반쯤 나간 사자는 동굴 속으로 도망쳤다. 헤라클레스가 따라 들어가자 사자는 일단 다른 문을 통해 달아나려고 했다. 하지만 그 문은 이미 거대한 바위에 막힌 뒤였다.

헤라클레스는 벼락같이 달려들어, 몽둥이에 맞아 정신이 반쯤 나간 사자의 목을 조르기 시작했다. 목뼈 부러지는 소리가 났지만 헤라클레스는 조르기를 풀지 않았다.

헤라클레스가 죽은 사자를 어깨에 메고 동굴을 나온 것은 그로부터 30일 뒤의 일이다. 그러니까 헤라클레스는 30일 동안 잠 한숨 자지 못하고 아무것도 먹지 못한 채 사자의 목을 조르고 있었던 셈이다.

30일째 되는 날 헤라클레스가 동굴에서 나왔다. 헤라클레스에게 꼬리를 잡힌 사자는 숨이 끊어진 채 끌려 나왔다.

몰로르코스는 헤라클레스가 그 사자에게 죽임을 당했을 것으로 믿었다. 30일이 되었는데도 헤라클레스가 돌아오지 않았기 때문이다.

몰로르코스는 헤라클레스의 죽음을 슬퍼하면서 제사 지내기 위해 전 재산인 양 한 마리를 잡았다. 그런데 제사 준비가 거의 끝났을 때쯤 헤라클레스가 나타났다.

몰로르코스는 양고기를 제우스에게 제물로 바치고 헤라클레스를 찬양했다.

"아, '헤라클레스 칼리니코스'시여, '헤라클레스 알렉시카코스'시여!"

칼리니코스는 '빛나는 승리자', 알렉시카코스는 '백성을 지키시는 이'라는 뜻이다.

헤라클레스는 뒷날 엘리스 왕국과 전쟁을 치르게 되는데, 그때 몰로르코스가 살던 마을 클레오나이 사람들로부터 큰 도움을 받는다. 헤라클레스는 전 재산인 양 한 마리를 잡아주겠다던 몰로르코스를 잊지 않고 네메아 근방에 몰로르키아라는 도시를 세웠다. 네메아에는 특별히 숲을 조성했는데, 이 숲이 바로 '네메아숲'이다. 고대 그리스의 4대 경기 중 하나인 '네메아 경기'는 바로 이 숲속에서 열렸다.

아폴로도로스의 책에는 나오지 않는 에피소드 「갈림길의 헤라클레스」가 이어진다. 뒷날 소피스트(궤변론자) 프로디코스가 지어낸 이야기라고 한다.

네메아의 사자를 죽이고 아르고스로 돌아가던 헤라클레스는 이상한 일을 겪는다. 갈림길에서 아름다운 두 여인이 헤라클레스를 유혹한 것이다.

한 여인이 이런 말로 헤라클레스를 꾀었다.

"저를 따라오시지요. 저를 따라오시면 길이 험하기는 합니다. 가시밭길이기는 합니다. 무수히 싸워야 하고 무수한 고통을 겪어야 하지만 결국은 이것이 영광의 길입니다. 저를 따라오시지요."

그러자 다른 여인이 정반대되는 말로 헤라클레스를 꾀었다.

"저를 따라오시지요. 저를 따라오셔야 편안한 길로 들어설 수 있습니다. 저를 따라오셔야 편안하고 사치스러운 삶을 누릴 수 있습니다. 이 좋은 세상에서 왜 고통스럽게 싸워야 합니까? 저를 따라오시지요."

앞 여인의 이름은 '미덕'이고 뒤 여인의 이름은 '악덕'이다.

헤라클레스가 어느 여인을 따라갔을까?

헤라클레스는 '미덕'의 길을 따르기로 했다. 앞에는 험한 가시밭길이 기다리고 있겠지만 그것이 바로 영광에 이르는 길이었을 것이다.

독자 여러분은 어느 길로 들어서고 싶은지?

뒷날의 많은 예술가는 갈림길에서 어느 여인을 따라갈지 망설이는 헤라클레스의 모습을 그려내었다. 재미있는 것은 '미덕'의 상징으로는 아테나 여신이, '악덕'의 상징으로는 아프로디테 여신이 등장하고 있다는 점이다.

갈림길의 헤라클레스
왼쪽의 '미덕' 앞으로는 헤라클레스를 기다리는 험한 길이 구체적으로 제시되어 있다. 오른쪽 '악덕'의 발치에는 '시간 죽이기' 놀이에 필요한 물건들이 놓여 있다. 몽둥이를 짚고 앉은 헤라클레스의 표정에 고뇌가 역력하다. 세바스티아노 리치의 그림.

헤라클레스가 아테나 여신의 길로 들어섰다는 것은 아프로디테 여신으로부터 등을 돌렸다는 뜻이다. 사랑의 여신으로부터 등을 돌렸으니, 아프로디테 여신의 은혜를 입기는 애시당초 글렀다는 뜻이다.

헤라클레스, 여자 복이 별로 없다.

헤라클레스는 이 사자를 둘러메고 뮈케나이성으로 아르고스의 지배자 왕을 찾아갔다. 에우뤼스테우스왕은 헤라클레스가 사자를 죽였다는 소식을 미리 접하고는 부하들에게 커다란 청동 피토스(항아리)를 하나 땅에 묻게 한 뒤 그 안에 들어가 앉아 부하에게 말했다.

"코프레우스는 가서 헤라클레스에게 일러라. 금후로는 괴물을 죽인 헤라클레스는 그 괴물을 끌거나 둘러메고 성안으로 들어오지 못한다. 코프레우스여, 내 단단히 일러놓겠다. 만일에 헤라클레스가 내 명을 어기고 성안으로 들어오거든 이 청동 피토스의 뚜껑을 닫아다오. 나는 이 안에서 술이 될지언정 헤라클레스 손에는 죽고 싶지 않다. 코프레우스여! 네가 부럽구나."

아르고스의 지배자가 '부럽다'고 했을 법하다. 아르고스의 지배자의 이름은 '널리 이름을 떨치는 강자'라는 뜻이다. 그런 강자가 헤라클레스 앞에 무릎을 꿇을 수는 없다. 그러나 코프레우스는 헤라클레스 앞에 언제든 무릎을 꿇을 수 있다. 그의 이름 '코프레우스'는 '코프로스(똥)'를 연상시킨다.

어느 부모가 자식을 '똥'이라고 부르고 싶겠는가마는 옛날의 헬라스 사람들은 신들의 경계심을 느슨하게 하기 위해 이런 이름을 더러 짓기도 했던 모양이다.

멀리 갈 것도 없다. 큰 영광을 떨쳐본 분은 아니지만 대한제국의 황제가 된 고종의 어린 시절 이름도 '개똥이'였다. 귀신의 시기를 피하기 위하여 뒷날의 흥선대원군이 되는 이하응이 아들 이름을 그렇게 지었다는 것이다.

헤라클레스는 코프레우스로부터 아르고스 왕이 몹시 겁을 집어먹고 있다는 말을 전해 들었다. 그 자리에서 사자의 가죽을 벗기면서 코프레우스에게 물었다.

"죽은 사자에게 겁을 먹다니. 이렇게 가죽을 벗기면 아르고스의 지배자도 사자를 겁내지 않을 테지?"

헤라클레스는 이때부터 올리브 나무 몽둥이는 무기 삼아 손에 들고, 이 사자 가죽은 옷 삼아 걸치고 다녔다. 네메아 사자의 머리 가죽은 두껍고 견고해서 투구 노릇을 너끈하게 했다. '헤라클레스 따라 하기'를 좋아하던 열성 팬들이 그토록 따라 하고 싶어 하던 '헤라클레스 패션'이 완성된 것이다.

아르고스의 지배자는 성벽 위에서 이 사자 가죽을 쓴 헤라클레스를 직접 보고 나서부터는 정말 헤라클레스를 무섭게 생각해서, 그가 왔다는 소리만 들으면 그 청동 피토스 안으로 들어가버리고는 했다. 뮈케나이 사람들은, 따라서 마파람에 게 눈 감추는 듯한 형국을 두고 '헤라클레스 온다는 소식에 청동 항아리로 들어가는 아르고스의 지배자 같다'고 빗대어 말했을 법하다.

저 높은 곳의 제우스 신도 시앗에게서 난 아들을 각별히 사랑하기는 여느 사내와 다를 것이 없었다. 제우스는 어쩌지 못해 아들 헤라클레스를 헤라의 손에 붙이긴 했지만 아들이 이렇듯 첫 번째 관문을 너끈하게 넘어서자 굳이 그 기쁨을 감추려고 하지 않았다. 그래서 제우스 대신은 거 보아라는 듯이 뽐내면서 이 사자를 하늘로 불러 올려 별자리로 박아 주었다. 아들이 이룬 공훈의 징표를 신들과 인간들에게 두루 보이기 위함이었다. 우리가 12궁의 '레온토스궁(사자궁)'이라고 하는 별자리가 바로 이 네메아의 사자다.

헤라클레스 이야기는 별자리의 내력을 설명하기 위해서 누가 지어낸 이야기라는 주장은 이래서 나온 모양이다.

4

물뱀 휘드라,
죽음의 씨앗

아르고스 왕의 사자 코프레우스가 다시 헤라클레스를 찾아왔다. 헤라클레스는 그동안 밤이면 밤마다 하늘에 새로 붙박인 별자리 '사자좌'를 올려다보면서 소일하고 있었는지도 모른다. 네메아의 사자로부터 벗겨낸 가죽으로 망토 만드는 재미도 쏠쏠했을 것이다. 그는 사자 가죽 중에서도 머리 부분을 가장 좋아했다. 어찌나 두껍고 튼튼했던지 머리에 뒤집어쓰면 투구 노릇을 너끈하게 해주었기 때문이다. 제 손으로 죽인 사자의 가죽을 쓰고, 죽어서 하늘에 붙박인 사자자리 별자리 올려다보는 재미도 굉장했겠다.

독자들은 델포이에서 헤라클레스가 받은 신탁의 내용을 기억할 것이다. 신탁의 내용 중에 "티륀스에 머물면서 뮈케나이 왕의 종살이를 잘 끝내면", 이런 구절이 있다. 따라서 당시 헤라클레스는 티륀스에 머물고 있었을 것이다. 아르고스 왕의 궁전이 있는 뮈케나이에서 티륀스까지는 그리 멀지도 않다. 말을 타면 한나절도 채 안 걸리는 거리다.

헤라클레스는 겁을 주려고 그랬던지 그냥 한번 짓궂게 굴어보고 싶었던지 하여튼 사자 가죽을 걸치고 코프레우스를 맞았다. 코프레우스가 기겁했던 것은 물론이다.

"코프레우스, 아르고스 왕은 청동 항아리 속에서 나오셨는가? 내, 다리 부러진 장수 성안에서 호령한다는 말은 들어보았다만, 천하에 그 이름을 떨치는 아르고스 왕이 항아리 안에서 왕명을 내린다는 말은 일찍

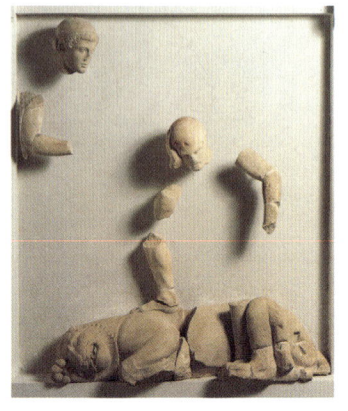
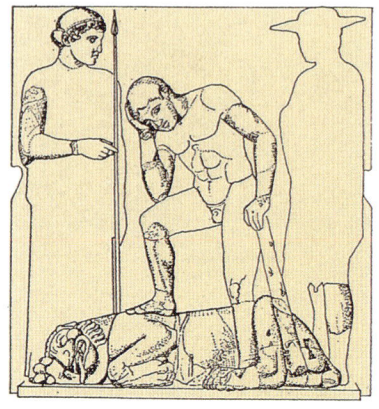

헤라클레스의 열두 과업에 관한 돋을새김과 복원도
올림피아 박물관에는 헤라클레스의 열두 과업을 새긴 벽면 돋을새김과 복원도가 전시되어 있는데, 많은 사람이 대체로 이 순서를 기준으로 삼는다. 복원도가 없으면 이 돋을새김 읽기는 쉽지 않다. 죽은 사자에 한 발을 올린 헤라클레스 앞에 아테나 여신이 서 있다. 뒤쪽은 모자를 보아, 아무래도 헤르메스 같다.

이 들어보지 못했구나."

"장군께서 티륀스에 계시니 전하께서 항아리 안에 계실 리 없지요. 전하께서는 저 코프레우스를 보내시면서 말씀을 전하라고 하시었습니다."

"그래, 전하여보아라."

"송구스럽습니다. '네메아의 사자를 죽이고 그 가죽을 벗긴 재주와 힘과 용기는 가상하다. 그러나 기운이 세다고 소가 왕 노릇을 하는 것은 아니다.'"

"이놈이 저희 왕을 빌미 삼아 내게 욕을 하고 있지 않나!"

"저는 전하의 입이 되어 말씀을 전하고 있을 뿐입니다. 이렇게 전하라고 하시었습니다. '레르네 땅에 가면 아뮈모네라고 하는 샘이 있고 이 샘에는 휘드라라고 하는 괴악한 물뱀이 있다. 지금 이 물뱀은, 그 샘에 물뱀이 있다는 것을 잊어버린 사람들을 무수히 저 저승 세계로 보내고 있다. 이 물뱀을 무찔러 아르고스 땅의 근심을 없게 하라', 이러시더이다."

"아뮈모네?"

"바닥이 없는 샘이랍니다."

아뮈모네는 나라가 메말라 물길을 찾아다니던 여성의 이름이다. 산길에서 사슴을 만나자 아뮈모네는 창을 던졌는데 이 창이 공교롭게도 잠자고 있던 사튀로스의 다리에 꽂혔다. 숲속의 호색한 사튀로스는 사경을 겨우 벗어나자 아뮈모네를 겁탈하려고 했다. 그때 포세이돈 신이 나타나 아뮈모네를 구해주었다. 목숨 구해준 것을 고맙게 여겨 아뮈모네는 잠깐 포세이돈의 애인이 되었다. 포세이돈도 이것을 고맙게 여겨 삼지창으로 땅을 쳐서 깊고도 깊은 샘을 파주었는데, 이것이 바로 '아뮈모네 샘'이다.

세상천지의 물이라는 물은 다 좌지우지하는 포세이돈이 아닌가? 그런 포세이돈이 애인을 위해 게딱지만 한 옹달샘 하나 달랑 파주었을 리 없다. 애인이 누구인가? 나라가 메말라 물길 찾아다니던 아뮈모네가 아닌가? 그런 애인에게 포세이돈이 파주었으니 솟아오르는 물이 많아 강의 원류 노릇을 너끈하게 하는 거대한 늪이었으리라. 사람들이 '바닥 없는 샘'이라고 부른 것도 그 때문일 터이다.

"이놈의 아르고스 땅에는 '없는 것', '안 되는 것'이 어째서 이렇게 많으냐?"

헤라클레스는 이 대목에서 죄 없는 코프레우스에게 역정을 내었다. 그러나 그게 어디 역정을 낼 일이던가? 헤라클레스가 몰라서 그렇지 '신들의 시대', '영웅의 시대'의 인간들은 '없는 것', '안 되는 것'에 둘러싸여 살아야 하지 않았던가?

못 따라잡을 짐승이 '없는' 사냥개, 못 따돌릴 사냥개가 '없는' 여우, 활을 쏘아도 창으로 찔러도 칼로 베어도 죽지 '않는' 짐승, 바다 '없는' 심연, 피할 수 '없는' 운명······.

몽둥이로 휘드라를 공격하는 헤라클레스
15세기 이탈리아 화가 안토니오 폴라이우올로의 그림. 헤라클레스의 표정이나 몸짓을 좀 껄렁패스럽게 그리기는 했지만, 신화의 영웅들을 그림의 세계로 다시 불러낸 중요한 화가다.

이 수많은 창조적, 구원적 '부정'을 극복해야 마침내 '영생불사', 저 인도 사람들이 말하는 '아므리타不滅'에 이르는 법이다. 제우스의 아들인 '테오스 헤로스(영웅신)' 헤라클레스에겐들 그 길이 험하지 않았겠는가. 세계사적, 인류사적 제약을 허물어뜨리고 이를 보편타당한 인간적 형태로 환원시킬 수 없다면 헤라클레스는 동화 속의 왕자와 다를 바가 없지 않겠는가.

헤라클레스는 코프레우스의 전갈을 듣고 처음에는 역정을 내었고, 상대가 물뱀이라는 걸 안 연후에는 크게 웃었다.

"돌이 채 되기도 전에 팔뚝만 한 독사 두 마리를 한 손에 한 마리씩 잡아 목 졸라 죽인 나다. 이번에는 물뱀을 잡아라? 가서 아르고스 왕에게 일러라. 물뱀을 잡아갈 것인즉 청동 항아리 안에 꽁꽁 숨어 있으라 하더라고."

그러나 그렇게 말할 일은 아니었다. 에우뤼스테우스가 말한 물뱀 휘드라는 헤라클레스가 그렇게 쉽게 말해도 좋을 예사 물뱀이 아니었다.

* * *

휘드라는 원래 뱀의 여신 에키드나의 딸이다. 저승의 하데스 궁전의 지킴이인 머리가 셋인 개 케르베로스는 따라서 이 휘드라와 남매지간이 되는 셈이다. 이 휘드라 역시 또 하나의 저승 문지기 아니었을까?

'히드라'라고 하는 강장동물이 있다. 히드라의 몸은 둥근 통 꼴인데 밑에는 빨판이 있어서 다른 물체에 단단히 달라붙을 수가 있고, 입 주위에는 7, 8개의 촉수가 나 있다. 문제는 이 촉수다. 이 촉수는 흡사 도마뱀 꼬리처럼 잘려도 곧 다시 돋아난다. 말하자면 재생력이 엄청나게 강한 것이다. 이런 강장동물에게 '히드라'라는 이름을 붙였으니 처음 발견한 학자들이 신화에 밝았던 모양이다.

헤라클레스가 레르네에 갔을 때 그곳 사람들은 휘드라를 이렇게 설명했다.

"휘드라가 일어서면 그 모습이 꼭 터져 오르는 용암과 같습니다. 아홉 개나 되는 대가리를 일시에 쳐들었다고 생각해보십시오. 저희 같은 농투성이들은 휘드라의 숨결만 닿아도 그 자리에서 즉사합니다. 쓸개즙에서 나온다는 숨결입니다. 벌써 수많은 사람이 휘드라의 숨결에 닿아 저승 땅으로 내려갔지요."

"숨결에 닿지 않으면 능히 물뱀을 죽일 수가 있지 않소? 그대들이 낫으로 귀리를 베듯이 이 칼로 아홉 개의 목을 끊어버리면 될 게 아니오?"

"쇠붙이를 끌어들이는 마법의 돌이 있다는 말은 들은 적이 있습니다. 휘드라의 머리 아홉 개 중 가운데에 있는 머리는 사람 머리 형상을 하고 있습니다. 저희는 마법의 돌을 본 적이 없습니다만 마법의 돌이 쇠붙이를 끌어들이듯이, 휘드라의 눈은 사람을 가까이 끌어들인다고 들었습니다. 물론 그 사람 형상의 눈을 보고 살아남은 사람이 없으니, 그 눈을 보았다는 사람이 있을 리 없겠습니다만."

"그러면 휘드라 역시 영생불사를 얻었다는 말이오? 하늘, 땅, 인간의 눈이 닿는 데 영생불사를 얻은 짐승은 없지 않소?"

"능히 죽일 수 있을 자가 나서지 않을 바에야, 그 짐승이 곧 영생불사하는 짐승이 아닐는지요."

"능히 죽일 수 있는 자가 여기 나섰소."

"그러나 휘드라의 대가리는 하나를 자르면 그 자리에서 둘이 나온다고 하더이다."

"그 둘을 마저 자르면?"

"넷이 나오겠지요."

"여덟 개의 물뱀 대가리를 귀리 베듯이 베어버리면?"

"사람 머리 형상을 한 대가리가 남아 있지 않습니까?"

"그 대가리까지 베어버리면?"

"여덟 개의 물뱀 대가리에서 열여섯 개의 물뱀 대가리가 나와 있을 테지요."

"그대와 더하기 빼기를 하고 있으려니 한심하오. 내게 생각이 있으니 그대는 이 길로 테바이 땅으로 가서 그곳 왕에게 몸을 붙이고 있는 이올라오스를 찾아서 데려오시오. 헤라클레스가 오라고 한다면 지체하지 않을 것이오."

이올라오스는 헤라클레스의 쌍둥이 아우 이피클레스의 아들이다. 따라서 헤라클레스에겐 조카가 된다.

이올라오스가 레르네로 왔을 때 헤라클레스는 이미 장작 운반용 마차 한 대, 전투용 마차 한 대, 활과 화살통, 농부들이 귀리 벨 때 쓰는 긴 낫, 그리고 잘 마른 나뭇가지를 길게 단으로 묶은 여러 개의 불방망이를 준비한 뒤 기다리고 있었다.

이올라오스가 당도하자 헤라클레스가, 평소에 자주 무작배기로 구는 헤라클레스답지 않게 이치를 따져 말했다.

"휘드라의 머리는 하나를 자르면 두 개가 나온다고 한다. 이 집 주인이 너를 데리러 테바이로 가고 나서 내가 한 이치를 터득했다. 내가 낫으로 휘드라의 머리를 벨 터인즉 너는 이 불방망이로 그 벤 자국을 지져버려라. 불과 휘드라(물)는 상극이 아니냐? 불은 무엇으로써 끄느냐? 물로써 끈다. 우리는 지금부터 이 휘드라를 불로써 잡도리한다. 휘드라, 너 오늘 죽었다."

숙부 헤라클레스와 조카 이올라오스는 전투용 마차와 장작 마차에 나누어 타고 아뮈모네 샘으로 달려갔다. 숙부와 조카가 장작을 부려 불을 놓자 오래지 않아 샘가는 장작 타들어가는 소리, 불길이 물에 닿으면 꺼지면서 내는 지지직거리는 소리로 몹시 소란스러워졌다. 그 소리와 열기를 느꼈던지 휘드라가 모습을 드러내었다.

휘드라가 윗몸을 일으키고 동굴에서 나왔을 때 헤라클레스는 그의 눈을 의심했다. 곧추세운 몸길이만 해도 헤라클레스의 키로 두 길을 넘었다. 머리 역시 농부가 말하던 그대로 가운데엔 사람 머리가 하나 있고 여덟 개의 물뱀 대가리가 이 사람 형상의 대가리를 둘러싸고 사방을 기웃거리며 한가운데 있는 대가리를 지키고 있었다.

헤라클레스는 자루가 한 길이 넘는 낫을 들어 앞으로 나서는 휘드라의 물뱀 대가리를 하나 잘랐다. 역시 농부의 말 그대로 잘린 자리에서 두 개의 물뱀 대가리가 솟아났다.

휘드라의 머리를 자르는 헤라클레스
잘린 자리를 조카 이올라오스가 불방망이로 지지고 있다. 프란시스코 데 수르바란의 그림.

 '농부는 이 괴물을 본 자가 없다고 했는데, 본 자가 없다면 어떻게 이 괴물을 이렇듯 소상하게 알 수 있을까. 참으로 모를 일이다.'
 헤라클레스가 이런 생각을 하면서 공격해 오는 물뱀 대가리를 향해 낫을 휘두르고 있는데 갑자기 발뒤꿈치 근처가 저려왔다. 어느 틈에 다가왔는지 큼지막한 게 한 마리가 그 집게발로 헤라클레스의 발뒤꿈치를 집어 조르고 있었다.
 헤라클레스는 칼을 뽑아 그 게의 집게발을 자르고 나서 그 두꺼운 등껍데기를 향해 칼을 던졌다. 어찌나 힘들여 던졌던지 칼은 게의 등껍데기를 꿰뚫고 자루까지 박혔다.
 게의 집게발에서 풀려난 헤라클레스는 이올라오스에게 눈짓한 뒤 다시 낫으로 휘드라의 물뱀 대가리를 치기 시작했다. 헤라클레스가 물뱀 대가리를 하나씩 자를 때마다 이올라오스는 불방망이의 불길로 그 자른 자리를 지졌다. 불길 먹은 자리에서는 과연 다른 물뱀 대가리가 돋아나지 못했다. 남은 물뱀 대가리 한가운데 있던 휘드라의 인두가 헤라클레스를 향해 부르짖었다.

"헤라클레스가 머리 빈 장사라는 말은 허사였구나. 그 힘에 그 꾀를 갖추었으니 장차 누가 그대를 당하랴. 그 솜씨에, 내 독을 묻힌 독화살이 있으면 누가 그대를 대적할 수……."

헤라클레스는 휘드라가 이 말을 채 끝마치기도 전에 사람 머리 형상을 한 대가리를 찍어 떨어뜨렸다. 물뱀 대가리와 사람 형상을 한 대가리를 모조리 잃은 휘드라는 그 긴 몸을 아뮈모네 샘 둑에다 길게 눕혔다.

휘드라의 독?

농부로부터 들은 '쓸개즙'이라는 말이 생각났다.

헤라클레스는 휘드라의 찬사에 우쭐해진 나머지, 휘드라의 배를 갈라 쓸개를 찾아내고는, 지니고 있던 화살 끝에다 휘드라의 쓸개즙을 바르기 시작했다. 독을 바른 독화살을 화살통에다 넣으면서 헤라클레스는 이올라오스에게 이런 말을 했다.

"들었느냐? 마녀 에키드나의 딸이 나를 찬양했다. 네메아의 사자를 죽인 나를 찬양했다. 보라, 휘드라의 머리를 보라. 휘드라의 죽음은, 때가 되면 죽는 모든 것의 죽음이다. 죽음이 이 헤라클레스를 찬양했다."

그러나 헤라클레스는 알지 못했다. 사냥꾼은 사냥개로 여우를 잡고, 정복당한 자는 아첨하는 입술로 어리석은 정복자를 잡는다는 사실을 헤라클레스는 알지 못했다. 교활한 휘드라는 이승을 떠나면서 헤라클레스에게 복수할 올무를 만든 것이었다. 우리는 오래지 않아 이 휘드라의 독을 바른 화살 때문에 두 차례나 곤욕을 치르는 헤라클레스를 만나게 된다. 한 번은 이 화살로 스승이자 친구인 현명한 켄타우로스 케이론을 죽이고, 또 한 번은 아내를 겁간하려는 자를 죽임으로써 휘드라의 덫에 걸리고 마는 헤라클레스를 만나게 된다.

* * *

헤라클레스와 이올라오스는 휘드라의 사람 머리 형상을 한 대가리를 길가에다 묻은 뒤 무거운 돌로 눌러놓은 다음 뮈케나이로 갔다.

그동안 제우스 대신은 이 휘드라까지 하늘로 불러 올려 별자리로 박아주었으니 이 별자리가 바로 오늘날 우리가 '물뱀자리'라고 부르는 '휘드라'다. 헤라도 이번에는 가만히 있지 않고 헤라클레스에게 희생된 큰 게를 불러 올려 사자좌 옆에다 별자리로 박아주었다. 12궁의 사자좌 옆에 있는 '거해좌' 혹은 '게자리'라고 하는 별자리가 바로 이것이다.

한자리에 누워도 꾸는 꿈은 각각이라고, 사자를 불러 올려 별자리로 박아준 제우스의 속내와 큰 게를 불러 올려 별자리로 박은 헤라의 속내 또한 각각이었다. 말하자면 제우스는 아들의 공훈을 신과 인간에게 두루 드러내어 보이기 위해 '사자자리'와 '물뱀자리'를 박았고, 헤라는 헤라클레스에 대한 앙심을 신들과 인간에게 두루 확인시키기 위해 '게자리'를 박은 것이니.

물뱀 휘드라의 대가리는 몇 개였을까?

나는 아폴로도로스의 기록을 좇아 9개라고 썼다. 하지만 여기에는 여러 가지 다른 주장이 있다. 한 개였다는 주장, 50개였다는 주장, 1백 개였다는 주장, 심지어는 1만 개였다는 주장도 있다. 이런 주장 혹은 이렇게 서로 다른 의견에는 약간 관대해질 필요가 있다. 그리스인들이 '100'이라는 숫자를 좋아한다는 것을 빌미로 1백 개였을 것이라고 박박 우기는 사람을 만날 때면 나는 이렇게 물어보고 싶어진다.

"니 봤나?"

휘드라의 대가리가 하나뿐이었다면 여느 물뱀이나 다를 바 없다. 따라서 신비감 혹은 공포감은 훨씬 덜 느껴진다. 헤라클레스가 몸소 등장해서 목숨을 걸고 '폼' 잡을 일도 없었을 것 같다. 헤라클레스가 몽둥이 둘러메고 출동했다는 것은 여느 물뱀과 다르다는 증거 아니었겠는가.

50개, 1백 개 혹은 1만 개였다고 주장하는 사람들이 나는 참 딱해 보인다. 항아리 혹은 접시에다 붉은 물감으로 〈휘드라와 헤라클레스〉를 그렸던 고대 그리스의 '환쟁이들' 입장을 전혀 고려하지 않고 있기 때문이다. 그 좁은 화면에 어떻게 그 많은 휘드라의 대가리를 그려 넣으라고!

  르네상스 시대의 화가들 입장도 생각해주어야 한다. 그들은 그림의 주문자로부터 안료(물감)를 배급받아 그림을 그렸다. 화가가 제 주머니 털어서 지불하기에는 안료값이 너무 비쌌던 것이고, 그래서 주문자는 안료를 저울에 달아서 화가에게 주었던 것이다. 휘드라의 대가리가 1백 개 혹은 1만 개였다면 그런 화가들 얼마나 낙심했을까.

  중세 이후 화가들은 하나같이 휘드라를 무시무시한 괴물로 그리고 있다. 하지만 고대 그리스의 질그릇에 그려진 그림들을 보면 그렇게 무서운 괴물 같아 보이지 않는다. 아마 화면이 좁은 데다 사실적인 표현 기법에 서툴러서 그렇게밖에 그릴 수 없기는 했을 것이다. 한 개였다는 주장, 1백 개였다는 주장은 이렇게 해서 탈락한다.

  그런데 '휘드라'의 정체에 대한 아주 재미나는 해석이 있다. 이따금씩 터져나와 근처의 땅을 아주 망쳐놓는 지하 수맥을 상징하는 것이 아니겠느냐는 것이다. 참 재미있는 해석 같다.

  그리스 땅은 처음 여행하는 사람들을 약간 헷갈리게 한다. 여름철일 경우 중부에서 남부로 내려갈수록 푸른 풀 구경하기가 어려워진다. 뜨거운 열기와, 아프리카에서 불어오는 열풍이 푸나무를 누렇게 혹은 발갛게 말려버리기 때문이다. 그래서 여름철이면 산불이 잦다. 하지만 가을과 함께 우기가 시작되면 풀과 나무는 생기를 되찾는다.

  여름철에 그리스를 여행하다 보면, 도대체 이렇게 메마른 땅에서 어떻게 문명이 꽃피었을까 싶어진다. 그만큼 물 구경하기가 쉽지 않다. 하지만 지하수는 풍부하단다. 지하 수맥이 엄청나게 발달해 있기 때문이란다.

4 물뱀 휘드라, 죽음의 씨앗

휘드라는 지하 수맥을 의인화한 괴물이라는 주장이 퍽 일리 있어 보인다. 지진 같은 것으로 지하 수맥이 터지는 경우를 상상해본다. 그 수맥 터진 구멍을 막는다면? 수압 때문에 그 옆에서 터질 수도 있다. 두 군데가 터질 수도 있고 1백 군데가 터질 수도 있다. 그러니까 하나를 자르면 그 자리에서 두 개가 솟는다는 휘드라의 대가리는 지하 수맥이 아니냐는 것이다.

내가 적극적으로 지지하는 해석은 아니지만 재미있지 않은가? 괴물 휘드라를 지하 수맥으로 상상해보는 일은.

5

뿔 달린
암사슴이라니!

✳

 헤라클레스가 또 한 번 개선하자 아르고스 왕은 또 한 번 청동 항아리 안으로 숨어 들어갔다. 하지만 헤라클레스는 휘드라의 주검을 가지고 간 것이 아니었다. 헤라클레스가 빈손으로 온 것을 보고 아르고스 왕은 제법 기가 살아났던지 이번에는 휘드라를 죽인 징표를 요구했다. 헤라클레스가 휘드라의 주검을 끌고 입성하지 않은 바에 아르고스 왕이 징표 보이기를 요구한 것이 당연해 보이기는 한다. 헤라클레스는 하늘을 가리켰다.
 "왕께서 청동 항아리에 들어가 있을 동안 휘드라는 이미 저기서 별자리가 되어 빛나고 있소. 자, 다음에 내가 할 일은 무엇이오? 저 별자리를 벗겨 내리는 일이오? 저 별자리를 벗겨 다시 레르네 샘에다 풀어놓는 일이오?"
 "그대는 파괴자이지 창조자가 아니다. 가서 기다려라. 코프레우스가 그대에게, 그대가 마땅히 해야 할 일을 일러줄 것이다."
 이튿날 코프레우스가 성을 나와 아르고스 왕의 뜻을 전했다.
 "아르카디아 땅과 아르고스 땅에 몹쓸 암사슴이 출몰하여 발굽으로 전답을 파헤치고 그 뿔로 사람과 가축을 해친다고 한다. 이 암사슴을 붙잡아 오라. 행여, 사자를 죽인 헤라클레스가 암사슴을 놓친 헤라클레스로 웃음거리가 되는 일이 없게 하라.' 대왕께서는 이렇게 전하라 하셨습니다."

"코프레우스, 이놈! 암사슴에게 뿔이 어디 있고, 사슴의 연약한 발굽이 어찌 논밭을 파헤칠 수가 있느냐?"

"이 암사슴의 뿔은 황금 뿔이요, 이 암사슴의 발굽은 청동 발굽이라고 합니다."

"그 암사슴이 어디에서 자주 나타난다더냐?"

"케뤼네이아의 바위산이라고 합니다."

달과 사냥의 여신 아르테미스
화살통을 멘 모습으로 그려지는 달의 여신 아르테미스는 사냥의 여신이자 동물의 수호 여신이기도 하다. 내가 가장 좋아하는 아르테미스상이다. 파리 루브르 박물관.

"이놈들이 나를 아르테미스 여신과 싸움을 붙이려 하는구나."

헤라클레스는 그답지 않게 한숨을 쉬었다.

당연한 일이다.

아르카디아와 아르고스 땅 사이에는 두 개의 큰 산맥이 있다. 파르테니온산맥과 아르테미시온산맥이 그것이다.

아르고스 왕이 헤라클레스에게 맡긴 세 번째 과업은 바로 이 산을 뒤져 암사슴을 잡아 오라는 것이다. 헤라클레스가 이 과업이 참으로 어려울 수밖에 없다고 짐작한 이유는 간단하다.

'파르테니온(처녀의 산)'과 '아르테미시온(아르테미스의 산)'은 곧 처녀신 아르테미스의 산이다. 실제로 이 두 산꼭대기에는 아르테미스 신전도 있었다. 따라서 헤라클레스가 이 암사슴을 잡으려면 처녀신 아르테미스의 거룩한 산에 발을 들여놓아야 한다.

이 암사슴만 해도 그렇다. 황금각과 청동제라는 말에서 이미 짐작했을 테지만 이 암사슴은 아르테미스가 총애하는 거룩한 짐승이다. 더구나 예사 짐승인 것도 아니다.

헤라클레스가 이 땅에 태어나기도 전의 일이다.

아르테미스에게는 50여 명에 이르는 시녀 요정이 있었다. 하나같이 아름다운 데다 여신의 허락을 얻기까지는 절대로 순결을 잃지 않기로 맹세한 시녀 요정들이었다.

그 가운데 여느 요정들에게 견주어 몸집이 유난히 큰 요정이 있었다. 타위게테였다. 타위게테는 키가 크고 살집이 두꺼웠다. 거기에다 아름답기까지 했다. 따라서 타위게테는 풍만한 미녀였다.

그런데 제우스 신이 이 딸의 시녀 요정에게 눈독을 들였다.

에이, 딸의 시녀에게 눈독을 들이는 아버지가 어디 있대요?

이렇게 묻는 독자가 있다면 그것은 제우스를 잘 모르고 하는 소리다. 제우스는 일찍이 딸 아르테미스의 시녀에게 눈독을 들인 전력이 있다. 눈독을 들인 정도가 아니라 아주 비열한 수를 써서 이 요정을 손에 넣고 아기까지 배게 한 전과가 있다. 그렇다면 제우스는 어떻게 이 시녀 요정 칼리스토를 손에 넣을 수 있었을까?

아르테미스는 자기 시녀가 순결을 잃을 경우 혹독한 벌을 내리는 것으로 유명한 여신이다. 시녀 요정들이 몸을 사리지 않을 수 없었다.

칼리스토도 그렇게 몸을 사렸다. 그런데 그토록 믿고 섬기던 아르테미스 여신이 칼리스토를 유혹했다. 칼리스토로서는 여신의 유혹을 뿌리치기 어려웠다. 그래서 순결을 잃었는데, 뒤늦게 알고 보니 순결을 앗아간 것은 아르테미스 여신이 아니었다. 딸 아르테미스로 변장한 제우스였다.

칼리스토는 아르테미스와 헤라의 저주를 받아 곰이 되었다. 지금은 하늘에 별자리 큰곰자리로 박혀 있기는 하지만 칼리스토가 걸은 길은 험난한 가시밭길이었다.

아르테미스는 아버지 제우스에게도 효성스러운 딸이었던 것 같지는 않다. 어찌나 표독스러웠던지 제 성미에 맞지 않거나 화가 나면 아버지의 수염 가닥 뽑는 것도 마다하지 않았다니.

아르테미스는 시녀 요정 타위게테를 사슴으로 변신하게 했다. 암사슴이었을까, 수사슴이었을까? 타위게테는 여성이니까 수사슴으로 변신할 수는 없다. 당연히 암사슴이다. 아르테미스는 암사슴으로 변신시키는 것으로 마음을 놓을 수 없어 황금 뿔을 달고 청동 발굽을 달아 수사슴처럼 보이게 했다. 수사슴으로 변신하고 접근할지도 모르는 제우스를 경계했던 것일까?

아르테미스 덕분에 제우스는 체면에 크게 금이 갈 짓을 하지 않아서 좋았고, 타위게테는 저 지겨운 헤라의 복수를 당하지 않아서 좋았다. 아르테미스는, 자기 손으로 암사슴으로 몸을 바꾸게 한 타위게테를 총애하여 자기 수레 끄는 사슴으로 그 지위를 돋우어주었다.

하지만 헤라 여신이 제우스의 사랑을 받을 뻔한 타위게테를 아주 잊고 있었던 것은 아닌 모양이다. 이 암사슴을 풀어놓고는 아르고스 왕을

케뤼네이아의 암사슴을 사로잡는 헤라클레스
헤라클레스가 암사슴의 황금 뿔을 꺾고 있다. 왼쪽에 칼을 들고 선 여신은 아테나, 앞에 활을 들고 선 여신은 아르테미스다. 아테나는 뒤에서 도와주고 아르테미스는 앞에서 가로막았음을 암시하는 듯하다. 기원전 6세기의 질항아리 그림. 런던 대영박물관.

쑤석거려 헤라클레스 손에 붙인 것을 보면.

헤라클레스, 큰일 났다. 이런 암사슴을 잡아야 하게 생겼으니.

헤라클레스는 이 암사슴을 죽여서는 안 된다. 그랬다가는 아르테미스 여신의 분노를 살 것이기 때문이다. 다치게 해서도 안 된다. 자존심 강하고 콧대 높기로 유명한 아르테미스 여신이 가만히 있지 않을 터이기 때문이다. 헤라클레스는 조심스럽게 암사슴의 뒤를 쫓는다.

산속에서 암사슴의 발자국을 쫓던 헤라클레스 앞에 양 치는 처녀 하나가 나타났다. 헤라클레스는 긴장했다.

"이곳이 아르테미스 여신의 거룩한 산인 줄 알고 들어오셨나요?"

처녀가 먼저 물었다. 산속에서 건장한 남정네를 만난 처녀가 먼저 말을 건넨다? 헤라클레스는 짐작되는 바가 없지 않았던지 정중하게 대답했다.

"그대가 들어왔는데 헤라클레스가 못 들어올까요?"

"처녀신 아르테미스가 저같이 순결한 처녀와 남정네를 같이 놓고 볼

까요?"

"같이 놓고 볼 리 없지요. 그대는 양을 치는 처녀요, 나는 아르테미스 여신의 암사슴을 잡으러 온 자이니까요."

"그대는 암사슴을 잡을 수 있다고 생각하나요?"

"그 암사슴이 네메아 사자의 목을 조른 이 손아귀를 빠져나갈 수 있을까요? 그 암사슴이 휘드라의 목을 자른 이 칼을 비킬 수 있을까요?"

"헤라클레스라고 하셨지요? 그 암사슴을 보는 순간부터 사냥꾼은 걷잡을 수 없는 광기에 사로잡힙니다. 사로잡고 싶다는 광기에 사로잡힙니다. 어쩌면 이 광기가 그대를 죽일지도 모릅니다. 그대가 능히 이 광기를 감당할 수 있을는지요?"

"광기에 사로잡혀 지은 죄를 씻으러 뮈케나이 왕을 섬기는 몸이오."

"사냥꾼의 눈에 띄는 순간 암사슴은 달아날 것입니다. 암사슴은 멀리 멀리 달아납니다. 어쩌면 그대가 영영 되짚어올 수 없을 만큼 먼 곳으로 달아날지도 모릅니다. 그러나 그대는 도중에 그 사슴을 포기할 수 없습니다. 그대가 능히 이것을 감당할 수 있을는지요?"

"이제야 내가 그 암사슴을 붙들어야 하는 까닭을 알겠소."

헤라클레스는 어떤 일이든 순식간에 뚝딱 해치워버리는 것으로도 유명한 영웅이다. 그런데 이 암사슴을 뒤쫓고 있을 동안은 거의 365일 동안이나 티륀스에도 뮈케나이에도 나타나지 않았다. 죽자고 사슴만 쫓았던 것인데, 이만하면 아르테미스 여신의 기분을 상하지 않도록 헤라클레스로서는 최선을 다한 것 같다.

1년 동안이나 헤라클레스에게 쫓기던 암사슴은 '아르테미스의 산'으로 숨어들었다. 여느 인간은 발 들여놓을 수 없는 거룩한 산이다. 아르테미스의 산 기슭에는 아름답기로 이름 높은 '라돈강'이 흐르는데, 헤라클레스는 바로 이 라돈강 가에서 암사슴을 사로잡은 것으로 전해진다. 쫓는 헤라클레스도 힘들었겠지만 쫓기는 암사슴도 지겨웠을 것이다.

활을 쏘았다는 주장이 우세하기는 하다. 화살이 뼈와 힘줄 사이를 지나도록 교묘하게 쏘아 암사슴이 피 한 방울 흘리지 않게 했다는 것이다. 순진하기는. 헤라클레스의 화살에는 휘드라의 쓸개즙이 묻어 있었다는 것을 기억해야 한다. 휘드라의 쓸개즙이 묻은 화살은 켄타우로스 케이론까지 한 방에 보낸 독화살이다. 헤라클레스가 아무리 배짱이 두둑했기로서니 그런 화살을 아르테미스의 암사슴에게 쏘았을 리 없다.

너무나도 지친 나머지 라돈강 가에서 잠시 쉬고 있던 암사슴에게 헤라클레스가 그물을 던졌다는 주장이 있다. 헤라클레스는 뭘 적절하게 이용하는 버릇이 있다는 것을 감안하면 그물을 썼다는 주장이 더욱 설득력이 있어 보인다.

헤라클레스가 암사슴을 어깨에 둘러메고 돌아서는데 한 사냥꾼 차림을 한 젊은 처녀와 청년이 앞을 가로막았다. 헤라클레스가 보기에 처녀와는 초면이 아닌 것 같았다. 하지만 언제 어디에서 만났는지 그것은 기억해낼 수 없었다.

먼저 처녀가 헤라클레스에게 물었다.

"이곳이 아르테미스 여신의 거룩한 산인 줄 알고 들어오셨나요?"

1년 전에 한 번 받아본 적이 있는 질문이었다. 헤라클레스가 머뭇거리자 처녀가 두 번째 질문을 던졌다.

"그 암사슴이 여신의 사슴이라는 것도 알고 있나요?"

헤라클레스는 그답지 않게 사근사근한 말투로 응수했다.

"알지요. 이곳이 여신의 거룩한 땅이라는 것을 알기 때문에, 이 암사슴이 여신의 거룩한 암사슴이라는 것을 알기 때문에, 1년 동안이나 뒤쫓았던 겁니다. 보세요. 이렇게 산 채로 사로잡았습니다. 여신의 암사슴이라는 걸 몰랐다면 한 주먹에 때려 죽였을 겁니다. 그러니까 성미 급한 무지렁이의 부아를 돋우지 마시고 부디 길을 내어주셨으면 합니다."

헤라클레스는 처녀의 겉모습에서 말로 나타내기 어려운 품위 같은 것을 느꼈음 직하다.

옆에 있던 청년이 혼잣말로 중얼거렸다.

자주 붙어다니는 남매
로마 시대 아폴로(아폴론) 신전에 새겨져 있던 〈거룩한 기둥 양쪽의 아폴로(아폴론)와 디아나(아르테미스)〉.

"이 녀석, 이거, 나의 신전에서 지킴이 무당에게 행패를 부릴 녀석 아냐?"

그러고는 이렇게 덧붙였다.

"사슴은 이 산의 사슴이니 주인에게 돌려주어라."

헤라클레스는 '나의 신전'이라는 말을 듣고서야 정신이 번쩍 들었다.

그때까지 헤라클레스는 어떤 신의 신전에서든 행패를 부린 적이 없다. 하지만 뒷날 행패를 부리게 되니, 청년은 미래의 일을 예언한 셈이다. 예언의 신 아폴론 아니고서야 누가 그런 예언을 할 수 있겠는가?

청년이 아폴론 신이라면 그 옆에 서 있는 처녀는 아르테미스 여신일 가능성이 매우 높다. 남매는 잘 붙어 다니는 것으로 유명하니까.

헤라클레스는 그제야 처녀를 언제 어디에서 만났는지 기억해내었다. 1년 전 아르테미스의 거룩한 산에서 만났던 바로 그 처녀 아닌가?

헤라클레스의 말투가 단번에 부드러워졌다.

"저는 델포이에 있는 아폴론 신전의 신탁에 따라 아르고스 왕 밑에서 종살이를 하고 있는 헤라클레스입니다. 저는 왕의 명령을 거역할 수 없습니다. 아폴론 신의 뜻이 저의 운명이 되었습니다. 저는 아르고스 왕에게 이 사슴을 보여주어야 합니다. 보여주고 나서 저는 이 암사슴을 다시 아르테미스 여신께 바칠 것입니다. 아르테미스 여신께서도 아폴론 신의 뜻을 따르는 저를 너그러이 용서하실 것입니다."

"왜 하필이면 아르테미스의 암사슴인가?"

"저는 아르고스 왕의 명령에 따를 뿐입니다. 어떤 신이나 여신께서 아르고스 왕을 조종하고 있는지 저는 잘 알지 못합니다."

처녀와 청년은 가로막고 있던 길을 헤라클레스에게 내어주었다.

헤라클레스가 암사슴을 어깨에 메고 들어가자 아르고스 왕은 항아리 밖으로 나와 있었다. 암사슴은 그다지 위험한 짐승이 아니라고 판단했던 모양이다.

왕이 헤라클레스에게 물었다.

"거 참 미련한 사람이군. 어째서 산 채로 둘러메고 오느라고 생고생을 하는가?"

헤라클레스가 되받아쳤다.

"아르테미스 여신의 거룩한 짐승이오. 내가 암사슴을 죽이면 여신의 분노를 살 터인데, 그 여신의 분노, 왕께서 책임을 지시겠소?"

헤라클레스는 이 사슴을 아르테미시온산에다 풀어주었다.

6

에뤼만토스산의 멧돼지

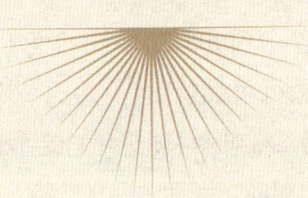

헤라클레스가 티륀스에서 아르고스 왕의 다음 명을 기다리고 있을 즈음 농민들이 왕에게 멧돼지 한 마리 잡아줄 것을 청원했다. 이 멧돼지는 에뤼만토스산을 그 본거지로 삼고 사방에서 출몰하여 그 상아 같은 엄니로 곡식의 뿌리가 다 드러나게 논밭을 파헤치거나 덜 여문 곡식을 짓씹어 그 물만 빨아먹고 뱉어버리기 일쑤였다. 그래서 이 땅의 곡식은 허우대만 멀쩡할 뿐 익을 즈음이면 모두 허옇게 말라갔다.

'에뤼만토스산의 멧돼지'라.

울림이 예사롭지 않다. 에뤼만토스……. 가만히 소리 내어 불러보면 여러 신과 여신들 모습이 떠오른다.

예언자 테이레시아스가 어쩌다 장님이 되었던가? 아테나 여신의 알몸을 훔쳐보았기 때문이다.

테바이 청년 악타이온이 어쩌다 사슴으로 변신했다가 제 사냥개들에게 찢겨 죽었던가? 아르테미스의 알몸을 우연히 훔쳐보게 되었기 때문이다. 신화시대의 사냥꾼들은 산에 들면 조심해야 했겠다. 어떤 여신이 언제 어디에서 아래 윗도리 홀랑 벗고 목욕을 하고 있을지 모를 일이기 때문이다.

여기 또 하나의 희생자가 있다.

에뤼만토스다. 에뤼만토스는 우연히, 정말 우연히 목욕하는 아프로디테의 알몸을 보게 되었다. 여신들은 자신의 알몸을 본 인간에게 혹독하게 구경 값을 물렸는데, 에뤼만토스는 어찌 되었을까?

아프로디테는 에뤼만토스를 장님으로 만들어버렸다. 하지만 그것은 아프로디테의 실수였다. 에뤼만토스가 아폴론의 아들이라는 것을 미처 몰랐던 것이다.

아폴론이 어떤 신이던가? 성미가 괄괄하기로 유명한 신이다. 올륌포스 천궁에서 성질부리다가 두 번이나 인간 세상으로 귀양 왔던 신이다.

아폴론은 아들의 원수를 갚기 위해 멧돼지로 둔갑했다. 차마 아프로디테 여신에게 엄니를 박을 수는 없는 일. 멧돼지는 아프로디테가 애지중지하던 애인 아도니스의 옆구리에다 엄니를 박았다. 아폴론의 계산대로 아프로디테는 아도니스를 잃은 슬픔에 눈물로 얼룩진 세월을 살아야 했다.

에뤼만토스산은 장님으로 한살이를 마친 에뤼만토스로부터 그 이름을 물려받았다. 헤라클레스가 아르고스 땅에 머물 당시 이 산은 아르테미스 여신에게 바쳐진 또 하나의 거룩한 산이었다.

에뤼만토스산 기슭에 살던 프소피스 주민들이 왕에게 멧돼지 잡아줄 것을 진정하자 왕은 코프레우스와 이 일을 의논했다.

"코프레우스야, 이 멧돼지가 어느 신의 비호를 받는 짐승이냐?"

"어떤 신의 비호도 받지 않는 여느 멧돼지입니다."

"그러면 엄니로 아도니스를 찔러 죽인 멧돼지도 아니고, 멜레아그로스를 괴롭힌 멧돼지도 아니라는 말이구나. 그렇다면 우리가 이 멧돼지 사냥에 굳이 헤라클레스를 보낼 까닭이 무엇이냐? 헤라클레스의 몫이 따로 있고 예사 사냥꾼의 몫이 따로 있는 것이 아니냐?"

코프레우스(똥), 이름이 지저분하지만 머리는 그리 나쁘지 않았던 모양이다. 헤라클레스가 암사슴을 산 채로 둘러메고 온 것에서 힌트를 얻어내는 것을 보면.

"그렇지 않습니다. 전하께서는 헤라클레스에게 이 멧돼지를 잡게 하시되 사로잡아 오라고 하시면 천하의 헤라클레스에게도 만만한 일은 아닐 것입니다."

"그놈, 머리 한번 좋구나."

"전하께서는 눈치 한번 빠르십니다."

"이름난 장수 밑에 빌빌거리는 졸병 없다지 않느냐?"

"더구나 폴로에숲은 켄타우로이(켄타우로스족)의 땅입니다."

"켄타우로이는 원래 술과 계집과 영웅을 좋아하는 족속이 아니냐?"

"켄타우로이 근처에는 라피타이(라피테스족)가 살고 있습니다. 원래 이 켄타우로스족과 라피테스족은 원수지간이 아닙니까? 헤라클레스가 켄타우로스족의 환대를 받으면 라피테스족이 그냥 있지 않을 것이요, 라피테스족의 환대를 받으면 켄타우로스족이 그냥 있지 않을 것입니다. 더구나 이 켄타우로스들은 저 활의 신 아폴론도 혀를 찬 활의 명수들이 아닙니까."

결국 아르고스 왕은 코프레우스의 말을 옳게 여기고, 헤라클레스에게 이 멧돼지 잡는 일을 맡겼다. 아르고스 왕이 헤라클레스에게 네 번째로 맡기는 과업이었다.

코프레우스가 왕명을 전하자 헤라클레스는 곧 에뤼만토스산을 바라고 길을 떠나 사흘째 되는 날 해 끝에 폴로에숲에 이르렀다. 폴로에숲은 알페이오스강과 에뤼만토스산 한가운데 있는 고원지대다.

헤라클레스는 바로 켄타우로스족이 모여 사는 폴로에숲으로 들어갔다. 켄타우로스 족장 폴로스는 헤라클레스를 정중하게 맞아들이고 헤라클레스에게는 익은 고기를 대접하면서도 저는 생고기를 먹었다.

고대 그리스 사람들은 손님을 신이기라도 한 것처럼 떠받들었다. 문지방에 손님의 피가 묻으면 그 집은 두고두고 신들의 저주를 받아야 했다.

헤라클레스가 짐작은 하면서도 까닭을 물었다. 폴로스가 대답했다.

"저는 이 숲의 주인입니다. 손님과 같은 음식을 먹는다면 그것은 손님 대접이 아닙니다. 따라서 두고두고 욕을 먹을 것입니다."

아킬레우스에게 수금을 가르치는 케이론
왼쪽으로 여자를 납치하는 듯한 켄타우로스가 보인다. 켄타우로스의 어두운 측면을 암시하는 것일까.
18세기 이탈리아 화가 폼페오 바토니의 그림.

6 에뤼만토스산의 멧돼지　833

폴로스는, 이미 사자와 물뱀을 죽였고 아르테미스의 암사슴까지 사로잡은 바 있는 이 귀한 손님에게 폴로에숲으로 온 연유를 물었다.

"아르고스 왕은 내가 이 산에 있는 멧돼지를 생포하기를 원하오. 그러나 아르고스 왕의 배 속에는 다른 생각이 들어앉아 있어요. 그대들이 나를 환대하면 라피테스족으로 하여 나를 방해하게 할 것이요, 라피테스족이 나를 환대하면 그대들로 하여금 나를 치게 할 속셈이오. 어떻소? 과연 아르고스 왕의 뜻대로 되겠소?"

"설사 우리가 그대를 환대한다고 해도 라피테스족이 그대를 해칠 수는 없습니다. 모르셨습니까? 현자 케이론께서 이 땅에 와 계십니다. 우리가 이 케이론을 섬기고 라피테스족 역시 이 케이론을 섬기고 있는데 무슨 일이 있을 수가 있습니까? 아르고스 왕이 교활한 자이나 나무만 보았지 숲을 헤아리지 못했습니다."

"케이론은 어디에 계시오?"

케이론은 켄타우로스족과 인간은 물론 신들로부터도 사랑을 받던 현자였다. 그는 원래 아폴론과 아르테미스의 제자이기도 하다. 이 쌍둥이 남매신의 제자였다는 말은 곧 사냥, 의술, 음악, 예언술에 도통해 있다는 말과 마찬가지다. 아폴론이 자기의 수제자인 케이론에게 자기 아들인 아스클레피오스를 맡겨 의술을 가르치게 한 것만 보아도 케이론이 얼마나 그의 총애를 받았는지 알 수 있다. 아스클레피오스는 뒤에 의술의 신이 되었다.

케이론은 아스클레피오스뿐만 아니라 뒷날 트로이아 전쟁의 영웅이 되는 아킬레우스, '아르고 원정대'의 대장이 되는 이아손, 제우스의 쌍둥이 아들, 즉 카스토르와 폴뤼데우케스까지 가르쳤다. 어린 시절 카스토르로부터 무술을 배운 헤라클레스는 케이론의 제자의 제자였던 셈이다.

제우스는 그 공을 기리어 이 케이론에게 비록 조건이 딸린 것이긴 하나 영생불사의 은혜까지 베풀었다. 그 조건이란 다름이 아니라 의술로 인간을 살리되 저승의 일에는 참견하지 않아야 한다는 것이었다. 헤라클레스가 그 이름을 듣고 놀랐던 것도 일찍이 이 현자 케이론의 명성을 익히 들어온 터였기 때문이다.

"현자 케이론께서는 말레아곶에 있는 케이론의 동굴에 계십니다. 케이론께서 이곳에 오신 연후로는 온 켄타우로스족이 평화롭습니다. 다만……."

"다만?"

"케이론이 오신 연후로 우리는 포도주를 입에 대지 못합니다."

"포도주가 없는 게지요?"

"있습니다. 우리에게는 디오뉘소스 신께서 내리신 포도주 항아리가 있습니다. 그러나 우리는 이 항아리를 열 수 없습니다."

디오뉘소스가, 헤라클레스가 폴로에숲으로 들어올 것을 미리 알고 특별히 마련해둔 술 항아리라는 의견도 있다. 오래 묵은 포도주 원액은 우리가 아는 포도주와는 달리 매우 독하다. 그리스인들은 이 포도주 원액에 물을 타서 마신다.

"없으면 모르거니와 있는데도 마시지 못하게 하는 까닭은 또 무엇이오?"

"페이리토스의 혼인 잔치에서 이 술 때문에 붙었던 라피테스족과의 패싸움을 아시지요? 케이론 현자께서는 행여 이 술이 우리의 광기에 불을 지를까 봐 그 뚜껑을 열지 못하게 하십니다."

"하면, 그 술을 없애버리면 되지 않소? 눈에서 멀어지면 마음에서도 멀어지는 법이 아닌가요?"

"케이론 현자께서는 눈앞에 두고도 마음에는 두지 말아야 한다고 하십니다. 패싸움에 대한 속죄는 마땅히 그렇게 해야 한다는 것이지요."

"술 항아리 있는 곳으로 안내하오. 눈앞에 두고도 마음에는 두지 않는다? 배 속에 부어넣고 마음에 두지 않으면 그게 낫지 않겠소?"

호기심이 많고 귀가 얇은 족장 폴로스는 이 손님의 말에 못 이기는 척하고 술 항아리 있는 곳으로 헤라클레스를 안내했다. 그러고는 헤라클레스가 항아리 뚜껑을 열고 포도주를 퍼마시며 소뿔로 만든 우각잔으로 한 잔을 권하자 폴로스는 역시 못 이기는 척하고 받아 마셨다.

술 냄새는 매일 술 마시는 술꾼보다는 오래 굶은 술꾼이 더 잘 맡는 법이다.

술 냄새가 온 마을로 퍼져나가자 켄타우로스들이 모여들기 시작했다. 그들은 공용 피토스(항아리)의 뚜껑이 열린 것을 보고 자기네 몫의 권리를 주장했다. 헤라클레스와 폴로스는 이들에게 권리 대신 포도주를 나누어주었다.

참으로 오래간만에 독한 포도주 원액을 마셨으니 어떻게 되었겠는가? 취기가 갑신 오르자 덩치 큰 켄타우로스들은 앞에 앉은 헤라클레스가 꼬마로 보였던지 저마다 제 자랑을 늘어놓았다.

"우리의 조상은 익시온이 아니라 손이 1백 개나 되었다는 헤카톤케이레스였는지도 몰라. 보라, 우리에게는 두 팔과 네 다리가 있지 않으냐? 누가 우리를 대적하랴, 수족이 여섯인 켄타우로스족을……."

"우리는 한 손에 방패, 한 손에 창을 들고 네 다리로 달린다. 말 타고 창과 방패를 든 어떤 장수가 우리를 당하랴. 우리는 말에서 떨어지고 싶어도 떨어질 수가 없다."

"제우스가 우리를 활의 신으로 삼지 않은 것은 우리 조상 익시온이 헤라를 욕보였기 때문인가, 아들들 중에 명궁이 따로 있기 때문인가?"

헤라클레스가 이 난장판이 된 술판을 내려다보고 있다가 활과 화살통을 집으며 호령했다. 취한 것은 켄타우로스들뿐만이 아니라 헤라클레스도 마찬가지였다.

"제우스 신의 이름을 망령되이 일컫지 말라. 나는 명궁은 아니로되 너희 가슴을 쏘아 항문으로 화살이 나오게 할 수도 있다. 그 화살 궁깃에 너희 창자가 묻어나게 할 수도 있다는 뜻이다. 누가 나서겠느냐?"

폴로스의 동굴 앞에는 이미 여러 켄타우로스가 술 한잔 얻어 마실 차례를 기다리며 웅성거리고 있었다. 그런데 바윗돌과 전나무 몽둥이를 들고 있는 것이 헤라클레스의 눈에 거슬렸다.

켄타우로스 중에서도 눈치가 빠른 앙키오스와 아그리오스는, 활로 태양을 겨냥했다는 헤라클레스가 활과 화살을 들고 일어서자 그 빠른 발로 바다 쪽으로 도망치기 시작했다. 옆에 있는 것은 폴로스와 술에 취하지 않은 켄타우로스들뿐이었다.

헤라클레스는 꼬리를 날리며 도망치는 켄타우로스들을 뒤쫓기 시작했다. 말레아는 그리스 남단에 있는 곳인데 거기까지 쫓아갔다.

쫓기던 켄타우로스의 우두머리 알레토스는 현자 케이론을 찾아가 도움을 청했다.

헤라클레스는 알레토스를 향하여 화살 한 대를 날렸다. 하지만 너무 세게 날린 것이 화근이었다. 화살은 알레토스의 팔을 꿰뚫고는 조금 더 날아갔다.

몽둥이로 켄타우로스를 갈기는 헤라클레스
청동 등잔. 빈 예술사 박물관.

공교롭게도 조금 더 날아간 화살이 꽂힌 곳은 현자 케이론의 무릎이었다. 조금 뒤에야 이 사실을 안 헤라클레스와 폴로스는 케이론의 동굴로 들어갔다. 폴로스는 현자 케이론이 화살을 맞았다는 사실을 알고도 별로 놀라지 않았다.

 "케이론 현자께서는 제우스 대신으로부터 영생불사의 은혜를 받으신 분이자, 아폴론 신으로부터 의술을 배워 그 아드님 아스클레피오스를 의술의 신으로 기르신 분입니다. 마땅히 그분만이 아시는 처방이 있을 것입니다."

 그러나 그것은 폴로스가 모르고 한 소리였다. 헤라클레스의 화살 끝에는 저 휘드라의 쓸개즙이 묻어 있지 않았던가. 휘드라의 쓸개즙이 묻은 독화살에 맞음으로써 케이론은 제우스 신으로부터 받은 조건부의 영생불사조차 누릴 수 없는 형편이었다. 그대로 두면 휘드라의 독 때문에 지옥의 고통을 겪어야 할 것이요, 비약을 써서 해독하면 저승의 일에 참견하는 셈이기 때문이었다.

 케이론은 영생불사의 권능을 제우스에게 돌려주고 동굴 안으로 들어가 조용히 숨을 모았다. 헤라클레스가 동굴로 들어가 사죄하자 케이론은 원망하는 기색 하나 보이지 않고 헤라클레스를 타일렀다.

 "제우스의 아들이여, 인류의 운명을 몸에 받아 홀로 고통과 슬픔을 대신하는 자여. 그대를 나무라지 않는다. 술 항아리의 뚜껑을 연 것은 그대의 손이 아니라 운명의 손이다. 나는 그것을 안다. 이 땅에 태어나는 것은 모두 살아가면서, 마침내 이 땅에서 그 몸을 태울 불씨를 키우고 있느니. 내 제자 아스클레피오스를 보라. 아스클레피오스가 어디에서 왔던가? 불에 탄 제 어머니 코로니스의 몸에서 오지 않았던가? 아스클레피오스가 어떻게 이 세상을 떠났던가? 제우스의 벼락을 맞아 불에 타 죽지 않았던가? 이와 같다.

 아스클레피오스가 어떻게 이 땅에서 이름을 떨치고 살았던가? 병든 자를 낮게 하고, 나은 자를 복되게 하며 그 이름을 스스로 영광되게 함으로써가 아니던가? 그런 아스클레피오스가 어쩌다 제우스의 벼락을 맞았던가? 죽은 자를 살리어 저승 왕 하데스와 제우스의 노여움을 샀기 때문이 아니던가?

여기 있는 이 케이론이, 휘드라의 독화살이 주는 고통 때문에 제우스 신께 불사의 은혜와 영혼을 맡기는 이치도 이와 같다. 내 죽음이 그대에게는 언제 유익한 바가 있을 것이나 경계하라, 육신을 태우는 불씨는 그대 안에 있다. 그대를 쏘는 화살은 그대의 가슴에 있다."

케이론은 영생불사를 얻은 몸이라 견딜 수 없는 고통 속에서도 영원히 살아야 하지 죽을 수가 없었다. 프로메테우스가 나서서 제우스 신에게 탄원한 것은 뒷날의 일이다. 자신이 그 영생불사와 영원한 고통을 맡을 터이니 케이론을 죽을 수 있게 해달라고 탄원했던 것이다. 제우스가 그 탄원을 받아들였다.

귀가 얇고 호기심이 많은 폴로스가 케이론의 무릎에서 뽑아낸 화살을 들고 고개를 갸웃거리며 속삭였다.

"이 조그마한 물건이 어떻게 불사신을 저렇듯이 괴롭힐 수 있습니까? 여기에 휘드라의 독이 묻어 있다고요? 휘드라가 대체 어떤 괴물인가요?"

"휘드라? 에키드나의 딸이며, 하데스의 지킴이 개 케르베로스의 누이가 되오."

헤라클레스의 이 말에 폴로스가 기겁을 한 나머지 그 화살을 떨어뜨렸다. 또 한 번 공교롭게도 화살은 폴로스의 발굽 짬에 꽂혔다. 폴로스는 그 자리에서 즉사했다.

"아, 헤라클레스여, 아내와 자식을 죽이더니 오늘은 천하가 두루 아는 현자 케이론을 저 지경으로 만들고, 익은 고기로 환대해준 폴로스까지 죽게 했구나. 내가 대체 멧돼지를 잡으러 온 것이냐, 무고한 켄타우로스들을 죽이러 온 것이냐."

헤라클레스의 화살에 맞은 케이론이 동굴 속에서 고통으로 나날을 보내며 죽을 날만 기다리고 있는 데다 폴로스마저 같은 화살에 목숨을 잃자 켄타우로스들은 뿔뿔이 흩어졌다. 가까이 있는 말레아산으로 숨어든 자가 있는가 하면 머나먼 시켈리아(시칠리아)까지 도망친 켄타우로스도 있었다. 넷소스라는 켄타우로스는 에우에노스강으로 도망쳤다.

켄타우로스 넷소스? 에우에노스강?

그렇다. 헤라클레스의 화살에 정신적 지주인 케이론과 우두머리인 폴로스를 잃고 에우에노스강으로 도망친 넷소스다. 여기에서 헤라클레스에게 치명적이고도 결정적인 반격을 가하기 위해 넷소스는 기다리고 있다. '넷소스'라는 이름은 우리를 헤라클레스가 당긴 활시위처럼 팽팽하게 긴장시킨다.

뒷날 제우스는 케이론으로부터 영생불사의 권능을 거두어들이고 그 영혼을 하늘로 불러 별자리로 박아주었다. 우리가 '켄타우로스 자리', '인마궁 자리', 혹은 '사지타리오스(활 쏘는 자, 즉 사수) 자리'라고 하는 별자리가 곧 큰 제자를 여럿 길러 영웅의 시대를 다채롭게 했던 케이론, 그 켄타우로스의 영혼이다.

* * *

영웅들의 스승이었던 케이론의 살을 에고 뼈를 깎는 고통, 연이어 터진 켄타우로스 족장 폴로스의 죽음 앞에서 헤라클레스는 경황이 없었을 것이다. 그러나 아무리 슬퍼도 멧돼지와는 싸워야 한다. 그것이 그의 운명이다.

문제의 멧돼지가 숨어 있다는 에뤼만토스산은 높이 2천 미터가 넘는 산이다. 겨울철에는 계곡에 눈이 많이 쌓이는 산이기도 하다. 마침 겨울이었던 모양이다.

헤라클레스는 이 산에서 고래고래 고함을 지르며 멧돼지를 뒤쫓았다. 전해지는 바에 따르면 헤라클레스의 목소리야말로 돼지 먹따는 소리 같았다고 한다.

멧돼지는 그 소리에 놀라 숨어 있던 곳에서 튀어 나왔을 것이다. 헤라클레스는 골짜기에 쌓인 눈 속으로 멧돼지를 몰아넣고 지치기를 기다렸다. 이번에도 골짜기에 쌓인 눈을 '이용'했던 것이다. 참 가관이었을 것이다. 눈 속에서 몸부림치는 멧돼지의 목소리와 돼지 먹따는 소리 같은 헤라클레스의 목소리가 어우러지던 에뤼만토스 산골짜기는.

헤라클레스가 멧돼지를 붙잡아 사슬로 칭칭 동인 다음 어깨에 둘러메고 아르고스로 돌아왔을 때도 왕은 항아리 속에서 헤라클레스를 맞았다.

헤라클레스가 이 멧돼지를 아르고스 왕 면전에서 때려 죽인 것으로 전해지고 있지만 분명하지는 않다. 분명한 것은 쿠마이의 아폴론 신전에 그 엄니가 있었다는 것이다.

항아리 속에 숨은 아르고스 왕에게, 사로잡아 온 멧돼지를 보여주는 헤라클레스
어쩌나 인기 있는 주제인지 이 장면을 그린 항아리는 무수히 만들어졌다. 따라서 그만큼 흔하다. 런던 대영박물관.

7

소똥이나 치우라고?

✳

　아르고스 왕이 헤라클레스에게 다섯 번째로 맡긴 일은, 엘리스 왕 아우게이아스의 외양간을 치워주라는 것이었다. 헤라클레스가 귀를 의심하면서 이러한 왕의 뜻을 전갈한 코프레우스에게 물었다.
　"코프레우스가 별 '코프로스(똥)' 같은 소리를 다 한다. 그게 무슨 과업이냐? 엘리스 왕이 군사를 동원하면 될 일을 어째서 나에게 시킨다는 말이냐?"
　"과업이 아니라고요? 아우게이아스왕에게는 씨받는 황소만 2백 마리, 제사 때만 잡는, 다리만 하얗고 온몸이 새까만 수소만 2백 마리에 이릅니다. 마소의 숫자는 이루 셀 수도 없고요. 양과 염소가 수천 마리인데, 이 역시 수를 셀 수 없답니다. 아우게이아스왕의 가축들은 병에 걸리는 법도 없고 밴 새끼를 유산하는 법도 없다고 합니다. 한번 상상해보세요. 2백 마리의 씨받는 황소가 똥밭에서 무수한 암소들 등을 기어오르는 광경을요. 게다가 그 외양간은 여태껏 치워본 적이 없는 외양간이고요. 외양간에서 흘러나간 배설물 때문에 그 골짜기 농부들은 땅을 갈 수가 없어서 고향을 떠난다고 합니다."
　"그대가 엘리스 사정을 어떻게 그렇게 잘 알아?"
　"제가 바로 엘리스 사람입니다. 이피토스라는 자를 죽인 죄로 아르고스 왕에게 몸 붙이고 죄를 닦고 있는 것이지요."
　"그렇다면 그대도 나처럼 지은 죄를 닦는 처지가 아니냐? 그런 자가 아르고스 왕과 공모하고 나에게 감히 소똥을 치우라고 할 수가 있느냐?"

"아폴론 신과 포세이돈 신께서도 죄 닦는 기간 중에는 라오메돈의 소똥, 말똥을 긁었습니다."

"이제 이 아르고스 인근에는 내게 맡길 일이 없어진 게로구나. 아르고스 왕은 시킬 일이 없으면 제 마누라 속옷 빠는 일도 능히 시킬 위인이다. 대체 이 일을 시키자고 한 자가 누구냐, 아르고스 왕이냐, 아니면 그대 코프레우스냐?"

"엘리스 사람들은 더러운 것을 보면 '아우게이아스의 외양간'이라는 말을 무슨 속담처럼 입에 올립니다. 우리 전하께서는 장군께 이 외양간 똥 치우는 일을 맡겨 한차례 욕을 보이시려는 것이겠지요."

"'아우게이아스(빛나는 자)'가 이름값을 못 하는구나."

"그렇지가 않습니다. 가보시면, 왕은 이름값을 못 해도 나라는 이름값을 해도 단단히 하고 있다는 걸 아실 겝니다."

독자들은 이 엘리스라는 나라를 기억하고 있을 것이다. 프테렐라오스의 아들들이 뮈케나이에서 훔친 소 떼를 맡겼던 나라, 이 나라가 바로 엘리스다. 헤라클레스의 양부 암피트뤼온이 소 떼를 찾으러 갔다가 거절당하자 어쩔 수 없이 소를 사 와야 했던 나라, 이 나라가 바로 엘리스다.

이 엘리스 왕국은 반도의 서해안에 있어서, 이 나라 사람 저 나라 사람 할 것 없이 모두 엘리스 왕국을 '해가 지는 왕국'이라고 불렀다. 왕의 이름이 '아우게이아스(빛나는 자)'였던 것도 어쩌면 이 나라가 해 지는 곳에 있었기 때문인지도 모르겠다.

헤라클레스는 엘리스 땅으로 넘어가 아우게이아스를 만났다. 그러고는 아르고스 왕이 과업의 하나로 맡겼다는 말은 않고 왕의 외양간을 깨끗이 치워주겠노라고 했다. 아우게이아스왕은 헤라클레스의 말을 듣고는 물색없이 좋아했다. 그도 그럴 것이, 쉰 줄에 접어든 아우게이아스 왕에게도 치운 기억이 없을 정도로 외양간은 묵어 있었다.

물론 엘리스의 군사를 모두 붙이면 치우지 못할 법도 없었다. 그러나 외양간 치우느라고 국경의 군사까지 뽑아 왕국의 바탕을 위태롭게 할 일도 아니었다.

"그 대신 조건이 있습니다."

하고 헤라클레스가 덧붙였다. 헤라클레스는, 포세이돈 신과 아폴론 신이 인간 세상으로 죄를 닦으러 왔을 때도, 그들이 섬긴 왕에게 품삯을 요구한 적이 있다는 것을 잘 알고 있었다. 그래서 헤라클레스 역시 품삯을 조건으로 앞세웠다.

"있을 테지. 말해보아라."

"외양간을 치우겠습니다. 대신 소 떼를 열 몫으로 나누어 그 한 몫을 저에게 주십시오."

"값이 헐하지 않구나. 나에게도 조건이 있다."

"듣겠습니다."

"이 외양간을 치우되 하루해를 넘기면 안 된다. 해전에 치우면 열 몫 중 한 몫을 주겠거니와 해전에 치우지 못하면 그대 평생을 내가 맡아 종으로 부리겠다. 어떠냐? 이 일을 능히 해내면 그대는 하루 사이에 소 부자, 말 부자가 되고, 해내지 못하면 나는 뱃심은 좋아 보이나 필경은 머리가 비었을 터인 그대를 내 종으로 부리게 된다. 해볼 만한 거래가 아니냐?"

"좋습니다. 말의 아귀가 딱 맞은 것으로 알겠습니다. 하지만 증인이 있어야 하지 않겠습니까?"

"그대 뱃심이 역시 가상하다. 누구를 증인으로 세우랴? 스튁스를 증인으로 세우랴? 제우스 대신을 증인으로 모시랴?"

"증인들 찾는 데 저승 땅까지 내려갈 필요도 없고 올림포스 천성까지 올라갈 일도 없습니다. 마침 대왕 옆에는 필레우스 왕자가 계시니 이분을 증인으로 삼으셔도 되지 않겠습니까?"

"퓔레우스는 내 아들이다. 이 증인이 그대에게 불리하지 않겠는가?"

"퓔레우스 왕자는 젊습니다. 따라서 그의 양심도 젊을 것입니다. 젊은 양심은 무서운 증인일 수밖에 없는 법이지요."

부왕 아우게이아스와 헤라클레스의 요청을 받아들여 퓔레우스 왕자는 두 사람의 증인이 될 것을 수락했다.

이튿날 아침 해가 뜨자 헤라클레스는 외양간 청소를 시작했다.

헤라클레스는 엘리스 사람들이 감히 상상도 못 해본 엄청나게 기발하면서도 엄청나게 규모가 큰 역사를 시작했다. 외양간 벽을 허물고는 알페이오스강과 페네이오스강을 그 외양간으로 끌어들인 것이다.

헤라클레스가 이 두 강줄기를 끌어들이자 강물은 순식간에 외양간을 쓸고 지나갔다. 물론 해 지기 전이었다. 헤라클레스는 그날 밤에 아우게이아스에게, 약속했던 품삯을 요구했다.

그러나 아르고스 왕에게 '코프레우스(똥)'라고 하는 이름이 요상한 간신이 있듯이, 아우게이아스왕에게도 '레프레우스(똥치기)'라고 하는, 이름이 요상한 간신이 있었다. 레프레우스라는 이름이 원래 이 요사스러운 신하의 이름이었는지 아니면 후대 사람들이 이자를 레프레우스라고 불렀는지 그것은 확실하지 않다. 하지만 어느 부모가 자식 이름을 '똥치기'라고 지을까. 따라서 이 레프레우스라는 이름은, 그 소행이 괘씸해서 후대 사람들이 다시 지어 붙인 이름이 아닐까 싶다.

그날 한낮에 있었던 일이다.

레프레우스가 헤라클레스의 일하는 모습을 가만히 보고 있다가 아우게이아스왕을 꼬드겼다.

"큰일이 났습니다. 저자가 하는 짓을 보십시오. 두 줄기 강물을 외양간으로 끌어들였습니다. 해 지기 전에 외양간을 치우면 전하께서는 약속대로 소의 열 몫 중 한 몫을 품삯으로 주셔야 합니다. 저자가 돼지 왼발톱 같은 짓을 하는 것으로 보아 외양간은 해전에 핥아놓은 개밥 접시처럼 멀끔해질 가능성이 적지 않습니다. 무슨 대책을 강구하셔야 하지 않겠습니까?"

"외양간 치운 값이 소 2백 마리라면 너무 과하지 않은가? 좋은 생각이 있거든 말해보아라."

아우게이아스왕의 말에 레프레우스가 꾀주머니를 열었다.

"상책, 중책, 하책이 있습니다. 헤라클레스가 해전에 저 역사를 끝마

아테나 여신으로부터 영감을 받고 외양간 담장의 벽을 허무는 헤라클레스
올림피아에 있던 제우스 신전의 벽면 돋을새김.

치지 못하게 하는 것입니다. 그러면 일을 한 만큼의 품삯을 주지 않고도 저자를 종으로 부릴 수 있으니 이것이 상책입니다."

"헤라클레스가 두 강의 신들을 협박하여 내 외양간으로 끌어들였는데 우리가 무슨 수로 이를 방해한다는 말이냐. 바다의 신이자 강의 신이신 포세이돈이 이 두 강의 신을 꾸짖어 제자리로 되돌아가게 하지 않는 한, 제우스 대신이 태양신 헬리오스의 태양 마차 끄는 말을 채찍질하시어 일찍 해가 지게 하지 않는 한 이는 하릴없는 짓이다. 그래, 중책은 무엇이냐?"

"이 약속의 증인이 되신 퓔레우스 왕자를 부르시어 거짓 증언을 하게 하시는 일입니다. 증인이 증인 선 것을 부인하면 헤라클레스가 어디에 기대어 품삯으로 소를 내어놓으라고 우기겠습니까?"

아우게이아스왕이 이 중책을 좇아 퓔레우스 왕자를 불러 의향을 먼저 한번 두드려보았다.

"말할 것이 없는 자는 행복하다. 말할 것이 있는데도 말하지 않는 자 역시 행복하다. 무슨 뜻인지 알겠느냐?"

퓔레우스 왕자가 대답했다.

"저 헤라클레스는, 젊다는 이유로 저를 증인으로 세웠습니다. 제 양심 또한 젊을 것이라는 이유로 저를 증인으로 삼았습니다. 이로써 헤라클레스는 제 양심을 올륌포스 천궁의 기둥에다 매달아버렸습니다. 이제 저는 아는 것을 모른다고 할 수 없습니다."

"퓔레우스, 내 아들아. 너는 젊다. 나는 네가 네 양심으로 별에 닿을 만큼 사다리를 지을 수 있다는 걸 안다. 그러나 나이가 들면 너 역시 그 사다리 지을 것으로 외양간을 짓게 될 것이다."

"아버님, 비록 외양간에 사는 소가 될지언정, 별에 오를 사다리 지을 나무로 도둑질한 소를 가둘 외양간을 짓지는 않겠습니다."

퓔레우스가 이 음모에 가담할 것을 거절하고 물러나자 레프레우스가 다시 왕을 꼬드겼다.

"헤라클레스는 처자식을 죽인 죄를 닦기 위해 아르고스 왕의 종살이를 한다고 들었습니다. 아르고스 왕이 이 헤라클레스를 욕보이려고 어려운 상대와 누차 싸움을 붙였다는 소식도 바람결에 들리더이다. 혹 이일도 아르고스 왕이 시킨 것은 아닐는지요. 그렇다면 헤라클레스에게는 품삯을 줄 필요가 없습니다. 헤라클레스를 부르시어 그 속을 한번 떠보시고, 만일에 아르고스 왕이 시킨 일이라면 혼찌검을 내어 쫓아버릴 일이지 품삯까지 줄 일은 아닌 줄 압니다. 비록 하책으로 올린 계책이나, 아르고스 왕이 시킨 일이라면 상책에 못지않을 것입니다. 전하께서 몸소 하시기 뭣하면 제가 이자를 물리쳐보겠습니다."

그날 해 지기 전에 외양간을 말끔히 치운 헤라클레스는 소 떼를 다시 몰아넣고 나서 아우게이아스왕을 만나러 들어왔다. 물론 강의 신 알페이오스와 페네이오스는 원래 흐르던 자리로 돌려보낸 뒤였다.

"자, 이제 퓔레우스 왕자를 부르시지요. 제 몫의 소는 제가 고르리까, 전하께서 골라주시겠습니까?"

레프레우스가 나서서 마른기침으로 목청을 가다듬고는 따져 물었다.

"장군께서는 참으로 큰일을 하셨습니다. 그러나 우리는 소를 드리겠다는 약속을 지킬 수가 없습니다. 장군께서 이 약속을 하기 전에 먼저 우리를 속이셨기 때문입니다."

"내가 왕과 그대를 속인 것이 무엇이냐?"

"장군께서는 아르고스 왕에게 몸 붙이고 사시는 분인 줄 압니다. 마땅히 아르고스 왕이 장사께 품삯을 주실 테지요."

"나는 아르고스 왕에게 몸 붙이고 살고 있되 품삯은 받은 바가 없다."

"저는 장군께서 네메아의 사자를 죽이셨고, 휘드라의 목을 자르셨으며, 암사슴을 사로잡으셨다고 들었습니다. 장군께서는 이로써 아르고스 땅의 근심거리를 없이 했습니다. 그런데도 품삯을 받지 못하셨다고요?"

"그것은 다 아르고스 땅을 위해 아르고스 왕이 시킨 일이다. 내가 아르고스 왕에게 몸을 붙이고 있는 바에 어떻게 그 왕에게 품삯을 조를 수 있겠느냐."

헤라클레스는 레프레우스의 말장난에 말려들어 그 말덫에 걸리는 줄도 모르고 곧이곧대로 대답했다.

"장군께서는 아르카디아 땅에서도 큰일을 하신 것으로 들었습니다. 에뤼만토스의 멧돼지를 사로잡으셨다고 들었습니다. 아르고스 왕은 장군께 무엇을 품삯으로 내립디까?"

"받은 바가 없다."

"그러면 아르고스 왕이 왜 장군께 우리 엘리스 땅 외양간을 치우라고 했을까요?"

"그야 날 욕보이려고 그랬을 테지."

"그렇다면 장군께서 품삯을 요구하는 것은 사리에 맞지 않는 일이 아닙니까?"

"……."

"장군께서는 아르고스 왕이 보냈다는 말씀은 않은 채 조건을 내걸고 외양간을 치우겠다고 했습니다."

"……."

"이로써 장군께서는 우리를 속이신 것입니다. 그래서 비록 퓔레우스 왕자님이 증인을 서신 일이긴 하나 우리로서는 품삯을 드릴 수 없다고 한 것입니다."

"이제야 알겠구나."

"이제야 아셨습니까?"

"더러운 것은 엘리스 왕의 외양간뿐만이 아니었다는 것을 알았다, 이 말이다. 이제 너의 말을 들었으니 퓔레우스 왕자의 말을 들어보겠다."

어전으로 불려 나와 레프레우스로부터 그때까지 오고 간 이야기를 들은 퓔레우스 왕자는 부왕의 면전인데도 불구하고 레프레우스를 꾸짖기부터 했다.

"왜 논점을 교묘하게 흐려놓느냐? 헤라클레스 장군이, 아르고스 왕이 보내어서 왔다고 하지 않은 것은 잘못이다. 그러나 이것은 아르고스 왕의 외양간이 아니다. 헤라클레스 장군의 수고로 득을 보는 것은 우리 엘리스 땅이지 아르고스 땅이 아니다. 헤라클레스 장군은, 이 외양간을 치우면 소 열 몫 중 한 몫을 주겠느냐고 했다. 부왕께서는, 치우되 하루해 전에 치우면 한 몫을 줄 것이나, 하루해를 넘기면 헤라클레스 장사를 종으로 부리겠다고 하셨다. 비록 헤라클레스 장군에게 부왕을 속인 바가 없지는 않으나, 부왕도 조건을 내걸었으므로 헤라클레스 장군의 잘못과 맞비김이 된다. 남은 것은 해전에 치우느냐 못 치우느냐, 소 열 몫 중 한 몫을 얻느냐 평생을 종살이해야 하느냐, 이것이 논점이다. 이 논점을 왜 자꾸 흐리느냐? 레프레우스, 헤라클레스 장사가 해전에 외양간을 치웠느냐, 못 치웠느냐?"

"치웠습니다."

"레프레우스, 부왕을 바르게 보필하여야 할 나라의 기둥인 자여, 헤라클레스 장군이 두 줄기 강을 이 궁전으로도 끌어들일 수 있다는 걸 왜 모르는가!"

퓔레우스가 이렇듯이 이치를 따져 편을 들어주었는데도 불구하고 헤라클레스는 끝내 품삯을 받지 못했다. 아우게이아스왕은, 정죄 기간이면 정죄 기간답게 몸과 마음을 삼가야 하는데도 재물을 탐한다면서 헤라클레스를 잔뜩 비웃고 나라 밖으로 쫓아내었다. 헤라클레스뿐만이 아니었다. 퓔레우스 역시 아비 편을 드는 대신 떠돌이 헤라클레스를 이롭게 하려 했다는 죄목으로 왕위 계승권과 상속권을 빼앗기고 둘리키온섬으로 쫓겨났다.

헤라클레스는 엘리스를 떠나 아르고스로 가다 말고 쫓겨난 땅을 바라보며 이렇게 노래했다.

미련하여라, 헤라클레스.

수모를 당하고 나서야 제가 아폴론도 포세이돈도 아닌 것을 알았으니.
가엾어라, 레프레우스.
참혹한 지경에 이르러야 제가 바람을 향해 겨를 날린 줄 알게 될 터이니.
현명하여라, 퓔레우스.
자식은 아비의 어리석음에서 현명함을 얻는데,
어리석어라, 아우게이아스.
아비는 눈이 어두워 이를 알아보지 못하는구나.

헤라클레스는 뒷날 열두 과업을 모두 끝낸 뒤 군사들을 몰고 엘리스 왕국을 쳤다. 아우게이아스왕이 죽임을 당한 것은 물론이다. 맏아들 퓔레우스를 제외한 나머지 아들들도 모두 죽임을 당했다.

헤라클레스는 둘리키온섬으로 쫓겨가 있던 퓔레우스를 불러들여 왕좌에 앉혔다. 퓔레우스는 참 착잡했겠다. 왕좌를 차지하기는 했지만 아버지와 아우들을 모두 잃고 말았으니.

헤라클레스는 엘리스 땅 올륌피아에 경기장을 만들고 올림픽 경기를 창설했다. 1988년 서울에서, 2004년에는 아테네에서 개최된 바로 그 올림픽 경기는 이렇게 해서 시작되었다. 올륌피아에는 헤라 여신의 신전 유적도 있는데, 올림픽 경기의 성화는 바로 이 신전터에서 채화된다.

8

스팀팔로스의 새들

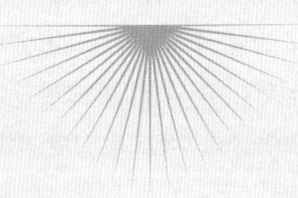

아르고스 왕은 헤라클레스에게 여섯 번째 과업을 맡겼다. 스튐팔로스의 요사스러운 새 떼를 죽이든 쫓든 마음대로 해서 다시 스튐팔로스 근처에 얼씬도 하지 못하게 하라는 것이었다.

 스튐팔로스는 아르카디아 동북쪽, 울창한 숲으로 둘러싸인 늪이다. 이 늪에 사는 새가 스튐팔로스의 새다.

 상상해보라. 울창한 숲으로 둘러싸인 늪에서 새들이 무엇에 놀란 듯 어지러이 날아오르며 태양을 가리는 광경을……. 금방이라도 숨이 넘어가는 듯이 창끝으로 방패 긁는 소리를 내며 바쁘게 우는 그 소리 또한 요사스럽기 짝이 없었다. 혹 나그네가 모르고 이 스튐팔로스늪에 이르렀다가 이 새들이 우는 소리를 들으면 그만 귀를 싸쥐고 늪바닥을 뒹굴었다고 한다.

 이 새를 길러 스튐팔로스늪으로 보낸 신은 다른 이가 아니라 전쟁 신 아레스다. 그래서 전쟁 신의 동아리답게 이 새는 전쟁터의 주검을 그 양식으로 삼는다. 이따금씩은, 그 울음소리를 듣고 있을 수가 없어서 귀를 싸쥐고 땅바닥을 뒹구는 나그네도 잡아먹는다. 그 수 또한 앞에서 말했다시피 엄청나게 많다. 놀라서 한꺼번에 날아오르면 태양이 가려 늪이 어두워졌다니까.

 따라서 역시 이 새는 여느 새가 아니다. 이 새의 수효는 저승 땅의 강 아케론 가에서 방황하는 영혼의 수효와 같다. 이 새 떼가 그 창날 같은

스팀팔로스의 새를 쏘는 헤라클레스
16세기 독일 화가 알브레히트 뒤러의 그림.

깃(이 새의 깃은 날카롭기가 창날 같았다)으로 나그네 하나를 죽여 나누어 먹으면 무리에 새가 한 마리 늘어난다. 다시 말해서 전쟁 신 아레스가 저승 땅에 죽은 사람의 영혼을 넉넉하게 공급하는 하데스의 하수자라면, 이 새들은 아레스의 하수자인 것이다. 따라서 산속의 죽음인 네메아의 사자와 바다 없는 샘 안의 죽음인 휘드라를 죽인 헤라클레스는 이제 하늘의 죽음인 이 스팀팔로스의 새 떼와 싸워야 하게 될 것이다.

헤라클레스는 활과 화살을 넉넉하게 준비한 다음 이 숲으로 들어갔다. 하지만 새는 한 마리도 보이지 않았다. 날이 어두워진 뒤 횃불을 들고 들어가보았지만 역시 한 마리도 보이지 않았다.

새들은 헤라클레스의 정체를 알고 있었던 것일까? 그럴 가능성이 있다. 서기 1500년에 그려진 한 그림은 이 새의 머리를 인간, 그중에서도 여성의 머리로 그리고 있다. 인간의 머리를 하고 있었다면 헤라클레스가 다섯 가지 과업을 이루고 스튐팔로스로 들어서고 있다는 소문쯤은 들었을 터이다.

"눈에 보여야 활을 쏠 것이 아닌가? 이럴 때 아테나 여신이라면 어떻게 했을 것인가?"

헤라클레스는 아테나 여신의 지혜를 묵상했다.

전쟁 신 아레스가 보낸 새들이라면? 정의의 여신 아테나의 도움이 필요하다. 전쟁은 정의가 끝내는 것이니까.

아테나 여신은 화급하게 헤파이스토스에게 부탁해서, 큼지막한 캐스터네츠 비슷한 악기를 하나 만들어다주었다. 아무래도 청동 꽹과리 비슷한 악기였던 모양이다.

소년 시절에 음악 선생 리노스를 때려 죽였던 헤라클레스가 아닌가? 아무래도 음악에는 영 취미도 소질도 없었던 모양이다.

헤라클레스는 청동 꽹과리를 두드리며 큰 소리로 노래를 부르기 시작했다. 그가 무슨 노래를 불렀는지는 우리도 모른다. 그러나 헤라클레스가 명창은 못 되었다는 기록은 있다. 고대 그리스의 한 시인이 이렇게 노래했던 것을 보면.

황야의 저쪽,
파도 사나운 바다 저쪽까지 들릴,
아무리 찬양해도
곱다고는 하기 어려운 노래…….

이 엄청나게 큰 소리에 새들이 일제히 늪 위로 날아올랐다. 청동 꽹과리를 내려놓은 헤라클레스는 노래를 계속하면서 새 떼를 향해 활질을 시작했다. 한 마리가 떨어지고, 두 마리가 떨어지고, 세 마리가 떨어졌다. 늪은 새들의, 창끝으로 청동 방패 긁는 듯한 울음소리와 질항아리 터지는 듯한 헤라클레스의 노랫소리로 낭자했다. 결국 새들은 그의 노랫소리와 화살을 더 견디지 못하고 흑해에 있는 아레스섬으로 날아가버렸다.

이로써 헤라클레스는, 아르고스 왕이 도저히 불가능하다고 여기면서도 부러 욕보이기 위해 부과한 여섯 가지 과업을 이루어내었다.

독자들은 땅 이름, 작은 나라 이름에 별로 관심을 기울이지 않아, 이 여섯 가지 과업이 이루어진 무대가 다 펠로폰네소스 반도 안쪽이라는 것을 짐작하지 못했을 것이다. 여섯 가지 과업이 이루어진 곳은 아르고스 왕이 터 잡고 있는 뮈케나이에서 그리 멀지 않은 곳이다.

그러나 일곱 번째 과업이 시작되면서 이 무대는 일전한다. 다시 말해서 헤라클레스는 아득히 먼 곳까지 가야 하는 것이다.

아르고스 왕이 여섯 번째 과업이 끝나기까지 헤라클레스를 멀리 보내지 않았던 까닭을 두고 아르고스 왕의 상상력을 말하는 이가 더러 있다. 즉 친작 아득히 먼 나라로 보내어 혼을 낼 바에 처음부터 단단히 혼을 내지 못한 것은 그의 상상력이 미처 거기에까지 미치지 못했기 때문이 아니냐는 것이다. 글쎄, 그게 그런 것 같지는 않다. 곧 그 까닭을 짐작할 수 있게 될 것이다.

이제부터 헤라클레스는 아르고스 왕이 맡긴 과업을 이루기 위해 먼 곳을 여행해야 한다. 때로는 크레타섬, 트라키아 지방은 물론이고 저 아프리카 땅을 지나 헤스페리스(금성)가 뜨는 피안의 땅, 때로는 하데스가 버티고 있는 저승까지도 내려가야 한다.

오가면서 있었던 일로 이야기가 길어질 것 같다.

9
크레타의 황소

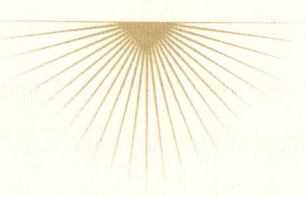

아르고스 왕으로부터 일곱 번째 원정 명령이 코프레우스 편에 날아왔다.

"크레타섬으로 가서 황소 한 마리를 잡아 오라십니다."

"황소를 잡아? 황소 잡도리야 농사꾼들이 잘하지 않나?"

"짐작하시겠지만 예사 황소가 아닙니다. 미쳐 날뛰면서 크레타섬을 쑥대밭으로 만들고 있다고 합니다."

크레타 왕국의 미노스왕은 대체 어떤 자이며, 그 왕국을 쑥대밭으로 만든다는 황소는 대체 어떤 황소인지 그 내력을 잠깐 살펴보자.

당시의 크레타 왕국은 이웃 나라에 견주어 크게 융성해 있었고 그 수도 크노쏘스는 문명 세계의 살림을 주도하는 호화스럽고 우아한 도시였다. 크레타의 배는 지중해의 섬이라는 섬, 항구라는 항구는 고루 누볐고 크레타 토기는 바빌로니아와 아이귑토스(이집트)에서도 귀한 물건으로 대접받았다.

제우스 신이 에우로페라는 여자에 반해 슬쩍 황소로 둔갑해가지고 이 여자를 납치했던 일을 기억하시는지.

에우로페는 포에니키아의 공주였다.

어느 하늘 맑고 바다 잔잔한 날 에우로페는 시녀들과 해변에서 놀고 있었다. 털빛이 희고 잘생긴 황소 한 마리가 처녀들 사이로 어슬렁어슬렁 걸어 들어왔다. 황소는 에우로페 앞에 앉더니, 등에 타라는 시늉을 했다. 에우로페는 장난삼아 황소 등에 탔는데, 그 점잖던 황소는 잰걸음으로 시녀들을 따돌리고 바다로 뛰어들었다.

비명을 질러봐야 소용이 없었다. 황소는 물살을 가르면서 포에니키아 해변에서 점점 멀어져갔다.

이 황소가 당도한 곳이 바로 크레타섬이다. 황소는? 황소로 잠시 몸을 바꾼 제우스였다. 크레타는 제우스 신의 고향이기도 하다. 그는 이 섬의 동굴에서 자라났다.

황소는 그 동굴로 에우로페를 데려갔다. 황소로 변장한 제우스의 사랑을 누린 뒤에 에우로페는 아들을 낳았는데, 이 아들이 바로 크레타의 미노스왕이다. 그러니까 미노스왕은 제우스 신의 아들인 것이다.

'에우로페$_{Europe}$', 이 이름을 기억해두면 좋겠다. '유럽$_{Europe}$'이라는 말은 바로 이 에우로페의 이름에서 유래하니까.

미노스는 장성한 뒤 크레타섬에서 의붓형제들과 왕위를 겨루게 되자 해신 포세이돈에게 이렇게 빌었다.

"아버지 제우스가 황소로 몸을 바꾸시고 어머니 에우로페를 업고 헤라 여신의 눈을 피할 때, 바다를 갈라 이 두 분을 숨겨주신 포세이돈 신이시여. 이 크레타섬이, 하늘이 미노스에게 내린 땅이거든 이 섬을 보호하시는 신께서 징표를 내리소서. 파도를 가르고 황소 한 마리를 크레타 땅으로 오르게 하소서. 미노스 왕국이 서는 날 포세이돈 신을 섬기는 제물로 이 소를 바치겠습니다."

사방이 바다로 둘러싸인 크레타섬은 포세이돈 신의 도움 없이는 존재할 수 없다. 포세이돈은 파도를 가르고 황소 한 마리를 보내주면서도 찜찜했던지 이런 말을 했다.

"내가 너를 편드는 것은 어렵지 않으나 네가 교만해질 것이 마음에 걸린다. 제우스라는 이름 작작 좀 팔아먹으려무나."

미노스는 이 황소 덕분에 왕위에 올랐고, 앞에서 말했듯이 왕국이 나날이 융성했다. 그러나 미노스왕은 이 황소를 제물로 삼을 생각을 하지 않았다. 그러다 주위에서, 포세이돈 신에게 소를 제물로 바치겠다고 약속한 것을 상기시키자 미노스는 왕가의 재산인 소 떼 중에서 가장 크고 잘생긴 황소 한 마리를 골라 제물로 바쳤다.

포세이돈이 이를 괘씸하게 여기고는 자신이 보낸 이 황소를 발광하게 한 뒤 온 크레타섬의 논밭을 짓밟고, 당한 백성의 원망이 미노스왕에게 쏠리게 했다. 미노스가 아르고스 왕에게, 성미 거친 짐승 잘 사로잡기로 이름이 널리 난 '스타' 해결사 헤라클레스의 파견을 요청한 것이 바로 이즈음이다.

크레타섬으로 건너간 헤라클레스는 이다산 기슭에서 이 황소를 따라잡고 한참을 드잡이했다. 그러나 승부가 쉽지 않았다. 힘이 다한 헤라클레스와 미노스의 황소는 서로 멀찍이 물러서서 숨결을 가다듬었다.

싸움을 구경하던 미노스왕이 헤라클레스에게 물었다.

"헤라클레스, 그대는 황소를 잡으러 온 사람 같지 않고 어르러 온 사

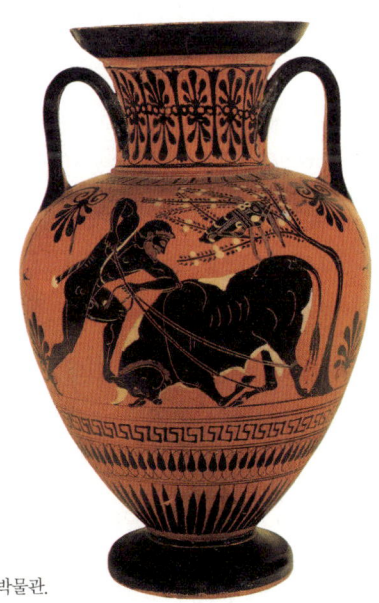

크레타 황소의 무릎을 꿇리는 헤라클레스
기원전 4세기의 항아리 그림. 뮌헨 국립 고대미술 박물관.

람 같네그려."

헤라클레스는, 거룩한 짐승을 가로채어 왕위에 오르고도 전혀 부끄러워하거나 반성할 줄 모르는 미노스왕을 놀려먹고 싶었던 모양이다.

"내가 황소의 말을 들었고, 황소가 내 말을 들었소이다."

"저 황소가 말을 해?"

"웃기까지 하더이다."

"그래, 뭐라고 하던가?"

"왕은 황소 덕분에 왕위에 올랐으나 포세이돈 신에 대한 의무에는 충실하지 못했소. 따라서 장차 황소 때문에 욕을 좀 보실 거라고 합디다."

미노스가 낯빛이 하얗게 질렸을 법하다. 그렇지 않아도 왕비 파시파에가 황소를 지나치게 사랑함으로써 미노스가 창피해서 얼굴을 못 들고 다니던 참이었다.

"그래? 그러면 저 황소의 숨통을 끊어주게. 저 황소를 죽여 해신께 제사 드리지 않은 것이 후회막급이네."

"해신이 보내신 거룩한 황소를 죽이고도 본토로 돌아가는 내 뱃길이 성할까요? 강을 다 건너기까지 악어를 욕보일 수는 없소이다."

헤라클레스는 황소를 사슬로 묶어 배에 싣고는 본토로 돌아왔다.

아르고스 왕은 무슨 꿍꿍이속이 있었던지 크레타 원정 기념이라면서 그 황소를 헤라클레스에게 주었다. 헤라클레스는, 포세이돈이 보낸 짐승이라는 게 마음에 걸렸던지 이 황소를 풀어주었다.

아닌 게 아니라 황소는 온 헬라스 땅을 다 돌아다니며 크레타섬에서 그랬던 것처럼 행패를 부렸다. 그러다 뒷날 영웅 테세우스 손에 목숨을 잃었다.

10
디오메데스의 암말

일곱 번째 과업이 이루어지면서 아르고스 왕의 꿈 무대는 갑자기 넓어진다. 아르고스 왕이 여덟 번째로 맡긴 일은, 트라키아로 가서 디오메데스의 암말을 붙잡아 오는 것이었다.
 트라키아는 아득히 먼 북쪽 나라이고, 말 주인이라는 디오메데스는 전쟁 신 아레스의 아들이다. 디오메데스의 암말은 물론 이 디오메데스가 총애하는 암말이다.
 아레스가 길러 보냈다는 스튐팔로스의 새들이 그렇듯이, 이 디오메데스의 암말 역시 예사 암말이 아니다. 이 암말은 제 등에 탄 기수를 떨어뜨려 짓밟고는 그 고기를 먹는다는 말이다. 그래서 이 암말의 구유에는 마초 대신 밟히고 찢긴 인간의 육신이 놓인다.
 스튐팔로스의 새를 길러 보낸 전쟁 신 아레스는 저승 신 하데스의 하수자다. 그 아레스의 아들인 디오메데스와 암말 역시 하데스의 충실한 하수자다. '악몽'을 뜻하는 영어 단어 '나이트메어$_{nightmare}$'는 '밤$_{night}$'과 '암말$_{mare}$'로 이루어져 있다. 어쩐지 꿈자리가 뒤숭숭해지는 것 같다.

 더 뒤숭숭해지기 전에 아름답고도 아름다운 이야기 한 토막 하고 트라키아로 헤라클레스를 따라가자.
 헤라클레스는 트라키아로 가는 길에 테살리아 땅을 지나다 페라이라고 하는 조그만 나라에 이르렀다. 페라이의 왕은 아드메토스였다.

헤라클레스가 이 페라이성 안으로 사람을 들여보내 며칠 머물다 갈 수 있느냐고 물었다. 그런데 뜻밖에도 아드메토스왕이 몸소 나와 이 영웅을 안으로 맞아들였다.

"아폴론 신을 8년이나 종으로 부린 아드메토스왕께서 저를 환대해주시니 감사합니다."

헤라클레스의 인사에 아드메토스도 듣기 좋게 응수했다.

"아폴론 신의 이름이 기왕에 저의 하잘것없는 이름을 빛내었다면, 헤라클레스의 이름 또한 장차 저를 영광되게 할 것입니다."

그런데 아드메토스의 표정이 이상했다. 몇 날 며칠을 먹지도, 자지도 못한 것 같았다. 얼굴은 푸석푸석하다 못 해 손을 대면 바스러질 것 같았다.

이상하게 여긴 헤라클레스가 물었다.

"슬픔에 잠기어 있는 분의 신세를 지는 것은 도리가 아니지요. 대체 집안의 어느 분을 잃으셨습니까?"

"영웅께서 마음 쓰실 일이 아닙니다. 친도 아니고 척도 아닌, 집안의 한 여자가 신들의 부름을 받았습니다. 죽음이라는 것, 썩 좋은 법은 아닙니다만 귀한 손님 대접을 제쳐놓고 슬퍼해야 할 만큼 그른 법 또한 아니지요."

"그렇기는 합니다만, 이 성안 다른 데서 묵겠습니다. 떠날 때 뵈옵고 인사나 올리고 가지요."

"헤라클레스를 다른 지붕 밑에서 머물게 할 수는 없습니다. 오늘 헤라클레스가 아드메토스를 찾아오셨으니 테바이 땅이 이 페라이에 온 것이나 마찬가지입니다. 영웅께서 아드메토스의 지붕 밑에서 묵지 않으신다면, 이 아드메토스는 물론이고 페라이성이 두고두고 웃음거리가 될 것입니다."

아드메토스의 간곡하다 못해 얼마간의 과장까지 섞인 청에 못 이겨 헤라클레스는 아드메토스의 왕궁에 묵기로 했다. 아드메토스는 신하들에게 헤라클레스가 묵을 곳을 마련해주되 되도록이면 왕의 침실에서 먼 데 있는 방을 비우게 했다.

 헤라클레스는 아드메토스에게 무슨 변고가 있는 모양이라고 짐작은 했으나 따져 묻는 게 손님의 도리가 아닌 것 같아 객사로 돌아가 혼자 저녁을 들었다. 하인들이 헤라클레스를 위해 술과 고기를 내왔다. 헤라클레스의 엄청난 식량과 주량은 하인들을 놀라게 하기에 충분했다.

 술 항아리가 여러 차례 비자 헤라클레스는 빈 술 항아리를 두드리며 노래를 부르기 시작했다. 그 목소리는 앞에서 말했다시피, '황야의 저쪽, 파도 사나운 바다 저쪽까지 들릴, 아무리 찬양해도 곱다고는 하기 어려운 소리'였다. 나중에는 음탕한 노래 부르는 것도 마다하지 않았다.

 하인들은 너무나 민망했던 나머지 몸 둘 바를 모르고 저희끼리 웅성거렸다. 하인들 중에는 큰 죄인이라도 된 듯한 얼굴로 술상 옆에 어정쩡하게 서 있는 자도 있었고, 객사와 주방을 오가며 수군거리는 자들도 있었고, 술독을 날라다 놓고는 머리만 긁고 서 있는 자도 있었다.

 헤라클레스가 머리 긁고 있는 자의 덜미를 잡아 옆에다 앉히며 호령했다.

 "이놈아, 어째서 소금 먹은 소 깊은 샘물 들여다보듯이 멀거니 바라만 보고 있느냐, 너도 술을 마셔라."

 덜미를 잡힌 자가 기어들어가는 소리로 말했다.

 "죄송합니다. 저희들은 지금 민망한 가운데 있습니다."

 "민망하다니?"

 "보시다시피, 아드메토스왕께서는 곡소리가 미치지 않도록 장사 어른께 되도록 멀리 떨어진 곳에 방을 보아드리라고 하셨습니다. 그런데 어른의 노랫소리가 내전까지 들린다면 이렇게 민망한 일이 어디에 있겠습니까?"

 "곡소리가 내전에서 들린다니, 그게 무슨 소리냐? 왕의 친도 아니고 척도 아닌, 집안의 한 여자라고 하던데……."

"하기야 알케스티스 왕비가 왕의 친이나 척일 리 없지요."

"그럼 내가 아드메토스왕의 거짓말에 속은 게로구나."

"왕께서는 바르게 말씀하시었는데 장사 어른께서 그르게 알아들으셨지요. 전하께서는, 장사 어른께 절대로 염려를 끼쳐드리지 못하게 했는데 이놈이 입놀림을 크게 잘못했습니다."

"그럼 아드메토스왕의 아내가 돌아가셨다는 말이냐?"

"그렇습니다."

"아뿔싸."

헤라클레스는 덜미를 잡고 있던 하인을 놓으면서 두 손 사이에 얼굴을 파묻고 흐느꼈다. 영웅은 울기를 잘하고 미인에게는 눈물이 많다는 말은 빈말이 아닌 모양이다. 헤라클레스는 제 손으로 아내 메가라와 아들들을 죽인 직후를 비롯해서, 참 울어도 많이 운 영웅이다.

헤라클레스는 술잔을 던지고, 술상을 깨뜨리고는 통절하게 자탄했다.

"아, 아드메토스왕이여, 어찌하여 나를 또 한 번 이렇듯 비참한 인간으로 만드시오."

헤라클레스는 한동안 말처럼 울다가, 맞아죽을 각오를 하고 서 있는 하인에게 물었다.

"시신은 매장했느냐?"

"장사는 내일입니다. 하데스의 사자가 알케스티스 왕비님의 혼백을 수습해서 지금쯤 저승의 문으로 달려가고 있을 것입니다."

하인이 본 듯이 말했다.

아드메토스는 어쩌다 아내를 잃게 되었을까? 신화의 여주인공이니 틀림없이 아름다운 아내였을 것이다.

죽은 자를 살려내는 것은 저승 왕 하데스의 법도에 어긋나는 일이다. 그런데 죽은 자를 살려낸 이가 있다. 바로 지금은 의술의 신으로 떠받들어지는 아스클레피오스다. 아스클레피오스는 아폴론의 아들이기도 하다.

　아스클레피오스가 죽은 사람을 살려내자 하데스가 제우스에게 거칠게 항의했다. 제우스는 하데스의 항의를 받아들여 벼락을 던져 아스클레피오스를 저승으로 보냈다. 아들이 벼락을 맞고 저승으로 갔으니 아버지의 마음이 오죽했으랴? 그렇다고 해서 아버지 제우스에게 대들 수도 없는 일이다. 성미가 괄괄하기로 유명한 아폴론은 분을 삭이지 못하고 신들의 대장간에서 일하는 대장장이 퀴클롭스 삼 형제를 죽여버렸다.

　제우스는 아들인 아폴론마저 벼락으로 쳐 죽일 일이 아니어서 페라이 땅으로 내려보내어 인간의 종살이를 시킨 뒤에 그 죄를 닦아주려고 했다. 이때 아폴론이 인간 세상의 주인으로 섬긴 이가 바로 아드메토스다.

　아드메토스는 싸움터에 나서면 불요불굴의 용장이요, 정사를 앎음하면 안 되는 일이 없는 현군이었다. 그런데 이 아드메토스에게는 용장으로서도 현군으로서도 하지 못하는 일이 하나 있었다. 즉 펠리아스의 딸 알케스티스를 사랑하는데도 불구하고 그 마음을 얻지 못하는 일이 그것이었다. 아니, 알케스티스의 마음을 얻기는커녕 그 아버지가 내건 신랑의 조건에도 범접할 수 없었다.

　알케스티스에게는 구혼자가 하도 많아서, 아버지인 펠리아스는 사위 자격을 까다롭게 따졌다. 그가 내건 사위의 조건은 이랬다.

　"사자와 멧돼지가 끄는 이륜마차를 타고 오는 자가 있으면 그 신분을 묻지 않고 딸을 주겠다."

　더러 좀 모자라는 자들이 애써 사로잡은 사자와 멧돼지를 함께 이륜마차에다 비끄러매어본 적도 있긴 했다. 그러나 번번이 그 멧돼지는 사자의 먹이가 되고, 비끄러맨 자는 세간의 웃음거리가 되었을 뿐이다.

　아드메토스는, 페라이 왕궁에서 종살이하는 자 가운데 손가락을 한 번 퉁겨 온 페라이 땅 들쥐의 씨를 말리고, 발 한 번 굴러 날개 달린 해충은 모두 땅에 떨어져 죽게 하는 자가 있다는 소식을 들었다. 물론 인간 세상에서 죄를 닦고 있던 아폴론이었다.

아드메토스는 은밀히 아폴론을 찾아가 알케스티스를 아내로 맞을 묘방을 물었다.

아폴론은 조모 되는 레아 여신으로부터는 사자 형상을 빌리고, 아레스로부터는 잠시 멧돼지의 빈 형상을 빌려 이륜마차에다 매달아주었다. 이로써 아드메토스는 알케스티스도 얻고, '사자와 멧돼지가 끄는 이륜마차 위의 용장'이라는 이름도 얻어 한동안 제우스 대신이 부럽지 않게 잘 살았다.

마음먹은 대로 안 되는 일이 없는 날이 사흘 이상 계속되면 발밑을 살펴보고 주위를 둘러보라는 말이 있다. 그런 날이 사흘이 아니라 석 달이 넘게 계속되고 있었지만 아드메토스는 발밑을 살피지도 주위를 둘러보지도 않았다.

오래지 않아 아드메토스는 원인 모를 병을 얻더니 도무지 일어날 기미를 보이지 않았다. 아폴론이 비록 의술에 밝았다고 하나, 신들의 세계에서나 손을 쓰는 것이지 인간 세상에서는 쓸 수가 없었다.

아폴론이 운명의 여신들을 찾아가 아드메토스가 몸져누운 까닭을 묻고, 탄원했다.

"신들이 대신을 섬기는 것은 하늘의 법이요, 종이 주인을 섬기는 것은 땅의 법입니다. 나는 이미 아드메토스왕 밑에서 종살이를 하고 있는데 어떻게 주인이 까닭 모르게 죽어가는 것을 보고만 있을 수 있겠습니까?"

운명의 여신 중에서 사람의 운명이라는 이름의 베를 짜는 클로토 여신이 웃으면서 대답했다.

"아폴론 신께서 이륜마차에 멧돼지를 비끄러매셨다는데 그 멧돼지가 누구의 것입니까? 아레스 신의 것이 아니었습니까? 아레스 신이 그런 일의 품삯을 얼마나 호되게 물립니까? 아드메토스가 아내를 맞고도 적절한 예를 갖추지 않으니까 아레스가 목숨을 품값으로 물리고 있는 거지요."

라케시스 여신도 웃으면서 말했다.

"아드메토스를 살리려면 누가 하나 대신 죽어야겠군요."

이어 여신은 목소리를 가다듬고, 제우스 대신조차 한마디도 더하고 뺄 수 없는 판결을 지어주었다.

"아폴론 신이여, 아스클레피오스 일은 참 안됐습니다. 누가 저 저승신 하데스의 탄원을 못 들은 척할 수 있겠습니까? 아폴론 신께서 이 고생을 겪는 것도 다 하데스의 탄원 때문이 아닙니까? 아드메토스라는 자가 아폴론 신께서 주인으로 섬기시는 왕이라니까 유예는 해드리지요만, 우리는 아레스의 탄원에도 유념해야 합니다. 내려가셔서 아드메토스왕에게, 왕을 대신해서 죽을 자를 찾아놓으라고 하세요. 대신 죽을 자가 나서지 않으면 이 유예는 곧 거두어들이도록 하겠습니다."

아폴론이 아드메토스왕에게 돌아가, 왕을 대신해서 죽을 자가 있겠느냐고 물었다.

왕은 선선히 대답했다.

"그리 어려운 일은 아닐 것이오. 나는 태어나면서부터 '목숨을 걸고' 충성을 맹세하는 자들에게 둘러싸여 있었으니."

그러나 아드메토스왕이 장담했던 것과는 달리, 신하들이나 장병들은 하나같이

"왕을 위해서 목숨을 바치겠다고 했지, 왕을 대신해서 죽겠다고는 맹세한 바 없다"

라고 잘라 말했다.

나이 든 중신들의 말도, 여느 때 왕 앞에서 하던 말과는 그 어조부터가 달랐다.

"상왕 내외분이 계시지를 않습니까? 여생이 얼마 남지 않으셨으니, 그분들이라면 두 분 중 한 분이 목숨을 던져 아드님을 살리시려 할 것입니다. 말이 나온 김에 하는 말입니다만 아드님의 목숨을 구해야 한다

는 사명감을 그 두 분만큼 절실히 느껴야 할 사람들이 달리 세상에 어디에 있겠습니까? 자식을 앞세우는 슬픔이 나 죽는 설움보다 더하다는 옛말도 있지 않습니까?"

그러나 아드메토스왕의 부모인 상왕 내외도 그런 '사명감'은 별로 느끼지 않는 것 같았다. 바야흐로 아드메토스가 죽어야 할 판국이었다.

아름다운 왕비 알케스티스가 나섰다.

"전하의 죽음이 안길 슬픔을 나는 견딜 수 없어요. 내가 전하를 대신해서 죽겠어요. 전하도 나의 죽음이 안길 슬픔을 견딜 수 없을 것입니다. 하지만 전하는 페라이의 왕이자 두 아이의 아버지입니다."

"어떻게 그렇게 가볍게 말할 수 있소?"

왕의 물음에 대한 왕비의 대답은 아주 간단했다.

"사랑이 가볍게 한 것입니다."

알케스티스는, 자의든 타의에 의해서든 혹 마음을 바꾸어 먹게 될까 봐 신들을 흉내 내어 스틱스강에 걸고 맹세함으로써 신들 앞에 공증까지 했다. 과연 이 공증이 운명의 여신들에게 받아들여졌던지 아드메토스가 기사회생하는 것과 때를 같이해서 알케스티스가 병석에 누워 한 치 앞을 짐작하지 못하게 됐다.

헤라클레스가 온 것은, 그러니까 아드메토스가 알케스티스의 죽음을 슬퍼하고 있을 때, 온 페라이 땅 분위기가 무겁게 가라앉아 있을 때다. 헤라클레스는 그런 사정도 모르고 객사에서 술 마시고 노래를 부른 미련한 자신을 책하며 홀로 이런 생각을 했다.

'오냐, 그래. 내가 이 무안을 닦고 아드메토스에게 미안풀이를 하는 길은 세상을 떠난 알케스티스를 되살려내는 길밖에 없다. 필경 하데스의 졸개 타나토스(죽음)는 알케스티스의 묫자리를 어정거리고 있을 것이다. 이놈이 알케스티스를 돌려주지 않는다면…… 그럼 저승까지라도 따라가자. 아드메토스에게 지은 허물을 갚을 수 있다면 하데스의 목인

들 못 조르랴.'

 헤라클레스는 그 길로 알케스티스의 묘지로 달려가, 그곳에 진 치고 있는 타나토스(죽음)와 싸워 이겨 알케스티스의 혼백을 돌려받았다. 이 일을 두고 달리 말하는 사람도 있다. 즉 하데스는 스스로 저승 땅으로 내려온 알케스티스의 용기에 경탄하여 타나토스에게 그 혼백을 돌려주라고 했다는 주장을 펴는 비극 시인 아가톤 같은 이가 그런 사람이다. 이 주장을 곧이들어도 헤라클레스가 타나토스를 상대로 싸운 것만은 분명하다. 모르긴 하나 하데스는 타나토스에게 이렇게 말했을지도 모른다.

 "그만두고 돌아오너라. 내가 거두려는 혼백은 살아남겠다고 대신 죽을 자를 찾는 아드메토스이지, 사랑하는 지아비 대신 죽겠다고 나서는 용기 있는 알케스티스가 아니다. 용기야말로 사내든 계집이든 아름답게 보이게 하는 것이다. 그런데 나는 아름다운 것을 좋아하지 않는다."

 어쨌든, 아스클레피오스가 죽은 사람을 살려내었을 때는 그렇게 펄펄 뛰던 하데스가 이 일에 대해서는 일언반구도 없다. 헤라클레스를 벌하라고 제우스에게 탄원한 적도 없다. 하데스는 이렇게 생각했던 것일까?

 '헤라클레스가 되살려낸 것이 아니다. 모든 것을 정복하는 사랑이 되살려낸 것이다.'

 헤라클레스는 혼백을 시신에 돌려주어 알케스티스를 소생시킨 뒤 아드메토스의 대전으로 데리고 들어갔다. 아드메토스는 슬픔에 잠긴 채 제 수염을 끌어다 씹고 있었다.

 "아드메토스왕이여, 헤라클레스 옆에 서 있는 이분을 알아보시겠소?"

 헤라클레스가 물었다. 아드메토스는 알케스티스에게 얼른 다가서지 못하고 고개를 가로저으면서, 시인 에우뤼피데스의 말을 빌리면 이렇게 중얼거렸다.

 "유령이오, 아니면 그대가 신들의 힘을 빌려 나를 희롱하는 것이오? 하기야 슬픔에 잠긴 나를 희롱으로 잠깐 유쾌하게 하는 것 또한 나무랄

죽음의 신과 드잡이하는 헤라클레스
헤라클레스가 페라이에 당도했을 때는 알케스티스가 죽은 뒤인가, 죽기 전인가? 이 화가는 죽기 전이라는 주장을 지지하는 것 같다. 프레더릭 레이턴의 그림.

일은 아니오만……."

 헤라클레스는 아드메토스와 알케스티스의 사랑 이야기 끝을 아름답게 맺어주고 북으로 북으로 행보를 계속하여 이윽고 트라키아에 이르렀다.

* * *

 앞에서 썼거니와, 이 트라키아 왕 디오메데스는 올륌포스의 불한당인 아레스와 요정 퀴레네 사이에서 난 아들이다. 따라서 전쟁 신이 지니는 여러 얼굴 중 한몫을 단단히 보이려 할 것은 분명하다.

 아레스가 그렇듯이, 이 디오메데스는 게으른 자, 비겁한 자, 반항자, 포로 되는 자를 싫어했으나 이 암말은 게으르지 않았고, 비겁하지 않았고, 반항하지 않았고, 남에게 사로잡힌 바가 없었다. 그래서 디오메데스는 게으른 자, 비겁한 자, 반항자, 사로잡힌 자를 이 암말의 먹이로 던져주었다. 이 암말은 디오메데스가 거두는 승리의 부산물을 그 먹이로 받아먹는 터라, 굶지 않으려면 트라키아에 전쟁이 그칠 날이 없어야 했다. 실제로 디오메데스가 다스리는 비스토네스족은 더할 나위 없이 호전적인 족속이었다.

비스토네스족의 도성에 이른 헤라클레스는, 이 족속의 우두머리인 디오메데스로부터 암말 빼앗을 궁리를 시작했다. 아레스의 아들이 제 암말을 순순히 내어놓지 않을 것임은 불문가지였다. 비열하면서도 간교한 아르고스 왕이 꿰어 보고 헤라클레스를 보낸 속셈도 거기에 있었다. 즉 헤라클레스가 싸워야 할 상대는 암말이 아니라 바로 그 임자인 아레스의 아들 디오메데스였던 것이다.

헤라클레스의 눈에 비친 비스토네스족은, 호전적인 족속이기는 해도 하나같이 모두가 지쳐 있는 것 같았다. 어느 날 헤라클레스가 그 까닭을 묻자 도성 밖에 사는 어느 노인은 이렇게 말했다.

"나그네 귀가 간짓대 귀라니, 아마 그대도 들어서 알 것이오. 우리는 싸우기를 좋아하고, 좋아하는 만큼 우리에게는 싸우는 재주도 있답니다. 그러나 너무 힘이 좋은 말을 자주 매어놓다 보면 마구간 기둥이 상하는 이치를 아시는지요. 우리 비스토네스의 군마가 지금 마구간 기둥을 흔들고 있습니다. 연전연승하는 우리 비스토네스족에게, 승리는 이제 아무 재미도 베풀지 못한답니다. 전쟁에 오래 시달리면서 깨우친 것이오만, 자주 싸우니 백성이 지치고, 자주 이기니 임금이 분수를 알지 못합니다. 우리 비스토네스의 형편이 이와 같습니다."

"나는 멀리서 디오메데스왕이 명마 한 필을 소중하게 기르고 있다는 소식을 듣고 이렇게 왔습니다. 노인께서는 디오메데스왕의 그 명마를 보신 적이 있는지요?"

"명마라고 하시었소? 명마는 힘으로 되는 것이 아니고 그 격을 지님으로써 되는 것이오. 왕이 그 말을 타고 전장에 나가지 않는 바에 어찌 그 말의 격을 말할 수 있으며, 그것을 명마라고 부를 수 있겠습니까?"

"그 말을 타고 전장에 나가지 않으면요?"

"굵은 쇠줄로 무거운 청동 구유에 묶어두고는, 전쟁터에서 끌어온 포로나 도망자나 반역자를 먹이로 던져준답니다."

"풀을 먹는 것이 아니고요?"

"먹을 리가 없지요. 풀은 져본 적도, 사로잡힌 적도, 도망한 적도 없을 테니까요. 이 말이 있는 한 이 땅에는 창과 방패의 불화, 사람과 사람과의 불화가 가실 날이 없을 것입니다. 그래서 우리는 이 암말을 불화의 여신 '에리스의 시녀'라고 부른답니다."

"이 말에게 능한 것이 무엇이오?"

"불화의 시녀에게 능한 것이 무엇이겠소. 저승의 문을 여는 것이겠지요."

"디오메데스왕에게 능한 것이 무엇이오?"

"트라키아 제일의 씨름꾼이지요. 전쟁이 없을 때도 말은 먹어야 삽니다. 디오메데스왕은 씨름꾼들을 모아놓고 몸소 이들과 겨루는 것을 낙으로 삼는답니다. 그렇지요, 왕의 낙은 씨름꾼과 겨루는 것이오. 암말의 낙은 왕에게 패한 씨름꾼을 먹는 것이지요."

헤라클레스는 노인의 말을 마음에 담고 성안으로 들어가 왕의 알현을 청했다. 시종이 왕을 친견하려 하는 까닭을 묻자 헤라클레스는 이렇게 대답했다.

"저는 먼 남쪽 아르고스에서 온 '알케이데스'라고 하는 씨름꾼입니다. 어릴 적 씨름하다가 사람을 죽인 벌로 씨름의 신이신 헤르메스의 저주를 받아 이렇듯 씨름꾼으로 천하를 두루 다니며 씨름을 그만두게 될 날을 기다린답니다. 씨름판에서 목숨을 잃으면 그날이 씨름을 그만두는 날이겠지요."

시종이 디오메데스에게 나는 듯이 달려가 이 헤라클레스의 뜻을 전했다. 디오메데스가 퍽 좋아했다.

자신이 키우던 말에게 먹히는 디오메데스
귀스타브 모로의 그림.

"그놈 죽을 날이 오늘인 게다. 재주는 그 가진 자를 죽이는 칼끝이거니. 오늘 그 씨름꾼이 씨름으로 인하여 죽게 되리라. 말 안 타고 낙마하는 놈을 보았느냐?"

디오메데스는 씨름판에서 늘 승리를 독차지해온 것만 믿고 시종에게 씨름판을 꾸미라고 명했다.

하지만 헤라클레스가 누구던가?

트라키아는 아르고스에서 아득히 먼 북쪽 나라다. 따라서 헤라클레스 소문이 아직은 거기에 미치지 못했을 법하다. 헤라클레스가 헤르메스의 아들 아우톨뤼코스로부터 씨름을 배웠다는 사실을 알았던들 디오메데스는 그 씨름판에 나오지 않았을 것이다. 네메아의 사자를 목 졸라 죽였다는 소문은 못 들었다고 하더라도.

헤라클레스는 디오메데스가 손속을 부려보기도 전에 그 목뼈를 부러뜨리고는, 경호병들이 칼을 뽑기도 전에 그 목 부러진 디오메데스를 암말의 청동 구유 안으로 집어던졌다. 암말은 주인의 고기를 맛나게 먹은 뒤 헤라클레스 손에 끌려 아르고스 땅을 바라고 긴 여행길에 올랐다.

디오메데스의 암말을 인계받은 아르고스 왕은 아르고스 들판에다 이 말을 풀어주었다. 암말은 뒷날 헬라스 땅 북부의 올륌포스산에서 행패를 부리다가 그 산의 산짐승들에게 죽임을 당했다.

11

아마존 여왕의 허리띠

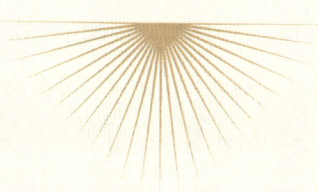

히폴뤼테의 황금 허리띠

어느 날 아르고스 왕의 딸 아드메테가 아버지에게 청이 하나 있다고 했다. 이럴 때 신화는, 아버지로 하여금 반드시 들어주겠다는 맹세를 시킨 연후에 딸의 입을 열게 하기 마련이다.

"네가 아비에게 바라는 것이 무엇이냐? 헤라클레스에게 시집가겠다는 것만 빼면 무엇이든 들어주마."

"왜 헤라클레스에게 시집가는 건 안 되지요?"

"헤라클레스가 네 서방이 되면 내 나라가 위태하다. 나는 사자를 집안에 용납하여 장차 그 사자의 밥이 될 만큼 어리석은 자가 아니다."

"저도 그렇게 어리석지 않습니다. 전들 아버지의 왕좌를 제 서방 되는 자에게 주지 않으렵니다."

"하면, 네가 바라는 것은 헤라클레스가 아니라 권력이라는 말이겠다?"

"작은 그릇은 큰 그릇에 들어가는 법이지요."

"그것은 무슨 말이냐?"

"아마존족의 여왕 히폴뤼테에게는 전쟁 신 아레스가 내린 허리띠가 있다고 들었습니다. 헤라클레스를 보내어 그 허리띠를 빼앗아 오게 하세요. 전쟁 신은 그 허리띠를 맨 자에게 용맹과 전승과 절대의 권력을 누리게 한다고 합니다. 뮈케나이성 안에 그 허리띠가 있으면 아버님도 헤라클레스 때문에 청동 항아리에 들어가시지 않아도 될 터이기에 드리는 말씀입니다."

"내가 명이 다하면?"

"제가 그 허리띠를 매게 될 테지요."

아마존 여왕의 허리띠를 빼앗아 오라는 명이 이윽고 코프레우스를 통하여 헤라클레스에게 전해졌다. 헤라클레스는 따라서 머나먼 흑해 연안까지 대원정을 준비하지 않으면 안 되었다.

독자들은 저 아름다운 여신 '아프로디테 포르네(음탕한 아프로디테)'에게 '케스토스 히마스'라는 허리띠가 있다는 사실을 기억할 것이다. 이 허리띠는 사랑하는 자의 이성을 잠재우고 육욕의 불을 지르게 하는 '마법의 띠'다. 자존심 강하기로 소문난 헤라 여신도 제우스의 사랑을 얻기 위해 이 케스토스 히마스를 잠깐 빌려야 했을 정도다.

그런데 아마존 여왕에게도 이와 비슷한 마법의 띠가 있었던 모양이다. 케스토스 히마스가 욕정에 불을 지르는 허리띠인 반면에 아마존의 띠는 용기와 전승과 절대 권력을 보증하는 띠라는 것만 다르다.

그러면 아마존족이 어떤 족속이며 어디에 모여 사는 족속인가?

아마존족은 세상을 두루 돌아다니는 나그네들의 입을 통해서 알려진, 세상의 끄트머리에 사는 종족이다. 그러나 정말 세상 끄트머리였던 것은 아니고, 지금은 터키 땅이 된 흑해 연안의 키질리르마크강 가 어디였던 듯하다. 이 강이 신화시대에는 테르모돈강이라고 불리었다.

이렇듯 멀리 떨어진 나라가 아르고스 땅에까지 이름이 알려진 것은 이 나라 여자들의 기이한 풍습 때문이다. 뭇 헬라스 사내들이

"하루를 살아도 아마존 땅에서 살다 죽고 싶다"

라고 우스갯소리를 한 까닭이 이 아마존 나라의 기이한 풍습을 잘 설명

하고 있다.

'아마존'이라는 말은 '젖(마모스)이 없는(아) 여자'라는 뜻이다. 여자들만 사는 이 나라는 따라서 여자만의 여인 왕국이다. '젖이 없다'고 해서 아주 없는 것은 아니고 활 쏘고 창 던지는 데 거치적거린다고 해서 어린 시절부터 오른쪽 젖가슴을 꽁꽁 동여매어 자라지 못하게 했다는 주장도 있고, 아주 도려내어버렸다는 주장도 있다.

이 아마존은 여자들끼리 모여 왕국을 만들어놓고는 창던지기, 활쏘기는 물론 사냥과 전쟁을 일삼는 족속이다. 뿐인가, 사내를 원수 보듯 해서 만나는 족족 찢어 죽여버린다. 하면, 여자들만 있는데 이 족속의 머릿수가 온전할까? 더구나 전쟁까지 일삼으면서.

아마존족은 한 해에 한 번씩 인근 지방의 사내들을 납치해 와서 씨를 받는다. 씨받기에 끌려온 사내들은 며칠 동안 아마존의 환대를 받으며 떼 지어 몰려드는 아마존 여인들에게 씨주머니를 털린다. 고향에 돌아간다면 노루 때린 몽둥이 자랑하듯 두고두고 이 길고도 짧은 경험을 말하겠지만, 불행히도 여기에 들어온 사내는 살아 돌아가지 못하고 곡식 비운 자루처럼 까부라지고 만다. 한 해를 벼른 아마존 여인들이 농사꾼들 벼락 맞은 소 뜯어 먹듯 사내를 탐하기 때문이다.

한 해가 지나면 아마존 여인들은 씨 뿌려준 자들의 은혜로 자식을 지어 낳는다. 물론 아들도 있고 딸도 있을 터이다. 그러나 이들은 아들은 죽여버리고 딸만 길러 그 족속의 머릿수가 모자라지 않게 한다.

아마존의 허리띠는 이 왕국의 여왕인 히폴뤼테가 매고 다니는 허리띠다. 이 허리띠는 원래 아마존의 조상인 전쟁 신 아레스가 내려준 것으로, 용맹과 전승과 절대의 권력을 보증하는 징표와 같은 것이다. 저승 신 하데스의 하수인인 전쟁 신 아레스가 아마존에게 이런 허리띠를 내려준 까닭은 간단하다. 용맹과 전승과 절대 권력이 있는 자라면, 저승 신 하데스에게 산 자를 넉넉하게 죽여 보낼 수 있을 것이 아니겠는가.

마침내 헤라클레스의 원정대가 상륙한 항구는 테르모돈 하구였다.

전하는 이에 따라서, 아마존 여왕 히폴뤼테가 몸소 나와 이 일행을 영접하고, 헤라클레스가 먼 뱃길을 온 까닭을 말하자 선선히 허리띠를 벗어주었다고 하는 이가 있다. 그럴 수도 있었겠다. 여왕이 헤라클레스의 무쇠 같은 근육과 부리부리한 눈매를 보는 순간 이런 생각을 했을 수도 있다.

'아, 테스피오스왕이 딸 50자매로 하여금 헤라클레스의 밤 시중을 들게 했다더니 헛소문이 아니었구나. 내가 이런 영웅과 혼인해서 딸이라도 몇 낳는다면? 그 아이들에게 나라를 맡긴다면? 우리 아마존 왕국이 반석 위에 서는 것은 따놓은 당상이 아니겠는가?'

하지만 전쟁 신 아레스의 피붙이들이, 그것도 활 쏘는 데 거치적거린 다고 한쪽 젖을 도려낸다는 아마존의 독종들이 이 금남의 땅에 상륙한 헤라클레스 일행을 그냥 두었을 리 있겠는가?

헤라클레스 일행이 상륙했을 때는 마침 아마존이 인근 왕국의 사내들을 사로잡아 와 씨를 받을 때였다. 그러나 아마존 왕국의 영토는 그때 이미 넓어질 대로 넓어져 있는 데다 아마존의 숫자 또한 엄청나게 불어나 있어서 씨받이의 희생자들을 넉넉하게 구할 수가 없었다. 히폴뤼테 여왕이, 상륙하는 헤라클레스 일행을 보고 고리삭은 사타구니 물 반기듯 한 것도 무리가 아니었겠다.

히폴뤼테 여왕은 헤라클레스가 그 용맹과 전승과 절대 권력의 상징인 허리띠를 빌리러 왔다는 말을 듣고는, 속으로 가늠하는 바가 없지 않으면서도 이렇게 말했다.

"장군께서 부디 이 허리띠를 두르시고 용맹과 전승과 절대 권력의 본을 보이소서. 아르고스에서 이 머나먼 테르모돈강 어귀까지 오신 분이여, 며칠 편안하게 묵으시면서 아마존 왕국의 결혼식이나 구경하소서."

히폴뤼테의 속셈이 무엇이었을까? 허리띠는 넘겨주어봐야 오래지 않아 다시 자기 허리로 넘어올 것이라는 가늠이었다. 아마존 땅에 클라뮈스(남자 겉옷)를 걸치고 들어온 사내치고 온전히 걸어 나간 사내가 없었기 때문이다.

 악마구리 같다던 아마존과 일전을 각오해도 단단히 각오하고 상륙한 헤라클레스 일행은 아마존의 환대를 받고 보니 아닌 게 아니라 도끼질하는 데 가려다가 떡 치는 데 간 형국이었다.

 원래 이런 꼴을 눈 뜨고 못 보는 헤라 여신이 이 꼴을 보았으니 그냥 있었을 리 없다. 헤라 여신은, 비록 그게 아레스의 족속들이 하는 짓이라고는 하나, 가정과 혼약의 수호 여신인지라 그냥 보고 있을 수 없었다. 더구나 아마존과의 싸움에서 피투성이가 되어 있어야 할 헤라클레스가 히폴뤼테와 땀투성이가 되어 놀아나고 있었으니.

 헤라 여신은 살그머니 아마존 왕국으로 내려와 아마존으로 둔갑하고는 유언비어를 뿌리고 다녔다.

 "우리네가 지금 씨를 받느라고 해 뜨고 해 지는 줄 모르는데, 이러고 있을 때가 아니다. 이번에 상륙한 자들은 여왕의 허리띠를 빌리러 온 게 아니라 우리네 씨를 말리려고 온 자들이다. 그 두목 헤라클레스가 누군지 아느냐? 우리 아마존의 선조이신 아레스 신이 얼마나 그자를 벼르고 있는지 아느냐? 아레스 신이 보내신 스튐팔로스늪의 거룩한 새 떼를 죽이고 쫓고 한 자다. 아레스 신의 아드님이신 디오메데스를 죽여

헤라클레스에게 황금 벨트를 건네는 히폴뤼테 여왕
맨체스터 박물관.

암말에게 먹인 자다."

아마존이 하나둘씩 칼을 들고 나왔다. 처음에는 사내를 차지하지 못한 아마존만 나왔으나 오래지 않아 신방에 들었던 아마존들도 칼이나 창을 들고, 사랑의 피로에서 미처 깨어나지 못한 원정대원들을 찍어 죽였다.

아마존과 원정대원 사이에 싸움이 시작되었다. 원정대원들은 테미스퀴라 항구 쪽으로 몸을 피하며 싸웠고, 아마존은 항구를 봉쇄하고 멀리서 이들을 포위한 뒤 하늘이 거뭇하게 보일 정도로 활질을 했다. 숨을 잘못 쉬었다가는 화살이 하나쯤 목구멍 속으로 빨려들 것 같은 형국이었다. 농담하기 좋아하는 사람들은 "원정대원들은 화살 그늘에서 싸워야 했다"라고 했을 법하다.

헤라클레스는 히폴뤼테에게 속은 줄만 알고 생나무를 뿌리째 뽑아 신전 기둥 같은 몽둥이를 만들며 이를 갈았다.

"선한 신의 전당인 줄 알았더니 악마의 사당이었구나. 내가 어쩌다 히폴뤼테에게 귀를 빌려주고 악마의 꼬리를 잡았을꼬? 오냐, 너를 믿을 때 내게는 악마를 믿어보자는 심사 또한 없지 않았다."

히폴뤼테 여왕 역시 헤라클레스에게 속은 줄만 알고 입으로는 활을 쏘아대는 아마존을 독려하면서도 눈으로는 눈물을 뿌렸다.

"나는 헤라클레스의 마음 너비가 어깨 너비는 되는 줄 알았다. 내가 어쩌다 저들의 칼을 믿고 내 칼을 칼집에 꽂았던고."

그러나 헤라클레스는 이미 저 아레스의 허리띠를 매고 있었다. 이제 히폴뤼테의 아마존은 헤라클레스 일행을 이길 수 없었다.

헤라클레스는 생나무 몽둥이로 히폴뤼테와 무수한 아마존을 때려 죽이고는 다시 트로이아 쪽으로 배를 돌리고 닻을 올렸다. 그는 헤라 여신의 농간으로 일이 그 지경에 이른 줄도 모르고, 제 손으로 죽인 아내 메가라와, 며칠간이나마 정분을 나누다 역시 제 손으로 때려 죽인 히폴뤼테 여왕을 생각하느라고 사흘간 먹는 것 마시는 것을 입에 대지 않았다.

참으로 묘한 일이다. 여인들만 산다는 '여인국' 전설은 그리스 신화

아마존과의 전투
아마존은 말 젖으로 술을 빚어 먹었다고 하는데, 그렇다면 호전적인 유목민들이었던 것일까? 페테르 파울 루벤스의 그림.

에만 나오는 것이 아니다. 중국 소설 『서유기』에도 여인국 전설이 등장한다. 그 시절을 그리워하고 있는 것일까?

여인국 아마존과 싸운 영웅은 헤라클레스뿐만이 아니다. 트로이아의 전쟁 영웅 아킬레우스도 아마존 여왕을 죽이고는 헤라클레스처럼 사흘간 먹는 것 마시는 것을 입에 대지 않았다. 테세우스는 아마존 여왕을 사로잡아 아내로 삼기까지 했다.

여성이 사회의 중심 세력이던 모계사회에서, 배 속에서 자라는 아기의 아버지가 누구인지 확실하게 아는 사람은 그 아기의 어머니뿐이었다. 남성들은 이것을 복수하고 싶었던 것일까?

트로이아의 먹구름

헤라클레스는, 트라키아 땅으로 원정할 때와는 달리 이 아마존 원정 때에는 배를 여섯 척이나 마련하고 원정대원도 여러 명 뽑았다. 이 원정 중에 헤라클레스가 맨 먼저 들른 도시는 일리온, 즉 트로이아였다.

트로이아. '트로이아의 목마'로 유명한 이 나라 이름, 들을 때마다 피비린내와 연기 냄새가 풍긴다. 헤라클레스 시절에도 그랬다. 까닭? 간단하다. 헬라스 본토 사람들이 나날이 강성해지는 이 나라를 좋게 보지 않았기 때문이다.

헤라클레스가 트로이아에서 품삯 때문에 한차례 곤욕을 치른 것은 아마존의 나라에 도착하기 전의 일이다. 다시 트로이아로 들이닥쳐 이 나라를 분탕질한 것은 아마존 여왕을 죽인 뒤의 일이다. 하지만 독자들이 헷갈릴까 봐 한 줄거리로 묶었다.

헤라클레스가 이 트로이아 인근의 소아시아 지방에서 처녀 아우게를 만난 것도 아마존의 나라에 도착하기 전의 일이다. 그는 아우게와 오래 함께 사랑할 수는 없었다. 아마존의 나라로 떠나야 했기 때문이다.

헤라클레스가 떠난 뒤에야 처녀의 아버지는 딸이 헤라클레스의 아기를 가진 것을 알았던 모양이다. 딸의 몸에서 아들이 태어나자 아버지는 아기를 산에다 버리게 했다. 수많은 영웅이 그랬듯이, 헤라클레스 자신이 그랬듯이, 아들 역시 갓난아기 때 버려진 것이다. 아기는 산속에서 굶어죽고 말 것인가?

 아기는 죽지 않았다. 갓 새끼를 낳은 암사슴이 아기에게 젖을 나누어 준 것이다. 산에서 양을 치던 목동들은 암사슴의 젖을 먹는 이 아기를 '텔레포스'라고 불렀다. '암사슴 젖'이라는 뜻이란다.

 헤라클레스가 상륙했을 당시 트로이아의 백성들은 전염병과 바다 괴물의 횡포로 엄청난 고통을 겪고 있었다.

 헤라클레스가 만난 트로이아의 한 충신은, 백성들이 전염병과 바다 괴물에 시달리는 까닭이 왕에게 있다면서 헤라클레스에게 물었다.

아들 텔레포스를 안고 있는 헤라클레스
사슴이 아기를 바라보고 있다. 파리 루브르 박물관.

"아폴론 신과 포세이돈 신께서 우리 트로이아에 귀양 오신 적이 있다는 이야기, 장군께서는 혹시 들어보셨는지요?"

"나는 반평생을 괴물이나 사로잡거나 죽이는 데 보내었어요. 신들 소식에 밝을 리 없지요."

"그러면 제가 들려드리지요. 제우스 신께서는 인간 세상의 아름다운 여성을 몹시 밝히신다는 것은 아시겠지요?"

헤라클레스가 모를 리 있겠는가? 인간 세상의 아름다운 여성의 몸에서 태어난 제우스의 핏줄 헤라클레스가 모를 리 있겠는가? 하지만 헤라클레스는 아는 척도 하지 않고 그 충신의 말에 귀를 기울였다.

"제우스 신께서 자꾸 이러시니까 어느 해 헤라 여신이 가죽끈으로 제우스 신을 꽁꽁 동여매신 적이 있습니다. 헤라 여신 혼자서 제우스 신을 묶었던 것은 아닙니다. 아폴론 신과 포세이돈 신의 힘을 빌렸다고 하지요. 신들의 세상에서 일어난 일이라 내막을 자세히는 알지 못합니다만, 제우스 신도 이치의 여신 테미스의 도움을 받고서야 가죽끈에서 풀려났다고 하지요. 제우스 신, 성미가 불같은 분 아닙니까? 분노가 하늘 끝, 땅 끝까지 이르도록 오른 제우스 신께서는 아폴론 신과 포세이돈 신을 인간 세상으로 귀양 보내게 됩니다. 두 분이 오신 곳이 바로 이 트로이아랍니다. 아, 물론 인간의 모습을 하고 오셨지요.

우리 라오메돈왕께서는 이 두 분을 여느 인간인 줄로 아시고, 아폴론 신께는 이다산에서 양을 치게 하시고 포세이돈 신께는 트로이아성을 쌓게 하셨지요. 이때 두 분 신께서는 귀양 온 신들이라는 신분을 감추신 채 라오메돈왕께 품삯을 요구했더랍니다."

아우게이아스왕의 외양간에 '위장 취업'했던 경험이 있는 헤라클레스가 사정이 어떻게 돌아갔는지 모를 리 있겠는가?

"그 말씀은 더 하지 마시오. 나 역시 두 분 신의 흉내를 내느라고 신분을 감추고 일한 뒤 품삯 달라고 손을 벌렸다가 욕을 본 적이 있소. 라오메돈왕 역시 그 품삯을 주지 않았을 테지요."

"품삯이 다 무엇입니까? 두 분 신들의 손발을 묶고는, 다른 나라로 팔아버리겠다, 종살이한 표적으로 귀를 잘라버리겠다, 한 분더러는 화살받이가 되게 하겠다, 또 한 분더러는 고기밥이 되게 하겠다는 등 별별 위협을 다 하셨지요. 궁술의 신이신 아폴론 신을 화살받이로 세우겠다느니, 해신이신 포세이돈 신께 고기밥이 되게 하겠다고 했으니 이게 어디 당한 일입니까?"

"두 분 신은, 헤라클레스가 외양간 치운 품삯을 떼어먹은 아우게이아스왕을 벼르듯 했겠군요."

"결국 일이 벌어지고 말았습니다. 얼마 전부터 땅에서는 정체 모를 전염병이 창궐하고, 바닷가에서는 본 적도 들은 적도 없는 거대한 바다 괴물이 나타나 군함과 어선을 가리지 않고 뒤엎어버리는 지경에 이르렀습니다."

"헤라클레스가 아우게이아스를 베어 죽이고 간신 레프레우스를 때려죽였듯이, 이 두 분 신 역시 품삯 못 받은 심사를 주먹질로 달래시는 것이군요."

"그렇습니다. 그런데 일전에 델포이에서 왔다는 한 아폴론 신전의 신관이 다녀가면서 이러시더이다.

'라오메돈왕이 닭 잡아 겪을 손을 소 잡아 겪게 될 모양이구나. 전염병을 보내신 이는 아폴론이고, 바다의 괴물 보내신 이는 포세이돈이다. 전염병과 바다 괴물의 고삐를 잡을 수 있는 길은 헤시오네 공주를 산 제물로 제사를 드리는 길뿐이다.'

이 일을 어찌해야 좋을는지요? 내일이 바로 그 신관이 택일한 날인데 이를 어찌해야 좋을지, 나라 안에는 아는 이가 없습니다."

"라오메돈왕을 만나게 하시오. 바다의 괴물로부터 안드로메다를 구한 페르세우스처럼, 포세이돈의 바다 괴물로부터 헤시오네 공주를 구할 자가 트로이아에 와 있다고 전하시오."

라오메돈왕은 폭군에 가까웠지만, 폭군이든 선군이든 직심으로 섬기는 것을 신하 된 도리로 아는 이 충신이 라오메돈왕에게 이 말을 전했다. 라오메돈왕으로서는 폭풍우 휘몰아치는 판에 피선할 항구를 고를 계제가 아니었다. 바로 헤라클레스를 불러 괴어를 무찌르고 역질을 가라앉힐 계교를 물었다.

라오메돈왕을 보고 있자니 자꾸 아우게이아스왕이 생각났던 헤라클레스는 약을 올려주고 싶었다.

"나는 책략을 쓰는 사람이 아니오만, 신관에게 맡긴 아폴론 신의 뜻을 듣건대, 두 분 신이 노리는 것은 헤시오네 공주인 듯합니다. 헤시오네 공주를 희생시켜 왕국을 지키시지요?"

라오메돈왕이 버럭 화를 낸 것은 물론이다.

"책략을 쓰는 사람이 아니라더니 빈말이 아니었구나. 내가 그대를 부른 것은 내 딸 헤시오네와 내 왕국의 백성을 함께 살리기 위함이지 내 딸 헤시오네를 던져 백성을 구하자는 뜻에서가 아니지 않은가?"

"그러면 헤시오네 공주도 살게 하고 백성도 살게 하기 위해 무엇을 던지시겠습니까?"

"품삯 때문에 망조가 든 내 집구석에서 또 품삯 타령이로구나. 그래, 그대가 이 역병과 괴어를 잡으면 트로이아의 보물인 신마를 그대에게 넘기겠다. 그만 한 일을 할 수 있는 자라면 신마 탈 자격이 있다고 할 것이다."

신마. 거룩한 말, 신령스러운 말이다.

이 신령스러운 암말이 트로이아로 오게 된 내력은 이렇다.

여신이나 요정이나 인간 세상의 여성을 상대로 난봉질하는 데 싫증이 나던 판에 제우스는 트로이아 평원에서 '절세의 미소년'을 하나 찾아내었다. 바로 트로이아 왕의 아들 가뉘메데스였다.

제우스 신은 독수리로 둔갑한 뒤 트로이아로 내려와, 바위틈에서 달빛을 받으며 잠을 자는 가뉘메데스를 올림포스로 데려갔다. 멀쩡한 왕자를 납치한 게 미안했던지 제우스 신은 왕에게 헤르메스를 보내어 황

트로이아의 왕자 가뉘메데스를 납치하는 제우스
제우스가 독수리로 몸을 바꾸고 미소년 가뉘메데스를 채어 하늘로 올라가고 있다. 페테르 파울 루벤스의 그림.

금 포도나무 한 그루와 신령스러운 암말 한 마리(혹은 여러 마리)를 주어 위로하게 했다.

뒷날 제우스는 신들에게 술 따르는 소임을 청춘의 여신 헤베로부터 거두어 가뉘메데스에게 내렸다. 그러고는 다소곳이 신성한 술을 따르는 가뉘메데스의 모습을 본떠 별자리를 하나 박으니 이 별이 바로 '아쿠아리오스(따르는 자)', 우리가 오늘날 '물병자리' 혹은 '보병궁'이라고 부르는 바로 그 별자리다.

그러니까 라오메돈이 품삯으로 주겠다는 신령스러운 암말은 바로 제우스 신이 내려준 신령스러운 암말이다. 그러나 이 신령스러운 암말은 이미 트로이아를 떠난 지 오래였다. 라오메돈 왕이 아폴론과 포세이돈을 속일 당시 이미 그 땅을 떠나 천상의 외양간으로 돌아갔다는 것을 헤라클레스는 알지 못했다.

헤라클레스는 델포이 신관이 택일한 날, 헤시오네 공주와 함께 해변으로 갔다. 그가 헤시오네를 기둥에다 묶어두었다는 주장도 있고, 그냥 세워두었다는 주장도 있다. 옛 그림을 보면 헤시오네가 바다 괴물을 향해 돌을 던지는 것으로 보아 기둥에 묶이지는 않았던 모양이다.

포세이돈이 보낸 바다 괴물이었다고는 하나 휘드라의 독이 묻은 헤라클레스의 화살은 견디지 못했다. 헤라클레스의 화살을 맞은 괴물은 바다를 온통 피거품으로 끓게 하고는 시체가 되어 물 위로 떠올랐다.

그러나 라오메돈에게는 헤라클레스에게, 약속했던 신령스러운 암말을 줄 마음이 없었다. 물론 줄 신령스러운 암말도 없었다.

헤라클레스는 원정대를 이끌고 아마존 왕국을 바라고 트로이아를 떠나면서 이제는 이름조차 회멸되고 만 그 충직한 라오메돈의 신하에게 이런 말을 남겼다.

"나는 버르장머리 없는 왕들에 대해 조금 알고 있소. 내가 라오메돈 왕과 품삯을 정할 때 증인을 세우지 않은 것은, 증인을 세워봐야 달라질 것이 없다는 것을 경험으로 알았기 때문이오. 내가 신령스러운 암말을 요구하지 않는 것은, 아폴론 신이나 포세이돈이 못 고친 라오메돈의 버르장머리를 내가 고칠 수 없다는 것을 잘 알았기 때문이오. 트로이아는 오늘 아폴론과 포세이돈의 저주에서 벗어났소. 이는 마침 트로이아에 헤라클레스가 있었기 때문이오. 그러나 트로이아는 곧 이 헤라클레스의 몽둥이에 폐허가 될 것이오.

 그러니 그대는 이 왕국을 떠나세요. 악법을 따르는 시민은 선한 시민이 아니고, 폭군을 따르는 신하는 충신이 아니오. 폭군과 성군에게 두루 꼬리를 흔드는 것은 개밖에 없어요. 라오메돈을 섬기다 내 몽둥이에 피를 묻히는 일은 그대같이 분별 있는 자가 취할 바가 아니오. 내가 그대라면, 헤라클레스가 다시 오기 전에 의로운 자를 하나라도 더 데리고 이 트로이아를 빠져나갈 것이오."

 아마존 왕국으로 떠나면서 이렇게 말했던 헤라클레스가 다시 트로이아에 나타났다. 떠날 때 직언하는 충신에게 약속했던 대로 그는 트로이아성을 깨뜨렸다. 그러나 성을 깨뜨리고 먼저 라오메돈의 왕궁을 점령한 장수는 헤라클레스가 아니라 원정대의 일원인 텔라몬이었다.

 체면을 몹시 상한 헤라클레스는 그 성미를 누르지 못하고 부하들을 보내어 텔라몬을 잡아오게 했다. 얼마 후 부하 하나가 달려와서 말했다.

 "텔라몬 장군께서는 왕궁 앞에다 돌단을 쌓으면서 오히려 장군을 뵙고 싶어 합니다."

 텔라몬은 용맹스러운 장수이나 능히 '지장'으로 불릴 만했고, 약고 꾀가 많되 능히 지혜롭다는 말도 들을 수 있는 사람이었다. 그는 자기가 헤라클레스를 앞질러 왕궁 앞까지 왔다는 것을 알고는 헤라클레스와 맞닥뜨리는 시간을 늦추고 있었던 것이다.

 헤라클레스가 칼을 뽑아 든 채로 달려가, 만나자고 한 까닭을 물었다.

 텔라몬이 한 얼굴 가득하게 웃으면서 대답했다.

 "장군께서 오늘 깨뜨린 이 성은 포세이돈 신이 라오메돈에게 쌓아준

성이요, 제가 지금 쌓는 돌단은 그 성을 깨뜨린 장군의 영광을 찬양하는 돌단입니다."

"'헤라클레스(헤라의 영광)'가 있을 뿐, '헤라클레스의 영광' 같은 것은 빛나지 않을 것이네."

헤라클레스가 부끄러워서 잔뜩 붉어진 얼굴을 돌리며 퉁명스럽게 내뱉었다.

트로이아가 함락되고 논공행상을 시작하자, 헤라클레스는 자기 손으로 바다 괴물로부터 구해낸, 따라서 자기 차지가 되어야 마땅할 헤시오네를 텔라몬과 짝지어주었다. 텔라몬에게 먹었던 어리석은 마음에 대한 미안풀이를 그렇게라도 하고 싶었던 것이다. 이어서 헤라클레스가 헤시오네에게 물었다.

"나는 연전에 아우게이아스왕의 외양간을 치워주고도 그 품삯을 받지 못하였다. 그래서 나는 그 목숨을 받았다. 신들은 이 성을 쌓아주고도 라오메돈으로부터 품삯을 받지 못했다. 그래서 신들은 전염병과 바다 괴물로 수많은 트로이아 백성의 목숨을 받았으나 아직도 품삯 셈은 끝나지 않았다. 나는 라오메돈을 위해 그대를 구하고도 왕이 약속한 품삯을 받지 못했다. 그래서 이제 왕의 목숨을 받으려 한다. 신들을 대신해서 라오메돈 피붙이 목숨은 하나도 남김없이 받으려 한다.

그러나 내가 이미 그대를 텔라몬의 손에 붙인 이상, 그대 목숨을 받을 권리가 이제 나에게는 없다. 그대에게는 이제 내게서 왕가의 목숨을 살 권리가 있다. 많이는 팔 수 없다. 한 사람의 목숨만은 그대와 텔라몬을 위해 팔기로 하겠다. 그대가 머리에 쓰고 있는, 그 금실로 짠 너울로 누구의 목숨을 사겠느냐?"

헤라클레스의 물음에 헤시오네는 대답하지 못했다. 텔라몬이 살며시 헤시오네의 머리에서 너울을 벗기면서 턱으로 라오메돈의 막내 왕자 포다르케스를 가리켰다.

헤라클레스가 이 남매만을 남겨놓고 라오메돈 일가는 하나 남김없이 박살하니 헤시오네가 흐느끼면서 포다르케스에게 속삭였다.

"프리아마이(내가 너를 샀구나)."

이 막내는 이때부터 '프리아모스'라고 불린다. 노년에 또 한 번 트로이아가 잿더미가 되는 꼴을 보는 박복한 왕 프리아모스가 바로 이 사람이다. 트로이아가 또 한 번 잿더미가 되는 날, 헤라클레스의 활이 결정적인 역할을 하게 된다는 것은 헤라클레스 자신도, 프리아모스 왕자도 알지 못했을 것이다.

12

게뤼오네스의
소 떼를 찾아서

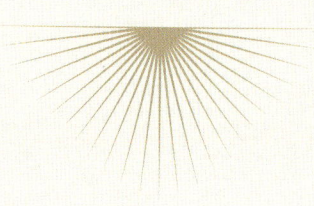

제 갈고리에 코 꿰인 자들

 아르고스 왕이 헤라클레스에게 열 번째로 지운 과업은, 오케아노스 서쪽 끄트머리에 있다는 섬 에뤼테이아로 건너가 게뤼오네스의 붉은 소 떼를 몰고 오는 일이었다.

 에뤼테이아……. 이름을 입에 올리기는 간단하다. 천성 올륌포스나 저승 하데스의 땅을 입에 올리기는 간단하다. 그러나 당시 이 섬이 어디에 있는지 아는 이는 오직 신들뿐이었다.

 헤라클레스는 에뤼테이아섬을 찾아 북아프리카까지 내려갔다. 아마존의 땅으로 갈 때와는 달리 단신으로 리뷔아까지 내려간 헤라클레스는 이라스라는 작은 도성 앞에서 한 떼의 나그네들을 만났다. 나그네들은 기진맥진해 있는데도 이라스 도성에 들어가 빈 양피 부대에 물 채울 생각을 않고 도성 앞에서 웅성거리는 참이었다.

 헤라클레스가 이를 이상하게 여겨 그 까닭을 물었다. 나그네들의 우두머리인 듯한 자가 대답했다.

 "이 이라스의 왕 안타이오스는 거인이자 씨름의 명수로 인근 사막 지대에 소문이 널리 나 있는 자입니다. 누구든 이자에게 걸리면 씨름 상대가 되어야 합니다."

"하면, 겨루어볼 일이지 어째서 도성 앞에서 이렇게 웅성거리고 있는 것이오? 갈라 터진 입술로 사막을 지나다 보면 죽는 수가 있으나, 씨름 재간이 모자라 죽었다는 사람 이야기는 내가 들어본 적이 없소."

"장사님도 나그네이신 모양이군요. 까닭을 아시면 장사님도 도성 앞을 그냥 지나칠 것입니다. 안타이오스는 나그네에게 씨름을 걸되, 이기면 물을 주어 보내거니와 지면 그 자리에서 죽여버리는 흉악한 자입니다. 하지만 물을 얻은 자가 아직 없으니 우리가 두려워할 수밖에요."

"듣고 보니 일리가 있군요."

헤라클레스는 고개를 끄덕였다.

그렇다. '안타이오스'라는 이름은 예사 이름이 아니다. 망령을 조종하는 무서운 저승의 여신이자 나그네의 항해를 돌보아주는 헤카테(빛을 멀리 던지는 여신)의 별명이 바로 '안타이오스'가 아니던가.

헤라클레스가 웃으며 손가락 뼈를 우두둑 소리가 나게 꺾어 보이자 나그네가 말을 이었다.

"장사님이 누구신지 저희는 알지 못합니다만 물값을 너무 비싸게 물지는 마십시오. 목 타는 놈이 바가지 근심하겠느냐고 하실지 모르겠습니다만, 여태껏 안타이오스와 씨름 재간을 겨루어 이긴 장사가 없습니다. 멀리 던져버리는데도 살아나는 재간이 어디 씨름 재간만으로야 되는 일입니까? 따라서 안타이오스를 만나 살아남은 장사는 하나도 없는 것이지요."

헤라클레스가 나그네와 이런 수작을 하고 있는데 도성 안에서 안타이오스의 부하들이 우르르 몰려나왔다. 나그네들은 혼비백산하여 도망가고 헤라클레스만 그 도성 안으로 붙들려 들어갔다.

안타이오스는, 네메아 사자 가죽을 뒤집어쓰고 다니는 이 기묘한 헤라클레스의 차림새를 보고 물었다.

"너는 어디에서 온 자이며 그 사자 가죽은 어디서 도적질하였느냐?"

헤라클레스가, 실장정 키의 갑절은 되어 보이는 안타이오스를 올려다보며 대답했다.

"나는 펠로폰네소스 반도 아르고스에서 온 자이며 이 사자 가죽은 네메아산에서 내 손으로 때려잡고 내 손으로 벗긴 가죽이다."

"이놈이 까치 뱃바닥 같은 흰소리를 일쑤 하는구나. 그 반도에 사자 있다는 소리를 나는 아직 듣지 못했다."

"내 손으로 두 마리나 잡아버렸으니 없는 게 당연하지 않겠느냐?"

"네가 사자를 이겼다면 나를 이길 수 있겠구나."

"안타이오스여, 비로소 오늘 네가 임자를 만났다."

이윽고 씨름 겨루기가 시작되었다.

그런데 참으로 이상한 일이 벌어지기 시작했다.

안타이오스는 헤라클레스를 멀리 집어던지려고 어깨 위로 들어올리려다 말고 그대로 엉덩이로 대지를 찧으며 쓰러졌다.

"네가 어째서 이렇게 무거우냐? 산을 드는 것 같다."

헤라클레스가 응수했다.

"네가 나를 들지 못하는 까닭을 일러주마. 네가 혹은 집어던지고 혹은 패대기쳐 죽인 저 필멸의 인간들이 지는 기쁨과 슬픔과 고통과 분노가 다 내 한 몸에 실려 있다. 어찌 산의 무게와 견주겠느냐?"

이상한 일은 그것뿐만이 아니었다. 안타이오스는 헤라클레스를 들지 못했지만 헤라클레스는 여러 차례 이 안타이오스를 집어던질 수가 있었다. 그러나 안타이오스는 대지에 널브러질 때마다 새로운 힘으로 일어났다. 이러니 씨름의 승부가 가려질 리 없었다.

비록 헤라클레스를 들지 못한 채 무수히 대지에 던져졌다고는 하나 안타이오스의 힘은 대지에 던져질 때마다 늘어가고 있었다. 따라서 겨루는 동안이 길어질수록 헤라클레스에게 불리하게 되는 셈이었다.

해가 지자 안타이오스는 승부를 다음 날로 미루자면서 헤라클레스에게 잘 곳을 마련해주고 심부름하는 청년까지 하나 붙여주었다.

그런데 이 심부름하는 청년이 마침 안타이오스와 씨름 재간에 걸려

안타이오스와 씨름하는 헤라클레스
헤라클레스가 안타이오스를 들어 올리고 있다. 조잡할 수밖에 없는 신화 이미지를 예술가가 재창조하는 것을 보라. 신화의 비밀이기도 하고 예술의 승리이기도 하다. 안토니오 폴라이우올로의 그림.

목숨을 잃은 씨름꾼의 아들이었다. 청년이 헤라클레스에게 한밤중에 이런 말을 했다.

"장군님께서는 사람이 지는 기쁨과 슬픔과 고통과 분노를 대신 지고 다니신다니 말씀드리지요. 안타이오스가 장군님을 머리 위로 들어 올리지 못하는 걸 보았으니 말씀드리지요. 저는 안타이오스 손에 목숨을 잃은 씨름꾼의 아들입니다. 저 역시 지금 이곳에서 씨름을 배우고 있습니다. 여기에는 씨름을 배우는 청년이 많습니다. 오래지 않아 안타이오스왕의 손에 죽임을 당할 목숨들이지요. 제가 안타이오스 꺾을 비결을 일러드릴 터인즉, 부디 저 손에 죽은 자들의 눈을 감게 하소서.

안타이오스는 대지의 여신 가이아의 아들입니다. 대지에 발을 붙이고 있는 한 아무도 저자를 이길 수 없습니다. 저자는 엉덩이를 땅에 붙일 때마다 가이아의 기운을 얻습니다. 그러나 씨름으로 겨루시되 그 발을 대지에서 떨어지게 한 연후에 기술을 쓰시면 능히 제압할 수 있습니다. 저희는 씨름을 배우고 있습니다만, 저자의 발을 대지에서 떨어지게 할 장사가 저희 안에는 없습니다."

이 청년의 말을 좇아 헤라클레스는 다음 날 안타이오스를 들어 어깨 위에 올려놓은 채 허리를 꺾어 죽였다.

* * *

이라스를 떠난 헤라클레스는 아이귑토스(이집트)로 내려갔다. 이 아이귑토스에서 그는 안타이오스 못지않게 흉악한 자를 또 하나 만났다. 부시리스왕이 바로 그자다.

당시 부시리스왕은 네일로스(나일강) 삼각주의 부시리스 왕국을 지배하고 있었다. 부시리스는 원래 해신 포세이돈과 요정 아니페의 아들이다. 이자가 아이귑토스로 건너가 멤피스 부근에다 부시리스라는 나라를 세웠는데 어찌 된 영문인지 나라에 가뭄이 들어 9년이나 계속되었다.

부시리스는 퀴프로스섬에서 용한 점쟁이 프라시오스를 불러다 비를 내리게 할 묘방을 물었다. 퀴프로스 점쟁이는 다음과 같이 점괘를 말했다.

"바다의 신, 물의 신의 아드님이 비를 얻지 못하는 데는 까닭이 있습니다. 전하께서 '바르바로스'이기 때문이지요."

"그렇다고 내가 이 나라를 떠날 수야 있느냐. 어떻게 하면 이 9년 가뭄을 다스릴 수 있겠느냐?"

"산 사람을 제우스 신께 제물로 바치셨군요. 이제부터는 '바르바로스'를 죽음의 신 오시리스께 바치십시오. 아이귑토스 땅에서는 아이귑토스 신께 제물을 드리셔야 합니다."

'바르바로스'라는 말은 '군지렁군지렁거린다'는 뜻이다. 원래 그리스 사람들이 '이방인'을 지칭하면서 쓰던 말이다. 영어의 '바베리언(이방인)'도 여기에서 나온 말이다.

아이귑토스 땅에서도 아이귑토스 사람이 알아듣지 못할 말로 군지렁거리는 사람은 '이방인'이었다. 점쟁이 프라시오스는 따라서 '이방인'인 부시리스왕에게, '이방인'을 제물로 바치되 산 제물로 바치라고 한 것이다.

그 말을 들은 부시리스가 호령했다.

"이 점쟁이를 묶어 제사 드릴 차비를 하라."

점쟁이가 대경실색하고 까닭을 물었다.

"네가 바로 퀴프로스에서 온 '바르바로스'가 아니냐? 네가 비를 빌어 주러 여기까지 왔으니 이제 네 소원은 이루어지는 것이다."

이로부터 부시리스는 해마다 죄 없는 바르바로스 한 사람씩을 오시리스의 제단 앞에서 죽여 그 피로 제사를 드렸다.

이라스에서 아이귑토스로 흘러들었던 헤라클레스 역시 이방인 제물로 붙잡혀 이 부시리스왕 앞에 서는 신세가 되었다. 헤라클레스는 영문을 모르는 채 쇠사슬에 묶여 왔다가 그 까닭을 알고는 사슬을 터뜨린 뒤 꾸짖었다.

"새가 제 깃털로 궁깃을 만든 화살에 죽는 줄을 모르느냐? 네가 오늘 네 갈고리에 네 코를 꿰었다."

헤라클레스는 터뜨린 쇠사슬로 되려 이방인인 부시리스와 그 자식 여러 놈을 묶어 오시리스 신에게 제물로 바쳤다. 산 제물 여럿에 오시리스 신이 기뻐했음인가? 아이귑토스 땅에 비가 어찌나 많이 왔던지 물이 불어 네일로스(나일강)가 다 범람했다.

게뤼오네스, 임자 만나다

헤라클레스는 에뤼테이아섬을 찾아 방랑을 계속하여 지금 스페인의 타르테소스와 모로코의 탕헤르 사이에다 산 하나를 둘로 쪼개어, 헬라스 땅 사람으로는 일찍이 다녀간 적이 없는 이곳에다 기념비를 세우니, 지금 '헤라클레스의 기둥'이라고 불리는 지브롤터해협 양쪽의 칼페산과 아빌라산이 바로 이것이다.

헤라클레스는 지금의 스페인에 해당하는 그곳을 땅끝이라고 믿었던 모양이다. 옛날 헬라스 사람들은 이 헤라클레스의 기둥이 '사람 살 수 있는 땅'과 '사람 살 수 없는 땅'의 경계에 있다고 믿었다. 그러니까 헤라클레스의 기둥 저쪽의 땅은 사람이 살 수 없으니 땅도 아니었던 셈이다.

헤라클레스는 소싯적에 이미 따갑게 내리쪼이는 햇볕에 역정을 내며 태양 마차에 화살을 겨눈 바 있는 자다. 산을 쪼개어 해협 양편에다 기념비를 세우자니 얼마나 햇볕이 짜증스러웠겠는가?

헤라클레스는 이번에는 정말 헬리오스의 태양 마차를 겨누고 연달아 화살 두 대를 날렸다. 이 화살 두 대가 헬리오스의 왼쪽 가슴에 명중했다고 하는 순진한 이가 있지만 그럴 리가 없다. 조금만 고도를 떨어뜨려도 리뷔아를 사막으로 만들 수 있는 그 태양 마차 앞에서 화살이 타지 않았을 리 없다. 뿐인가? 헤라클레스의 화살에는 저 불사신 케이론까지 죽인 휘드라의 독이 묻어 있다. 헬리오스인들 맞았다면 무사할 리 없다.

 헬리오스가 앙심을 품었더라면, 그래서 헤라클레스를 태워 죽이려고 했더라면 태양 마차의 고도를 조금 떨어뜨리는 것으로 넉넉했으리라. 그러나 헬리오스는 이 우직한 영웅이 제우스의 아들임을 알고 있었다. 제우스 대신의 아들이라 차마 벌할 수 없어서 그랬던지, 아니면 이 우직한 영웅의 가당찮은 짓이 우스워서 그랬던지 잠깐 마차를 세우고는 헤라클레스에게 물었다.

 "인간의 몸에서 태어난 제우스의 아들이여, 너에게 무슨 일이 있어서 이 먼 땅에서 내가 너를 만나느냐?"

 "오케아노스 저쪽 에뤼테이아섬에 있다는 붉은 소를 잡으러 가는 길이오."

 "에뤼테이아섬으로 간다면서 왜 여기에서 헤매느냐?"

 "에뤼테이아섬이 어디에 있는지 아는 자가 없소."

 "그럴 줄 알았다. 내가 일러주겠다. 이 태양 마차가 어디로 떨어지느냐?"

 "오케아노스 저쪽으로 떨어지겠지요?"

 "태양 마차가 떨어질 때 섬이 어떻게 보이더냐?"

 "붉게 보이지요."

 "그런데도 에뤼테이아(붉은 섬)가 어디에 있는지 모른다고 하느냐? 붉은 소가 어디에 있는지 모른다고 하느냐?"

 "짐작은 했습니다만 소 주인 이름이 게뤼오네스이고, 소몰이 이름이 에우뤼티온인 이치는 아직 헤아리지 못하고 있습니다."

 "이 헬리오스의 수레가 지는 곳, 그래서 섬이 핏빛으로 붉게 물드는 땅은 전쟁 신 아레스의 영토다. 아레스가 화살에 맞자 1만 전사의 함성을 다 합친 것보다 큰소리로 고함을 질렀다는 말도 못 들었느냐, 게뤼오네스나 에우뤼티온이나 아레스의 아들이기는 마찬가지다."

헬리오스의 사발 배를 빌려 타고 대양을 건너는 헤라클레스
저 조그만 배에 태양 마차와 천마 네 마리가 모두 들어간다니! 로마 바티칸 박물관.

"태양신이여, 활 겨눈 것과 활 쏜 것을 용서하시고 길을 일러주십시오."

"인간의 다리 사이에서 태어난 자 중 나에게 화살을 겨눌 수 있는 자는 너 말고는 아직까지 없었고 앞으로도 없을 것이다. 나는 네가 헤라의 시험을 만날 때부터 하도 네가 능히 그 시험을 이길 수 있을 줄 알았다. 내가 너에게 황금 사발 배를 빌려줄 것인즉, 타고 오케아노스(대양)를 건너도록 하여라."

황금 사발 배는 또 무엇인가?

태양신 헬리오스는 매일 아침 태양 수레를 몰고 동쪽에서 하늘로 올라 황도를 달려, 저녁 무렵에는 오케아노스 저쪽에 내린다. 헬리오스가 대양에 잠기면 곧 그 누이 되는 셀레네가 동쪽에서 떠오른다.

다음 날 헬리오스는 다시 동쪽에서 떠올라야 한다. 그러자면 헬리오스는 밤 사이에 오케아노스 저쪽에서 동쪽으로 와 있어야 한다. 헬리오스를 서쪽에서 동쪽으로 실어다 주는 배가 바로 황금 사발 배다. 서쪽에서 동쪽으로 헬리오스를 실어다 놓은 사발 배는 다시 서쪽으로 가서 저녁 무렵 헬리오스를 기다린다.

헤라클레스가 이 사발 배에 타자 이번에는 저 티탄족 대양신 오케아노스가 거친 파도를 보내어 그를 시험했다.

"내가 누구인 줄 알면서도 이러시오? 티탄의 시대가 가고 올륌포스의 시대가 오래전에 온 것을 알고도 이러시오?"

헤라클레스가 휘드라의 독이 묻은 화살을 시위에 걸며 호령하자 오케아노스가 잠잠해졌다.

이윽고 에뤼테이아에 이른 헤라클레스는 사발 배를 키잡이 신녀에게 돌려주고 아바스산으로 들어가 산중에다 오두막을 얽어 짓고는 여장을 풀었다. 하늘에는 셀레네가 떠올라 대양을 건너가는 헬리오스의 사발 배를 비추고 있었다.

헤라클레스가 사발 배를 타고 오케아노스 동쪽으로 가는 헬리오스를 내려다보고 있는데 그 섬에서 붉은 소 떼를 돌보는 지킴이 개 오르트로스가 살아 있는 사람 냄새를 맡고 산을 올라왔다.

오르트로스는 뱀의 여신이자 화산의 여신 에키드나가 튀폰의 씨를 받아 지어낸 아들이다. 이 에키드나의 자식들은 하나같이 괴악하다. 이미 헤라클레스 손에 죽임을 당한 바 있는 네메아의 사자, 레르네의 휘드라가 그렇고, 이 지킴이 개 오르트로스와 장차 헤라클레스 손에 욕을 단단히 볼 저승의 문지기 케르베로스가 그러하며, 후일 벨레로폰 손에 죽는 키마이라, 오이디푸스로 인하여 목숨을 잃는 스핑크스 역시 마찬가지다.

머리가 둘인 오르트로스는 형제들의 원수를 갚고 싶었겠지만, 머리가 아홉이었던 휘드라도 당하는 판에 오래 견딜 재간이 없었다. 오르트로스의 두 대가리가 헤라클레스의 목을 물자거니, 옆구리를 물자거니, 의논을 채 끝내기도 전에 헤라클레스가 달려들어 올리브 나무 몽둥이로 이를 박살했다.

이어서 목동 중 하나인 에우뤼티온이 달려왔다. 헤라클레스는 휘드라의 독이 묻은 독화살을 쏘아 이 에우뤼티온의 숨통마저 끊어놓았다.

　헤라클레스는 밤을 도와, 산에서 풀을 뜯고 있는 붉은 소 떼를 몰고 안테모스강 쪽으로 도망쳤다. 또 하나의 목동 메노이테스가 이 사실을 소 주인 게뤼오네스에게 고했다.

　이 게뤼오네스는 사람은 사람이되 두 다리에 몸뚱아리가 셋이나 되는 괴물이다. 몸뚱아리가 셋이니까 머리는 셋이요, 팔은 여섯이다. 다리가 여섯이었다고 전해지기도 한다. 이 여섯 개의 손에다 게뤼오네스는 두 자루의 칼, 두 개의 방패, 두 자루의 창을 들고 싸운다.

　게뤼오네스는 전쟁 신 아레스의 피붙이인 만큼 당연히 싸움에 능하다. 그러나 정작 그보다 능한 것은 이름 그대로 '고함을 지르는' 일이다. 아레스는 혹 부상을 당하면 군사 1만 명이 지르는 것과 맞먹는 소리로 고함을 지르지만, 이 게뤼오네스는 부상을 당하지 않고도 소리만 지르면 1만 명의 고함 소리가 그 소리에 묻힌다.

괴물 게뤼오네스와 싸우는 헤라클레스
기원전 6세기 그리스 항아리. 뉴욕 메트로폴리탄 미술관.

헤카톤케이레스 이래로 자취를 감춘 듯하던 다지 괴인, 팔다리가 여러 개인 괴상한 인간인 게뤼오네스가 그 붉은 섬, 헬리오스가 지는 바다의 섬에서 칼춤, 창춤을 추고 있는 한, 이 땅에서는 창칼 부딪치는 소리가 멎지 않는다.

헤라클레스는 이 '고함을 지르는 자'를 상대로 맞고함을 지르다 휘드라의 독화살 세 대를 쏘았다. 게뤼오네스가 방패를 잇대어 살을 막았으나 그것은 여느 싸움꾼이 쏜 화살이 아니었다. 헤라클레스가 쏜 화살이 방패와 이 괴인의 목을 동시에 꿰뚫자 '붉은 섬'도 세상이 비롯되던 시절의 고요를 되찾았다.

* * *

헤라클레스는 소 떼를 몰고 다시 바닷가로 내려왔다. 헬리오스의 사발 배는 어느새 다시 와 있었다. 그러나 배는 헤라클레스와 키잡이 신녀가 타기에도 비좁아 보였다. 헤라클레스가 망설이자 신녀가 나직이 일러주었다.

"씨름의 명수인 안타이오스가 그대를 머리 위로 들어 올리지 못했다는 이야기를 나는 들었습니다. 이는 그대의 육신이 무겁기 때문이 아니요, 그대가 진 짐이 무겁기 때문입니다. 이 사발 배도 이와 같습니다. 이 사발 배는 비록 작게 보이나 작지 않습니다. 이는 이 사발 배가 그대가 헤아릴 수 있는 것만 싣는 배가 아니기 때문입니다."

헤라클레스는 신녀 말대로 사발 배에다 소 떼를 몰아넣었다. 과연 수백 마리를 몰아넣었는데도 술 항아리만 한 사발 배는 오케아노스에 뜬 채 미동도 하지 않았다.

헤라클레스는 지중해 연안, 후일 로마 제국이 서는 곳인 티베리스 강변에 이르자 이 사발 배에서 내렸다. 헤라클레스가 상륙한 곳은 아벤티누스 땅이었다. 당시 이 땅의 지배자는 헤파이스토스의 아들이라는 카쿠스였다. 그러나 그 땅 사람들은 헤파이스토스를 '불카누스(화산)'라고 부르면서 카쿠스를 '불카누스의 아들'이라고 했다.

카쿠스는 헤라클레스가 소 떼를 몰고 가다가 산 중턱 길을 지나 산기슭에서 노숙하고 있는 때를 틈타 소 네 마리를 훔쳐 산 중턱에 있는 동굴로 도망쳤다. 헤라클레스가 아침에 일어나 소의 머리 수를 세어보았다. 당연히 네 마리가 빌 수밖에 없었다.

그러나 아무리 찾아보아도 소의 발자국은 보이지 않았다. 산 중턱에서 내려오는 발자국만 있을 뿐이었다. 그럴 수밖에 없었다. 교활한 카쿠스는 소의 꼬리를 잡고 뒤로 끌어 산을 올랐던 것이다.

헤라클레스는 없어진 소가 황소라는 걸 알고는 발정하는 암소를 한 마리 끌고 온 길을 되짚어 산을 올랐다.

과연 암소가 울자 큰 바위로 입구가 막혀 있는 동굴에서 황소 울음소리가 들렸다. 헤라클레스가 입구의 바위를 깨뜨리자 카쿠스가 불을 뿜으며 동굴에서 나왔다. 헤라클레스는 저 유명한 '헤라클레스 조르기'로 카쿠스의 목뼈를 부숴버리고 소를 되찾았다.

카쿠스를 죽이는 헤라클레스
16세기 네덜란드 작가 디릭 코른헤르트의 판화.

헤라, 마음을 열기 시작하다

 헤라클레스가 가죽 장화같이 생긴 반도 남단에 이르렀을 때의 일이다. 수송아지 한 마리가 갑자기 무리를 벗어나 혼자 해협을 헤엄쳐 시켈리아(시칠리아) 쪽으로 갔다. 이 땅의 말로 수송아지는 '이탈로스(일설에는 비툴루스)'라고 하는데, 이렇게 해서 '이탈리아'라고 하는 땅 이름이 생겨났단다. 그러니까 '이탈리아'라고 하는 오늘날의 이름은 이 붉은 수송아지 때문에 생겨난 이름이라고 한다. 이탈리아인들이 이 '이탈리아'를 나라 이름으로 쓴 것은 겨우 19세기, 이탈리아가 통일되고부터다. 그전에는 뿔뿔이 흩어져 살았다.
 헤라클레스가 먼 길을 돌아 코린토스에 이르렀을 때 이곳에서는 올림포스 신들과 거인 기간테스와의 전쟁이 한창이었다.
 기간테스가 비록 거인들이라고는 하나 상대는 올림포스의 신들이었다. 힘을 견주어보아서는 싸움이 오래가야 할 까닭이 없었다. 그러나 실제로는 그렇지 못했다. 헤라 여신이 오른쪽 젖가슴에 화살을 세 개나 맞았고, 전쟁 신 아레스가 세 번이나 창에 찔리었으며, 저승 신 하데스가 어깨를 다쳐 의신 파이에온으로부터 치료를 받은 것이 이즈음이다.
 기간테스들 중에서도 올림포스 신들이 가장 상대하기가 까다로운 기간테스는 알퀴오네우스라는 자와 포르퀴리온이라는 자였다. 특히 이 알퀴오네우스라는 자는 어찌나 강한지 제우스 신도 함부로 할 수 없었다고 한다.

이때가 마침 헤라클레스가 코린토스에 와 있을 때였다.

그러나 헤라클레스 역시 알퀴오네우스와 몇 합을 싸워보고는 제우스처럼 질리고 말았던지,

"아틀라스 대신 하늘 들고 있기가 쉽겠다"

하고 고개를 절레절레 흔들었다.

제우스 신이 이치의 여신 테미스를 찾아가 까닭을 물었다. 테미스 여신의 대답은 이러했다.

"힘으로 알퀴오네우스와 겨룬다는 것은 아폴론과 수금 타는 재간을 겨루는 것과 같습니다. 하나, 영생 불사하는 신들과 달라서 인간 축에 드는 기간테스에게는 빈 곳이 있습니다. 그 빈 곳을 찾아내어야 합니다. 알퀴오네우스는 팔레네 땅에서 대지의 여신 가이아의 사랑을 받던 자입니다. 이자가 팔레네 땅에 발을 붙이고 있는 한 누구도 힘으로는 도모할 수 없습니다. 고향 땅에 뿌리박고 있는 자를 누가 당할 수 있겠습니까? 이를 헤라클레스에게 귀띔하세요. 헤라클레스는 땅에 발을 딛고 있는 영웅인 만큼 능히 이길 수 있을 것입니다."

제우스는 제퓌로스(서풍) 편에 이를 헤라클레스에게 전했다.

헤라클레스는 이 알퀴오네우스를 들어 그 고향 땅인 팔레네 밖으로 집어던졌다. 그러고는 한 살에 꿰어 죽이고 소 떼를 몰고 아르고스로 개선했다. 아르고스 왕이 이 소 떼를 헤라 여신에게 바치니, 헤라 여신은 기간테스와의 전쟁이 끝나서 기분이 좋았던지 헤라클레스의 전리품인 줄 알면서도 이를 처음으로 기꺼이 받아들였다.

13

머나먼 황금 사과나무

강의 요정은 네레우스에게 떠넘기고

아르고스 왕의 마음을 읽어보기는 어렵지 않다.

과업을 수행하다 죽어도 열 번을 거듭 죽어야 했을 헤라클레스가 두 눈을 화등잔같이 뜨고 살아 있다……. 헤라클레스의 꼴을 못 보던 헤라가 드디어 헤라클레스의 전리품을 제물로 흠향했다…….

아르고스 땅을 통틀어 근심거리가 뿌리 뽑혔는데도 왕의 마음은 편하지 않았다. 곽란으로 죽은 말 상(喪)을 하고는 요신 코프레우스와 함께 헤라클레스 욕보일 궁리를 하던 아르고스 왕이 드디어 비장의 보도를 뽑았다. 헤라클레스와 헤라 여신을 정면으로 붙여놓는 것이었다.

아르고스 왕이 열한 번째로 헤라클레스에게 맡긴 과업은, "헤스페리데스의 동산을 찾아가 황금 사과를 따오면 이를 헤라 여신께 바치겠다"는 것이었다.

이 황금 사과나무는 헤라 여신이 대지의 여신 가이아로부터 결혼 선물로 받은 것이다. 따라서 헤라 여신의 것이다. 아르고스 왕은 헤라클레스를 시켜 이 황금 사과를 훔치게 하고는, 만에 하나 훔쳐오면 헤라 여신에게 바치겠다는 것이다.

그러나 그 동산은 헤라클레스가 가고 싶다고 해서 함부로 갈 수 있는 땅이 아니다.

황금 사과나무를 지키는 헤스페리데스
헤라가 보냈다는 뱀 라돈이 사과나무를 감고 있다. 어떤 그림에서는 라돈이 용으로 그려지기도 한다.
프레더릭 레이턴의 그림.

 뿐인가? 헤라가 앞을 가로막고 있는데 어느 신이 나서서 헤라클레스에게 헤스페리데스의 동산으로 가는 길을 안내할 수 있으랴.
 헤스페리데스 자매가 바로 아틀라스의 친족이라는 것만 알고 있었더라도 헤라클레스는 그렇게 먼 길을 돌아가지 않아도 좋았으리라. 그러나 때로는 먼 길을 돌아가는 영웅이 인간을 지혜롭게 하기도 한다. 보물 창고의 열쇠를 찾으러 수십 년을 방황한 끝에 보물 창고의 상인방에 나 있는 쥐구멍에서 그 열쇠를 찾아내는 영웅처럼. 아니면 문을 열어보고는 창고가 비었음을 알고 오랜 세월의 고생 끝에 그 창고가 곧 보물로 만들어졌음을 아는 영웅처럼.

헤라클레스는 혹 헬리오스의 사발 배를 빌려 타면 헤스페리데스의 동산으로 갈 수 있지 않을까 싶어 그 사발 배에서 내렸던 곳까지 갔다. 말하자면 이탈리아 반도의 에리다노스강, 지금은 '포'강이라고 불리는 곳까지 간 것이다.

헤라클레스가 에리다노스강 가에 이르렀을 때 마침 헬리오스가 바다 저쪽으로 떨어진 직후여서 강은 석양에 붉게 물들어 있었고, 밤의 요정들은 그 석양의 강물에 몸을 씻고 더러는 둑으로 오르고, 더러는 헤스페로스(샛별)가 막 나타난 하늘로 오르고 있었다. 헤라클레스는 둑으로 오르는 아름다운 요정 하나를 겨누고 다가가 앞을 막고 물었다.

"헤스페로스(샛별) 아래서 더욱 아름다운 처녀여! 아……."

헤라클레스는 말을 잇지 못했다. 처녀를 찬양하는 수사(修辭)를 앞세우다 문득 자신이 헤스페리데스(석양의 처녀들, 헤스페로스의 처녀들)의 이름을 부른 줄 알았기 때문이다.

그래서 시인은 이렇게 노래했겠거니.

저 헤스페로스의 아름다운 뜰에서
황금 사과나무를 노래한다.
세 딸과 더불어.

"……혹 헤라 여신의 황금 사과나무를 지키는 신녀가 아닌가요? 나는 헤라클레스(헤라의 영광)……. 헤라 여신이 영광을 크게 드러내시려고 나를 모루에다 얹어놓고 이렇듯 고통을 주신답니다. 나는 헤스페리데스의 동산으로 가야 합니다. 나는 그 동산에 다녀온 적이 있는 것 같습니다만 꿈결에 다녀온 것 같아 그곳이 어느 쪽인지 알지 못합니다. 헤스페로스의 요정이여, 나를 알고 있지요? 그 동산에서 암사슴을 잡

13 머나먼 황금 사과나무

아 메고 나오는 헤라클레스를 본 적이 있지요?"

헤스페로스 요정은 헤라클레스를 알고 있었다.

그러나 그 입으로는 동산이 있는 곳을 일러줄 수 없었다.

"헤라클레스 님, 신들과 인간을 통틀어 동산으로 가는 길을 가르쳐주실 수 있는 분은 바다의 노인 네레우스뿐이랍니다. 저희는 가르쳐드릴 수 없습니다. 이것이 저희의 운명이고 네레우스의 운명이랍니다."

"네레우스는 어디에서 만날 수 있습니까?"

"타르테소스강 하구로 가보세요. 황금 사과나무를 심을 때 옆에서 보신 분은 이분뿐입니다. 이분은 그 나무 심는 것을 본 죄로 그 나무를 찾는 자로부터 영원히 도망쳐야 한답니다. 저희는 지키는 요정들이지 범하는 분을 돕는 요정이 아닙니다."

"네레우스라면, 바다의 신 프로테우스처럼 둔갑 장신에 능한 그 바다의 버금 신이 아닌가요?"

"네레우스 신이 동산 있는 곳을 가르쳐주지 않을 방법은 도망치는 길뿐입니다. 헤라클레스 님은 어떻게 하든지 그분을 붙잡되, 그분이 숨기는 것보다 드러내는 쪽이 수월하다고 생각할 때까지 붙잡고 있어야 합니다. 진리를 아는 것도 이와 같고, 영광에 이르는 길도 이와 같습니다."

"나는 진리를 찾는 것이 아니고 헤스페리데스의 동산을 찾고 있어요. 내가 그대를 붙잡되, 숨기는 것보다 드러내는 쪽이 수월하다고 느낄 때까지 붙잡으면 어떻게 하겠어요?"

"헤라클레스 님, 그대는 영생 불사하는 신의 아들입니다. 저희 힘으로는 그대를 막을 수 없습니다. 그러나 저희 입으로 그 길을 가르쳐드릴 수도 없습니다. 하늘에는, 비록 아무것도 없는 듯하나 저희가 입 밖에 낸 말 한마디 새어 나갈 데가 없습니다."

네레우스는 프로메테우스에게 떠넘기고

헤라클레스는 요정을 놓아주고 타르테소스강 하구에서 바다로 들어갔다.

동산에 황금 사과나무가 심기는 것을 본 영광을 입은 대신, 그 사과나무 있는 곳을 묻는 사람들로부터 영원히 도망쳐야 하는 운명을 부여받은 바다의 버금 신이다? 헤라클레스는 이 말을 몇 차례나 되뇌었다.

헤라클레스가 온 지중해 바닥을 뒤져 찾아낸 뒤 손목을 틀어잡았는데도 네레우스는 해표로도 둔갑하고 돌고래로도 둔갑했다. 헤라클레스는 손목을 놓지 않았다. 네레우스는 물뱀으로 둔갑했다가 상대가 헤라클레스인 줄 알고는(난 지 여덟 달 만에 팔뚝만 한 뱀 두 마리를 목 졸라 죽인 헤라클레스가 아니던가) 기겁을 하고는 본모습으로 되돌아와 입을 열었다.

"나는 비록 폰토스(바다)와 가이아(대지)의 아들이나 보다시피 이렇게 늙은 몸이오. 여러 신이 비록 나를 해신의 말석에나마 있다고 말하나, 아니오, 나는 영생 불사를 얻은 몸이 아니오. 비록 프로메테우스에는 미치지 못하나 나 역시 가까운 앞일을 조금 짐작하기는 하오. 그러니 내가 시키는 대로 하시오. 그대는 헤라클레스이니, 그 황금 사과나무의 동산에 들어갈 수는 있을 것이오. 그러나 지금은 그대나 나나 헤라 여신의 눈총을 받을 때가 아니오.

그대가 알퀴오네우스를 죽인 직후에 기간테스와의 전쟁이 끝났소. 뭍으로 오르면 제우스 대신이 그대에게 시키는 일이 있을 것이오. 가서 프로메테우스를 구하고 그분에게서 선견의 지혜를 빌리면 이 또한 아름다운 일이 아니겠소."

네레우스의 말 그대로였다.

헤라클레스가 뭍으로 오르자 제우스는 전령신 헤르메스를 보내어 헤라클레스에게 프로메테우스를 살려내게 했다. 프로메테우스는 그즈음 저 북방의 카우카소스(코카소스)산에서, 뒤통수에서 항문까지 말뚝에 꽂힌 채 독수리에게 간을 뜯기는 형벌을 받고 있었다. 헤르메스는 헤라클레스에게 제우스의 명을 전했다.

"이제 가서 프로메테우스의 간을 쪼아 먹는 독수리를 쏘아 죽여도 좋다. 아무래도 제우스께서는 프로메테우스와 화해하신 것 같다."

프로메테우스는 아틀라스에게 떠넘기고

카우카소스 땅이 속하는 스퀴티아는 먼 북방의 나라다. 당시 헬라스 사람들은 스퀴티아를 '말 젖을 짜서 술로 빚어 먹는 사람들의 나라'라고 불렀다. 유목민들이 사는 나라였던 모양인가?

헤라클레스가 스퀴티아의 카우카소스로 달려갔을 때는 마침 아침이었다. 독수리가 밤새 돋아난 프로메테우스의 간을 파먹으러 내려오고 있었다. 헤라클레스는 화살 단 하나로 독수리를 공중에서 납덩어리처럼 떨어지게 했다. 사수가 헤라클레스가 아니었던들 보는 사람은 독수리가 프로메테우스를 겨누고 내려 꽂힌다고 여겼을 터였다.

독수리와 사슬과 말뚝에서 벗어나자 프로메테우스가 선견자답게 말문을 열었다.

"나는, 헤르메스가 전한 제우스의 명을 받들어 그대가 나를 구하러 올 것을 알고 있었다. 비록 제우스의 명에 의한 것이어도 내가 그대에게 은혜를 입은 것은 분명하다. 무슨 까닭이냐? 그대 아니고는 나를 구할 자가 없기 때문이다. 나는 그대가 오리라는 것을 오래전부터 알고 있었다. 그대가, 한 신이나 한 인간, 한 시대나 한곳에, 시작에서 끝까지를 통틀어 단 한 번만 오는 순간으로 올 줄을 알고 있었다. 한 번만 오는 순간이라는 말을 유념하라. 그대는 이 길로 하늘을 어깨로 받치고 있는 아틀라스를 찾아가거라. 아틀라스는 내 형제다. 올륌포스 신이 아니고서도 헤스페리데스의 동산에 갈 수 있는 자는 아틀라스뿐이다. 아틀라스가 바로 헤스페리데스의 친족이기 때문이다. 올륌포스 신이 아니고서도 아틀라스를 동산으로 보낼 수 있는 자는 그대뿐이다. 아틀라스 대신 하늘을 떠받치고 있을 수 있는 자는 그대뿐이기 때문이다.

그대가 직접 헤스페리데스의 나라에 갈 수 없는 까닭을 일러주마. 헤스페리데스 동산에는 헤라 여신이 쉬시는 데가 있고, 사과나무를 지키는 용 라돈이 있다. 이 라돈은 헤라 여신이 몸소 뽑아 동산에 둔 괴수다. 그대도, 눈꺼풀이 없어서 한평생 눈을 감지 않는다는 이 라돈 이야기를 들어본 적이 있을 것이다. 만일에 그대가 간다면 그대는 이 라돈과 싸워야 할 것이다. 라돈은 뱀의 여신 에키드나의 아우다. 그대가 지킴이 용을 그냥 둘 리 없을 것이고, 라돈이 수많은 친족을 죽인 그대를 그냥 둘 리 없을 것인즉, 일이 이렇게 되어서는 안 된다. 그대는 당당하게 들어가 황금 사과를 요구할 입장이 아니다. 따라서 일을 공연하게 버르집어서는 안 된다.

대신 아틀라스를 보내어라. 아틀라스는 잠시라도 하늘의 무게를 벗어나고 싶어 한다. 하지만 그대 아니고서야 누가 아틀라스 대신 하늘을 짊어지고 견딜 수 있으랴. 그대가 하늘을 짊어지고 있으면 그동안 아틀라스가 황금 사과를 따 올 것이다.

그러나 아틀라스는 교활한 위인이라 우직한 그대가 교활한 아틀라스의 말재간에 넘어갈까 그게 염려스럽다. 잠깐 그대 귀를 빌려야겠다. 보레오스(북풍)와 제퓌로스(서풍) 몰래 그대에게 계책을 하나 일러주마."

"······."

그러니까 말이지······ 속닥속닥.

알겠습니다······ 끄덕끄덕.

프로메테우스의 귓속말에 고갯짓으로 답한 뒤 헤라클레스는 아프리카로 내려갔다.

아틀라스는 헤라클레스에게
떠넘기려 했으나 실패하고

아시다시피, 아틀라스는 아프리카 땅 서쪽 끝에서 어깨로 하늘 축을 떠메고 있다. 거신족과 올륌포스 신들과의 전쟁 때 제우스에게 맞선 죗값을 그렇게 치르고 있는 것이다. 아틀라스는 페르세우스와 입씨름을 하다 메두사의 얼굴을 보고는 몸이 굳어지는 곤욕을 치르기도 했다.

헤라클레스가 찾아가 프로메테우스의 말을 전하자 아틀라스는 반색을 하며 좋아했다. 아틀라스가 어찌나 좋아했던지, 이슬이 마르면서 시들기 시작하던 수염 숲, 머리카락 숲이 비 맞은 죽순처럼 허리를 펴고 일어섰다.

"내가 인간이어서 메두사의 머리를 보고 뼛속까지 석화되었더라면 차라리 나았을 것을. 미처 석화되지 않은 허리가 끊어질 듯이 아프다. 그대가 잠시 나를 대신해서 이 하늘을 둘러메고 있으면 내가 가서 내 동산에 가서 황금 사과를 취해다 줄 것을 약속하리라."

"하늘의 축은 내가 이 어깨로 버티고 있겠습니다. 그러나 내 키는 인간의 키에서 크게 자란 것이 없어 어깨가 하늘의 축에 닿지 않습니다. 먼저 돌단을 쌓아 내가 거기 올라가 하늘의 축에 어깨를 댈 수 있게 해 주십시오."

헤라클레스는 돌단을 아틀라스의 어깨 높이까지 쌓은 다음 그 위에 올라서서 왼쪽 어깨로 하늘 축을 받았다. 하늘 축에서 놓여난 아틀라스가 허리를 펴고 기지개를 켜자 반쯤 석화되어 있던 어깨의 바위 절벽이 비늘처럼 떨어져나갔다.

아틀라스가 그 길로 곧장 헤스페리데스의 동산으로 달려가 황금 사과를 따 오기까지 걸린 시간은 한 끼 밥을 먹는 시간만큼도 되지 않았다.

"그렇게 속히 다녀올 수 있는 곳을 어째서 인간은 평생을 가도 못 가는 것이오?"

헤라클레스의 입에 발린 소리에 아틀라스가 거드름을 피우며 대답했다.

"인간은 그 가는 길을 모르기 때문이다. 하지만 눈이 열린 자에게는 하늘과 땅도 마주 닿아 있는 것으로 보일 것이다. 내가 황금 사과 동산까지 발로 다녀온 줄 아느냐? 헤스페리데스가 비록 내 친족이나 그 동산에는, 내가 발로는 천 년을 걸어도 이르지 못한다."

"나도 압니다. 넓고 두꺼운 나뭇잎에 햇빛이 비치자 그늘진 잎 뒷면으로 몸을 피하는 개미를 본 적이 있소이다. 미련한 놈은 잎사귀를 가로지르고 가장자리를 돌아 뒷면으로 기어갔고, 눈 밝은 놈은 잎사귀에 난 구멍을 통하여 바로 뒷면으로 넘어갑디다."

"그 미련한 개미가 바로 너 헤라클레스다. 내가 이 황금 사과를 너에게 넘겨주고 다시 그 하늘 축을 넘겨받을 줄 알았을 테지? 그렇게는 안

아틀라스 대신 하늘 축을 떠받친 헤라클레스
1620년대(추정)에 제작된 찰스 데이비드의 동판화. 런던 대영박물관.

된다. 나는 천 년 동안이나 하늘 축을 대신 짊어질 수 있는 자를 기다려왔다. 그동안이 얼마나 긴 세월이었는지 네 달력으로는 셈할 수가 없을 것이다. 잘 있거라, 헤라클레스. 그 무거운 하늘 축을 벗어난 나에게 이제 어디로 갈 것이냐고 묻지 말아라. 나는 이제 아무것도 두려워하지 않는다. 나는 자유니까."

"잠깐만, 아틀라스 신이여. 나는 남의 자유를 빼앗는 자가 아니고 남을 자유롭게 하는 자입니다. 나는 죽음에 대한 공포, 저승에 대한 공포, 전쟁에 대한 공포로부터 인간을 풀어주었습니다. 나는 그대의 형제 프로메테우스를, 인간에게 불과 지혜와 문화를 베풀었던 저 프로메테우스를 카우카소스의 바위산에서 해방시킨 자입니다. 이제 그대는 자유니까 어디로 가든지 그것은 그대의 자유입니다.

하지만 내 말을 한마디만 들으세요. 내가 몽둥이를 어느 손에 들고 다닙디까? 나는 오른손잡이입니다. 오른손잡이가 왼쪽 어깨로 하늘 축을 건디고 있자니 몹시 힘에 겹습니다. 자, 이 하늘 축을 오른쪽 어깨로 좀 옮겨주세요. 아틀라스 신이 설마 이렇게 작은 청을 물리쳐 인간의 웃음거리가 되려 하지는 않겠지요?"

"그거야 어렵지 않다."

아틀라스는 황금 사과를 땅바닥에 내려놓고 헤라클레스 옆으로 다가가 하늘 축을 조금 들어주었다.

헤라클레스는 하늘 축을 왼쪽 어깨에서 오른쪽 어깨로 옮기는 척하다 재빨리 거기에서 빠져나와 돌단에서 뛰어내렸다. 아틀라스는 하늘 축을 든 채 엉거주춤하게 서 있었다.

"이제 쉴 만큼 쉬었으니 다시 하늘 축을 둘러메시지요만, 너무 거칠게는 다루지 마세요. 별들이 후두둑 떨어지리다. 그대는 속았어요. 무작배기 헤라클레스에게 속았으니 그리 아세요. 프로메테우스는 그대가 술수 부릴 것을 짐작하고 부러 내게 가르쳐주었어요. 나는 갑니다. 어디로 가느냐고 묻지 마세요. 나는 자유니까."

헤라클레스에게 황금 사과를 내미는 아틀라스

제우스 신전의 벽 장식 조각품. 하늘 축을 대신 떠받치고 있는 헤라클레스(중앙)에게 아틀라스가 황금 사과를 내밀고 있다. 헤라클레스 뒤로는 아테나 여신이 서 있다. 올림피아 올림피아 박물관.

    헤라클레스는 땅바닥에 놓인 황금 사과를 들고 그 자리를 떠났다. 아틀라스는 닭 쫓던 개 표정을 하고 있다가, 하늘 축을 그렇게 들고만 있을 일이 아니어서 살며시 어깨 위에 올려놓고는 한숨을 쉬었다.
    헤라클레스는 돌아오는 길에 어째서 강의 요정은 네레우스에게 떠넘겼고, 네레우스는 프로메테우스에게 떠넘겼으며, 프로메테우스는 어째서 또 아틀라스에게 떠넘겼는지 그 까닭을 곰곰이 생각해보았다.
    그는 어쩌면 혼자 두 발로만 걷던 시대가 가고 있음을 얼핏 깨달았을는지도 모른다.

* * *

    헤라클레스가 이 황금 사과를 가지고 뮈케나이로 돌아오자 아르고스 왕은 이 사과를 헤라 여신에게 다시 바쳤다. 헤라클레스의 승승장구에 슬슬 약이 오르던 헤라 여신은 이 대목에서 바싹 약이 올라 이렇게 아르고스 왕을 꾸짖었을 법하다.

"네가 진짜 내가 세운 아르고스 왕이냐? 내 뜰에서 내 사과를 따 오게 해서 네가 얻은 것이 무엇이냐? 망치받이 모루 노릇 하라고 세상에 너를 지어 칠삭둥이로 보냈더니 헤라클레스를 명검으로 별러놓으니, 이 칼이 장차 어디를 겨눌지 근심스럽구나."

헤라 여신이 그 황금 사과를 거둔 자리에는 아테나 여신이 함께 있었다. 헤라 여신은 아테나 여신에게 한숨에 섞어서 말했다.

"불화의 여신 에리스가 불화의 사과 한 알로 아프로디테와 그대 앞에서 나를 욕보이더니, 이제 헤라클레스가 이 황금 사과 몇 알로 내 낯을 뜨겁게 하는군요. 어리석은 아르고스 왕이 어쩌자고 내 사과로 내 원수의 자식을 시험했을까.

내 얼굴에 모닥불이 묻은 듯 뜨거우나 헤라클레스가 가상한 것은 가상하네요. 그것이 사자나 잡고 암사슴이나 쫓고 멧돼지 사로잡는 것에만 능한 줄 알았더니 내 뜰 사과나무에서 황금 사과 따 오는 일을 주머니에 든 물건 꺼내듯이 하고 있지 않아요? 내가 그대에게 속아 어린것에게 젖 먹인 것을 기억하시지요? 처음에는 분하고 원통하더니만 이제 대견스럽다는 생각까지 드니 모를 것은 내 마음이군요.

우직하나 나름대로 현명한 데가 없지 않고, 무작스러우나 질긴 데가 없지 않은 저 헤라클레스를 보세요. 아르고스 왕이 곳곳에 묻어둔 돌부리를 딛고 올륌포스로 올라오고 있는 것 같네요."

헤라 여신의 이 인색한 찬사를, 우리는 열한 번째 과업의 끝을 알리는 말 매듭으로 삼아도 좋을 듯하다.

14
살아서 저승에 가다

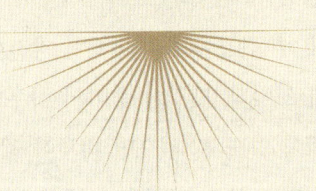

코프레우스의 기발한 아이디어

옛이야기 책을 더러 뒤적거려본 적이 있는 독자라면 이미 알고 있을 것이다. 아르고스 왕이 헤라클레스에게 맡기는 과업 또한 열한 가지에서 끝나지 않는다. 옛이야기 책을 자주 뒤적거려본 독자라면 이 과업이 열세 가지가 되지 않는다는 것도 짐작할 것이다. 그렇다. 열두 가지다.

헤라클레스가 열한 번째 과업의 고비까지 무사히 넘기자 아르고스 왕은 코프레우스에게, 범 잔등에 올라탄 듯한 착잡한 심경을 말했다.

"때리면 때리는 대로 맞되, 맷집이 좋아서 아무리 때려도 넘어가지 않는 자와 싸워본 적이 있느냐? 없으면 미루어 헤아려보아라. 헤라클레스가 바로 그런 자다. 그런 자와 싸우다 보면 처음에는 신이 나고 다음에는 진력이 나고 마침내 무서워지는 법이다. 지금의 내가 그렇다. 무섭구나, 정말 무섭구나. 하도 무서워서, 이제는 헤라클레스가 메두사의 머리 같아서, 바라만 보아도 내가 돌이 될 것 같구나. 어쩔꼬, 이제는 청동 항아리도 이 두려움에서 나를 지켜주지 못한다. 1백 개의 눈을 가진 이 아르고스 땅의 시조 아르고스가 내 옆에 있어도 이 두려움으로부터는 나를 지켜주지 못할 게다. 그렇다, 코프레우스. 이 두 눈 못 감아 벗어나지 못하는 두려움, 1백 개의 눈을 가진 거인이 지킨들 무슨 소용이 있으랴."

"전하, 헤라클레스의 목적은 전하를 해치는 것이 아닙니다. 따라서 두려워하실 일은 아닙니다."

"코프레우스, 내가 두려워하는 것은 내가 모르는 죽음이 아니고 내가 아는 삶이다. 헤라클레스와 한 하늘을 이고 사는 것이 두려운 것이다."

"전하께서는 비겁한 분이 아닙니다. 단지 꼬리를 물고 일어나는 생각을 끊지 못해 두려워하고 있을 뿐입니다."

"그걸 몰라서 이러고 있는 것이 아니다. 모이라이(운명) 여신이 운명의 실을 끊기 전에야 누가 제 상상력을 임의로 막을 수 있겠느냐? 저승왕 하데스에게 몸을 의탁해서라도 이 두려움에서 벗어나고 싶구나."

코프레우스가 이 말을 듣다 말고 두 눈을 반짝이며 아르고스 왕 앞으로 다가섰다.

"전하께서 하데스에게 몸을 의탁하실 것이 아니라 헤라클레스를 하데스에게 보내면 되지 않겠습니까?"

"날더러 제우스 대신의 형제분이신 하데스 신의 손을 빌려 대신의 아들인 헤라클레스를 치라는 말이냐? 나는 헤라클레스에게 과업을 열한 가지나 맡겼어도 올림포스 으뜸 신들을 시험한 적은 없다."

"하데스 신을 시험하시는 것이 아닙니다. 하데스 궁전 앞 아케론강가에 저승의 지킴이 개 케르베로스가 있다는 건 전하도 아시겠지요. 헤라클레스를 보내어 그 개와 싸움을 붙여보시지요. 케르베로스는 저승의 개올습니다. 저승의 개는 죽는 법이 없는즉, 기어이 헤라클레스를 저승에다 잡아둘 것입니다. 헤라클레스가 하데스궁에 들어가려면 죽어야 할 터이나, 혹 신통한 방법이 있어서 산 채로 내려가더라도 이 저승의 지킴이 개가 헤라클레스를 거기에다 가두고 말 것입니다."

"그렇다고 해서 헤라클레스에게 저승의 지킴이 개를 죽이라고 할 수야 없지 않으냐? 이승에는 이승의 법도가 있고 저승에는 저승의 법도가 있을 터인데 어떻게 이승 인간에게 저승 지킴이 개를 죽이라고 할 수 있느냐?"

"죽이라고 하면야 하데스의 법에 어긋나지요. 산 채로 끌고 이승으로 나오라고 하면 되지요."

"하데스의 지킴이 개를 끌고 나오라고 한다?"

"하데스의 지킴이 개가 이승으로 끌려 나올 턱이 없지요. 그러니까 헤라클레스의 목숨은 이제 이승 것이 아니라 저승 것이지요. 전하의 권능과 이 코프레우스의 꾀가 마침내 때를 만났습니다."

"열한 번이나 때를 놓친 자는 말을 그렇게 하지 않는다. 하지만 네 계책에 빈 데가 보이지 않으니 나가서 헤라클레스를 만나 그렇게 전하라. 그러나 명심하여라. 만에 하나 헤라클레스가 그 저승의 개를 끌고 나온다면 죽은 목숨은 헤라클레스의 목숨이 아니라 우리 목숨일 것이다."

코프레우스가 왕의 뜻을 전하러 오자 헤라클레스는 활을 손질하고 있다가 어긋나게 말했다.

"이번에는 무엇을 하라더냐? 올림포스 천성으로 올라가 대신의 수염을 뽑아 오라고 하더냐, 저승으로 내려가 하데스의 투구를 벗겨 오라고 하더냐?"

코프레우스는 신성을 모독하는 헤라클레스의 말에 기겁을 하고는 발로 땅을 세 번 굴러 액막이를 한 뒤에 왕의 뜻을 전했다.

헤라클레스는 활을 한쪽으로 치우고 탄식했다.

"아르고스 왕이 비열한 자인 줄만 알았지 잔인한 자인 줄은 몰랐구나. 아내와 자식을 죽인 죄를 닦으러 왔더니 죄인을 아내와 자식에게로 보내니 이자가 잔인하지 않으냐? 아르고스 왕에게 이렇게 전하라. 내 눈에서 다시 눈물이 흐르게 하면 장차 그 눈에서 피가 흐를 것이라고……. 신성을 시험하면 장차 빌 곳이 없을 것이다. 또 전하라. 내가 케르베로스를 끌고 올 때가 되면 청동 항아리에서 나와 무쇠 항아리 속으로 들어가라고 하더라고."

헤라클레스는, 꽁지가 빠지게 도망치는 코프레우스를 눈으로 배웅하고 아르고스를 떠났다.

저승에 이르는 길

하데스의 땅, 우리가 '저승'이라고 하는 그 하데스의 땅에 이르는 방법에는 여러 가지가 있다. 그러나 인간이 택할 수 있는 길은 하나뿐이다. 하데스의 오른팔인 타나토스(죽음)를 따라가는 길이 그것이다. 그러나 타나토스를 따라가면 다시는 태양을 볼 수 없다. 레테(망각)강을 건너버리면 이승의 삶을 송두리째 잊고 돌아올 수 없는 망령, 하데스의 백성이 되어버리기 때문이다. 뿐만 아니라. 헤라클레스는 타나토스의 원수이기도 하다. 아드메토스왕의 아내 알케스티스를 데려가다가 헤라클레스에게 빼앗긴 타나토스가 아니던가.

헤라클레스는 하데스의 법을 어기지 않고 저승 땅으로 내려가야 한다. 그러면서도 신들이나 유명한 무당을 사이에 넣지 않고 저승 땅으로 내려가는 방법은 한 가지뿐이다. 엘레우시스 밀교로부터 도움을 얻는 방법이 그것이다.

'엘레우시스'는 곡식의 여신 데메테르의 본고장이다. 저승 왕 하데스의 왕비 페르세포네는 바로 데메테르의 딸이다.

딸 페르세포네가 하데스 손에 납치되었을 때, 데메테르는 딸을 찾아다니다 엘레우시스 땅에 이르렀다. 데메테르가 식음을 전폐하고 온 땅을 헤매 돌다 지쳐 다리를 꺾고 주저앉은 곳이 바로 엘레우시스 땅의 어느 길가 바위 위다. 데메테르는 쏟아지는 햇빛 달빛은 물론 때 없는 소나기까지 맞으며 이곳에 앉아 아흐레 밤낮을 울부짖었다.

이때 데메테르를 불쌍하게 여기어 집으로 안내하고 보리죽을 대접한 노인이 있다. 이 노인이 바로 엘레우시스 땅의 켈레우스다. 데메테르는 이 노인의 은공을 잊지 않고 그 아들 트립톨레모스에게 농사를 가르쳤다. 트립톨레모스는 역시 그 공을 잊지 않고는 사당을 세우고 해마다 데메테르에게 제사를 드리니 이 제사하는 풍습이 곧 '엘레우시스 밀교'다.

헤라클레스가 이 밀교에 몸을 담은 데는 까닭이 있다. 이 밀교의 신관들은 땅의 여신 데메테르와, 그 딸인 하데스 왕비 페르세포네의 비호를 받는다. 그래서 이들은 밀알이 썩어 새싹이 트는 이치와 인간이 죽어 망각의 강을 건너가고 아기가 그 강을 건너 이 땅으로 오는 이치를 안다. 따라서 이 밀교의 신관인 퓔리오스는 하데스 땅으로 들어가는 길을 안다. 헤라클레스가 보리죽을 얻어먹으며 엘레우시스 밀교의 신자 노릇을 한 것은 이 때문이다.

헤라클레스는 퓔리오스의 도움을 얻어 라코니아 땅의 타이나론 동굴을 통하여 저승 땅으로 내려갔다. 퓔리오스는 헤라클레스가 견본을 잔뜩 짊어진 철물 장수처럼 창, 칼, 활, 몽둥이를 하나 남김없이 들고, 차고, 메고, 쥐고 있는 걸 보고는 생각이 짧은 것을 이렇게 나무랐다.

"이 문을 지나 하데스의 땅에 이르면, 처음부터 거기에 있던 것이 있고 나중에 거기에 있게 된 것이 있다. 네가 병장기를 잔뜩 짊어지고 가니까 내가 하는 말이다만, 처음부터 거기에 있던 것은 네 병장기를 두려워하지 않는다. 죽은 자들의 나라에 있되 영원히 사는 것들이기 때문이다. 나중에 거기에 있게 된 것들에게도 네 병장기는 소용에 닿지 않는다. 나중에 거기에 있게 된 것은 인간이든 짐승이든 한낱 그림자에 지나지 않는다. 따라서 찔러도 찔리지 않고, 베어도 베이지 않으며, 쏘아도 맞지 않고, 쳐도 쓰러지지 않는다. 그러므로 너는 병장기에 기대는 네 마음부터 고쳐먹고 문을 지나야 할 것이다."

저승 땅으로 내려가 하데스의 궁전에 이르려면 여러 개의 강을 건너야 한다.

첫 번째 강이 아케론(비통의 강)이다. 이 강에는 카론(뱃사공)이라는 사공이 바닥이 없는 소가죽 배로 죽은 자들의 혼을 강 저쪽 강둑으로 건네준다. 이 영감은 어찌나 고집이 세고 다루기가 까다로운지 강 이쪽의 배를 얻어 타지 못한 망자들 수는 저쪽으로 건너간 망자들보다 많을 정도다. 이 영감이 헤라클레스를 순순히 배에 태워주었을 리 없다. 헤라클레스에게는, 프쉬케의 눈물도, 오르페우스의 수금도, 아이네이아스의 황금 가지도 없었을 터이니 그 편이 당연하다.

헤라클레스는 우격다짐으로 영감을 배에다 태우고는 이 강을 건넜다. 카론은 이때 헤라클레스를 막지 못한 죗값으로 한 해 동안 사슬에 묶이어 정배당하는 벌을 받았다.

이 아케론을 건너면 코퀴토스(시름의 강)와 플레게톤(불의 강)이 차례로 나타나고, 이 두 강을 마저 건너면 이윽고 레테(망각의 강)가 나타나 그 긴 몸을 흐느적거린다. 망자는 이 레테를 건너는 것과 동시에 이승의 일을 까맣게 잊고 저승 땅의 백성으로 다시 태어난다.

그러나 레테를 건너는 망자가 다 이승의 일을 까맣게 잊어버리는 것은 아니다. 신인이나 인간들 가운데엔, 한이 하도 깊어 이 수많은 강을 지나고도 이승 일을 잊지 못하는 신인이나 인간이 있다. 이들의 한은 '비통의 강'과 '시름의 강'을 건너도 풀리지 않고 '불의 강'을 지나도 타지 않으며 '망각의 강'을 건너도 잊히지 않는다.

망각의 강 레테는 망각하지 않는 자에 의해서만 '망각의 강'으로 되살아난다. 저승이 산 채로 다녀온 자에 의해 그 모습을 드러내듯이.

멜레아그로스의 슬픈 운명

헤라클레스가 하데스의 궁전으로 다가가자 수많은 망자의 혼백이 도망쳤다. 이승의 일을 까맣게 잊은 그들이 헤라클레스를 알아보고 도망쳤을 리 없으니 그림자에 지나지 않은 저희와는 달리 피가 통하는 살덩어리에 겁을 집어먹었는지도 모를 일이다. 헤라클레스는 제 손으로 죽인 아내와 자식들의 혼백을 찾으려고 망자의 혼백 뒤를 따르고 있다가 문득 앞길을 막아서는 건장한 사내의 혼백에 막혀 걸음을 멈추었다. 이 혼백의 주인이 바로 멜레아그로스다.

"자네는 멜레아그로스가 아닌가! 칼뤼돈의 멧돼지를 죽인 영웅이 어째서 이 음습한 저승을 헤매는가?"

이렇게 소리치며 멜레아그로스의 손목을 잡았다. 그러나 멜레아그로스의 손목은 헤라클레스의 손안에서 재가 되었다가 저승 땅의 음습한 바람에 흩날렸다.

"헤라클레스, 헤라클레스."

멜레아그로스는 망각의 강을 건너고도 기구하고 슬픈 제 신세를 다 잊지 못했는지 잿물 같은 눈물을 흘리며 헤라클레스의 이름을 불렀다. 가루가 되어 바람에 날렸던 재가 다시 멜레아그로스의 손목으로 모이고 있었다. 칼뤼돈의 영웅 멜레아그로스는 어쩌다 젊은 나이에 저승으로 오게 되었는가?

멜레아그로스 이야기는 이 신화 이야기책 2권에서 자세하게 쓴 적이 있다. 썼던 이야기 또 쓰기가 미안해서 간략하게만 적는다.

칼뤼돈 왕실의 왕비 알타이아가 아들을 낳았다. 때는 겨울철이어서 화덕에서는 장작이 타고 있었다.

아기 어머니 알타이아의 귀에 두런거리는 소리가 들렸다. 모습은 물론 보이지 않았다. 운명의 여신들이었다.

"물맛 있는 샘 쉬 마르고, 마른 장작 쉬 재가 된다. 어쩔꼬, 이 잘난 아이의 명이 타고 있는 저 마른 장작에서 더도 덜도 아닌 것을……."

아기 어머니 알타이아는 귀가 밝은 여자라 이 말을 엿듣고는, 타고 있던 장작을 꺼내어 물에다 넣어 불을 꺼버리고는 이것을 혼자만 아는 곳에다 감추었다.

어머니 덕분에 멜레아그로스는 헌헌장부로 잘 자라났다.

그런데 어느 날부터 무서운 멧돼지가 나타나 칼뤼돈 땅을 돌아다니며 농민들을 괴롭혔다. 멜레아그로스는 전 헬라스 땅의 한다하는 영웅들을 모아들여 이 멧돼지를 사냥하려고 했다. 이른바 '칼뤼돈의 멧돼지 사냥' 사건이다.

결국 이 멧돼지에게 치명상을 입히고 최후의 일격을 가한 것은 멜레아그로스였다. 멜레아그로스는 이 영광을, 사냥꾼들 중의 유일한 여성이었던 아탈란테에게 바쳤다. 사냥꾼들은 결국 영광이 아녀자에게 돌아간 것에 격분해서 들고일어났다.

멜레아그로스는 가장 격렬하게 항의하는 사냥꾼을 죽였다. 그 사냥꾼의 아우가 나서자 그 아우마저 죽이고 말았다. 졸지에 목숨을 잃은 형제는 바로 멜레아그로스의 외삼촌들이었다.

어머니 알타이아는 먼저 아들의 승전보를 듣고는 기뻐했다. 하지만 연이어 날아든 두 아우의 죽음은 알타이아를 걷잡을 수 없는 슬픔과 분노 속으로 몰아넣었다. 고민하고 또 고민하던 알타이아는, 예전 멜레아그로스가 태어나던 날, 불을 꺼서 감추어두었던 장작개비를 찾아내어 화덕에다 던져 넣었다. 그 순간 멜레아그로스의 몸은 재가 되어 이 땅에서 사라졌다.

칼뤼돈의 멧돼지 사냥
이 사냥은 석관 돋을새김으로 인기 있는 소재였다. 멜레아그로스에 빗대어 죽은 자의 용기를 칭송할 수 있기 때문이었다.

헤라클레스는 그 멜레아그로스를 저승에서 만난 것이다.
멜레아그로스의 기막힌 사연을 끝까지 듣고 헤라클레스도 걸치고 있던 네메아의 사자 가죽으로 눈물을 훔쳤다.
"멜레아그로스여, 너무 슬퍼 말아라. 어머니의 손에 타 죽은 네 죽음이 슬픈 죽음이라면 남편의 손에, 아비의 손에 맞아 죽은 죽음도 슬픈 죽음이다. 아, 강보에 싸인 채 죽는 죽음만큼 복된 죽음이 없다는 말은 빈말이 아니구나."
"헤라클레스, 내가 슬퍼하는 것은 나의 죽음이 아니오. 나는 당신의 죽음을 슬퍼하고 있는 것이오."
"나는 죽어서 저승 땅으로 온 것이 아니다. 하데스궁의 지킴이 개 케르베로스를 잡아가 내 죄를 닦으려고 온 것이다."
"당신이 무슨 죄를 지었소?"

검게 그을린 멜레아그로스
검은 피부가 타다 만 장작개비를 연상하게 한다. 멜레아그로스란 이름이 운명을 짐작하게 한다. '멜라'는 '검다'는 뜻이다. 16세기 이탈리아 조각가 피에르 야코포 알라리 보나콜시가 제작한 청동상. 런던 빅토리아 앤드 앨버트 박물관.

멜레아그로스의 물음에 헤라클레스는 아내 메가라와 아들들을 죽인 이야기, 그 피가 테세우스의 손에까지 옮겨 묻었던 사연, 아르고스 왕을 섬기면서 죄를 닦고 있다는 이야기까지 줄여서 했다. 멜레아그로스는 헤라클레스에게 아내가 없다는 말을 귀에 담았던 모양이다.

"헤라클레스, 내 육신이 불에 타고 재가 되어 바람에 날리자 내 어머니 역시 목숨을 끊으셨소. 내 고향 칼뤼돈에는 지금 내 아버지와 내 누이 데이아네이라가 남아 우리의 죽음을 슬퍼하고 있을 것이오. 청컨대 내 누이를 어여뻬 여겨주시오. 당신 같은 영웅이 아내로 맞아주지 않으면 많은 사내가 내 누이로 인하여 피를 흘리며 싸우다 이 저승 땅으로 내려오게 될 것이오."

"멜레아그로스, 자네의 누이를 아내로 맞을 것을 약속한다. 그리고 하데스의 덜미를 잡아 증오의 강에 처박더라도 자네를 다시 데리고 올라가 우리의 혼례를 자네 눈으로 보게 할 것도 약속한다."

"헤라클레스, 나는 안 됩니다. 나는 재가 되었습니다. 당신이 휘드라의 목을 자르고 그 자리를 어떻게 했습니까? 불로 지져 재를 만들었지요? 재는 때가 되면 죽는 모든 것의 죽음입니다. 재에서 날아오르는 것은 불사조뿐입니다. 대신 테세우스와 페이리토오스를 데리고 가세요. 아마 하데스의 궁 안에서 벌을 받고 있을 것입니다."

"테세우스……. 내 아내와 자식의 피가 묻은 내 손을 잡음으로써 그 죄를 나누어 짊어진 그 아티카의 영웅이 여기에 있다면, 이제 내게 그 빚을 갚을 때가 온 것이다."

케르베로스를 손에 넣다

헤라클레스는 멜레아그로스와 눈물로 작별하고 하데스의 궁전 쪽으로 걸었다. 멀리서 하데스 궁전의 지킴이 개 케르베로스가 꼬리를 흔들고 있었다.

케르베로스는 '삼구견', 즉 입이 세 개인 개 혹은 '삼두구', 즉 대가리가 세 개인 개라는 별명이 붙은, 참으로 괴망하기 그지없는 저승의 지킴이 개다. 하지만 그 족보를 조금만 따져보면 괴망하다는 말이 새삼스러워진다.

케르베로스는 괴물 튀폰과 에키드나의 자식이다. 따라서 기왕에 헤라클레스 손에 죽은 네메아의 사자, 레르네의 휘드라, 괴견 오르트로스 같은 괴물과 형제간이다.

이 케르베로스에게는 대가리가 세 개 있다. 즉 대가리 하나로는 하데스궁 앞에서 망자의 혼백을 맞아들이고, 또 하나의 대가리로는 산 자의 접근을 막고, 나머지 하나로는 타르타로스(무한 지옥)를 빠져나가는 망자의 혼백을 막는다. 케르베로스는, 혹 혼백이 하데스궁을 빠져나가려 하면 에키드나의 자식답게 불을 뿜어댄다. 그리고 몸뚱아리에는 튀폰의 자식답게 수많은 뱀이 감겨 있고, 꼬리도 여러 마리의 뱀으로 되어 있다.

케르베로스는 늘 쇳소리로 짖으면서 끈적끈적한 침을 흘리는데, 쇳소리는 귀에 몹시 거슬려도 침은 절세의 미약, 신화시대의 '비아그라'였다고 한다.

그러나 저승 땅에서는 뭇 혼백을 떨게 하는 케르베로스가 헤라클레스 앞에서는 꼬리를 세우지 못했다. 혹자는 사슬로 묶으려는 헤라클레스와, 형제들의 원수를 갚으려는 케르베로스 사이에 무서운 싸움이 벌어진 듯이 쓴다. 그러나 케르베로스는 헤라클레스와 맞붙지 못했다.

케르베로스는 헤라클레스를 보자마자, 마땅히 대가리 하나로 산 자인 헤라클레스를 위협하여 하데스의 궁으로 들어가지 못하게 해야 하는데도 불구하고 그 앞에서 하데스의 옥좌 쪽으로 도망쳤다. 헤라클레스는 사자 가죽만을 뒤집어쓴 해괴한 모습으로 성큼성큼 저승 왕 하데스와 왕비 페르세포네의 옥좌 앞으로 다가갔다.

케르베로스를 데리고 나오는 헤라클레스
19세기 에스토니아 화가 요한 쾰레르의 그림.

　케르베로스는 하데스의 옥좌 밑으로 기어 들어가 숨을 죽이고 있었고, 페르세포네는 말없이 웃고 있었다. 어디에선가 형상은 보이지 않는데 목소리가 들려왔다. '하데스(보이지 않는 자)'의 음성이었다.
　"네가 한 혼백을 붙들고, 하데스의 덜미를 잡아 스튁스에 처박는 한

이 있어도 그 혼백을 데리고 올라가겠다고 하는 말을 내가 옆에서 들었다. 네가 할 수 있겠느냐?"

"할 필요가 없어졌습니다. 멜레아그로스에게는 이승에도 저승에도 육신이 없습니다. 그러나 케르베로스만은 제가 데려가게 해주십시오. 하데스 신께서 다스리시는 이 저승 땅의 법도가 중하고, 이 저승 땅의 도성을 지키는 케르베로스가 소중하다면 '헤라클레스(헤라의 영광)' 또한 가벼이 여기지 않으시겠지요."

웃고 있던 페르세포네가 하데스를 대신해서 말했다.

"나와는 한 아버지의 자식인 헤라클레스여, 내 어머니 데메테르가 이룩한 엘레우시스 밀교의 신자가 되어 저승 땅으로 오신 헤라클레스여, 내가 웃은 것을 용서하세요. 온 하늘, 온 땅이 두려워하는 저승 왕 하데스로 하여금 황급히 몸을 감추는 장신 투구를 쓰게 하시고, 저승 왕궁의 지킴이 개 케르베로스를 저승 왕의 옥좌 밑에 숨게 하시니 내가 웃지 않을 수가 있습니까? 그대가 이곳에 온 것이 처음이듯이, 하데스가 황급히 투구를 쓴 것도 처음이요, 케르베로스가 꼬리를 내린 것도 처음이며 내가 웃은 것도 처음이니, 바라건대 무례를 마음에 두지 마시고 뜻을 이루소서. 하지만 케르베로스는 날빛을 본 적이 없는 짐승입니다. 부디 사슬로 묶은 연후에 그 사자 가죽으로 고이 싸서 날빛 아래로 올라가시되, 이로써 헤라의 영광을 이루거든 케르베로스는 이 저승 땅으로 돌려보내주세요."

헤라클레스는 페르세포네가 시키는 대로 케르베로스를 사슬로 묶고 사자 가죽으로 싼 다음 어깨에다 둘러메었다.

테세우스를 구하다

테세우스 이야기, 잠깐 하고 넘어가기로 한다.

헤라클레스와 테세우스.

이 책에 따르면, 지금까지 헤라클레스와 테세우스는 두 차례 만난 것으로 되어 있다. 처음 만난 것은 테세우스의 나이 여섯 살 때의 일이다. 역사가 플루타르코스는, 헤라클레스가 사자 가죽을 쓰고 나타나자 어른 아이 할 것 없이 하나같이 겁을 집어먹고 도망치는데 오직 여섯 살배기 테세우스만 도끼를 들고 뛰어나오더라고 기록하고 있다. 따라서 이것이 두 영웅의 첫 만남이다.

두 번째 만남은, 발광한 헤라클레스가 아내와 아들들을 죽인 직후에 이루어진다. 그때 테세우스는 헤라클레스의 손을 잡고 그 손에 묻은 피를 자기 손에 묻히면서, 만일에 벌을 받아야 한다면 함께 받겠노라고 맹세한다. 아폴론의 신탁을 받아보자면서 헤라클레스를 델포이로 안내한 영웅도 테세우스였다.

독자들은 눈치 채셨는지?

이 두 만남에는 도저히 그냥 넘길 수 없는 모순이 존재한다. 두 번째 만남이 이루어진 시점은, 헤라클레스가 네메아의 사자를 죽이고 그 가죽을 벗겨 뒤집어쓰고 다니기 전이다. 다시 말해서 열두 과업이 시작되기도 전의 일인 것이다. 헤라클레스의 열두 과업이 시작되는 것은, 테세우스의 충고에 따라 아폴론 신전에서 신탁을 받고 아르고스 왕의 종살이를 시작하는 것과 때를 같이한다. 그런데 여섯 살배기 테세우스가 어떻게 사자 가죽을 뒤집어쓴 헤라클레스를 만날 수 있는가? 역사가 플루타르코스는 명저 『플루타르코스 영웅전』의 '테세우스 편'을 쓰면서 반쯤은 역사적 인물인 테세우스에게 신화적 세례를 베풀고 싶었던 것일까? 그가 어떤 기록을 근거로 그렇게 쓴 것은 아닐 것이다.

신화에서 이런 모순을 찾아내기는 어려운 일이 아니다. 신화에서 온갖 모순되는 것들이 하나로 어우러지고, 초라한 언어에서 비롯된 온갖 시비가 신화라는 이름의 이야기 속으로 함께 녹아 들어가는 경우는 드물지 않다.

신화에 따르면 아기 헤라클레스가 헤라 여신의 젖을 빠는데 어찌나 세게 빨았던지 여신이 기겁을 하고는 아기를 떼어놓는다. 이때 헤라 여신의 젖가슴에서 흘러내린 젖은 은하수가 된다.

 헤라클레스는 트로이아 공주 헤시오네로부터 막내 왕자인 어린 프리아모스를 너울 하나의 값으로 사게 된다. 프리아모스, 뒷날 피눈물을 흘리며 트로이아의 멸망을 지켜보아야 하는 불운한 임금이다. 이 두 사건을 두고 다음과 같이 묻는 친구가 있다면, 그 친구를 '얼간이'라고 놀려먹어도 죄 안 된다.

 "그렇다면 은하수의 생성은 트로이아 전쟁과 함께 기원전 13세기 즈음에 일어난 사건이라는 말인가요?"

 헤라클레스가 연하의 친구인 아티카의 영웅 테세우스를 만난 것은 하데스궁 앞에서였다. 테세우스, 뒷날 미노스 왕국의 미궁 속에서 괴물 미노타우로스를 죽이게 되는 영웅이다.

 테세우스는 친구 페이리토오스와 함께 감히 페르세포네를 납치하려 하다가 하데스 손에 잡혀 하데스궁 앞 암흑의 구덩이 안에서 레테(망각)의 의자에 앉아 벌을 받고 있었다. 죽이 잘 맞던 이 두 친구, 참으로 겁이 없었다. 이 둘은 트로이아 전쟁의 직접적인 원인 제공자인 '미스 헬라스' 헬레네를 납치한 적도 있다. 얼마나 겁이 없었는가 보라. 이 둘은 저승 왕 하데스에게 왕비 페르세포네를 내어달라고 조르다가 그 곤욕을 치르고 있었던 것이다.

 "테세우스여, 내 아내와 자식들 피가 묻은 내 손을 잡아 그 죄를 나누어지고자 했던 테세우스여, 그대는 필시 그 죗값을 치르느라고 여기 이 반석 같은 망각의 의자에 붙잡혀 있는지도 모르겠구나. 나는 그 죄를 닦느라고 아르고스 왕의 휘하에서 12년을 보내었다. 이제 이 케르베로스만 잡아가면 내 죄는 말끔히 닦일 것이다. 이제 내 손을 잡으라. 그대의 죄를 함께 닦을 차례가 되었구나. 모이라이(운명의 여신들)의 손길도

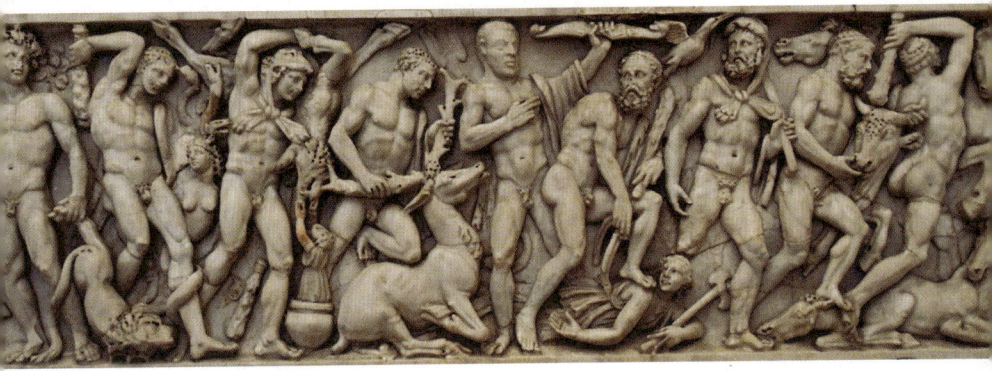

헤라클레스의 열두 과업
석관의 돋을새김. 로마 국립 박물관 알템프스 궁전.

오늘만은 그대 손을 내 손에서 떼어놓지 못할 것이다."

　망각의 의자에는, 한번 앉으면 엉덩이를 뗄 수 없다. 헤라클레스는, 한번 앉으면 영원히 앉아 있어야 하는 망각의 의자에서 테세우스를 번쩍 들어 올렸다.

　그러나 테세우스의 엉덩이는 망각의 의자에 달라붙어 떨어지지 않았다. 하데스의 권능은 역시 '장난'이 아니었다. 헤라클레스의 괴력 또한 '장난'이 아니었다. 한 차례 실패한 헤라클레스가 끙 소리를 내며 힘을 썼다. 그러자 테세우스의 엉덩이가 바위에서 떨어지는데, 가만히 보니 엉덩이 살은 고스란히 바위에 붙어 있었다. 무작배기 헤라클레스가 우격다짐으로 뽑아 올리는 바람에 테세우스는 엉덩이 살을 망각의 의자에 털렸던 셈이다. 이때부터 테세우스는 엉덩이 살을 몽땅 털린 뾰족 엉덩이로 세상을 나돌아 다니지 않으면 안 되었다. 온 헬라스 사람이 아티카 사람들을 '뾰족 궁둥이들lean bottoms'이라고 놀려먹는 것은 그들이 대부분 테세우스의 자손들이기 때문이다.

　테세우스를 내려놓은 헤라클레스는 이번에는 페이리토오스의 겨드랑에 두 손을 넣었다. 그러나 그 순간, 시켈리아(시칠리아)섬 밑에 묻혀

14 살아서 저승에 가다　　　　　　　　　　　　　　　941

있던 거인 엔켈라도스가 돌아눕는 바람에 대지와 함께 저승 땅이 크게 흔들렸다. 이 바람에 페이리토오스의 겨드랑이 들어가 있던 헤라클레스의 두 손이 쑥 빠지고 말았다. 헤라클레스가 다시 손을 내밀자 페이리토오스가 소리쳤다.

"헤라클레스여, 어서 테세우스를 데리고 이곳을 빠져나가세요. 저승 땅의 법은 한번 놓친 손을 다시 잡게 하지 않습니다. 이것이 저승 땅의 법이요, 이것이 나 페이리토오스의 운명입니다. 운명과의 싸움, 이제 신물이 납니다."

헤라클레스는 케르베로스를 어깨에 둘러멘 채 테세우스의 손을 잡고 황급히 스튁스강 쪽으로 내달았다. 저승 땅을 아홉 번 돌며 흐르던 스튁스는 잠깐 그 흐름을 멈추고 헤라클레스 앞에다 길을 내어주었고, 플레게톤(불의 강)은 잠시 불을 껐으며, 코퀴토스(시름의 강)는 한숨을 미루었고, 아케론(비통의 강)은 통곡을 잠시 참았다.

열두 과업의 완수

헤라클레스가 테세우스와 이별하고 아르고스 땅 뮈케나이 성문 앞에 이른 것은, 아르고스 왕에게 몸을 붙인 지 꼭 12년 되는 날이었다. 웬만한 사람이라면, 신탁이 못 박은 '12년'과, 과업이 끝나면서 종살이에서 풀려나게 되는 날이 꼭 12년이었다는 것을 알았다면 아폴론 신에 대한 두려움에 몸을 부르르 떨었음 직하다. 헤라클레스는 그렇게 예민하지 못했다. 뒷날 퉁방울눈을 부라리고 아폴론 신과 '맞짱' 뜨겠다고 나섰던 것을 보면.

아르고스 왕은 청동 항아리 속에 들어가 뚜껑을 닫고 있었다. 그는 코프레우스의 전갈을 받지 않고도 헤라클레스가 케르베로스를 잡아 뮈케나이성 안으로 들어왔다는 것을 알 수 있었다. 케르베로스가 짖어

대는, 큰 망치로 망치받이 모루를 내려치는 듯한 소리와 쇳조각으로 쇳조각을 긁는 듯한 소리가 묘하게 어우러진 소리는 일찍이 들어본 적이 없는 소리였다. 들어본 적은 없어도 언젠가는 음습한 저승에서나 듣게 될 것이라고 오래전부터 예감하던 소리이기도 했다.

"저를 아르고스 왕으로 세우신 헤라 여신이여, 어찌하여 저를 내시고 또 헤라클레스를 내시었습니까? 저는 저자를 12년 동안이나 수중에 잡아두고도 털끝 하나 상하게 하지 못했습니다. 여신이여, 차라리 이 아르고스 왕의 고난에서 일어선 저 헤라클레스의 영광을 받으소서."

이렇게 한탄하고는 코프레우스를 보내어 헤라클레스에게 다음과 같은 말을 전하게 했다.

"헤라클레스여, 강보에 싸인 채 뱀을 목 졸라 죽였다는 헤라클레스여, 네메아의 사자, 물뱀 휘드라, 에뤼만토스의 멧돼지를 죽여 괴악한 짐승들을 저만치 무찔러놓았으니 백성들이 좋아하겠구나. 헤라 여신의 현몽으로 그대에게 과업을 맡겼으되 나는 그 뜻을 일일이 알지 못한다. 백성들은, 그대가 케뤼네이아의 암사슴을 사로잡았을 때는 신들과 화해하는 길을 열었고, 스튐팔로스의 새들을 쫓았을 때는 전쟁 신의 한쪽 날개를 꺾었다고들 칭송한다더라. 그렇다면 디오메데스의 암말은 무엇이고 아우게이아스의 외양간은 또 무엇인가? 전쟁의 공포로부터 백성들을 구하고 삶의 터전을 말끔하게 닦아주었음인가? 그대는 미노스의 황소를 붙잡음으로써 사람의 손에 길들여지지 않는 흉포한 것들을 길들인 것인가? 아마존의 허리띠를 취함으로써 백전불패의 절대권을 장악한 것인가? 게뤼오네스의 소를 몰러 먼 땅을 방황한 것은 이로써 백성들에게 넓은 세상으로 눈을 돌리게 하려 했던 것인가? 알지 못하겠구나. 헤스페리데스의 사과를 취함으로써 지혜로움을 얻었고, 하데스의 지킴이 개를 사로잡음으로써 삶에서 죽음으로 눈을 돌리게 되었다고 백성들은 칭송하더라만, 나는 알지 못하겠구나.

가거라, '헤라클레스 칼리니코스(빛나는 승리자 헤라클레스)'여. 발광의 여신이 다시 그대에게 죄를 씌우더라도 오늘 떠난 아르고스 땅은 다시 찾지 말아다오. 이제는 그대에게 맡길 과업도 없고 맡길 명분도 끝이 났거니, 그대가 오더라도 내가 들어갈 청동 항아리가 다시 있을 것 같지 않구나."

헤라클레스가 케르베로스를 둘러메고 뮈케나이성을 나와 '엘레우테론 휘도르(자유의 물)'강 가에 이르렀을 때였다. 케르베로스가 꿈틀거리기 시작했다. 헤라클레스가 사자 가죽을 열자 케르베로스는 살며시 헤라클레스의 어깨에서 내려와 이 강으로 뛰어들었다.

헤라클레스의 열두 과업은 이로써 끝났다.

죽어야 할 팔자를 타고난 인간들이 저희 집 대문 상인방에다 이렇게 써 붙이는 풍습은 이때부터 시작되었단다.

"제우스의 아들 '헤라클레스 칼리니코스' 이 집에 거하시다. 제악물입(모름지기 '악'이라고 불리는 것들은 이 집에 들지 말지어다)."

아르고스의 지배자.

헤라 여신의 하수인이 되어 헤라클레스의 운명을 좌지우지했던 아르고스 왕은 어떻게 되었을까?

먼 훗날 헤라클레스가 승천한 다음, 이 무능한 왕은 감히 아테나이와 전쟁을 벌인다. 이 전쟁에서 아들을 잃고 달아나던 아르고스 왕 에우뤼스테우스는 휠로스 손에 죽임을 당한다. 헤라클레스의 아들인 휠로스는 아르고스 왕의 목을 베어 할머니, 즉 헤라클레스의 어머니인 알크메네에게 보내고, 알크메네는 뜨개질하는 바늘로, 몸뚱어리 없이 머리만 남은 이 왕의 두 눈마저 파내버린다.

15

헤라클레스의
삶은 끝나지 않았다

이피토스와의 슬픈 인연

열두 과업을 완수한 뒤 헤라클레스는 테바이에 한동안 머물렀다. 비록 제 손으로 처자식을 죽이고 저 자신을 추방했던 나라이기는 했다. 하지만 테바이는 그가 태어난 땅, 쌍둥이 아우 이피클레스와 함께 때로는 앞서거니 뒤서거니 때로는 아옹다옹하면서 자라난 고향이었다. 열두 과업을 완수하느라 몸과 마음이 지칠 대로 지쳐 있었을 것이다.

그런 헤라클레스의 귀에 참으로 솔깃한 소식이 날아들었다. 오이칼리아의 왕 에우뤼토스가 활쏘기의 맞수를 찾는다는 것이었다. 자기를 이기는 명궁이 있으면 딸을 주겠다는 것이었다. 당시 헤라클레스는 홀몸이었다.

테바이에서 소년 시절을 보낼 당시 쌍둥이 형제 헤라클레스와 이피클레스에게 활쏘기를 가르친 명궁 에우뤼토스의 이름을 혹시 기억하시는지? 에우뤼토스는 활은 잘 쏘았어도 겸손하지는 못했던 모양이다. 그는 활의 신 아폴론에게 감히 도전했다가 아폴론의 화살에 맞아 이 세상을 하직했다. 하지만 그는 역시 하늘이 낸 명궁이었던 모양이다. 오뒤쎄우스가 쓰던 활, 뒷날 오뒤쎄우스가 아내 페넬로페를 괴롭히던 구혼자들을 쏘아 죽인 활이 바로 에우뤼토스의 활이었다고 하니.

그러나 오이칼리아 왕 에우뤼토스는 이 명궁 에우뤼토스와 이름이 같을 뿐 같은 사람으로 보기 어렵다. 명궁 에우뤼토스는 겸손하지 못한 흠이 있지만 에우뤼토스왕은 약속을 무겁게 여기지 않는 비겁한 인물이기 때문이다. '에우뤼토스'라는 말은 '뤼토르 톡손', 즉 '명궁'이라는 뜻이란다. 말하자면 헤라클레스에게 활 쏘는 재주를 가르친 명궁이나 오이칼리아에서 왕 노릇 하는 '활의 명수'가 공히 '명궁'이라는 일반 명사를 이름으로 쓰고 있었던 셈이다.

아비의 사람은 그 모양이었어도 그 아비가 상으로 내건 처녀 이올레는 비올레(제비꽃)만큼이나 착하고 아름다운 처녀였다. 그러나 이 처녀는 아름다워서 아름답지 않은 것만 같지 못했다. 아비 에우뤼토스가, 이 아름다운 딸을 다른 '놈'에게 주는 것이 아까워, 활 재간으로 자기를 이기는 자가 있으면 딸을 주겠노라고 해놓고는 무수한 젊은이를 쏘아 죽이고 있었기 때문이다. 실제로 활 재간으로는 그 딸을 얻을 자가 가까운 나라에는 없을 만큼 에우뤼토스는 명궁이었다.

문제는 과녁이었다.

에우뤼토스는, 상대와 활 한 바탕 되는 곳에 떨어져 서서 서로 상대를 겨누고 활을 쏘는, 이른바 '마주 쏘기'의 명수로 악명이 높았다. 오이칼리아의 수많은 한량은 이올레를 바라고 왔다가 에우뤼토스의 이 '마주 쏘기' 시합에 걸려 이미 무수히 목숨을 잃은 터였다. 에우뤼토스는 헤라클레스를 맞고도 여전히 이 '마주 쏘기'로 승부 가릴 것을 주장했다.

헤라클레스는 그런 에우뤼토스왕을 타일렀다.

"'마주 쏘기'로 승부를 가리는 풍속이 널리 퍼지면 오이칼리아의 활잡이들은 씨가 마릅니다. 둘 중 하나는 반드시 죽을 테니까요. 그러니 다시 한 번 생각해보시지요."

에우뤼토스는 듣지 않았다.

"'마주 쏘기'는 주인인 내가 내거는 조건이니 나그네인 그대가 받아들여야 한다. '마주 쏘기'로 승부가 나지 않으면 그대가 고르는 과녁을 받아들이마."

　헤라클레스와 에우뤼토스는 궁전 앞마당에서, 활 한 바탕이 확실히 되는 거리를 사이에 두고 마주 섰다. 그러나 헤라클레스는 에우뤼토스가 시위에 살을 먹이자마자 활 두 바탕 되는 거리로 물러섰다. 따라서 에우뤼토스는 자그마치 활 한두 바탕 되는 곳에 서 있는 헤라클레스까지 화살을 날려야 했다. 인간인 에우뤼토스가 그렇게 먼 거리까지 화살을 쏘아 보낼 수 있을 리 없다.

　그러나 헤라클레스는 다르다. 태양신에게까지 활을 겨누어 기어이 그 사발 배를 빌려낸 헤라클레스가 아니던가? 헤라클레스가 살을 먹인 뒤 시위를 힘껏 당겼다가 깍지 손을 떼자 화살은 두 바탕 거리를 가볍게 날아가 에우뤼토스의 귀밑머리를 자르고 지나갔다.

　에우뤼토스가 살을 먹인 채 접근했지만 헤라클레스는 그가 한 걸음 떼어놓을 때마다 그 발 앞에다 살을 꽂았다. 에우뤼토스가 몹시 놀라 활을 거두고 헤라클레스에게 말했다.

　"그대는 '멀리 쏘기'에 능하구나. 그러나 나를 죽이지 못했으니 그대가 이겼다고 할 수 없다. '마주 쏘기'에서는 승부가 나지 않았다고 하는 편이 마땅하다. 이제 '마주 쏘기'를 물리치고 '과녁 쏘기'를 할 차례다. 과녁은 그대가 고르라."

　"내가 고르는 과녁에 토를 달지 않겠소?"

　"이 권한은 내가 이미 그대에게 일임한 바 있다. 그러나 과녁이 활 한 바탕 거리에서 멀어져서는 안 된다. 어떤 신이 그대의 뒷배를 보아주고 있는지 모르겠으나, 나는 인간이라 살을 한 바탕 이상은 쏘아 보낼 수가 없다."

　"내가 고르는 과녁에 토를 달지 않겠소? 그 과녁이 활 한 바탕 거리를 벗어나지는 않을 것이오."

　"토를 달지 않겠다. 설사 그 과녁이 내 아들의 투구 끈이라고 하더라도."

헤라클레스는 긴 위자 팔걸이에 기대듯이 비스듬히 앉아 있는 이올레 공주에게 다가갔다. 그러고는 과일 접시에서 사과 한 알을 집어든 뒤 이올레 공주의 손목을 끌고는 다시 마당으로 내려섰다. 에우뤼토스 왕과 그 신하들이 숨을 죽이고 헤라클레스의 거동을 지켜보고 있었다.

헤라클레스는 이올레의 목걸이 끝에 달린 보석을 사과에다 꿴 뒤 살그머니 사과를 놓았다. 사과는 이올레의 하얀 젖가슴 한가운데 조용히 자리 잡았다.

헤라클레스는 이올레의 손목을 잡고 150보를 걸은 뒤 이올레를 거기에다 돌려 세우고 에우뤼토스왕 옆으로 다가왔다.

"두 번 확인하셨으니 다른 말은 하지 마시오. 그대가 '뤼토르 톡손'이라면 시위 당기는 힘의 강약과 살이 날아가는 속도의 완급을 자제하는 재간도 익혔을 것이오."

"내 딸 이올레는 내가 내건 상이지 과녁이 아니지 않은가?"

"그대는 대체 사람으로 과녁 삼기를 좋아하는 명궁 아니오? 그대가 내건 상이 과녁이 될 수 없다면 그대를 과녁으로 삼으리까? 잘 보시오. 보고, 과년하면 아무리 소중한 자식도 남에게 나누어주는 버릇을 배우시오."

헤라클레스가 활을 들자 에우뤼토스는 손을 들었다. 에우뤼토스의 신호에 경호병과 궁수들이 일제히 헤라클레스에게 활과 창을 겨누었다. 만일의 경우 헤라클레스를 죽일 수도 있다는 뜻이었다.

헤라클레스는 이올레의 두 젖무덤 사이에 매달린 사과를 향해 살 네 개를 연하여 거푸 날렸다. 살 네 개는 더 들어가는 일도 덜 들어가는 일도 없이 딱 사과에만 들어가 꽂혔다. 이올레의 젖가슴에 난 노랑 털 한 올 다치지 않았던 것은 물론이다. 에우뤼토스도 같은 과녁을 쏠 수 있었을까? 마음이 여린 사람이 아닌데도 불구하고 그는 쏘지 못했다.

에우뤼토스는 약속을 지킬 것인가? 지키지 않기가 쉽지.

왕은 헤라클레스가 젊은 시절에 발광하면서 처자식을 죽인 일이 있다는 것을 알고 있었다. 그는 그것을 구실 삼아 헤라클레스를 빈손으로 보내려 했다. 아우게이아스왕이, 외양간 치운 품값을 나 모르쇠 하고 헤라클레스를 빈손으로 보냈듯이.

뿐인가?

아우게이아스 왕의 아들 퓔레우스가 아버지의 신의 없음을 면전에서 탄핵했듯이, 에우뤼토스의 아들 이피토스도 아버지를 향해 직격탄을 날렸다.

"헤라클레스의 과거를 문제 삼고 싶었다면 그것도 조건에 포함시켰어야 했습니다. 지금 문제 삼으시면 부왕께서는 신의를 다치실 것입니다."

그러나 아우게이아스왕이 그랬듯이 에우뤼토스도 끝내 아들의 말을 귀에 담지 않았다. 에우뤼토스의 운명, 이제 바람 앞의 등불이다.

헤라클레스는 이 에우뤼토스왕을 단단히 벼르면서 빈손으로 티륀스 성에 내려가 있었다. 티륀스성은 헤라클레스가 열두 과업을 완수할 동안 머문 곳이기도 하다.

어느 날, 이피토스가 헤라클레스를 찾아왔다. 아버지의 뜻을 거스르면서까지 헤라클레스를 편들어주었던 바로 오이칼리아 왕자다. 헤라클레스에게 이피토스는 귀한 손님이었을 수밖에 없다. 이피토스는 찾아온 내력을 이렇게 말했다.

"장군께서 떠나신 뒤 우리 오이칼리아는 엄청나게 많은 소를 도둑맞았습니다. 부왕과 중신들은 장군에게 혐의를 두고 있습니다만 제 생각은 다릅니다. 본 사람 말로는, 도둑이 소 떼 가까이 다가와 무리 중 우두머리 소의 목을 졸라 쓰러뜨리고 한 마리 한 마리에 손을 대자 쓰러진 소 말고는 소가 한 마리도 보이지 않더랍니다. 장군께서는 씨름의 명수이자 도둑질의 명수인 이자가 누구인지 아실 테지요?"

소 도둑은 다름 아닌 헤르메스 신의 아들 아우톨뤼코스였다. 씨름에 능해서 한때 헤라클레스에게 씨름을 가르쳤고, 도둑질에 능해서 훔칠 물건에 손을 대어 그 물건을 사라지게 할 수 있는 도둑은 도둑질과 사기와 말장난의 명수인 헤르메스의 아들 아우톨뤼코스뿐이었다.

헤라클레스는 짐작이 가는 바가 없지 않았던지 빙그레 웃으며 이 도둑을 두둔하는 말을 했다.

"이 세상에는 페르세우스같이 의로운 분이 있는가 하면 아우톨뤼코스같이 해괴한 놀음을 일삼는 신인도 있소. 내게 씨름과 술 먹기, 여자 보기를 가르친 분이 바로 이 아우톨뤼코스랍니다. 이분에게 배운 술 때문에 미쳐 날뛰다 여러 번 죄를 지은 바가 있소만 나는 나 자신과 술을 원망하지, 이분은 원망하지 않아요.

이분이 필시 내가 그대 나라에서 욕을 보았다는 소문을 듣고 앙갚음을 대신하느라고 소를 훔쳤을 것이오. 내가 아우톨뤼코스에게 좋은 말을 하고 소 떼를 되돌려 보내게 하겠소."

헤라클레스는 이피토스를 대접해서 티륀스 성벽 위에서 크게 술잔치를 벌였다. 그런데 말이 씨가 되어 그랬는지, 이날 밤 헤라클레스가 또 술 때문에 맑은 정신을 잃고 이 귀한 손님 이피토스를 성벽 아래로 던져 죽이고 말았다.

헤라클레스는 술이 깨자 이피토스의 시신을 수습하여 오이칼리아로 보내준 뒤 제 신세를 한탄했다.

"대낮에 발광하다가 처자식을 죽이고도 테세우스 때문에 내 손으로 나를 죽이지 못한 죄가 크다. 또다시 무고한 자를 죽였으니 이 일을 어쩌랴. 인간이 죽이지 못하는 나를 내 손으로 죽여야 마땅하나 아직은 때가 되지 않은 것이 한이로구나."

헤라클레스가 '때가 되지 않았다'는 것은 욕보인 자들에게 그 빚을 다 갚지 못했다는 뜻이다.

아폴론과 한판 붙다

헤라클레스는 이피토스 죽인 죄를 씻기 위해 퓔로스 왕 넬레우스를 찾아가 종으로 부려 죄를 닦아줄 것을 간청했다. 그러나 퓔로스는 헤라클레스가 두 번이나 깨뜨린 도성이다. 게다가 넬레우스왕은 에우뤼토스의 절친한 친구이기도 했다. 친구의 아들이 죽었는데, 죽인 당사자의 죄를 닦아주려 할 리 없었다.

헤라클레스가 아뮈클라이 왕 데이포보스 밑에서의 짧은 종살이를 통해 이피토스 죽인 죄를 닦기는 했다. 하지만 죄를 닦았는데도 불구하고 헤라클레스는 이름 모를 병으로 시름시름 앓았다. 죄가 닦이지 않았다는 증거였다.

헤라클레스는 다시 한 번 델포이로 올라가 아폴론 신에게 죄 씻을 방도를 묻고 싶었다.

그러나 델포이 신전의 여사제 퓌티아는 헤라클레스에게만은 아폴론 신이 맡긴 뜻을 전해줄 수 없노라고 거절했다. 여기에는 까닭이 있다.

옛 헬라스 땅에서 살인은 그다지 큰 죄가 아니었다. 그러나 나그네를 죽인 죄는 무거웠다. 헤르메스는 쉬 죽임을 당할 수 있는 나그네들의 수호신이었다. 손님을 죽인 죄 역시 쉽게 닦이는 죄가 아니었다. 손님의 피가 문지방에 묻었다……. 이럴 경우 집주인은 살아남기가 어려웠다.

헤라클레스에게 이피토스는 손님이었다. 그것도 예사 손님이 아닌, 과거에 은혜를 베푼 적이 있는 손님이었다. 은혜를 베풀어도 그냥 베푼 것이 아니었다. 이피토스는 헤라클레스를 변호하다 아버지 에우뤼토스 손에 죽임을 당했을 수도 있다. 따라서 그것은 목숨을 걸고 베푼 은혜였다. 그런데 헤라클레스는 그런 이피토스를 죽인 것이었다.

아폴론 신전의 여사제 퓌티아가 보기에도 헤라클레스가 지은 죄를 닦기는 매우 어려워 보였다. 그래서 신탁 들려주기를 거절한 것이다.

델포이에 있는 아폴론 신전의 여제관이 신탁 일러주기를 거절한 것은 이때가 처음이다. 두 번째로 거절당한 사람은 알렉산드로스 대왕이다.

페르시아 원정을 앞두고 알렉산드로스는 델포이로 올라갔다. 알렉산드로스는 아폴론 신이 그 신전에 맡겨놓은 뜻을 받아보고 싶었다.

그러나 그가 신전에 이른 날은 공교롭게도 액일이었다. 그런데도 그는 부하를 신전으로 들여보내 여사제 퓌티아에게 페르시아 원정대 총사령관이 탁선, 곧 아폴론 신이 맡겨놓은 뜻을 받으러 왔다는 사실을 알리게 했다. 잠시 후 부하가 나와 이런 말을 했다.

"퓌티아는 신전의 율법에 따라 액일에는 신이 맡겨놓은 뜻을 전해줄 수 없노라고 합니다."

알렉산드로스는 부하를 다시 들여보내 우격다짐으로 퓌티아를 끌어내게 했다. 끌려 나온 퓌티아는 사령관 앞에서도 탁선을 전할 수 없다고 버텼다. 알렉산드로스는 퓌티아를 끌고 신전으로 들어가 트리포우스에 앉혔다. 트리포우스는 삼각대, 즉 다리가 세 개인 걸상인데, 델포이의 여사제가 신의 뜻을 전할 때는 반드시 이 삼각대에 앉아서 전하기로 되어 있다.

퓌티아는 알렉산드로스의 열성에 감복했다는 듯이 이렇게 중얼거렸다.

"참으로 질 줄 모르시는 분이군요 Thou art invincible."

요즘 말로 하자면 '졌다'는 뜻이다.

탁선을 받은 것이 아니라 만들어낸 셈이 된 알렉산드로스가 응수했다.

"그것이 바로 내가 받고 싶어 하던 신의 뜻이오."

지금부터 2천 년 전에 한 히브리의 성인이 델포이로 왔을 때였다. 이때 퓌티아는 이런 말로 신탁 전하기를 사양했다고 한다.

"……대자연의 '자궁' 속에서 시대가 잉태되었다. 이제 델포이의 태양(포이보스 아폴론)은 서쪽으로 지고 말았다. 이제 사람들이 그 신탁을 들을 수 없는 때가 임박하였은즉, 이는 신탁이 그 빛을 잃었음이라……. 살아 있는 신탁이 지금 이 성스러운 숲속에 있다……. 장차 그 '임마누엘(신이 함께하시다)'이 슬기와 권세를 펴리라……. 이제 모든 생령은 그 임마누엘의 말을 듣고 그를 받들어야 하리라."

리바이 다울링이라는 사람이 쓴 책에 나오는 말이다. 그리고 지금 이 '임마누엘'은 '예수스 크리스토스(기름 부음을 받은 예수)'라고 불린다.

이야기를 되돌리자. 퓌티아가 신탁 전하기를 거절했는데도 헤라클레스가 가만히 있었을 리 없다.

헤라클레스는 신관이 앉는 걸상 모양의 제구인 삼각대를 번쩍 들고 눈을 부라리며 호령했다.

"되지 못한 것이 사제 노릇하는 것을 지나치게 위세하지 않나? 네가 신의 뜻을 읽을 줄 안다면 내가 누군지도 알겠구나. 내가 이 삼각대에 앉아 내 마음대로 탁선을 받으랴?"

자신의 신전이 위태로워지자 아폴론이 급히 델포이로 달려왔다. 수금을 잡으면 음률의 신이요, 활을 잡으면 멀리 쏘기의 명궁인 아폴론이 아니던가.

그러나 우리가 잘 알고 있다시피 헤라클레스 또한 상대가 신이든 인간이든 오는 주먹은 반드시 받아치는 영웅이다.

아폴론은 헤라클레스를 맞아, 하도 어이가 없어서 그랬겠지만 자기 정체를 밝힐 듯 말 듯하면서 꾸짖었다.

"이거, 아르테미시온(아르테미스의 산)에서 암사슴을 사로잡는다면서 돌아다니던 미친 놈 아냐? 태양 마차에다 활을 겨누지를 않나, 포세이돈의 갈기(파도)를 몽둥이로 치지를 않나, 이 실성한 자야, 제 스승 리노스를 키타라로 때려 죽이고, 제 아내와 자식까지 몰살시킨 자야. 이 신전이 누구의 신전인지 알면 내가 누구인지도 알겠구나."

"나는 탁선을 듣고 싶어서 왔을 뿐입니다. 지금은 싸움 같은 게 별로 하고 싶지 않습니다."

"별로 하고 싶지 않다? 별로 하고 싶지는 않지만 무릎 꿇고는 얻어맞지 않겠다, 그 말이냐?"

"상대가 신이든 인간이든, 오는 주먹은 받아칩니다. 상대가 제우스 대신일지언정 공매를 맞지는 않지요."

아폴론은 천계와 지상을 통틀어 그 이름이 널리 알려진 헤라클레스를 시험해볼 요량으로 주먹을 쥐고 다가섰다.

제우스 신이 가만히 내려다보고 있다가 혀를 찼다.

삼각대를 두고 드잡이하는 헤라클레스와 아폴론
기원전 5세기, 그리스 항아리 그림.
런던 대영박물관.

제우스는 헤라클레스의 그 미련한 성품과 '대담하다'는 말로는 설명할 수 없는 용기를 아폴론이 그리 밉지 않게 여기고 있다는 걸 알았다. 그러나 헤라클레스가 아폴론에게 쥐어박히고 가만히 있을 위인이 아니라는 데 문제가 있었다. 그래서 제우스 대신은 델포이 신전 앞에다 벼락을 한 대 터뜨려 자신의 뜻을 전했다. 사냥개와 여우가 싸울 때 손을 들어 이 둘을 돌로 화해하게 했듯이.

"제우스와 레토의 아들 아폴론은, 제우스와 알크메네의 아들 헤라클레스에게서 물러서라. 네 앞에 있는 헤라클레스는 이미 내 손을 떠났다. 예전에 너를 박해했듯이, 헤라가 지금 네 앞에 있는 미련한 네 아우를 시험하고 있으니 헤라의 뜻을 짐작하여 그 아이에게 일러주는 편이 지혜롭다 할 것이다."

제우스는 이런 뜻을 아폴론에게 전했다. 아폴론은 제우스의 말을 옳게 여겨 그 자리를 떠났고, 여사제 퓌티아는 그제야 아폴론의 뜻을 헤라클레스에게 전했다.

"네가 아르고스 왕에게 몸 붙이고 12년간을 종살이한 것은 헤라 여신이 매긴 값이지 내가 매긴 값이 아니다. 그러나 내 신전의 삼각대를 욕되게 한 첫값은 나와 셈해야 한다. 때가 되어 누가 너를 금 3탈란톤에 팔아 3년 동안 종살이를 시키거든 그것이 내가 매기는 값인 줄 알아라."

참으로 신기하게도, 아폴론의 뜻을 듣는 순간 헤라클레스는 몸이 날아갈 듯이 가벼워졌다는 느낌을 받았다.

옴팔레의 궁전에서 신나게 놀다

헤라클레스는 이제 몸값을 지불했다는 사람이 나타나기를 기다리는 수밖에 없다. 헤라클레스의 소유권은 헤라클레스 자신에게 있는 것이 아니라 몸값을 지불한 사람에게 있기 때문이다.

과연 그때가 왔다.

지금의 터키 땅에 있던 뤼디아 왕국의 사자가 헤라클레스를 찾아왔다. 저희 왕국의 여왕이 헤라클레스를 샀다는 것이었다.

"뤼디아 왕국으로 가셔야겠습니다. 저희 여왕께서 황금 3탈란톤에 장군을 3년간 사셨습니다. 앞으로 3년 동안은 여왕 밑에서 종살이를 하셔야 합니다."

헤르메스가 중간에 사람을 넣어 헤라클레스를 옴팔레에게 '팔아먹은' 것이다. 헤르메스는 헤라클레스 판 돈을 델포이 신전에 바치고는 이 일에서 손을 씻었다. 헤라클레스는 헤르메스를 원망해야 하는가? 두고 볼 일이다.

헤라클레스를 헐값에 산 사람은 소아시아 뤼디아의 여왕 옴팔레였다.

'옴팔레'는 '배꼽'이라는 뜻이나, 배 한가운데 있는 '배꼽'만을 가리키는 말이라기보다는 '대지의 중심', '세계의 축', '근원' 등을 싸잡아 가리

헤라클레스와 옴팔레
프랑수아 부셰의 그림.

키는 말이다.

　남편인 토모로스를 앞세운 과부 옴팔레 여왕은 음란하기가 이를 데 없었다. 그런데도 뤼디아의 여자들은 이 여왕을 글자 그대로 '대지의 중심'이며 '세계의 축'으로 알고 섬기기를 마다하지 않았다. 과부나 처녀들이 매춘부로 만판 놀아나면서 지참금을 잔뜩 마련한 다음에야 사내를 맞아들이는 뤼디아의 해괴한 풍습 때문이었다. 이들의 눈에는, 왕국을 하나 발밑에 거느리고 남성을 기다리는 옴팔레가 아르테미스나 아프로디테 같은 여신으로 보였음 직하다.

헤르메스가 짓궂다. 헤라클레스를 팔되, 남자에 굶주린 과부에게 판 것이다.

헤라클레스는 과부 옴팔레 밑에서 종살이를 했을까? 헤라클레스가 누구인가? 일찍이 테스피아이의 왕은 헤라클레스의 자식을 잉태하기를 바라는 마음에서 딸 50명을 차례로 헤라클레스의 방으로 들여보내지 않았던가? 아마존 여왕조차 헤라클레스의 자식을 하나 낳고 싶어서 백전백승을 보장한다는 허리띠를 순순히 풀지 않았던가?

옴팔레는 황금 3탈란톤으로 천하장사를 모셔 들인 것이다.

헤라클레스는 이 옴팔레 여왕의 궁전에서 별 해괴한 짓을 다 한다. 디오뉘소스 향연에 나가는 옴팔레 여왕을 위해 여자 옷으로 단장하고 황금 양산을 받쳐준 적도 있고, 자신은 여왕의 옷을 입은 채, 알몸에 네메아의 사자 가죽만 두르고 몽둥이를 든 옴팔레 여왕을 등에 태우고 내전을 엉금엉금 기어다닌 일도 있다. 여자 옷으로 갈아입고 여종들과 길쌈하는 것은 틈날 때마다 하는 짓이요, 어쩌다 경호병과 마주치면 궁전 시녀들이 그러듯이 교성을 지르며 돌기둥 뒤로 숨는 것은 무료할 때마다 하는 짓이었다.

케르코페스, 헤라클레스를 웃기다

 이 땅에서 꽤 긴 세월을 살던 사람이 우주의 근원, 사람의 근원으로 돌아가보는 일은 가능할까? 케르코페스 이야기를 읽다 보면 그런 것이 가능할 것 같기도 하다.
 옴팔레 여왕의 궁전에서 종살이할 때의 헤라클레스는 '근원'으로 되돌아가 남성과 여성, 미움과 사랑, 삶과 죽음같이 상극하는 관념과의 화해를 시도한 것처럼 보인다. 헤라클레스가 처음이자 마지막으로 '배꼽'을 잡고 웃은 것도 이때의 일이다.
 헤라클레스가 소아시아의 에페소스를 지날 때의 일이다. 에페소스에는 장난이 아주 심하고 손버릇이 고약한 종족이 살고 있었다. 다른 데는 검은데 유독 엉덩이만 붉은 이 종족은 남의 흉내 내기를 좋아하고, 실제로 흉내를 썩 잘 내었다.
 이 케르코페스 종족 중에 유독 장난이 심하고 좀도둑질을 좋아해서 멀리 보이오티아로 원정까지 다니는 형제가 있었다. 이 형제의 어머니는 이들이 좀도둑질 나갈 때마다 타일렀다.
 "멜람퓌고스를 조심하여라. 장난이 지나치면 멜람퓌고스에게 꼬리를 잡히는 수가 있다."

'멜람퓌고스'란 '엉덩이가 검은 자'라는 뜻이다.

어느 날 에페소스를 지나던 헤라클레스가 반듯이 드러누워 낮잠을 자고 있는데 이 케르코페스 형제가 다가와 헤라클레스의 올리브 나무 몽둥이를 훔치려 했다. 그러나 체구가 작은 두 케르코페스로서는 신전 기둥만 한 헤라클레스의 몽둥이를 들 수가 없었다. 이들이 몽둥이를 질질 끄는 바람에 그 소리에 헤라클레스가 깨어났다.

헤라클레스는 이 요상하게 생긴 것들을 잡아 한 차례 박치기를 시킨 다음 몽둥이 양쪽에 하나씩 거꾸로 매달아놓고는 다시 자던 잠을 마저 달게 잤다. 이윽고 늘어지게 잔 헤라클레스가 몽둥이를 어깨에 메고 산을 내려오는데 몽둥이 뒤쪽에 매달려 있던 케르코페스가 허리가 끊어져라고 웃었다.

"이 요물이 무슨 수를 쓰려고 웃어. 너 이놈 왜 웃어?"

헤라클레스가 뒤를 돌아다보면서 묻자 몽둥이 뒤쪽에 거꾸로 매달려 있던 케르코페스가 대답했다.

"우리 어머니가 멜람퓌고스를 조심하라고 하시기에 세상에 '엉덩이가 검은 자'가 어디에 있겠느냐 싶더니 오늘 당신을 보니까 털이 나서 엉덩이가 새까맣소."

헤라클레스와 케르코페스 형제
이 재미있는 이야기는 예술가의 영감을 자극했다기보다는 민간에 널리 인기가 있었던 듯하다. 기원전 4세기 그리스 도자기 그림. 로스앤젤레스 게티 빌라.

그러고는 또 숨이 껵껵 넘어가는 소리를 내며 웃었다.

뒤에 매달려 있는 놈뿐만 아니었다. 앞에 매달려 있는 놈 역시 웃어대기 시작했다.

"이놈은 또 왜 웃어? 이놈아, 네 눈에는 내 엉덩이가 안 보일 터인데 왜 웃어?"

앞에 매달려 있던 놈이 대답했다.

"엉덩이만 털이 나서 시커먼 게 아니고 사타구니도 시커멓소."

이 말을 듣고 헤라클레스는 후다닥 사자 가죽으로 사타구니를 가리다 말고 주저앉아 웃기 시작했다. 처음에는 어처구니가 없다는 듯이 피식 웃다가, 소리 내어 껄껄껄 웃었고, 박장대소, 손바닥을 치며 웃었고, 박장대소하다가 땅을 치며 웃었고, 땅을 치며 웃다가 땅바닥을 뒹굴며 웃었다.

케르코페스 형제는 몽둥이 끝에 묶인 채 웃음을 그치고 겁먹은 얼굴로 헤라클레스를 바라보고 있었다. 헤라클레스는 잠시 웃음을 그치고 이들을 바라보고는 다시 땅바닥을 뒹굴며 웃기 시작했다. 이윽고 헤라클레스의 목구멍에서는 아무 소리도 나지 않았다. 그저 땅바닥에 자빠진 채 이따금씩 경련하고 있을 뿐이었다.

이상한 침묵이 헤라클레스를 감돌았다. 케르코페스 형제는 겁에 질린 얼굴로 서로의 눈치만 살피고 있었다. 때 아니게 메추라기 한 마리가 헤라클레스를 스칠 듯이 날아 이 침묵을 깨뜨렸다.

헤라클레스가 몸을 털고 일어났다. 어느새 흐른 눈물이 네메아 사자 가죽을 적시고 있었다.

몽둥이 끝에서 케르코페스 형제를 풀어주며 헤라클레스가 중얼거렸다.

"우스워라. 세상의 우스운 일이 너희 둘과 나의 꼴에 흘러와 꽃으로 핀 듯하구나. 풀어줄 터이니 가거라. 가서 신들과 영웅과 인간에게 너희 모습을 보여, 보는 자로 하여금 제 모습을 돌아보게 하여라.

너희가 이피토스를 죽인 내 죄를 진정으로 말끔히 씻었다. 옴팔레에게 몸을 판 내 죄를 진정으로 말끔히 씻었다. 무고한 자들의 피를 묻힌 내 손을 씻었다. 이 땅에 태어난 죄를 씻었다. 그리고 내 웃음을 씻었다.
나는 헤라클레스다."

케르코페스 형제는 몽둥이에서 풀려나자 꽁지가 빠지게 도망쳤는데, 뒷날 제우스 신은 아들 헤라클레스를 웃김으로써 죄를 닦아준 공을 잊지 않고 이 둘을 바다 한가운데에 섬으로 박아주니, '피테쿠사이(원숭이의 섬)'가 바로 이 두 섬이다.

하늘에서 떨어진 이카로스를 묻어주다

다이달로스와 이카로스 이야기, 그리스 신화가 생소하던 시절에는 그렇게 재미있고 의미심장하게 들릴 수가 없었다. 처음 이 이야기를 읽는 사람들에게 이카로스는 오만을 경계하는 반면교사 노릇을 하기도 했다.

하지만 지금은 그런 시대가 아니다. 웬만한 사람은 이 이야기를 다 알고 있다. 어디에 가서 저만 아는 듯이 '다이달로스와 이카로스' 이야기를 처음부터 끝까지 해보라. 분위기가 썰렁해질 것이다.

하지만 아직도 이 이야기를 잘 알지 못하는 독자들을 위해 간단하게 소개하기로 한다.

아버지 다이달로스와 아들 이카로스가 미궁에 갇히게 되었다. 이 미궁을 빠져나올 방법은 단 하나, 하늘을 날아 나오는 수밖에 없었.

손재주 좋은 아버지 다이달로스는 새의 깃털을 모으고 이것을 밀랍으로 쫀쫀하게 붙여 날개를 두 벌 만들었다. 하나는 자기 것, 또 하나는 아들 것이었다.

아버지는 아들에게, 너무 높게 날면 햇볕에 밀랍이 녹을 것이니 조심하라고 했다. 부자는 이 날개를 달고 미궁의 벽 위에서 뛰어내렸다. 날개는 바람의 도움을 받아 이 부자를 공중으로 날려주었다.

이카로스의 주검 앞에서 통곡하는 바다의 요정들
이카로스의 주검은 이들이 묻어주었을 것이다. 그렇다면 헤라클레스가 이카로스의 주검을 묻어주었다는 아폴로도로스의 진술은 거짓인가? 아니다. 이렇게도 저렇게도 얘기할 수 있는 것이 신화이다. 예술가에게는 신화를 왜곡할 권리가 있다. 19~20세기 영국 화가 허버트 제임스 드레이퍼의 그림.

아들 이카로스는 아버지의 말을 잊고 자꾸만 위로 위로 날아올랐다. 밀랍은 당연히 뜨거운 태양의 열기에 녹기 시작했다. 밀랍이 녹자 날개는 더 이상 날개 구실을 하지 못했다. 이카로스는 바다 위로 떨어졌다.

그런데 한 가지, 그다지 알려지지 않은 것이 있다. 바다에 추락한 이카로스의 시신을 수습하여 묻어준 이가 헤라클레스였다는 것이다. 기원전 2세기의 신화작가 아폴로도로스는 그의 명저 『그리스 신화 소사전』에 분명히 그렇게 쓰고 있다.

옴팔레 여왕 밑에서 종살이하고 있을 당시 헤라클레스는 여행을 꽤 자유분방하게 하고 다닌다. 에페소스 여행이 그렇고, 돌리케섬 여행이 그렇다.

아폴로도로스에 따르면, 헤라클레스는 이카로스의 시신이 돌리케섬 해안으로 밀려온 것을 보고는 거두어 묻어주고는 섬 앞 바다 이름을 '이카리아(이카로스 바다)'라고 부르게 했다.

이카로스의 아버지 다이달로스는 그 은공에 보답하느라고 그 장한 손재주로 헤라클레스 대리석상을 하나 빚어 피사에다 세웠다. 헤라클레스는 살아 있을 동안에 대리석상으로 선 최초의 영웅일 것이다.

하지만 이 대리석상의 명은 길지 못하다. 한밤중에 자기 대리석상을 본 헤라클레스는 그것이 살아 있는 괴물인 줄 알고는 돌멩이를 집어던졌다. 천하장사 헤라클레스가 던진 돌멩이에 맞았으니 그 대리석상, 어떻게 되었겠는가? 박살이 나고 말았을 것이다.

아르고나우타이는 체질에 안 맞아

아르고나우타이.

'아르고 원정대원들'이라는 뜻이다. 당시 헬라스에서 가장 빨랐던 배 '아르고호'를 타고 금양모피, 즉 금으로 된 양가죽을 찾으러 북방의 콜키스 땅으로 간 해양 원정대원들이다. 승선 인원은 50명, 원정대장은 이올코스의 왕자 이아손이었다.

헤라클레스가 아르고호에 승선한 것도 옴팔레 여왕 밑에서 종살이를 통해 죄를 닦고 있을 당시의 일이다. 헤라클레스의 여행에 관한 한, 옴팔레 여왕은 무척 관대했던 모양이다.

헤라클레스가 어떤 조직의 일원이 된다?

참 안 어울리는 일이다. 그는 상대가 제우스 신일망정 도무지 고분고분하게는 굴지 못하는 위인 아닌가? 그런 그가 어쩌자고 조직의 일원이 되었던 것일까?

테세우스가 꼬드겼을 가능성이 있다. 테세우스는, 처자식의 피가 묻은 헤라클레스의 손을 만짐으로써 제 손에 그 피를 묻힌 영웅이다. 그런 테세우스의 설득을 헤라클레스는 거절할 수 없었던 것으로 보인다.

더구나 아르고나우타이는 헬라스의 한다 하는 영웅호걸을 총망라하고 있었다. 거꾸로 말하자면 아르고나우타이가 되지 못했다는 것은 당대의 영웅호걸 축에 끼지 못했다는 뜻이기도 하다. 테세우스를 비롯, 제우스의 쌍둥이 아들인 카스토르와 폴뤼데우케스, 헬라스 최고의 가수 오르페우스, 어찌나 발이 빠른지 달리다가 하늘을 부웅 날아오를 수도 있는 칼라이스와 제토스, 눈이 어찌나 좋은지 '천리안'이라는 별명으로 불리던 륀케우스, 여걸 아탈란테도 대원이었다.

당시 헤라클레스에게는 잘생긴 소년 휠라스가 딸려 있었다. 헤라클레스는 휠라스를 늘 데리고 다니면서 가르치기도 하고 잔심부름을 시키기도 했다.

수상하다고?

수상할 것 없다. 당시 헬라스의 장성한 남성이 소년 하나쯤 데리고 살거나 데리고 다니는 것은 큰 허물이 아니었다. 불미스러운 관계로 발전하는 경우도 있기는 했을 것이다. 하지만 대개의 경우 이들의 관계는 건전했다. 어른에게는 소년의 정신적 스승(멘토)이 되어, 자신이 배우고 몸에 익힌 것을 가르칠 의무가 있다고 헬라스 남성들은 믿었다. 이 풍습은 '파이도필리아'라고 불렸다. '소년 사랑'이라는 뜻이다.

아르고호가 지금의 터키 땅 연안에 이르렀을 때의 일이다.

퀴지코스에서 오래 머무르느라고 식수와 식량을 지나치게 축낸 아르고호는 뮈시아 땅에 다시 상륙하지 않으면 안 되었다. 불행히도 이들이 상륙한 곳은 강도 없고 시내도 없어서 사람이 살지 않았다. 산에 올라가 산속의 샘을 찾는 수밖에 없었다.

대원들은 제각기 항아리를 하나씩 들고 샘을 찾아 산으로 올라갔다. 그런데 다른 대원은 모두 물을 길어 내려와 기다리는데도 미소년 휠라스만은 소식이 없었다.

휠라스와 함께 올라갔던 대원 하나가 이런 말을 했다.

"휠라스는 항아리를 샘가에 놓고 물끄러미 샘물을 내려다보고 있었어요. 그런데 샘 안에서 희고 고운 손이 하나 나오더니 휠라스를 채어 끌고 들어가더라고요. 나는 대원 중 하나가 먼저 그 샘에 들어가 있다가 휠라스를 희롱하는 줄 알고 '별 싱거운 사람 다 있구나' 이렇게 생각하면서 지나쳤지요."

"'희고 고운 손'이라니, 우리 대원들 중 손이 희고 고운 대원이 어디에 있느냐. 아탈란테가 있기는 하지만……."

대원의 말에 아르고호의 유일한 여성 대원 아탈란테가 손을 내밀며 물었다.

"내 손 같습디까?"

그러나 윗옷 위로 불룩 솟은 가슴 때문에 여자 같아 보였을 뿐, 표범보다 빠르다는 이 아르카디아 여걸의 손은 여느 남자 대원의 손과 다르지 않았다.

"아뿔싸."

아탈란테의 손을 물끄러미 바라보고 있던 헤라클레스가 이 한마디를 비명처럼 내지르고는, 휠라스가 올라갔던 방향으로 달려 올라갔다. '희고 고운 손'이라면 대원들 중 하나의 손일 리가 없다는 것을 깨달았던 것이다.

키잡이 티퓌스가 뒤에서 농을 던졌다.

"샘의 요정이 헤라클레스의 애인을 채어갔나 보네."

대원들은 헤라클레스가 휠라스를 물 항아리째 둘러메고 내려올 줄 알고 기다렸다. 그러나 헤라클레스 역시 종무소식이었다.

이번에는 발 빠른 칼라이스와 제토스가 올라갔다.

헤라클레스는 바위틈에 있는 샘물에 몸을 담그고 있었다. 샘가에는 휠라스의 항아리가 빈 채로 놓여 있었다.

"대체 무얼 하시오?"

칼라이스가 물었다.

"샘의 요정이 휠라스를 채어 갔다는 말을 믿어야 하는가? 이 샘에는 바닥이 없네."

샘의 요정들에 둘러싸인 휠라스
샘에 수련 꽃이 피어 있다. 수련 그림으로 유명한 화가 클로드 모네가 살던 집에는 실제로 수련이 피는 연못이 있었다. 프랑스 사람들은 이 연못의 수련을 '냉페아nymphéa', 즉 '요정nymph'이라고 부른다. 휠라스처럼 모네도 연못의 요정 수련에서 한평생 헤어나지 못했다는 것을 암시하는 것 같다. 존 윌리엄 워터하우스의 그림.

"뿌리를 저승에다 댄 샘이 있다더니 이 샘이 그런 샘인가 봅니다."

"뿌리를 저승에다 대고 있든 가지를 천궁에다 걸고 있든, 내 기어이 이 요정이라는 것을 찾아내어 요절을 내고 말겠네."

이아손을 비롯한 대원들이 올라와 주위의 섬을 샅샅이 뒤졌다.

칼라이스와 제토스는 하늘로 날아 올라가 땅을 내려다보며 휠라스를 찾다가 소득이 없자 나중에는 천리안 륀케우스의 겨드랑을 양쪽에서 끼고 날아 올라갔다. 그러나 천리안 륀케우스도 결국 이 미소년을 찾아내지 못했다.

아르고나우타이는 거기에서 하룻밤을 묵었다. 헤라클레스는 휠라스를 찾아다니느라고 모닥불 곁으로는 한 번도 오지 않았다.

아침이 오자 헤라클레스가 원정대장 이아손을 불러 말했다.

"참으로 내가 뱉은 말이 무섭네. 렘노스섬에 주저앉아 떠날 생각들을 않고 있을 때 자네들을 나무라던 내가 어쩌다 이 지경이 되었을꼬. 떠나게. 나를 두고 떠나게. 나는 휠라스를 찾아보겠네. 우리의 원정은 참으로 큰일이기는 하나, 이 작은 휠라스를 위해 아르고나우타이를 떠나는 나를 어여삐 여겨주게."

"헤라클레스여, 그럴 수는 없습니다. 렘노스에서는 여자 품에서 헤어나지 못한다고 저희를 꾸짖으신 분이 아닙니까?"

"그래서 내가 말이 씨 되는 것이 무섭다고 하지 않았나?"

"큰일을 두고 작은 일로……."

"대장, 날 두고 떠나라면 떠나지 누구에게 큰일 작은 일을 따지려고 해? 큰 것이 콜키스에 있을 수 있다면 이 헤라클레스의 마음속에도 있을 수가 있어. 웬 잔말이 그렇게 많아? 바위를 던져 저놈의 쪽배를 부숴버리기 전에 어서 떠나라고."

이아손 일행은 결국 행방불명이 된 휠라스와, 휠라스 때문에 발길을 돌리지 못하는 헤라클레스를 그 땅에 남겨두고 동북쪽을 향해 떠나야 했다.

뒷날의 시인은, 덧없이 보낸 청년 시절이 한스러웠던지 이 미소년 휠라스를 이렇게 노래하고 있다.

……휠라스는 물 항아리를 들고
샘을 찾아 물을 길러 갔는데,
해찰궂게 길옆에 핀 꽃 구경하느라고
그만 물 길어 오는 것을 잊었더란다.
휠라스가 나 같구나.
나 역시 젊은 시절에,
'철학'이라는 샘에서 물을 길었어야 하는 것을,
샘가에 핀 꽃에 한눈파느라고 세월을 허송하였구나.
그러니 내 항아리도, 휠라스의 항아리 모양 비었을 수밖에.

헤라클레스, 늦장가 들다

 목숨을 건 활쏘기 겨루기에서 이겼어도 이올레를 차지하지 못하고 쓸쓸하게 돌아섰던 헤라클레스, 아르고 원정대원이 되어 뮈시아까지 죽을 고생을 하고 항해했지만 결국 미소년 휠라스만 잃고 돌아서야 했던 헤라클레스. 퍽 허전했을 법하다.
 아르고 원정대에서 이탈한 직후 헤라클레스가 겨냥한 곳은 칼뤼돈 왕국이었다. 칼뤼돈……. '칼뤼돈의 멧돼지 사냥'으로 너무나 유명한 곳, 헤라클레스가 저승에서 만났던 비운의 왕자 멜레아그로스의 고향이다. 헤라클레스는, 고향에는 아름다운 누이가 있으니 아내 삼아서 행복하게 살라고 하던 멜레아그로스의 말을 잊지 않고 있었던 모양이다.
 헤라클레스는 멜레아그로스의 누이 데이아네이라를 '구하러 가는 기분'이었다. 오라비 멜레아그로스와 어머니 알타이아를 잃고, 말하자면 연이은 줄초상으로 슬픔에 젖어 있을 데이아네이라를 상상하고 있었는지도 모른다. 그러나 멜레아그로스가 누이를 아내로 삼아달라고 애원한 진의를 헤라클레스는 잘못 알고 있었다. 데이아네이라는 오라비와 어머니를 잃어 '슬픔에 잠긴, 불쌍한' 데이아네이라가 아니었다.
 데이아네이라는 남성을 혐오할 뿐만 아니라 싸움 구경을 유난히 좋아하는 처녀였다. 남성을 혐오하는 여성이라고 해서 그 혐오의 감정을 겉으로 드러내는 것은 아니다. 대개의 경우 이런 여성들은 자신과 관련된 남성이 불행해질 때까지 가만히, 그러나 끈질기게 기다린다.

데이아네이라는 아름다웠던 모양이다. 칼뤼돈 청년들은 물론이고 먼 나라 이웃 나라 청년들까지 몰려와 칼뤼돈 왕궁의 문턱을 닳게 했다는 것만 보아도 알 수 있다. 하지만 구혼자가 많다고 해서 처녀가 행복해지라는 법은 없는 모양이다.

헬라스를 통틀어 구혼자가 가장 많았던 처녀는 헬레네였다. 한 구혼자가 낙점받는 경우 나머지 구혼자들은 무엇을 하는가? 칼자루로 손이 간다.

데이아네이라의 경우도 비슷했다.

헤라클레스가 칼뤼돈에 도착했을 때 이미 그 땅은 데이아네이라에게 구혼하던 구혼자들 피로 물들어 있었다. 데이아네이라가 알게 모르게 수많은 구혼자에게 싸움을 붙여 서로를 죽이게 하고 있었기 때문이다.

헤라클레스가 당도했을 즈음 가장 유력한 구혼자는 그 땅을 흐르는 강의 신 아켈로오스였다. '아켈로오스'는 강의 신 이름이기도 하고 강 이름이기도 하다. 헤라클레스가 '예선전'을 치르면서 구혼자 몇 명을 죽였는지 아니면 '결승전'으로 바로 올라가 아켈로오스와 맞붙었는지 그것은 잘 알려져 있지 않다.

헤라클레스로서는, 멜레아그로스의 아버지와 누이에게 소식을 전하지 않을 수 없었다. 하지만 어떻게? 저승에 갔더니 잘 있더라고?

헤라클레스는 잔머리를 굴릴 줄 모르는 영웅이었다. 생각해보라. 이 세상에 없는 아들의 아버지와 이 세상에는 없는 오라비의 누이가 다음과 같은 말을 듣는다고 상상해보라.

"저는 제우스 대신의 아들입니다만 헤라 여신의 아들은 아닙니다. 그러니 헤라 여신이 저를 곱게 보았을 리 없지요. 계모 헤라 여신이 세운 하수인 밑에서 12년 동안이나 그가 제 어깨에 지운 열두 과업을 치르고서야 이 나라 칼뤼돈으로 오게 되었습니다. 마지막 과업은 저승 지킴이 개 케르베로스를 붙잡아 오는 것이었는데, 그 과업 수행차 저승에 내려갔다가 멜레아그로스의 영혼을 만났습니다. 고향 칼뤼돈에는 누이가 있으니, 가서 잘 돌보아주라고 하더군요."

멜레아그로스의 아버지와 누이는 기가 막혀 말을 내어놓지 못했다. 아켈로오스가 그 말을 받았다.

"전하, 그리고 아름다운 데이아네이라 공주, 저자의 저 따위 잡곡으로 모이 먹는 소리는 귀에 담지 마십시오. 저를 보십시오. 저는 제 나그네 길을 아름답게 꾸며 말하는 떠돌이가 아니고 이 나라를 흐르는 강의 왕입니다. 이 땅의 토박이이며 칼뤼돈 영토의 한 자락입니다.

제 옆에 있는 이자는 감히 제우스 대신의 아들을 자칭하는데, 제우스 대신이 끼친 사생아들의 내력을 좀 들어보시렵니까? 저자가, 대신이 백조로 둔갑해서 지어 낳은 레다의 아들이라면 손에 물갈퀴가 있을 것이요, 곰으로 둔갑해서 지어 낳은 칼리스토의 자식이라면 창날 잘 받을 것이며, 비둘기로 둔갑해서 지어 낳은 프티아의 자식이면 아무 데나 똥을 깔길 것이요, 황소로 둔갑해서 지어 낳은 에우로페의 자식이면 물길 짐작이 신통할 것이며……."

헤라클레스가 대뜸, 말장난에 공을 들이고 있는 아켈로오스의 멱살을 잡고 퉁방울눈을 부라렸다.

"네 놈의 혓바닥 밑에 도끼가 든 모양이다만, 내가 믿는 것은 혓바닥이 아니라 주먹이다. 너 이놈 당장 내려와!"

아켈로오스는 헤라클레스에게 물빛 겉옷의 멱살을 붙잡힌 채 왕궁의 대전 앞마당으로 끌려 나갔다. 앞마당에 이르자 헤라클레스는 사자 가죽을 훌렁 벗었고 아켈로오스는 물빛 겉옷을 훌렁 벗었다. 사내를 별로 좋아하지 않는 데이아네이라는 알몸으로 씩씩거리는 두 사내를 내려다보며 이렇게 중얼거렸을 법하다.

하필 뱀으로 변신하다니
헤라클레스가 뱀으로 변신한 아켈로오스를 공격하고 있다. 파리 루브르 박물관.

"차암, 수컷들이란……."
 헤라클레스는 아켈로오스의 겨드랑이에 손을 넣고는 힘을 썼다. 아켈로오스는 저만치 나가떨어졌다. 아켈로오스는 덩치가 헤라클레스의 갑절을 넘었다. 하지만 그는 헤라클레스를 집어던지지 못했다. 헤라클레스가 여러 차례 집어던졌지만 아켈로오스는 그다지 큰 상처를 입은 것 같지 않았다. 강의 신, 물의 신이어서 그랬던 모양이다.
 헤라클레스는 생각을 바꾸어 이번에는 아켈로오스의 목을 팔로 감아 조르기 시작했다. 그제야 아켈로오스의 목구멍에서 쉭쉭 소리가 들려오기 시작했다.
 힘으로는 안 되겠다고 판단했던 모양인가? 아켈로오스가 술수를 썼다. 거대한 뱀으로 몸을 바꾸어 헤라클레스의 '조르기'에서 풀려나려고 한 것이다. 헤라클레스가 코웃음을 쳤다.

"북풍 앞에서 쥘부채 살랑거리는 네놈을 보고 누가 들은 것 없는 놈이라고 않겠느냐? 헤라클레스가 강보에 싸인 채로 뱀 두 마리를 목 졸라 죽였다는 소문도 듣지 못했느냐?"

아켈로오스로서는 가슴이 철렁 내려앉았을 법하다. 휘드라를 비롯해서 마녀 에키드나의 자식들을 차례로 죽인 자가 바로 헤라클레스 아니던가?

안 되겠다고 판단한 아켈로오스는 재빨리 황소로 몸을 바꾸었다. 헤라클레스의 '조르기'도 황소에게는 통하지 않았다. 황소로 둔갑한 아켈로오스는 엄청나게 날카로운 뿔을 헤라클레스에게 겨누고는 돌진했다. 헤라클레스는 일단 몸을 옆으로 흘리면서 왼손으로 황소의 뿔 하나를 잡아끌어 황소를 올리브 밭에 나귀 똥 부리듯이 굴려버렸다. 황소가 다시 일어나자 헤라클레스는 조금 전처럼 왼손으로는 왼 뿔을 붙잡은 채 오른손으로는 황소의 오른 뿔을 뚝 분질러버렸다.

뒷날 이 뿔은 강의 요정들에 의해 풍요의 여신 퀴벨레에게 바쳐진다. 퀴벨레 여신이 축복하자 이 뿔은 아무리 꺼내어도 꺼내어도 늘 먹을거리와 꽃으로 가득 찼다. '코르누코피아(풍요의 뿔)'가 된 것이다.

이와 비슷한 것은 우리나라에도 있다. 전설에 나오는 '화수분 단지'가 그것이다. 아무리 퍼내어도 늘 곡식이 가득 차는 단지가 바로 화수분 단지다. 동서양을 막론하고 삶에서 먹을거리는 그토록 중요하고 또 절박했던 모양이다.

그렇거니, 아켈로오스를 제압했으니 데이아네이라는 헤라클레스의 차지가 되었던 것은 두말할 나위도 없겠다.

데이아네이라를 아내로 맞음으로써 늦장가 가는 행운도 누렸고, 저승에서 만났던 친구 멜레아그로스의 한도 풀어주었고, 열두 과업을 치르면서 쌓이고 쌓인 노독도 풀었으니 헤라클레스는 행복했겠다. 평화로웠겠다.

아니다. 그게 그렇지 않다. 신인이나 영웅은 죽지 않는 한 쉬지 못한다. 신들이 못 다 부린 조화의 충동은 이들에게 피와 땀이 마르는 삶을 허용하지 않는다.

아켈로오스 신화는 다음과 같이 해석되기도 한다.

"아켈로오스는 우기 때마다 범람하는 강이다. 아켈로오스가 뱀으로 둔갑한다는 것은, 이 강이 뱀처럼 구불텅구불텅 흐르는 사행천이라는 뜻이고, 황소로 둔갑한다는 것은 여울목에서는 흐름이 빨라 황소울음같이 우렁찬 소리가 난다는 뜻이다. 황소의 뿔? 빠른 속도로 휘어지면서 흐르다 보면 강은 옆에다 호수를 하나 뚝 떼어놓고 흘러가기도 한다. 이것을 우각호, 즉 '소뿔호수'라고 한다. 우각호 주변의 땅은 기름지고 땅이 기름지니 늘 풍년이 들었을 터이다. '풍요의 뿔' 신화는 이것을 암시하는 것은 아닐까?"

중국의 헤라클레스, '후예'

우리의 주인공 헤라클레스, 오랜 방황 끝에 아내를 맞았다. 함께 기뻐해주어야 마땅한 일인데도 그게 그렇게 되지 않는다. 헤라클레스의 신부 데이아네이라는 틀림없이 아름다웠을 것이다. 그러나 아름다우면 아름다울수록 영웅의 배우자는 우리를 불안하게 한다.

도대체 무슨 까닭인가?

여성이 신화를 기록했다는 소리, 아직 들어보지 못했다. 따라서 신화는 남성의 전유물에 가깝다. 신화를 기록하는 남성들은 아름다운 여성에 대해 늘 호의적인 것만은 아니다. 영웅이 파멸하는 극적인 무대장치에 아름다운 여성이 등장하는 순간 우리는 긴장한다. 그래서 헤라클레스의 아름다운 아내 데이아네이라에게서 우리는 가벼운 불안을 느끼는 것이다. 데이아네이라는 혹시 헤라클레스가 직면하는 파멸의 씨앗으로 막판에 무대로 오른 것은 아닐까, 싶어서 마음에 걸리는 것이다.

나라가 다르고 문화가 서로 다른데도 불구하고 고대 신화에 나오는 영웅들의 행적은 서로 비슷한 경우가 자주 있다. 참 이상한 일이기는 한데, 여러 나라 신화를 견주어가면서 읽기를 좋아하는 나 같은 사람은 이걸 별로 이상하게 생각하지 않는다.

〈후예사일后羿射日〉, 즉 '후예가 태양을 쏘다'라는 제목으로 불리는 유명한 그림. 후예 앞에는 까마귀들이 널브러져 있다.

헬라스(그리스)에 헤라클레스가 있다면 중국에는 '예羿'라는 영웅이 있다. 이 예를 '후예后羿'라고 부르는 사람도 있고 예와 후예를 구분하는 사람도 있다. 편의상 우리는 이 영웅을 '후예'라고 부르기로 한다.

나는 그리스의 영웅 헤라클레스와 중국의 영웅 후예의 한살이를 견주어보면서 읽다가 여러 번 놀랐다. 이 두 영웅은 순수한 인간이 아니다. 헤라클레스는 천신 제우스와 인간 세상의 여인 사이에서 태어났으니 반은 신, 반은 인간이다. 따라서 반신이다. 후예는 이 세상 사람이 아니라 원래 천신, 즉 하늘의 신이었다. 그런데 이 두 영웅의 삶이 펼쳐지는 무대는 바로 우리가 사는 인간 세상이다. 이들이 한 가장 중요한 일은 인간의 삶을 어렵게 하는 괴물을 퇴치하는 것이다.

하늘에 태양이 열 개나 떠서 이 땅을 불태우고 있을 때의 일이다. 하늘에서 급파된 명궁 후예는 활을 쏘아 태양을 하나씩 떨어뜨렸다. 후예가 태양이 떨어진 곳에 가보니 다리가 세 개인 까마귀가 죽어 있었다. 다리가 세 개인 세 발 까마귀, 바로 태양을 상징하는 '삼족오'다.

고구려를 무대로 하는 TV 드라마 〈연개소문〉, 〈주몽〉, 〈대조영〉에는 빠짐없이 이 삼족오가 등장한다. 왕이 앉는 옥좌 뒤로는 거대한 삼족오 그림이 걸리기도 한다. 발해를 세운 고구려 장군 이야기 〈대조영〉에서는 이 삼족오 깃발을 아주 국기처럼 내걸기도 한다. 따라서 후예는 우리 신화와 무관한 영웅이 아닌 것이다.

헤라클레스는 태양을 향해 활을 겨누어본 경력이 있는 유일한 영웅이다. 후예처럼 태양을 쏘아 떨어뜨린 것은 아니지만 헤라클레스는 소년 시절에 한 번, 그리고 장성한 뒤에 한 번, 이렇게 두 번 태양을 향해

후예와 하백의 대결
후예가 쏜 화살이 용으로 둔갑한 하백의 왼쪽 눈에 박혀 있다. 후예의 품에 안긴 여인은 복비일 것 같다.

활을 겨눈다.

후예는 상림이라는 곳에서 거대한 멧돼지를 잡았다. '봉희'라는 이 멧돼지는 농사를 망치는 것은 물론 가축까지 잡아먹었다. 후예는 이 멧돼지를 사로잡아 인근의 백성들을 기쁘게 했다.

헤라클레스는 에뤼만토스산에서 멧돼지를 잡았다. 헤라클레스는 이 멧돼지를 산골짜기에 쌓인 눈 속으로 몰아넣은 다음 사로잡아 인근의 백성들을 기쁘게 했다.

후예는 '구영'이라는 괴물을 없앴다. 구영은 머리가 아홉 개 달린, 물도 뿜어내고 불도 뿜어내는 괴물이었다. 후예는 활을 쏘아 구영을 죽였다.

헤라클레스는 '휘드라'라고 하는 물뱀을 없앴다. 휘드라는 대가리가 아홉 개 달린 물뱀이다. 대가리 하나를 자르면 잘린 자리에 두 개가 솟아나는 그런 괴물이었다. 헤라클레스는 잘린 자리를 차례로 불로 지져 버림으로써 이 휘드라를 죽였다.

후예는 '대풍'이라는 사나운 새를 만났다. 후예는 화살에다 푸른 실을 매어 이 새를 쏘았다. 화살에 맞은 대풍은 필사적으로 도망쳤다. 그러나 후예가 실을 당기자 대풍은 하릴없이 땅으로 끌려 내려왔다.

헤라클레스는 스튐팔로스숲에서 새 떼를 물리쳐야 했다. 하지만 이 새들은 헤라클레스가 누구인지 잘 알았던지 도무지 나타나지 않았다. 헤라클레스는 청동 꽹과리를 두드려 새들을 놀라게 한 뒤, 날아오르는 새를 활을 쏘아 한 마리씩 떨어뜨렸다.

강의 신을 중국이나 우리나라에서는 '하백河伯'이라고 부른다. 하백의 아내 복비는 매우 아름다운 여성이었던 모양이다. 후예는 이 복비를 보는 순간 한눈에 반해버리고 말았다. 어느 정도였는가 하면 자기에게 '항아'라고 하는 아름다운 아내가 있다는 사실을 잊어버렸을 정도다.

하백은 성미가 포악하고 천성이 방탕했다. 그러니 복비가 행복했을 리 없다. 복비는 강가로 홀로 나와 바위 위에 앉아 자기 신세를 한탄하면서 눈물을 흘리고는 했다. 후예는 그런 복비를 위로하고 싶었을 것이다. 중국 신화는 이 둘의 만남을 '일대영웅과 절세미인의 만남'이라고 부른다.

 하백이 가만히 있었을 리 없다. 하백은 후예를 찾기 위해 물 위로 나왔다. 강의 신 하백이 물 위로 나왔으니 근처에 홍수가 난 것은 당연하다. 후예는 물가에서 하백을 만났지만 이 둘의 싸움은 오래가지 않았다. 천상천하의 명궁 후예가 활을 쏘아 하백의 왼쪽 눈을 뽑아버렸기 때문이다.

 복비를 사이에 둔 강의 신 하백과 후예의 대결은, 데이아네이라를 사이에 둔 강의 신 아켈로오스와 헤라클레스의 대결과 어찌 이리도 비슷한가. 강의 신 하백은 후예의 화살에 눈 하나를 잃었고, 강의 신 아켈로오스는 헤라클레스의 손에 뿔 하나를 잃었다.

 후예의 마음이 복비에게 쏠리고 있다는 것을 알고 이를 질투한 후예의 아내 항아는 부부 몫으로 서왕모 여신에게서 얻어둔 불사약을 혼자 먹고는 달나라로 날아가버렸다.

 후예는 항아의 뼈아픈 배신을 고통스러워하며 인간 세상을 방황하다가 봉몽이라는 제자의 복숭아나무 몽둥이에 맞아 목숨을 잃었으니 배우자 때문에 파멸한 셈이다. 중국은 물론이고 우리나라에서까지도 제사상에 복숭아를 올리지 않는 까닭, 집 안에다 복숭아나무를 심지 않는 까닭은 여기에 있단다.

 이제 아름다운 아내 데이아네이라는 헤라클레스의 한살이에서 어떤 역할을 할 것인지 주목하지 않을 수 없다. 이야기의 거의 끝부분에 극적으로 등장했으니 데이아네이라에게는 반드시 어떤 역할이 주어져 있을 것이다.

죄는 닦아도 닦아도 끝나지 않고

 헤라클레스는 한동안 처가인 칼뤼돈 궁전에 머물면서, 이 작은 나라가 풀지 못했던 문제들을 하나씩 풀어나갔다. 아들 멜레아그로스를 잃고 시름에 빠져 있던 오이네우스왕으로서는 참로로 든든했겠다. 그러나 좋은 날은 오래가지 않았다.
 오이네우스왕이 든든한 사위 헤라클레스를 위해 베푼 잔치 자리에서 일어난 일이다. 왕과 헤라클레스 옆에는 한 치 빈틈없이 술 시중을 드는 소년이 있었다. 에우노모스, 소년의 이름이었다. 소년은 오이네우스왕의 조카이기도 했다.
 헤라클레스는 술에 취해 저지른 허물 때문에 그 오랜 세월을 종살이로 보냈음에도 불구하고 술 앞에서는 그가 겪어온 고통스러운 역사를 기억해내지 못했다. 그만큼 그는 술을 좋아했다.
 소년이 빠른 속도로 비는 헤라클레스의 술잔에 술을 채우려고 항아리를 들고 뒤에서 술상 앞으로 다가갔다.
 마침 헤라클레스는 활 쏘는 이야기를 하고 있다가 시위 당기는 시늉을 하느라고 오른 팔꿈치를 뒤로 물렸다. 그런데 술을 따르려고 다가서던 에우노모스가 공교롭게도 그 팔꿈치에 맞고 말았다.

여느 사람의 팔꿈치였다면 그저 이마를 감싸고 몇 바퀴 도는 것으로 말았겠지만 팔꿈치의 임자는 아틀라스를 대신해서 잠시나마 하늘 축을 들고 서 있던 헤라클레스가 아니던가. 에우노모스는 머리가 터져 그 자리에서 즉사했다.

오이네우스왕은 사위 헤라클레스가 자기 자신을 용서하는 데 매우 엄격하다는 것을 잘 알고 있었다. 그래서 위로했다.

"자네에게 악의가 있어서 그랬던 것이 아니니 괘념 마소. 내가 죽은 아이의 아비에게 후히 보상하면 자네에게 피 값을 물리려고 하지는 않을 것이네."

에우노모스의 아버지도 비록 자식이 죽긴 했으나 천하의 영웅 헤라클레스가 수염을 깨물면서 주먹을 폈다 쥐었다 하는 모양을 보고 있기가 민망했던지 오히려 헤라클레스를 위로했다.

"나는 자식을 앞세워, 자식 잃은 슬픈 아비가 되었소. 하나, 영웅께서 그렇게 스스로를 책망하시면 나는 슬픈 인간이 되고 말아요. 나를 두 번 슬프게 하지 마시고 부디 자중하세요."

그러나 헤라클레스는 무고한 소년을 죽인 죄를 닦아야 한다고 부득부득 우기고는 아내 데이아네이라와 함께 트라키스를 바라고 길을 떠났다. 늘 홀로 다니던 헤라클레스가 굳이 아내를 데리고 떠난 것은, 죄 없는 소년의 주검을 남겨놓고 떠나는 길이라 다시는 처가 걸음이 어려울 것이라고 생각했기 때문이다.

죄를 닦는다는 것은 곧 종살이를 한다는 뜻이다. 헤라클레스는 케윅스가 다스리는 트라키스를 바라고 북상했다.

헤라클레스, 기다리고 있었다

트라키스로 올라가자면 에우에노스강을 건너야 했다.

에우에노스강? 그렇다. 에우에노스강이다.

켄타우로스 케이론이 헤라클레스의 화살에 맞아 동굴 속에서 고통으로 나날을 보내며 죽을 날만 기다리고 있던 때를 떠올려보자. 케이론이 그 지경인 데다 폴로스마저 똑같은 화살에 목숨을 잃자 켄타우로스들은 뿔뿔이 흩어졌다. 가까이 있는 말레아산으로 숨어든 자가 있는가 하면 머나먼 시켈리아(시칠리아)까지 도망친 켄타우로스도 있었다. 넷소스라는 켄타우로스는 에우에노스강으로 도망쳤다.

켄타우로스 넷소스?

그렇다. 나는 앞에서, 넷소스가 에우에노스강에서 헤라클레스에게 치명적이고도 결정적인 반격을 가하기 위해 기다리고 있다고 썼다.

헤라클레스 부부가 강가에 이르러 강물 건널 방도를 의논하고 있는데 숲속에서 켄타우로스 한 마리가 앞으로 나섰다. 헤라클레스가 비록 신인이라고는 하나 그래도 떨어지는 나뭇잎 한 장으로 온 세상의 가을을 읽을 수 있을 만큼 눈이 밝은 신인은 아니다. 따라서 이 켄타우로스가 숲을 나서며 이렇게 중얼거리는 소리를 헤라클레스가 들었을 리 없다.

"오래 기다렸다. 헤라클레스여. 오늘에야 뜻을 이루는구나. 너를 쏘는 화살이 너에게 있다고 한 너의 말은 참으로 옳다. 오늘 네 과거가 너를 쏠 것이다."

켄타우로스는 헤라클레스 부부 앞에 공손하게 네 다리로 무릎을 꿇고 말했다.

"나는 넷소스라고 하는, 보시다시피 켄타우로스올시다. 내가 옛날에 초라하나마 정의로운 일을 한 적이 있는데 신들께서 그 일을 아름답게 보시고 나를 이 강가에 붙여 나그네를 업어 이 강을 건너게 하시었습니다. 살아온 삶에 허물이 없는 분을 업어 건네면 강 건너기가 순조롭거니와 과거와 만나기를 두려워하는 자를 업어 건네면 신들이 물살을 다스려 내 몸을 기울게 할 것입니다."

이 둘의 만남이 초면이 아닌 것은 물론이다. 하지만 헤라클레스는 넷소스를 기억하지 못했다.

"비통의 강, 시름의 강, 불의 강, 망각의 강, 그리고 신들이 기대어 맹세를 치는 저 증오의 강까지 발 벗지 않고 건넌 나다. 그러니 나는 일없다. 어느 강의 신이 너에게 나그네의 과거를 다는 저울을 맡겼는지 모르나 굳이 건네주고 싶거든 내 아내나 건네주어라."

헤라클레스는 이렇게 대수롭지 않게 말하고 강가 언덕에 비스듬히 기대어 앉았다.

"그러실 테지요. 하늘 축을 어깨로 버티는 아틀라스가 아닌 내가 어떻게 헤라클레스를 업고 건널 수 있겠습니까. 그럼 부인만 업어 건네어 드리지요."

넷소스는 말을 마치자 등에다 데이아네이라를 태우고 미끄러지듯이 강을 건넜다. 헤라클레스는 넷소스의 뒷모습을 보면서, 자기가 쏜 독화살에 맞아 목숨을 잃은 케이론을 잠깐 떠올리고는 사자 가죽 자락을 엉덩이 위로 걸어올리고 물에다 발을 넣었다.

그때 저쪽 강 언덕에서 데이아네이라의 비명이 강을 건너왔다. 헤라

데이아네이라를 납치하는 넷소스
헤라클레스가 활을 겨냥하고 있다. 벌렁 나자빠진 노인은 강의 신 에우에노스 같다. 18세기 프랑스 화가 루이-장-프랑수아 라그레네의 그림.

클레스는 고개를 들어 그쪽을 바라보았다. 넷소스가 데이아네이라를 등에다 태우고 엉뚱한 방향으로 달아나고 있었다.

헤라클레스는 강을 건널 때가 아니어서, 물에서 발을 뺀 뒤 활에다 살 한 대를 먹여 넷소스를 겨누고 날렸다. 이올레의 젖무덤 사이에 매달린 사과에 모자라지도 지나치지도 않는 깊이로 꽂던 헤라클레스의 활 솜씨가 아니던가. 화살은 강물 위를 물수리처럼 낮게 날아가 넷소스의 가슴을 꿰뚫었다.

휘드라의 독화살에 맞았는데도 넷소스는 즉사하지 않았다. 헤라클레스가 강을 건너올 동안 넷소스는 강물 바라보는 눈길을 하고 숨을 고르며 조금 전에 납치하려던 데이아네이라에게 이런 말을 남겼다.

"내 허물을 용서할 것은 없어요. 그대의 아름다움이 내 가슴에다 욕심의 불을 피워낸 것이니, 이것은 그대의 허물이기도 하지요. 등으로 그대의 체온을 느끼며 강을 건너온 짧은 순간순간은 내가 영원히 잡아늘리고 싶던 순간이었답니다. 아름다운 부인이여, 아름다움은 잘 익은 과일 같아서 오래가지 않습니다. 그대 역시 이윽고 썩고 마는 농익은 과일이 되어 헤라클레스의 눈길에서 벗어날 때를 맞을 것입니다. 그러니 내가 시키는 대로 하세요.

그대가 피워낸 불길로 끓어오르다, 그대 지아비가 쏜 독화살에 이렇듯이 솟아 나오는 내 피는, 귀담아들으세요, 예사 피가 아니랍니다. 그러니 그대 옷깃을 이 피에 적시어놓았다가 지아비의 눈길이 그대를 떠나 다른 과일에 머물거든, 내 피에 젖은 옷자락을 잘라 지아비의 옷 속에 숨기세요. 내 피가 지아비의 체온에 녹아 흐르면 그대의 뜻, 나의 뜻이 이루어질 것입니다."

"그대의 뜻은 무엇이지요?"

데이아네이라가 물었으나 넷소스는 더 이상 말을 하지 못하고 숨을 거두었다. 그가 숨을 거두지 않았더라면 이 말 두 마디만은 남기고 싶어 했을 것이다.

복수!

켄타우로스의 정신적 기둥이었던 케이론과 우두머리 폴로스의 죽음에 대한 복수!

케위크스와 알퀴오네의 행복과 불행

트라키스 왕 케위크스가 먼 길을 온 까닭을 묻자 헤라클레스는 처가에서 죄 없는 소년을 죽인 경위를 말하고는 이렇게 덧붙였다.

"나는 처자식 죽인 죄를 에우뤼스테우스 밑에서 닦았고, 이피토스 죽인 죄를 옴팔레 밑에서 닦았네. 이제 다시 이 에우노모스를 죽여 더러워진 내 손을 여기에서 닦고자 하니 부디 나를 종으로 부리는 일을 사양하지 말게."

"어느 신께서 맡기신 뜻이 당신을 내게로 보내셨습니까?"

"나는 죄를 짓느라고 세월을 보냈고, 그 죄를 닦느라고 나이를 먹었네. 인간이 한평생 제가 끌고 다니는 그림자를 벗어나지 못하듯이 나 역시 내 과거에서 놓여날 수 없을 것이니. 신이 맡기신 뜻을 묻지는 않았네만 이것이 바로 그분들 뜻이 아닐는지."

케위크스는 헤라클레스의 말에 눈물을 흘리며 자기 신세를 한탄했다.

"장군께서는 스스로를 죄인이라고 하시니, 설사 신들께 정죄할 방도를 묻지 않더라도 신들은 장군을 어여삐 여기실 것입니다. 하지만 나는 어떤가요? 나는 힘으로 남을 해친 일도 없고, 부정한 짓으로 남의 이를 갈게 한 일도 없습니다. 그런데도 형이신 다이달리온의 죽음을 필두로

이 나라에서는 해괴한 일이 연하여 터지고 있습니다.

이러한 흉사는 신들이 나에게 적의를 품고 있다는 증거가 분명한데, 나는 신들이 나에게 왜 적의를 품는지 도무지 모르겠습니다. 마침 이 나라에 오셨으니 내가 클라로스로 가서 아폴론 신의 신탁을 여쭙고 올 동안만 이 나라를 맡아주십시오."

"하늘이 무너질까, 땅이 꺼질까…… 너무 그렇게 근심할 일이 아니네. 나는 크로노스의 황금시대, 은의 시대, 청동의 시대가 흘러간 지금은 신들이 무료를 달래느라고 장난도 더러 치신다고 믿는 자이네."

"뿌리를 뽑아보지 않으면 내 근심이 사라지지 않을 것입니다."

"근심의 뿌리를 뽑으려 하다가 삶의 뿌리를 뽑는 것이나 아닐지…… 나는 그게 염려스러울 뿐이네."

케위크스. 참 특이한 사람이다.

케위크스는 헤스페로스(금성)의 아들로, 보는 사람이면 누구나 과연 그 아버지에 그 아들이구나, 하고 고개를 끄덕거릴 만큼 용모도 준수하고 복도 많은 사람이었다. 바람의 지배자 아이올로스의 딸인 케위크스의 아내 알퀴오네도 절세미인인 데다 지아비를 어찌나 지극정성으로 섬기는지, 사람들은 이런 말로 부러워하고는 했다.

"신들은 인간에게 두 가지를 베풀지 않는다는 말이 허사로구나. 케위크스는 복을 구색 맞추어 두루 누린다."

그러나 케위크스는 겉으로만 행복하게 보이는 사람일 뿐, 사실은 늘 자신이 신들에게 무슨 죄를 짓지 않았을까, 신들이 자신을 어떻게 보실까, 자신의 미래가 어떻게 정해져 있을까, 이런 것들이 궁금해서 도무지 마음이 편하지 못한 사람이었다. 그래서 자신의 행복이 언제까지 계속되는 것인지, 계속해서 행복을 누리려면 어떻게 해야 하는지, 신의 뜻을 물어보고 싶어 했다.

왕비 알퀴오네는 그런 남편을 항상 이런 말로 달랬다.

"행복을 느낀다면 그냥 느끼면서 살면 되는 것입니다. 미래를 알고 싶어서 안달을 내시는 마음자리에는 행복이 깃들 수가 없습니다."

케위크스는 신하들과 왕비가 한사코 말리는데도 불구하고 기어이 아폴론 신의 뜻을 물으러 클라로스로 갈 것을 고집했다. 왕비 알퀴오네는 낯빛을 잃고, 바람의 지배자 아이올로스의 딸답게 바람의 심술이 뱃길을 얼마나 위태롭게 하는지 과장해서 설명했으나 케위크스는 듣지 않았다.

행복한 가정과 아내의 간청을 뿌리치고 기어이 뱃길로 나서겠다는 지아비를, 결혼의 수호 여신인 헤라가 곱게 보았을 리 만무하다. 게다가 케위크스는 헤라 여신이 그토록 미워하던 헤라클레스의 친구이기도 했다. 뿐인가? 헤라클레스 부부는 바로 케위크스의 왕궁에 몸을 붙이고 있지 않은가?

헤라 여신은 케위크스를 별렀다.

"무엇이 행복한 가정의 뿌리를 흔드는가? 의심과 의혹이다. 케위크스, 길 떠나기만 해봐라."

케위크스는 떠나면서 아내에게 이런 말을 남겼다.

"내 아버지 금성에 걸고 맹세하거니와, 달이 두 번 찼다가 기울기 전에 돌아오리다."

뱃길로 나라를 떠난 케위크스는 바다 한가운데로 나갔다가 풍랑에 휘말렸다. 왕홀 잡던 손으로 키를 잡고, 아내 알퀴오네를 부르던 입술로 아버지 헤스페로스와 장인 아이올로스의 이름을 불렀지만 하릴없었다.

케위크스는 죽어 바다에 가라앉았다. 그날 밤에는 헤라 여신이 훼방을 놓는 바람에 금성(헤스페로스)도 떠오를 수가 없었다. 설사 떠올랐다고 하더라도 반짝이지는 못했으리라. 아들 잃은 슬픔을 참느라고 구름으로 얼굴을 가리고 있었을 테니.

남편의 죽음을 까맣게 모르는 채 알퀴오네는 결혼과 가정의 수호 여신인 헤라의 제단에 향을 피우고, 남편이 살아 돌아올 수 있게 해주기를, 자기보다 나은 여자를 만나지 않게 해주기를 간절하게 빌고 또 빌었다. 그러나 케윅크스가 이미 죽은 목숨이라 헤라는 두 번째 기도밖에는 들어줄 수 없었다.

　알퀴오네의 기도가 달이 두 번 찾다가 기울 때까지 계속되자 헤라는 더 이상 참을 수가 없어서 손아래 거느리는 여신 이리스(무지개)에게 분부했다.

　"장례를 치르어야 할 손으로 저렇게 빌고 있으니 내가 견딜 수 없다. 너는 이 길로 휘프노스(잠)에게 날아가 내 말을 전하여라. 알퀴오네에게 현몽하여 케윅크스의 죽음을 알리도록 하라."

　무지개 여신 이리스는 헤라의 명을 받고는 일곱 색깔 옷으로 차려입고 휘프노스(잠의 신)가 있는 수면관으로 내려갔다.

　잠의 신 휘프노스의 수면관 동굴은 킴메리아 땅 한 끝에 있다. 이곳에는 헬리오스(태양)가 비치는 일이 없다. 머리에 볏이 돋은 새가 큰 소리로 에오스(새벽)를 부르는 일도 없고, 눈 밝은 개, 귀 밝은 거위가 고요를 깨뜨리는 일도 없다. 오직 고요만이 있을 뿐이다. 이 수면관 아래로는 레테(망각의 강)가 소리 없이 흐른다. 아니다, 소리가 아주 없는 것은 아니다. 속삭이는 듯한 소리가 있으되 이 소리를 들은 산 것은 모두 잠이 들어버리기 때문에 아무도 듣지 못하는 소리가 있을 뿐이다. 휘프노스의 수면관 앞에는 수면초, 양귀비, 상추 같은 약초가 무성하게 자란다. 수면관에는 문이 없다. 문이 있으면 열리고 닫힐 때 돌쩌귀 소리가 나기 때문이다. 수면관 한가운데엔 흑단으로 만든 긴 의자 하나가 검은 휘장 안에 놓여 있다. 잠의 신 휘프노스는 이곳에서 잠들어 있다.

　이리스가 발소리를 죽이며 들어서자 휘프노스가 졸음에 겨운 눈을 뜨고 긴 턱수염을 한 번 쓰다듬었다. 이리스는 얼른 헤라 여신의 말을 전하고는 그곳을 떠났다. 휘프노스를 보고 있자니까 졸음이 와서 도저히 오래 견딜 수 없었기 때문이다.

　휘프노스에게는 여러 아들이 있다. 인간의 모습을 흉내 내는 데 명수

잠의 신 휘프노스의 아들 모르페우스
이리스가 다가가자 잠에서 깨는 꿈의 신 모르페우스. 17~18세기 프랑스 화가 르네-앙투안 우아스의 그림.

인 꿈의 신 모르페우스는 그중의 하나다. 모르페우스, '모습을 빚는 자'라는 뜻이다.

모르페우스는 죽은 케위크스로 변장하고 알퀴오네에게 현몽하여, 자기가 죽었으니 이제 헤라 여신을 그만 괴롭히라고 이른 다음 친절하게 덧붙였다.

"이제 그대가 할 수 있는 일은 날 위해서 눈물을 흘려주는 일뿐이오. 그대의 눈물이 내 주검을 적시지 못하면 나는 장차 타르타로스(무한 지옥)에 떨어지고 말아요. 어서 일어나 바닷가로 나가보아요."

알퀴오네는 케위크스의 모습을 잠시 빌린 모르페우스가 꿈속에서 가르쳐주는 대로 바닷가로 나가보았다. 케위크스의 주검이 파도에 떠밀려 와 있었다. 알퀴오네는 주검을 눈물로 적실 만큼 울었다.

헤라 여신은 조금 미안했다. 자기 손으로 둘을 갈라놓은 것은 아니었다. 하지만 자신이 마음먹은 대로 된 것이 퍽 미안했다. 그래서 살아 있는 알퀴오네와 죽은 케위크스를 새로 변신하게 하니, 이 새가 오늘날 우리가 '알퀴오네의 새'라고 하는 물총새다.

이 한 쌍의 부부는 물총새로 환생하여 알도 낳고 그 알을 까기도 한다. 알퀴오네의 아버지 아이올로스(바람의 지배자)는 이들이 낳은 알이 부화하고 그 어린 새가 하늘을 날 수 있을 때까지는 바람을 단속하여 외손자들의 놀이터인 바다에 파도가 일지 않게 한다. 뱃사람들이, 물총새가 알을 낳고 깔 즈음에 항해하기를 좋아하는 것은 이 때문이다.

길 떠나기 전까지 케위크스 부부가 행복했던 것은 분명하다. 케위크스의 마음자리에 의심과 의혹이 깃들기 시작한 뒤부터 이 행복에 금이 가기 시작한 것 또한 분명하다. 이 부부의 불행은 알퀴오네가 파도에 밀려온 케위크스의 주검을 보는 순간 절정을 이룬다. 케위크스의 의심과 의혹이 불러들인 불행의 절정이다.

아, 헤라클레스!

　트라키스에 머물 동안 헤라클레스와 데이아네이라는 같은 침대에서 자도 꿈은 각각 달랐다. 헤라클레스의 꿈에 활쏘기 겨루기의 상으로 내걸렸던 아름다운 이올레가 부쩍 자주 나타났다. 그 아비 에우뤼토스가 생각날 때마다 헤라클레스는 이를 벅벅 갈았다.
　어리석을망정 사랑이 지극했기에 그랬을 것이다.
　데이아네이라는 트라키스에 이르는 즉시 넷소스의 피가 묻은 옷자락을 잘라 청동 솥에다 간수했다. 사랑에 눈이 먼 데이아네이라는 알지 못했다. 켄타우로스 넷소스가, 실은 헤라클레스가 쏜 길 잃은 독화살에 맞아 억울하게 죽은 저 현자 케이론의 복수를 꿈꾸고 있었다는 것을 데이아네이라는 알지 못했다.
　데이아네이라는 또 알지 못했다. 넷소스의 피에는, 불사신 케이론까지 죽인 무서운 휘드라의 독이 묻어 있다는 것을 알지 못했다. 이런 것도 모르는 데이아네이라가, 사냥개가 숲속의 메추라기 튀겨내듯이, 술이 사람 마음의 속말을 튀겨내듯이, 의심이 마음의 젤로스(질투)를 튀겨낸다는 것을 어찌 알았으리.

헤라클레스는 트라키스의 멜리스인, 산에 사는 산사람들인 로크리리스인들을 모아 군대를 편성하고 오이칼리아로 출격했다. 활쏘기 겨루기에서 패배했음에도 불구하고 승리자인 상으로 내걸렸던 이올레 넘겨주기를 거절한 에우뤼토스는 순식간에 격파되었다. 헤라클레스는 이올레를 포로로 붙잡았다. 활쏘기 시합의 상으로 내걸렸던 이올레가 아비의 허물 때문에 졸지에 포로가 된 것이다.

헤라클레스는 이올레와 함께 바다를 건너 에우보이아로 갔다. 에우보이아의 항구도시 케나이온에는 제우스 신의 신전이 있다. 헤라클레스는 제우스 신에게 제사를 드리기 위해 케나이온으로 갔던 것이다. 케나이온 사람들이 이를 알고, 헤라클레스가 않던 짓을 한다면서 썩 마뜩하지 않게 여겼다.

제우스 신전에서 제사를 올리는데 사자 가죽을 걸치고 올릴 수는 없지 않은가? 격식 따지는 것을 죽기보다 싫어하는 헤라클레스도 제우스 신전에서는 그럴 용기가 없었다.

헤라클레스는 부하 리카스를 트라키스로 보냈다. 데이아네이라가 보관하고 있는 예복을 가져오게 하기 위해서였다.

심부름꾼 리카스를 맞은 데이아네이라는 헤라클레스의 근황에 대해 이것저것 가리지 않고 물었다.

"예복은 어디에 쓴다더냐?"

"제사 때 입으시겠지요."

"않던 짓을 다 하시네?"

"전에는 격식 같은 것 따지는 걸 싫어하셨는데 요즘은 다릅니다. 제우스 신께 드리는 제사도 아마 이번이 처음이지요?"

"장군이 이올레라는 오이칼리아 공주를 포로로 잡았다는데? 그 이올레는 지금 어디에 있느냐?"

"장군께서 데리고 다니십니다."

"데리고 다녀? 네가 보기에 어떠하더냐? 예쁘더냐?"

심부름꾼 리카스는 본 대로 들은 대로 대답해야 할 것을 느낀 대로 생각한 대로 대답했다.

"이올레 때문에 수많은 구혼자가 활쏘기 시합에 걸려 목숨을 잃었습니다. 나라가 쑥대밭이 된 것도 이올레 공주 때문입니다. 하지만 이올레 공주를 보고 있으면 나라가 쑥대밭 되는 것이 당연해 보일 만큼 참으로 아름답습니다."

"헤라클레스 장군이 제우스 신께 제사를 드리고 싶은 게 아니고 아무래도 혼례를 주관하시는 휘메나이오스 신을 부르려는 모양이다. 손님방에 나가 있으면 내가 예복을 손질하여 보낼 터이니 그리 알라."

데이아네이라가 이런 말로 리카스를 보낸 다음에도 한동안 그 예복에 손을 대지 못했다. 예복에 손을 대려 할 때마다 젤로스(질투) 여신이 마음 안을 서성거렸기 때문이다.

'……데이아네이라여, 네가 어쩌다 마침내 사내를 적대하지 못하고 이렇듯이 비웃음의 과녁이 되었느냐. 헤라클레스의 마음은 이제 너에게서 저 오이칼리아의 공주 이올레에게로 돌아선 것임에 분명하다. 젊은 이올레와 혼인하려는 것임에 분명하다. 데이아네이라, 네가 무슨 수로 저 젊은 이올레를 대적하겠느냐. 네가 무슨 수로 사내 빼앗긴 수모를 견디어내겠느냐.'

데이아네이라는 마음 둘 곳, 눈 둘 곳을 알지 못하고 방 안을 서성거렸다. 그러다 눈길이 방 한구석에 놓인 청동 솥에 잠시 머물렀다. 넷소스의 피가 묻은 옷자락을 잘라 넣어둔 청동 솥이었다. 데이아네이라의 귓전에 넷소스의 유언이 들리는 것 같았다.

"……아름다운 부인이여, 아름다움은 잘 익은 과일 같아서 오래가지 않습니다. 그대 역시 이윽고 썩고 마는 농익은 과일이 되어 헤라클레스의 눈길에서 벗어날 때를 맞을 것입니다. 그러니 내가 시키는 대로 하세요……."

데이아네이라는, 어리석어라, 넷소스의 뜻이 무엇인지도 모르는 채,

오로지 헤라클레스의 마음을 이올레로부터 돌려세우겠다는 일념에서 그 청동 솥뚜껑을 열었다. 솥 안에는 넷소스의 마법의 피에 젖은 옷자락 조각이 있었다. 데이아네이라는 이 헝겊 조각을 헤라클레스의 예복 안에 꿰매어 넣은 뒤에 하인을 시켜 리카스에게 보냈다.

사자 가죽을 벗고 리카스가 가져온 예복을 입고 제우스 신전의 제대 앞에 나선 헤라클레스는 정체 모를 고통을 느꼈다. 고통이 어찌나 격심한지 난생처음으로 신전 바닥에 쓰러지기까지 했다. 신전의 제관들이 달려와 부축하려 하자 헤라클레스는 손사래를 쳤다.

"내가 겪어본 바는 없으나, 이 고통은 내게 생소한 고통이 아니다. 언제 어느 곳에선가 한 번은 만나리라고 예감하던 고통이다."

헤라클레스는 신전 바닥에 일곱 번 쓰러졌다가 일곱 번 일어났지만, 오래 견디지 못하고 여덟 번째로 다시 쓰러졌다.

얼마 후 다시 일어난 헤라클레스는 다짜고짜 심부름꾼 리카스를 이오니아해로 집어 던져버리고는 실신했다.

제관들이 실신한 헤라클레스를 바다가 내려다보이는 신전 앞뜰에 눕히자 휘프노스(잠)는 저 수면궁 앞에서 수면초 즙을 짜내어 헤라클레스에게 뿌렸다.

헤라클레스가 잠이 들자 휘프노스에게 딸려 있는 꿈의 신 포베토르(위협하는 자)가 휘드라로 둔갑하여 헤라클레스의 꿈속에 나타났다. 휘드라는 쇳소리로 웃으면서 헤라클레스를 조롱했다.

"헤라클레스가 머리 빈 장사라는 말은 허사였구나. 그 힘에 그 꾀를 갖추었으니 장차 누가 그대를 당하랴. 그 솜씨에 내 독을 묻힌 독화살이 있으면 누가 그대를 대적할 수······."

이 말은 휘드라가 숨을 거두면서 한 말 그대로였다.

헤라클레스는 잠결에 그때 휘드라를 죽이고 그 독을 화살에 바르면서 자신이 한 말도 어렴풋이 떠올렸다.

꿈속에 나타난 포베토르가 휘드라의 모습을 빌린 채 이렇게 말했다.

"헤라클레스여, 사냥꾼이 사냥개로 여우를 잡듯이, 정복당한 자는 아첨하는 입술로 어리석은 정복자를 잡는다는 것을 그대는 알지 못했다. 그대는, 그대를 쏠 화살은 그대의 화살통 안에 있을 뿐이라고 했다. 그대는 그대가 놓은 덫, 내가 놓은 덫에 걸렸다. 말이 씨가 되어, 보라, 그대 화살통 안에 들어 있던 화살이 이렇듯 그대를 죽이고 있지 않은가. 나는 이제 내 일을 다 이루었다. 그대도 이제 그대의 일을 이루어야 하지 않겠는가."

헤라클레스는 꿈속에서 자신을 꾸짖었다.

"어째서 휘드라가 내 앞에 나타나는가? 이 고통은 휘드라에게서 온 것인가? 휘드라를 죽이고 의기양양해하던 나의 오만에서 온 것인가? 휘드라의 독화살을 맞고 누가 죽었는가? 넷소스다. 넷소스의 몸에 퍼진 휘드라의 독이 어째서 내 고통의 씨앗이 되는가? 휘드라의 독화살을 맞은 넷소스의 피, 나의 고통, 이 사이에는 내가 알지 못하는 연결 고리가 있다. 무엇인가? 어리석음이다. 누구의 어리석음인지 나는 알지 못하겠다.

부끄러움이다, 헤라클레스여! 마땅히 부끄러워하라.

'칼리니코스(빛나는 승리자)'로 불린 것을 부끄러워하라. 무엇에 승리했던가? 나 자신에게 승리해본 적이 있던가?

'알렉시카코스(백성의 보호자)'로 불린 것을 부끄러워하라. 언제 백성을 보호했던가? 괴물을 처단한 것은 백성을 보호하기 위해서가 아니었다. 헤라 여신이 내게 부여한 운명의 과업을 수행한 것에 지나지 않는다.

그 과업을 수행하고 보낸 세월, 나는 무엇을 했던가? 나는 승리했던가? 나는 백성을 보호했던가?

고통이여, 고맙구나. 부끄러움을 알게 해주었으니, 고통이여 고맙구나. 타나토스(죽음) 기다리는 것이 부끄러워, 이제 가련다. 타나토스에게 가는 길을 내 손으로 열련다.

타나토스여, 올 것 없다. 내가 간다."

포베토르가 물러가고, 휘프노스가 물러가자 헤라클레스가 다시 정신을 수습하고 제우스 신전의 신관들에게, 자신을 다시 트라키스의 오이테산으로 데려다줄 것을 당부했다. 신관들은 이 영웅의 고통을 더불어 아파하면서 그를 배에 태워 트라키스로 모셨다.

데이아네이라는 헤라클레스와 함께 트라키스로 온 신관들이 휘메나이오스(혼인)의 신관들이 아니라 제우스의 신관이라는 것을 알고는 매우 놀랐다. 데이아네이라는 헤라클레스가 이올레와 혼례식을 올리려고 예복 가지러 사람을 보낸 줄 알고 있었다. 아버지인 제우스 신에게 사은제를 올리려고 예복 가지러 사람을 보냈다는 것을 데이아네이라는 믿지 않았다.

데이아네이라는 결국 운명의 여신 라케시스(나누어주는 여신)가 나누어준, 지아비를 적대하는 운명을 벗어나지 못했다. 데이아네이라는 양심의 가책을 견디지 못하고 목을 매어 자진했다.

* * *

오이테산에는 어떤 농부의 낫에도 베여본 적이 없고, 어떤 양의 이빨에도 뜯기어본 적이 없는 제우스 신의 초원이 있었다. 헤라클레스는 이 초원 한가운데, 오늘날에는 '플뤼기아(불타는 땅)'라고 불리는 곳에다 실장정의 두 길 높이로 장작을 쌓게 하고는 몸소 그 위로 올라갔다. 그 낯빛이 태연하기가 흡사 한 끼 식사하려고 긴 의자 등받이에 등을 기대는 사람 같았다.

헤라클레스는 나무 몽둥이를 베고 누워 사자 가죽으로 배를 덮으면서 신관들에게 말했다.

"내 아버지의 신관들이여, 이 장작더미 밑에는 내가 쌓아놓은 불쏘시개가 있습니다. 그러나 내가 불 질러줄 것을 청하여도 그대들은 신관들이면서도 인정에 눈이 부시어 불을 지르지 못할 것임을 나는 압니다. 그러니 기다리세요. 기다리시면 이 산을 넘어오는 이방인이 있을 것인즉, 그 사람에게 내 뜻을 전하고 수고한 값으로 내 활을 주도록 하세요.”

신관 가운데 하나가 장작더미를 올려다보며 물었다.

“영웅이시여, 어디로 가시렵니까?”

“나는 가는 것이 아닙니다. 내 아버지께서 나에게 맡기신 뜻을 짐작하고 내 뜻으로 잠시 이곳을 떠나는 것뿐입니다. 나에게는 이렇게 나를 지배할 자유밖에는 없습니다.”

그 신관이 또 물었다.

“저승 땅에서도 케르베로스를 붙잡아 날빛 아래로 나선 분이시여, 언제 다시 저희 곁으로 살아오시는지요?”

헤라클레스는 이 말에 대답하는 대신 아들 휠라스에게 유언했다.

“휠라스, 어리석은 데이아네이라의 아들. 장성하거든 이올레를 아내로 맞아라. 내 손에 아비와 오라비를 잃고, 네 어미 손에 나를 잃은 이올레를 내가 네 손에 붙이니, 보아라, 제우스의 아들인 내 삶과 인간인 너의 삶은 둘이 아니고 하나다. 그러니 오고 간다는 말이 실없다.”

이윽고 해가 중천에 오르자 테살리아 사람 포야스가 아들 필록테테스와 함께 잃어버린 양을 찾으러 다니다가 오이테산을 넘어왔다. 신관들이 헤라클레스의 뜻을 말하자 포야스는 헤라클레스가 누구인지 모르는지라, 별로 어려워하지도 않고 회향나무 불방망이를 장작더미 밑에다 던지고는 헤라클레스의 활을 받아 가지고 사라졌다. 뒷날 트로이아 전쟁에서 전쟁의 직접적인 원인 제공자 파리스를 쏘는 것이 바로 이 활이다.

올림포스 천궁에서 신들은 수심에 잠긴 얼굴로 헤라클레스가 땅 위의 삶을 마감하는 광경을 내려다보고 있었다. 그러나 제우스 대신만은, 암피트뤼온으로 둔갑하여 알크메네와 잠자리를 같이하고 나올 때보다 더 밝은 얼굴을 하고는 신들에게 이렇게 말했다.

“신들이 다 이렇듯이 내 아들에게 관심을 보이시니 반갑고, 이러한 신들의 옥좌 가운데 내가 있다는 것이 대견스럽소. 신들이 내 아들을 눈여겨보는 까닭은 저 아이가 땅에서 이룬 과업 때문일 터인데 나는 그것이 만족스럽소. 아비인 내 마음이 이러한데 신들이 어두운 얼굴을 하실 것은 없어요. 인간의 고통을 제 고통으로 정복한 저 아이가 신들이 내려다보고 있는 저 오이테산 장작불에 정복될 리는 없어요. 불꽃이 비록 저 아이가 제 어미에게서 받은 것은 태울 수 있을지 모르나 아비인 나에게서 받은 것은 태우지 못해요. 나는 이제 저 아이를 이 올륌포스 천궁으로 불러올릴 생각이오. 그대들 가운데엔 저 아이가 마침내 얻은 영광을 잠시 시샘할 이는 있을지 모르나 저 아이에게 이 영광이 과분하다고 여길 이는 없을 것이오."

헤라 여신은 분명히 자신을 겨누고 한 것임에 분명한 제우스 대신의 이 말에 잠시 얼굴을 붉혔으나 헤라클레스가 제 어머니 알크메네에게서 받은 것을 소진시키고 오는 데야 토를 달 까닭이 없었다.

헤라클레스의 육신을 태우는 불은 밤낮 아흐레를 탔는데도 꺼질 줄을 몰랐다. 보다 못한 뒤로스강이 산을 올라와 이 불을 껐다. 불길이 잡히자 신관들이 뼈 항아리를 안고 그의 유골을 수습하러 들어갔다. 그러나 그 자리에는 아무것도 남아 있지 않았다.

신관들은, 팔라스 아테나가 헤르메스를 마부 삼고 아폴론과 아르테미스 남매를 호위 삼아 천마가 끄는 사두마차를 보내어 헤라클레스의 영혼을 수습해 갔다는 사실을 알지 못했다. 제우스 대신이 재가 된 헤라클레스의 육신은 거두어 하늘에 별자리로 박고, 그 육신에 깃들어 있던 필멸의 혼령은 저승 땅으로 보내어 하데스를 달래었다는 사실도 알지 못했다. 헤라클레스의 육신이 별자리로 붙박이자 하늘 축을 메고 있던 아틀라스가 어째서 하늘 축이 갑자기 무거워졌느냐고 투덜거렸다는 사실은 더더욱 알지 못했다.

헤라클레스의 혼백이 천성에 오르자 아테나 여신은 헤라 여신을 회유하여 고난의 한살이를 마친 헤라클레스에게 젖을 먹이게 함으로써 둘의 화해를 성사시키었다.

헤라 여신은,

"나는 너를 빛나게 한 것이 없으나 인간이 너를 '헤라클레스(헤라의 영광)'라고 부른 것은, 비로소 말하거니와, 내 마음에 싫지 않다. 네가 무수한 원수의 피를 보면서도 내가 보낸 아르고스 왕에게만은 손을 대지 않은 것이 갸륵하다. 그러나 내가 아르고스 왕 자리는 네 조카 이올라오스 손에 붙일 것인즉, 이렇게 하면 나 또한 너에게 빛지는 것이 없다"

이렇게 말하고는 '헤라 텔레이아(결혼의 여신 헤라)'답게, 홀로 지어 낳은 딸이자 청춘의 여신인 헤베와 헤라클레스를 아름답게 맺어주었다.

이 혼례식에서 넥타르를 마시고 갑신하게 취한 제우스 역시 헤라클레스를 박해하던 헤라와 화해하고 헤라클레스를 이렇게 말했다.

"내가 부리는 조화의 그늘에 어찌 그대의 눈물이 떨어져 있지 않으리오만, 이제 나는 저 아이로 인하여 한 세상을 이루었어요. 하데스가 세

청춘의 여신 헤베
신들에게 술 따르는 소임을 맡고 있다. 안토니오 카노바의 걸작품. 상트페테르부르크 에르미타주 박물관.

상의 한 바닥을 이루고, 아레스가 왕국을 단련시키는 정화의 불길로 노릇하듯이 저 아이가 본을 보이며 살아낸 고난의 삶도 인간에게는 무익하지 않을 것이오. 내가 이루어낸 이 세상에 신인들 손으로 덧붙일 것은 작지 않을 것이나 덜어낼 것은 많지 않을 것이오."

이 말뜻을 다 알아먹지 못하는 신녀들에게 테미스(이치) 여신이 풀어서 말해주었다.

"제우스 대신의 난봉이 헤라 여신 보시기에는 곱지 않았을 것이나 대신께서는 이로써 덧붙일 것은 있어도 덜어낼 것은 없는 세상의 질서를 이루셨다, 이런 말씀이 아닐는지. 보아라, 아름다움과 질서와 기억의 문화가 이로써 이루어지지 않았느냐. 카리테스(아름다움)가, 호라이(계절)가, 무사이(예술)가 다 누구 배 안에서 자랐더냐. 아폴론, 아르테미스, 헤르메스, 디오뉘소스는?

제우스 신을 찬양할 일이다. 프로메테우스가 인간에게 불을 내려주었을 때 그렇게 상심하시던 제우스 신께서, 이제 신들로부터 인간을 지키고, 저 자신의 뜻으로 고난의 육신을 벗은 헤라클레스를 저렇게 맞으시는 걸 보아라."

독일 시인 실러는 「이상과 인생」이라는 시에서 실제적인 것과 상상적인 것의 대조를 아름답게 그리고 있는데 그 마지막 부분을 번역하면 다음과 같다.

비겁자의 종으로 전락해 있으면서도
용감한 헤라클레스는 끝없이 싸우며 괴로운 가시밭길을 걸었다.
휘드라를 죽이고 사자의 힘을 빼고,
친구를 이승으로 데려오기 위해 죽음의 강에 조각배를 띄웠다.
헤라의 증오는 지상의 모든 고뇌를, 지상의 모든 수고를 그에게 지웠으나,
운명의 생일로부터 저 장렬한 최후의 날까지 그는 이 수고를 훌륭하게 참아내었다.

신이 된 헤라클레스
노엘 쿠아펠의 그림.

이윽고 지상의 옷을 벗어던진 신의 모습이
불길에 탄 인간의 모습에서 떨어져 나와,
하늘의 가득한 정기를 마셨다.
일찍 맛보지 못하던 몸의 가벼움에 기뻐하면서
지상에서 어둡고 무거운 고통을 죽음에다 버리고,
천상의 빛을 향하여 비상했다.
올림포스 신들은 그를 맞으러 사랑하는 아버지의 대전으로 모이니,
빛나는 청춘의 여신은 뺨을 장밋빛으로 물들이고,
지아비 된 그에게 신들이 마시는 술을 따랐다.

나오는 말

그림 앞에서 숨이 멎다

신약성경 몇 줄을 읽고는 장차 화가가 되겠다고 굳게 결심했던 적이 있다. 중학교 3학년 때의 일이다.

「요한복음」 들머리에 이런 이야기가 실려 있다.

예수가 사마리아 지방에 이르렀을 때의 일이다. 시카르라는 동네에는 야곱의 우물이 있었다. 먼 길에 지친 예수는 그 우물가에 앉았다. 때는 정오에 가까워져 있었다. 마침 사마리아 여자가 물을 길러 나왔다. 예수는 그에게 물을 좀 달라고 청했다. 사마리아 여자는 예수에게 물었다.

"당신은 유대인이고 저는 사마라아 여자인데 어떻게 저더러 물을 달라고 하십니까?"

당시 유대인과 사마리아인들은 서로 상종하지 않았다. 사마리아인들이 너무 천하게 여겨지고 있었기 때문이다. 예수가 여자에게 말했다.

"하느님이 주시는 선물이 무엇인지, 또 너에게 물을 청하는 내가 누구인지 알았더라면 오히려 네가 나에게 청했을 것이다. 그러면 내가 너에게 샘솟는 물을 주었을 것이다."

이 대목을 읽고 여러 차례 묵상하던 나는 바로 이 장면 하나를 그리기 위해서라도 화가가 되리라고 결심했다. 뜨거운 불볕에 먼 길을 걸어와 입술이 허옇게 마른 예수와, 호기심 어린 눈길로 예수를 바라보는 사마리아 여인의 모습, 나는 이 둘이 환기시키는 어떤 분위기에 완전히 매료당하고 말았다.

하지만 나는 화가가 되지 못했다. 백일장과는 더러 인연을 맺었어도 그림과는 도무지 인연이 없었다. 그리고 이 감동적인 장면도 긴 세월이 흐르면서 내게서 잊히고 말았다.

1999년 여름, 처음으로 파리의 루브르 박물관에 갔다. 그 루브르에서 만났다. 16세기 화가 후안 데 플란데스의 〈예수와 사마리아 여인〉이 루브르에 걸려 있었다. 소년 시절에 내가 머릿속으로 구상하던 그 구도는 아니었지만, 아, 숨이 멎는 것 같았다. 나는 〈예수와 사마리아 여인〉 앞에서, 소년 시절에 읽었던 성경 구절을 고스란히 다시 떠올렸다. 루브르 박물관에 가면 나는 숨이 멎는 듯한 뜨거운 경험을 자주 한다. 신화 혹은 성경이라고 하는 텍스트(원전)와 미술이 만나는 현장의 경험은 나에게 늘 뜨거웠다.

프랑스 화가 니콜라 푸생은 신화와 성경을 즐겨 그린 화가다. 나에게는 일본의 슈에이샤(集英社)가 펴낸 니콜라 푸생의 화집이 있다. 이 화집에는 57점의 그림이 실려 있는데, 놀라지 마시라, 그 가운데 55점이 신화와 성경을 다룬 작품들이다. 유럽의 박물관이나 미술관도 마찬가지다. 그리스와 로마 문화인 헬레니즘, 구약성경과 신약성경을 기둥 줄거리로 하는 헤브라이즘을 알지 못하면 박물관이나 미술관의 보람 있는 관람은 거의 불가능하다.

유럽 문화의 진수를 품고 있는 프랑스의 루브르 박물관, 영국의 대영박물관, 로마의 바티칸 박물관, 상트페테르부르크의 에르미타주 박물관을 두어 시간 만에 훑고 지나가는 한국인 꾸러미 관광객들은 그래서 나를 슬프게 한다. 그 머나먼 하늘길을 날아와서 문화의 속살을 그렇게 훑고 지나가는 그들이 수박의 겉을 핥고 마는 사람들 같아서 얼마나 안타까운지.

헤라클레스 이야기도 그래서 쓰게 되었다. 헤라클레스의 열두 과업을 알지 못하면 그의 모험을 다룬 대리석상은 돌덩어리나 다름없다. 바라건대 이 책에서 접한 이미지를 유럽의 미술관이나 박물관에서 다시 만나시기를. 그리고 내가 〈예수와 사마리아 여인〉 앞에서 숨이 멎는 듯한 경험을 했듯이 독자들도 그렇게 뜨거운 해후를 경험하시기를.

2007년 10월 과천 소천재에서
이윤기

제5권

아르고 원정대의 모험

Greek and Roman Mythology

들어가는 말

이스탄불의 '흐린 주점'에서

나는 터키의 최대 도시 이스탄불 인근의 '흐린' 술집을 잊지 못한다. 그 술집에서 두 주먹 불끈 쥐고 굳은 맹세를 세우던 날을, 그리고 그 맹세의 내용을 나는 어제의 일처럼 생생하게 기억한다.

1999년 당시 나는 미국 미시간주립대학교의 국제대학과 사회과학대학 연구원으로 8년째 미국에 머물고 있었다. 하지만 그해 1월에는 출판 문제로 긴요하게 검토할 일이 있어서 잠깐 귀국해 경기도 과천에 있는 우리 아파트에 머물고 있었다. 그런데 가까이 사귀던, 이름을 대면 누구나 알 만한 연하의 교수들 몇몇이 작당을 하고는 나를 꾀었다.

"형, 그리스 가봤어요?"

"아직 못 가봤어."

"그리스에도 안 가보고 그리스 신화 책을 줄줄이 써요? 터키와 그리스를 아우르는 꾸러미 여행을 기획하고 있는데 동행하지 않겠어요? 형은 신화를 좋아하니까 어차피 그리스와는 낯을 익혀야 하지 않소?"

망설였다. 8년째 미국에 머물고 있을 때여서 경제적으로 넉넉하지 않았다. 당시 나는 한국과 미국을 오가면서 살았으니 두 살림살이였다. 하지만 그리스 여행 기회는 놓치고 싶지 않았다. 가장 큰 이유는 젊은

터키 이스탄불 대학교 앞 광장에서
터키와 그리스 꾸러미 여행에서는 목에 걸린 조그마한 카메라가 내 장비의 전부였다. 그때 무리수를 두면서까지 그리스 여행을 감행하지 않았더라면, 신화는 아직도 죽음처럼 깊은 잠을 자고 있었을 것이다.

교수들 사이에, 그리스에서 공부하고 그리스에서 박사 학위를 받은 그리스 신화 전문가가 포함되어 있었기 때문이다. 나는 그 전문가를 통하여, 그 전문가를 곁눈질하면서, 그 전문가를 '커닝'하면서 그리스를 탐색하고 싶었다. 그래서 경제적으로는 무리수를 두는 줄 알면서도 그 꾸러미 여행에 합류했다.

  터키의 이스탄불에 있는 국립 고고학 박물관을 나는 잊을 수 없다. 여기에는 그리스 신화에 등장하는 신이나 인간의 대리석상이 엄청나게 많다. 터키가 오랜 세월 그리스 식민지 노릇을 했기 때문이다. 에페소스의 로마 식민 시대의 유적도 잊을 수 없다. 그리스 본토 연합군과의 전쟁에서 패배한 트로이아의 '황성옛터'도 잊을 수 없다. 트로이아의 폐허에 서 있는 멋대가리 없이 크기만 하고 엉성하기 짝이 없는 목마도 눈앞에 어른거린다. 하지만 그중 가장 잊을 수 없는 것은 이스탄불의 '흐린 주점'이다.

에페소스의 극장
에페소스는 그리스, 페르시아, 스파르타, 로마 등 여러 국가의 식민지 시절을 두루 거친 곡절 많은 도시로, 다양한 고대 유적을 볼 수 있다.

'흐린 주점'은 황지우 시인의 시 제목 「어느 날 나는 흐린 주점에 앉아 있을 거다」에서 내가 살짝 가로챈 두 개의 낱말이다.

이스탄불에는 늦겨울비가 추적추적 내리고 있었다. 그래서 나는 그날의 경험을 '흐린 주점'이라는 두 낱말로 기억한다. 우리 일행은 터키의 소주라고 할 수 있는 독한 술 '라키'를 곁들여 양고기 꼬치구이인 '케밥'을 뽑아 먹고 있었다. 식당이 있던 곳은 마르마라해海와 흑해 사이의 해변이었다. 점심을 먹으면서 나는 마르마라해와 흑해를 번갈아 바라보았다. 문득, 정말로 문득, 『아르고 원정대 이야기Argonautica』라는 책이 떠올랐다.

아, 흑해!

그리스 사람들은 바다를 여러 이름으로 불렀는데, 그중 '오케아노스'와 '에욱세이노스'가 있다. 바다가 우호적으로 느껴질 때는 '오케아노스'라고 부른다. '우호적인 바다'라는 뜻이다. 바다를 뜻하는 영어 '오션

Ocean'은 바로 여기에서 온 말이다. 바다가 심술궂게 느껴질 때는 '에욱세이노스'라고 부른다. '적대하는 바다'라는 뜻이다.

신화시대의 그리스인들에게 흑해는 오케아노스가 아니었다. 에욱세이노스였다. 그들에게 흑해는 거의 죽음의 바다였다. 내가 보스포루스 해협을 내려다보면서 아르고 원정대의 대장 이아손의 모험을 떠올린 것은 바로 '쉼플레가데스' 때문이었다.

'『아르고 원정대 이야기』에 조금이라도 역사성이 묻어 있다면 쉼플레가데스는 저기 어디쯤에 있었겠지.'

나는 해협을 내려다보면서 이런 생각을 했다.

쉼플레가데스는 '박치기하는 두 개의 바위섬'이라는 뜻이다. 이 두 개의 바위섬은 흑해를 항해하는 배들을 노리고 있다가 배가 두 바위섬 사이로 들어오면 맹렬하게 다가가 배를 사이에다 두고 박치기를 했다. 배가 어떻게 되었겠는가?

그리스에서 흑해로 들어가자면 보스포루스해협을 지나야 한다. '해협'이 무엇인가? 두 개의 넓은 바다 사이에 있는 좁으장한 바다, 즉 큰 바다의 물길 노릇을 하는 좁은 바다다. 흑해는 자그마치 40개의 크고 작은 강이 흘러드는 큰 바다다. 다뉴브강, 드네프르강, 돈강의 강물도 이곳으로 흘러들어 에게해로 빠져나간다. 그러니 보스포루스해협의 물살이 얼마나 빠르고 험하겠는가? 옛날의 조선 기술로 허술하게 지어진 배로 해협의 물살을 거슬러 흑해로 들어간다는 것은 거의 불가능했다. 그러나 흑해로 들어가려는 그리스 배들은 반드시 이 해협의 물살을 통과해야 했다. '흑해'라는 이름이 암시하고 있듯이 이 바다는 다른 바다에 견주어 물이 조금 더 검어 보인다. 전문가의 설명에 따르면 다른 바다의 물보다 소금기가 더 많아서 그렇단다.

신화가 전하는 이야기에 따르면 배를 몰고 최초로 쉼플레가데스를 통과한 그리스인은 이아손이다. 이아손은 목숨을 걸고 북방의 나라 콜키스까지 항해하여 금양모피(황금 양의 털가죽)를 수습해 온 영웅이다.

콜키스는 지금의 그루지야쯤 된다고 전문가들은 설명한다. 1993년 소련 체제가 무너지고 소련에 속해 있던 그루지야가 독립하자 그리스 정부는 1만 명 가까이 되는 그리스인들을 본국으로 데려왔다. 지금도 그리스인들은 이 국가적인 사업을 '금양모피 작전'이라고 부른다.

'금양모피'가 무엇을 상징하는지 짐작하는 일은 뒤로 미루자. 신화를 서술하는 언어는 상징적 언어다. 상징적 언어를 풀어내는 일은 어렵고도 까다롭다. 그래서 지금 신화 언어의 상징적 의미를 미주알고주알 따짐으로써 독자의 흥을 깨고 싶지 않다.

그 당시 나는 그리스와 로마의 신화에 관련된 책을 네 권이나 쓰고 수십 권을 번역했지만 결과는 그다지 만족스럽지 못했다. 나는 터키의 '흐린 주점'에서 그 까닭을 곰곰이 생각해보았다. 곧 답이 나왔다. 나의 책은 현장에서의 체험을 통하여 쓰였거나 번역된 것이 아니었다. 까만 활자만 잔뜩 찍혀 있는 나의 책은 터키의 '흐린 주점'만큼이나 어두컴컴했다. 컬러의 시대에 흑백 신화 책만 펴낸 것이다. 그러니 될 턱이 있겠는가.

1999년 2월, 흑해를 내려다보면서 내가 떠올린 것은 정확하게 '아르고나우타이(아르고 원정대원들)'를 이끌고 머나먼 북쪽 나라 콜키스로 항해하여 천신만고 끝에 금양모피를 수습해 온 영웅 이아손과 고대 신화가 보스포루스해협 근처에 있었을 것이라고 전하는 쉼플레가데스였다. 흑해가 내려다보이는 터키의 '흐린 주점'에서 나는 주먹을 불끈 쥐었다.

'그렇다, 나도 나의 흑해를 건너자! 나도 나의 쉼플레가데스를 지나자! 나도 나의 금양모피를 수습해야 하지 않겠는가?'

영웅 이아손의 목적지는 콜키스였지만 나의 목적지는 그리스였다. 로마였다. 영웅 이아손이 노렸던 것은 금양모피였지만 내가 노린 것은 신화의 현장 사진, 박물관의 대리석상 사진이었다. 나는 요즈음의 정서에 어울리는 총천연색 신화 책을 쓰고 싶었다.

점심 먹을 동안 그 생각에만 골똘히 매달려 있었던 나에게 연하의 교수가 기어이 한마디했다.

"형, 어디 아프오? 술자리에서 '마이크'를 독점하는 사람이 형 아니오? 그런데 오늘은 그 말 많던 형이 마이크 한번 안 잡고 흑해만 내려다보시네?"

바로 그날 나는 그리스와 로마의 신화 현장과 박물관과 미술관을 샅샅이 뒤지고 다니기로 결심했다. 문제는 경비와 고달픈 여행을 견뎌낼 수 있는 건강 상태였다. 당시 내 나이 53세, 쉽게 할 수 있는 결심은 아니었다. 그러나 나는 가야 했다. 나는 나의 쉼플레가데스를 빠져나가야 했다. 나의 흑해를 건너야 했다.

* * *

그해 2월 말, 터키에서 그리스로 날아갔다. 약 한 주일간의 빠듯한 일정이었지만 나는 그리스를 탐색했다. 기후는 어떤지, 물가는 어떤지, 몇 달 여행하려면 어떤 장비가 필요한지, 경비는 얼마나 들 것인지 꼼꼼하게 점검했다.

그러고는 한국으로 돌아왔다.

두려웠다. 조금만 방심하면 결심이 무너질 것 같았다. 나는 고전 그리스어는 조금 알아도 현대 그리스어는 젬병이었다. 라틴어는 조금 알아도 이탈리아어는 한마디도 알아듣지 못했다. 영국은 문제없지만 프랑스도 두려움의 대상이었다. 나는 프랑스 글말을 조금 읽을 수 있을 뿐 입말은 '그리크 오어 라틴Greek or Latin(해독할 수 없는 외국어)'이었다. 영어만으로 버틸 수 있을까? 두려움 때문이었을 것이다. 몇 날 며칠 악몽에 시달렸다.

한국으로 돌아온 즉시 준비 작업을 시작했다. 준비하는 데 3~4개월이 걸렸다. 다행히 경비를 지원하겠다는 출판사가 더러 있었다. 값비싼 카메라 장비를 빌려주겠다는 고마운 친구도 있었다. 묵직한 전문가용, 중간 정도의 일반인용, 조그만 '똑딱 카메라', 여러 개의 렌즈, 거기에다 트라이포드(삼각대)를 더하니 한 짐이었다. 슬라이드 필름 300통도 준비했다. 슬라이드 필름은 한국에서 사는 것이 가장 믿을 만하다고 해서 나중에 300통을 더 유럽으로 공수하게 했으니, 도합 600통이었다.

1999년 7월 나는 미국으로 가서 카메라 다루는 법을 혼자 연습했다. 완벽하게 연습했던 것은 아니다. 지금도 나의 사진 촬영 실력은 그다지 믿음직스럽지 않다. 나는 내 책에 삽화로 쓸 사진 정도만 찍을 뿐이다. 미국에서 그리스로 떠날 때는 아내와 동행하기로 했다.

그해 7월 말, 미국에서 그리스로 날아갔다. 머물 곳은 비교적 숙박비가 저렴한 아테네의 인접 소도시 글리파다의 허름한 호텔로 정했다. 그 호텔에서 3개월을 머물렀다. 나는 신학대학 출신이라서 그리스의 알파베타(알파벳)는 생소하지 않았다. 신학도라면 누구나 줄줄 외우는 신약 성서는 헬라어로 쓰인 책이다. 이 '헬라어'는 바로 '고전 그리스어'다. 그래서 생소하지 않았던 것이다. 미국을 떠나기 전 벼락치기로 그리스 알파베타를 공부한 아내에게는 그렇지 않았던 모양이다. 호텔 방의 문손잡이에는 세탁물 봉투가 걸려 있었는데, 거기 찍힌 문장을 보고 아내가 말했다.

"어마나, '카타르시스'라는 말, 이런 데도 쓰네?"

'카타르시스'는 '깨끗이 하기' 혹은 '씻기'라는 뜻이다. '정화淨化'라고도 한다.

버스를 처음 탔을 때도 그랬다. 버스 출입구를 바라보고 있던 아내가 그랬다.

"아, '엑소도스'라는 말, 저렇게도 쓰는구나."

'엑소도스' 혹은 '엑소더스'는 '나간다'는 뜻이다. '출입구'라는 뜻이다. 이스라엘인들의 이집트 탈출을 기록한 구약성서 「출애굽기」의 영

그리스의 유적들

뜨거운 그리스의 여름을 견디며 무수한 신화의 유적지를 찾아다녔다. 하얀 대리석 신전 기둥 때문에 제대로 눈 뜨기도 어려운 아크로폴리스(왼쪽 위)와, 델포이의 신탁이 행해진 아폴론 신전(왼쪽 아래), 아르테미스의 자취가 남아 있는 스파르타(오른쪽 위), 엘렉트라 이야기의 무대가 되는 뮈케나이(오른쪽 아래) 등을 훑고 또 훑었다.

들어가는 말

어 제목이 바로 그리스어에서 온 말 '엑소더스Exodus'다.

　우리는 모든 것이 생소하고 모든 것이 신기한 그리스에 약 3개월 머물면서 대중교통이나 빌린 자동차를 이용하여 이 신화의 나라를 구석구석 누비고 다녔다. 유럽에서 미국으로 돌아간 직후, 아내가 그랬다.

　"비행기, 기차, 버스, 택시, 페리, 하이드로포일(수중익선)…… 이번 여행에서는 자전거와 오토바이 빼고는 다 타봤네?"

　그리스의 7, 8월 더위는 살인적이었다. 아프리카에서 불어오는 뜨거운 바람 때문이라고 했다. 풀이라는 풀은 열풍에 누렇게 말라 있었다. 9월이 되어 우기雨期를 맞기 전에는 푸른 풀을 보기가 매우 어렵다고 했다. 수도 아테네의 한복판에 우뚝 솟아 있는 석회암 산 아크로폴리스에 가장 많이 자라는 식물은 선인장과 용설란이었다.

　우리나라 사람들에게 다음과 같은 표현은 그다지 생소하지 않다.

　"식기 전에 얼른 드세요."

　그리스 사람들은 여름이 되면 이런 말을 자주 한단다.

　"데워지기 전에 얼른 드세요."

　높이가 100미터쯤 되는 아크로폴리스의 열기는 살인적이었다. 색안경은 사치품이 아니라 필수품이었다. 하얀 대리석 신전 기둥이 숲을 이루고 있는 아크로폴리스에서 색안경 없이 견디기는 거의 불가능했다. 이 아크로폴리스를 몇 차례 올랐는지 기억나지 않는다. 좌우지간 무수히 올랐다. 국립 고고학 박물관은 몇 차례나 드나들었는지 기억나지 않는다. 아무튼 무수히 드나들었다. 남쪽으로는 아프로디테의 신전이 있던 코린토스, 아르테미스 여신을 떠받들던 스파르티(스파르타), 뮈케나이와 티륀스 문명의 유적지를 두루 훑었다. 제우스 신과 헤라 여신의 신전과 최초의 올림픽 경기장이 잘 보존되어 있는 올륌피아에도 다녀왔다. 크레타섬으로 날아가 이라클레이온 국립 고고학 박물관과 크노쏘스 궁전을 들락거리기도 했다. 북쪽으로는 신탁의 신 아폴론의 신전 유적이 있는 델포이, 북부의 대도시 테살로니키의 국립 고고학 박물관,

헤라클레스의 신전 유적지가 있는 타쏘스섬까지 두루 훑었다.

　헤라클레스의 사당이 있다고 해서 그리스 최북단의 타쏘스섬까지 올라갔다가 재미있는 일을 겪기도 했다. 타쏘스섬까지는 아테네에서 테살로니키까지 꼬박 여섯 시간, 여기에서 160킬로미터 정도 떨어진 카발라까지 또 두세 시간, 카발라에서 하이드로포일로 또 한 시간 반이 걸렸다. 하루가 꼬박 걸린 셈이다. 헤라클레스의 사당 유적은 별로 볼 것이 없어서 밑지는 장사를 한 기분이었다.

　그런데 유적지에서 만난, 동남아시아 사람인 듯한 길손이 나에게 유창한 영어로 물었다.

　"일본에서 오신 분들이군요."

　일본인이냐, 중국인이냐는 질문을 받으면 발끈하는 한국인들이 많은데 나는 이런 질문을 받아도 별로 기분 나빠 하지 않는다. 한국이 상대적으로 덜 알려져 있어서 그런 걸, 화를 내면 무엇하나, 이것이 내 생각이다.

　"아니요. 한국인이에요."

　한국인이라는 말을 듣자 그가 반색을 했다.

　"아, 윤다이!"

　그리스인들은 '현대Hyundai'를 이렇게 발음한다.

　"저는 이 섬에 자주 와요. 하지만 이 타쏘스섬에서 한국인을 처음 봅니다. 세계 어느 나라 관광지에나 널려 있는 일본인들도 잘 찾지 않는 아주 외진 곳이지요. 그러니까 두 분은 한국계 미국인이군요."

　"아니요. 미국에 살고 있기는 하지만 우리는 한국인이에요."

　"저는 카발라에서 기념품 가게 하는데 영 신통찮아요."

　"우리처럼 아시아에서 오신 것 같은데요?"

　"아닙니다. 네덜란드계 그리스인입니다."

　맙소사, 네덜란드계 그리스인이라니? 키도 나보다 훨씬 작고 몸무게도 나보다 덜 나갈 것 같고 피부색도 나보다 훨씬 더 짙은 사람이 네덜란드계 그리스인이라니! 하기야 전날 우리가 묵은 항구도시 카발라는 유대인들이 세운 도시, 유대인이 가장 많이 사는 도시였다. 카발라는 인종 전시장을 방불케 했다.

　의아해하는 내 표정을 읽었는지 그가 천천히 설명했다.

　"'바타비아'라고 들어보셨겠지요? 네덜란드 식민지 시절에 불리던 자카르타의 옛 이름이지요. 우리 집안은 19세기 말에 인도네시아에서 네덜란드로 이주했지요. 우리 형제들은 모두 네덜란드에서 태어났고요. 아내가 그리스인이에요. 그래서 내가 카발라에 살고 있는 거지요."

　하여튼 그해 여름 우리 부부는 온 그리스 땅을 다 누볐다. 그러지 않을 수 없었다. 대부분의 나라에서는 역사적 유물이나 문화재를 국립 중앙 박물관에다 모아서 전시한다. 하지만 그리스는 다르다. 유적이 있는 곳에는 박물관이 있다. 유적에서 발굴된 유물은 바로 현지의 박물관에 전시된다. 따라서 국립 중앙 박물관 하나만 찾아가서는 유물을 제대로 볼 수가 없다.

　그리스를 누비는 기간은 긴장의 연속이었다. 예상했던 대로 의사소통이 문제였다. 아테네에는 외국인이 많아 영어로 대충 소통이 가능했다. 하지만 지방으로 나가면 영어는 무용지물이었다. 어느 날 아르고스 지방으로 내려가다 고속도로 출구를 잘못 빠져나와 길을 잃은 적이 있다. 마을 사람들에게 길을 물었지만 저희끼리 핏대를 올리며 토론만 잔뜩 할 뿐 그들이 손짓 발짓으로 가르쳐주는 길은 엉터리일 가능성이 많았다. 할 수 없이 외국인을 비교적 자주 접촉할 가능성이 있는 주유소 주인에게 길을 물었다. 길고 정중한 영어는 소용없었다. 나는 주유소 주인에게 소리쳤다.

　"아르고스, 아르고스!"

　그러자 주유소 주인이 더없이 간명하게 대답했다.

　"아우토반 트리폴리 세븐 킬로메터 아르고스(트리폴리로 가는 고속도로를 타고 7킬로미터만 가면 아르고스입니다)!"

주유소 주인은 이렇게 소리치고는, 내가 온 방향을 손가락질한 다음 두 팔로 먼저 '열 십+' 자를 그렸다. 그런 다음에는 손가락 두 개를 세웠다가 오른쪽을 가리켰다. 무슨 뜻인지 알 만했다. 온 방향으로 가면 갈림길이 나온다, 두 번째 갈림길에서 우회전, 7킬로미터 달리면 트리폴리로 가는 고속도로가 나온다, 이런 뜻이었다. 이 에피소드는 2007년에 펴낸 『이윤기의 그리스 로마 신화』 제4권 '헤라클레스의 12가지 과업'에도 쓴 바 있다.

그리스인들은 자동차 운전을 거칠게 하는 것으로 악명이 높다. 유럽에서 교통사고 사망자가 가장 많은 나라가 그리스다. 오토바이는 또 왜 그렇게 많은지. 그리스 오토바이 운전자들은 자동차가 빨리 저희들 갈 길을 비켜주지 않으면 빵빵거리며 지나다 뒷발길질로 자동차 백미러를 걷어차버리는 것으로 유명하다. 몹시 약이 오르지만 자동차의 물결 사이로 요리조리 방향을 바꾸면서 내달리는 오토바이를 자동차로 따라잡을 수는 없다.

강도로 추정되는 자들과 조우한 경험도 있다. 크레타섬의 수도 이라클레이온에서 했던 끔찍한 경험이다. 택시를 잡아타고 소설가 니코스 카잔차키스의 무덤으로 가는 길이었다. 운전기사는 우리가 택시에 오르기 직전에 공중전화 부스에서 어딘가로 전화를 걸고 나왔다. 택시는 끝없이 이어지는 비좁은 골목길을 지나다 갑자기 멈추었다. 앞문이 열리면서 덩치가 레슬링 선수만큼이나 좋은 사내가 들어오더니 앞자리 조수석을 차고앉았다. 유럽에서는 좀체 보기 어려운 불법 합승 행위였다.

덩치 큰 자가 운전기사와 나누는 말을 나는 한마디도 알아들을 수 없었다. 카메라 때문이라고 나는 어렴풋이 헤아렸다. 나의 카메라 장비는 합하면 그 값이 1천만 원이 넘는 고급품들이었다. 그리스에서는 엄청나게 큰돈이었다. 그 값비싼 장비가 모두, 대형 카메라 한 대를 제외하고는 내가 입고 있던 검은 가죽조끼 주머니에 들어 있었다. 나는 왼손에다 대형 카메라 끈을 졸라매고, 조수석에 앉은 자가 강도로 돌변하면 언제든지 갈 길 준비를 했다. 오른손으로는 스위스제 주머니칼을 꺼내어 날을 펴고는 만지작거렸다. 싸움이라면 나도 자신이 있었다.

조금이라도 이상한 짓을 하면 붙을 생각이었다. 운전기사가 내 주머니칼을 보았던 것일까? 아무 일도 일어나지 않았다. 아내는 아니라고 했지만 나는 지금도 그들이 내 카메라 장비를 노렸을 것이라고 믿는다. 요즘은 모르겠지만 11년 전만 해도 그리스는 그런 나라였다.

지진 때문에 그리스에서 죽을지도 모른다는 흉측한 예감에 시달린 적도 있다. 하루는 호텔 화장실의 변기에 앉아 있다가 어떤 힘에 의해 뒤로 서너 번 앞으로 서너 번 떠밀린 적이 있다. 황급히 화장실을 뛰쳐나갔다. 침대에 누워 있던 아내도 똑같은 일을 당했다고 했다. 나는 아내에게 소리쳤다.

"빨리 '테레비' 틀어보자! 미국의 CNN 채널이 있더라."

과연 지진이었다. 오래지 않아 화면에 지진 피해 지역 그림과 사망자 수 집계가 떴다. '네크로이(사망자) 17명'이었는데 시간이 지남에 따라 사망자는 자꾸만 늘어갔다. 아테네에서 그리 멀지 않은 도시 필라델피아('형제 사랑'이라는 뜻)가 진앙지라고 했다. 그리스에서 도망치고 싶었다. 당시 아들은 미국에서 대학 다니고 있었고, 딸은 한국에서 고등학교 다니고 있었으며, 우리 부부는 그리스에 묶여 있는 상황이었다. 아들딸을 위해서라도 그리스를 탈출하고 싶었다. 당시의 아테네 관문 올림포스 국제공항은 호텔에서 택시로 15분 거리에 있었다. 아내만 비행기에 태우는 방법이 있기는 했다. 하지만 아내가 분명히 거절할 것 같았다. 우리 부부는 공포를 이기기 위해 독한 술을 나눠 마시면서 그날 밤을 버티었다. 취기가 오르고 나니 간덩이가 커지면서, 그리스에서 죽는 것도 썩 괜찮겠다 싶었다. 다음 날 북부 도시 테살로니키로 가면서 바라본 필라델피아는 폐허가 되어 있었다. 장거리 버스가 출발하는 케피소스 터미널의 매표소 벽은 군데군데 너비가 10센티미터가량 되게 갈라져 있었다. 터키와 함께 그리스는 날림 건축물이 많은 것으로 유명하다.

 오래 하고 보니 호텔 생활도 쾌적한 것만은 아니었다. 저녁 식사는 주로 밖에서 했지만 아침 식사, 혹은 이따금씩 하는 점심 식사는 호텔 식당에서 하는 것이 보통이었다. 메뉴를 보고 음식을 주문하는 식당이 아니었다. '뷔페식'으로 차려지는 음식은 종류가 거의 매일 지겹도록 똑같았다. 어느 날 내가 호텔 식당 관리인에게 푸념했다.

 "우리, 이 호텔에 두 달째 장기 투숙하고 있는데, 음식이 어째 만날 똑같아서 지겨워 죽겠어요."

 그러자 평소에 싱거운 소리를 잘하는 식당 관리인이 대답했다.

 "다른 손님들은 지겨워하지 않는데요?"

 "참을성 있는 손님들이군."

 "그게 아니고요, 음식은 바뀌지 않지만 손님은 거의 매일 바뀌거든요."

 그해 10월 우리 부부는 짐을 호텔에 맡겨놓고 프랑스로 올라갔다. 루브르 박물관과 오르세 미술관을 비롯한 여러 박물관을 뒤지고 다녔다. 루브르 박물관을 몇 번이나 드나들었는지 기억해내려면 한참 걸린다.

 그다음은 영국이었다. 파리에서 유로스타 고속전철을 타고 터널을 통하여 도버해협을 건넜다. 대영박물관부터 뒤지고 다녔다.

 영국은 영어가 통하는 나라여서 마음 편하게 여행할 수 있었다. 런던의 한 음식점에서 있었던 일도 잊지 않는다. 손님들은 모두 접시에 코를 박고 짜기만 할 뿐 맛대가리 하나도 없는 영국 음식을 먹고 있었다. 영국인들은 식사 중에는 대화를 하지 않는 것으로 유명하다. 그게 좀 보기 싫어서 나는 파리에서 합류한, 20년째 프랑스에서 살고 있던 처제(아내의 여동생)에게 약간 큰 소리로 농담을 던졌다. 물론 옆자리 영국인들이 알아들을 수 있도록 영어로 말했다.

 "처제, 프랑스 사람들 영어 잘 못한다는 거 알고는 있었지만 이럴 수가 있어? 파리의 한 노천카페에서 맥주를 마시고는 '빌bill(음식값 계산서)'을 갖다달라고 했더니, 세상에, '비어beer(맥주)'를 더 갖다주는 게 아니겠어? 내 영어 발음이 그렇게 형편없는 것도 아닌데."

프랑스인들을 흉보면 가장 좋아하는 사람들이 바로 영국인들, 영국인들 흉보면 가장 좋아하는 사람들이 바로 프랑스인들이라는 걸 알고 있던 내가 즉석에서 지어낸 농담이었다. 나의 농담을 엿들었는지 옆자리의, 유럽인으로 보이는 여성이 푸하하 소리를 내며 박장대소했다. 영국인에게서는 좀체 들을 수 없는 웃음소리였다. 이상하다 싶어서 내가 물어보았다.

"영국인이세요?"

여성의 대답이 걸작이었다.

"아니에요. 미국에서 여행 왔어요."

그다음 목표는 로마였다. 중요한 로마의 박물관은 빠짐없이 훑었다. 파리와 로마는 웬만한 곳은 거의 도보로 닿을 수 있을 정도로 중요한 박물관이나 유적지가 밀집해 있다. 중요한 역사 유적이 사대문 안에 밀집해 있는 우리 서울과 비슷하다. 우리는 거의 매일 하루 종일 걸었다.

나는 세 대의 카메라를 목에 걸었고, 아내는 네 개의 렌즈를 짊어졌다. 무거운 짐을 매달고 일고여덟 시간씩 걷다가 숙소로 돌아오는 날은 발이 아프고 다리가 아팠다. 피로에 시달리기는 했지만 그것은 달콤한 피로였다. 무거운 짐 때문에 어깨가 아파, 숙소에 돌아오면 나와 아내는 서로 '어깨 주물러주기 놀이'를 즐기기도 했다. 고단한 하루하루였지만 부부가 생판 모르는 나라를 함께 여행하면 사이가 퍽 좋아진다고 나는 믿는다.

이탈리아는 나와 궁합이 잘 맞지 않았는지 두 차례나 어이없는 실수를 저지르기도 했다. 로마 국립 박물관이었던가? '아프로디테의 탄생'이라는 대리석상이 보고 싶어서 찾아갔다. 박물관 측에서는 이 유명한 대리석상은 2층에 있는데, 오후 1시부터 3시까지만 학예사의 입회 아래 공개된다고 했다. 나는 시계를 보아가면서 1층의 유물들을 촬영했다. 1시가 되어 2층으로 올라갔다. 학예사는 보이지 않았다. 2층을 거의 두 시간이나 둘러보았지만 '아프로디테의 탄생'은 보이지 않았다. 3시가 넘어서야 1층으로 내려와 관리 직원에게 까닭을 물어보았다. 아뿔싸! 나는 이탈리아에서는 맨 아래층을 '바닥층', 우리의 2층을 '1층', 우리의 3층을 '2층'이라고 부른다는 것을 까맣게 잊고 있었던 것이다.

한 주일간의 로마 취재를 마치고 그리스로 날아가기 위해 레오나르도 다 빈치 국제공항으로 갔다. 비행기 표를 내밀고 체크인을 부탁하자 그리스 항공사 직원은 고개를 절레절레 흔들었다. 다음 날의 비행기 표라고 했다. 그러니까 우리가 하루 일찍 공항으로 나왔던 것이다. 내가 좀 덜렁거리는 데다 사진 찍는 데 정신이 팔려 날짜 따지는 데 소홀한 탓이었다. 하지만 그런 일 빈틈없이 꼼꼼하게 챙기는 데는 선수인 아내가 왜 그런 실수를 했는지 나는 아직도 잘 모르겠다.

약 4개월 동안 우리가 여행한 곳은 4개국이었다. 지금은 영국을 제외하고는 모두 '유로화'를 쓰지만 당시 그리스는 '드라크마', 프랑스는 '프랑', 영국은 '파운드', 이탈리아는 '리라' 단위를 썼다. 나라가 바뀔 때마다 비행기 갈아타랴, 돈 바꾸랴, 그러느라고 아마 정신이 좀 어수선해져 있어서 그런 일이 일어났던 것 같다. 다 빈치 국제공항의 그리스 항공사 직원에게 매달리다시피 하고 사정사정하는 데 그치지 않고 추가 요금까지 물지 않았더라면 그날 우리는 그리스로 돌아가지 못했을 것이다.

그해 나와 아내는 11월이 되어서야 그리스에서 잠시 머물다 미국으로 돌아갈 수 있었다. 당시 아들과 내가 살던 아파트는 교내의 '스파르탄 빌리지(스파르타인의 마을)'에 있었다. 학교의 미식축구장 이름은 '스파르탄 스테이디엄(스파르타인의 운동장)'이었다. 학교를 상징하는 문구는 '마그나 마테르(큰신 어머니)', 바로 그리스 신화에 나오는 풍요의 여신 퀴벨레의 별명이었다. 학생회장은 연설할 때마다 '펠로우 스파르탄

스파르타에서
늠름한 스파르타 전사의 상 앞에서.

'(스파르타인 여러분)'을 외쳤다. 아들딸이 다닌 고등학교 스포츠 팀의 별명은 '트로전(트로이아 사람들)'이었다. 아파트로 돌아간 나는 아들이 사다준 그리스 음식점의 스테이크를 안주 삼아 그리스에서 사들고 간 '우조(그리스식 독한 소주)'를 마시고는 이틀 동안 '죽음만큼이나 깊은 잠'을 잤다. 아득한 옛날에 숨이 끊어진 줄 알고 있던 그리스 신화는 미국에 여전히 시퍼렇게 살아 있었다.

일삼아 손꼽아 헤아려보니 찍은 사진만 해도 1만 5천여 장에 가까웠다. 유럽 여행을 끝내고 나는 이런 농담을 자주 했다.

"나는 베트남 전쟁 때 소총 조준하느라고 14개월 동안 수도 없이 왼쪽 눈을 감은 사람이다. 이번 여행에서는 사진 찍느라고 수도 없이 오른쪽 눈을 감았으니 내 눈의 운명이 참 기구하도다."

* * *

미국에서 한국으로 영구 귀국한 직후 그리스와 로마 신화 책을 쓰기 시작했다. 반응이 좋아서 쓰고 또 썼다. 지난 10년 동안, 유럽에서 찍어온 사진을 실어 네 권의 번역서 개정판을 내었고, 새로 일곱 권을 썼으니 이 책은 여덟 번째로 내가 쓰는 신화 책이 되는 셈이다. 나의 신화 책은 많은 독자로부터 과분한 사랑을 받고 있다. 나는 이따금씩, 터키의 흐린 주점에서 나의 흑해를 건너야 한다고 결심하지 않았으면 어찌 되었을꼬, 이런 생각에 잠기고는 한다.

나의 1999년 유럽 여행은 참으로 초라했다. 카메라 장비는 거의가 빌린 것들이라 사진 찍으면서도 늘 조심스러웠고, 비용도 넉넉하지 않아서 되도록 값싼 호텔을 전전해야 했다. 그리스에서 두어 주일 렌터카를 이용한 적이 있기는 하다. 하지만 대부분의 여행은 대중교통을 이용했다. 1999년 이래로 나는 틈만 나면, 기회가 닿기만 하면 유럽으로 신화 기행을 떠난다. 카메라 장비, 이제는 내 것 일습을 마련한 만큼 빌릴 필요가 없다. 싸구려 호텔을 전전하지도 않는다. '흐린 주점'에도 잘 들어가지 않는다. 다소 여유가 생겼기 때문이기도 하다.

하지만 더 중요한 것은 내가 나의 흑해를 더 이상 두려워하지 않게 되었다는 것이다. 이아손의 아르고호를 통과시킨 뒤부터 '박치기'를 그만둔 쉼플레가데스가 그렇듯이 이제 나의 쉼플레가데스는 더 이상 나의 앞길을 가로막지 못한다. 나의 흑해를 향해 배를 띄우기 시작하고부터 두려움과 망설임은 내게서 사라지기 시작했다는 것이다.

시작은 참으로 중요한 것이다. 이 책을 쓰면서 원정대장 이아손의 '위대한 시작', '위대한 결의'를 묵상한다. 고대의 그리스인 플루타르코스(영어 이름은 '플루타크')의 『플루타르코스 영웅전』을 읽다가 눈에 번쩍 뜨이는 다음과 같은 구절을 발견했다.

클레이데모스는 다소 독특하고 거창한 이야기를 들려주고 있다. 무대는 아주 먼 옛날로 거슬러 올라간다. 당시 헬라스(그리스) 전역에는 어떤 트리에레스(노가 3단으로 되어 있는 배)도 다섯 명 이상의 선원을 태우고는 항구를 빠져나갈 수 없다는 법이 있었다. 유일한 예외는 아르고 원정대장 이아손이었다.

'테세우스 편'에 실려 있는 글이다. 테세우스는 신화의 주인공이라기보다는 반쯤은 역사적인 인물이다. 이아손은 영웅 신화의 주인공이지만 굳이 따진다면 반쯤은 역사적인 인물 테세우스와 거의 같은 시대에 속한다. 바로 그 시대에, 다섯 명 이상의 선원을 태우고 항구를 빠져나가는 일은 법적으로 금지되어 있었단다. 불법 무역 때문에 그랬으리라. 창대한 항해 시대의 시작은 이토록 미약했다.

『아르고 원정대 이야기』의 저자 아폴로니오스는 아르고호를 거창하게, 웅장하게 묘사하고 있지만 승선 인원은 겨우 50명, 항해한 거리는 5600킬로미터 정도로 짐작된다. 지금은 어떤가? 미국의 9만 7천 톤급 항공모함 조지 워싱턴호는 승무원 6천 명에 항공기 90대를 싣고 다닌다. 갑판 넓이가 축구장 세 개를 합친 것과 같단다. 전투병만 싣는다면 몇만 명 승선도 가능하단다.

하지만 아르고호가 '위대한 시작'을 감행하지 않았다면 오늘날 이런 거대한 항공모함이 지어지는 것이 가능했겠는가? 라이트 형제가 항공기를 만들어 역사상 최초로 비행한 거리는 36미터밖에 안 된다. 이 거리는, 세계에서 두 번째로 큰 여객기 '보잉 747'의 화물칸 길이에도 미치지 못한다. 하지만 라이트 형제의 '위대한 시작'이 없었다고 하더라도 이런 대형 항공기의 출현이 가능했을까?

나는 내 연하의 독자들을 향하여, 특히 좌절을 자주 경험하는 독자들을 위하여 활을 겨누듯이 겨냥하고 쏜다. 먼 길을 가자면 높은 산도 넘고 깊은 물도 건너야 한다. 먼 바다를 항해하자면 풍랑도 만나고 암초도 만난다. 이 장애물들이 바로 개인의 흑해, 개인의 쉼플레가데스다.

이것이 두려워 길을 떠나지 못한다면, 난바다로 배를 띄우지 못한다면 우리 개개인에게 금양모피는 없다. 흑해와 쉼플레가데스는 누구에게나 있다. 우리는 우리의 쉼플레가데스 사이를 지나고 우리의 흑해를 건너야 한다. 시작 없이, 모험 없이 손에 들어오는 '금양모피'가 어디에 있겠는가?

우리가 넘어야 하는 산은 험악할 수 있고, 우리가 건너야 하는 강은 물살이 거칠 수도 있다. 우리가 건너야 하는 바다도 늘 잔잔하지는 않다. 하지만 명심하자. 잔잔한 바다는 결코 튼튼한 뱃사람을 길러내지 못한다. 신화적인 영웅들의 어깨에 무등을 타면 우리는 더 멀리 볼 수 있다. 내가 영웅 신화를 쓰는 까닭은 바로 여기에 있지 다른 데 있는 것이 아니다.

'들어가는 말'이 좀 길었다.

1

이아손,
하산하다

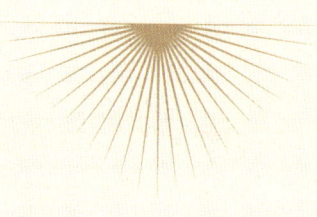

※

신화는 역사가 아니다. 따라서 신화 속의 사건이 언제 발생했는지 그 연도를 따지는 것은 별로 의미가 없다. 하지만 역사가들이 역사적 근거를 대면서 벅벅 우기기를 좋아하니 신화가 발생한 시기를 어림하여 추정하는 것도 굳이 피할 일은 아니다.

우리의 주인공 이아손이 아르고호를 지휘하여 머나먼 북방의 나라 콜키스로 떠난 시기를 역사가들은 기원전 1300년 무렵, 그러니까 지금으로부터 약 3300년 전일 것이라고 미루어 짐작한다. 어떻게 계산했던 것일까? 트로이아 전쟁이 그 실마리를 제공한다.

이아손의 아르고 원정대원 중에 펠레우스라는 영웅이 있었다. 펠레우스는 '의로운' 사람이었다. 그는 신들이 좋아할 만한 사람이었다. 인간인 그가 여신과 결혼한 것만 보아도 그가 얼마나 신들의 은총을 받았는지 짐작할 수 있다.

트로이아 전쟁에서 용감하게 싸우다 발뒤꿈치에 화살을 맞고 장렬하게 전사한 그리스 연합군의 장군이 있다. 바로 아킬레우스다. 원래 아킬레우스의 몸은 화살을 맞아도 죽지 않도록 '프로그래밍'되어 있었다. 어머니인 테티스 여신이 아킬레우스를 낳는 즉시 저승을 흐르는 강 스튁스에 아기 아킬레우스를 담갔기 때문이다. 스튁스의 물에 젖어본 몸은 때가 되어도 죽지 않는다. 그런데 어머니 테티스 여신은 이때 아들에게 치명적인 실수를 저질렀다. 아기 아킬레우스의 발목을 쥐고 강물에다 담근 것이다. 따라서 아킬레우스의 발목은 스튁스강 물에 젖지 않았다. 그래서 아킬레우스의 몸은 화살을 맞아도 죽지 않지만 발목 뒤의 힘줄이 화살을 맞으면 아킬레우스도 별수 없이 죽어야 한다. 그래서 인간의 치명적인 약점을 우리는 '아킬레스건', 즉 '아킬레우스의 발목 힘줄'이라고 부른다.

트로이아 전쟁 때 전사한 아킬레우스와 이아손이 무슨 관계가 있느냐고? 아르고 원정대원이었던 펠레우스가 바로 이 아킬레우스의 아버지였다. 그러니까 트로이아 전쟁과 아르고호의 원정은 거의 같은 시대에 있었던 일이라는 것이다. 트로이아의 유적지를 샅샅이 파헤치고 거기에서 출토된 유물의 연대 측정을 통하여 트로이아 전쟁이 기원전 1300년, 그러니까 지금으로부터 약 3300년 전에 있었던 사건이라고 밝힌 사람들은 역사학자들과 고고학자들이었다. 그러니 신화를 풀어나가는 데 어차피 별 도움이 되지는 않지만 아르고 원정대가 먼 바다로 나간 것도 약 3300년 전의 일이라는 걸 인정할 수밖에.

좋다. 약 3300년 전이라고 치고 이야기를 풀어나가 보기로 하자.

* * *

지금부터 약 3300년 전, 스무 살쯤 되어 보이는 한 청년이 그리스 북부의 아나우로스강 변에 서 있었다. 아나우로스강은 넓지도 깊지도 않다. 그래서 그는 그 강을 걸어서 건너려고 한다.

청년의 이름은 이아손. '고치는 자'라는 뜻이다. 그는 펠리온산에서 약 15년 동안 무술과 의술을 연마하고 막 하산한 참이다. 펠리온산에서 약 15년 동안 이아손을 가르친 스승 케이론은 켄타우로스다. 켄타우로스는 '마인馬人'이다. 허리 위로는 사람 모습이지만 허리 아래는 말의 모습을 하고 있다. '케이론' 역시 '고치는 자'라는 뜻이다.

15년이라는 긴 세월을 펠리온산에서 무술과 의술을 연마하다가 내려왔으니 그 모습이 어떠했을까? 묶어서 등 뒤로 늘어뜨린 까만 머리카락은 거의 엉덩이를 스칠 정도로 길었다. 겨우 스무 살 안팎인데도 수염이 텁수룩했다. 그럴 수밖에. 그리스인들은 수염과 털이 많기로 유명하다. 남성은 50~60세가 되면 귓속에서도 털이 비죽이 자라 나온다. 여성도 나이를 먹으면 수염이 난다. 그리스에서는 수염이 까맣게 자란 중늙은이 여성을 자주 볼 수 있다. 이아손의 등에는 물푸레나무로 자루를 박은 두 자루의 창이 'X' 자 모양으로 매달려 있고, 허리에는 두 자루의 칼이 칼집도 없이 대롱거리고 있다.

입고 있는 '키톤'은 군데군데 해져 있다. 그럴 수밖에. 켄타우로스들은 옷을 입지 않으니 펠리온산에서 옷을 입는 사람은 이아손뿐이었을 터이다. 키톤은 직사각형 천을 어깨에 걸치고 핀으로 앞뒤를 여민 다음 허리띠를 매게 되어 있는 그리스의 전통 의상이다.

이아손은 대체 어디로, 무엇을 하러 가기 위해 아나우로스강을 건너자는 것일까? 그는 바로 이 강가에서 평생 자신을 보호해줄 수호 여신을 만나게 된다. 바로 헤라 여신, 그리스 신화의 으뜸 신 제우스의 아내 되는 여신이다.

그리스는 유럽 대륙의 맨 밑에 매달려 있는, 우리에게는 생판 외국인 나라다. 외국은 당연히 우리나라와 다르다. 하지만 그리스는 참 다르기도 하고 이상하기도 한 나라다. 앞에서 짤막하게 썼지만, 그리스의 여름은 엄청나게 덥다. 그래서 남부의 식물들은 그 어마어마한 열기를 견디지 못하고 누렇게 말라버린다. 여름에는 비가 거의 오지 않는다. 가을이 되고 우기가 와야 풀이 다시 살아난다.

그리스 남부의 산에는 나무가 거의 없다. 메마른 땅과 높은 기온에 강한 감람(올리브)나무, 편도(아몬드)나무가 군데군데 자랄 뿐이다.

그러나 남쪽에서 북쪽으로 올라가면 사정은 전혀 달라진다. 그리스의 수도 아테네에서 버스를 타고 네 시간쯤 북쪽으로 올라가면 풍경이 남쪽과는 두드러지게 달라진다. 울창한 숲으로 뒤덮인 산은 높고 아름답다. 들판도 푸르러진다. 메마른 남부와는 달리 벼가 잘 자라 있는 논도 흔히 볼 수 있어서 흡사 우리나라 농촌 길을 달리고 있는 것으로 헷갈릴 때도 있다. 아테네에서 네 시간 정도 북쪽으로 달리면 테쌀리아 지방에 이른다. 여기에서 두어 시간 더 올라가면 그리스의 신들이 살았다는 올륌포스산이 그 웅장한 모습을 드러내고 또 두어 시간 더 올라가면 알렉산드로스(영어식 이름은 '알렉산더') 대왕의 고향 마케도니아 지방이 시작된다. 하지만 우리는 남쪽으로 다시 내려가야겠다. 그래야 이아손이 무술과 의술을 공부하던 펠리온산과 그가 지금 건너려는 아나우로스강을 만날 수 있다.

테쌀리아 지방은 아름답기로 유명하다. 메마른 남부 지방과는 달리 강과 계곡도 자주 볼 수 있다. 음유시인이자 그리스 최고의 가수였던 오르페우스 이야기가 발생한 곳도 바로 이 테쌀리아 지방이다. 오르페우스의 아내 에우뤼디케가 꽃 꺾으러 갔다가 독사에 물려 죽은 곳은 템페 계곡이다. 지금은 '템비 계곡'이라고 불린다. 템비 계곡이 바로 이 테쌀리아 지방에 있다.

테쌀리아 지방으로 들어가 한 시간 정도 북상하면 오른쪽으로 파가사이만灣의 코발트색 바다가 있고, 고속도로에서 벗어나 오른쪽으로 조금 더 가면 작은 도시가 나온다. 볼로스다. 볼로스는 파가사이만이 내려다보이는 인구 7만 명 정도의 조그만 도시다. 우리가 왜 이름조차 생소한 이 도시에 온 것일까? 볼로스의 옛 이름은 '이올코스', 바로 이아손의 조국이기 때문이다. 이올코스는 항구도시였다. 지금의 볼로스도 항구도시다. 항구 또는 포구를 고대 그리스 말로는 '이알카'라고 했는데, 이 이름은 이올코스가 항구도시라는 것을 암시해준다. 현대의 항구도시 볼로스에는 신화시대의 도시 이올코스의 잔영이 아직도 어른거린다. 1997년에는 이 볼로스 근방에서 '메가론', 즉 '왕궁의 손님 접견실'이 발굴되었다고 한다. 지금까지 그리스 전역에서 발굴된 메가론

중에서 가장 온전한 모습을 간직하고 있더라고 한다.

볼로스에서 기차를 타고 파가사이만을 내려다보면서 한참 동남쪽으로 내려가다 보면 빽빽한 숲으로 뒤덮인 꽤 높은 산을 올려다보게 된다. 높이가 1600미터 정도로 만만치 않은 펠리온산이다. 숲속의 작은 시골 역 밀리에스에서 내리면 펠리온산을 오를 수 있다. 펠리온산 정상에는 '제우스 아크라이오스', 즉 '높은 곳의 제우스 신'을 모시던 사당이 있다. 산 중턱에는 군데군데 동굴이 있는데, 그리스인들은 신화시대의 켄타우로스 케이론이 이아손과 함께 살던 동굴이 그중의 하나라고 믿는다.

우리의 주인공 이아손과, 그의 스승 케이론의 이름이 고대 그리스어로 '고치는 자'라는 뜻으로 풀이되는 것은 우연이 아니다. 신화시대부터 이 펠리온산의 별명은 '병 고치는 산healing mountain'이었다. 이 산은 약초가 많이 자라기로 유명하다. 지금도 이 산의 비탈에서는 독이 되기도 하고 약이 되기도 하는 싸리풀, 염료로도 쓰이고 약초로도 쓰이는 사프란, 강력한 진정 효과를 보이는 독당근을 흔히 볼 수 있다.

펠리온산 기슭의 작은 도시 볼로스에는 '아르고 원정대'에 대한 아득한 옛날의 기억과, 그 기억의 흔적이 곳곳에 남아 있다. 펠리온산과 아나우로스강은 약 3300년이 지난 지금도 신화시대의 이름으로 불리고 있다. 작은 도시 볼로스의 남쪽 항구는 지금도 '아르고나프톤'이라는 이름을 간직하고 있다. '아르고나우타이(아르고 원정대)'가 타고 항해한 '아르고호'는 여기에서 지어졌던 것일까.

펠리온산의 동굴에 숨어 살던 켄타우로스 케이론으로부터 무술과 의술을 배운 영웅은 이아손뿐만이 아니다. 아폴론은 의술과 예언과 궁술의 신이다. 이 아폴론의 아들이자 뒷날 역시 의술의 신이 되는 아스클레피오스도 케이론의 제자다. 그 역시 펠리온산에서 케이론으로부터 의술을 배웠다. 이 의술의 신이 싸움질을 좋아하지 않았던 것을 보면 무술 연마보다는 의술 공부를 더 좋아했던 것 같다. 트로이아 전쟁의 영웅 아킬레우스도 케이론의 제자다. 이 전쟁 영웅이 트로이아 전쟁에

아킬레우스에게 활쏘기를 가르치는 케이론
케이론은 아킬레우스에게 그랬듯, 이아손에게도 활쏘기와 수금은 물론이고 배 짓는 법, 뱃길 짐작하는 법, 쟁기질하는 법까지 두루 가르쳤다. 왜 그랬는지는 두고 보면 알 것이다. 19~20세기 미국 화가 존 싱어 사전트의 그림.

서 그렇게 치열하게 싸우다 장렬하게 전사한 것을 보면 아무래도 의술 공부보다는 무술 연마에 더 많은 힘을 기울였던 것 같다. 케이론, 이 위대한 켄타우로스가 헤라클레스의 화살에 맞아 이 세상을 떠난 이야기는 제4권 '헤라클레스의 12가지 과업'에 자세하게 쓰여 있다.

자, 이 '병 고치는 산' 펠리온에서 발원한 물은 아나우로스강을 따라 파가사이만으로 흘러들어 간다. 이아손은 바로 이 아나우로스강을 걸어서 건너기로 결심하고 지금 강가에 서 있다. 깊고도 넓은 한강이나 낙동강을 상상하는 데 버릇 든 우리로서는 얼른 이해하기 어렵다.

아니, 걸어서 강을 건너다니!

하지만 그다지 이상할 것 없다. 그리스의 강은 우리나라 강처럼 그렇게 깊지도 넓지도 않다. 대부분의 그리스 강은 걸어서 건널 수 있을 만큼 좁고 얕다. 물도 별로 맑지 않다. 그리스 산들은 대부분 대리석 산이나 석회석 산인데, 그중 석회석 산의 석회 성분이 좁고 얕은 강으로 녹아들기 때문이다.

무협 영화를 즐겨 보는 사람들은 알 것이다. 산에서 오랜 세월 무술을 연마하고 스승의 하산 명령을 받고 산을 내려와 강을 건너려는, 튼튼하고 잘생긴 주인공 청년⋯⋯. 아무래도 심상치 않다. 이런 청년이 예사 청년이 아니라는 것이 무협 영화나 무협 소설의 기본 문법이다. 황제의 아들일까? 억울하게 죽은, 그러나 충신이 몰래 빼돌린 후궁의 아들일까? 그것도 아니면 간신의 모함에 걸려들어 목숨을 잃은 충신의 아들일까?

이아손도 예사 청년이 아니다. 그러면 그는 누구인가? 어떤 신분으로 이 세상에 태어났기에 그 오랜 세월을 산중에서 맏고 고생하면서 살아야 했던가? 이아손의 어린 시절로 거슬러 올라가보자.

***

옛날 한 옛날, 그러니까 힘센 사람은 '미안하다'는 말을 할 일이 별로 없던 시절, 이올코스라고 하는 조그만 도시국가에 펠리아스라는 찬탈자가 있었다. '찬탈자'라면 '왕위를 가로챈 자', 말하자면 왕의 대를 잇기는 잇되 악랄한 수법을 써서 이은 자를 말한다.

예나 오늘이나 찬탈자가 있으면 폐주, 즉 '자리를 빼앗긴 왕'이 있게 마련이고, 일국의 왕이 '찬탈자'라고 불리면 폐주는 곧 '선군', 즉 '어진 왕'이라는 이름을 얻는 경우가 대부분이다. '구관이 명관'이라는 말은 이렇게 해서 생겨났을 것이다.

펠리아스가 '찬탈자'라고 불리기 전까지 이올코스를 다스리던 사람은 '아이손'이라고 하는, 나이가 많은 임금이었다. '아이손'이다. 이 이야기의 주인공 이름 '이아손'과 혼동하지 말기 바란다. 아이손은 나라가 평화로울 때였다면 능히 '선군'으로 불릴 수 있었던 사람이었다. 뒤집어 말하자면, 성질도 모질지 못하고, 칼을 휘두를 만한 힘도 팔뚝에 남아 있지 않아서 '어진 왕' 노릇 말고는 달리 할 것이 별로 없던 임금이었다.

그 시절, 왕이 왕 노릇을 제대로 하려면 힘이 있어야 했다. 그러니까 왕 자신이 일당백의 범 같은 장수거나, 아내가 여우 같은 모사, 즉 꾀쟁이거나, 왕자가 영웅의 재목을 넉넉하게 보이는 청년이어야 했다. 하지만 왕자는 겨우 다섯 살이었다. 이 다섯 살배기 왕자, 바로 이 이야기의 주인공 이아손이다. 왕자마저 이 모양인 데다 딸도 없었다. 이 모든 것이 하나도 없고 딸만 하나 달랑 있다면 딸이라도 절세의 미인이어야 했다. 그래야 그 딸이라도 앞세워 영웅 재목을 보이는 사위를 '꼬여서' 나라를 맡길 수 있을 터였다.

그러나 아이손왕에게는 볼 만한 것이 하나도 없었다. 왕 자신은 나이를 먹어 졸다가 나귀 잔등에서도 더러 떨어졌으니 범 같은 장수일 리 없었고, 그 아내는 지체 높은 신하들 이름도 다 외우지 못했으니 '꾀쟁이'는커녕 왕비 노릇을 하기에도 숨이 찼고, 늦둥이 외아들은 나이가 겨우 다섯 살이었으니 영웅 재목은커녕 싹도 떡잎도 분간하기 어려울 지경이었다. 딸은 아예 있지도 않았으니 이웃 나라의 영웅을 넘볼 처지도 처음부터 아니었다.

그런데 있어야 할 것이 하나도 없는 이 아이손왕에게는 불행히도 있어서는 안 될 것이 하나 있었다. 이것이 바로 젊은 이복 아우 펠리아스였다.

신화나 옛이야기를 좀 읽어본 독자라면 이 대목에서 불길한 예감에 사로잡힐 것이다.

'이거 이야기가 심상치 않게 돌아가는구나.'

신화나 옛이야기를 읽다 보면 이 경우 왕의 아우가 꼭 말썽을 일으킨다. 늙은 왕은 힘이 없다. 왕자는 너무 어리다. 그런데 왕의 아우는 힘이 있고 야심이 있다. 이럴 경우 왕의 아우는 어떻게 나올 것인가?

셰익스피어의 명작 비극 『햄릿』이 우리에게 벌써 암시하고 있다. 주인공 햄릿이 아버지가 세상을 떠났다는 소식을 들은 곳은 덴마크의 수도 엘시노어성이었다. 햄릿은 숙부 클로디어스를 의심했다. 숙부 클로디어스가 아버지를 독살한 것은 아닐까, 하고 의심한 것이다. 햄릿이 서둘러 영국으로 돌아와보니 숙부는 이미 왕좌에 앉아 있다. 뿐만 아니라 어머니 거트루드는 숙부의 아내가 되어 있다. 숙부가 아버지를 독살하고 왕좌와 어머니를 가로챈 것이다. 젊고 힘센 숙부는 이토록 위험하다.

멀리 갈 것도 없다.

조선의 슬프디 슬픈 여섯 번째 임금 단종이 왕좌에 앉아 있었던 기간은 겨우 3년이었다. 이 나이 어린 임금에게는 힘이 센 숙부가 있었다. 바로 수양대군이다. 수양대군은 기회를 노렸다가 왕좌를 빼앗고 조카 단종을 강원도 영월로 보내버리지 않았던가. 단종은 여기에서 비극적인 최후를 맞이한다. 이 수양대군이 바로 조선 왕조의 일곱 번째 임금인 세조다. 왕위에 오르기 전의 수양은 정말 질이 형편없는 대군이었다. 젊고 힘센 숙부는 이토록 위험한 법이다.

펠리아스는 이복형 아이손에게 기댈 언덕이 없는 것을 알고는 재산을 풀어 중신들의 환심을 얻으니, 중신들은 펠리아스가 재산 푸는 까닭을 알고 공공연히 이렇게 떠들고 다녔다.

"아이손왕은 저렇듯 연로하시고 왕자가 저렇듯 연치 어리시다. 왕자가 장성하기까지 숙부 펠리아스를 왕위에 오르시게 하여 밖으로는 외적 방비할 태세를 도모하고 안으로는 왕좌 넘보는 자들의 딴마음을 경계하는 것만 못 하다."

펠리아스는 이러한 명분을 업고 이복형 아이손을 밀어내고 왕위에 올랐다. 그가, 조카 이아손이 나라를 다스릴 수 있을 정도로 장성하면 반드시 왕위를 물려주겠노라고 약속을 하기는 했다. 그러나 왕위를 찬탈한 자가 찬탈당한 자를 섭섭지 않게 대접한 전례에 관한 한 역사는 매우 인색하다. 이런 인색한 역사가, 찬탈자의 약속이 이루어지는 전례를 기록하는 데라고 인색하지 않을까?

배다른 아우에게 왕위를 물려주고 한적한 마을로 쫓겨나기 직전에 아이손은 어린 아들 이아손을 빼돌렸다. 이올코스에다 두면 아무래도 아우 펠리아스가 해코지할까 봐 두려웠던 것이다. 아이손은 펠리아스 왕 몰래 늙은 부하의 손에 어린 이아손을 맡겨 펠리온산으로 올려 보냈다. 현명하기로 유명한 펠리온산의 켄타우로스 케이론에게 맡기게 한 것이다.

이아손은 이 산에 숨어 살면서 케이론으로부터 살아가는 데 필요한 여러 가지 기술을 배웠다. 케이론은 허리 위로는 사람이나 허리 아래로는 말인 켄타우로스인데도 불구하고 이아손에게 말 타는 것을 가르치지 않고, 궁술, 검술, 의술을 비롯해서 수금 타는 법, 배 짓는 법, 뱃길 짐작하는 법, 쟁기질하는 법에다 웅변술까지 가르쳤다.

사람들이 궁술, 검술, 의술 가르치는 까닭은 알아도, 가르쳐야 할 승

마술은 빼고 항해, 조선, 수금, 쟁기질, 웅변 같은 걸 가르치는 까닭을
궁금하게 여기자 케이론은,
"말 탈 팔자가 아니야"
할 뿐 더 말을 하지 않았다.

2

모노산달로스

외짝 신 사나이가 왕이 된다!

그로부터 15년의 세월이 흘렀다. 이제 우리는 두 길이 넘는 펠리온산 자락의 갈대숲을 헤치고 나오는 한 청년을 만나게 된다. 바로 펠리온산에서 장성한 이아손이다. 이아손은 15년 공부를 마치고, 이제 하산하여 이올코스로 가서 왕권을 요구할 때가 되었다는 스승의 말에 따라 숙부 펠리아스왕을 찾아가는 길이다.

펠리온산에서 내려와 이올코스로 들어가려면 아나우로스강을 건너야 한다. 아나우로스강은 여느 때는 물이 많지 않은 강이다. 하지만 이아손이 걸어서 건널 때는 물이 꽤 많았던 것을 보면 마침 우기였던 모양이다.

이야기의 주인공이 강을 건넌다……. 주인공들이 강가에 서면 이야기는 갑자기 의미심장해진다. 많은 경우, 이 강은 돌이킬 수 없는 결심과 행동의 상징이 된다. 새로운 세상은 바로 이 돌이킬 수 없는 행동과 함께 열리는 일이 자주 있다.

기원전 49년 위대한 정복자인 로마의 장군 율리우스 카이사르(영어 이름은 '시저')는 이탈리아 반도 북부를 흐르는 루비콘강 가에 서 있었다. 로마의 원로원이 카이사르가 없는 사이에 폼페이우스를 우두머리로 추대했기 때문이다. 당시 갈리아 총독이었던 카이사르는 조국의 보수파 무리를 제거하기 위해 루비콘강을 건너 로마로 진군했다. 조국을 향해 칼끝을 들이댄 것이다. 이때 카이사르는 두 마디의 유명한 말을 남겼다.

"루비콘강을 건넜다!"

돌이킬 수 없는 결심을 행동으로 옮기겠다, 이런 뜻이다.

"주사위는 던져졌다."

이미 엎질러진 물이다, 이제 결행하는 일만 남았다, 이런 뜻이다.

만화가 이희재 화백이 소설가 이문열 선생의 작품 『삼국지』를 열 권의 만화로 그려낸 적이 있다. 『삼국지』를 좋아하는 내가 그 만화책을 사서 제1권을 보다가 소스라치게 놀랐다. 다음과 같은 내용이다.

젊은 시절의 유비(유현덕)는 노식이라는 스승 밑에서 공부한다. 떠날 때가 되자 스승 노식은 유비를 불러, 정현 선생 밑에서 공부를 더 할 것을 권했다. 추천하는 글도 써주겠다고 했다. 정현 선생은 당시의 전설적인 학자로, 특히 유교 경전에 매우 밝았다고 한다.

유비가 그러기로 결심하고 스승을 떠나 고향의 어머니 곁으로 돌아가는 길이었다. 마침 장마 때라서 강물이 불어 다리가 휩쓸려 가고 없었다. 걸어서 강물을 건너려고 하는데 누군가가 뒤에서 유비를 불렀다. 뒤에 한 노인이 서 있었다.

귀가 크기로 유명한 유비와 노인 사이에 이런 말이 오갔다.

노인: 거기 귀 큰 놈아!

유비: 저를 부르셨습니까?

노인: 여기 네놈 말고 또 누가 있느냐? 다리가 없어졌으니 네놈이 나를 업고 강을 건너야겠다.

유비: 네, 그리 합지요. 업히십시오.

노인: 허허, 이놈 등짝 한번 넓직하구나. 네놈은 어디 사는 누구냐?

유비: 탁현 누상촌에 사는 유비라고 합니다. (생각보다 무겁군.)

노인: 이놈아, 내 신발 젖어.

유비: 헥헥, 어르신 다 왔습니다요.

노인: 어이쿠 내 정신 좀 봐. 다시 저쪽으로 건너가야겠다.

유비: 예?

노인: 네놈을 급히 부르느라 보퉁이 들고 오는 걸 깜빡했어.

유비: 그럼 제가 얼른 가서 보퉁이를 가져오겠습니다.

노인: 싫다! 잔말 말고 다시 건너. 보퉁이는 네놈이 찾을 수 없는 곳에 있다.

유비: (심술이 고약한 분이군.)

노인: 바짝 올리지 못해? 보퉁이, 여기에 뒀구만. 가자. 네가 쓸 만한 심보를 가졌구나. 사람의 됨됨이 가운데 첫손에 꼽는 게 마음이니라.

유비: 아이고 목이야.

노인: 내가 억지를 썼는데도 네가 나를 업고 건넌 까닭이 있을 테지. 나를 도와주면 혹시나 일확천금을 얻을 속셈으로 인심을 쓴 것이렸다?

유비: 설마 어르신이 400년 전에 장자방을 도와준 황석공일 리야 있겠습니까? 제가 두말 없이 따른 것은, 아주 잃어버리는 것과 두 배로 늘어나는 차이 때문이었습니다.

노인: 그게 무슨 소리냐?

유비: 만약 제가 두 번째에 강을 건너지 않았다면, 애초의 수고로움마저 값을 잃게 됩니다. 그러나 한 번을 더 건넜기에 앞서의 수고로움도 두 배로 셈 쳐 받게 되지 않았습니까?

노인: 호오. 어린놈이 그런 이치를 안다는 말이냐?

자, 유비가 말하는 장자방과 황석공은 과연 누구인가?

장자방은 떠돌이 유방을 도와 진시황의 진나라를 멸망시키고 한나라를 세운 사람이다. 그는 유비를 도와 촉나라를 세운 제갈공명만큼이나 지혜롭고 군사를 잘 부리는 사람이었다.

그가 진나라에 죄를 짓고 숨어 살던 시절의 일이다. 장자방이 하루는 다리 위를 걷고 있는데 한 노인이 기다리다가 다리 아래로 신발을 벗어 던졌다. 그러고는 장자방에게 신발을 주워 오라고 했다. 장자방은 싫은 내색 하지 않고 신발을 주워 와 노인에게 신겨주었다. 그런데 노인이 또 다리 밑으로 신발을 벗어 던지고는 주워 오라고 했다. 장자방은 아무 말 없이 신발을 주워 와 이번엔 무릎을 꿇고 정성스럽게 노인에게 신겨주었다. 장자방의 정성에 감동한 노인이 책 한 권을 장자방에게 주었는데, 이것이 『손자병법』만큼이나 유명한 병법서였다. 장자방은 이 병법서를 공부하고 유방을 도와 한나라를 세울 수 있었다. 노인은 그 방면의 병법의 대가 황석공이었다. 황석공은 장자방이라는 청년의 그릇 크기를 알아보기 위해 그를 시험한 것이다.

그렇다면 유비에게 심술을 부리면서 두 번이나 강을 업어 건너게 한 노인은 누구일까? 바로 스승 노식의 추천서를 받아 유비가 찾아가려던 전설적인 학자 정현 선생이었다. 정현 선생은 청년 유비의 그릇 크기를 알아보기 위해 그를 시험한 것이다.

내가 이희재 선생의 만화 『삼국지』를 읽다가 놀란 것은 이 이야기에 강과 신발이 등장하기 때문이었다. 놀라운 일이 아닌가? 그 까닭은 다음과 같다.

1987년에 나는 출판사의 요청을 받고 그리스와 로마 신화 이야기를 읽기 쉽게 쓴 적이 있다. '아르고 원정대 이야기'도 그때 쓰고 출간한 신화 책에 실려 있다. 1998년에도 비슷한 책을 쓴 적이 있다. 만화가 이희재 화백의 만화를 보다가 소스라치게 놀란 것은 내가 쓴 이야기와 너무나 흡사했기 때문이다. 만화가 이희재 화백이 내 신화 책을 읽고 비슷한 상황을 만화로 그려내었을 수도 있다. 내 신화 책은 이희재 화백이 그린 『삼국지』보다 훨씬 전에 쓰였으니까 그럴 수도 있다. 만일 그분이 나의 신화 책을 읽고 이 만화를 그렸다면 나의 신화 책에 공감

했다는 뜻이니 놀랍고도 고마운 일이다. 그러나 이희재 화백이 내 신화책을 읽지 않고 그런 장면을 그려내었다면 이 또한 얼마나 놀라운 일인가? 강과 신발과 신화. 인간의 상상력은 어쩌면 이같이 비슷비슷한가.

유비와 정현 선생 사이에 있었던 일이 아나우로스강 가에서도 고스란히 그대로 일어난다.

이아손은 물살이 약하고 깊은 곳보다는 물살이 강하더라도 깊지 않은 여울목을 찾으려고 강 아래위를 둘러보았다. 이아손이 가까스로 찾아낸 여울목에는 먼저 온 듯한 할머니 한 분이 앉아 있었다. 할머니는 여울목을 찾고도 물살이 세어 건널 마음을 내지 못하고 사람을 기다리고 있는 것 같았다.

이아손이 다가가자 노파가 돌아보지도 않고 퉁명스럽게 물었다.

"나를 업어서 건네주겠느냐, 아니면 그 치렁치렁한 네놈 머리카락을 잡고 따라오라고 할 참이냐?"

이아손은 머리 깎은 지가 오래여서 아닌 게 아니라 머리카락이 엉덩이에 이르기까지 자라 있었다. 이아손은 언 코 쥐어박는 듯한 노파의 불손한 언사가 마음에 들지 않았으나 스승 케이론과 '불손한 언사를 불손한 언사로 받지 않겠다'고 약속한 바가 있어서 공손하게 대답했다.

"인색한 소가 강 건너는 사람에게 잔등 대신 꼬리를 빌려주었다는 이야기는 저도 들었습니다. 하지만 저는 사람인지라 꼬리가 없으니 등을 빌려드리겠습니다."

이아손은 등에 메고 있던 창 두 자루를 벗겨 한 손에 모아 쥐고 노파 앞으로 다가가 등을 돌려 대었다. 노파는 아무 말 없이 이아손의 잔등으로 올라왔다.

한 손으로는 두 자루의 창을 모아 쥐고 한 손으로는 노파의 엉덩이를 받치고 이아손이 여울목으로 들어서는데, 강은 여울목인데도 깊어서 한 발 들여놓자 무릎이 잠기고 두 발 들여놓자 엉덩이까지 찼다.

이아손, 헤라를 만나다
이 노파가 후에 이아손과 아르고 원정대를 수호하는 헤라 여신이다. 1901년 출간된 19세기 영국 작가 찰스 킹슬리의 『영웅 이야기』에 실린 삽화.

"아둔패기야, 내 옷이 젖지 않느냐?"

할머니가 소리를 지르며 엉덩이가 물에 닿지 않게 하려고 두 팔로 이아손의 목을 감고 위로 자꾸만 기어올랐다. 이아손은 숨을 쉬기 어려울 지경이었지만 꾹 참고 건너쪽 언덕을 향해 천천히, 조심스럽게 걸음을 내디뎠다. 자연 걸음이 느리고 발새가 어둔할 수밖에 없었다.

"어디로 가는 놈이냐, 누구를 찾아가는 놈이냐?"

할머니가 앙칼진 소리로 물었다.

"이 펠리온 반도에서 갈 데라고는 이올코스밖에 더 있습니까?"
"이놈이 묻는 말에 대답이나 하지 않고."
"저도 감정이 있는 인간입니다. 시키는 대로 하고 있는데 자꾸 욕을 하시니…… 아니, 그런데 이 좁은 여울목이 어째 이리 넓어 보일까?"

이아손이 중얼거리기가 무섭게 노파가 퉁명스럽게 응수했다.

"내가 무거운 게지."
"실은 자꾸 무거워지고 있는 것 같습니다."
"그건 여울목이 넓어 보여서 그런 것이야."
"어찌 된 셈인지 여울목도 처음보다 넓어 보이고, 할머니도 점점 무거워지고 있는 것 같습니다."
"이놈이 꾀를 부리지 않나!"

노파가 두 팔로 이아손의 목을 감으며 호통을 쳤다. 그 순간 이아손은 바위를 짊어지고 있는 것 같아서 비틀거리다가 미끄러운 돌을 밟았고, 미끄러운 돌을 밟고 있으면서도 넘어지지 않으려고 몸을 가누다가 죽신 한 짝을 물살에 떠내려 보내고 말았다. 가죽신은 곧 물에서 떠올라 물살을 타고 내려가다가 물 위로 비죽이 솟은 버드나무 가지에 걸렸다. 이아손은 한 손으로는 창을 모아 쥐고 한 손으로는 할머니의 엉덩이를 받치고 있는 참이라 손으로는 그 가죽신을 집을 수가 없어서 한쪽 발을 그쪽으로 뻗쳐보려 했다. 발가락으로 가죽신을 꿰어 올리기 위해서였다.

"이놈, 강을 건네주겠다고 한 놈이 가죽신 한 짝이 아까워서 꾀를 부리느냐?"

할머니가 또 호령을 내어놓았다.

할머니의 호령이 아니었어도 이아손은 한 발을 그쪽으로 내밀 수 없었으리라. 할머니의 몸은 이미 바윗덩어리가 아니라 산이라도 짊어진 것같이 무거워져 있어서 한눈팔 겨를이 없는 데다 가죽신은 이미 강 하류 쪽으로 떠내려가버린 뒤였기 때문이다.

이아손은 펠리온산에서 스승 케이론에게 '한번 한 약속은 반드시 지키겠다'고 한 다짐을 생각하고는 가죽신 잃어버린 것은 잊어버리고 강 건너편을 향해 걸음을 옮겨놓았다. 여전히 건너편까지의 거리는 조금도 좁혀진 것 같지 않았고 할머니의 엄청난 몸무게 때문에 이아손의 발은 강바닥 속으로 한 자씩이나 빠져 들어가고 있었다.

"반드시 건네드릴 터이니 할머니께서는 염려 마십시오."

이아손이 비틀거리면서도 스승과 했던 약속을 되뇌며 이렇게 말하자 할머니가 잡아먹을 듯이 꾸짖었다.

"염려 말라고? 내가 염려하는 것은 강물이 아니고 네놈의 장래다. 이놈아, 이 좁은 여울목에서 이렇듯이 비실거리는 놈이 무슨 수로 수만 리 뱃길을 견디겠느냐? 펠리아스가 자다가도 웃겠다."

"펠리아스왕을 아시는지요?"

"내 사당을 더럽힌 망나니를 내가 몰라?"

"내 사당?"

'사당이라면 신전이고, 신전의 소유자라면 '여신'이 아닌가. 신이 아니고서야 어떻게 '내 신전'이라는 말을 쓸 수 있는가? 수만 리 뱃길을 견딘다는 것은 또 무슨 뜻인가? 배라고는 한 번도 타본 적이 없는 나에게 수만 리 뱃길이라니.'

이아손이 이런 생각을 하다가 정신을 퍼뜩 차리고 보니 어느새 발은 강 건너편 언덕에 닿아 있었고, 등에 업혀 있던 할머니의 모습은 간 곳이 없었다.

'세상에 별 희한한 일도 다 있구나.'

이아손은 할머니의 말을 곱씹어보았으나 그 뜻을 짐작하기가 어려웠다.

'내가 이 시뻘건 대낮에 꿈을 꾼 것인가.'

그러나 꿈이 아니었다. 오른발에 신고 있던 가죽신은 그대로 있는데 왼발에 신었던 가죽신은 사라지고 끈 매었던 자리만 남아 있었다. 따라서 그것은 꿈이 아니라 벌건 대낮에 일어난 엄연한 사건이었다.

이아손이 이올코스로 들어가자 사람들이 우르르 몰려와 이 모습이 기이한 청년을 둘러싸고 수군거렸다.

머리카락을 말꼬리보다 더 길게 기른 이 청년의 모습이 이올코스 사람들에게는 구경거리가 되기에 모자람이 없기는 했다. 게다가 이아손은 가죽신 한 짝을 아나우로스강 물에 떠내려 보내고 온 바람에 그나마 외짝 가죽신만 신고 있었다. 가죽신을 한 짝만 신은, 머리카락이 말 꼬랑지보다 더 긴 청년, 얼굴이 앳되어 겨우 스무 살 안팎일 것 같은데도 불구하고 검은 수염을 목울대를 가릴 만큼 기른 청년. 머리카락과 수염만 해도 구경거리인데 이올코스 사람들은 유독 가죽신을 신지 않은 이아손의 한쪽 맨발에만 눈길을 던졌다. 이아손의 맨발에 눈길을 던지지 않는 이올코스 사람은 거의 없었다.

'거참 이상하다. 하기야 한쪽은 신고 한쪽은 벗었으니……'

이아손은 우선 머리카락이나 좀 자르기로 작정하고 저잣거리의 이발사를 찾아갔다. 이발사가, 이아손이 한쪽 발에만 신고 있는 가죽신을 물끄러미 내려다보다가 물었다.

"한번 묻겠소. 가죽신 한 짝을 어찌 하셨소?"

그제야 아나우로스강에서 신발 한 짝 떠내려 보내고 난 뒤 노파가 했던 말을 떠올리고 이아손이 되물었다.

"내가 먼저 여쭐 것이 있소. 혹 이 나라 왕이 어느 여신의 사당을 욕보인 적이 있소?"

"있지요. 펠리아스왕이 바다의 신 포세이돈에게 제사를 드리면서 다른 여러 신에게 경의를 표하면서도 유독 헤라 여신만은 쏙 빼놓았답니다. 헤라 여신의 사당이 바로 이 이올코스에 있는데도 말이지요. 헤라 여신이 가만히 있을 까닭이 없지요."

"그렇지요. 제 스승께서도 헤라 여신은 자존심 강하기로 유명하니까 늘 조심하라고 하셨지요. 헤라 여신만 쏙 빼놓았으니 자존심 많이 상하셨겠네요. 헤라 여신께 밉보이면 건더기는커녕 국물도 못 얻어먹는다는데…….”

"그뿐만이 아니오. 펠리아스왕이 이 여자 저 여자를 건드려 배다른 자식을 줄줄 낳게 하는데 헤라 여신이 가만두겠소?"

헤라 여신은 그리스 신화의 으뜸 신 제우스의 아내다. 헤라 여신은 거룩한 결혼의 수호 여신, 가정의 수호 여신이다. 남의 여자를 핼금거려 가정을 파괴하는 남성이 있으면 이 여신은 절대로 용서하지 않는다. 제우스는 바람둥이 신이다. 제우스는 아름다운 여성을 보면 그냥 두지 않는다. 기어코 그 여성과 바람을 피우고 마는 것이다. 헤라 여신은 제우스에게 대드는 대신 제우스의 사랑을 받은 여성을 반드시 해코지한다. 헤라 여신에 의해 흉측한 동물로 변신했거나 목숨을 잃은 여성은 한둘이 아니다. 다른 신들에게 경의를 표하면서 자기 신전은 본 체 만 체하는 자, 이 여자 저 여자를 건드려 배다른 자식을 줄줄 낳게 하는 자, 헤라 여신이 가장 싫어할 만한 자다.

이아손이 걸상 등받이에 기댄 채 몸을 맡기고 이런저런 생각에 잠겨 있는데 머리 손질하던 이발사가 또 물었다.

"두 번째로 묻겠소. 가죽신 한 짝은 잃어버린 것이오? 잃어버렸다면, 장딴지에 가죽신 끈 맨 자국이 하얗게 남아 있는 것으로 보아 잃은 지 얼마 되지 않은 것 같은데?"

"아니, 내 가죽신에 왜 그렇게 관심이 많은 거지요? 강 건너다가 물살이 어찌나 센지 비틀거리다 가죽신 한 짝을 떠내려 보내고 말았지요. 거 참 이상하네. 산에서 오래 살다 내려와서 내 몰골이 구경거리가 될 만하다는 것은 인정합니다. 그런데 이올코스 사람들은 왜 내 발만 바라보지요?"

"까닭이 있지요."

"무슨 까닭이지요?"

"펠리아스왕이 얼마 전에 델포이로 내려가 아폴론 신전에서 신탁을 받아보았답니다. 그런데 왕이 받은 신탁이 요상해요. 신탁의 내용이라는 게 원래 요상하고 수수께끼 같은 것이기는 하지만."

예언의 신 아폴론이 델포이에 있는 아폴론 신전 여사제에게 맡기는 신의 뜻, 즉 신탁은 그 뜻하는 바가 애매모호하기로 유명하다. 하지만 신전에 들어간 사람은 그 참뜻이 무엇인지 여사제에게 물을 수 없다. 그래서 옛날 델포이에는 신탁을 해석해주는 전문가가 무수히 모여 살고 있었다고 한다.

"어떤 신탁을 받았답니까."

"'모노산달로스'가 내려와 이올코스의 왕이 된다······. '모노산달로스'가 펠리아스왕을 응징한다는 뜻입니다. 이 신탁의 내용이 궁전에서 은밀하게 흘러나와 입소문을 타고 소리 소문 없이 이올코스에 퍼져 있답니다. 모르는 사람이 거의 없지요. 사정이 이러니 이올코스 사람들이 모두 그대의 발에 관심을 가질 수밖에요. 지금의 그대가 바로 '모노산달로스' 아닌가요?"

모노산달로스Monosandalos······. '모노mono'가 무엇인가? '하나'라는 뜻이다. 그렇다면 '산달로스sandalos'는? 가죽신이다. 가죽끈으로 장딴지에다 얼기설기 엮어 묶는 가죽신이다. 오늘날 우리가 '샌들sandal'이라고 부르는 슬리퍼 비슷한 신발 이름은 여기에서 유래한다. 그렇다면 '모노산달로스'는 무엇인가? '신발을 한 짝만 신은 사나이'라는 뜻이다. '외짝 신발을 신은 사나이', '외짝 신 사나이'라는 뜻이다.

"그러면 '모노산달로스'가 펠리아스왕을 응징했나요? '모노산달로스'가 왕이 되었나요?"

"천만에요. 그래서 내가 그대에게 가죽신 한 짝을 어쨌느냐고 자꾸 물었던 것이오. 펠리아스왕은 오늘도 이 저잣거리를 다녀갔답니다. 외짝 가죽신 신은 자를 찾아 나왔던 게지요."

"그렇다면 내가 그 '모노산달로스'라는 말씀이신가요?"

"그거야 두고 보아야겠소만, 아무튼 이런 사연이 있어서 내가 가죽신

한 짝은 어떻게 되었느냐고 두 번이나 물어보았던 겁니다. 아나우로스 강에서 떠내려 보냈다는 그 가죽신 한 짝, 지금쯤 저승으로 떠내려가고 있을 것입니다. 어쩌면 그대가 건너편 언덕으로 오르실 때 이미 저승에 닿았을지도 모르지요. 조심하셔야 합니다. 그대는 이미 한 발을 저승에다 대고 있는지도 모른다는 뜻입니다. 어서 신발부터 구해 신으세요. 펠리아스왕이 그대를 '모노산달로스'라고 여긴다면 그대는 이올코스에서 살아 나가지 못해요."

'아, 산 같은 무게로 내 등을 누르시던 분, 지척에 있는 강 건너편을 아득히 멀어 보이게 하시던 분, 그분이 헤라 여신이었구나. 여신께서, 자신을 대신해서 펠리아스왕을 응징하라고 내 가죽신 한 짝을 벗기신 것이구나.'

이발소를 나온 이아손은 이런 생각을 하면서 가슴에 손을 얹고 고개를 숙였다.

신발에 얽힌 사연

 신발. 세계 여러 나라의 신화나 전설에는 신발 이야기가 자주 등장한다. 그리스 신화도 예외는 아니다. 신발 잃어버린 사람 이야기, 잃어버린 신발 되찾는 사람 이야기, 강가에다 신발 벗어놓고 투신자살하는 사람 이야기, 신발을 단서로 잃어버린 사람을 찾아내는 사람 이야기…….
 그리스인들에게 신발은 무엇인가? 우리에게 신발은 무엇인가?
 이아손과 거의 같은 시대의 영웅 테세우스의 이야기도 신발에 얽힌 사연이 풀리면서 시작된다.
 이아손의 외짝 가죽신, 테세우스의 가죽신을 비롯한 신발 이야기는 1권에 이미 쓴 적이 있다. 그런데도 이 책에 신발 이야기를 고스란히 퍼다 옮겨서 독자들에게 퍽 미안하다. 그러나 신화는 문맥을 알아야 재미있다. 문맥을 모르면 재미가 적다. 이미 쓴 적이 있는 이야기를 다시 쓰는 것은 독자들로 하여금 이야기의 흐름을 쉽게 따라잡게 하기 위해서다. 양해를 구한다.

 아테나이(오늘날의 아테네) 왕 아이게우스가 포도주에 취해 남의 나라 공주와 사랑을 나눈 적이 있다. 자기 나라인 도시국가 아테나이로 떠나기 직전, 아이게우스는 남의 나라 공주 방 앞의 섬돌을 번쩍 들어 옮기고는 섬돌 있던 자리에다 짧은 칼 한 자루와 가죽신(!) 한 켤레를 놓은 뒤 그 위에다 다시 섬돌을 놓았다. 섬돌이란, 방 앞에 놓인, 층계 노릇을 하는 긴 돌을 말한다. 힘센 장사가 아니고는 그런 섬돌을 들었다 놓았다 할 수 없다. 아이게우스는 섬돌을 제자리에 놓은 뒤 공주에게 이런 말을 했다.

"아이를 갖게 되고, 만일에 아들이 태어나거든, 그리고 그 아들이 제 아버지가 누군지 궁금해하거든 내게로 떠나보내세요. 내가 섬돌 밑에다 신표가 될 만한 것을 감추어두었으니, 제 힘으로 그 섬돌을 들어 올릴 수 있을 만큼 자라면 보내세요. 아무도 모르게, 은밀하게 보내세요."

신표가 무엇인가? 가지고 있는 이가 누구인가를 증명하는 신분증과 같은 것이다. 새로 태어날 아기의 신분증 노릇을 할 신표는 바로 짧은 칼과 가죽신이다. 놀랍지 않은가? 여기에서도 가죽신은 신분증 노릇을 할 모양이다.

공주의 몸에서 이윽고 아들이 태어났다. 공주는 아들의 이름을 '테세

너 자신을 알라!
나는 누구인가? 나는 무엇인가? 소년 테세우스의 운명을 바꾸는 질문이 시작된다. 1세기의 모자이크화. 로마 국립 박물관.

우스'라고 했다. 당시 그리스에는 사내아이가 자라 열여섯 살이 되면 앞 머리카락을 잘라 아폴론 신전에 바치는 풍습이 있었다. 테세우스는 열여섯 살이 되자 당시의 풍습대로 아폴론 신전이 있는 델포이로 올라갔다.

신전 문 상인방에 다음과 같은 글귀가 새겨져 있었다.

"그노티 세아우톤Gnothi Seauton!"

바로 '너 자신을 알라'는 뜻이다.

자신을 알자면 어떻게 해야 하는가? 자신을 향해 근본적인 의문을 제기하는 경험이 있어야 한다. 이런 의문은 누구나 제기할 수 있다. 그러나 의문을 제기한 다음에는 그 답을 모색하는 경험이 뒤따라야 한다. 의문을 제기하고 그 의문의 답을 모색하는 사람만이 신화의 주인공, 자기 삶의 주인공이 된다. 의문만 제기할 뿐 그 답을 모색하지 않는 사람은 신화의 조연, 자기가 사는 모둠살이의 조연에 머문다.

테세우스도 의문을 제기한다.

"나는 도대체 누구인가? 다른 아이들에게는 다 아버지가 있는데 나에게는 왜 아버지가 없는가? 나는 도대체 어디에서 왔는가?"

테세우스가 이런 의문을 제기한 것은 그의 나이 열여섯 살 때의 일이다. 테세우스는 혼자 고민고민하다 어머니에게 자기가 누구의 아들인지, 그 내력을 밝혀줄 것을 요구했다. 어머니는 아들을 섬돌 아래로 데리고 가서, 그 무거운 섬돌을 들어 올릴 수 있는지 시험해보았다. 테세우스는 열여섯 살 소년에 지나지 않았는데도 불구하고 그 섬돌을 어렵지 않게 들어 올렸다. 섬돌 밑에, 16년 전에 아버지 아이게우스가 감추어둔 칼과 가죽신이 있었음은 물론이다.

테세우스는 자기의 신분을 증명해줄 이 칼과 가죽신을 간직하고 아버지를 찾으러 아테나이를 향하여 길을 떠났다.

테세우스는 아테나이로 가는 도중 해괴한 도둑과 괴물을 죽이지만 이 이야기는 길게 쓰지 않겠다. 하여튼 테세우스는 해괴한 도둑들을 죽

칼과 가죽신을 찾는 테세우스
테세우스는 바위 아래에서 아버지가 남겨둔 신표(칼과 가죽신)를 찾은 후 아버지를 찾아 길을 떠난다. 신발은 테세우스가 그 자신임을 보증하는 증표가 된다. 니콜라 푸생의 그림.

이되, 도둑이 무수한 나그네를 죽인 것과 똑같은 방법으로 죽이고는 아테나이로 들어섰다.

소문은 원래 소문의 주인공 발걸음보다 빠른 법이다. 테세우스가 아테나이에 당도했을 때, 테세우스가 무수한 도둑을 죽이고 아테나이로 오고 있다는 소문이 쫙 퍼져 있었다. 아테나이 왕궁에서 이 소문을 가장 먼저 들은 사람은 아이게우스왕의 아내 메데이아였다.

메데이아는 영웅 이아손으로 하여금 금양모피를 손에 넣게 한 바로 그 메데이아다. 메데이아는 이아손을 돕기 위해 조국을 배반하는 것은 물론, 제 동생까지 찢어 죽인 독부다. 당시 메데이아는 이아손에게 버림받고 아테나이 왕 아이게우스의 궁전에서 후처살이를 하고 있었다. 그런 메데이아가 자기가 낳지도 않은 아들 테세우스를 반길 까닭이 없었다. 테세우스가 출현하면 자기가 낳은 아들들의 위치가 매우 불안해질 것이기 때문이었다. 메데이아는 테세우스를 독살하기 위해 독약을 준비하고 기다리고 있었다.

테세우스가 왕궁으로 들어섰을 때, 아이게우스왕 내외와 신하들은 잔칫상을 마련하고 테세우스를 기다리고 있었다. 다 메데이아가 꾸민 일이었다. 테세우스가 왕궁으로 들어서자, 그 청년이 자기 아들임을 알 리 없는 아이게우스가 이런 말로 테세우스를 맞았다.

"트로이젠에서 왔다고 들었는데, 피테우스왕께서는 잘 계시는가? 나도 오래전에 피테우스왕을 뵙고 나그네 대접하는 법을 좀 배운 사람이네. 그러니 내 나라 궁전에서 편히 쉬시게."

아이게우스왕은 이렇게 말하면서 테세우스에게 술잔을 권했다. 그 술잔은 메데이아가 이미 독약을 타놓은 독주 잔이었다.

술잔을 받아든 테세우스는 녹슨 칼집에서 칼을 뽑아 들고는 상에 차려진 양고기를 안주 할 만큼 잘랐다. 녹슨 칼집에서 테세우스가 뽑은 그 칼은 16년 전에 아이게우스가 섬돌 밑에다 두고 온 바로 그 칼이었다. 테세우스가 신고 있는 가죽신을 유심히 살펴본 아이게우스왕은 그 가죽신 또한 자기가 섬돌 밑에다 감추어두고 온 바로 그 가죽신이라는 것을 알아보았다.

아이게우스왕이 테세우스에게 소리쳤다.

"잠깐, 그 술잔의 술을 버려라!"

칼과 가죽신이 신분을 증명해준 덕분에 테세우스는 아버지 아이게우스를 만날 수 있었다. 가죽신은 그러면 이아손의 신화나 테세우스의 신화에만 등장하는 것일까? 다른 신화나 전설에 등장한다면 그것은 우연의 일치일까?

〈달마도〉라고 불리는 그림이 있다. 수염을 기른 험상궂은 스님을 그린 그림이다. 〈달마도〉에 그려진 스님이 바로 달마대사다.

그런데 〈달마도〉에는 달마대사의 얼굴만 그린 것도 있고 전신을 그린 것도 있다. 전신을 그린 〈달마도〉를 보면 대사의 지팡이에 신발 한 짝이 걸려 있는 것이 보통이다. 달마대사에게도 신발 전설이 따라다닌다.

달마대사의 신발은 무엇으로 만든 신발이었을까? 가죽신은 분명히 아니었을 것이다. 부처님을 믿는 사람들은 살아 있는 동물을 죽이지 않을뿐더러, 동물의 가죽으로 만든 물건은 몸에 지니지 않는다. 신발도, 가죽으로 만들어진 가죽신은 신지 않았을 것이다.

달마대사는 중국의 소림사에서 9년 동안 도를 닦고 큰 깨달음을 얻어 제자들을 가르치다가 528년 즈음에 세상을 떠난 것으로 전해진다. 대사를 시기하는 사람들에게 독살당했다는 전설도 있다. 당시 중국의 스님들에게는 화장하는 풍습이 없었던 것일까? 제자들은 달마대사의 시신을 양지 바른 곳에다 묻었다.

달마대사가 세상을 떠난 지 3년 뒤, 인도의 '월씨국'이라는 나라를 다녀온 사신이 달마대사를 보았노라고 주장했다. '송운'이라는 이 중국 사신은 구체적인 증거까지 대어가면서 분명히 자기 두 눈으로 달마대사를 보았노라며 이렇게 주장했다.

"월씨국 다녀오는 길에 분명히 달마대사를 뵈었습니다. 대사는 신발 한 짝만을 들고 조국인 향지국으로 가신다면서 저에게, 네 나라 임금님이 세상을 떠나셨으니 어서 돌아가거라, 이렇게 말씀하시더이다. 이 말씀 듣고 돌아와보았더니 과연 황제 폐하께서 돌아가신 뒤였습니다. 그러니까 저는 달마대사의 말씀을 듣고 황제 폐하께서 세상 떠나신 것을 미리 알고 있었던 것입니다."

당시의 황제가 송운의 말을 듣고는, 웅이산에 있던 달마대사의 무덤을 파보게 했다. 무덤 속에는 신발 한 짝이 남아 있을 뿐, 달마대사의 시신은 흔적도 없이 사라지고 없더라고 했다. 결국 달마대사도 외짝 신 사나이 '모노산달로스'가 되어 고국으로 돌아간 셈이다.

신발 이야기는 여기에서 끝나지 않는다.

유럽의 옛 동화 신데렐라를 떠올려보자. '신데렐라'라는 이름은 '얼굴에 재가 묻은 부엌데기'라는 뜻이다. 신데렐라는 계모의 박대를 받으면서 부엌데기 노릇을 하던 착한 처녀다. 그런데 이 신데렐라가 선녀의 도움으로 왕실의 무도회에 참석하게 된다. 왕자는 착하고 아름다운 신데렐라에게 첫눈에 반하고 만다. 하지만 신데렐라는 자정이 되기 전에 집으로 돌아가지 않으면 안 된다. 신데렐라는 황급히 무도회장을 빠져나오느라 유리 구두 한 짝이 벗겨진 것도 모르는 채 허둥지둥 호박 마차에 올라 집으로 돌아간다.

신데렐라에게 반한 왕자는 어떻게 하든지 신데렐라를 찾고 싶어 한다. 왕자는 무엇을 단서로 신데렐라를 찾게 되었던가? 신데렐라가 잃어버린 한 짝의 유리 구두다.

보라, 신데렐라 역시 '모노산달로스'가 아닌가?

이 '모노산달로스' 이야기는 조선시대에 쓰인 우리나라의 고전 소설 『콩쥐팥쥐』에서도 똑같이 되풀이된다. 신데렐라 이야기에 나오는 왕자는 한 지방의 젊은 원님으로, 유리 구두는 꽃신으로 바뀌어 있을 뿐이다. 콩쥐에게 첫눈에 반해버린 원님은 무엇을 단서로 콩쥐를 찾아내던가? 황급히 잔치 자리를 떠나느라고 콩쥐가 잃어버리고 간 꽃신 한 짝이다.

보라, 콩쥐 역시 '모노산달로스'가 아닌가?

구약시대의 모세는 활활 타오르는 신성한 떨기나무 앞에서 신발을 벗어야 했다. 모세가 벗어야 했던 신발은 무엇인가? 혹시 인간 모세의 자아 아니었을까? 자아를 잊어야 신을 만날 수 있는 것이 아닌가?

바다나 강물에 뛰어들어 목숨을 끊는 사람들은 오늘날에도 바닷가나 강가에 신발을 벗어놓고는 물속으로 뛰어든다.

애인의 변심을 우리는 뭐라고 부르는가? '고무신 거꾸로 신기'라고 부르지 않는가? 그리던 임의 예리성, 즉 '애인의 신발 끄는 소리'가 들리면 어떻게 반기는가? 버선발로 뛰어나간다. 신발을 신을 틈이 없다. '자기'라는 자신의 전 존재, '자아'라는 자신의 모든 것을 벗어놓은 채 달려 나가야 온전하게 님의 품에 안길 수 있다.

　우리는 우리가 지나온 역사를 한 장의 종이에다 기록하고 이것을 '이력서履歷書'라고 부른다. '신발[履]' 끌고 온 '역사[歷]'의 '기록[書]'이다.

　제1권에서 나는 물었다.

　우리의 신발은 온전한가? 우리는 혹시 신발 한 짝을 잃어버린 것은 아닌가? 잃어버리고도 잃은 줄을 모르고 있는 것은 아닌가? 잃어버린 신발을 찾아 길을 떠나야 하는 것은 아닌가? 대지와 우리 육신 사이에는 신발이 있다. 고무 밑창 하나가 우리와 대지 사이를 갈라놓고 있다. 대지는 무엇인가? 인간이 장차 돌아가야 할 곳이 아닌가?

3
펠리아스의 계략

왕좌를 내놓으시지요

이올코스에서 이아손은 아버지 아이손과 어머니 알키메데가 숨어 사는 곳부터 수소문했다. 다행히도 연세 많으신 아버지와 어머니는 살아 있었다. 아버지 어머니와 숙부 펠리아스왕은 서로 오고 감이 없이, 소식 주고받음이 없이 그 긴 세월을 보냈던 모양이었다. 아이손의 말에 따르면, 숙부 펠리아스왕은 조카 이아손이 어디에서 무엇을 하는지 전혀 알지 못할 것이라고 했다. 펠리아스에게 이아손의 집안은 안중에도 없었던 모양이었다.

늙은 부모와 젊은 아들의 16년 만의 해후, 특히 어머니의 기쁨이 어디까지 이르렀는지는 상상에 맡기기로 한다. 하지만 아버지 아이손의 가슴에는 먹장 구름 같은 불안이 자리하기 시작했다. 아들 이아손이 나라를 다스리기 충분할 만큼 자라면 왕좌를 돌려주고 돌려받기로 한, 배다른 형 아이손과 배다른 아우 펠리아스 사이의 약속 때문이었다. 펠리온산에서 내려온 이아손이 숙부 펠리아스왕에게 왕좌를 돌려달라고 요구할 경우, 그리고 펠리아스왕이 왕좌 돌려주기를 거절할 경우 이올코스는 피바다가 될 터였다.

이아손은 아버지 어머니가 별 탈 없이 살아 있다는 것을 확인하고는 숙부 펠리아스왕을 찾아갈 준비를 했다. 이아손이 가장 먼저 한 일은 가죽신을 새로 장만하는 일이었다. '모노산달로스', 즉 '외짝 신 사나이'로서 숙부 펠리아스를 만날 수는 없는 일이었다.

이아손은 이올코스 궁전으로 들어가 숙부 펠리아스왕의 알현을 청했다. 펠리아스왕은 '메가론', 즉 '왕궁의 손님 접견실'로 방문객을 안내하게 했다. 1997년 지금의 볼로스, 신화시대의 이올코스에서 거의 완벽한 모습으로 발굴된 '메가론'이 혹 이 접견실이 아니었을까?

이아손을 만나는 순간, 펠리아스왕은 언제 어디에서 만나본 적이 있는 얼굴 같다고 생각했다. 무리도 아니다. 어릴 때 만나본 적이 있기는 했다. 하지만 그로부터 흐른 세월이 15년이었다. 이아손의 얼굴에는 아버지 아이손의 그림자가 어른거렸으리라. 펠리아스는 가볍게 놀란 표정을 염치로 가리고 태연하게 물었다.

"그대는 어디서 온 자이고, 나를 찾아온 까닭은 무엇이며, 고향은 어디며 양친은 누구신가?"

이아손은 대전 기둥을 팔꿈치로 비스듬하게 기댄 채로 대답했다. 그리스 사람들은 손님으로서 자기 자신을 소개할 때는 거의 반드시라고 해도 좋을 정도로 고향과 부모 이름을 밝힌다.

"물으시는 차례가 잘못되었습니다. 내가 어디서 온 자이며, 고향은 어디고 아버지가 누구라는 것만 밝히면 전하를 뵙고자 하는 까닭은 저절로 드러날 것입니다."

"차례는 그대 좋을 대로 정하여 대답하라."

"저는 펠리온산에서 오는 길입니다. 펠리온산의 현자 켄타우로스 케이론은 다섯 살 난 저를 거두시어 15년 동안을 가르친 스승이시고 역시 켄타우로스인 그분의 배우자 칼리크로는 15년 동안이나 저를 보살펴 길러주신 양어머니십니다. 저는 펠리온산의 현자 케이론의 동굴에서 왔습니다."

"케이론의 문하라면 문무文武가 기특하겠구나. 하면, 고향은 어디고 양친은 누구신가?"

"제 고향은 이올코스, 바로 이곳 이올코스이고 제가 태어난 곳은 이 메가론 뒤쪽에 있는 내전 안방입니다. 제 아버지는 이올코스 왕을 지내신 아이손이시고 제 어머니는 왕비를 지내신 알키메데올습니다. 펠리아스 숙부님, 이로써 제가 이 궁전에 들어온 까닭은 스스로 드러난 것이겠지요."

"네가 무엇으로 내 조카라는 것을 보증하는 증표로 삼겠느냐?"

"펠리아스 숙부님, 현명한 자는 표적을 구하지 않는다고 하나 굳이 구하신다면 말씀드리지요. 저는 아나우로스강을 건너다 가죽신 하나를 물살에 떠내려 보내는 바람에 한쪽 가죽신만 신은 '모노산달로스'로 이 도성에 들어왔습니다. 지금 신고 있는 이것은 새로 마련한 가죽신입니다. 한쪽 가죽신만 신고는 왕궁에 들어올 수도, 숙부님을 만나뵐 수도 없었기 때문이지요."

"나는 '모노산달로스'가 이올코스 왕이 될 것이라는 말은 들어보았으나, 그 '모노산달로스'가 내 조카일 것이라는 신탁은 받지 못하였다."

"하면, 펠리아스 숙부께서는 신탁에 의지해서 아버지 아이손을 내치고 왕좌를 차지하셨습니까? 신들의 뜻을 함부로 앞세우지 마십시오. 신들에게 죄를 지으면 용서를 빌 곳이 없습니다."

"네가 참으로 바라는 것이 무엇이냐?"

"이올코스로 돌아와 아버지와 어머니를 뵈었습니다. 아버지는 숙부님의 형님 되시고 어머님은 숙부님의 형수 되십니다. 그분들을 뵙고 왔는데도 저를 조카로 인정하지 않으시렵니까? 그분들을 이 왕궁 접견실로 모시고 올까요, 숙부님과 제가 그분들을 뵈러 갈까요?"

"네가 그렇게까지 말하는데 인정하지 않을 도리가 있겠느냐. 다시 묻겠다. 네가 참으로 바라는 것이 무엇이냐? 내가 너를 위하여 어떻게 해야겠느냐?"

"제가 참으로 바라는 것은 그 왕좌와 숙부님이 들고 계시는 그 지팡이입니다. 아버지가 들고 다니시던, 왕을 상징하는 지팡이가 아닙니까. 제 아버지의 가축 무리와 이 왕궁과 왕궁에 딸린 땅은 제가 바라지 않습니다."

"신들이 우리 가문을 도우셨구나. 네가 장성할 때까지 아이손 형님을 대신해서 나라를 다스리겠다고 맹세했던 내가, 이제 장성한 네가 돌아온 터에 무슨 명분에 기대어 왕좌에 연연하랴. '모노산달로스'여, 헤라 여신의 몸을 받아 내게 빚을 받으러 온 자여, 너는 이미 빚을 받았다."

펠리아스왕은 적법한 왕위 계승자 이아손이 나타난 것을 크게 반기는 뜻에서 나라가 시끄러울 만큼 큰 잔치를 베풀었다. 잔치는 닷새 밤낮이 지나도록 계속되었다. 이아손은 숙부 펠리아스 왕이 의외로 쉽게 자신을 조카로 인정하는 것이 마음에 걸렸다. 왕관과 지팡이를 돌려주겠다고 너무 쉽게 약속하는 것도 마음에 걸렸다. 이아손이 짐작하고 있었던 숙부 펠리아스는 그런 인간이 아니었다. 악랄하고 교활한 인간이었다.

엿새째 되는 날, 펠리아스왕이 조카 이아손을 불러, 장조카와 함께 집안일을 근심하는 숙부가 대개 그렇듯이 잔뜩 뜸을 들였다가 말문을 열었다.

"내가 너에게 왕좌와, 왕실의 가축 무리와 왕궁과 왕궁에 딸린 땅을 돌려주기 싫어서 이러는 것이 아니다. 더구나 네가 가축 무리와 왕궁과 왕궁에 딸린 땅은 굳이 요구하지 않겠다는데 내가 무엇을 망설이겠느냐? 하지만 너에게 왕좌를 물려주기 전에 내가 부탁할 것이 있다. 한번 들어보겠느냐?"

'그러면 그렇지.'

이아손은 속으로 이렇게 생각하면서도 겉으로는 태연하게 고개를 끄덕였다.

"어린 나이에 펠리온산으로 들어갔다고는 하나, 너는 우리 집안의 장손이니 프릭소스의 금양모피만은 모르지 않을 것이다. 너도 알다시피 우리와 가까운 친척이 되는 프릭소스는 머나먼 콜키스 땅에서 세상을 떠나셨고, 이 나라에 있었더라면 국보가 되고도 남았을 금양모피도 지금은 콜키스에 있다. 내가 금양모피가 탐이 나서 이러는 것이 아니다. 근자에 들어 잠만 들면 꿈에 프릭소스가 나타나 유해나마 고향 땅으로 오고 싶다고 눈물로 애원하는구나. 네 아버지 아이손도 비슷한 꿈을 꾸고 있을 게다. 어떠냐? 먼저 콜키스로 가서 금양모피와 프릭소스의 유골을 수습해 오지 않겠느냐? 내가 마음은 굴뚝같지만 보다시피 육신이 이렇듯 늙어 뜻을 이룰 수가 없구나. 네가 금양모피와 프릭소스의 유골을 수습해서 돌아오면 이 나라의 오랜 숙원을 풀어서 좋고, 너는 머나먼 콜키스를 원정한 영웅이 되어서 좋으니, 이러한 영웅을 대하면서 누가 너의 재능과 용기를 의심할 것이며, 누가 감히 이 이올코스 성벽 밑에서 칼을 뽑고 창을 휘두르겠느냐? 어떠냐? 머나먼 콜키스를 다녀오는 것이 싫지 않으냐? 네가 싫다고 한대서 달라지는 것은 하나도 없다. 억지로 다녀오게 하지는 않겠다. 그러니 네가 좋을 대로 하라."

듣기에 따라서는, 가겠다고 해도 좋고 못 가겠다고 해도 좋을 제안이었다. 그러나 숙부 펠리아스의 말 속에는 양날 도끼가 들어 있었다.

머나먼 콜키스……. 금양모피가 있다는 콜키스 땅은 그리스인은 아무도 가본 적이 없는 땅이다. 그리스인들은 어디에 붙어 있는지도 모르는 땅이다. 흑해 너머 아득히 먼 동쪽에 있는 나라라는 사실만 어렴풋이 전설처럼 전해지고 있던 땅이다.

만일 이아손에게 그럴 힘과 용기가 있어서 콜키스로 떠나겠다고 한다면 펠리아스는 제 칼에 피를 묻히지 않고도 이아손을 죽일 수 있게 되는 셈이다. 험한 바다, 미지의 땅, 항해 도중의 위험, 그리고 콜키스 왕이 금양모피를 빼앗으러 온 이아손을 그냥 두지 않을 것이기 때문이다. 이아손에게 그럴 힘과 용기가 없어서 콜키스로 떠나지 못하겠다고 해도 결과는 마찬가지다. 펠리아스는, 이아손이 비록 적법한 왕위 계승자라고 하나 힘도 없고 용기도 없는 조카를 위해 왕의 자리를 비워줄

만큼 도리에 밝은 위인이 아니었다.
 그러나 숙부 펠리아스가 자신을 반갑게 맞이하여 마음의 고삐를 풀게 한 다음에 불리한 조건을 붙일 것임을 짐작하고 있던 이아손은 다음과 같은 말을 남기고는 왕궁의 접견실을 나왔다.
 "마땅히 가서 찾아와야지요. 1백 일 말미를 주시면 그동안 새 배를 짓고 뱃사람을 모아 떠나겠습니다."

프릭소스의 금양모피

그렇다면, 펠리아스왕이 말하는 '프릭소스'는 누구이고, '금양모피'는 또 무엇인가?

이아손이 태어나기 약 50년 전 보이오티아 땅에 아타마스라는 왕이 있었다. 아타마스왕은 이아손 집안의 먼 일가붙이이기도 했다. 펠리아스왕이 이아손에게 금양모피가 자기 집안의 보물인 양 말한 것은 바로 이 때문이다.

아타마스왕에게는 왕비 네펠레가 낳아 기르던 남매가 있었는데 맏이는 프릭소스 왕자였고, 둘째는 헬레 공주였다. 이 남매 역시 이아손에게 먼 친척이 된다. 이 아이들이 여남은 살이 되었을 때 아타마스왕은 네펠레 왕비에게 싫증을 느끼고는 새 왕비 이노를 맞아들였다.

이노가 자식을 낳았으면 좋았을 것을 불행히도 이노에게는 자식이 생기지 않았다. 자식을 낳지 못하는 후처 눈에 전처가 낳은 자식이 곱게 보이기는 어려운 법이다.

이노는 이 전처가 낳은 남매가 밉게 보여 오래 속을 끓이다가 남매를 죽여 마음의 병을 고치리라고 마음먹었다. 그래서 친정 테바이에서 데리고 온 심복을 여럿 풀어 일을 꾸미기 시작했다.

당시 보이오티아 왕실의 소작인들은 봄이 오면 왕실의 곡식 창고를 지키는 고지기로부터 밀의 씨앗을 배급받아 밭에다 뿌렸던 모양이다. 이노 왕비는 심복들을 시켜 고지기 모르게 밀의 씨앗을 모두 볶아놓게 했다.

봄이 오자 왕실 소작인들은 그 밀씨를 받아 밭에다 뿌렸다. 볶은 밀씨를 뿌렸는데 싹이 날 리 있겠는가?

아타마스왕은 밀씨가 싹을 내지 못하는 까닭을 알 수 없어서 델포이의 아폴론 신전으로 사람을 보내어 아폴론 신의 뜻을 들어보려고 했다. 심복을 시켜 밀씨를 볶게 할 때부터 일이 여기까지 이를 것을 짐작하고 있던 이노는 밀씨 볶은 하수인 중 하나를 사신으로 보내도록 아타마스왕에게 권했다.

이 사신은 이노의 밀명을 받고 물 좋고 정자 좋은 데서 며칠을 좋이 놀다가 돌아와, 델포이 신전에서 들었다면서 아폴론 신의 뜻을 이렇게 꾸며서 전했다.

"제우스 으뜸 신께서 임금님을 시험하신다 합니다. 아들딸과 백성을 두루 사랑하시던 임금님께서, 근자에 들어서는 백성은 돌보지 않으시고 아들딸에게만 사랑을 쏟으신다지요. 그래서 제우스 으뜸 신께서 노하셨다고 하더이다."

아타마스왕은 신들에 대한 믿음이 깊은 사람이었다.

"내게 그런 허물이 있는 줄을 나는 알지 못했다. 하지만 으뜸 신께서 내려다보시면서 하신 생각인데 잘못 보시고 잘못 생각하셨을 리 있겠는가. 으뜸 신께서 그리 보시고 그리 생각하셨다면 그 자체가 나의 허물이다. 내가 어쩌면 좋겠느냐?"

"제우스 으뜸 신께서는 왕자와 공주 남매나 임금님 백성 중 한쪽을 산 제물로 바치기를 바라십니다."

아타마스왕은 이 말을 곧이듣고 오래 고민했다. 왕 자신의 허물 때문에 백성들을 희생시킬 수는 없는 일이었다. 그래서 백성들 대신 전 왕비 네펠레가 낳은 왕자와 공주 남매를 희생시키기로 결심하고 신전을 지키는 신관들에게 날을 받게 했다.

전 왕비 네펠레는 아타마스왕에게 신들이 질투할 만큼 남매를 지극하게 사랑한 일이 없다는 것을 잘 알고 있었다. 네펠레는 아무래도 사신의 말이 믿어지지 않아서 아타마스왕 몰래 신하 한 사람과 함께 델포이로 달려가 아폴론 신이 맡겨놓은 뜻을 물어보게 했다. 아폴론 신전을 지키고 있던 여사제가 전한 신탁은 이러했다.

"델포이를 다녀갔다는 사신이 배지도 않은 아이를 낳았구나."

사신이 델포이에 온 일도 없고 신탁을 물은 일도 없다는 뜻이었다.

새 왕비 이노의 미움을 사고 있다면 자기가 낳은 왕자와 공주는 목숨을 부지하기 어렵다는 것을 왕에게 배신당하여 소박맞은 왕비 네펠레는 잘 알고 있었다. 새 왕비 이노가 남매를 곱게 보지 않는다면 네펠레가 귀국하기도 전에 남매는 목숨을 잃을 수도 있었다. 그래서 네펠레는 헤르메스 신께 빌었다. 왕자와 공주를 살려달라고 빌었다. 이 기도를 듣고 왕자와 공주의 목숨이 위태롭다는 것을 알게 된 헤르메스 신은 황금빛 날개 달린 양 한 마리를 보이오티아로 보냈다. 왕자와 공주 남매를 피신시키라는 뜻이었다. 이 황금빛 양 '카스말로스'는 날개가 달려 있어서 하늘을 날 수도 있고, 신들의 은총을 입어 말을 할 수도 있었다.

네펠레는 허둥지둥 보이오티아로 돌아왔지만 프릭소스 왕자와 헬레 공주는 왕궁에 없었다. 이미 헤르메스의 금양이 프릭소스 왕자와 헬레 공주를 잔등에 태우고 동쪽으로 날아간 다음이었다.

금양이 이 남매를 등에 태우고 동북쪽으로 동북쪽으로 한없이 날아가다 트라키아 땅과 소아시아의 접경을 지나고 있을 때였다. 오라비인 프릭소스는 금양의 목털을 붙잡고 바싹 엎드려 잘 견디는데, 누이 헬레는 오라비의 허리를 안고 있다가 조는 바람에 그만 금양의 잔등에서 바다로 떨어지고 말았다. 지금의 다르다넬스해협 부근의 해역인 이 바다가 옛날에는 '헬레스폰토스(헬레의 바다)'라고 불린 것은 이 때문이다.

프릭소스와 헬레
헬레가 금양에서 떨어진 곳은 지금의 다르다넬스해협 부근 해역으로, 옛날에는 '헬레스폰토스(헬레의 바다)'라고 불렸다. 폼페이 벽화.

 금양은 헬레가 바다에 떨어진 것도 모르고 계속해서 날아 에욱세이노스(적대적인 바다)를 건넜다. 이 바다가 그 시절에 '에욱세이노스'라고 불린 것은 당시 이 바다가 그리스인들을 용납하지 않았기 때문인데, 그래서 그런지 지금도 '흑해'라는 부정적인 이름으로 불린다. 어쨌든 금양은 이 에욱세이노스 동쪽에 있는 콜키스 땅에다, 누이 헬레가 바다로 떨어진 줄도 모르고 있던 프릭소스를 내려놓았다.
 콜키스 왕 아이에테스는 먼 나라 왕자가 반가웠기보다는 금양이 탐이 나서 프릭소스를 크게 반겼다. 프릭소스는 그 금양을 잡아 제우스 으뜸 신과 헤르메스 신께 제사를 올리고 금양의 모피는 아이에테스 왕에게 바쳤다.

은혜를 입고도 금양을 죽인 프릭소스를 이상하게 생각할 것은 없다. 제우스 으뜸 신도 젖을 먹여 자기를 길러준 암 산양 아말테이아를 잡고 그 가죽으로 방패를 만들었던 적이 있다. 아이에테스왕은 이 금양모피를 신성한 나무에 걸어두고 왕국의 으뜸가는 보물로 쳤다. 보물이었으니 누가 훔쳐가지 못하도록 단단히 지켜야 하지 않겠는가? 왕은 무시무시한 용 한 마리를 보내어 금양모피를 지키게 했다.

이아손에게 펠리아스왕이 찾아오라고 한 '금양모피'는, 그러니까 엄밀하게 말하면 프릭소스의 친척인 이아손에게도 소유권을 주장할 권리가 있는 바로 그 금양의 모피다.

배 만들기도 만만치 않네

 머나먼 콜키스 나라까지 가자면 빠르고 튼튼한 배가 있어야 했고, 그런 배가 있어야 한다면 지어야 했다. 당시의 이올코스에는 그런 배가 없었던 모양이다. 이아손이 배 짓는 명장 아르고스와 나누는 이야기를 엿들어보면 당시의 사정을 헤아릴 수 있다.

 아르고스는, 노잡이가 노를 놓쳐도 노가 물결에 떠내려가는 일이 없도록 노의 손잡이와 노잡이의 자리를 가죽끈으로 연결하는, 당시로서는 참으로 칭송받을 만한 방법을 겨우 열두 살 때 생각해낸 사람이다. 나이를 먹자 이 아르고스는 방향잡이 키로는 배의 방향을 바꾸는 데 힘이 많이 든다고 해서 바퀴처럼 생긴 키 손잡이를 발명해서 에우보이아 섬 사람들을 놀라게 했고, 나이가 더 들어서는 바람의 방향이 바뀔 경우 돛대 위에서 저절로 돌아 각도를 바꾸는 돛을 만들어 온 그리스 뱃사람을 놀라게 한 천재다.

 젊은 이아손이 수소문 끝에 늙은 아르고스가 숨어 사는 곳을 찾아갔다. 이아손이 배 지을 의논을 꺼내자 아르고스는 그 배로 갈 곳부터 물었다.

 "콜키스."

아르고호가 만들어지다
이아손(가운데)이 배를 짓는 아르고스(오른쪽)를 돕고 있다. 왼쪽은, 영웅들의 수호 여신 아테나. 이 고대 돋을새김을 재현한 그림을 보면, 아테나 여신 뒤의 횃대에 부엉이가 앉아 있다. 어둠을 뚫어보는 새 부엉이는, 지혜의 여신이기도 한 아테나를 상징하는 어트리뷰트로 유명하다.

    이아손이 이렇게 대답하자 아르고스가 고개를 저었다.
    "콜키스라면, 아이아(새벽의 나라)가 아닙니까? 차라리 하데스의 나라(저승)로 가자고 하시지요."
    "콜키스를 '아이아'라고 하는 것은 이 땅이 동쪽에 있기 때문이지 갈 수 없는 나라, 가서 되돌아올 수 없는 나라라는 뜻은 아닐 것입니다."
    "그래도 빠른 배가 아니고는 내가 죽기 전에는 당도하지 못합니다. 돛단배로 그 먼 뱃길에 나설 수는 없는 일이고, 콜키스가 건너편 섬이 아니니 노를 저어 갈 수도 없는 일이지요."
    "나는 돛도 있고 노도 있는, 말하자면 둘을 겸하는 배를 지으려 합니다."
    "대체 몇 사람을 태워 노를 젓게 하실 작정입니까?"
    "50명 정도 태울 작정입니다."
    이아손이 '50명'이라고 한 것은 '100'의 절반인 '50'이라는 뜻이 아니고, 그저 '많은 사람'을 태우겠다는 뜻이었다. 아르고스가 벌린 입을 다물지 못했다.

"50명이라고 했습니까? 그런 배는 이제껏 바다에 뜬 적도 없거니와 앞으로도 없을 것입니다. 나는 꿈에도, 그런 배를 짓는 꿈은 꾸어본 적이 없습니다."

"풍향에 맞추어 저절로 각도가 변하는 돛을 만드신 아르고스 그대가 말인가요? 이제껏 바다에 뜬 적이 없는 배, 꿈도 꾸어본 적이 없는 배를 만드세요. 꿈도 내가 꾸고, 바다에도 내가 띄우겠어요."

어쨌든 이아손과 아르고스가 배를 짓기로 한 것을 보면, 나이 차가 많아도 배는 서로 잘 맞았던 모양이다.

앞에서 썼듯이 이 시절에는 다섯 명 이상의 뱃사람이 탄 배는 나라의 허가 없이는 먼바다로 나갈 수가 없었다. 그러나 이 말은 다섯 명 이상의 뱃사람이 탈 수 있을 정도로 큰 배가 없었다는 뜻이 아니다. 트로이아 전쟁 때 군함이 그리스 연합군을 싣고 트로이아(지금의 터키)를 침공했다. 그리스에서 군사들과 그 군사들이 탈 말을 싣고 트로이아로 가려면 에게해를 거슬러 올라가야 한다. 에게해는 작은 바다도 아니고 태평양같이 잔잔한 바다도 아니다. 조그만 배로는 어림도 없었을 것이다. 따라서 그리스인들의 배 짓는 기술은 당시에 이미 만만치 않았을 것이다.

『아르고 원정대 이야기』를 쓴 아폴로니오스는 자세히 밝히고 있지 않지만 '아르고호'의 크기를 짐작할 만한 단서는 있다. 『신화 추적자』라는 책을 쓴 영국의 기록영화 제작자 마이클 우드에 따르면, 현재의 볼로스 근처 파가사이만에서는 아르고호와 비슷한 배가 지어진 적이 있다. 그러니까 기원전 8세기의 그림 낙서와, 오랜 세월 에게해를 건너 다니던 배들의 그림을 보고 아르고호의 모습을 짐작해서 배를 지은 것이다. 그 규모가 어마어마하다.

파가사이만에서 지어졌다는 이 배의 용골(배의 세로 뼈대) 재목은 다섯 살배기 이아손을 스무 살이 될 때까지 품어 기른 산, 펠리온산에서 베어 온 너도밤나무다. 길이가 무려 30미터나 된다. 이 너도밤나무 재목 세 개를 긴 참나무 못으로 박는다. 이 용골을 물에 오래 담갔다가 꺼

아르고 원정대를 위한 배를 짓다
19~20세기 네덜란드 화가 안톤 데르킨데렌의 그림.

내어 굵은 쇠사슬로 잡아당겨 구부린다. 용골이 거대한 활처럼 휠 수밖에 없다. 이 너도밤나무 용골 재목과 재목 사이에는 스물다섯 개의 노좌(노잡이들이 앉는 자리)가 만들어진다. 다른 뼈대는 없다. 이 노좌들이 용골과 용골 사이를 메우는 것이다. 이렇게 해서 지어진 배의 이물(뱃머리)에는 높이 3미터의 돛대가 세워진다. 아르고호에도 돛대가 있었다. 아르고호 돛대 재목으로는 도도네(그리스 북서쪽에 있던 고대 도시)의 제우스 신탁 신전에서 베어 온 참나무가 쓰였다.

　제우스 신탁 신전에 대해서 조금 설명하고 넘어가자. 신탁 하면 독자들은 델포이에 있는 아폴론 신전을 생각한다. 하지만 아폴론 신전의 여사제 퓌티아가 신탁을 전하기 전에는 도도네의 제우스 신전 뒤에 있는 말하는 참나무가 신탁을 들려주었다. 사람들이 신의 뜻을 물을 때마다 이 참나무가 대신해서 그 가지와 잎새의 살랑거림으로 제우스의 뜻을 전했다는 것이다. 도도네 참나무가 전하던 신탁은 세월이 흐르면서 아폴론 신전의 퓌티아에게로 넘어간다. 퓌티아 다음으로 신탁을 전한 아폴론의 여사제는 시뷜레였다. 시뷜레는 아폴론의 애인으로 한 움큼 퍼 올린 흙의 알갱이 수만큼의 세월을 이 땅에 머물렀다고 한다.

도도네에서 베어 온 이 참나무 돛대는 인간처럼 말을 알아듣고 말을 할 수도 있었다고 한다. 신화시대에는 참 편리했겠다. 털이 황금빛이었던 금양 카스말로스는 하늘을 날 수도 있었을 뿐만 아니라 말도 할 수 있었고, 식물인 도도네의 참나무 돛도 말을 할 수 있었다니, 신화시대 아니고서야 어떻게 이런 일이 가능했겠는가.

인간이 어떻게 감히 제우스 으뜸 신의 신전 가까이 있는 참나무를 베어 올 수 있겠는가? 도도네 참나무를 베어 온 이는 아테나 여신이다. 아테나 여신이 제우스 으뜸 신의 허락을 얻어 한 그루 베어다 준 것이다. 어째서 헤라 여신이 아니고 아테나 여신이었을까? 아테나는 아르고호를 짓고 있는 아르고스의 수호 여신이다. 그래서 아르고스의 간절한 기도를 듣고 이에 응답한 것이다.

아르고스와 이아손이 이 도도네 참나무를 돛대 재목으로 쓴 것이 아니고 헤라 여신의 모습을 새겨 뱃머리를 장식했다는 설명도 있다. 말하는 참나무로 깎은 헤라 여신의 목상이 맨 앞에서 아르고호의 뱃길을 안내했을 것이라는 이 설명, 훨씬 설득력 있게 들린다.

4

영웅들,
배를 띄우다

아르고 원정대

아르고스가 배를 짓고 있을 동안 이아손은 온 그리스 땅 곳곳으로 사람들을 보내어 당시 한다하는 영웅들은 다 모셔오게 했다. 어느 정도 유명한 영웅들을 다 모셨는가 하면, 여기에 끼지 못하면 가짜 영웅 소리를 들을 판이었다. 그래서 그리스 곳곳에서는 자기네 지방 영웅이 원정대원이었다는 주장이 자주 제기되었다. 형편이 이렇게 되고 보니 원정대원의 수는 점점 늘어날 수밖에 없었다. 이 책에서는 50명이었다는 주장의 손을 들어줄 수밖에 없다. 1백 명이었다는 주장이 나중에 제기되었지만 당시의 배 짓는 기술로는 1백 명은 아무래도 무리였을 것 같다.

원정대장은 이아손이 맡았다. 원정대원 중에서 가장 유명한 대원은 아무래도 그리스의 천하장사 헤라클레스일 것 같다. 하지만 헤라클레스는 원정 도중에 대원 노릇을 그만두고 그리스로 돌아가버렸다. 이 이야기는 나중에 자세히 쓰기로 한다.

테세우스가 원정에 참가했다는 주장이 있다. 하지만 이 주장은 믿을 바가 못 된다. 독자들은 테세우스가 신분증이 될 만한 신표를 가지고 아버지 아이게우스를 만나러 아테나이로 갔던 것을 기억할 것이다. 이 때 독약을 탄 술을 준비하고 테세우스를 기다리고 있던 여자는 계모 메데이아였다. 테세우스가 아르고 원정대원이었다면 어떻게 이아손의 아내가 되었던 메데이아를 알아보지 못할 수 있겠는가? 신화나 만화에서 안 되는 게 어디 있어? 이렇게 억지를 부리는 사람들이 있다. 아무리 신화지만 이것은 너무 심한 억지 아닌가?

몇몇 중요한 대원들의 면면을 살펴보자. 개개인의 이야기는 한 편의 소설, 한 편의 영화로 만들어지기도 했다. 항해가 시작되면 우리는 개개인의 면모를 살필 여유가 없다. 그러니 인내하면서 읽어두자.

* * *

오르페우스가 아무래도 두 번째로 유명한 대원이었을 것 같다. 오르페우스 이야기는 제1권에 자세하게 적혀 있다. 하지만 조금 줄여서 다시 언급하는 것이 좋겠다. 너무나 슬프고 아름다운 사랑 이야기이기 때문이다. 이 이야기를 알고 있어야 아르고 원정 중 곳곳에서 수금과 노래로써 일으키는 오르페우스의 기적을 이해할 수 있기 때문이기도 하다.

오르페우스는 뤼라Lyra, 즉 수금(줄이 일곱 개인 현악기)의 신 아폴론의 아들인 것으로 전해진다. 아폴론의 아들이 아니라 트라키아 왕 오이아그로스의 아들이라는 주장도 있다. 내가 보기에는 아무래도 오이아그로스의 아들이라는 주장이 옳을 것 같다. 두 가지 정황 증거가 있다. 아폴론의 아들이라는 주장은 아폴론이 수금의 신이고, 오르페우스 또한 수금의 천재였기 때문에 나온 것 같다. 오르페우스의 어머니인 칼리오페는 무사이(예술의 여신들) 아홉 자매 중 하나다. 이 아홉 자매가 다 누구의 딸들인가? 제우스 신의 딸들이다. 그렇다면 수금의 신 아폴론은? 제우스의 아들이다. 보라, 아폴론과 칼리오페는 남매지간이 아닌가? 이 두 가지 이유 때문에 오르페우스가 아폴론의 아들이라는 주장에 나는 손을 들어줄 수 없다.

오르페우스는 수금 타는 솜씨가 참으로 훌륭했다. 노래는 짓기도 잘 짓고 부르기도 잘 불렀다. 그래서 그의 음악에 매혹당하지 않는 사람이 없었다. 인간뿐만이 아니었다. 짐승까지도 오르페우스가 고르는 가락을 들으면 그 거친 성질을 죽이고 다가와 귀를 기울이곤 했다. 나무나 바위도 그 가락의 매력에 감응했으니 나무는 그가 있는 쪽으로 가지를 휘었고 바위는 그 단단한 성질을 잠시 누그러뜨리고 가락을 듣는 동안만은 말랑말랑한 상태로 머물러 있었다고 한다. 이 천하제일의 명가수는 나이가 차자 에우뤼디케라는 아름다운 처녀와 혼인했다. 신랑의 어

칼리오페
오르페우스는 아홉 무사이 중 한 명인 칼리오페의 아들이다. 17세기 프랑스 화가 외스타슈 르 쉬외르의 그림.

머니가 무사이 여신 중 한 분이었던만큼 결혼식은 성대하게 베풀어졌다. 결혼의 신 휘메나이오스가 몸소 참석했을 정도였다.

결혼의 신 휘메나이오스가 와서 축복한다는 것은 행복의 약속을 받는 것이나 다름없다. 그러나 휘메나이오스는 이 결혼식에서만은 이 둘을 축복해주지 않았다. 결혼식 분위기에서도 신랑과 신부가 행복하게 잘 살 것이라는 조짐은 하나도 보이지 않았다. 아니, 행복의 조짐은커녕 휘메나이오스가 들고 온 횃불에서는 연기가 너무 많이 났다. 그 바람에 신랑 신부는 눈물까지 흘리지 않으면 안 되었다.

이 결혼식이 열린 것은 오르페우스가 아르고 원정을 끝낸 뒤의 일이라는 것을 밝혀둔다.

결혼한 지 열흘이 채 못 되던 어느 날 새색시 에우뤼디케는 동무들과 함께 올륌포스산 기슭의 템페 계곡으로 꽃을 꺾으러 갔다. 그런데 이곳에는 양을 돌보면서 꿀벌을 치는 아리스타이오스라는 청년이 있었다.

아리스타이오스는 운명의 손길에 등을 떠밀려서 그랬던지 아니면 건강한 젊은이의 호기심 때문에 그랬던지 이 에우뤼디케에게 말을 붙여 보려고 했다. 물론 에우뤼디케가 새색시인 줄 모르고 그랬을 것이다.

에우뤼디케는 새색시인지라 황급히 그 자리를 피하여 달아났다.

아리스타이오스는 달아나는 에우뤼디케를 뒤쫓으며 소리쳤다.

"희롱하려는 것이 아니고 그저 말마디나 여쭈려는 것이니 달아나지 마세요."

그러나 에우뤼디케는 걸음을 멈추지 않았다. 요정들이 멀찍이 서 있다가 달아나는 에우뤼디케를 보고 달려왔다.

"나도 더 이상 쫓지 않을 테니, 이제 그만 달아나세요. 자, 내가 걸음을 멈추었으니 아가씨도 이제 그만 걸음을 멈추세요."

아리스타이오스는 걸음걸이를 늦추며 저만치 달아나는 에우뤼디케를 향해 소리쳤다. 요정들이 들으라는 듯이 소리쳤다.

이 싱거운 술래잡기는 곧 끝났다. 에우뤼디케가 달아나다가 풀밭에

오르페우스의 비탄
시간이 멈춘 듯 황량한 배경에서 수금을 껴안은 채 통곡하는 오르페우스의 슬픔이 그대로 전해지는 듯하다. 19~20세기 프랑스 화가 알렉상드르 스웅의 그림.

서 쉬던 저승의 안내자를 밟고 만 것이다. 저승의 안내자가 무엇이겠는가? 독사다. 에우뤼디케가 독사를 밟았는데 독사가 가만히 있겠는가? 독사는 에우뤼디케의 발뒤꿈치를 물었다.

요정들에게 안겨 집으로 돌아오는 길에 에우뤼디케는 숨을 거두었다.

졸지에 새색시를 잃은 신랑 오르페우스는 신과 인간은 물론 대기를 숨 쉬는 모든 산 것들에게 수금 소리와 노래로 슬픔을 전했다. 함께 슬퍼해주는 사람은 많았다. 하지만 그 사람들은 에우뤼디케의 죽음을 당연한 죽음, 오르페우스의 슬픔을 당연한 슬픔으로 알았다.

오르페우스가 어찌나 애절하게 슬픔을 노래 부르고 다녔던지 슬픔에 목이 멘 들짐승들은 더 이상 풀을 뜯지 않으려 했고, 초목은 저승 신 하데스가 원망스러웠던지 고개를 저승 있는 쪽으로 젚었다.

오르페우스의 슬픔은, 함께 슬퍼하는 자의 슬픔으로 삭여질 수 있는 그런 슬픔이 아니었다. 그런 슬픔이었다면 대지의 여신 데메테르에게 탄원하지도 않았으리라.

노래와 수금 타기로 세월을 보내던 오르페우스가 심금을 울리는 수금 반주에 맞추어 애간장 끊는 노래로 탄원하자 데메테르 여신은 딸림 여신을 통하여 이렇게 말했다. 딸림 여신의 말은 데메테르 여신의 말과 똑같다.

"딸 찾아 낮 비 밤이슬 맞으며 온 땅을 다녀본 나다. 내가 어찌 아내 잃은 네 슬픔을 모르랴. 그렇지만 자식 잃어본 자가 어찌 나뿐이고 아내 앞세운 자가 어찌 너뿐이랴. 나에게 탄원하는 것은 옳지 않다. 그러나 네가 타는 수금 소리, 네가 부르는 슬픈 노래를 듣고 내 땅의 짐승들이 먹고 마시기를 거절하고 초목이 고개를 접으니 괴이하구나."

오르페우스는 곡식과 초목의 여신 데메테르에게 눈물로 호소했다.

"제가 흘리는 눈물은 제 고통의 지팡이요, 금수 초목이 저에게 보내는 연민은 신들을 겨누는 저항의 화살입니다.

땅의 어머니시여, 신들이 닦지 못할 눈물이 없을 것인즉 굽어살피소서. 제 아내 에우뤼디케를 찾아가겠습니다. 영웅신 헤라클레스가 다녀온 곳, 테세우스가 다녀온 땅으로 내려가겠습니다. 프쉬케가 다녀온 곳으로 저도 가겠습니다. 가서 제 아내 에우뤼디케를 데려오겠습니다."

그 하소연을 들은 데메테르 여신의 딸림 여신은 부드럽게 오르페우스를 꾸짖었다.

"당치 않다. 네가 아내를 얼마나 사랑하는지 내가 알겠느냐만, 저승은 봄이 온다고 씨가 싹을 틔우고 줄기가 꽃을 피우는 땅이 아니다."

"저를 사랑하소서. 제 눈물을 사랑하소서. 애통해하는 저를 사랑하소서."

"어쩔 수가 없구나. 비록 내 딸이 저승 왕의 총애를 받고 있다고 하나 이승과 저승의 법도는 다른 것이다. 네가 '대지의 여신'이라고 부르는 나도 딸을 보고 싶다고 해서 딸을 찾아가지 못한다. 내가 내막을 좀 알아보고 방법을 찾아볼 것이니 그리 알고 기다리거라."

데메테르의 신전을 물러 나온 오르페우스가 며칠을 기다렸다가 다시 데메테르 신전을 찾아갔다. 딸림 여신이 전하는 여신의 뜻은 이러했다.

"내가 강의 요정을 저승으로 흘려 보내어 내막을 알아보았다. 그랬더니 네 아내를 죽게 한 자는 아리스타이오스라는 꿀벌치기라는구나. 이 자가 속죄 의식을 거행하지 않아서 네 아내는 하데스의 궁에 들지 못하고 저승의 강가를 떠돈다고 하더라. 그래서 내가 요정들을 보내어 아리스타이오스의 벌 떼를 모두 죽이고, 속죄 의식을 베풀면 벌 떼를 살려주겠노라고 했다. 일전에 아리스타이오스가 속죄 의식을 끝내었다는 소식과 네 아내 에우뤼디케가 저승의 왕궁에 들었다는 소문을 들었다. 이제 네가 어쩌려느냐?"

"저승으로 내려가겠습니다."

"네가 대체 무슨 권능에 의지해서 산몸으로 혼령의 나라를 다녀오겠다는 것이냐?"

"헤라클레스는 힘에 의지해서 산몸으로 혼령의 나라를 다녀왔고, 테세우스는 헤라클레스에 의지해서 산몸으로 혼령의 나라를 빠져나왔습니다. 저승은 프쉬케가 사랑에 의지해서 다녀왔고 시쉬포스가 꾀에 의지해서 다녀온 곳입니다. 저 역시 사랑에 의지해서 다녀오겠습니다. 돌아오지 못하면 에우뤼디케와 함께 그 나라에 머물겠습니다."

오르페우스는 이렇게 말하면서 일곱 줄 수금을 가만히 가슴에 껴안았다.

"아케론강의 뱃사공 영감 카론이 산 자를 태워 강을 건너게 해줄까?"

오르페우스는 대답 대신 수금을 가리켰다. 수금 연주로 카론의 환심을 살 수 있을 것이라는 뜻이었다.

"불의 강을 건너야 할 터인데 네가 무슨 수로 불길을 이길 것이며, 망각의 강을 건너야 할 터인데 네가 무슨 수로 이승의 기억을 강에 떠내

뱃삯을 요구하는 뱃사공 카론
엽전 한 닢이라도 받지 않고는 절대 강을 건네주지 않는 카론이지만 오르페우스의 노래에는 무너지고 만다. 석관의 돌을새김.

려 보내지 않을 수 있겠느냐."

오르페우스는 또 한 번 수금을 가리켰다.

"네가 그리스 땅에서 수금을 가장 잘 타는 자라는 말이 빈말이 아니었구나. 네가 '대지의 여신'이라고 부르는 나에게도, 산목숨이 죽은 목숨을 만나러 가는 이치가 쉽지만은 않다. 내 딸 페르세포네가 해마다 하데스로부터 휴가를 얻어 내게로 올 때 잘 다니는 길이 있다. 타이나론으로 가보아라. 내가 할 수 있는 일은 그 길을 너에게 가르쳐주는 것뿐이니, 나머지는 네가 요량하도록 하여라."

데메테르 여신을 대신하는 딸림 여신은 이 말끝에 타오르던 향불을 껐다. 오르페우스는 그 빼어난 수금 솜씨를 반주로 이 생성과 소멸의 여신을 찬송했다.

오르페우스는 엘레우시스 땅으로 갔다. 데메테르 여신의 신전이 있는 엘레우시스에서 오르페우스는 신관의 안내를 받아 라코니아 땅 타이나론 동굴을 통하여 저승으로 내려갔다.

맨 먼저 앞을 가로막은 아케론강의 뱃사공 영감 카론은 오르페우스가 산 자임을 알아보고는 치려고 노를 둘러메었다. 그러나 오르페우스가 수금을 뜯으며 노래를 부르자 아케론강은 저승에 가로누운 제 신세를 한탄했고 뱃사공 카론 영감은 오르페우스를 태워 강을 건네준 뒤에도 배로 돌아가려 하지 않았다. 너무 감동한 나머지 돌아가는 것을 잊었던 것이다.

무수한 혼령의 무리를 지나 하데스와 페르세포네 앞으로 나선 오르페우스는 수금 반주로 노래하기 시작했다.

"……저는 아프로디테의 명을 받고 온 프쉬케도 아니고, 케르베로스와 힘을 겨루러 온 헤라클레스도 아니며, 저승의 왕을 희롱하러 온 테세우스도 아니고, 저승 왕비를 속이러 온 시쉬포스도 아닙니다.

두 분 신이시여, 꽃다운 나이에 독사의 독니에 물려 이곳으로 내려온 에우뤼디케를 아시지요? 제 아냅니다. 저는 아내를 찾으러 왔습니다.

신들이시여, 제 아내 에우뤼디케가 이곳에 온 것은 때가 되어서 온 것이 아닙니다. 그래서 저도 때 아니게 이렇게 왔습니다. 바라건대 신들이시여, 신방 차리고 기운 달 하나 보름달로 부풀리지 못한 에우뤼디케를 돌려주십시오. 제 집에서 와서 살다가 명이 다하면 이곳으로 내려올 것입니다.

두 분 신들이시여, 데메테르 여신께서 제 길을 일러주셨으나 그분 권능에는 의지하지 않겠습니다. 제가 의지할 것은 제 아내에 대한 사랑과 제가 뜯는 이 수금, 제가 부르는 이 노래뿐입니다.

에우뤼디케를 돌려주십시오. 돌려주시지 않으면 저도 지상으로 돌아가지 않으렵니다. 돌려주시어 저희 부부의 인연이 아름답게 다시 이어지는 걸 보시든지, 고개를 저으시어 저희 부부가 망령으로 떠도는 걸

보시면서 두 분의 승리를 즐기시든지 요량대로 하소서.

그러나 두 분 신이시여, 저희 사랑은 저승의 풀 아스포델로스도 꽃을 피우지 못하는 이 음습한 땅에서도 꽃피우고 열매를 맺을 것인즉 두 분의 승리가 반드시 즐거운 것만은 아닐 것입니다."

오르페우스가 이렇게 읊조릴 동안 저승에서는 참으로 희한한 일들이 벌어지고 있었다.

하데스는 울고 싶던 차에 매 맞은 듯한 얼굴을 했고, 페르세포네는 오르페우스와 하데스를 견주듯이 번갈아 바라보았으며, 케르베로스는 꼬리를 다리 사이로 말아 넣었고, 뱃사공 영감 카론은 혼령으로부터 뱃삯으로 받은 엽전을 한 줌씩 집어 공중으로 던지고 있었다.

저승 왕 궁전 오른쪽에는 무한 지옥 타르타로스가 있다.

이 타르타로스에는 많은 죄인이 벌을 받고 있는데, 그중 탄탈로스는 물속에 몸을 담그고 있는데도 영원한 갈증에 시달려야 한다. 탄탈로스가 마시려고 입을 대면 물은 달아나버리기 때문이다. 하지만 오르페우스가 노래를 부르고 있을 동안만은 물은 달아나지 않았고 탄탈로스도 물을 마시려고 하지 않았다. 제우스를 속인 익시온은 영원히 도는 불바퀴에 매달려 비명을 지르고 있었다. 그러나 오르페우스가 노래를 부르고 있을 동안만은 불바퀴는 돌지 않았고 익시온은 비명을 지르지도 않았다.

익시온 옆에는 티튀오스가 독수리의 부리에 살을 파먹히면서 소리를 지르고 있었다. 그러나 오르페우스가 노래를 부르고 있을 동안에는 독수리는 티튀오스의 살을 파먹지 않았고 티튀오스도 소리를 지르지 않았다.

익시온 옆에는 밑 빠진 독에다 영원히 물을 길어다 부어야 하는 다나오스 자매들이 있었다. 그러나 오르페우스가 노래를 부르고 있을 동안만은, 밑이 빠졌는데도 불구하고 물은 새지 않았다. 덕분에 다나오스 자매들은 잠시 허리를 펼 수 있었다.

오르페우스를 따르는 에우뤼디케
수금을 등불처럼 치켜든 오르페우스가 에우뤼디케의 손을 꼭 잡고 간다. 19세기 프랑스 화가 장 밥티스트 카미유 코로의 그림.

 시쉬포스는 저승 왕을 속인 죄로 산꼭대기로 바위를 굴려 올려야 했다. 바위는 산꼭대기에만 이르면 다시 굴러 내려왔다. 따라서 시쉬포스는 영원히 그 바위와 씨름하지 않으면 안 되었다. 그러나 오르페우스가 노래를 부르고 있을 동안에는 굴러 내려오던 바위가 노래를 듣느라고 잠시 중턱에서 멈추었고 시쉬포스는 거기 걸터앉아 노래를 들었다.
 복수의 여신 에리뉘에스와 천벌의 여신 네메시스가 눈물을 보인 것은 이때가 처음이었다.
 옷깃으로 눈자위를 찍어내는 아내 페르세포네 옆에서 가만히 고개만 끄덕이고 있던 하데스가 가까이 있는 저승 차사에게 나직이 말했다.
 "에우뤼디케라고 하는 것을 찾아서 데려오너라."
 에우뤼디케가 독사에 물린 상처 때문에 잘룩거리며 혼령들 사이에서 걸어 나왔다. 에우뤼디케는 고개를 돌린 채 오르페우스의 품 안으로 뛰어들었다.

하데스가 이 어정쩡하게 포옹한 부부를 내려다보다가 징소리 같은 음성으로 말했다.

"수많은 혼령이 '오르페우스의 수금', '오르페우스의 노래'라고 하더니, 그 이름이 잘못 전해지지 않았구나. 과연 잘 타고 잘 부르는구나. 그래, 내가 너희 눈물을 닦아주마. 이로써 내가 네 수금 타는 재간과 노래하는 솜씨의 값을 치르마. 대신 너는 이곳 혼령들이 흘린 눈물 값을 치러야 한다. 망각의 강물이 너 때문에 그 효력을 잃고 말았구나.

가거라, 네 아내를 데리고 가거라. 가되, 내 땅을 벗어날 때까지 네 아내의 얼굴을 보아서는 안 된다. 이것이 저승의 법이다. 내가 너에게 물리는 눈물 값이다. 네가 수금 소리로 이 기적을 일으켰으니 소리야 무슨 상관이 있겠느냐만 눈길은 나누지 못한다. 산 자와 죽은 자는 눈길을 나누지 못한다. 내 말을 소홀하게 듣지 마라. 잘 가거라, 오르페우스여!"

오르페우스는 에우뤼디케를 앞서서 하데스궁을 나왔다. 에우뤼디케는 뒤를 따랐다.

하데스의 뜻이 미리 전해져 있었던지 저승의 험한 길은 더 이상 험한 길이 아니었다. 오르페우스 부부는 음습하고 물매가 급한 길을 따라 오래오래 걸었다. 걷다가 오르페우스가 이따금씩 물었다.

"잘 따라오지요?"

"잘 따라가요. 돌아다보지 마세요."

에우뤼디케가 다짐을 주었다.

오르페우스는 한참 걷다가 또 물었다.

"잘 따라오지요?"

"잘 따라가니까 돌아다보지 마세요."

에우뤼디케가 또 다짐을 주었다.

이윽고 날빛이 보이는 동굴 입구에 이르렀다. 항구의 불빛이 보이는데도 항구까지는 하룻밤 뱃길이 좋이 되듯이, 동굴 입구의 날빛이 보이는데도 하루 걸음이 좋이 되는 것 같았다.

먼저 날빛 아래로 나선 것은, 물론 앞서 나오던 오르페우스였다.

보고 싶은 마음을 오래 누르고 있던 오르페우스는, 아내가 잘 따라 나오는지, 아내 역시 날빛 아래로 나섰는지 확인하고 싶어 뒤를 돌아다보았다.

아뿔싸.

"돌아다……"

하다 말고, 동굴의 어둠을 다 벗어나지 못했던 에우뤼디케는 오르페우스가 뒤를 돌아다보는 순간 다시 저승으로 떨어졌다.

오르페우스는 황급히 동굴로 들어가 손으로 어둠 속을 더듬었다. 그러나 손끝에 닿는 것은 싸한 바람뿐이었다.

오르페우스는 에우뤼디케와의 슬픈 추억에 잠겨 여자라면 거들떠보지도 않고 살았다. 트라키아 처녀들이 오르페우스의 마음을 사로잡으려고 갖은 수를 다 썼으나 오르페우스는 끄떡도 하지 않았다. 처녀들은 오르페우스의 도도한 태도에 화가 났지만 때가 무르익기를 기다렸다.

그러나 그때가 도무지 무르익을 수가 없다는 것을 안 처녀 하나가 있었다. 포도주의 신을 섬기는 디오뉘소스 축제에 다녀오던 이 처녀는 잔뜩 흥분했던 나머지 오르페우스를 향해 소리를 질렀다.

"저기 우리 여성을 모욕한 사내가 있다!"

처녀는 이러면서 오르페우스를 향해 들고 있던 창을 던졌다.

창은 오르페우스의 수금 소리가 들리는 쪽으로 날아가다가 그만 그 소리에 기가 꺾여 그의 발치에 떨어지고 말았다. 포도주에 취한 처녀들이 이번에는 돌을 던졌다. 처녀들이 던진 돌도 마찬가지였다.

처녀들은 소리를 질러 오르페우스의 수금 소리가 들리지 못하게 한 뒤에 창을 던졌다. 창에 맞은 오르페우스의 몸은 금방 피로 물들었다.

발광한 처녀들은 오르페우스의 몸을 갈가리 찢고, 머리와 수금은 헤브로스강에다 처넣었다.

오르페우스의 머리와 수금이 슬픈 노래를 부르며 떠내려가자 강의 양 둑도 그 슬픈 노래에 물노래로 화답했다.

무사이 자매들은 막내 칼리오페의 아들인 오르페우스의 죽음을 슬퍼했다. 그들은 갈가리 찢긴 오르페우스의 몸을 수습하여 레이베트라에다 장사 지냈다. 오르페우스의 무덤 위에서 우는 레이베트라 지방 꾀꼬리들의 울음소리는 그리스의 다른 지방 꾀꼬리들 울음소리보다 더 아름답다고 전해진다.

제우스는 오르페우스의 수금을 거두어 별자리로 박아주었다.

오르페우스의 혼령은 다시 저승의 나라로 내려가 사랑하던 에우뤼디케, 꿈에 그리던 아내를 껴안았다. 둘은 지금도 '엘뤼시온', 저승에 있는 저 행복의 들에서 앞서거니 뒤서거니 하면서 걷고 있다.

오르페우스는 앞서 가면서 더러 뒤를 돌아보기도 한다. 하지만 둘 다 혼령인지라 더 이상은 슬픈 일이 일어나지 않는다.

자, 뒷날 이렇게 한살이를 끝내게 되는 오르페우스가 아르고 원정대원이 된다. 이제 오르페우스의 손끝에서 무수한 기적이 일어난다.

* * *

세 번째로 유명한 원정대원은 카스토르와 폴뤼데우케스일 것 같다. 이들은 누구인가? 제우스 신의 아들들이다. 이들을 잠시 소개하고 다른 대원들을 불러내어보기로 하자.

카스토르와 폴뤼데우케스는 레다와 백조 사이에서 태어난 아들들이다. 제우스가 백조로 둔갑, 스파르타 왕비 레다와 사랑을 나눈 것이다. 레다는 때가 되자 알 두 개를 낳게 되는데, 이 알을 깨고 나온 쌍둥이 아들이 바로 카스토르와 폴뤼데우케스다. 전하는 바에 따르면 하나의 알에서는 카스토르와 헬레네 남매가 나왔다고 하는데, 이 헬레네는 바로 트로이아 전쟁의 원인을 제공하는 바로 그 유명한 헬레네다. 또 하나의 알에서는 폴뤼데우케스와 클뤼타임네스트라 남매가 태어났다고 한다. 클뤼타임네스트라는 트로이아 전쟁 때의 그리스 연합군 사령관 아가멤논의 아내가 된다.

카스토르와 폴뤼데우케스는 그리스인들은 물론 뒷날의 로마인들에게도 큰 사랑을 받았다. 로마 시대 사람들은 이 둘을 통틀어 '게미니Gemini', 즉 쌍둥이라고 불렀다. 이들은 사후에 하늘의 별자리로 붙박이게 되는데, 이 별자리가 바로 '쌍둥이자리'다. 1960년대에 시작된 미국의 유인 위성 계획 '제미니 플랜'에 이 이름이 붙은 것은 인공위성에 타는 사람 수가 딱 두 사람이었기 때문이다.

이 쌍둥이 형제로부터 유명한 단어 두 마디가 유래한다.

쌍둥이 장군의 휘하에는 '마라토스'라는 부하가 있었다. 쌍둥이 장군이 큰 전쟁에서 군대를 지휘한 적이 있다. 그런데 쌍둥이 장군은, 전쟁에 이기려면 군대 앞에서 스스로 목숨을 끊는 장군이 있어야 한다는 신탁을 받았다. 마라토스는 그 신탁에 따라 한 벌판에서 스스로 목숨을 끊어 쌍둥이 장군의 승리에 결정적으로 이바지했다. 쌍둥이 장수는 마라토스가 자결한 벌판을 '마라톤Marathon'이라고 부르게 했다. 마라톤은 페르시아군과의 전쟁 당시 아테나이 진중에서 뜀박질을 제일 잘하던 병사 페이디피테스 덕분에 명소가 된 곳이다. 그가 여기에서 싸우다가 아테나이 성까지 달려가,

"기뻐하시오, 우리가 이겼소"

이렇게 외치고는 숨을 거둔 사건으로 인류의 스포츠 역사에 그 이름을 날리게 되는 것이다. 따라서 아테나이 성문에서 마라톤 평야까지의 거리는 42.195킬로미터가 된다.

쌍둥이 장수 때문에 유명해지는 역사적 명소가 또 한 군데 있다.

테세우스와 이 쌍둥이 장수는 앙숙이다. 테세우스가 친구 페이리토

쌍둥이의 누이를 납치하는 테세우스
테세우스와 페이리토스는 쌍둥이 형제 디오스쿠로이의 누이 헬레네를 납치한 적이 있다. 이 사건 때문에 쌍둥이 형제와 테세우스는 앙숙이 되었다. 18세기 이탈리아 화가 조반니 스카이아로의 〈헬레네 납치〉.

스와 함께 이 쌍둥이 장수의 누이 헬레네를 납치한 적이 있기 때문이다. 이 두 납치범은 헬레네를 꽁꽁 숨겨놓고 있었다. 쌍둥이 장수는 납치범들이 누이를 숨긴 곳을 수소문했지만 도저히 찾아낼 수 없었다. 그런데 '아카데모스'라는 사람이 쌍둥이 형제에게 헬레네가 숨겨진 장소를 귀띔해주었다.

누이 헬레네를 되찾은 쌍둥이 형제는 아카데모스의 공을 기려 그의 고향을 '아카데메이아'라고 부르게 했다. '아카데모스의 마을'이라는 뜻이다. 아테나이 근교에 있는 아카데메이아는 철학자 플라톤에 의해 또 한 번 유명해지게 된다. 플라톤은 이곳에다 철학 학교를 세우고는 '아카데메이아'라고 부르게 했다. '학교', '학원'을 뜻하는 영어 단어 '아카데미'는 바로 여기에서 나온 말이다.

 카스토르는 거친 말을 길들이는 솜씨가 좋은 것으로 유명했다. 폴뤼데우케스는 권투를 썩 잘했다. 이 둘은 어찌나 우애가 좋았던지 무슨 일을 하건 꼭 함께했다. 아르고 원정대에도 함께 합류한 것은 물론이다. 원정대원 시절, 항해 도중 큰 폭풍이 일었다. 그러자 오르페우스가 사모트라케섬 신들에게 기도하면서 수금을 뜯자 폭풍이 멎으면서 이 형제의 머리 위에 별이 나타났다. 이 일로, 카스토르와 폴뤼데우케스는 뒷날 뱃사람이나, 배로 여행하는 사람들의 수호신이 되었다.

 원정이 끝나자 카스토르와 폴뤼데우케스는 이다스와 륀케우스를 상대로 큰 싸움을 벌였다. 이 싸움에서 카스토르가 죽자 폴뤼데우케스는 그 죽음을 몹시 슬퍼한 나머지 아버지 제우스 신에게 자기가 대신 죽을 터이니 카스토르를 살려달라고 간청했다. 제우스는 이 소원의 일부만을 들어주었다. 이 형제가 생명을 번갈아 누리게 한 것이다. 둘 중 하나가 하루를 지하(죽음의 나라)에서 보내면 다음 하루는 천상의 집에서 보내게 한 것이다.

 이 둘은 '디오스쿠로이', 즉 '제우스의 아들들'이라는 이름으로 불리면서 신들의 예우를 받기까지 했다. 사람들이 믿기로는 뒷날에도 이 형제는 격전이 벌어지는 전장에 더러 나타나 어느 한쪽 군사를 편든다. 이럴 때마다 그들은 백마를 타고 다니는 것으로 전해진다.

 이 둘은 로마 시대에도 변함없이 사랑을 받았다. 로마 시대라면, 이 둘이 세상을 뜨고 천수백 년의 세월이 흐른 뒤다. 하지만 고대 로마의 역사책에는 이 형제가 레길루스 호숫가에서 벌어진 전투(기원전 96년) 때 나타나 로마군을 편들었다는 기록이 보인다. 이 전투가 로마군의 승리로 끝난 뒤 로마인들은 형제가 모습을 나타내었던 곳에다 형제의 신전을 세웠다고 전해지고 있다.

 고대 그리스 시인 시모니데스가 스코파스왕의 궁전에 머물 때의 일이다. 왕은 시모니데스에게 자기 위업을 찬양하는 시를 써서 술자리에서 낭독해달라고 부탁했다. 시모니데스는 신들에 대한 믿음이 지극한 사람이었다. 그는 시를 다채롭게 할 생각으로 이 시에다 쌍둥이 형제의 위업을 인용했다. 이것은 다른 시인들도 곧잘 쓰는 기법이어서 그렇게 희한할 리도 없었다. 여느 사람 같으면 이 쌍둥이와 나란히 칭송을 받으면 크게 영광스러워했을 터였다. 그런데 허영심이란 역시 끝이 없는 것인 모양이다. 스코파스왕은 쌍둥이 형제에 대한 칭송을 좋지 않게 여겼다. 쌍둥이 형제가 자기 이상으로 칭송을 받는 것이 퍽 언짢았다. 그래서 시모니데스가 약속한 보수를 받으러 가까이 가자 스코파스는 약속했던 금액의 반만 주면서 이렇게 말했다.

"자, 그대 시에 나오는 내 이름의 몫이다. 쌍둥이 형제의 이름 몫은 쌍둥이 형제로부터 받아야 하지 않겠는가."

당혹한 시인은 왕의 시시껄렁한 재담 끝에 쏟아지는 웃음소리에 얼굴을 붉히며 제자리로 돌아왔다. 조금 뒤, 왕의 부하가 시모니데스에게 다가와, 밖에 말을 탄 두 젊은이가 잠깐 뵙고 싶어 한다는 소식을 전했다.

시모니데스는 급히 밖으로 나가보았으나 와 있던 두 젊은이는 보이지 않았다. 그러나 그가 술자리를 빠져나간 직후였다. 왕궁의 지붕이 굉음과 함께 내려앉았다. 스코파스왕과 잔치에 온 손님 전부가 그 지붕에 깔려 죽었다. 자기를 불러낸 두 젊은이가 대체 누굴까 하고 곰곰이 생각하던 시모니데스는 틀림없이 카스토르와 폴뤼데우케스의 유령이라고 굳게 믿었다. 쌍둥이 형제는 이렇듯이 오랜 세월 많은 사람의 사랑을 받았다.

***

아르고스는, 원정대가 50명으로 짜일 것이나 그 대원 하나하나가 일당백의 범 같은 장수들이어서 그 크기와 무게 또한 엄장할 것인즉 유념하고 배를 지으라는 이아손의 말에 따라 배를 지어놓고도, 모여든 장수들의 면면을 보고는 벌린 입을 다물지 못했다.

50명의 원정대는 하나의 '미크로코스모스(소우주)'를 상기시킨다. 이아손이 이 미크로코스모스를 짜고, 배 지을 뜻을 세운 선견자先見者라면, 아르고스는 그 뜻에 따라 미크로코스모스가 깃들일 그릇을 마련한, 천궁으로 말하면 헤파이스토스에 견줄 수 있는 섭리의 집행자다.

날개가 달려 있어서 하루에 천 리를 날 수 있고 하루에 5백 리를 걸을 수 있는 저 보레아스(북풍)의 두 아들 칼라이스와 제토스는 이 선견자가 보고 집행자가 빚은 미크로코스모스의 두 다리이고, 아틀라스를 대신해서 하늘 축을 들고 서 있을 수 있는 천하장사 헤라클레스와, 말을 타고 걷는 것보다 둘러메고 걷는 쪽이 편하다는 스파르타의 역사力士 폴뤼데우케스는 이 미크로코스모스의 두 팔이며, 새 우는 소리에서 모이라이(운명)의 발소리를 듣는 예언자 몹소스와 뱃전을 때리는 파도 소리로 뱃길을 짐작하는 암피아라오스는 이 미크로코스모스의 두 귀고, 90리 밖에 있는 작대기가 참나무 작대기인지 소나무 작대기인지 알아보는 천리안의 망꾼 륀케우스와 밤에 보아둔 별자리로 낮의 뱃길을 짐작하는 천부적인 뱃사람 나우폴리오스는 이 미크로코스모스의 두 눈이다.

그뿐만이 아니다. 여기에는 노래와 수금 가락으로 저승 왕 하데스를 울리고, 영원히 도는 익시온의 불바퀴를 멈추게 했던 트라키아의 명가수 오르페우스도 있고, 배를 몰고 산모롱이를 돌아가되 노수櫓手로 하여금 노 끝으로 산자락 꽃을 어루만지게 할 수 있는 보이오티아 최고의 키잡이 티퓌스도 있으며, 포세이돈의 아들이자 둔갑의 도사인 페리클뤼메노스도 있고 물고기를 잡아먹으면서 헤엄친다는 수영의 명수 에우페모스도 있었다. 무소불위無所不爲의 신인이나 영웅만 있는 것도 아니었다. 여기에는 신들에게 비는 인간을 썩어가는 인간이라고 믿는 참람한 인간 이다스도 있었고, 남자의 사랑을 받는 일을 세상에서 가장 수치스러운 일로 여기는 여걸 아탈란테도 있었으며, 신들에게 빌지 않는 인간을 오만한 짐승이라고 믿는 이피노스도 있었고, 동성同性인 헤라클레스를 하늘로 알고 떠받드는 나약한 미소년 휠라스도 있었다.

 더 있었다. 칼뤼돈의 멧돼지를 잡은 호걸 멜레아그로스도 있었고, 후일 트로이아 전쟁의 명장 아킬레우스의 아버지가 되는 펠레우스도 있었고, 헤라클레스 덕분에 죽은 아내를 되살리는 아드메토스도 있었고, 테세우스와 함께 명계로 내려가 저승 왕에게 아내를 내어놓으라고 했던 페이리토스도 있었다.

 혹자는 영웅 테세우스도 이 배를 탔고, 의성醫聖 아스클레피오스도 이 배를 탔다고 주장한다. 그러나 헬라스 각 도시국가에서 원정에 참가했다고 주장하는 영웅들도 모두 원정대원으로 믿어준다면 그 수는 수백에 이를 만하다. 테세우스가 동승했다는 말은 단짝인 페이리토스의 동승을 곡해한 말일 것이고, 아스클레피오스가 동승했다는 말은 이아손(고치는 자)이 의술에 능한 것을 모르는 사람들이 잘못 전한 말이기 쉽다. 요컨대 헬라스의 여러 도시국가 백성들은 저마다 제 조상이 이 시절의 원정대원이었다고 주장한다. 이러한 주장은 원정대원 대부분이 그 고향인 도성의 이름을 빛낸 걸출한 영웅들이었음을 반증한다.

 이아손의 통기를 받고 당대 헬라스의 영웅호걸들이 파가사이로 모여든 것은, 배 짓는 명장名匠 아르고스가 이물 앞대가리에다 '말하는 헤라 여신상'을 세운 직후의 일이다. 이 '말하는 여신상'이 있었기 때문에 이 배는 더러 '말하는 배'라고도 불린다.

 온 헬라스 땅의 신인과 영웅을 고스란히 태우고 나갈 이 배가 진수되기 전날, 이 배의 이름을 지은 사람은 저 트라키아의 즉흥시인 오르페우스다. 오르페우스는 이 배를 지은 명장이 아르고스 사람 아르고스인 것과, 이 배에 대한 원정대원들의 소망과, 이 배의 맵시 및 특장特長에 두루 유념하여,

"아이손의 아들 이아손의 뜻을 받아

명장 아르고스가 살같이 빠른 배를 지었으니
우리가 함께 이 배를 이름하여
'아르고[快速]'라 하리라"
이렇듯 절묘하게 맞추어 노래하니, 이때부터 이 배는 '아르고선', 즉 '쾌속선'이라고 불린다. 우리도 지금부터는, 여러 명의 '아르고나우테스(아르고 원정대원)'로 이루어진 이 원정대원들을 '아르고나우타이(아르고 일당)', 즉 '아르고 원정대원들'이라고 부르기로 하자.

이 원정대가 하나의 미크로코스모스를 상기시킨다면, 이 동아리의 운명은 어떨까? 이들의 운명 또한 인간의 운명과 흡사할 것인가? 그것은 우리가 두고 보아야 할 일이다.

항해는 시작되었다

 진수식 전날 이아손은 아르고나우타이를 한자리에 모으고 헤라클레스를 지목하여 이렇게 말했다.
 "티륀스 사람이라고도 하고, 테바이 사람이라고도 하고, 뮈케나이 사람이라고도 하는 '헤라클레스 칼리니코스(빛나는 승리자 헤라클레스)'를 모르시는 이 없겠지요. 티륀스의 왕통을 이을 분이, 테바이에서 장성하시어 뮈케나이 왕의 고난을 받으시는 헤라클레스가 여기에 있습니다. 콜키스로 가서 금양모피를 수습해 오는 것은 나의 일이나, 나는 여러 장군이 너무 무거워 거느릴 수 없으니 바라건대 헤라클레스를 아르고나우타이의 대장으로 앞세우게 하여주시오."
 이아손의 말이 끝나기가 무섭게 헤라클레스가 그답지 않게 이치를 따지면서 말했다.
 "그것은 그대가 모르고 하는 말이다. 우리 가운데 금양모피에 관심을 보이는 자가 그대 말고 또 누가 있는가? 우리는 그대의 금양모피를 구실로 이렇게 한자리에 모인 것에 지나지 않는다. 우리는 그대를 돕는다는 핑계로 서로 흉금을 열어 사귀고, 함께 마시고 함께 싸울 뿐이다. 금양모피가 필요한 것은 그대다. 따라서 그대 아니고는 어느 누구도 아르고나우타이의 대장이 되지 못한다. 그대는 금양모피가 없어서 왕위에 오르지 못하는가? 그러면 바람같이 빠른 저 보레아스의 두 아들 칼라이스와 제토스를 콜키스로 보내어 금양모피를 가져오게 하면 된다. 콜키스 왕의 군사가 두려운가? 그러면 저 도둑질의 명수이신 아우톨뤼코스를 보내어 훔쳐 오게 하면 된다. 그대가 펠리아스가 두려워서, 기어이 금양모피를 얻어 와야 할 것 같아서 우리더러 함께 가자고 청했는가? 나와 폴뤼데우케스가 달려가 그대의 숙부 펠리아스를 대전의 대리석 바닥에다 패대기를 치랴?

아니다. 우리가 그대를 핑계 삼아 이렇게 모였듯이, 그대도 금양모피를 핑계 삼아 어른이 되고자 하는 것일 뿐이다. 그러니 우리가 그대 밑에 이렇게 모인 까닭을 바로 알고 다시는 그런 말은 입 밖에 내지 말기 바란다."

헤라클레스의 말뚝을 박는 듯한 이 말에 더하기 빼기를 하는 자는 하나도 없었다.

후세 사람들은 헤라클레스의 모험과 이아손의 모험을 뚜렷하게 구분해서 말한다. 즉 헤라클레스는 열두 가지 난사를 치르면서 인간의 영역과 신들의 영역을 무시로 넘나들었지만 이아손의 모험은 때가 되면 죽어야 하는 팔자를 타고 태어난 인간들이 모여 사는, 인간 세계의 틀을 넘지 않았다는 것이다.

아르고나우타이는 그날 밤 파가사이 해안, 진수를 기다리는 아르고 선 옆 모래밭에서 먼저 하늘땅 일을 주관하는 제우스 대신에게 제사를 지냈다. 다음에는 원정대장 이아손을 각별히 사랑하는 헤라 여신, 항해를 돌보는 아테나 여신, 풍랑을 주장하는 해신 포세이돈, 그리고 출항을 돌보는 '아폴론 엠바시오스(출항을 돌보는 아폴론)'에게 차례로 제사한 뒤 술과 고기를 음복飮福했다.

반백 명이나 되는 헬라스 땅의 영웅호걸이 한자리에 모여 있다. 이것

아테나 여신의 가호를 받는 아르고선
작자 미상, 17세기 초 피렌체에서 제작된 동판화.

 만으로도 파가사이의 술과 고기가 바닥날 이유로는 충분하다. 그런데도 이들은 날이 밝으면 돌아올 기약 없는 먼 뱃길을 떠나야 한다. 달도 밝다. 오르페우스는 수금을 뜯으며 애간장 녹이는 노래를 불러 원정대원들의 속을 뒤집어놓는다. 점쟁이 몹소스는 뒷전에서 실없는 점괘로 이름난 영웅들을 희롱하다가 둔갑 도사 페리클뤼메노스가 생쥐로 둔갑하고는 다리를 기어오르는 바람에 기겁을 하고는 바닷물 속으로 뛰어든다.

 술과 고기가 모자라지 않을 리 없으나 대원들 모두가 걱정해야 할 일은 아니었다. 펠리온산에는 이올코스의 소 떼가 얼마든지 있었고 북풍의 아들 형제는 그 빠른 발로 달려가 소를 끌어와 스파르타의 권투장이 폴뤼데우케스 앞에 세웠다. 폴뤼데우케스가 주먹으로 때려 죽인 소는 곧 안주로 구워져 나왔다. 파가사이의 술 항아리가 다 비지 않았을 리 없지만 대원들 모두가 걱정해야 할 일은 아니었다. 크레타에서 온 주신酒神 디오뉘소스의 아들 팔레로스가 걱정을 맡아 했기 때문이었다.

아르고나우타이는, 달이 펠리온산의 서쪽 사면으로 넘어가고 에오스(새벽) 여신이 먼동을 트게 할 때까지 먹고 마셨다. 새벽녘에나마 잠시 눈을 붙인 대원은 저 여걸 아탈란테와 미소년 휠라스뿐이었다. 아르고선 뱃전의, 저 도도네 참나무로 깎아 만든 헤라 여신상이

"배를 바다에 띄우겠느냐, 술에다 띄우겠느냐"

이렇게 속삭이지 않았더라면 이들은 아르고선을 진수시키는 것도 잊고 마셨으리라.

'아르고선'은 저 히브리 사람 노아가 만들어 띄운 방주方舟, 지금은 '아르크'라고 불리는 배를 상기시킨다고 한 사람이 있다. 이 사람은 노아가 40일 뒤에 시험 삼아 날려 보내는 새도 비둘기였고, 새소리로 운명의 발소리를 듣는다는 점쟁이 몹소스가 이 '아르고선'에 싣는 새 역시 비둘기인데 이것이 어찌 우연의 일치일 수 있겠느냐, '아르고선' 이야기는 '노아의 방주' 이야기를, 혹은 '노아의 방주' 이야기는 '아르고선' 이야기를 살짝 몸 바꾸기한 것에 지나지 않는 게 아니냐고 묻는다. 우리는 오래지 않아 몹소스가 아르고선에서 날려 보내는 비둘기를 보게 되겠지만, 여기에서 방주 이야기를 하는 목적은 위의 시비를 가리는 데 있지 않다. 그저 그렇다는 것일 뿐이다.

아르고선이 진수될 때 배 위에 올라가 있는 사람은 대장 이아손, 키잡이 티퓌스, 그리고 수금을 안은 앞소리꾼 오르페우스뿐이었던 것으로 전해진다. 나머지 대원들은 일렬 횡대로 놓인 펠리온산 통나무 위로 아르고선을 밀었던 것이다.

이윽고 대원들이 하나씩 아르고선에 오르기 시작했다. 마지막으로 헤라클레스가 오르자 아르고선은 이 영웅의 산 같은 무게에 크게 비명을 질렀다고 한다. 헤라클레스가 천궁天宮으로 올랐을 때, 하늘 축 짊어지고 있던 저 아틀라스가 그랬듯이.

뱃길 잘 헤아리는 아르고스 사람 나우폴리오스가 월계수 껍질을 꼬

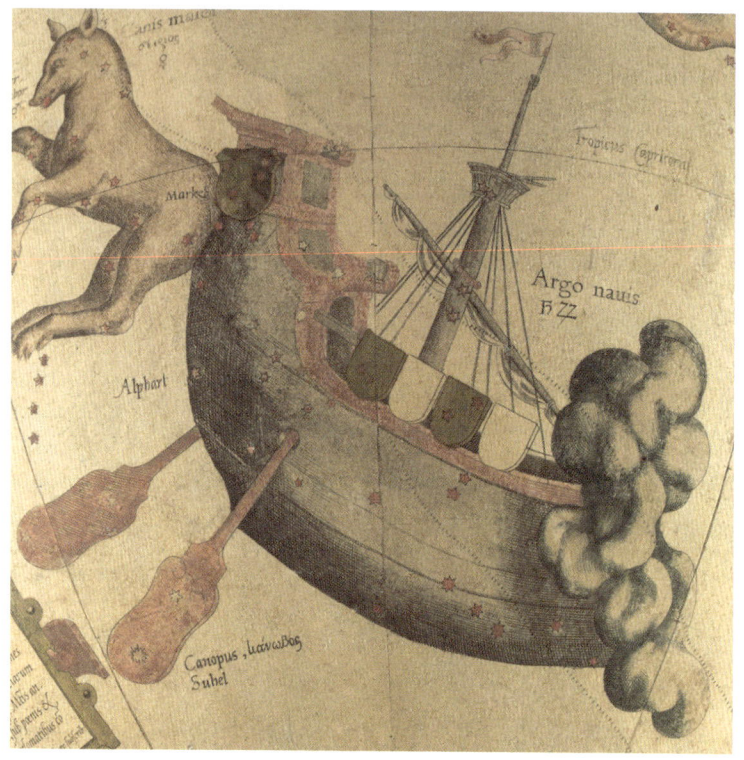

고대 별자리인 아르고자리
네덜란드의 지리학자 헤르하르뒤스 메르카토르의 지도 그림.

아 만든 돛줄을 풀자 돛이 오르면서 바람을 한아름 안았다.
오르페우스는 수금을 뜯으며
"제우스 대신이여, 대신께서 던지시는 벼락처럼 이 배 역시 그만한 빠르기로, 한 치 틀림없이 콜키스에 닿게 하소서"
이렇게 빌었다.

그러나 오르페우스가 빈 대로는 되지 않았지만, 해안의 암초 사이를 미끄러지는 아르고선의 빠르기는, 아폴론의 시위를 떠난 화살의 빠르기에 그럭저럭 비길 만했다.

5

렘노스섬의
여인들

아프로디테가 준 상과 벌

열흘 동안이나 그렇게 달리던 배가 열하루째 되는 날부터는 술 취한 사람 걸음 걷듯 했다. 바람은 뒤에서 제대로 불어주는데 자꾸만 물결이 뱃전을 뒤로 밀고 있었기 때문이었다.
점쟁이 몹소스는
"팔자 센 것들이 사는 섬이 멀지 않은 곳에 있는 모양이다"
이렇게 아는 소리를 했고, 뱃길 짐작이 용한 나우폴리오스는
"이 물결은 섬을 때리고 돌아오는 물결이니 그 말이 그 말이기는 하나, 팔자 센 것들이 사는 섬이라는 말은 실없다"
했다.
　날이 밝은 뒤에 보니 과연 멀지 않은 곳에 온통 바위 병풍으로 둘러싸인 섬이 있었다. 옛날 제우스 대신의 발길에 채어 헤파이스토스가 떨어졌던 렘노스섬이었다.
　키잡이 티퓌스가 아르고선을 바위가 좀 덜한 해변에 접안시키자 아르고나우타이가 하나씩 섬으로 내려서는데, 멀리 바위 뒤에서 방패와 창, 칼로 무장한 군사들이 우르르 몰려나왔다.
　"여자들이 아닌가."

천리안의 망꾼 륀케우스가 지척에 있는 듯이 보고 이아손에게 말했다. 이아손이 헤라클레스에게 물었다.

"아마존의 나라는 '에욱세이노스(적대하는 바다, 흑해)' 연안국이라고 들었는데, 저희가 벌써 에욱세이노스에 이르렀습니까?"

"륀케우스, 잘 보게. '아마존(젖이 없는 여인들)'에겐 한쪽 젖이 없네."

헤라클레스의 말에 륀케우스가 손으로 아침 햇살을 가리고 그쪽을 응시했다.

"양쪽 다 있는데요? 큰 것도 있고 작은 것도 있고, 늘어진 것도 있고 짝젖도 있고……."

"실없는 소리, 그만두게."

헤라클레스가 던지듯이 말하고 바위에 털썩 주저앉았다. 이아손이 미소년 휠라스의 손에서 창과 방패를 받아 들었다.

"여자들을 창과 방패로 맞을 셈인가. 창피하게."

헤라클레스의 말에, 이아손은 무추룸해하다가 창과 방패를 다시 휠라스에게 돌려주었다.

1백여 명의 여인 군사가 방패를 앞세우고 대형을 이룬 채 아르고나우타이 쪽으로 다가왔다. 대형은 역삼각꼴인데, 그 정점, 그러니까 앞서서 군사를 이끌고 있는 여자는 멀리서도 눈에 띄게 아름다웠다.

그런데 칼뤼돈의 왕자이자, 냄새에 민감한 사냥꾼 멜레아그로스가 코를 싸쥐고 돌아서면서 우는 소리를 내었다.

"이게 무슨 냄새냐. 나는 이런 짐승 냄새는 맡아본 적이 없다."

냄새가 다른 대원들에게도 미쳤는지 그들 역시 차례로 코를 싸쥐었다. 유일한 여대원인 여걸 아탈란테만 아무렇지도 않은 듯이 서 있었던 걸 보면 그게 달거리 냄새가 아니었나 싶다.

점쟁이 몹소스가 그제야 한 손으로 무릎을 치며 '페이리토스(걸어서 다니는 자)'에게 물었다.

"자네는 걸어다니며 세상 소문 많이 들었으니 알 것이네. '렘노스의

렘노스의 여인들
아프로디테의 저주를 받았다지만, 그림 속 섬의 풍경은 아름답고 평화로워 보인다. 중앙의 사내는 천궁에서 떨어진 헤파이스토스라고 한다. 15~16세기 이탈리아 화가 피에로 디 코시모의 그림.

아테(禍)'라는 말, 들어보았는가? 아프로디테의 저주를 받아 렘노스 여자는 모두 고약한 냄새를 풍긴다고 들었네. 그렇다면 여기가 바로 렘노스섬이 아닌가?"

"그렇다면 우리가 큰일이오."

페이리토스가 코를 싸쥔 채로 이렇게 응수했다.

이윽고 여인 군사의 우두머리가, 팔매질 잘하는 사람이 돌을 던지면 맞을 만한 곳까지 다가왔다. 다른 대원들은 모두 창을 고쳐 잡았지만 헤라클레스는 바위에 걸터앉은 채로 무심한 얼굴로 바다만 내려다보고 있었다.

여자 군사의 우두머리가 그 아름다운 용모에 어울리게 아름다운 소리로 물었다.

"어디서 와서, 무엇하러 다니는 패거리냐? 바른 대로 대지 않으면 살아 나가지 못할 것이요, 바른 대로 대어도 살아 나가지 못할 것이다."

헤라클레스가 여자 군사 우두머리를 힐끗 보고 다시 바다 쪽으로 눈길을 돌리며 중얼거렸다.

"별것이 다 있군. 반듯하게 생긴 것인데도 불구하고 용기가 있어. 좀처럼 없는 일인데……."

맞붙어 싸우기로 들면, 1백 명이든 2백 명이든 아르고나우타이에게는 그게 그것이었다. 그러나 아무도 나서지 않았다. 저쪽 우두머리의 불손한 말을 욕지거리로 마중하는 대원도 없었다.

"묻지 않으니 가르쳐주리라. 죽어 저승에 가서, 저승의 판관 라다만튀스가 묻거든 렘노스 여왕 휩시퓔레(높은 문) 손에 죽었다고 하여라. 저기 있는 늙은것을 먼저 죽이고 그다음은 늙지도 젊지도 않은 것들, 그리고 저쪽에 있는 젊은것은 나중에 죽이리라."

휩시퓔레 여왕이라는 자가 연하여 소리쳤지만 아르고나우타이는 여전히 묵묵부답이었다. 고향을 떠난 지 여러 달, 아르고선을 타고 파가사이 항구를 떠난 지 열이틀……. 이들에게는 우르르 달려가 여인 군사를 때려 죽이고 싶은 마음도 있었지만, 그보다는 배꼽 밑에 무엇이 있는지 알아보고 싶은 마음도 없지 않았기 때문이다. 문제는 냄새였다. 아르고나우타이는 냄새의 정체를 궁금하게 여기느라고 창을 던지지도 손을 내밀지도 못하는 참이었다.

휩시퓔레가 '젊은것'이라고 부른 대원은 헤라클레스와 함께 온 휠라스였고, '늙은것'이라고 부른 대원은 밀레토스 사람 에르기노스였다.

그런데 이 에르기노스는 늙은이가 아니라, 머리만 하얗게 센 새파란 젊은이였다. 말놀이 좋아하는 오르페우스는 에르기노스를 보고

"목 아래로는 제대로 나이를 먹는데 목 위로는 거꾸로 나이를 지워나가는구나"
이렇게 놀란 적도 있었다.

　당대의 영웅들이 계집 사람 하나 앞에서 수모를 당하고 있는 걸 보고는 이아손이 지독한 냄새를 무릅쓰고 휩시퓔레 앞으로 나아가,
"어째서 우리를 죽이려 하오? 어째서 이 섬에는 남자는 보이지 않고 무장한 여인네만 있소?"
하고 물었다.

　"그대 코는 냄새도 맡지 못하느냐? 어째서 가까이 오느냐?"
　휩시퓔레가 창을 꼬나잡으며 을러메었다.

　"내 이름은 이아손(고치는 자)이오. 내 이름이 '이아손'인 것은, 내 스승이 저 현명한 켄타우로스 케이론이기 때문이오. 저 의성 아스클레피오스가 케이론의 문하門下라는 소문이 이 섬까지 훤전喧傳되었을 것이오. 어째서 남정네는 보이지 않으며, 어째서 연약한 계집 사람들이 우리를 죽이려 하시오? 우리 일행 중에는 헤라클레스도 있고 폴뤼데우케스, 카스토르, 멜레아그로스, 아탈란테도 있소. 그대들이 죽이려 해도 죽지 않겠지만, 내가 알고자 하는 것은 그 내력이오."

　'헤라클레스'라는 이름의 울림이 예사롭지 않았던 모양이었다. 휩시퓔레는 군사를 처음 매복해 있던 바위 뒤로 물리고 마실 물을 싣고 떠나라면서 자신도 모습을 감추었다.

　이아손은 빈손으로 하릴없이 대원들 있는 곳으로 돌아왔다. 모르는 것이 없는 점쟁이 몹소스가 말하는 휩시퓔레의 내력은 이러했다.

　토아스왕이 다스리던 시절, 한 렘노스 처녀가 재물 많은 노인과 혼인했는데, 이 처녀는 첫날밤을 지내보고야 노인이 사내 구실을 하지 못한다는 걸 알고는 그만 죽여버렸다. 애욕의 여신 아프로디테가 이 일을 알고 크게 노하여 렘노스섬에다 '렘노스의 아테'라는 것을 보내었다. '화禍'의 여신 아테가 내린 날부터 렘노스의 여자라는 여자의 몸에서는

모조리 고약한 냄새가 풍기기 시작했다. 이상한 것은, 고약한 냄새는 고약한 냄새이지만 여자들은 맡을 수가 없고, 남자들만 이 냄새를 견디지 못한다는 것이었다.

여자를 '아는' 남자들은 렘노스 여자들을 피해 다니다 하나 남김없이 트라키아로 도망쳤다. 렘노스에 남아 있는 남자는 뱃길 견딜 기력이 없는 노인들과, 아직은 여자를 '모르는' 사내아이들뿐이었다.

렘노스 여자들은 풍문에 아마존 이야기는 들은 것이 있어서 섬을 아마존의 나라 비슷하게 만들 생각을 하고 먼저 노인들을 모두 죽인 뒤에 사내아이들까지 모조리 죽였다.

그런데 이 중에 음덕을 쌓은 여자가 딱 하나 있었다. 토아스왕의 딸 휩시퓔레가 바로 그 여자였다. 휩시퓔레는, 아크리시오스가 페르세우스 모자를 그렇게 했듯이, 은밀히 아버지를 궤짝에 가두어 바다에 띄워 보낸 것이다. '토아스'라는 이름 뜻이 '떠다니는 자'인 것을 보면, 어차피 토아스의 팔자가 그랬던 모양이다.

몹소스는 이 이야기 끝에 이렇게 덧붙였다.

"우리가 이 섬에 이른 것을 보면 휩시퓔레가 제 아비 살린 음덕을 나누어 입게 될 모양이오. 내가 이 섬에 오르면서 점괘를 뽑아보니 쉽게는 떠나게 될 것 같지 않습니다."

무엇에 심사가 뒤틀렸는지 돌아앉아 한숨만 쉬고 있던 헤라클레스가 예의 그 쥐어박는 듯한 투로 말했다.

"어디를 가나 계집이 말썽이군. 계집은 사자 터럭에 스는 이[蝨] 같다고 한 게 누구던가."

"헤라클레스 장사께서는 이 때문에 곤욕을 단단히 치른 적이 있는 사자인 게로군요."

몹소스의 말에 헤라클레스가 소리를 낮추어 말했다.

"마누라 때려 죽인 죄를 닦으러 다니는 사내의 풍신을 보고 싶거든 나를 봐……. 계집이 귀찮으면 이놈의 섬을 떠나면 그만이지만 이아손의 눈빛을 보면 그게 그렇지 않은 것 같군. 하면 어쩌나. 저 휩시퓔레에게 덕을 베풀어 적공積功을 하는 수밖에. 눈 질끈 감고 이 섬을 떠날 수 없다면, 이아손, 내 시키는 대로 하게. 냄새가 나더라도 꾹 참고 휩시퓔레라는 계집을 품어 자네도 복을 한번 짓게. 나머지 대원들에게도 하나씩 나누어주고……. 내 보니까 두셋씩 차지하더라도 계집이 남게 생겼더구먼."

이아손은 몹소스와 헤라클레스의 말을 옳게 여겨 그날 밤, 상륙하면서 보아둔 뮈트로스 나뭇가지를 하나 꺾어 들고 휩시퓔레가 진 치고 있는 동굴을 찾아갔다. 아테나 여신의 신목神木인 올리브 가지가 '화해의 징표'라면 아프로디테 여신의 신목인 뮈트로스 가지는 아프로디테의 신격神格에 걸맞은 상징적 의미를 지닌다.

휩시퓔레를 비롯한 렘노스 여자들이 지아비로부터 버림을 받고, 섬의 불알 달린 것을 모조리 죽인 것은, 몸에서 나는 냄새 때문에 남자들의 구박을 받았기 때문이지 마음 바닥으로 남자를 혐오하고 증오했기 때문은 아니다. 따라서 렘노스 여자들은 언감생심이기는 하지만 냄새를 참고 품어주겠다는 남자가 있으면 '불감청고소원不敢請固所願(마음속으로는 간절하지만 감히 청하지 못함)'이라고 할 만큼 아프로디테의 성열性悅을 아는 여자들이다.

이아손이 뮈트로스 가지를 앞세우고 나타나자 휩시퓔레(높은 문)는, 겉으로는 오래 객고에 시달린 뱃사람들을 어쩔 수 없어서 어여삐 여긴다는 모양을 꾸미면서도 속으로는 그지없이 홍감한 마음으로 그 높은 문의 문턱을 조금 낮추었다. 조금 낮추었기는 했지만 그래도 휩시퓔레의 문은 여전히 높았다.

"그대가 그런다고, 하룻밤 사랑으로 렘노스의 수호신이 돌아올까요? 부질없는 짓이니 가던 길이나 마저 가세요. 영원히 잡아두고 렘노스를 번성케 할 수 없는 바에, 이 휩시퓔레가 그대에게 몸을 맡기기에는 렘노스 여인들이 너무 가련합니다."

이아손은 아프로디테의 계시라도 받은 듯이, 사랑을 앞세운 거짓 맹세도 마다하지 않았다.

"나는 금양모피를 취하려고 헬라스의 영웅을 모두 모아 콜키스로 가는 사람입니다. 렘노스를 번성케 하는 것이 그대의 소망이라면 금양모피는 콜키스에 그대로 있게 하고, 나 이아손은 여기 렘노스에 영원히 있게 하겠습니다."

이 거짓 맹세가 아프로디테 여신의 보증을 얻었던 모양인지 휩시퓔레는 마침내 문턱을 더 낮추고 이아손 앞에다 문을 열었다.

그런데 사랑에 공을 들이느라고 이들의 몸에 흥건히 배어 있던 감미로운 땀이 채 식기도 전에 참으로 이상한 일이 일어났다. 휩시퓔레의 몸에서 나던 그 수상한 냄새가 뮈트로스 향내로 바뀐 것이다.

휩시퓔레가 동굴에서 나와 신민들인 여인 군사들의 동굴을 향해
"카베이로이가 돌아왔다. 우리 섬을 떠났던 카베이로이가 이제 다시 돌아왔다"
하고 외쳤다.

'카베이로이'는 렘노스의 화가 내리던 날 그 섬을 떠나버린 렘노스의 수호신이었다.

여인 군사들의 동굴에서도 뮈트로스 향내가 은은하게 풍겨 나오기 시작했다. 그뿐만이 아니었다. 비었던 여인 군사의 물 항아리에는 포도주가 괴기 시작했고 바닷바람에 시달려 푸르죽죽하던 여인 군사들의 얼굴에 홍조가 오르기 시작했다.

렘노스 여인들 몸에서 나는 뮈트로스의 향내는 아르고나우타이를 견딜 수 없게 했고, 삼삼오오 달빛을 받으며 올라와 동굴 앞을 서성거리는 아르고나우타이의 불거진 힘살이 렘노스 여인들을 견딜 수 없게 했다. 이날 밤 참으로 오래간만에 렘노스섬은 뮈트로스 향내와 아프로디테의 엑스타티코스(열락)에 들어 미어지듯이 새어나오는 신음 소리와,

감미로운 땀 냄새와 여인네들의 웃음소리, 사내들의 내숭스러운 속삭임으로 낭자했다.

아르고나우타이 중 이날 밤에 렘노스 여자를 사랑하지 않은 대원은 헤라클레스와 소년 휠라스와 여걸 아탈란테뿐이었다.

렘노스섬의 기적은 아르고나우타이로 하여금 가야 할 뱃길을 잊게 할 수 있을 만큼 그들의 몸과 마음에 차고 넘쳤다. 파가사이항을 떠날 때의 맹세도 하릴없이, 대원들은 하루가 멀다 하고 렘노스 여자들을 바꾸어 품어, 오로지 그럴 목적으로 아르고선을 타고 온 사람들처럼 렘노스 여자들에게 자식을 끼쳤다.

어느 날 보다 못한 헤라클레스가 대원들을 불러 모아놓고 호되게 꾸짖었다.

"창피하지도 않은가? 렘노스 여자들을 버려두고 이 섬을 떠나지 않은 것은 잘한 일이다. 그러나 렘노스 여인네들이 배가 불러오는데도 떠날 생각들을 하지 않다니, 창피하지 않은가? 내가 이 렘노스로 오려고 머나먼 뮈케나이에서 파가사이까지 왔던가?

팔레로스여, 그대는 렘노스인의 대가 끊기는 것이 안타까워 씨보리 자루 노릇 하려고 그 먼 크레타에서 올라왔던가? 애늙은이 에르기노스여, 그대는 렘노스 계집의 몸에서 나는 뮈트로스 향내나 맡으려고 저 머나먼 소아시아의 밀레토스에서 여기까지 왔던가?

폴뤼데우케스여, 카스토르여, 그대들 팔 힘이 아깝구나. 칼라이스여, 제토스여, 그대들 날개가 창피하구나. 륀케우스여, 천리를 보는 그대 눈이 아깝고, 티퓌스여, 아르고선의 타륜舵輪이 불쌍하구나. 이렇게 말하는 나도 그대들처럼 저 콜키스 땅을 잊을 때가 있을 것이나 내 눈을 찌를 가시가 '엑스타티코스(열락)'는 아닐 것이다."

아르고나우타이는 헤라클레스의 말에 그제야 정신을 차리고 손가락을 꼽아 렘노스에서 흘려보낸 세월을 세어보기 시작했다. 여인네들의 배가 불러오고 있다는 헤라클레스의 말은 거짓이 아니었다.
 바로 그다음 날 아르고선은 렘노스를 떠났다. 옛이야기에 따르면, 이아손을 비롯한 아르고나우타이는 휩시퓔레를 비롯, 울며 애원하는 렘노스 여자들에게, 돌아오는 길에 꼭 렘노스에 들러 사랑을 입은 여자는 모두 정실로 맞겠다는 거짓 약속을 한 연후에야 식수와 양식과 승선 허락을 얻었다고 전한다.
 아르고선이 렘노스 해안을 떠난 뒤, 손을 흔드는 렘노스 여자들을 바라보면서 헤라클레스가 이아손에게 말했다. 그로부터 오래지 않아 여자 때문에 화장단 위에서 육신을 사르게 되는 헤라클레스가 말이다.
 "자네는 이로써 큰 복을 짓고 아프로디테의 사랑을 얻었으니 여신께서 언젠가 상을 내리실 것이네. 광증에 들어 아내를 죽이고 11년째 떠돌아다니는 이 헤라클레스가 하는 말이니 귀담아들어두게."

6
퀴지코스의 비극

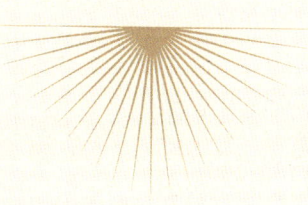

은혜를 원수로

 아르고선은 사모트라케를 지나고 '헬레스폰토스'를 지났다. 헬레스폰토스, 즉 '헬레의 바다'는 오라비 프릭소스와 함께 금양을 타고 날아가다가 헬레가 떨어졌던 그 바다, 그래서 '헬레의 바다'로 불리는 바로 그 바다였다. 하지만 헬레스폰토스가 아르고선의 목적지는 아니었다. 아르고선은 헬레스폰토스 연안에 있는 퀴지코스라는 조그만 나라에 이르렀다. 퀴지코스의 왕은 이아손 또래의 퀴지코스였다.
 퀴지코스왕은 당시 클레이테(유명한 여자)라고 하는 아름다운 아내를 갓 맞은 새신랑이었는데도 불구하고 신방을 멀리하면서까지 이들을 환대했다. 가인 오르페우스가 새신랑 퀴지코스에게 신방으로 돌아갈 것을 권하자 새신랑은 이렇게 대답했다.
 "보시다시피 이곳은 신들의 은혜를 적게 받아 땅이 박하고 물자가 넉넉하지 못한 곳입니다. 그대들이 마실 물과 초라한 식량밖에는 내어놓을 것이 없는 것이 송구스러워 그대들이 내 땅에 유할 동안은 나도 그대들과 함께 거친 옷 험한 음식으로 견딜 것이니, 이로써 미안풀이를 삼으려는 나를 나무라지 마소서."
 퀴지코스왕은 신방으로 돌아가라는 이아손과 오르페우스의 간곡한 말도 거절하고 아르고선이 정박한 해변에서 아르고나우타이와 함께 열흘을 살았다.

열흘 뒤에 아르고나우타이는, 퀴지코스왕이 '초라하다'고 겸손해하면서 내어놓은 푸짐한 선물을 받아 싣고 그 나라 항구를 떠났다.

그러나 보스포로스 해협을 바라고 돛을 올린 지 하루가 채 못 되어 아르고선은 풍랑을 만나 뱃길을 잃고 말았다. 낮에는 돛대 그림자, 밤에는 별을 보고 뱃길을 짐작하던 나우폴리오스도 구름이 하늘을 덮어 낮에는 그림자가 없고 밤에는 별을 볼 수 없는 데는 어쩌지 못했다.

아르고선은 이틀 동안이나 갈피를 잡지 못하고 그리 넓지도 않은 헬레스폰토스를 표류하다가 사흘째 되는 날 밤에야, 그나마 천리안 륀케우스 덕분에 지세가 몹시 험한 '섬'에 배를 댈 수 있었다. 아르고나우타이는 아르고선을 대자마자 겨우 사흘간 떠나 있던 대지를, 오래 떠나 있던 고향인 양 반기며 우르르 상륙하여 밤 지낼 채비를 했다.

그러나 그곳은 '섬'이 아니니 무인도는 더욱 아니었다. 바위 뒤에는 수백의 기병들이 말고삐를 사려쥔 채 기다리고 있었다. 아르고나우타이 중에 새소리를 알아듣는 점쟁이 몹소스가 있었지만 그날 밤에는 파도 소리 때문에 새소리가 들리지 않았다. 천리안 륀케우스가 있었으나 륀케우스도 어둠을 뚫어볼 수는 없었다.

이 정체 모를 땅의 기병대는 아르고나우타이가 모닥불 피우는 것을 군호軍號 삼아 일제히 활을 쏘고 창을 던지며 공격해 왔다. 모닥불은 이 정체 모를 기병대의 좋은 표적이었다.

그러나 비록 그 수가 수백에 이르렀다고는 하나 이 기병은 아르고나우타이의 적수가 되지 못했다. 헤라클레스는 대원들을 이끌고 모닥불에서 멀찍이 피해 있다가 모닥불만 겨누고 돌진해오는 기병의 측면을 공격하게 했다. 싸움에 능숙하지 못한 대원은 가인 오르페우스와 미소년 휠라스뿐이었다.

어둠 속의 전투는 기병이 하나 남김없이 쓰러진 다음에야 끝났고, 전

아르고 원정대의 항해
사자 가죽을 걸친 헤라클레스가 뱃머리에 서 있다. 해변에 매복한 기병들이 보인다. 16세기 이탈리아 화가 로렌초 코스타의 그림.

투가 끝난 것은 새벽녘이었다. 그러나 서로의 얼굴을 알아볼 수 있을 만큼 사위가 밝아지고 나서부터 아르고나우타이가 내쉰 안도의 한숨은 비탄의 한숨으로 변했다.

아르고나우타이가 밤중에 상륙한 곳은 무인도가 아니라 그들이 사흘 전에 떠났던 퀴지코스 왕국이었으며, 밤새 그들이 죽인 기병은, 아르고나우타이를 야습해 오는 적인 줄 알고 퀴지코스왕이 매복시키고 있었던 바로 그 퀴지코스 군사였다. 물론 기병의 주검에는 신방에 드는 것도 마다하고 아르고나우타이를 대접하던 그 젊은 퀴지코스왕의 주검도 있었다.

"아, 무서워라. 떠났던 땅으로 돌아와 은혜를 원수로 갚게 하는 이 섭리가 무섭구나. 이는 퀴지코스왕에게 눈에 보이지 않은 죄가 있었기 때문이 아니라 우리에게 눈에 보이지 않는 죄가 있었기 때문이다."

이아손은 대원들과 함께 퀴지코스왕을 비롯한 기병들의 장례를 치르면서 제단 앞에 제 머리카락을 잘라 바치고 복수의 여신 에리뉘에스에게 목 대신 거두어줄 것을 탄원했다. 지아비를 잃은 퀴지코스왕의 새색시 클레이테가 울다가 목을 매고 자결하자 수많은 퀴지코스 기병의 아내도 왕비의 뒤를 따랐다. 이들의 슬픔이 요정들까지 사무치게 했던지 산의 요정, 바다의 요정들이 이들의 눈물을 거두어 '클레이테'라는 샘을 만들어주었다.

아르고나우타이는, 후한 대접을 받고 떠났다가 다시 그 땅으로 돌아와 어둠 속에서 저지른 이 기가 막히는 살인을 후회하고 슬퍼하느라고 배를 띄우지 못했고, 그 슬픔을 삭일 수 있게 되고부터는 역풍과 풍랑 때문에 배를 띄울 수가 없었다. 물총새 우는 소리를 듣고 점을 쳐본 몹소스가 이아손에게 말했다.

"신들의 어머니이신 레아 여신께 제사를 드려야 할까 봅니다. 딘뒤몬 산으로 올라가 여신께 신상을 깎아 바치고, 잘리고 남은 그대의 머리카락을 두루 보여 퀴지코스 산천이 용납하게 해야 합니다."

"어째서 하필 레아 여신께 제사를 드려야 한다지요?"

"왕비의 눈 밖에 나면 궁전에서 홀대를 받게 될 것이나 임금의 눈 밖에 나면 아예 그 궁전에 들어갈 수가 없게 됩니다. 우리는 올륌포스 열두 분 으뜸 신들을 비롯, 복수의 여신 에리뉘에스, 미풍양속의 여신 에우노미아, 정의의 여신 디케, 평화의 여신 에이레네 같은 버금 여신들, 딸림 여신들께 두루 제사를 드려야 할 판입니다. 신들의 어머니이신 레아 여신께 제사를 드리면 이분께서 알아서 요량해주실 것입니다."

과연 이들이 딘뒤몬산에서 레아 여신께 제사를 모신 연후에야 바다는 아르고선에 뱃길을 내어주었다.

헤라클레스의 중도하차

퀴지코스에서 오래 머무르느라고 식수와 식량을 지나치게 축낸 아르고선은 뮈시아라는 땅에 다시 상륙하지 않으면 안 되었다. 불행히도 이들이 상륙한 곳은 강도 없고 시내도 없어서 사람이 살지 않았다. 산에 올라가 산속의 샘을 찾는 수밖에 없었다.

아르고나우타이는 제각기 항아리를 하나씩 들고 샘을 찾아 산으로 올라갔는데, 다른 대원은 모두 물을 길어 내려와 기다리는데도 미소년 휠라스만은 소식이 없었다.

휠라스와 함께 올라갔던 대원 하나가 이런 말을 했다.

"휠라스는 항아리를 샘가에 놓고 물끄러미 샘물을 내려다보고 있습디다. 그런데 샘 안에서 희고 고운 손이 하나 나오더니 휠라스를 채어 끌고 들어가더군요. 나는 대원 중 하나가 먼저 그 샘에 들어가 있다가 휠라스를 희롱하는 줄 알고 '별 싱거운 사람 다 있구나' 이렇게 생각하면서 지나쳤지요."

"'희고 고운 손'이라니, 우리 대원들 중 손이 희고 고운 대원이 어디에 있느냐. 아탈란테가 있기는 하지만……."

몹소스의 말에 아탈란테가 손을 내밀며

"내 손 같습디까?"
하고 물었다.

그러나 반짝거리는 금 조임새로 여민 웃옷 위로 불룩하게 가슴이 솟아 여자 같았을 뿐, 표범보다 빠르다는 이 아르카디아 여걸의 손은 여느 남자 대원의 손과 다르지 않았다.

"아뿔싸."

헤라클레스가 이 한마디를 비명처럼 내지르고는, 휠라스가 올라갔던 방향으로 달려 올라갔다. 키잡이 티퓌스가 뒤에서
"샘의 요정이 자네 애인을 채어갔나 보네"
하고 농을 던졌다.

대원들은 헤라클레스가 휠라스를 물 항아리째 둘러메고 내려올 줄 알고 기다렸다. 그러나 헤라클레스 역시 종무소식이었다.

이번에는 발 빠른 칼라이스와 제토스가 올라갔다.

헤라클레스는 바위틈에 있는 샘물에 몸을 담그고 있었다. 샘가에는 휠라스의 항아리가 빈 채로 놓여 있었다.

"대체 무얼 하시오?"

칼라이스가 물었다.

"샘의 요정이 휠라스를 채어 갔다는 말을 믿어야 하는가? 이 샘에는 바닥이 없네."

"뿌리를 저승에다 댄 샘이 있다더니, 이 샘이 그런가 봅니다."

"뿌리를 저승에다 대고 있든 가지를 천궁에다 걸고 있든, 내 기어이 이 요정이라는 것을 찾아내어 요절을 내고 말겠네."

이아손을 비롯한 대원들이 올라와 주위의 섬을 샅샅이 뒤졌다. 칼라이스와 제토스는 하늘로 날아올라 가 땅을 내려다보며 휠라스를 찾다가 소득이 없자 나중에는 천리안 뤼케우스의 겨드랑을 양쪽에서 끼고 날아올라 갔다. 그러나 천리안 뤼케우스도 결국 이 미소년을 찾아내지 못했다.

아르고나우타이는 거기에서 하룻밤을 묵었다. 헤라클레스는 휠라스를 찾아다니느라고 모닥불 곁으로는 한 번도 오지 않았다.

아침이 오자 헤라클레스가 이아손을 불러 말했다.

"참으로 내가 뱉은 말이 무섭네. 렘노스섬에 주저앉아 떠날 생각들을 않고 있을 때 자네들을 나무라던 내가 어쩌다 이 지경이 되었을꼬. 떠나게. 나를 두고 떠나게. 나는 휠라스를 찾아보겠네. 우리의 원정은 참으로 큰일이기는 하나, 이 작은 휠라스를 위해 아르고나우타이를 떠나는 나를 어여삐 여겨주게."

"헤라클레스여, 그럴 수는 없습니다. 렘노스에서는 여자 품에서 헤어나지 못한다고 저희를 꾸짖으신 분이 아닙니까?"

"그래서 내가 말이 씨 되는 것이 무섭다고 하지 않았나?"

"큰일을 두고 작은 일로……."

"이놈아, 날 두고 떠나라면 떠나지 누구에게 큰일 작은 일을 따지려고 하느냐? 큰 것이 콜키스에 있을 수 있다면 이 헤라클레스의 마음속에도 있을 수가 있다. 웬 잔말이 그렇게 많으냐? 바위를 던져 저놈의 쪽배를 부숴버리기 전에 어서 떠나거라."

이아손 일행은 결국 행방불명이 된 휠라스와, 휠라스 때문에 발길을 돌리지 못하는 헤라클레스를 그 땅에 남겨두고 동북쪽을 향해 떠나야 했다.

7
피네우스의 예언

때 아닌 권투 시합

 아르고선은 헤라클레스의 험상궂은 눈길에 쫓기듯이 뮈시아를 떠나 보스포로스를 향했다. 그러나 식수가 떨어지는 바람에 아르고나우타이는 비튀니아에 잠시 상륙하지 않을 수 없었다.
 아르고나우타이가 상륙한 비튀니아 땅의 지배자는 '아뮈코스'라고 하는 포세이돈의 아들이었다. 아르고나우타이 중에도 '둔갑의 도사'라는 별호로 불리는 포세이돈의 아들 페리클뤼메노스가 있었지만, 바다가 미치는 땅이 많듯이 포세이돈의 자식 또한 많아서 이들은 서로를 알아보지 못했다.
 그런데 주먹 하나로 나라를 얻었다는 이 비튀니아 왕 아뮈코스에게는 못된 버릇이 하나 있었다. 그 못된 버릇이란, 주먹질을 겨루자고 나그네를 꾀었다가 나그네가 응하면 틀림없이 때려 죽이는 버릇이었다.
 아르고나우타이가 물을 좀 길어 가게 해달라고 청하자 아뮈코스는 선선히 허락하더니 이렇게 토를 달았다.
 "……샘 주인을 때려눕힐 장사가 그대들 중에 있으면 말이지요. 샘 주인만 때려눕히면 물 같은 게 문젭니까. 육축六畜을 골고루 실어 가게 해드리지요."

"셈 주인이 어디에 있습니까?"

이아손이 묻자 아뮈코스는 엄지손가락으로 제 가슴을 가리켰다.

'디오스쿠로이(제우스의 아들들)'라고 불리는 카스토르와 폴뤼데우케스는, 앞에서 여러 번 말했다시피 헤라클레스를 빼고는 천하에 당할 자가 없는 스파르타의 장사들이다. 카스토르는 씨름 잘하기로 유명하고 폴뤼데우케스는 권투 잘하기로 유명한데, 후자의 경우는 대장장이 신 헤파이스토스에게 특별히 청하여 오른 손목을 잘라내고 대신 쇠주먹을 단 것으로 더욱 유명하다. 따라서 폴뤼데우케스는 인류 최초의 '퀴베르네테스', 오늘날에는 '사이보그'라고 불리는 합성 인간이었던 셈이다.

폴뤼데우케스는 렘노스섬에서 사랑하던 여자에게서 받았다는 웃통을 벗고 아뮈코스에게 일렀다.

"주먹질에 능한 아뮈코스왕이여, 나는 싸움에 능한 폴뤼데우케스라는 사람이오. 나는 싸움에 능하니까 싸움터에서 죽을 것을 예감하고 있소만, 그대는 어떠하오? 그대는 혹시 주먹질하다 맞아 죽을 거라고 생각해본 적 있소?"

아뮈코스는 고개를 가로저었다.

그러나 아뮈코스가 고개를 가로저은 것은 그것이 마지막이었다. 아뮈코스가 폴뤼데우케스와 맞붙어 주먹으로 몇 번 사귀어보지도 못하고 맞아 죽자 부하들이 우르르 창칼을 휘두르며 아르고나우타이를 둘러쌌다.

그러나 아뮈코스의 군사들에게 아르고나우타이는 '번견番犬 없는 양 떼를 덮치는 이리 떼'였고, 아르고나우타이에게 아뮈코스의 군사들은 '연기에 쫓겨 꿀을 버리고 달아나는 벌 떼'였다. 아르고나우타이는 꿀 대신 물과 가축을 넉넉하게 싣고 그곳을 떠났다.

희망은 운명을 이긴다

 이로부터 오래지 않아 아르고나우타이는 운명의 힘에 이끌려, 오래전부터 이들을 기다리는 이가 있는 곳에 이르게 된다. 보스포로스 저쪽 에욱세이노스, 즉 흑해 초입에 있는 트라키아의 어느 해안이 바로 이 땅이다.

 아르고나우타이는 이 땅에 상륙하자 언덕 위에 보이는 초라하기 그지없는 오두막을 향해 변변치 못한 길을 따라 오르기 시작했다. 이들이 그 오두막 앞에 당도하자, 하도 늙고 하도 마르고 하도 그을려, 발밑에 엇비슷하게 누운 그림자와 별로 다르지 않은 노인이 하나 걸어 나왔다. 노인은 떨리는 무릎을 가누며 아르고나우타이 앞으로 비트적거리며 다가왔다. 만고풍상을 다 겪어온 헬라스 영웅들도, 산보다 더 나이가 많을 듯한, 땅에 절고 때에 전 노인 앞에서는 섬뜩한 생각이 들었던지 모두 한 걸음씩 뒤로 물러섰다. 노인은, 대지가 갑자기 바다처럼 출렁거리기 시작했다고 느꼈는지 맨 앞에 선 이아손을 붙잡으려다가 그대로 제 그림자 위로 쓰러졌다.

 "왔구나, 왔구나. 아르고나우타이가 이제야 왔구나. 왔구나, 왔구나, 보레아스의 아들 칼라이스와 제토스가 왔구나."

노인은 이 말만 남기고는 죽은 듯이 꼼짝도 하지 않았다.

이아손(고치는 자)이 서둘러 케이론으로부터 배운 의술로 노인의 정신을 돌아오게 한 뒤

"아르고나우타이가 여기에 오는 것은 어떻게 아셨으며, 칼라이스와 제토스가 오는 것은 또 어떻게 아셨습니까?"

하고 물었다.

노인은 장님이었다.

"먹을 것을 좀 주어. 한 그릇의 보리죽, 한 모금의 물, 한 알의 실과…… 모두 맛본 지 오래……. 하지만 지금 줄 것은 없어. 지금 주어도 나는 못 먹어. 아직은 먹을 때가 되지 않았어."

노인은 대리석상의 눈같이 하얀 눈으로 아르고나우타이를 하나씩 차례로 노려본 뒤에 긴 이야기를 시작했다.

"나는 아게노르의 아들 피네우스야. 내 이름, 귀에 설지 않지? 나는 세상이 접시같이 평평하지 않다는 걸 알고, 세상이 휘페르보레이아(극북極北)에서 끝나지 않는다는 것도 알아. 나는 헬리오스(태양)가 검은 너울을 쓰는 까닭도 알고, 셀레네(달)가 뜨고 지는 이치도 알아. 어떻게 아느냐고? 아폴론께서 가르쳐주셨지. 그런데 나는 포이보스 아폴론(빛나는 아폴론)이 모르는 것도 알아. 내 잘못인가? 나는 이걸 사람들에게 가르쳤어. 그랬더니 제우스 대신이 어째서 천기를 누설하느냐고 몹시 화를 내시면서 벼락을 조그만 것으로 하나 던지시더라고. 그게 무슨 벼락이었는지, 한 대 맞았더니 살갗이 떡갈나무 껍질같이 늙고 눈이 보이지 않아.

내 눈에는 자네들이 보이지 않아. 하지만 나는 알아. 자네는 젊은 대장 이아손이고, 자네는 트라키아의 풍각쟁이 오르페우스, 자네는 개똥점쟁이 몹소스, 자네는 술장수 팔레로스…… 주신酒神의 사생아지? 그리고 저기 주먹 쥐고 서 있는 것은 쇠주먹 폴뤼데우케스…… 주먹에 피가 묻었구나. 뱃길이 남았는데 해신의 아들을 죽여? 그리고 자네는 달거리[月經]하는 무사로구나. 그 옆에 있는 것은 눈 밝은 륀케우스…… 눈

7 피네우스의 예언

구멍만 밝으면 무얼해? 심안(心眼)이 있어야지. 나 장님이라도 장님이라는 걸 비참하게 생각하지 않아.

　제우스 대신은, 장님이라는 걸 비참하게 생각하지 않는 장님이 또 보기 싫으셨던 게야. 그래서 하르퓌아이를 보내어 나를 괴롭히는데...... 하르퓌아이 알아? 새야 새. 크기가 독수리만 해. 새는 새인데 대가리는 곱기가 한량없는 계집 사람이야. 물론 계집의 등에는 날개가 달려 있어....... 이게 하르퓌아이야. 너희도 곧 이 '제우스의 사냥개들'을 보게 돼. 이것들, 꼭 세 마리씩 짝을 짓고 다니는데, 끼니 때마다 나타나 내 먹을 걸 대신 먹고는 접시에다 똥을 싸 갈기고 날아가....... 물을 먹으려 해도 날아오고, 보리죽을 먹으려 해도 날아오고, 실과를 하나 먹으려 해도 날아와. 저승에서 탄탈로스가 물을 마시려고 하면 멀쩡하게 있던 물이 달아나버린다더니 나는 살아서 이 꼴을 당하고 있어. 아, 한 그릇의 보리죽, 한 모금의 물, 한 알의 실과...... 맛본 지 오래야."

　피네우스가 침을 삼키자 이아손이 물어보았다.

　"드실 것이 생기기는 생깁니다그려. 대체 그런 것은 누가 마련해줍니까?"

　"'에르피스(희망)'지, 에르피스가 마련해주면 하르퓌아이가 앗아 가고....... 그래서 내가 언제 마음 정하게 먹고 제우스 대신께 여쭈었지. '이제 천기를 누설하지 않을 것이니 그만 거두어주소서. 거두어주지 않으시려거든 죽어서 레테(망각의 강)를 건너게 해주소서. 살아서 받는 벌 죽어서도 받을 생각을 하니 아득합니다만, 차라리 레테강을 건너면 이승 일이야 잊히겠지요'

그랬더니 대신께서 하시는 말씀,

'너에게는 아직 이승에서 할 일이 남아 있다. 모월 모시에 한다하는 젊은것들이 너를 찾아올 게다'

'아무리 한다하는 젊은것인들 하늘을 나는 하르퓌아이를 무슨 수로 쫓습니까?'

'그놈, 의뭉한 수작이 날로 느는구나. 네가 배운 술수로 읽어보아라'
그래서 내가 읽어보았더니 자네들이 이렇게 오게 되어 있더라고. 보레아스의 아들이여, 나를 도와주게. 내가 트라키아에서 임금 노릇 할 때 데리고 살던 마누라가 그대 아비 보레아스의 누이였느니……."

이아손은 곧 아르고선에서 술과 고기를 내려오게 한 뒤 음식을 한상 잘 차리게 했다. 아르고선의 화장火匠 아카스토스가 차린 상에는 육축의 고기가 갖추어 마련된 것은 물론이고 육반肉飯도 있고 송진 섞은 포도주도 있었다.

화장이 음식을 마련하면서 이쪽에서 떼어 먹고 저쪽에서 베어 먹을 때는 아무렇지도 않았는데 피네우스가 음식을 입으로 가져가는 순간 하늘에서 구름을 헤치고 하르퓌아이라는 요괴가 내려왔다. 얼굴은 곱기가 한량없는 계집인데 나머지는 영락없이 새인, 참으로 요상한 괴물이었다. 그러나 모습보다 더 요상한 것은 그 버르장머리와 몸에서 풍기는 이상한 냄새였다. 피네우스 노인과 아르고나우타이가 코를 싸쥐고 있을 동안 요괴들은 음식을 말끔히 핥아 먹고 포도주까지 마신 다음 접시에는 똥을 싸 갈겨놓고 하늘로 날아올라 갔다. 간 자리에 남은 냄새는 그 몸에서 나는 냄새보다 더 견디기 어려웠다.

아르고나우타이가 겨우 정신을 차리고 잡았던 코를 놓은 것은 하르퓌아이가 까마득히 날아오른 뒤였다. 북풍의 아들 칼라이스와 제토스도 날아오를 채비를 하고 하늘을 올려다보았다. 그러나 이 쌍둥이 형제의 눈에는 하르퓌아이가 보이지 않았다.

"륀케우스, 륀케우스, 대체 어느 쪽이오?"

이아손이 소리를 질렀다.

천리안 륀케우스가 한 손으로 해를 가리고 하늘을 쳐다보다가 동쪽을 가리켰다.

칼라이스와 제토스가 륀케우스의 손가락이 가리키는 쪽으로 날아올랐다.

"창을 가지고 가야지."

이아손이 창을 주려고 하늘을 올려다보았으나 쌍둥이 형제는 이미 이아손의 눈에 보이지 않았다.

쌍둥이 형제가 이 세 마리의 하르퓌아이를 따라잡은 것은 '적대하는 바다' 흑해에 떠 있는 조그만 섬 상공에서였다. 쌍둥이 형제에게 쫓기던 하르퓌아이는 섬 뒤로 날아갔다. 쌍둥이 형제도 칼을 뽑아 들고 바싹 뒤쫓았다.

쌍둥이 형제라도 나는 속도가 같지 않아서 칼라이스가 제토스를 앞섰다. 하르퓌아이 세 마리도 나는 속도가 각각이어서 그중 몸집 큰 것이 자꾸만 뒤처지고 있었다.

쌍둥이 형제와 하르퓌아이가 쫓고 쫓기면서 한동안 여러 바퀴 빙글빙글 돌았던 섬은 후일 '스트로파데스(회전하는 섬)'라고 불리게 된다. 섬이 회전한 것이 아닌데도 이렇게 불리는 걸 보면, 쌍둥이 형제의 눈에는 저희는 가만히 있는데 섬이 빙글빙글 도는 것으로 보였던 모양이다.

하르퓌아이는 섬을 돌다가 방향을 바꾸어 아마존의 나라가 있는 텔모돈강 하구 쪽으로 날기 시작했다. 그러나 몸집이 유난히 커 보이는 하르퓌아이 하나는 여전히 뒤처지고 있었다.

칼라이스가 이 뒤처진 것을 노리고 꼬리 쪽을 겨누어 칼을 둘러메는 순간 뒤따라오던 제토스가 소리쳤다.

"보아요, 무지개가 아니오!"

언제 섰는지 무지개가 하나 텔모돈강과 구름 사이에 걸려 있었다.

"하르퓌아이가 무지개 여신 이리스와 자매간이라는 말 들어보았소?"

제토스의 말에 칼라이스가 칼을 거두고 뒤를 돌아다보았다. 그사이에 하르퓌아이가 무지개 뒤로 그 모습을 감추었다.

"보레아스의 아들들아, 너희가 나를 아느냐?"

하르퓌아이가 무지개 뒤로 숨자 헤라 여신의 사자(使者)인 이리스 여신이 쌍둥이 형제를 불러 세웠다. 형제의 눈에는 무지개밖에는 보이지 않았다.

"이리스 여신께서는 어디에 계십니까?"

칼라이스가 물었다.

"너희 눈앞에 있다. 이제 제우스 대신의 뜻이 이루어졌으니 하르퓌아이를 더 쫓지 마라. 칼질하는 것은 더욱 안 될 일이다. 하르퓌아이는 대신께서 길들이신 대신의 사자들인즉 너희는 칼을 거두고 돌아가거라."

"여신께서 하르퓌아이의 자매라는 것은 알고 있습니다. 그래서 저희가 돌아가야 합니까?"

"피네우스에게 내려졌던 제우스 대신의 진노가 거두어졌다는 말이다. 내가 이리스 여신이라는 것을 믿느냐?"

"무지개 안에 계시니 이리스(무지개) 여신이겠지요."

"그러면 내가 제우스 대신의 몸을 받아 스튁스강에다 맹세를 친다. 금후로는 하르퓌아이가 피네우스를 괴롭히지 않을 것이다. 이로써 피네우스는 너희 은혜를 입었다."

"저희가 무엇으로 징표를 삼으리까?"

"피네우스가 다 알고 있을 것이니 징표가 필요하지 않다. 칼라이스여, 네가 칼로 내려치려던 게 누구인지 알기나 하느냐? '포다르게(빠른 자)'다. 포다르게가 왜 뒤처졌는지 알기나 하느냐? 자식을 배고 있기 때문이다. 누구 자식인지 알기나 하느냐? 네 아비 보레아스(북풍)의 자식이다. 내가 칼질을 멈추게 하지 않았더라면 네가 포다르게의 복중에 든 네 형제를 죽였을 것이다. 쫓는 너희가 짐승이면 모르되, 인간이거든 뒤로 처진 것에다 칼질을 삼가라. 어린것, 늙은것, 아니면 새끼를 밴 것일 테니……."

쌍둥이 형제는 이리스 여신의 말을 믿고 피네우스가 있던 곳으로 돌아왔다.

뒷이야기지만, 하르퓌아이의 하나인 포다르게가 낳은 북풍의 자식은 두 마리의 말이었다. 트로이아 전쟁 때 명장 아킬레우스가 타던 두 마리의 말 '크산토스(밤색 털)'와 '발리오스(얼룩무늬)'가 바로 이 빠르기로 소문난 북풍과 포다르게의 자식들이다. 뛰는 것 중에 아킬레우스가 따라잡지 못할 것은 이 두 마리의 명마뿐이었다.

 쌍둥이 형제가 돌아왔을 때 이미 피네우스의 오두막 앞마당에는 잔치 자리가 마련되고 있었다. 잔칫상을 차리는 화장 아카스토스 옆에서 가인 오르페우스는 수금 줄을 고르고 있었다.
 오래간만에, 참으로 오래간만에 하르퓌아이의 훼방에서 풀려나 고기를 안주로 술을 마시고 술을 소식제消食劑 삼아 고기를 먹는 피네우스의 기쁨도 기쁨이려니와, 고기 한 점 먹으면 1년이 젊어지고 술 한 잔 마시면 1년이 젊어지는 듯한 피네우스를 바라보는 아르고나우타이의 즐거움 또한 이에 못지않았다. 먹으면 먹는 만큼 젊어진다는 말은 빈말이 아니다. 아프리카 땅에 산다는 퓌그마이오이(피그미)는, 굶고 있을 때는 50줄로 보이고 포식한 뒤에는 20대로 젊어 보인다는 말도 있다.
 피네우스는 먹은 위에 또 먹고, 마신 위에 또 마시면서 아르고나우타이에게 말했다. 그 말투가 퍽 정중해진 것이 아르고나우타이들이 듣기에 좋았다.
 "이아손 대장이 '먹을 것을 누가 마련해주느냐'고 물었을 때 '희망이 마련해준다'고 한 내 말은 허사가 아니오. 에르피스(희망)가 내 옆에 없었더라면 나는 그대들이 이 땅에 태어나기도 전에 하데스에 가 있었을 것이오. 나는 오래전에 그대들이 오리라는 것을 알고 있었어요. 오래전부터 나는 그대들을 만나고, 이렇게 먹고 마실 수 있게 될 줄 알고 있었어요. 그러나 이 술과 고기는 '희망'보다 내 '예지'보다 맛이 있구료. 제우스 대신께서는 그대들 만나는 자리를 꾸미려고 나를 연단練鍛하신 것이 아니라 참 술맛, 참 고기 맛을 알게 하시려고 나를 굶긴 것만 같아요. 나는 이렇게 먹고 마시는 날이 오리라는 것을 알고 있었어요. 그러니 에욱세이노스, 저 적대하는 바다를 열 아르고나우타이여, 내 말을

하르퓌아이로부터 해방된 피네우스
자유를 얻은 피네우스는 아르고 원정대가 콜키스 땅에 무사히 도착할 수 있는 방법을 일러준다. 베르나르 피카르의 동판화.

잘 들으세요.

 여기에서 뱃길로 이틀 거리 되는 곳에는 이 적대하는 바다의 문이 있어요. 그대들이 열어야 하는 이 문을 뱃사람들은 '쉼플레가데스'라고 부른답니다. '충돌하는 바위섬'인 것이지요. '에욱세이노스'라고 하는 저 검은 바다(흑해) 초입에 마주 보고 서 있는 섬이 바로 '쉼플레가데스'인데, 지금까지 이 두 섬 사이를 지나간 배는 한 척도 없어요. 왜냐, 이 두 바위섬은 뿌리를 땅에다 박고 있는 것이 아니라 옛날의 '델로스(떠 있는 섬)'처럼 물 위에 가만히 떠 있다가 그 사이로 뭐가 지나갈 때마다 이렇게······."

 피네우스는 두 주먹을 가슴 앞에서 탁 맞부딪치면서 말을 이었다.

 "······꽝 부딪친답니다. 이러니 배가 지나갈 수 있겠어요? 그러니 내가 시키는 대로 해야 합니다. 그대들이 타고 온 배가 '아르고선[快速]'이라지요? 여기에서 비둘기를 한 마리 사로잡아두었다가, 쉼플레가데스에 이르거든 배를 두 섬 사이에다 바싹 붙여놓고 이 비둘기를 날리세요. 섬 사이로 비둘기가 날아가면 쉼플레가데스가 꽝 부딪칠 게 아닌가요? 험한 바위산이 부딪치는데 비둘기가 그 사이에 끼어 죽을 염려는 없으니 새 점쟁이 몹소스가 그렇게 울상을 지을 것은 없고······ 새를 향해 부딪치는 순간, 두 개의 바위섬이 맞붙는 순간, 이 쉼플레가데스를 향해 아르고선을 몰아넣으세요. 맞붙은 쉼플레가데스를 뱃머리로 받을 듯이 몰아넣으세요. 그래도 아르고선은 그 맞붙은 섬을 들이받지 않아요. 왜냐, 비둘기를 향해 맞부딪쳤던 두 섬이 다시 열릴 테니까······. 알겠소? 내 말을 명심하지 않으면 에욱세이노스로 들어가는 게 아니라 하데스의 땅으로 들어가는 꼴이 될 것이니 그리 아세요. 그대들이 내 말대로 해서 이 섬 사이를 뚫어내면 쉼플레가데스가 다시는 맞부딪치지 못할 것이오."

 "그것은 대체 무슨 말씀이시지요?"

 점쟁이 몹소스가 물었다. 피네우스가 같은 예언자이자 점쟁이인 몹소스한테는 여전히 예를 갖추지 않고 꾸짖었다.

"너 같은 것은 천상 새점이나 칠 팔자구나. 세이레네스(사이렌 무리)가, 저희들 노래에 홀리지 않는 뱃사람을 만나면 자결하고 만다는 말도 못 들었느냐? 스핑크스가 제 수수께끼를 풀어버린 오이디푸스 앞에서 투신자살했다는 말도 못 들었느냐?"

"그러니까 쉼플레가데스도 세이레네스나 스핑크스같이……."

"너 같은 것을 데리고 천기를 누설하라는 말이냐? 그것은 그렇고…… 이아손 대장은 귀담아들으세요. 적대하는 바다의 문을 열고 들어가더라도, 기쁘다고 너무 기뻐하지 말고, 슬프다고 너무 슬퍼하지 마세요. 기뻐하느라고 마음 빗장까지 열었다가 슬픈 일 당하고, 슬퍼하느라고 삼가다가 기쁜 일을 만나는 수가 있는 법이오. 늙은 아비의 이빨이 하나 빠지는 것은 어린 새끼의 이빨이 하나 날 때가 되었기 때문이니, 그대들이 겪을 앞날도 이와 같을 것이오.

자, 적대하는 바다로 들어서거든 동쪽 해안을 따라서 올라가세요. 아케론강을 만나거든, 험로를 지나면서 공이 큰 사람을 잘 다스리고, 텔모돈강 하구에 이르거든 곤경에 빠진 사람을 모르는 이라고 하지 마시오. 하면, 지나는 뱃사람에게 콜키스 땅이 어디냐고 묻지 않아도 될 것이며, 콜키스 땅에 이르면 그대가 근심해야 할 일을 콜키스 땅이 마련하고 있을 것이오."

아르고나우타이는 이튿날 뱃짐을 가볍게 하느라고 그 피네우스의 오두막에다 식량을 부려두고 다시 바다로 나갔다. 피네우스는, 아르고나우타이가 부려둔 것을 다 먹고 죽었다는 이야기도 있고, 아르고선을 전송하고 오두막으로 들어와 자는 듯이 세상을 떠났다는 이야기도 있다.

충돌하는 바위섬, 쉼플레가데스

피네우스의 말대로 아르고선은 떠난 지 이틀 만에 쉼플레가데스 앞에 이르렀다. 겉보기에는 꼭대기에 구름을 거느릴 만큼 높고 험한, 두 개의 마주 보고 있는 섬에 지나지 않았다. 두 개의 섬 저쪽으로 보이는, 이따금씩 흰 잔등을 드러내는 검은 바다, 그 바다가 아르고선을 향해 뿜어대는 듯한 싸늘한 역풍과 물보라가 예사롭지 않았지만 아르고나우타이는 잔잔한 바다에서만 길든 뱃사람들은 아니었다. 그러나 그 두 개의 섬이 지나가는 배를 향해 맞부딪쳐 올 것이라고 피네우스는 예언하지 않았던가?

섬 주위에는 부서진 배의 파편들이 어지럽게 떠다니고 있었다. 부서진 덕판, 찢어진 돛 조각, 끊어진 아딧줄, 부러진 노 자루가 그 바다의 적의를 증언하고 있었다. 물 위로는 인간의 사체가 떠다니고 있었고, 물밑으로는 치열齒列이 보이는 거대한 물고기가 섬 그늘로 모이고 있었다.

이아손은 키잡이 티퓌스를 타륜 앞에 세우고, 눈 밝고 귀 밝은 이도몬에게는 몹소스가 붙잡아 온 흰 비둘기를 주어 뱃전에 세운 뒤 나머지 대원들을 모두 노좌櫓座에 앉게 하고는 영을 내렸다.

"이곳이 적대하는 바다의 문 쉼플레가데스, 곧 충돌하는 바위섬, 우리가 마땅히 넘어야 할 관문의 문턱입니다. 피네우스가 예언했듯이, 이 두 섬은 나는 것이든 뜨는 것이든 그 사이에 들어간 것을 향하여 양쪽에서 부딪쳐 옵니다. 우리가 힘과 용기와 지혜로 맞서지 못하면 아르고선은 연자매에 들어간 보리알 신세를 면하지 못합니다. 그러나 신들의 섭리를 믿으세요. 우리가 연자매에 들어간 보리알 신세가 되게 하려고 피네우스가 우리를 기다리고 있었던 것은 아닐 것입니다."

이아손은 먼저 이도몬에게 군호를 보내어 흰 비둘기를 날리게 했다. 비둘기는 역풍을 타고 고도를 높이는 버릇이 있어서 똑바로 역풍이 불어오는 두 섬 사이로 날았다. 비둘기가 섬 사이로 들어가자 거대한 두 섬이 엄청난 속도로 부딪쳐 오기 시작했다. 이때부터 아르고나우타이의 귀에는 두 섬이 맞부딪쳐 오면서 양쪽으로 산 같은 물결을 일으키는 소리밖에는 아무것도 들리지 않았다.

거대한 두 개의 섬이 흰 비둘기를 덮치는 형국은 거인이 눈앞을 날아가는 벌레를 두 손으로 잡는 형국과 비슷했다. 하늘이 깨어지는 듯한 굉음과 함께 두 섬이 한덩어리로 맞붙었다. 섬의 바위산에서 뿌리째 뽑힌 나무와 바위가 우르르 쏟아져 내려와 맞붙은 섬 주위의 엄청난 소용돌이로 휩쓸려 들어갔다.

이아손이 한 손을 들었다. 노좌에 앉은 대원들은 일제히 노를 젓기 시작했다. 티퓌스는 타륜을 잡고 아르고선을 맞붙은 두 개의 섬을 향하여 똑바로 몰고 들어갔다. 피네우스의 말 그대로였다. 아르고선이 뱃머리로 받을 듯이 맞붙은 두 섬을 겨누고 달려들자 두 섬은 조금씩 벌어지다가 원래 있던 자리로 되돌아가기 시작했다. 섬 사이에서 비둘기가 날아 나와 흰 털 몇 개를 바다 위로 떨구면서 검은 바다 위로 솟구치고 있었다.

티퓌스는 열리고 있는 두 바위섬 사이로 아르고선을 몰아넣었다. 두 바위섬이 아르고선을 향해 다시 부딪쳐 오기 위해서는 먼저 원래 있던 자리로 가야 했다. 두 바위섬이 원래 있던 자리로 돌아간 것은 아르고

가자, 콜키스로!
아르고호가 바위 사이를 지나자, 바위는 서로 부딪치지 않는다. 바위가 서로 부딪치지 않는다는 것은, 흑해가 더 이상은 미지의 바다가 아니게 되었다는 뜻이 아닐까. 쉼플레가데스는 지금의 보스포루스해협 근처에 있었을 것이라고 전한다. 베르나르 피카르의 동판화.

선이 섬 사이로 완전히 들어갔을 때였다.

"저으시오! 여러분이 잡아당기는 것은 노 자루가 아니라 타나토스(죽음)의 멱살이오!"

키잡이 티퓌스가 타륜을 잡고 소리를 질렀다. 그러나 그 소리는 대원들에게 들리지 않았다. 두 바위섬이, 제각기 남긴 향적을 거슬러 다시 부딪쳐 오기 시작했기 때문이다.

"티퓌스! 사신死神을 험담하지 마시오."

이아손의 고함 역시 티퓌스의 귀에 들리지 않았다.

바다는 바닥을 드러낼 듯이 아르고선 양쪽으로 치솟았다. 두 바위섬이 물을 가르는 소리 때문에 들리는 소리가 없었고, 제각기 향적을 거슬러 오며 일으킨 물보라 때문에 눈에 보이는 것이 없었다. 아르고선이 파도의 골에 갇힐 때는 물기둥이 신전 열주처럼 뱃전으로 무너져 왔고, 파도의 마루에 올라가 있을 동안 아르고선 양쪽의 노깃은 새의 날개처럼 허공을 퍼득거렸고, 키따리는 새의 꽁지처럼 허공을 살랑거렸다.

아르고선이 두 섬 사이에서 온전히 벗어날 시간은 넉넉했다. 그러나 배는 두 바위섬이 일으킨 소용돌이에 휘말려 들고 있었다. 쉼플레가데스가 부딪친 순간 아르고선 고물의 키따리가 부서진 것도 그 때문이었다. 신심이 깊은 이피토스는, 키따리가 부서진 것은 키잡이 티퓌스가 명부冥府의 사신을 때 아니게 험한 입에 올렸기 때문이라고 했다.

이때 맞붙은 이후로 쉼플레가데스는 아주 붙어 이 길로 들어서는 헬라스 배를 더 이상 부수지 않았는데, 혹자는 어찌나 세게 부딪쳤는지 아예 붙어서 떨어지지 않게 된 것이라 하고, 혹자는 쉼플레가데스의 상합相合을 이 두 바위섬의 자살이라고 한다. 어찌 되었건 뱃사람들이 이 맞붙은 바위섬을 오른쪽으로도 보고 왼쪽으로도 보고 지나 다닐 수 있게 된 것은 이때부터였다고 한다.

8

금양모피를 향하여

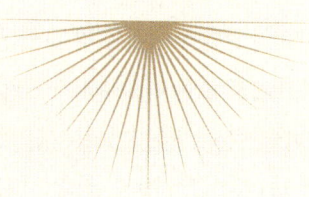

헌 이빨 대신 새 이빨을 얻고

신심 깊은 이피토스의 집전으로 아르고나우타이가 뱃길의 수호 여신에게 제사를 드린 다음 술과 고기를 배불리 먹을 동안 키잡이 티퓌스는 큰 공을 세우고도 부서진 키따리를 고치느라고 함께 어울리지 못했다.

이때부터는 뱃길이 좋아 아르고선은 동쪽으로 해안을 끼고 북상해서, 쉼플레가데스를 정복한 지 오래지 않아 아케론강 가의, 뤼코스(이리)라는 임금이 다스리는 조그만 나라에 이르렀다. 아케론강은 우리가 알다시피 명부를 흐르는 '아케론(비탄의 강)'과 그 이름이 같다. 이름만 같은 것이 아니고 실제로 당시 사람들은 이 강이 저승으로 흘러들어 간다고 믿었다. 그러나 정말 명부의 아케론과 물줄이 닿는 강이었던지 이 강 하구에서 뤼코스왕의 환대를 받은 직후에 쉼플레가데스 정복의 공로자인 키잡이 티퓌스와 비둘기잡이 이도몬이 이름 모를 병을 앓다가 세상을 떠났다. 돛대 옆을 새 한 마리가 나는 것까지 신의 뜻으로 풀기를 좋아하는 이피토스는

"티퓌스는 아르고선을 대신해서 죽었고, 이도몬은 비둘기를 대신해서 죽었다"

고 했다.

아르고나우타이가 두 대원의 죽음을 슬퍼하여 곧 잔치를 거두고 회선回船하자는 의논을 정했을 때도 이피토스는
"우리가 뮈시아에서는 헤라클레스와 휠라스를 떠나보내고 슬퍼하더니, 여기에서는 또 티퓌스와 이도몬을 앞세우고 이렇듯이 슬퍼합니다. 그러나 피네우스께서는, 기뻐하고 슬퍼하는 일은 우리 몫이나 이 일을 주관하는 것은 우리 몫이 아니라고 했습니다"
이렇게 말하고는 혼자서 잔치 끝을 보고서야 뒤늦게 아르고선으로 돌아왔다.

이피토스가 보기는 제대로 보았던지, 아니면 이피토스가 피네우스의 말을 듣기는 제대로 들었던지 아르고나우타이는 아레스섬에서 뜻하지 않던 길라잡이 네 사람을 만날 수 있었다.

아르고선이 아레스섬을 지나는데, 섬에서 귀에 몹시 거슬리는 소리가 들려왔다. 금방이라도 숨이 넘어가는 듯이 창 끝으로 방패 긁는 소리를 내며 바쁘게 우는, 참으로 요사스럽기 짝이 없는 소리였다. 천리안 륀케우스가 돛대 위로 올라가 아레스섬을 일별하고는 내려와서 말했다.

"요사한 새 무리가 나그네들 머리 위를 어지럽게 날고 있습니다. 나그네들은 귀를 싸쥐고 뒹굴고 있군요. 나그네…… 어린것들이군요."

이 새들은 다른 새가 아니라, 스튐팔로스늪에 있다가 헤라클레스에게 쫓겨 이 흑해 연안 아레스섬으로 온 바로 그 새 떼다. 이 새 떼가 전쟁신 아레스의 섬에 있는 것은, 이들이 바로 아레스의 딸들이니 당연하다. 륀케우스가 '새 무리'라고 했으나 원래 그 수효가 어찌나 많은지 한꺼번에 날아오르면 태양이 가려 늪이 어두워질 정도인데, 견주어서 말하자면 이 새의 수효는 명계의 강 아케론 가에서 방황하는 망령의 수효와 같다. 그래서 이 새 떼가 그 창날 같은 깃(이 새 깃은 날카롭기가 창날 같다)으로 나그네 하나를 죽여 나누어 먹으면 무리에 새가 한 마리 늘어난다.

"텔모돈강 하구에 이르거든 곤경에 빠진 사람을 모르는 이라고 하지 마라······."

피네우스의 이 말대로 아르고나우타이는 배에서 내려 방패를 모두 들어 지붕을 만들고 그 사이로 창을 던져 새 떼를 쫓았다. 아르고나우타이의 수만큼 죽이고 나머지 새 떼를 쫓은 다음에 어린 나그네를 구해놓고 보니 네 사람은 마침 금양을 타고 콜키스를 날아갔던 프릭소스의 네 아들이었다. 이름이 아르고스, 퀴티소로스, 프론티스, 멜라스인 이 네 형제는 콜키스에 있어야 마땅한 사람들이었다.

이아손이 물었다.

"콜키스의 국빈으로 대접받아야 할 재종 아우들이 이렇듯이 험한 땅에서 고난을 받는 까닭이 무엇이냐?"

네 형제의 맏이인 아르고스가 대답했다.

"금양모피가 귀물貴物이기는 하나, 귀물이라는 것은 원래 베푼 사람을 지켜주기보다는 해코지하는 구실이 되기가 쉽습니다. 우리 아버지 프릭소스가 이 귀물로 인하여 목숨을 잃었고 우리 네 형제도 이 귀물로 인하여 그 나라에서 쫓겨났습니다. 처음 만나는 형님께서도 생각해보십시오. 우리 일족을 없애면 금양모피는 온전히 콜키스 왕의 것이 되지 않겠습니까? 이것이 콜키스 왕 아이에테스가 우리를 쫓아낸 까닭입니다."

"그 왕이라는 자가 프릭소스를 죽이고 너희를 죽이지 않은 까닭은 무엇이냐?"

"아버지 프릭소스가 콜키스로 오시자 아이에테스왕은 맏딸 칼키오페(청동 얼굴을 가진 여자)를 주어 사위로 삼았더랍니다. 그러니까 이분이 저희 어머님이시지요. 지금은 눈물로 세월을 보내실 것입니다. 아이에테스왕도 사위를 죽일 수는 있어도 외손을 죽일 수는 없었던 모양이나, 저희는 외조부인 왕의 손에 죽임을 당한 것이나 마찬가지입니다. 아이에테스왕은 어린 양을 이리 떼 사이로 쫓고, 어린 양을 죽인 것은 이리 떼라면서 손을 씻었을 것입니다."

"그러면 나와 함께 가자. 나는 금양모피를 찾고 프릭소스의 유해를 거두어가려고 먼 길을 왔다."

이아손이 이렇게 말해놓고 보니 피네우스가 한 예언의 아귀가 들어맞는 것 같아 또 한 번 놀랐다.

"텔모돈강 하구에 이르거든 곤경에 빠진 사람을 모르는 이라고 하지 마라. 그러면 지나는 뱃사람에게 콜키스 땅이 어디냐고 묻지 않아도 될 것이다……."

피네우스의 이 예언대로 이아손은 이로써 콜키스 땅으로 가는 길을 소상하게 아는 길라잡이를 넷씩이나 얻은 셈이었다. 그러나 피네우스의 예언이 이루어진 것은 이것뿐만이 아니었다. 아르고나우타이는, 명부에서 방황하는 망령들과 그 수효가 같은 아레스섬의 새 떼를 혹은 죽이고 혹은 쫓음으로써, 헤라클레스와 휠라스와 티퓌스와 이도몬의 빈자리를 채울 대원 넷을 얻은 것이었다. 이로써
"늙은 아비의 이빨이 빠지면 어린 자식의 이빨이 날 것"
이라던 피네우스의 예언도 이루어진 셈이었다.

콜키스 땅의 세 가지 난관

아르고나우타이가 흑해를 벗어나 강을 거슬러 올라가다가 강가 양버들에 걸려 있는 사람의 시신을 본 것은, 파가사이 항구를 떠난 지 2년째 되는 어느 날의 일이다. 프릭소스의 아들 아르고스가 그 시신을 가리키며 말했다.

"콜키스를 일러 '시신을 걸어두는 땅'이라고 하는데 듣지 못했습니까? 이 나라에서는 시신을 매장도 화장도 않고 슬쩍 그을린 다음에 황소 가죽에 싸서 저렇듯이 양버들 가지에 걸어둔답니다. 이 배는 지금 아이에테스의 왕궁에서 쫓겨난 저희가 쪽배를 타고 내려오던 강을 거슬러 올라가고 있습니다. 형님께서 저 배 속이 검은 저희 외조부인 아이에테스왕을 초달할 계책을 미리 세우지 않으면 이 배 또한 빈 배로 강을 내려와야 할 것입니다."

"나는 지혜가 모자라 험한 바다로 배를 내어 몬 사람이지 계책이 모자라 쫓겨 나온 사람이 아니네."

프릭소스의 아들 네 형제 덕분에 아이에테스의 왕궁 앞에 아르고선을 댄 이아손은 단신으로 왕궁을 찾아 들어갔다. 헤라 여신이 안개를 풀어, 대장이 떠난 아르고선을 가려주었는데, 어찌나 잘 가렸는지 아르고선이 거기에 있는 것이 없는 것과 조금도 다르지 않았다. 그래서 그 뒤에 며칠 동안 아르고선 안에서 오르페우스가 수금을 타고 노래를 부르면 콜키스 사람들은 그 소리를 바람 타고 날아오는 천궁의 노래로 여겼으며, 아르고나우타이가 술에 취하여 방패를 두드리며 노래를 부르면 그 소리를 전쟁의 예조豫兆로 들었다고 한다.

이아손이 단신으로 들어간 아이에테스의 나라 콜키스의 도성은 더러 '아이아(에오스의 나라, 즉 새벽의 나라)'로도 불린다. 아이아가 '태양빛이 쉬는 곳에 있는 도성'에 있는 것으로 믿어지는 까닭도 여기에 있다. 하기야 헬라스 사람들이 보기에 검은 바다(흑해) 너머에 있는 나라였으니, 이 도성은 아닌 게 아니라 어둠 저 너머 멀리 동쪽에 있는 '새벽의 나라'였음 직하다.

이 아이에테스의 궁전에는 헤파이스토스가 팠다는 네 개의 샘이 있다. 주야로 우유가 솟는 우유의 샘, 사철 포도주가 솟는 포도주의 샘, 아침 저녁 향수가 괴는 향수의 샘, 수시로 더운 물이 솟는 뜨거운 샘이 이것이다. 요컨대 여느 땅에 있는 것은 다 있고, 없는 것도 고루 있는, 머나먼 동쪽에 있는 신비의 나라였다.

아이에테스는 먼 서쪽 테쌀리아의 이올코스에서 손이 왔다는 말을 듣고 마음에 걸리는 데가 있어 한다하는 위사衛士들과 한다하는 무사들을 벌리고 이아손을 맞았다. 이 자리에는 아이에테스왕을 비롯, 왕의 맏딸이자 프릭소스의 과부인 칼키오페, 왕의 둘째 딸인 아름다운 메데이아(온당하게 충고하는 여자)도 나와 있었다. 이 메데이아는 왕녀이자 헤카테 여신의 제니祭尼이기도 해서 요술과 기술畜術에 능하고 사람 보는 눈이 신통했다.

이아손이 선대의 족보를 위에서 아래로 훑어 자신의 내력을 말하고 이어서 콜키스에 온 까닭을 말하려는 순간 메데이아가 앞으로 나서면서 그의 말을 가로막았다. 이때 메데이아의 마음은 이미 이 낯선 청년 앞에서 걷잡을 수 없이 설레고 있었다.

메데이아가 그렇게 짧은 순간 이아손에게 홀딱 반하게 된 것은 아프로디테가 조화를 부렸기 때문이라고 한다. 말하자면 아프로디테가 아들 에로스로 하여금 금화살 한 개를 메데이아의 가슴에다 쏘게 했기 때문이라는 것이다. 잘 알려져 있다시피, 사랑의 신 에로스의 금화살에 맞은 신이나 인간은 눈앞에 보이는 신이나 인간에게 홀딱 반하게 되어 있다.

그러나 아프로디테가 움직인 까닭에 대해서는 두 가지 다른 설명이 있다. 한 가지는, 올림포스에서 헤라 여신이 아테나 여신과 함께 이아손 도울 궁리를 하다가 아프로디테 여신에게 도움을 청했다는 설명이 그것이다. 또 한 가지 설명에 따르면, 이아손이 고약한 냄새를 참고 힙시퓔레라고 하는 버림받은 렘노스의 여왕을 품어주는 것을 본 아프로디테 여신이 언제 그 상을 내리겠다고 벼르다가 바로 그때 에로스를 대동하고 콜키스로 날아가 메데이아의 가슴에다 금화살 하나를 쏘게 했다는 것이다.

어찌 되었건, 메데이아는 이아손을 죽게 해서는 안 되겠다는 생각이 들어 아버지 아이에테스에게 조언했다.

"오면서 보고 들은 것을 불려서 말하는 것은 나그네의 권리라고 합니다만 이분이 먼 곳에서 왔다고 하니 우선 더운 물과 새 옷과 음식과 술을 베풀어 쉬게 한 연후에 온 까닭을 여쭙는 것이 대접하는 도리일 듯합니다."

메데이아는 아버지 아이에테스의 성미를 잘 알고 있어서 한 말이었다. 이아손이 그 자리에서 '금양모피를 찾으러 왔다'고 해버린다면 아버지 아이에테스가 이아손을 그냥 두지 않을 것이기 때문이었다.

이아손이, 헤파이스토스가 팠다는 '테르모크레네(뜨거운 샘)'의 물로 몸을 닦은 뒤 새 클라뮈스長衣로 갈아입은 것은 마침 아이에테스 일가의 점심때였다. 메데이아는 아이에테스왕에게, 이아손을 점심상으로 불러 콜키스에 온 까닭을 물어야 하지 않겠느냐고 했다. 아이에테스왕이 '온당한 충고를 하는' 딸의 말을 좇으니, 이로써 아이에테스는 밥상을 함께한 이아손을 적어도 자기 손으로는 해칠 수가 없게 된 셈이다. 밥상을 함께한 나그네를 죽이는 일은, 제우스 대신을 섬기는 인간은 절대로 하지 않는 짓이다.

음식과 술이 몇 순배 돌자 이아손이 콜키스에 온 까닭을 말했다.

"내가, 전하의 사위가 되었다가 요절하신 프릭소스의 종질從姪이 된다는 말씀은 식전에 드렸으니 다시 하지 않겠습니다. 내 숙부 되시는 펠리아스는 휘프노스(꿈)의 현몽으로 프릭소스와 금양모피를 거두어야 한다면서, 이를 요구할 권리가 있는 나를 보냈습니다. 시신을 양버들에다 적장吊葬하는 이 나라 풍습을 보고, 프릭소스의 유해 역시 소가죽에 싸여 어느 나무에 매달려 있을 것으로 알았습니다. 그러니 프릭소스의 유해와 금양모피를 저에게 주시어 마땅히 있어야 할 곳에 있게 해주십시오. 프릭소스의 네 아들과, 프릭소스의 종질 되는 내가 그것을 요구하는 바입니다."

아이에테스가 이 말을 듣고 속으로

'아뿔싸'

한 것은 이미 밥상을 마주하고 이아손을 마주 보며 술잔 몇 개를 비운 다음이었다. 아이에테스가 의로운 사람이 아니었다고 하나 자식들까지 한자리에 앉히고 고기와 술을 나눈 손님을 죽일 수는 없었다. 게다가 만딸 칼키오페까지 그 자리에 나와 있었다. 네 아들의 생사도 모르고 있던 칼키오페는 먼 데서 온 손님이 혹 네 아들의 행방에 관한 소문이라도 듣고 온 것이 아닐까 해서 그 자리에 나와 있었던 터였다.

아이에테스는 상을 물릴 때까지 궁리하다가 상을 물리고 손을 씻고 나서 이아손의 이름을 다시 부르고는 말문을 열었다.

"그대의 조상들이 대체 안 되는 일 시키기와 안 되는 일 하기를 좋아하더니 그 후손들 또한 그렇구나. 프릭소스의 계모는 농부들에게 볶은 밀씨를 나누어주고 농사를 지으라고 했고, 프릭소스는 하늘을 나는 금양을 타고 내게 왔으니까 하는 말이다. 내가 그대에게 한 가지 물을 것이 있다. 그대의 숙부라는 펠리아스왕이 그대에게 왕위를 물려야 마땅하지 않은가?"

"나를 이렇듯이 먼 곳으로 보낸 것을 보면 내 그릇을 시험해보고 싶으셨던 게지요."

"하면, 금양모피를 그대에게 마땅히 내어주어야 하는 나도 그대의 그릇을 시험할 수 있는 것이 아닌가?"

"시험이 끝나면 죽음이 시작될 것입니다."

이아손의 대답에 아이에테스는 속으로
'옳다구나'
하고는 오래 궁리하던 것을 말했다.

"그대도 영웅의 본을 따르고자 하는 헌헌장부이니 저 테바이의 윗대 어른 카드모스를 모르지 않을 것이다. 내게는 카드모스가 땅에다 뿌리다 남은 용의 이빨, 내가 뿌리다가 내가 남긴 용의 이빨이 있다. 이 용의 이빨을 아레스의 땅에다 뿌릴 수 있겠는가? 아레스의 땅에다 이 용의 이빨을 뿌리려면 쟁기를 아레스의 황소에 메어 이 땅을 갈아야 하는데, 그대가 할 수 있겠는가? 이 용의 이빨은 무사의 씨앗이니, 이 씨앗을 뿌리면 무사가 돋아날 것이고, 무사가 돋아나면 그대에게 싸움을 걸 것이며, 싸움을 걸면 싸워야 할 터인데 그대가 할 수 있겠는가?

내 시험이 지나치다고 여기면 여기에 있는 내 딸들에게 물어보라. 내가 한 것이니 그대도 할 수 있어야 하지 않겠는가? 그대가 금양모피를 취하자면, 지금 그 주인인 나를 넘어서야 하지 않겠는가? 나를 넘어서지 않고 금양모피를 요구하는 것은 나를 욕보이는 것이나 다를 것이 없지 않겠는가?"

이아손은 숙부인 펠리아스왕에게 대답할 때 그랬듯이 속으로
'그러면 그렇지'

카드모스에게 조언하는 아테나 여신
테바이를 건설하는 카드모스가 이때 뿌리고 남은 용의 이빨이 이아손을 시험하는 도구가 된다. 야코프 요르단스의 그림.

하면서도 겉으로는 태연하게 그러마고 했다.

이 '카드모스의 용 이빨'은 대체 무엇인가?

카드모스는 제우스 대신에게 납치당한 누이 에우로페를 찾으러 다니다 용 한 마리를 만나 부하들을 모조리 잃은 적이 있다. 투창의 명수이자, 가슴속에는 그 창보다 더 나은 '용기'라는 무기까지 갖추고 있던 이 용장 카드모스는 단신으로 이 용을 죽였다. 용을 죽이고는 그 엄청난 크기에 놀라고 있는데 어디에선가 이런 말소리가 들렸다.

"용의 이빨을 모두 뽑아 그 반을 땅에다 뿌려보아라"

카드모스가, 시키는 대로 용의 이빨을 뿌리자 흙덩어리가 꿈틀거리더니 처음에는 창날이 땅에서 솟고, 이어서 투구가 나타나고 차례로 어깨, 가슴이 나타나더니 드디어 무구 일식을 갖춘 무사들이 용의 이빨 수만큼 나타났다. 카드모스가 놀라 창을 바로잡자 그 무사들 중 하나가

"저희 싸움에 끼어들지 마소서"

하고는 함께 흙에서 솟은 무사 하나를 찔러 죽였다. 싸움은 이렇게 시작되더니 이놈이 저놈 치고 저놈이 이놈 찌르는 살육전은 다섯 명만 남을 때까지 계속되었다. 이 남은 다섯은 잠자코 죽은 무사들을 매장한 뒤에 카드모스에게 절하고 부하로 거두어주기를 소원했다. 카드모스가 이들을 거두어 한 도시를 지으니, 이 도시가 바로 테바이다.

이때 카드모스가 뿌리다 남긴 용의 이빨이 아이에테스의 수중에 있었던 모양이다. 그러니까 아이에테스는 이아손에게 아레스의 밭을 갈아 이 이빨을 뿌리고 그 뒷갈망을 해보라고 한 것이고, 이아손은 앞뒤 재어보지도 않고 하겠다고 대답한 것이다.

이아손은 다음 날 다시 오겠노라는 말을 남기고 아이에테스의 왕궁을 나왔다. 아이에테스는 이아손의 거처를 알아두고 싶어 부하 둘을 은밀히 보내어 그 뒤를 밟게 했다. 그러나 이아손이 헤라 여신의 안개 장막 안으로 들어가버리는 바람에 강가 갈밭만 헤매고 돌아온 이 두 부하는

"저희가 아무리 쫓아가도 그자와의 거리를 좁힐 수 없더이다. 그러다 갈밭 쯤에서 온데간데없이 사라졌으니, 이는 필시 여느 인간이 아니라 신 아니면 신인일 것입니다"

하고 아이에테스왕에게 보고했다.

* * *

이날 밤 이 콜키스 땅에는 잠을 설친 사람들이 여럿 있었다. 잠을 설친 이들은 누구누구였으며, 그들이 잠을 설쳤던 까닭은 무엇일까?

이아손은 아레스의 땅이라는 것이 무엇인지, 용의 이빨이라는 것이 무엇인지, 아레스의 땅이라는 데가 대체 어떤 곳인지, 아레스의 황소로 땅을 갈고 용의 이빨을 뿌리면 대체 어떤 일이 일어날 것인지, 그 뒷갈망을 어떻게 해야 할 것인지 이런 것들이 궁금해서 잠을 이룰 수 없었

테바이의 유적
카드모스가 건설한 도시 테바이에 볼 만한 유적은 별로 남아 있지 않다. 후에 오이디푸스의 비극이 일어나는 곳도 바로 테바이다. 중세 시대에 세워진 테바이의 성벽.

고, 알지도 못하는 일에 대처할 방안을 생각하자니 잠을 이룰 수가 없었다.

아이에테스왕은 이아손이 필경은 아레스의 황소 뿔에 떠받혀 죽거나 황소가 내뿜는 불길에 타 죽거나 용의 이빨에서 솟아난 무사들 손에 죽을 터이나, 난데없이 나타나 언 코 쥐어박듯이 금양모피의 소유권을 주장하는 이 청년에 대한 기이한 예감 때문에 잠을 쉽게 이루지 못했다.

아이에테스의 딸이자, 요절한 프릭소스의 아내인 칼키오페 역시, '프릭소스의 네 아들과 함께 금양모피를 찾으러 왔다'는 이아손의 말이, 네 아들이 살아 있다는 말로 들려 잠을 이룰 수 없었다. 네 아들이 살아 있다면 이아손의 편을 들어서 금양모피를 찾게 해주어야 하는 것이 칼키오페의 입장이었으나 이아손이 넘어야 하는 고비가 그야말로 산 첩

첩 물 중중이어서 굽도 접도 못 할 것이 칼키오페의 입장이기도 했다.

그러나 이들 이상으로 잠 못 이루고 전전반측하고 있었던 사람은 바로, 얼굴을 가리고 있던 은사銀絲 너울 틈으로 시리오스 별같이 빛나는 이국 청년 이아손을 훔쳐보았던 이 나라의 왕녀 메데이아였다.

메데이아는 에로스(사랑)의 금화살 하나를 가슴에 맞은 탓에, 초저녁부터 눈앞을 어른거리던 이국 청년 이아손의 모습이 밤이 깊어도 눈앞에서 사라지지 않아 애를 태웠다. 메데이아가 아는 한, 아버지 아이에테스의 시험에 걸리는 그 순간은 곧 이국 청년 이아손이 죽는 순간이었다. 적어도 메데이아가 조국을 위한다는 명분을 앞세우고 수수방관하는 한 그랬다. 그러나 메데이아는 난생처음으로 만난, 이 가슴 설레게 하는 이국 청년이 자기 앞에서 죽어가는 광경을 상상할 수 없었다.

아버지 아이에테스와 이국 청년 이아손, 혹은 조국과 사랑 사이에서 고민하면서 풀어내는 메데이아의 독백을, 로마 작가 오비디우스는 우리에게 이렇듯이 생생하게 전해준다.

메데이아는 혼자 어두운 방 안을 서성거리면서 중얼거렸다.
"메데이아, 너, 저항해도 소용없다. 어느 신인지는 모르나 어느 신인가가 너의 마음을 다스리고 있다. 아, 이런 것을 사랑이라고 하는 것일까? 그렇지 않다면 아버지의 요구가 지나친 요구라고 생각될 까닭이 없지.

아니다, 지나친 요구임에 틀림없어.

그런데 만난 지 얼마 되지도 않는데, 나는 왜 이아손의 파멸을 이다지도 두려워하는 것일까? 내가 이렇게 두려워하는 까닭이 무엇일까?

아, 이 어리석은 계집아, 네 어리석은 가슴에 붙은 불을 꺼버리면 되지 않느냐? 그렇지, 끄면 되지. 끌 수만 있다면 얼마나 나다우랴.

하지만 아무리 내가 마음을 다져 먹어도 까닭을 알 수 없는 힘이 나를 짓누르니 이 일을 어쩌지? 욕망은 나더러 이렇게 하라고 하고 이성

8 금양모피를 향하여

은 나더러 저렇게 하라고 하니 이 일을 어쩌지?

　어디 보자. 어느 길이 옳은 길인지 나는 알고 있다. 분명히 알고 있는데도 나는 옳지 않은 길을 따르려 하고 있다. 콜키스의 공주여, 너는 왜 이방인에 대한 사랑의 불길에 타고 있는가? 왜 이방인과의 결혼을 꿈꾸고 있는가? 이 땅에도 사랑할 만한 사람들은 얼마든지 있는데…… 이아손이 죽든 살든, 그것은 신들의 뜻이다.

　그런데도 이아손을 걱정하는 것은 또 무슨 까닭일까? 하기야 사랑하는 마음이 없어도 걱정할 수는 있는 법…… 죄 없는 이아손이, 왜 그렇게 모진 고초를 겪어야 한다지? 아, 저 젊음, 저 문벌, 저 무용武勇에 반하지 않을 못난 계집도 있을까? 젊음, 문벌, 무용이 하잘것없다고 하더라도 그 언변에 반하지 않을 못난 계집도 있을까? 확실히 저분은 내 마음을 휘저어놓았구나. 하지만 내가 도와주지 않으면 저분은 불 뿜는 황소의 숨결에 화상을 입거나, 자기 자신이 뿌린 씨앗에서 돋아날 땅의 무사들과 싸워야 한다. 요행히 이런 시련을 이겨낸다고 하더라도 저 탐욕스러운 용의 먹이가 되는 것은 피하기 어렵다. 내가 호랑이 새끼가 아닌 다음에야, 내 심장이 돌이나 쇠로 되어 있지 않은 다음에야 어찌 이것을 구경만 하고 있을 수 있단 말인가? 왜 나는 저 들판으로 가서 저분이 죽어가는 것을 보아야 하지? 왜 나는 저분과 맞서는 황소를 충동질하면 안 되고, 땅에서 돋아난 무사들과 잠들 줄 모르는 거룩한 숲의 지킴이 용을 편들면 안 되는 거지? 그래, 안 된다. 하지만 신들이시여. 저분을 도우소서. 아니다, 아니다. 기도만 하고 있을 것이 아니라 손을 써야겠다.

　하면…… 나는 내 아버지의 왕국을 배반해야 하는 것이 아니냐? 다행히 내 도움에 힘입어 이 미지의 용사가 승리한다면? 승리를 얻고는 나를 버리고 떠나 다른 여자의 지아비가 되어버리고, 나 메데이아만 홀로 남아 왕국이 내게 내리는 벌을 받아야 한다면? 안 된다. 저 사람이 만일에 그런 사람이라면, 나를 버리고 다른 여자를 취할 만큼 배은망덕한 위인이라면, 파멸하게 내버려두어야 한다.

하지만 아니다. 저 용모, 저 고결한 성품, 저 참한 사람 됨됨이를 보라. 저런 사람이 나를 속일 것이라고, 내가 베푼 은혜를 잊을 것이라고 두려워할 필요는 없다. 더구나 나는 손을 쓰기 전에 저 사람으로부터 나를 배신하지 않겠다는 약속을 받아내고, 신들을 우리 약속의 증인으로 내세울 것이다. 이제 두려워할 것은 하나도 없는데 메데이아여, 왜 두려워하느냐? 이제 손을 쓸 준비나 하자. 지체해서 득 될 것이 없다. 이아손은 영원히 나에게 목숨을 빚졌다고 생각할 게다. 그는 신성한 혼인을 서약할 것이고, 온 그리스 땅 여자들은 하나같이 나를 구주救主로 칭송할 것이다.

그러면? 내 형제자매와 아버지와 신들과, 심지어는 내 모국을 버리고 바다를 건너가야 할 테지?

못 갈 게 뭐 있어? 내 아버지는 잔인한 분이고, 내 모국은 아직 미개한 나라, 내 동생은 아직 어리다. 자매들은 나를 위해서 기도할 것이고, 신들 중에서 가장 위대하신 신 헤카테 여신은 내 가슴에 계시다. 내가 이 땅에다 남겨두어야 할 것들은 모두 하찮은 것들, 내가 좇는 것들은 모두 고귀한 것들이다. 그리스 영웅을 구하는 영예, 이 땅보다 훨씬 나은 나라, 먼 바다 해변에까지 그 이름이 두루 알려진 나라에 대해 내가 얻을 새로운 견문……. 이것이 어찌 고귀한 것들이 아닐까 보냐. 그래, 그런 도시의 예술과 문화를 몸에 익히는 것이다. 이 세상의 온 금은보화를 주고도 바꿀 수 없는 이아손을 차지하는 것이다. 이아손을 지아비로 섬기면 온 세상 사람들은 나를 하늘의 사랑을 입은 여자라고 부르겠지. 내 권세가 별을 찌를 만큼 드높아질 테지. 그것은 그렇고 듣자니, 바다 한복판에서 서로 부딪치는 바위산 쉼플레가데스가 있다는데 이것은 무엇일까? 바닷물을 삼켰다가는 토해낸다는 카디스, 뱃사람들에게 공포의 대상이라는 이 카디스는 또 무엇이고, 사나운 개들에 둘러싸인 채 시켈리아의 파도 아래에서 울부짖는다는 스퀼라는 또 무엇일까? 하지만 뱃길이 아무리 험한들 어떠냐? 사랑하는 분만 믿고 따르면 만사가 형통할 테지. 이아손의 가슴에 안겨 있는데 무엇이 두려우랴. 그분의 품 안에만 있으면 두려울 것이 없다. 내게 두려운 것이 있다면 오직 그분뿐…….

하지만 메데이아, 너는 이것을 결혼이라고 부를 수가 있느냐? 너는 울림이 좋은 이 말로 네 죄를 가림할 수 있다고 여기느냐? 네가 하려는 짓이 얼마나 무서운 짓인지 아느냐? 알면, 다시 한 번 생각해보아라. 잘 생각해보고, 때가 너무 늦기 전에 사악한 길에서 비켜서거라."

이렇게 중얼거리는 메데이아의 눈앞에 '덕', '효심', '순결' 같은 것들의 환영이 나타났다. 이들에게 쫓겨 에로스는 이미 저만치 날아가고 있는 것 같았다. 메데이아의 마음이 이아손을 돕지 말자는 쪽으로 흔들리고 있는 것이었다.

메데이아는 숲속 은밀한 곳에 있는 오래된 헤카테의 신전으로 갔다. 메데이아의 마음은 이제 분명하게 정해져 있었다. 말하자면 정열은 싸늘하게 식고 사랑은 메데이아의 마음을 완전히 떠난 것이었다.

요컨대 이날 밤의 메데이아는, 적국의 장수 미노스에게 마음을 빼앗겼던 스퀼라, 적국의 왕자 테세우스에게 쏠리는 정을 다스리지 못했던 아리아드네, 적장 암피트뤼온에게 반하여 이러지도 저러지도 못하던 코마이토를 상기시킨다. 속된 말로 '조국이냐, 사랑이냐'를 놓고 이리 달고 저리 달아보는 처녀가 옛날이야기에는 심심찮게 등장하나, 대개의 처녀들은 사랑 쪽을 무겁게 달아 '작은 사랑'을 '큰 조국'에 앞세운다. 이러한 처녀들이 보기에, 사랑에 견주면 조국 같은 것은 사소한 것에 지나지 않는다. 그래서 스퀼라가 아버지의 머리를 자르고 적국의 장수 미노스에게 성문을 열어주었듯이, 아리아드네가 테세우스에게 미궁에서 나올 비법을 일러주었듯이, 코마이토가 적장 암피트뤼온을 위하여 아버지 프테렐라오스의 '영생불사를 보증하는 금빛 터럭'을 뽑듯이, 이 콜키스 처녀도 이국 청년 이아손에게 시험에 이길 방도를 일러 주기로 작정할 것인가?

메데이아가 마음을 정하지 못하고 깊은 밤에 방 안을 서성거리고 있을 때, 프릭소스의 아내이자 메데이아의 언니 되는 칼키오페가 찾아와, 이아손을 돕는 길이 곧 프릭소스의 네 아들을 돕는 길이라면서 눈물로 호소했다는 이야기가 있다. 또 프릭소스의 맏아들 아르고스가 은밀히 이 이모 되는 메데이아를 찾아와 금양모피를 찾으러 온 이아손을 돕고, 함께 이올코스로 가자고 했다는 이야기도 있다.

메데이아가 후일 독부(毒婦)로 온 헬라스 땅에 그 이름을 떨치게 되기는 하나, 우리는 이때 메데이아가 이아손에게 기울인 사랑의 순도(純度)는 의심하지 않기로 하자.

하지만 메데이아에게 그때까지만 해도 이방의 영웅 이아손보다는 아버지 아이에테스가 우선이었다.

* * *

이아손의 거처인 아르고선은 헤라 여신의 안개 장막 안에 있었으니, 헤카테 여신의 제니라고는 하나 역시 인간인 메데이아의 눈에도 보이지 않았다. 메데이아가 밖으로 나섰을 때, 헤카테와는 아주 가까운 달의 여신 셀레네가 칼날 같은 얼굴을 하고 내려다보며 말했다.

"너도 이제 엔뒤미온을 사랑할 때의 내 심정을 알겠구나. 엔뒤미온을 라트모스산 동굴에 가두어놓고 내려다보던 내 마음을 알겠구나. 그러나 돌아가거라. 제 아비에게 등을 대고 이국 청년을 이롭게 한 계집의 뒤끝이 좋은 것을 나는 보지 못하였다. 뿐이냐? 내 눈에는 에로스의 금화살 맞은 네 가슴의 상처가 보이는구나."

"여신이여, 알고도 고치지 못하는 이 병이 깊습니다. 이 병을 고칠 약초가 저에게 없는 것이 아니고, 고칠 마음이 없으니 이 병이 깊습니다.

포기하는 한이 있어도 한번 만나보기나 하고 포기할 터이니 이아손이 있는 곳을 일러주세요."

"내가 새를 한 마리 보내어 이아손을 너 있는 곳으로 부르기는 하겠다만, 헤카테 여신에게 제사 드리는 일은 내가 서산으로 진 다음에 하도록 하여라. 내게는 네가 하는 일을 본 바가 없다. 그러겠느냐?"

메데이아가 그러마고 하자 셀레네는 올빼미 한 마리를 구름 장막 안에 있는 아르고선으로 날려 보냈다.

몹소스가 올빼미 우는 소리를 알아듣고 이아손을 메데이아에게 보낸 것은 달이 서산으로 넘어간 뒤였다.

이아손의 모습을 다시 보는 순간 메데이아의 마음은 달라졌다. 이아손을 다시 보는 순간 메데이아의 뺨은 붉게 물들었다가 다시 새하얗게 변했다. 흡사 얼굴에서 피가 한 방울도 남김없이 빠져나가버린 것 같았다. 꺼져 있던 정열의 불길도 되살아났다. 잿더미에 묻혀 있던 불씨가, 문득 불어온 바람에 다시 타오르면서 원래의 그 왕성한 생명력을 되찾는 것처럼, 메데이아의 식어 있던 사랑도 이 청년 앞에서 되살아나 맹렬하게 타오르는 것 같았다.

메데이아가 그렇게 보아서 그랬겠지만 이아손의 모습은 이날따라 더욱 늠름해 보였다. 그랬으니, 메데이아가 어떤 대가를 치르든 이 청년의 사랑을 얻어야겠다고 생각한 것은 당연했다. 메데이아는 이 청년을 정신없이 바라보았다. 처음 보는 것처럼 바라보았다. 메데이아의 시선은 이 청년에게서 떨어질 줄 몰랐다. 메데이아는 청년의 얼굴을 바라보면서 아무래도 여느 인간의 얼굴 같지 않다고 생각했다. 그래서 더욱 눈을 뗄 수 없었던 것이다.

메데이아는 울음을 터뜨리면서 호소했다.

"내가 무슨 짓을 하고 있는 것이지요? 내가 이러는 것은 어떻게 해야 좋은 것인지 몰라서가 아닙니다. 사랑이 나를 이렇게 만들고 있는 것이랍니다. 내가 그대의 안전을 보장하겠습니다. 그러니, 이곳에서 위업을 이루시고 돌아가시게 되거든 나와 한 약속을 잊지 말아주세요."

메데이아는 이 한마디만 남기고는 다시 제 거처로 돌아왔다.

이 메데이아는 저승에 사는 여신이면서도 이승으로의 밤 나들이가 잦은 여신 헤카테를 섬기는 제니였다. 우리가 알다시피 이 헤카테, 즉 '빛을 멀리 던지는 여신'은 달과 인연이 깊은 여신인 동시에 밤의 어둠과 공포를 상징하는 여신이며, 어두운 밤마다 대지를 두루 다니는 마법과 요술의 여신이다. 이 헤카테 여신의 모습은 개의 눈에만 보이는데 밤에 개들이 짖는 것은 다 이 때문이다.

헤카테 여신의 제니인 메데이아는 여신의 가르침을 받아 마술과 요술을 터득하여 죽어가는 사람을 살리는 약, 산 사람을 죽이는 약도 능히 만들어낸다. 메데이아의 방에는 그래서 '늪에 사는 수사水蛇 토막, 도롱뇽 눈깔, 개구리 발가락, 박쥐 털, 개 혓바닥, 살무사 혀, 도마뱀 독니, 올빼미 깃털, 주린 상어 밥통, 한밤중에 캔 독미나리' 등 없는 것이 없다.

이날 밤에 메데이아는 특별히, 제우스의 독수리가 프로메테우스의 간을 파먹던 시절, 그 피로 자랐다는 '프로메테우스의 약초'를 꺼내어 고약으로 만들고, 에리스(불화)가 가지고 다니다가 속에는 독을 품고 겉으로만 의좋게 사는 척하는 인간들 사이에다 던진다는 돌 하나를 집었다. 메데이아는 이 고약과 돌을 품 안에 간직하고, 머리카락을 한 줌 잘라 침상 위에 놓고는 어둠 속으로 나서 다시 이아손을 만났다.

메데이아는 이아손의 피를 조금 뽑고, 그 피에다 고약을 개어 등에다 발라준 뒤, 아버지 아이에테스왕의 시험에 나설 방도를 이렇게 일러주었다.

"이 고약을 몸에 바르셨으니, 오늘 하루 동안은 구리 용로鎔爐에 들어간다고 하더라도 화상을 입지 않을 것인즉, 날이 새면 제가 이 고약을 마련한 까닭을 아실 것입니다. 이 라아스(돌)는 '불화의 돌'이니, 이 돌을 던지면 아레스의 땅에서 나온 라오이(인간들)가 저희끼리 싸울 것인즉, 불 뿜는 아레스의 황소로 아레스의 밭을 갈고 용의 이빨을 뿌리면

마법의 약을 섞는 메데이아와 이아손
이국의 왕자 이아손에게 반한 메데이아는 약을 만들어 이아손에게 발라주고, 금양모피를 얻을 수 있는 방법까지 일러준다. 존 윌리엄 워터하우스의 그림.

제가 이 돌을 마련한 까닭을 아실 것입니다. 이 시험을 이기시거든 한시도 지체하지 마시고 파시스강 상류로 올라가세요. 아버지의 군사가 뒤쫓을지도 모릅니다."

"내게는 살같이 빠른 배가 있고 범같이 용맹한 장수들이 있소. 내가 먼저 그대 아버지를 치지는 않을 것이나 내 앞길을 막거나 내 뒤를 쫓는다면 내게 그냥 있을 까닭이 없소."

"그러나 배가 있고 군사가 있어도 파시스강 상류의 성림_{聖林}에는 홀로 가셔야 합니다. 상류의 성림으로 들어가시다가 번룡蕃龍이 앞을 막아서거든 거기가 금양모피 있는 곳인 줄 아소서. 이 번룡은 저 서극西極의 나라에서 황금 사과를 지키는 라돈과 같아서 쉽게 길을 내어주지 않습니다. 그러니 싸우셔야 합니다. 싸우시되 홀로 싸우셔야 합니다. 부왕께서 단신으로 싸워 조복시킨 뒤 성림으로 끌어다 놓으신 번룡이니, 영웅께서 이 번룡을 이기지 못하신다면 결단코 부왕께서 걸어두신 금양모피를 취할 수 없습니다. 이 번룡과의 싸움 끝을 제가 알지 못하듯이, 아비에게 등을 돌린 이 불효한 자식의 앞날도 저는 알지 못합니다. 제 가늠이 옳아서 모든 시험을 이기시고 금양모피를 거두시더라도 이를 제 공으로 여기지 마시고 영웅께서 이루신 공업功業으로 아소서."

"이올코스의 왕비가 될 메데이아여, 내가 금양모피를 거두어 올 때 그대는 내가 타고 온 아르고선에 있을 것이오."

이아손과 메데이아가 사랑하는 마음을 서로 이기지 못하여, 이아손은 저 렘노스 여왕 휩시퓔레가 정표로 준 망토를 마음속으로 불태우고, 메데이아는 이국 청년 앞에서 사랑하는 마음을 불태우는데 날이 밝았다.

* * *

이아손은 메데이아를 아르고선으로 데려가 대원들에게 '장차 이올코스의 왕비'가 될 콜키스 왕의 딸을 현신現身하게 했다.

해가 뜨자 이아손은 대원의 반은 아르고선에 남겨두고, 메데이아가 준 불화의 돌을 품 안에 넣은 다음 대원의 반을 거느리고 아이에테스를 찾아갔다. 아이에테스는 이미 '아레스 땅'이라고 불리는 궁전 앞 공터에 나와 기치창검을 벌리고 이아손을 기다리고 있었다. 왕좌 앞에는, 굵기가 팔뚝만 한 쇠오리로 짜고 밑에 바퀴를 단 쇠우리가 놓여 있었다. 쇠우리 안에는 '아레스의 황소'가, 쇠우리 앞에는 자부지가 실장정의 두 길이 됨 직한 쟁기가 한 틀 놓여 있었다.

이아손이 왕국의 군사 반대편에다 무장한 아르고나우타이를 벌리자 아이에테스가 입을 열었다.

"내 나라에 그대의 배나 그대의 군사를 본 사람이 없는데 오늘 이렇듯이 군사를 벌리는 것을 보니 그대가 예사로운 인간이 아닌 것은 분명하다. 그러나 저 황소 또한 예사롭지 않을 것이니 이제 저 황소에 쟁기를 채워 그대가 딛고 있는 땅을 갈아보라."

이아손이 황소를 끌어내리려고 쇠우리 앞에 다가가서 보니, 황소는 쇠우리 창살을 빨갛게 달굴 만큼 뜨거운 콧김을 내뿜고 있었다. 이름이 '아레스의 황소'였으니 당연할 테지만 인육을 먹되 그것도 콧김으로 구워서 먹는다는 이 황소는 눈이 떠오르는 태양같이 붉고, 발굽은 녹슨 청동 발굽이라 이아손을 보고 발을 구를 때마다 쇠우리뿐만 아니라 앞에 놓인 쟁기까지 들썩거렸다.

이아손은 그 벌겋게 달아오른 쇠우리를 열고 황소의 쇠코뚜레를 잡아 밖으로 끌어내었다. 벌겋게 달아오른 쇠우리를 여는데도 이아손의 손이 타지 않고 황소의 콧김에 쐬었는데도 이아손의 머리카락이 그을리지 않자 산허리에 구름같이 모여 있던 콜키스 사람들이 수군거리기 시작했다. 아이에테스왕도 자리에서 벌떡 일어섰다.

아레스의 황소가 우리에서 끌려 나와 코뚜레를 잡힌 채 식식거리자 아레스의 땅에 난 풀밭에서 불길이 일었다. 황소의 목에서는 용로에서 쇠물 끓는 소리가 났고, 황소의 입에서는 물먹은 생석회에서 나오는 것과 비슷한 콧김이 뿜어져 나왔다.

이아손은 입으로는 부드러운 말로 황소를 어르면서도 손으로는 그 뿔을 하나 부러뜨려 황소의 기를 죽인 뒤에 황소 목에다 봇줄과 뱃대끈을 채우고 쟁기를 일으켜 세웠다. 옛 시인의 말마따나 '콜키스 사람들은 아연실색했고 아르고나우타이는 환호작약했다'.

이어서 이아손은 한 손으로 쟁기 손잡이를 들어 보습을 '아레스의 땅'에다 박고 한 손으로는 대원 중 하나가 건네주는 창을 받아 창 자루

아레스의 황소
전쟁신 아레스의 이름을 딴 황소답게 거칠고 포악하다. 하지만 메데이아가 발라준 고약 덕분에 이아손은 상처 하나 없이 황소를 제압한다. 18세기 프랑스 화가 장-프랑수아 드 트루아의 그림.

로 황소의 엉덩이를 철썩 때렸다. 황소는 콧구멍으로 불길을 뿜어 아레스의 땅에 돋아난 잡초를 태우며 나아갔다. 쟁기가 어찌나 무거운지, 이아손이 힘들여 쟁기의 한마루를 잡아 누르지 않는데도 아레스 땅은 무릎이 빠질 만큼 깊이 파였다.

이아손이 여남은 고랑 갈아엎은 뒤 황소는 쟁기에서 풀어내어 다시 우리에 가두고 쟁기는 떼어 한 손으로 10여 보 거리 밖으로 던진 뒤, 아이에테스왕 앞으로 다가갔다. 아이에테스왕은, 이아손의 머리털 한 올 불길에 그을리지 않은 것을 보고는 군사를 불러 창이 숲이 되게 앞을 막아서게 했다.

"이제 황소에 쟁기를 메어 밭을 갈았으니 용의 이빨이라는 것을 내어주시오. 대지를 갈아엎었으니 마땅히 곡물의 씨를 뿌려야 할 일이나, 나는 대왕의 명으로 용의 이빨을 뿌리는 것이니 데메테르 여신의 화가 미친다면 대왕께 미칠 것이오."

아이에테스왕은 이아손을 가까이 오게 하기가 두려웠던지 양피 자루를 하나 이아손에게 던졌다. 이아손이 열어보니 용의 이빨이라는 것이 크기가 황소의 턱뼈만 한 허연 뼈 덩어리였다. 이아손은 '용의 이빨'이 든 자루를 받아, 갈아엎은 땅에 고루 뿌리고는, 아이에테스왕이 시키는 대로 발로 흙을 걸어 '용의 이빨'을 모두 묻었다.

참으로 놀라운 일이 일어났다. '아레스의 땅'에서 창날과 칼날이 글라디올러스 잎같이 솟아오르더니, 연하여 투구가 솟고, 무사의 머리가 불쑥 솟아올라왔다. 반 자루나 되는 '용의 이빨'을 뿌렸으니 당연한 터이거니와 솟아오르는 무사의 수는 한둘도 아니었다. 열 스물도 아니었다. 가죽신이 보일 만큼 솟아오른 무사들은 몸을 흔들어 흙을 털고는 대열을 정비하여 이아손 쪽을 향해 창칼을 겨누기 시작했다.

이아손은 대원 중에 있던 아이탈리데스로부터 칼과 방패를 낚아채려다가 메데이아로부터 들은 말이 있어, 품속에 간직하고 있던 '불화의 돌'을 꺼내어 무사들 무리 한가운데로 던졌다.

"누가 돌을 던졌느냐? 누가 라오이(인간들)를 향하여 라아스(돌)를 던졌느냐?"

무사 하나가 소리쳤다.

"누가 라오스에서 나온 라오이에게 또 이렇듯이 라아스를 던지느냐?"

다른 무사가 반문했다.

"누가 던졌느냐?"

"누가 던졌느냐?"

무사들은 저희끼리 묻고 되묻고 하다가 저희끼리 창칼부림을 하기 시작했다. 편이 갈린 것도 아니었다. 그저 닥치는 대로 이놈이 저놈을 베고 저놈이 이놈을 찌를 뿐이었다. 모두 방패를 들고 있었으나, 등을 대고 있던 놈이 돌아서서 베고 치는데 방패는 무용지물이었다. 오래지 않아, 영문을 모르는 콜키스 사람들과 아르고나우타이가 여전히 눈을 의심하고 있는 사이에 무사들은 마지막 하나만 남기고 모두 쓰러졌다. 이아손이 갈아놓은 이랑으로 무사들이 흘린 피가 내를 이루며 흐르기 시작했다.

이아손이 아이탈리데스로부터 칼을 받아 들고 달려가 하나 남은 무사의 목을 찔렀다. 무사는 이 말 한마디 남기고 숨을 거두었다.
"흙에서 나서 흙으로 간다. 누가 돌을 던졌느냐?"
흙에서 무사들이 솟아오른 것보다 더 괴이한 것은, 이들의 시신이 마지막 무사가 쓰러지는 것과 거의 동시에 흔적도 없이 사라졌다는 것이다.

아이에테스왕은 마음속으로는 이아손에게서 느꼈던 예감이 적중한 데 몹시 당혹해하면서도 겉으로는 이아손의 승리를 찬양했다. 왕은 그날 밤에 큰 잔치를 베풀고 아르고나우타이를 모두 그 자리로 불렀다. 그러나 이아손은 그 잔치 자리에 나타나지 않았다. 이아손은 이미 파시스강 상류로 올라간 뒤였다.

아이에테스가 잔치를 베푼 것은 아르고나우타이의 승리를 진심으로 축하하고 싶어서가 아니었다. 그에게는 하나의 복안이 있었다. 아르고나우타이에게 술을 먹이고, 술에 취하면 그중의 한둘을 구슬러 그들이 타고 온 아르고선 있는 곳을 알아낸 다음 군사들을 보내어 아르고선을 태워버린다는 복안이었다.

그러나 아이에테스는 그 뜻을 이루지 못했다. 아내 에우뤼뤼테가 나이에 걸맞지 않게 침실로 끌어들여 새벽이 될 때까지 놓아주지 않았기 때문이다. 아르고나우타이가 렘노스섬 과부들에게 사랑을 베풀어준 이래 이들의 편이 되었던 아프로디테가 이 에우뤼뤼테에게, 서방의 사랑이 아니고는 꺼지지 않는 애욕의 불을 질렀던 것이다. 부하들에게 화봉火棒을 들려 아르고선으로 보내어야 할 아이에테스왕이 술에 취하여 아내를 품고 있는 바람에 아르고선은 무사할 수가 있었다.

이아손은 메데이아가 시킨 대로, '아레스의 땅'에서의 시험에 급제하자, 살며시 대원들에게서 벗어나 파시스강을 따라 올라갔다. 이 강 상류에는 콜키스 사람들이 '성림'이라고 부르는 '아레스의 숲'이 있었다. 이아손이 들어가기까지, 아이에테스왕을 제하고는 이 숲으로 들어간 사람이 없었다.

과연 메데이아의 말대로 숲을 지키는 한 마리 번룡이 입을 벌리고 앞을 가로막는데 그 입이 어찌나 큰지 이아손이 허리를 구부리지 않고도 뛰어들 만했다. 이아손은 실제로 칼을 뽑아들고 이 용의 입속으로 '뛰어들었다'.

이아손이 밖에서 용을 대적하지 않고 그 입속으로 뛰어든 것이 기이해 보인다. 그러나 이것은 우리가 처음 듣는 이야기는 아니다. 헤라클레스 역시 거룡 巨龍 의 입을 통하여 그 배 속으로 들어갔다가 사흘 만에 나오지 않았던가. 후세 사람들은 이러한 괴어 怪魚 나 번룡의 입을 저승의 문으로 푼다. 신인이나 영웅이나 초인이 이러한 괴어나 번룡의 배 속에 들어갔다가 살아 나오는 것을 두고 '죽음의 체험'이니 '죽음의 정복'이니 하는 것도 다 이러한 괴물의 입을 죽음의 문, 저승의 문이라고 보기

번룡의 입속에 있는 이아손
뒤로 보이는 나무에는 금양모피가 걸려 있고, 이아손 앞에는 아테나 여신이 서 있다. 기원전 5세기에 그리스의 병에 그려진 그림. 로마 바티칸 박물관.

때문이다.

지금도 전해지는 옛 그림을 보면, 이아손은 이 번룡의 입안에 든 채 턱밑으로 바닷말처럼 축 늘어져 있는데, 이 늘어져 있는 모습은 그 뒤의 떡갈나무에 걸려 있는 금양모피와 아주 비슷하다. 그리고 그 번룡의 입 앞에는 한 손에 올빼미를 들고 아테나 여신이 서 있다. 우리가 알다시피, 어둠을 뚫어볼 수 있는 올빼미는 부엉이와 함께 아테나 여신의 신조神鳥 노릇을 한다. 그래서 후세 사람들은 이 그림을 일러 죽음과 영광, 전쟁 신 아레스와 지혜의 여신 아테나, 금양모피가 아니라 자신을 찾아 나선 이아손과, 어둠을 뚫어보는 아테나 여신의 신조 올빼미가 한자리에 얽히고설켜 있는 절묘한 그림이라고 말한다.

* * *

이아손 이야기는 사연이 길고 곡절이 험하였음에도 불구하고 '이아손은 그 금양모피를 떡갈나무에서 벗겨 들고 아르고선에 올랐다'는 짤막한 말 한마디로 끝난다.

듣기에 따라서는 싱겁게도 들리고 그 뜻이 무섭게도 들리는 이 이야기의 결말을 두고, 이 이야기를 짤막하게 전한 시인 오비디우스는 노래하고 있다.

금양모피 역시
손에 넣는 수고에 비기면 하찮은 것.

그럴 수밖에. 이아손이 찾아다닌 것이 실은 '금양모피'가 아니었으니.

아르고 원정대의 귀환
금양모피를 찾아오는 아르고호도 금빛으로 빛난다. 귀스타브 모로의 그림.

9

항해의 뒷모습

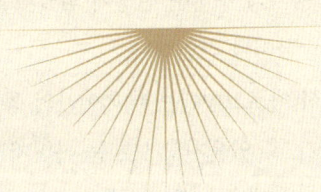

이아손과 메데이아

 이아손은 금양모피라고 하는 귀한 물건과, 그 귀한 물건을 손에 넣는 데 큰 힘이 되어주었던 아름다운 처녀 메데이아와 함께 고향 이올코스 항구로 금의환향할 수 있었다. 메데이아가 없었더라면 이아손의 아르고 원정대는 콜키스 왕과의 무서운 전쟁에 휘말렸을 터였다. 하지만 메데이아는 아름다운 만큼이나 잔인했다.

 콜키스를 떠날 당시 아르고선에는 메데이아의 동생 압쉬르토스가 실려 있었다. 메데이아가, 혹 있을지도 모르는 아버지 군대의 추격을 따돌리기 위해 실어놓은 인질이었다. 메데이아가 예측했던 대로 콜키스 왕은 군선이라는 군선은 다 모아들여 아르고선을 추격했다. 메데이아는 동생 압쉬르토스를 죽이고 그 시신을 토막 내어 바다에 버렸다. 콜키스 왕이 막내아들의 시신을 모아 장례를 치를 동안 아르고 원정대는 무사히 북방의 콜키스 해안을 빠져나올 수 있었다. 그 뒤로 뱃길은 순탄했다.

* * *

 이야기는 여기에서 끝나지 않는다. 이아손에게는 행방을 알 수 없는 아

아르고호의 메데이아
메데이아의 도움으로 금양모피를 가지고 콜키스를 떠나는 아르고 원정대. 이제 주인공은 메데이아가 된다. 허버트 제임스 드레이퍼의 그림.

버지 아이손이 있고, 되찾아야 할 나라가 있다. 숙부 펠리아스에 대한 복수도 이아손이 마침내 해내야 할 숙제다.

그러나 지금부터 이야기는 메데이아를 중심으로 가파르게 전개된다. 이아손의 역할은 금양모피를 찾는 데서 사실상 끝난다. '이아손이 찾아다닌 것이 실은 금양모피가 아니었다'고 한 오비디우스의 말에 주목할 필요가 있다. 금양모피는, '모노산달로스(외짝 가죽신의 사나이)'였던 이아손이 모험과 탐색의 여행 끝에 마침내 되찾은 한 짝의 가죽신인지도 모른다. 금양모피 이야기는 끝났지만 오비디우스의 이야기는 메데이아를 그 주인공으로 삼아 이렇게 진행된다.

이올코스 어머니들은 아들들이 무사히 돌아오게 한 것을 고맙게 여겨 신들께 감사의 제물을 넉넉하게 바쳤다. 금의환향한 영웅들의 아버지들도 신들의 제단 성화에다 향을 산더미같이 쌓아 사르고, 신들께 약속했던 대로 황소 뿔에다 황금 띠를 두르고는 제물로 잡아 바쳤다. 영웅이 되어 귀향한 이아손이 찾아낸 아버지 아이손은, 아들이 나라를 떠나 있던 세월 동안 살갗이 떡갈나무 껍질 같이 보일 정도로 늙어 있었다. 늙고 병들어 세상 하직할 날만 기다리고 있던 아버지 모습을 한스러운 눈으로 바라보고 있던 이아손이 어느 날, 이미 아내가 되어 있던 메데이아에게 이런 말을 했다.

"내 아내 메데이아. 내가 오늘 같은 영화를 누리는 것은 다 그대 덕분이오. 그대는 내게 모든 것을 베풀었으니 나는 그대가 베푼 은혜 헤아릴 길이 없소. 나는 그대의 힘을 알아요. 그대의 마법을 알아요. 세상에 그대의 마법으로 할 수 없는 일이 어디에 있으리오. 이제 내 수명에서 몇 년을 빼어 내 아버지 수명에다 보태어준다면 내가 더 무엇을 바라겠소?"

이아손은 이 말을 하면서 눈물을 주르륵 흘렸다. 메데이아는 지아비의 지극한 효성에 마음이 아팠다. 아버지 아이에테스를 배신하고 떠나온 자신의 경우와는 달라도 너무 달라서 그랬을 것이다.

그러나 메데이아는 그런 내색을 하지 않고 짐짓 정색을 하고 말했다.
"그렇게 무리한 말씀이 어디에 있어요? 한 사람의 수명에서 몇 년을 빼어 다른 사람에게 보태라니요? 헤카테 여신께서도 그런 것은 허락하시지 않습니다. 그대에게 무슨 권리가 있어서 내게 이런 무리한 요구를 하시는지요? 하지만 사랑하는 이아손 님이시여, 나는 그대가 바라는 것보다 더 나은 것을 드리렵니다. 세 얼굴을 지니신 여신께서 나를 도와주신다면, 내가 하려는 일을 어여쁘게 보아주신다면, 그대 수명에서 빼지 않고도 아버님의 젊음을 되찾아드릴 수 있을지도 모릅니다."

'세 얼굴을 지니신 여신'이 누구인가? 헤카테 여신이다. 차고, 기울고, 이우는 달과 아주 깊은 관계가 있는 헤카테 여신이다.

메데이아가 이아손에게 이런 말을 한 것은, 달의 양쪽에 솟아난 두 개의 뿔이 만나 보름달이 되려면 사흘이 남아 있을 때의 일이었다.

사흘이 지나 이윽고 달이 그 둥근 얼굴로 온 세상을 내려다보게 된 날 밤, 메데이아는 발밑까지 치렁치렁 늘어지는 옷차림에 머리는 풀어 어깨 위로 늘어뜨린 채 맨발로 집을 나왔다. 메데이아는 한밤의 적막 속을 홀로 걸어 혼자만 아는 곳으로 갔다. 새도, 짐승도, 사람도 모두 잠든 시각이었다. 산울타리 속에서도 바스락거리는 소리 하나 들려오지 않았다. 나뭇잎은 그저 가만히 매달려 있었다. 밤안개 속을 흐르는 것은 적막뿐이었다. 자지 않는 별만 하늘에서 빛나고 있었다. 별들이 빛나는 하늘을 향하여 두 팔을 들고 메데이아는 그 자리에서 세 바퀴 돌고, 저승의 강에서 길어 온 물을 세 방울 머리에 뿌린 다음 세 번 하늘을 향해 외마디 소리를 질렀다. 그런 다음 메데이아는 굳은 땅에 무릎을 꿇고 기도했다.

"오, 저의 비밀을 빈 데 없이 어둠으로 가려주시는 밤의 신이시여, 달과 함께 태양빛을 계승하시는 금빛 별의 신들이시여, 제가 하는 일을 속속들이 굽어보시고 저를 도우시어 마법을 쓰게 하시고 주문을 읊게 하시는, 세 얼굴을 지니신 헤카테 여신이시여, 마법사의 영험한 약초를 품어 기르시는 대지의 여신이시여, 대기의 신이시여, 바람의 신들이시여, 산의 신들이시여, 강의 신들이시여, 호수의 신들이시여, 숲의 정령들, 밤의 정령들이시여. 저 있는 곳으로 오셔서 저를 도우소서. 도우시면 능히 흐르는 강의 물길을 돌리고 그 근원으로 거꾸로 흐르게 하여 둑을 놀라게 하고, 노래로 성난 바다를 달래고, 잔잔하던 바다를 노호하게 해 보이겠나이다. 주문과 마법으로 구름을 모으고, 모은 구름을 흩고, 바람을 부르고, 부른 바람을 잠재우고, 배암의 아가리를 찢어 보이겠나이다. 저를 도우소서. 도우시면 살아 있는 바위와 나무의 뿌리를 뽑고, 대지에 뿌리박고 있는 참나무도 온 숲째 뽑아 보이겠나이다. 저를 도우소서, 도우시면 산들을 떨게 하고, 대지를 울리게 하고, 망령이 그 무덤에서 솟아오르게 해 보이겠나이다. 저를 도우소서. 구리 바라를 울리면 달에 드리워진 그림자가 사라진다고 합니다만 저를 도와주시면 구리 바라가 아무리 우렁차게 울려도 저 셀레네 여신을 하늘에서 사라지게 해 보이겠나이다.

저를 도우시면, 제 노래에 태양 수레도 그 빛을 잃을 것이요, 제 마법에 새벽의 여신 에오스도 그 빛을 잃을 것입니다. 저를 대신하여 불 뿜는 황소의 숨결을 누그러뜨리시고, 어떤 고삐에도 묶여본 적이 없는 황소로 하여금 그 쟁기를 끌게 하신 분들도 신들이십니다. 신들께서는 왕뱀의 이빨에서 돋아난 무사들 사이에 자중지란이 일게 하시고, 한 번도 잠을 자본 적이 없는 용의 눈을 감기시어 영웅으로 하여금 금양모피를 벗겨 무사히 그리스 땅으로 돌아오게 하셨습니다. 이제 저에게는 한 노인의 젊음을 되찾아줄 기적의 약이 필요합니다. 저의 원을 들어주소서. 들어주시려거든 그 표적으로 별이 유난히 반짝이게 하시고, 날개 달린 용이 끄는 수레가 제 앞에 당도하게 하소서."

메데이아가 이렇게 기도하자 정말 하늘에서 날개 달린 용이 끄는 수레가 날아 내려와 메데이아 앞에 멈추었다. 이 수레에 오른 메데이아는 수레를 끄는 비룡의 목을 쓰다듬고는 목 위에 얹힌 고삐를 가볍게 챘다. 그러자 비룡은 수레를 끌고 하늘로 날아올랐다.

메데이아의 눈에는 순식간에 테쌀리아의 템페 계곡이 저만치 아래로 보였다. 메데이아는 이 수레를 미리 목표로 정한 곳으로 몰았다. 먼저 오싸산, 험한 펠리온산, 오트뤼스산, 핀도스산, 이들 산보다는 훨씬 높은 올륌포스산의 약초를 일일이 둘러보고는 필요에 따라 어떤 것은 뿌리째 뽑고, 어떤 것은 날이 넓은 칼로 대궁이를 베었다. 메데이아는 아피다노스강 가에서도 약간의 약초를 거두었고, 암프뤼소스강 가에서는 많은 약초를 취했다. 에니페우스강 가에도 메데이아에게 필요한 약초가 있었다. 페네이오스강, 스페르케오스강도 메데이아를 도와주었고, 보이베강의 갈대 우거진 둑도 메데이아에게 요긴한 약초를 대어주었다. 메데이아는 에우보이아섬 맞은편에 있는 안테돈에서 장수에 효험이 있는 약초도 거두었다.

메데이아는 아흐레 밤낮을 비룡이 끄는 수레를 타고 방방곡곡을 다니며 약초를 모아들였다. 메데이아가 궁궐로 돌아온 것은 열흘째 되는 날이었다. 수레를 끌던 비룡들은 메데이아가 모아들인 약초의 냄새를 맡았을 뿐인데도, 온몸에 나 있던 주름살이 다 펴졌다. 메데이아는 떠난 자리에 이르고도 안으로는 들어가지 않고 문밖에서 머물렀다.

메데이아는 남성의 접근을 물리치고 뗏장을 떠서 문밖에다 두 기基의 제단을 쌓았다. 오른쪽 제단은 헤카테 여신에게 바치는 제단, 왼쪽 제단은 청춘의 수호 여신 헤베에게 바치는 제단이었다. 메데이아는 제단 위에다 숲에서 걸어 온 덩굴을 걸고, 그 옆에 구덩이를 두 개 파고는, 제물을 장만하기 위해 검은 양을 한 마리 끌어다 칼로 그 목을 땄다. 이어서 이 구덩이를 검은 양의 피로 채운 메데이아는, 그 위에다 포도주 한 잔씩과 더운 우유 한 잔씩을 더 부은 다음 주문을 외어 대지의 정령들을 부르고, 저승 세계의 왕과, 이 왕의 손에 납치당하여 저승으로 갔던 왕비를 불러, 노인 아이손의 혼을 불러 가는 일은 당분간 유예해달라고 기도했다.

메데이아는 자기의 기나긴 기도에 신들이 응답하자 이아손에게, 아버지 아이손의 늙고 병든 육신을 밖으로 모셔내어다 달라고 말했다. 아이손이 들것에 실려 밖으로 나오자 메데이아는 이 노인을 약초로 짠 자리에 눕히고 마법으로 잠에 빠져들게 했다. 마법을 건 지 오래지 않아 아이손은 죽음같이 깊은 잠에 빠져들었다.

준비가 끝나자 메데이아는 이아손과 신하들을 그 자리에서 물리쳤다. 거룩함을 얻지 못한 인간은 제니가 베푸는, 신들에 대한 제사를 엿보아서는 안 된다는 것이 그 이유였다.

사람들이 물러가자 메데이아는 머리를 풀고 디오뉘소스 신의 제니처럼 제단 주위를 돌기 시작했다. 한동안을 그렇게 돌던 메데이아는 가느다란 횃대를 구덩이의 검은 피에 담그었다가 이 횃대에 불을 붙여 제단에다 옮겨 붙이고는, 노인의 몸을 불로 세 번, 물로 세 번, 유황으로 세 번 닦았다. 그동안 메데이아가 불 위에 올린 가마솥에서는 약초 즙이 흰 거품을 내며 부글부글 끓고 있었다.

  메데이아는 여기에다, 하이모니아 계곡에서 거두어 온 약초의 뿌리와 종자와 꽃과 즙을 넣고, 또 극동極東에서 가져온 돌, 오케아노스(대양)의 파도에 씻긴 자갈, 보름 달밤에 내린 이슬, 부엉이 고기와 날개, 인간으로 둔갑할 수 있다고 믿어지던 이리의 내장을 넣었다. 메데이아는 또 키뉘프스의 시내에 산다는 물뱀의 비늘, 장수하는 짐승으로 유명한 노루의 간장, 270년 묵은 까마귀 대가리와 부리를 넣는 것도 잊지 않았다. 미개한 나라 콜키스에서 온 공주는, 인간의 힘으로는 도저히 불가능한 이 일을 이루기 위해 이름을 알 수 없는 수백 가지의 약재를 더 넣었다.

  메데이아는 이 약을, 오래전에 열매 달린 나무에서 꺾어 온 감람나무 막대기로 고루 천천히 저었다. 메데이아가 이 뜨거운 약을 젓고 또 젓자 희한하게도 감람나무 막대기가 파랗게 변하더니, 잠시 후에는 잎으로 뒤덮였고, 또 잠시 후에는 열매가 열렸다. 불길이 세서 그런지 가마솥 가장자리로는 약이 넘쳐 그 옆의 땅바닥으로 흘러내렸다. 그러자 약이 스며든 땅이 파랗게 변하면서 여기에서는 곧 풀이 돋았고 이 풀에서는 꽃이 피었다.

  메데이아는 칼을 뽑아 노인의 목을 땄다. 메데이아는 이로써 아이손 노인을 죽이는 것 같았지만 죽인 것이 아니었다. 메데이아는 노인의 몸에서 늙은 피를 깡그리 뽑아내고 칼로 딴 자리와 입으로 약을 부어 넣었다.

  약이 들어간 지 오래지 않아 그의 하얗던 수염이 그 흰빛을 잃더니 곧 검어지기 시작했다. 이어서 그 늙은 몸에서 보기에 거북하던 모습이 사라지면서, 살빛이 되살아났다. 주름살이 덮여 있던 그의 살갗은 다시 근육으로 부풀어 올랐고, 그의 사지는 늘어나면서 힘줄이 불거지기 시작했다. 노인은 달라진 자기 모습을 보고는 놀라움을 감추지 못했다. 이렇게 해서 그는 40년 전의 자기 모습을 다시 볼 수 있었다.

메데이아의 마법이 여기에서 끝난 것은 아니다.

메데이아는 그때까지도 나라를 이아손에게 넘기지 않고 있던 펠리아스의 궁전으로 갔다. 메데이아는 펠리아스왕에게 이렇게 하소연했다.

"이아손과 다투었습니다만 이것은 예사 부부싸움이 아닙니다. 이아손이 저를 죽이려고 하니 제발 저를 좀 숨겨주십시오."

"나는 늙은 몸인지라 범 같은 장사로 큰 이아손으로부터 너를 지켜줄 수가 없다. 그러니 내 딸들에게 부탁해보아라."

펠리아스는 이렇게 대답했다.

메데이아는 펠리아스의 딸들을 찾아갔다. 딸들은 아버지를 대신해서 메데이아에게 숨어 살 만한 거처를 베풀어주었다. 메데이아는 이들의 환심을 사려고 애썼다. 능수능란한 마법사 메데이아에게, 그런 처녀들의 환심을 사는 것은 그리 어려운 일이 아니었다.

일단 이들의 환심을 산 메데이아는, 자기가 시아버지 아이손을 청년으로 되돌려놓은 이야기를 들려주었다. 펠리아스의 딸들이 이 이야기를 듣고, 메데이아에게 잘만 청을 넣으면 자기 아버지 펠리아스도 청춘을 되찾을 수 있겠구나, 이런 생각을 하게 된 것은 당연하다.

펠리아스의 딸들은 메데이아에게, 같은 방법으로 자기네들의 아버지도 젊음을 되찾게 해달라고 애원하면서 아무리 값이 많이 들어도 기꺼이 치르겠다고 말했다. 메데이아는 한동안 된다고도 안 된다고도 하지 않고 시간을 끌었다. 펠리아스의 딸들은 몸이 달았다. 펠리아스의 딸들이 며칠 동안이나 물러서지 않고 졸라대자 메데이아는 못 이기는 척하고, 한번 해보자면서 이런 말을 했다.

"그대들은 내 마법이 어느 경지에 올라 있는가를 알지 못합니다. 그러니까 이걸 보여드리기 위해, 그대들의 양 떼를 인도하는 늙은 우두머리 양에게 내 마법을 걸어 다시 어린 양으로 만들어보이지요."

메데이아의 말이 떨어지기가 무섭게 펠리아스의 딸들이 시종들에게 명하여, 움푹 파인 관자놀이에 배배 꼬인 뿔이 달린 늙은 양 한 마리를

펠리아스의 두 딸과 메데이아
펠리아스의 두 딸은, 메데이아가 마법의 약으로 아이손을 청년으로 되돌려놓은 이야기를 들려주자 펠리아스의 젊음도 되찾아달라고 애원한다. 기원전 2세기 그리스 대리석 돋을새김 복제품.

끌고 왔다. 나이를 얼마나 먹었는지 늙을 대로 늙고 마를 대로 마른 양이었다.

메데이아는 테쌀리아 사람들이 쓰는 칼로 이 양의 깡마른 목을 땄다. 워낙 늙은 양이라 흐르는 피의 양도 보잘것없어서 칼날이 겨우 젖을 정도였다.

메데이아는 이 양의 사지를 잘라 마법의 약과 함께 청동 항아리에 넣었다. 그러자 양의 사지가 순식간에 줄어들고 뿔이 없어지더니 잠시 뒤에는 새끼 양 한 마리가 메에 하고 울면서 청동 항아리 안에서 뛰어나왔다. 펠리아스의 딸들이 벌린 입을 다물지 못하고 있는데 이 새끼 양은 젖을 먹여줄 암양을 찾아 겅중겅중 뛰어 달아났다. 메데이아가 이로써 기적의 한 자락을 보이자 펠리아스의 딸들은 자기네 아버지에게도 같은 기적을 베풀어달라고 재촉했다.

태양신 헬리오스가 세 차례 서쪽 바다에 잠겨 천마로부터 멍에를 벗겨낸 날 밤, 별들이 하늘에서 빛나고 있을 즈음이었다. 메데이아는 가마솥에 맹물을 부어 불 위에 올리고는, 모양을 내느라고 별 효험도 없는 약초를 잔뜩 집어넣고 끓이기 시작했다.

펠리아스왕은 죽은 듯이 침실에 누워 있었다. 그의 신하들은 메데이아의 강력한 주문에 걸려 모두 깊이 잠들어 있어서 왕의 옆에 얼씬도 할 수 없었다. 펠리아스의 딸들은 메데이아의 명에 따라 아버지의 방, 아버지의 침대 곁에 앉아 기다렸다.

이윽고 준비가 어느 정도 끝나자 메데이아가 이들에게 말했다.

"왜 그렇게 구경만 하고 있는 것이지요? 칼을 뽑아 부왕의 핏줄을 자르고, 연세가 너무 드신 피를 모두 빼내어주어야 하지 않겠어요? 그래야 내가 그 핏줄에다 젊은 피를 채울 것이 아니겠어요? 그대들 아버지의 생명, 그대들 아버지의 회춘은 바로 그대들 손에 달려 있답니다. 그대들이 아버지를 사랑하거든, 그대들이 아직 희망을 버리지 않았거든 아버지에 대한 의무를 다하세요. 칼을 들어 아버지의 몸속을 흐르는 늙은 피를 한 방울 남김없이 비워내세요. 칼질 한 번이면 몸속의 피가 남김없이 흘러나올 테니까요."

메데이아의 귀밑 충동질에 귀가 솔깃해진 펠리아스의 딸들은, 그렇게 하지 않으면 불효막심한 죄를 짓는 줄 알고 우르르 아버지의 침대 곁으로 모여들었다. 효성이 지극한 딸이면 딸일수록 먼저 아버지를 찌르려 했다. 그러나 차마 아버지의 얼굴은 보지 못했다. 차마 아버지의 목으로 저희들 손에 든 칼이 들어가는 것은 볼 수 없었던 딸들은 아버지로부터 고개를 돌린 채로, 위치를 어림잡아 헤아리고 아버지의 목을 찔렀다. 펠리아스는 피투성이가 된 다음에야 눈을 뜨고 딸들을 바라보면서 침대에서 일어나려고 했다. 그러나 자신이 칼을 든 수많은 손에 둘러싸인 것을 안 순간 펠리아스는 두 팔을 벌리고 외쳤다.

"얘들아, 무슨 짓이냐? 왜 칼을 들고 아비를 난도질하는 것이냐?"

펠리아스의 말에는 힘도 용기도 남아 있지 않았다. 펠리아스가 말을 이으려 하는 순간, 이번에는 메데이아가 칼을 뽑아 목을 도려버렸다.
 메데이아는 그러고도 마음을 놓을 수 없었던지 고깃덩어리가 된 펠리아스의 몸을 가마솥의 끓는 물에다 집어넣어버렸다.
 이아손은 이로써 빼앗겼던 나라를 되찾을 수 있었다.

 메데이아는 이아손왕을 위해 왕자 둘을 낳았다. 그러고는 영웅 이아손과 오래오래 행복하게 잘 살았느냐 하면 그게 그렇게 되지 않았다. 이아손이 이웃 나라 공주에게 한눈을 파는, 인간의 세계에서는 드물지 않은 일이 생긴 것이었다. 메데이아가 누구던가? 이아손을 따라 나서면서, 아버지의 추격을 늦추게 한답시고 막냇동생 압쉬르토스를 난자해서 시체를 바다에다 던진 여자가 아니던가? 메데이아는 이아손에 대한 복수로, 제가 낳은 두 왕자를 죽여버렸다.
 그러고는 날개 달린 용이 끄는 수레를 타고 하늘로 날아올랐다. 용이 끄는 수레를 타고 날아오르지 않았더라면 메데이아는 이아손왕의 손에 목숨을 잃었을 터였다. 날개 달린 용이 끄는 수레는 켄타우로스인 현자 케이론의 고향이자, 지아비 이아손이 소년 시절을 보냈던 펠리온산을 넘고, 오트뤼스산을 넘었다.
 메데이아가 이렇게 이올코스에서 도망쳐 오랜 비행 끝에 당도한 나라가 바로 아테나이다. 아테나이 왕 아이게우스가 이 메데이아를 맞아 왕비로 삼게 되는데, 테세우스가 우여곡절 끝에 아버지 아이게우스를 찾아갔을 때, 이 테세우스를 독살하려고 했던 메데이아가 바로 이 메데이아다.
 메데이아는 아테나이에서 다시 동쪽으로 도망쳐 한 나라를 세우니, 이 나라가 바로 지금의 중동 아시아에 있던 '메데아'라는 나라다.
 '호모 비아토르(떠도는 인간)'는 나그넷길에 머물 때 아름답다. 이올코스에 정착한 이아손의 뒤끝은 이렇듯이 누추하다.

분노에 찬 메데이아
두 아들을 껴안은 메데이아의 손에서 단도가 시퍼렇게 빛나고 있다. 19세기 프랑스 화가 외젠 들라크루아의 그림.

영웅은 머물지 않는다

호모 비아토르, '떠도는 인간'이라는 뜻이다.

'앎'과 '모름', '있음'과 '없음'이라는 말에 대한 옛사람들 생각은 오늘날 사람들의 생각과는 사뭇 달랐을지도 모른다. 옛사람들에게는 '아는 것'은 '존재하는 것', '모르는 것'은 '존재하지 않는 것'이었기가 쉽다. 이런 시대가 오래 계속되다가 사태는

"우리가 몰랐던 것도 존재하더라. 따라서 존재하는 것 중에 우리가 모르는 것도 많이 있더라"

이런 쪽으로 굉장히 호전되었을 것이다.

우리는 사태를 이런 쪽으로 호전시킨 무수한 신인과 인간을 알고 있다. 붙박여 사는 삶의 지경을 넘어 모험과 시련의 들을 떠돌던 자, 인간이 알지 못하는 세계와 그 세계에 대한 무수한 경험을 마다하지 않았던 자들을 우리는 알고 있다. 이 경험을 통하여 이 '떠도는 자들'은 인간이 모르던 것을 알게 하고 존재하지 않던 것을 존재하게 했다.

이들은 신들의 뜻이라는 구실에 기대거나 인간에게 유익한 문화를 얻어 온다는 평계를 의지하고 먼 땅 먼 바다로 길을 떠난다. 우리는 이들이 '황금 사과'나 '황금 가지'나 '황금 양털'을 찾으러 먼 길을 떠난 것

으로 믿는다. 그래서 우리는 신인이나 인간이 이러한 귀물의 수호자를 이기고 속히 그 떠났던 땅으로 돌아오기를 바란다.

그러나 이런 믿음과 희망을 앞세우고는 이러한 신인이나 인간이 존재의 불꽃과 자유에의 목마름에 쫓기는 까닭을 설명하지 못한다. '호모 비아토르', 이 존재의 앞소리꾼을 먼 땅 먼 바다로 내모는 것은 불로초나 불사약이 아니라 떠도는 땅을 나고 죽을 땅으로 삼고자 하는 순수한 자유에의 목마름이다.

일찍이 오비디우스가
"금양모피 역시,
손에 넣는 수고에 비기면 하찮은 것……"
이라고 꿰뚫어 말했듯이.

금양모피를 손에 넣은 이아손
19세기 덴마크 조각가 베르텔 토르발센의 석고상. 코펜하겐 토르발센 박물관.

맺음말

미국의 식당에서 손님을 접대하는 웨이터는 대개 매우 적은 월급을 받는 대신 손님이 주는 봉사료, 즉 팁으로 부족한 월급을 충당한다. 그래서 웨이터는 자존심이 허락하는 한 친절할 수밖에 없다. 학비를 벌기 위해 고급 중국 레스토랑에서 웨이터 일을 한 지 여러 해가 넘은, 눈이 파란 한 미시간주립대생은 그날도 식당으로 들어오는 손님들을 환한 웃음으로 맞이한다. 손님의 절반 이상이 그렇듯 동양 사람들로 이루어진 일행이다. 좌장으로 보이는 이는 동양인답지 않게 키가 크고 골격이 시원시원하며 머리에는 이상한 모자를 쓰고 있다.

눈칫밥이 한두 해도 아니고 동양의 예절을 모르지 않는 웨이터는 먼저 이 중년의 남자에게로 가서 주문을 받는다. 그러자 웨이터의 명찰을 흘끔 쳐다본 남자가 반가운 얼굴로 말을 시작한다.

"제이슨? 자네 이름이 제이슨인가? Jason? Your name is Jason?"

웨이터는 앞서 말한 이유 때문에라도 미소를 잃지 않는다.

"자네는 자네 이름이 고대 그리스 영웅의 이름에서 왔다는 것을 아는가? 물론 고대 그리스에서는 제이슨이라고 하지 않고 이아손이라고 했지. 이아손이 황금 양털가죽을 찾아오기 위해 목숨을 걸고 어둡고 위험한 바다로 나간 아주 위대한 영웅의 이름이라는 것을 알고 있었는가?"

눈치가 빠른 독자들은 이미 알아챘겠지만 이상한 모자를 쓴 중년 남자는 바로 나의 아버지, 이 책의 저자 이윤기다.

앞의 이야기는 꾸며낸 이야기가 아니다. 옆자리에 앉아 있었던 나는 제이슨의 약간은 난감해 보였던 표정이 생각난다. 나는 속으로 '또 시작이네' 하고 되뇌었던 것 같다. 아버지가 미국인을 붙잡고 그런 식의 대화를 한 것은 그때가 처음이 아니었기 때문이다.

아버지는 웨이터가 영웅 이아손의 이름을 그대로 물려받았다는 사실이 참으로 근사하다고 생각했을까? 아니면 그런 이름을 가진 청년이 중국 식당에서 웨이터로 일하고 있다는 상황이 재미있다고 느꼈을까? 아무튼 확실한 것은 그러한 대화를 시작하는 아버지의 눈이 참으로 생생하게 빛났다는 것이다.

이처럼 아버지에게 신화는 한 인간이 다른 인간을 이해하는 데 유용한 도구였다. 아버지가 그처럼 신화를 탐독하고, 등장인물의 이름을 달달 외고, 신화를 그린 그림이 담긴 화집을 모은 것은 신화를 학문적 탐구의 대상으로 보았기 때문이 아니다. 신화가 담긴 고문서의 여러 판본 가운데 어느 것이 더 신빙성이 있는가, 유물의 연대가 어느 것이 더 정확한가 하는 문제들은 아버지에게 아무래도 상관없었을 것이다.

이윤기에게 신화는 세상에 대해 알아가고, 인간에 대해 알아가고, 곧 나에 대해 알아가기 위한 도구였다. 『이윤기의 그리스 로마 신화』는 이윤기가 알게 된 것을 우리도 알 수 있게끔 도와주는 통로였다. 왜? 아는 사람에게만 보이니까. 세상의 수많은 상징을 잉태한 신화를 알면 세상이 보이고, 그것을 고스란히 물려받은 인간을 알면 인간이 보이고, 그 속에 있는 내가 보인다. 보이면 이해할 수 있고, 이해하면 애정이 생긴다. 제이슨이라는 이름의 유래를 알고 그것을 말하기를 두려워하지 않는 사람과 제이슨 간에 순식간에 형성되는 유대를 상상해보라.

그런데 이것은 신화뿐만이 아니라 나아가 어느 지식에든 해당되는 이야기라는 생각이 든다. 결국 아버지는 지식을 나와 타인, 세상을 이해하는 수단으로 삼을 때 그 삶이 얼마나 따뜻할 것인지 전하고자 했던 것 같다. 그래서 그런지 아버지는 참 정이 많았다. 불교적 해탈에 대해, 집착을 버리는 것에 대해 자주 이야기했지만 정작 아버지는 사람과 동물과 사물이 띠고 있는 온갖 의미를 늘 귀중하게 여겼다.

* * *

지난 늦여름, 대지의 여신 데메테르가 딸 페르세포네와의 반년간의 작별을 앞두고 마음이 무척 쓸쓸했을 무렵, 아버지도 세상과 작별했다. 나는 신화를 좀 더 읽었어야 했을까, 처음에는 영원한 이별이 무엇을 의미하는지 잘 알 수 없었다. 그런데 하나둘씩 그 추상적인 관념이 구체적인 모습으로 드러나기 시작했다. 영원한 이별은 내게 더 이상 '아빠'라고 부를 사람이 없다는 뜻이다. 바쁜 일상을 소소히 전자우편에 담아 보내도 '쉬엄쉬엄 하려므나' 짤막한 답장조차 오지 않는다는 뜻이다. 그리고 독자 여러분, 『이윤기의 그리스 로마 신화』 6권은 없다는 뜻이다.

1권에서 아버지는 신화라는 자전거를 탄 독자들에게 말하기를 "일단 자전거에 올라 페달을 밟기 바란다. 필자가 뒤에서 짐받이를 잡고 따라가겠다"라고 했다. 이제 우리는 꼼짝없이 우리 힘으로 페달을 밟아 균형을 잡아야 한다. 하지만 짐받이를 잡고 따라와줄 아버지가 있었던 사람은 얼마나 행복한가.

내가 갑작스럽게 찾아온 아버지와의 이별을 소화해내기 힘들었듯 이것은 그리스 로마 신화를 아끼고 이윤기를 아꼈던 독자 여러분에게 청천벽력 같은 소식일 수 있다는 것을 안다.

맺음말

내가 할 수 있는 것은 『이윤기의 그리스 로마 신화』를 사랑해준 독자 여러분에게 아버지를 대신하여 마음 깊은 곳으로부터 뜨거운 감사를 전하는 일뿐이다.

2010년 10월
아버지를 대신하여
이다희

자료 출처

192쪽	ⓒagefotostock/Alamy Stock Photo
276쪽	ⓒStamatios Manousis/Shutterstock.com
412쪽	ⓒDimipan11(CC BY-SA 4.0)
496쪽	ⓒINTERFOTO/Alamy Stock Photo
524쪽	ⓒMarie-Lan Nguyen/Wikimedia Commons
575쪽	ⓒAndrej Privizer/Shutterstock.com
586쪽	ⓒMarie-Lan Nguyen/Wikimedia Commons
605쪽	ⓒWaisman Diego(CC BY-SA 4.0)
630쪽	ⓒ송학선
646쪽	ⓒThe Trustees of the British Museum(CC BY-NC-SA 4.0)
669쪽	ⓒMuseo Nacional del Prado
705쪽	ⓒNatalia Volkova/123rf.com
775쪽	ⓒ송학선
791쪽	ⓒSteven Heap/123rf.com
921쪽	ⓒThe Trustees of the British Museum(CC BY-NC-SA 4.0)
955쪽	ⓒThe Trustees of the British Museum(CC BY-NC-SA 4.0)
961쪽	Gift of Milton Gottlieb/The J. Paul Getty Museum(CC BY 4.0)
1052쪽	ⓒIvy Close Image/Alamy Stock Photo
1082쪽	ⓒEverett-art/Shutterstock.com
1108쪽	Bequest of Phyllis Massar, 2011/The Metropolitan Museum of Art
1146쪽	ⓒThe Trustees of the British Museum(CC BY-NC-SA 4.0)

저작권자를 찾지 못하여 게재 허락을 받지 못한 일부 작품에 대해서는 저작권자가 확인되는 대로 게재 허락을 받고 통상의 기준에 따라 사용료를 지불하도록 하겠습니다.

이윤기의 그리스 로마 신화

합본판 1쇄 발행 2020년 5월 1일
합본판 15쇄 발행 2025년 2월 14일

1권 초판 1쇄 발행 2000년 6월 26일
2권 초판 1쇄 발행 2002년 2월 7일
3권 초판 1쇄 발행 2004년 8월 13일
4권 초판 1쇄 발행 2007년 10월 15일
5권 초판 1쇄 발행 2010년 10월 15일

지은이 이윤기

발행인 이봉주 **단행본사업본부장** 신동해
책임편집 김경림 **디자인** 최보나 **교정교열** 강진홍 김은영
마케팅 최혜진 이은미 **홍보** 반여진 허지호 송임선
국제업무 김은정 김지민 **제작** 정석훈

브랜드 웅진지식하우스 **주소** 경기도 파주시 회동길 20
문의전화 031-956-7429(편집) 02-3670-1123(마케팅)
홈페이지 www.wjbooks.co.kr
인스타그램 www.instagram.com/woongjin_readers
페이스북 www.facebook.com/woongjinreaders
블로그 blog.naver.com/wj_booking

발행처 ㈜웅진씽크빅 **출판신고** 1980년 3월 29일 제406-2007-000046호

ⓒ 이윤기 2020, 저작권자와 맺은 특약에 따라 검인을 생략합니다.
ISBN 978-89-01-24173-9 03210

웅진지식하우스는 ㈜웅진씽크빅 단행본사업본부의 브랜드입니다.
이 책은 저작권법에 따라 보호받는 저작물이므로 무단전재와 무단복제를 금지하며,
이 책 내용의 전부 또는 일부를 이용하려면 반드시 저작권자와 ㈜웅진씽크빅의 서면 동의를 받아야 합니다.

※ 책값은 뒤표지에 있습니다.
※ 잘못된 책은 구입하신 곳에서 바꾸어드립니다.